主　编：张晓辉　夏　泉

撰　稿：刘增合　张永春　夏　泉　张晓辉

　　　　田金奎　刘金顺　陈　龙

暨南大学史

吴学谦

1906—2016

张晓辉　夏　泉　主编

暨南大学出版社
JINAN UNIVERSITY PRESS

中国·广州

图书在版编目（CIP）数据

暨南大学史（1906—2016）/张晓辉，夏泉主编．—广州：暨南大学出版社，2016.11
ISBN 978 - 7 - 5668 - 1945 - 1

Ⅰ. ① 暨… Ⅱ. ① 张… ② 夏… Ⅲ. ① 暨 南 大 学—校 史—1906—2016
Ⅳ. ①G649. 286. 51

中国版本图书馆 CIP 数据核字（2016）第 224721 号

暨南大学史（1906—2016）
JINANDAXUE SHI（1906—2016）
主　编：张晓辉　夏　泉

出 版 人：徐义雄
策划编辑：黄圣英　冯　琳
责任编辑：黄　球　牛　攀　沈凤玲　吴筱颖
责任校对：何　力
责任印制：汤慧君　周一丹

出版发行：暨南大学出版社（510630）
电　　话：总编室（8620）85221601
　　　　　营销部（8620）85225284　85228291　85228292（邮购）
传　　真：（8620）85221583（办公室）　85223774（营销部）
网　　址：http：//www. jnupress. com　http：//press. jnu. edu. cn
排　　版：广州市天河星辰文化发展部照排中心
印　　刷：广东广州日报传媒股份有限公司印务分公司
开　　本：787mm×1092mm　1/16
印　　张：39.25
彩　　插：32
字　　数：1001 千
版　　次：2016 年 11 月第 1 版
印　　次：2016 年 11 月第 1 次
定　　价：168.00 元

人物篇

暨南学堂创办人、清朝两江总督端方

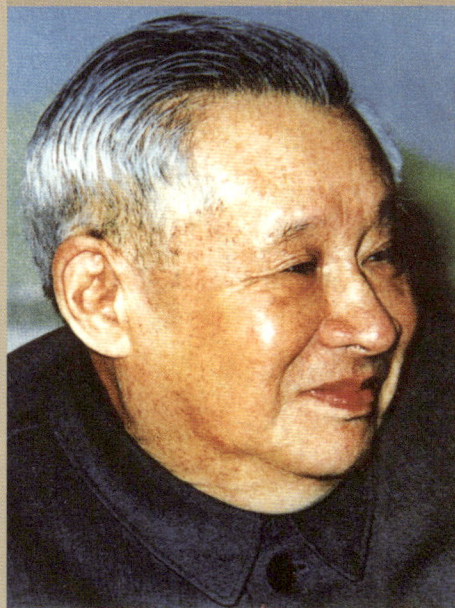

暨南大学董事会董事长廖承志（任期：
1963.2—1970.3；1978.6—1983）

暨南大学董事会董事长荣毅仁（任期：
1985.1—1994.1）

暨南大学董事会董事长钱伟长（任期：
1994. 1—2010. 7）

暨南大学董事会董事长戴秉国（任期：
2013. 11 至今）

参与筹办暨南学堂的清朝江宁提学使、探花陈伯陶，"暨南学堂"校名由他拟定

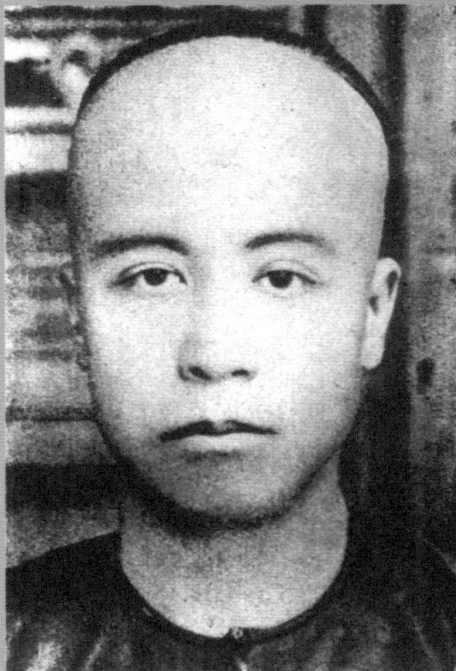

暨南学堂首任堂长、国立暨南大学首任校长郑洪年（任期：1907—1909.1；1927.6—1934.1）

（缺照片）

暨南学堂堂长杨熙昌（任期：1909.1—1911.10）

著名教育家黄炎培，1917年受北洋政府教育部委派，主持暨南学堂复校工作

国立暨南学校校长赵正平（任期：1918—1920.夏；1921.秋—1925.夏）

国立暨南学校校长柯成懋（任期：1920.夏—1921.秋）

国立暨南学校校长姜琦（任期：1925.夏—1927.夏）

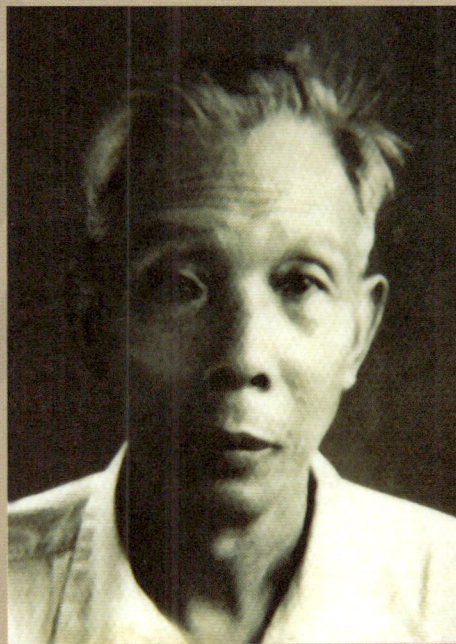

国立暨南大学代校长沈鹏飞（任期：1934.1—1935.7）

国立暨南大学校长何炳松（任期：1935.7—1946.5）

国立暨南大学校长李寿雍（任期：1946.6—1949.5）

暨南大学校长陶铸（任期：1958.6—1963.1）

暨南大学校长陈序经（任期：1963.1—1964.夏）

暨南大学校长杨康华（任期：1964.3—1970.3；1979.8—1983.10）

暨南大学校长梁灵光（任期：1983.10—1991.6）

暨南大学校长周耀明（任期：1991.6—1995.12）

暨南大学校长刘人怀（任期：1995.12—2005.12）

暨南大学校长胡军（任期：2005.12至今）

题词篇

含英咀华日新月异知也无涯

积久弥粹立校十年规制

备身发达不咸成大器

暨南大学十周纪念

蔡元培题

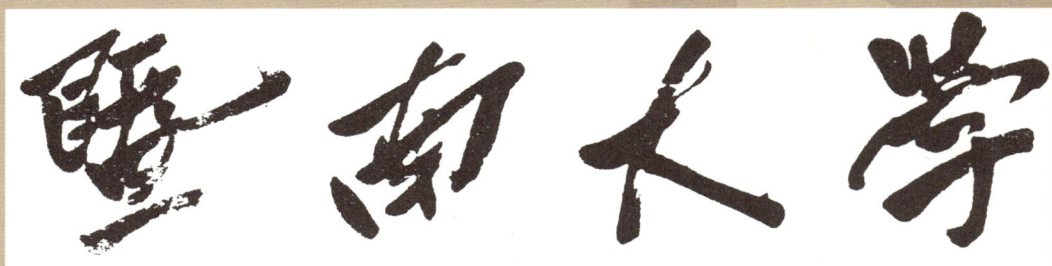

1958 年暨南大学校长陶铸题写的"暨南大学"校名

1978 年全国人大常委会委员长叶剑英元帅题写的"暨南大学"校名

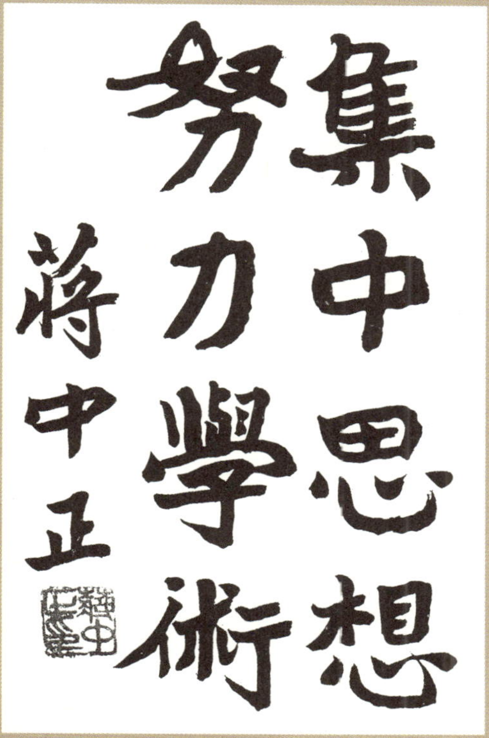

集中思想
努力學術

蔣中正

1929 年，蒋介石为国立暨南大学题词

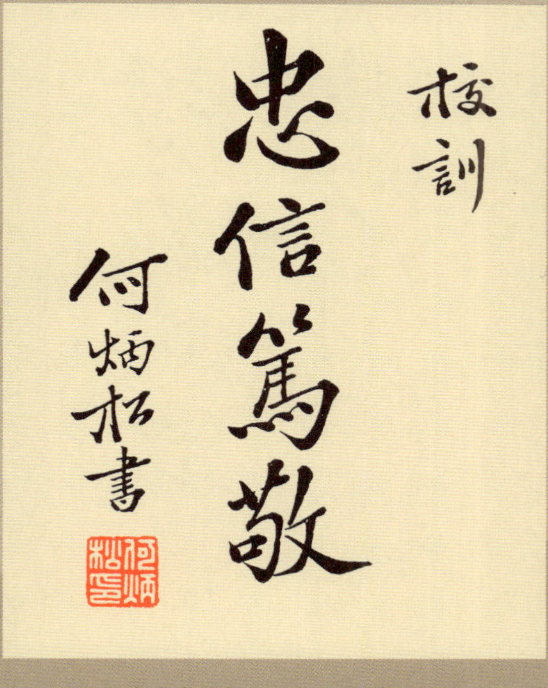

校訓

忠信篤敬

何炳松書

国立暨南大学校长何炳松 1935 年题写校训

含英咀华日新月异知也无涯

积久弥粹立校十年规制详

备负笈远来咸成大器

暨南大学十周纪念

蔡元培题

1936 年蔡元培为国立暨南大学题词

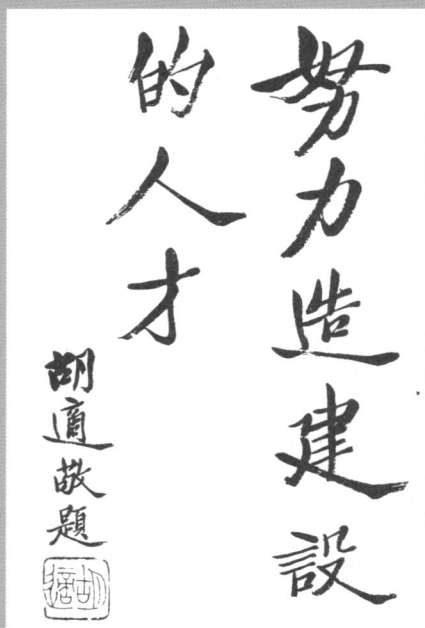

努力造建设

的人才

胡适敬题

1928 年胡适为国立暨南大学题词

二十世纪五六十年代暨南大学校长陶铸
题词

全世界青年联合起来
反抗殖民主义
暨南大学纪念
何香凝敬题
一九五八年秋

1958 年秋，全国人大常委会副委员长、
中侨委主任何香凝题词

爱国爱校
团结奋进

江泽民
一九九五年
十二月八日

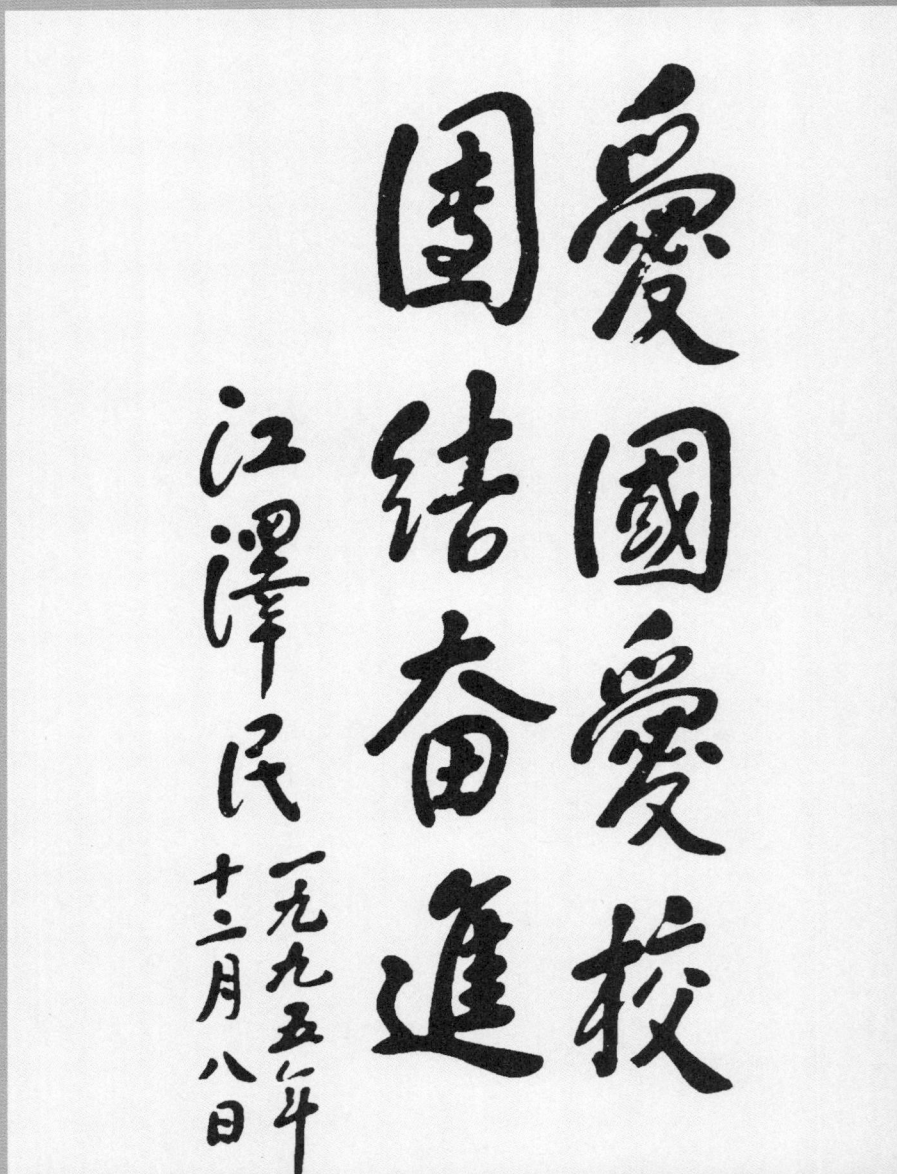

1995 年 12 月，时任中共中央总书记、国家主席江泽民为暨南大学 90 周年校庆题词

照片篇

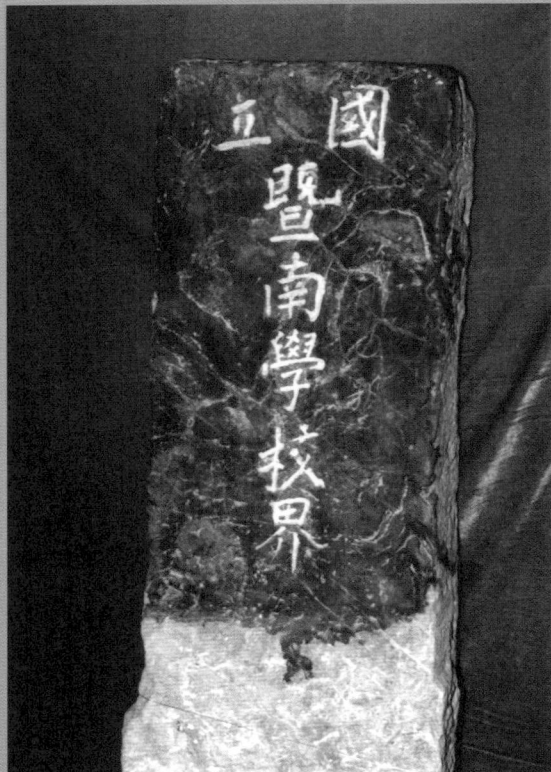

国立暨南学校界碑

南京创校时期暨南学堂校门

上海真如时期国立暨南大学校门

福建建阳时期国立暨南大学校门

广州重建时期暨南大学校门

现在的暨南大学正门

1926 年国立暨南学校校徽

1930 年国立暨南大学校徽

1937 年国立暨南大学校徽

1940 年国立暨南大学校徽

1948 年国立暨南大学校徽

现在的暨南大学校徽

1907 年，清朝两江总督端方与暨南学堂
首批回国侨生和教职员合影

1907 年，首批回国就读的爪岛（今印尼
爪哇岛）侨生，在离开爪岛负笈暨南时
合影

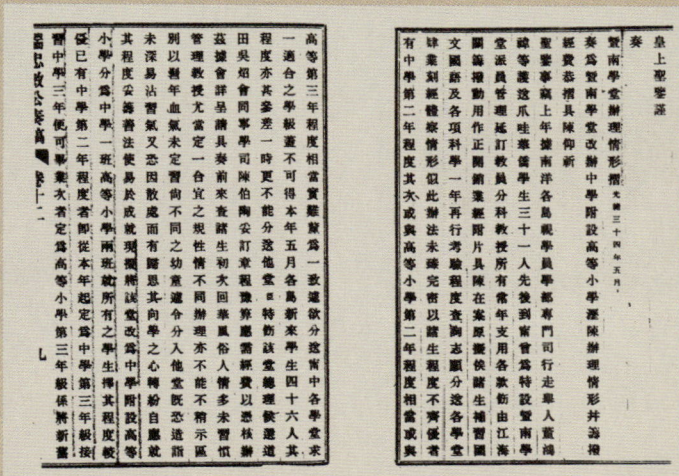

清光绪三十二年（1906）清朝两江总督端方上奏清政府的
《暨南学堂办理情形折》（影印件）

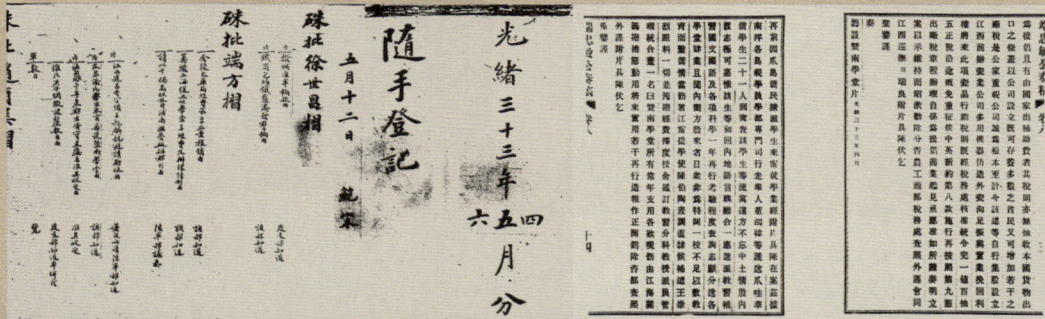

清朝两江总督端方于清光绪三十三年四月（1907 年 5 月）上奏《筹设暨南学堂片》，光绪皇帝于五月
十二日（1907 年 6 月 22 日）朱批"该部知道"。左图为光绪皇帝朱批登记目录，右图为奏折印刷文本

1936 年创刊的《暨南学报》（封面）

1936 年参加在德国柏林举行的第 11 届奥运会的中国代表团中的国立暨南大学师生

1941 年 12 月 8 日，日军侵入"孤岛"，国立暨南大学上了著名的"最后一课"

1946 年 12 月，国立暨南大学学生参加上海市学生反美抗暴斗争示威游行

1949 年 6 月，国立暨南大学学生庆祝人民政府接管学校

1983 年 5 月 5 日，中顾委副主任王震（右三）视察暨南大学

1985 年 4 月，英国前首相希思先生参观暨南大学计算机中心

1986 年 10 月 18 日，暨南大学校友、国务院副总理吴学谦（正中）回母校指导工作

1994 年 5 月 3 日，国务院副总理李岚清在外经贸部部长吴仪陪同下视察暨南大学

1994 年 6 月 19 日，国务院副总理钱其琛（右一）视察暨南大学中旅学院（今深圳旅游学院）

1958 年 9 月 24 日，暨南大学举行在广州重建后的首届开学典礼

1978 年 10 月 16 日，暨南大学举行复办后的首届开学典礼

1986 年暨南大学举行庆祝建校 80 周年大会

1991 年暨南大学举行庆祝建校 85 周年大会

1996 年暨南大学举行庆祝建校 90 周年大会

2001 年暨南大学举行庆祝建校 95 周年大会

2006 年暨南大学举行庆祝建校 100 周年大会

2006 年 11 月 25 日晚，暨南大学举行庆祝建校 100 周年庆典晚会

2008 年暨南大学举行纪念学校在广州重建 50 周年、复办 30 周年大会

2011 年暨南大学举行庆祝建校 105 周年大会

2015 年 11 月 15 日，暨南大学举行 110 周年校庆启动仪式

华文学院

深圳旅游学院

珠海校区

南校区

1996 年 6 月 14 日，暨南大学通过"211 工程"部门预审，进入面向 21 世纪国家重点建设的大学行列

2007 年 12 月 1 日至 7 日，暨南大学顺利通过教育部专家组对学校本科教学工作水平的评估，评估结论为"优秀"

2011 年 4 月 16 日，国务院侨务办公室、教育部、广东省人民政府共建暨南大学签约仪式在广州举行

2012 年 5 月 19 日，暨南大学在广州番禺举行南校区奠基仪式

2015 年 9 月 29 日，暨南大学与广东省政府签署高水平大学建设目标管理责任书

1959 年冬，暨南大学师生修建明湖

20 世纪 60 年代，暨南大学文工团排练东南亚舞蹈

1984 年，暨南学子千里跋涉，骑车进京，首倡教师节

2005 年 11 月 7 日至 10 日，暨南大学承办第一届亚洲大学生田径锦标赛

2015 年 8 月 29 日，2015 年田径世锦赛男子 4×100 米接力决赛在北京"鸟巢"举行，由暨南大学学生苏炳添、莫有雪参与的中国队以 38 秒 01 的优异成绩获得银牌，成为史上第一个在该项目获得世锦赛奖牌的亚洲队伍

2016 年 8 月 9 日与 21 日，暨南大学学生陈艾森在巴西里约热内卢奥运会获得跳水比赛男子双人十米台、男子单人十米台冠军，成为奥运历史上第一位在男子跳水项目上同时收获男子单人十米台和双人十米台金牌的运动员，也是第一位获得奥运金牌的暨南人

序

　　钟山起凤，黄浦翱翔，武夷播迁，珠水复兴。薪火相传，百又十年，2016 年 11 月，"华侨最高学府"——暨南大学将迎来 110 周年华诞。清季，来自南洋的 21 名华侨学子远涉重洋，负笈南京，暨南由此肇始。履百十年之荣枯，共四方之迁播，孜孜矻矻，不绝如缕，铸成今日巍峨之暨南。值此盛典，修撰校史，探求荣辱沉浮，追溯过去，昭示未来，自有莫大之意义。

　　"宏教泽而系侨情"是晚清政府推行的华侨教育政策，暨南学堂的创设即是这一政策的重要体现。暨南大学的前身暨南学堂，创办于 1906 年，由清两江总督、南洋通商大臣端方奏明朝廷于南京设立，这是我国历史上由国家创办的第一所华侨子弟学校。暨南学堂创办之消息传至南洋，华侨奔走相告，当地中华会馆积极选送优秀学子来此求学。1911 年辛亥鼎革，暨南学堂停办。1918 年在北洋政府教育部支持下，黄炎培等积极奔走筹划，暨南学校得以复校。复校之后的暨南学校注重商业、师范职业教育，增加女子教育部，在华侨民众中声誉日隆。1921 年暨南学校与国立东南大学（中央大学前身）合作创办国立上海商科大学，这是国内第一所商科大学。学校此后逐步迁入上海，并以真如为本部，办学条件得到空前改善。为培养华侨商业高级人才，1923 年暨南学校独自创办商科大学部，名为国立暨南商科大学。1927 年国立暨南学校升格为综合性的华侨大学，称国立暨南大学，是当时成立较早、为数较少的著名的国立大学之一。国立暨南大学内部分为大学部、中学部和南洋文化教育事业部三部分，内设商学院、文学院、理学院、教育学院和法学院等，在当时所有综合性国立大学中，属于学科比较齐全的高等学府，其中，南洋文化教育事业部是国内较早的专门研究南洋问题和华侨教育的著名机构，是我国在这一研究领域的重镇。此后，国立暨南大学的学科日臻完善，教研力量日趋雄厚，规模日趋扩大，五洲华侨子弟纷纷负笈暨南，国立暨南大学发展为海内外著名的华侨高等学府。20世纪30年代初期以后，随着日军侵华的范围不断扩展，民族矛盾日渐突出，暨南爱国学生运动风起云涌，与其他学校一起掀起了抗日救亡的巨大潮流。"一·二八"事变后，日军占领真如，校园沦落敌手，暨南大学不得不一分为三，在上海、苏州和广州艰难办学。事变结束后，才得以全部迁回上海。1937年上海"八一三"事变后，学校办学遇到前所未有的挫折，搬进上海租界继续生存，"孤岛"时期苦苦支撑四年之久。1941年底太平洋战争爆发后，上海无以立足，学校不得已又迁播南下，在闽北建阳坚持办学，前后达四年之久。抗日战争胜利后，学校于1946年6月复迁上海，在纷乱复杂的环境中继续办学。上海解放后，鉴于学校本身的侨生比例较小，经费筹措相当困难等，学校于1949年8月合并于复旦大学、交通大学、南京大学、浙江大学等高校。

新中国成立后，党和政府十分重视华侨教育事业，国内各项建设事业蒸蒸日上，国内高等教育日渐勃兴，华侨子弟纷纷回国内求学，重建暨南大学的条件已经具备。经国务院批准，暨南大学于1958年在广州重建。历时近十年，学校发展成一所初具规模的综合性大学。"文化大革命"爆发后，学校办学受到严重影响，被迫于1970年撤销。"文化大革命"结束后，国务院决定恢复暨南大学，大力推进华侨高等教育。暨南由此步入迅速恢复和发展的新时期。国家对学校的发展十分重视，将暨南大学列为国家重点扶持的大学，要求把暨南大学建成"具有特色的华侨大学"，对暨南大学的发展寄予殷切的希望。

步入20世纪90年代，我国高等教育呈现出前所未有的快速发展势头。暨南大学抓住有利时机，加速学科整合和扩张步伐，积极引进优秀人才，完善教学科研机制，形成了激励创新的制度体系。尤其是1996年学校被国家列入重点支持的"211工程"重点建设大学行列后，全校师生以此为契机，积极贯彻"发挥优势、深化改革、保证重点、改善条件、提高质量"的20字发展方针，大力实施"侨校＋名校"的发展战略，在重点学科、重点实验室、重点研究基地和博士点硕士点的建设上，在扩大侨生招生力度上，知难而上，勇于开拓，取得了令人瞩目的成绩。学校通过与国内外同类院校的密切交流，争取到越来越多的资源，也扩大了暨大在国内外的影响力。学校知名度和美誉度日益提高，在国内各高等院校的排名中，暨南大学的名次不断提升，已经跃居知名大学的行列。

新百年肇始，暨南大学迎来发展黄金时期。教育部本科教学工作水平评估暨南大学评为优秀，办学质量显著提高；获准成立研究生院，华侨高等教育再谱新篇；国务院侨办、教育部、广东省签约共建暨南大学，百年侨校迎来全新机遇；南校区历经八年建成投入使用，办学空间极大拓展；进入广东省高水平大学建设行列，综合实力明显跃升。如今，学校的人才培养、科学研究和社会服务水平得到全面提升，知名度和美誉度日益提高，在国内外的影响力不断扩大。6个学科领域的学术影响力进入 ESI 世界排名前 1%，5个学科在教育部学科评估中位列全国前 8；高层次人才数量增长近 30 倍；科研经费总数、国家基金项目和各级各类平台数量均实现 3 倍以上增长；人才培养质量显著提高，在学术研究和创新创业方面，暨南学子屡创佳绩；国际化办学成效显著，在 2015 年大学国际化水平排名中，学校位列全国高校第 13 位。

暨南大学在一个多世纪的奋斗历程中，形成了特色鲜明的办学风格，积淀了深厚博大的暨南文化，铸就了影响深远的暨南精神。暨南文化和精神的内涵非常丰富，角度变换，各有千秋。一个走过百余年历史的名校，留下的精神文化运脉总是年长成熟与青春进取兼容并蓄。一百余年来，暨南大学历经沧桑，五次播迁、三落三起，但学校长期形成的"忠信笃敬、知行合一、自强不息、和而不同"的暨南精神和严谨求实、开拓进取的校风在一代代暨南人身上薪火相传，历久弥新。依靠这种励学敦行的文化和精神，暨南恪守"忠信笃敬"之校训，克服了种种困难，终于建成了在国内外均有重要影响的华侨最高学府。一个多世纪以来，暨南大学共培养了 30 余万名学子，他们分布于祖国各省区和世界五大洲，尤以港澳和东南亚地区的人数为最多，可谓"声教讫于四海"，俊彦遍于五洲。海外毕业生在世界数十个国家和地区成为各项建设事业的重要人才，他们为促进中外经济文化交流，加深中国与世界有关国家、地区的友谊，作出了重要的贡献。

百十新声，砥砺前行。今日之暨南，秉承"面向海外，面向港澳台"之办学方针，力践暨南校训，弘扬暨南精神，正向着"国内一流、世界知名的高水平大学"的目标而阔步迈进。于此重要时刻，躬逢110周年华诞，实为我暨南人之荣幸，也是中国华侨教育之盛事。此次庆典将是我校凝聚侨心、齐聚校友、展望前景、共商大计的良好契机，也是我校创新发展、再铸辉煌的难得机遇。今日暨南，必将发百十年之积蕴，成千秋之鸿业，开始她崭新的纪元！

胡　军　林如鹏

2016 年 10 月

（胡军系暨南大学校长、博士生导师；林如鹏系暨南大学党委书记、副校长、博士生导师）

目　录

（1906—1949）

第一章

南京初创时期

（1906—1923）

110 年前，繁衍生息于海外各地的华侨，在企盼和欣喜中，终于迎来祖国为其设立的专门学校——暨南学堂，海外华侨子弟得以远涉重洋，负笈祖国，接受规范的中国文化教育。暨南学堂后来发展成暨南大学。今日的暨南大学，已经是中国著名的综合性大学，是国家面向 21 世纪重点建设的 100 所大学之一。暨南的发展历程，可谓筚路蓝缕，披荆斩棘，其中处处体现出暨南人执着奋进、与时变革的精神。追寻今日暨南大学之成长与发展，自当从清末暨南学堂的创办开始。

第一节　暨南学堂的创办

一、晚清侨教政策的调整与海外华侨教育的兴起

清朝建立以后，为防止倭寇和来自海上的反清力量，厉行海禁政策，严禁官民出洋，开国之初颁布的《大清律》对出洋经商与谋生严加限制，"凡官员、兵民私自出海贸易，及迁海岛居住、耕种者，均以通贼论处斩"[①]。对待华侨出入国境，查处更严，"一经拿获，即行正法"[②]。海外华侨在居住国遭受欺凌和屠杀，清政府不但不予保护，反而认定是"孽由自作"，"朝廷概不与闻"[③]。

鸦片战争后，清政府与西方列强签订了一系列丧权辱国的不平等条约，传统的海禁政策已经无法维持下去，华工出国也不得不为清政府所认可。漠视华侨的政策在1868年清廷与美国签署《中美续增条约》时，才得以调整，首次以条约形式表明自己关注海外侨民的利益。进入19世纪90年代，驻外使领开始建议清廷摒弃严禁华侨回国的政策，呼吁废弃海禁旧例，保护商民利益。1893年9月，清廷正式宣布："敕下刑部将私出外境之例，酌拟删改，并由沿海各省督抚出示晓谕州县乡村，申明新章既定，旧禁已除……善良商民，无论在洋久暂，婚娶生息，一概准由出使大臣或领事馆，给与护照，任其回国治生置业，与内地人民一律看待，并听其随时经商出洋，毋得仍前借端讹索，违者按律惩治。"[④] 这表明清政府对传统侨务政策作了较大的调整。

作为侨务政策的一部分，清政府对华侨教育政策也作出相应调整，尤其是对华侨子弟的教育问题趋向重视，认为这可以使其明了中国的传统文化，激发其爱国心，对于防止楚材晋用，大有裨益[⑤]。新的华侨教育政策推动了海外侨民子弟的中华文化教育。清政府的驻外官员中，较早致力于推进华侨教育的是左秉隆。1881 年被任命为清驻新加坡领事后，他目睹了华侨教育的落后和祖国文化的衰落，决定大力推进中华文明在此地的传播。翌年，他计划在新加坡创设义塾，并起草了一份义塾章程。他克服了经费拮据的

① 《大清律例全纂》，第 20 卷，《兵律·关律·私出外境及违禁下海》，1740 年刊印本。
② 《敕谕沿海督抚镇申严禁海事》，《郑成功档案资料选辑》，福州：福建人民出版社1985年版，第169页。
③ 曹仁虎等撰：《清朝文献通考》，第 2 册，卷 195，上海：上海商务印书馆 1935 年版，第 7465 页；李长傅：《中国殖民史》，上海：上海商务印书馆1937年版，第171页。
④ 薛福成：《请豁除旧禁招徕华民疏》，《庸庵海外文编》，卷1；沈云龙主编：《近代中国史料丛刊》正编，第 943 号《庸庵文编》，第 3 册，台北：台湾文海出版社 1967 年版，第 1172 页。
⑤ 参见朱寿朋：《光绪朝东华录》，第 5 册，北京：中华书局 1958 年版，第 5614－5615 页。

困难①，不遗余力地推进华侨教育，一批私塾，如毓兰书院、培兰书院、乐英书院、进修义塾、华英义塾、养正书院等在他的努力和影响下纷纷创立。他还组织"汇贤社"，亲自教习课士②。驻菲律宾总领事陈纲也在领事馆内开办侨校，教习华侨。就连到南洋募集铁路资金的福建士绅陈宝琛也奉命顺便到各处劝学③，从而改变了过去对海外华侨教育不闻不问的态度。

新政期间，清政府为推进华侨教育采取了一些重要措施，推进了华侨教育的发展。

（1）鼓励国内教员和师范生到海外侨校任教，解决侨校师资问题。随着这一时期华侨学校的增加，侨校面临着师资严重不足的困难。由于海外华侨文化水准普遍低下，侨校十分缺乏近代知识与传统文化兼备的合格教师，华侨虽然"争慕汉学，并能内渡延聘教员"，但远不能解决海外侨校师资缺乏的问题④。为改变这一情况，学部奏请鼓励国内教员及师范生到南洋各地华侨学校执教，对于到南洋侨校执教者给予优于内地教员的奖励：到"海外华侨学堂充当教员者，三年届满，如果成绩优著，即照异常劳绩给奖；如由内地师范生派往各该处充当义务者，在堂三年，准作为义务年满。如果成绩优著，并照（师范生）五年届满之条给奖"⑤。清廷批准了这一奏请，并鼓励国内教员到南洋任教，在一定程度上推动了华侨学校的发展。

（2）不断派员到南洋巡查华侨教育，鼓励和扶植侨校的发展。随着海外华侨学校的日益增多，清政府及沿海督抚不断派员到南洋各地"劝学""视学"，加强与侨校的联系并对其进行管理。清末新政期间，清廷在巴达维亚、新加坡、槟榔屿等地设立了劝学所，派遣刘士骥、林文庆、钱恂、董鸿祎、王维忱、汪凤翔、陈华、林鼎华等人介入华侨教育事务，成立学务总会，调查南洋学务情形。1904年，清政府特派考察外埠商务大臣兼南洋学务大臣张振勋（新加坡著名华侨商人）到南洋考察商务兼理南洋华侨学务。张振勋到达槟榔屿后，立即发动当地华侨绅商创设中华学校，并赠送由光绪皇帝御题的"声教暨南"匾额及《古今图书集成》一套，随同考察的商部郎中时宝漳邀集侨商筹集经费十几万元为该校购买建校用地。清政府对槟榔屿兴学的表彰和支持使侨民深以为荣，"合屿商民，欢欣鼓舞"⑥。在清廷的倡导和槟榔屿中华学校的影响下，英属南洋华侨学校也纷纷建立。

在中央派出官员的同时，地方督抚也加强与南洋侨校的联系。1905年，两广总督岑春煊派知府刘士骥到南洋查学。刘氏游历了南洋各地，所到之处，鼓励华侨创办学校。在荷属东印度（印度尼西亚），他视察了爪哇各地的中华学校，并在万隆召开了各地华侨代表会议，商议如何办好华侨学校。1906年7月，他第二次召集各中华会馆负责人开会，会上成立了"中华总会"，作为团结华侨、管理侨校的组织。刘士骥归国后，粤督又于1906年8月派汪凤翔为荷属东印度华侨劝学总董兼视学员，驻扎于巴达维亚。不久即制定《爪哇学堂章程》作为统一各侨校的标准，同时改"中华总会"为"爪哇学务

---

① 薛福成：《出使公牍》，卷7，台北：台湾文海出版社1967年版，第4页。
② 左秉隆：《勤勉堂诗抄本》，南洋历史研究会1959年版。
③ 刘锦藻：《清朝续文献通考》，杭州：浙江古籍出版社1988年版，第8717页。
④ 端方：《端忠敏公奏稿》，卷14，台北：台湾文海出版社1967年影印本，第27页。
⑤ 《谕折汇存》，卷20，台北：台湾文海出版社1967年版。
⑥ 《京外学务报告》，《学部官报》（9），北京学部铅印本。

总会"，作为管理华侨教育的专门机构。该会的宗旨和会章确认视学员对侨校的监督调查权力，要求加入该会的各地侨校每年将侨校情况呈报学务总会，再由学务总会向清学部汇报。可见，清政府通过其派出的驻外官员建立了华侨学校同国内最高教育行政机构的联系。"爪哇学务总会"在协助解决师资、经费困难等方面发挥了重要作用，密切了华侨学校之间的联系，加强了对各侨校的管理。

（3）根据《奏定学堂章程》，制定华侨学堂规则，并准予华侨学堂在学部立案。这一措施试图通过规定华侨学堂的教育宗旨，把华侨教育纳入清末的教育系统中，使华侨"知身居海外，仍在朝廷轸念之中"，以便"维系人心，潜消隐患"①。针对监察御史徐定超提出的保护华侨的三个措施：多设领事、广设侨民学堂和以侨民为领事，朝廷颁下谕旨说"应饬学部及各国使臣分别推广筹设，期底于成"②，全面加强对华侨教育的管理。

（4）奖励积极办学的绅董、教习及捐助学费各员。1905年华侨余乾耀等在广东台山县集资20万元，筹建了一所规模宏大的小学堂，学务处立案之后，积极为其向督抚申请奖励。1906年学部根据两广总督岑春煊的奏请，奖励倡办南洋学务得力人员胡国廉、林奎等20人。③

在清廷华侨教育政策的推动下，海外华侨教育有了较快的发展。鸦片战争之前，华侨就把中国传统的书院、私塾等旧式教育机构移植到海外。例如，1729年巴达维亚（即今天的雅加达）设立的明诚书院就是旧书院。荷属东印度、菲律宾、安南、暹罗、朝鲜、檀香山、旧金山、加拿大等地的华侨先后自发地开办了蒙馆、学塾、义学、书院等教育机构。鸦片战争后，华侨对其子女的教育愈加重视，1854年新加坡闽籍华侨陈金声父子创办了一所著名的翠英书院，槟榔屿华侨兴办了南华书院。加拿大50余位华侨于1875年在维多利亚自行筹办了一所讲习班，后来又开设了学塾，1899年该埠中华会馆因侨童增多，又在会馆内设立乐群义塾。

进入20世纪，与清政府废除科举、兴办学堂的新政改革相呼应，海外华侨中出现了第一次办学高潮。新式华侨学堂如雨后春笋般不断涌现。清末十年间，英属马来亚建成的侨校就有10余所，而荷属东印度各地创设的中华学堂则发展到65所。④此外，美国的旧金山、萨克拉门托、纽约、芝加哥、波特兰、西雅图以及加拿大的温哥华、维多利亚等地，先后兴建了大清侨民学校。菲律宾、日本、朝鲜、安南、暹罗、缅甸等国，也出现了一批以"中华"二字冠名的新式学堂。南洋华侨第一所新式学堂——中华学堂，于1901年3月由巴达维亚中华会馆创办。1905年新加坡华侨设立养正学堂（初名广肇学堂，后来改称广惠肇养正学堂，最后改为今名）、崇正学堂（初名养正，1909年才改为今名），1906年又设立了应新学堂、端蒙学堂、启发学堂和道南学堂。1907年吉隆坡华侨设立尊孔学堂等。⑤这些学堂模仿国内的新式学堂机制，教授学生讲官音（类

① 朱寿朋：《光绪朝东华录》，第5册，北京：中华书局1958年版，第5615页。
② 徐定超：《请速设议院保护华侨以维人心弥民变折》，陈维达：《监察御史徐定超》，上海：学林出版社1997年版，第40－42页。
③ 载《东方杂志》1905年第11期。
④ 《南洋华侨学务观》，《教育杂志》1908年第4卷第12号。
⑤ 陈维龙：《清末暨南回忆之二》，暨南大学华侨研究所：《暨南校史资料选辑》，第1辑，广州1983年内部刊行。

似今日的普通话），传授中华文化，并开设算术、地理、修身、体操、唱歌等课程，一改过去的旧式教育内容，比较适合侨胞学习祖国的语言文化，掌握日常生活和谋生之技能。这一时期的兴学活动基本上是有组织的，并遵循一定的指导原则。无论是在繁华的都市，还是在偏僻的乡村，只要有华侨居住，就可以听到华侨莘莘学子琅琅的读书声，无形之中，增强了华侨对祖国的文化认同。

但是，在海外华侨兴学的过程中，也存在一定的问题。例如，各校之间联系较少，各自为政，教育标准不够一致，教科书并不统一，学制要求并不相同。学校董事会与教务部门的权限划分不清，经费来源时常受到经济波动的影响，师资力量比较薄弱等。这些问题的存在，的确会影响华侨教育的发展，制约着海外侨教事业的发展速度和教育质量。因此，回国升学始终是华侨父老的一个强烈愿望。

二、南洋查学与暨南学堂的兴办

华侨教育真正引起清政府的重视是在 1905 年以后。光绪三十一年（1905）清政府派端方、戴鸿慈等五大臣分赴东西洋考察宪政。端方从欧洲归国，途经南洋，受到当地华侨商人和华侨学校师生列队欢迎。他不仅深切感受到海外华侨爱国情深，而且认识到开展华侨教育之不可缓，因之召见各埠华侨"劝其就地兴办学堂培养子弟，并戒其勿染外洋习气"[1]。

清政府重视华侨教育的一个重要举措就是屡次派遣官员赴南洋调查学务。南洋查学成员中，较为重要的人物是钱恂和董鸿祎。钱恂，字念劬，曾随薛福成出使英、法、意、比四国，因而增长了国际知识和外事才干。1899 年他受任湖北留日学生监督而驻扎东京，1905 年作为参赞官，随载泽等五大臣赴东西洋考察宪政，因而与五大臣中的端方得以结识。1906 年他被学部特派为南洋查学委员。同时，学部还派遣专门司行走董鸿祎作为陪同成员。

钱、董二人于 1906 年秋天抵达爪哇。爪哇是华侨比较集中的大岛，该岛首府巴达维亚的中华会馆已经在此前创办了中华学堂，开南洋华侨办学之先河。各埠此后虽创办了大量的学堂，但由于师资和教材均感不足，教学质量也不尽如人意。华侨父老仍有送子弟回国读书的愿望。钱、董二人鼓励华侨子弟回国读书，允以官费待遇。并往各埠华侨学堂视察，其间挑选了 60 多名侨生，准备分批返国。钱恂等除了立即向学部申报外，还致电两江总督端方，请他主持办学。12 月钱恂致电端方说："爪岛学生通官音（指能讲普通话）可接中学程度者约三十人，志切归国读书，选地南京，川资日用自备，惟请官给食宿。并准学部电咨，以该侨民笃志内向，自宜因势拊循。"[2]端方接此电，深知"大地造物"的哲理，主张秉着"百年树人的大计"，接纳这些来自南洋的华侨学生，让其有一个更好的读书环境。恰逢学部根据钱恂的建议，也向两江总督端方征询意见，端方赞同其议，即奏请朝廷：

爪岛侨民流寓远方，不忘归国，派生内渡，就学金陵，洵属爱国情殷，极

---

① 端方：《接见各华商片》，《端忠敏公奏稿》，卷6，台北：台湾文海出版社1967年影印本，第667页。
② 《华侨分送肄业片》，《端忠敏公奏稿》，卷7，台北：台湾文海出版社1967年影印本，第888-889页。

堪嘉许，自当官备食宿，妥为照料。当经电饬该员钱恂等，允为照办。属其传语华侨，益相敦勉，札饬江宁提学使，俟该生等来宁，即查询志愿，分送各学堂肄业。嗣后南洋各岛及檀香山、旧金山等地侨民，如有愿送子弟来宁就学者，并当一律收取，以宏教泽而系侨情。①

清廷出于"宏教泽""系侨情"和"弥隐患"的考虑，准许了端方的请求。于是，钱、董二人率领第一批由爪哇归国的侨生21人，先到新加坡等候轮船北渡。当时已经是1907年1月20日，临近春节，未能等到过完春节即起身回国，由此可见侨生回国读书的急切心情。新加坡中华总商会为此举行了隆重的欢迎宴会，归国侨生即席朗诵诗歌，当地的中文报纸《叻报》于当年2月6日作了详细的报道，可谓盛况空前。

归国的侨生被临时安置在南京三牌楼实业学堂寄宿。原来的想法是，"俟该生等来宁，即查询志愿，分送各学堂肄业"，并未想要办一所专门招收华侨学生的学校。但是这些华侨学生到达南京之后，原来的计划不得不作改变。主要原因是这些侨生资质参差不齐，且不谙国内的风土人情，若按照原定计划分送各学堂学习确有意想不到的困难。另外尚有特别具体的困难。郑洪年在1929年11月国民党中央训练部召开的南洋华侨教育会议上介绍当时的情况说："端（指端方）欲先试验各人程度，再分送各校。而他们（指侨生）回国的时候，适降大雪，与南洋热带的气候迥殊，因此病了好几人。大的二十二岁，小的只有十一岁。我就对端（方）说，分开来恐怕不行，一定要走散回去的。于是就在本京三牌楼实业学堂楼上，请教员来替他们补习"，"我与陈伯陶商量，索性在一起，多请几位教员来教。陈并题了一个名，取《书经》'朔南暨，声教讫于四海'之意，名之曰暨南学堂"。由此表明，郑洪年与江宁提学使陈伯陶一起参与了暨南学堂的筹备和创建。由于学生主要来自南洋，陈伯陶建议用"暨南"做校名。"暨南"一词源自《尚书·禹贡》："朔南暨，声教讫于四海"，寓意为：中华民族优良的道德风尚和文化教育，以中国为中心，辐射、传播到四面八方。暨南校名因此而来。

端方欣然采纳了郑洪年、陈伯陶的建议，于光绪三十三年四月（1907年5月）上奏称："该生等初回内地，语言骤难合一，应选派教习补习国文国语及各科学一年，再行考验程度，查询志愿，分送各学堂肄业。且闻内响方殷，来者日众，非为特辟一校，不足以敷教育而系侨情，当饬署江宁提学使陈伯陶，差调直隶候补道王崇烈照料一切，并筹拨经费，择度校舍，延订教习，分科教授，派员管理，统合画一，名曰暨南学堂。"光绪皇帝于光绪三十三年五月十二日朱批："该部知道。"②从上述情况可看出：暨南学堂已经开学之后，端方才奏请光绪皇帝批准，这实际上是补办审批手续。由于清廷前已批准接受侨生而创办暨南学堂，只是从实际出发，变通做法，以便把华侨教育工作做得更好。由于郑洪年积极参与筹办工作，因此被委任为首任堂长（庶务长）。

郑洪年（1876—1958），广东番禺人，字韶觉。少中举，能诗文，曾师事康有为，继而就读于两江政法学堂。先后在江宁学务处、北京交通部门做幕僚。辛亥革命后，任北洋政府交通部次长、广东省财政厅厅长。南京国民政府成立后，历任财政、建设、工

---

① 《华侨分送肄业片》，《端忠敏公奏稿》，卷7，台北：台湾文海出版社1967年影印本，第888－889页。
② 端方：《筹设暨南学堂片》，《端忠敏公奏稿》，卷8，台北：台湾文海出版社1967年影印本，第1005页。

商等部次长。抗日战争期间，在香港办华夏学院、汉华中学。1952 年回上海定居，任上海市人民政府参事室参事。主要著作有《郑洪年华侨教育言论集》和《蠹园诗稿》等。

经过筹备，校址选在南京薛家巷妙相庵，该地位居南京城中央，鼓楼之南，唱经楼之北，西北紧邻金陵大学，闹中带静，颇可以进德修身。校舍被部分改建，景致清幽，诚得天独厚之"华侨学府"。暨南学堂就在薛家巷诞生了，薛家巷由此成为中国华侨教育的摇篮。

三、暨南学堂的拓展

1907 年 3 月 23 日，暨南学堂正式开学。首批侨生 21 人，由于他们原籍大多为广东，端方指派广东人温秉忠为学堂总理，郑洪年为庶务长。这是侨生回国学习的开始。侨生所学的功课主要有：修身、国文、讲经、算术、英文、图画、历史、地理、理科、乐歌、体操等。为了纪念这一重大的事件，端方还亲自与 21 名侨生及全体教职工合影，端方坐在正中。1907 年 8 月 28 日，巴达维亚中华会馆董事潘立斋、梁映堂又护送 10 名侨生到达南京学习。1908 年 5 月，南洋各岛第三批 46 名侨生抵达南京。至此，由国家兴办的华侨教育事业迈开了艰难的一步。

根据江宁提学使呈报学部的江宁全属学堂一览表，暨南学堂成立初期，教职员的基本情况如下：

职员：总理：田吴炤、温秉忠、左全孝

庶务长：郑洪年

会计文案：陈廷俊

司事：叶崧

教员：清铨：国文、图画、算术

王嘉曾：国文、历史、讲经

王撰曾：乐歌、理科

管葆鳞：英文

关春和：体操

陈云葆：国文、修身①

学堂教师大多为饱学之士，其中有清朝举人、秀才，也有留日学生，体育教师为留德学生。② 学堂延聘人才煞费苦心，体现出对华侨子弟教育的重视。

端方对暨南学堂的建立慎重其事，悉心擘画，奠定了学堂发展的基础。暨南学堂的开办，在海外华侨中产生了积极的影响，"爪哇一埠风声传播，不独业经来校各家属欢欣鼓舞，凡附近各埠亦闻风而起，均愿选取练习中语合格之学生送宁就学"③。由于学堂逐步趋于正规化，教学颇有成效，"在堂学生以班次既有定程，受课益知奋勉"。桃李不

---

① 陈育崧：《来远培材声教暨南》，暨南大学华侨研究所：《暨南校史资料选辑》，第 1 辑，广州 1983 年内部刊行。

② 林邦彦、何葆仁：《清末暨南回忆之一》，暨南大学综合档案室，档案号：2004 – X12 – 7。

③ 端方：《暨南学堂添收学生折》，《端忠敏公奏稿》，卷 14，台北：台湾文海出版社 1967 年影印本，第 1685 页。

言，下自成蹊，华侨学生回国求学运动，在南洋诸岛热烈展开，暨南学生的数量开始激增。端方再次奏请将暨南学堂改办中学，附设高等小学堂，分为中学一班，高等小学两班。根据所招学生的实际程度，成绩较优、达到中学二年级程度者，选进中学三年级，继续学习三年即可毕业；成绩较次者，编入高等小学二年级，其余编入小学一年级。中学毕业者，可以升入政法、商业、陆军等各高等学堂深造。

1908 年春，暨南学堂开设中学，添聘教员，购置理化仪器、博物标本，气象为之一新。根据学校的实际情况，暨南学堂内，开设了一个由 14 人组成的中学班，高等小学分成甲乙两班，甲班为高小三年级，有学生 37 人，乙班为高小二年级，有学生 36 人。从 1908 年 8 月起，中学科的数理化各课均改用英文讲授，由留美学士嘉化担任教师。11 月，爪哇学务总会选送的 38 名学生由暨南学堂特派员叶兆崧护送到南京。学堂进行了班级调整，中学添设了一年级一个班，补习科一个班，除了原中学班保持不变外，其余新旧学生根据学业程度，重新插入各个班级学习。端方对于从南洋招收的侨生质量比较满意，对于创办和发展暨南学堂也相当有信心，他说："盖群岛华人侨居海外已数百年，今以群殷内响之忧，有归国就学之举，诸生性情，复极纯谨，用功甚形刻苦，气象尤为严肃，文章可观者亦不乏人，自应择其尤佳者，因其有中学二年程度，即定为第三年级，俾其毕业期近，易观成功，先来者既得优奖，继来者自足歆动，诱劝之道，莫要于此。"言谈之中，体现出他对华侨教育的殷殷用心。

暨南学堂的经费来源，原为每年从江海关税中筹拨五千两，作为正项开销，列入常年拨款计划。但是随着学堂规模的拓展，日用支出增多，经费问题必须解决。为此，端方奏请朝廷说，回国学生的服装置备费用每年需要一万三千二百余两，现在又增筑教室，共需白银六千余两，添置教学用具一千余两，可谓用度不凡。由于回国就学的学生原籍大多是福建、广东两省，所以他建议，日常经费所需应该由闽海关和粤海关分担其额。[①] 到宣统元年（1909），暨南学堂学生人数增至 167 名，而爪哇各地学校申请来暨南的学生尚有 70 余人，端方便奏请一个固定而持久的办法：拟定学额 500 名，额满不收，仍将暨南学堂分为中学和高小两级，准备每年的经费由过去的二万八千两，扩增至六万余两。[②] 这笔经费主要用于建筑校舍，添置仪器，于是暨南学堂的规模更加扩展了。

暨南学堂开办的头两年，回国就学的侨生就有 4 批，均来自荷属诸岛。1908 年 7 月，学部致函新加坡总领事左秉隆，告知新加坡也可每年选送合格学生 45 人回国就学。经过新加坡、吉隆坡、槟榔屿各埠学堂挑选保送，第 5 批侨生 54 名于 1909 年到校。4 月，来自梭罗等地的第 6 批学生 6 人也到达南京。学校人数逐年增加，侨生数量由 1907 年开办时的 21 人，发展到 1909 年 6 月时，已增加到 167 人；1909 年下半年至 1910 年，又陆续增加 70 余人。辛亥革命爆发前，除了有一小部分转入陆军学堂及其他学堂外，在校学生共有 240 多人。[③] 学生中仅有一小部分是从内地录取入校的，其余大部分则是来自荷属东印度、英属马来半岛、檀香山、旧金山等处的华侨。

---

① 端方：《暨南学堂经费作正开销片》，《端忠敏公奏稿》，卷 12，台北：台湾文海出版社 1967 年影印本，第 1429 - 1430 页。

② 陈育崧：《来远培材声教暨南》，暨南大学华侨研究所：《暨南校史资料选辑》，第 1 辑，广州 1983 年内部刊行。

③ 曹聚仁编：《暨南创校以来大事年表》，转见周孝中：《暨南爱国民主运动史话（1907—1949）》，暨南大学华侨研究所：《华侨教育》，第 1 辑，广州 1983 年内部刊行。

1909 年暨南学堂的督学温秉忠、堂长郑洪年离任，继任督导者为清末教育家、书法家李瑞清翰林。李瑞清（1867—1920），字仲麟，号梅庵，江西临川人。他生长于书香世家，从小酷爱书法艺术和金石考证之学，23 岁乡试中举，28 岁成为乙未科（光绪二十一年）二甲第十五名进士，授翰林院庶吉士。1905 年以道员分发江苏候补。时南京两江优级师范学堂闹学潮，李瑞清恳切开导，风潮平息。1908 年在兼任两江优级师范学堂监督的同时，兼任暨南学堂监督。李瑞清履任之后，非常重视暨南学堂的发展，他提倡刻苦学习与重视艺术教育，专门设立画室，聘请著名画师教学；设立手工艺室，方便学生实习。清末暨南学堂办学五年间，李瑞清任督导达三年之久，为暨南学堂初期的发展作出了贡献。

暨南学堂在郑洪年离任后，1909 年初，由教师杨熙昌继任堂长。杨熙昌，江宁人，字缉庵，少孤力学，1902 年乡试中举。历任元、宁（上元、江宁）县学和暨南学堂堂长。杨氏继任后，也比较重视对学生进行艺术教育和提高文化修养。关于暨南学堂的第一首校歌，由于缺少直接证据，因而有不同的说法。周孝中先生认为，暨南学堂的第二任堂长杨熙昌主持编写了暨南学堂的第一首校歌，歌词是请游历南洋多年的康有为撰写的，由音乐教师王女士谱曲，歌词中写道："爪岛殖民本我先，胡为父老竟酣眠，让人着先鞭，……誓为祖国张海权，大任在吾肩，唤起侨魂风云变，锦绣好山川。"这首歌的歌词含有与欧洲殖民者争霸权的思想，暨南学堂的倡议者、出使荷兰的大臣钱恂以及其他人士多有顾虑，认为不太合乎时宜。钱恂亲自改撰，暨南学堂第二首校歌《孔子颂》便诞生了，歌词曰："圣德与天齐，大哉孔子何巍巍，一匹夫虽未自称南面，救世心万古昭垂。"这首《孔子颂》作为第二首校歌在薛家巷里唱开了，显示出侨生对祖国传统文化的敬仰。①

受暨南学堂的启发，广州将军兼署两广总督增祺奏陈清廷，认为南洋粤侨居多，粤省和南洋华侨有地理和语言上的便利，要求在粤省参照暨南学堂设立华侨学校，以便南洋侨民子弟就学。② 清政府就此令新任粤督张鸣岐妥为筹划，但筹划工作尚未进行，清政府便走向了覆灭。

四、学习与生活

早期的暨南学子年龄一般在十三四岁，远离父母，远涉重洋，本来年龄幼小，生活自理能力不足，加之来到语言习惯和生活环境相当陌生的地方，当然会难以适应。因此，学堂采取的是"家庭学校制"，"所有设备，均仿家庭之布置，管理学生，亦按各生之习惯，视其不良者，矫正之"。③ 师生的关系也像家人一样亲切。两江总督端方对侨生多方照顾，极为优待，规定侨生除了自备衣物和零用钱外，学费和食宿费一概豁免。每

---

① 关于暨南学堂校歌的诞生，周孝中先生曾有考证，此处参见周孝中：《暨南逸史》，广州：暨南大学出版社 1996 年版，第 10－11 页。而 1996 年的校史编写组副组长马兴中先生则认为，第一首校歌系郑洪年所作，董王瑞娴制谱，暨南大学校史展览室陈列的校歌复制件即为证据，并且郑洪年在 1929 年南洋华侨教育会议上也有肯定的说法。

② 《具筹粤省特设专校以便南洋华民子弟就学折》，中国第一历史档案馆藏件，转引自邱建章：《论晚清政府的华侨教育政策》，《河南大学学报》2002 年第 4 期。

③ 林思温：《暨南学校沿革史》，载《中国与南洋》第 2 号，转见暨南大学校史编写组：《暨南校史（1906—1996）》，广州：暨南大学出版社 1996 年版，第 7 页。

年另外发放冬夏两季制服。学堂还为侨生免费医病。第一任堂长郑洪年回忆当初的情景说："侨生之来学者，如至家室，而吾亦以家人待之。居未安，授馆以安之；餐未适，治庖以适之。时或时气不节，土宜不调，延医以调之，选药以节之。"① 可见学校给侨生以无微不至的关怀和照顾。端方当时曾向闽海关、粤海关和江海关申请拨助医药费一千两，理由是："该堂学生名额增而医药各费自应与之俱增，且该生等生长南洋诸岛，性质与西人相近，遇有疾病，多延西医诊视，所费较多，核实计算，自本年起，每年需另添医药银一千两。"由此可见，端方对这些来宁就学的青年人关切的真情了。②

学堂在教学上力行因材施教，区别对待。针对侨生各自特点及学业水平之差异，为其延聘教员补习功课。如不会讲国语的就补习国语，对不同层次的学生，分班授课。念及侨生学成后要回居住地发展，学堂特别为其开设英语课程。在体育活动方面，由于侨生主要来自荷属东印度，体格粗健，性情好动，学堂为此专门修建篮球场、足球场、秋千架和铁环等运动设施，以利于其身心全面发展。

归国侨生远离父母，学堂除了悉心照料外，还定期将学生情况通告南洋。端方饬令学堂制定各种规章，设立训育处、教务处、学监和舍监，对学生加以严格管理，在自修室及宿舍也实行点名。为了加强学校和家长之间的沟通，学堂确立的章程中规定：凡教员名数、资格、教科名目、钟点，学生食品、衣服装束、逐日作息时间，以及学生各科分数等，每月必须列表送给巴达维亚中华会馆，请其转告学生家长。每周要求学生各发家信一封，借以练习文字，提高国语水平。南洋华侨也给归国求学的子弟以大力支持。从南洋回国的侨商，大多来到学堂，看望侨生的学习和生活。如爪哇谏义里中华会馆总理徐博来南京参观劝业会，就亲自到暨南学堂考察学务，了解到谏义里等埠学生多数拖欠学费，经济困难，徐先生为了鼓励学生奋发向上，当即将学生拖欠的款项全部代为偿还，总数不下数千元。

较早来到暨南学堂的侨生一般没有经过入学考试，而是由各个学堂根据平时成绩保送的。一般来说，当地各学堂对保送生赴暨南求学，还是比较郑重其事的，例如，1908年冬，吉隆坡尊孔学堂挑选学生时，乃是根据年考式成绩最好而学行兼优者选送三人。后来，就由视学员来南洋选取学生。③ 可见保送生制度与视学员选择是暨南招收学生的两种基本制度。

侨生年龄较小，在暨南学习的过程中，免不了顽皮和淘气。对此，老师总是循循善诱，动之以情，晓之以理。例如，当年毕业于暨南的校友回忆说：

给我及许多位同学最深印象的，一位教经学的江先生，我们在背后称他为"江道德"。他的学问如何渊博，我们大多数莫测其高深。他最喜欢说："读圣贤书，所为何事？"所以他要实行圣贤的道理，以身作则。平时规行矩步，一点都不含糊。遇有学生犯规或不用功者，他不责罚他们，却约他们到他的房中

---

① 郑洪年：《发刊词》，《国立暨南大学校务特刊》，1927 年，参见上海市档案馆：暨南大学档案全宗，Y8 - 1 - 925。

② 陈育崧前揭文。

③ 陈维龙：《清末暨南回忆之二》，暨南大学华侨研究所：《暨南校史资料选辑》，第 1 辑，广州 1983 年内部刊行。

饮茶。届时他细声细气地讲道理给他们听，让他们记得自己为什么到南京来？父母对他们的期望，他们现在这样做，是否对得起父母？结果他们常痛哭流泪，声明要痛改前非。①

学堂为侨生定制了统一的校服，服装全用黑色，黑革履，黑呢帽，帽边镶着金丝线。出门旅行，俨然是陆军学生，威风凛凛，当地贫苦孩童常跟随前后，口喊"洋少爷，给我一个铜钿"。② 两江总督端方极爱护学生，当他在南京马路上遇见侨生时，经常停车邀请他们上车同游。他常来校视察，他来校时，仅带刀卫队随侍，每年必派人送给侨生佳美果品。他离职时，赠送每位学生自己的肖像一幅，以作纪念。

学生除了学习外，还有丰富的课外活动。练习书画即是其中之一。教师对学生写字和图画督责甚严，学生只好在下课之后，或临摹颜赵诸位名人的碑帖，或画山水兽鸟虫鱼，按时交卷。游览名胜是学生们喜爱的活动。每逢假期或星期日，明孝陵、莫愁湖、玄武湖、雨花台、北极阁、鸡鸣寺等各处名胜，均留下了暨南学生的足迹。众多的名胜古迹，使侨生们受到了祖国历史和文化的熏陶。校园内有假山荷池，亭榭回廊，各类文体活动器具。课余闲暇，大家可以散步、健身，爱好体育的同学，还可以互相砥砺切磋。

南洋学生大都喜欢体育运动，因而，暨南体育在江南诸校中较有名气。1908年南京举行运动大会，暨南学堂就夺得了两个项目的冠军。③ 足球运动则更为出色，暨南足球队在南京各校中实力最强，每逢比赛，经常凯旋，全体同学均予以热烈欢迎。因此，学生对足球的练习颇为积极，年纪较小的学生，则以踢小球为乐，常常分队比赛，彼此争雄。

五、暨南学堂与辛亥革命

来自南洋的华侨学生在侨居地时，就已经受到民主思想的影响。以孙中山为首的革命派和以康有为、梁启超为首的保皇派，在海外长期进行革命和维新改良的宣传，后来又进行了革命与改良的论战。这些活动，或多或少地对华侨子弟产生影响。侨生回国后，目睹了清政府内部的腐败，尤其是社会日趋革新，新的思想和观念不断影响着他们。新政改革导致社会生活和思想出现了多元化的趋势。就教育界来说，清末数年间，各地学堂学生非常活跃，学潮不断。暨南学堂诞生在新政期间，自然会受到各种趋新思想和各地学堂风潮的影响，加之南京城地处南北要冲，濒临江海，革命势力和进步组织活动频繁，侨生身处其间，思想观念自然会有大的变化。

这种变化，首先体现在学生对于剪发易服一类变易风俗的举措上。据一位老校友回忆，1910年秋天，整个暨南学堂的学生大都将自己的发辫剪掉，只有两位保留下来。这种举动，意味着他们具有一种反叛和渴望新生活的心理。这种心态通过相互交流，彼此之间互为感染，新入校的同学也不能回避。他说：

---

① 陈维龙：《清末暨南回忆之二》，暨南大学华侨研究所：《暨南校史资料选辑》，第1辑，广州1983年内部刊行。

② 林邦彦、何葆仁前揭文。

③ 暨南大学校史编写组编：《暨南校史（1906—1996）》，广州：暨南大学出版社1996年版，第8页。

　　有几位热心的老同学如杨国珍、陈庆朝（又名万安）等，自动跑来照顾我们，并力劝我们剪辫，连续说了许多天，非达目的不止。我们心里已被说服，但未请得家长的命令以前，谁都不敢动。有一晚正在议论纷纷之际，忽有一位新生问大家："如果我先剪辫子，你们敢跟着我走吗？"我们以为他在"轰大炮"，信口回答他："我们都来！"想不到这个人能说能行，马上叫剃头师傅把自己的辫子剪掉，随后他监督其余十九人，当晚一起剪光，才放他们回房去写信给家长请罪。我亦依样画葫芦，不久接到吾父手谕，免不了一场教训说："身体发肤，受之父母，不可毁伤，孝之始也，难道你把这几句话都忘掉了吗？不然，为什么连剪辫这种大事，都不先来请命而后行？真是胆大妄为！下次不可这样，切切记着！"我读了如获大赦，赶快禀告说："孩儿下次不敢了！"①

　　由于孙中山在海外侨胞中进行革命活动，清廷对来自海外的华侨总有戒心，包括暨南学堂的侨生在内，当时江宁将军保荐两位满族教师来到暨南进行监督。学生们当然表示反对，为了表示反抗清政府的统治，同学们还借故掀起了驱逐满族学监的学潮，这次反清运动逼迫学堂内的满族学监不得不"引咎辞职"②。

　　1911年10月10日，武昌起义爆发，各省纷纷响应，形势发展得相当快。时任两江总督的张人骏等仍旧效忠朝廷，组织力量监控各种革命势力。南京守城将领张勋极力效忠清皇室，下令大肆逮捕革命党，凡是没有发辫并且身上戴有白手帕者，一律被认定是革命党。对已经剪掉辫子的暨南学堂的学生也加强了戒备，他们把大炮架在北极阁，炮口正对着暨南学堂，师生受到极大的威胁。③ 学堂为了安全起见，即与铁路局协商，临时拨出平民小公车（即运货车），星夜送学生到上海租界避难。侨居地中华会馆为了他们的安全，汇来旅费让他们返回海外，其中大部分侨生乘海轮回到南洋，小部分响应革命参加新军，与清军作战，爪哇侨生张益山负伤牺牲，另有一部分学生前往武昌投靠黄兴领导的革命军。从此，师生星散，暨南学堂停办。

① 陈维龙前揭文。
② 凌应徽：《暨南谈往》，转见周孝中：《暨南爱国民主运动史话（1907—1949）》，暨南大学华侨研究所：《华侨教育》，第1辑，广州1983年内部刊行。
③ 参见陈维龙前揭文。

第二节 暨南学校的恢复与发展

一、暨南学校的恢复

民国初年，袁世凯窃据大总统宝座，由于惧怕革命党威胁其政权，担心"暨南都是些革命党"[①]，因而对暨南复校一事态度消极。基于大局考虑，当时教育界的知名人士和海外华侨强烈要求政府尽快恢复暨南学堂。在当时教育部任职的原暨南校董董鸿祎多次向当局建议规复暨南。暨南学堂的侨生代表林思温、吴兆元、林景安等9人，1912年也联名具书教育部总长，认为暨南并不仅仅是华侨的依托，而且被外人所关注，呼吁规复暨南学堂。辛亥战乱，暨南不得不迁入上海租界避乱，现在时局稳定，理应重兴暨南，"今者南北息戈，天下一家，教育一道似不容缓，本校为华侨总机关，尤宜早日开办，以副侨望"。他们召开学生大会，一致推举董鸿祎担任恢复之后暨南学堂的新校长，敦促当局尽早实施复办计划。[②]

不但暨南的侨生发出复校的要求，就连任职于交通部航政司的司长、雪兰莪华侨代表叶兆崧等人也于1912年联名具呈教育总长，他们认为，光绪末年开办的暨南学堂功不可没，"自丁未南京有暨南之设，侨情始与内地相洽，迄今五年，而荷政府之对待我侨民者与昔遂异：昔之不准立小学者今亦听我立小学矣；昔之不准设中学者，今且听我立中学矣"。暨南学堂的设立洗刷了华侨在境外所遭受的屈辱，所以才有海外华侨全力赞助辛亥革命。但是，革命之后，联系侨情的暨南学堂迟迟不能复办，实在有违革命的初衷。他们看到大多数华侨青年或失学海外，或滞留内地，或流离失所，备感痛心，因而敦促教育当局，尽快恢复国内的华侨教育活动，将暨南学堂的规模再度扩大，并更名为"华侨某等学堂"[③]。然而，不断的呈请和呼吁，民初袁世凯政府根本无暇顾及，仅有教育总长汪大燮在1914年2月6日签署了一个《侨民子弟回国就学章程》，该章程只是原则性地规定了华侨子弟回国就读的一些程序和标准，对国内创办专门的教育机构并未有实际的举措。[④]

辛亥革命后，随着华侨与祖国之间的联系进一步加强，华侨学生回国求学的人数也逐年增多。由于国内此时并无专门的华侨学校，他们只得分散在上海、北京、福建等地的一些学校。到1915年8月，归国求学的侨生已经达到300余人。[⑤] 分散就学的缺点十分突出，侨生的知识能力、中文水平与就学机构的教学方式并不太适合，这些矛盾促使人们再度关注暨南学堂的复办问题。

1916年冬，巴达维亚中华会馆董事陈金山回国访问，由赵正平介绍，会见了北洋政

---

①　郑洪年：《暨南学校创办经过及今后打算》，见中国第二历史档案馆编：《中华民国史档案资料汇编》第五辑第二编教育（二），南京：江苏古籍出版社1994年版，第957页。

②　《暨南学堂学生林思温等谨呈教育部总长书》，暨南大学综合档案室，档案号：2004－X12－9。

③　《交通部航政司司长雪兰莪华侨叶兆崧上教育部总长书》，暨南大学综合档案室，档案号：2004－X12－9。

④　《侨民子弟回国就学章程》，暨南大学综合档案室，档案号：2004－X12－9。

⑤　暨南大学校史编写组编：《暨南校史（1906—1996）》，广州：暨南大学出版社1996年版，第9页。

府教育部次长袁希涛和江苏教育司司长黄炎培，这次访问加强了政府对华侨教育的重视。1917 年夏，北洋政府教育部委派黄炎培、林鼎华赴南洋调查华侨教育状况。他们先后到新加坡、马来半岛，经柔佛、马六甲，到达吉隆坡、怡保、槟榔屿，渡海至苏门答腊岛、棉兰、爪哇，以及巴达维亚、梭罗、三宝垄、泗水等地，参观了荷属学务总会所组织的教育研究会，与六十二埠的 66 所学校教员交流教育问题，前后四个昼夜，掌握了大量的华侨教育的问题和困难。在与各地学会、学校、阅报社、商会、会馆、青年会等机构组织的接洽商谈中，黄炎培等人明显感觉到，海外华侨在教育问题上存在种种需要解决的问题，例如兴学精神、学校权责、教员选择与优待、办学宗旨、教材编订等。① 黄炎培认为，这次旅行，为次年在南京开办暨南学校打下了基础。② 回国以后，黄炎培据此撰写了《南洋华侨教育商榷书》，提出了华侨教育的一系列问题及其解决办法。此外，他还向政府强调兴办华侨教育的重要意义和深远影响，极力建议尽快恢复暨南学堂。③ 此时企图恢复帝制的袁世凯已经在全国人民的唾骂声中死去，恢复暨南，推进华侨教育的时机到来了。

1917 年 11 月 1 日，教育部批准恢复暨南学堂，委派黄炎培为筹办员。黄炎培（1878—1965），字任之，上海市川沙县人，清末举人，是我国著名的职业教育家，中国职业教育的主要倡导者之一。1917 年在上海创办中华职业教育社，曾任江苏省教育司司长、江苏省教育会副会长等职。他于 1917 年 11 月 24 日在南京暨南学堂旧址设立筹办处，并邀集赵正平从上海来南京，共同筹划恢复暨南的有关事项。他们很快拟定了《暨南学校章程》，于 11 月 24 日上报教育部。27 日，江苏省派员点交前暨南校产。12 月，教育部委托陆规亮送苏门答腊等地侨生到学校，④ 广大侨生对暨南开学寄予殷切期望。

1918 年 1 月 8 日，黄炎培等将《暨南学校章程》和《暨南学校规复宣言并招生启》印刷成小册子，寄发南洋各地，广为宣传。

《暨南学校规复宣言并招生启》介绍了暨南学校创办的缘由，认为辛亥革命之后，华侨教育面临着一些不得不正视的问题，例如华侨子弟回到国内，"有毕业生而无相当之升学机关，求良教员而无特设之培养机关，回国就学者日见发达而无指导之人，学科程度或有参差而无补习之地。此侨南同胞所引为大憾，亦祖国朝野上下所共抱不安者也"。有见及此，"今将原有之暨南学校从新恢复，扩充规模，改良办法，分设专科，并经营有利于华侨教育之各种事业，总以华侨子弟回国者得受适宜之教育，造成有用之青年，以增进华侨文明程度，发达华侨实业为宗旨"⑤。这说明，暨南学校的创办是为解决国内华侨教育真空的问题，以华侨的教育利益满足为立足点，也说明它是一个专门性的华侨教育机构，与辛亥革命之前的暨南学堂相比，新的暨南学校不但承担了中国传统文化的教学任务，而且非常注意根据南洋的实际需要来培养各种急需的人才。它还规定了专业设置、投考方式以及收费标准、报到路线等侨生关心的重要内容。

① 黄炎培：《南洋华侨教育商榷书》，《教育杂志》，第 9 卷第 11、12 号，1917 年 11、12 月。
② 黄炎培：《八十年来》，北京：文史资料出版社 1982 年版，第 76 页。
③ 马兴中：《黄炎培与暨南学校》，载钟业坤主编：《暨南人》，第 1 集，广州：暨南大学出版社 1996 年版，第 24 页。
④ 曹聚仁编：《暨南并校以来大事年表》，暨南大学综合档案室，档案号：2004 - X12 - 9。
⑤ 黄炎培：《暨南学校规复宣言并招生启》，见南京中国第二历史档案馆馆藏：全宗号 5，案卷号 2325。

《暨南学校章程》规定：暨南学校招生的对象是在南洋受过初等教育的华侨子弟，学校将讲授适合南洋就业需要的知识技能，提高其爱国思想，以改良华侨子弟和发展其事业为办学宗旨。学校暂时定位于中等教育，在创办高等教育以前，如有华侨子弟愿意到专门或高等学校深造，暨南学校负责介绍，并加以补习。学校实施董事制度，在董事制度未建立之前，首先实行名誉赞助员制，推定若干国内外具有卓著声望并热心南洋华侨教育的人士作为名誉赞助员。

暨南学校复校的筹备工作在黄炎培等人的率领下，历时五个月，耗资万元，于1918年2月大体完成，校园面貌焕然一新。1918年3月1日，暨南学校补习科正式开课。中辍六年之久的暨南事业重新开始了。学校正式更名为"国立暨南学校"。3月7日，北洋政府教育部委任赵正平为国立暨南学校校长，[①] 并令黄炎培继续筹办并会同规划校务。赵正平（1886—1945），字厚生，上海宝山人。早年赴日留学，曾任广西陆军学堂教务长、浔州中学学监、荷属巴达维亚中学校长等职。辛亥革命后历任兵站总监部参谋长、北京社会局长、青岛教育局长等。1922年任上海暨南学校校长。3月中旬，南京瘟疫流行，顾及学生的安全，赵校长率领全体学生于3月21日离开南京，游览了镇江、无锡、江阴、南通等地，4月16日返校。这次旅行，侨生第一次饱览了南京城外其他城市的景色，领略了长江下游各地的社会风土人情和城市风貌，回校后，他们写下了许多游记和观感。

暨南学校开学后，面临着重重困难。赵正平校长向教育部的汇报中说，首要的问题是由于诸多客观因素的限制，侨生来宁的数量暂时难以增长。其主要的原因有如下几个方面：首先，第一次世界大战刚刚结束，海上船只数量大幅度减少，往来大陆与南洋之间的客轮尤为稀少；其次，进入3月份，南京鼠疫暴发，人身安全难以得到保障，社会上谣言飞播，海外华侨对于来宁疑虑重重；再次，国内政局不太稳固，政派纠葛与战争风险随时存在；最后，受时局影响，国内金融混乱，金贱银贵，华侨汇款折耗甚多。[②] 上述因素导致招生数量未能大量增长。

校方面对重重困难，积极设法加大暨南学校的宣传力度，他们将招生启事和学校章程印成小册子广为传播，并对原章程中的有关规定作了变通处理，希冀招徕更多的华侨子弟。学校没有因生员不足而停止筹备，赵正平校长将主要精力放在招生和校内设施的改造扩建上。图书室、校内银行、贩卖部、篮球场、足球场以及其他文体活动设施，成为筹备工作的主要内容，力图将暨南建成一个适宜侨生学习和生活的理想学校。

在学校大力宣传的影响下，来到南京的侨生数量开始增加。进入3月份，新加坡和马六甲各地的侨生单独来到南京的有10余人，来自柔佛地区宽柔学校的学生14人由校长林国樑带领，巴达维亚中华学校的学生12人由校董陈金山率领先后来到暨南，荷兰属地的学校，如苏门答腊、爪哇等地的学生也有10人单独来到南京，吉隆坡尊孔学校校长宋木林亲自将本校5名学生送到南京。总计英、荷属地的学校已有53名侨生先后报到。此外，已经报名正在陆续赶来的还有三四十名。

---

① 教育部委任赵正平为国立暨南学校校长的时间，有人根据曹聚仁的说法，认为是1918年3月8日，有关暨南校史的著述也沿用此说，本文查阅赵正平向教育部汇报暨南学校校务进行概况书，其中清楚地显示他被任命的具体时间为3月7日。特此说明。

② 赵正平：《南京暨南学校呈报教育部校务进行概况书》，《教育公报》，第5年，第13期。

　　侨生来自各埠，语言很杂，个人素质相差极大，培养起来倍感困难。因此学校贯彻因材施教的方针，实行分级分班教学，有时甚至一两个人为一个特别班，例如新加坡琼崖育英学校保送来的云逢瑛同学，英语水平较高，却毫无国语基础；三宝垄荷兰商业中学肄业的苏秀林荷文已经谙熟，而国语全然不会。对待这些学生，只能实施特别补习的办法，专门为他们补习国语。在归国的侨生中，有一些年仅11～12岁，学校先把他们送到南京高等师范学校附属小学上课，后来又于6月16日在校内添设了两组补习班，为11名幼龄学生补习，并设立了幼稚生特别宿舍，指派专人管理。7月1日至9月初，国内学校放暑假，暨南学校考虑到侨生离家甚远，不宜与其他学校一同放假，特地为他们开办了暑期讲习班，为学生补习国文、英文。学校还组织学生成立了"假期惜阴社"，研讨有趣的学术和美术问题。暨南学校的英文和中文均分三级教学。教员除了已经聘任者外，还不时临时添聘，由于经费紧张，赵正平校长和学监等人也不得不兼做授课工作。这也是暨南学校有别于其他学校的地方。

　　8月，暨南学校在南京、上海、北京举行考试，招收内地学生，应试学生有400余人。按照原暨南学校章程规定，学校只拟招收华侨学生，后来，爪哇三宝垄商会建议，暨南学校兼收若干内地学生，使侨生与国内学生相互学习，相互帮助，取长补短，共同进步。学校研究后，决定变通章程，并于1918年5月呈报北洋政府教育部："凡国内高等小学毕业，其父兄或保护人现在南洋经营商业者，又师范科华侨学生有缺额，而国内学生有赴南洋为教师之志愿，且具有相当资格者，均得适用入学手续，准予入学试验。"[①]

　　至9月初，暨南学校的筹办工作基本结束。9月9日，暨南学校举行开学典礼，时有华侨学生70人，内地学生40人，共110人。其中，师范科49人，商业科25人，补习科25人，其余分到小学学习。学校的机构进一步健全，延聘的教员相继就职，归国侨生陆续到校。刚恢复起来的侨校，又具有相当规模了。

　　在实业家、教育家张謇与职业教育倡导者黄炎培主导、赞助下恢复起来的暨南学校，比起清末创办的暨南学堂，其办学思想更为实际。学校不仅传授给侨生以文化科学知识，而且要对学生的思想品德进行培养和教育。针对侨校具有"声教暨南"的特点和使命，他们根据孔子所云"言忠信，行笃敬，虽蛮貊之邦，行矣"的教诲，以"忠信笃敬"作为暨南学校的校训。校训由清末状元张謇亲笔书写，悬挂校中，以收潜移默化之功效。据新加坡前辈校友叶毓光《南京暨南学校杂忆》的记述，校内大门"前额有金色'暨南学校'四大字，似张状元笔迹，雄健秀逸兼而有之，与校训'忠信笃敬'四字同体"。这大体上可以认定，校名与校训均出自张謇的手笔。"忠信笃敬"的校训在老一辈校友中有很深的影响，在海外各地的校友会刊物上，均刊载这一校训。

二、师范科与商业科并举

　　复校之后的暨南在专业设置上有一个基本的考虑，这就是暂时以师范教育和商科教育为主导专业，"其他农林工矿诸科俟调查需要，量力添设"；在招生条件方面，规定入学资格必须是"身体健全，品行端正，年在十四岁以上，通晓国语，在南洋高等小学校毕业，或有同等学力；但入师范科者须年在十六岁以上"①。

师范、商业两科是根据南洋华侨对教育、商业的需要而设立的。黄炎培在考察南洋教育时，特别注意到培养华侨师资和商业人才的迫切性。南洋华侨学校当时还没有培养师资的能力，"今南洋教员大都来自内地。为教员者苟不明所在地情形，或不谙所在地语言，则教材安能适切，学生家庭又安能联络，故培养适当之教员，自是南洋教育一大问题"。黄炎培决定回国以后向教育部提出培养师资的建议。暨南为专门的华侨教育机构，设立师范专业科，当然是义不容辞的职责。

南洋华侨大都从事商业，"侨民子弟稍长，大都为谋生计，中途退学，毕业者寥寥，遑论升学。游踪所及，几乎各地一致，此尤为需要职业教育之明证"②。暨南学校复办之后，首先设立商业科，实际上与黄炎培的筹划指导密不可分。黄炎培是职业教育的主要倡导者，他在南洋考察教育时，对于华侨教育应注重商业科的问题，尤有翔实的见解：

> 商业学校与商业专修科，其宗旨固已明白揭橥，将使毕业生从事商业也。而小学校课商业每周一二小时，其宗旨果何在乎？自余论之：学生父兄之操商业，毕业生之从事商业，以及中途辍学习商业者既若是其多；吾侨因而确认南洋社会需要商业教育，实有非常迫切之情势，则非仅在小学略授以商业知识，如所谓预备商业教育者为克能满足其要求。故炎培对于小学校，仅课商业每周一二小时，认为犹有研究之余地；谓必须于课业以外，予以种种相当之设施，而在商业学校商业专修科，其不可无此设施不待言矣。③

因此，暨南学校在恢复时期，首先设置师范、商业两科。两个学科是暨南复校初期最为紧要的专业，学校为此倾注了大量的精力加以筹备。在选聘教员方面尤为重视。根据校长赵正平的介绍，师范科主任由东京高师毕业的姜琦担任，商业科主任准备由东京高商毕业的冯裕芳来担任。④ 主要课程的教员也大体确定，主要有美国哥伦比亚大学毕业的柯成懋、前两江优级师范学堂图书手工科毕业的李健英、英国伯明翰大学商业专门毕业的王敬礼、苏州优级师范学堂毕业的吴元涤、日本明治大学商业学士包允恭、前南京高商毕业的黄家骥等。

师范科分为两个部，一部招收具有小学毕业程度的学生，学习3年毕业。由于报考师范科的部分学生已有中学毕业的程度，为了迅速培养华侨师资，师范科又另外设立了一个二部，中学毕业生在师范二部学习1年，即派往南洋任教。按照学校章程规定，师范科学生免交学、膳费，但"师范学生应在南洋华侨所设高等小学或国民学校服务，其服务年期定为五年，但修业期限增加时，服务年期比例增加"⑤。根据《暨南学校章程》的规定，师范科的课程结构如下：修身、教育、国文、英语、历史、地理、数学、博

---

① 《暨南学校章程》，中国第二历史档案馆：全宗号5，案卷号2325。
② 《暨南学校概况报告书》（第一次），《中国与南洋》，第1卷第8号。
③ 黄炎培：《南洋华侨教育商榷书》，《教育杂志》，第9卷第11、12号，1917年11、12月。
④ 赵正平：《南京暨南学校呈报教育部校务进行概况书》，《教育公报》，第5年，第13期。商业科主任事实上是由王敬礼担任，见曹聚仁编：《暨南并校以来大事年表》，暨南大学综合档案室，档案号：2004－X12－9。
⑤ 《暨南学校章程》，中国第二历史档案馆：全宗号5，案卷号2325。

物、理化、图画、手工、商业、乐歌、体育。

师范二部毕业生由暨南学校介绍，分往南洋各埠学校服务，先后共达 14 人，这些学生不辞劳苦，热心教育，深得各埠学校董事的支持，校务因而日渐发达。司徒赞就是其中的一个。他在爪哇文池兰中华学校任教并兼任该校校长。文池兰是爪哇很小的一个地方，地僻人稀，侨民较少，待遇较差，但他处之泰然，勤勤恳恳，深得学生的尊敬，成绩卓著。1955 年 10 月，他荣获由巴城中学董事会授予的"热心教育"金牌，为暨南争得了荣誉。

商业科在南京两年半，共招收 3 个年级学生 60 余人，并于 1919 年 9 月增设商业特科，招收中学毕业生 28 人，定 1 年毕业，以供南洋商界的需要。商科学生所学的课程前后有所变化。最初，《暨南学校章程》规定的商科课程主要有：修身、国文、数学、英语、历史、地理、法制经济、簿记、速记、打字、商品学、商事要项、商业实践、体育等。后来，学校对该科课程有所调整，初级专门部的科目有所增加，添设了第二外国文、商算、珠算、世界史、世界地理、银行、汇兑、运输、保险、商法、商史、商地等。商科学生在校期间，需要交纳学费，每年国币 40 元，膳费每年至多 60 元。

学校设立商业博物馆，征收国内外商品，作为培养商科学生实际经验之机构，该馆从国外和国内陆续征集了数百种商品，对于学生积聚商业知识，锻炼商业才干，起了积极的作用。

暨南学校设立补习科，是为了接收"程度不及入师、商两科之学生即有之于农、工而思转学之学生，并陆续到校之新生"。补习科主任由许克诚担任。但到了 1918 年底，补习科学生日益增多，其中多数愿意留校学习二三年，修完中学课程，再争取升学。于是学校拟定中学章程，将补习科改办为中学科，学制四年，于 1919 年正月正式成立。中学科共分四个年级，自三年级起分设文科和理科。设立中学科的目的，实际上有两个方面，即升学与就业两种需要，"今设置中学科，不独为学生升学之计，且为学生入世之图。申言之，一方为学习高等专科之津梁，一方为投身生计职业之准备，务令毕业以后，得随其时际遇，自由进退于升学或治事之间"①。高阳、柯成懋分别担任中学各年级主任。

附属小学的开设，着重教育在校幼龄侨生，同时也为师范科提供教育实习场所。

这时的暨南学校拥有数个学级，即师范科二年与三年，社会教育科，商业科一年、二年，商业特科，中学一年、二年，中学三年级文科，中学四年级理工科，英文国文算术补习科，特别普通科，小学。至暑假时，学生增加至 164 人，暑假以后，陆续来到暨南的还有 28 人。从地域上看，各属学生的情况如下：

美属：菲律宾　8 人　　火奴鲁鲁　1 人

荷属：爪哇 81 人　　苏门答腊 13 人　　文岛 8 人　　婆罗洲 7 人　　龙苴岛 14 人　　其余各岛　1 人

法属：安南　2 人　　暹罗　2 人

英属：海峡殖民地　10 人（新加坡 3 人，马六甲 2 人，槟榔屿 5 人）　　马来半岛

---

① 《暨南学校中学科之编制及教授方针》，《新教育》，第 2 卷第 1 期，1919 年 9 月。

32 人　　缅甸　4 人　　锡兰岛　1 人①

三、商科迁沪与合设商科大学

华侨迁徙南洋，大多数经营商业贸易、手工业和农业等，在这种特定的社会背景下，发展职业教育显得尤为重要。正如黄炎培在中华职业教育社第一届年会上的演说中所指出的那样："华侨之占有伟大势力于南洋，徒以职业发达故。"南洋华侨不仅精明能干，而且吃苦耐劳，他们强烈希望自己的子女能学有所长，学有所用，以至于"学龄子弟，入学数年，苟稍稍能记帐（账）作信，便召之归，助其父兄营业矣"②。有鉴于此，黄炎培认为，"此等社会，苟更以教育之力扶植之，其生产力之一日千里，宁复可量？"黄炎培由此提出五个具体的主张：以实用主义为基础，商业教育须有相当设施，兼重农工教育，注重迅速主义，补习应用文言。暨南学校商科创办其实就是按照黄炎培的计划进行的，这时的商科仅为中等职业教育，不能满足南洋侨商事业的迅速发展，因此，1919 年起学校开始规划扩展商科，争取创办高等商科教育。暨南学校发展商业高等教育，首先将办学目标指向当时国内商业最为发达的上海。

20 世纪 20 年代初，上海已是中国商业最发达、江南教育最为集中的地方，与南洋的交通也更为便捷。学校商科为了方便延聘教授及学生实习起见，很久之前就开始酝酿迁沪的计划。1920 年 3 月 27 日，黄炎培即与暨南学校校长赵正平等人开始筹划学校迁沪和设立商科大学的工作。同年 9 月 27 日，黄炎培和郭秉文、蒋梦麟在北京约请了蔡元培，一起拜访了教育总长范源濂，向他汇报请示了有关暨南学校迁沪、设立商科大学以及南京高师改为东南大学等问题，甚获赞同。经多方努力，学校终于与上海的松社商定借用校舍。松社是梁启超等人为纪念蔡锷（松坡）将军而组织的团体。松社内有蔡松坡图书馆和祠堂各一座，暨南学校商科的教室即设在里面。这里宁静整洁，为大都市中不可多得的读书场所。1921 年 2 月底，暨南学校商科首先由南京迁往上海徐家汇。

迁沪之后的商科教育进步较快，学生活动也搞得有声有色。1921 年暑期，商科组织学生成立经济视察团，沿着沪宁、津浦、胶济铁路一路考察，又从青岛渡海，到达大连，沿着南满及京奉铁路，视察各地的商业活动状况。这也是海外华侨学生第一次颇为壮观的商业经济考察之游。商科学生在创建学生学术活动团体方面，尤有兴趣。1921 年 11 月，商科学生张家栋等组织经济研究会，以调查商业实情、研究经济状况、预备将来在中国与南洋活动为宗旨。他们先就上海的工厂、商店着手调查，次年秋，该学会刊发第一次调查报告书。1923 年春，他们又先后组织到南通、无锡、苏州等地的调查分队，考察各地商情。他们还各自发表经济汇报一期，后来改为每年刊行两次。商科学生除了创办经济研究会外，还组织了会计学会、银行学会、打字竞进会等。会计学会在成立一年后，发行《簿记与会计》一书。③

积极参与商业展览活动也是暨南学校商科学生学习社会、磨炼自己的一种有益方式。民国十一年（1922）新加坡总商会在新加坡举行马来半岛、婆罗洲商品展览会。

---

① 曹聚仁编：《暨南并校以来大事年表》，暨南大学综合档案室，档案号：2004 - X12 - 9。
② 参见别必亮：《承传与创新——近代华侨教育研究》，石家庄：河北教育出版社 2001 年版，第 266 - 277 页。
③ 《母校校史》（1926 年），暨南大学华侨研究所：《暨南校史资料选辑》，第 1 辑，广州 1983 年内部刊行。

他们委托暨南学生回国征集参展商品。商科学生们认为，这次展览会上有无中国商品参展关系重大，这是一次展示中国商品的绝好机会，于是他们集合全体学生，邀请有关人士宣讲展览会的有关事项。赵正平校长和有关负责人也向同学们强调这次活动所具有的三点意义：其一，华侨学生应该辅助华侨商业方面的有益事项；其二，商科学生应该在课外时间研究市场上实际的商情和商品；其三，商科学生在寒假期间分别征集参会的商品，促进更多商家展出自己的商品，这样有助于培养自己的商业实践知识，增长实际从事商业工作的才干。在这次集会上，各位商科学生欣然签名，愿意担任这项有益的工作。学校出资印刷了有关的签章 500 份，以备征集参展商品时使用。全校商科学生分为六个分队，由上海总商会发给委任书，每人一份，工商研究会也发给数十封介绍信，作为开展工作的凭证，全部差旅经费均由学校负担。[①] 学生们在这次活动中，历尽磨难，增加了与商界人士接洽了解的机会，为接触社会，加入实际的商业竞争，预先上了精彩而又有实效的一课。

暨南学校在商科迁沪之前，早已着手筹办商科大学。此时国内还没有商科大学，高级商业人才极为缺乏。早在暨南复校时，黄炎培就提出自己发展高等教育的设想，希望在基础稳固之后，推进实施高等教育的计划，"本校暂以中等程度办理，渐进乃施高等教育"。1919 年夏秋之际，巴达维亚侨商丘心荣因考虑到南侨急需商业人才，特地回国商议筹办商业学校问题。不久，暹罗请愿代表冯裕芳，荷属请愿代表韩希琦、熊理，星洲中学校长涂开舆相继回国，均主张扩充商科。暨南学校经过多次会商，于 1920 年 1 月草拟了创设商科大学的宣言书和计划书。创办商科大学的计划得到了上海总商会、江苏省教育会议及国内著名实业家张謇等人的赞同。发起人中有人建议："南侨子弟多闽粤籍，均在南方军政府范围。暨校名义既归北京教育部，则此次筹设商科大学，宜加入军政府补助金，以示教育事业超然独立，无分南北之精神。"[②] 1 月底，丘心荣、谢碧田携计划书赴粤，会见了南方军政府总裁岑春煊、伍廷芳及陆荣廷、唐继尧的代表，经商议，获得一致赞成。2 月 9 日正午，会议正式通过议案，决定先行拨款 5 万元，以作提倡。不久，因南方军政府分裂，该款未能提出，创办商科大学的计划暂时受到挫折。

暨南学校创设商科大学的宣言书和计划书，抄送到南京高等师范时，该校正在酝酿筹办东南大学，主事者为杨杏佛，他也有举办商科高等教育的计划，经与暨南同仁商定，新的商科大学可由两校合作筹备。两校得以合作的原因，是由于双方互有所求。原来，东南大学计划的商科，也打算在国际贸易和商业繁盛、学者名流云集的上海择地筹办。但该校人士多次赴沪，却因事无基础，倍感困难。而暨南学校的商科已经迁到上海的徐家汇，既有宽敞的图书馆和祠堂作校舍，又聘请了知名的教师，可以说是先走了一步。但是由于南方军政府发生分裂，预计可以使用的经费未能到账，因而倍感经费紧张。于是两校可以取长补短，具备合作的基础。

1921 年春，暨南学校与东南大学商定合办上海商科大学，暂借法租界霞飞路尚贤堂为校舍，推举黄奕住、史量才、聂云台、穆湘玥、钱新之、张公权、陈光甫、简照南、

① 《暨南商科学生征集出品记》，《为马来半岛婆罗洲国货陈列所征求商品经过之感言》，均见《中国与南洋》，第 3 卷第 3 号。

② 赵正平：《我人对南洋文化运动之回顾》，《中国与南洋》，第 2 卷第 1 号。

黄炎培、高阳、朱进、张准、赵正平、柯成懋、郭秉文等 15 人，为上海商科大学委员会委员，负责筹备工作。7 月 13 日，东南大学校长郭秉文与暨南学校校长柯成懋联名呈请北洋政府教育部备案。8 月 15 日举行入学考试。9 月 28 日开学，定名为"国立东南大学暨南学校合设上海商科大学"。这是国内第一所商科大学。郭秉文兼任上海商科大学校长，马寅初为教务主任。上海商大招收的第一批学生中，有暨南学校商科应届毕业生陈锦聪等 6 人。这样，中国第一所商科大学便诞生了。

四、创设女子部

华侨女生回国求学始于 1916 年。当年秋天，巴达维亚华侨陈金山带着两个女儿回国，分别到南京金陵女学、苏州景海女学就读。暨南学校复办时，华侨女生回国人数逐渐增多。由于暨南学校只招收男生，回国的华侨女生不能进入暨南学校就读，因此多数人只好进入教会女校。但是她们所受的教育，大都不适应华侨社会的生活。1922 年春，校董袁希涛、黄炎培与校长赵正平会商，决定开始筹办女子部，秋季招生开学。前巴达维亚中华女学校校长章绳以女士从集美师范回到上海，被聘为女子部主任。当年 4 月 26 日学校编辑的《中国与南洋》第 7 期作为"女子号"特刊出版，刊载《暨南学校开办女子部宣言》（以下简称《宣言》）、《国立暨南学校女子部简章》，章女士在特刊上发表了《本校女子部教育之旨趣》《敬告南侨女学生》等文章。

《宣言》认为，本校复办后，对于男女两方面并未偏重一端，只是因为校舍紧张，女子教育方面尚未仔细筹划。复校四年之后，女子教育已经成为学校关注的重点。关于女子教育的方针，《宣言》也着重指出：

> 首先，应保存优美的国民性。良好的国民性是国家立国强国的基础，海外侨民久已远离祖国，不仅文字方面有诸多隔膜，语言也较多地同化于当地土著居民，难以表达己意，甚至对"中国"两字也茫然不解。因而，本校教育方针第一注重的是发达女子爱国精神，对于国语应具有优秀充实的能力，确立家庭教育的地位，挽回南侨即将丧失的国民性。至于本国的艺文美术，也须发扬光大，绘画刺绣更可有机会深入钻研。
>
> 其次，培养成多数女教育者。女性作为教育工作者，具有特殊的优势，例如，她能够体贴儿童心理，重视责任和名誉，富于忍耐心和感化心。华侨子弟中，女性教师极为缺乏，暨南学校女子部的设立，在于养成华侨女儿担当小学教育的能力，使其毕业后，能够从事初中等教育的工作，推进南侨教育事业进一步发展。
>
> 再次，涵养人类之同情心。世界各国人民本以同情互助为纽带，其中，女子实为先锋，因而本校女子教育方针以养成同情心为目的，发挥女子慈祥善良的品性，为此，将开设外国语文、乐歌、舞蹈之类的课程，达成女子教育之目标。[1]

---

① 《暨南学校开办女子部宣言》，《中国与南洋》，第 3 卷第 7 号。

制订女子教育的培养计划，是《宣言》的另一个重要内容。学校决定，女子部开办第一年，将首先召集中等学校毕业生，开办为期一年的师范专业学习，毕业后立即返回南洋工作，以适应南洋华侨教育界的急需。与此同时，补习科也是学校准备举办的事项，以应付来宁女生学业素质参差不齐的情况。第二年，在开办师范专业的同时，设置中学科，培养女子进入高等学校深造的基础。在以后几年中，学校还在商业科等方面，教授女子相应的专业知识。

《国立暨南学校女子部简章》确定了女子部开办的宗旨："本部招收华侨女子及国内有志海外教育事业者，授以适应于南洋家庭需要之知识技能，以冀普及教育，改进社会与家庭为目的。"按照《宣言》宣布的计划，女子部准备先办师范科，以应南侨教育之急需，并办补习科，"以备南侨程度不一之女生，有随时回国、随时入学之便利"[1]。

当年初秋女子部在南京成贤街开学，设立师范和补习科各一级。女子师范所开的课程有公民须知、教育、国文、英文、算学、家事、手工、图画、音乐、体操等科。

1923年夏末，女子部搬进南京薛家巷校舍，增设中学，招收初中一年级学生，并续招师范一级。1925年夏，增设高中一年级，投考插班的人数也不少。学生日渐增多，呈现一派蓬勃气象。

五、组建校董会

在暨南学校发展的过程中，董事会制度的建立和运行是一个重要的推动力量。为了集思广益，发动社会力量办学，复校之初订立的《暨南学校章程》第二条规定："本校置校董若干人，规划本校进行事宜"，"在校董未推定以前，就国内外卓著声望，热心南洋华侨教育者推定若干人为名誉赞助员"。暨南学校恢复之初，担任学校名誉赞助员的，有前中央教育会会长张謇、江苏学务总会会长黄炎培等人。不久，又推请江苏省民政司司长沈恩孚、前教育部特派调查南洋学务林鼎华二人为名誉赞助员。

暨南学校董事会是在1921年推定的，1922年3月2日，由北洋政府教育部正式发出聘书。后来又增聘了部分新校董，充实校董会的力量。校董大都是热心华侨教育事业的教育家或实业巨子，主要有：

张謇，中央教育会会长；

范源濂，北洋政府教育总长；

林文庆，归侨医学家、教育家，后任厦门大学校长；

袁希涛，北洋政府教育次长；

黄炎培，江苏学务总会会长；

简照南，华侨实业家；

黄奕住，侨商，中南银行行长；

史量才，《申报》主笔；

韩希琦，曾任"荷印"华侨学务总会文书兼主任干事、上海中南协会负责人之一、主办《中国与南洋》杂志；

郑洪年，首任暨南学堂堂长；

---

① 《国立暨南学校女子部简章》，《中国与南洋》，第3卷第7号。

李登辉，归侨教育家，曾任复旦大学校长；

柯成懋，教育家，后任暨南学校校长；

赵正平，曾任爪哇巴达维亚中学校长，时任暨南学校校长。

此外尚有叶兆崧、林熊徵、陈炳谦、严家炽等人。1921年2月，校董会与校长以及学校各科主任举行联合校务会议，重新修订了《暨南学校章程》。由于学校复办3年以来，已经有新的发展，如增加招收国内学生，设置中学等，新章程适时变通，根据新的形势和暨南发展的实际情况，增加了一些相应的规定。

暨南学校第一届校董会于1922年3月19日在上海"一品香"召开。公推校长赵正平为临时主席。这次会议提出了四个议案，分别是：①校董职务规程案；②设置新校舍筹备委员会案；③扩充海外教育案；④补充推举新校董案。会议对前三个议案作出决议。

校董职务规程是会议讨论的第一个问题。会议认为，校董会每半年召开一次，以审查过去概况并讨论未来方针。校董会的职权主要有四项：审定教育方针及进行计划，向教育部推举校长及新校董，议定预算及审查决算，提议一切校务之改进。鉴于教育部对校董职权有明确的规定，会议确定，应结合暨南学校实际和部颁规则，重新拟定校董会的具体职权。但会议仍将校董会分为以下几个部门：计划部——规划校务的扩充和进行事项；督学部——督察一般校况成绩，兼及改进事宜；经济部——保管校产以及特别募集的经费，并审查它的用途；海外部——辅助指导海外教育的扩充以及毕业生服务事宜。

设置新校舍筹备委员会是会议讨论的第二个问题。暨南学校的教育事业发展很快，学生的教室、实验室以及其他辅助设施限于老校区的条件，不能有充分的发展。这种情况制约着暨南学校的进一步发展。为此，校董会专门讨论了这一问题。会上，董事们认为，首先应该组织一个新校舍筹备委员会，解决办学中遇到的校舍不足问题。决议说："本校设置新校舍筹备委员会，由全体校董担任，并由校董中推举办事委员七人，筹拟集款方法，规划校舍工作与各校董接洽进行。"[1] 新校舍筹备委员会的七人分别是：黄炎培、袁希涛、史量才、钱新之、韩希琦、郑洪年、柯成懋。因学校校长为当然委员，故未列入其中。校董们还建议，鉴于暨南学堂是由前清两江总督奏请设立，现在的暨南学校还是在江苏境内，该省军政长官对于本校极力维护，新校舍工作中，应该发挥他们的作用。

扩充海外教育是会议讨论的第三个问题。鉴于南洋各属华侨大多数从事商业，商业教育应该大力扩充。暨南学校虽然已经设立了商科，但距离南洋过于遥远，难以普及。因而，有校董提出，本校应仿照欧美办法，从下一年度开始，在英属、荷属、美属等各埠，推设商业补习学校，其常年补助经费从本校商科大学经费中节约支出，可以委托本校毕业的师范和商业专业学生担任补习学校的教员，校址则可与各埠原有学校接洽解决。但这一提议在实际推行中有难以克服的困难，因此，会议决议只能先就容易解决的直接问题进行规划，校董们决定："暨南学校下年度自办专门部，停支合办商科大学经费，所节余的款项即为扩充海外补习教育之用。"这一决策，实际上是暨南独立创办商

---

① 《本校大事记·第一次校董会议》，《中国与南洋》，第3卷第6号。

科大学的开端，后来暨南商科大学在上海成立，这项决策无疑有着一定的影响。

六、真如建校，扩大与南洋华侨的联系

南京暨南学校源于清末创建的暨南学堂，学堂创办时，利用的是妙相庵的房屋，没有进行较大规模的扩建。1917年复校时，房产修葺费仅一万数千元，也未能大事更张，只是增建了一座教室。全校面积不过三十余亩，无法进行大规模的扩建。现有的教室和宿舍数量只能容纳二百三四十人，1921年春天在校学生就已经达到这一数量，商科学生迁往上海后，腾出一部分房屋，暂时缓解了房屋紧张的局面。但是不到半年，南京校区和上海校区的房屋又告紧张。海外学生正纷纷回国，校产校舍日益局促。

校中同仁对此不无担忧。有人说，现在学校仅仅创办师范、商业、中学三科，房产已经是相当紧张，假如今后再发展其他科目和专业，如何应付新的局面？目前小学名义上与别的学校合办，假如将来独立经营，小学也要迁入校内，短缺的教室如何安排？现在各科的定位仅在中、高等之间，假如今后增加大学部，创办高等教育，现有的条件无论如何不可能应付。况且，暨南学校还要创办女子教育，还要增加国内学生的招收数量，一旦华侨学生数量猛增，三十余亩的校园面积万万不可维持下去。校内种种议论，反映出同仁对暨南学校现状的忧虑。于是，在南京校址外，再寻求新的校址变得非常迫切。

暨南学校选择了上海的真如作为下一步经营的目标。真如当时属于上海城外的乡间农村，这一决断主要是便于海外侨生来校就学，也有教育相对独立的考虑。当时可供选择的地方甚多，例如校董会曾经考虑过龙华、江湾、吴淞、粟北公园、闸北、彭浦等，而这些地方地价较贵，土建工程较大。后来宝山士绅钱印霞（淦之）提议以真如作为校园建设之地。真如距离上海不过十余里，有沪宁铁路经过，另外尚有建设汽车站的规划，环境幽静，地价较廉。经过校董、校长和各主任多次筹商，最终决定在沪宁铁路的真如车站旁边，勘定面积200余亩的地段。1921年10月6日，学校正式函商宝山县署，要求仿照同济大学购地做法，官方确定地价，由暨南学校予以收买，作为修建校舍之用。宝山县知事与真如乡商量之后，确定了土地售卖的方案，这一方案包括两种价格，一部分土地每亩价值140元，另一部分土地每亩价值180元。暨南学校确定分两期购入。江苏省财政厅也竭诚赞助，答应拨助临时经费。12月4日，当地政府与学校召集乡民做动员解释工作，当日即达成购买协议。中间虽然经过种种周折与困难，但至1922年1月，每亩140元的土地已购买150亩；另外每亩180元的土地，学校准备作为建设"暨南新村"之用，购买较晚。总计购买的地亩数达220亩，价值4万余元。[1] 校长受筹备委员会委托，与上海营造公司签订合同，建校工程于1922年6月18日动工。

新校址的布置是当时校园建设的重要事项。这方面的工作主要包括三个部分：①植树。植树节来临之际，学校委托毕业于菲律宾农科大学的傅焕光在江苏省立第一林场选购树种，总计选购了六七百株枫树、槐树、榆树、银杏等，植树节前后全部在新校址栽培，常绿树种决定选择适时季节栽培。②围篱。新的校址范围较大，不能无

---

① 《筹备新校舍通告第一号》，《中国与南洋》，第3卷第6号。

界，但若以砖围墙，耗费较多，于是暂时选用竹篱围墙，当时，学校在校园周围设立了高六尺的竹篱墙，上面涂上黑油，除了临河的地方，围篱全长两千余尺。③迁坟。新校址内坟墓较多，学校向周边村民发出布告，限期在清明节前后迁移完毕。学校对此事甚为重视，派员督促，幸运的是村民对此非常配合，毫无阻挠，将坟墓迁往他处，学校为此仅付出迁移费三千余元。①

1922 年 12 月 9 日，暨南学校第二届校董会通过《扩充新校购地附办新村》案。不久即购地 450 亩修建新村，② 加上原来购入的新校址用地 220 亩，共计 670 亩。③1923 年夏末，第一期新校舍工程竣工，师范男生和中学部从南京、商科学生从上海徐家汇分别迁进真如新校址，暨南学校的发展从此有了更为广阔的天地。

暨南学校的侨生主要来自南洋。暨南学校的培养目标，也以使学生毕业后从事华侨教育或实业，希望促进实业之改良与发展为宗旨。因而，暨南学校在复办之后，对于同南洋华侨之间的联系极为重视，所做的工作主要有以下几项：

第一，创办《中国与南洋》刊物。其宗旨是"使华侨明了祖国事情，及国人明了南洋状况，并宣布在祖国之华侨教育状况"④。黄炎培为该杂志的名称作了解释："尔雅不云乎：暨与也。中国与暨南学校，犹名吾校之名而行吾校之志也。"杂志创刊于 1918 年 3 月暨南学校恢复的时候。从 1921 年第 2 卷以后改为由暨南学校与上海中南协会合办。上海中南协会是赵正平与黄炎培、韩希琦等人为加强祖国与南洋华侨的联系而发起的组织。《中国与南洋》共出了 3 卷 25 期，每期都专送南侨各机关要人以及国内关心南洋状况的人士。该刊为沟通学校与南洋华侨之间的信息起了重要的作用。

第二，访问南洋。暨南学校校董黄炎培在学校复办前，曾受北洋政府教育部委托赴南洋考察华侨教育。学校复办之后，他又于 1919 年春和 1921 年春两下南洋，每到一处，均发表演讲，调查访问，介绍学校办学情况和计划以及征集南洋商品，劝导侨生回国就读，受到南洋侨胞的热烈欢迎。

第三，为南洋侨校介绍人才。延聘教员是南洋各埠办学的一大困难。因此，把为南洋介绍人才列为学校工作之一。仅在暨南学校恢复后的第一年，以黄炎培个人名义或学校名义介绍到南洋担任中小学校长及男女教员者，就不下 30 人。如暨南学校的学监涂开舆和补习科主任许克诚就分别被聘任为新加坡中学和槟榔屿中学校长。凡是学校所介绍的教员，所需要的经费，有的由学校全部垫付，有的由学校贷给一部分。

第四，开办南洋物品陈列室。为了让学生更多地了解南洋的情况，学校专设了南洋物品陈列室，征集当地特产、风俗用品、历史文物等。所陈列的物品部分由归国侨生带回，大部分则为南洋华侨赠送，其中如石鸣球先生一人即赠送了南洋产品近 200 种。为此，《中国与南洋》杂志曾特向 16 名捐赠者一一鸣谢。

第五，在南洋设立商业补习学校。培养商业人才，是海外华侨尤其是南洋华侨的当务之急。1922 年 3 月，暨南学校第一次董事会通过"扩充海外教育案"，决定自下年度

① 《筹备新校舍通告第一号》，《中国与南洋》，第 3 卷第 6 号。
② 江苏省署的批复、暨南学校的申请书以及第二届校董会的决议中，均表明这次暨南村建设购地的数量是 300 亩，参见《暨南村建设记》，暨南大学综合档案室，档案号：2004 - XS12 - 11。
③ 暨南大学校史编写组编：《暨南校史（1906—1996）》，广州：暨南大学出版社 1996 年版，第 19 页。
④ 黄炎培：《中国与南洋·发刊词》，《中国与南洋》，第 1 卷第 1 号。

起，在英、美、荷、法、日各属与暹罗重要商埠创设商业补习学校，其常年经费从学校商科大学经费内支出，其教员即委任本校毕业的商科、师范学生担任，其校址就设在各埠原有的学校内。为此，校董会决定停止与东南大学合办上海商科大学，自己独立创办专门部，用节余的款项扩充海外补习教育。

第六，接待侨教人员。南洋侨胞对暨南学校的恢复和建设极为关心和支持。几乎每批回国的侨生都是由当地华侨教育界的校董、校长、教员及学生亲属亲自护送来校。许多回国的华侨都亲临学校参观，发表演说，慰问教师，鼓励子弟，其中的著名人士有陈嘉庚、李登辉、梁炳农等。学校对来访人士都热情接待，悉心求教。

与南洋侨胞日益密切的联系，为办好暨南学校这一国内华侨学府，发展华侨教育创造了良好条件。

1907—1923 年度学生统计表

年　度	学　制	名　称	毕业人数	侨生入学人数	合　计
1907 年 3 月		首批回国		21	
1907 年 8 月		第二批回国		10	
1908 年 5 月		第三批回国		46	
1908 年 11 月		第四批回国		38	175
1909 年 2 月		第五批回国		54	
1909 年 4 月		第六批回国		6	
1910		第七批回国		不详	
1910		第八批回国		不详	
1919	1	商业特科	24		
1920	1	商业特科	14		
1921	3	旧制商科	14		92
1922	3	旧制商科	14		
1923	3	旧制商科	26		
总计			92	175	267

注：历届师范科、文理科毕业生人数不详，此略。

资料来源：暨南大学校史编写组编：《暨南校史（1906—1996）》，广州：暨南大学出版社 1996 年版，第 22 页。

第二章

真如发展时期

（1923.9—1937.8）

上海真如建校是暨南发展史上的一个转折点。这一转折点意味着暨南从内地创校到大都市的崛起，也意味着它从以中学为主的中等学校逐渐转变为著名的综合性大学。这是暨南校史上比较辉煌的一段，也是孕育暨南文化的关键阶段。在上海这座大都市里，暨南吸引了大量的来自国内外的名师硕学来真如执教，卓越的学术智慧深刻地影响了这所国内唯一的华侨学府，扩大了暨南在国内外的知名度；暨南凭借着上海这一得天独厚的地缘优势，吸引着来自世界各地的华侨子弟和国内英才，他们在这里享受着高质量的知识教育和品德熏染，铸就成历久不衰的暨南精神，他们学成之后，奔赴南洋和国内各地，将自己的学识和才干贡献于社会，体现出暨南办学的成就；在名校林立的上海，暨南汲取着兄弟院校的教育经验和人才资源，不断成长壮大。在这一历程中，迁校至上海真如，是一个值得关注的起点。

第一节　真如初期的发展

一、迁校真如与兴建暨南村

真如是上海西郊的一个镇，距离上海市区大约十里，沪宁铁路沿此经过，属于大都市边缘的一块净土。曾任教暨南大学的著名文学家曹聚仁对这里的情形非常熟悉，他说："那时的真如，可说是十足的乡村，环绕暨南四周的村落，都是平房，和我自己家乡的农村差不多；因为海风大，绝少有楼房。散散落落，有几处园子，连带也有几座楼房，那都是上海大户人家的郊外别墅，假日消闲之地，并不出租的……当我们厌倦于上海尘嚣生活的时候，这是很好的环境。"[1]　迁校到真如，对学校发展较为有利。上海是一个华洋杂处、工商繁荣、文化荟萃的沿海大都市，暨南建校于此，不但海内外交通方便，可以延揽名流学者，观摩工商科技，而且真如校园近邻市区，既无尘世喧嚣，又有田园风光，那里的桃树浦、杨家桥是典型的江南水乡景色。真如的清幽环境和乡土气息，正好是适宜青年学子陶冶性情、钻研学业和锻炼体魄的好地方。留居美国的黄锦清校友在《母校忆旧》中赋诗云："十里洋场外桃源，潜修苦读数真如"；杨叔苏校友在其《真如杂忆》中也对暨南建校上海真如赞美有加："真如只是宝山县的一个小乡镇，人口稀少，处处见到的都是淳朴的农村，没有半点都市的豪华气息，当年暨南学校迁校于此，实在是选地选对了。"[2]

暨南学校在上海真如的新校址建设包括两个部分，一是校舍建设，二是暨南村的建设。自1921年校董会规划在上海西乡真如建设新校址时起，在海内外热心华侨教育人士的支持下，经过近两年的苦心经营，耗资23万余元，到1923年夏末，新校舍第一批工程已经落成，计有学生宿舍3座，办公室、大教室、饭堂、调养室、浴室各1座，可容纳师生500余人。学校即将在上海徐家汇松社办学的商科师生首先迁入新区。9月初，又将南京本部的师范、中学两科之男生全部迁入，但不敷支配，女子部和新入学的补习

① 曹聚仁：《暨南的故事》，暨南大学华侨研究所：《暨南校史资料选辑》，第1辑，广州1983年内部刊行。
② 暨南大学校史编写组编：《暨南校史（1906—1996）》，广州：暨南大学出版社1996年版，第24页。

科男生，仍旧留在南京薛家巷旧校址。从此，南京暨南本部变成分校，而上海真如校区则成为暨南本部了。次年秋天，真如增建补习科校舍，南京补习科的男生才迁到真如。女子部仍留在南京。

暨南村的建设也是真如建校初期暨南学校建设的一个重要部分。学校迁到上海，需要给来校任教的教师提供住宿的条件，也需要给远来暨南的侨生一个居住的环境，[①] 这就需要建设一批住宅以供急需。关于筹建暨南村的原因，黄炎培在1924年4月10日举行的村友大会上，代表校董会作了《筹设暨南学校村之旨趣》的报告，对这个问题作了说明：①有利于学校生活与社会生活互相联络，使学生了解按照理想实现新生活新社会的精神；②使南洋华侨回国者有适宜的住处，以鼓舞其回国振兴实业的信念；③希望使热心新村事业者有一个试验的机会，外国人都说中国人程度不足，希望通过筹设暨南村，集合一些热心人士做试验，借此表现中国人的程度究竟如何，其次也看一看我们的希望能否达到。[②]

1922年12月9日，第二届校董会讨论并通过在校园毗邻扩大征地，附设学校新村。12月19日，赵正平以校长名义，向江苏省省长申请征地300亩，江苏省省长公署于12月25日批复，并"即令行宝山县查照办理"。1923年3月24日，学校发布《创办学校村之通告》。关于创建暨南村的旨趣，该通告说：其一是方便本校教职员住宿，其二是准备学生家长及海外侨商回上海经营实业时驻足之用，其三是"结合实业教育，各界有志与校为邻，一以图本校之不孤，一以尽人类互助之义"。[③] 关于暨南村的特点，该通告也作了描述，认为它有四个特点，首先在交通上，"陆路有铁路，另造汽车路，或出小沙渡或通闸北水路"，并经桃树浦到上海；其次在经济上，相比在上海市区的消费要低廉得多；再次，具有乡村生活的平安、卫生和清静；最后，文明生活所需要的设备，如电灯、自来水、附属小学、医院、大运动场、集会堂、图书馆、园林等学校均有，不必自己经营费心。学校对于征集村友也确定了相应的条件，主要有：①本校教职员；②学生家族及其他海外侨商回上海营业者；③实业教育各界有志与校为邻者。通告发出后，报名者十分踊跃，大有供不应求之势。

为了使暨南村的建设在法律上不产生漏洞，经征求法律专家的意见，草拟了《暨南村大纲》，分发村友和校董征求意见。1923年7月22日校董会第三次会议进行讨论，提出了若干修改意见，并推举赵正平作修改后再议。同年9月24日校董会第四次会议正式通过《暨南村大纲》。大纲共19条。主要内容有：

（1）本村为国立暨南学校所管事业之一，故村主权永属暨南学校。

（2）本村在暨南学校所在地方，故名暨南村。

（3）本村对内对外一切事务，组织委员会按照本大纲决议并办理之。

（4）委员会由11人组成，由村友选出，其中由学校推出3人，校长为当然委员，校董推出2人。委员任期，除当然委员外，定为2年，每年改选半数。

---

① 暨南学校董事会：《扩充新校购地附办新村案》，1922年12月9日通过，载《暨南村建设记》，暨南大学综合档案室，档案号：2004－XS12－11。

② 马兴中：《黄炎培与暨南学校》，载钟业坤主编：《暨南人》，第1集，广州：暨南大学出版社1996年版，第28页。

③ 《创办学校村之通告》，载《暨南村建设记》，暨南大学综合档案室，档案号：2004－XS12－11。

根据该大纲的规定，经投票选举，以下 11 人当选为暨南村委员：钱玉如、任叔永、黄任之、袁观澜、甘鸿逵、高践四、朱经农、陈霆锐、裘燮锐、韩希琦、赵正平。

经过多方努力，暨南村征地 400 余亩，并按设计计划进行建设，受时局影响，历经曲折，暨南村方初具规模。暨南学校作为中国第一所面向华侨的学校，在当时的条件下，创办暨南村可说是一个创举，体现了教育与侨务结合、学校与社会结合的特色。

二、初展宏图与江浙军阀混战的冲击

暨南迁到真如后，仍称国立暨南学校，其主体仍为中学性质，学制比较丰富全面，从大学以至于小学，层次分明。除了商科大学部，尚有商科大学的预科生，学制 1 年；高中部设有商科专业、文理科专业、师范科专业，学制各 3 年。这是暨南立校的主体部分。初级中学的学制也是 3 年，在初级中学以下尚有两种类型的小学，一是高等小学，学制 2 年；二是国民小学，学制 4 年。上述学制基本上是新式学制思想影响下，复校几年间形成的局面。此外，暨南学校还保留着旧制的中学（4 年制）、高小（3 年制）等。旧制商科也是暨南历史上遗留下来的，迁校真如后，依旧暂时维持下来，其学制为 3 年，专门招收旧制中学毕业生，开设课程的程度比新学制下的高中商科略高一些，大约与大学二年级水平相当。这种商科班，从 1920 年丘文英等第一届毕业生算起，每年都有一届毕业，直至 1926 年黄长水等第七届毕业生毕业，旧制商科才宣告结束。

商科迁至上海后，学校对于商业教育更是不遗余力，"敦请名誉讲师，讲演商业常识，以增学者之经验，复鼓励团体组织实地调查商情，以为学者之准备，而学科之选择，教员之聘请，随处留意"①。商科大学的招生对象主要是华侨学生和有志于振兴南洋商业者，旨在培养高级工商管理人才。该部聘请高阳（践四）为主任，先后有马寅初、王毓祥、吴莹等人任教。高阳主任在商科发展的过程中起了相当重要的作用，1924 年编纂的《校史》曾说："（暨南商科）学者之程度，与国内各大学相互比较，已有齐驱之势，则商科进步之迅速，其功不得不归诸教务主任高先生之实事求是，不务虚荣，有以致之也。"②

商科大学部第一期招收了本校旧制商科毕业生陈其旭、傅文楷、范慷源、陈泰敬、戴扶西等人，他们是暨南培养的首批大学生。③ 创办商科大学部，是暨南由中学走向大学的开端。当时，它对外称为"国立暨南商科大学"，在校内，它仍旧是暨南学校的一部分，是受校长领导的一个教学单位。1924 年秋高阳辞职，由朱如棠接任商科大学部主任。迁校真如，暨南可以依凭上海这座大都市的优势，再展宏图，以慰南侨父老的厚望，莘莘学子也可以在新的环境中，砥砺学行，贡献于社会。

然而，就在暨南在真如校园里初展宏图时，厄运降临。1924 年夏间，江苏督军齐燮元与浙江督军卢永祥之间，爆发了声势浩大的军阀混战，战争直接影响了新近迁入的暨南学校，导致暨南几乎要中辍停办。当战争刚刚结束时，暨南商科大学部的学子便含恨

---

① 《校史》（1924 年），暨南大学综合档案室，档案号：2004 - XS12 - 11。
② 《校史》（1924 年），暨南大学综合档案室，档案号：2004 - XS12 - 11。
③ 暨南大学校史编写组：《暨南校史（1906—1996）》，广州：暨南大学出版社 1996 年版，第 24 页。

记下了战争给学校造成的巨大创伤，由此可见暨南办学之不易：

> 然而，暨南却在这枪林弹雨中，受了重大的打击！原来暨南是国立的学校，常年经费专靠国款，从前是由江苏财厅在盐款之内拨给，而今，战端既启，齐大头目无孔不入地搜刮民脂民膏以充军费，哪里还有余钱分润给在彼视为无关紧要的教育机关？暨南既不能得到常款办理当然十分困难；战事倘若延长下去，学校前途非常危险。所以校长便召集校务会议，提出三条办法：一暂时解散，二延期开学，三增加学费。各教职员详细讨论的结果，第一条牺牲太大不行，第二条学生多为华侨子弟，远道回国求学，原冀有所造就，延期开学，荒废学业殊可惜，亦不行。最后表决赞成第三条。于是，从前缴五十八元的学宿膳杂等费的，现在改为七十八元了。还要三十元保证金，也须一律缴入学校，这是我们学生因战事而受到的一笔损失。
>
> 但是，在我们学生，倘使能够安然上课，多缴些款项还不算什么事；但学校方面虽多了这些收入仍不够维持，便把商科大学部三四年级都停办了，中学部师范科也提早毕业。唉，四五十个不忍离开"暨南"的同学，忍住了热泪，转入东吴法科、中国公学大学部及东南商科大学等校去了！
>
> 还有许多同学因为战事的影响，家里进款顿减，不能再供给求学的费用，无可如何，只得辍学。我们于此越发切齿军阀们为地盘而相争相斗，为国民不相并立的仇人！
>
> 暨南在此艰难困苦中，竭力筹备一部分经费上课，我们也默祝战事早息。孰料事之不能如人意者十常八九。炮声、枪声愈近，愈清晰，愈令人恐怖，满怀热望，遂慢慢地冰消，而九月廿日微朦的天色中，轰的一声——校中自来水塔旁发现一颗苏方飞机掷下的炸弹！……①

战事愈来愈紧张，暨南学校为了安全起见，与上海红十字会商定，在校内挂起红十字会的会旗，并趁机准备迁往市区上课。经过紧张的联系，位于宜昌路的前南方大学校址作为临时第一校舍，商科大学部以及商科高级中学部的学生在此寄宿上课；中学商科、师范两部则租借西门龙门书院为临时第二校舍；初级中学和补习科则将位于虹口的粤侨商业联合会作为临时第三校舍。整个暨南从此一分为三，相互之间难以兼顾。

这些临时寻找的校舍毕竟不是真如校区，各处的环境非常糟糕，各方面的准备工作也相当粗糙，住宿的房间既乱又挤，卫生状况极差。同学们克服了战争带来的重重困难，因无桌椅，就席地上课，教师们上课如往常一样，极为认真。学校原来的校内组织和社团活动比较丰富多彩，如学生自治会、经济研究会、银行学会、会计学会、唱歌班、打字竞进会、励学社、体育会、圣经班等，现在因为战争的影响，也大部分停顿下来。11 月上旬，战争结束了，真如校园被军阀部队抢掠一空，军阀混战给刚刚迁校真如的暨南一个沉重的打击。师生们返回校园，共同对劫后的校园进行整修，尽快恢复正常的教学秩序。真如校舍的建设若无江浙军阀混战，将顺利进入第二期工程。可惜事与愿

---

① 淡霜：《暨南商校遭劫记》，《民国日报》（上海），1924 年 11 月 23 日。

违，齐卢战争突起，学校经费大受影响，所有计划不得不完全停顿下来。

1925 年春季，因战争而转学他校的学生纷纷回校复学，合商科大学部、旧制商科以及高初中学生共 160 余名。学期末，商科大学第一届学生毕业，计陈其旭、傅文楷等 5 名学生获得商学学士学位。这是暨南培养毕业的第一批大学生。与此同时，还有旧制商科第五届毕业生徐炳立等，共 13 名。这些毕业生也和以前的各届毕业生一样，除了继续深造的，多数回到南洋，为发展华侨工商事业贡献力量。

三、学务扩充与学术熏陶

1925 年 7 月，校长赵正平辞职。由江苏省政府推荐，北洋政府教育部任命，暨南原教务主任姜琦接任校长职务。姜琦，字伯韩，浙江温州人，1886 年生。1908 年毕业于日本东京国文书院，1915 年毕业于东京高等师范学校，获得明治大学政治科学士学位。归国后，先后就任浙江第一师范学校校长、南京高等师范学校教授等。1922 年，赴美国哥伦比亚大学师范学院深造，获硕士学位。1925 年，赴英、法、德、意等国考察教育。归国后，先任暨南学校教务主任兼中华学艺会干事，7 月份，继任暨南学校校长。由于他办学有年，学识宏富，对暨南学校情况比较了解，由他出任校长，颇受师生欢迎。

姜琦长校后，各项工作积极推行，学生入学人数日渐增加，真如的校舍逐渐不敷使用。于是，暨南学校召开董事会，决定向银行借款 18000 元，建起一座规模较大的教学楼，可以容纳 200 余人上课。由于经费压力较大，学校发起募捐活动，向国内外热心华侨教育者募集款项。国内募集的资金主要是前任校长郑洪年 5000 元，英美烟公司 2000 元，教职员和学生等数千元，共计 10000 余元。[①] 学校随后建成图书馆。学校外观与设施，虽不能达到完善地步，却是国内一所初具规模的华侨学府。学生人数至 1925 年底 1926 年初，共计 800 余名，侨生来源主要有荷属爪哇、苏门答腊岛、文莱、婆罗洲、龙目岛，英属海峡殖民地（新加坡、马六甲、槟榔屿）、马来半岛、缅甸、锡兰岛，美属菲律宾群岛、火奴鲁鲁，法属安南，日据台湾以及暹罗等处。侨胞心向祖国，愈益感到教育的重要性，遣子来祖国读书的人士愈来愈多。

学务扩充是姜琦长校之后暨南学校最为突出的特点。它主要涵盖三个方面，其中商科大学的扩充尤为重要。

1925 年秋，潘序伦博士应聘来校，担任商科大学部主任。他在任职之初，就提出改革暨南商科教育规划的《改进商科大学、旧制高中计划书》，这份改革计划书思路开阔，富有前瞻性，洋洋万余言。其主要内容有：

（1）增设预科，以提高南洋和国内旧制中学毕业生进入大学本科的素质。

（2）分设学系，以资深造。针对海外华侨工商业发展的需要，从原来单一的普通商业专业，增设普通商业、银行理财、会计统计、国际贸易和工商管理等五个学系。[②]

（3）增设学程（即课程）。列出公共必修、各系必修以及选修课程表，公共必修课

---

① 姜琦：《国立暨南学校改革计划意见书》，上海市档案馆：国立暨南大学档案全宗，Q240－1－270F。

② 《商科消息》，《暨南周刊》，第 1 期，1925 年 9 月 26 日；《商科消息》，《暨南周刊》，第 8 期，1925 年 11 月 8 日。

程 109 学分，各系必修课程各有 20 余学分。[①] 全部课程共计 36 种。[②]

分设学系是高等教育发展史上的一个重要问题。暨南学校尽管还是一所中等学校，但在 1922 年前后，就已经对商科大学部的教学采取分设学系的方法，当时的《商科简章》规定，大学部自第三年起分设学系进行教学，[③] 这种做法与后来潘序伦提出的大学分系教学有很大的不同。早先分设学系仅限于大学三年级起，而且专业门类较少，当时仅设立银行理财及保险学系、会计学系、国际贸易及领事学系三个专业系。[④] 潘序伦提出的改革计划则注重从大学一年级起，就实行按专业设立学系，而且扩大了专业范围，增加了南洋商业实践中急需的专业。潘氏提出的学务改革计划得到姜琦校长的支持，经过学校研究，校务会议通过后，在新生和旧生各年级中立即实行。当年即聘请了李权时博士担任财政学及国际贸易教授，叶渊硕士担任英文及簿记教授，王志莘硕士担任银行实践教授，另有周仲千、黄念远、朱亦松、蓝金等多位博士、硕士来校任教。由于教师大多是学有专长的学者，甚至不乏知名学者，因而吸引了大批青年学生。商科大学各系主任也很快聘定，有普通商业系主任吴倚沧、银行理财系主任黄念远、会计统计系主任潘序伦、工商管理系主任周茂藩、国际贸易系主任李权时。[⑤] 据当时统计，1925 年秋，开学第一周，到校领取商科听课证的有 230 人，其中商科大学部 115 人。

商科大学在潘序伦主任的指导下，学术活动和学生课余生活搞得红红火火。1925 年 9 月底，商科成立演说会，由于商科学生共有 200 余人，演说会也就分组开展活动，即设立共和、民治、进步、自由四个分会，每个分会有学生五六十人，每周开展一次演说活动，每次有 10 人演讲，内容和形式比较活泼，包括演说、讲故事、讲笑话、诗文朗诵等。[⑥]

当年商科大学的教学，在国内尚属首创。例如，作为经济管理的重要工具——会计，那时仍旧处于相当简陋、极不完备的阶段。无论是科目设置、账簿格式、记账程序、会计制度等方面，都还没有形成一个系统严密的整体，更不用说用科学的会计理论来指导会计工作了。19 世纪后期，我国虽然已经开始引进西方的会计知识，但主要限于西式簿记技术方面，全面引进西方会计理论主要是在清亡以后，尤其是到五四以后，西方先进的会计知识才开始大量引入，潘序伦在引进会计理论方面卓有成就。潘氏的会计事业则是在暨南主持商科大学部，力主创建会计统计系开始的。1985 年 10 月，其学生与会计界人士隆重庆祝他从事会计事业 60 周年，对于这位会计大师早年在暨南的功绩，无论是教务改良还是学术研究成就，会计学界人士无不称道，他也是暨南人引以为豪的知名学者。

学务扩充的领域，不但在商科方面，中学部的改革也是一个重要的方面。在充实商科大学的同时，姜琦校长也将中学部列为充实加强的重点。他曾建议说："今后暨南学校，应仍以中学部为主体，分设商业、师范、普通（文、理两系）三科。（惟本校高中

---

① 暨南大学校史编写组编：《暨南校史（1906—1996）》，广州：暨南大学出版社 1996 年版，第 27 页。

② 《教育大辞书》，第 968 页，暨南大学综合档案室，档案号：2004－XS12－11。

③ 《国立暨南学校商科一览》，暨南大学综合档案室，档案号：2004－XS12－7。

④ 《国立暨南学校商科一览》，暨南大学综合档案室，档案号：2004－XS12－7。

⑤ 《商科消息》，《暨南周刊》，第 19 期，1926 年 1 月 23 日。

⑥ 《商科消息》，《暨南周刊》，第 2 期，1925 年 10 月 3 日。

部之组织，应较他校更为职业化。倘本校经费有余裕时，尽可展限一年。例如师范科养成初级中学之师资，文科养成新闻记者等）。"[1] 为了加强中学部的管理和改革，他聘请马景尧为初中部主任，邓只淳为师范科主任。从此把师范科与高中文理科的教学分开。在高中，除了学习普通学科外，增设教育史、教育原理、教育社会学、普通心理学、儿童心理学、教育心理学、教学法、小学行政及参观实习等师范生必修的课程。高中文理科课程的设置充分考虑了南洋社会的需要，分别设立四个不同的学组，即①国语国学组；②外国语学组；③自然科学组；④人群科学组。[2] 各种科目又分为三种，例如普通科目、主要科目和选修科目。普通科目约占全部学分的十分之四，主要科目约占十分之三，其余为选修科目。高中师范科目则不进行分组，仅根据学科性质，将科目分为三种，即教育科目、实用科目和补助科目。其中，教育科目必须全部修行，实用科目有一部分指定必修，其余则定为选修课，补助科目可以自由选修。他主持将师范科的课程表编制得极为详密，上课时间多与文、理、商三科有联络关系，从制度上方便了各科学生选课，科目种类也增加了很多，开拓了学生的视野。在初中学生中，学制也有所改革，在三年级学生中，增加了五种选修科目，即教育常识、商业常识、英文文选、图画和音乐。这样在初中学生的培养方面，注重了知识和能力的拓展，适合于南洋华侨子弟对教育的实际需求。

女子部原为培养南洋女校师资而设，因为各种因素的限制，当初开设的专业和学级有限，专业仅限于师范科。1925 年秋季起，暨南学校在女子部开设商业科。这在当时国内学校中，算是开风气之先。女子部商科的设立，为南洋华侨的女子教育开辟了一条新的途径，受到华侨女生及其家长的广泛欢迎。华侨实业家、江苏暨南垦牧公司经理梁炳农先生为此还专门捐资扩建女子部房舍，表达了爱国华侨对暨南女子教育的大力支持。女子部为了锻炼学生的国语能力，活跃学生思想，特设立国语竞进会，该会进入 1925 年以来，会务呈现出突飞猛进的气象，每周举行一次，每次数员，轮流登场，"虽平日讷讷不出口者，及轮值时，亦须登台发表其所见所闻所感者，以资同学之研究，藉得教师之启迪"，女生因此而活泼大方，受益匪浅。各年级还举办演讲比赛，分甲乙两组进行，他们选择的讲题分别是"小学生活的回忆"和"女学生装饰的我见"。演讲完毕，还邀请指导老师讲解"演讲的作用及方法"。这类寓教于乐的教育方式促使女子部的业余活动搞得有声有色。不宁唯是，女子部还聘请名家来校作专题演讲，借以推动学生的知识发展和提高其社会见闻，先后有多位社会和教育界知名人士参与活动，例如，刘虚舟演讲《青年修养法》，刘靖夫演说《领袖问题》，杨杏佛讲授《妇女与社会改造问题》，赵兰坪演说《家庭经济问题》等。[3] 演讲内容切实而洋明，深具启发性。

初中部的学生多数来自南洋，国语方面基础较弱，学校为此特别聘请在北京、天津游学多年的教师讲授国语，每周两小时。在国语教学中，教师们采用多种形式，着重训练侨生的会话能力，讲授内容力求实用，形式活泼。学校在初级中学特别设立公民科，讲授公民应有的常识，如个人卫生、学术训练、对于家庭的态度、服务社会的意识等，

---

① 姜琦：《国立暨南学校改革计划意见书》，上海市档案馆：国立暨南大学档案全宗，Q240 - 1 - 270F。

② 《教育大辞书》，第 968 页，暨南大学综合档案室，档案号：2004 - XS12 - 11。

③ 《女子部消息》，《暨南周刊》，第 14 期，1925 年 12 月 20 日。

在公众行为问题上，以集会的方式特别给予指导。同时，高中师范科、文理科、商科及女子部，都在课余时间开展演讲活动和各种比赛，组织专门的演说会，制定了详细的演说会章程，规定"每周开会一次，于星期五午后七时举行开会，时间以一小时为最短限度，演讲员以十人为最少限度。每次开会时，国语须分讲故事演说、辩论等项"①。这些活动，促进了学生对祖国语言的掌握，增进了他们对中华民族传统文化的了解，提高了语言表达的能力。

为了扩大学生视野，丰富知识，启迪思考，学校经常邀请海内外知名学者来校作知识性、学术性演讲。以1925年第二学期为例，先后有日本学者长谷川演讲《现代教育主义的批评》，国内学者郭任远讲授《心理学问题》，李权时讲授《中国关税问题》，高阳讲授《战事之心理与补救方法》，徐永祚演讲《我国会计师之现状》，张子柱讲授《护侨政策》，何德奎演讲《美国银行之实况》等。

高中文理科主任雷沛鸿发起组织读书会，他的用意首先在于为学校和同学搜集文学、哲学、科学书籍；其次是扩充本校的图书资源，推动图书馆的建设；再次，以敬业乐群精神，博览群书，力图按日计功，通过质疑问难与参与讨论，达到砥砺学行、增长见识的目的，旨在养成读书问学的风气。学生自发组织各种学术性团体和联谊会，定期开展活动，由此感受到学识训练的益处，并在集体生活中得到增进学问、加强友谊的各种乐趣。此外，为了培养学生对美术的兴趣，学校聘请画家陶冷月、黄宾虹等为国画导师，专门设立国画室，指导学生练习国画艺术，并举行画展观摩会。

体育运动是暨南特别引人注目的活动，学校也历来重视这项活动的开展。暨南作为培养华侨子弟的专门学府，华侨学生对体育尤其具有浓厚的兴趣，这一点与其他学校有相当的区别。每当课余时间，夕阳西下，运动场上热闹非凡，各球场上，洋溢着运动和青春的热潮，历次大型比赛，学校派出的选手总会取得骄人的成绩，暨南的体育也因此为各校和社会人士所关注。

江浙军阀混战之后，暨南各项工作逐步走上正轨，越来越多地吸引着海外侨生的注意力，大量国内学生也慕名而来。由于学校的容纳能力有限，所以，校务会议不得不规定：初中招内地生12名，师范科暂不招收内地生。高中文理科和商科可以招收内地生，但不得超过20%。② 1925年，学校各科学生共达到602名，其中商科大学部122人，旧制商科55人，高中商科41人，高中师范科45人，高中文理科57人，初级中学部196人，南京女子部86人。学生籍贯主要分布在广东、福建和江苏三省，各省学生数量大致为：广东268人，福建148人，江苏114人，安徽23人，浙江20人，广西16人，四川7人，湖北3人，江西、山东、湖南各1人。③

至1926年底，暨南学校共出版四种刊物：①《暨南周刊》，在1925年9月26日恢复发行；②《南洋研究专号》，学校认为南洋关系重大，必须密切注意南洋问题，因而编辑刊印这一杂志，系不定期出版物；③《经济汇报》，这是商科经济研究会编辑发行的杂志，每年出版两期；④《文艺月刊》，由学校热心文艺的文科学生负责编辑发行。

---

① 《国立暨南学校商科一览》，暨南大学综合档案室，档案号：2004 - XS12 - 7。
② 暨南大学校史编写组编：《暨南校史（1906—1996）》，广州：暨南大学出版社1996年版，第29页。
③ 《教育大辞书》，第968页，暨南大学综合档案室，档案号：2004 - XS12 - 11。

其他由学生自发编辑的刊物还有《星光》《景风》《南光》等。① 各方面的规模已经初定，这为暨南学校升格为完全大学奠定了基础。

四、在国民革命的洪流中

暨南迁校真如不久，国内兴起了反帝反封建的国民革命运动，富有爱国民主传统的侨生和国内学生一起，积极投身到这一伟大的爱国运动中去。

1923 年暑假，新加坡归侨学生王大文等与设在上海环龙路的国民党总部关系密切，几乎每个周末都到环龙路来商谈工作。其间，他认识了国民党的重要人物廖仲恺，并通过廖仲恺介绍，谒见了孙中山。孙中山亲切地用广东话与王大文交谈，对他的革命热情表示赞许。王大文聆听了孙中山的鼓舞后，十分感动。此后，上海国民党总部还派出代表到暨南学校演讲。暨南因此成立国民党第七分部，吸收了林鸿洋、何若愈、陈昌宛等 20 余名同学为国民党党员。他们在暨南学生中宣传孙中山倡导的国民革命。②

1923 年 3 月间，共产党人恽代英以新闻记者身份来到暨南学校，跟华侨学生促膝谈心，建立了稳定的联系。他在校内的谈话，涉及时事、形势、政治、经济、哲学等，同学们很佩服他的博学多才。恽代英还介绍了共产党所创办的《向导》杂志以及进步的《新青年》等期刊，向同学们推荐《社会发展史》《共产主义入门》等书籍，学生们逐步了解到中国作为半殖民地半封建社会的落后国家，倘若要富强昌盛，就必须来一次民主革命，必须推翻帝国主义和封建军阀的反动统治。恽代英指导学生们出版刊物，作为学习和宣传的工具，以此来团结和教育广大同学。从此，校内蒙岛南、韩汉光等同学将恽代英视为良师益友，并组成党支部，由韩汉光担任党支部书记，主要成员有许侠夫、符福卿、林猷敏、龙学云、龙逢镳、文国锡等，这些党员成为暨南学校学生开展革命活动的中坚力量。"暨南党组织成立后，团结许多进步学生，组织各种公开社团，作为党的外围组织，在学生中形成了核心和领导作用。"③ 当时国共两党都在为打倒帝国主义和反动军阀而斗争，他们也都比较重视在暨南学校发动学生参加国民革命。1927 年冬，中央大学的中共党支部成立，它是由暨南学校转读该大学的学生林猷敏、龙逢镳等人组织的，到 1928 年夏季时，已发展党员 20 余名。④ 暨南学校的社会主义青年团组织也建立起来，它的建立比党支部的成立要晚一些，当时负责中共闸北区委工作的陈云同志，曾不止一次地来到学校，指导团支部的会议，开展团的活动，与团员青年积极交流。⑤ 暨南学校的党团组织，可以说都是在老一辈无产阶级革命家的直接影响和帮助下建立和发展起来的。

在 1924—1927 年国共合作的国民革命运动中，暨南师生为了打倒列强除军阀，积极参与历次重大的革命活动。为了抗议帝国主义制造"五卅"惨案，他们奔走呼号，专门

---

① 《教育大辞书》，第 969 页，暨南大学综合档案室，档案号：2004 - XS12 - 11。

② 王大文：《考入黄埔军校第二期的前前后后》，载《第一次国共合作时期的黄埔军校》，北京：文史资料出版社 1984 年版，第 285 - 286 页。

③ 郭儒灏：《恽代英同志在暨南的革命活动》，《青运史研究》1982 年第 1 期。

④ 郭儒灏：《暨南早期的党组织》，暨南大学华侨研究所：《暨南校史资料选辑》，第 2 辑，广州 1983 年内部刊行。

⑤ 周孝中：《暨南逸史》，广州：暨南大学出版社 1996 年版，第 149 - 150 页。

组织宣传队，声讨英、日帝国主义屠杀中国人民的罪行，成立募捐队，支援上海"三罢"斗争，积极声援参加省港大罢工的工人。并且，他们还发动学生前往国民革命的策源地——广州，王大文等学生考入黄埔军校，成为革命军官，还有同学参加农民运动讲习所，成长为军事和农民运动的骨干力量，例如，韩汉光曾经担任北伐部队某部的党代表，蒙岛南同学在广州某舰艇上担任党代表，符光东同学在海南万宁县担任农民运动特派员，许侠夫同学在海南文昌县，符福卿同学在海南琼东县，均从事地方革命领导工作。在周恩来等人领导的上海三次工人武装起义中，黄承镜（后改名黄逸峰）同学担任武装起义总部的交通员，亲自参加了进攻军阀和警察局的战斗。这些暨南学子为国民革命立下了汗马功劳，其中，韩汉光、许侠夫、符福卿等同学还为革命献出了宝贵的生命。[①] 这些革命者都是暨南学校的优秀学生，他们用鲜血在暨南的爱国民主运动史上写下了光辉的一页。

第二节　创建暨南大学

一、创建大学计划与校舍扩建

1927 年夏，姜琦调离暨南学校，南京国民政府大学院任命郑洪年接任校长。郑氏与暨南有很深的缘分。1907 年暨南学堂开办时，郑氏担任首任堂长，与学生相濡以沫，对暨南极有感情。他将暨南的发展经历比作一个人的成长壮大，对学校历经磨难深有感慨，他说："回忆过去之暨南历史，正如人生二十岁以前，为从幼稚以趋成长之期……今兹重长斯校，目睹前此在怀抱中之呱呱幼孩，二十年来厄于经济，困于刀兵，终能巍然独立，言笑行走，今且聚乡老，酌杯酒，为之加冠成人，真不禁欣然欲舞矣。"[②] 数年来，国内战争迭起，政局不稳，学校也因此深受影响，始终处于中学师范的阶段，虽有商科大学部的设立，但仅仅是偏安一隅，不能有较大的发展。他认为，"鉴于侨胞处于殖民政府铁蹄之下，受尽帝国主义之蹂躏，暨南教育非提高程度，扩充为完善之大学，不足以增进侨胞之地位，不足以适应其特殊环境，不足以使华侨父老咸达自由平等之目的，准此旨趣，乃具彻底改革之决心"[③]，但是，学校的发展取决于四个必不可少的要素，即计划、经济、人才和地址。[④] 如果政治没有走上正轨，社会动荡不安，那么学校发展的计划必定会朝令夕改，经费时断时续，虽拥有良好的地址和人才，也不可能企望成功。因而在厄运当头时，能否保持一种进取不羁的精神当属关键，郑洪年校长深有此意，力主不拘泥，戒除墨守成规，他说："一以见旧迹之不可徒泥也，泥则拘，拘则圃，圃斯陋矣。一以征新计之常有不及也，不及则努，努则奋斯进矣。一进一陋，兴败之

---

① 郭儒灏：《暨南早期的党组织》，暨南大学华侨研究所：《暨南校史资料选辑》，第 2 辑，广州 1983 年内部刊行。
② 郑洪年：《发刊词》，《国立暨南大学改组特刊》，暨南大学综合档案室，档案号：2004 - XS12 - 11。
③ 郑洪年：《一年来之经过并今后之计划》，上海市档案馆：国立暨南大学档案全宗，Y8 - 1 - 925。
④ 郑洪年：《一年来之经过并今后之计划》，上海市档案馆：国立暨南大学档案全宗，Y8 - 1 - 925。

征，敷教如是，治事如是。无论以家事以治校，以国事以治校亦如是。"①

郑洪年长校后，北伐战争发展迅速，战局趋势明朗，南京政府宣告成立。暨南学校在这一相对稳定的和平环境中，便可以寻求大规模发展的途径。郑校长在制订学校发展计划时，考虑到暨南学校既应与国内一般大学有所区别，又要适应华侨子弟回到居住地谋生的要求，因而他提出了两个重要的改革方针：

> 一为教育华侨子弟，则增设各科学院，提高学校程度，务使养成华侨子弟优良之品性，高深之智识，以提高华侨之地位，而发扬吾国之国光；一为研究南洋问题，则设立南洋文化教育事业部，以研究南洋华侨之教育生活，使国人注重南洋问题，而将来之南洋华侨，能受各国殖民地内之平等待遇，以开拓南洋种种社会事业，以继先总理之意志，此皆斯校之责任也。②

鉴于政局既定，南洋华侨对华侨高等教育的期盼，郑校长决心对暨南进行彻底改革，除旧布新，最重要的是将暨南学校改组为一个完善的大学。他力主将商科改为商学院，并在此基础上增加农学院、文哲学院、自然科学院、社会科学院和艺术学院五门，希望从质量上完善华侨之最高学府的创建，"使华侨子弟得享受世界高深的知识与祖国优美的文化，以为他日参加祖国一切运动及提高华侨地位之准备"③。在此基础上，郑校长还准备将原有的中学部极力刷新，力求充实，以期与大学部的需求相互衔接，其中尤其注意到师范科，这是为了培养南洋华侨的师资力量而设立的专业，也承担着培养教育机关工作人员的重任，必须得到确实的发展。新的计划大纲对于设立南洋文化教育事业部尤为注意，这一新创设的机构主要是考虑到，它必须与南洋华侨各种教育机关紧密相连，统一南洋所有文化教育事业，并调查南洋各属华侨的生活，这就可以为将来该机构的扩张提供必要的根基。当然，南洋文化教育事业部的设立，一方面可以使国内人士明了华侨在南洋的现状，推动国人向南洋发展；另一方面也让华侨父老明了祖国的现状，以造就华侨参加祖国一切运动的机会。这些都是暨南责无旁贷应当承担的职责。

暨南改组的计划大纲可谓内容宏富，大刀阔斧。新的暨南大学秘书长谢作舟对这一改革计划曾作过具体的描述。总括起来，大致有以下四个方面：

（1）扩充大学部。暨南大学采取通行的学院制度，分设六个学院，即文哲学院、社会科学院、自然科学院、农学院、商学院、艺术学院。将商科大学改组成商学院，将原有的银行理财系改为银行科，会计统计系改为会计科，并增设了水路运输科、工商管理科，原有普通商业科未作改动。文哲学院在1927年度先成立中国文学系、外国文学系、教育学系。④ 社会科学院在本年度率先成立政治学系、法律学系。自然科学院本学期设立数学系。该学院计划陆续设立的学系还有心理学系、物理学系、化学系、生物学系、

① 郑洪年：《〈国立暨南大学校务特刊〉发刊词》，1928年，上海市档案馆：国立暨南大学档案全宗，Y8-1-925。
② 郑洪年：《发刊词》，《国立暨南大学改组特刊》，暨南大学综合档案室，档案号：2004-XS12-11。
③ 郑洪年：《国立暨南大学计划大纲》，暨南大学综合档案室.档案号：2004-XS12-11。
④ 谢作舟：《本校改组经过大略》，暨南大学综合档案室，档案号：2004-XS12-11。郑洪年在《国立暨南大学计划大纲》中确定，文哲学院也要设立哲学系，但谢文中没有提到这一学系。

地质学系。农学院计划设立农学系和林学系两个专业学系。商学院下设六科：银行科、会计科、工商管理科、国际贸易科、普通商业科以及水路运输科。艺术学院计划开设四个学系，即音乐系、中国画系、西洋画系和图案画系。[①]

上述专业学系设立的目的，谢作舟认为是充分考虑了南洋目前的需要。比如农学院，鉴于我国华侨在南洋农业发展上的地位丝毫不亚于商业，并且南洋农业发展近年来多采用新的办法，暨南大学增设农学院，正是为了促进其进步和发展。将农学院分为农学系和林学系，涵盖的领域较为广泛，农学系包括了农艺、园艺、畜牧、水产等；林学系则包括了森林生产与森林经营等。设立文哲学院，其目的在于既输入中国文化，以发展我国民族文化和精神，更注重西洋文化，使人类适应世界的新潮流。创设社会科学院也是基于南洋华侨缺少政治经验，不能积极参与政治运动，该学院的创设可以引起华侨参与政治的兴趣，以改善各地殖民政府对华侨的待遇。学校也看到，自然科学"为一切学术之基础，将增设自然科学院，俾华侨得研究高深学术之机会"。纯粹的艺术可以陶冶人的情操，给人以美的感觉，所以设立艺术学院，将华侨子弟造就成为纯洁高尚的人才。

（2）改组中学部。就暨南本身来说，中学一直是大学部的基础，欲求建立一所完善的大学，必须先从充实改革中学入手。暨南的学生多来自海外，对祖国的教育状况隔膜不明，而且程度深浅不一，所以对中学部的整顿刻不容缓。暨南计划对中学部整顿的重点是，将中学部原有的文理科改造成普通科，下设甲乙两部，增设农科，原有的商科保持不变。各科课程均须增加。中学部特设辅助班。初年级程度不及格者，需进入辅助班学习。对师范教育，学校亦给予相当重视。"在相当时期，师范教育有提高超越中等教育阶级之必要。"[②]

（3）增设南洋文化教育事业部。我国人民在南洋各处经营谋生，已历经百余年，人数达到 500 余万。政府没有保护侨民的能力，社会也缺少指导的机关，所以侨民向来是处于殖民政府的压迫之下。暨南大学既然对华侨负有教育的责任，与华侨生活息息相关，就不能缺少指导研究的机关，南洋文化教育事业部就是一个这样的机构。该部内部分设教育股、指导股、调查股、编译股、宣传股等。南洋文化教育事业部关注的范围较广，如风俗、习惯、政治、经济、人口、土地以及其他制度等。学校设想，该部开展工作的第一步，是延揽对于南洋各种问题素有研究或经验的人才，期望逐步灌输中国文化和世界一切文化，以改善南洋华侨的物质生活和精神生活。与此同时，学校还计划定期召开南洋学术教育会议，由本校集合南洋各学校、各教育机关以及其他与学术教育有关系者联合组成。它的宗旨是提倡学术，统一国内外教育组织。

（4）组织筹备学校的特种设备。所谓特种设备指的是与学校的发展息息相关的必须具备的场馆或设备，如农场、图书馆、体育馆、科学馆、博物馆以及气象观测所等。学校对此类教育设施非常重视，积极筹措资金，准备次第开建。

郑洪年校长制订的改组计划为期六年，分三个阶段实施。

第一阶段从 1927 年上学期开始至 1929 年下学期为止，创办的事项较多，例如，大

---

① 郑洪年：《国立暨南大学计划大纲》，暨南大学综合档案室，档案号：2004 - XS12 - 11。

② 郑洪年：《国立暨南大学计划大纲》，暨南大学综合档案室，档案号：2004 - XS12 - 11。

学部各学院充实各个学系，中学部改组，完成南洋文化教育事业部创建，农场、图书馆、体育馆等特种设备的建成等。这一阶段比较重要的任务是各学院内部机构的充实，以及各学系教学、研究、招生工作的开展。学校规定，各学系应该较多地招收国内优秀的学生，使其毕业后服务于南洋，由学校加以介绍，到南洋各级学校出任教员或校长。

第二阶段从 1929 年下学期起至 1931 年上学期为止，要陆续增设学系，添建特种设备等。例如，文哲学院要创办哲学系，社会科学院要增办社会经济学系，自然科学院增加心理学系，农学院创办林学系，艺术学院创办音乐系和图案画系。博物馆也在这一时期准备完成。

第三阶段从 1931 年下学期起至 1933 年上学期为止，计划举办的事项相对较少，例如文哲学院要添办历史学系，自然科学院则要增加化学系、生物学系和地质学系。气象观测所和科学馆等特种设备也均在这一时期完成。

按照这一计划大纲的规定，暨南将扩充为一个三部鼎立、六院具备的华侨最高学府。这份计划于 6 月 27 日发表，得到海内外热心华侨和侨教人士的支持，也得到国民政府大学院的批准实施。于是，国立暨南学校改组、升格为国立暨南大学。

为适应学校发展、扩大招生的需要，学校着手扩建基本教学设施。图书馆于 1927 年秋落成。1929 年又建成 3 列教室，计 13 间。科学馆也在这一时期建成并投入使用。暨南大学总办公楼莲韬馆建成后，学校在其附近，即桃树浦水面上建起一座亭阁，取名"尚节亭"，作为校长办公与接见学生的处所。初中宿舍和高中宿舍在这一时期也得到扩建，计初中宿舍一座，高中宿舍 3 列，共计 96 间，每间住学生 6 人。教师宿舍 12 列，女生宿舍一座。暨南新村建成 14 座独立洋房，供教授及其眷属居住。1930 年秋，可容纳 1500 人的大礼堂落成，胡汉民亲自题名"致远堂"，大门两侧悬挂着由叶恭绰手书的长联："辅世长民，政治本根常在学；任重致远，华侨子弟易成才。"这副长联体现出暨南办学的旨趣。学校于 1929 年接受华侨暨南垦牧公司经理梁炳农拨捐江苏句容长下甸村的山地 1000 亩，辟为农科试验场。[①] 校园中的篮球场、排球场、网球场、田径运动兼足球场也纷纷建成。迁校以来，校园中大量种植了各色花木，数年间，花木扶疏，绿树成荫。课余之暇，莘莘学子徜徉其间，琴韵书声，弦诵不绝。

二、大学组建与教学体制

学校在 1927 年暑假前即着手改组工作，聘请翟毅千为副校长，谢作舟为秘书长，协理日常校务工作，并聘请黄建中为大学部教务长，汪奠基为中学部教务长。不久又改组教务处，聘请杨汝梅为大学部教务长，张凤为副教务长，夏开权为中学部主任，曹聚仁为副主任，主持大、中学部教学行政事务。

经过暑假期间的紧张筹备，在延聘教师、招考学生等各方面工作准备就绪后，当年9 月 5 日，学校隆重举行国立暨南大学开学典礼。会上，郑洪年正式宣誓就任校长职务，宣布以"道德、科学、军事、职业、政治五种训练"为学校教育方针。秘书长、教务长报告大、中学部改组经过。国民政府大学院代表易培基莅会主持监督宣誓并致训词。荷属华侨学校视学熊理致贺词，暹罗国王代表 Romubatun 也莅会祝贺，并作了关于中暹友

---

① 暨南大学校史编写组编：《暨南校史（1906—1996）》，广州：暨南大学出版社 1996 年版，第 31 页。

谊的讲话。这次开学典礼还为上一届商科大学毕业生补行了毕业典礼。

1927年秋季开学后，改组计划中确定的部分院系已开始招生，商学院招生的有工商管理学、银行学、国外贸易学、会计学和普通商业学五科，这五科原来已经设立，而且四个年级全部具备，不需要做太大的调整，只是将商科大学改名为商学院即可，但该学院还要筹备添设水路运输科，准备明年招收新生。尚未成立学院的独立学系有中国语文学、外国语文学、教育学、政治学、法律学、数理学等学系，也开始招收一年级新生。

历史社会学、生物学和中国画等系进入筹备落实阶段，准备次年招生。学校对添设这几个学系有着深远的考虑，郑校长在1928年的《校务特刊》上撰文论述了添设上述学系的目的。关于历史社会学系，郑洪年校长认为，"历史学识，可使青年一则以了解世界之演进，文化之递嬗，风教之变易；一则以了解人类之渊源，现处之地位，所在之环境；后者对于南洋同学尤属切要"，他说，我国历史向来被帝王将相所独有，缺少对社会背景和民间风俗的记载，历史也必须建筑在社会学基础之上，必须实行民众化和科学化，才能发现新知识。本系还应设立史料陈列室，建立考古学会，远赴边疆发掘古城古墓，搜集地下史料，以期在文化上有新的贡献。关于生物学系，学校决定，1929年秋，必须全力以赴兴办农学院，先后购置农场苗圃和仪器图书，为了巩固农学院的基础，应该首先创办生物学系。关于中国画系，郑洪年认为，我国画法在世界上占有相当位置，很有提倡的价值，而侨胞处于南洋天然的美景中，尤其应该提倡国粹，如此，既可以表现其个性，陶冶其志趣，又可培养其爱国的情感。[①] 看来，弘扬中国传统文化，注重人文教育是暨南大学立校的根本方针之一。

经过两年的努力，至1929年，学校扩充工作取得了较大的进展。除了商学院以外，还成立了文学院、理学院和教育学院。其中，文学院下设中国语文学、外国语文学、政治经济学、历史社会学4个学系。理学院下设数学、物理学、生物学3个学系。教育学院下设教育学、心理学2系以及师资专修科。至1930年时，学校又成立法学院，下设法律学系以及外交领事专科，政治经济学系改为隶属法学院。商学院原来设立的6科均改为独立学系，即银行学系、会计学系、工商管理学系、国外贸易系、普通商业系以及交通管理系。至此，暨南成为拥有5个学院，16个学系，2个专科的完全型大学。

郑洪年强调要把暨南大学办成华侨最高学府，要将"世界高深的知识与祖国优美的文化"传授给国内外的学生，为此，他将延聘名师硕学作为办学的关键，"任事之初，以集中人才为先图，其学有专长，德行足为学子表率者，无远近皆以礼先之"。[②] 许多知名的专家学者先后应聘来校，这一年共聘请教授36人，讲师48人，以承担大学6系5科的教学任务。1930年之前，各学院师资建设已初具规模，大致情况如下：

商学院：

院长杨汝梅，会计学系、交通管理系主任杨汝梅（兼），银行学系、国外贸易系主任叶渊，普通商业系、工商管理学系主任蔡正雅。该院聘请的教授、讲师有潘序伦、周茂藩、钱祖龄、汪永、周振声、吴文蔚等。

---

① 郑洪年：《一年来之经过并今后之计划》，上海市档案馆：国立暨南大学档案全宗，Y8-1-925。

② 《国立暨南大学年鉴·郑校长序》，1929年版，转见暨南大学校史编写组编：《暨南校史（1906—1996）》，广州：暨南大学出版社1996年版，第33页，此处论述多见诸该书，不一一注明。

文学院：

院长陈钟凡，中国语文学系主任夏丏尊，后由陈钟凡兼任，之后继任主任为陈柱尊，外国语文学系主任叶公超，继任主任为梁实秋，历史社会学系主任黄凌霜，继任主任为许德珩。该院聘请的教授和讲师有李达、邓初民、钱亦石、杨公达、洪深、夏衍、张君劢、客本（Jean Cub-ban）、张世禄、沈从文、徐中舒、陆侃如、冯沅君等。

理学院：

院长于基泰，数学系主任陈荩民，生物学系主任黎国昌，物理学系主任周君适。该院聘请的教授、讲师有袁税伯、马名海、蒙心如、郗重魁、周建人等。

教育学院：

院长谢循初，教育学系主任邰爽秋，心理学系主任张耀翔，师资专修科主任沈履。该院聘请的教授、讲师有陈科美、杨瑞卿、董任坚、廖世承等。

法学院：

院长王人麟，继任院长石颖，法律学系主任石颖，政治经济学系主任刘英士，外交领事专科主任杨振先。该院聘请的教授、讲师有孙寒冰、刘世芳、宋允惠、罗隆基、童冠贤、潘光旦等。

以上延聘的教员中，留学国外并获得博士学位的有19位，获得硕士学位的有26位。此外，虽未出国留学，但学有专长、为国内知名学者的亦颇不乏人。郑校长对学校罗致到这样的师资颇感满意，他称，"新聘教授非著述宏富，即学有专长，固皆海内知名之士，而蜚声教坛者也"[1]。暨南大学初步奠基，即延聘如此鼎盛的师资阵容，实属不易。

办学经费的多少对于暨南兴革来说非常关键。学校在改制发展时期，对于经费的需求尤为浩繁。自1927年7月至1928年6月，学校共收入28万元，其中，南京政府支付的经常费有24万元，收取学生的学费有4万元。这些收入主要用于支付教职员工的薪金、各学术研究团体的津贴、补助旅行参观考察、建筑用费、设备校具图书仪器的购置费、童子军服装和枪械费、学生军军服及枪械费、植树费、凿井购地费等。这些支出项目总计花费40余万元，不敷款项由学校向银行借贷。

大学部的改组，推进教务改革是一个关键。暨南学校原有教务处，大学部设置教务长一人，中学部设置高中主任和初中主任各两人。自改组之后，大学部设置教务长一人，中学部设置教务长一人。1927年秋季开学后，任大学部教务长的是黄建中，任中学部教务长的是汪奠基。1928年春季莲韬馆落成后，全校办公室均迁入馆中。

暨南大学作为华侨最高学府，其使命自然与一般大学有所不同。自清末创校以来，逐渐形成自己的教学体制。经过1927年改组，制定出一套教学的原则和措施。

首先是增订优待华侨学生的办法，主要包括以下几点：①增加大学部免费学生。凡是曾在本校中学部毕业，在南洋服务两年以上的华侨学生以及1926年毕业的师范科学生，愿意考入教育学系者，学费和膳费全免；愿入中国语文学系、外国语文学系、数学系、政治经济学系、法律学系者，学费全免。②优待南洋小学教员。凡是在南洋充当小学教员，愿意来本校求学者，经该地学校证明，得免入学考试。③增加特别生名额。凡是华侨学生，因路途遥远，来不及在招生考试以前到达学校，或因特殊情况，未能参加

---

① 郑洪年：《一年来之经过并今后之计划》，上海市档案馆：国立暨南大学档案全宗，Y8–1–925。

考试者，得准编级试验后，作为特别生，听讲一学期后，可以参加入学考试，及格者取为正式生。④增设辅助班。华侨学生归国后，常有程度不合格者，学校为了帮助这些学生补习文化课，自 1927 年后，加设辅助班。

其次是教学原则与课程设置。学校强调理论与实践相结合，既要掌握高深的理论，又需长于实践应用。在教学中，既重视中国传统文化的教育，同时注意适应华侨所处的特殊环境，传授有关的知识和技能，以造就专门人才。这样，既能为继续深造打好基础，又能使他们掌握在海外谋生的技能。为达此目的，学校将课程设置分为三类，第一类是全校学生通选的公共课，第二类是各个学系的必修课，第三类是选修课。学校规定公共课不计入学分，但若不及格则不可毕业。关于必修课和选修课，学校规定，在四年内必须修满 136 学分，并在教授指导下写出经系主任认可的毕业论文后，始能毕业。特别是推行主系、辅系制度，即规定每个学生除了其就读的学系为"主系"外，从第二学年起，在本学院内选定另一个系作为"辅系"，教育学院的学生还可以跨学院选择"辅系"。主系与辅系所修得的学分应有相应的比例，但总数不能少于 136 学分。实行主系、辅系制度，不仅能使学生打下较为牢固的专业基础知识，更能使学生按照自己的兴趣和需要，选修有关的课程，有助于扩大其知识面，增强适应性，达到宽口径培养人才的要求。为使学生适应海外就业环境，学校十分重视外语教学。规定本科学生必须掌握两门外语，除了作为第一外语的英语必须学好外，各系学生须从第二年起，从德、日、法、荷、马来等五种语言中，选定一种作为第二外语。国内学生则必须选择荷兰或马来语为第二外语，以便毕业后到南洋开展工作。学校还将"南洋概论"作为全校的公共必修课之一。这门课程主要讲授南洋的历史、地理、经济、社会以及该地区的风土人情等方面的知识，让学生加深对南洋的全面了解。这足以体现出暨南大学"声教暨南"的使命。

再次，设立奖学金和工读制度。早在南京时期，学校就设有奖学金，资助优秀学生修完学业或出国深造。暨南改组为大学后，对于那些成绩优良而家庭经济困难者，也设立奖学金，给予津贴，规定凡是年终考试后，各科平均成绩在 90 分以上者，免除其学费和膳费，对于贫苦学生推行工读制，安排他们缮写讲义或到附属学校讲课等工作，每月给予其一定的津贴，解决其基本的生活费用，帮助他们完成学业。

最后，假期考察与毕业参观。学校从晚清成立以来，一直保持着一项优良的传统，这就是组织学生赴外地进行考察和参观。由于华侨学生来自海外，对祖国的情形不太了解，学校应该组织他们考察祖国各地，国内学生久居一地，也应该熟悉各地的情形，所以暨南大学在尽可能的条件下，组织学生进行假期考察与毕业参观，"东渡扶桑，西溯湘鄂，南至闽粤，北达平燕"，祖国到处留下了暨南学生的足迹。至于"东渡扶桑"的根由，则是考虑到日本人每年来中国内地调查窥探者，摩肩接踵，且有南进之说，大有取代南洋华侨地位之势，所以，学校遣派学生赴日，"考彼维新，研彼诀要，取彼之长，补我之短，侦彼准备，策我应付"①，实寓至意。

此外，学校还计划每年暑假轮流资助各学系教授赴南洋考察，有裨于教学的针对性，使教学更加适应南洋的情势。这也是暨南大学采取的特殊政策。

改组之后的暨南大学呈现出各科齐备、繁荣鼎盛的局面，各学系对课程、师资和教

---

① 郑洪年：《一年来之经过并今后之计划》，上海市档案馆：国立暨南大学档案全宗，Y8－1－925。

学计划进行了积极的筹备，并顺利开展大学教学的组织工作。由于各个专业情况大不一样，所以各学院、学系在教学和师资等各方面也有不少差别。基本情况如下：

（1）商学院：鉴于商学教学的特殊条件，学院规定，对学生实行"减少学分，注重课外研究"的方针。暨南经费向来比较拮据，图书设备等准备并不十分充足。以前商科大学时期的章程规定，学生须读满168学分方可毕业，1927年夏季，洪年图书馆落成，并添购部分图书，因而学院将学分总数减少至152，使学生得以少上课，多利用图书资源，注重课外研究。改组初期，学院增开的课程主要有商业银行、职工管理及劳工问题、证券交易、高等会计、官厅会计、铁路会计、货运及运价、铁路管理、中国运输问题、中国币制问题以及广告计划等。商学院的学生多数注意对实际问题的研究，成立了经济研究会、会计学会等团体，而且出版了《经济汇报》和《会计学报》等期刊。

（2）中国语文学系：本系成立于1927年秋，原名"中国文学系"，1928年春改为"中国语文学系"。专业内容包括语言、文字、文学三大类，本系课程除了有16学分的通修课外，还包括120学分的必修课和40学分的选修课。虽属于刚刚建系，但该系教师力量较为充足，其中有4名教授，9名讲师，1名助教。这些教师多数是当时赫赫有名的资深专家或崭露头角的学术新秀。

（3）外国语文学系：本系原名英文学系，后因附属的第二外国文科目逐渐增多，所以改今名。本系教学特别注重西洋文艺思潮并且偏重民族性作品的讲授，试图对本国文艺的兴起有所指导和影响。本系教学中还特别注重让学生多进行课外阅读和补习，学校图书馆要添购西文书籍，多数须由本系教员购置，道知学生随时去浏览，程度较差的学生，每周内必须抽出两个小时加以补习。学生们自发地组织英文谈话会，每周至少举行一次活动。新闻班的学生为了开拓实际见识，特地到字林西报馆和其他中西报馆参观学习，增强专业知识。大学生中越来越多的人到本系学习日文、法文、马来文等，该系还准备添设西班牙文，以适应学生学习的需要。

（4）教育心理学系：学校评议会在讨论1928年增设学系的议案时，多数人认为学校经费预算有限，不应过于扩大，应该将性质相近的学系暂时合并。心理学系即面临着与别的学系合并的命运。当时教员的意见众说纷纭，主张颇不一致。有主张与哲学系合并者，有主张与教育学系合并者。由于哲学系尚未成立，所以只能与教育学系合并，取今名。所以，教育心理学系实际上是教育学系与心理学系暂时合并而成立的一个学系。①

（5）政治经济学系：本系原名政治学系，后来因为政治、经济两科息息相关，政治学研究人类政治生活的组织和演进，经济学研究人类经济生活的方式和内容，两者互为依凭，合在一起，则可以显示新的治学途径，于是改为今名。本系的教学宗旨在于教师讲授与学生自学并重，教师以指导学生研究的方式，提供科学上的素材，令学生自主研究和思考现实问题，指导学生分组赴南通、无锡、苏州等地调查，将调查报告发表于《暨南周刊》，注重课外作业。本系规定了学生毕业的条件，例如，在四学年中，学生必须修满本系课程和各系通修课程100学分，选修科目达到50学分；必须在本系所设立的研究会内，参与两年以上的课外演习，并取得相当的成绩；在第四学年开始时必须与本科教师商定毕业论文的选题，经系主任认可，撰成后，须经过文稿审阅和三位教师参加

---

① 《十六年度教务概况》，上海市档案馆：国立暨南大学档案全宗，Y8-1-925。

的口头答辩通过；学生提出论文前，必须具备一门以上的外语译读能力，并获得相应的证书，才可准许毕业。

（6）法律学系：本系以研究中国之新旧法制为根本，参考英美、大陆诸国学说以及现行法制，相互比较。为适应南洋学生需要，增加南洋现行法的教授，该课专门介绍南洋习惯法与法律案例，促进学生对海外法律法规知识的了解和掌握。由于本系不设预科，故本科毕业定为五年。第一年造就学生研究法律的基础，开设国文、英文、演说学、心理学、政治学、社会学、中国史、伦理学等基础性课程；第二年至第五年，主要研究法律专门知识，中国法被本系确定为最根本的课程，专门研究中国的新旧法制，各地的习惯法和各种学说也是教师讲授的内容之一。英美法以各国名人编选的案例为课本，用英语直接讲授，学习过程中，将事实与法律条文直接对照研究；罗马法与大陆法采用英文课本，将其与中国法、英美法比较研究，揭示各法制之间的优劣。本系规定毕业生须修满180学分。处于大胆试验中的法律学系对本系的教研计划颇具信心，"在此一年试验之中，与学生以比较之研究，加以选案之训练，成效昭著，照此赓续习求，则数祀之后，本系在中国之法律学校中，必能首屈一指，而学生对于中国司法前途之贡献亦必多也"[1]。

（7）数理学系：本系第一学期主要开设微积分、解析几何、近世几何、方程式论和普通物理等。由于学科关系，本系采购图书多为英文版本，初期采购的图书价值千余元，购入的物理仪器价值七万余法郎。本系特别注重利用暑假期间的闲暇，给学生制订学习计划，并且定期检查学生的学习进程。

三、设立南洋文化教育事业部

南洋文化教育事业部的设立，是暨南大学改组计划大纲中的一项重要内容。它与大学部、中学部鼎足而立，充分体现出暨南侨校的鲜明特色，在暨南大学具有突出的地位，作为研究南洋问题的专门科研机构，在近代中国的华侨研究史上具有相当重要的影响。

1927年9月21日，南洋文化教育事业部宣告正式成立。该部创设的意义极为远大，郑洪年在改革计划大纲中称，设立南洋文化教育事业部，"期与南洋华侨各种教育机关，联为有系统的组织，以统一南洋所有文化教育事业，并调查南洋各属华侨的生活，为将来文化运动上设备扩充的依据"[2]。设立之初，该部宣言确定了需要推进的五个目标：第一，灌输祖国文化于南洋；第二，调查南洋实际状况，作为研究启发的标准；第三，从教育上增进华侨开拓的能力；第四，促进国人在南洋扩大发展；第五，鼓励华侨参加国内的一切运动。

学校组织大纲对南洋文化教育事业部的组织系统进行了规定，设立委员会，规划该部的一切事宜。学校聘请黄建中、夏丏尊、徐中舒、刘南风等17人为委员，郑洪年兼任委员长。次年2月，组织条例略有修改，只设立文化、教育两股，文化股办理促进南洋华侨文化事宜，教育股办理辅助南洋华侨教育事宜，两股合组一个编辑委员会，办理

---

① 《十六年度教务概况》，上海市档案馆：国立暨南大学档案全宗，Y8-1-925。
② 《南洋文化教育事业部概况》，上海市档案馆：国立暨南大学档案全宗，Y8-1-925。

本部编译出版事宜。教育股主任为刘南风，文化股主任为刘士木。前聘 17 名委员全部去职，另聘李长傅、王丹华、季达、钱鹤为专任编辑，顾因明、陈宗山、林奄方、龙惜阴等人为特约编辑，人员比以前减少，开展工作却较快。经过一年多的实践，1928 年 10 月部务会议决定，按照实际工作需要改为部主任制，设部主任总揽部务，并计划和执行本部事务。由校长聘请刘士木担任部主任，下设秘书一人，辅助主任管理一切事务，这一职务由钱鹤出任。以下分设编译、总务两处，按照工作性质，编译处设立丛书、杂志、通讯三股，总务处设立庶务、宣传、教育、调查、交际五股，各股设办事员若干人，同时又将本部名称改为"南洋文化事业部"，寓教育于文化，以求实际。[①] 1930 年 9 月，该部研究对象由南洋扩展到美洲，于是名称又改为"南洋美洲文化事业部"。除了主任刘士木外，有秘书陈福璇，编辑陈希文、刘耀商，翻译姚楠等，共计 8 人。他们分工协作，同心协力，取得了相当丰硕的成果。

南洋文化教育事业部成立不久，根据成立时的宣言和宗旨，提出该部将要进行的各项具体任务：①沟通中南文化；②提高华侨地位；③纂辑丛书、教材；④编印《南洋研究》；⑤发印国内外通讯；⑥宣达各属侨情；⑦招待回国侨胞；⑧指导侨生升学；⑨接受各界委托；⑩介绍侨校教员；⑪调查华侨教育；⑫受理各界咨询。这些任务虽然广泛而且繁难，但是部内同仁相互协作，艰苦经营，共同创业，成绩颇佳。

南洋文化教育事业部定期编辑和出版刊物，前后出版的期刊和通讯近 10 种。其中最主要的是《南洋研究》，该刊于 1927 年底创刊，第 1 卷 1～6 期为双月刊，1928 年 7 月起改为月刊。该刊为学术性刊物，除了介绍南洋各地种种消息，讨论有关华侨问题外，还注意国内与侨胞有关的各种事业，进行各类调查，使海外侨胞了解国内情势，也促使国内人士注意华侨与海外问题。该刊所载均为较长篇之论著和译作，并在必要时出版专号，如第 2 卷第 5 期为"移民问题专号"，第 6 期为"暹罗专号"。该刊还刊登一些南洋各地的游记及风光、物产和人物的照片，图文并茂。该刊连续出版了 10 多年，是我国出版时间最长的研究南洋问题的学术性刊物。它不仅代表了暨南大学有关南洋问题研究的学术水平，也反映出我国在一个时期内南洋研究的状况。经常为该刊撰稿的刘士木、李长傅、温雄飞、俞君适、钱鹤、顾因明、陈宗山、季达等，都成为当时南洋问题研究的知名专家。因此，《南洋研究》是反映暨南大学科学研究成果的重要刊物。《南洋情报》是《南洋研究》的姊妹刊物，两者彼此分工，各有侧重。《南洋情报》注重的是南洋信息的普及性，该刊每月刊行一期，后来改名为"中南情报"，增加了对国内情况的报道和研究，以满足侨胞的需要。两者对于南洋文化教育事业部的作用是相辅相成的。

南洋文化教育事业部旨在沟通中外文化，引起海内外的注意，所以对通讯宣传比较重视，1928 年 4 月 18 日开始发行国内和国外两种通讯。国内通讯重在将南洋各种状况，如侨民疾苦、商业盛衰、教育状况等，撰稿分发国内各报馆和各家通讯社；国外通讯则是将国内各种近况，如北伐胜利、党政现状、侨务行政、反日运动等，详细报道，寄发给南洋各家报馆和公团，使在外侨民了解国内情势。

---

① 罗晃潮：《刘士木与南洋文化教育事业部》，暨南大学华侨研究所：《暨南校史资料选辑》，第 1 辑，广州 1983 年内部刊行。

搜集各国对南洋问题的政策、研究以及调查南洋各地的情报和资料是南洋文化教育事业部的重要职责。部主任刘士木对此甚为重视，尤其对于各国对南洋实行文化侵略的资料给予特别的关注，并加以搜集。这些资料包括两类，一类是实物资料，如金石标本；一类是文字资料，如图书报刊。该部成立不到一年，已有图书 500 余册，实物资料如华侨革命文物及各种标本也有大量的搜集。各国及台湾地区对南洋的调查和侵略资料也是该部关注的重点，日文资料如《东邦近世史》《南洋华侨南洋协会》杂志、日本参谋本部编写的《南洋详细地图》，台湾地区史料如台湾银行调查的《南洋华侨经济状况》、"台湾总督府"侵略南华及南洋各属的秘密计划，英文资料如伦敦东印度协会出版的《南洋丛书》全套、*Inter. Ocean* 杂志全套、英巫字典文法及读本等，均属搜集研究的对象。该部购置的资料较多，例如《南洋群岛物产交通大地图》《暹罗之事情》，英文和日文书籍以及各式地图等均有收藏。开展对南洋地区的调查也是南洋文化教育事业部的重要事项。该部成立后，立即着手开展这项工作。例如，对南洋华侨学校、南洋各地报馆、南洋物产、华侨人口、华侨经济、华侨会馆、阅书报社、公共俱乐部以及华侨捐款援助北伐军、国民政府的侨务设施等展开调查，获得不少有价值的信息。

解答各地方团体、机关和个人对南洋问题的征询也是该部开展服务的重要事项。例如对大学院社会教育处关于各地华侨分配的区域和数量的咨询，招商局查询的南洋航业事务，上海银行公会征询的南洋金融状况，侨务局委托查询的南洋英法荷各属华侨人口统计，中央执委会民众训练委员会关于南洋各属华侨被人残杀资料的查询，福建侨务委员会查询的侨界文化事业计划，上海《新生命》月刊查询的南洋各埠书坊的名字等等，均由该部设法进行答复，基本上满足了政府机关和社会各界人士的要求。①

在丛书和图表的编辑方面，南洋文化教育事业部为了沟通中国与海外文化，提高华侨在海内外的地位，还编辑出版了"南洋丛书"（后来改称"海外丛书"），出版了 40 余种，这套丛书分为三类，即普通类、专著类、教科书类。普通类为南洋的一般概况、游记等，供一般侨胞和关心南洋问题者阅读，属于普及性质；专著类则为经济、法律、政治、实业、教育、史地等专门著述，供研究者参考，具有学术性质；教科书类主要是侨校教材。刘士木等人的《南洋华侨教育论文集》，李长傅的《南洋华侨史》《南洋各国史》，陈宗山的《南洋华侨革命史》，温雄飞的《南洋华侨通史》，钱鹤的《南洋华侨学校之调查与统计》，顾因明的《马来半岛土人的生活》，黄朝琴的《中华民族之国外发展》等书，当年都是引人注目的南洋问题研究的专著。此外，南洋文化教育事业部还编辑绘制图表，两三年间，已经绘制成 10 余种，其中包括美洲各地地图、统计表册，各地机关团体的创立时间及其历史与现状等。这些图表资料的出版，为当时研究南洋和国外华侨问题提供了较为重要的依据，也为后人保存下一批重要的文献。

四、南洋华侨教育会议的召开

1929 年 6 月 6 日至 12 日，由暨南大学主办的中国首次南洋华侨教育会议在学校召开。当时，南洋华侨的教育问题较为突出，困难较多，"南洋华侨学校，教育宗旨之无

---

① 《南洋文化教育事业部概况》，上海市档案馆：国立暨南大学档案全宗，Y8－1－925。

定，年级之编制参差，教学训练之不一"①，此外，南洋教育还有"行政不统一，经费不确定，教材不适宜，师资不敷分配"等问题，② 当然还有"殖民地政府之压迫，祖国政府之漠视"，使关心侨教的人士感到"前途很少希望"。③ 因此，召开南洋华侨教育会议，研究和探讨这些问题就显得相当必要。

这次会议是由暨南大学召集的，负责筹备和落实工作的是南洋文化教育事业部。会议筹备工作从 1928 年 11 月开始，主要成员有郑洪年、刘士木、谢循初、杨汝梅等，实际的组织者是刘士木。从 1928 年 11 月至 1929 年 5 月，学校共召开了六次筹备会，国内教育家到会演讲，会议详细讨论了南洋华侨教育会议的组织大纲，各团体选派代表的细则，决定聘请的专家，以及征求各类议案等。④

应邀参加会议的华侨教育界代表共 49 人，其中包括新加坡、槟榔屿、马六甲、雪兰莪、霹雳、柔佛、北婆罗洲、缅甸（以上为英属）、巴达维亚、泗水、三宝垄、梭罗、任抹、文都乌素、玛琅、棉兰、民礼、巴东、巨港、占碑、班年、大觉、三马林达、山口羊、安汶、沙巴濑、望加锡、万鸦佬、横沙（以上为荷属），菲律宾（美属）等地的中华会馆、中华商会、华文报馆、教育会、学术团体、中等以上学校以及小学联合会的代表。会议敦聘有关华侨教育专家 11 人，其中有岭南大学校长钟荣光，复旦大学校长李登辉，厦门大学教育科主任孙贵定，国民政府侨务委员会专员周启刚、林有壬，中国驻日留学生监督姜琦，福建侨委咨议叶华芬，广州第一师范学校校长何剑吴，棉兰华商学校董事黄丕安等。作为东道主的暨南大学代表 18 人，包括校长，各学院院长，各系、部主任等。列席会议的还有南京国民政府教育部代表赵乃传、外交部代表张维城以及上海市教育局代表倪文亚等。以上各类代表共计 78 人。上述代表具有广泛的代表性，其来源具有以下两个鲜明的特点：

（1）专业性。代表大都接受过较高的教育，直接或间接从事华侨教育工作，在 78 名代表中，有 67 名分别在国内外侨校任校长或教员，其余则是侨务工作者或报社记者。他们热爱华侨教育工作，熟悉华侨教育的状况，因而可以提出关于华侨教育的建议或意见。

（2）广泛性。会议代表的名额分配主要考虑到南洋各埠的中华会馆、商会、阅书报社、报馆、教育会（或学务总会）、学术团体、中等以上学校、小学、国民党总支部（南洋各埠）、国内外教育专家、侨务委员会、教育部、外交部等。因而这些代表具有较为广泛的代表性。

大会选举郑洪年、刘士木、何剑吴、潘华典、叶华芬 5 人组成主席团，主持会议。

这次会议共收到提案 261 件，这些提案从各个角度反映了华侨教育的问题。为了审查的需要，大会分成 10 个组对提案进行审查，这 10 个组是：①教育行政组；②课程教材组；③指导员与教育会组；④教育经费组；⑤三民主义与国语组；⑥造就师资组；⑦奖励办学人员组；⑧优待华侨学生组；⑨图书馆与出版组；⑩杂组。

---

① 郑洪年：《南洋华侨教育会议报告·序》，转见暨南大学校史编写组编：《暨南校史（1906—1996）》，广州：暨南大学出版社 1996 年版，第 40 页。

② 丘守愚在南洋华侨教育会议上的发言，转见暨南大学校史编写组前揭书，第 40 页。

③ 潘华典在南洋华侨教育会议上的发言，转见暨南大学校史编写组前揭书，第 40 页。

④ 周聿峨：《华侨教育史上的一次重要会议——南洋华侨教育会议》，载暨南大学华侨研究所：《华侨教育》，第 2 辑，广州 1984 年内部刊行。以下资料和论述多参见该文，不另注。

上述 261 件提案中，教育行政组共有 47 件，涉及行政机关、对外交涉、划分学区、宗旨方针、厘定学制、统一立案等方面。课程教材组共有 50 件，涉及课程标准、指定教材、编写教科书、补充教材、注重科目、儿童读物等方面问题。指导员与教育会组共有 25 件，涉及指导员和教育会等问题。教育经费组共收到提案 18 件，涉及筹集资金、政府补助、庚款补助、暨大经费、平民教育等内容。三民主义与国语组共有 12 件，基本上是关于三民主义和国语两个方面的问题。造就师资组共收到提案 17 件，奖励办学人员组共收到提案 5 件，优待华侨学生组共收到提案 13 件，图书馆与出版组共收到提案 8 件，杂组涉及的提案数量较多，共有 66 件，这些提案主要是关于中学与职业教学、华侨学校、补习学校、管理训练、幼稚教育、学历假期、国货制服等内容。经过大会讨论，作出决议的有 46 件，其余的提案全部交给暨南大学，用通讯评议的办法征求各方代表的意见。该会闭会后，一切事宜由暨南大学南洋文化教育事业部斟酌办理。大会于 6 月 12 日闭会，一致通过了由陈宗山起草的《南洋华侨教育会议宣言》，宣言译成英、法、荷、暹罗、马来等多种文字向南洋作普遍宣传。

初创时期的暨南大学主办这次高规格的会议，体现出学校宏大的气势和深远的影响力，对于南洋近千所华侨学校和数以十万计的侨校师生，具有"勉励、督促、扶助"的作用。首先，会议促使国民政府有关部门关心和重视华侨教育问题，提案决议后，以暨南大学校长郑洪年的名义，呈请有关部门解决。在这次会议的推动下，1929 年 11 月国民政府召开了"中央训练部华侨教育会议"，对华侨教育会议提出的问题都进行了讨论，这些问题得到不同程度的解决。其次，会议促进了对华侨教育及华侨问题的研究，对以后的华侨教育产生了深远的影响。会后，大量研究探讨华侨问题的文章和书籍开始出现，引导着更多的国人开始关注和研究华侨教育与华侨问题。

在南洋华侨教育会议之后，1931 年春，国民党中央执行委员会第 126 次常务会议决议：暨南大学成立新的校董会，陈立夫、孙科、郑洪年为常务理事，孙科、宋子文、林森、陈立夫、孔祥熙、马超俊、陈耀垣、余井塘、吴铁城、郑洪年、萧佛成 11 人为董事。[①] 新的暨南大学董事会章程也由国民党中央执行委员会批准，报请教育部备案。章程共计 11 款，主要内容涉及董事会职权、由校长呈报董事会的主要事项、董事会的产生和召开等。关于董事会职权，章程规定了 8 个方面，即审定本校建设及改良之计划、筹划本校基金、监察本校财务、审定本校各项规程、考核本校师生关于党义之研究及各学科之成绩、核定本校预算决算、校产之保管及购入售出事项、推选本校校长呈送教育部提议任命等。关于由校长呈报董事会的主要事项，主要包括 5 个方面，即教职员进退、课程编制、学生成绩考核、会计收支状况以及全校各项统计等。章程规定，董事会由 11 位董事组成，这些董事均由中央执行委员会推任产生，董事会互选三人为常务董事，受董事之委托处理事务。董事会每月召开一次常会，该会由常务董事集合，有特别事故时必须由常务董事酌定或经董事三人以上提议，召集临时会议。董事会开会时，必须有在京沪的董事成员半数出席，作出的决议必须经过出席人数的半数通过，方可有

---

① 国民党中央执行委员会的公函称："本月五日，中央第一二六次常会据中央侨务委员会呈请，准暨南大学设立董事会而完成三民主义化之华侨最高学府等由，当经决议通过，并指派孙科、林森、陈立夫、孔祥熙、宋子文、马超俊、余井塘、吴铁城、郑洪年、陈耀垣、萧佛成十一同志为董事在案，录案函达，即希查照。"上海市档案馆：国立暨南大学档案全宗，Q240-1-682。

效。董事因故不能出席，必须除外计算，但应载入会议记录。不能出席会议的董事必须委托其他董事或党部同志代表。①

五、学术演讲与学术团体

暨南大学改组后，学术气氛更加浓厚，学术流派与学术交流日趋活跃，学校本着发展学术，陶冶性情，增进知识的宗旨，对开展学术探讨和学术讲座非常支持。不仅学校延聘的教授中有不少学者参与各种讲座，还不定期举行特别讲座，邀请社会名流，特别是知名专家来校开展各种学术性报告。暨南由此吸引了越来越多的学术宿将和讲坛新秀，校园也逐步呈现出比较活跃的大学气氛。

鲁迅先生曾三次来暨南演讲。第一次演讲是在 1927 年 11 月 6 日，中文系主任夏丏尊邀请鲁迅先生来到华兴楼饭店，慕名而来的暨南学子非常之多，鲁迅先生作了《关于文艺创作和读书方法》的即席演讲，主要涉及文艺创作和读书方法等问题。第二次是在 1927 年 12 月 21 日，演讲题目是"文艺与政治的歧途"，关于文艺与政治的冲突，鲁迅认为原因在于政治家不喜欢人们思想，不喜欢人们反抗自己的意见，而文艺家表达的其实是社会上很多人的意见。鲁迅谈这种矛盾，当然有影射当时统治专制的意思。第三次是在 1929 年 12 月 4 日，学校再次邀请鲁迅来校演讲，讲题是"离骚与反离骚"。这一讲题表面上是古典文学论题，但隐含着古为今用的深意，他论证离骚就是牢骚，分析了古往今来各种发牢骚的方式与策略。他认为，发牢骚也绝不至于扰乱社会，整个社会问题仍旧是不会涉及的。人们在听讲中，领会到要改造社会是不能依靠发牢骚的。鲁迅先生的两篇演讲稿都在暨南校内的刊物上公开发表。②

下面将 1927—1928 学年度学界名人与社会知名人士在暨南大学演讲的情况，列表揭示如下：

表1　1927—1928 年暨南大学演讲情况

演讲时间	演讲者	演讲题目
1927 年 10 月 18 日	高一涵	求学与革命
11 月 7 日	简又文	西北军大概
11 月 10 日	饶孟侃	现在之新文学
11 月 11 日	戴季陶	今日中国青年应走的道路
11 月 13 日	蔡元培	我国新教育之趋势
11 月 21 日	罗贡华	三民主义
11 月 22 日	沈叔钦	讲演学大概
11 月 22 日	徐志摩	秋风——又名时代病的研究

---

① 《国立暨南大学董事会章程（民国二十年三月五日中央第一三一次常会决议备案）》，上海市档案馆：国立暨南大学档案全宗，Q240－1－682。

② 夏泉：《鲁迅与上海暨南大学》，《广东鲁迅研究》1996 年第 1 期。

（续上表）

演讲时间	演讲者	演讲题目
12 月 5 日	俞希稷	会计与整理财政的关系
12 月 21 日	鲁 迅	文艺与政治的歧途
12 月 24 日	徐永祚	改良中国会计问题
12 月 26 日	马叙伦	校读古书之第一问题——中国文字之构造法
1928 年 3 月 27 日	陈宝谔	党化教育之我见
6 月 2 日	张君劢	俄国政治制度
6 月 14 日	夏沧一	电传摄影快拍
6 月 14 日	张其浚	无线电及电报改良各问题（并随带电机试验）
6 月 16 日	郑振铎	到民间去

上表所列，仅仅是改组后第一年所开的讲座，此后每年都邀请一批专家学者或社会名流来校讲学。这样既可以开拓学生的学术视野，增长学术阅历，又可以活跃教师钻研学术的气氛，推进学校的学术研究，使负笈万里来祖国读书的华侨子弟得以领略内地高等教育机构的高深学术风格。

暨南改组后，校内学术团体在原来基础上有所发展。有按照学科组成的学术探讨组织，也有跨系组成的兴趣组织。前者如经济研究会、会计学会、中国文学研究会、教育研究会、政治学会、法律学会、历史社会学同学会等；后者如演说会、秋野社、学艺社、摄影社、国画学会、西画学会等。下面以几个学会为例，记述当年学术风气兴盛的概况。

（1）秋野社。1927 年秋，爱好文学的陈翔冰、陈希文、陈雪江、郑泗水等华侨学生发起成立文学兴趣组织——秋野社，成员有 20 余人。他们延请夏丏尊、顾仲彝、张凤、叶公超等教授参与指导，并邀请鲁迅、徐志摩、郑振铎、曾朴等文学名家来校演讲。[①]该社创办了文学杂志，名为"秋野"，系月刊，该刊由学校出版课负责出版，开明书店发行，它在当时的文坛上有一定影响。鲁迅在暨南大学所作的《文艺与政治的歧途》演讲，由该社成员章铁民记录，并经鲁迅过目后，在《秋野》第三期上首先发表。这篇演讲稿后来成为鲁迅著名的作品之一。这在中国现代文学史上也颇值得称道。由于该社成员大多是归国侨生，他们在《秋野》上发表了不少充满异域情调的习作，如诗歌《缅甸泼水节》《马来情歌》《安南诗选》等；小说有《橡园的玫瑰》《阿述哥》《缅甸神话三曲》《禁食节》《人头》《狂雨之夜》《湄南河上》等，无论其内容还是思想感情都孕育着南洋风情，有人称之为"南洋文学"。鲁迅对这批文学青年热情扶持，《秋野》月刊每期必阅，这反映了鲁迅对暨南侨生的关心。

暨南校园中来自日本占领之下的台湾籍学生也有加入秋野社的，如杨浩然、林华光

---

① 该段与以下数段文字材料参见暨南大学校史编写组编：《暨南校史（1906—1996）》，广州：暨南大学出版社 1996 年版，第 43－46 页。

等，他们在中文系读书期间，由于日文基础好，中文又有长足的进步，就在翻译日文小说方面下功夫。杨浩然将横光刊一的《新郎的感想》《拿破仑的轮廓》译成中文，林华光将片关铁真的《标致的尼姑》以及川端康成的一些短篇小说译成中文，发表在《秋野》上，使该杂志声名鹊起。这些被称为"新感觉派"的日本文学作品，是他们首先介绍到中国来的。

（2）知行学会。它是由青年演说会发展起来的。青年演说会于1929年春天成立，业务发展较快，该会演说的材料经编辑出版后，反响热烈。为了谋求进一步发展，青年演说会改组为知行学会，名称来自孙中山的"行之匪艰，知之为难"。暨南学生深切体会孙中山的遗教，"吾人服膺总理学说，奉行总理遗策，于知行之义尤当有深刻之认识"。成员有几十人。首届社长是韩闻疴，秘书是殷体扬，他们均是1928年入学的暨南学子。该社成立的目的是"研究社会科学养成发表技能，本格物致知之旨，下身心锻炼之功，读书固不可忘救国，救国尤必须读书，此本会成立之微意也"①，宗旨在于"努力求知，知行合一，把求知和实践结合起来，建设强大的祖国"。在两年多的时间里，他们写出多篇演说稿和论文，结集出版，名为"青年演讲集"，另有《知行月刊》，出版经费均由学校提供。在师长鼓励和指导下，同学们好学深思，进步很快。其中，殷体扬同学曾获得1929年秋季全校论文竞赛第一名，该社成员还有5篇论文也获得银盾奖。殷体扬是一位刻苦读书的学生，除了在学校半工半读外，还经常投稿于《申报》《新闻报》及《东方杂志》，在校的勤学苦练，为他以后主编《市政建设》等7种杂志打下了良好的基础。

（3）历史社会学同学会。该会先后在黄凌霜、许德珩主任的指导下，勤勉砥砺，开展研究，谭其骧和周镜吾等同学还创办了《历史社会学两月刊》，吸引众多的历史社会学爱好者参与其中，培养了同学们钻研学问、探究历史的良好志趣。

（4）经济研究会。该会成立于1921年，当时商科同学"鉴于商战剧烈之秋，不能不识经济之道，且习经济者，每从事于学理，而乏事实之调查，遂有本会之组织"。注重社会调查是经济研究会的传统，他们几乎每周二外出考察一次，诸如公司、商店、银行、工厂多数留下了他们的足迹。他们将调查所得整理成篇，刊登在自己创办的《经济汇报》上，颇得本校师生和社会人士的好评。此外，暨南大学还成立了会计学会，该会于1928年5月创办了《会计学报》。该会也注重社会调查，如到无锡考察中新纺织公司和茂孙面粉厂的调查报告就刊登在《会计学报》上，亦得到师生与社会人士的赞许。

（5）教育研究会。该会是由陈希文、李邦栋等同学发起，成立于1927年暑期。上海市教育局曾聘请该会会员作为调查员，考察上海各乡区小学，并将各项调查结果做成表格汇报。这类活动，促使同学们对于教育现状及其存在的问题有更深入的认识。他们还组织教育考察团赴杭州各教育单位考察参观。在谢循初、廖世承等教授的指导下，教育研究会编辑出版了《教育研究》会刊，专门刊登师生有关教学理论及社会调查的论著。该会注意实际教学能力的锻炼，在上海市教育局与暨南大学合办的真如教育实验区和毕业校友创办的培明女子中学、华侨中学等进行各类教学实习，培育了一批批合格的教育者。

---

① 《知行学会成立消息》，《知行学会成立宣言》，均见《暨南校刊》，第13期，1929年10月24日。

（6）国画学会。这是由爱好国画的暨南学子于 1928 年成立的社团组织，成员大约有 30 人。该会聘请画家陶冷月为导师，指导会员习画。会员作品有 70 余幅曾在学校图书馆作过画展。中国画系成立后，陶冷月为系主任，先后增聘著名画家谢公展、黄宾虹、潘天寿为导师，开辟国画实习室，会员可以在此习画。国画学会的成员不仅有国画系的学生，而且还有商科、历史和教育等系的同学，他们出于对国画的兴趣，师从著名画家，从中领略到国粹艺术的韵味和精华，对其一生产生了深远的影响。

（7）演说会。这是暨南园中比较普遍的社团组织，各个院系和中学部均有这样的组织，但是，大学部演说会属于总会性质，各系同学均可参加，他们经常进行演说训练，并请擅长演讲的石颍、洪深等教授为导师，对同学们演讲的内容、声调、姿态等各方面进行指导。经过长时间苦练，大家的演讲能力有了很大的长进。1929 年秋，上海各大学及四大学（复旦、交通、光华、暨南）演说竞赛中，国语演说冠军被暨南大学教育学系杨泽蘅同学夺得，英语演说的冠军、亚军分别被暨南大学外语系的林清池和王维驷同学夺得，此为当时上海的一大新闻。

当年的暨南园，学会林立，在校刊学报上留过名的社团组织，还有丽泽社、槟榔社、坚冰社、白沫社、菲菲社等。他们创办的刊物有《丽泽》《华侨教育》《菲律宾研究》《南音》《景峰》《槟榔》《白沫》《菲菲》等。下面将对 1933 年度上学期暨南大学学生课外活动调查表涉及的重要学生团体概况作一个介绍，[①] 由此可以看出 20 世纪 30 年代前期暨南大学学生业余生活的丰富多彩和积极向上。

表 2　国立暨南大学学生课外活动调查表（1933 年度上学期）

团体名称	成立或改选日期	社团宗旨	会员人数	负责人姓名	出版刊物	经费约数（元）
中山文化研究会	1933 年 4 月	研究中山学术，沟通中西文化	17	周世辅 晏子明	《中山文化》	60
经济研究会	1921 年 11 月	调查商业实情，研究经济状况，谋中国经济之发展	31	吴俊林 沈鹏年	原为《经济汇报》，今改为《现代经济》	20
会计学会	1923 年 11 月	调查会计制度，研究会计学理	21	赵光汉 金礼模	《会计学报》	20
艺术研究会	1932 年 10 月	研究艺术理论与工作	30	章 柱 胡光雷	《艺海》	10
教育学系读书会	1932 年 12 月	讨论教育理论与实际问题	26	胡宗荣 邱焕斌	《教育与生活》	26
中国语言学会	1932 年 10 月	研究学术，联络感情	23	张世禄 龙榆生	《中国语言文学丛刊》	23

---

① 《国立暨南大学学生课外活动调查表（一）、（二）》，上海市档案馆：国立暨南大学档案全宗，Q240 - 1 - 622。

（续上表）

团体名称	成立或改选日期	社团宗旨	会员人数	负责人姓名	出版刊物	经费约数（元）
实验剧社	1932 年 10 月	以戏剧表现人生，发扬本校艺术之精神	47	张志樑 张树动		
实验教育社	1932 年 10 月	研究教育学术	20	曹来葆 陆文源	未定	20
史地研究会	1933 年 10 月	研究学术，发扬文化	48	曾仲华 方继勉	《史地研究》	10
中国画研究会	1927 年 10 月	研究国画理法，深造国画技能	26	刘作筹 刘望岳		8
演说会	1933 年 10 月	训练口才，交换思想与学识	25	张志樑 张彼得		未定
黎明社	1933 年 10 月	研究社会科学及文艺	15	吴俊林 沈鹏年	《讲座月刊》	20
明日社	1932 年 3 月	研究学术	10	陈汝舟 丘福官	《明日》	10
南溟学社	1933 年 10 月	联络感情，研究学术	25	潘上兰 麦华茵	《南溟学社之刊》	10
南风文社	1932 年 10 月	研究文学理论，从事文学创作以及介绍文学名著	11	章 柱 夏炎德	《南风》	11
湖光学社	1933 年 5 月	研究学术，介绍文化	23	熊鹏南 何介夫	《湖光》	23
科哲学社	1932 年 9 月	研究学术	34	沈振年 何家槐	《科哲学报》	20
孤帆文艺社	1931 年 9 月	研究文艺理论创作，提高鉴赏趣味	16	章 柱 陈大法	《孤帆》	20
微波社	1933 年 4 月	刊行中外文艺稿件	23	方 楫 章 柱	《微波》	5
学生自治会	1933 年 10 月	协助谋划全校同学的福利	865	章 柱 聂鸿智	《暨南季刊》	435
中语系同学会	1933 年 3 月	联络感情，研讨中国语言文化之学术	45	林建略 方 楫		8

（续上表）

团体名称	成立或改选日期	社团宗旨	会员人数	负责人姓名	出版刊物	经费约数（元）
外国文学系同学会	1933年1月	联络感情，交换知识	52	章 柱 彭成慧		12
史地系同学会	1933年10月	联络感情，砥砺学行	58	黄维霖 任友三		15
历史社会学同学会	1932年10月	联络感情，砥砺学行	23	毕照元 赵荣光		5
教育学系同学会	1933年10月	联络感情，研究学术	134	孙以增 钱正昌	《教育创造》	55
外国语文系三四年级级友会	1933年10月	联络感情，交换智识	30	章 柱 陈士章		6
理学院同学会	1932年10月	研究学术，联络感情	65	沈振年 洪 蓉	《理学院季刊》	13
商学院同学会	1932年10月	联络感情，研究学术	149	萧光烈		未定
银行系同学会	1932年3月	联络感情，研究银行学理	21	杨鸿典 赵光汉		5
会计系同学会	1933年10月	联络感情，砥砺学行	42	陈德馥 钟善成		10
铁道管理学系同学会	1932年9月	研究学术以及谋划本系之利益	73	刘望岳 萧光烈		15
霹雳华侨学生会	1933年10月	联络感情，研究学术	26	丘昌麟 周马懿		5
爪哇华侨学生会	1925年7月	联络感情，砥砺学业，鼓励华侨青年回国升学以及谋划会员利益	15	何国璋 谢盘根		4
荷属华侨学生会	1933年10月	联络感情，砥砺学行	15	吴 烈 何国璋		4

六、中学部的改组

在大学部改组的同时，中学部也进行了改组。高中设立普通科，以张凤为主任。师范科以林宝权为主任，后由邓胥功继任。商科由杨汝梅兼任主任。新增设的农科以林彦为主任。各科均实行3年制。初中部不分科，也是推行3年制，以余佑人为主任。南京女子中学部，在改组时合并到真如，女生分别插入相应的科班就读。从此，分校与本部合二为一，男生与女生同班共读，这是建校以来前所未有的新气象。

中学部是暨南大学历史最长、侨生最多、学生年龄最小的部分。学校对中学部相当重视。办好中学是办好大学的必要条件，高中商科和师范科的学生，毕业后除了继续升学外，大都赴南洋各地，投身于华侨社会的工商和文教事业。暨南在海外侨胞中享有较高的声誉，也是与中学各科毕业学生的努力分不开的。

中学部的教师阵容也相当强大，除了商、文、理、法、教育各学院的教授兼授中学有关课程外，学校还专门敦请曹聚仁、汪静之、范叔寒等任国文教师，周谷城、顾仲彝、许国璋等任英文教师，徐上周、樊映川、王济仁等任数学教师，牛沛江、俞君适等任生物教师。当时中学教师中有不少是学有专长的人才，后来成为著名的教授、作家。名师出高徒，暨南中学部的教学质量是有相当保障的。

此外，暨南大学还将原来由学生会举办的义务学校，在1928年2月收归学校办理，改名为暨南大学实验小学。该校在教务方面，受大学部教育学系主任的指导，事务方面，则商承中学部师范科主任办理。实验小学延聘薛士垲为主任，学生共计70余名。除了本校教职员的子女外，实验小学还兼收校园附近居民的子女，将其编为三个班进行教学。

改组几年间，在校院长擘画、师生努力和海外热心侨教人士的支持下，暨南大学设备日臻完善，规模逐步扩大，全校学生达到1700余人。由于暨大在海外声誉日隆，南洋华侨遣送子弟回国升学，莫不以进暨大为荣。于是侨生人数也大量增加，达到学生总数的四分之三，[①] 成为名副其实的华侨最高学府。

七、文体盛况

暨南大学的大中学生，多在校内寄宿，课外生活丰富多彩，音乐、舞蹈、戏剧以及球类、田径、游泳等各项文艺体育活动都相当出色。学校重视文娱体育运动，为学生提供良好的场所与器材，聘请名师指导，因而造就了不少文体人才。文艺方面，有很多暨南人蜚声舞台和银幕；体育方面，从1927年到1936年，连续9年蝉联江南八大学足球冠军，而且远征东南亚，甚至作为国家队选手，出征远东和奥林匹克运动会，为祖国争光。

在戏剧方面，爱好戏剧的同学于1929年组成了"未名剧社"，其宗旨是"团结能与时代共痛痒之青年，作戏剧之运用"。他们订立了社章，选举周国彦等同学为社长，聘顾仲彝教授为指导老师，邀请洪深教授讲授学校戏剧论，敦请戏剧家田汉来校演讲传艺，戏剧活动因而得到健康发展。该社演出的《怒吼吧中国》，具有较高水平，从而也

---

① 暨南大学校史编写组编：《暨南校史（1906—1996）》，广州：暨南大学出版社1996年版，第37页。

培养了人才。如王克洵（外文系学生，后改名王莹）和舒绣文（中学部学生）合演的《油漆未干》颇为成功。之后，王莹从事戏剧工作，在《赛金花》一剧中演主角，享有盛誉；舒绣文同学亦成为影坛明星。还有物理系同学洪谟，在校时是戏剧活动积极分子，常演男主角，才华出众，后曾编导《裙带风》，以此讽刺权贵，一时为世人称颂。此外校内舞台上还曾以英语演出莎士比亚戏剧《威尼斯商人》。当时评论者指出：全体演员不仅英语根基好，而且能把莎翁的文学语言和丰富多变的感情传神地表达出来，确实难能可贵。通过英语演戏和观摩，加强了研读英语的风气。

地方戏剧在暨南舞台上也崭露头角。首先，由于侨生中粤籍者居多，他们曾邀集爱好粤剧的同学一起排练了折子戏《玉蟾蜍》，由冯炳基同学饰演驸马，石英亚（女）同学饰演公主，徐继炎同学饰演父王，邝仲兴同学饰演王子，于1931年春在致远堂公演，不仅学校师生咸集一堂，连附近居民也闻风而至，大礼堂有"爆棚"之盛。其次是昆曲，因为它是我国古老而典雅、吐字唱腔最考究音韵的剧种，文学院院长陈钟凡为了使同学们能探求古词音韵的奥秘，于1933年聘请当代昆曲名家俞振飞到校讲学。为使较多师生有机会听讲，特安排每周六下午，在科学馆阶梯课室设特约讲座。虽不计学分，但大家都踊跃前来听讲。俞先生手持笛管，先讲解剧词四声韵辙，后轻敲讲桌以充檀板，配合吟唱，听课者也都跟着哼调运腔，课堂里弦歌盈耳。从此昆曲之声韵，在暨南园流行开来。暨南学生在课余之暇，调丝弄竹，载歌载舞，既陶冶性情，也活跃了课外生活，这成为暨南的特色之一。

足球是暨南最出色的一项体育运动。暨南足球人才之成长，得益于平日之训练，学校有大小足球场数处，喜爱足球的大中学生不下百数十人，而且从1925年起，聘来足球名将梁官松担任教练。每日下午课外活动时，各球员分组练跑、踢、顶、抢、堵、盘、传等技术，日积月累，技法熟练，而且经常在校内外比赛，在比赛中练兵。暨南足球人才辈出，著名的球将有陈镇和、冯运佑、王南珍、徐亨、陈镇祥、戴麟经等。暨南足球队在1927—1937年江南（上海、江苏、浙江）八大学（暨南、交通、复旦、金陵、中央、大夏、光华、持志）10届足球锦标赛中，曾荣获9届冠军，1届亚军。上海当年租界内的外国球队也不少，历年都有国际杯足球赛。1927年中华队以4：3力挫保持14年冠军的英格兰队而轰动上海。这个中华队中就有暨南学子陈镇和、冯运佑、陈家球、陈秉祥等4人。1930年中华队蝉联国际杯冠军，当时中华队中有暨南学生7人，可以说这支队伍基本上是暨南大学的人马。在这届比赛中，初赛时，中华队以4：0大胜德国队，复赛时，以3：0淘汰上届冠军葡萄牙队，决赛时又以1：0击败英格兰队，中国人扬眉吐气，一洗"东亚病夫"的耻辱。上述暨南足球队员于1928年前后，参加了球王李惠堂率领的乐华足球队，3次出征爪哇、马来亚各岛，雄风远扬，使得南洋华侨扬眉吐气，欢欣鼓舞。

1928年，暨南足球队在全校师生的赞助下，前往越南、新加坡、马来亚以及暹罗等地，举行友谊比赛，并宣传改组以后的暨南大学办学概况。上海舆论界认为，暨南足球队此行，可称吾国体育界之创举，实负有沟通中（国）南（洋）体育界之使命，可见有非同凡响的意义。1930年第九届远东运动会在日本举行，中国足球队中有7名上海选手，其中就有陈镇和等4名暨南健儿。一所学校中，能有如此多的选手入选"国脚"，这在体育运动史上也是破纪录的。

暨南的篮球运动在当时的上海也相当有名。20 年代后半期，学校聘请菲律宾归侨篮球名将郑掌锷为学校体育主任。在其悉心培育下，篮球队的球艺大有长进，校园中涌现出一批篮球健儿。30 年代，暨南篮球队的技艺突飞猛进，连获江南八大学篮球锦标赛 5 届冠军，堪与足球队媲美。出色的球员有黄兆霖、李城元、张其英等，女篮健儿有刘玛丽、陈丽屏、邓名南等。

暨南的田径队也是上海知名度较高的劲旅，他们与足球队、篮球队同享盛誉。1925 年梁官松担任教练时，就注意开展田径运动，发现体育人才后，加以精心培养。在华东运动会、全国运动会以及远东运动会上，暨南都有选手参加，这在当时的大学中也是少见的。

暨南的排球队曾在足球健将梅洪宝的指导下，努力进行训练，队员的球艺有较快的提高，并涌现出一批出色的运动员，如徐亨同学就被选拔到中国排球队和游泳队，参加远东运动会。此外，网球、棒球、游泳等项运动也在暨南纷纷开展起来。

综上所述，真如时期，暨南的体育运动始终保持着勇往直前的暨南精神，也是暨南大学作为华侨最高学府的特色之一。

八、"一·二八"事变与暨南的分合

1932 年 1 月 28 日，日本帝国主义袭击上海，驻守上海的国民政府第十九路军奋起抵抗，是为"淞沪抗战"。事变发生时，正是寒假期间，暨南校园中留校的学生几乎都是华侨子弟，人数大约 600 人。真如处于战区，学校为了安全起见，商请沪宁铁路车务处，租用一列军车和 12 辆铁篷车，于 29 日将在校学生 570 余人运送到苏州；有部分学生激于义愤，留在战地服务。赴苏州的师生先借树德中学住宿，后因该校准备开学，乃于 2 月 11 日借得东吴大学维格堂一座，设立暨大驻苏办事处，接待到达苏州的师生。在上海租界中，也有 200 余名学生寄居于校友丘汉平、傅文楷所办的华侨中学里。当时华侨中学准备开学，暨南于是租借劳尔东路颐德坊房屋一幢，以接待住在华侨中学和无处可去的同学。滞留广州的同学也不少，人数达到 380 余人。[①] 由于真如校舍于 3 月 3 日被敌军占领，没有停战的迹象，学校决定在学生较为集中的上海租界、苏州、广州三地，分别办学，并为照顾战区失学的学生，酌收借读生。[②]

上海租界校区分为两院，第一院在赫德路，内有学校秘书处及文、法、商、教育四个学院；第二院在新闸路，内有理学院及学生宿舍、图书馆、邮电、医务、斋务等办公

---

① 本段与以下数段材料及论述，均参见暨南大学校史编写组编：《暨南校史（1906—1996）》，广州：暨南大学出版社 1996 年版，第 51 - 54 页。

② 参见《国立暨南大学董事会议事日程》，上海市档案馆：国立暨南大学档案全宗，Q240 - 1 - 682。该档案揭示的内容与 1996 年出版的校史之叙述有所不同，应该在此说明。郑洪年校长在暨南学生返校真如后不久召开的董事会上，对"一·二八"事变发生后，学校对学生处置的经过作了说明，现复述如下：战事爆发后第二天，郑洪年即从南京返回上海，"因留沪学生二百余人急待安插，遂假英租界西摩路一百零三号，设招待处以召集同学，又于福煦路明德里七号设临时事务处，以处理应急事务，嗣又于莫利爱路租屋一幢。并上两处改为本校临时办事处。二月二十日开始办公，登报通知，登记留沪员生之人数，印发表格，谓查员生所受之损失；发出函电，以安海内外学生父老之心。派员入真，运出图书仪器，应急处置，解聘约约，劝告员工另谋生计，节省开支，遣散一部分工警，为谋苏州员生之安全，筹款接济……三月三日十九路军撤退，图书已一律搬出，并迁出一部分仪器。洪年即于三月四日组特别校务会议，议决在沪恢复大学，在苏设中学"。上述材料见该档案第 41 - 43 页。

处。3月14—16日报到注册，3月21日正式上课。新旧学生一律收学费20元，杂费5元。国民政府在战时只能发放三成经费，每月15000元，匀分三处使用，经费紧缺状况可以想见。教职员只能发放生活费，院长只发给五成薪金，专任教授则发四成，以维持最低的生活水平。各学院暂开设两个学系，所开设的课程精简之后，剩90余门。所聘请的教授皆本校原有的知名学者，聘陈钟凡为文学院院长，于基泰为理学院院长，谢循初为教育学院院长，新聘孙寒冰为法学院院长。聘龙沐勋为文史哲学系主任，洪深为外国语文学系主任，汤彦颐为数理学系主任，温崇信为政治经济学系主任，张耀翔为教育学系主任，樊守执为铁路管理学系主任。[①] 另设南洋研究委员会，以取代原来的南洋美洲文化事业部，刘士木、陈希文、魏振华兼任常委，主持会务。为了提倡学术，奖励研究，养成良好学风，成立了学术研究委员会，以孙寒冰为总编辑。学校设立秘书处，下设总务、教务、图书三课，作为校本部办公室，处理日常事务。当时战区各校多被破坏，恢复无期。各校失学学生见暨南首先恢复，前来报名借读者达300余人。限于校舍紧张，暨南未能全部收容。3月21日，学校在第一院举行开学典礼，到校教职员60余人，新旧学生500余人。国难当头，战火纷飞，师生仍能够相聚一堂，情绪极为悲壮，郑洪年校长在训词中颇为动情地说："敌人只能毁灭吾侪之物质，决不能毁灭吾侪之精神；本日我校全体师生，在此新舍相聚，风雨一堂，务应团结一致，爱护学校，则将来真如校舍如能迁回，即迁回原址，否则即在别处重新建校，余自信在三数年内，必能恢复真如当日之规模，此则本人敢负责报告于诸君之前者，所望新旧同学，念国步之艰难，凛时光之易逝，精诚惕励，努力向前，余平昔倡言，读书不忘爱国，爱国不忘爱校，愿与诸君共勉之。"[②] 闻者无不感奋动容，并以读书不忘救国互相勉励。

苏州中学部：原来到苏州的师生有500余人，部分师生陆续返沪，或者返回广州，后来只剩下100余人，几乎都是中学侨生。学校于是借工学院附属职业学校一部分教室和宿舍作为临时校舍，由中学部主任王济仁主持办学，原有的教师部分到此授课。3月26日开学，注册学生120余人，并收容借读生50人，28日正式开课。于是，滞留苏州的学生又能够继续学业了。

广州大中学部：上海租界大学部开学次日，郑洪年校长即行南下，到穗后，召集留粤同学开会。为满足学生继续学业的要求，立即筹备就地开学。租用文明路22号为暨南驻粤办事处，聘请中山大学教授黄中廑、孙越担任办事处正副主任，负责筹备开学事宜。3月29日公布暨南学生以及因战乱失学学生借读登记办法，并即办理登记。至4月

---

① 上述职务人选以及各系主任在当年7月份又有所改变，尤其是各部系主任进行了新的调整，新聘任的名单如下："兹聘任龙沐勋先生兼文学院中国语文学系主任，洪深先生兼外国语文学系主任，张凰先生兼历史社会学系主任，汤彦颐先生兼理学院数理学系主任，于基泰先生兼化学学系主任，温崇信先生兼法学院政治经济学系主任，区克宣先生兼经济学系主任，刘世芳先生兼法律学系主任，李石岑先生兼教育学院教育学系主任，张耀翔先生兼心理学系主任，常道之先生兼师资专科主任，孙越先生兼商学院银行系主任，钱祖龄先生兼会计系主任，樊守执先生兼铁道管理学系主任。"见上海市档案馆：国立暨南大学档案全宗，Q93-1-157。

② 杨裕芬：《本校于沪变前后之经过情形》，《战后之暨南》，1932年刊行，暨南大学综合档案室，档案号：2004-XS12-12。

7 日，暨南大学大学部学生 180 人，中学部学生 150 人，借读生 261 人。[①] 学校借用中山大学文学院教室以及广州市立师范学校的小学部教室，给暨大驻粤学生使用。学校在广州设立特别校务委员会，陈钟凡为主席，黎国昌、郭一岑、邵重魁、黄中廛、孙越、余佑人等为委员，这是暨大驻粤的领导机构。教师队伍除了南下的教授外，另外增聘中山大学教授郭一岑、李石岑、周谷城、郭天怖、胡恭先、黄菩生、庄泽宣、杨兆焘、杜冰坡、粟豁蒙、刘俊贤等人任教，中学部则聘请广州市立师范学校教师兼课。战乱之中，暨南大学师资力量有所加强，亦不幸中之大幸。4 月 7 日，暨大驻粤大中学部借用广东省教育会礼堂举行开学典礼，到会教职员 60 余人，学生 500 余人。经历了战乱之后，师生汇聚羊城，无不悲喜交集，感情至为融洽。

当时，暨南大学在上海租界、苏州、广州三处的学生共计 1700 多人。

由于《淞沪停战协定》在当年 5 月 5 日签字，驻扎真如的日军也于 5 月 23 日撤退。收回真如校园有了希望。学校于 5 月 12 日第九次特别校务会议上决议：设立战后整理委员会，由各学院院长和校本部秘书、教务、总务、图书各课以及广州、苏州办事处主任等组成，负责办理本校恢复事宜，并规划校务改进工作。该委员会于 5 月 16 日成立，下设校务、校产、教务、总务四个分组，由此开始了校园整修和各项事业的恢复工作。

这次战争给暨南造成的损失，可以说是相当巨大。郑洪年校长称："本校校舍被日军掷弹炸去科学馆一座外，其余校舍因占据被坏者尤多……校具仪器大半被毁及窃去，家具等亦大半毁失。"[②] 后来经详细查看，整个暨南园满目疮痍，先去接收的教职员满心愤恨，学校在呈报教育部的文件中称：

> 及日军进占，窗户校具以为薪火，衣物书籍、贵重者劫去，残余者尽付一炬，教员宿舍变为马厩，浴室膳堂作为便所，学府精华摧毁殆尽……所有教室宿舍之门窗，多已毁坏，而门窗玻璃十无一全，室内器物亦狼藉不堪，新村房舍十室十空，东面操场则为敌骑蹂躏，铁蹄印迹春草不生……莲韬馆在昔为本校之行政中枢，各部办公处咸在于斯，而风景幽雅，亦为全校之冠。现在花棚倾倒，杂草丛生，马屎狼藉，荒芜凌乱，不堪寓目。各办公室内，如暨大银行、财务室两金融机关，铁箱洞开，帐簿满地，而秘书处文书组、注册课等处，除重要文件已迁出外，表格散佚，乱杂不堪；南洋文化部之办公处变作厨房，多年苦心搜集之资料，尽变薪柴，化作灰烬，良用痛惜……出版室内之印刷品，如讲义书报，因书架倾倒，堆积满堂；庶务室内，箱箧尽毁，存物荡然。图书馆幸大部迁出，然所留贵重校具，亦存无几，所留下者亦残破不堪。

暨南大学对战时日本军队给学校造成的损失进行了详细统计，各方面损失如下：

校产：共计 250300 元

教职员财产：共计 83000 元

---

　　① 关于暨大在广州开学时的学生数量，郑洪年在董事会上的报告称："八日上课，计大学部学生及借读生共四百七十人，中学生二百五十八人。"参见《国立暨南大学董事会议事日程》，上海市档案馆：国立暨南大学档案全宗，Q240‐1‐682。

　　② 《国立暨南大学董事会议事日程》，上海市档案馆：国立暨南大学档案全宗，Q240‐1‐682。

学生财物：478000 元

工警财物：13000 元

以上共计损失：824300 元①

学校在修葺整理校园的过程中，召开了第 11 次特别校务会议，会议决定：①大学部设在真如，驻粤大学部下学期即行撤销，迁返真如。②中学部高初中普通科设在广州。③师范科单独设在苏州，并附设实验学校，分中学、小学、幼稚园。学校仍实行紧缩政策，全校员工应加紧工作，努力复兴，革新校务。

1932 年 9 月初，上海租界、广州、苏州三处师生，齐集被日军劫后的真如校园，迎接新学年。此时教育部派员对战后的暨南大学进行了评估，为了缩小对暨大的经费支出，令暨大缩小规模，裁撤教育学院和法学院，两院学生可以读至毕业。保留下来的文、理、商三个学院也略有调整。文学院设中国语文学系、外国语文学系，历史社会学系改为历史地理学系；理学院设立数学系、物理学系及化学系；商学院设会计学系、银行系、国际贸易系、铁道管理系及工商管理系。教育学系改隶教务处，办至原有学生毕业为止。如此，暨大的规模比以前缩小了。

战后学校在教学与学术研究方面，实行了几项革新。② 主要有：

（1）由于战后的社会问题甚为重要，为了综合社会学各家之理论，加强学术研究，学校聘请黄凌霜、周谷城、李石岑、黄菩生等教授来校讲授社会学。为了提高学校的研究水平，学校对于一切学术研究给予充分的支持，各院系在加强学术研究的力度方面均有所重视。史地系组织的西北考古探险就是一次比较重要的尝试。该系卫聚贤和胡肇椿两位教授起草的《国立暨南大学西北考古探险团计划》说，近代科学发展的过程中，考古学蔚然成风，西方学者均以考古探险为史学研究的重要门径。暨南史地系为更好地培育侨生，必须组织探险团，远赴西北，因"西北为人类遗迹丛脞之区，尤为有史以来文化之大宝库"，所以探险团制定了这次调查的基本任务。例如，调查西北数省人类活动的遗址，绘制古坟分布图，为进一步发掘和考古作准备；调查古代建筑、石窟、造像等作为将来研究的资料；调查各地风俗，辅助考古研究。③ 这次考察以该系卫聚贤教授为团长，团员有十人。1933 年 10 月中旬由上海启程，历经曲阜、泰安、济南、临淄、北平、大同、太原、万泉、长安、洛阳、开封及绥远等地，最后自汉口返回。这次考古探险是暨南学术发展中比较重要的一次团队活动，对于提高学术研究的程度，加强国学研究，均大有裨益。学校对此项活动大力支持，向铁道部等部门提出减免车票和免税申请，④ 均得到有关部门的照顾。

（2）注意调查研究，要求教授将课堂上的授课略为减少，余下课时，带领学生做调查研究，并将讨论结果与学业笔记交评委会审阅。要求教师对教学方法进行改进，注重

---

① 《本校损失报告》，上海市档案馆：国立暨南大学档案全宗，Q240-1-682。

② 此处及以下材料均见暨南大学校史编写组编：《暨南校史（1906—1996）》，广州：暨南大学出版社 1996 年版，第 53-54 页。

③ 卫聚贤、胡肇椿合拟：《国立暨南大学西北考古探险团计划》，上海市档案馆：国立暨南大学档案全宗，Q240-1-16。

④ 《铁道部部长顾孟余给暨南大学的公函（业字第3668号）》，上海市档案馆：国立暨南大学档案全宗，Q240-1-16。

启发研讨。

（3）提高学术风气，增设特别讲座，多请名流学者来校演讲。当年即请梅龚彬演讲远东国际关系，张素民演讲现代经济，章士钊演讲逻辑，李石岑演讲哲学，易大厂演讲中国美术等。校长还主持聘请社会名流和知名专家来校作特约讲座，例如，1932年的特约讲座即聘请黄炎培、叶恭绰、胡愈之、杨幼炯、陶行知、陈彬龢、刘竞渡、张相时等先生，开辟专门讲座，[①] 以开拓学生视野。

（4）为了适应战后重建的需要，理科增设技术类课程，如应用化学、农业技术、家庭工业指导等，规定一年级学生必修，二三年级亦各修一门。

（5）南洋研究委员会撤销，恢复南洋美洲文化事业部。原定在广州办中学、苏州办师范科和实验小学的计划，由于经费不足及其他原因未能实现。

从众多校友的感受来看，民国时期暨南大学最为鼎盛的时期应是20年代末30年代初期。那时，暨南园中院系较多，校内环境优良，著名的教授较多，学术和体育等各方面活动都很活跃。有校友指出，当时暨南"设备日臻完善，规模大具，校誉远播……师资阵营鼎盛，东南亚及远至美国之华裔父老，仰慕暨南大学之盛名，凡遣其子女回中国升学者，莫不以进暨南为荣。是以侨生人数大增，几占在校学生总数四分之三，蔚为华侨最高学府，亦为暨南之全盛时期"[②]。这个说法基本上反映出暨南大学在当时的实际情况。

九、创建大学五年来的财务概况

民国以来，国家财政始终处于入不敷出的窘困之中，军阀混战，军事费用一直居高不下，加上连绵不断的战乱，国民经济的发展缺少必要的环境。南京国民政府建立后，财政拮据的状况也未能得到较大的改善。在这一背景下，高等教育的创办不得不在捉襟见肘中挣扎残喘，暨南同仁对此颇有感慨："筹度支难，筹今日我国大学度支尤难。盖我国自共和改元以还，内乱迭起，至今未已，国家财政耗于兵事者十之七八，施诸教育者十不逮一，既少基金之设，更无将伯之呼，大学教育其能继续勉强维持而不致沦于破产者，固已幸矣。"[③] 暨南大学作为国立高等教育机构，其经费大部分来自政府拨款，所收取的学费数额向来比其他大学低廉。1933年刊印的《财务特刊》说，自1927年暨南升格为综合性大学以来，五年间核准的经常和临时经费数额共计333.1万余元，由于国民政府拨款不足，实际领到的经费总数不过232万余元，大约占应拨经费的三分之二，平均每年仅40万元多一点。可以说，五年来国民政府每年都未将暨南应得的经费拨足，而所领到的经费无一年敷用。

问题是这五年期间，暨南恰好是奉命改为国立大学，一切必要的校舍建筑、设备购置、图书采购又刻不容缓。例如，科学馆、莲韬馆、女生宿舍、初中宿舍、高中宿舍、大礼堂、教职员宿舍、大中学部教室、中学部办公室等基础建设项目，均在这五年中落成，尤其是挖掘自流井以供全校水源，更是所费巨大。所以，五年来的支出，总计295.7万余元，收支相抵，短缺63.6万余元，如果将五年来学生所缴的学费、住宿费、

① 《国立暨南大学聘书》，上海市档案馆：国立暨南大学档案全宗，Q93-1-157。
② 李福让：《校史》，《马来西亚校友会纪念专刊》，参见戴学稷：《解放前暨南大学发展史略》，暨南大学华侨研究所：《华侨教育》，第1辑，广州1983年内部刊行。
③ 《财务特刊·序二》，1933年，上海市档案馆：国立暨南大学档案全宗，Q240-1-270E。

图书讲义费等共计 35.6 万余元抵用外，实际短缺的资金达 28 万余元，不得不举债维持，极力撙节。

不幸的是，1932 年兵灾突起，日本侵略上海，真如校区沦为战区，陷入敌手，历时三月，学府精华被摧残殆尽。暨南大学勉为支撑，不得不紧缩支出，节省开支，遣散部分工警，筹款接济避居苏州师生的生活，补救留粤学生的学业等。由于战后国民政府给暨南大学的拨款只发三成，以前向行政院借下的垫款又要减成按月分扣，所以暨南大学对教职员只发放生活费。这是暨南大学财政史上比较困难的岁月。

郑洪年重长暨南大学后，执行的是财政公开、财务透明的政策。他指示，对于经费收支，每月要将收支月报表刊行公布，每半年及全年度，更要有财务特刊印发公开，报告学校财政，以示经费公开，证明学校各种建设和花费并未虚糜浪费。郑洪年还专门聘请会计师代办学校的财务预算和结算事宜，"郑校长对于经济，为力行撙节主义，并使财不虚糜，经济绝对公开起见，乃委托第三者（会计师）代办本校财务"①。这种做法开创了全国大学财政由第三者代办的新纪元。

十、在民主与救亡运动初期

大革命失败以后，国民党新军阀在全国实行白色恐怖统治，暨南所在的上海也处在反动统治的政治高压之下。暨南在改组为完全大学的过程中，聘请了较多的专家教授，其中不乏进步知识分子，他们以各种形式反对国民党的黑暗统治，各种演讲和讲座也显示出进步民主的倾向，这给正在求学中的大学生和中学生以积极的影响。

来暨南任教的思想进步的教授以及从社会上聘请的知名学者，在学校开设讲座的过程中，不但讲授学术，也巧妙地传播着进步思想。② 鲁迅先生 1927 年底和 1929 年底两次演讲，题目分别是"文艺与政治的歧途"和"离骚与反离骚"。寓意在于以文学形式、暗示手法借古讽今。听过这两次演讲的同学，都可以领会到先生的真意是在表达对现实黑暗社会的不满，应该设法去反抗它，因为发牢骚是不能触动和真正解决现实问题的。邓初民教授主讲经济学，他采用日本马克思主义经济学家河上肇博士的经济学教材，加以精辟的讲解，给学生留下了深刻的印象。马克思主义哲学家李达在暨南讲课时，遭到暴徒殴打，右臂被打断，但他并不气馁，他说："反动派想打断我的右臂，不让我再拿笔，要我放下武器，办不到。我一定要把右手练得像好手一样。"此外，彭康、李初梨等作家也来暨南演讲，学生因而与创造社联系较多。

1930 年春，由茅盾、鲁迅等进步作家发起，上海产生了一个进步的文学组织——中国左翼作家联盟（简称"左联"），从此，进步的文化艺术工作者就依靠它与国民党的文化围剿政策进行对抗。"左联"的积极影响也波及暨南，学校由此也出现了进步文学力量，成立了"左联"小组，被鲁迅称为"七个东北救亡青年作家"之一的何家槐，即暨南园中"左联"小组的成员，他当时是暨南大学的学生，有一批追求革命、向往光明的同学在他的影响下，也积极地开展进步文学的创作，以隐蔽的形式开展爱国民主运动。

---

① 《财务特刊·本室沿革》，1933 年，上海市档案馆：国立暨南大学档案全宗，Q240－1－270E；《国立暨南大学聘请会计师王海帆为本校办理财务出纳》，上海市档案馆：国立暨南大学档案全宗，Q93－1－157。

② 本段及以下数段的材料和论证参见周孝中：《暨南爱国民主运动史话（1907—1949）》，暨南大学华侨研究所：《华侨教育》，第 1 辑，广州 1983 年内部刊行。

暨南园中"左联"小组的成员主要有张天翼、白曙（陈作梅）、孙石灵、雷溅波、谭林通、何家槐、俯拾（陈凌霄）、大保（吴振刚）、邝劲志（方孟）、冯剑楠（更夫、甦夫）、彭凡（彭家藩）、贝岳南等，他们以小说、杂文、诗歌、戏剧等形式，讴歌进步和光明，鞭挞黑暗和龃龉，隐晦地表达了对当局文化围剿政策的反抗。"左联"小组的何家槐是外语系的学生，他在"左联"内部担任了重要的职位，还与沙汀、欧阳山、艾芜等人一起，组织"创作研究委员会"，负责对"左联"成员的文学作品进行评论和推荐。1934 年他还担任"左联"的组织部长，后来又参加"左联"的行政领导小组，得到鲁迅的亲切教诲。

1931 年，日本帝国主义在沈阳发动"九一八"事变，由于蒋介石主张"攘外必先安内"，下令东北军不得抵抗，东三省很快沦亡，这就激起了全国人民的抗日怒潮，救亡图存成为国内各阶层关注的焦点。暨南学生奔走呼号，不遗余力。1932 年 1 月 28 日晚上，暨南礼堂正在上演田汉新编的话剧《乱钟》，剧本描写了"九一八"事变中，日寇进攻沈阳，爱国学生敲响校钟，集合队伍出发抗敌的情形。正当舞台上钟声、炮声响成一片的时候，暨南园上空也响起隆隆的炮声，日寇在上海发动了"一·二八"事变。刹那间，暨南园钟声大作，师生齐集操场，振臂高呼：保卫祖国，抵抗日寇！5 月，国民政府与日本签订了《淞沪停战协定》。同学们认为，这其实是一种屈辱的和平，更增强了同学们抗日救亡的决心。大多数同学持读书不忘救国的态度，积极以各种形式投身于救亡图存的洪流中。"暨大学生策动了一次大规模的全国大学生的爱国示威运动，号召各处大学生集中南京，向政府请愿，要求出兵实行抗日。当时总指挥就是温广彝同学，所有一切活动，进行得如火如荼，剧烈之至，使敌人闻风丧胆。暨大学生精神，予社会一种良好印象。"

暨南师生还通过学术活动进行抗日救亡的宣传。郑振铎教授在 30 年代建立了暨南世界语学会，会员来自各系，其中英语系学生最多。每周六晚上集中学习世界语，许多学生一学期内就可以用世界语夹杂着汉语进行交流。他们积极地用世界语进行通信活动，向国外友人控诉日本帝国主义对中国侵略的真相，激起了国外友人的强烈同情，达到了宣传抗日的目的。

第三节　校长更迭与新的开端

一、校长更迭与办学新主张

"一·二八"事变爆发后，民族危机随着日本帝国主义对华侵略的扩大而逐步加深了。全国各个阶层迅速投入抗日救亡的运动中，暨南大学的师生也积极参加救亡图存的运动，上海学生的救亡运动此起彼伏，暨南学生在其中发挥了相当重要的作用，引起了国民政府和社会各阶层人士的广泛关注。1934 年 1 月 23 日，南京国民政府教育部以"视察教育和筹募基金"的名义，派遣郑洪年前往南洋，教育部公函称："教育部第七九一号训令内开：该校校长郑洪年由部派往南洋视察教育，并筹募基金，所有校长职务派沈鹏飞代理"①，委派沈鹏飞代理暨南大学校长职务。

沈鹏飞，字云程，广东番禺人，1917 年以优异成绩毕业于清华学堂，后赴美留学。在耶鲁大学研究院攻读林学，获硕士学位。1921 年 9 月回国，就任广东农业专门学校林科主任、教授，讲授制材学和森林经营学。1923 年 1 月应章士钊校长之邀，任北京农业大学森林系主任、副教务长。1924 年孙中山创办广东大学，沈鹏飞又南返广州任广东大学农科教授。1926 年广东大学改名中山大学，他先后被任命为中山大学森林系主任、农学院院长、事务管理处主任。1926 年至 1931 年期间，曾以事务管理处主任身份代行校长职务，与当时任教务长的鲁迅有过一段友谊。他创办了广东第一模范苗圃和中山大学白云山第一模范林场，参加组织了对西沙群岛的考察工作，其编写出版的《调查西沙群岛报告书》成为我国研究西沙的早期文献而被各方所引用。1932 年，沈鹏飞到南京担任国民政府教育部高教司司长，在此期间，参与西北农林专科学校的创办工作。1934 年之后，他任教于同济大学、暨南大学和广西大学，并担任暨南大学代校长。

沈鹏飞于 1934 年 2 月 1 日到暨南大学视事。3 月 1 日学校开学后，补行上学期大考，努力使学校恢复正常的教学秩序。沈鹏飞任代校长一职后，阐述了学校办学的基本方针，即"先求学校本身之安全，广求名教授，充实各系课程。使同学安心向学，不使再有前些事件发生；再进而注重德育、智育、体育之涵养，并以致用为鹄的"②。在其较短的任期内，他主持制定了《试读生规则》，这是针对因迟到来不及参加招生入学考试的华侨学生以及专习数门课程而不希望取得文凭的学生而设立的规则。③ 这些规则对于侨生入学暨南是一种变通的优惠措施，对于推动暨南外招生数量增长有积极的影响。当时各院系为了配合学生培养工作，激励学术研究，纷纷创办了各具特色的学术期刊或新闻类杂志，例如《暨南校刊》《暨南季刊》《法规集》《科哲学报》《文史丛刊》《史社季刊》《明日》《现代经济》《无锡二厂调查报告》《图书馆概要》《南风》《讲座》《战后一年来概况》和《菊花会特刊》等。④ 为适应华侨教育的需要，沈鹏飞代校长主张各院系课程设置的重点是："除文学院之文史课程为发扬我国固有文化之主要学问，地理课程为开发实业之基础学问，教育课程，为造就师资之需要，应予以充分注意外，关于外国文学系，拟于可能范围内，逐渐增加南洋各地之地方语言课程，以求各方实际之需要；理学院各课程，应注重实用科学，俾可与南洋华侨各工业发生连贯关系；商学院应注重工商管理、国际贸易及银行会计等课程，一以能获实际应用为主；倘款项有着，则筹设农学院，注重南洋及西北农林业经营之教育，以助国人赴海外，或侨胞归国垦殖之经营。"⑤ 这是沈鹏飞代校长办学的重要构想。

在沈鹏飞长校的 1935 年第一学期，各院系的教学和课外活动虽能够持续进行，但国事纷繁，日本加快了对中国的侵略，不断制造种种事件。学生在学习之余，为救亡图存

---

① 《郑洪年卸任沈鹏飞接任的文件》，上海市档案馆：国立暨南大学档案全宗，Q240－1－6。
② 沈鹏飞：《复侨务委员会函》，《暨南校刊》，第 91 期，1934 年 3 月 19 日。
③ 《试读生规则（廿三年九月十三日第二次校务会议修正通过）》，上海市档案馆：国立暨南大学档案全宗，Q240－1－1。
④ 《暨大出版的刊物》，1934 年 6 月，上海市档案馆：国立暨南大学档案全宗，Q240－1－649。
⑤ 沈鹏飞：《告同学书》，《暨南校刊》，第 88 期，1934 年 2 月 26 日。

屡屡奔走呼号，学潮迭起，最突出的是华北事变不久，全国各地学生掀起了"一二·九"爱国救亡运动，暨南学子不甘落后，也参与其中，起到积极作用。在这种情况下，沈鹏飞作为代校长既受到南京当局的压力，也不能一味压制学生的爱国运动，虽有宏图大略，亦难以施展开来，因而提出辞呈。1935 年间，国内面临着日本侵华的危险，民族救亡运动此起彼伏，各地学生运动也趋于高潮，暨南大学学生也发生多次风潮。当时主政乏人，1935 年 7 月，国民政府教育部部长王世杰提出由校董会聘请何炳松先生为校长，随后就由该部任命，派遣何炳松任国立暨南大学校长。当时，何炳松可以称得上是临危受命，一方面，侵略战火已经迫在眉睫，另一方面，因暨大前任管理不善，学潮迭起，无人出长暨大，校务处于风雨飘摇状态。何炳松目击时艰，毅然应命。①

何炳松，字柏丞，1890 年生于浙江金华。民国元年毕业于浙江高等学堂，成绩优异。是年以公费留学美国，入威斯康星大学肄业。1915 年毕业，得学士学位。同年转入普林斯顿研究所，专攻史学，1916 年得硕士学位即回国。何氏在美求学期间，曾被推为留美中国学生会副会长及《留美学生季报》编辑。回国当年，任浙江省府秘书兼省视学。1917 年先任北京大学文预科讲师，后任历史系教授并任北高师英语科教授及史地系主任，1922 年 9 月初离开北京，到杭州继前北大同事马叙伦任省立第一师范校长。何炳松曾以个人身份加入"中华教育改进社"。该社为我国著名教育团体，成立于 1921 年冬季，以调查教育实况，研究教育学术，力谋教育发展为宗旨。1924 年起任上海商务印书馆编辑，不久升史地部主任，至"一·二八"事变止，其间于 1925 年秋起兼任上海新建的私立大学如光华、大夏、国民等校教授，1929 年起兼任商务附属机关东方图书馆总编辑兼副馆长。任职商务编辑期间，曾主编"中国史学丛书"，与编译所同仁刘秉麟一起主编"社会科学小丛书"，与所长王云五及刘秉麟一起主编《社会科学名著选读》（英文），与姜琦、李石岑等同任《教育大辞书》特约编辑。"一·二八"事变时，商务上海总厂及东方图书馆均毁于炮火，何炳松参与商务之重建工作，并自 1934 年起任副经理、编译所副所长及复刊的《教育杂志》主编。《教育杂志》系月刊，为中国历史最久的教育刊物，创刊于 1909 年，初次停刊于"一·二八"之役，1934 年 9 月起复刊。1933 年元月，"中国教育学会"成立，何炳松被推为理事。其后又曾任"中华学艺社"理事。1935 年元月，他与王新命、章益、陈高佣、陶希圣、孙寒冰、萨孟武、樊仲云、黄文山、武堉幹等十教授发表《中国本位的文化建设宣言》，提倡中国本位文化运动。②何炳松著作以历史类为多，重要者如《中古欧洲史》《近世欧洲史》《教育短评》《历史研究法》《通史新义》《浙东学派溯源》《新史学》《历史教学法》《西洋史学史》等。1935 年 7 月，何炳松继沈鹏飞任国立暨南大学校长。

1935 年 6 月 17 日，何炳松到暨南大学视事。当时日本帝国主义不仅侵占东北，又在制造"华北特殊化"，灭亡中国的野心非常明显。何炳松就职后，在第一次全校大会上指出："现在国势阽危，国难严重，许多人已经无书可读，在国家尚未灭亡之时，我们应发奋图强，努力奋斗，以拯救国家，以复兴民族！我们在有书可读之时，应努力读

① 金永礼：《十载辛劳，身殉文教——何炳松校长主政暨大十年纪事》，暨南大学华侨研究所：《暨南校史资料选辑》，第 1 辑，广州 1983 年内部刊行。
② 参见《传记文学》第 28 卷第 2 期，台北：传记文学出版社，第 119-120 页。

书。”他提出的培养目标是："要造成复兴民族之斗士，不要造成争权夺利的政客。况且暨南比其他大学另有特殊之使命，将来本校毕业同学，必须能向海外发展，能在外界立足。"① 为此，何炳松校长确定了三个重要的方针：

（1）学术标准化。提高程度，使课程设置合理，不因人设课，须为课择人。教授必须聘请专门学问家，不要政客。尽量充实设备，在房舍、图书、仪器等各方面均须尽最大限度扩充。提倡学术研究的风气，组织各类团体以研究各种学问。

（2）财政合理化。学校经费要更多地用于设备购置，少用于薪金发放。以前每月5万元的经费，用于教职员薪俸者已达4万元，所以校舍、图书、仪器难以添置。现在必须将人事费用降下来，如果经费有节余，将会尽量实行奖学金、补助金办法，以奖励学生刻苦读书，扶助困难学生完成学业。鉴于校内经费紧张，原定在南京设立中学的决议也只能取消，行政会议的决议说："本大学历年亏欠甚巨，经费困难，在京添办中学一层实不可能，应作罢论。"②

（3）团体生活纪律化。团体生活必须有纪律，在教职员方面，要奉公守法，不缺席，不旷职，不早退，加强统计考勤。在学生方面，必须恪守校规，上课时不缺席，不迟到，集会时遵守秩序，不大吵大闹。暨南体育甚有名气，但要注意运动道德。大家相见，须有礼貌。学校赏罚分明，一切照章办事，养成良好的校风。

为了办好暨南大学，何炳松校长邀请了志同道合的专家学者与他共事。尤其各院系主要负责人阵容，均一时之望，计有：

教务长：张耀翔教授（后由周予同教授兼任）
总务长：杜佐周教授兼任
训导长：吴修教授兼任
注册组组长：陈科美教授兼任
出纳组组长：曹增美先生
文学院院长：郑振铎教授兼任
理学院院长：程瀛章教授兼任
商学院院长：程瑞霖教授兼任

当时，全校延聘的著名教授尚有：周谷城、许杰、郭绍虞、武堉干、周宪文、张素民、傅东华、陈逵、钱亦石、胡愈之、孙贵定、储凤仪、曹未风、李健吾、孙怀仁、戚叔含、孙大雨、刘大杰、钱锺书、张世禄、董任坚、吴泽霖、吴文祺、刘絜敖、袁文彰、江之永、陈麟瑞、程俊英等。另外，何炳松校长还不时延揽鲁迅、潘汉年、周昌寿等著名学者来校讲学，引导师生走上探讨学术的正途。③ 对此，绝大多数教授和学者持支持态度，教务长张耀翔教授表示："是抱着改革决心来的，想把这个学校办好……我们肯牺牲，只要对于学校有利益。"④ 文学院院长郑振铎指出："我们现在有许多困难还

① 《何炳松校长在1935年9月12日开学典礼上的讲话》，《暨南校刊》，第143期，1935年9月12日。
② 《本校行政会议记录》，上海市档案馆：国立暨南大学档案全宗，Q240-1-2。
③ 金永礼前揭文。
④ 《张耀翔在1935年9月12日开学典礼上的讲话》，《暨南校刊》，第143期，1935年9月12日。

未过去。因为我们的不敷衍、不联络，处处以学生的学业为前提，竟因此得罪了不少的人，招致了不少人的误会和不满……有人在各种小报上造谣，大肆攻击。但是我们仍然抱着决心，不愿以教育机关，供私人的酬劳。以前的人以'见不义而不为'为优良的道德，现在我们要见义勇为。凡蓄意破坏我们学校的，我们都要认其为公敌。"① 由此可见，暨南在当时办学的过程中，面临着一些困难，但新的校领导有决心将暨南办好，"半年之后，也许可以变成优良的学府"。

的确，在何炳松校长的主持下，真如教学大楼、大礼堂等修葺一新，图书仪器得到全力充实，校园的绿化明显改观，校内人行道路得到扩展，一座钢筋水泥的校门也建立起来。校内道路也充分体现出以南洋与华侨为背景的特色，例如暨南园内主要道路的路名分别有："中华路、新加坡路、巴达维亚路、马尼拉路、盘古路、西贡路、坎拿大路、古巴路、纽约路、台湾路、三藩市路、吉隆坡路、槟榔屿路、邦加路、马辰路、三宝垄路、泗水路、望加锡路、缅甸路、北婆罗洲路、棉兰老路等。"② 由此更能体现出暨南大学作为侨校的风格。为了改变校内各院系的学风，学校特地制定了奖励优良学生的政策，规定"学业成绩在九十分以上而操行成绩列甲等者，给予特等奖状；学业成绩在八十五分以上九十分以下而操行成绩列甲等者，给予最优等奖状；学业成绩在八十分以上而操行成绩列乙等或乙等以上者，给予优等奖状"③，这些政策对于优化学生的学习氛围，引导学生注重学业水平的提高起到了应有的作用。各系学生活动在"一·二八"事变后也趋于正常，各种学术团体、文体组织也继续运行起来。据统计，1936 年前后，暨南园中的学术性团体共有 6 个，即经济学会、经济研究会、教育研究会、演说辩论研究会、文学研究会、世界语学会等。下面简要介绍这几个重要的学生活动团体的概况：

（1）经济学会：该会以研究经济科学，砥砺学行，训练办事能力，养成服务精神为宗旨，拥有 23 名会员。该会组织分为总务、文书、庶务 3 股。

（2）经济研究会：该会以加强互助精神，研究经济学识及经济问题为宗旨，拥有 80 余名会员。常务 3 人，文书 2 人，研究 5 人，编辑 5 人。

（3）教育研究会：该会以探讨学术，砥砺学行为宗旨，会员有 37 人。该会的执行委员会由大会全体成员选举产生，共计 11 人，内部分为总务、文书、会计、庶务、研究、出版和演讲，共计 7 股。

（4）演说辩论研究会：该会以培养口才，增进将来服务社会的能力为宗旨，拥有会员 40 余人。分为总务、庶务、演讲、辩论 4 股。

（5）文学研究会：该会以研究中国文学为宗旨，会员有 50 余人。分为总务、出版、研究、编辑 4 股。

（6）世界语学会：该会以研究和发展世界语为宗旨，会员有 10 余人。该会主要是开设夜班学习，属于业余补习性质，报名参加学习者十分踊跃。④

那时，暨南办得颇有起色，社会舆论对暨南越来越看好。1936 年 1 月《东方杂志》刊载交通大学校长黎照寰所著的《青年努力新趋势》，文章评论全国各类高等教育机构的优劣时，认为"广州的中山大学，上海的暨南大学，武昌的武汉大学，北平的清华大

---

① 《郑振铎在 1935 年 9 月 12 日开学典礼上的讲话》，《暨南校刊》，第 143 期，1935 年 9 月 12 日。
② 《本校路名一览表》，上海市档案馆：国立暨南大学档案全宗，Q240－1－28。
③ 《本校行政会议记录》，上海市档案馆：国立暨南大学档案全宗，Q240－1－2。
④ 《各学院概况》，上海市档案馆：国立暨南大学档案全宗，Q240－1－677。

学都像春花怒放，成绩斐然"。何校长表示："因全校师生的一心一德，共同奋斗，不特校务渐入正轨，学术空气也日趋浓厚，凡是爱护本大学的人，无不奖勉有加，甚至把本大学和清华、武汉、中山等大学相提并论，我们全校师生感愧之余，自当格外努力，期于最短期间，把本大学造成一个名副其实的高等学术研究的机关，希望能为国家造成若干健全青年，毕生从事于学术救国的工作。"

二、文理商三院的基本概况与专题讲座的设立

（一）文学院

1932 年"一·二八"事变后，文学院内部构成有不小的变动。原教育学院奉令裁撤，仅设教育学系，又将历史学系、社会学系两系合并为历史社会学系，不久又改为历史地理学系。至 1936 年，本院有专任教授 27 人，讲师 1 人，兼任教授及讲师共 11 人，助教 8 人，学生数额达 273 人。本院共开设各类课程 109 门，其中，中国语文学系 27 门，外国语文学系 30 门，历史地理学系 26 门。学生人数以教育学系为最多，其次为历史地理学系，外国语文学系和中国语文学系又次之。1934 年第一学期，文学院对引进名儒硕学担纲教职非常重视，孟寿椿院长为此不遗余力，先后物色和引进林承曦先生（原任之江大学中文系主任）、谢文炳先生（原任厦门大学英文系教授）、杜和民先生（哥伦比亚大学文学硕士）、黄宪章先生（巴黎大学文学学士）、司徒优先生（哥伦比亚大学教育学硕士）、王克仁先生（哥伦比亚大学教育学学士）、刘真如先生（巴黎大学史学硕士）等来院任教。[①]

中国语文学系着重于语言文字之基本知识以及中国文学的高深学术探讨，尤其注重养成学生研究及创作的能力。外国语文学系注重英法德日各国语言文字及其文学研究，并训练其写作能力。历史地理学系以养成研究中外史地专门人才为宗旨，尤其注重中国文化史、社会史、中国民族海外发展史以及南洋史地研究。教育学系的宗旨是研究教育学术，造就教育行政人才，培养中等学校师资，以适应海外华侨教育的需要，尤其注重课外研究，创设实验学校，设置心理学实验室，作为学生实习的场所。本院为了给教员和学生提供学习参考的资料，四个学系设有参考室，收藏有关该系图书和杂志；历史地理学系的教室中还置备各种地图、地球仪、石膏地图模型、地质矿石标本等，并且还设立了气象观测所，逐日报告气象信息；教育学系还附设了心理实验室，购置了 360 余件实验仪器，并且拥有生理标本、生理挂图等，为了吸引学生参与实验，该系专门设有动物饲养室，便于学生研究实验。

郑振铎担任院长的第一年度（1935—1936），全力以赴整顿本院的学习风气并改良课程设置，力求各系之间在教学效率上有较大的改进。他的目的在于贯彻暨南大学作为华侨教育的最高学府应该充分体现出华侨教育的特色这一理念，所以他主张高等教育最起码要达到大学的标准，否则不成其为大学，更重要的是要注意增设南洋各地语言文字与历史地理学课程，充分注意其他能够体现华侨高等教育的学科。第二学年，本院整顿改革各系课程告一段落，教学效率有了相当的改进，进一步注重各类课程教学内容的充实。在教学仪器上，中国语文学系已经购入各个时代的重要文集、词话以及四部丛刊，

---

① 《文学院近讯·提高学术空气，增聘名流学者，多开专门课程》，《暨南校刊》，第 105 期，1934 年 9 月 17 日。

尤其注重收集每个时代重要作家专集作品。外国语文学系注重收集各国语言文字基本书籍和文学名著。历史地理学系特别注意征购和采集关于南洋历史、地理类的图书，并且成立南洋史地书室，同时成立地理教室和历史教室，加大力量充实这两个书室的图书和仪器设备。教育学系除了购进李石岑教授生前收藏的全部图书外，仍努力收购各国教育名著，此外，该系还尤其注意广泛地购置各地出版的中小学教科书，给学生提供一个研究的基础。

文学院还注意改进对学生基本写作技能的训练，成立了基本国文教学改进委员会、基本英文教学改进委员会，加强研究和提高教学方面的能力素质。本院对教材建设尤为重视，历史学科组织《中国通史》编纂委员会，以何炳松、郑振铎、周予同、陈高佣、周谷城等为学术委员，由周谷城教授编著成书，先在校内油印，继而由开明书店出版。此书问世后，深获史学界好评，很多大学将其作为教学用书，一再翻印，并且在港澳台以及国外流行。

本院学术气氛非常浓厚，创办了三种学术刊物：《文史季刊》发表各位教授及学生的研究著作；《地理资料》刊印关于中外地理的研究资料；《中国戏剧》刊载中国戏剧的专门著作、书目及参考资料等。各系还加强学术交流活动。中文系的文学研究会在1935年10月至11月期间，先后两次举行讨论会。第一次讨论会的主题是"文学之遗产"，第二次研讨的是"文学之趋势"。这次会上还邀请傅东华教授演讲《创作的题材、技巧和效果》。文学研究会创办了《语文》双月刊，为同学们的文学研究和创作提供了绝好的园地。教育学会也是一个比较专业的组织，该会举办了两次演讲会，第一次延请何清儒博士演讲《职业指导》，第二次请韦愨博士演讲《大学之使命》，该会还邀请黄觉生教授讲解《人格的发展及其最近之研究》。该会还在每个学期延请海外专家学者进行数次演讲。1935年底，文学院举行国语演说比赛，由周予同、吴泽霖、李健吾等教授担任评判员。结果沈以玮、胡惕、高崇靖同学分别获得前三名。随后，他们参加了华东区国语演讲竞赛，胡惕同学获得了第一名，他的讲题为"土地村有的理论及其实践性"。

旅行考察是学习知识的重要形式，文学院对此项活动非常重视，想方设法在力所能及的条件下，安排学生参加这类活动。1935年5月，教育学系应届毕业同学，为了更多地了解西北教育情况，为将来献身西北教育作准备，因而组成西北教育考察团，经徐州、西安、包头，至兰州，沿途搜集了大量的教育资料。1936年4月，外文、史地系应届毕业生组成西南考察团，赴广州、梧州、汕头、香港等地进行考察，亦有不小的收获。

（二）理学院

"一·二八"事变的爆发使得原来较有基础的理学院损失不小，仪器、标本损失殆尽。复课之后，由于经费紧张，生物学系只能停办，仅存数理化三系。1936年度，该院有专任教授11人，副教授1人，兼任教授3人，专任讲师2人，兼任讲师1人，助教12人，共计30人。学生人数以化学系最多，共72人；物理学系次之，共40人；数学系又次之，共10人，总计122人。本院共开设课程40余种，大多注重基本原理，为学生将来研究打好基础。本院教学的宗旨在于培养中学师资、机关技术人员以及专门研究人员，对于课程的分配，讲求均衡，也随时关注欧美新的学说和方法，以吸引学生探求知识的兴趣。本院对学生的考核，除了学期考试，还将平时问答讨论、月考以及练习报告等也计入成绩表，力求避免偏重考试的弊病。

理学院的设备包括房屋、图书和仪器标本三类。理学院主要设在科学馆，内有实验室、仪器药品室、阅览室、普通教室、大教室、教员办公室、煤气机室和金工场等。图书资料方面，本院藏有2400余册，其中，外文图书2100余册，外文杂志177种，整理成套者达60种。仪器标本方面，计有物理仪器880余种，化学仪器600余种，药品600余种，标本模型50余种。[①]

为了提高学生的研究兴趣，学院特准学生组织理科研究会，借以养成学生自主研究的精神。本院还注重举办学生讲座，不时延请校内外各科专家进行学术演讲。为了让学生了解实际情况，学院还遣派教授率领学生赴上海各大工厂参观学习。

理学院的院长为程瀛章，在国难严重、民族危亡的背景下，他为了适应抗日救亡的需要，认为当务之急是在可能的范围内，尽量增加、设立应用学科，或对原有的课程进行变通，以传授接近社会实际需要的实用性知识和技能。本院计划增设的课程，数学系有观察分析，物理学系有金工实习与机械工学，化学系有化学工程与冶金化学等。为了培养学生的动手操作能力，本院创设了金工实习场和军用化学班，这类实践性的课程和场所对于养成学生的实际操作能力和理论联系实际的习惯大有裨益。图书建设方面，本院配合图书馆，购进大量的自然科学书籍，在科学馆3楼另辟阅览室，供学生专心阅读有关文献。本院还动员商请各位教授将私人藏书尽量存放到阅览室，这样，同学们也能获得丰富的书籍资源，可以进一步作高深的研究。

（三）商学院

"一·二八"事变后，商学院内部进行了较大的调整。1934年铁道管理系奉令停招新生，逐年结束；银行和会计两系也同时奉令合并为一系，成为会计银行系，另外，本院还设有国外贸易系和工商管理系。学生以会计银行系为最多，约占全院学生数量的一半，其余两系大体均衡。会计银行系在教学上着重使学生掌握会计银行的高深知识及改革趋势，并在实践应用上教导学生注意理论联系实际，培养其处理实际问题的能力。国外贸易系在教学上着重让学生了解国外贸易的原理和基本情形，掌握经营进出口商业的方法；工商管理系重在让学生熟悉生产合理化、工作效率化，以及协调劳资关系的理论和方法，对于私营企业的管理和经营也是该系教学的一个重要方面。在四年的学习时间内，要求除了系统学习党义、军训和南洋概况之外，还要修足136个学分，才可准许毕业。本院在机械设备方面，拥有计算机、电报收发机、打字机等。本院设立商学研究室，大量收藏商学方面的专门资料，供师生研究参考。本院专任教员6人，兼任教员12人，助教3人。各学系共开设课程55门，其中会计银行系开设17门，工商管理系开设11门，国外贸易系开设10门，各系共同课程计有17门。

商学院在30年代中期已经是一个比较有基础的学院了，但积累下来的问题仍然不少。例如，课程不尽合理，招生质量需要加强等。因此，程瑞霖院长为进一步巩固商学院的基础和谋求进一步发展，特地提出了发展商学院的工作要点，这些工作规划对以往的弱点和问题进行了整改，其主要内容有以下几个方面：

（1）提高教学效率。其主要措施是努力设法使课程设置合理化，尤其是少开不太要

---

① 《各学院概况》，上海市档案馆：国立暨南大学档案全宗，Q240－1－677。

紧的课程，重要的课程在四年中要有适当均衡的分配。加强教师对学生的课外辅导，希望教师在校内的住宿时间更长一些，以便于学生接近教师，教师也可以随时解答学生提出的问题。

（2）对既往的考试方法进行改进，严格考试的纪律。

（3）注重研究实际问题。本院为配合专业教学，特地编印了《商学季刊》，欢迎学生投稿，引导学生进行独立研究，学院鼓励学生积极参加学校的论文竞赛，尤其是要敢于向社会上声誉良好的专业刊物投寄稿件。1936年3月出版的《国立暨南大学商学院季刊》，共计40万字，该刊颇得社会人士好评。此后，该刊改为月刊出版发行。

（4）开办学校银行，给学生创造一个实习的场所。该院提出，学生可以结合学校银行的运行实习，研究实际生活中正在发行的新货币，并探讨新币制问题。

（5）加强假期实习工作。本院提倡学生利用暑假和寒假时间参与社会实践，这样可以增强学生的理论学习和实际经验，可以推动学生在今后的专业学习中更有针对性。为此，学院要求学生利用假期出去实习，在通商大埠的各个公司、银行进行实地考察和实习，明了商学学习中的问题，并对实际问题进行研究。

（6）提高新生标准。既要在新生考试时注重其学业程度，尽量使招收的学生整齐划一，便于教学，又要严格训练新生，以培养其努力向学的习惯。按照暨大成例，考取商学院的新生，要转学他院较为容易，这也反映出本院录取分数相对较高。

学校鉴于非常时期对学生进行形势教育的重要性，在正常的专业教学之外，特地开设"中国现代问题讲座"，作为各个学院四年级和一年级学生的必修课。每周安排两次讲座，每次两个小时。主讲者除了校长及一部分教授外，另聘请校外专家进行讲授，竺可桢、程海峰、张其昀、刘振东、陈湘涛、张心一、陈礼江等人，分别在暨南讲授过战时经济、农业、劳工、交通、国防、军事化学、重工业、军事心理等专题。所有专题讲座的内容，经过记录整理、专家本人审阅后，即印成丛刊，除了发给同学外，还向社会发行。当年公开发行的有竺可桢的《中国的地理环境》、张其昀的《中国国势鸟瞰》、陈湘涛的《交通运输与国防计划》、刘振东的《国防经济政策》、陈礼江的《民众教育与民族复兴》、程海峰的《劳工问题》等手册，这套丛刊均由暨南大学出版课出版发行。

三、加强体育教学与暨南体育的新气象

为使暨南体育在原有基础上进一步提高，学校设立体育委员会，于衡之为主任委员兼指导，杜佐周、褚保华、沈立人、梁俊青、李和、沈昆南（指导）等人为委员，并订立新的措施。

（1）列体育为必修课。校务会议通过决定：体育为共同必修课，不给学分，全校男女学生在校4年中，必须修完4学程，分4学期选习。体育授课分为甲乙两组，甲组为身体健康的学生，乙组为身体较弱的学生，分别选修有关的项目。每学期末，经测验及格者，认为修满1期，每期须选习4种课程或10项运动，学生于两学期选修同一课程者，第二学期的成绩，必须超过前一学期，否则应补修。

（2）制定体育施教方针。注重健全的人格，培养强毅的体魄，促成团结的精神，以作救亡之根本训练，各项运动标准实行之后，仍采取双轨制度，选手与普通学生并重。中学部学生侧重加强体育技能的训练，同时注重掌握体育常识，师范科则须增加体育讲座。

（3）扩展运动场所。筹建体育馆、游泳池，扩充球场。关于体育馆，由于经费限制，体育馆建设虽然多次提出，但久未能变为现实，于衡之主任在为学校制订的《体育发展计划》中提出，体育馆在学校体育教学中占有极为重要的地位，应尽快筹划建立完善的体育馆。关于游泳池，于衡之也认为，游泳是各项体育活动中最优美、最能发达肌体的运动方法，所以，尽快筹集资金建设游泳池也是学校应该解决的重要事项。原大学部运动场总面积 180992 平方尺，中学部有 233525 平方尺，仍不敷用，应扩充球场面积，使暨南体育日臻发达。[①]

（4）增设体育讲座。邀请参加第七届世运会的国家队运动员、体育学者，作系统的演讲，使全体同学增加体育知识，提高对体育的兴趣。

由于实施上述体育教学与训练的新措施，暨南体育运动又呈现出新的气象。篮球运动又呈现新的面貌，1936 年在连获两届上海"铁城杯"篮球锦标赛冠军后，又利用暑假，远征厦门、汕头、广州、香港，与各地篮球队进行友谊比赛，连战皆捷，大获全胜。这次出征的篮球健儿有尹贵仁、王南珍、蔡演雄、源则俭等 10 多位同学。为准备参加 1936 年在柏林举行的第十一届奥林匹克运动会，上海市选拔了 4 名篮球运动员参加中国代表队，其中暨南就占有 3 名，即王南珍、蔡演雄、尹贵仁。

暨南的足球运动，仍然保持优势。在参加第十一届奥林匹克运动会的中国国家足球队中，仍有陈镇和、徐亚辉、梁树棠等暨南的同学出场。他们都有出色的球艺和顽强的拼搏精神，特别是陈镇和以狮子般的威猛攻击对方球门，如果不是英国队门将身手不凡，早被中国队员连克数城了，上半场保持 0∶0，下半场因中国队员体力不济，被英国队连下二城，但中国队虽败犹荣，因为经过较量，中国队名声大振，得到法兰克福、维也纳、日内瓦、巴黎、伦敦等城市邀请，前往那里访问比赛，扬威欧洲。这与暨南几位球员的努力是分不开的。

暨南田径运动继续享有盛誉，在参加第十一届奥林匹克运动会的中国田径代表队中也占有名额，符保卢、郝春德、傅金城等同学都被选入国家代表队。符保卢同学一直是当时中国撑竿跳高最高纪录的保持者。在柏林奥运会上，预赛时就已过 3.85 米，取得了决赛权，这是旧中国参加过的三次奥运会中，唯一一次取得决赛权，但在当天下午决赛时下雨，借的竿子不顺手又打滑，加上海上一个多月旅途劳顿，符保卢的竞技状态不如以往，未能取得更好的成绩。

更令人难忘的是，在抗日战争全面爆发后，暨南健儿纷纷投笔从戎，陈镇和、符保卢、谢全和、张鸿藻、徐亚辉等同学，参加了中国空军，驾机杀敌，其中，陈镇和、符保卢先后血染蓝天，成为抗日烈士，这是暨南校史上光辉的一页。

四、改进附属中学的教学

附属中学是暨南的重要组成部分，也是国内唯一的以华侨子弟为教育对象的专门学校。"一·二八"事变的爆发，使得附属中学受到较大的损失，其后，附中规模日渐缩小，学生人数减去三分之二，至 1935 年时，仅有初中三个班，高中普通科三个班，师范

---

① 于衡之：《体育发展计划》，《暨南校刊》，第 176 期，1994 年 11 月 10 日。

科三个班，全附中的人数不到 300 人，较往昔 800 人的规模已经大为缩减。[1] 30 年代中期，附属中学面临的问题比较多，例如，缺少必要的实验室，实验仪器和药品均放在普通教室，物理实验和化学实验均无法有效地开展。造成这种状况的主要原因是学校财力限制，办学经费较为紧张。但是，这些问题又制约着侨生对中学知识教育的接受，为此，当时担任附属中学主要领导人的陈继烈先生，为了附属中学的各项发展，提出了几个重要的解决办法。

首先是建设方面。在学校财力许可的条件下，分两期建设附属中学的房屋和设备。第一期，修葺全部校舍，建设图书库，开辟工艺实验场。附中校舍建筑较早，历年风雨将教室、教师宿舍以及储藏室等房舍的门窗、设施破坏得相当严重，必须设法加以修整。第二期，建筑科学馆和体育馆，科学馆内可以分为化学教室、化学实验室、药品储藏室等与化学教育有关的场所，物理教室、物理实验室、物理仪器储藏室等与物理教学有关的场所，将理工教学移到科学馆内；体育馆可以使附中学生在体育活动和教师授课方面更加方便，也充分体现出学校对华侨中学生培养的重视。

其次是教学方面。附中包括初中、高中普通科、师范科三部分，课程门类较多，教学任务繁重，今后各科教学必须结合教育部颁布的标准和华侨学校的实际情况，编制课程纲要，以利于更好地推进教学；增加基本课程的授课时数，裁减非必要课程的授课时间。尤其是语文课程，华侨学生在国文水平上普遍较国内生为低，教育部的课时标准是针对一般国内学校的情况而确定的，并不太适应本校的实际情况，所以今后必须增加语文教学的时间，同时，英语也是侨生毕业后必要的工具，也应加大授课力度，至于像日语这样的课程可以暂时缩减课时，突出主要课程授课的重要性；改进考试方法，在期末考试的基础上，注意增加临时考试，至少每周考试一次，这种临时考试更能够真实地测验学生对知识掌握的程度。增加物理、化学的教学仪器和实验仪器是一项重要的任务，过去虽购置了一些，但远远不能应付教学工作的需要，学生对理化课程兴趣不大，重要的原因就是仪器和有关的设施不敷应用。所以在今后的预算中，应注意增加这方面的投入。陈主任提出，各种课程应以提高学生的技能为中心，选用适当的教材以推进学生实际技能的发展，这是一项紧迫的工作，选择教材时，应力戒空疏无用，或者学非所用。改良授课办法，应注意在平时的教学中，将爱国观念融入实际授课的过程中，以适应救国工作的需要。在教学过程中，提倡让学生处理好预习、实习和复习三者之间的关系，做到巩固知识，扎实所学，并须注意做好读书笔记和绘图技能的培养；设法提高授课质量，培养学生上课的兴趣，正确面对学生在课堂上提出的问题，明辨审问，吸引学生作深入的思考；增加野外考察的机会，使学生在史地和绘画知识的掌握上能够结合现实，增加感性认识。[2]

上述针对附属中学教学过程的各种问题提出的改进措施大部分得到落实，有些设想由于财力所限，暂时不能很快得到解决，但附属中学因陋就简，在既有的条件下，尽量合理地落实和完成了各项教学任务。

---

① 徐实圃：《我校之写真》，上海市档案馆：国立暨南大学档案全宗，Q235 – 3 – 61。
② 陈继烈：《附属中学改进计划》，《暨南校刊》，第 176 期，1994 年 11 月 10 日。

五、海外文化事业部的新开端

1934 年，学校聘丘汉平、俞君适为南洋美洲文化事业部正、副主任。由于考虑到华侨研究不仅限于南洋、美洲两地，该部向代校长沈鹏飞提出改名的申请，[①] 经校务会议研究，遂改名为海外文化事业部。1935 年何炳松长校后，聘吴泽霖、俞君适为该部正、副主任。此时该部分为研究、调查、编辑三股，俞君适担任编辑股长，林仲达担任研究股长，彭声天担任调查股长，朱伟文、邱致中、苏鸿宾等为研究员。以上几乎都是新进人员，研究员中 7 人为本校毕业生。该部原来研究人员，均未留任。初步建立起来的研究班子制订了新的发展规划。关于研究方面，重新分配研究范围，将华侨问题分为政治、经济、史地、教育、侨务、物产以及人种风俗等方面，更将华侨居留地分为若干地带，以类别为经，以地别为纬，由部中同仁按照各人的专长负责研究。对于研究资料，除了将原有各地剪报资料按照上述分类法重新整理外，还着重购置有关华侨问题的中外书报，并派人赴海外作实地调查，征集各项材料。海外文化事业部决定设立南洋陈列室，陈列南洋各种物产以及本部绘制的各种统计表，以供校内外观摩，促进国人对南洋的认识。关于编辑方面，除了继续编辑和充实《南洋研究》月刊外，还主持编辑了《海外侨讯》和《中南周刊》两类资讯，刊登在上海《时事新报》和厦门《江声日报》上。此类资讯大都介绍有关侨情方面的内容。"海外丛书"是该部出版的特色项目，已经出版的作品主要有吴泽霖的《萨慕亚人之生活》、邱致中的《南洋概况》《南洋都市社会论》、周汇潇的《南洋物产概况》《荷印与华侨》、苏鸿宾的《暹罗与中国》、石楚耀的《香港政治之史的考察》、徐瘦秋的《越南》、朱伟文的《日本委任统治岛的社会组织》、谢怀清的《南洋华侨教育》等多种。这些研究成果一是充分体现出海外文化研究的专门特色，二是也能大致反映出 30 年代暨南华侨问题研究已经达到较高的水准。

海外文化事业部业务拓展的另一大标志是开始主持海外师资训练班的工作。为了提高海外侨民学校在职教师的教学水平，根据国民党中央政治委员会决议，国民政府教育部委托暨南大学海外文化事业部，创办了侨民师资训练班。

开办侨民师资训练班主要是由于南洋各地侨校师资极为缺乏，各地小学教员以初中毕业者居多数，初中教员以旧制中学及高级中学毕业者为最多，有的地区甚至侨校小学刚毕业不久，仅仅补习一年就充当教员者比比皆是。因而极有提高其师资水平的必要。海外文化事业部制定了培养侨校师资的宗旨："培养侨校师资，一方面固在使其适应侨民环境，另一方面尤应使其了解祖国文化及教育思潮。然南洋各属之环境彼此不同，故就国内中等以上毕业生加以训练，不如就南洋各地之中等以上毕业生现在各地侨校服务者加以训练较为适合。"[②] 侨民师资训练班第一期原为国民政府侨务委员会所创办，附设该会之下，于 1934 年 9 月开学，至 1935 年 6 月毕业。不久，暨南大学奉国民党中央政治会议的决议，接手举办该训练班。学校奉命后，即着手准备，在第七次行政会议上，首先就负责侨师训练的人选问题提出安排："筹设侨民教育师资训练班，先由董任坚、

① 《文化事业部致沈代校长函》，上海市档案馆：国立暨南大学档案全宗，Q240 - 1 - 635。
② 《各学院概况》，上海市档案馆：国立暨南大学档案全宗，Q240 - 1 - 677。

程瑞霖、吴泽霖三先生负责计划"，[1] 由南洋文化事业部具体实施培训工作。该部主任兼任该班的主任。

该班的招生工作从 1936 年 6 月开始，海外文化事业部派遣俞君适赴南洋各地接洽招生事宜。该班招收的名额暂时限定为 40 名，不分性别，年龄在 20～36 岁之间，将其受教育的程度规定为"凡在初中、旧制中学、高中或师范学校毕业，现在侨校服务者为合格"。实际录取的学生，经过学校审核，最终确定为 44 名，男生有 32 名，女生有 12 名，生源全部是侨生，从学员籍贯上来看，广东 34 名，福建 8 名，江苏 2 名。从侨居地来看，暹罗 15 名，英属马来亚 10 名，越南 7 名，荷属东印度 7 名，英属婆罗洲 4 名，菲律宾 1 名。[2] 各地学生陆续到校，9 月 1 日举行开学典礼，侨务委员会和教育部均派代表到会致辞。这一侨民师资训练班的开办，标志着海外文化事业部业务有了较大的扩展。

关于训练班的课程设置，海外文化事业部进行了通盘的考虑，既要提高其知识技能，借以提高侨教之程度，又要灌输基本常识，使其适应侨居地的社会需要，因而该部遵照教育部高等教育司的意见，邀请校内外专家以及熟悉侨务工作者，专门开会讨论课程和专业设置的问题。该班原定分为文科组和理科组进行分别教育，但因分组教育需要较多的经费，况且侨校教育以小学教育为最多，根据会议研究的结果，取消了分组教育的计划。决定该班学习期限为 1 年。海外文化事业部为该班设立了教育概论、教育思潮、教育心理与测验、中小学学校行政、中小学各科教学法、现代小学、中国通史、华侨概况、实习参观、南洋史、南洋地理、国际法、生物、理化、生理卫生、应用文、注音符号及教学、美术、音乐、算术、代数、几何等。各科教学多数聘请学校各院系教授，如章益、张耀翔、周予同、李长傅、俞君适等都曾为该班授课。但有些课程学校暂时缺少合适的教员，例如美术、音乐、生理卫生等，只能从校外聘请有关的专家来校授课。训练班开学后，除了正常的授课，海外文化事业部还延请学校各科教授到训练班进行讲演，对各科学术以及教师修养方面的各种问题给予充分的解释，使学员真切地了解到高深学术和师资修养方面的基本情况，开拓了他们的知识视野。第一学期结束后，学校利用寒假组织全体学员到河北、陕西、绥远、青海等省参观。他们不仅观摩了祖国的壮丽山川和文化古迹，还特地前往傅作义将军驻地，慰问抗击日军收复百灵庙的爱国将士，受到了一次生动的爱国主义思想教育。

海外侨民师资训练班原由侨务委员会举办时，其经费由行政院拨给。暨南大学接办后，曾经对创办训练班的经费进行过预算，共计 31700 余元，呈请教育部增拨，但未获准拨。因而暨南大学创办此班，乃是在缺少必要经费支持的情况下进行的，尽管勉为其难，但学校认为该班开设对于推动南洋华侨的教育相当必要，还是毅然接受并开办下来。学校只能撙节开支，就原有经费极力节省。这表明暨南大学作为华侨高等教育机构对于发展侨教事业有相当深刻的认识。

由于学校重视，师生努力，该班教学工作进展得相当顺利。1937 年 6 月该班学习期满，经过考试，学校发给每人成绩证明书。临别时，卢沟桥事变爆发了，师生在国难深

---

① 《第七次行政会议记录》，上海市档案馆：国立暨南大学档案全宗，Q240－1－2。

② 《第七次行政会议记录》，上海市档案馆：国立暨南大学档案全宗，Q240－1－2。本班来源和学员名额与1996 年出版的《暨南校史（1906—1996）》第 64 页提供的情况有较大的差别，该书依据的似乎是《海外文化事业部附设侨师训练班计划大纲》文件，上海市档案馆：国立暨南大学档案全宗，Q240－1－270F。

重时告别，相互赠言。钱亦石教授给该班同学题词："在抗敌救亡的最后关头，个人的利益应该附属于民族利益之下。"他们带着发动侨胞支援祖国抗战的使命返回南洋。

六、暨南大学与抗日救亡运动

在抗日战争全面爆发之前，日本帝国主义加快了对中国各地的侵略，中日民族矛盾逐步上升为国内主要矛盾，国家蒙难，民族遭殃，各阶层人民纷纷以各种形式投入到抗日救亡的高潮中去。暨南大学素有民主革命的传统，它还是上海"大学联"的常委，"一二·九"运动爆发前后，为了适应形势的转变，暨南的"左联""社联"等组织解散了，成立了"抗日救国青年团"，由黎莹同学任书记兼宣传委员，胡穗新同学任组织委员。由于他们的积极活动，暨大的抗日救亡活动相当活跃，既参加全市性的大规模活动，也有校内较小规模的活动。

1935 年北平爆发了著名的"一二·九"学生救亡运动，全国学生群起响应。上海市学生运动也出现新的高潮。全市大中学生约定 12 月 20 日举行大规模的示威游行，向政府请愿，要求参加抗战。这次行动被当局事先侦知，通知各校采取先发制人的行动，破坏学生大游行。19 日下午 3 时，暨南园内突然钟声大作，同学们被紧急集合。由学生会的某些人出面，动员出发游行，广大同学不明真相，随之出发。在行进途中，他们假传命令，说是去大夏大学、交通大学发动学生，让同学们在僻静的郊野消磨时间，直到傍晚才到达大夏，而到交大时已经是深夜了。然后他们带领同学们折回原路，走来走去全是郊野，四周黑沉沉的，至此同学们才感觉到是上当了。但他们并不就此罢休，仍继续前行，于凌晨 4 时到达复旦，这时各个学校的同学已经在此集合了几千人。疲乏的暨南同学，经过复旦等校同学的热情慰问，又恢复了精神，稍事休息，即加入各校游行行列，向市政府进发。天亮时到达市政府，只见市政府大门紧闭，拒绝进入。暨南学生由于经历了 10 余个小时的奔波，疲惫不堪，加之正值隆冬季节，寒气逼人，学生腹中空空，真是达到饥寒交迫的程度，但是为了表达抗日决心，还是坚忍饥饿和寒冷，等待市长接见。市政府为了驱散游行的同学，向门外喷放浓烟，大多数人无法睁眼，泪水直流，这反而使同学们情绪更加激愤，抗日的口号震耳欲聋。经过较长时间的僵持，当局深感学生爱国热情高涨，难以压抑，市长吴铁城终于出来接见学生，并与学生代表交谈，表示接受了大家的抗日要求。至此，暨南与其他各校的同学才相率返校。

为了扩大"一二·九"运动的影响，把抗日救亡运动引向高潮，暨南和复旦、交通、同济等大学的学生，在校内外互相交流，约定于 12 月 24 日到南京去向国民政府请愿。是日，各校学生冲进上海北站，暨南同学刘烈人、刘慈恺、张馥等抢占了火车头。上海当局如临大敌，调动大批军警包围了整个火车站。学生们被围困在车站，进出不得。在何香凝等人的帮助和强大社会舆论的压力下，上海当局才同意学生乘坐列车前往南京请愿。吴铁城表面上同意开车送学生去南京，暗地里却赶走司机，拆毁路轨。火车开出上海，但是刚到南翔，司机就被弄走了。学过轮机技术的交大同学大胆地充当司机，各校同学轮班铲煤。暨南的男同学数量较少，女生朱冠坤（后为梁灵光校长夫人）、唐蕙等都到火车头协助铲煤。行车不久，又被迫停了下来，原来是路轨被拆断了，当时已经是深夜，同学们在黑暗中终于从深水里将路轨找到了，修复好铁路，继续前进。车上、车站都没有食品供应，同学们只能靠沿途群众赠送的饼干充饥；口渴难忍，只好到路旁的河沟里舀水解渴。经过五天五夜的奋斗，列车终于到达无锡，但列车再也无法前进了，迎面开来南京政府大员的专列，后面追来上海社会局长潘公展的车队，而且他还率领着一帮军警，同学们只能被迫返回上海。这次行动，不仅扩大了"一二·九"运动的影响，也教育了同学，必须加强团结，才能把抗日救亡运动开展起来。

在这一时期，暨南学生运动史上一个重要的团体诞生了，这就是国立暨南大学救国会（简称"暨大救国会"）。最初，它是由一批激进的爱国学生在校园附近的"居之安"梁灵光寓所，经过商谈而组织起来的。梁灵光是归侨爱国青年，与暨大学生常有联系。后暨大救国会被人注意而转移到校园后面的私人花园中进行活动。成员多是大学部同学，康乃尔被推为主席，主要成员有刘慈恺、刘烈人、陈秀仕、吴厚刚（吴楚）、张梅、邝劲志（方孟）、陈希凌、张馥、朱冠坤（含章）、唐蕙、谭慕英、胡穗新（夏青）、李应芬、沈纪云、万粹英（万芝）、苗淑华、陈志平〔越平〕等，中学部同学有萧师颖（萧枫）、刘振东（刘杰）、蔡其娇、王孙静、刘向东、吴煜暖等。[1] 他们主要的活动是办壁报，出刊物，以唤起更多的同学觉醒，参加到抗日救亡活动中来。

1935 年 12 月，暨南大学学生召开大会，成立暨南大学反对华北自治运动救国会。选举产生了由 21 人组成的干事会，其组成如下：秘书处由李宽度、徐洪生、康乃尔组成；事务部由姚肖廉、平祖荫、凌星组成；宣传部由刘慈恺、徐良义、陈志立组成；交际部由沈以伟、毛明道、涂壁组成；组织部由翁绍旺、周初人、叶克绳组成；纠察部由刘兆清、平祖源组成；情报部由张运生、谢鑫、葛择组成。[2] 暨大救国会决定响应华北学生运动决议案，并提出："①参加本市中等以上学校组织的上海学生联合会，响应北平学生反对华北自治运动；②通电全国反对一切伪自治及类似组织；③组织宣传队到各地宣传；④通电北平学联会，慰问被难同学并询问当日经过情形；⑤请求政府保障爱国运动及言论集会自由；⑥通电各地行政长官保障领土完整；⑦呈请中央政府公开向日交涉。"[3] 为了扩大暨大救国会在全国的影响，暨大救国会郑重向全国发出两份通电。

通电（一）称：

> 全国各机关各报馆各团体暨全国民众公鉴：四省沦亡，失地未复，而分裂国土之伪组织继起，当此生死存亡之秋，凡我同胞理应急起团结，保全领土之完整。北平同学救国之志未泯，作示威之运动，可见我民族精神犹存，尚望共同响应，并促政府速下最后之决心，我全体同学愿为官方之后盾，谨此通电。

快邮代电（二）称：

> 北平各大中学生会钧鉴：
> 国家多难，汉奸跳梁，我北平同学等处万分困难之境，独能领导全国作救亡图存之壮烈运动，再接再厉，誓不退却，并闻又有多人惨受伤害，敝会闻

---

① 暨南大学校史编写组：《暨南校史（1906—1996）》，广州：暨南大学出版社 1996 年版，第 70 页。

② 《救国会干事会组织内容》，《暨南校刊》，第 156 期，1935 年 12 月 23 日。

③ 《反对华北自治运动，暨大救国会成立》，《暨南校刊》，第 156 期，1935 年 12 月 23 日。

之，愤激无已，经开全体大会，誓为诸君之后盾，反对华北伪自治运动及一切类似组织，特此电慰，尚祈详示经过情形，共同奋斗，救亡图存，在此一举。①

暨南女同学参加救国运动也较早，罗俊（叔章）同学较早就参加了上海妇女运动，她曾以暨南大学学生代表身份会见过宋庆龄，并开始了重要的交往。1935年底上海妇女救国会成立，暨大全体女同学均为会员，胡穗新为筹委，左诵芬、苗淑华等女同学被选为该会理事。1936年"三八"国际妇女节，上海妇女救国会举行了盛大集会并进行游行示威，著名的国民党左派人士何香凝带头高呼"二万万女同胞团结起来""反对内战，一致对外""打倒日本帝国主义"等口号，胡穗新同学和史良、方铭等手挽手，走在队伍前头，带领队伍行进。当时出版的《大众生活》杂志封面刊载了此照片。

1936年春节（也是寒假期间），暨大救国会的同学康乃尔等40多人，分作5小队，来到曹家渡一带进行抗日宣传活动。这里居住着很多日资纱厂女工和码头工人，大家围拢来听演讲，读救国会传单，看《大众生活》杂志社编绘的抗日形势图。突然，便衣警察来抓人，负责纠察的萧师颖同学首先被两个"便衣"抓住了围巾，满面通红，刘振东同学见状冲上去，一拳打落了"便衣"的眼镜，萧师颖逃脱了，但警察却抓住刘慈恺、王孙静等几位同学，关进了当地警察分局。在场的暨南同学康乃尔和周边的群众，激于爱国义愤，冲进警察分局。正在论争时，警方来了电话，一位同学机智地接过电话说："没有什么事，有点骚乱已经驱散了。"控制了电话，使之无法调兵遣将，随即抓住分局长谭某，要他释放被捕同学。在群众一片抗议声中，那个分局长吓坏了。有同学抓住他的围巾说："我们宣传抗日救国，你为什么逮捕我们的同学？"在同学们的宣传下，在场警察都保持中立，被捕同学也逃了出来，结果群众把那个警察分局长抓出来游行。参加游行的工人越来越多，达2万人左右。最后就地召开群众大会，宣传抗日主张。与此同时，胡穗新同学与暨大救国会领袖史良同乘一辆汽车，送来面包、饼干，慰问同学。当时有外国记者为此采访了胡穗新，上海《大美晚报》《立报》都作了报道。美国进步记者史沫特莱也就上海大中学生救国宣传团的寒假活动向国外发布了消息，其中报道了暨南同学的活动。

1936年5月，上海各界群众在吴淞举行"五九"纪念会，暨南同学30余人分批前往。搭火车的一路被宪兵堵截，未能到达，而乘船的唐蕙、朱冠坤、王经玮（陈伟达）、陈作伟、赵裳等10余位同学进入了会场。虽然当局派来军警"警戒"，会议仍旧召开。音乐家聂耳亲自登台教唱《五月的鲜花》，这首歌被誉为中国的马赛曲，大家一下子就学会了。会上还演出了街头剧《放下你的鞭子》等抗日救亡节目。参加集会的同学深受鼓舞，回校后立即成立了"海燕歌唱班"，聘请音乐家吕骥来校教大家唱歌。歌唱班以参加吴淞大会的同学为基干，随后扩大到30多人。李应芬等同学还排演了《放下你的鞭子》。以后每逢集会，他们即登台演出抗日救亡节目，还积极参加市学生总会布置的活动，到社会上进行抗日宣传。

1936年8月，国民党将领傅作义将军率部在绥远抵抗日寇侵略。11月，绥远抗战取得了辉煌的战果，收复了百灵庙。捷报传来，人心振奋，全国人民掀起了援绥运动。暨

---

① 《救国会电文二则》，《暨南校刊》，第156期，1935年12月23日。

南师生的援绥活动也热烈地开展起来。由暨大救国会的陈毅乔（即李冰洁）出面号召大家募捐，支援抗日前线，慰劳抗日将士。全校上下，从校长、教授，到一般教职工和学生，大家纷纷解囊捐款，全校一下子捐了1000余元，购置了大批的用品，师生们还动手缝制了丝绵背心500余件，还有各种各样的慰问品、慰问信等，送到绥远前线抗日将士的手中，表达了暨南师生的一片爱国赤诚之心。[①] 这一年寒假，侨师训练班的学员旅行到西北，也前往百灵庙慰问了抗日将士。

1936年下半年，东北义勇军抗日捷报传到上海，暨南师生深受鼓舞，为了表示慰问，同学们发起"每日一枚（钱）劝募寒衣"活动。唐蕙等同学每天一早就拿着铁桶，从校长室、教务处到师生宿舍，各处走一遍，收集到的铜圆总是装满了铁桶。到放寒假时，已经募集了大量的铜钱，他们用此购置了布料，由凌碧文、李应芬、沈纪云、陈毅乔、吕月华、陈秀士、胡穗新、盛缇、朱冠坤和唐蕙等同学，亲自动手缝制棉衣多件，并设法将这些棉衣送到东北。[②] 这个假期是忙碌的，但是大家觉得过得特别有意义。

表3　1924—1937年暨南毕业和结业生统计表

学年度	学制	学期	名　称	本　科	其　他	合　计
1924	4		商科大学	5		18
	3		旧制商科		13	
1925	4		商科大学	3		12
	3		旧制商科		9	
1926	4		商科大学	19		87
	3		旧制商科		31	
	1		商科大学预科		37	
1927	4 4	1 2	商学院	23 21		106
	1		大学预科		62	
1928	4		商学院	40		40
1929	4		文、理、商、教、法学院	96		96
1930	4		文、理、商、教、法学院	85		85
1931	4		文、理、商、教、法学院	217		245
	3		外交领事专科		10	
	3		师资专科英语组		2	
	3		师资专科史地社会组		4	
	3		师资专科中国语文组		12	

---

① 《本校学生慰劳绥远前敌将士捐款报告（一）》、《援绥募捐·本大学汇傅作义将军千元》，《暨南校刊》，第190期；《本校学生慰劳绥远前敌将士捐款报告（二）》、《暨大附中劝募慰绥远将士捐款报告》，《暨南校刊》，第191期；《本校学生慰劳绥远前敌将士捐款报告（三）》，《暨南校刊》，第192期；《本校学生慰劳绥远前敌将士捐款报告（四）》，《暨南校刊》，第193期；《本校学生慰劳绥远前敌将士捐款报告（五）》，《暨南校刊》，第194期等。

② 胡夏青：《"一二·九"运动在上海》，唐蕙：《"一二·九"的前后》，蔡玉娇：《抗日救亡运动中的暨大附中》，陈作伟：《1935—1939年暨南的爱国运动》，以上各文均载《暨南校史资料选辑》，第2辑；此处参考暨南大学校史编写组：《暨南校史（1906—1996）》，广州：暨南大学出版社1996年版，第69－73页。

（续上表）

学年度	学 制	学 期	名 称	本 科	其 他	合 计
1932	4 3 3		文、理、商学院 师资专科史地社会组 师资专科英语组	145	2 4	151
1933	$\frac{4}{4}$ 3 3	$\frac{1}{2}$	文、理、商学院 师资专科艺术组 师资专科	$\frac{40}{137}$	1 7	185
1934	$\frac{4}{4}$	$\frac{1}{2}$	文、理、商学院	$\frac{29}{210}$		239
1935	$\frac{4}{4}$	$\frac{1}{2}$	文、理、商、法学院	$\frac{35}{171}$		206
1936	4		文、理、商学院	162		162
1937	4		文、理、商学院	56		56
总　计				1494	194	1688

资料来源：暨南大学校史编写组编：《暨南校史（1906—1996）》，广州：暨南大学出版社1996年版，第74－76页。

第三章

上海 "孤岛" 时期

（1937. 8—1941. 12）

1937 年"八一三"淞沪战事发生，暨南大学真如校区地处战区，校舍几被夷为平地。学校奉令迁入上海公共租界继续办学，时间长达四年之久。"孤岛"期间，暨南师生居无定所，颠沛流离，学校三易其址，外有强敌环伺，内遭物质窘困之厄，然全体师生能冒莫大之风险，"汉曹不两立"，维护民族气节而不坠；颂书治学，弦歌不辍，力保华侨高等教育血脉而不断。数年间，几经患难，坚忍不拔，卒能履险如夷，实为百年暨南史上最为艰险也最为悲壮的篇章。

第一节　移址"孤岛"

一、在租界内迁徙办学

1937 年 7 月 7 日，"卢沟桥事变"发生，中日战争全面爆发。8 月 13 日，日军大举进攻上海，中国军队奋起抵抗。暨南大学地处战区，遂成战火首先殃及之地。战事甫发，日军飞机不断在真如校区上空飞行侦察，至 19 日开始实施轰炸。据驻校请愿警巡官称：

> 8 月 19 日上午 9 时起即有敌机数架，在本校上空飞翔侦察，10 时左右开始投弹，计大学部布告栏投一弹，将布告栏完全炸毁；布告栏之南柏油路上投一弹，将附近树木及电杆炸毁；科学馆西部投一弹，由楼顶穿入，将室内物件炸毁；图书馆西部亦有一弹穿入，大礼堂后面约 10 公尺处落弹一枚，将礼堂后门玻璃窗震碎，墙壁弹痕累累；礼堂东面约 10 公尺之处落弹两枚，亦将门窗等玻璃震坏。以上所投各弹均系重量炸弹，将地面炸成 10 余尺之深坑。文学院一部分缘木被震损坏。校东民房闽庄内住有志愿参加战地服务团工作之学生 10 余人，因房后亦落一弹，致该团留居之附中退学学生冯雪桂当场炸死，学生黄世华受重伤，校警李富有在学校后门亦受微伤。[1]

黄世华当日下午被送往后方医院，翌日不治身亡。据粗略统计，3 日之内，日军共在真如校区上空投弹 40 余枚。[2] 震耳欲聋的爆炸声中，巍峨的致远堂，幽静的莲韬馆，庄严的科学大楼，暨南河边的垂柳以及洪年图书馆前的草坪，都被炸得伤痕累累，面目全非。在整个战事期间，暨南大学仅校舍损坏一项，损失就达 413000 元，[3] 图书仪器被

---

①　何炳松：《呈复本校被敌机炸毁详情》（1937 年 9 月），原件藏南京中国第二历史档案馆，档案号：全宗号 5，案卷号 5309。

②　谢章浙：《潜伏的三年半：母校迁入上海租界内的经历》，见《暨南通讯》第 1 期，暨南大学重庆同学会编印，1941 年 5 月 4 日出版。

③　《教育部编报的抗战以来公私立专科以上学校财产损失统计表》（1939 年 4 月编），见中国第二历史档案馆编：《中华民国史档案资料汇编》第五辑第二编教育（一），南京：江苏古籍出版社 2000 年版，第 372 页。

毁者，难以估计。①

战事发生前，学校领导未雨绸缪，于 8 月 11 日暂借法租界辣斐德路比德小学为临时办公处。越二日，又暂借爱梦虞限路中华学艺社（何炳松校长为该社理事）作学生寄宿之所。学校大学部和中学部两部学生共 106 人遂得以容身，以避战火，教职员工大部分也移住公共租界。至于重要的图书文件仪器等，也于战前转移了一部分到中华学艺社安置。战争开始后，几位毕业后留校的年轻员工如周光中、金能襄、娄子明、苏乾英、俞寿松等人为抢救学校重要物资，利用黑暗的夜晚，冒着枪林弹雨，载车往返数十次，抢救出大量的校具。②

中日战争对于中国文化教育事业无异于一场浩劫。对于沦陷区的高校来说，它们都面临着三种选择：关闭学校、接受日寇和汉奸的"维持""保管"或内迁。沪战甫兴，国民政府教育部曾命令暨大暂迁租界，继续维持。但鉴于上海局势险恶，而教育为立国之根本，为维持校务，使华侨高等教育不因国难而稍辍，何炳松于 1937 年 9 月 3 日呈文教育部，请求允许暨大内迁，在浙江省江山、处州及江西省赣州三处地方择定一处就地借用公共场所作临时校舍，收容一部分原有学生暨当年录取新生，遵照规定日期开学。③教育部未予批准，④ 指示暨南大学仍按计划在租界内设法开学。

中华学艺社为一四层楼房，原可借为校舍，但法租界当局反对各大学进入，于是校方分作两手准备：一方面将图书仪器装了两百多箱运往九江，以备迁赣；另一方面积极在公共租界内寻找临时校址，迅速开课，使全校师生安定下来。后大学部租定美租界小沙渡路 826 号侨光中学的房屋为临时校舍，于 9 月 20 日开学，10 月 11 日正式上课。中学部亦借同区戈登路 702 号文化中学为校舍，于 10 月 1 日上课。⑤ 在闸北隆隆的炮声中，暨南大学举行了简短的开学典礼，开始了长达四年多的"孤岛"办学的艰难历程。

1937 年 9 月 23 日，何炳松校长因事离沪，所有校务由商学院院长兼总务长程瑞霖代理。⑥ 新聘了不少教授，借读生收得相当多，有 200 多人。学校里处处显得拥挤，过道上尽是等待上课的同学，狭小的图书馆更是座位难求。同披国难，使师生之间、同学之间较往日更为亲密，时代的压挤，使大家不能不精诚团结，消除过去的隔阂。不久，淞沪战事结束，上海除公共租界外全部沦为日军铁蹄之下。外国公共租界宣布"中立"，日军势力暂没有侵入，租界处于日军占领区的四面包围中，形成"孤岛"状态。此时留沪专科以上学校，除暨南大学外，还有交通大学、上海商学院、音乐专科等国立学校及

---

① 1944 年 4 月，日军驻上海七三一部队委托江南兴业社拆除真如暨南大学校舍，真如校产自此劫后荡然无存，不复旧观。相关史实见汪伪南京国民政府教育部《准上海特别市政府代电以江南兴业社受友邦部队嘱托拆除真如暨南大学校舍一案咨请交涉制止由》等文件，均见南京中国第二历史档案馆馆藏，档案号：全宗号 2061，案卷号 1926。

② 谢章浙：《潜伏的三年半：母校迁入上海租界内的经历》，见《暨南通讯》第 1 期，暨南大学重庆同学会编印，1941 年 5 月 4 日出版。

③ 何炳松：《拟择地办学呈教育部电文》（1937 年 9 月 3 日），原件藏南京中国第二历史档案馆，档案号：全宗号 5，案卷号 5309。

④ 国民政府教育部档案：《战事发生前后教育部对各级学校之措置总说明》（1937 年 9 月 29 日），见中国第二历史档案馆编：《中华民国史档案资料汇编》第五辑第二编教育（一），南京：江苏古籍出版社 2000 年版，第 8 页。

⑤ 何炳松：《就暨南大学开学及临时校舍呈教育部文》（1937 年 9 月 27 日），原件藏南京中国第二历史档案馆，档案号：全宗号 5，案卷号 5309。

⑥ 《何炳松致教育部电》（1937 年 9 月），原件藏南京中国第二历史档案馆，档案号：全宗号 5，案卷号 2592。

东吴、大同、沪江、光华等私立学校 20 余所。①

日军占领上海后，不断发生日伪策划的绑架事件。日本人控制的伪上海市政府成立了"教育科"，由熟悉暨南情形的徐蕴知做科长，负责"接管""维持"沦陷区内的学校。此时，沪西、闸北、南市、浦东等地成立了一些伪校，对暨南大学不利的传闻渐渐多了起来。经过同学们一致要求，校方匆忙地筹备了一个月，利用 1938 年短短的春假，搬迁到法租界陶尔斐斯路四合里 38 号上课。该处邻近顾家宅公园，提供了一个短暂而宁静的读书环境。在这里，学校渐次扩充了图书仪器，延聘了不少名教授。好学的空气非常浓厚，例如，每次月考大考，都是排好座次，集合全体同学举行考试。理商两学院的实验实习课程，也逐渐地接洽到地方开始举行。②

1938 年夏，何炳松回沪主持校务。此时，学校也增加了一些学生。当年在上海录取新生 30 人左右，加上代招的内地各校新生及转校生、借读生，大学部学生有 300 余人。③ 中学部也已迁到福煦路办学，添设初中，人数超过大学部。

然而好景不长。进入 1938 年秋季，刚开学不久，上海法租界有"九一八"学生献金集会事件发生，法国驻沪总领事强令除交大外其他战争爆发后迁入法租界之公私立大学（包括暨南大学在内）均须迁出。一时间，租界内各学校群情惶惑，除联合商同褚谊民向法领事据理力争外，还迅速致电外交部，要求直接向法国政府交涉。④ 外交部与法国政府交涉无果，⑤ 无奈之下，再作迁校之举。所幸校方迅速设法，暂且搬到威海卫路新寰中学借地小考，品尝了夜间上课的滋味。及 11 月 10 日，何炳松通过其堂侄何德奎（时任租界工部局华人总办）租得公共租界康脑脱路 528 号作为校舍，⑥ 当月全部迁入上课。新校舍是一座教堂的二三楼，比陶尔斐斯路的房子还小，但大家仍然欣欣鼓舞地搬了进去。经历了这几次搬迁风波，局面稍得稳定，进入 1939 年后，学校课程设置、图书仪器均有增加，还建立了几个化学物理实验室，从江西运回的书籍也启箱取出陈列，并且添置了一些新书。同时，南洋研究馆也在积极筹备，以维系暨南侨校的特殊使命。1939 年度第二学期中，以维修校舍故，短期内曾再度迁出，借用南阳路滨海中学上课，至是年 5 月 20 日校舍修竣后才迁回。此后一直留于此，至太平洋战事发生，日军侵入公共租界，学校才内迁福建建阳。

危巢之下，安有完卵？回顾这段颠沛流离的办学历程，令人不胜歔欷。或许，当时人的感叹，更能反映暨大人维护侨教血脉的勇气和毅力：

---

① 国民政府教育部档案：《民国二十七年度全国专科以上学校分布概况表》（1939 年 5 月），见中国第二历史档案馆编：《中华民国史档案资料汇编》第五辑第二编教育（一），南京：江苏古籍出版社 2000 年版，第 742 页。

② 谢章浙：《潜伏的三年半：母校迁入上海租界内的经历》，见《暨南通讯》第 1 期，暨南大学重庆同学会编印，1941 年 5 月 4 日出版。

③ 关于借读生情况，可举一例，何炳松的堂弟、后成为著名史学家的何炳棣此时借读于上海光华大学，其未婚妻邵景洛 1938 年春在暨南大学借读，1939 年初取得了清华文学士的学位。见何炳棣：《读史阅世六十年》，桂林：广西师范大学出版社 2005 年版，第 124 页。

④ 《就法租界限暨大限期迁出事致教育部密电》（1938 年 9 月 30 日），原件藏南京中国第二历史档案馆，档案号：全宗号 5，案卷号 5309。

⑤ 国民政府外交部致教育部文：《驻沪法总领事限令暨南大学迁出法租界事》（1938 年 10 月 8 日），原件藏南京中国第二历史档案馆，档案号：全宗号 5，案卷号 5309。

⑥ 何炳松：《报告迁校上课由》（1938 年 11 月 15 日），原件藏南京中国第二历史档案馆，档案号：全宗号 5，案卷号 5309。

盖自真如迁沪以来，屈指三数年间，校址屡易，几无定所；本级同学，亦随之奔波无常。且以环境特殊，风波时起，无日不在动荡之中。其颠沛困苦，有如是者！然长校者，初未尝因之稍馁其气，亦未尝因之而稍易初衷，其所以能如此者，盖以不变应万变，坚毅不拔，持之以定也。[1]

二、内迁之努力

教育为立国之本，本固则国强。抗战伊始，国民政府就强调教育在抗战建国的重要作用："建国之要素有三：一曰武力，二曰经济，三曰文化。有充备之武力而后自立自强之基础立，国家之生存得以保障；有计划之经济而后自给自足之基础建，国民之生计得以发展；有光荣之文化而后自尊自信之基础固，民族之生命得以光大，此三者互为因果，相生相成也。"[2] 战事发生前后，国民政府制订了庞大的高校内迁计划。1937 年 11 月，清华、北大、南开三校南迁长沙，合组国立长沙临时大学（西南联大前身）。北平大学、北平师范大学、北洋工学院西迁西安，合组国立西安临时大学（西北联大前身）。另外，中央大学、东吴大学、复旦大学等 33 所高校也在此后分别迁往四川、江西、云南、贵州等地。1939 年，又有 39 所高校内迁。[3]

如前节所述，自迁沪之日起，暨南大学主政者就一直筹划内迁事宜。1937 年 9 月 3 日，何炳松呈文教育部，请求将暨大内迁，未得批准。后亲赴南京向当时的教育部长王世杰面陈一切，获准在江西择地办校。遂携大学秘书杜佐周前往南昌，在江西省政府的大力支持下选定南昌附近西山万寿宫为大学校舍，奉新县赤田村张氏大厦为中学部校址，着手修缮，拟于 1938 年 2 月开学。11 月设国立暨南大学南昌办事处于南昌清节堂街 24 号，并为沪上汇兑不通，请示政府所拨暨大经费改寄南昌办事处收转，[4] 11 月 27 日，程瑞霖主持第九十五次行政会议，决定：①允许一部分学生于月考后径赴南昌，必须于 12 月底前到达；②教职员 1938 年 2 月 1 日前必须集中南昌，除因职务上关系外，逾期者以自动解职论。[5]

12 月中旬，先期离沪的学生 60 余人到达南昌，他们以暨南大学学生救亡团（简称"暨大救亡团"）的名义一路上开展了大量的抗日救亡宣传工作。此时，战局突变，日军于 13 日攻占南京，并积极向长江上游推进，南昌作为内迁地点已不适用。何炳松遂于 12 月 15 日撤销南昌办事处，前往长沙向王世杰请示择地再迁办法，并在长沙商务印书

①　《国立暨南大学民国二十九年毕业纪念册·级史》（1940 年），原件藏上海市档案馆，档案号：Y – 8 – 1 – 326。
②　《教育部订定之战时各级教育实施方案》（1938 年），见中国第二历史档案馆编：《中华民国史档案资料汇编》第五辑第二编教育（一），南京：江苏古籍出版社 2000 年版，第 17 页。
③　转引自霍益萍：《近代中国的高等教育》，上海：华东师范大学出版社 1999 年版，第 227 页。
④　何炳松：《为沪上汇兑不通后本校经费拟请改寄南昌办事处收转使资应用由》（1937 年 12 月 8 日），原件藏南京中国第二历史档案馆，档案号：全宗号 5，案卷号 3407。
⑤　暨南大学：《第九十五次行政会议记录》（1937 年 11 月 27 日），原件藏上海市档案馆，档案号：Q – 240 – 1 – 3。

馆内设临时通讯处以便接洽校务。① 教育部指示暨南大学继续在沪维持，1937年度下学期仍在上海开学，何炳松乃谕令到赣学生返沪复学或就地借读。暨大救亡团中有小部分同学不愿参加江西青年服务团的，即回上海复学，也有个别同学移往内地，大多数参加了服务团，开赴抗日第一线。1938年1月下旬，暨大救亡团组织取消。至此，暨大第一次内迁无果而终。

进入1939年，中日战争处于胶着状态，上海环境益发险恶，恐怖气氛笼罩孤岛。日伪组织图谋暨南大学日甚一日，威逼利诱，无所不用其极。先有黄雄略的被打、沈圣五的被狙，后有吴修的图绑未遂，金能襄、周光中的接到恐吓信，接着有少数职员、学生受利诱变节。该年夏，全校师生亲眼目睹了一名台湾学生被日寇抓走：

> 一天，全校正在举行期考的早晨，大家忽地听见尖锐而凄厉的一长声呼救。在楼上的朝下一看，只见十几个持手枪的东洋倭寇，推打拖拉地将我们一位同学拽上汽车。这同学虽然极力抗拒，终于被关进汽车，"呜"的一声开走了。几百个人只好噤声地站着，看着汽车内的那位同学长坠两行热泪而去。这位同学名王五本，是侨居台湾的福建同胞。后来敌人的特务人员还到宿舍来过两次，取去王君的行李。②

校方鉴于抗战军兴以后上海局势变幻无常，侨生来沪就学犹豫不前致使学校侨生锐减，遂于1939年6月7日再次呈文教育部，请求在昆明近郊筹设分校，以便侨胞子弟返国就学，但教育部依旧指示在沪勉力维持。后闻侨生居昆明者众，一时苦无求学机会，为侨生学业计，何炳松又于同年11月16日呈请暨南大学在滇设立分校，或先将中学部迁往昆明，以为暨大筹备分校之准备。但为国民政府教育部所拒，其复文曰："……贵校附中仍宜留沪，不必迁往。各专科以上学校于战后迁滇者甚多，贵校亦不必在滇设立分校。"③ 暨大第二次内迁之举又未能实现。

1940年3月30日，汪伪"南京国民政府"粉墨登场。伪政权成立后，即着手沦陷区文化教育机构的"接管"工作，暨南大学因其在海外侨胞中的巨大影响，又独处"孤岛"，故首当其冲。汪伪"南京国民政府"曾有接收暨大，将之改为第一个"南京的国立大学"的计划，后据说因时机不成熟而罢手。④ 1940年12月1日，一批原暨大的学生职员在南京成立所谓的"国立暨南大学校友会"，有会员56人，由原暨大教授樊仲云担任主席。⑤ 1941年1月10日，该组织假"中日文化协会"举行第一次理监事联席会议，

① 何炳松：《呈报撤销本校南昌办事处销毁铭记及改变本校具领经费办法仰祈，鉴核备案由》（1937年12月），原件藏南京中国第二历史档案馆，档案号：全宗号5，案卷号5309。
② 谢章浙：《潜伏的三年半：母校迁入上海租界内的经历》，见《暨南通讯》第1期，暨南大学重庆同学会编印，1941年5月4日出版。
③ 何炳松：《为暨大内迁事呈文教育部》（1940年12月），原件藏南京中国第二历史档案馆，档案号：全宗号5，案卷号5309。
④ 谢章浙：《潜伏的三年半：母校迁入上海租界内的经历》，见《暨南通讯》第1期，暨南大学重庆同学会编印，1941年5月4日出版。
⑤ 汪伪《"国立暨南大学校友会"监理事名册》（1940年12月），原件藏南京中国第二历史档案馆，档案号：全宗号2013，目录号7，案卷号1260。

通过了三项以"接管"暨大为目的的决议：①收回南京校友会校产案；②收回真如校产案；③呈请教育部将暨大改组或重设。①

暨南大学身处危局，于风雨飘摇中苦苦支撑。海内外众多暨南学子，各地暨大校友会、华侨团体为发展侨教、保全母校计，自抗战伊始，即迭次呈文国民政府教育部、侨务委员会、何炳松校长及各位校董，海外侨胞及各地同学一致主张，早日办理母校内迁事宜，并发起了一场声势浩大的促使母校内迁的运动，至1940年底达到高潮。其眷顾母校、心系侨教之情，可感上苍。现举数端，略述如次：

（1）暨南大学重庆同学会（简称"重庆同学会"）。重庆同学会由吴国梁、陈骏等发起，于1936年8月1日成立，1938年秋出版会刊《南光》，至1940年冬，有会员200余人，汪竹一等为理监事。1940年冬，该会召开全体大会，议决推动母校内迁，并于次年初组建母校内迁协进委员会，着手内迁四川的准备。②该会在给国民政府教育部和侨务委员会的呈文中列举了暨南大学应从速内迁的理由：

> 窃自战局转移，国军西撤，沪滨久成孤岛，敌伪虎视眈眈，必欲谋我，尤以文化教育两界为第一对象，蹂躏摧残，诡计百出，游移者固易屈服，劲节者则遭戕害。环境恶劣，日甚一日。如欲教学两方各专心致力于讲授研求，实为事实所不可能，此本会所以主张母校内迁者一。爱我母校之设立，向以教育侨胞子弟为宗旨，故其性质为华侨之最高学府。抗战以还，我侨胞虽身处海外，但仍源源不断遣送子弟返国肄业，未尝以烽烟危乱而离弃祖邦，爱国爱校之热忱，中外共睹，因是学校地址必须可以确保安全，乃足以愈坚其信念，此本会所以主张母校内迁者二。且抗战建国为确定之国策，而建国程序中，尤以开发川康、建设西南为第一步基本工作，将来经营策划，所望于侨胞回国投资以利进行者，至为殷切。倘母校实行内迁，侨胞必有所感奋，而对国内建设之投资，自可踊跃，此本会所以主张母校内迁者三。③

1941年2月18日，重庆同学会成立母校内迁协进委员会，就内迁后校舍安排、经费等问题讨论议决。关于校舍，拟派人商租西南小学校舍，并接洽商船学校原校址；关于搬迁经费，从募捐、请求教育部拨款及同学捐助三方面入手，推专人分头进行。④

（2）1940年12月4日，国立暨南大学旅森美兰、雪兰莪、彭亨州同学代表傅文楷等呈文国民政府教育部，要求即刻将暨大内迁，文中称："窃暨南学校自清季两江总督端方先生创办迄今，垂三十余年……负有传播祖国文化培植华侨人才重大使命。……海外华侨学子望风向往，而归自南洋群岛者为数尤多。历年以来，毕业学子数以万计，遍

---

① 《伪"国立暨南大学校友会第一次理监事联席会议"》（1941年1月10日），原件藏南京中国第二历史档案馆，档案号：全宗号2013，目录号7，案卷号1260。
② 《重庆同学会小史》，见《暨南通讯》第1期，暨南大学重庆同学会编印，1941年5月4日出版。
③ 《为本会第三届全体大会决议促进母校内迁以策安全由》（1940年12月），见《暨南通讯》第1期，暨南大学重庆同学会编印，1941年5月4日出版。
④ 《母校内迁协进委员会会议记录》（1941年2月），见《暨南通讯》第1期，暨南大学重庆同学会编印，1941年5月4日出版。

返原侨居地服务，对于华侨社会经济文化贡献殊多。……沪战爆发，上海真如相继沦陷，校舍痛遭焚劫，学子被迫星散。沪上各大学感于环境恶劣，相率迁移。惟我暨大迄未闻有迁校计划，殊为憾事。夫暨大为华侨最高学府，国立文化机构，历史光荣，正气磅礴，理应早日迁后方，俾莘莘学子得受抗战之熏陶。何意迄今仍处于敌伪威胁之下，日受万恶势力之包围，因循苟安，毫无生气，致使海外学子裹足不前，华侨学府徒具虚名？非特有负我中央政府提倡侨教之至意，抑且大失数百万华侨父老之热望。"①

（3）1940年底，国立暨南大学旅新加坡全体校友胡载坤等呈文国民政府教育部，请求政府"俯察侨情，严令暨大当局限期迁移后方，切实整顿，庶几华侨最高学府，幸免敌人汉奸之劫持；海外万千学子，得以弦诵勿辍，完成抗战大业"②。

与此同时，李元信以国立暨南大学旅霹雳同学会筹备处名义致函侨务委员会，要求侨务委员会商请教育部令饬暨南大学内迁，内称："据报最近情形日趋险恶，敌伪加紧威胁，校名不能悬挂，课程多已变质，优良员工相继远离，所谓华侨学府，名不副实。请迅饬内迁，免受威胁，并扩充院系，以应需求。"殷殷之情，流于笔端。③

（4）1940年12月11日，槟榔屿《光华日报》撰文曰：华侨教育急待发展，而暨南大学与华侨教育有最深切的关系，故华侨皆盼暨大能够迅速内迁西南，日渐扩充改进。文章还质问国民政府当局何以对暨大内迁事迟迟不决："抗战以来，各国立私立大学皆纷纷迁往后方，独暨南仍留上海，受敌奸摧残，致华侨子弟为之裹足，却又是华侨父老所一致惊异的事。若说上海虽成孤岛，到底是我神圣国土，应有一座国立大学在那里和恶劣环境奋斗，以作对抗敌奸文化侵略的文化堡垒，那么，留在上海的该不是专为华侨而设的暨南，而应是其他国立大学。若说上海处于敌奸威胁之下，仅属暂时现象。失土终有光复之日，最后胜利又已日益迫近，暨南大学何不忍辱一下，以避迁移的麻烦与耗费，那么当知华侨父老平时就已不赞同暨南设在繁华的都市，因为华侨子弟是回国受教育的，在上海却极容易染受不良的习惯。有的甚至只学会了花钱的本领，学业则毫无进益。这固由于一些负笈学子的太不自爱，可这又怎能专责他们呢？教育当局是应该将他们安置在良好的环境里善为教导的呀！因此，即令抗战胜利，暨南也不宜再留在上海。竖横要迁移，何不赶早？若以华侨子弟不能吃苦，迁入内地有许多不便，上海租界才有现代的物质享受，那就根本不了解华侨父老的心理了。华侨学生是应受优待的，但过去的优待办法，却有些儿近乎溺爱，也可说是敷衍华侨，是应该加以改革的。事实上，近年凡是返国求学的华侨子弟，莫不奔赴西南西北的后方，他们并不想享乐，一心愿受大时代的洗礼呢！"④

1940年9月26日，教育部曾发函上海国立各高校，各拟内迁办法。具体到暨南大学，嘱令于闽浙川黔等省择一适当地点，将学校四年级及商学院各级学生迁去。但此时

---

① 《国立暨南大学旅森美兰、雪兰莪、彭亨州同学代表傅文楷等为暨大内迁事呈文教育部》（1940年12月4日），原件藏南京中国第二历史档案馆，档案号：全宗号5，案卷号5309。

② 《为呈请令饬国立暨南大学迅即迁移后方重新整顿以慰侨情而维侨教由》（1940年12月），原件藏南京中国第二历史档案馆，档案号：全宗号5，案卷号5309。

③ 侨务委员会：《据暨大旅霹雳同学会筹备处呈请转咨贵部令饬暨大内迁并扩充院系以应需求等情函请核办见复由》（1941年3月26日），原件藏南京中国第二历史档案馆，档案号：全宗号5，案卷号5309。

④ 《暨南大学与华侨教育》，原载槟榔屿《光华日报》，1940年12月11日，见《暨南通讯》第1期，暨南大学重庆同学会编印，1941年5月4日出版。

闽浙海路已被日军封锁，上海至越南交通不便，内迁之举一时难以实现。故何炳松会同上海各国立学校校长于 10 月 14 日致函教育部，陈述暂时无法内迁之由，得后者首肯。[1]故教育部 1941 年 1 月 9 日在回复重庆同学会有关促暨大内迁呈文的函件中称："查此案本部前曾令饬暨南大学先将四年级学生及一部分教职员内迁，嗣据呈报，目前交通困难，难以实现，调经再令妥慎办理在案。"[2]

迟至 1941 年夏，日本南侵之心日显，与美英等西方国家矛盾日甚一日，太平洋战争势不可免，到时，上海租界必不能保全。有鉴于此，教育部强令暨南大学即刻办理内迁，遂有周宪文、吴修赴闽筹设暨南大学建阳分校之举，以作他日全校内迁基础。建阳分校由周宪文任主任，中文系教授许杰兼任注册科主任，11 月正式开学，共招收文理商 3 院 9 系新生 240 人。至此，长达四年筹策内迁的计划终于得以实现。[3]

第二节 战时机构设置与经费

一、学校行政组织

1927 年之前，暨南学校的机构与规程变化较多。随着南京国民政府高等教育制度的确立和暨南学校升格为大学，其组织框架和办学模式基本成型和稳定。在此基础上，华侨高等教育的使命和抗战军兴后身处"孤岛"的特殊环境使得 1937—1941 年间的暨南大学，无论制度安排还是办学特色方面都具有双重色彩，即国民政府普通国立大学的普遍性与华侨高等教育的特殊性相结合，国民政府大学教育本质特征的稳定性与战时教育的时代性并存。

1929 年后，国民政府颁布了一系列有关高等教育的法规，即《专科学校组织法》（1929 年 7 月 26 日）、《专科学校规程》（1929 年 8 月 19 日）、《修正专科学校规程》（1931 年 3 月 26 日）、《大学组织法》（1929 年 7 月 26 日）、《大学规程》（1929 年 8 月 14 日）和《大学研究所暂行规程》（1934 年 5 月 19 日）等。据此，南京国民政府建立起其高等教育制度。1938 年，陈立夫接任教育部长后，为加强对高等教育的管理与控制，又相继出台了一系列法规，以修正和完善高等教育制度。如《教育部颁发大学行政组织补充要点》（1939 年 5 月 16 日）就强调要"规定专科以上学校行政组织系统以健全学校机构""划一各校行政组织，并使灵活运用"。[4] 这些法规的出台，决定了国立大学的基本组织框架。

与此同时，抗战爆发后，暨南大学自真如迁沪之日始，就面临学生锐减、教师难聘

① 何炳松：《为暨南大学内迁事呈文教育部》（1940 年 12 月 9 日），原件藏南京中国第二历史档案馆，档案号：全宗号 5，案卷号 5309。
② 《教育部批文》（1941 年 1 月 9 日），转引自《暨南通讯》第 1 期，暨南大学重庆同学会编印，1941 年 5 月 4 日出版。
③ 暨南大学校史编写组编：《暨南校史（1906—1996）》，广州：暨南大学出版社 1996 年版，第 88 页。
④ 国民政府教育部档案：《教育部颁发大学行政组织补充要点》（1939 年 5 月 16 日），见中国第二历史档案馆编：《中华民国史档案资料汇编》第五辑第二编教育（一），南京：江苏古籍出版社 2000 年版，第 699 页。

的困局。何炳松曾向教育部报告战争给暨大带来的冲击："兹查本校大学部留沪新旧及借读生 400 余人，附属中学新旧及借读生约 158 人；本学期所开课程计文学院 50 门，理学院 39 门，商学院 39 门，较上学期紧缩 40%；教职员方面均按要求予以紧缩，现有专任教授：文学院 18 人，理学院 13 人，商学院 13 人。"① 在这种情况下，学校不得不进行人事机构上的调整，以适应战时需要。

1937—1941 年间，暨南大学行政机构的设置以 1939 年 5 月国民政府颁布的《教育部颁发大学行政组织补充要点》为标志，分为前后两个阶段。二者在制度设计上有所出入，兹分述如下：

1. 1939 年之前的机构设置②

校长室：设校长一人，综理校务。校长由国民政府任命，除政府特批外，校长不得兼任其他官职。此期由何炳松任校长，1937 年 9 月 23 日何因事去沪，校务交程瑞霖代理③。至 1938 年 8 月，何炳松返沪整理校务，继续行使校长职责。④

秘书室：设大学秘书一人，辅佐校长行政，由杜佐周兼任（杜为文学院专任教授，不另支薪）。同时设秘书二至三人，名额视情况损益不定。

教务处：教务处下设注册课、会计课、庶务课、卫生课 4 课，分设教务员、事务员、庶务员、卫生员若干名。其中教务长郑振铎（文学院教授兼任，不另支薪），注册课主任陈振鹭（文学院专任教授，不另支薪），会计课主任曹增美，庶务课主任褚保华，卫生课主任梁俊青。

训育委员会：主管学生思想品行之教导及考察，下设训育员若干名。训育委员会主任吴修。1938 年 8 月 29 日，该委员会改组为训育处，设主任一人，继续由吴修担任。⑤

此外，校内设校务会议，为议事机关，由教授、副教授所举代表及校长、院长、系主任和校长特聘少量专家组成，校长任主席；校务会议负责审议学校预算、校内学院的废止与设立、各种规则及关于学生试验、训育和校长所交议事项；校务会议下设各种专门委员会。此外，学校还另组校董事会。

2. 1939 年后的机构变化⑥⑦

校长室：设校长一人，由何炳松专任；秘书一人，由杜佐周（文学院专任教授）兼任。

教务处：设教务长一人，秉承校长主持全校教务事宜，由周予同担任。下设注册组、出版组和图书馆，各组及图书馆各设主任一人及组员或馆员若干。注册组主任由陈

---

① 何炳松：《就暨大近况致教育部文》（1937 年 10 月），原件藏南京中国第二历史档案馆，档案号：全宗号 5，案卷号 3400。

② 《国立暨南大学教职员薪俸表》（1937 年度），原件藏南京中国第二历史档案馆，档案号：全宗号 5，案卷号 3407。

③ 《何炳松致教育部电》（1937 年 9 月），原件藏南京中国第二历史档案馆，档案号：全宗号 5，案卷号 2592。

④ 1938 年 8 月 29 日，何炳松时隔近一年后开始主持校行政会议，可视为继续行使校长职责的标志。《第一〇六次行政会议记录》（1938 年 8 月 29 日），原件藏上海市档案馆，档案号：Q－1－3。

⑤ 《第一〇六次行政会议记录》（1938 年 8 月 29 日），原件藏上海市档案馆，档案号：Q－1－3。

⑥ 《国立暨南大学二十八年度第一学期教职员一览表》（1939 年 12 月），见南京中国第二历史档案馆馆藏，档案号：全宗号 205，案卷号 389。

⑦ 《国立暨南大学二十九年度第一学期职员名册》（1940 年），见《国立暨南大学二十九年度毕业纪念册》，原件存上海市档案馆，档案号：Y8－1－326。

振鹭担任；出版组由陈中孚主事；图书馆主任由郑振铎担任。

训导处：该处的任务是"学生思想之训导""社会服务之策划""学生团体之登记与指导"等，其职责主要是登记与审核学生社团与壁报事项，主管核实与撤销学生领取贷金（后改为公费）和救济金。设训导长一人，由吴修专其事（吴还兼生活指导组主任），秉承校长主持全校训导事宜；下设生活指导组、校医兼体育卫生组，后者由梁俊青任主任，有训导员、医生、护士及体育指导员若干。

总务处：设总务长一人，由杜佐周兼任，秉承校长主持全校总务事宜；下设文书、庶务两组（1940年将会计室出纳组并入，主任为曹增美），有主任一人及组员若干，分由翁率平（1940年改为程同福）、褚保华主其事。

会计室：1939年设会计室和出纳两组，1940年仅存会计室，设会计室主任一人，由盛礼约主其事；另置佐理员及组员若干。与前述机构人员均由校长任命不同，会计室人员得由国民政府主计处任命，依法办理本校会计事宜。

1937—1941年度职员人数统计如次：

1937年度，35人，其中专任教授兼任者5人；

1939年度，37人，其中专任教授兼任者5人；

1940年度，36人，其中专任教授兼任者6人；

1941年度，34人，其中专任教授兼任者2人。

二、院系调整

此期院系设置受战争及1939年后国民政府教育部修正高等教育政策的影响，有些微变化，1940年后趋于稳定。1937年抗日战争爆发前，暨南大学共设3院10系，1938年改为3院9系，"八一三"沪战后不久呈请教育部将原有海外文化事业部改组为南洋研究馆。[1] 分述如下：

文学院：设中国语文学系、外国语文学系、历史地理学系和教育学系。1939年秋奉教育部令将中国语文学系改称中国文学系，[2] 此后一直沿用此名。院长由郑振铎担任；中国语文学系由郑振铎任，改为中国文学系后由周予同主持；外国语文学系系主任先是孙大雨，后由郑振铎兼任，再次为陈麟瑞；历史地理学系主任依次为周予同、陈高傭；教育学系主任张耀翔。1937年"八一三"沪战之初，受战事影响仅有专任教授18人，学校在租界复学后教员渐次增加，1940年度第一学期时增至40人，其中专任教授22人，兼任教授12人，兼任讲师2人，助教4人。

理学院：初设数学系、物理学系、化学系3系，1938年1月奉教育部令将数学系和物理学系合并为数理学系。程瀛章任院长并一度兼数学系主任；物理学系主任李熙谋；化学系主任王子瑜；数理学系成立后崔九卿任主任。1937年底有专任教授13人，后有所增益，到1940年9月有教员20人，其中专任教授8人，兼任教授3人，兼任讲师3

---

① 《国立暨南大学二十八年度第一学期教职员一览表》（1939年12月），见南京中国第二历史档案馆馆藏，档案号：全宗号205，案卷号389。《国立暨南大学二十九年度第一学期职员名册》（1940年），见《国立暨南大学二十九年度毕业纪念册》，原件藏上海市档案馆，档案号：Y8－1－326。

② 1939年9月4日，教育部颁发《教育部颁行大学及独立学院各学系名称令》，见中国第二历史档案馆编：《中华民国史档案资料汇编》第五辑第二编教育（一），南京：江苏古籍出版社2000年版，第709页。

人，助教 6 人。

商学院：设会计银行系、工商管理系、国外贸易系 3 系。1939 年秋奉教育部令将国外贸易系改为国际贸易系，此后一直沿用此名。院长依次为程瑞霖、周宪文（一度由周茂藩代理）；会计银行系主任依次由张素民、钱素君担任；工商管理系主任由周宪文担任；国外贸易系主任由程瑞霖兼任，更名国际贸易系后由周茂藩主持。抗战军兴之初有专任教授 13 人，至 1940 年增至专任教授 8 人，兼任教授 9 人，兼任讲师 1 人，助教 2 人。

南洋研究馆：由原海外文化事业部改组而来。其设立初衷"为念本校既为华侨教育之最高机关，对于南洋问题之研究，责无旁贷。是以环境无论如何困难，特先将南洋研究馆恢复，并将本刊（《南洋研究》）复刊，借以唤起国人对于南洋问题之注意"[1]。该馆设主任一人，由何炳松聘任周予同担任，综理一切馆务，下设研究员及干事若干，另设"南洋特约编辑"多名，由校长聘请校外专家担任。南洋研究馆职责为：①计划并进行各种南洋研究及调查事项；②出版关于南洋研究之定期刊物及各种南洋研究丛书；③设立各种研究室，收藏并整理有关南洋研究之图书标本及其他各种资料；④处理校长交办有关南洋问题之各项事务。附设南洋研究委员会，本校秘书、教务长、院长、系主任、南洋研究馆主任、图书馆主任为当然委员，余就侨胞领袖、侨务专家及本校有专门精深研究者中选聘，聘期一年，得以连任，南洋研究馆主任为委员会当然主席。南洋研究委员会职权有：①规划本大学对于南洋研究之进行事项；②审核对于南洋研究有关之各项计划；③审查关于南洋研究著作稿件；④讨论校长交议之有关南洋研究事务；⑤讨论南洋研究馆之其他重要事项。[2]

1937—1941 年间，暨南大学教师职别仅有教授、讲师、助教 3 种（加上副教授，应有 4 种），由院长商请校长聘任。学校参照国民政府教育部颁布的《大学教员资格条例》审核教师任职资格。[3] 助教任职资格为：国内外大学毕业、得有学士学位而有相当成绩者，或于国学有研究者。讲师任职资格为：国内外大学毕业、得有硕士学位而有相当成绩者。副教授任职资格为：外国研究院若干年、得有博士学位而有相当成绩者，讲师满一年以上教务，而有特别成绩者，或于国学上有特殊贡献者。教授任职资格为：副教授满两年以上教务，而有特别成绩者。教师分专任和兼任两种，兼任不得超过教员总数的三分之一。[4] 1940 年 8 月，教育部颁布《大学及独立学院教员资格审查暂行规定》，指令大学教师的任职资格统一由学校呈报教育部（内设学术审议委员会）审查，从而将审查权收归教育部。[5] 仅 1940 年 12 月，暨南大学就一次呈报了周予同、周谷城、杜佐周

① 何炳松：《〈南洋研究〉复刊词》，原载《南洋研究》第 11 卷第 1 期，见刘寅生等编：《何炳松纪念文集》，上海：华东师范大学出版社 1990 年版，第 44 页。

② 《南洋研究馆组织章程》，见暨南大学档案室所藏复印件，档案号：2004－XS12－23。

③ 原载《大学院公报》第 1 卷第 1 期（1927 年 6 月），转引自霍益萍：《近代中国的高等教育》，上海：华东师范大学出版社 1999 年版，第 203－204 页。

④ 《国立暨南大学专任职教员服务年月及薪额一览表》（1941 年 1 月），见南京中国第二历史档案馆馆藏，档案号：全宗号 205，案卷号 389。

⑤ 1940—1945 年，经教育部审核合格者，计有教授 2429 人，副教授 1043 人，讲师 1785 人，助教 1911 人，共 7168 人。见中国第二历史档案馆编：《抗战时期的中国教育》，《中华民国史档案资料汇编》第五辑第二编教育（一），南京：江苏古籍出版社 2000 年版，第 303 页。

等 48 人交由教育部审核其专任教师资格。①

三、战时经费开支

抗日战争开始后，国民政府因战争耗费巨大，经费紧张，加之受战事影响，学生人数减少，故开始削减文化教育开支。据统计，八年抗战期间，中央教育文化费支出在国家岁出总预算中所占比例大多在 2% 以下，最多的 1943 年也仅占 3.13%。② 在此情况下，各大学校经费首先成为削减的目标。如关于暨南大学，就规定自 1938 年 1 月起支领原经费的六成。③

战前教育部核定暨南大学每年的经费（经常费）为 630664 元，④ 1937 年 9 月后锐减。战时的上海租界物质供应紧张，物价指数高，教育部支付的经费仅够教职员工工资、伙食补贴及维持日常教学运转，经济状况捉襟见肘。图书仪器的添置、系科的发展均因缺钱而困难重重。作为校长，何炳松为使学校的教学不致停顿，不得不花很多精力想方设法筹集经费，向教育部申请补助，如救济费、追加费、专用款等，尽管如此，还是入不敷出，东借西挪，举步维艰。经费奇缺成了学校主持者最为头痛的事情。

现依所据材料，将"孤岛"时期暨南大学经费情况介绍如下：

1. 1937 年度⑤

收入：主要有两项，一为教育部下拨 1937 年度经费 472998 元，一为全年学费收入14240 元。

支出：经常性支出总额 422503.80 元，其中：俸给费 202387.50 元；办公费60903.79 元；购置费 57005.21 元；特别费 27033.27 元；营造费 31716.79 元；附属中学费 43457.24 元。其他支出包括应缴国库数 14240 元；本年度经常费短领数 31533.15 元；本年度学费收领数 7900 元，合计 53673.15 元。

收支情况：前任移交不敷滚存数 217060.46 元；本任收支结余数 11061.05 元。

2. 1939 年度⑥

财政部核准暨南大学该年度经常费总额为 360000 元。

3. 1940 年度⑦

经常费总额 360000 元，其中：办公费支出 48240 元；购置费支出 3000 元；学术研

---

① 《国立暨南大学教员资格审查附件表》（1940 年 12 月），原件藏南京中国第二历史档案馆，档案号：全宗号5，案卷号 2594。

② 《教育部战时教育统计表（1937—1945）》，见中国第二历史档案馆编：《中华民国史档案资料汇编》第五辑第二编教育（一），南京：江苏古籍出版社 2000 年版，第 349 页。

③ 《教育部拟定之平津沪战区专科以上学校整理方案》（1937 年），见中国第二历史档案馆编：《中华民国史档案资料汇编》第五辑第二编教育（一），南京：江苏古籍出版社 2000 年版，第 12 页。

④ 《二十五年度教育文化费支出概算表》（1936 年），原件藏南京中国第二历史档案馆，档案号：全宗号 2，目录号 2，案卷号 779。

⑤ 《国立暨南大学二十六年度经费用途明细表》，原件藏南京中国第二历史档案馆，档案号：全宗号 5，案卷号 3407。

⑥ 《财政部准送国立暨南大学二十八年度岁出预算分配表》（1939 年 8 月），原件藏南京中国第二历史档案馆，档案号：全宗号 5，案卷号 3400。

⑦ 《国立暨南大学二十九年度经费预算表》（1940 年 9 月），原件藏南京中国第二历史档案馆，档案号：全宗号 5，案卷号 3400。

究费支出 32400 元；特别费支出 15360 元；附属机构支出 61200 元，内含附中 49200 元，南洋研究馆 12000 元。

此外，其他支出有追加租赋 36000 元（上年度为 30000 元），另外追加建设费 10000 元。

4. 1941 年度[①]

经常费总额 396000 元。另拨建设费 20000 元为购置图书仪器之用。此外，拨暨南大学福建分校开办费 84200 元，其中建设费 10000 元，设备费 37200 元，旅运费 30000 元，其他费用 70000 元（次年，暨南大学福建分校建设费大幅增加至 400000 元，其中校舍建设费 240000 元，设备费 160000 元）。

从上述情况可以看出，教职员工俸薪占了总支出的一半以上。加上沪战后，有许多学者或因父母年老需要随侍，或因境况困难，未能内迁，处境艰难，何炳松校长为保存中国文化学术血脉计，在学校预算与课程范围内，尽量给这些学者提供兼任教职的机会。[②] 这也是俸薪比重较大的缘故，但也因此网罗了一大批著名学者，使得"孤岛"时期的暨南大学学术阵容，其师资之雄厚，远非其他时期可比。在经费总额有限的情况下，图书仪器的添置、学科的拓展、教学的改进及学术研究的投入大受影响。

第三节　战时教学体制与学术活动

一、学制管理与课程设置

何炳松是著名的历史学家及教育家，他从出任暨南大学校长开始，就本着"学术标准化"的宗旨，依"提高程度、课程合理"的原则，不断改革和完善暨南大学的课程设置与教学体制，从学生培养目标、学分制、主系辅系制等方面予以整顿提高，从而形成独具特色的华侨高等教育体系。其最突出者有二：一是"注意基本原则及其应用"，即不仅重视基础理论的讲授，还注意加强实际应用能力的培养。二是"适应海外华侨教育之需要"，教学内容紧密联系海外，特别是南洋的实际，以利于华侨学生毕业后回原居地就业和国内毕业生到南洋工作。所以，在课程设置上，南洋方面的课程一直是很重要的部分，如学校规定，南洋概况为全校学生的公共必修课。该课程主要讲授有关南洋的历史、地理、文化、经济、社会、风土人情等，使学生对南洋的历史与现状有较全面的了解，以便更好地适应南洋的环境，满足其地的需要。[③] 学校迁入"孤岛"后，受战事及险恶环境影响，侨生人数大为减少，但依然将南洋概论设为全校的公共必修课，同时

---

① 《财政部准送国立暨南大学三十年度经常费预算分配办法函复查照》（1940 年 7 月），原件藏南京中国第二历史档案馆，档案号：全宗号 5，案卷号 3401。

② 何炳松：《就暨大迁校困难致侨务委员会文》（1941 年 9 月），原件藏南京中国第二历史档案馆，档案号：全宗号 5，案卷号 5309。

③ 此部分撰写主要得益于马兴中老师的论文：《何炳松对华侨教育事业的贡献》，特此致谢。该文载刘寅生等编：《何炳松纪念文集》，上海：华东师范大学出版社 1990 年版，第 279－290 页。

被列入的还有南洋商史及法规。①

在学制管理上，学校在实行学分制与学年制相结合的基础上补充以主系辅系制。学分制规定，除公共课外，每个本科学生在规定年限内必须修满136个学分并撰写毕业论文后方予毕业。每周上课一小时或实习一小时至两小时历半年者为一学分；本科生年级高下以所得学分为标准，修满四分之一者升入二年级，修满四分之二者升入三年级，修满四分之三者升入四年级。主系辅系制规定，每个本科生以其就读的系为主系，在第二学年开始前，必须在本学院或其他学院选定一个系作为辅系，并在二至四年级，修足15~24学分。实行学分制、主系辅系制的目的在于使学生不仅能打下较为牢靠的专业基础，而且有利于扩大知识面，增强适应性，由博返约，一专多能。

此外，暨南大学还实行转学及转系制度。② 转学制度规定：①凡肄业大学本科一年以上经本校各系主任审查合格者得转入本校各系之相当年级；②转学生需在每学期开始前向本校教务处索取履历书、志愿书等，照式样填就，连同院校成绩品行及转学各证明书及四寸半身照片等一并寄交本校教务处以备审查；③转学生原校成绩证明书需将肄业年限、修习学程、考试成绩、已得学分数目等详细开列；④转学生在原校最后一年所得学分之总数至少须有四分之三及格；⑤转学生在原校所习学程，其形状程度与本校各系所学学程相当者经该系系主任审查及格得给予相当学分；⑥审查转学生之成绩有困难或疑义时，各系主任得分别科目酌予考试，及格后始给予该项学分；⑦转学生欲选修全年学程之下半期者，须先得该系主任及该学程教授之特别许可，遇必要时得酌予考试再定允否；⑧转学生欲在本校毕业受学位者，至少须在本校肄业二年。关于转系，规定有三：①凡大学各系学生欲转入他系者，须先得教务处长及该两系主任之许可，但在就学两学年后概不得转系；②凡转系学生在原系所得之学分经转入该系之主任认可后方得作为该系学分；③其他转系办法由各系主任分别规定。

沪战之初，学生锐减，教师星散，大学部留沪新旧学生及借读生400余人，附属中学新旧学生及借读生约158人；所开课程计文学院50门，理学院39门，商学院39门，较上学期紧缩40%；教职员方面仅有专任教授44人。③ 为完善课程设置，为学生提供必需的教学内容，学校一方面延揽名师来校授课；另一方面想方设法筹集图书设备，为教学科研创造条件。至1942年初南迁建阳时，已有图书30000余册，仪器5000余件，④ 虽然简陋，但已可基本满足教学之需。

1938年陈立夫出长教育部后，即着手整理大学课程，从课程设置、教材统一方面予以规范管理，对于农、工、商、医专门学院，应"施行高深专门技术教育，培养高级技术人才，以国家物资建设之需要为施教对象"；文、理、法、师范学院，应"注重各项基本学问之广博研究，由博返约，养成能治学治事治人之技能。以国家文化建设、经济

① 《国立暨南大学二十七年度第一学期各院系担任学程一览表》（1938年9月），原件藏上海市档案馆，档案号：Q240-1-59。

② 此项制度订立于1929年，至"孤岛"时期依旧沿用，见《暨南大学教务规程》，原载《暨南大学周刊》1929年第3卷第4期。

③ 何炳松：《就暨大近况致教育部文》（1937年10月），原件藏南京中国第二历史档案馆，档案号：全宗号5，案卷号3400。

④ 何炳松：《就暨大迁校困难致侨务委员会文》（1941年9月），原件藏南京中国第二历史档案馆，档案号：全宗号5，案卷号5309。

建设、社会建设之需要为施教对象"。[①] 1938 年，教育部颁发《大学共同必修科目表》，接着又颁布了《各院系共同必修科目表》，责成各大学依照进行。作为国立大学，暨南大学一方面遵照教育部规定；另一方面结合侨校特点，设计了体系完备、颇具特色的课程。兹以 1938 年第一学期所开课程及任课教师为例，简述如下。[②]

1. 全校公共必修课

体育（甲）、体育（乙）（兼任讲师沈昆南）；救护学（兼任讲师梁俊青）；南洋商史及法规、南洋概况（甲）、南洋概况（乙）、公民（甲）、公民（乙）、公民（丙）（专任教授彭胜天）。

2. 文学院

中国语文学系：中国文学史纲要（院长兼主任郑振铎）；基本国文（乙）、二年国文、元明文、唐宋诗（专任教授吴文祺）；基本国文（丙）、训诂学、中国文字学纲要、中学国文教授法（专任教授张世禄）；二年日文（甲）、修辞学、翻译指导、语言学（专任教授方光焘）；基本国文（丁）、先秦文（专任教授傅东华）；基本国文（甲）（兼任教授王统照）。

外国语文学系：基本英文（乙）、圣经故事、一年英文（系主任陈麟瑞）；基本英文（甲）、莎士比亚、英诗入门、英国短诗选（专任教授孙大雨）；一年法文、二年法文、文学批评、中国文学批评史（专任教授李健吾）；基本英文（丙）、高级英作文、英国小说、英国文学史（专任教授克莱格）；一年日文（甲）、一年日文（乙）、二年日文（乙）、亚洲东部各国史（专任教授袁文彰）；基本英文（戊）（兼任教授吴致觉）；一年德文、二年德文（兼任教授厉家祥）；英文文法（助教孙大珂）。

历史地理学系：中国通史、中国中世史（下）（系主任周予同）；西洋通史、西洋近世史、西洋史学史、西洋上古史（专任教授周谷城）；中国近世史、中国民族史、哲学概论、史学通论（专任教授陈高佣）；地质学、气象学、地理学史、本国地理（专任教授王勤堉）；社会学（注册课主任陈振鹭）；中西交通史、西域史（兼任教授李南芗）；西洋经济史（兼任教授冯执中）；南洋概况（丙）、经济地理、欧洲地理（兼任讲师李长傅）；西洋产业革命史（兼任讲师夏炎德）。

教育学系：普通心理、应用心理、教育心理（系主任张耀翔）；西洋教育史、教育研究法、教育社会学、现代教育思潮（专任教授陈科美）；学校行政（校秘书长杜佐周）；教育原理、现代教育方法、小学教育、教学实习（专任教授董任坚）；民众教育、中等教育、教育统计、职业教育（专任教授张季信）；基本英文（丁）、变态心理学（兼任教授孙贵定）。

3. 理学院

数理学系：热电子管原理（系主任李熙谋）；热力学、光学、理论物理、高等物理实验、电磁学实验（专任教授崔九卿）；普通物理、电磁学、机械工学、普通物理练习（甲）、普通物理练习（乙）（专任教授严昉）；方程式论、高等微积分、数论、基本数

① 《战时教育方针》，见秦孝仪主编：《中华民国史料丛编》，台北：中国国民党出版社 1976 年版，第 11 页。
② 《国立暨南大学二十七年度第一学期担任课程一览表》（1938 年 9 月），原件藏上海市档案馆，档案号：Q240-1-59。

学（甲）、基本数学（乙）（专任教授蒋绍基）；微分几何、实变数函数论、复变数函数论（兼任教授朱公谨）；微积分（乙）、微积分练习（乙）、机械画（甲）、机械画（乙）（兼任教授薛绍清）；近代物理（兼任教授蔡宾牟）；物性论（兼任教授宋建勋）；普通物理实验（甲）、普通物理实验（乙）（兼任讲师蒋铭新）；补习数学、基本数学（文）（徐上周）。

化学系：无机化学（子）（院长程瀛章）；有机化学（丑）、工业化学、有机化学实验（系主任王子瑜）；有机化学（子）、物理化学（子）、有机化学（寅）、定量分析（专任教授陶桐）；普通化学、普通化学练习（甲）、普通化学练习（乙）、定性分析（甲）、定性分析（乙）（专任教授程延庆）；化学工程、应用化学选论（兼任教授孙玄衔）。

4. 商学院

全院公共课程：现代经济思潮（选修）（兼任教授张素民）；商业英文（选修）；经济名著选读（选修）（兼任教授董修甲）；商业数学（必修）（兼任教授褚凤仪）；统计学（必修）（兼任教授蔡正雅）；分配论（选修）（兼任教授章哲公）；土地经济（选修）（兼任教授章鹏若）；国际外交（必选）（兼任讲师陶樾）。

会计银行系：簿记学（甲）、审计学、销售术（主任钱素君）；会计学、会计制度及设计、成本会计、高等会计（专任教授沈立人）；经济学（乙）、银行学、银行实践（专任教授刘絜敖）；银行制度（兼任教授何仪朝）；中外金融市场（兼任教授李权时）；簿记学（乙）、银行会计、铁道会计（兼任讲师张蕙生）。

工商管理系：社会学概论、国际经济、工业法规（系主任周宪文）；公用事业（兼任教授孙怀仁）；人事管理（兼任教授孙礼榆）；工厂管理（兼任教授杨显同）。

国外贸易系：经济学（甲）（院长兼系主任程瑞霖）；商业理财、保险学、运输学、堆栈学（专任教授周茂藩）；商业地理、中国国外贸易、国外贸易实践（兼任教授武堉幹）；票据法、海商法、公司法（兼任教授张隽青）。

5. 大学先修班

暨南大学附设大学先修班设立于1939年上半年，首招学生51人，[1] 以收容统一招考未录取而成绩较优之学生，次年度另招高中毕业而未参加统一招考者入班肄业。其所开课程为：公民（大学部训导长吴修）；国文（文学院专任教授吴文祺、王统照）、英文（文学院兼任教授孙贵定、吴致觉）；数学（理学院兼任讲师徐上周、蒋铭新）；中外历史（文学院专任教授周谷城）；中外地理（文学院专任教授王勤堉）；物理（蒋铭新）；化学（理学院专任教授王子瑜）；生物（商学院兼任教授沈星五）。

大学水平的高低取决于教师水平。暨南大学历来重视人才的延揽，何炳松出长校务后，以两条原则选人：第一，必须从教学的需要出发，不因人设课，须为课择人；第二，所聘任的教师必须有真才实学和良好的道德品质，教授须为专门的学者，不要政客，不要流氓。正因为如此，"孤岛"时期，在暨南大学这个东南文化的"最后堡垒"中，人文荟萃，著名学者云集，其师资力量之雄厚，讲学风气之浓厚，在百年暨南史

---

① 《国立暨南大学附设大学先修班所开课程及担任教员名单》（1939年度），原件藏南京中国第二历史档案馆，档案号：全宗号5，案卷号3411。

上，无出其右。从上列课程设置可看出，当时暨大许多课程的讲授者，皆一时之选。如郑振铎的中国文学史，周予同讲授的中国中世史及后来的汉代经学，周谷城的西洋史学史、西洋通史等课程，听众如潮，座无虚席。除上述三人外，其他著名学者有：张耀翔、李熙谋、程瑞霖、周宪文、程瀛章、王统照、方光焘、傅东华、陈钟凡、陈麟瑞、孙大雨、陈高傭、孙怀仁、吴文祺、张世禄等。

当时的暨南大学身处"孤岛"，物质匮乏，环境险恶，但师生关系融洽，学风浓郁，教师授课认真，学生学得用心。何炳松、郑振铎、周予同等教授十分重视中国传统文化，要求学生养成"高深之学问""高尚之人格"，勇于探索真理，钻研学问，做一个有益于国家和民族的人，而不是政客或商人。所以，在课程设置方面，有意识地开设一些人文类课程，以培育学生深厚的人文素养和高深的眼光。比如，当时外文系的学生必须学习中国文学史和中国通史课。①

陈麟瑞当时是外国语文学系的主任，英语流利，口若悬河。他对学生要求严格，重视口语和写作，开设"一年英文作文"，要求学生每周写文一篇，讲授"希腊罗马神话"和"圣经"，每周会预先指定阅读材料，在下次上课时讲述。如是训练，使学生在一年级就打下了坚实的口笔语基础。孙大雨教授教外文系英诗，他在语言文字方面有高深的造诣，在课堂上授课时，有时讲到苏格兰民歌，会当场浅唱低吟起来。戚叔含读书极博，给学生讲希腊悲剧和英国现代小说，打开了外国文艺的宝库。

郑振铎、周予同为人和蔼可亲，平易近人，所以学生都愿意和他们接近，他们也乐意和学生交谈。据戴敦复回忆，郑时任图书馆主任，办公室就在学校那间小小的图书室内。办公之余，他有时会从办公室走出来指给戴看他收藏的中国版画，一同分享他的喜悦。戴在四年级准备写毕业论文时，郑振铎建议戴翻译谷斯范写的《新水浒》，可见他对文学新人和进步作品的热爱与推崇。

方光焘教授也深得学生喜爱，学生们经常上他家听他发议论。他为人耿直爽朗、爱憎分明，看问题犀利深刻，见解独到。他从不隐瞒自己的观点，即便对老朋友、老学生，也照样批评。当年的学生吴岩回忆，方先生教创作和翻译两门课，他上课是通过学生的实践进行启发教育。如上创作课，主要是让学生去写所熟悉和关心的题材，然后对他们的创作认认真真地进行剖析，这不仅为学生的文艺习作打好了文学修养的基础，而且推动了学生所办刊物文艺的水平提升。翻译课大致包括两个内容：一是选择英美近代作家的小说和散文让学生翻译，然后就译稿进行评议，从中总结翻译的经验和规律；二是找一本国内已出版的、英汉对照的书，在课堂上和学生一起对照原文校订译文。②

当时在暨南大学仅上过四个月学的徐开垒回忆说，学校的教授大多都有自己的特长，教书也各有自己的能耐。何炳松校长宽容待人，求才若渴，聘请教授，兼收并蓄，治学办校，很有气派。徐还曾听过周予同的中国通史课，其课程内容让他大开眼界。周予同虽然采用周谷城开明版《中国通史》为教材，但讲授时总离开课本，谈自己对中国现代史学界的看法，既谈各家的见解，又提出自己独到的意见。这样的讲课，拓宽了学

① 戴敦复：《何校长，我们永远记住您!》，载刘寅生等编：《何炳松纪念文集》，上海：华东师范大学出版社1990年版，第481页。

② 吴岩：《紫云英——方光焘先生二三事》，载上海社会科学院文学研究所编：《上海"孤岛"文艺回忆录》（下），北京：中国社会科学出版社1985年版，第53－54页。

生的视野。①

二、学生管理与学生状况

"孤岛"时期，受战事影响，交通受阻，时局变幻莫测，暨南大学的学生管理工作在尽力维持原有办学原则外，不断作出调适，以应对战局变化，其最高宗旨就在于坚守华侨教育之阵地，为国家为民族为千千万万海外华侨父老培育有用之才。诚如何炳松所言："自'八一三'以来，吾全体师生，更应遵忠信笃敬之校训，而辅以刚毅不拔之精神，一心一德，与国家民族同其休戚。以此德操，淬勉自强，余敢将来不徒足以复兴吾校，抑且足以复兴吾国家民族。"②

1. 借读生与转学生

中日战争初期，平、津、沪等高校云集之地很快被日军占领，各级学校或停办，或内迁，大量学生在沦陷区和后方颠沛流离，无法就学。有鉴于此，国民政府教育部于1937年9月底订立各级学校临时借读办法，以救济战区学生，规定各级学校学生因战事关系，得暂行借读于性质相同之他校。公立学校应尽量收容借读生，私立学校由主管教育行政机关考核其办理成绩及一切设备，经指定后亦就可能范围内收容之。随后，教育部又公布了《专科以上学校借读办法》，以资补充，其中谈到，借读得由学生自行请求，不必限于原校移送。其应缴之学费及其他费用，依所借读学校之规定，但可以依借读时间之长短，由该校依照比例另定之。③

沪战发生时，滞留上海的其他高校学生相当多，而受战事影响，水陆交通阻滞，暨南大学外地学生暑假后不能返校的也不少，以致学校1937年10月在租界复课后，大部分学生为外校借读生或转学生，而本校学生较少。1938年秋，暨大招考新生，在香港录取3个，结果一个没来，上海地区也仅录取30人，代招的内地各校学生却有二三百人。④当时借读暨大的，有清华大学、中央大学（南京大学前身）、中山大学、燕京大学（教会大学）、私立复旦大学等校学生。第二学期还举行过一次转学考试。据施志刚回忆，清华借读生中，有后来成为著名史学家的何炳棣及其未婚妻邵景洛（施氏记忆有误，何炳棣在光华大学借读，而非暨大）。何炳棣为何炳松校长的堂弟，邵景洛的妹妹邵景渭那时是暨大学生，后转入西南联大。邵景洛姐妹俩还曾经参与筹划过《鲁迅全集》的出版。⑤

对于借读生与转学生，学校尽量予以收容，使其不至于失学。凡家在战区的学生一律免费。但同时又严格按原则办事，使学生的水平不因战乱而有所降低。如1938年8月

　　①　徐开垒：《何炳松校长的爱国主义精神》，载刘寅生等编：《何炳松纪念文集》，上海：华东师范大学出版社1990年版，第495页。

　　②　何炳松：《国立暨南大学二十六年度毕业纪念刊讲词》，见暨南大学档案室所藏复印件，档案号：2004 - XS12 - 23。

　　③　《战事发生前后教育部对各级学校之措置总说明》（1937年9月29日），见中国第二历史档案馆编：《中华民国史档案资料汇编》第五辑第二编教育（一），南京：江苏古籍出版社2000年版，第5 - 6页。

　　④　谢章浙：《潜伏的三年半：母校迁入上海租界内的经历》，见《暨南通讯》第1期，暨南大学重庆同学会编印，1941年5月4日出版。

　　⑤　施志刚：《回忆母校——抗日战争时期二三事》，载暨南大学华侨研究所：《暨南校史资料选辑》，第2辑，广州1983年内部刊行，第88 - 90页。何炳棣：《读史阅世六十年》，桂林：广西师范大学出版社2005年版。

22 日，程瑞霖主持校行政会议，参加者有郑振铎、程瀛章及杜佐周，就专门讨论了借读生及转学生的事项，兹录于此，以资佐证："①许雄等请求试读一节，恪于校章碍难照准，但为全侨生学业起见，准予在附中补修一年；②王立昌（原考西南联大，依本校侨生标准可以录取）请求在本校史地系攻读一节，准代呈部请求；③郭缦缦（原考西南联大，初步已录取）请求改入本校肄业一节，准代呈部转请。"①

2. 侨生的招收

暨南大学迁入租界办学后，处境艰苦，来自日伪的威胁无时无处不在，加之受战事影响，上海至海外交通不便，华侨子弟大多裹足不前，致使学校中的华侨学生人数锐减，华侨高等学府的称号颇有"名不副实"之感。下表为 1937—1941 年间大部分学期各院系侨生人数统计，大致可反映出这一阶段华侨学生减少的状况。

表 1　"孤岛"时期侨生人数统计表

单位 学期	文学院	理学院	商学院	大学先修班
1937 年度第一学期	24（143）	8（67）	12（140）	
1937 年度第二学期	11（86）	6（53）	10（74）	
1938 年度第一学期	10（134）	6（95）	13（110）	
1940 年度第一学期	7（149）	6（87）	13（200）	0（41）
1941 年度第一学期	7（175）	4（106）	20（253）	0（40）

注：（1）其中缺 1938 年度第二学期、1939 年度、1940 年度第二学期统计数据。

（2）括号内数据为同期本院系学生总数。

资料来源：《1937—1941 年度各学期在校人数统计》，原件藏上海市档案馆，档案号：Q240 - 1 - 294，Q240 - 1 - 295，Q240 - 1 - 297，Q240 - 1 - 298。

华侨教育关乎侨情，是维系海外侨胞与祖国血脉联系的重要纽带。抗战军兴，海外侨胞捐款捐物，踊跃支持祖国对日作战，故而战时华侨教育更担负着重大的时代使命。侨务委员会和教育部为推动华侨教育的发展，先后出台了一系列文件，如《推进华侨教育案》（1940 年）、《侨务委员会战时侨民教育工作方案》（1941 年）等。为协助华侨学生回国升学，采取了种种措施，如鉴于回国华侨学生家境贫寒者为数众多，侨务委员会曾制定《补助清贫华侨学生回国升学规程》，后又于 1940 年 3 月另行颁布《考选清贫优秀华侨学生回国升学规程》，规定视海外侨居地之需要，每年指定下列科系之一种或数种考选清贫华侨学生若干名，完全公费（发给 500 元），送入国内专科以上学校肄业：①工商管理；②银行；③垦殖；④采矿；⑤水产；⑥新闻；⑦教育。并规定毕业后得受华侨委员会派遣，从事有益于侨胞的工作。1939 年考选 14 名，1941 年考选 30 名。1941 年度，侨务委员会又会同教育部在侨务经费项下拨出一部分，设置华侨学生贷金，对于

① 《第一○五次行政会议记录》（1938 年 8 月 22 日），原件藏上海市档案馆，档案号：Q240 - 1 - 3。

家境贫寒者，又一时因时局关系而不能获家庭汇款接济者，予以贷金，俾继续其学业。①

何炳松长校后，就一再强调暨南大学是华侨大学，必须适应海外华侨的需要，并明确提出暨南大学办学的思想和培养目标："我们要造成复兴民族之斗士，不要造成争权夺利的政客。况且暨南比其他大学另有特殊之使命，将来本校毕业同学必须能向海外发展，能在外界立足。""大家如能放开眼光，为复兴民族着想，为海外华侨发展着想，必然要加倍努力用功，以求造成将来有益于国家社会的人物。"② 所以，"孤岛"时期，尽管办学条件差，华侨学生也大为减少，但学校依然非常重视华侨教育，想方设法招收华侨学生并为华侨学生创造好的学习条件。

何炳松对学生十分爱护。他认为，"主持校务者宜以家长自居"，与学生应"常常谋面，谆谆教导"。他经常与学校其他负责人共同研究对未录取或迟到的华侨学生如何妥善处理，对于清寒用功的学生如何补助的问题，在学校经费许可的情况下尽量增加奖学金和清寒学生补助金。正是在这样的情形下，许多学生依靠贷学金、补助金，度过了几年艰难岁月，完成了学业。

受战局影响，和平时期的华侨学生招生办法已不适用，暨南大学遂改变做法，从1939年夏天起，由学校委托南洋华侨较多之地如新加坡、巴达维亚的著名学校代办招生事宜，所需费用由学校于原定经费中拨付。③

但侨生的情况依然不容乐观。所以从抗战伊始，海内外的暨南大学校友、海外华侨及关心华侨教育的人士就纷纷以各种方式促使暨大内迁，掀起了一场颇具声势的运动。值得注意的是，这场运动不仅仅限于要求暨大尽速内迁，以保全暨大，维持华侨高等教育不倒，还深入华侨高等教育的改革与整顿等诸多方面。如前引之槟榔屿《光华日报》社论就认为，暨南大学迁往内地并非暂时之计，而应作为长久之策，抗战胜利后亦不必返回上海，盖上海乃浮华之地，不利于华侨学生良好学风和纯厚人格的养成。④

南洋著名侨领司徒赞以"爪哇吧城暨南同学会护校运动委员会"的名义呈文侨务委员会，称："窃念暨大存亡关乎侨教之兴废，故国家一切护侨育侨之策略，应以复兴暨大，强化暨大为始基。"他从为南洋华侨社会培植人才的角度提出了暨南大学改革与整顿侨生教育的几点建议，兹摘录要点于下，以作回顾与反思华侨教育旅程之史料：

　　一、暨南大学应为我国实施华侨教育及南洋研究之中心机构，负有发展南侨文化教育、工商实业之伟大任务，与国内一般大学应异其旨趣。故政府宜就现有之机构加以扩充改革，期能负荷上述之任务，适应南侨之需求。例如，农、工、医、文、理等学院，各大学既具有更完善之设备，更优良之教授，则暨大为节省人力物力计，无须重复设立，而以此项经费移用于更为急需之学院

---

　　① 《侨务委员会战时侨民教育工作方案》（1941年），见中国第二历史档案馆编：《中华民国史档案资料汇编》第五辑第二编教育（二），南京：江苏古籍出版社2000年版，第228-230页。

　　② 马兴中：《何炳松对华侨教育事业的贡献》，载刘寅生等编：《何炳松纪念文集》，上海：华东师范大学出版社1990年版，第280页。

　　③ 何炳松：《华侨学生招收办法》（1940年6月），见暨南大学档案室所藏复印件，档案号：2004-XS12-23。

　　④ 《暨南大学与华侨教育》，原载槟榔屿《光华日报》，1940年12月11日，见《暨南通讯》第1期，暨南大学重庆同学会编印，1941年5月4日出版。

科系，并集中全部人力物力扩充之。试举其大要如下：

（甲）须有设备更完善之商学院。南洋华侨多数从事商业，故为培养商业专门人才以巩固现有地位及将来之发展起见，暨大之商学院，其设备应达到欧美各国现代化之标准，并多设科系，银行系，会计系，国际贸易系，工商管理系等。此外须随时联络工商界及各银行交通机构以资实习。

（乙）教育学院。除一般学系足资养成专门教育人才外，宜设侨民师资训练班，程度以高中毕业后再加一年或二年之师范教育为适合，并须注意广招华侨学生以应华侨学校之需求。教育学院及师资训练班学生以免费为原则，以示优待。而从事华侨教育多年之教师愿回国进修者，尤须给予种种便利，藉资鼓励。

（丙）设立东方语文学院。英、法、荷等国对于东方各民族语言文字之研究素予重视，数十年来努力不懈，养成人才为数颇多。……我国为东亚大国，与亚洲各国之经济文化关系较前密切。故东方各民族语文专家之培植尤为当前急务。至于教育学院、商学院之学生，亦宜视本身之需要，选修东方民族语文一种，为异日业务发展之助。惟此类学者，国内现时人才颇少，故须遴聘擅长东方语文华侨人士，必要时则取才外国。

（丁）恢复南洋文化事业部。暨大之南洋文化事业部成立有年，不特为该校之特色且为国内研究南洋唯一机构。前此虽因经费困难，成绩未能尽如人意，此后如能裕其经费，扩大组织，罗致专家分门研究，则其成绩必有可观。……我国在地理上与南洋仅一水之隔，而华侨人数之众，尤非他国望尘可及，为国家民族前途计，为华侨事业发展计，则扩大此项组织实为必要之举。

二、注意南洋侨教侨育工商业机构之联络。暨大既负有发展南洋教育文化工商事业之重任，并为研究南洋之中心机构，则来学者以南侨学生为主体，而毕业生亦应以南来服务为目标。职此之故，暨大与南侨教育之工商业机关宜力谋保持密切之联系，以为调查研究之助。此种工作可由南洋文化事业部负责办理。

三、校长及教授人选须在国内外教育界有相当声誉，热心华侨教育事业而无党派色彩方能获取华侨之信任。此外，如东方各民族之语文专家，必要时得聘外人担任并与欧美及东方各著名大学谋切实联络，设法互换教授，以扩大教学之效能。①

3. 公费生制度的推行

抗日战争爆发后，由于交通停顿，家庭经济来源中断，不少学生经济十分困难。国民政府为使学生安心求学，从1938年始在高校中推行贷金制度，按学生家庭情况和操行及成绩考核情况，分别给学生不同数额的贷金，待学生毕业3年后开始偿还，偿还期限至多为20年。不久，贷金制度改为公费生制度，此前领得贷金之学生，亦免于归还。

暨南大学公费生制度以国民政府教育部所颁布之《非常时期国立中等以上学校及省

---

① 司徒赞：《呈侨务委员会文》，见暨南大学档案室所藏复印件，档案号：2004 - XS12 - 23。

立私立专科以上学校规定公费生办法》及后来的修正办法为基础，参酌学校实际情形而订立。其要点有：①公费生分为甲（全公费生）、乙（半公费生）两种。②当时公费生所占比重较高，如乙种公费生名额，学校规定，就各学院每年度第一学期注册人数减去甲种公费生及教育部令分发战区额外乙种公费生人数后依不同比例办理，如文学院为全体学生的40%，理学院为全体学生的80%，商学院为全体学生的40%。③各年级甲乙两种公费生每年度第一学期审查一次，由训导处将名册及相关材料等提交给校公费审查委员会核定后公布。④申请公费者，除填写《公费申请书》外，还得向训导处提供下列证明材料以备查核：公教人员子弟须缴现服务机关正式证明书；清贫子弟应缴该管县市政府正式证明书；原校免费生应缴原校盖有关防并经校签署者为有效；侨生证明书以侨务委员会所规定之6种文件为有效。⑤核对公费名次以学生成绩多寡而定（学业操行成绩以上一年度总平均分数为准，但新生以入学成绩、转学借读生以原校最后一学期成绩为准，复学生以休学前最后一学期成绩为准），分数相同者，一年级以国文、英文平均分数较多者为优先，国文、英文分数相同者，以国文分数较多者为优先；二年级以上者以各学系主要学科平均分数较多者为优先。① 学校具体操作此事的，初为训育处，由贷金委员会审查，委员会主席由训育处主任吴修兼任；② 后由训导处操办，由公费审查委员会审核。

4. 学生的奖惩

何炳松治校，坚持"学术标准化，财政合理化，团体生活纪律化"的方针，对于学生，既关心爱护，又严格要求。他一再强调，"在一团体中，生活非有纪律不可"，"在学生方面亦应恪守校规，在上课之时不缺席，不迟到，在集合之时，守纪律，不吵闹，养成优良之习惯……并且大家相见须有礼貌。校中则信赏必罚，一切照章办事，绝无通融之余地"。③ 唯此方能培养良好的学风和校风。"孤岛"时期，学校迁徙办学，教学秩序大受影响，但从严治学之原则从未放弃。在当时艰难的条件下，同学们能努力学习，思想学业均收获颇丰，与校方的严厉要求有很大的关系。

学校制定了严格的《国立暨南大学学生奖惩条例》（该条例于1945年3月有所修正），其要者有：

关于奖励，规定凡学生学行有适合下列各项而一学期内未受警告以上处分者，分别给予奖状：①学行兼优，总平均分在85分以上；②满一学期不缺课；③发表学术论著，经本校教授推荐各有关院长及系主任核定确有价值者；④办理校内学生团体成绩卓著者；⑤学生代表学校参加校外各项学术比赛或竞技运动而获得优胜者；⑥有急公好义、济困扶危之事实表现，足为全校学生楷模者；⑦遇有紧急事变，能协助学校或机关团体办理应变事宜确有功绩者；⑧参加社会服务或劳动服务而确有功绩者；⑨热心公益，独捐国币5000元以上或征募国币20000元以上为全校学生倡导者。奖状分特等、一等、二等、三等、四等五级，每学期奖励一次。

学校对学生的处分依程度不同分6种：训诫、警告、记过、勒令休学、勒令退学、

① 《国立暨南大学公费生审查办法》，原件藏上海市档案馆，档案号：Q240-1-629。
② 《第一〇六次行政会议记录》（1938年8月29日），原件藏上海市档案馆，档案号：Q240-1-3。
③ 转引自马兴中：《何炳松对华侨教育事业的贡献》，载刘寅生等编：《何炳松纪念文集》，上海：华东师范大学出版社1990年版，第286页。

开除学籍。其中前 3 项由训导处执行，后 3 项由校长执行。并规定，训诫 2 次合警告 1 次；警告 2 次合记过 1 次；记过 2 次即令休学 1 年，复学后再记过 1 次者勒令退学或开除学籍。警告 1 次扣学期操行分 5 分；记过 1 次者加倍扣分，如果是公费生，还要扣发 1 个月至 3 个月（先为贷金）公费。①

学校还制定了优秀毕业生奖励制度。如当时在暨南大学读书，并担任过中共暨南大学地下党支部书记的周鸿慈（即后来曾任国防工委副政委的周一萍）1939 年 7 月毕业时就获得过"优秀毕业生"称号。现将 1937—1943 年间的优秀毕业生名单列表如下：②

表 2　1937—1943 年优秀毕业生名单

姓　名	毕业院系	毕业时间	备　注
胡士杰	商学院会计银行学系	1939 年 2 月	贵阳大夏大学借读
黄子文	文学院外国语文学系	1939 年 2 月	
吕月华	商学院会计银行学系	1939 年 2 月	重庆复旦大学借读
吴继辉	文学院中国语文学系	1939 年 7 月	
张其溁	文学院历史地理学系	1939 年 7 月	
黄逸龙	文学院教育学系	1939 年 7 月	
毕忠佺	文学院教育学系	1939 年 7 月	
顾应淮	文学院教育学系	1939 年 7 月	
顾绳準	商学院会计银行学系	1939 年 7 月	
周鸿慈	商学院会计银行学系	1939 年 7 月	
阮若谷	商学院会计银行学系	1939 年 7 月	
林枞敔	文学院外国语文学系	1940 年 2 月	
周渭光	文学院历史地理学系	1940 年 2 月	
凌 皋	文学院教育学系	1940 年 2 月	
陈国威	商学院会计银行学系	1940 年 2 月	
黄 霁	文学院中国语文学系	1940 年 7 月	
沈明璋	文学院历史地理学系	1940 年 7 月	
贺庚玉	文学院教育学系	1940 年 7 月	
李振庭	文学院教育学系	1940 年 7 月	
庄可权	文学院教育学系	1940 年 7 月	
胡汉卿	文学院教育学系	1940 年 7 月	

① 《国立暨南大学学生奖惩条例》（1945 年 3 月修正），原件藏上海市档案馆，档案号：Q240－1－629。
② 《国立暨南大学历届优秀毕业生名册》，原件藏上海市档案馆，档案号：Q240－1－602。

（续上表）

姓　名	毕业院系	毕业时间	备　注
王良佐	理学院物理学系	1940 年 7 月	
申广霆	理学院化学系	1940 年 7 月	
邹盖诰	理学院化学系	1940 年 7 月	
丁天杰	理学院化学系	1940 年 7 月	
顾高纲	商学院会计银行学系	1940 年 7 月	
杨文煦	商学院会计银行学系	1940 年 7 月	
陈桐香	商学院会计银行学系	1940 年 7 月	
吴　彧	商学院会计银行学系	1940 年 7 月	
李碧英	商学院会计银行学系	1940 年 7 月	
杨德坤	商学院会计银行学系	1940 年 7 月	
周　霞	文学院历史地理学系	1942 年 7 月	
张芝瑞	商学院会计银行学系	1942 年 7 月	
朱新容	商学院会计银行学系	1942 年 7 月	
吴时桑	理学院数理学系	1943 年 7 月	
费世奎	理学院化学系	1943 年 7 月	
顾汝俊	商学院会计银行学系	1943 年 7 月	
葛德福	商学院工商管理学系	1943 年 7 月	

5. 导师制的施行

八年抗战期间，国民政府借抗战建国之名，强化对高校的控制。1938 年 3 月，国民政府教育部颁布《中等以上学校导师制纲要》《教育部关于各校实施导师制应注意各点令》，在高校全面推行"训教合一"的导师制。1939 年 7 月又颁布《教育部公布切实推进导师制办法》，对导师制予以完善。国民党强调要"订立各级学校训育标准，并切实实施行导师制，使各个学生在品格修养及生活指导与公民道德之训练上，均有导师为之负责，同时可重立师道之尊严"[①]。

依规定，每一年级学生按 5 至 15 人分若干组，每一组设导师一人，导师由专任教师担任，得设主任导师一人，综理全校学生训导事宜。导师的主要任务是"对学生的思想行为……依据训育标准……施以严密之指导"，并"详细记载，报告训导处"。学生毕业时，导师出具训导证书详载考语；学生升学或就业后，"其关系方面得随时调阅之"。各组导师对于学生之思想与行为各项，应负责任。学生在校或出校后在学问或事业方面有特殊贡献者，其荣誉应同时归于原任导师；其行为不检、思想不正，如系出于导师训导

---

① 《国民党临时全国代表大会通过之战时各级教育实施纲要》（1938 年 4 月），见中国第二历史档案馆编：《中华民国史档案资料汇编》第五辑第二编教育（一），南京：江苏古籍出版社 2000 年版，第 14 页。

无方者原任导师亦应同负责任。①

暨南大学于 1938 学年度开始实施导师制，除由校长指定专任教授若干人为导师外，并设主任导师 1 人，当时由教务长兼任。② 在导师分配上，一年级学生采用集团指导方法，二、三、四年级学生则遵教育部有关规定，按相应人数分组，指定专门导师。学生操行成绩特优特劣者，由训导处与各导师取得密切联系，互相知照，特别注意。

何炳松特别强调："训导不可过于严肃、过于消极，须于严肃之中有乐趣调剂，及积极服务精神之提倡。"故要求导师应以身作则，一切言行，应示学生以楷模。对于学生个性，应深加体察，具有特长者，予以发展之机会。导师与学生之关系，应力求亲切，但同时仍须保持师道之尊严。训导方式除个别训导外，导师应充分利用课余时间及例假时间集合本组学生举行谈话会、讨论会等多种形式，作团体生活之训导。

暨南大学在"孤岛"4 年有余，因环境使然，在校学生人数一直维持在较小规模。就大学部而言，1937 年度第一学期为 350 人，1937 年度第二学期为 213 人，1938 年度第一学期为 339 人，1940 年度第一学期为 477 人（含大学先修班 41 人）。1941 年夏，暨大在上海举行招生考试，投考者达 1000 余人，最终录取 360 人，加上原有学生及附中学生，总数为 935 人。大学部教职员工 131 人，中学部教职员工 26 人。③

三、学术活动与成果

暨南大学虽然身处"孤岛"，办学条件极为恶劣，但学术研究并未因此而稍辍。加上名师云集，笔耕不止，故学风浓郁，取得了引人注目的成果。

尽管经费紧张，《暨大丛刊》的编撰工作仍如期进行。1940 年，第一部大型专著《中国历代天灾人祸年表》出版，该书共 10 册，由史地系教授陈高佣主编，史地系助教施志刚及学生沈明璋、任德庚、邹良、李伟、周渭光、闵乃杰、顾贵光 8 人参与助编，历时 4 年方得完成。该年表初版是 16 开本连史纸、6 号铅字排印、线钉包角装，由浙江路组美印刷局承印，④ 当时只印了 500 部，以"国立暨南大学研究委员会"的名义出版。全书共 1600 余页，将秦王朝以降，直至清代 2000 余年间的天灾人祸，分为水灾、旱灾、内乱、外患等 6 部分，用中西历对照，以年表形式予以记载。书末并附有各代灾祸统计图表 30 余幅及近代学者对灾害研究的论文多篇。在该书编撰过程中，10 多位学者参与讨论，又参考了二十五史、《资治通鉴》《古今图书集成》以及历朝会典、会要、实录等书 100 余种，才编成这部巨著，是研究中国通史、社会史、经济史、民族史、水利史、气候学等的必备参考书，具有较高的学术价值。英国著名科学史家李约瑟在其《中国科学技术史》中将之列为参考书。⑤

① 《各级教育实施纲要》（1938 年 7 月），《中华民国教育法规选编（1912—1949）》，南京：江苏教育出版社 1990 年版。

② 《第一〇八次行政会议记录》（1938 年 9 月 29 日），原件藏上海市档案馆，档案号：Q240－1－3。

③ 何炳松：《就迁校困难致侨务委员会文》（1941 年 9 月），见南京中国第二历史档案馆馆藏，档案号：全宗号 5，案卷号 5309。

④ 施志刚：《回忆母校——抗日战争时期二三事》，载暨南大学华侨研究所：《暨南校史资料选辑》，第 2 辑，广州 1983 年内部刊行，第 89 页。

⑤ 该部分内容是在《暨南校史（1906—1996）》（暨南大学出版社 1996 年版）的相关部分基础上增益、改写而成，特此致谢。

在此期间，暨南大学教师的著述亦先后发表。周谷城教授继《中国通史》问世后，又于 1939 年出版了《中国政治史》，影响很大。

郑振铎教授所编《中国版画史·图录》从 1940 年 5 月开始陆续出版，到 1941 年 12 月 26 日日军占领上海租界为止，共出 4 辑 16 册（原定 5 辑 20 册），由上海良友公司出版，共印了 200 套。① 该书为郑氏《中国版画史》之重要部分（《中国版画史》分图录和正文两部分），采辑的版画，自唐至清，有唐代佛像，宋元间书籍的插图、人物造像，对于版画发展进入高潮的明代，收罗较为完备，有反映徽派名家的"黄氏诸家"及"金陵镌手"等专辑，也有以版画发展阶段而分为"明初""万历""明清之际"各专册，亦有陈老莲、肖云从等版画。代表明代版画辉煌成就的《十竹斋笺谱》，亦辑录其中。清代的版画风貌，则可从"康乾版画""嘉道版画"中略窥一斑。以上各册，大都附有英汉两种文字的说明，对图录的版刻地点、时间、名氏及版本的考据收藏，进行详细的述说。一图一述，字里行间，可以看出编者为保存传统文化精髓，呕心沥血，对中国古代版画史研究所作出的贡献，永垂史册。《中国抗战文艺史》作者蓝海（田仲济）说："在'孤岛'的上海，那里有特殊的政治环境，给那里的文艺战士以特殊的任务：和汉奸们肉搏，在敌伪的压制、恐吓下奋斗。在那里，《鲁迅全集》和郑振铎编的《中国版画史》的出版，不能不说是抗战期间文艺界的大事。"②

这一段时间，郑振铎还编印了《玄览堂丛书》第 1 集 31 种，出版了《战号》诗集，以郭源新的笔名创作了《桂公塘》《风涛》等短篇小说，借述宋末和明末故事，抨击黑暗，激励民心。1940 年他与王统照等创办了"孤岛"上最负盛誉的文艺刊物《文学集林》，有巴金、芦焚等名作家为其撰稿，仅出四期。他还热心于帮助和引领青年学子走上写作道路，积极扶植学生文艺社团，指导他们出版了《文艺》月刊等刊物。

《南洋研究》杂志是国内研究南洋问题最早的学术刊物，因"八一三"沪战而停刊近两年后，于 1939 年 4 月改为季刊，即第 8 卷第 1 号，并一直出版到 1941 年暨南大学南迁建阳前。何炳松后来在论及《南洋研究》复刊之缘起时谈及暨南大学对于南洋问题的使命："惟念本校既为华侨教育之最高机关，对于南洋问题之研究，责无旁贷。是以环境无论如何困难，特先将南洋研究馆恢复，并将本刊复刊，藉以唤起国人对于南洋问题之注意。……本刊自当以百折不回之精神，以期待于将来复兴中国，建设新南洋有所贡献。"③ "孤岛"时期的南洋研究与现实的关系更为密切，如苏乾英的《日本资本主义发展时期的南进政策》（载《南洋研究》第 8 卷第 2 号）一文，对日本的帝国主义侵略本质作了深入的历史考察。该刊由南洋研究馆担任编辑工作，还邀请南洋各地校友为特约编辑，对各个国家、各个地区进行深入研究而加强学术交流，比如南洋校友陈育崧就被邀担任南洋研究馆委员和《南洋研究》的特约编辑，从而加强和扩大了与南洋的学术

---

① 赵家璧：《回忆郑振铎编印〈中国版画史〉》（1982 年 11 月），载上海社会科学院文学研究所编：《上海"孤岛"文艺回忆录》（下），北京：中国社会科学出版社 1985 年版。

② 蓝海：《中国抗战文艺史》，上海：现代出版社 1947 年版，第 50 页。

③ 何炳松：《〈南洋研究〉复刊词》，原载《南洋研究》第 11 卷第 1 号，见刘寅生等编：《何炳松纪念文集》，上海：华东师范大学出版社 1990 年版，第 44 页。

联系和交流。[1] 李长傅、彭胜天、苏乾英、苏鸿宾、钱鹤、王久如、章鹏若、越南柔、王勤堉等经常为该刊撰、译稿件。《南洋研究》每期发七八篇文章，20 余万字，对南洋各个国家、地区进行了广泛而深入的研究。前南洋文化事业部主任、南洋研究馆特约高级研究员刘士木，于 1937 年发表题为"荷属东印度之展望"的论文（载《华侨半月刊》第 98 期），1938 年 2 月出版了《南洋地理》一书（与沈阙成合编，商务印书馆出版）。

"孤岛"时期的上海外国租界，学者云集，但因留沪大学少，许多人没有教书机会，有些生活比较困苦，同时又苦于没有发表研究成果的机会。有鉴于此，国民政府教育部出面，由中英庚款董事会专门拨出一笔经费责成何炳松组织创办一种学术刊物。1940 年，学校邀请金兆梓、章锡琛、王伯祥、徐调孚、周昌寿、杜佐周、郑振铎、周予同、王勤堉、徐莲僧等，组成"学林月刊编辑委员会"，创办《学林》月刊，并于 1940 年 11 月出版第一辑，至 1941 年 2 月已出版了 4 辑，每辑内容各有侧重。如第一辑取名为《近百年来的中国文艺思潮》，第二辑取名为《生命与生存》，第三辑取名为《教育之实验设计与统计方法》，第四辑取名为《五十年来中国之新史学》。不少暨南大学名家为之撰稿。吴文祺的《近百年来的中国文艺思潮》连载于《学林》第一、二、三辑；王勤堉的《民国以来我国地理学研究之业绩》、左任侠的《最近中国科学测验之发展及其趋势》、傅东华的《书同文考》、张耀翔的《中国心理学的发展史略》均载于《学林》第一辑上。王勤堉的《近百年来中国之铁路事业》，载于《学林》第二辑。沈有乾的《教育研究中之实验设计与统计方法》，载于《学林》第三辑。周予同的《五十年来中国之新史学》、陈麟瑞的《卞强生的癖性喜剧的理论与应用》，均载于《学林》第四辑。何炳松约稿不以资历取人，比如，他就向青年学者夏炎德约稿，第一篇写的是战时经济的文章，第二篇是《中国近百年经济思想》的长文。[2] 其奖掖后进之风范，令人敬仰。

"八一三"沪战后不久，东南数省沦陷，江、浙、皖及上海藏书家所藏珍本图籍纷纷散入上海旧书肆，日本人和汉奸大肆抢购，大量国宝有流失海外之虞。何炳松、郑振铎及留沪的文化人士张咏霓（光华大学校长）、张元济（张菊生，商务印书馆编译所所长）和张凤举（考古学家，版本鉴定家，收藏家）鉴于此，遂由何炳松领衔，致电重庆国民政府教育部和国民党中央宣传部，请求拨款收购古籍，以保存祖国珍贵文献。重庆方面由朱家骅、陈立夫复电同意，从庚子赔款中拨 70 万元并派中央图书馆馆长蒋复璁（慰堂）来沪协商。决定由何炳松、张咏霓、张元济、郑振铎、张凤举五人组成"文献保存同志会"，订立办事细则七条，规定何炳松、张咏霓保管经费，郑振铎、张凤举负责采访，张元济负责鉴定宋、元善本。以上同志会的组织，办事细则的制定以及职务的分工，大多由何炳松、蒋复璁预先商定，而郑振铎亦参与其中。

不久，"文献保存同志会"的创始人之一张凤举转往后方，国民政府教育部曾派故宫博物院古物馆馆长徐森玉来沪协助张元济鉴定善本。从目前出版的《郑振铎先生书信集》里郑致张咏霓的 300 余封信件可看出，举凡当时珍本图籍从藏书家流出的信息，以及收购、议价等工作，因何、郑同在暨南大学，不时相与，大都由两人先行商定，然后

---

① 陈育崧：《来远培才声教南暨》，载暨南大学华侨研究所：《暨南校史资料选辑》，第 1 辑，广州 1983 年内部刊行，第 129 – 130 页。

② 夏炎德：《何炳松先生在史学与文教方面的贡献》，见刘寅生等编：《何炳松纪念文集》，上海：华东师范大学出版社 1990 年版，第 316 页。

征得张咏霓同意后办理。即使支付书款一项，也多由何炳松签发支票，由郑转张咏霓加盖图章，再由银行支付。

从1940年春到1941年12月太平洋战争爆发的两年多时间里，"文献保存同志会"不顾生命危险，整整为国家抢救珍本图籍3800余种共18000余册，其中宋、元善本300余种。当时北平图书馆（现国家图书馆）曾将馆藏善本目录编成四册，其馆藏善本也仅3900余种，而经"文献保存同志会"抢救的珍本图籍却相当于当年国家原藏之数，其成绩应该是相当可观的。[①]

这一时期学生的学术活动也相当活跃，不仅原来的各种学术团体依旧开展活动，还涌现了一些新的团体。如1938年4—5月间新成立了理学院科学研究会，以研究自然科学为宗旨，由理学院学生江泽黔、张小亮、谢章浙等发起组织，选举江、张等人为研究会负责人。

暨南大学世界语学会的活动频繁，发展迅速。其中不少会员是爱国进步学生。学会的会员，有的奔赴抗日前线，有的留在大后方从事抗日救亡工作，有的回到海外侨居地参加当地民众的抗日斗争。不论到哪里，也不管条件多么艰难，不少人仍然继续传播世界语，坚持爱国抗日。如1937年郑金殿到福建永春后继续传播世界语；庄立章去印尼、刘文光去新马，即使躲在乡村，还坚持举办世界语学习班。

四、暨南师生与"孤岛"文艺

1937年11月至1941年12月的上海"孤岛"文艺运动，是抗战文艺的重要组成部分。日本侵入上海后，不仅从政治上扶植伪政权，而且还支持一批汉奸文人，大肆鼓吹所谓的"大东亚文学"与"和平文学"，甚至以"色情文学"来麻痹读者。为此，留在上海的一批爱国文艺工作者及进步学生，利用租界"中立"的位置和上海交通便利、通讯发达、出版自由的条件，以文学的形式宣传抗战，抨击日伪政权，掀起了一场轰轰烈烈的"孤岛"抗战文艺运动。

"孤岛"文艺整体风貌有异于沦陷区文艺而具备自身的特殊性。它基本上由中共地下党组织秘密领导，因而战斗力强，信息来源广，能迅速传播大后方和解放区及国际上反法西斯战争的信息。当时暨南大学汇集了一大批爱国学者如郑振铎、王统照、方光焘、周予同、李健吾、周谷城等，还有许多进步学生，他们积极参加党领导或影响下的抗战文艺工作，为"孤岛"文艺的蓬勃开展作出了重要的贡献。

郑振铎是上海文化界救亡协会的领导人之一，他在教学之余，积极支持学生的抗日活动，还以文学的形式进行抗战宣传。比如，在小说《风涛》中，他通过晚明以魏忠贤为首的宦官集团镇压东林党的故事，借古讽今，抨击了国民党政府的特务政治和"攘外必先安内"的消极抗日立场。在当时流传甚广的《回击》这首诗里，他写道：

苟安的和平是一条死路，

---

① 此部分撰写主要基于刘哲民：《何炳松与"文献保存同志会"》一文，见刘寅生等编：《何炳松纪念文集》，上海：华东师范大学出版社1990年版，第350－351页。详尽史实可参阅蒋复璁：《涉险沦陷区访书记》（《中央月刊》第2卷第9期，1970年7月1日）、《郑振铎先生书信集》《张元济日记》等当事人的相关记载。

忍辱的退让是一种罪恶。

以铁来回答铁的呼啸，以血来回答血的渴望。

"以眼还眼，以牙还牙。"

抗战才是一条活路，也是给侵略者一个最好的道德的教训，

为中国，也为世界和平。

回击！

重重的回击！①

　　在"孤岛"，曾出现过一个由中共领导、名为复社的知识分子的秘密组织，其主要成员有周建人、许广平、胡愈之等。他们仿效明末江南知识分子所组织的抗清政治集团复社，从事对日伪政权的斗争。郑振铎也是该组织的成员。从日军占领上海到太平洋战争爆发的四年多时间里，这个以出版进步书籍为主的秘密团体，活跃于上海租界里，先后出版了《鲁迅全集》《列宁选集》《联共布党史》《西行漫记》等许多影响很大的革命书籍。其中有许多就是通过中共所领导的外围组织如学协等秘密推销和传布的。② 这些书籍的出版，在黑暗的"孤岛"无疑是一支支耀眼的火炬，照耀着广大青年学生和普通民众走向进步，走向光明。

　　那时，郑振铎除在暨南大学授课外，还兼任社会科学讲习所"中国文学史"的课程。该所是胡愈之借沪江大学名义于1938年春创办的、专门培训进步学生的学校。当时任教者均为进步学者，除郑振铎外，还有周予同、严景耀、王叔任、杨帆（殷杨）、冰心等。教师们通过讲授政治经济学、哲学、中国通史、中国文学史、社会发展史等课程，向学生灌输爱国主义思想，宣传抗日救国。后来这个学校的学生有很多参加了江南抗日游击队或去了苏北解放区。据说，当时就有人暗中把这所学校称为上海的"抗大"。③

　　早在抗日战争之前，王统照就已是久负盛名的作家。"孤岛"时期，他曾用"韦佩"的笔名撰写了30余篇短小、精悍的随笔，总称《炼狱中的火花》，从1938年4月下旬到6月上旬，陆续刊登在柯灵主编的《文汇报·世纪风》上。其中的一些篇章如《仇恨》《玫瑰色中的黎明》《为了文化》等，都曾广泛流传于学生文艺团体中间。后来，他用"卢生"的笔名在巴金主持的文化生活出版社出版了短篇小说集《华鹤亭》，又用"鸿蒙"和"提西"两个笔名写了长篇小说《双清》，连载于柯灵主编的《万象》上。其中《华鹤亭》与谷斯范的章回小说《新水浒》一样，尝试利用旧形式直接反映抗日斗争风云，故有文学史家将之列为"孤岛"小说的代表作之一。④《双清》发表后，曾引起广泛注意，有人认为可同小仲马的力作《茶花女》相媲美。⑤

---

　　① 郑振铎：《战号·献词》，见郑氏所著诗集《战号》，上海：生活书店1937年版。

　　② 钱今昔：《暨南师生在"孤岛"的战斗》，载暨南大学华侨研究所：《暨南校史资料选辑》，第2辑，广州1983年内部刊行，第77页。

　　③ 高君箴：《"孤岛"时期的郑振铎》，载上海社会科学院文学研究所编：《上海"孤岛"文艺回忆录》（上），北京：中国社会科学出版社1985年版，第156－157页。

　　④ 唐金海、周斌主编：《20世纪中国文学通史》，上海：中国出版集团东方出版中心2003年版，第60页。

　　⑤ 钱今昔：《忆郑振铎、王统照、方光焘》，载上海社会科学院文学研究所编：《上海"孤岛"文艺回忆录》（下），北京：中国社会科学出版社1985年版，第24页。

据钱今昔回忆，王统照对青年学子循循善诱，诲人不倦，引导学生走上文艺创作的道路。钱氏听课之余，常到休息室向王统照请教一些创作理论和外国作品的理解问题，后者总是不厌其烦地详细讲解并替他修改习作，良师风范，令人敬仰。

除教书写作外，王统照这一时期还主编过《文学集林》（与郑振铎合编，仅存四期）和《大英夜报》副刊《七月》。后者名义上的发行人是英国人，但实际掌握在暨南大学教授翁率平（留法）及金屋诗人邵洵美等人的手中。王氏主持《七月》时并不直接出面，而是由秦瘦鸥具体操作。当时为《七月》写稿的有戏剧家李健吾，主要是杂文，以"刘西渭"为笔名，文章犀利泼辣，极为精彩；郑振铎以"郭源新"和"玄新"的笔名写稿。该刊发表了不少进步作家的作品，如许席珍的研究鲁迅著作的文章，翻译家王佐良所译的苏联作家波列伏依的名著《我们是俄罗斯人》（新中国成立后多译为《我们是苏维埃人》）等。①

1937年日军占领上海后，许多战时刊物纷纷西迁，"孤岛"文苑顿现沉寂。当时暨南大学的地下党员王经玮（即陈伟达，时为化学系学生，后曾任天津市委书记），领导着进步学生组织——学协，钱今昔是上海市西区"交通员"，暨大地下党的支部书记是商学院学生周鸿慈（周一萍）。"孤岛"时期的暨大是党的基础比较强的高校之一。② 为了打破万马齐喑的沉闷局面，宣传抗日救国，中共地下党组织决定发动进步学生办刊物，以文艺为武器，进行抗日宣传活动。周一萍最先办了两个刊物：《一般》和《译丛周报》。前者是一份综合性刊物，只出了四期。撰稿人以暨大学生为主，如张可发文谈戏剧《锁着的箱子》的演出，吴岩（孙家晋）以"苬烟"的笔名发表过短篇小说。社会知名人士给《一般》写稿的不多，大约仅宾符一人，他每期写一篇时事评论。③ 后者名义上是英语学习类的杂志，但实际上是以帮助学习英语为名，行宣传进步思想之实。其资料来源主要是塔斯社的英文电讯及进步报刊。黄子祥曾以"易默"的化名翻译连载美国作家辛克莱的反映西班牙内战的中篇小说《不准通过》（黄当时译为《铁的堡垒》）。该刊一直坚持发表宣传中共主张的论文，报道八路军抗日和世界青年运动的消息，出了七八十期，④ 在当时算是存在时间较长的刊物。

1938年6月5日，周一萍又全力主持创办了后来在"孤岛"出现时间较早、影响较大的刊物《文艺》，此时，《译丛周报》已出至30余期。当时参加《文艺》工作的主要是中文、外文、史地三系的10余名进步学生如孙家晋（吴岩）、徐微（舒岱）、张可（万芳）、黄子祥（移谟）、戴敦复、林枞敔、钱今昔等。身处"孤岛"的进步作家和学者王叔任、林淡秋、蒋天佐、王元化、郑振铎等也给该刊以大量支持和关心。⑤ 该刊初

　　① 秦瘦鸥：《王统照与〈大英夜报〉副刊〈七月〉》，载上海社会科学院文学研究所编：《上海"孤岛"文艺回忆录》（上），北京：中国社会科学出版社1985年版，第131－133页。

　　② 周一萍：《"孤岛"期间暨南的党组织》，载暨南大学华侨研究所：《暨南校史资料选辑》，第2辑，广州1983年内部刊行，第66页。

　　③ 黄子祥：《"孤岛"文艺一角》，载上海社会科学院文学研究所编：《上海"孤岛"文艺回忆录》（下），北京：中国社会科学出版社1985年版，第343－345页。

　　④ 吴岩：《朝花夕拾——记一个冲破"孤岛"沉寂的文艺刊物》，载上海社会科学院文学研究所编：《上海"孤岛"文艺回忆录》（上），北京：中国社会科学出版社1985年版，第142－143页。

　　⑤ 钱今昔：《暨南师生在"孤岛"的战斗》，载暨南大学华侨研究所：《暨南校史资料选辑》，第2辑，广州1983年内部刊行，第77页。

为半月刊，后改为月刊。

《文艺》头两期均为 25 开 46 面，都是转载大后方的文章，理论文章有《我们需要展开一个新的文艺运动》《报告文学者的任务》《目前诗歌的大众化问题》《宣传·文学·旧形式的利用》等；文学作品有张天翼的《华威先生》、刘白羽的《在某村》、聂绀弩的《延安的虱子》、舒群的《婴儿》、张客的《武汉之春》、凌鹤的《夜之歌》等。其指导思想与《译丛周报》一样，主要反映抗战动态及中国共产党的主张。

从第三期始，《文艺》改为 16 开 24 面，内容上也作了一些革新，主要是上海本地创作稿的刊登要与转载稿各占一半。自此，参与《文艺》工作的学生开始撰写发表文章。吴岩、舒岱写小说；黄子祥（英文）、满涛（张可之兄，俄文）主翻译；诗歌有华铃（冯锦钊）、吴宏猷（笔名俞夷）；陈裕年、张可则散文、翻译兼任；王元化主文艺理论。[①] 此外，活跃在上海文坛的一大批文艺工作者免费为《文艺》撰写稿件。据吴岩回忆，计有：戴万平（岳昭）写了《报告文学者应有的认识》；戴何勿（何芜）以"萧岱"的笔名写了《诗歌大众化与旧形式的利用》，译了《四月与一月》等文；林淡秋以"应服群"的笔名发表小说《母亲》、散文《敬礼》及短评《理论与实践》等；钟望阳写过《十年》《我的母亲》等；谷斯范写了《肥胖的人》；王元化写了《关于文学大众化问题》《论抗战文艺的新启蒙意义》《利用旧形式并非狭路》。除此之外，王叔任（巴人）、石灵等都给《文艺》写过稿。

革新后的《文艺》转载的重要文章有：《现阶段的文艺活动》（以群）、《现阶段文艺的展望》（郭沫若、老舍、夏衍等）、《问题的两面观》（茅盾）等。至于内稿方面，满涛翻译了高尔基的几个短篇和一个三幕剧；黄子祥翻译了长篇报告文学《火圈里》；徐微发表了短篇小说《侍读记》《陶然先生》和《潮》；华铃的诗歌明白如话，出版了《玫瑰》等 6 部诗集，李健吾教授还给诗集写了赞许的序；钱今昔的小说与散文流畅清丽；吴岩发表在《文艺》上的小说《离去》后来被译成英文，先后刊载在《天下》（1939 年 3 月号）和苏联出版的《国际文学》（1940 年 7 月号）上。

《文艺》从 1938 年 6 月 5 日创刊到 1939 年 6 月停刊，陆续出版了 16 期 70 多万字。这个刊物打破了"孤岛"上一时噤若寒蝉的局面，填补了当年"孤岛"文艺界的空白并培养了一大批著译人才，如吴岩、黄子祥、徐微、林枳敬、华铃、卢静、张可等。茅盾曾撰文介绍该刊说："我们已经介绍过'孤岛'上的许多新刊（三期《书报书评》栏），但纯文艺的新刊，以我所见，还只有这半月刊。几位青年朋友的努力是值得敬佩的。"[②]

1941 年 1 月，国民党一手炮制"皖南事变"，掀起第二次反共高潮，在报刊上大肆宣扬"三个一主义"（一个主义，一个政党，一个领袖），强调要行"军令、政令之统一"。当时暨南大学史地系学生钱今昔（钱景雪）约集同系同学王兴华、吴弘远、李澍恩、黄磐玉、钱林及几位外校学生，商定出版《论军纪》单行本，再陆续不定期出版《杂文丛刊》，驳斥国民党的反动谬论，宣传抗日主张。[③]

---

① 舒岱：《一个笔名的消失——"孤岛"〈文艺〉回忆》，载上海社会科学院文学研究所编：《上海"孤岛"文艺回忆录》（下），北京：中国社会科学出版社 1985 年版，第 319 页。

② 玄（茅盾）：《西北高原与东南海滨》，原载《文艺阵地》第 1 卷第 12 期，1938 年 10 月 1 日。

③ 钱今昔、钱朴、杨幼生：《重振"孤岛"杂文》，载上海社会科学院文学研究所编：《上海"孤岛"文艺回忆录》（下），北京：中国社会科学出版社 1985 年版，第 127－137 页。

1941 年 2 月，《论军纪》在上海书报摊秘密发行。全书约 10 万字，将"皖南事变"的真相公布于众并痛快淋漓地驳斥了国民党统一"军令""政令"的谬论。《杂文丛刊》共出版九期。前六期称《杂文丛刊》，均以古代宝剑名之，第一辑《鱼藏》出版于 1941 年 4 月 15 日；第二辑《干将》出版于 5 月 6 日；第三辑《莫邪》出版于 5 月 28 日；第四辑《湛卢》出版于 6 月 28 日；第五辑《纯均》出版于 8 月 8 日；第六辑《巨阙》出版于 9 月 23 日。这六册后来合集发行，题名"游刃集"。后三期改名"棘林蔓草"，改用生命力极强的植物命名，各期分册，第一分册《紫荆》，10 月出版；第二分册《菖蒲》，11 月 1 日出版；第三分册《水莽》，11 月 16 日出版。《杂文丛刊》每期 40 页，36开，薄薄一本，不另加封面，只在首页上单色木刻阴文刊名，刊名下附印文学家的一段话，朴实无华。

《杂文丛刊》的基本作者就是前述的创办者，即一批 20 岁左右的在校学生。此外，原暨大"文艺社"的同仁如孙家晋、徐微也通过钱今昔的联系而参与其中。至于当时身处"孤岛"的一批知名作家如唐弢（以"风子"的笔名发文）、柯灵（丁一之——发表时误刊为丁一元）、孔另境（东方曦）、陆象贤（列车）、满涛（万殊）及金性尧（秦坑生）等都先后给《杂文丛刊》写稿。当时中共地下党亦给予《杂文丛刊》以极大的支持，王叔任在撤离"孤岛"前一直以"一士"的笔名为之撰稿。郑振铎、周予同虽没有为该刊写稿，但因钱今昔经常与他们联系，所以有些文章的观点，甚至修辞方面都得到了他们的具体指导。

《杂文丛刊》语言明白通晓，善于利用报纸上的新闻，及时写出针对性强的短文，针砭时弊，疾恶如仇，笔锋鲜明泼辣，一针见血。正因为此，《杂文丛刊》迭受当时进步报刊的赞许。《上海周报》说它使"上海文艺工作者感到更好的更直接的现实批判的武器，还是鲁迅式的杂文"[1]。《知识与生活》半月刊说它"涉及范围很广，完全针对现实，对于'某家班暴徒'、顽固派、发国难财者、'贝当路线'及其尾巴们，都施以打击和揭露，它是一柄锋利的短剑，使魔鬼们不敢正视而敛形"[2]。近半个世纪后，文学史家更将之载入现代文学史，[3] 可见其影响之深。

第四节　投身抗日爱国运动

一、参加"八一三"抗战后援活动

1937 年 8 月 13 日，日军大举进攻上海，中国军队奋起抵抗，淞沪战事爆发。上海各界援助抗日将士的组织纷纷成立，上海市学生总会也组织起来（"八一三"后改称上海市学生救亡协会，简称"学协"）。暨南大学学生王经玮（陈伟达）、周鸿慈（周一

---

①　巴人：《四年来上海文艺》，原载《上海周报》第 4 卷第 7 期。

②　书评：《〈鱼藏〉是一把短剑》，原载《知识与生活》第 1 卷第 4 期。

③　唐弢、严家炎主编：《中国现代文学史》第三册，北京：人民文学出版社 1980 年版。

萍）等先后在总会工作，[1] 其他同学则以海燕唱歌班[2]为基础扩大规模，参加学生总会的各项活动，计有：①向各界募款买来许多白布，又向亲友借来缝纫机，裁成简单的内衣裤连同食品送到伤病医院，发给受伤将士并为他们表演节目，慰劳将士们。②参加学生总会办的军事训练班，学习关于救护方面的知识，随时准备上战场。③参加学生总会在沪江大学商学院举办的政治课学习班夜校，听胡愈之等讲解国际政治形势及抗战形势，坚定抗战信心。

此外，学生们还经常组织起来在租界里贴标语，进行抗日演讲，鼓动市民的抗日热情。有一次，陈作伟、李光英等6名同学在吕班路（今重庆南路）搞活动时被法国租界巡捕抓进了卢湾巡捕房。同时被关押的还有其他学校的同学10余人。于是，大家一致对法国巡捕展开斗争，正义凛然地质问道："上海是中国的地方，为什么中国人不能在自己的土地上宣传救国？"法国人被问得哑口无言，但还是不肯释放被捕学生。于是，同学们大唱救亡歌曲以示抗议。当时，有些东北流亡同胞受雇于巡捕房，他们听了东北的救亡歌曲，引发丧失故园之痛，不禁泪下，苦苦哀求学生们不要闹了，怕闹大了对学生及当巡捕的东北人不利。学生被捕后，各界爱国组织设法营救，宣称要发动罢工、罢课、罢市，加上日本人要求引渡这些被捕的学生，法租界当局怕惹麻烦，不利于自己在租界的统治，只好悄悄地将学生们放了。

那时课外时事座谈会非常多，讨论分析国内外政治形势及演变趋势。因为成立学生会被禁止，学生们就改换形式，成立经济学会，由侨生陈作伟挂名，而实际负责的是周一萍。经济学会经常请社会知名人士来校演讲，如七君子之一的章乃器就曾到暨南大学演讲过。学生们的抗日救亡义举得到了校内进步教师的支持，如郑振铎教授，就经常指导学生的活动，特别是暗中对之进行保护。从成立经济学会到每次时事座谈会，请校外知名人士来校讲演，郑振铎都做了大量工作。他对暨大学生爱国革命运动的支持，也是暨大的光荣。

二、组建"暨南大学学生救亡团"

暨南大学一直是中共地下党组织活动的重点。淞沪战事发生时，中共暨大支部成员有周一萍（支部书记，1939年之后是张一鸣）、邝劲志等人，9—10月间，又吸收唐敬斋、陈秀搽入党。而王经玮在学总工作，很少参加学校党组织活动。1937年11月，学校宣布准备迁往江西，校内一部分同学经过商谈，觉得可以将愿意先走的同学组织起来，既可作为学校内迁的先导部队，又可沿途宣传抗日，一举两得。此举得到了中共地下党的首肯。通过同学们的相互发动，约在11月下旬，自愿报名参加的同学达到60余人，遂组成了"暨南大学学生救亡团"（简称"暨大学生救亡团"），选举唐敬斋、陈秀搽为正、副团长，江泽黔负责宣传，程光明负责生活，几天后，就精神饱满地出发了。在离校前，学校为安全计，特派助教俞寿松随行。

暨大学生救亡团到达宁波后，即着手进行抗战宣传工作。因该地紧邻战区，夜间实

① 钱今昔：《暨南师生在"孤岛"的战斗》，载暨南大学华侨研究所：《暨南校史资料选辑》，第2辑，广州1983年内部刊行。
② 暨南海燕唱歌班成立较早，曾请吕骥来校任教，当时参加唱歌班的有朱冠坤、唐蕙、陈秀仕、李光英、赵裳等30余人。见陈作伟：《1935—1939年暨南的爱国活动》。

行灯火管制，同学们就在白天搞了一些宣传活动，主要是集合大家上街，一面游行，一面宣传，使战云笼罩下的宁波民众进一步激发出抗敌的热情。

抵达古城金华后，针对金华民众抗战情绪还没怎么发动起来的状况，暨大学生救亡团决定停留两三天，做一些宣传工作。白天，同学们分头刷标语、贴标语，在街道演讲，晚上则借用当地学校的礼堂举行晚会，搞演出活动，如大合唱、活报剧、独幕剧等。参加演出的同学很多是第一次演出，但大家都认真投入，演得非常逼真，希望以此起到一点鼓舞当地民众、坚持抗战胜利的作用。此外，暨大学生救亡团的几位同学还专门到疏散到附近乡下的浙江省立第七中学，在校方的协助下，召开报告会，为该校学生讲述当前形势和防空知识，以增强广大学生的抗战信念和军事常识。

12 月中旬，暨大学生救亡团到达南昌，立即与中共组织取得了联系。此时在江西领导群众团体抗战工作的是王枕心、夏征农两位负责人，其中夏征农与暨大学生救亡团联系较多，经常给予他们指示和帮助。

经过研究，大家决定把抗日宣传的重点放在晚上，以便面向广大民众进行公演。当时，同学们的生活紧张而艰苦，往往是白天加紧排练，晚上登台演出。在大约一个月的时间里，暨大学生救亡团有时独立演出，有时与其他抗日团体联合演出。他们除了常演唱《义勇军进行曲》《大刀进行曲》《九一八》《打回老家去》等歌曲及表演话剧《放下你的鞭子》等流行救亡节目外，还自编自演了一些话剧和街头剧，剧情虽简单，但直白通晓，为大众所喜闻乐见，效果很好。演出时，观众反应十分热烈，一曲终了，一幕结束，总是赢得热烈的掌声。台上台下，"起来，不愿做奴隶的人们……"的歌声，响彻云霄。此期在南昌的音乐、舞蹈艺术家何士德、吴晓邦等主动前来指导、帮助暨大学生救亡团的演出。

不久，学校取消内迁南昌之举，要求同学们返沪续学。此时，江西省政府鉴于南昌汇集了各地的许多流亡青年，遂于 1938 年 1 月开始组织青年服务团，由省长熊式辉兼任团长，王枕心任总干事，共产党人夏征农任副总干事，领导群众团体的抗敌工作，下设10 个大队。暨大学生救亡团的大部分同学决定加入青年服务团，于是，就以他们为主体编成第一大队，驻南昌市，由共产党员何士德任大队长，唐敬斋、程志亮为副大队长。暨大学生救亡团中有少部分同学不愿加入服务团的，就返回上海复学，有个别同学转往内地。1938 年 1 月下旬，暨大学生救亡团取消。[①]

据当事人记忆所及，当时参加暨大学生救亡团的同学有邝劲志、唐敬斋、程光明、万粹英、徐珍、吕月华、黄学文、朱南、张小亮、邱宗智、沈纪云、李光英、朱鹤龄、欧阳明、卡庭超、卢维权、汤执中、江泽黔、陈秀掾、孙耀东等。[②] 他们为发动群众抗日做了大量宣传、鼓动和教育工作。他们以苦为乐，克服种种困难，为民族救亡贡献自己的青春和热血，后来日军进攻南昌时，他们大多数又参加了战地服务团，奔赴前线，与侵略者浴血奋战。

---

① 方孟：《关于"暨大学生内地救亡团"历史纪实》，载暨南大学华侨研究所：《暨南校史资料选辑》，第 2辑，广州 1983 年内部刊行。
② 陈秀掾、江泽黔：《暨大迁校南昌之议与学生救亡团》，载暨南大学华侨研究所：《暨南校史资料选辑》，第 2 辑，广州 1983 年内部刊行。

三、"最后一课"

"孤岛"期间，暨南大学处在日伪势力重重包围的险恶环境中，随时有被暗杀、被绑架的危险，但广大师生坚定爱国立场，坚持民族气节，坚守华侨高等教育的阵地，绝不向日伪低头。

1940年3月30日，汪伪"南京国民政府"粉墨登场，伪上海市政府通知沪上各校停课以示"庆祝"。暨南师生群情激愤，要求学校坚决抵制汪伪的决定。何炳松在校内会议上义正词严地说，当前大局，大家都知道，我们的态度是"汉曹不两立，忠奸不并存！"慷慨激昂，掷地有声。会议一致通过决议：进行抵制，不予理睬。

从1937年8月至1941年12月的四年多时间里，暨南大学教师绝大多数都洁身自好，在大是大非问题上爱憎分明，恪守华夏子孙的民族立场和道德原则。身处"孤岛"，生活清苦，环境险恶，但教师们对青年热情爱护，关心青年的学识与人格的成长是暨大当时十分普遍的现象。他们中的不少人已是成绩斐然的著名学者，在各自的领域里久负盛名，完全可以转往大后方，在相对安全的环境中从事学术研究，但为了与敌伪争夺青年，为民族多造有用之才，宁可自己担负着丧失生命的风险，忍受着贫穷的煎熬，留在"孤岛"，留在暨大，授业解惑，言传身教，为民族多培养一个人才，为华侨高等学府保存一丝血脉。太平洋战争爆发前的一天，暨大经济学会召开座谈会，已知租界即不可保的何炳松校长对众多学生说："时局很紧，你们能走的，要到大后方去读书，不能在沦陷区当汉奸。饿死事小，失节事大。"① 殷殷之情，令在场的学子们铭刻至深。

1941年12月8日，太平洋战争爆发。这天凌晨，日军的坦克隆隆地开进上海租界，炮击黄浦江上的英美军舰。"孤岛"这块弹丸之地，终于落入敌手。

这天早晨，学校举行会议，作出了悲壮而坚毅的决定："当看到一个日本兵或一面日本旗经过校门时，立刻停课，将这所大学关闭。"何炳松校长含泪向教师们宣布后，大家分头准备上课。上课铃如往日一样响了，学生们如往日一样坐在了座位上。教师们宣布了学校的决定，学生们脸上呈现出坚毅的神色，静静地坐着，听老师在讲台上严肃而镇静地讲授"最后一课"。

郑振铎教授用沉重的笔调记下了暨南大学历史上最为悲壮也最为神圣的一幕：②

> 我不荒废一秒钟的工夫，开始照常的讲下去。学生们照常的笔记着，默默无声的。
>
> 这一课似乎讲得格外的亲切，格外的清朗，语音里自己觉得有点异样；似带着坚毅的决心，最后的沉着；像殉难者的最后的晚餐，像冲锋前的士兵们上了的刺刀，"引满待发"。
>
> 然而镇定、安详、没有一丝的紧张的神色。该来的事变，一定会来的。一切都已准备好。

---

① 周之瀛、顾汝俊：《从"孤岛"到建阳的一些回忆》，见刘寅生等编：《何炳松纪念文集》，上海：华东师范大学出版社1990年版，第500页。

② 郑振铎：《最后一课》，见《蛰居散记》，上海：上海出版公司1951年版，第40-46页。

谁都明白这"最后一课"的意义。我愿意讲得愈多愈好；学生们愿意笔记得愈多愈好。

讲下去，讲下去，讲下去。恨不得把所有的应该讲授的东西，统统在这一课里讲完了它；学生们也沙沙的不停的在抄记着，心无旁用，笔不停挥。

别的十几个教室里也都是这样的情形。

对于要"辞别"的，要"离开"的东西，觉得格外的恋恋。黑板显得格外的光亮，粉笔是分外的白而柔软适用，小小的课座，觉得十分的可爱；学生们靠在课椅的扶手上，抚摸着，也觉得十分的难舍难分。那晨夕与共的椅子，曾经在扶手上面用钢笔、铅笔或铅笔刀，有意识或无意识地涂写、刻画着许多字或句的，如何舍得一旦离别了呢！

……

没有伤感，没有悲哀，只有坚定的决心，沉毅异常的在等待着；等待着最后一刻的到来。

远远的有沉重的车轮辗地的声音可听到。

几分钟后，有几辆满载着日本兵的军用车，经过校门口，由东向西，徐徐地走过，当头一面旭日旗，血红的一个圆圈，在迎风飘荡着。

时间是上午10时30分。

我一眼看见了这些车子走过去，立刻挺直了身体，作着立正的姿势沉毅地合上书本，以坚决的口气宣布道：

"现在下课！"

学生们一致地立了起来，默默地不说一句话，有几个女生似在低低地啜泣着。

没有一个学生有什么要问的，没有迟疑，没有踌躇，没有彷徨，没有顾虑。个个人都已决定了应该怎么办，应该向哪一个方面走去。

炽热的心，像钢铁铸成似的坚固，像走着鹅步的仪仗队似的一致。

从来没有那么无纷纭的一致的坚决过，从校长到工役。

这样的，光荣的国立暨南大学在上海暂时结束了她的生命，默默的在忙着迁校的工作。

这天早上，暨南大学学生徐开垒像往常一样，从家里坐电车到学校，坐在教室里，讲课的是王统照，上的是大学一年级国文课，教的是陆机的《文赋》。徐开垒从学生的角度记述了"最后一课"对他心灵的震撼和终生的影响：[①]

这天他的脸色非常严肃，课堂上一片静寂，而我们回头从阳台上望下去，康脑脱路上却是一片乱哄哄，但见日本军队卡车正在马路上横冲直撞，卡车的喇叭声像鬼哭狼嚎。王统照老师像法国著名作家都德的短篇小说《最后一课》

---

① 徐开垒：《何炳松校长的爱国主义精神》，见刘寅生等编：《何炳松纪念文集》，上海：华东师范大学出版社1990年版，第493页。

里的韩麦尔先生那样认真地坚持讲课，直到剩下最后一刻钟时间，他才终于放下课本（讲义），讲课程以外的话了。

他的神情是这样严峻，在他黑瘦的脸上，从玳瑁边眼镜里射出极其严肃的眼光，用十分沉痛又十分关切爱护的口气对我们说：

"同学们，刚才何校长与我们许多教师商量，决定向全校师生员工发出通知：学校从现在开始，停办了！因为日本军队已经开始进入租界！我们决不能让敌人来接管我们的学校！今天这一节是最后一课，我们现在要解散了！"

……

多么沉痛的现实！多么使人刻骨铭心的难忘印象！这时我又忽然听到王统照先生对我们讲话了：

"同学们，你们都很年轻，都二十岁不到吧？我们的日子正长，青年人要有志气，要有能冲破黑暗的精神，学校可能内迁，你们跟不跟学校到内地去，何校长说过了：这要看每个人的家庭环境来定，不要勉强。问题在不论留下来，还是跟着内迁，都要有个精神准备，这就是坚持爱国，坚持抗日！……"

当天停课后，何炳松回寓所时，遭日军盘查，但他仍设法与同仁开了在上海的最后一次会议，安排好学校内迁及学生遣送事宜。第二天，因校内有两名教师变节，在沪所有专科以上学校中，暨南大学是最先被日军侵入搜查的。因校方部署周密，日军一无所获。随后，何炳松从沦陷在敌手的上海北站秘密间关以入浙江，1942年4月到达建阳，继续执掌校务并受命筹组国立东南联合大学。暨南大学也成为当时留沪高校中唯一安然得以内迁者。

第四章

建阳时期

（1941. 夏—1946. 夏）

抗战爆发后暨南大学被迫迁入上海租界"孤岛"继续办学，但随着抗战进入相持阶段，在"孤岛"办学处境日趋艰难，1941年夏暨大在闽北建阳预设分校。1941年底太平洋战争爆发后"孤岛"不复存在，暨大整体南迁建阳办学直至1946年夏复迁上海，史称暨南校史上的"建阳时期"。

第一节　内迁福建建阳的历史背景

1937年"八一三"事变爆发后，位于上海西郊真如的暨南大学校园，在日军的飞机轰炸与炮火射击中被夷为瓦砾场，化学馆、大礼堂和学生宿舍等悉被炸毁，被迫于同年8月至1941年底转移至上海市的外国租界艰难办学，史称暨南校史上的"孤岛"时期。本节拟主要探讨学校内迁福建建阳的历史背景。

一、抗日战争进入相持阶段与学校在"孤岛"办学的艰难处境

"萧墙突变惊华夏，哭罢英雄愤未平。学子莘莘齐奋起，毅然投笔请长缨。"[1] 这是暨南校友、国防科工委原副政委周一萍（1915—1990），半个多世纪前在上海"孤岛"暨南大学求学时写的一首名为"惊变"的诗，描写了那段艰苦办学的岁月。抗日战争进入相持阶段后，地处"孤岛"的暨大办学处境日趋艰难，学校处在日伪势力的包围之中，"校舍设备十分简陋，大家生活更是非常清苦"。[2] 学生们在上课时不时有炸弹落在附近，日伪还推行思想战和奴化教育，特别是汪伪政权1940年3月在南京成立后，加大了对上海租界的控制与对抗日爱国运动的镇压，暨南校友平祖仁就因参加抗击日伪的地下工作，于1941年4月被日伪残酷杀害。[3]

二、太平洋战争爆发与"孤岛"的不复存在

太平洋战争是第二次世界大战的重要组成部分，是日本法西斯发动的侵略战争。1941年12月8日黎明，日军突袭珍珠港的美国军舰和机场，并兵分数路进攻中国香港、马来亚、菲律宾、印度尼西亚和缅甸等地。同日，美、英、中对日宣战，太平洋战争爆发。之前以"中立"和"治外法权"为由得以暂时保存的上海租界，被日军迅速占领。

太平洋战争爆发前，"惟以租界关系，一般人咸认为安乐窝，各地流亡纷纷迁沪即向设内地之各级学校亦移向租界，人口激增"[4]。租界不复存在后，日伪上海市政府于1942年1月10日，提出将暨南大学收归汪伪中央政府直辖。[5] 同年4月7日，日伪上海市政府市长陈公博致函上海日本宪兵队，"定于本月9日上午9时，至小沙渡路（今西

① 周一萍：《书剑吟》，北京：解放军文艺出版社1993年版，第8页。
② 徐开垒：《祝贺暨大上海校友会成立十周年》，载暨大上海校友会《简讯》第41期。
③ "孤岛"时期暨大师生的爱国活动情况，详见夏泉：《"大学犹海上之灯塔"——试论"孤岛"时期暨南大学的爱国活动及其启示》，载《暨南教育》1996年第1期。
④ 《市教育局关于收回租界教育权意见书》（1941年6月3日），载上海市档案馆编：《日伪上海市政府》，北京：档案出版社1986年版，第893页。
⑤ 《林炯庵关于附送整理特区教育意见书呈》，载上海市档案馆编：《日伪上海市政府》，北京：档案出版社1986年版，第914－916页。

康路——编者）康脑脱路（今康定路——编者）口接收国立暨南大学，即烦转知有关方面"。4月9日，日伪上海市政府市长陈公博颁发训令："查国立暨南大学自太平洋战争爆发以后即加入重庆在浙东由何炳松主办之东南联合大学。沪校方面初则变象维持，继以经济问题及告停办。……其在沪之校产等拟由本部会同上海市教育委员会接收后备作将来新国立大学之用。"①

三、建阳具备办学的各种有利条件

建阳地处闽北，福建又是著名的侨乡，在此设立暨南大学分校是为了"以期与海外侨胞通声气，兼亦以备上海万一之虞"②。在国土沦丧，大部分高校内迁西南、西北之际，在华东沦陷区，暨南大学仍然"弦歌不辍，俨成敌后之精神堡垒。……敌伪虽威胁利诱，均终屹然不动"③。抗日战争进入相持阶段后，伴随着1941年4月福州沦陷和后来第二次浙赣战争爆发，建阳"从大后方变成抗敌前沿的指挥哨所。……此时的建阳，人称'小福州'"④。易守难攻、交通相对方便的地理位置，悠久的文教传统，侨乡与海外华侨联系频繁，以及国民政府很多战时机构迁居于此，为暨南大学内迁建阳提供了诸多便利。

1. 建阳的地理位置

建阳别称潭城，位居"闽北中心"，建县于汉建安十年（205），是福建省最古老的五个县邑之一，有学者认为，古福建即是从福州的"福"字和建阳的"建"字取而合为省名。闽北位于闽、浙、赣三省交界地带，是一个以丘陵为主的内陆山区。以"闽北粮仓""林海竹乡"著称的建阳，位于武夷山南麓，卧牛山蜿蜒于北，鲤鱼山回溯樟滩，四周碧野环舍，双溪汇流其间。总的地势西北与东部高，东西距离长，南北距离较短，宛如马鞍形。境内有崇阳溪、南浦溪、麻阳溪等溪流。⑤ 建阳地理条件得天独厚，可谓一方富庶之地。

2. 建阳文教发达

建阳是一个具有悠久历史的古城，这里人杰地灵，自古有"图书之府""文公故里""七贤过化""嘉禾之乡""南闽阙里"的美誉。朱熹（1130—1200）晚年在建阳讲学并卒于此，创办了影响深远的"考亭学派"。宋代的建阳"书院林立，讲帷相望"，"家有弦诵之声，人有青云之志"，书院数居全国之冠，仅有宋一朝一个山区县就出了108个进士。⑥ 建阳的"建本"闻名遐迩，是我国三大雕版印刷中心之一。建阳县童游里人宋慈（1186—1249）撰写的《洗冤集录》是一部千古不朽的法医学检验专著，他因之被尊为世界法医学鼻祖。⑦ 元代时建阳教育凋敝衰落，明清时期得到了恢复发展，进入民国，

---

① 《市政府关于接收国立暨南大学文件》，载上海市档案馆编：《日伪上海市政府》，北京：档案出版社1986年版，第930 – 931 页。

② 金兆梓：《何炳松传》，载刘寅生等编：《何炳松纪念文集》，上海：华东师范大学出版社1990年版。

③ 何炳松：《暨南大学与东南联合大学》，载刘寅生等编：《何炳松纪念文集》，上海：华东师范大学出版社1990年版，第38页。

④ 刘建：《大潭书》，北京：文物出版社1994年版，第477页。

⑤ 参见《建阳县志》之总述、自然地理部分，北京：群众出版社1994年版。

⑥ 刘建：《南阙里纪事——中国一个县的教育史话》，北京：华艺出版社2001年版，第1 – 2 页。

⑦ 刘建：《大潭书》，北京：文物出版社1994年版，第221 – 222 页。

"建阳教育有较大的起色"，如中小学教育的兴办与初步发展，1929 年兴办了闽北教师的摇篮——建阳师范。[①] 丰厚的历史文化底蕴与悠久的崇教传统，为发展高等教育提供了一个良好的社会基础。

　　3. 建阳环境相对便利，易守难攻

　　建阳尽管地处山区，但由于位于闽北交通中心，"舳舻之相衔，轮蹄之接踵，趋闽浙而走交广"，自古有"闽北走廊"之称。除水路可通篷船、竹筏、木排外，陆路交通也相对发达，是闽北公路交通枢纽。[②] 北面公路为通往沪杭要津，西北面公路可达江西上饶、安徽屯溪（抗战时省会），西面公路连通江西，南面公路与福建战时省会永安相接。暨南大学迁建阳前，境内有 205 线国道 51.6 公里，自建瓯至浦城深坑；省道有福分公路（福州—建阳—分水关）、水杉公路（建阳营头—光泽杉关）等。[③] 1941 年 12 月太平洋战争爆发后，江浙、福州相继沦陷，建阳从大后方成为抗敌前沿指挥所。因为山势险峻，日军虽对第三战区发动浙赣战役，加之飞机轰炸，但始终无法进入建阳境内。易守难攻的地理位置和第三战区官兵的顽强抵抗，使得建阳能偏安一隅，从而为暨大弦歌不辍、艰苦办学提供了客观条件。

第二节　尽笳吹弦诵在建阳——内迁建阳始末

一、设立暨南大学福建建阳分校

　　1937 年抗战全面爆发后，东部地区高校进行了史无前例的大迁移。太平洋战争爆发后，国立暨南大学也从上海租界内迁闽北建阳。而在此前，为了未雨绸缪，做好持久抗战准备，保存祖国文化命脉，为暨大内迁作准备，学校请示教育部拟在重庆、福建筹设暨大分校。后经国民政府教育部批准，决定在闽北建阳童游设立分校。

　　1941 年夏，学校特派商学院院长周宪文、训导长吴修等，前往建阳设立分校，以周宪文为主任。周宪文（1907—1989），浙江台州人，我国著名的经济学家，1935 年任暨大经济系教授兼系主任，1936 年任商学院院长，1942 年任暨大教务长，台湾光复后前往台湾任教。应周宪文约请，许杰教授兼任注册科主任。分校于 1941 年 11 月正式开学，招收文理商 3 学院 9 系新生 240 人。据许杰回忆："当时，暨大分校的事务主任林光汉，是个广东人。初到建阳时，教职员不多，我们每天吃饭的时候都聚在一起，碰头的机会很多，了解的情况也很多。……当年，建阳的县长胡福相，也是浙江人。他的秘书杨百泉，是我在任天台文华小学校长时期的学生。……有一次，周宪文同胡福相在言谈当中，提到已经来到建阳的原暨大教授，杨百泉在一旁插话说：'许杰教授是我的老师'，于是乎，他们对我便格外地客气。由于这些关系，暨大分校在建阳总算是站住了脚跟。"[④]

---

　　① 刘建：《大潭书》，北京：文物出版社 1994 年版，第 505 – 510 页。
　　② 《建阳县志》之交通邮电部分，北京：群众出版社 1994 年版。
　　③ 《建阳县志》之交通邮电部分，北京：群众出版社 1994 年版。
　　④ 许杰口述，柯平凭撰写：《坎坷道路上的足迹》，上海：华东师范大学出版社 1997 年版，第 299 – 300 页。

表 1　国立暨南大学福建分校教职员职务课程分配表（1941 年 11 月）

姓　名	职　　务	课　　程
周宪文	本校商学院院长兼分校教务主任	经济学甲组
吴　修	本校训导长兼分校训导主任总务主任	三民主义甲组
许　杰	专任教授兼导师	基本国文
谢震亚	专任讲师兼导师	基本英文
柯蓬洲	专任教授兼导师	会计学
韩逋仙	专任教授兼导师	中国通史论、理学商业史、经济学乙组
尤崇宽	专任教授兼导师	微积分、算学甲乙两组
王勤埥	专任讲师兼导师	物理、化学、书法、几何
曾建平	专任讲师兼导师	南洋概论
郭绍文	代理军事教官	
娄子明	训导处生活指导组主任	三民主义乙组
俞剑华	总务处文书组主任	基本国文
林光汉	代理总务处庶务组主任	
马炎昌	会计员	
施子郁	庶务员	
徐在廉	教务员	
许培元	特约校医	救护学
卢志淹	书记兼办合作社	
罗大年	书记	
潘湘波	护士	

资料来源：《福建分校职务课程分配表，暨大职务分配案卷》，上海市档案馆，档案号：Q240 - 1 - 66。

二、暨南大学整体南迁

1941 年 12 月 8 日，暨南大学在"孤岛"上完最后一课后整体南迁建阳。何炳松校长指示教务长周予同留沪处理校务和南迁事宜。台湾周国春校友（1944 年于文学院教育学系毕业）在《忆童游·怀旭庐》一诗中深情地回忆了那段"恨敌骑南侵，童游身寄"[①] 的烽火岁月：

武夷九曲，考亭书坊；宋明学区，鼎盛建阳。
古镇童游，隔水相望；孔庙巍巍，圣德荡荡。
抗日战起，京沪沦丧；暨南南暨，暂安是乡。
孔庙作校，课诵揖让；童游北郊，草莽拓荒。
纠工建宅，安抚流亡；竹篱芳香，亦村亦庄。
村舍之东，处处方塘；天光云影，莲池飘香。
朝近旭日，暮送夕阳；冠者五六，发奋图强。
围棋遣兴，清茶芬芳；俚语如珠，陶然欢畅。

---

① 转引自金永礼校友诗：《闻建阳建立"暨大旧址"碑有感》，载暨南大学闽北校友会编：《暨南潭讯》，第 5 期，1997 年 12 月。

油灯伴读，甘苦共赏；旭庐点滴，终生难忘。

四十年来，散处四方；白云亲舍，忆想远方。①

　　暨南大学得以整体南迁，为东南一带之大学教育守最后之壁垒，得益于下述数端：一是何炳松校长具有前瞻性，当机立断，早在1941年夏即在建阳设立分校；二是全校师生员工在国难当头、民族存亡系于一线之际，同仇敌忾，抓紧时间在中央银行关闭前的12月6日由校出纳组主任曹增美及时领取12月份的经费和临时费，为南迁提供了经费保障；② 三是精心组织，化整为零，分批南迁，并在金华设立了南迁接待站，由训导处生活指导组主任娄子明负责；四是得到第三战区官兵的帮助，如第十集团军在食宿行诸方面提供了许多便利。暨大在南迁前，将图书设备、文件档案等装箱寄存。自1942年1月起，师生自沪经杭州、金华、江山、浦城到建阳。可以说，抗战时高校的大迁移，无疑是一项壮举。"当时的交通极为不便，经费又匮乏，处于混乱的战争年代，政府的主管部门和各高校当局必须自己筹备经费，制订计划，筹划交通路线、搬迁的地点和兴建新校舍。"③ 南迁的艰难困苦和遭遇的种种磨难，非亲身经历难以言表，据顾汝俊校友回忆：

　　1942年2月初，刚过春节，同学们二三人为一批，先后离开"孤岛"。周之瀛和我在跑单帮商人的向导下，经杭州后，进入浙东沦陷区。白天绕道走小路，攀山越岭；夜晚经闲林埠偷渡敌人封锁线，蛇行匍匐，爬出铁丝网，穿过公路，便拼命地赶路，顾不得饥寒疲惫奔了几十里的崎岖山路。到天亮总算幸运才见到一个小镇，在临时摊头上买食品充饥，这时向导才说就在穿过的铁丝网上头还挂着人头呢！以后又行了整整一天，才到我抗日前沿的渌渚。

　　2月16日平安到达金华，我们高兴地找到暨南大学内迁接待站，地址是金华文昌巷，也就是何校长的家。当时由训导处娄子明接待登记，安排食宿；并代何校长向我们亲切慰问。还说何校长如何煞费苦心地筹备金华接待站，还让出房屋供使用，全部心力都用在迁校和关切师生员工上，在安排好接待工作后，校长又去他处办事了。所以我俩在金华没有见到校长，听到这番话，我俩自然万分兴奋，为回到了母校怀抱而激动。

　　2月20日，我俩到达建阳母校，已先到的老师、同学都很热情地欢迎，相互热泪盈眶地握手拥抱，确有一种难以言表的激情，倍感母校大家庭的温暖。④

　　何炳松校长的次女何淑馨校友这样回忆何炳松校长一家从上海内迁建阳的艰难：

---

　　① 该诗载《暨南潭讯》，第5期，1997年12月。

　　② 据俞剑华回忆，1941年12月暨大"该月经费及临时费通知书于十二月六日发下，是日适为星期六，暨大出纳组曹增美主任迅即向中央银行提出，其他各校均未往取，翌日敌军进占，中行停闭，故暨大经费未受影响，遂移为迁移费，其他各校由于一文不名，无法支应，曾陷于极困难之境地"。详见俞剑华：《何师柏丞在建阳》，载刘寅生等编：《何炳松纪念文集》，上海：华东师范大学出版社1990年版。

　　③ 苏智良等：《去大后方——中国抗战内迁实录》，上海：上海人民出版社2005年版，第198－199页。

　　④ 周之瀛、顾汝俊：《从"孤岛"到建阳的一些回忆》，载刘寅生等编：《何炳松纪念文集》，上海：华东师范大学出版社1990年版。

他自己移居到朋友家，蓄起了长胡子，秘密进行迁校工作。第二年四月初动身去内地。我记得我们全家是分头去车站的，上了火车才汇合在一起。一路上胆战心惊，尤其是夜宿浙江萧山的情景至今回忆起来犹令人不寒而栗。住在一家小旅馆里，窗外小河上不停地传出敌船的马达声。我们全家分成几个互不联系的小户，分住在三间客房里。半夜伪警和日本宪兵不时前来查房，隔壁房里的敲打旅客声传来，几乎令人精神失常。离开萧山还要乘坐每艘只能容纳一人的小船去安华，这时才算脱离危险区。①

1942 年夏，暨南大学总校迁闽完毕，暨大建阳分校名义遂被取消。1942 年 9 月各院系在建阳全面复课，并利用寒暑假补上了上半年一个学期因迁校而耽误的课程。暨大南迁是抗战时期中国教育史上的一个奇迹，正如论者所称："上海的高等学校众多，真正能够排除万难，迁校成功的只有暨南大学一所。这不能不归功于何炳松校长的爱国热忱和坚韧不拔的毅力，以及师生员工不怕艰苦，团结在校长的周围，共同克服困难的决心。"② 因浙赣战争爆发，1942 年 6 月 18 日至 7 月 30 日，暨大又连续召开了 6 次迁校委员会议，商议再度迁校事宜。

三、暨南大学的校舍建设与师生生活

1. 暨南大学临时校址

建阳童游乡是 1941—1946 年国立暨南大学的临时校址。童游位居建阳县中部，与县城一水之隔，必须乘船才能渡过，当时暨大师生进城要坐渡船。"船是由一人划动的，河的两岸各有一间小屋，划船人就住在里面，夜间进城或回校时，可以随时把他叫醒为你服务。"③ 据传说南宋绍兴年间重建拱辰桥，落成之日有采药仙童 7 人游其上，后飞升而去，遂名其桥为童游桥，名其里为童游里，元明清沿用，1949 年设乡。④ 民国时童游街多数是土木结构的平房，少数是砖木结构的楼房，还建有庙宇、祠堂、学校和乡公所，居民饮用井水和溪水，照明用松明、桐油灯或煤油灯。⑤

暨南大学校址以童游文庙为中心。是时文庙年久失修，荒草长满庭院，两庑常住着乞丐。经过整修与兴建，暨大教学、生活用房基本具备。⑥ 如大成殿扩建后作为大礼堂，明伦堂和东西庑改建成教室、办公室、宿舍，崇圣祠改建成图书馆，董家祠、杨家祠、袁家祠、忠烈祠、三圣庙、起春庵等改建为教职员工和学生宿舍。几十年后，暨南学子还念念不忘建阳旧校址，杨耀宗校友以诗咏志："抗战烽火遍地起，颠沛流离到潭城。学府暨大迁来此，文庙尽是读书声。"⑦

---

① 何淑馨：《怀念父亲》，载刘寅生等编：《何炳松纪念文集》，上海：华东师范大学出版社 1990 年版。
② 俞述翰：《何校长在建阳的日子》，载刘寅生等编：《何炳松纪念文集》，上海：华东师范大学出版社 1990 年版。俞述翰校友又名俞晶，系俞剑华之子。
③ 李祥麟：《暨南大学在建阳》，载《新加坡暨南校友会四十四周年纪念特刊》（1984 年）。
④ 《建阳县志》，北京：群众出版社 1994 年版，第 61 页。
⑤ 《建阳县志》，北京：群众出版社 1994 年版，第 444 - 445 页。
⑥ 刘建：《大潭书》，北京：文物出版社 1994 年版，第 498 页。
⑦ 杨耀宗：《情系建阳》，载暨南大学闽北校友会编：《暨南潭讯》，第 5 期，1997 年 12 月。

2. 暨南大学校舍建设

考虑到建阳"湿气甚重，早晚天气寒凉，现所借用之文庙及明伦堂各部分，应尽量先用于教员及学生宿舍，加装地板及天花板，办公室及教室部分，加装地板，以重卫生"①，因此何炳松校长对暨南大学校舍建设非常重视。1942年4月下旬，在浙江金华妥善处理好东南联合大学的筹建事宜后，他于5月上旬"转赴建阳视察暨南大学分校及商讨上海总校内迁事宜"②。5月10日和11日，何炳松在建阳主持召开了暨大校舍建筑问题会议，出席会议的有暨大建阳分校的周宪文、吴修、王子瑜、韩通仙、沈传珍、许杰和俞剑华。会议作出如下决定："关于校舍建筑问题，似以师生住宅及宿舍为最急要，拟先成立校舍建筑委员会，请王子瑜、周予同、周宪文、吴修、韩通仙、许杰、俞剑华诸先生为校舍建筑委员会委员，并请王子瑜先生为主任委员。先计划建造教职员眷属住宅，暂定二十幢，单身宿舍暂定二十间；学生宿舍若干幢，一概仍视建筑费情形随时酌定。建筑地点宜在童游村之东边，于距文庙及环峰书院居中地点。至于建筑样式及如何包工等问题，最好能与营造厂接洽决定，决定之后，即可开工。外观不妨朴素，内容须力求合于卫生，不可过于简陋。房屋使用年限，至少须在四年以上。原有旧屋，仍宜尽量利用，节省公币，唯须加以适当的改造，以求适用而合卫生。至图书馆及教室，可就原有旧屋，加工改造，似亦尚适用，容徐谋添建。"关于校景布置问题，何炳松要求："应先规划并修筑或整理校内外师生所必经之道路，此于师生鞋袜经济关系不小。在校外周围，宜布置成为一大公园，缀以坚固茅亭，不妨树立刊有白鹿洞书院规约之木牌，以备学生游息或疏散时观摩之用。"③而早在1941年上半年设立建阳分校时，学校就向教育部申请国币40万元兴建校舍。为此，学校还专门制定了《国立暨南大学拟建学生宿舍计划》，对建房的一些具体方面，如平地、灰线、底脚、灰浆三合土、装修、地板、平顶、屋架、瓦、墙、走廊、路面、明沟诸方面都有详细规定。关于平地，要求"建筑房间四周，均宜填或挖平，其高度在六英寸以上者，填土在一英尺以上者，承包人应开列单价，高度不满上列数量者，承包人应负责填挖"；关于底脚，要求"开掘底脚沟，应须平直，倘有回水，必须车净"。根据当时预算，建造40间学生宿舍，约需经费国币19万余元。④

校舍基本建成后，校园内悬挂着何炳松撰写的"忠信笃敬"的暨南校训大横匾，大门前方有福建省主席陈仪手书的"声教南暨"四个大字，门口悬有"国立暨南大学"校牌一块，门顶装有大风灯（煤油灯），战时学府气派俨然入目。出生于建阳童游的学校教师徐汝瑚教授（1907—1998），对建阳暨大披荆斩棘，克服困难，兴建校舍的印象尤

---

① 《国立暨南大学三十一年度福建分校建设费说明书》，见南京中国第二历史档案馆馆藏，档案号：全宗号5，案卷号3400。

② 何炳松：《暨南大学与东南联合大学》，载刘寅生等编：《何炳松纪念文集》，上海：华东师范大学出版社1990年版。

③ 何炳松：《校长指示事项》，载国立暨南大学《何校长报告记录》（1942年），上海市档案馆，档案号：Q240-1-33。

④ 《国立暨南大学拟建学生宿舍计划》（1942年9月），见南京中国第二历史档案馆馆藏，档案号：全宗号5，案卷号5310。

为深刻，① 他详细回忆了当时的校舍情况：

　　建阳文庙位于童游南部，北面是一大片平原田地，紧靠后门为建阳至浦城公路。南临建溪，大门与建溪彼岸城墙相对峙。东界油溪，溪岸上为水东狗头岩山。西部沿公路下傍直至建溪岸边三圣庙止，为一片长方形，大约一华里的荒野平地，足够扩建校舍之用。因此，暨大以宽敞堂皇宫殿式的文庙为校本部。把大成正殿作为礼堂，东西两庑隔为办公室，再前面左边为校长室，右边为教务处。正殿后面明伦堂修为大教室。正殿左边面积比正殿更宽大的两排房舍，修缮为十个教室和一个教员休息室。再左边至靠宫墙处的一段空坪，则修建为厨房和膳厅。后门为奎星楼，临阳浦公路，楼的前面尚有一片平地，修建为学生宿舍。校本部部署完善后，即着手在文庙西部斩荆棘，辟草莽，圈定一大片荒地，为建筑两座教员宿舍地盘。每座十五间，一共三十间。虽系土木结构，以鳞片木板为墙，但因布置适宜，宽雅幽静，学者居之，尚称舒适。复在童游北面上元坊顶、五谷庵、徐氏祠堂旁（现为童游大队橘子园和花苗场）的荒基上建筑两座楼式的学生宿舍，每座可容纳学生二百人。再利用上元坊顶一带（现自由路尽头处）几座祠堂（如应氏宗祠、黄氏祠堂等），改建为职员宿舍。分别在童游上元坊中部、下坊学坊巷租用三栋宽敞的民房和一座阔厅大栋的公房为教员宿舍。又在童游东面富林村的起春庵设立医院。沿下面的施家祠、袁家祠以及关帝庙（今童游小学厨房）等均辟为学生宿舍。西南部三圣庙设立图书馆。何炳松校长则在学坊巷口（现反修路）一块公有地基上建筑一栋一厅四间平房为校长宿舍。此外尚有一部分教职员工和学生租住了民房。童游民房亦大有人满之患。

　　为使校内人员出入往返不感困难，除在各宿舍门口的通道上加以整修外，还特地建筑一条小马路，可以通行小汽车，当时命名为抗战路，即从学校大门口直至阳浦公路西段转弯处，即现在县竹器社对面交叉点（就是今县第二中学原校门口）。小马路宽阔平坦，步行便利，中间建造一座坚固的木板桥，命名为"致远桥"（即原下马亭处），桥前面竖立一座油漆木牌坊，上面书写"暨南教声"，也可以从右至左看为"声教南暨"四个大字。路两旁植有树木，颇为大方幽美，行人至此心胸为之一畅。

　　暨大迁到文庙后，经过二年的努力，在童游东南西北四境和街巷中整修和建设了不少校舍与道路，使整个童游的面貌，焕然一新，似已成为暨大的"大学城"了。虽然不能和英国牛津那样，成为牛津大学优美瑰丽的大学城，但我以为仿佛似之。②

3. 师生住宿情况
关于当时教工宿舍的简陋情况，1942 年夏始在建阳暨南大学文学院历史系任教过三

①　徐汝瑚教授在建阳暨大讲授商法、国际公法、国际私法和条约论等课程，曾担任暨大闽北校友会名誉会长。详见暨大闽北校友会编：《暨南潭讯》第 8 期（1998 年 10 月）的有关资料。
②　徐汝瑚：《暨南大学在建阳》，载《建阳文史资料》，第 2 辑。

年的李祥麟教授记忆犹深："宿舍的屋顶是用很厚的稻草盖的，夏天不热，冬天不冷，望去一片黄色，也颇美观。每一个单位只有一房一厅，厅在前面，卧房在后面。厅的前面就是公共走廊，因为是排屋式的，也就成为左右邻居谈天好场所。走廊颇宽，大家就在走廊上烧菜煮饭。一个炭炉，一口锅，饮食问题便这样解决，生活的简单可想而知。"① 1939—1944 年在暨大任教的谢震亚之子谢基校友对此亦深有同感："教职员的宿舍十分简陋，在屋外的走廊里搭上炉子，烧菜做饭。后来，在草地的另一头新盖了几排平房，作为我们的新宿舍。实际上，新宿舍比老房子更不如，墙壁是用木条板拼合成的，刚搬进来住的时候，很密实，由于新木板潮湿的缘故，过了一段时间，木板干透了，接缝处便出现了一条条裂缝，这家可以偷看邻家内的动静，真是糟糕透了，连洗澡也不保密，更糟的是房顶是用一层层芦苇铺盖的；那地方偏偏又经常刮风下雨，刮大风来把屋顶刮去了一大块，屋内角落处，滴滴答答漏下雨来，要用脸盆接住，弄得人彻夜难眠；久而久之，房顶的芦苇开始腐烂，时不时有小虫子和红通通、光秃秃的小老鼠掉下来。"② 至于学生的住宿情况也大多是"毛竹作骨架，芦席糊泥墙壁，茅草、稻草盖顶的草房。窗子用毛边纸片玻璃，涂以桐油增加透光性就算'高级'了"。学生睡双层木架床，几个人共用一张桌子。上铺学生在床头搁一块板，就是读书、抄笔记、写信之处。③ 当然也有少部分家境较宽裕的同学，"几个人合租民房居住，其生活则较自由，不时还可以打打麻将消遣，有其优越的一面"④。另有个别住在建阳县城的学生，遇到春季溪洪暴涨，要到对岸僮游上课经常耽误，上课钟声敲响了，仍然是"溪洪滚滚渡慢慢"⑤。

4. 师生生活情况

1938 年春，福建省政府及其所属机构从福州内迁闽北、闽西，沿海一些公私立学校也相继内迁闽北。1941 年 4 月，"日寇的铁蹄踏入福州，福州难民涌入建阳，城区无形中增加了不少'外江人'。城区大街小巷冒出许多临时的大铺小摊，排出各式各种的货物，满街福州话。据当年《闽北日报》载，建阳城区人口由九千余人猛增至两万余人"⑥。1942 年 5 月浙赣战争爆发后，战事西延上饶，南抵仙霞岭，又有大批难民从浙赣方向进入闽北。特别是第三战区司令部及其附属机构暂时从上饶退至建阳，以及暨大、东南联大南迁建阳，"小小的山城一时人满为患，挤得让人喘不过气来"⑦。使人已感"道大莫容"，"不得已只有借住小学，改造祠堂，租用民房，辟草莽，斩荆棘，筚路蓝缕，历尽艰难困苦，始得容身之地"⑧。一时间建阳县城出现了畸形繁荣：一方面是饭馆、茶楼众多，达官商贾醉生梦死；另一方面是难民流落街头，以卖旧衣糊口。持续的战争与难民的大批涌入，导致物价飞涨，百业凋零。建阳暨大的师生生活同样苦不堪

① 李祥麟：《暨南大学在建阳》，载《新加坡暨南校友会四十四周年纪念特刊》（1984 年）。
② 谢基：《我记忆中的建阳和在建阳的暨大》，载暨大建阳（时期）校友会编：《暨大建阳通讯》，第 30 期，2004 年 5 月。
③ 刘建：《南阙里纪事——中国一个县的教育史话》，北京：华艺出版社 2001 年版，第 127 – 128 页。
④ 林钧祥：《忆建阳》，载暨大建阳（时期）校友会编：《暨大建阳通讯》，第 28 期，2003 年 11 月。
⑤ 林钧祥：《忆建阳》，载暨大建阳（时期）校友会编：《暨大建阳通讯》，第 28 期，2003 年 11 月。
⑥ 刘建：《大潭书》，北京：文物出版社 1994 年版，第 479 页。
⑦ 刘建：《大潭书》，北京：文物出版社 1994 年版，第 480 页。
⑧ 俞剑华：《何师柏丞在建阳》，载刘寅生等编：《何炳松纪念文集》，上海：华东师范大学出版社 1990 年版。

言，何炳松校长在一次周会上竟流着眼泪对大家说："大家生活太苦了，我都知道，点灯的桐油买不起，做笔记的墨水买不起，先生们的太太，有做小生意的，赚那么一角钱二角钱，有的教授连换洗的长衫也没有……"①

建阳为中亚热带季风气候，光、热、水资源丰富，土地肥沃，原系产粮之区，粮食能自给自足，主体作物有水稻、小麦、地瓜。② 因为骤然增加了大量人口，"每日食米，所需数量颇巨"，暨南大学所需由教育部下拨的经费米代金与学生膳费，因战时交通不便，不能按时到校，学校经费"左支右绌，应付艰难，而生员又不能一餐无缺，以致总务处王子瑜先生，每日为米食奔波，至感苦痛"。后由教育部转请粮食部指令建阳县政府发给公米后，粮食问题才得以缓解。③

闽北山地，本是"瘴疠之乡"，由于温差较大，加之缺医少药，人们普遍营养不良，疟疾、痢疾与烂脚病较流行。"奔波逃难而至者，几乎无人不病，病无不剧，甚至有生命危险。其实以医药设备，极感贫乏，故所受疾病之威胁尤为惨重。"④

暨南师生对建阳时期的艰苦生活留下了深刻印象，据时任中文系主任的许杰教授的女儿许玄后来描述："建阳时期生活条件是非常艰苦的，我们一家初来时就在潮湿阴冷的庙宇里住了很长时间，后来才搬到新盖的教工宿舍。……苍蝇、蚊子、跳蚤之多自是不消说的，最吓人的是一种七八寸长的、背上硬壳发深红色的大蜈蚣，无数的脚在屋内泥地上爬动时竟会发出令人毛骨悚然的'咔咔'的响声。……电灯和自来水自然是想也不用去想的。……另外，吃、穿、用也都是非常清苦，一切都因陋就简。"⑤ 当时，日军飞机还时常轰炸建阳，许杰于1976年还赋诗追忆那段"上面飞机下面人"的烽火岁月。为了"跑警报"，许杰带着全家在旷野上奔跑，"有时钻草堆，有时干脆就趴在田野里"⑥。又如1943年2月至1946年5月任教暨大的卓如副教授，尽管当时只有35岁，但"由于物价飞涨，薪金菲薄，先生生活十分清苦，以致营养不良，并患有严重的胃病和肺疾；他经常咳嗽不已，容色憔悴，过早地失去了一个中年教授应有的风采"⑦。俞剑华教授时兼任暨大校长室秘书，他当时工资低，生活拮据，后又兼任学校总务长，由于他"不善理财，又不善交际"，加之教育部"常常几个月不见经费汇来"，导致学校不得不"东挪西借"。⑧

学生的生活情况更加艰难。据1943—1947年在暨南大学文学院史地系学习的钱国屏校友回忆："那时候，大学生生活相当清苦。靠公费伙食过日子，就只能是天天吃烧芥菜和煮黄豆。一个月宰一次猪，半钵头红烧肉，称'打牙祭'。个别阔少在童游上唯一

---

① 刘建：《大潭书》，北京：文物出版社1994年版，第485页。

② 《建阳县志》，北京：群众出版社1994年版，第182页。

③ 俞剑华：《何师柏丞在建阳》，载刘寅生等编：《何炳松纪念文集》，上海：华东师范大学出版社1990年版。

④ 俞剑华：《何师柏丞在建阳》，载刘寅生等编：《何炳松纪念文集》，上海：华东师范大学出版社1990年版。

⑤ 许玄：《绵长清溪水——许杰纪传》，太原：山西人民出版社2000年版，第3页。

⑥ 许玄：《绵长清溪水——许杰纪传》，太原：山西人民出版社2000年版，第309页。

⑦ 魏琦：《卓如教授在建阳暨大》，载中共建阳县委党史研究室编：《暨南大学在建阳》（1990年），第191页。

⑧ 俞晶：《何校长在建阳的日子》，载刘寅生等编：《何炳松纪念文集》，上海：华东师范大学出版社1990年版。

的四川馆'宜园'吃包饭；穷学生只是偶然到那里买两个叉烧包子解馋。"① 很多从沦陷区来的学生家信不通，衣履不周，没有经济来源，全靠学校奖贷金维持生计。学生"吃的除笋子外，蔬菜供应极少"，何炳松校长设法搞到大量黄豆，改善学生生活。② "早餐仅供煮熟黄豆一碗佐粥，中晚餐每用米汤煮蔬菜下饭，谈不上油水和调味。"③ 当时的学生生活被誉为"几粒黄豆下饭，桐油灯下读书"。④ 俞观义校友回忆，1943 年寒假他留在建阳过春节，生活清苦，过阴历年时，有钱人大吃大喝，学生们则饥寒交迫，有同学在宿舍大门贴一副春联，上联是："有睡万事足"，下联是："无考一身轻"，借此苦中作乐，自我解嘲。⑤

尽管困难重重，何炳松校长对师生的生活还是非常关心的。早在 1942 年 5 月，他就指示学校职能部门为教工调整薪水，指示"总校内迁教职员月薪自五月份起未在上海支领者，由分校照原薪发给，至于米贴、生活津贴等，亦可暂借一部分，俟内迁完竣后，再行结算。至全校教职员及校工月薪，俟上海同仁多数到达时，再行调整"⑥。同时学校设立合作社，并由该社设法收买空地或熟地，种植蔬菜，自制豆腐，改善师生生活。⑦ 又如 1943 年 6 月 26 日，何校长主持召开 1942 年度第 5 次校务会议，议题涉及教员加薪与食米问题。关于加薪问题，会议决定从下半年始教员普加一级，研究经费依照各教员原有薪水的 30% 下发；职员薪水加二级，"惟五元一级者增为十元，十元一级者增为十五元，二十元一级者增为二十五元"。关于粮食问题，拟由学校筹款购买，以原价供给教职员。⑧ 学生也成立经济委员会要求自办伙食。1942 年秋，沈苏儒、沈根源（后改名沈定一）等百余名学生联名上书何炳松校长，要求改善学生生活和医疗条件，并成立经济委员会，每月一届由学生代表轮流管理伙食，"当选热心委员为同学们办事，努力改善伙食，一般是以加菜次数多少作为衡量工作成绩的标准"⑨。这一制度一直保持到 1946 年学校离开建阳复迁上海，后来，经济委员会改名为伙食管理委员会。此举既改善了学生生活又促进了同学间的接触与团结。⑩

暨南大学师生们尽管生活艰苦，但仍充满乐观主义精神。"大家在缺乏物资供应下

① 钱国屏：《从建阳到上海——1943 年至 1947 年暨南大学学生活动的回忆》，载中共建阳县委党史研究室编：《暨南大学在建阳》（1990 年），第 31 页。

② 周之瀛、顾汝俊：《从"孤岛"到建阳的一些回忆》，载刘寅生等编：《何炳松纪念文集》，上海：华东师范大学出版社 1990 年版。

③ 王开甲：《在"建阳时期"的暨大生活》，载暨大建阳（时期）校友会编：《暨大建阳通讯》，第 32 期，2005 年 6 月。

④ 朱宗尧：《情系母校，情系建阳——暨南大学抗战后期在建阳建校》，载暨大闽北校友会编：《暨南潭讯》，第 6 期，1998 年 4 月。

⑤ 俞观义：《暨大生活琐记》，载暨大校友总会编：《暨南校友》2002 年第 1 期。

⑥ 国立暨南大学《校长指示要项记录簿》，载《何校长报告记录》（1942 年），上海市档案馆，档案号：Q240 - 1 - 33。

⑦ 国立暨南大学《校长指示要项记录簿》，载《何校长报告记录》（1942 年），上海市档案馆，档案号：Q240 - 1 - 33。

⑧ 国立暨南大学《三十一年度第五次校务会议记录》，载《校务会议记录》（1942—1946 年），上海市档案馆，档案号：Q240 - 1 - 32。

⑨ 朱半候：《童游生活片断》，载《新加坡暨南校友会成立五十周年纪念特刊》（1991 年）。

⑩ 《暨南大学在建阳时期学生运动大事记》（1941—1946 年），载中共建阳县委党史研究室编：《暨南大学在建阳》（1990 年）。

度日，而不觉其苦。医药设备根本谈不到，但绝少病痛。战争的前途茫茫，而不悲观。敌寇侵袭的消息频传，而不觉其危。"① 这种乐观主义情绪洋溢在师生的言辞中，一位学生在诗中这样饱含深情地写道：

我们从患难里来，
我们过渡着一个过不完的患难。
这是个何等样的年代啊——
这年代给予我们的少，要求于我们的实在太多了。
惆怅，忧伤有什么用呢？
我们没有回顾，只有快乐和希望。②

四、抗战胜利与复迁上海

进入 1945 年，抗战胜利在即。这年元旦，距建阳暨南大学校门约有百米、横跨马路的"声教南暨"牌匾两边贴出一副春联，上联是："万象回春正开罗会后胜利可凭失地尽重光相期共醉凯日下新翻破阵乐"，下联是："一年夏始溯歇浦来时弦歌不辍故江应无恙将见同归棹真如再现读书声"。寓意抗战必胜，暨大复迁上海指日可待。③

1945 年 8 月 14 日，日本宣布无条件投降，抗日战争取得胜利。"广播电台欢喜的播出，把全校学生从宿舍里哄了出来！抢买鞭炮，把整条童游街放得震耳欲裂，纸屑满途。鞭炮放完了，又从宿舍里拿出洗脸盆，打得整天价响，狂欢一场！童游街唯一的蒸笼包店和另一家餐馆都坐满了人，饮酒猜拳，相与欢呼，简直成了疯狂世界！"④ 何炳松校长对复迁工作高度重视。早在 1945 年 3 月 21 日，学校 1944 年度第 13 次谈话会，就复迁上海问题作出三项决定：由各学院院长分别拟订学院复迁计划；由何炳松校长和教务长王勤堉、训导长韩逋仙拟订全校复迁计划；教务长王勤堉主持整理计划之责。⑤ 9 月 30 日，何炳松校长在前往上海筹划复迁工作前，决定设立暨南大学迁校委员会，由临时主持校务的文学院院长兼代校长沈炼之为召集人，成员包括文、理、商三学院院长、总务长、教务长、训导长，三学院代表各一人，另请学生自治会代表 2 人列席会议。⑥ 10 月 1 日，何炳松校长离开建阳赴沪。在何炳松撰写的《对于全国高等教育机构复员及国立暨南大学复员之意见》中，他对战后暨大的复迁与发展工作绘制了蓝图。对复迁后的临时校址，他主张暂用上海中法工学院旧址及中华学艺社社所。另对学院扩大、南洋研

① 李祥麟：《暨南大学在建阳》，载《新加坡暨南校友会四十四周年纪念特刊》（1984年）。
② 转引自刘建：《大潭书》，北京：文物出版社1994年版，第499页。
③ 俞观义：《暨大生活琐记》，载暨大校友总会编：《暨南校友》2002年第3期。
④ 王秀南：《胜利前后在暨大》，载《新加坡暨南校友会四十四周年纪念特刊》（1984年）。
⑤ 国立暨南大学《三十三年度第十三次谈话会纪录》，载《关于校长何炳松同部分负责教职员谈话记录》（1943—1945年），上海市档案馆，档案号：Q240-1-34。
⑥ 国立暨南大学《关于校长何炳松同部分负责教职员谈话记录》（1943—1945年），上海市档案馆，档案号：Q240-1-34。

究馆扩大、各院系增设南洋问题的必修课和侨生先修班增设等问题提出了设想。① 学校还拟敦聘一批名师，如王亚南、郭大力、郑振铎、周予同、周谷城等。②

上海真如原有暨南大学校舍，在"八一三"事变中被炮火夷为废墟，"真如的暨大给毁坏得干干净净，暨南新村那些洋房，全部烧去了。暨大的宿舍、教室、洪年图书馆也成一片瓦砾，残存的只有科学馆那一幢洋房。……暨大旧址，变成了一所很大的汽车修理厂，连当年的痕迹都看不见了，除了那所科学馆"③。经何炳松"在沪奔走数月"，与有关方面接洽后，"暨大校舍两处，始告确定"④。1946 年 3 月，国民政府行政院划拨上海虹口东体育会路 330 号原日本女子高等学校和宝山路（西宝兴路口）原日本第八国民小学两处为暨大临时校址。学校以前者为第一院，设学校总办公处与理、商两学院和先修班，以后者为第二院，设文、法两学院。

1946 年春，暨南大学提前考试后放假，于 3 月开始迁沪工作。一方面，学校组织了几辆卡车，将全部图书、仪器，经龙游、兰溪和杭州运抵上海。另一方面，学校向师生分发路费分批回沪。⑤ 复迁工作历时两月，于 6 月全校迁沪完成。在迁沪过程中，1946 年 5 月，国民政府教育部调何炳松任国立英士大学校长⑥，但他终因积劳成疾，于 7 月 25 日病逝。1946 年 8 月，福建省建阳师范接管童游暨大校舍，从建阳麻沙迁入童游孔庙，⑦ 暨大在建阳的 5 年办学历史至此画上句号。

第三节　学校的稳步发展与教学、科研活动

一、院系机构设置与学校的稳步发展

建阳时期，为适应战时环境，考虑到"正处于国家剧变时期，社会动荡不安，交通阻隔，物力维艰"，暨南大学在体制上实施紧缩。但经过艰苦筹建，学校的软硬件设施仍具备相当规模与水平，"教室、礼堂、图书馆、师生宿舍、食堂乃至大操场等教学设施一应俱全，大大胜过'孤岛'时期的里弄房子。……管理严密，不论教学秩序，还是生活秩序都是井井有条。管理人员不多，精兵简政（如注册组，相当于教务处，不到 10

① 国立暨南大学《伪教育部关于系科设置、招生、实习、学籍等问题的训令》，上海市档案馆，档案号：Q240－1－173。
② 金永礼：《何炳松先生出长暨大十年纪事》，载《新加坡暨南校友会四十四周年纪念特刊》（1984 年）。
③ 这是两度任教暨大的曹聚仁于抗战胜利后，坐吉普车巡访上海暨大真如校园后的记载，详见曹聚仁：《暨南的故事》，载《新加坡暨南校友会四十四周年纪念特刊》（1984 年）。
④ 俞剑华：《何师柏丞在建阳》，载刘寅生等编：《何炳松纪念文集》，上海：华东师范大学出版社 1990 年版。
⑤ 《暨南风云——解放战争时期暨南大学学生运动史》，广州：暨南大学出版社 1993 年版，第 11 页。
⑥ 英士大学，浙江省政府于 1938 年 11 月筹建，1939 年定名为浙江省立英士大学，1942 年 12 月国民政府行政院决议改为国立英士大学。开始多次迁址，1946 年后移址金华，1949 年 8 月为金华市军管会接管解散。杜佐周曾于 1943—1946 年担任该校校长。成立该校是基于：浙江大学内迁贵州，浙江省青年升学困难；纪念参加辛亥革命的知名人士陈其美（英士）。详见阮毅成：《记何炳松先生》，载刘寅生等编：《何炳松纪念文集》，上海：华东师范大学出版社 1990 年版。
⑦ 《建阳县志》，北京：群众出版社 1994 年版，第 23 页。

人，传达室日夜两班只老朱一人），但效率很高，发挥校部助手的作用"①。据史料记载，1941 年 6 月设立暨大建阳分校时，仅有学生 200 余人，教职员 10 余人。1942 年学校整体南迁后，"学生方面约加一倍有奇，教职员则加三倍有奇"。至 1946 年复迁上海时，"已有学生一千三百余人，职员七十余人，教员八十余人，工警一百三十余人，人数之多，已为暨大历来所未有"②。可见，尽管在抗战后期学校办学艰难，但仍得到了稳步发展。

暨南大学行政机构设置一仍其旧。学校实行校长负责制，设有校务委员会，由校长、教务长、总务长、训导长和文、理、商三学院院长、教授代表组成，何炳松校长为主席和召集人。校务委员会定期开会，凡有关全校重大事务，如建设、招生、教务诸方面均由校务委员会讨论决定，遇到意见相左时，交由校长定夺。③ 行政机构设校长室、总务处、教务处、训导处和会计室、统计室。校长室设秘书 1 人，办事员 2 人；总务处先由王子瑜、盛叙功为总务长，后由俞剑华接任，内设文书组、出纳组、庶务组；教务处分别由周宪文、许杰、王勤堉为教务长，内设注册组、课务组、出版组、图书馆；训导处由吴修、韩逋仙先后为训导长，内设生活指导组、军事管理组、体育卫生组。④

1942 年国立暨南大学职员名单如下：

校长室：校长为何炳松，俞剑华为秘书兼文学院副教授。

教务处：周宪文为教务长兼商学院教授。盛叙功为注册组主任兼文学院教授，尹育民、林光汉等 7 人为组员。徐嗣同为出版组主任兼商学院讲师，徐剑德等 3 人为书记和组员。张契灵为图书馆代主任兼商学院讲师，李曼君、徐警为馆员。

训导处：吴修为训导长兼文学院教授。沈传珍为生活指导组主任，另有训导员 4 人。上校教官张域为军事管理组主任，另有 4 人为军事教官。娄子明为体育卫生组主任，另有体育指导 1 人，事务员 1 人，校医 1 人，护士 4 人。

总务处：王子瑜为总务长兼理学院教授。王继曾为文书组主任，吴榕藩等 6 人为组员。姚启洪为庶务组主任，施子郁等 9 人为组员。马炎昌为出纳组代主任，另有出纳员 2 人。

会计室由陆飚绵为代理主任，朱康玉等 5 人为佐理员。

统计室由王化江为主任，黄剑为事务员。⑤

在教学体制上设有文学院、理学院和商学院，建阳后期又设立法学院，每一个学院设有若干个系科，另设有南洋研究馆。下面试以 1944 年度第二学期（1945 年上半年）学校院系设置分述之。

文学院：由沈炼之为院长兼历史地理系主任，戚叔含为外国语文系主任，方光焘为中国文学系主任，王书凯为教育系主任。

① 朱宗尧：《情系母校，情系建阳——暨南大学抗战后期在建阳建校》，载暨大闽北校友会编：《暨南潭讯》，第 6 期，1998 年 4 月。

② 俞剑华：《何师柏丞在建阳》，载刘寅生等编：《何炳松纪念文集》，上海：华东师范大学出版社 1990 年版。

③ 徐汝瑚：《暨南大学在建阳》，载《建阳文史资料》，第 2 辑。

④ 徐汝瑚：《暨南大学在建阳》，载《建阳文史资料》，第 2 辑。

⑤ 《国立暨南大学职员题名录》（三十一学年度第一学期），载《关于校务会议记录及职员题名录》（1940—1942），上海市档案馆，档案号：Q240-1-31。

理学院：由江之永为院长，尤崇宽为数理系主任，章洪楣为化学系主任。

商学院：由周宪文为院长，卢怀道为会计银行系主任（周宪文休假进修期间兼任代院长），林葭蕃为工商管理系主任，卓如为国际贸易系主任。[①]

法学院：由孙怀仁为院长兼法律系主任，另设政治系、经济系。法学院专任教授有9名：孙怀仁、吴兆华、邢文锋、陈柏心、刘杰、陈文彬、林超、吴宿光、姚华廷。[②]

二、教学科研工作和导师制

暨南大学在建阳办学时期共有毕业生557人，[③] 为海内外培养了一批高素质人才，如著名语言学家胡裕树、儿童文学专家蒋风、国家一级演员陈默等就是其中的代表。[④] 尽管战时环境恶劣，办学条件因陋就简，但学校仍想方设法创造条件，保证学校的教学质量和办学水平。择要大端，这些措施与途径大致有以下五种：

1. 敦品励学，激发学生的学习兴趣

何炳松校长非常重视对学生的德育教育，主张用传统文化和校训对学生进行爱国主义教育。1942年5月，他抵建阳后即谒朱熹祠，指出朱子理学精华为忠、孝、节、义等8字，要青年们遵守，并谓："抗战方烈，忠、节二字较武器尤为重要。"在1944届毕业同学纪念册上，题以校训"忠信笃敬"四字，还为1944届毕业生沈宝书赠言："暇日千万莫废读书，士人唯此可以立身。"[⑤] 在这基础上，何炳松校长对莘莘学子提出了爱国的要求，希望同学们"要爱护我们的国家，努力'敦品励学'，以报效国家，养成一种抗建人才。我们能有如此的志愿，才能对得起国家和民族。不然的话，那么所谓大学只是造就争权夺利的人才的一种机关了，那么国家何必办大学，我们又何必要读书？"他还希望同学们爱护学校的声誉，"能尊师重道，精诚团结，互相亲爱，共同为暨大前途而奋斗"。正是在他的大力倡导与身体力行下，"师生养成共同研讨的习惯，多多地埋头苦干，向学术之路上进展"，从而在校园里"养成一种好学敏求的习惯，造成了良好的校风"。[⑥]

2. 严格教学管理，积极拓展生源

战时暨南大学教学制度健全，教学管理严格。何炳松校长对学校实行严格管理，凡

---

① 《国立暨南大学三十三年度第二学期教职员名录》（三十四年六月编印）》，上海市档案馆，档案号：Q240 - 1 - 31。另据徐汝瑚教授《暨南大学在建阳》一文回忆，理学院数理系是分设的，数学系主任为刘咸，物理系主任由江之永兼任；国立暨南大学《关于学校兼办社会教育统计报告表、员生人数调查表、增设学系及附中等文件》亦记载：1944年9月15日，学校决定"理学院自本年度暑假拟将数理系分为算学及物理二系"。上海市档案馆，档案号：Q240 - 1 - 69。

② 详见国立暨南大学学生自治会编印：《国立暨南大学三十一年度同学录》，福建省建阳档案馆藏。关于设法学院之事，另有资料亦有提及，如1943年3月27日，教育部令暨大设法学院与艺术专修科，上海市档案馆，档案号：Q240 - 1 - 69；1945年5月26日，何炳松校长在暨大纪念周会上报告，"暨大拟增设法学院"，详见房鑫亮：《何炳松年谱》，载《何炳松论文集》，北京：商务印书馆1990年版，第577页。

③ 编辑组：《"国立暨南大学旧址"碑记》，载暨大闽北校友会编：《暨南潭讯》，第5期，1997年12月。

④ 详见钟业坤主编：《暨南人》（第一集）对建阳时期的毕业生的事迹介绍，广州：暨南大学出版社1996年版。

⑤ 房鑫亮：《何炳松年谱》，载《何炳松论文集》，北京：商务印书馆1990年版，第567、573页。

⑥ 国立暨南大学《三一年度第一学期纪念周校长报告》（1942年11月2日），载《何校长报告记录》（1942年），上海市档案馆，档案号：Q240 - 1 - 33。

违反规定者，绝不姑息，对自己的子女亦一视同仁，从不搞特殊。如他的次女何淑馨原在上海读高中，1942 年初随父南迁时离高中毕业尚差半学期，只能拿到肄业证明。她拟以同等学历报考暨大，遭何炳松拒绝，她只好于 1943 年 1 月投考设在福建邵武的之江大学。在之江大学学习一年后何炳松才同意她报考暨大一年级，但条件是必须先补习有关功课并取得补习老师的成绩合格认可，在何淑馨的档案中还留有当年许杰教授为其补习功课后的评分单。① 当时教务处的工作人员也是认真负责，敢于管理，对学生所选修的每一堂课，均事先安排好固定座位，严格考勤，保证教学纪律严明，教学秩序井然。如负责教务考勤工作的吴达人，在处理史地系一位教授未事先办理请假手续缺课造成教学事故时，依例向全校公布。暨大还非常重视招生工作，如 1942 年 5 月 13 日，学校专门成立招生委员会规划招生事宜，招生人数平均每系 25 人，9 系共 225 人。1942 年暑假再次招生，共计第一次招生 204 人，第二次招生 225 人。② 又如 1944 年暨大招生 400 名，即文学院 160 名，理学院 120 名，商学院 120 名，于 7 月 28 日至 30 日考试。文、商两学院考试科目有：国文、英文、数学（高等代数、平面几何、三角）、公民史地、理化生物；理学院考试科目有：国文、英文、数学（高等代数、解析几何、三角）、公民史地、理化生物。考试地点为建阳暨大校本部、屯溪、衢县、永嘉（同时委托闽赣浙粤四省教育厅代招）。③ 1945 年暨大文学院每系招生 25 人，理学院数理系招生 40 人，化学系招生 35 人，商学院每系招生 35 人。④

3. 聘请名师

建阳僻居一隅。抗战时期"内地人才缺乏，早已普遍发生教荒，而尤以闽北地僻病多，聘请教员更为困难"。但经何炳松"多方罗致，来者渐众"。加之何炳松"礼贤下士，谦恭和蔼，对于教授生活设备，力求完备，故教授来者咸不忍去，而教授阵容，因之日以充实整齐，济济跄跄，贤俊满堂，称东南之秀焉"⑤。抗战时期，教师流动性较大，尽管如此，暨南大学仍敦聘到了一批名师，现以 1944 年暨大文、理、商三学院为例说明之：

文学院共有教师 41 名，其中教授 12 名：沈炼之、戚叔含、王勤堉、方光焘、许杰、韩逋仙、王书凯、盛叙功、胡寄南、魏应麒、刘纪泽、王秀南；副教授 16 名：苏乾英、俞剑华、谢震亚、陆伦章、叶松坡、姚慈贞、陈福清、曹谦、王瑞书、杨朗垣、杨先焘、邹有华、孙正容、谢诗白、陈陵、梁孝志；另有讲师 10 名、助教 3 名。

理学院共有教师 16 名，其中教授 4 名：江之永、尤崇宽、章洪楣、许永绥；副教授 3 名：黄缘芳、赖祖涵、郭公佑；讲师 6 名、助教 3 名。

商学院共有教师 21 名，其中教授 9 名：周宪文、卢怀道、陈文彬、柯瀛、林葭蕃、赵修鼎、吴裕后、陈一平、李培恩；副教授 7 名：卢世恭、卓如、杨镜清、徐汝瑚、叶作舟、林葆忠、缪杰；另有讲师 2 名、助教 3 名。⑥

---

① 何淑馨：《怀念父亲》，载刘寅生等编：《何炳松纪念文集》，上海：华东师范大学出版社 1990 年版。
② 刘寅生等编：《何炳松纪念文集》，上海：华东师范大学出版社 1990 年版，第 432、433 页。
③ 《东南日报》，1944 年 7 月 7 日，详见上海市档案馆，档案号：Q240 - 1 - 81。
④ 刘寅生等编：《何炳松纪念文集》，上海：华东师范大学出版社 1990 年版，第 432、433 页。
⑤ 俞剑华：《何师柏丞在建阳》，载刘寅生等编：《何炳松纪念文集》，上海：华东师范大学出版社 1990 年版。
⑥ 《国立暨南大学三十三年度第二学期教职员题名录》（1945 年 6 月），上海市档案馆，档案号：Q240 - 1 - 31。

在1944年暨南大学78名专任教师中，包括教授25名，约占1/3，副教授26名，占1/3。另据《国立暨南大学三十一年度同学录》，除上述25名教授外，文学院教授还有李祥麟、吴大锟、陈守实等人，理学院教授尚有王子瑜、方德植、周恒益等人，商学院教授尚有郭肇民、尤光九等人。① 可见暨大当时师资力量还是比较强的，具有高级职称的教师所占比例较大。如沈炼之是著名的历史学家，盛叙功是著名的地理学家，许杰是著名的文学家，方光焘是著名的语言学家，周宪文是著名的经济学家，胡寄南是著名的心理学家，孙怀仁是著名的财经专家，江之永是著名的物理学家等等。"小小的山城，一时容纳下这么多国家级的专家、学者，可谓是'藏龙卧虎'。"暨大"可谓是人才济济，名家荟萃，使建阳顿时成为我国东南地区首屈一指的'文化城'"②。

建阳时期，暨南大学还聘请外籍教师授课。如1943年秋季，学校由谢震亚推荐聘请Olive Bell女士讲授一年级基本英语课程，她是英国伦敦人，约40岁，当时在建阳圣公会担任神职人员。她"发音标准，要求严格，态度和蔼，与学生关系融洽"③。

教师的授课为这些饱经战争洗礼的大学生开启了知识的窗口，他们从中获益匪浅。如周宪文讲授经济学，在童游文庙大礼堂开席，是暨南大学独一无二的"大堂课"，听课的有各院系的师生，他的讲话带有浙江黄岩土音，讲的内容条理清晰，论据充分，令人信服。又如方光焘先生在暨大开设文学概论、语言学概论和日语三门课，"选修的人特别多，尤其是他的文学概论课。不仅教室里座无虚席，就连教室外的走廊里也总是站着、蹲着，挤满了别系旁听的学生。……他所讲的论题，都是针对现实、结合实际事例进行论证的独特见解，没有什么条条框框的束缚，他讲课的方式总是思辨性的（当时还未提出'唯物辩证'的说法），绝不是教条式的背诵或引证。他在讲课时，喜欢同学们提问，递条子或口头提问都可以。提问愈多，他讲得愈起劲。从不计划什么大纲进度。所以同学们在他讲课里获得的都是活的知识，兴趣自然很高"④。许杰先生讲授基本国文，"他中等身体，讲话时虽略带有浙江南部的乡音，但使人听了清楚明白。他娓娓不倦地讲解语文知识，并适当引申发挥，尤其是对新文学的评介，常有创见"⑤。王秀南教授讲授教育学课程，"一向都是先备教学纲要，在黑板之前边写边讲，使在座学生有了条理可寻。原理与实际，并行不悖。每一原理，都佐以实例；没有实例可举的，则编引故事；没有故事可引的，则引用板画说明。总以使学生明白，且能启发问答，自感兴趣盎然"⑥。

4. 倡导学术研究，实行导师制

何炳松坚持民主办学，校园内研究氛围浓郁，他对于学术研究的自由从不加干涉，延聘教授完全以品德学问为标准。他极力主张学术研究的精神，反对急功近利，他认为

① 该书藏福建省建阳档案馆。
② 刘建：《大潭书》，北京：文物出版社1994年版，第499-500页。
③ 俞晶：《建阳时期的外籍教师》，载暨大校友总会编：《暨南校友》2003年第1期。另，董运谋校友在《回忆我在建阳的片断》一文中亦称，Olive Bell女士"发音清晰、标准，矫正学生的错误十分认真，写文章的格式、标点符号、发音等一点不马虎"。载暨大闽北校友会编：《暨南潭讯》，第24期，2002年10月。
④ 方文惠：《方光焘教授》，第185-186页，载《暨南大学在建阳》（1990年）。
⑤ 王家槐：《忆许杰老师》，载暨大校友总会编：《暨南校友》2001年第1期。
⑥ 王秀南：《胜利前后在暨大》，载《新加坡暨南校友会四十四周年纪念特刊》（1984年）。

"大学最高的使命乃在学术研究，在以学术报国"①。当时暨南大学还实行导师制，每一位教师都要担任导师，负责指导学生的学习、品行与课外活动，学生的"操行成绩"按超、优、中、可、劣五等评定。根据教育部1943年颁布的《专科以上学校导师制纲要》规定："各校（院）应将全校师生，按其所属院系（科）分为若干组，每组设导师1人，由校（院）长聘请专任教师充任之，每组学生人数由各校（院）酌定。"② 1944年9月，何炳松校长聘请了12位主任导师，分别是：文学院院长沈炼之兼任文学院主任导师，理学院院长江之永兼任理学院主任导师，商学院代院长卢怀道兼任商学院主任导师；中国文学系主任方光焘兼任中国文学系主任导师，外国语文系主任戚叔含兼任外国语文系主任导师，历史地理系主任沈炼之兼任历史地理系主任导师，教育系主任王书凯兼任教育系主任导师，数理系主任尤崇宽兼任数理系主任导师，会计银行系主任卢怀道兼任会计银行系主任导师，国际贸易系主任卓如兼任国际贸易系主任导师，工商管理系主任叶作舟兼任工商管理系主任导师。③ 除了设立由院长、系主任兼任的主任导师外，学校还设立导师组，每位教师负责指导若干名学生。学校的教学工作会议还不时研究导师制问题，如1944年11月10日部分负责教学人员会议就导师人数分配作出如下决议：一年级学生采用集团指导办法，由训导处拟具；二、三、四年级比照上年原办法酌量调整。学生操行成绩由训导处主办，但成绩特优、特劣者，需与各位导师取得密切联系，互相知照，特别注意。④ 现以暨南大学1945年度第一学期导师组名册为例说明之。

表2 国立暨南大学导师一览表（1945年第一学期）

组 别	导师姓名	导生人数	组 别	导师姓名	导生人数	组 别	导师姓名	导生人数
1	方光焘	15	21	朱敬妍	22	41	卓 如	23
2	俞剑华	16	22	王秀南	23	42	宋家修	23
3	曹百川	16	23	邹有华	22	43	徐汝瑚	24
4	刘纪泽	15	24	姚慈贞	15	44	杨朗垣	24
5	魏应麒	20	25	尤崇宽	14	45	卢世恭	24
6	李雁晴	17	26	章洪楣	13	46	缪 杰	18
7	杜天縻	15	27	黄缘芳	12	47	陈一平	24
8	谢震亚	14	28	江之永	13	48	杨镜清	24

---

① 刘寅生等编：《何炳松纪念文集》，上海：华东师范大学出版社1990年版，第425页。
② 国立暨南大学《关于专科以上学校导师制纲要、聘任导师及导生分组原则等文件》（1944年），上海市档案馆，档案号：Q240-1-67。
③ 国立暨南大学《何炳松校长1944年9月布告》，载《关于专科以上学校导师制纲要、聘任导师及导生分组原则等文件》（1994年），上海市档案馆，档案号：Q240-1-67。
④ 刘寅生等编：《何炳松纪念文集》，上海：华东师范大学出版社1990年版，第428、429页。

（续上表）

组 别	导师姓名	导生人数	组 别	导师姓名	导生人数	组 别	导师姓名	导生人数
9	沈炼之	16	29	洪逮吉	13	49	陈文彬	24
10	周其勋	11	30	吴逸民	13	50	林葭蕃	22
11	王志恒	12	31	赖祖涵	14	51	林葆忠	25
12	梁希彦	11	32	张国熊	15	52	周宪文	22
13	戚叔含	17	33	季天佑	15	53	张 立	23
14	王勤堉	11	34	郭公佑	12	54	陆伦章	18
15	林观得	10	35	叶作舟	24	55	章伯璋	20
16	王文杰	9	36	柯蓬洲	23	56	王瑞书	16
17	孙正容	18	37	卢怀道	24	57	苏乾英	18
18	谢诗白	12	38	王化江	24	58	盛伯梁	16
19	王书凯	22	39	梁孝志	24	59	陆思涌	14
20	胡寄南	21	40	赵修鼎	24	60	徐杏贞	15

资料来源：国立暨南大学编：《关于导师导生名册及导师分组表等》，上海市档案馆，档案号：Q240-1-61。

从上表可知，60 位导师共指导了 1074 名学生，导师指导最多的有 25 人，最少的为 9 人，因商学院生源较多，每位导师指导学生也相应较多，文学院次之，理学院最少。

5. 添置图书资料与设备仪器

南迁建阳时，尽管暨南大学设法运送部分资料至童游，但仍感书籍奇缺，而建阳山城又无书可购。何炳松于是"除向江山、南平、福州等处商务印书馆搜罗少数书籍外，又请郭虚中先生赴福州专门购买图书，先后购得中文书数千册，颇多善本，并蒙福州盟友惠赠西文书籍数百册，积之数年，图书馆已颇有可观"①。当时仪器设备也缺乏，理学院学生上课除记笔记外，无法动手做实验。后经学校与设在福建邵武的私立福建协和大学协商，方能暂缓数理、化学两系在教学过程中无法做实验的难题。

在抗战的烽火中，暨南学子普遍感到：国难当头，青年学子唯有读书求知才有出路；念上大学，学好知识，才能报效国家。他们"不仅是不愿在敌人的铁蹄下生活，而是要达到弦歌不辍，摄取学识，提高处事本领，好为社会服务"②。因之，他们的学习热情高涨，"学生勤奋有加，校园内洋溢着颇为浓郁的学术空气"③，"所以这个时期的学生一般说来成绩颇优"④。

---

① 俞剑华：《何师柏丞在建阳》，载刘寅生等编：《何炳松纪念文集》，上海：华东师范大学出版社1990年版。
② 方起驹：《难忘建阳情》，载暨大闽北校友会编：《暨南潭讯》，第5期，1997年12月。
③ 林永照：《忆建阳暨大》，载暨大闽北校友会编：《暨南潭讯》，第5期，1997年12月。
④ 李祥麟：《暨南大学在建阳》，载《新加坡暨南校友会四十四周年纪念特刊》（1984年）。

三、建阳时期的侨生

暨南大学系"华侨最高学府"，来自东南亚的粤、闽籍侨生众多。抗战爆发后，因交通阻隔，侨生渐少。1941 年下半年暨大建阳分校共有侨生 30 人，占分校生源 240 人的 1/8。这些侨生大多来自新加坡、印度尼西亚、缅甸、越南、中国香港等地。① 1941 年底太平洋战争爆发后，因东南亚大多为日军攻陷，侨生回国学习就愈发困难，这时在校生源以江、浙、闽、皖、赣、粤等省学生为主，但暨大"仍保持华侨大学传统"，② 建阳时期在校侨生约有 100 人。③ 在教学方面仍坚持面向全校学生开设南洋概论，商学院为三年级学生开设南洋商史及法规。1943—1945 年为暨大在建阳办学规模较为稳定时期。侨生因经济来源断绝，生活极为困苦，何炳松校长一方面为侨生筹资发放旅费，视乎路程之远近发给来自梅县的侨生 200 元，长汀莆田的 160 元，龙岩永春的 140 元，永安的 120 元，沙县福州的 100 元，南平的 80 元；④ 另一方面为其"发放华侨学生贷金，使他们维持最低限度的生活"。福州沦陷以及暨大迁闽后，"许多福建的华侨学生也来到闽北，投考暨南大学，也是靠贷金度日。贷金每个月都要造名册公布，由会计室的出纳员发钱"⑤。当时国民政府侨务委员会为侨生发放特种救济金，如 1944 年下半年，为 28 名侨生发放第 6 期特种救济金，每人 600 元或 800 元国币；1945 年上半年，为 29 名侨生发放第 7 期特种救济金，每人 800 元国币；⑥ 1945 年下半年，为 87 名侨生发放第 8 期特种救济金，每人 1500 元国币。为了说明当时暨大侨生情况，特绘制下表：

表 3　国立暨南大学 1945 年下半年在校侨生一览表

姓　名	性别	院　　系	姓　名	性别	院　　系
王文海	男	文学院教育系	王瑞章	男	文学院中文系
王永升	男	商学院国贸系	白亚枝	男	商学院国贸系
王天俊	男	文学院史地系	朱宝发	男	商学院工商管理系
王新整	男	商学院工商管理系	朱昌崀	男	商学院会计银行系
邱筱梅	女	文学院教育系	郭贤铀	男	商学院工商管理系

---

① 《国立暨南大学福建分校侨生证件清册》，载《关于福建侨务外来信、侨生申请登记表等》（1941—1945），上海市档案馆，档案号：Q240 - 1 - 75。

② 李祥麟：《暨南大学在建阳》，载《新加坡暨南校友会四十四周年纪念特刊》（1984 年）。

③ 国立暨南大学《关于暑期各级学校员生参加总动员业务、员生救济及欢迎伪教育部长等文件》，上海市档案馆，档案号：Q240 - 1 - 96；另据上海市档案馆卷宗 Q240 - 1 - 75 有关数据，暨大侨生"1945 年上学期 97 人，下学期 98 人"。

④ 国立暨南大学《第 10 次谈话会记录》（1942 年 12 月 8 日），上海市档案馆，档案号：Q240 - 1 - 32。

⑤ 俞述翰：《何校长在建阳的日子》，载刘寅生等编：《何炳松纪念文集》，上海：华东师范大学出版社 1990 年版。

⑥ 国立暨南大学《侨生特种救济金拨发办法与领取名册收据》（1945—1946），上海市档案馆，档案号：Q240 - 1 - 106。各级侨务部门非常关心侨生，如侨务委员会、侨务委员会福建侨务处、福建省侨民紧急救助委员会就规定："为谋救济回国升学之学生起见，其华侨身份证明文件经查明属实而经济来源确系断绝者，可照国立中等以上学校贷金暂行规则之规定核给贷金。"详见国立暨南大学《关于侨生救济发放领取及有关救济文件名册等》（1942 年），上海市档案馆，档案号：Q240 - 1 - 107。

（续上表）

姓　名	性　别	院　系	姓　名	性　别	院　系
邱兆水	男	商学院国贸系	郭洙再	男	文学院中文系
李法儒	男	商学院国贸系	郭宜顺	男	文学院外文系
李德彦	男	文学院教育系	章士英	男	商学院国贸系
方若萍	女	文学院教育系	许绩铨	男	文学院教育系
林英锦	男	文学院中文系	许道醒	男	商学院工商管理系
林汉首	男	文学院史地系	黄明都	男	商学院工商管理系
林文情	男	文学院教育系	黄茂德	男	商学院国贸系
林绿汀	男	文学院史地系	黄选卿	男	文学院教育系
余芹量	男	商学院工商管理系	庄秋影	男	商学院工商管理系
何家沛	男	商学院国贸系	庄绍周	男	商学院国贸系
洪惠美	女	商学院国贸系	庄炳耀	男	理学院数理系
洪何洲	男	文学院史地系	程培秋	男	商学院会计银行系
洪瑞美	男	商学院工商管理系	冯周胜	男	商学院会计银行系
胡汉人	男	商学院工商管理系	张西年	男	商学院工商管理系
俞裕辉	男	商学院会计银行系	张云绫	女	文学院教育系
陈烈文	男	文学院教育系	张建钦	男	商学院工商管理系
陈文光	男	文学院外文系	杨秋飘	男	文学院教育系
陈秀民	女	商学院会计银行系	杨振辉	男	商学院国贸系
陈古然	男	商学院工商管理系	叶文楮	男	理学院化学系
陈杯华	男	文学院教育系	叶大培	男	理学院数理系
陈正福	男	商学院国贸系	叶友德	男	商学院国贸系
陈宝发	男	理学院化学系	郑启熙	男	商学院国贸系
陈观	男	文学院中文系	郑启群	男	商学院国贸系
陈焕瑞	男	商学院国贸系	郑金珍	女	文学院教育系
连宪武	男	商学院国贸系	郑金发	男	文学院史地系
潘其浴	男	商学院国贸系	戴有能	男	文学院教育系
潘嘉奇	男	商学院国贸系	蓝文灿	男	文学院教育系
潘挺民	男	商学院工商管理系	颜金炮	男	商学院国贸系
潘美铮	女	商学院工商管理系	萧镜康	男	商学院会计银行系
蔡洊冬	男	商学院国贸系	梁华光	男	商学院国贸系
蔡声坋	男	理学院数理系	方克东	男	文学院教育系

（续上表）

姓　名	性　别	院　系	姓　名	性　别	院　系
蔡哲民	女	文学院教育系	林秀生	男	文学院外文系
刘观祥	男	商学院国贸系	林立金	男	商学院国贸系
刘世还	男	商学院工商管理系	林梅英	女	文学院教育系
刘步星	男	商学院工商管理系	洪慕英	男	商学院工商管理系
刘黑楞	女	文学院中文系	陈健藩	男	商学院工商管理系
刘连生	男	文学院史地系	郑昆钦	男	商学院国贸系
熊永沅	男	商学院国贸系	戴祺兰	男	商学院国贸系
卢文泳	男	商学院工商管理系			

当然，在校侨生总人数是要略高于上述领取特种救济金侨生人数的，由于缺乏有效的侨生身份证明，抑或经济条件相对宽裕，[①] 部分侨生未领取救济金。在上述 87 名侨生中，商学院有 51 人，其中工商管理系 19 人，国贸系 26 人，会计银行系 6 人；文学院 31 人，其中中文系 5 人，史地系 6 人，教育系 17 人，外文系 3 人；理学院 5 人，其中数理系 3 人，化学系 2 人。除 10 人为女生外，均为男生。[②] 侨生所就读专业表明，他们对商科与文史教育专业颇感兴趣，而理科则少有人问津。侨生尽管与家庭失去联系，但有何炳松校长的殷殷关爱、政府的救济金，"想到暨大内迁到这穷乡僻壤全是为了在这国难深重之秋，力保我中华民族的火种和海外赤子之心的灯光，使之永不熄灭，我们谁也无怨无悔，再苦，苦亦甜"[③]。

四、何炳松担任校长 10 周年纪念活动

1935 年 7 月 2 日，何炳松任国立暨南大学校长，至 1945 年 7 月已届 10 年。为了隆重纪念这一暨南校史上的盛事，1944 年，由方光焘、娄子明、周宪文、戚叔含、俞剑华、胡寄南、盛叙功、江之永提议，卢怀道、王书凯、许杰附议，拟于 1945 年 6 月隆重举行纪念何炳松校长长校 10 周年活动。他们在提案中详述了理由："本校虽有四十年之历史，校长任职十年者以何先生为第一人；国内各大学校长能任职十年者亦殊不多见。况何先生接事于校局杌陧之际，支撑于困难严重之时，经营擘画，艰苦卓绝，校誉日高。太平洋战争爆发后，尤能不避艰险，毅然内迁。上海大学不啻十数，而能完全内迁者，仅有本校，大学校长内来者，仅有何先生一人。是不特维本校弦诵于不辍，并能留

---

① 据邢致中校友回忆，建阳时期有些侨生"衣着时髦，每日都有侨汇，经济来源不断，手头宽裕，出手阔绰，是校园附近几家饭馆、茶室的最受欢迎的常客"。载邢致中：《邢致中作品选》，广州：暨南大学出版社 1996 年版，第 232 页。

② 《国立暨南大学三十四年下半年在学侨生签盖特救金（第八期）领处名册》，载《侨生特种救济金拨发办法与领取名册收据》（1945—1946），上海市档案馆，档案号：Q240-1-106。

③ 谢基：《我记忆中的建阳和在建阳的暨大》，载暨大建阳（时期）校友会编：《暨南建阳通讯》，第 30 期，2004 年 5 月。

天地正气于不坠，桃李满门庭，不愧树木雅化，弟子遍天下，宛然洙泗遗风。"① 何炳松对此"谦让不遑，而全校员生之情绪则十分热烈"。时任暨大总务长的俞剑华，担任何炳松长校 10 周年纪念筹备委员会主任委员兼任纪念活动大会主席团主席，筹委会下设会务组、编辑组，具体负责有关筹备事宜。1945 年 6 月 1 日至 3 日，学校连续三天举行庆祝活动。② 这些活动包括：由编辑组出版纪念册一种；建立纪念碑，因急于复迁未最后完工；举行 1945 届毕业班同学公筵和庆典晚会；5 月 26 日，文、理、商三学院师生还自动发起签名祝贺活动。

据当时主持建阳暨南大学袁家祠学生食堂工作的董福景校友回忆："适逢何校长长校十周年，在这个喜庆的日子里，全校师生举行了各种各样的庆祝活动。我们在袁家祠食堂用膳的同学为了表达对何校长的仰慕之情和教育之恩，在当时物质条件极其艰苦的条件下，由食堂加了几桌餐，备了一点酒，欢宴我们敬爱的何校长，聊表庆贺之热忱，何校长欣然应邀并偕夫人和女儿何淑馨同学一起莅临袁家祠食堂赴宴，受到全体同学的热烈欢迎，席间何校长慈祥地向在座的同学们问寒问暖，对同学们的生活关怀备至，给我们留下了极其深刻的印象。"③ 何炳松校长与 200 多名毕业同学欢聚，每位毕业生"奉半觞为寿"，何炳松"一一尽之无难色"。④ 在童游文庙举行的何炳松长校 10 周年纪念大会上，何炳松致辞。⑤ 在庆典晚会节目安排上，考虑到何炳松对昆曲有特殊的研究与兴趣，于是 1945 届毕业班同学将晚会的节目定为与昆曲相似的平剧，几经商讨，节目排定为《群英会》《庆顶珠》，均由大学生演出。晚会在暨大礼堂大成殿举行，观众达五六百人。"舞台是将讲台加高扩展，舞台前挂吊着几盏打气煤油灯，加上舞台后的新绣大红天幕，将大礼堂布置得明亮耀目，富丽堂皇。"何炳松校长与建阳警备司令邹文华坐在前排正中，演出活动气氛热烈而欢畅。"何校长更是笑口常开，整个戏剧演出，因为戏装艳丽，演唱特别卖力，台上的锣鼓与台下的叫好声打成一片……是暨大平剧社最成功的一次演出。"⑥ 同年 6 月 28 日，何炳松在暨大 1944 年度第二次校务会议上，对全校师生举办庆祝活动的盛意表示感谢。⑦

第四节 民主堡垒，革命摇篮——建阳时期学校师生的爱国民主活动和校园文化生活

曾任建阳时期暨南大学教务长、中文系主任的许杰教授，1989 年为中共建阳县委党史研究室编纂的《暨南大学在建阳》一书题词："民主堡垒，革命摇篮。"这 8 个字形象

---

① 国立暨南大学《拟组织何校长长校十周年纪念会筹备委员会案》，载《关于校长何炳松同部分负责教职员谈话记录》（1943—1945），上海市档案馆，档案号：Q240-1-34。

② 俞剑华：《何师柏丞在建阳》，载刘寅生等编：《何炳松纪念文集》，上海：华东师范大学出版社 1990 年版。

③ 董福景：《我们宴请何校长》，载刘寅生等编：《何炳松纪念文集》，上海：华东师范大学出版社 1990 年版。

④ 俞剑华：《何师柏丞在建阳》，载《何炳松纪念文集》，上海：华东师范大学出版社 1990 年版。

⑤ 房鑫亮：《何炳松年谱》，载《何炳松论文集》，北京：商务印书馆 1990 年版，第 577 页。

⑥ 徐克仁：《庆祝何校长长校十周年平剧晚会》，载刘寅生等编：《何炳松纪念文集》，上海：华东师范大学出版社 1990 年版。

⑦ 国立暨南大学《校务会议记录》（1942—1946），上海市档案馆，档案号：Q240-1-32。

地概括了抗战中后期暨南师生的爱国民主活动。建阳暨南大学被誉为"爱国救亡民主堡垒"，"抗日气氛浓，进步教授多"，① 暨南师生开展了丰富多彩的抗日救亡民主运动和争民主自由的爱国斗争，在暨南校史上写下了浓墨重彩的一笔。

一、教师的爱国民主活动

何炳松校长是"抗日战争时期最富民族气节的民主治校的教育家"②，他坚持"抗日第一，团结至上"③，经常教育师生要发扬爱国主义精神，团结御侮。如1944年春，在暨南大学礼堂的一次纪念周会上，他做中西文化比较研究的演讲，当讲到法国维希政府（傀儡组织）时，他语气坚定地称之为"汉奸"，场下一阵笑声。他一时思想未转过来，补充道："是汉奸政府嘛！"场下大笑。他不解笑意，当身旁人员提醒他时，他腼腆地说："噢，法奸！"场下发出善意的笑声，此举表明了他"汉曹不两立，忠奸不并存"的心志。④ 在他的倡导下，暨大教师也以学术救国，以手中的笔作为投枪。如许杰教授高举东南文艺旗帜，写出了一批有分量、有影响的作品，"为整个民族解放战争贡献了自己的力量"，他撰写了《文艺·批评与人生》中的大部分文章、《小说过眼录》的全部文艺批评文章等。⑤ 亦诚如许杰于1944年8月20日，在宦乡主编的《前线日报》副刊上所发表的《文艺评介发刊三十期自白》一文所说："正如每一个国民、每一个青年，都是民族解放运动的民族斗士一样，每一个文艺青年，每一个文艺工作者，也同样的都是文艺战线的斗士，只要你能有一分力量，拿出一分力量；有一分热，发一分光，便算尽了战斗的最大责任。这正好比驾飞机向敌人的营阵里丢炸弹，固然算是发挥了最大战斗的能力，但替受伤战士洗洗衣裳，缝缝破袜，裹裹创口，也不能说与抗战毫无补益。"⑥

何炳松校长尊重知识，提倡学术自由，对所聘教授无门户之见，"延聘时完全以品德学问为标准，对于派别向不注意，故所聘教授大有包罗万有，左右逢源之妙"，他主张"用人不疑，疑人不用"，⑦ 放手让教授们各自将其学术观点传授给学生。因此，当时的一些名师在课堂上传播马克思主义理论，如"周宪文教授主讲经济学，广泛地介绍经济学一课，以剩余价值的观点，阐明资本主义积累的过程。陈文彬教授讲哲学概论，盛叙功教授讲经济地理，也都闪现出马列主义观点的光辉，深受同学欢迎"⑧。尤为值得一提的是，建阳时期，卓如、吴大琨任教暨南大学，王亚南莅校做专题演讲。1943年2月到1946年5月，卓如任教暨大商学院并担任国贸系主任。他于1938年加入中共组织，

　　① 戴敦复：《何校长，我们永远记住您!》，载刘寅生等编：《何炳松纪念文集》，上海：华东师范大学出版社1990年版。

　　② 林念庚：《何炳松校长的教育思想及民主办学精神——访胡寄南教授》，载刘寅生等编：《何炳松纪念文集》，上海：华东师范大学出版社1990年版。

　　③ 姚士彦：《抗日第一，团结至上——记何炳松先生二三事》，载刘寅生等编：《何炳松纪念文集》，上海：华东师范大学出版社1990年版。

　　④ 蓝尤青：《一点回忆》，载刘寅生等编：《何炳松纪念文集》，上海：华东师范大学出版社1990年版。

　　⑤ 王祖勋：《怀思许杰师》，载《新加坡暨南校友会成立五十周年纪念特刊》（1991年）。

　　⑥ 许杰口述，柯平丰撰写：《坎坷道路上的足迹》，上海：华东师范大学出版社1997年版，第324页。

　　⑦ 俞剑华：《何师柏丞在建阳》，载刘寅生等编：《何炳松纪念文集》，上海：华东师范大学出版社1990年版。

　　⑧ 赵镜元：《史学家何炳松》，载刘寅生等编：《何炳松纪念文集》，上海：华东师范大学出版社1990年版。

对马克思主义政治经济学进行过全面系统深入的研究，在暨大主要开设经济学原理和经济学说史两门课程。经济学原理主要讲《资本论》第一卷的内容，经济学说史采用苏联卢森贝编的教材。"他经常引用无产阶级革命领袖的评述来加深讲课内容的理论深度。为了避免不必要的麻烦，他把马克思简称为'卡尔'，称恩格斯为'费里德里希'，称列宁为'伊里奇'，称斯大林为'维萨里昂诺维奇'。"① 著名马克思主义经济学家吴大琨，1939年初被推荐为上海各界人民慰劳团团长赴皖南慰问新四军将士，被第二战区便衣特务绑架关在上饶集中营。1942年被保释出狱后，于1942年12月至1944年12月任教暨大，先在外文系教大学一年级英文，后任教商学院，在课堂上称赞马克思的伟大贡献。② 1945年9月，何炳松前往福建永安，邀请《资本论》的翻译者王亚南莅校讲学，"王教授终于从永安路远迢迢地来到建阳。学校举行了盛大的欢迎会，校长亲自主持并致欢迎词"③。王亚南的讲题是《中国社会经济改造问题研究》，"全面历史地阐述了中国现行社会经济制度特别是中国农村封建土地制度的存在，是中国社会经济长期停滞、落后的根本原因，只有解决中国的社会经济制度，中国的经济才能得到发展"④。他的演讲深受暨大师生的欢迎，"点燃了革命理论的火种，推动当时暨南学生私底下主动自学《资本论》。春风又绿江南岸，在闽北山村学习马列主义，桐油灯下啃《资本论》，蔚然成风，成为当时同学们的自觉行动，其影响无疑是深远的"⑤。

二、学生的爱国民主活动

暨南大学富有优良的爱国民主传统。暨南大学南迁建阳后，暨南学子以参加中共组织、抗日反顽斗争与从军运动，表现了青年大学生高昂的爱国主义精神。

1. 暨南大学的中共组织活动

南迁建阳后，暨南大学的学生党员与上海的中共组织失去联系。当时，"在建阳书坊的太阳山上驻有中共福建省委，它领导闽北和福建全省人民开展抗日反顽斗争"⑥。学生中原有的一些共产党员和团结在党周围的积极分子，如陈斐然、金家麟、柯以圻、沈根源、林楚平、刘观祥、胡戎、诸仙仙等，仍在团结周围同学，宣传学习马克思主义理论。⑦ 另外，闽南各地有不少青年、侨生、侨属青年，是党联系培养的对象，还有部分曾是党领导下参加学生运动和工作的进步学生。党组织认为必须"培养和造就革命所需要的干部和积极分子。1943年党决定派党员洪惠美（洪惠）考入暨大，1944年又决定派党员林绿竹（张连）也考入暨大，边读书边做党的工作"⑧。1945年5月，闽西南白

---

① 魏琦：《卓如教授在建阳暨大》，载《暨南大学在建阳》（1990年），第188–193页。

② 《建阳革命史》，北京：中央文献出版社2005年版，第99–100页。吴大琨：《我在建阳暨大时和地下党的联系》，载《暨南大学在建阳》（1990年），第6–7页。

③ 戴敦复：《何校长，我们永远记住您!》，载刘寅生等编：《何炳松纪念文集》，上海：华东师范大学出版社1990年版。

④ 周震东等：《记何校长二三事》，载刘寅生等编：《何炳松纪念文集》，上海：华东师范大学出版社1990年版。

⑤ 胡士璋：《回忆王亚南》，载钟业坤主编：《暨南人》（第一集），广州：暨南大学出版社1996年版，第135–138页。

⑥ 《暨南大学在建阳》序（1990年）。1943年底，中共福建省委南迁中。

⑦ 《暨南风云——解放战争时期暨南大学学生运动史》，广州：暨南大学出版社1993年版，第2页。

⑧ 张连：《闽西南白区党在暨大建阳时期的组织和活动》，载《暨南大学在建阳》（1990年），第2页。

区党发展暨大学生王新整、何家沛入党。① 暨大学生的爱国民主活动，实际上是把党领导的左翼进步文化运动的强烈影响，从上海带到山城建阳。史地系的沈根源同学在上海参加地下党外围组织学生协会，在上海地下党领导下做过学生工作，在学生中威信较高，曾当选过建阳暨大学生会主席，团结在其周围的有失掉党组织关系的地下党员柳泽萃、陈斐然、金家麟。② 抗战胜利前，国共两党既联合又斗争，中共闽粤赣边委根据当时的局势，为暨大学生党员下达的任务是："长期埋伏，积蓄力量，等待时机。"主要工作是：通过联络党周围的积极分子，广交朋友，了解情况，团结和培训进步同学，并在他们中间组织和介绍学习进步书籍，如《大众哲学》《政治经济学教程》《政治学大纲》等；通过党联系的积极分子在学生社团中组织活动，团结、教育进步学生。③ 1946年3月，暨大学生李法儒、方勤（余芹芳）、陈泗东、叶友德、戴祺兰等被批准加入党组织。通过这些活动，"广泛地联系和团结其他地区来的进步同学，逐渐形成了一股比较稳定的革命力量，在暨大的学生运动中开始起着核心的作用"④。

2. 学生的从军运动

抗日战争是一场全民族的战争，在高等学校曾有几次较大规模的学生志愿从军运动。1944年，日军在太平洋战争中整体上已处于劣势，为了支援其困于东南亚和滇缅边境的军队，它急需打通从中国大陆到越南的交通线，遂对豫、湘、桂、黔发动迅猛进攻。国民政府于1944年10月14日提出了"一寸河山一寸血，十万青年十万军"的口号，号召大中学生志愿从军抗日，组建远征军。10月23日，蒋介石发表《告全国知识从军青年书》，称："现在我们经历了七年余的艰苦抗战，而且已到了决定胜败的最后关头，今后的一年，将是我们争取最后胜利的一年，这正是我们知识青年报效国家千载一时最难得的时机……凡我年龄在18岁以上35岁以下，曾受中等教育或具有相当知识程度的青年，只要体格健全，不论依法是否缓征缓召，均得志愿报名参加。"⑤ 为此，国民政府制定了《全国知识青年志愿从军征集办法》，阐述其宗旨："为提高国军素质，增强反攻力量，争取最后胜利，贯彻抗战目的起见，特征集知识青年编组远征军。"⑥ 第三战区也印发了《第三战区青年学生志愿服役办法》，拟在福建招募700名青年学生。⑦ 暨大训导处会同学生自治会积极发动学生从军，报名踊跃，"一时蔚成风气，情形之热烈，实开东南学生从军卫国之先风"⑧。从军学子有江鸿祥、王文海、张定宇等66人，他们还专门编印了暨大《从军学生纪念册》，内刊有何校长照片、建阳暨大校园建筑素描图，从军学生的姓名、性别、年龄、籍贯、学号、院系年级和通讯地址，另有沈炼之题词：

① 《暨南大学在建阳时期学生运动大事记》（1941—1946），载《暨南大学在建阳》（1990年），第2页。
② 钱国屏：《从建阳到上海——1943年至1947年暨南大学学生运动的回忆》，载《暨南大学在建阳》（1990年），第34页。
③ 张连：《闽西南白区党在暨大建阳时期的组织和活动》，载《暨南大学在建阳》（1990年），第3页。
④ 《暨南风云——解放战争时期暨南大学学生运动史》，广州：暨南大学出版社1993年版，第3页。
⑤ 《知识青年志愿从军手册》，载国立暨南大学《鼓动学生从军宣传文件》（1944年），上海市档案馆，档案号：Q240－1－516。
⑥ 《知识青年志愿从军手册》，载国立暨南大学《鼓动学生从军宣传文件》（1944年），上海市档案馆，档案号：Q240－1－516。
⑦ 国立暨南大学《鼓动学生从军宣传文件》（1944年），上海市档案馆，档案号：Q240－1－516。
⑧ 国立暨南大学《青年从军宣传文件》，上海市档案馆，档案号：Q240－1－518。

"暨南之光"，方光焘题词："自知者英，自胜者雄。"从军学生中除闽、浙、苏、赣等省学子外，还有少量侨生，如来自印尼的文学院教育系三年级的王文海及来自印尼爪哇的文学院外文系一年级的苏浩忠等。① 在过去评价这批学生的从军活动时，大都予以否定，我们认为这是有欠公允的。尽管他们从军动机不同，但在大敌当前，他们"万里长征缅甸，舍生冒死不辞"的精神，② 以及投笔从戎的爱国热情还是应予以肯定的。③

三、驱逐盛叙功和许杰风潮

1945 年 1 月 3 日，在童游文庙出现打倒教务长许杰、总务长盛叙功的标语。训导长韩逋仙立即下令停课，当日下午学校召开紧急会议，夜晚，部分学生捣毁许、盛家。④ "一二百学生打着火把，喊着口号，从学生宿舍冲到我们所在的教工宿舍。前面的学生手里举着火把，一派明火执仗的紧张气氛……高喊盛叙功和许某人出来。……闹事的学生指名要盛叙功和许某两人滚蛋。"与两人同住一排平房的方光焘、戚叔含、王书凯在一旁劝解。⑤ 许杰、盛叙功在同何炳松校长会面后，星夜离开建阳，避居崇安（现武夷山市）。这就是建阳时期暨南校史上有名的驱逐盛、许风潮。综合分析，出现这一风潮的主要原因大致有以下四点：

一是暨大"福建籍的教师发牢骚，说暨大办在福建，可是福建本地人一点权利也没有，掌权的都是外乡人，一定要给点颜色让他们看一看"⑥。当时暨大的相当部分生源都来自福建，但从校长到院长、教务长、总务长等以浙江人居多。事后亦证明，"这一次的风潮，幕后的指使人是中文系的福州籍教师魏应麒，学生方面的主要人物就是他的兄弟（已经报名参加青年军）。整个风潮的主要参加者，也就是一批福建籍的本地师生"⑦。

二是教务长许杰的言行引起从军学生的不满，许杰"公然反对大学生参军"，一次"他在上基本国文解释一个典故时，说了'好男不当兵'"⑧。当时教育部颁发了优待从军学生的办法，鼓励大学生从军，暨南大学也制定了若干优待办法。当时文件规定："一年级学生参加青年军，可以算作二年级学籍，若干年之后还可以算作'毕业'。"于是，有些从军学生要求教务长许杰照办，但许杰坚持认为并在青年军的动员大会上说："你们报名参加青年军，固然是爱国主义的行为，精神可嘉，国家给你们适当优待以资鼓励，也是应当的。但是，如果以参加青年军为条件提出种种过分的要求，也就和出卖壮丁没有什么两样。"这些话引起从军学生的反感。加之，福建籍的教师为闽省学生取得考试及格分数，希望许杰能通融，但他总是板着一副公事公办的面孔对待他们，这些

---

① 国立暨南大学《从军学生纪念册底稿》（1945 年），上海市档案馆，档案号：Q240 - 1 - 515。

② 傅以兰：《千古相思处，师生滴滴情》，载《新加坡暨南校友会成立五十周年纪念特刊》（1991 年）。

③ 钱国屏：《从建阳到上海——1943 年到 1947 年暨南大学学生运动的回忆》，载《暨南大学在建阳》（1990 年），第 39 页。

④ 房鑫亮：《何炳松年谱》，载《何炳松论文集》，北京：商务印书馆 1990 年版，第 575 页。

⑤ 许杰口述，柯平凭撰写：《坎坷道路上的足迹》，上海：华东师范大学出版社 1997 年版，第 306 页。

⑥ 许杰口述，柯平凭撰写：《坎坷道路上的足迹》，上海：华东师范大学出版社 1997 年版，第 306 页。

⑦ 许杰口述，柯平凭撰写：《坎坷道路上的足迹》，上海：华东师范大学出版社 1997 年版，第 307 页。

⑧ 许甫如校友 1987 年 3 月 13 日回忆，林楚平等：《事实和看法》，载《暨南大学在建阳》（1990 年），第 96 页。

教师颇多怨言。① 关于此点，何炳松在致英士大学校长杜佐周的函中亦提及："此间许君（指许杰——编者注）等之招怨，即纯在对付同仁、同学态度过于冷酷而缺乏热情。"②

三是指称总务长盛叙功贪污奎宁丸。建阳当时疟疾流行，几乎人人都有过"打摆子"的痛苦经历，而抗战时期治疗该病的特效药奎宁丸又特别短缺。"暨大好容易搞到一些奎宁，都由总务长亲自掌管。盛先生怕这些金贵药物有什么闪失，干脆把药品带到家里保管，于是，师生们需要奎宁丸只好到他家里去领，这就引起人们的不满，也给闹事者提供了借口，说总务长贪污贵重药品。"③ 而早在 1944 年 6 月 11 日，文庙路边就曾出现"打倒盛叙功"的标语。④ 这时从军学生张贴"不准贪污奎宁丸"的标语，矛头直指盛叙功。

四是风潮是由训导长韩逋仙等人策划的驱逐进步教授盛叙功、许杰的预谋活动。据金家麟校友回忆，许杰教授是暨南大学"态度最明确的进步教授"，盛叙功教授"用马克思主义的观点来讲授地理学"，⑤ 钱国屏校友亦认为两位教授是"暨大宣传马克思主义的两位主将，又是学生民主运动的积极支持者"，韩逋仙等想赶走"学生信赖的进步教授，把学生的民主运动扼杀在萌芽状态"。⑥ 当时参加了青年军的董运谋校友的回忆佐证了这一事实，据他回忆，当有从军学生鼓动全体"青年军战士"团结起来驱逐盛叙功出校时，韩逋仙当即表示支持："反正你们都已参军了，校方不会开除你们。"在他的指使下，部分从军学生"点起火把，一哄而到盛的宿舍，并将石头、火把丢到盛叙功、许杰教授房间内，逼迫他们离校"⑦。

风潮发生后，何炳松校长对此高度重视。他表示："学生反对盛、许就是反对我。"他对盛、许说："希望这一次的风潮，不要闹成以往那样，各拉一派学生来反对另一派。你们两位暂时离校避一避风头，让我理顺各方面的关系，并且，搞清楚风潮的详细情形。"他还拍着胸脯说："我绝不出卖朋友！"⑧ 事发次日（1 月 4 日），何炳松与秘书一同到文庙了解事情始末，1 月 6 日，何炳松自兼总务长（后由俞剑华接任），沈炼之代教务长（后由王勤堉接任），⑨ 并将风潮始末上报教育部。3 月 21 日，他主持召开第 13 次谈话会，就风潮问题作出如下决议：盛、许的薪金算至 7 月份止，另赠旅费 3 万元并报教育部备案；由校长公布解释误会，并解散学生自治会，从军同志会以日内入伍姑准免议。⑩ 何炳松坚持继续聘用盛、许，照样发薪水，直至抗日战争胜利。盛、许避住崇安期间，陆续有师生前往探望，各地同学会也同情、拥护盛、许，出版了多种壁报为两人辩白，"鲜明地表达了反对排挤许、盛二教授的观点"，但由于学校当局的退让，何炳松

---

① 许杰口述，柯平凭撰写：《坎坷道路上的足迹》，上海：华东师范大学出版社 1997 年版，第 304 – 305 页。

② 房鑫亮：《何炳松年谱》，载《何炳松论文集》，北京：商务印书馆 1990 年版，第 576 页。

③ 许玄：《绵长清溪水——许杰纪传》，太原：山西人民出版社 2000 年版，第 7 页。

④ 房鑫亮：《何炳松年谱》，载《何炳松论文集》，北京：商务印书馆 1990 年版，第 573 页。

⑤ 金家麟：《在建阳暨大的两年（1941—1943）》，载《暨南大学在建阳》（1990 年），第 11 页。

⑥ 钱国屏：《从建阳到上海——1943 年至 1947 年暨南大学学生运动的回忆》，载《暨南大学在建阳》（1990 年），第 42 页。

⑦ 林楚平等：《事实和看法》，载《暨南大学在建阳》（1990 年），第 96 页。

⑧ 许杰口述，柯平凭撰写：《坎坷道路上的足迹》，上海：华东师范大学出版社 1997 年版，第 305 页。

⑨ 房鑫亮：《何炳松年谱》，载《何炳松论文集》，北京：商务印书馆 1990 年版，第 575、576 页。

⑩ 房鑫亮：《何炳松年谱》，载《何炳松论文集》，北京：商务印书馆 1990 年版，第 575、576 页。

"受到他周围一部分亲近他的势力的包围"，① "反对派势力占了上风"，"造成了驱逐许、盛二人是合理的客观局面"②。许杰对于以 "自己崇高的人格，对青年、对学校、对自己作出了牺牲"，③ 而仍未受到公正待遇一直无法释怀，1990 年刊发了当时他撰写的《七律·建阳暨南大学风潮》表露心迹，诗云：

> 漆黑一团天地齐，
> 更深鼠闹不闻鸡。
> 森森堂庙嘶骸骨，
> 寂寞东南树战旗。
> 怒看小鬼装人样，
> 忙举钝刀剥狗皮。
> 四壁阴寒风凛冽，
> 荷戈立雪待晨曦。

在当时的同事苏乾英副教授前来看慰、深夜座谈后，许杰撰写的《七绝》一诗中表达了他为人耿直，疾恶如仇的心情：

> 狂风过后月赞云，
> 寂寞寒灯对故人。
> 幸喜胸中留正气，
> 滔滔流水不平鸣。④

这两首诗集中反映了风潮的背景和许杰悲愤、乐观的战斗精神。对于这次风潮的评价，是仁智互见，有人认为是 "国民党反动势力对革命人士的迫害"，也有人说是 "先进与落后的矛盾"，还有人认为是 "进步思潮与狭隘的地方主义的斗争"。⑤ 实际上问题的症结是：盛、许得罪了一部分代表地方势力的闽籍师生和一部分当时参军又想谋求私利的学生。"他们互相勾结，在学校掀起风潮。"⑥

四、校园文化生活

何炳松校长关心学生的校园文化活动。对于负责学生活动的训导工作，他认为：

① 转引自许玄：《绵长清溪水——许杰纪传》，太原：山西人民出版社 2000 年版，第 10－12 页。
② 转引自许玄：《绵长清溪水——许杰纪传》，太原：山西人民出版社 2000 年版，第 10－12 页。
③ 转引自许玄：《绵长清溪水——许杰纪传》，太原：山西人民出版社 2000 年版，第 10－12 页。
④ 1988 年 10 月，部分建阳暨大校友重逢建阳，决定编印《暨南大学在建阳》一书，许杰获悉后特将 "避地崇安时所作" 诗两首抄寄，以志 "当年之心境与感受云耳"。许杰：《诗两首》，载《暨南大学在建阳》（1990 年），第 26－27 页。
⑤ 许玄：《绵长清溪水——许杰纪传》，太原：山西人民出版社 2000 年版，第 11 页。
⑥ 王祖勋校友 1942 年秋考入暨大文学院中文系，曾受教许杰，1945 年还曾前往崇安看望许杰。详见王祖勋：《怀思许杰师》，载《新加坡暨南校友会成立五十周年纪念特刊》（1991 年）。

"训导不可过于严肃，过于消极，须于严肃之中有乐趣之调剂，及积极服务精神之提倡。"① 暨南大学是一所侨校，生源来自海内外，分布地域较广，加之侨生好动，天性活泼，因之，在何炳松校长的倡导下，暨大校园文化生活是丰富多彩的。即使在烽火中的建阳暨大，学生们仍举行了很多社团与文体活动，亦诚如周高勋校友所回忆的："最感兴趣的是在建阳时期的学生生活。那时我们青春时期，风华正茂，向上心切，总觉得世界是美丽的，人间是温馨的。虽然是处于抗日战争的艰苦岁月里，尽管物质条件差，精神生活却丰富无比。回忆这一段生活，大家总是乐滋滋的，认为是我们一生中最美满的时期。"②

1. 学生社团活动

建阳时期，暨南学子成立最早的一批学生社团是：1942 年 12 月 15 日成立的史地学会及未明文艺社、学生自治会，之后又于 1943 年春成立中国文学研究会，1943 年秋成立经济学会，1944 年秋成立太白文艺社，1945 年 6 月成立学林文艺社，1945 年 12 月成立壁报联合会等。③ 学生社团众多，争奇斗妍，蔚为壮观，归纳起来这些社团大致有下列三种类型：一是按系科设立的学会（实际上是各系科的学生会），如史地系的史地学会、中文系的中国文学研究会、教育系的教育学会等；二是按学生籍贯组建的同乡会，如闽西南的泉永漳龙同学会、福州地区的闽海同学会、温州地区的瓯海同学会、苏北地区的江淮同学会等；三是按各自兴趣爱好自由组合起来的文艺和学术性社团，影响最大的有未明文艺社、太白文艺社、学林社、经济学会、史地学会、新闻学会、人文学社等，这些社团不受系科、生源籍贯限制，生命力特别旺盛。④ 下面简要介绍几个重要社团的有关情况：

（1）史地学会：1942 年 12 月 15 日成立，"以增进研究学术兴趣，联络会员感情为宗旨"。何炳松批示："准予登记，并发给登记证，及准予每学期由校津贴壹百元。"⑤ 该会创办《时与空》刊物，首任主席沈根源（沈定一），会员有郑钟声、沈德仁、杨春燊、柳泽萃、罗伟、陈祖福、吴可贵、金家麟、王正平、许甫如、王驾、苏寿桐、钱国屏、杨德基、陈忠斌等。史地学会活动生动活泼，运用唯物史观研究历史、地理，经常研讨的问题是：史观和史料的关系、中国封建社会何以延续两千年？该会还多次邀请盛叙功、许杰、方光焘、卓如、沈炼之、陈守实等教授演讲。出版的《时与空》针砭时事，宣传马列思想。⑥

（2）太白文艺社：由未明文艺社演变发展而来，社名由许杰所取并聘请其为指导教师。创办人为金尧如、林楚平、张械（何其青）、周继文和许甫如，会员有唐迪文（唐湜）、黎先耀、陶玉麟（洪滔）、乐秀毓、陈毓淦等。该社"高举着文艺为人生服务，为民主呼喊的旗帜"，"针砭时弊，揭露黑暗"，"除发表了大量以反映抗战中大学生贫困生

① 刘寅生等编：《何炳松纪念文集》，上海：华东师范大学出版社 1990 年版，第 428 页。
② 周高勋：《暨大闽北校友在建阳聚会》，载暨大闽北校友会编：《暨南潭讯》，第 12 期，1999 年 10 月。
③ 《暨南大学在建阳时期学生运动大事记》（1941—1946 年），载《暨南大学在建阳》（1990 年），第 18 - 22 页。
④ 《暨南风云——解放战争时期暨南大学学生运动史》，广州：暨南大学出版社 1993 年版，第 3 页。
⑤ 国立暨南大学《史地学会》，上海市档案馆，档案号：Q240 - 1 - 546。
⑥ 王驾：《学会作熔炉，马列育新人——回忆暨大史地学会》，载《暨南大学在建阳》（1990 年），第 121 - 131 页。

活为内容的文艺作品外，还有纪念鲁迅先生和响应昆明西南联大'一二·一'运动的专辑"，"在暨大学生运动中起积极的作用"。①

（3）人文学社：1946年3月20日成立，该社章程规定："凡有共同学习兴趣之同学，经本社社员两人以上之介绍，并经理事会通过后得加入本社为社员。……凡社员均有共同研讨、交换书籍及发表写作之权利。"② 该社聘请刘佛年、焦敏之、陈文彬三位教授为顾问，传阅进步书籍，"分散自学"，"隔周讨论，有不清楚之处便请卓如、陈文彬等老师指导，学习新理论，大家如饥似渴，十分认真，思想认识逐步提高"。③ 该社通过"组织革命书刊的学习，与校内进步教授、学者的接触，参加各种讲座、集会抗议，示威游行，它逐渐成为一个倾向革命的集体"④。

（4）中国文学研究会：是中文系的系会组织，由吴三省、纪渊、王祖勋等发起成立，初时有会员30多人，1945年增至40多人。该会宗旨为：团结同学开展学术研究和创造活动，宣传苏联文艺思想。主要活动是：组织会员阅读和评论苏联进步文艺书籍，开展文艺理论研究，召开文艺专题讨论会、学术报告会以及主办纪念鲁迅文艺晚会等。⑤

（5）经济学会：由各院系有志于经济研究的同学成立。首批会员有徐善书、周振文等9人，1944年新增施品荣、金永礼等18人，1944、1945年又吸收了陈礼贤、林维雁等16人。该会有计划、有系统地学习马克思主义理论，如艾思奇的《大众哲学》、胡绳的《辩证唯物论入门》、李方进的《政治经济学教程》《反杜林论》《资本论》等马列原著。一些名教授如周宪文、王亚南、卓如、陈文彬对学会工作予以指导。该会"实质上就是党领导下的读书会，它教育和培养了不少青年，为革命事业作出了贡献"⑥。

（6）新闻学会：以研究新闻、阐扬三民主义为宗旨，卢宗汉为理事长。学会主要从事新闻研究和新闻出版工作。"为宣扬校誉，联络校友及练习新闻工作起见"，学会还出版《南风》周刊。⑦《南风》编辑部同学"每天从当地美军电台和建阳县政府电台拿来国内外新闻的电讯稿件，加以编辑，并且有评论，有副刊，有插图等，在校园中张贴时，常常围了一大堆观众，很受同学们欢迎"⑧。

除此之外，比较活跃的学生社团还有学林社、女同学会、教育学会、工商管理学会等。如工商管理学会成立于1942年11月20日，"以联络感情，砥砺学行，增加研究兴趣，养成服务精神为宗旨"。发起时会员有152人。⑨ 尤为值得一提的是，成立于1945年12月26日的壁报联合会（简称"壁联"），在抗战胜利后至暨南大学复迁上海前的暨大学生活动中，起到了极为重要的作用。"壁联"由太白文艺社、学林社、中国文学研究会、史地学会、1946级级友会联合发起成立，宗旨是：联合各壁报社团发扬团结民主的精神；尊重学术思想言语之自由；反对违背民主团结的言论；振兴研究学术的风气。随后，

---

① 许甫如：《为民主呼喊的"太白文艺社"》，载《暨南大学在建阳》（1990年），第112 - 117页。

② 《国立暨南大学人文学社章程》，载《文理系各种学会》，上海市档案馆，档案号：Q240 - 1 - 545。

③ 赵上畴、黄明义：《忆暨大人文学会》，载暨大闽北校友会编：《暨南潭讯》，第23期，2002年7月。

④ 谢光文：《喜重逢》，载暨大建阳（时期）校友会编：《暨大建阳通讯》，第30期，2004年5月。

⑤ 傅春龄：《建阳时期的暨大"中国文学研究会"》，载《暨南大学在建阳》（1990年），第132 - 135页。

⑥ 钱彰禄等：《忆暨南大学经济学会》，载《暨南大学在建阳》（1990年），第140 - 143页。

⑦ 国立暨南大学《新闻学会》，上海市档案馆，档案号：Q240 - 1 - 552。

⑧ 杨耀宗：《谁言寸草心，报得三春晖》，载《新加坡暨南校友会成立五十周年纪念特刊》（1991年）。

⑨ 国立暨南大学《工商管理学会》，上海市档案馆，档案号：Q240 - 1 - 553。

女同学会、经济学会、新闻学会、教育学会、励学社、华侨同学会、崴山友会、衢中校友会、百粤同学会、六睦同学会、瓯海同学会、泆风诗社、英国语文学会、暨大青年、泉永漳龙同学会、安定校友会、江淮同学会、庐山同学会、集美校友会等社团相继加入。壁联聘请沈炼之、俞剑华、卓如、方光焘等18位教授为顾问。① 壁联成立后，以"尊重人权、赞助民主、爱护学术"为立场，② 成立由24个学生社团组成的编委会，负责《壁联》《壁联通讯》的编印工作。1946年1月10日，是旧政协在重庆开幕之日，暨大的16种壁报：《时与空》《改造》《艺苑》《铎声》《中国明灯》《暨大青年》《微芒》《人言》《南风》《太白》《学林》《格非》《南侨》《南星》《暨大女声》《壁联》同时出版，"贴满了明仪堂的两侧，声势相当浩大"。昆明"一二·一"惨案发生后，编印了《壁联》第一号增刊，表达了暨大学生要民主、反迫害的强烈呼声。之后又编印了第二号增刊和《壁联通讯》第1期等。壁联的会歌表达了同学们要民主、和平和向往新社会的心情：

> 拉起手来，同学们！
> 在民主的旗帜下，我们合力工作。
> 齐声歌唱、齐声歌唱。
> 我们在斗争中生长，谁要压迫我们，
> 他一定灭亡！
> 拉起手来，同学！
> 拉起手来啊，同学们！
> 挺起胸膛，挺起胸膛，走向前去！
> 阳光照亮了我们的队伍，
> 看吧！前面展开了新社会的康庄。③

总之，"'壁联'的成立是暨大学生运动的一个重要转折点。从此，暨大的学生运动改变了涣散软弱的状态，开始呈现出一片生机盎然的崭新景象"④。

2. 学生文体活动

这主要包括文娱活动与体育活动两方面。建阳时期暨南学生成立了暨南剧社、歌咏团、京剧团、平剧社等社团组织。1942年暮春，暨南剧社主办了一次全校师生大联会，节目有歌唱、舞蹈和话剧《哑妻》。之后剧社还演出了吴天编剧的《家》，丁西林编剧的《妙峰山》，夏衍编剧的《长夜行》，李健吾编剧的《这不过是春天》和陈西禾编剧的《沉渊》。"这些演出给寂寞的山城，带来了春天的温暖，激发了人们的爱国热情。演出期间，座无虚席，有人乘长途汽车远从建瓯、南平、邵武等地前来观看，对演出交相赞誉，争相传颂。演出不仅扩大了社会影响，还给学校争得了光荣。"⑤ 平剧社则于1945

---

① 《暨南风云——解放战争时期暨南大学学生运动史》，广州：暨南大学出版社1993年版，第4-5页。
② 详见"壁联"代发刊词，载《暨南大学在建阳》（1990年），第242页。
③ 转引自刘建：《大潭书》，北京：文物出版社1994年版，第501-502页。
④ 《暨南风云——解放战争时期暨南大学学生运动史》，广州：暨南大学出版社1993年版，第5-8页。
⑤ 高崇靖：《何炳松校长与暨南剧社》，载刘寅生等编：《何炳松纪念文集》，上海：华东师范大学出版社1990年版。

年 6 月举办了何炳松长校 10 周年晚会。京剧团由金安民等于 1942 年秋组建，徐克仁、万叔龙、朱述尧、许敬之等先后为负责人，"京剧团的活动在暨大校园里受到不少同学的欢迎"，"每次演出时，几乎场场客满"。① 另据当时歌咏团的负责人陈默校友回忆，他 1943 年入商学院国贸系学习时，周光歧任歌咏团团长、指挥兼口琴演奏，后由陈默接任团长，当时《奕奕禹甸》是每次必练的四部混声合唱曲，歌声"唱出了同学间的爱，唱出了对母校的情"，也给"单调枯燥的学生生活增添了色彩，是歌声加强了同学间的团结与友谊"。② 当时，暨大学生还在何炳松校长的支持下，在国民党建阳县大礼堂演唱《黄河大合唱》，"向县民作了抗日与反内战的思想宣传"③。许杰教授为丰富校园文化生活，彰显暨大侨校办学宗旨，创作了暨南校史上的第四首校歌，深受师生欢迎，歌中唱道：

> 五千年的文化传统，
> 四十载的教育方针，
> 决定了我们努力的目标，
> 铸炼成我们奋斗的精神！
> 我们要用实践去配合理论，
> 探求学术的真理，把光明宣扬。
> 我们要步武先驱者的足迹，
> 把光荣的民族文化广播到南洋。
> 我们的生活不怕艰苦，
> 我们的精神刚正坚强。
> 要把光荣的民族文化，
> 广播到海外！广播到南洋！④

暨南大学一直是体育强校，"体育则始终是全校学生必修之课，也是最为广泛开展的群众性活动。校园里盛开的体育之花，自卅年代前后即开始相继结出累累硕果"⑤。南迁建阳后，学校条件艰苦，"就体育方面而言，不仅各项运动设备一无所有，即使办公室亦仅在训导处办公室内添置一张办公桌临时应付；体育教师也只有体育指导员唐璜一人（负责武术教练），其困难情况，可想而知"。但何炳松校长认为："必须重视学生健康，加强体育锻炼，他日才能为国效劳。"为此，学校采取了以下措施积极开展体育活动：一是加强体育师资队伍建设，先后聘请陈陵、费兰芳（女）、王大琛、吴止戈、朱间开（女）等具有副教授、讲师职称的体育教师多人；二是成立体育部办公室，利用运

---

① 季振宇：《暨大京剧团在建阳》，载《新加坡暨南校友会成立五十周年纪念特刊》（1991 年）。

② 陈默：《片断的回忆·深切的怀念》，载《新加坡暨南校友会成立五十周年纪念特刊》（1991 年）。

③ 陆伦章：《我记忆中的何柏丞校长》，载刘寅生等编：《何炳松纪念文集》，上海：华东师范大学出版社 1990 年版。

④ 近半个世纪过去了，傅湘霜校友 1991 年在上海看望许杰先生时，还"情不自禁"地唱起了这首校歌。详见许玄：《绵长清溪水——许杰纪传》，太原：山西人民出版社 2000 年版，第 139－140 页。

⑤ 沈昆南：《何校长与暨大的体育》，载刘寅生等编：《何炳松纪念文集》，上海：华东师范大学出版社 1990 年版。

动场附近一所破庙并由师生动手修建；三是开辟运动场，添置体育器材，计辟有篮球场两个，排球场两个，体操场一处（备单、双杠等），跑道 110 米，乒乓球室一间；四是除为一、二年级学生开设体育必修课外，大力开展群众性体育活动，如组建男女篮、排球代表队各一支，经常开展早操、课外锻炼、系际比赛和田径单项比赛。期间还与之江大学篮球队举行友谊赛，"何校长亲自到场开球，并致词鼓励，全场欢腾，情况热烈"①。1944 年春，美军登陆中国东南沿海，有一个营的美军驻扎在建阳天主教堂，美军经常在周末与暨大师生联谊，如举办辩论赛，与暨大篮球队比赛。据范家震校友回忆，举办篮球赛时，"开始几场比赛中，美军人高马大占上风，后来暨大学子打出小个优势，也扳回了几场球，当时只要双方打球，到处都是观众，校园里从来都没有这么热闹过"②。

第五节　国立东南联合大学的筹办与并入暨南大学③

一、筹办历史背景

抗日战争全面爆发后，为坚持持久抗战，培养传承民族文化、掌握现代科学技术的人才，抗战前主要集中于平津和沪宁杭的中国高校，进行了艰苦卓绝的大规模西迁运动。在抗战大后方西南、西北分别组建了西南联合大学、西北联合大学等高校，中央大学、浙江大学等著名高校则整体迁校西南。与 1937—1938 年这批西迁高校相比，东南联合大学不仅默默无闻，而且筹办的历史背景也不完全一样。

在 1941 年 12 月 8 日太平洋战争爆发前，上海租界在整个华东沦陷区是一个相对安全的"孤岛"。"其时大江南北各地之公私立学校多奉令避地上海，青年云集，弦歌不辍，俨成敌后之精神堡垒。文教同人，如此支持危局者凡四年有余，敌伪虽威胁利诱，均终屹然不动。"④ 太平洋战争爆发后，日军进入租界，"孤岛"不复存在。中、美、英与日本正式宣战。租界内所有公私立专科以上学校，以局势突变，大多宣布停办，筹划内迁。国民政府教育部为"维护上海高等教育，招致大学人才起见，毅然决定筹设国立东南联合大学于浙江省境，以便收容自上海内撤各专科以上学校之员生"⑤。教育部规定："上海各大专学校除在内地已设有分校外，一律参加东南联合大学。"⑥

---

　　① 陈福清：《何校长与建阳时期的暨大体育》，载刘寅生等编：《何炳松纪念文集》，上海：华东师范大学出版社 1990 年版。陈福清当时任暨大体育部主任、副教授。

　　② 陈友直等：《最后一颗子弹留给我》，载福建《海峡都市报》，2005 年 8 月 24 日。

　　③ 详见夏泉：《试论抗日战争时期的国立东南联合大学》，载《民国档案》2006 年第 3 期。

　　④ 何炳松：《暨南大学与东南联合大学》，载刘寅生等编：《何炳松纪念文集》，上海：华东师范大学出版社 1990 年版。

　　⑤ 何炳松：《暨南大学与东南联合大学》，载刘寅生等编：《何炳松纪念文集》，上海：华东师范大学出版社 1990 年版。

　　⑥ 谢海燕：《何炳松与东南联大艺术专修科》，载刘寅生等编：《何炳松纪念文集》，上海：华东师范大学出版社 1990 年版。

二、设立东南联合大学筹备委员会

1942 年 1 月 15 日，教育部决定成立东南联合大学筹备委员会，以暨南大学校长何炳松为主任委员，王凤喈为副主任委员，胡健中、骆美奂、张寿镛、曹惠群、杨永清、黎照寰、樊正康、裴复恒为委员，校址设于浙江境内。1 月 20 日，加派阮毅成、许绍棣、许逢熙为委员。4 月 6 日、9 日，又增加胡寄南、李培恩、胡敦复为委员。6 月下旬，由暨南大学建阳分校主任周宪文代替王凤喈为副主任委员。[①] 委员中大多是上海公私立大学校长，如黎照寰为国立交通大学校长；另有部分委员是地方官员，如阮毅成是浙江省民政厅厅长和浙江第四区行政督察专员（驻金华），1942 年 4 月阮毅成在金华曾抱病参加筹委会会议，[②] 许绍棣为浙江省教育厅厅长，胡健中为东南日报社社长。

三、筹办始末

1. 在金华设立办事处，召开筹委会会议

考虑到上海公私立学校校长事繁责重，一时无法离沪，1942 年 2 月 2 日，教育部指派胡健中、骆美奂先行在金华酒坊巷金华中学设立办事处，经过积极筹划，3 月 24 日，办事处正式成立，处长由原暨南大学训导处的训育员娄子明担任，暨大商学院四年级学生戴敦复、李德明等为办事员，"接待和登记从上海撤出的各大学师生"。何炳松在妥善处理暨大迁校工作，"在上海秘密与各校协商内迁事宜"后，"于 3 月 25 日秘密携眷由沪乘车赴杭，再换乘民船赴诸暨，由诸暨乘车于 4 月 1 日抵金华"[③]。4 月 5 日、13 日、25 日，何炳松连续主持召开了三次筹备工作会议，出席会议的有胡健中、骆美奂、许逢熙、阮毅成、许绍棣、李培恩以及杨永清的代表盛振为。会议决定了如下事项：东南联合大学设文、理、法、商四学院以及艺术、体育、纺织三专修科；筹备委员会分设秘书处、总务处、编训处、会计室与设计委员会；总务处分设文书、事务、出纳、交通四组，编训处分设登记、训导两组；聘杜佐周、顾石君、谢海燕、倪贻德、沈仲俊为设计委员，朱中慈为总务处长，娄子明为编训处长，方岳君为会计室代理主任；委派杜佐周在上海负责一切联络事宜，并派员分往临浦、诸暨、南涧、渌渚设立交通站沿途照料上海内迁师生。4 月 30 日，在骆美奂、许逢熙的陪同下，何炳松前往浙江省江山县南乡石门村勘察校址，"金以自然环境极优美，可用祠堂又复宏大，以为适合"。何炳松一边请示教育部批准，一边请当地人赵贤科、王道协助校舍修建事宜。为了寻求当地驻军支持，何炳松还赴上饶拜会第三战区顾祝同长官。[④] 当时筹建工作最大的困难是缺乏经费，浙江省民政厅厅长阮毅成表示，浙江省政府将在人财物方面全力以应。[⑤]

---

① 何炳松：《暨南大学与东南联合大学》，载刘寅生等编：《何炳松纪念文集》，上海：华东师范大学出版社 1990 年版。

② 阮毅成：《悼惜何柏丞先生》和《记何炳松先生》，均载刘寅生等编：《何炳松纪念文集》，上海：华东师范大学出版社 1990 年版。

③ 俞剑华：《何师柏丞在建阳》；戴敦复：《何校长，我们永远记住您！》，均载刘寅生等编：《何炳松纪念文集》，上海：华东师范大学出版社 1990 年版。

④ 何炳松：《暨南大学与东南联合大学》，载刘寅生等编：《何炳松纪念文集》，上海：华东师范大学出版社 1990 年版。

⑤ 房鑫亮：《何炳松年谱》，载《何炳松论文集》，北京：商务印书馆 1990 年版，第 566 – 567 页。

何炳松"举东南文教之责尽置诸两肩"，① 积极筹建东南联合大学。上海各高校亦次第南迁，参加在金华的东南联合大学。现以上海美专为例说明之。上海美专由刘海粟担任校长，在他前往南洋筹办画展支持抗战期间，指派谢海燕为代理校长，据谢海燕回忆："太平洋战起，我同暨大何校长和总务长杜佐周教授取得联系，经校务会议决定迁校内地，参加东南联合大学。趁上海疏散人口的机会，我同倪贻德教授乔装印刷商和广告商，带学生王昌诚等离开了上海。取道杭州萧山。一路经敌伪九道关哨，始得穿越游击区到达所前，换乘交通船沿浦阳至安华，步行至大陈站，改乘火车到金华。在文昌巷会见何炳松校长，受到热烈欢迎。我致电在重庆的上海美专校董钱新云、陈树人、顾树森等先生，一致同意参加联合大学。"② 后来上海美专成为东南联大的重要组成部分。

迁址建阳后，因浙赣战争爆发后交通阻断，原在上海的东南联大筹委会委员无法内撤，加之其他委员散居各地，无法定期召开筹委会会议，何炳松主任决定，重要事务"由炳松与周宪文、胡健中、胡寄南、杜佐周、谢海燕诸君就近商决，随时电陈教育部核夺办理之，并函报各地委员"③。

2. 迁址建阳

东南联大的筹建工作进展顺利，已初具规模，当时在金华收容了上海专科以上学校学生200余人，国立交通大学、国立医学院等校学生亦有不少由东南联大筹委会资遣径赴设在重庆的母校继续学业。上海各校之教职员经过杜佐周的联络接洽，大部分准备内迁，或在内迁途中。不料，5月15日，日军突犯浙东，浙赣战争爆发。浙赣战争爆发的导火索是由于当时日本东京首次遭到杜立特少将率领的从关岛起飞的盟军飞机的轰炸，而这些飞机预定在浙江衢州机场降落加油。因之，日军矛头直指扼浙、赣、闽、皖四省要冲的衢州机场，日军发动浙赣战争，敌机轮番轰炸衢州，导致"金兰一带日受敌机肆扰，军政教育各机关遂相继向西撤离"。5月17日晚，东南联大200余名师生在东南联大筹委会委员、东南日报社社长胡健中和朱中虑等带领与当地驻军的协助下，乘车抵达江山。根据顾祝同来电建议，何炳松考虑到"江山处浙赣铁路中心，已非妥然之地。……不得已乃与胡健中、杜佐周、谢海燕诸君商定，决将本会员生暂迁至建阳。一面并电告教育部"④。5月30日，全体师生在谢海燕、倪贻德、沈仲俊、朱中虑带领下，步行经浦城开赴建阳，6月24日全部抵达建阳。途中艰苦备尝，"沿途敌机追踪扫射，前后村镇更番被炸，而岭峻山高，风雨时作，员生负笈步行"；⑤ 谢海燕一行"刚从浙闽边境廿八都前往浦城的早晨，九架重轰炸机掠空而过，把浦城炸得满街颓墙断壁，尸横

---

① 盛俊等：《哭何柏丞先生文》，载刘寅生等编：《何炳松纪念文集》，上海：华东师范大学出版社1990年版。

② 谢海燕：《何炳松与东南联大艺术专修科》，载刘寅生等编：《何炳松纪念文集》，上海：华东师范大学出版社1990年版。

③ 何炳松：《暨南大学与东南联合大学》，载刘寅生等编：《何炳松纪念文集》，上海：华东师范大学出版社1990年版。

④ 何炳松：《暨南大学与东南联合大学》，载刘寅生等编：《何炳松纪念文集》，上海：华东师范大学出版社1990年版。

⑤ 何炳松：《暨南大学与东南联合大学》，载刘寅生等编：《何炳松纪念文集》，上海：华东师范大学出版社1990年版。据何炳松为《国立东南联合大学筹备委员会同学录》作序时回忆，杜佐周"因在沪为东南联大事引起敌军之仇视，只身由上海间关内撤"。另据杜佐周回忆："路上遭遇敌机轰炸，行李全部付之一炬。我短衫、薄裤，陆行数百里，始抵江山。"详见杜佐周：《我与何柏丞先生》，载刘寅生等编：《何炳松纪念文集》，上海：华东师范大学出版社1990年版。

遍地，当我们傍晚到达时余烬未息。一连轰炸三天。……我们刚到目的地，不料次日三架敌机便来轰炸建阳，弹落车站一带，死伤 30 多人"①。

东南联大筹委会设在建阳童游奎光阁新建楼房里，聘请罗君惕教授兼任何炳松主任的秘书。何炳松上午在暨大办公，下午在东南联大办公，两校办公处相距三华里，他妥善安排，来回奔波。东南联大还特设迁校委员会与校舍设备委员会，请谢海燕等人主持具体工作。谢海燕随之勘寻校址，他和倪贻德教授"四出到近郊乡镇勘察，还独自乘车至莒口，凭着一张简略的石印地图，在荒无人烟、时有野兽和强人出没的山野间步行至麻沙镇。虽然文庙颇具规模，可以利用的庙祠也有几处，但交通太不方便，也就不予考虑了。后来选定在建浦公路边的一座小山和崇溪畔一处林木葱郁连着沙洲的地方以建筑校舍和体育场"。谢海燕"还手绘了一张示意图和几张建筑图样请何柏丞先生审阅，共同商酌修改。联大总务处派人入山订购了大批杉木，准备大兴土木"。谢海燕还在何炳松的指示下设计了东南联大校徽，外廓作凸版 V 字形，象征太平洋战争爆发，中国与各个盟国共同抗日，终将取得最后胜利，里面五环则象征东南五省紧密联合。②

迁址建阳后，何炳松力主早日成立东南联大。在 1942 年 11 月 23 日举行的暨南大学 1942 年度第一学期第四次纪念周的讲话中，他详细解释了该年 9 月他向教育部申请尽早成立东南联大的三点理由："①可使上海各公私立专科以上学校的师生，因内迁有所归宿，继续撤退，不至徘徊海上，观望不前。②东南人士，对于联大成立，期望甚殷。③东南陷区战区青年，多一升学之地。"③ 但由于浙赣战争导致上海内迁闽浙的交通断绝，生员不多，加之经费困难，教育部决定东南联大暂缓成立，继续筹建。

3. 在建阳的办学活动

在 1942 年 9 月中旬新学年开学初，东南联大已敦聘 21 名教授，另有 13 人在商洽中，7 人待约。学校聘请胡寄南为教务长，娄子明为训导长，朱中虑为总务长，杜佐周为文学院院长，江之永为理学院院长，孙怀仁为法学院院长，陈振铣为商学院院长，谢海燕为艺术专修科主任。④ 考虑到东南联大尽管初具规模，但在师资、生源、校舍诸方面仍存在很多困难，东南联大筹委会主任何炳松"当机立断，权将联大文、理、商三学院与暨大原有的文、理、商三学院合并上课；另设法学院和艺术专修科，容纳联大有关院系的师生。教师一律由暨南大学敦聘，既是联大教师又是暨大教师"。谢海燕和东南联大法学院院长孙怀仁、理学院院长江之永、文学院院长杜佐周还作为暨大校委会成员参加校务会议。⑤ 根据教育部指示，自 1942 年 11 月 3 日起，"联大的学生就可以来暨大注册，教员也由暨大照聘，联大的学生以借读的名义入暨大上课，如果将来联大一旦成

① 谢海燕：《何炳松与东南联大艺术专修科》，载刘寅生等编：《何炳松纪念文集》，上海：华东师范大学出版社 1990 年版。
② 谢海燕：《何炳松与东南联大艺术专修科》，载刘寅生等编：《何炳松纪念文集》，上海：华东师范大学出版社 1990 年版。
③ 国立暨南大学《何校长报告记录》（1942 年），上海市档案馆，档案号：Q240－1－33。
④ 何炳松：《暨南大学与东南联合大学》，载刘寅生等编：《何炳松纪念文集》，上海：华东师范大学出版社 1990 年版。
⑤ 谢海燕：《何炳松与东南联大艺术专修科》，载刘寅生等编：《何炳松纪念文集》，上海：华东师范大学出版社 1990 年版。

立，那么联大的学生仍旧可以回联大"①。

东南联大的生源除早先在金华收容的上海学生外，1942 年 8 月下旬还从撤退到建阳的沦陷区高中毕业生中录取新生 48 名，先修班学生 38 名，这时全校共有学生 231 名。② 根据教育部指令，暨大先修班划归东南联大。在 1942 年暨大第二次招收新生过程中，分别在福建的建阳、南平，浙江龙泉，江西铅山设立考点，录取新生 226 名，另外，为了不使沦陷区高中毕业生"流浪失学，无所归宿"，录取了先修班学生 99 名，也由东南联大负责培养。③

值得一提的是，东南联大艺术专修科办得有声有色。艺术专修科教室设在童游街西头的先农祠，画室由戏台改建而成。4 位专任教授原系上海美专的同事，另由谢海燕担任西洋美术史、艺术概论两门课程，倪贻德担任素描、色彩画和创作课程，潘天寿讲授中国画和书法，俞剑华担任中国绘画史、美术技法理论课程。正如谢海燕所高度评价的："东南联大艺术专修科教授班子可说是少而精的。其余文学等共同课则由文学院许杰教授等兼任。学生仅有十几人，但素质都很好，至于教学设备和画具材料都很缺乏。何校长专门派人到福州、南平等地尽量采购。基本练习没有石膏像，就画庙里的泥塑菩萨，画附近农村的农民，画童游街的铁匠、水木工和山沟里的畲族猎户；有时由学生轮流充当模特儿。画素描的木炭条是自制的。油画的颜料和画具很难搞到，色彩画以水彩画为主。木刻工具材料比较易得，为配合宣传教育还成立了一个课余木刻班。后来，在版画艺术方面崭露头角、饮誉海内外的就有张怀江、夏子颐、张树云和葛克俭。"④

何炳松非常关心东南联大教师的学习和生活。"他一有空便到教室看学生的作业。他十分尊重人才，爱护教师。"潘天寿和谢海燕"在建阳期间相继患了恶性疟疾，他亲自送来特效药，并过问饮食调养等问题"。他还将夫人亲手织的毛丝衫送给谢海燕御寒。⑤ 当时东南联大教工生活艰难，所住房间"阴暗潮湿，老鼠极多，晚上睡觉，老鼠在我们枕头边跳来越去，使人无法睡眠。……课余返家不得休息，要帮着劈柴生煤炉，淘米洗菜。许多教授的衣衫都很破旧，穿着打了补丁的长衫去上课，有位盛教授的鞋子头上开花，袜子没有后跟。吃的是'百宝饭'（沙子泥土杂质颇多，人称'百宝饭'），喝的是白开水"。但在何炳松的关心鼓励下，东南联大的教工仍能努力工作。⑥ 东南联大的很多学生衣衫褴褛，面黄肌瘦，身无分文。何炳松十分关注学生的生活和贷金问题，

① 国立暨南大学《何校长报告记录》（1942 年度第一学期第一次纪念周，1942 年 11 月 2 日），上海市档案馆，档案号：Q240 - 1 - 33。

② 何炳松：《暨南大学与东南联合大学》，载刘寅生等编：《何炳松纪念文集》，上海：华东师范大学出版社 1990 年版。

③ 国立暨南大学《何校长报告记录》（1942 年度第一学期第二次纪念周，1942 年 11 月 9 日），上海市档案馆，档案号：Q240 - 1 - 33。据董运谋校友在《回忆我在建阳的片断》一文称，他 1942 年从江苏第五临时中学高中毕业后，历尽艰辛，于 1943 年到达建阳，因错过暨大春季招生，先进了东南联大先修班，1943 年暑假才考入暨大国贸系。载暨大闽北校友会编：《暨南潭讯》，第 24 期，2002 年 10 月。

④ 谢海燕：《何炳松与东南联大艺术专修科》，载刘寅生等编：《何炳松纪念文集》，上海：华东师范大学出版社 1990 年版。

⑤ 谢海燕：《何炳松与东南联大艺术专修科》，载刘寅生等编：《何炳松纪念文集》，上海：华东师范大学出版社 1990 年版。

⑥ 黄如琦：《何校长与东南联大的学生》，载刘寅生等编：《何炳松纪念文集》，上海：华东师范大学出版社 1990 年版。

1942 年 11 月 19 日，他在校长公馆召集东南联大负责人开会，决定："东南联大学生及先修班学生自 12 月份起一律改为贷金。"① 何炳松经常去宿舍看望东南联大学生，嘘寒问暖。当他获悉东南联大学生没有冬衣御寒冻得发抖时，便指示学校设法裁制了许多粗布棉袄，还从军队调剂了一些旧军大衣。建阳气候不好，雾气很重，很多学生患上了恶性疟疾，他又嘱托总务和医务部门，千方百计购买许多药品，为学生们治病防病。② 何炳松身兼暨南大学校长和东南联大筹委会主任，他对两校师生一视同仁，在暨大纪念周会上，他要求暨大师生"对于联大的同学们，当做自己的兄弟姐妹一样看待，不分畛域，互相切磋，为我国抗战期中文化史上留一佳话"。他还称赞东南联大教师"道德学问素为国人所敬仰，我们很现成的请来，真是幸运之至"③。正因为如此，东南联大师生称赞他"关心他们的生活和学习，爱护他们如同子女"④。这是公允之论。

四、东南联大并入暨南大学

何炳松屡次向教育部请求批准成立东南联合大学，但一直未获教育部批准。1942 年 12 月 29 日，国民政府行政院会议决定："东南联合大学归并英士大学，而将英士大学改为国立。"正拟办理移交手续之际，新任英士大学校长吴南轩辞职，移交之事被迫拖后，直至 1943 年 5 月 12 日行政院会议决定，改任东南联大筹委会设计委员兼文学院院长杜佐周为英士大学校长，两校移接工作方得着手实施。1943 年 6 月 2 日，教育部指令东南联大文、理、商三学院并入暨南大学，法学院与艺术专修科并入英士大学，7 月底所有移交工作全部结束。⑤ 尽管"此东南联大一名词，遂为历史上之陈迹"，但何炳松"经营创造之苦心孤诣，在数百员生心中，则永留一不可磨灭之痕迹"。⑥ 亦诚如何炳松为《国立东南联合大学筹备委员会同学录》作序时所表露的心迹，尽管由于各种主客观原因，学校未能正式成立，"然我教育部筹设东南联合大学之至意，实属高瞻远瞩，为中国抗战教育史上值得纪念之一页"⑦。

---

① 刘寅生等编：《何炳松纪念文集》，上海：华东师范大学出版社 1990 年版，第 437 页。

② 黄如琦：《何校长与东南联大的学生》，载刘寅生等编：《何炳松纪念文集》，上海：华东师范大学出版社 1990 年版。

③ 国立暨南大学《何校长报告记录》（1942 年度第一学期第一次纪念周，1942 年 11 月 2 日），上海市档案馆，档案号：Q240 - 1 - 33。

④ 黄如琦：《何校长与东南联大的学生》，载刘寅生等编：《何炳松纪念文集》，上海：华东师范大学出版社 1990 年版。

⑤ 何炳松：《暨南大学与东南联合大学》，载刘寅生等编：《何炳松纪念文集》，上海：华东师范大学出版社 1990 年版。

⑥ 俞剑华：《何师柏丞在建阳》，载刘寅生等编：《何炳松纪念文集》，上海：华东师范大学出版社 1990 年版。

⑦ 何炳松：《暨南大学与东南联合大学》，载刘寅生等编：《何炳松纪念文集》，上海：华东师范大学出版社 1990 年版。

第五章

复员回沪时期

（1946.3—1951.6）

1946年6月，暨南大学返沪之后，受内战影响，经费有限，永久校舍经年无着，假两所前日本学校暂以存身，空间狭小，发展受限，所遭受之困难，远非他校可比。加之政局动荡，风潮迭起，办学环境每况愈下。学校日处风雨飘摇之中，虽勉力维持，院系有所扩展，但复兴之雄图壮志，终付流水，即便较之战前，亦相距甚远。[1] 政权鼎革后，鉴于"华侨最高学府"徒具形式，不得已将之暂时停办，以待再兴。

第一节　复员回沪

一、迁沪办学及其困境

1945年初，抗日战争胜利在即，暨南大学即着手复员回沪事宜。1945年3月21日，学校召开部分负责教学人员会议，专门讨论战后复员问题，会议决定：①由各院院长分别拟具各院计划；②请校长及王（勤堉）、韩（逋仙）拟具全校计划；③请王（勤堉）教务长主持整理计划之责。4月份，学校成立复员设计委员会，筹划迁沪及未来学校发展规划。[2] 同时，学校未雨绸缪，频频向各地知名学者如郑振铎、王亚南、周谷城、周予同等遍发聘书，为暨南大学的复兴储备强大的师资。这一消息在学生中传开后，群情振奋。

1945年9月底，何炳松赴渝参加全国教育善后复员会前，指示由沈炼之代行校长职责，会商各处各院负责人共同综理校务并立刻组织暨南大学迁校委员会，除三院（文、理、商）和三处（教务处、总务处、训导处）主管人为当然委员外，每一学院各选代表一人共9人组成，由沈炼之任召集人，必要时，得邀学生自治会代表2人参加。何炳松在重庆开完会后[3]即先行返沪办理迁校之事。1946年1月16日，暨南大学迁校委员会上海办事处迁入宝山路日本第八小学开始办公。[4]

抗战胜利，外患终除，屡经战连祸接的暨南师生终于看到了复兴暨大、壮大暨大的希望。学校除遍揽名师外，还制订了院系调整、扩充规模的庞大计划，以使暨大真正承担起光大华侨高等教育、复兴中华民族的神圣使命。从下表所列校舍的重建计划中可看出暨大之勃勃雄心。

---

[1] 如梁德坤就认为，战前是暨南大学富有青春活力、朝气蓬勃的时期，这体现在：①侨生最多，大学部约占一半，中学部占八成以上；②有"百花吐艳，异端争鸣"的学术研究气象；③重视南洋问题的研究，"南洋文化事业部"被置于与大学部、中学部三足鼎立的重要地位；④重视体育，久享盛名的足球、篮球与田径一向是华东区各校之冠。见梁德坤：《暨南大学历史沿革简介（解放前1907—1949年部分）》，载暨南大学华侨研究所：《暨南校史资料选辑》，第1辑，广州1983年内部刊行，第57页。

[2] 《何炳松在暨南大学和东南联合大学校长任内的资料辑录》，载刘寅生等编：《何炳松纪念文集》，上海：华东师范大学出版社1990年版，第433页。

[3] 《何炳松在暨南大学和东南联合大学校长任内的资料辑录》，载刘寅生等编：《何炳松纪念文集》，上海：华东师范大学出版社1990年版，第434页。

[4] 《何炳松致教育部文》（1946年2月22日），原件藏南京中国第二历史档案馆，档案号：全宗号5，案卷号5310。

表1　国立暨南大学复员计划建筑房屋之种类及造价估计（甲项）

名　称	建筑种类	座数	每座容纳人数	价格估计	备　注
电气厂		1		10万美元	
水　厂		1		10万美元	
总办公厅	二层钢骨水泥洋房	1	50	3.5万美元	除训导、教务处外，均在此办公
南洋研究馆	二层钢骨水泥洋房	1	50	3.5万美元	内附南洋博物馆
大礼堂	宫殿式中西合璧建筑	1	3000	7万美元	内附训导、教务两处
图书馆	二层宫殿式中西合璧之建筑	1	600	8万美元	楼下书库，楼上阅览室
体育馆	钢骨水泥洋房	1	500	7万美元	内附健身房
游泳池	钢骨水泥	1	100	3万美元	内附更衣室
医务室	砖瓦房	1	50	1万美元	内设病房
文学院教室	二层钢骨水泥洋房	1	500	6万美元	内附院办公室
理学院教室	二层钢骨水泥洋房	1	500	6万美元	内附院办公室
商学院教室	二层钢骨水泥洋房	1	500	6万美元	内附院办公室
法学院教室	二层钢骨水泥洋房	1	500	6万美元	内附院办公室
工学院教室	二层钢骨水泥洋房	1	500	6万美元	内附院办公室
师范学院教室	二层钢骨水泥洋房	1	500	6万美元	内附院办公室
工　厂	二层钢骨水泥洋房	2	200	6万美元	金工、木工、锅炉、机械等
侨生先修班宿舍	二层钢骨水泥洋房	1	500	4万美元	
学生宿舍	二层砖房	24	3500	38.2万美元	
学生饭厅	二层砖房	6	3500	6万美元	
单身教职员宿舍	二层砖房	1	150	5万美元	
教职员宿舍	单栋式砖房	200		35万美元	
工役宿舍	砖瓦平房	2	200	3万美元	
门房及其他	砖瓦房	4		0.5万美元	
各种球场		20		3万美元	
校内马路	柏油及煤屑			20万美元	

　　资料来源：《国立暨南大学复员计划建筑房屋之种类及造价估计（甲项）》（1946年2月），原件藏上海市档案馆，档案号：Q240-1-134。

　　依计划，1946年测量校址地形并修筑校内马路；1947年建总办公厅、南洋研究馆、大礼堂、图书馆以及文、理、商学院教室各1栋，学生宿舍15栋，学生饭厅4间，教职员宿舍 100 栋，单身教职员宿舍 1 栋，侨生先修班宿舍 1 栋；1948 年建法、工、师范学院教室各 1 栋，工厂，游泳池，余下的学生宿舍，教职员宿舍，水厂等，完成全部校舍建设。

抗战胜利后，国民政府计划将暨南大学永久校址定在南京，故暨大返沪仅为暂时之计。① 原真如校舍已化为灰烬，几不可用，何炳松多方奔走，遂由行政院拨得上海东体育会路 330 号前日本第二女子高等学校及宝山路前日本第八国民小学旧址为暨大返沪之临时校舍。前者占地 28 亩 6 分，仅有楼房 1 栋；后者占地 36 亩 8 分，有楼房 1 栋，暨大仅占三分之二。所有房屋，仅能供教室及办公之用，局促狭隘。至于原真如校区，则借给国民政府交通部公路总局第一机械筑路总队，为期 5 年。②

正当暨南大学为迁沪之事紧张筹备时，又发生了两起人事上的变故，并最终影响到暨大其后数年的发展。

一是建阳暨南大学发生风潮，导致学校负责人沈炼之、周宪文、王勤堉等人的去职。据陆伦章回忆，基本国文的教员魏应麟上课解释"伧父"之意为上海人所言之"江北佬"，引起苏北籍学生不满，到魏家问罪。有学生认为，前不久盛叙功、许杰两教师被逐，皆因魏唆使福州籍学生使然，故益发愤慨，遂有毁坏魏家什物之举。福州籍学生以同籍教师受欺，针锋相对，群起围攻苏北籍教师卢怀道寓所。一时全校群情惶惑，混乱失序。正好学生会以壁报联合会为基础，准备响应西南联合大学学生会的号召，举行昆明惨案追悼大会，声援昆明学生的反内战运动。见学校出现上述情形，即刻发动进步学生组成全校学生护校委员会，以稳定学校秩序并要求校方解聘魏应麟、开除学生程力夫。但教师对护校委员会的要求反应不一，学校难以达成一致意见，使局面更加混乱。商学院院长周宪文、教务长王勤堉、代理校务的沈炼之等见状纷纷离校他去。远在上海的何炳松遂指令陆伦章代理校务。陆伦章接任后即应护校委员会的要求解雇魏应麟，开除程力夫，稳定了学校秩序，并顺利地举行了期终及毕业考试。考试后，发给师生迁沪旅费，即行返沪。③

二是在学校搬迁过程中，1946 年 5 月 14 日，国民政府教育部调何炳松任国立英士大学校长，委任李寿雍接任暨南大学校长。何炳松自到沪后，一直为暨大的校舍安排、师生复员等事四处奔波，终因积劳成疾，卧床不起，于 7 月 25 日病逝。在其追悼会上，暨大师生的挽联、悼幛盈厅。其中一挽联谓"十载辛劳，身殉文教；三千桃李，泪洒江南"，可作何炳松执掌暨大十余年的写照。

李寿雍，1902 年生，江苏盐城人。北京大学毕业，曾赴英国研究财经，历任中央大学、湖南大学等校教授、国民政府苏南行署主任等职。调任暨南大学校长前为国立重庆大学校长。1946 年 6 月 15 日，李寿雍到沪履新。④

---

① 《本校概况》，载《国立暨南大学校刊》复刊第 1 期，1947 年 10 月。
② 《交通部公路总局第一机械总队借用暨南大学真如校舍及地产合约》（1946 年 5 月 1 日），原件藏南京中国第二历史档案馆，档案号：全宗号 1612，案卷号 458。
③ 陆伦章：《对暨南的几点回忆》，载暨南大学华侨研究所：《暨南校史资料选辑》，第 2 辑，广州 1983 年内部刊行，第 85—86 页。
④ 李寿雍：《为函知视事日期由》（1946 年 6 月 22 日），原件藏重庆市档案馆，档案号：全宗号 0120 重庆大学，目录号 1，案卷号 61。

1946 年 3 月，全校师生携带图书仪器及随身用品，分乘多辆卡车，从建阳经龙游到兰溪，再换船到杭州，之后转往上海。此次搬迁，有教职员工 152 人，学生 1056 人，部分工役及家属，路上耗时两月有余，耗费法币约 1.35 亿元。①

6 月，全校师生历经磨难，返回上海。但李寿雍却将自闽复员的教师解聘 82 人，如教育系除留下个别教授外，余者一律解聘，几经交涉后，才以发给遣散费了事。当时陆伦章等教授曾在上海八仙桥青年会举行记者招待会，揭露、控诉这一不问是非、排斥异己的做法。而未续聘教员王大琛等联名致函国民政府监察院院长，纠举李寿雍，信中云："同仁等服务国立暨南大学历有年所。在抗战期间，暨大奉命由沪迁闽，同仁等在荒僻山城披荆斩棘艰苦支持，卒使华侨学府弦诵不辍。胜利后又奉命复员来沪，继续为侨教服务。不意校长更调，新任校长李寿雍不顾历史，不问是非，排斥异己，任用私人，将原有教职员续聘不及三分之一，其余大多数教职员约一百余人竟置之不顾。同仁等献身教育，忠贞不屈，复员以后反受解聘之辱，正义何在？公理何在？"并呼请"以公平合理之处置，俾同仁等仍然一秉初衷，为教育尽力。庶不致黑白混淆，忠贞寒心"②。

复员上海后，暨南大学百废待举。1946 年 10 月，在东体育会路赶建学生平房宿舍 6 栋，遂以此作为学校总办公处及理、商两学院教室，实验室，图书馆和礼堂，称之为第一院；在宝山路亦建学生平房宿舍 6 栋，作为文、法两学院办公处及教学场所，称之为第二院；同时在青云路购地 10 亩 4 分，建造教职工宿舍 27 栋。③ 11 月部署初定，即行开学上课。学校原存的图书仪器及教学设备，损失惨重，所剩无几。为适应教学急需，复员之初亦根据学校能力，多方筹措。1947 年元月，学校耗资 1 亿 2430 万元从中央信托局手中购得四川北路润德坊敌伪房产楼房 20 栋，作为教授宿舍。④ 图书仪器教学设备逐渐增益，到 1947 年 4 月，学校已有图书 50000 多册（1948 年 7 月增至 82832 册），各学类实验仪器 170 件，化学分析实验仪器 70 余组，化学药品 280 余种，各种模型标本 600 余件。有教师 142 人，职员 42 人，学生 1658 人，其中女生 232 人。学校规模稍复旧观。⑤ 1947 年 12 月，学校又于第一、二院建成学生宿舍楼房各一栋。⑥

与此同时，暨南大学院系规模渐次扩充。先是 1946 年 8 月奉教育部命令恢复停办 11 年之久的法学院，下设政治、经济、法律三系，文学院增设新闻学系，理学院增设人类学系并设置大学先修班。1947 年 8 月，教育部核准历史地理学细分为历史学系（隶属文学院）和地理学系（隶属理学院）；数理系分成天文数学系和物理学系；会计银行学系分成会计学系和银行学系，并于法律学系内设行政法学组。大学先修班因校舍不足而暂时停办。至此，学校院系就由复员之初的 3 院 9 系 1 馆（南洋研究馆）发展为 4 院 17 学系 1 组 1 馆，并拟恢复附中，已成为一所学科设置较为齐全的综合性大学。

---

① 《国立暨南大学迁校经费概算》（1946 年 6 月），原件藏上海市档案馆，档案号：Q240-1-134。
② 《国立暨南大学教员纠举李寿雍文》（1946 年 9 月 2 日），原件藏南京中国第二历史档案馆，档案号：全宗号 8，案卷号 1341。
③ 《本校概况》，载《国立暨南大学校刊》复刊第 1 期，1947 年 10 月。
④ 《购买润德坊房产合约》（1947 年 1 月），原件藏上海市档案馆，档案号：Q240-1-158。
⑤ 《教育部专科以上学校概况调查表》（1947 年 4 月），原件藏上海市档案馆，档案号：Q240-1-195。
⑥ 《校讯》，载《国立暨南大学校刊》复刊第 6 期，1948 年 1 月 1 日。

但是，由于国民党政府忙于内战，使得本已满目疮痍、奄奄一息的国民经济雪上加霜，一步步走向崩溃。物价飞涨，货币贬值如同流星坠地。在此情况下，暨南大学的办学经费尽管一增再增，到后来甚至是几何级地增加，但都远远赶不上物价的增速。仅以国统区经济恶化尚不算太严重的 1947 年为例，可窥当时学校状况窘困之一斑。

1947 年 2 月，国民政府教育部核准暨南大学 1947 年度的经常费为 1 亿 1528 万元。嗣因增加院系，教育部又追加经常费 8544 万元。到 6 月，因物价飞涨，教育部遂追加原拨经费的两倍半，计 2 亿 8820 万元。全年度经常费总额已达 4 亿 8892 万元之巨。但沪上物价波动，与日俱增。学校每月全部经费，仅敷水电支出，到 9 月止，已超支 3 亿元之多，[1] 只能想方设法东挪西借并不断向教育部申请增加经费，但面对不断飞涨的物价和一个濒临崩溃的政府，学校主政者维持校务已属勉强，更遑论寻求学校的发展了。

二、校产问题的提出

暨南大学复员返沪后，受时局影响，教学科研不得不因陋就简。随着院系增加，学生增多，现有临时校舍远不敷使用。且学校分散在东体育会路、宝山路、青云路和润德坊四处，管理上问题丛出。国民政府虽有在南京建永久校址之规划，但局势动荡，迁校南京之举遥遥无期。故自 1947 年始，暨大一面迭次呈请教育部，拟先就真如校址，规划建造校舍，徐图恢复，以改变目前局促狭隘的困局，一面清理整顿历来暨大房产，遂有校产问题之提出。兹分述如次：

（1）南京部分。暨南学校校址设于原江宁府城内薛家巷一带，校产共由 6 部分组成：①薛家巷地产，面积 32 亩 8 分 3 厘 1 毫 3 丝。抗战前为国民政府陆军大学占用，战后国民政府由渝还都后，薛家巷地产转由国民党中央执行委员会青年部占用。②薛家巷地产东北向之空地，面积 2 亩 3 分 7 厘 4 毫 4 丝，同为国民党中央执行委员会占用。③薛家巷南部空地，面积 1 亩 6 分 4 厘 1 毫，有平房 40 余间。④黄泥冈地产，面积 7 分 7 厘 1 毫，原有平房，后被人占用。⑤金银街地产，面积 2 分 8 厘，被人占用。⑥玄武湖地产，被人辟为茶社。1948 年 4 月，暨南大学将上述地产向南京市地政局办理登记手续，拟定逐步收回使用。[2]

（2）真如部分。具体面积不详，但应在 192 亩以上。[3] 1946 年 5 月 1 日，何炳松代表暨大将真如校区及区内建筑借予国民政府交通部公路局第一机械筑路总队，用于堆放行政院善后救济总署发放的筑路机械、器材和办理机械筑路人员培训班，合同为期 5 年。作为回报，第一机械筑路总队承诺向暨大提供一笔资助，用于奖学、讲座基金的设立。[4] 1947 年 4 月，李寿雍致函行政院，要求第一机械筑路总队提前交还真如校舍，以解暨大临时校舍狭小之困，文中称："兹本校以复员来沪之后，增设院系，员生激增。奉拨东体育会路和宝山路两处房屋，极感不敷。而教职员宿舍无多，多数无奈寄居旅社，至为困难。以是急需真如校舍及校园应用。相应函请查照，对该队拨发器材事宜迅

---

① 《本校概况》，载《国立暨南大学校刊》复刊第 1 期，1947 年 10 月。
② 《国立暨南大学校刊》复刊第 13 期，1948 年 4 月 16 日。
③ 《国立暨南大学校刊》复刊第 17、18 期合刊，校庆 42 周年纪念专号，1948 年 6 月 1 日。
④ 《交通部公路总局第一机械总队借用暨南大学真如校舍及地产合约》（1946 年 5 月 1 日），原件藏南京中国第二历史档案馆，档案号：全宗号 1612，案卷号 458。

赐结束，以便本校得早日收回使用。"[1] 但行政院不为所动。后暨大多次呈请教育部转商，暨大校友亦从中斡旋，但收回真如校舍以作自用之事终归无功。

（3）句容部分。1929年，前华侨暨南垦牧公司经理梁炳农将江苏句容县下甸村马场地山地约1000亩赠予暨大，约定只能作农场之用。

（4）上海部分。共分4处：①第一院，在东体育会路330号，前为日本第二女子高等学校，面积28亩6分，原有楼房1大栋，后暨大建造学生楼房宿舍1栋，平房6栋。②第二院，在宝山路，前为日本第八国民小学，面积36亩8分，暨大占三分之二，宝山小学占三分之一，原有楼房亦按此比例由双方分配使用，后学校建造学生楼房宿舍1栋及平房宿舍6栋。③青云路教职员宿舍，面积10亩4分，有平房宿舍27栋。④四川北路润德坊，有住宅楼房20栋。

第二节　机构设置与人事制度

一、学校行政管理机构

1946年后，暨南大学机构依国民政府所颁《大学法》《国立暨南大学组织大纲》《修正国立暨南大学组织规程》等法规设置，较为稳定，虽有所损益，但整体上很少变化。兹分述如次。

（1）国立暨南大学董事会。成员有：林森、马超俊、吴铁城、陈立夫、余井塘、孙科、郑洪年。

（2）校长室。设校长1人，由国民政府任命，奉令综理一切校务，李寿雍专任。设秘书1人，祈乐同兼任，秉承校长审理文件，办理人事及其他交办事宜，得由校长聘任。[2]

（3）校长室下设教务、训导、总务3处，分设教务长、训导长、总务长各1人，由校长于教授中选聘兼任。

教务处：设教务长1人，秉承校长办理全校教学事宜，历任教务长分别是李辛之、邹文海（1949年后由刘咸代理）。教务处分设注册、出版两组及图书馆，各设主任1人，组员或馆员及雇员若干人，办理各组馆事务。

注册组负责注册、课程、考勤、文书、收发等事务的管理工作，其职责包括：①学期初办理新旧学生的入学注册，收集学生证件，编制学生名册，统计在校学生人数及学生变动登记，颁发学生证等；②办理开学前各院系准开课程，编排总授课时间表，分配各科教室，编制每一课程选修人数名册，改选课程的登记，各项实验科目与时间编排等；③编制上课教室学生座位表（供教师上课用的点名册），登记学生缺课，教师请假，公布与编排教师补课时间表等；④办理学生成绩登记，填发学生成绩报告单等；⑤撰写或处理一切来往教务文件，办理各项教务呈报事宜等；⑥办理一切来往教务文件的收

---

① 李寿雍：《函请提早结束向机械筑路工程队拨发器材以便本校使用由》（1947年4月9日），原件藏南京中国第二历史档案馆，档案号：全宗号21，案卷号29799。

② 《修正暨南大学组织章程》，原件藏南京中国第二历史档案馆，档案号：全宗号5，案卷号2170。

发、校对、保管，管理教务档案及印信等。

出版组负责规划并综理全校各项出版缮印等事务的管理工作，其职责包括：①办理全校讲义的缮印、装订、分配、收发及登记统计，办理全校的缮写及登记统计；②主管校刊、学术月报、季刊、《南洋研究》的征稿、编辑、出版、发行等；③集中铅印各教授精编的各科讲义，列为本校出版的大学丛书等。

图书馆负责综理全校图书资料的添置、保管和管理工作，以及图书馆藏书和阅览场所的扩大营建工作。

训导处：设训导长1人，秉承校长主持全校训导事宜，此间历任训导长依次为王文元、左潞生、谢兆熊。训导处下设生活管理组、课外活动组及体育卫生组，各组设主任1人，组员及雇员若干人，办理各组事务并分别设训导员、体育指导员及医生护士若干。

生活管理组负责学生的操行、作息、请假、公费审核发放、伙食、职业介绍等事务的管理工作，其职责包括：①考查学生操行品格及其评定、奖惩与公布；②指导学生按学校规定的作息时间有规律地生活，派训导员进驻学生宿舍，处理学生生活事宜；③办理学生请假手续及登记；④办理学生公费事宜；⑤办理和管理学生膳食；⑥介绍毕业学生就业等。

课外活动组负责学生团体、课余活动等事务的管理工作，其职责包括：①管理各学会、级会、同学会等学生团体的成立和登记，指导学生团体的会务与活动；②管理学生组织文艺社团及课余活动，组织和率领学生节假日的旅行参观等。

体育卫生组负责组织学生课余体育活动、健康检查、膳食营养和卫生等事务的管理工作，医务室负责学校医生护士的聘请、药品的采购、学生疾病的预防和治疗等事务性管理工作。

总务处：设总务长1人，秉承校长主持全校总务事宜，陆铁乘兼任之（1949年后由沈筱代理）。总务处下设文书、庶务、出纳3组，各组设主任1人，组员及雇员若干，办理各组事务。文书组负责承办学校撰拟文稿、收发、缮校、译电、编制报表、保存案卷等事务的管理工作。庶务组负责承办学校房舍设施的扩建、改建、修建和维修，校舍、校具、设备的保管、修理，校警、校工的培训管理，校园环境的美化，校园卫生、消防部署，公教人员配售品与学生粮食的领发等事务的管理工作。出纳组负责承办全校员工俸薪、学生公费等经常费用与临时费的领发、支用等事务的管理工作。

（4）会计室。设会计主任1人，佐理员及雇员若干人，主任由国民政府任命，依法律规定办理学校会计事宜。1946—1949年间会计室主任由夏修专任。[1]

（5）议事机构。学校设各种会议及委员会，其要者有：①校务会议。由校长、教务长、训导长、总务长、各院院长、各学系主任、南洋研究馆主任、附中主任及全体教授所选出的代表若干人组成，校长为校务会议主席。其中教授代表人数不得超过其他人员总额的一倍，也不得少于其他人员的总数。校务会议主要讨论审查如下事项：学校预算，院系研究所及其他附属机构之变更与废止，教学、训导、总务等方面的重大事务，南洋教育与文化事业之发展，重要的规章制度等。②学校行政会议。由校长、教务长、训导长、总务长及各院院长组成，校长为当然主席。学校行政会议主要协助校长处理有

---

① 暨南大学校史编写组编：《暨南校史（1906—1996）》，广州：暨南大学出版社1996年版，第103－105页。

关校务的执行事宜。③训育委员会。① 由校长、教务长、训导长、总务长、各学院院长为当然委员，再由校长聘任教授 3～15 人组成，校长为主席，训导长为秘书。其主要职责是决定学校训导计划，评定学生操行成绩，指导学生团体活动，协助与指导训导处的工作。

除上述议事机构外，学校还设有法规委员会、聘任委员会、教员升等审查委员会、教职员福利委员会、图书委员会、出版委员会、公费审查委员会、奖学金审查委员会等，负责讨论审查各有关事宜。②

二、院系及师资的扩充

1. 文学院

复员回沪后经整顿、调整、充实，学系增加，招生扩大，师资力量与图书资料渐次充实。到 1947 年 8 月，文学院学系增至 5 个，分别是中国文学系、外国语文学系、历史学系、教育学系和新闻学系。1946 年秋至 1949 年，文学院院长依次为刘大杰、孙蜀成、吴文祺。中文系主任先后是刘大杰、郝昺衡；外文系主任孙贵定；历史学系主任先后为丁山、谢兆熊、孙蜀成、徐家骥；教育学系主任依次为萧孝嵘、张耀翔；新闻学系主任依次为冯列山、詹文浒。至 1948 年 6 月，全院共有教师 66 人，其中专任教授 33 人，兼任教授 10 人，专任副教授 9 人，兼任副教授 1 人，专任讲师 5 人，兼任讲师 1 人，专任助教 7 人。其中较著者，中文系有孙蜀成、刘大杰、郝昺衡、陆铁乘、吴文祺、陆晶清、刘纪泽、施蛰存等；外文系有孙贵定、钱锺书、陈逵、王景阳、李健吾、陈铭恩、郑惠祥、谢震亚、汪荣华等；历史学系有徐家骥、沈炼之、谢兆熊、周谦冲、郭智石、谭季龙（其骧）、李旭、牟庸等；教育学系有张耀翔、曾作忠、黄如今、陈科美、高君珊、左任侠、刘佛年、王秀南等；新闻学系有詹文浒、许君远、唐亚伟等。

2. 理学院

至 1947 年 8 月，理学院学系增至 5 个，分别是天文数学系、物理学系、化学系、地理学系、人类学系。1946 年秋至 1949 年院长为刘咸。天文数学系主任为潘璞，物理学系主任为陆禹言，化学系主任为朱子清，地理学系主任为王文元，人类学系主任由刘咸兼任。至 1948 年 6 月，全院有教师 43 人，其中专任教授 23 人，兼任教授 3 人，专任副教授 1 人，专任讲师 4 人，兼任讲师 1 人，专任助教 11 人。其中较著者，人类学系有刘咸、钱雨农、艾思德（德国）、薛仲薰、应成一等；天文数学系有潘璞、周谦、李蕃、黄缘芳等；物理学系有陆禹言、朱应诜、江仁寿、江之永、戚桂山等；化学系有朱子清、梁德彬、曾石虞、章洪楣等；地理学系有王文元、王勤堉、洪绂、许桂馨等。

3. 法学院

1946 年 8 月复办。法学院经数年努力，规模颇具，设有法律学系、政治学系、经济学系和行政法学组。1946 年秋到 1949 年，院长分别为邹文海、周枏、陈文彬。法律学系主任为周枏，政治学系主任为左潞生，经济学系主任依次为邹文海、陈彪如。至 1948

---

① 1946 年 1 月，国民政府颁布有关高等教育的最后两个法规《专科学校法》与《大学法》，内容与以前相比，最大的变动就是增设训育委员会。见《第二次中国教育年鉴》第五编《高等教育》，北京：商务印书馆 1948 年版。

② 《国立暨南大学组织大纲》，原件藏南京中国第二历史档案馆，档案号：全宗号 5，案卷号 2170。

年 6 月，全院有教师 31 人，其中专任教授 18 人，兼任教授 7 人，专任讲师 1 人，专任助教 5 人。其中较著者，法律学系有周枬、胡元义、徐铸、丘日庆、罗时济、薛祀光、陈文藻、陈盛清、徐砥平、李有鉴、何宪章、丁同峻、徐世长等；政治学系有左潞生、邹文海、司徒尹衡、葛受元、钱石父、周龙如等；经济学系有陈彪如、冯定璋、李超英、张海澄、郑学稼、王宜昌、崔震生、陈启运、徐建平等。

4. 商学院

商学院为暨南大学各学院中历史最悠久的学院，设有银行学系、会计学系、国际贸易学系、工商管理学系。1946 年秋到 1949 年间，历任院长为吴幹、卢怀道、张毓珊。会计学系主任为卢怀道，银行学系主任为吴幹，国际贸易学系主任依次为张毓珊、杨勉之，工商管理学系主任为许炳汉。1948 年 6 月有教师 33 人，其中专任教授 21 人，兼任教授 3 人，专任讲师 1 人，专任助教 8 人。其中较著者，银行学系有吴幹、吴永珣、谭学开、徐之河等；会计学系有卢怀道、沈筱宋、李焯林、贺治仁、柯瀛、陈来文等；国际贸易学系有杨勉之、骆启荣、冀筱泉、罗静宜等；工商管理学系有许炳汉、蔡文熙、陈文彬、崔克讷等。

5. 南洋研究馆

南洋研究馆主任为黄如今，至 1948 年 6 月有研究人员和工作人员 4 人。[①]

复员后，随着院系的扩充，教师队伍不断充实，其知识结构、年龄结构较为合理，配备较齐全。据统计，到 1948 年 6 月，学校共有教师 173 人，其中教授 118 人（专任 95 人，兼任 23 人），副教授 11 人（专任 10 人，兼任 1 人），讲师 13 人（专任 11 人，兼任 2 人），助教 31 人。全校共开课程 240 余门。[②]

三、教职员的聘用与待遇[③]

1. 教师聘任及待遇

暨南大学教师聘任依国民政府教育部相关法规，结合学校情况而制定。教师分教授、副教授、讲师及助教四等，有专任和兼任（助教无兼任）两类。各级任职资格为：

教授须具备下列条件之一：①任副教授 3 年以上，卓有成绩并有重要著作；②在国内外大学或研究院所获得博士学位或同等学历证书而成绩优良，继续研究或执行专门职业 4 年以上，有创造或发明，在学术上有重要贡献。

副教授须具备下列条件之一：①获国内外大学或研究院所博士学位或同等学历证书而成绩优良者并有专门著作；②任讲师 3 年以上，卓有成绩并有专门著作；③在国内外大学或研究院所获得硕士、博士或同等学历证书而成绩优良，继续研究或从事专门职业 4 年以上，对于本学科有特殊成绩，学术上有相当贡献。

讲师须具备下列条件之一：①在国内外大学、研究院所获得硕士、博士学位或同等学历证书，成绩优良；②任助教 4 年以上，卓有成绩并有专门著作；③曾执教于高级中

---

① 《国立暨南大学三十七年度教员名册》（1948 年 9 月），原件藏南京中国第二历史档案馆，档案号：全宗号 5，案卷号 2592。

② 《国立暨南大学校刊》复刊第 17、18 期合刊，校庆 42 周年纪念专号，1948 年 6 月 1 日。

③ 《国立暨南大学教员聘任规程》《国立暨南大学教员待遇规程》《国立暨南大学职员待遇规程》，原件藏上海市档案馆，档案号：Q240－1－681。

学或其他同等学力学校 5 年以上，对于所授学科确有研究并有专门著作。

助教须具备下列条件之一：①国内外大学毕业，获得学士学位，成绩优良；②专科学校或同等学校毕业，曾在学术机构从事研究或服务 2 年以上，成绩卓著。

教师聘任由校长提交学校聘任委员会审核决定。教师初聘期 1 年，续聘 1～2 年，兼任教师聘期以半年或 1 年为期，且其所开课程为选修课，如遇选课人数过少不能开课者，即行解聘。教授、副教授、讲师每周讲课时间以 9 小时为原则，但同时兼任行政职务者可酌情减少。教师不得在外兼课，如遇特殊情况有必要时须征得校长同意且在外兼课每周不得超过 4 小时；助教不得在外兼课或兼职。①

教师薪俸标准如下表（1947 年）②：

表 2 教师薪俸标准（1947 年）

单位：元

职别 薪俸 等级	教 授	副教授	讲 师	助 教
一级	600	360	260	160
二级	560	340	240	140
三级	520	320	220	120
四级	480	300	200	110
五级	440	280	180	100
六级	400	260	160	90
七级	370	240	140	80
八级	340			
九级	320			

注：（1）教师薪俸以 12 个月计算；兼任教师薪俸按授课时数计算。

（2）教师任职 2 年以上卓有成绩者，每 2 年晋级加薪一次。关于教授加薪，国民政府教育部 1947 年 11 月专门于《国立大学及独立学院教授年功加俸办法》中规定："教授之年功加俸额，每月 20 元，并得按年递晋。但连同本俸，不得超过 800 元。"③

与此同时，学校还推行教授休假进修制及教师研究补助费制度。前者参照国民政府教育部颁布之《国立专科以上学校教授休假办法》并结合学校实际制定。其要点有：①本校专任教授在校连续服务满 7 年以上，成绩卓著者，可申请休假进修半年或 1 年；

---

① 《国立暨南大学教员聘任规程》，原件藏上海市档案馆，档案号：Q240-1-681。
② 《国立暨南大学教员待遇规程》，原件藏上海市档案馆，档案号：Q240-1-681。
③ 《国立大学及独立学院教授年功加俸办法》（1947 年 11 月 19 日），载《国立暨南大学校刊》复刊第 6 期，1948 年 1 月 1 日。

②专任教授在休假进修期间仍领原薪，但不得担任校外有薪职务。[1] 后者则是按月向专任教师发放学术研究补助费，以支持教师的科研工作。比如，1947 年 8 月，学校教授、副教授、讲师、助教可按等级领取 25 万元、20 万元、15 万元、10 万元（依当时物价水平）数额不等的学术研究补助费。[2]

　　2. 职员聘用及待遇[3]

　　学校职员分主任、组员、书记三级。其资格要求是：职员对所任职务须有足够的学识、经验并富有办事能力，其中主任以上职员须在国内外大学毕业、拥有学位或具有相等资格。如果专任教师兼任职员，其待遇依照学校教师待遇规定办理，不另支薪。

　　职员薪俸标准如下表（1947 年）：

表 3　职员薪俸标准（1947 年）

单位：元

薪俸等级 ＼ 职别	主　任	组　员	书　记
一级	360	240	120
二级	320	220	110
三级	280	200	100
四级	240	180	90
五级	220	160	80
六级	200	140	70
七级	180	120	60
八级		100	
九级		80	

注：任职卓有成绩者，主任、组员每满 2 年，书记每满 1 年得各晋一级，至本职务最高等级为止。

　　上列薪俸表仅作参考，并不能真实反映这一时期国家经济走向崩溃的大环境下师生生活的痛苦情况。事实上，抗战结束后，国民党政府一意发动内战，无视人民生活困苦、经济凋敝的情况，为筹集战争经费，滥发纸币，导致物价飞涨，学校师生和全国人民一样，生活在水深火热之中。1948 年 8 月，国民政府推行币制改革，改法币为金圆券，致使通货恶性膨胀，物价一日数变，民不聊生，民怨鼎沸。1949 年初，上海教授联谊会曾致电代总统李宗仁，陈述教师生活的困境："……同仁等生活已濒绝境，啼饥号寒，妻孥交谪。查上海职工生活指数上月已达 88 倍有余，而同仁等底薪经一折二扣之

---

① 《国立暨南大学教授休假进修规程》（1947 年），原件藏上海市档案馆，档案号：Q240 - 1 - 681。
② 《国立暨南大学三十六年度八月专任教员学术研究补助费印领清册》，原件藏南京中国第二历史档案馆，档案号：全宗号 5，案卷号 3413。
③ 《国立暨南大学职员待遇规程》，原件藏上海市档案馆，档案号：Q240 - 1 - 681。

余，仅加发 15 倍，每月收入价值银币 1 元余，不足以应 1 人最低生活 3 日之开支……"①

据当时的人回忆，仅 1947 年 5 月，大米就上涨了四五倍之多，从每担八九万元一下跳到 43 万元。到处出现抢米风潮。在暨南大学，学生每人每月公费仅 7.6 万元，其中包括伙食费 2.4 万元，每日菜金仅 750 元，还不够买 3 根油条。学生们每天吃的是清汤萝卜，米饭量少且尽是沙砾、木屑。教职员的生活亦很贫困，经济拮据，好多人（如专任教授刘佛年）只能以稀饭度日，到了山穷水尽的地步，出现了严重的教育危机。1947 年 5 月，上海各高校学生举行"反饥饿、反内战、反迫害"大游行，学生们举着"每天菜钱 750 元，还不够买 3 根油条"的标语，敲着破碗，唱着"薪水是个大活宝"的歌，其悲切惨痛之状，实为当时师生生活的真实写照。②

在此状况下，纸币形同废纸。学校和政府当局不得不以米、面等实物形式代替货币的发放，并想方设法储备粮食等生活必需品。③ 1949 年 3 月 11 日，在李寿雍主持的行政会议上，就专门作出"本校员工储粮各人按教育部核定标准领回自行保管"的决议。④面对此情此景，学生无心向学，教师难以安心从教，局势动荡，风潮迭起，学校于风雨飘摇中苦苦维持，度日如年。

第三节　课程设置与图书仪器的增加

一、课程设置

暨南大学复员回沪后，受内战影响，侨生比例已非常低。曹聚仁就谈到，他 1949 年春重回暨大教书，班上有 30 多个学生，侨生仅 3 人。⑤ 有鉴于此，在课程设置上，尽管学校坚持将南洋概论列为全校新生的必修课，但总体上与国内普通大学无异。兹以 1948 年第一学期的情况为例，将各院系教员所开课程介绍如下（括号内为授课者）：⑥

1. 文学院

中国文学系：专书选读、读书指导、词选及戏作（专任教授孙蜀丞），中国文学史、小说戏剧选（专任教授刘大杰），唐宋文学、国文（专任教授郝昺衡），二年国文、文选及习作（专任教授陆铁乘），文字学、声韵学、修辞学（专任教授吴文祺），小说研究

---

① 载《交通大学周刊》，1949 年 2 月 16 日。

② 费志融、朱鸿兴：《艰苦斗争，迎接解放》，载暨南大学华侨研究所：《暨南校史资料选辑》，第 2 辑，广州 1983 年内部刊行，第 167 – 169 页。

③ 《国立暨南大学三十六年四月清购日用必需品教职员名册》（1947 年 4 月），原件藏上海市档案馆，档案号：Q171 – 178。

④ 《第七次行政会议记录》（1949 年 3 月 11 日），原件藏上海市档案馆，档案号：Q240 – 1 – 130。

⑤ 曹聚仁：《我与我的世界》（上册），太原：北岳文艺出版社 2001 年版，第 280 页。

⑥ 本部分主要依据《国立暨南大学三十七年度教员名册》所附之教员各开课程及部分当时人的回忆撰写。前者原件藏南京中国第二历史档案馆，档案号：全宗号 5，案卷号 2592。新中国成立初，暨大停办，一部分档案资料（以教学资料为主）北迁，辗转经年，数易其主，查阅无着，故撰写暨南新中国成立前的历史，最感缺乏者即教学资料。

（专任教授陆晶清），专书选读、中国文学批评史（专任教授刘纪泽），世界文学史、诗选、国文（专任教授施蛰存），国文、补习国文（专任副教授吴孟覆），国文（专任讲师乔国章），国文（专任讲师孙澄宇），国文（专任讲师范耕研）。

外国语文学系：英国文学史、翻译（专任教授孙贵定），分期英国文学研究、文学批评、现代文学（专任教授钱锺书），英散文选、英诗选读、英文小说选读（专任教授陈逵），一年德文、二年德文（专任教授王景阳），欧美名著选、戏剧选读、莎士比亚（专任教授李健吾），英散文选、英文（专任教授陈铭恩），英文（专任教授郑惠祥），英文、补习英文（专任教授谢震亚），补习英文（兼任教授王荣华），英语语音学、应用英文、英文（专任副教授谢大任），英文（专任副教授周瓚武），英文（专任副教授王志恒）。

历史学系：西洋国别史、西洋现代史（专任教授徐家骥），二年法文（专任教授沈炼之），世界通史、西洋断代史、西洋近世史（专任教授谢兆熊），世界通史、英文（专任教授郭智石），中国断代史、中国史学名著选读、中国沿革地理（专任教授谭季龙），中国断代史、中国通史、中国近世史（专任教授李旭），中国断代史、中国史学史、中国史学名著选读（专任教授牟庸），亚洲诸国史、南亚概况（专任副教授苏乾英），中国通史、中外地理（专任讲师颜承祖），中国通史、三民主义（专任讲师童伯璋）。

教育学系：教育心理、心理及教育测验（专任教授张耀翔），发展心理、教育统计、实验心理（专任教授曾作忠），教育概论（专任教授黄如今），中国教育史、教育实习、西洋教育史（专任教授陈科美），幼稚教育、国民教育、特殊教育（专任教授高君珊），普通心理学、一年法文、二年法文（专任教授左任侠），哲学概论、教育哲学（专任教授刘佛年），普通教学法、教育行政、小学各科教材及教法（专任教授王秀南），比较教育、社会科学概论（专任副教授胡守棻）。

新闻学系：新闻学概论、报业发达史（专任教授詹文浒），采访学（兼任教授吴嘉棠），新闻编辑（兼任教授许君远），速记学（兼任教授唐亚伟），英文新闻写作、英文新闻文选、英文（专任副教授邵鸿香）。

文学院院属：理则学、儒家哲学（专任教授毛起），古文字学、考古学、中国断代史（专任教授胡厚宣），伦理学、社会学（专任教授慎闻达），中国通史（专任副教授祈乐同），三民主义（专任讲师陈元柱）。

2. 理学院

人类学系：普通人类学（专任教授刘咸），体质人类学、人体测量学、古人类学（专任教授吴士华），文化人类学、先史学（专任教授艾思德），普通生物学、生物学实验、人类遗传学（专任教授钱雨农），普通社会学（兼任教授应成一）。

天文数学系：流体力学、普通天文学、实习（专任教授潘璞），黎曼几何、高等解析几何、微分几何（专任教授周绍濂），复变数函数论、微积分、实习（专任教授李蕃），微分方程、近世代数、微积分（专任教授黄缘芳），普通数学、立体几何、数学（专任讲师乔华庭），普通数学、微积分、数学（专任讲师夏守岱）。

物理学系：近代物理学、热学（专任教授陆禹言），电磁学、光学、物理学（专任教授朱应诜），理论物理、普通物理学、物性学（专任教授江仁寿），理论力学、普通物理学（专任教授江之永），光学电磁学、无线电学、实习（专任教授戚桂山）。

化学系：有机化学、高等有机化学、实验（专任教授朱子清），染料化学、生物化学、工业分析、实验（专任教授梁德彬），理论化学、电化学、实验（专任教授曾石虞），工业化学、高等无机化学、化学过程（专任教授章洪楣），定性分析、普通化学、实验（专任副教授汪霭融），普通化学、普通化学实验（专任讲师陈锡珍）。

地理学系：人文地理、世界地理（专任教授王文元），地理通论、气象学、气候学（专任教授王勤垍），经济地理、中国区域地理（专任教授洪绂），地形学、普通地质学、中国地理总论（专任教授许桂馨），制图学、世界地理（兼任讲师褚绍唐）。

理学院院属：生物学（专任讲师陆景一）。

3. 法学院

法律学系：法学序论、商法专题研究、罗马法（专任教授周枬），债编总论（专任教授胡元义），二年商法、刑事诉讼法、保险法（专任教授徐铸），国际公法、法理学（专任教授丘日庆），债编各论、民法总则、行政法（专任教授罗时济），土地法、物权、破产法、亲属（专任教授薛祀光），一年商法、公司法、诉讼实务（专任教授陈文藻），刑法总则、刑法分则、司法组织（专任教授陈盛清），国际私法（兼任教授徐砥平），法学概论（兼任教授李有鉴），民事诉讼法（兼任教授何宪章），犯罪学（兼任教授丁同峻），商约（兼任教授徐世长）。

政治学系：中国政治思想史、宪法（专任教授左潞生），各国政府及政治、西洋政治思想史（专任教授邹文海），中国外交史、外交学、西洋外交史、政治学（专任教授司徒尹衡），国际公法判例、国际组织、市政学（专任教授葛受元），政治学、中国政府、中国政治史（专任教授钱石父），行政学、公务员制度、政治名著选读（专任教授周隆乳）。

经济学系：经济学、商业循环（专任教授陈彪如），中央银行论、货币银行、国际贸易与金融（专任教授封顶璋），财政学（专任教授李超英），经济学（专任教授张海澄），西洋经济史、高等经济学、国际经济问题（专任教授郑学稼），农业经济、中国经济史、中国经济思想史（专任教授王宜昌），统计学、高等统计学、经济数学（专任教授崔震生），西洋经济思想史、货币理论、分配论（专任教授陈启运），经济学、金融市场（兼任教授徐建平）。

4. 商学院

银行学系：中国经济结构（专任教授吴幹），货币银行学、国贸实务（专任教授吴永珣），经济学、经济政策（专任教授谭学开），公司理财、商业信用、会计学（专任教授徐之河）。

会计学系：会计学、高等会计、实习（专任教授卢怀道），会计学、高等会计、实习（专任教授沈筱宋），审计学、银行会计、直接税会计（专任教授贺治仁），成本会计、政府会计（专任教授柯瀛），会计制度及设计、会计报告分析、公共事业会计（专任教授陈莱文）。

国际贸易学系：国际汇兑、国际贸易政策（专任教授杨勉制），商用英文、英文会话、商业心理学（专任教授骆启荣），中央银行论、国际贸易原理、各国贸易政策（专任教授冀筱泉），商业史（兼任教授罗静宜）。

工商管理学系：财政学（专任教授许炳汉），市场学、采购学、信托事业（专任教授蔡文熙），法学通论、劳动问题（专任教授陈文彬），工商组织与管理、美国工业经济学、人事管理（专任教授崔克讷），铁道管理（兼任讲师李范初）。

商学院院属：农业金融、合作经济（专任教授于永滋），统计学、劳工统计、实习（专任教授周文卫），商品学（兼任教授汪熙），珠算（兼任教授施伯衍），财产保险、广告学（兼任教授关可贵），英文（兼任教授周朝坚），数学及商用数学、商用数学（专任讲师邱渊）。

至于公共课程方面，据当时外国语文学系的学生刘新粦回忆，一年级的公共必修课有：三民主义（陆伦章），南洋概论（苏乾英），哲学概论（刘佛年），国文（陆恩涌、刘纪泽），中国通史（王以中），世界通史（郭智石），理则学（即逻辑学，沈有乾），伦理学等。学校还规定，一年级学生必须选一门自然科学和一门社会科学。当时刘新粦选的是普通心理学和经济学。①

二、名师荟萃

从上述课程设置可看出，当时的暨南大学汇集了一批名教授，尤其是文史学科，不少教授皆一时之选。

钱锺书先生于1946年8月受聘于暨南大学，讲授文学批评、英国文学研究等课程。当时的学生回忆道，钱先生常穿一套深棕色的条纹呢西装，戴一副黑边眼镜，一口清脆的牛津腔英语。两手常常依在讲台上，滔滔不绝，既深刻地分析作品，又善于发挥联想，每抓住一个话题时，便溯源穷流，由表及里，贯通中西，纵横对比。或神情严肃，侃侃而谈，或幽默诙谐，妙趣横生。② 在课堂之外，学生又被钱先生的作品所吸引，其中有1941年和1946年先后出版的散文集《写在人生边上》和《人·兽·鬼》，这是"剖析知识社会的病态，抨击知识阶层人格的虚弱"的力作，深受学生欢迎。继而又有于抗战后期写成的长篇小说《围城》，先是在刊物上连载，后于1947年由上海晨光出版公司出版。当时的暨大学生很幸运地成了第一批读者。有同学请问此书的背景，钱先生正色回答："不好讲。"但又暗示说："你可看看所谓训导到底是怎么一回事啰！"③ 1948年，钱先生又将课余累积的札记式的文学批评论文集《谈艺录》出版。

谭其骧教授是中国历史地理学界的著名学者。1930年毕业于暨南大学历史社会学系，后进燕京大学师从"古史辨"派领军人物顾颉刚，研究生毕业后先后任职于北平图书馆、辅仁大学、北京大学、燕京大学、浙江大学等机构。1934年春，他协助顾颉刚创办《禹贡》杂志，推动了历史地理学的发展。1947年8月，受聘为暨南大学历史学系教授（当时教员名册上以"谭季龙"名之），主讲中国断代史、中国史学名著选读、中国沿革地理等课程。④ 谭先生学术造诣深，讲课艺术性强，是当时暨南讲坛上很受学生欢

---

① 刘新粦：《抗战胜利后母校概况》，载暨南大学华侨研究所：《暨南校史资料选辑》，第2辑，广州1983年内部刊行，第113页。

② 章学良：《深情忆念钱锺书先生》，载钟业坤主编：《暨南人》，广州：暨南大学出版社1996年版，第120–124页。

③ 周孝中：《〈围城〉热中忆钱锺书》，载周孝中编著：《暨南逸史》，广州：暨南大学出版社1996年版，第125–127页。

④ 《国立暨南大学三十七年度教员名册》（1948年），原件藏南京中国第二历史档案馆，档案号：全宗号5，案卷号2592。

迎的教授。他当年的得意门生马湘泳校友这样描述道："身材中等，一派学者之风，进教室后娓娓动听地讲他的拿手好戏——中国历史地理。……他以丰富的资料，爱国的热情，独到的见解，精辟的论述，深入浅出，耐人寻味。"①

吴文祺教授是著名的语言学和文史学家，系近代著名训诂学家朱起凤先生次子。他早年从浙江师范讲习所毕业后，随父自修音韵、训诂和古典文学，在语言文字学方面造诣匪浅。后长期从事文学评论、古籍整理、辞书编撰及文字学、音韵学、训诂学等的教学与研究，留下了近 200 万字的著述，是一位久负盛名的著名学者。新中国成立后，1961 年起担任《辞海》副主编和《辞海》"语言文字"部分主编，后来又担任《汉语大词典》副总主编，为这两部重要辞书的出版付出了艰辛的劳动。吴教授曾两次执教于暨南大学中文系，一次是何炳松长校期间，一次是抗战胜利后暨大复员回沪期间，是暨大当时的名教授之一。

李健吾教授是国内有名的法国文学专家、戏剧评论家，在创作、评论、翻译等方面成绩卓著。早在 1935 年，他就出版了《福楼拜评传》，并翻译了《包法利夫人》《情感教育》《高尔基戏剧集》《托尔斯泰戏剧集》《莫里哀喜剧集》等，还创作了《新学究》《以身作则》《青春》等戏剧，美国著名记者埃德加·斯诺在《活的中国》一书中，把他与曹禺并列为"30 年代中国最重要的戏剧家"。暨南大学复员回沪时期，李健吾任暨大外文系专任教授，讲授欧美名著选、戏剧选读、莎士比亚等课程，是学生印象最为深刻的老师之一。任明耀回顾说："健吾先生初次给我的印象是：精力充沛，年富力强。他戴着一副茶色眼镜，给我们上课时，谈笑风生，语多精辟，经常发出爽朗的笑声。我们听他的课特别有味，不但没有精神压力，而且常常感到是一种艺术享受。……李先生没有一点教授架子。他经常在课余带我们去观摩上海戏剧学校精彩的话剧演出，有时也带我们到电影拍摄棚去参观拍电影的场景，这使我们大大扩展了视野，增加了在课堂上学不到的知识。"②

在当时暨南大学所聘教授中，大部分曾留学国外名校。如曾长期在暨大任教的陈科美教授，早年在美国伊利诺伊州立大学、私立芝加哥大学求学，获硕士学位，后转入哥伦比亚大学师范学院，师从杜威等名师研究教育哲学。1927 年夏，受聘暨大，历任师范专科主任、真如实验学校主任、教育学系专任教授等职，讲授中国教育史、西洋教育史、教育实习等课程，为暨大培养了大量师范方面的人才，可谓桃李满天下。

沈炼之教授是我国法国史研究的先行者之一，终其一生，先后撰写、翻译、主编史学著作和资料计 20 多种，论文、译文 100 多篇，对我国的世界史，尤其是法国史学科的建设、发展都有深远的影响。他于 1944 年至 1948 年间在暨大任教，建阳期间一度代理校务。在这 4 年中，出版和翻译了多部法国史方面的著作，如 1947 年 3 月出版的《法国革命史讲话》（福建改进出版社出版，现北京国家图书馆和上海市图书馆均有保存本），是国内较早研究法国大革命的著述，有很高的学术价值。

暨南大学自创立以来，就一直具有优良的革命传统，这与暨大各个时期均有一批进

---

① 转引自周孝中：《从高材生到名教授的谭其骧》，载周孝中编著：《暨南逸史》，广州：暨南大学出版社 1996 年版，第 55 – 59 页。

② 任明耀：《为了"掏一把出来"——怀念良师李健吾先生》，载钟业坤主编：《暨南人》，广州：暨南大学出版社 1996 年版，第 131 – 134 页。

步教师向学生传播进步思想有很大的关系。如在真如时期和"孤岛"时期有李达、郑振铎、周予同等，在复员回沪时期有刘佛年等。[①] 当时刘佛年是教育学系专任教授，并担任全校公共必修课哲学概论的讲授。吴友箴回忆说："刘老师讲哲学概论，把深奥的原理，化为生动的例子、形象的语言，让学生便于理解、掌握和记住。刘老师亲切教诲的风范，至今犹历历在目。"

三、图书仪器的多方筹措

抗战期间，暨南大学所藏仪器损失殆尽，图书亦不及战前的一半。复员回沪后，为满足学校教学的基本需要，暨大在经济窘困的艰难条件下，多方筹集，才得以稍复旧观，使学生读书实验不致无从着手。兹将有关情况介绍如次：

战前的 1937 年 3 月，学校有图书 60000 册。战时内迁建阳时，图书仪器留存上海，结果仪器全部损失，而图书亦多残缺，其中中文善本及外文图书散失尤多，仅剩 34000 余册，约为战前的一半。复员回沪时，在建阳购置的中外文图书 6000 余册，随之运沪。与此同时，学校在上海先后接受日本女子高等学校书籍 7000 余册，教育部分配陈群藏书 30000 余册，美国赠送教科书、杂志等 400 余册，日本岩波书店赠书 200 余册，教育部驻沪文物分配委员会分配书籍 300 册，合计接受书籍达 40000 余册。另外，学校于经费紧张的情况下拨款购置了新书 5000 余册，杂志 100 余种。至 1947 年 10 月，学校藏书达 80000 余册，基本能满足师生的教学研究之需。[②]

至于仪器方面，经大力补充后，已可开始做普通物理、普通化学、有机、定性、定量、理化、工业分析等基本的实验。学校还设立了民俗标本陈列室及普通物理、无线电学、普通化学、定性分析、定量分析、理论化学、普通生物学 7 个实验室。其中最值得称道的是民俗标本陈列室的建立。[③]

1946 年 8 月，暨南大学设立人类学系。经过两年的努力，建成了在当时并不多见的民俗标本陈列室，这是学校教学科研的新设施之一。该陈列室所收集的标本近千件，其中有关台湾高山族和海南黎族的标本较为完备。此外还有不少图书与照片。陈列室于 1948 年 6 月 14 日校庆纪念时首次公开展出，参观者络绎不绝。1948 年 6 月 20 日的《申报·科学副刊》还专门予以报道。

标本共分为四大类：

（1）台湾高山族民俗标本。共 500 件，其中衣服饰物等百数十件，陶器、藤器等共百数十件，武器 70 余件，艺术作品 60 件，其他若干件。

（2）海南黎族民俗标本。共 200 件，其中衣服饰物等约 50 件，各种藤竹日常用具数十件，武器数十件，宗教、仪式用品 20 余件，纺织机械工具、农具数十件。

（3）其他各种民俗标本共百数十件，其中得自日本的数十件；得自爪哇、锡兰的十数件；此外零星来自苗、瑶等族的物品若干件。

---

① 朱宗尧：《祝贺刘佛年教授从教 60 年》，载钟业坤主编：《暨南人》，广州：暨南大学出版社 1996 年版，第 151 – 154 页。

② 《国立暨南大学校刊》复刊第 1 期，1947 年 10 月 16 日。

③ 此部分据《暨南校史（1906—1996）》（暨南大学出版社 1996 年版）及《国立暨南大学校刊》复刊第 17、18 期合刊之校庆 42 周年纪念专号（1948 年 6 月 1 日）的相关内容写成，文中不再一一注明。

（4）台湾高山族的民俗照片百数十幅，各种有关的参考文献亦颇丰富。[①]

在这些陈列品中，最引人注意的有台湾高山族价值昂贵的"贝珠衣"、美轮美奂的祖先像木屏、数百年前的宝刀神枪、两人并饮的双连合欢酒杯等。还有海南黎族美观精致的纺织品、奇异的吹筒箭以及奇形怪状的神器等。当时有专家指出，海南黎族民俗标本收集如此成套者，他处尚不多见。室内所有台湾高山族民俗标本系前居台日本人所采集，学校辗转而购得。而海南黎族的民俗标本，则是人类学系主任刘咸战前在海南实地考察、采集所得。

第四节　严格的学生管理与学生活动

一、学生管理制度

抗战胜利后，国民党政府一方面向解放区发动军事进攻，另一方面加强对国统区的法西斯统治。在高校，面对师生此起彼伏的"反内战、反饥饿、反迫害"运动，国民党政府变本加厉地推行高压政策。具体到学生管理上，除继续推行导师制外，还在各高校设立训育委员会，以此来严格控制学生的思想和行为。受此影响，暨南大学在学生管理上有强化的趋向，但整个学生管理体制与战时变化不大。故仅就有所调整的方面分述如下。[②]

1. 学分制与学年制

各学院学生学习年限均定为 4 年，共分 8 学期，修完本专业所规定的必修与选修课程，合计满 146 学分（军训、体育、南洋概论不在其内），并在第 4 学年提交毕业论文经审查通过，同时参加毕业考试及格后，方由学校呈教育部核准，授予毕业证书及学士学位。[③]

各学院学生每学期所修课程，第一学年每学期应修 22 学分，第二学年每学期应修 12～18 学分，第三学年每学期应修 16 学分，第四学年每学期应修 10 学分。遇有必要时，可适当增减，但增减之学分不得超过 3 学分。一门课每周上 2 小时，上完一个学期考试及格后即得 2 学分；每周上 3 小时，上完一个学期考试及格后即得 3 学分。

2. 考查、考试与成绩

学生成绩分操行成绩和学业成绩两种。其中操行成绩由训导处、训育委员会及学生所属导师考查评定，计有甲、乙、丙、丁四等，以丙等为及格，操行成绩不及格者应勒令退学或不予毕业。学业成绩分平时成绩、学期成绩和毕业成绩三种，以 60 分为及格。

学生平时成绩由听课笔记、读书札记、练习、实验报告、平时测验等组成，其中平

---

① 该批照片及文献是中国美术馆举办"台湾高山族风俗艺术展"后将所展出的照片及文献赠予暨大的。见《国立暨南大学校刊》复刊第 15 期，1948 年 5 月 16 日。

② 《国立暨南大学学则》（1947 年 4 月），原件藏上海市档案馆，档案号：Q240－1－681。

③ 关于学分总额，各专业要求不尽一致，如外文系仅 132 学分，而法律学系学分要求最多。见刘新舞：《抗战胜利后母校概况》，载暨南大学华侨研究所：《暨南文史资料选辑》，第 2 辑，广州 1983 年内部刊行，第 113－114 页。

时测验每学期必须举行一次。平时成绩与期末考试成绩合并为该课程学期总成绩。

毕业考试除考试最后一学期科目外，还须加考此前所学主要科目，有 3 科不及格者不得毕业。各项毕业考试成绩与毕业论文成绩合并核计，作为毕业总成绩。

学生学期成绩及格，应予升班（由第一学期升入第二学期）；一学年两学期成绩合格得予升级（如由一年级升至二年级，直至毕业）。

关于补考，学校也有严格规定。学生学期成绩不及格科目学分总数不满该学期所修总学分的三分之一且不及格科目分数在 40 分以上，准许补考 1 次；补考仍不及格，必须重修该科目。不及格科目分数在 40 分以下，不得补考，应重修该科目，考试如仍不及格，应勒令退学。学期成绩不及格科目学分在该学期所修总分数的三分之一以上，不得补考，必须留级；留级后学期成绩不及格科目之学分仍达到该学期所修总学分三分之一以上，则勒令退学。如果学期成绩不及格科目之学分数超过该学期所修总学分的二分之一，不得补考，亦不予留级，即令退学。

关于缺课，学校规定，学生每门课缺课时数超过上课时数的三分之一，则不得参加该课程的考试并不准补考。期末考试，除非有重大变故，不得缺考，否则不予补考。学生因病因事请假不能上课即为缺课；不请假而不上课即为旷课，旷课 1 小时按缺课 2 小时计算。

3. 毕业论文的撰写①

学校规定，学生毕业论文分为三类：论著、翻译、实验报告。其中论著要求 20000 字以上，翻译要求 40000 字以上，实验报告不限字数。

毕业论文的性质与题目于第七学期初由学生自行选定，送各系主任审定认可后再分请教师分别指导。论文题目选定后两周内须将论文大纲或计划交指导老师审定通过，并随时向指导老师报告写作进程以寻求指导。

论文须注明详细参考书目，引文须注明出处，所有译名及专门名词须附注原文。

4. 公费生制度的修改②

1947 年 7 月，国民政府教育部颁布《国立中等以上学校及省立专科以上学校学生公费给与办法》，对抗战期间实行的公费生制度作了一些修正并于该年度在入学新生中推行。其最大的变化是将公费生的范围由此前的普通绩优清贫学生转向特定学生群体。依据新的办法，公费学生仅限下列学生且不受名额限制：①师范生；②保育生；③青年军复学学生；④边疆学生；⑤"革命"及抗战功勋子女；⑥就学荣誉军人。

上述学生一律享受全公费，即入学后免交学费、膳费及宿费。学校同时规定，公费生在学习期间，其学业成绩有一门不及格，即刻取消公费资格。

申请公费的学生必须交纳下列证件以供学校公费审查委员会审查：①公费申请表；②保证书；③青年军复学学生应交正式退役证；④"革命"及抗战功勋子女、荣誉军人学生应交足资证明之文件。一旦查出学生所交文件有假，已入学者取消其学籍；已领取公费者，由其保证人负责追还或偿还。

---

① 《国立暨南大学学生毕业论文规则》（1947 年 4 月），原件藏上海市档案馆，档案号：Q240 - 1 - 681。

② 《国立中等以上学校及省立专科以上学校学生公费给与办法》（1947 年 7 月），原件藏上海市档案馆，档案号：Q240 - 1 - 212。

5. 奖学金制度的推行①

1947年下半年始，暨南大学依国民政府教育部所颁之《国立专科以上学校暨省立专科以上学校学生奖学金办法》，为家境清贫、的确无力负担就学费用而成绩优秀的新生提供奖学金，以支持其完成学业。这是继抗战期间公费生制度之后资助清贫学生的又一举措，也是公费生制度修改后的一种补充。其要者有：

（1）获得奖学金新生的对象与范围：①师范生、保育生、青年军复学学生、边疆学生、"革命"及抗战功勋子女就学者、荣誉军人学生等依规定可享受公费的新生不在此列；②家境清贫者；③新生报考时平均成绩位于所录取新生成绩前40%者；④奖学金学生名额不超过所录取新生总数的20%。

（2）奖学金学生待遇：免交全额的学费、膳费、宿费。膳费由教育部每月发放，其标准以每人每月中等熟米2斗3升或中等面粉46斤为基准，依学校所在地物价水平的高低不同及变动得随时增减。

凡获得奖学金的学生，学年考试总平均分不满70分，即刻取消其奖学金。

学校组织专门的委员会审核奖学金学生资格。该委员会以校长为主席，其成员有教务长、训导长、总务长及主办会计人员，于新生入学考试后和每学期学生注册后各审核一次。

申请奖学金的学生须在报考暨南大学时交纳下列文件以备查核：①奖学金申请表；②家境清贫证明书；③保证书。学生所交证件如系假冒伪造或家境并不清贫，即刻取消其学籍；已领取公费者，由保证人负责追回或代为偿还。

6. 侨生的优待与救济

复员回沪时期的暨南大学，受内战影响，海外侨生入读者甚少。这从许多材料及当时人的回忆中均可反映出来。比如1947年毕业于英国语文学系的吴全韬（吴氏记忆有误，他是毕业于外国语文学系而非英国语文学系）就干脆断定，在抗战后期和胜利之后这一段时期，暨大是不存在华侨大学的特色的，学生绝大部分来自国内各地，华侨所占数量极少，文学院里旧生似乎没有几个。②曹聚仁也谈到，他1949年春在暨大上课时，班上30多名学生，侨生仅3人。

但暨南大学仍然坚持侨校的一些做法。对此，当时的学生王斌超印象深刻，如学校在招生简章中就明确规定，招收新生以南洋华侨为主，每年在海外招收70%的新生，在国内只招收30%的新生，而且必须是有志于海外工作者。课程开设有南洋概论一课，没有课本和讲义，只有一位归侨教师按他的讲稿讲授，内容主要是东南亚各国的人文、地理、风土、人情以及社会经济状况等，每周一二学时，不计学分，却是各系入学新生的必修课。如果不能通过，次年还要重读。③事实上，暨南大学的各项制度设计及规定除遵照国民政府教育部的文件外，还结合了"适应海外华侨特殊需要招收华侨子弟及国内

---

① 《国立专科以上学校暨省立专科以上学校学生奖学金办法》（1947年7月），原件藏上海市档案馆，档案号：Q240－1－212。

② 吴全韬：《怀念母校师友》，载暨南大学华侨研究所：《暨南校史资料选辑》，第2辑，广州1983年内部刊行，第101页。

③ 王斌超：《黎明前的暨南》，载暨南大学华侨研究所：《暨南校史资料选辑》，第2辑，广州1983年内部刊行，第115－116页。

有志于海外事业者"这一教育宗旨，且一直以"研究高深学问，养成专门人才，阐扬本国文化及发展海外事业"为培养目标。

国民政府教育部为便利侨生回国就学，于1948年特令暨南大学、国立海疆学校、国立华侨中学、国立侨民师范，一律以招收真正侨生为原则。每年招收新生时，应特别注意，侨生不得少于80%，如有事实上之困难，必须招收内地学生时，亦须确有志海外工作，而能于毕业后，即赴海外服务者为限，其人数不得超过录取新生总额的20%。① 同时，为便利侨生投考，免其跋涉往返起见，暨南大学、国立厦门大学、国立海疆学校在该年度首次在南洋增设考区，就地考录侨生。该年8月，暨大派苏乾英副教授到新加坡举办招生考试，即由当地的陈育崧从旁协助。②

当时，暨南大学为吸引侨生报考，结合国民政府教育部的相关规定，制定了一系列优待侨生的制度，计有：

（1）设置回国升学侨生奖学金。1946年度开始实施，该项奖学金是国民政府教育部和侨务委员会共同发起设立，适用于包括暨南大学在内的国内各中等以上招收侨生的学校，其经费在教育部侨教经费项下拨付。1946年度，每名合乎规定之专科以上学校侨生可获奖学金国币60万元（重点学校侨生为国币40万元）；1947年度奖金额为200万国币。以后每学期视物价变动情况随时调整。③

（2）华侨学生优待办法。从1947年度起，暨南大学开始接受国民政府教育部保送的华侨学生入学。这批学生均由侨务委员会、驻外使领馆、国内外重要华侨团体与教育部共同商定保送至暨大等招收侨生的学校。学校对于这批学生，成绩及格者作为正式生，不及格者作为特别生，其中国文、国语程度较差的，则由学校设法另予补习。此外，还派专人负责指导这些侨生，对其生活状况及学业，倍加关心。

（3）侨生临时救济费的发放。④ 1947年，侨务委员会为接济遭遇困境的侨生，专门拨款用于包括暨南大学在内的各中等以上学校就读侨生的临时救助。凡符合下列情形之侨生，均可申请救助：①家长所在之侨居地局势混乱，费用告竭；②家长所在之侨居地汇款不通，费用告竭；③突患重病，无力就医。凡申请救济之侨生，经审核属实，救济费即由侨务委员会拨至学校，由学校转发学生。救济费之多寡视申请者情形之轻重而决定。

二、学生的基本情况

相比战时，复员回沪后的暨南大学规模有所扩大，这不仅表现在院系的扩充、教师的增加，还体现在学生人数的增多。如1945年9月，学校有学生1056人。1946年度，

---

① 《教育部关于对回国升学侨生优待与奖励办法报告底稿》（1948年），载《中华民国史档案资料汇编》第五辑第三编教育（一），南京：江苏古籍出版社2000年版，第544页。

② 陈育崧：《来远培才声教暨南》，载暨南大学华侨研究所：《暨南校史资料选辑》，第1辑，广州1983年内部刊行，第130页。

③ 据国民政府教育部统计，该项奖学金，1946年度共发专科以上学校侨生23名，中等学校侨生18名，总计发放国币2100万元；1947年度核发专科以上学校侨生42名，中等学校侨生40名，发放国币1亿4400万元。见《教育部关于对回国升学侨生优待与奖励办法报告底稿》（1948年），载《中华民国史档案资料汇编》第五辑第三编教育（一），南京：江苏古籍出版社2000年版，第544页。

④ 《侨生临时救济费办法》（1947年），原件藏上海市档案馆，档案号：Q240-1-681。

即暨大回沪之初，学生最多，达到 1658 人，其中大学部男生 1368 人，女生 218 人，大学先修班 72 人。[①] 此后因战事连绵、时局动荡的影响，学生人数略有减少。1947 年 12 月有学生 1389 人，其中男生 1191 人，女生 198 人。[②] 1948 年 6 月时，有学生 1290 人，其中男生 1107 人，女生 183 人。[③] 到 1949 年 5 月底，即上海解放前夕，有学生 1211 人，后有 341 人离校，仅剩 870 人。[④] 学校复员后的 1947—1949 年 3 届毕业生共达 1000 多人，其中 1946 年度 394 人，1947 年度 317 人，1948 年度 324 人。下面以 1947 年度第一学期为例，将各院系学生分布及学生来源列表如下，大致可了解这一时期学生的一些基本情况。

表 4　1947 年度第一学期学生院系、级别分布表

院系 ＼ 级别 人数	一年级	二年级	三年级	四年级	总　计
文学院（合计）	87	120	99	119	425
中国文学系	12	10	19	29	70
外国语文学系	23	28	22	13	86
历史学系	10	11			21
历史地理学系			14	25	39
教育学系	28	47	44	52	171
新闻学系	14	24			38
法学院（合计）	94	100	81	56	331
法律学系	36	33	21	13	103
政治学系	29	23	25	22	99
经济学系	29	44	35	21	129
理学院（合计）	47	36	39	37	159
化学系	20	18	26	20	84
天文数学系	1				1
物理学系	10	6			16
数理学系			13	17	30

---

① 暨南大学注册组制：《三十五年度第一学期全校学生注册人数统计表》（1946 年 12 月），原件藏上海市档案馆，档案号：Q240－1－303。

② 暨南大学注册组制：《三十六年度第一学期全校学生注册人数统计表》（1947 年 12 月），原件藏上海市档案馆，档案号：Q240－1－303。

③ 《国立暨南大学校刊》复刊第 17、18 期合刊，1948 年 6 月 1 日。

④ 暨南大学学生代表调查报告：《暨南大学学生人数统计》（1949 年 6 月 10 日），原件藏上海市档案馆，档案号：Q240－1－226。

（续上表）

级别 人数 院系	一年级	二年级	三年级	四年级	总　计
人类学系	13	6			19
地理学系	3	6			9
商学院（合计）	83	137	118	136	474
会计学系	17				17
银行学系	9				9
会计银行学系		41	36	34	111
国际贸易学系	21	24	38	40	123
工商管理学系	36	72	44	62	214
总　计	311	393	337	348	1389

表5　1947年度第一学期学生来源统计表①

院别 人数 地区	文学院	法学院	理学院	商学院	总　计
江苏	111	98	46	143	398
浙江	103	90	50	101	344
福建	90	32	25	98	245
江西	29	18	8	56	111
广东	25	20	11	23	79
安徽	23	10	9	20	62
河南	11	15	1	8	35
湖南	9	8	1	6	24
上海	8	7	2	3	20
湖北	3	8	3	2	16
台湾	1	9		4	14
南京	2	6			8
山东	3	1	1	1	6
甘肃	1	1		2	4
陕西	1	3			4
广西	1			2	3
天津	1			1	2
四川			1	1	2

---

①　暨南大学注册组制：《三十六年度第一学期在校学生籍贯调查统计表》（1947年12月），原件藏上海市档案馆，档案号：Q240－1－226。

（续上表）

地区 \ 人数 \ 院别	文学院	法学院	理学院	商学院	总　计
辽宁		1	1		2
河北		1		1	2
北平		1		1	2
云南	1				1
西康	1	1			2
山西		1			1
贵州	1				1
汉口	1				1
青岛				1	1
总计	425	331	159	474	1389

关于复员回沪时期的学生招收情况，有三点值得一提：

第一，1946 年度，学校首次招录 14 名台湾籍公费生。这批学生是台湾公开招考而取得公费生资格，当时共有 93 名。由台湾省行政公署教育处（处长为教育家范寿康先生）保送进大陆各大学学习。其中中央大学（现南京大学）接收 5 名，北京大学 13 名，浙江大学 7 名，武汉大学 8 名，复旦大学 5 名，厦门大学 32 名，同济大学 5 名，上海医学院 4 名，暨南大学 14 名。进暨大学习的 14 名学生分别是杜长庚（曾任上海社科院外事处处长，中共党员）、刘碧堂（暨大学运积极分子，1949 年后被国民党杀害）、张璧坤（暨大学运积极分子，1949 年后被国民党杀害）、许梦雄（后名徐萌山，曾任台湾民主同盟总部秘书长，中共党员）、杨玉辉（曾任福建军区政治部"前线台"科长，中共党员）、罗美行（曾任中共中央马列毛泽东著作编辑部干部，中共党员）、卢国松（曾任福建省外事办公室干部）、李天赠、丁保安、刘荣超、陈敏臣、王青学、江武田、陈耀庚（新中国成立后参军，参加抗美援朝战争，回国后病故）。这批同学到暨大后，大部分受到革命思想的熏陶，参加了当时上海学界的"反饥饿、反内战、反迫害"运动，后来加入到革命队伍中。[1]

第二，大学先修班的学生情况。暨南大学复员回沪后，于 1946 年 8 月奉令恢复大学先修班，次年因校舍紧张而停办，仅存在一年。共招收学生 72 名，分文、理两组，其中文组 51 人，理组 21 人。[2]

第三，1947 年 4 月，暨南大学还办了一所夜校性质的民众学校，主要是为社会青年提供文化知识教育，学时约半年，基本上是利用晚间学习。第一届招收 29 人，学生有工友、

---

[1] 杜长庚：《1946 年由台湾保送来暨大学习的十四名台籍同学的情况》，载暨南大学华侨研究所：《暨南校史资料选辑》，第 1 辑，广州 1983 年内部刊行，第 285－287 页。

[2] 暨南大学注册组制：《三十五年度第一学期全校学生注册人数统计表》（1946 年 12 月），原件藏上海市档案馆，档案号：Q240－1－303。

理发师、小商贩及无业青年。经考试合格后由暨大发给结业证书。①

三、丰富的学生活动

暨南大学复员回沪时期的学生活动异常丰富，各类学生社团如雨后春笋般涌现。其中原因，固然在于这一时期政局动荡，学生"反饥饿、反内战、反迫害"运动的蓬勃兴起，同时也与暨大学生思想活跃、爱好广泛的传统有关。

除积极参与社会政治运动外，暨大学生还成立了许多不同性质的社团：①学术性的，有各类学会，如史学会、教育学会（会刊《铎声》）、新闻学会（会刊《暨南通信》）、政治学会、法律学会（会刊《法学会刊》）、经济学会、化学学会（会刊《暨南化学》）、会计学会、黎明社、明日社、南风文社、湖光学社等。②同学会性质的，如新生读书讨论会、暨大读书会、暑假考生服务团、华侨补习班会、先修班同学会、女同学会、自费半自费同学联谊会、公费同学联谊会、理学院同学会、文学院同学会、爪哇华侨学生会、霹雳华侨学生会等。③文艺社团，如未明文艺社、集智社、江漓文艺社、暨南话剧社、国剧社、平剧社、青蛙歌咏队、三籁音乐社、新生合唱团、暨大歌咏团等。此外，还有各地校友会及各地旅沪同学会等。②

学生社团在学习之余，开展了丰富多彩的活动。如邀请名人来校演讲，举办各类讨论、演出等。1948年初，暨南话剧社公开演出话剧《野玫瑰》，轰动上海高校。1948年5月，暨大平剧社赴溧阳演出，协助校友推进社会事业，成绩卓著，载誉而归。人类学系全体师生参观中国美术馆举办的台湾高山族风俗艺术展，展后，该馆将所展出的风俗照片百余幅及有关文献赠予人类学系。与此同时，暨大依然延续着在体育方面的突出表现，如1948年春，暨大女田径选手段爱玉代表上海参加第7届全运会，体育教授陈昺德奉命担任主任裁判等。

为规范学生团体的活动，加强对学生活动的控制和管理，学校训导处和训育委员会制定了严格的规章制度，其要点有：①关于新学生团体的登记与审定，新学生团体须先将团体宗旨与简章、发起人及基本会员签名盖章名单交训导处审核通过；召开成立大会时须有训导处派员参与指导；成立大会召开3天后须将大会记录、出席会员名单、所选出之负责人名单、大会通过的简章、团体印章等交训导处审核无误后方可发给团体登记证。②对于原已成立之学生团体，学校规定，每学期开学后4星期内召开由训导处派员参与的全体大会，改选团体负责人；召开全体大会3天后须将大会记录、出席会员名单、当选负责人名单、团体印章等材料交训导处审核通过后方予换发团体登记证。③持有合法登记证的学生团体，由训导处指派训导员经常予以指导并得参加团体的每一次会议。④每一个学生在校不得参加3个以上学生社团并不得担任2个以上学生社团的主要负责人。③

---

① 因材料很少，无法对之作过多的介绍。见《国立暨南大学兼办民众学校第一届毕业生名册》（1947年9月），原件藏上海市档案馆，档案号：Q235-2-3785。

② 《暨南大学学生社团调查》（1949年6月），原件藏上海市档案馆，档案号：Q240-1-727。

③ 《国立暨南大学学生团体管理暂行办法》（1946年5月），原件藏上海市档案馆，档案号：Q240-1-622。

第五节　暨南师生的爱国民主运动[①]

一、"壁联"与学生自治会改选

抗战结束后，内战阴云立刻笼罩着神州大地。尽管中国共产党本着避免战争、寻求和平建国的宗旨，与国民党举行重庆谈判，签订了《双十协定》，但蒋介石一意孤行，执意发动内战，欲以武力消灭共产党，因而招致全国人民的反对。1945 年 12 月 1 日，昆明大中学生举行反内战集会，遭到国民党军警的残酷镇压，西南联大等校学生有 4 人被炸死，11 人被炸伤。昆明"一二·一"惨案的消息传到福建，暨南大学的学生举行了罢课，得到进步教师的同情和支持。各学生文艺团体、学术团体及各地同学会纷纷刊出壁报，声讨国民党的罪行，哀悼死难的同学。暨大学运从此萌芽，学生中的进步力量在中共地下党的领导和支持下逐步增强。

为了加强学生社团间在艺术、学术活动及社会政治活动方面的合作，由学林社和太白文艺社发起，于 1945 年 12 月 26 日成立了"暨大学生壁报联合会"（随即更名为"暨大学生壁报联合座谈会"），刊行《壁联通讯》。[②] 当时参加"壁联"的学生团体大多数思想进步，其领导者亦属进步学生或为中共地下党员。如据当年的太白文艺社成员之一的吴全韬回忆，太白文艺社里，地下党是领导力量，学林社有没有地下党不清楚，但亦属进步团体，且在当时的学运及"壁联"中居领导地位。积极参加斗争的学生有很多，其中表现活跃并起组织作用的有金尧如、许甫如、苏寿桐、林慧萍、蓝文灿、傅春龄、林维雁（1947 年毕业，解放前夕牺牲于浙江衢州）、魏忠、陈璧、柯以圻（1947 年毕业，解放前夕牺牲于其家乡汕头）等。[③]

1946 年初，中共地下党曾领导创办一份小型报纸《中国学生导报》，由金尧如（后曾任香港《文汇报》总编）等人负责，发行人闻波（戴文波），这份报纸在福建学生中有一定影响。

同年 6 月，暨南大学师生复员返沪，正值校内外多事之秋。学者出身的何炳松被调离（旋即病逝），原重庆大学校长李寿雍出任暨大校长。李长校之初，即露专断之迹，令暨大师生大失所望。于是，全校师生借何炳松校长追悼会之际，缅怀逝者，并向现任

---

① 该部分撰写除特别注明外，皆依下列资料写就：吴全韬：《怀念母校师友》；吴祖颐、颜品仁：《暨南学生生活回忆片断》；周孟任：《回忆暨南学运》《解放前夕的一些情况》；陈清泉、周明绮：《复员后的暨南》；王斌超：《黎明前的暨南》；罗俊章：《暨大——东南民主的堡垒》；王世杰、汪平：《从"抗暴联"到"营救会"》；费志融、朱鸿兴：《艰苦斗争，迎接解放》；蓝文灿藏：《壁联通讯》第一期，1946 年 2 月 1 日。以上诸文均载暨南大学华侨研究所：《暨南校史资料选辑》，第 2 辑，广州 1983 年内部刊行；周孝中：《暨南爱国民主运动史话（1907—1949）》，载《暨南逸史》，广州：暨南大学出版社 1996 年版，第 147－172 页；暨南大学校史编写组：《暨南校史（1906—1996）》，广州：暨南大学出版社 1996 年版，第 113－115 页。

② 蓝文灿藏：《壁联通讯》第一期，1946 年 2 月 1 日。载暨南大学华侨研究所：《暨南校史资料选辑》，第 2 辑，广州 1983 年内部刊行。

③ 吴全韬：《怀念母校师友》；陈清泉、周明绮：《复员后的暨南》，载暨南大学华侨研究所：《暨南校史资料选辑》，第 2 辑，广州 1983 年内部刊行。

校长示威。随后，进步学生开展了学生自治会的竞选工作，成立了以进步学生为主的新的学生自治会，主席柯以圻，副主席傅以兰、林衍立。蓝文灿、陈礼贤、施济贫为理事。这些活动，为暨大投入随之而来的爱国民主运动创造了有利的条件。

二、反美抗暴运动

抗战胜利后，美国不仅出钱出物支持国民党政府，还在华驻扎有数万士兵。美国士兵在中国的领土上胡作非为，据当时报刊的不完全统计，仅上海、南京、北平、天津和青岛五个城市，从 1945 年 8 月到 1946 年 11 月，美国士兵制造暴行 3800 起，导致中国人死伤 3300 人以上，还有 300 名中国妇女被强奸。暨南大学学生陶玉麟曾将美军的罪行集中写成一篇揭露性的报道《一声闻"顶好"，双泪落君前》，表明中国人的含悲忍垢已达极限！于是，北平圣诞夜发生的北大女生沈崇被美国士兵强奸事件，就如同导火线，触发了北平一场大规模的抗议美军暴行的运动，并随之迅速蔓延到全国各个城市。各地学生纷纷行动起来，罢课集会，游行示威，各人民团体、民主人士和海外华侨亦通电响应。由于驻华美军宣布此事由美方单独审理，被害人仅以证人身份出席，中国律师不得代证人发言、回答问题和发表意见，不准中国人旁听，除国民党中央通讯社记者外，其他记者不得采访等规定，这种无视中国法律、将中国视为其殖民地的野蛮行为，再次激起了全国人民的反对和抗议。一场规模空前壮大的抗议美军暴行的运动，在全国各地展开。

1946 年 12 月 28 日，《文汇报》报道沈崇事件后，上海学联立刻发表宣言："号召全市同学联合起来，一致抗议美军暴行。"翌日晚，暨大学生自治会召集文、法、商、理四个学院 100 多个学生社团的代表数百人开会，组织"暨大学生抗议美军暴行委员会"，宣布罢课三天并发表告各界同胞书，联络各高校共同行动。同时议决一系列具体行动措施：①全体同学举行抗议美军暴行大游行，散发标语传单；②在上海美军驻扎地四周布置障碍物以断绝车辆通行；③自即日起凡经过校门之车辆，一律贴上标语然后放行；④联络工商各界一致行动；⑤向美国及其大使馆提交抗议书；⑥向政府当局提出质问，为什么允许美军在中国享受特权；⑦发表宣言，要求美军退出中国；⑧一切行动皆由暨大学生抗议美军暴行委员会主持执行。

12 月 30 日，暨南大学校门口贴出《抗议美军暴行的罢课宣言》，并派出 19 个联络组到各大院校进行联络。当日，校门外贴满标语、漫画和"美军暴行录"，许多路人驻足观看。百余同学站在校门外马路两边，拦住来往车辆张贴标语。全校卷入如火如荼的抗暴怒潮。反动学生但家瑞蓄意进行破坏，借口"要上课"，搬来武装警察，企图威胁罢课学生，还殴打暨大学生抗议美军暴行委员会秘书陈泗东，引起公愤，在场学生群起而攻之，把但家瑞痛打一顿，弄清了其企图破坏学运的真相，使同学们认清了国民党当局的丑恶面目。

12 月 31 日下午，交通大学、暨南大学、复旦大学、同济大学、上海法学院等 17 所大专院校在交大举行各校代表联席会议，组织"上海市学生抗议驻华美军暴行联合会"（简称"抗暴联"），决定于 1947 年元旦举行抗议美军暴行大游行，强烈要求美军退出中国。"抗暴联"设主席团，由来自各校的 38 位同学组成，当时暨大的金尧如、柯以圻、钱国屏、施济贫、王世杰等参与其中。在当天的会议上，还拟定了全市学生行动办法八点：①罢课游行；②派代表向马歇尔特使呈送抗议书；③慰问被辱女同学；④联合各界一致行动；⑤慰问塘沽被害工友家属；⑥致书杜鲁门总统、马歇尔特使、司徒雷登大使，抗议美军暴行，要求美军撤出中国；⑦请政府尊重民意，令美军撤出中国；⑧由大会致函北平学生，声援运动。

　　1947 年元旦，正是国民党政府颁布《中华民国宪法》的日子，暨大和交大、同济、复旦等校学生 1 万多人举行了抗议美军暴行的大游行。"美国兵，滚出去！"的口号响彻云霄。在上海美军海军总部，学生们贴满了英语和汉语标语"Get away GI！""Down with American Imperialism！""滚蛋，美国兵！""打倒美帝国主义！"等。在游行途中，同学们用旗杆迎击对面开来的美军吉普车，打碎了玻璃，撕坏了车篷，美国士兵不得不开足马力朝后狼狈逃窜，群众中响起了一片胜利的欢呼声。同学们不停地高唱《团结就是力量》《滚！滚！滚！美国兵》等歌曲，歌声嘹亮，极富感染力。随后，"抗暴联"在暨大举行中外记者招待会，揭露、控诉美军罪行，以争取国际舆论的支持。同学们在会上义正词严地表达了中国学生的决心："美军一日不离华，斗争一日不罢休。"在记者招待会过程中，有一个外国记者狡猾地问道："你们要美国军队撤回去，那么，你可知道究竟有多少美军驻在中国？"当时在场学生谁也不知道具体数字，一时都愣住了。幸亏暨大学生金尧如巧妙地回答："驻华美军必须全部、彻底、干净地撤走，在我们中国学生看来，只要有一个美国兵驻在中国，就等于全部美国军队驻在中国。"巧妙而尖锐地回敬了那个别有用心的记者，使他哑口无言。①

　　与此同时，暨大学生自治会还邀请郭沫若、马寅初、马叙伦、茅盾、邓初民、翦伯赞、章伯钧、章乃器等著名爱国民主人士来校演讲。他们介绍苏联的社会主义建设成就和卫国战争的巨大胜利；叙述国共两党和平谈判的内幕，揭露国民党假和平真内战、假民主真独裁的本质，提高了学生们对时局的认识。针对政府当局假手所控制的报刊诋毁抗暴运动的言论，暨大学生抗议美军暴行委员会于 1947 年 3 月发起"不阅坏报"运动，号召学生抵制《正言报》《中央日报》《大南日报》等追随国民党的报刊，并禁止报贩在校内叫卖此类报刊。同时，暨大中国文学研究会积极与有关报纸接洽，拟大量刊登学运的消息，以向社会各界进行更为广泛的宣传，澄清政府当局对学生抗暴运动的诬蔑之词。②

　　此次抗议美军暴行运动，暨南大学在上海是反应最快、最为强烈的大专院校之一，以致国民党情报部门在给国民政府教育部的一份报告中这样写道："据报，上海各大学学生近日之反美运动，以暨南大学学生行动最强烈。该校之罢课游行等运动查悉为该校学生自治会主席金尧如所领导其所组织之'抗议美军暴行委员会'，内部主干人员除金为主委外，尚有史震言、陈泗东、陈璧（女）等。"③当时，暨大同交大、同济、复旦等学校互相配合，在上海学生运动中起到了积极作用。

---

　　①　罗俊章：《暨大——东南民主的堡垒》；王世杰、汪平：《从"抗暴联"到"营救会"》，载暨南大学华侨研究所：《暨南校史资料选辑》，第 2 辑，广州 1983 年内部刊行。

　　②　国民党上海市党部呈文：《沪暨大中共分子发起"不阅坏报"运动情报》（1947 年 3 月），原件藏南京中国第二历史档案馆，档案号：全宗号 5，目录号 2，案卷号 1624。

　　③　《上海暨大反美运动主要人员姓名》（1947 年 1 月），原件藏南京中国第二历史档案馆，档案号：全宗号 5，目录号 2，案卷号 1624。

三、"反饥饿、反内战、反迫害"运动

随着内战的进行，国民党政府的政治危机、经济危机全面爆发，教育危机也日趋严重。1947年国民政府的教育支出仅占整个财政支出的3.7%，大量经费被用于内战。为弥补财政赤字，国民党政府滥发钞票，造成恶性通货膨胀。"大票天天发，物价天天涨"，社会上人心惶惶，民不聊生。大学里学生的生活也濒临绝境。国立大学中公费生每日菜金750元，仅够买两根半油条。同时，国民党加强了对高校师生的控制，校园里既无言论自由，也无人身安全保障，许多学校处于风雨飘摇之中。就在如是局势下，暨大学生在中共地下党的领导下，继"抗暴"运动后，又投入到一场更大规模的"反饥饿、反内战、反迫害"运动中去。

1947年5月17日，上海国立大专院校在上海医学院召开学生代表联席会议，成立上海市国立学校学生联合会，由各校推选代表组成"沪杭区国立院校抢救教育危机晋京请愿联合代表团"到南京请愿。暨南大学推选了陈泗东、林沂、曹云龙、黄乐德、戴文波等。同时在中共地下党的领导下，交大、暨大、复旦、同济等校相继罢课，并提出了斗争口号："反对内战，争取和平；反对压迫，争取自由；反对饥饿，争取生存。"翌日上午，上海各校学生云集暨大欢送晋京请愿代表团并举行"反饥饿、反内战、反迫害"大游行。国民党军警布设五六道防线，企图阻止学生游行。暨大学生排在最前列，交大殿后，浩浩荡荡向市区前行。当游行队伍到达苏州河边的天后宫（河南路）桥南堍，国民党军警一支几十匹高头大马的马队拦住了去路，声称："奉命不准学生游行"，企图冲散队伍。在这千钧一发的时刻，台湾籍学生罗美行、张丙坤、杜长庚等奋不顾身，一跃而上，抓住缰绳，扭转马头。骑在马上的军警被这突如其来的举动吓坏了，乱了阵脚，学生们趁机冲过了第一道防线。队伍行至南京路山西路口，暨大的7辆校车坚定地开足马力冲破了军警由警车和马队组成的第二道封锁。之后，游行队伍冲破了一道又一道封锁，胜利到达公园。学生们一路演讲、唱歌、表演话剧等。最引人注目的是暨大的饭碗队，每一个同学手拿破饭碗，敲碗之声叮当不绝，让人见之，同情、感叹之情油然而生。学生们举着动人心魄的实物标语："每天菜钱750元，还不够买3根油条"；5个纸剪的破碗上写着"我们要吃饱"；还有巨幅漫画"向炮口要饭吃"等，都引起了围观民众的共鸣和同情。

5月20日，沪杭学生代表到南京后，汇合南京学生请愿队伍，浩浩荡荡在南京中山路游行示威，行至珠江路口，遭到国民党军警的残酷镇压，鲜血染红了珠江路。这就是国民党当局一手制造的南京"五二〇"血案。上海赴京代表立刻回沪，将事实真相相告，学生们极度愤慨。次日下午，40多所大中学校的代表紧急开会，成立了"上海学生南京惨案后援会"，向政府当局提出强硬的抗议：①严惩凶手；②立即释放被捕学生；③死伤同学，政府应负绝对责任；④立即撤销《维持社会秩序紧急办法》；⑤要求政府保障人权等。并议决号召全市学生在5月23日、24日罢课两天。随之，暨大和70多所大中学校一起参加了总罢课，组织宣传队上街宣传。

国民党政府对学生运动采取了更严厉的镇压措施。暨大更是他们镇压的重点。由于暨大学生一直站在斗争的最前列，并在这些斗争中极富经验和策略，从而赢得了"东南民主堡垒"的美誉，与交大、复旦、同济一起成为上海学运的四大主力。为此，国民党

当局于 5 月 28 日派遣大批军警、特务包围了暨大和其他院校。在蒙着脸拿着枪的"学生"带领下，到宿舍按黑名单一一点名，共逮捕暨大学生 60 多人，其他院校也有许多学生被捕。一时间，白色恐怖笼罩整个上海。

国民党的倒行逆施招致社会各界的舆论谴责。暨大、交大、复旦等校教授抗议政府逮捕学生，宣布罢教。6 月 3 日成立了"营救被捕同学家属联合会"，展开营救活动。在强大的社会压力下，政府当局不得不于 6 月 8 日前陆续释放了被捕的学生。5 月 30 日，在学生运动蓬勃兴起的基础上，上海市学生联合会正式成立，暨南大学当选为学联主席团成员。在学联的号召下，6 月 10 日，全市学生举行了一天控诉总罢课，才结束了波澜壮阔的"红五月"学生运动。这在中国学生运动史上写下了光辉的一页。

"红五月"运动后，国民党政府指令各大院校当局处分参与学运的积极分子。暨南大学的许春澍、王世杰、陶玉麟被开除学籍，复旦大学有 15 名学生、交通大学有 12 名学生同时被开除学籍。[①] 此外，暨大校方还分别以停止公费、勒令退学等方式劝退 100 余名学生，几占全部学生的十分之一，36 位同情和支持学运的教授亦被解聘。上海学联号召全市同学开展了反开除、反退学、反无理处分的斗争。8 月 14 日，暨大学生自治会号召全校学生声援被解聘教授，派代表前往慰问并向校方提出三项要求，如得不到圆满答复将采取相应行动：①无条件续聘 36 位教授；②保证全体同学学籍之安全，澄清各方谣言；③厘定优待侨生办法，常年在南洋及闽粤等地设立考区，便利侨生回国就学。[②] 针对校方开除、劝退学生一事，暨南大学学生营救被捕同学委员会致函校长李寿雍，提出交涉，要求校方迅速答复，收回成命，否则将采取对应性行动。其函曰："①校方通知黑名单同学离校系变相开除学生，校方对此又恍惚其词，令人不免有阴谋诡诈之感。②根据市府释放保证书上仅有此后不参加活动及随传随到二条，'从速离校'系何根据？③教育机构有行政独立权，'市府表示''警备部代电'便可从命，教育尊严何在？④当初校长曾表示，只要学校安定，学籍当无问题，今复出此办法，究属何人旨意？"又云："据悉本校福建同学会、安徽同学会联名发表《我们的意见》，略述许春澍、王世杰、陶玉麟三同学均系校方学生团体负责人，前为营救被捕同学，为校方以违反校规开除，且无确实根据。希望校方于 6 小时内给予答复，收回成命，否则因此而产生之后果由校方负责。"[③]

这一时期，在国民党当局的镇压下，暨大学运一度陷入低潮。当时在校领导学运的进步同学或因毕业，或因身份暴露不得不离开学校，校内进步力量大为减弱；同时，校方解散了学生自治会，把持、控制了大多数的学生社团。针对这一形势，为恢复和组织学生运动，中共地下党从中学、专科抽调一些成绩好的同学考入暨大，以充实暨大的进步力量。当时在上海的学委主要负责指导各大专院校的民主爱国运动，而与暨大等校联系指导学生运动的是暨大校友吴学谦。在学委的领导下，1947 年 9 月，暨大重新成为进

①　《上海国立暨南大学奉令退学学生掀起学潮情形》（1947 年 8 月），原件藏南京中国第二历史档案馆，档案号：全宗号 5，目录号 2，案卷号 1624。

②　《国立暨南大学学生自治会声援解聘教授向校方提出三项要求》（1947 年 8 月），原件藏南京中国第二历史档案馆，档案号：全宗号 5，目录号 2，案卷号 1624。

③　《上海国立暨南大学学生营救被捕同学委员会致校长李寿雍书》（1947 年 9 月 9 日），原件藏南京中国第二历史档案馆，档案号：全宗号 5，目录号 2，案卷号 1624。

步力量的核心，先后主持者为周继武、费志融、陈宣崇、朱鸿兴等。鉴于当时的形势，暨大地下党组织确定了"加强基础工作，广泛团结群众，分化瓦解敌人，逐渐积蓄力量，迎接上海解放"的工作方针。地下党组织还决定成立党的外围组织"雷社"，秘密吸收进步学生中的积极分子参加，一般三五人一组，小组领导人都是地下党员，小组成员除对本组熟悉外，与其他组不发生联系。"雷社"的主要活动是印发内部书刊《黎明》等宣传品，组织社员学习与宣传；团结周围学生，开展系科班级工作与社团活动；在严格审查的基础上个别发展学生党员。"雷社"的组织不断发展壮大，组织广大同学开展了一系列活动。如号召同学分别到上海棚户访问，办沪西区工人夜校；到苏南太湖、宜兴搞社会调查，向农民作宣传；还组织山海工学团、读书会、报告会等。此外，发动同学抗议政府当局杀害浙江大学学生自治会主席于子三，开展救济失业工人和贫民的"救饥救寒运动"。

1948年4月，上海地下党通过学联发动各校学生去杭州春游，组织了"上海市学生旅杭团"，这是继"红五月"运动后的第一次较大规模的行动。暨大地下党组织通过"雷社"串联，有200名同学参加。在杭州期间，同学们不仅欣赏了西湖的绮丽风景，还在浙江大学"于子三广场"公祭了于子三烈士，举行了控诉会和团结晚会等一系列活动。大家深受教育，纷纷表示要团结起来，冲破黑暗，迎接光明。国民党当局十分恐惧，派军警和特务队对参加杭州春游的同学进行迫害、谩骂、殴打，还从医院逮捕了被殴致伤的郑景渠、王忠义、王忠恕、殷振民以及在校的崔惟洁（女）等5名同学，随之不顾舆论谴责，判处上述同学一年至一年半"徒刑"。暨大进步力量又一次受到摧残。但"野火烧不尽，春风吹又生"，当解放战争节节取胜，革命形势日趋好转时，暨大的进步力量再一次兴起，在中共的领导下，开始了迎接上海解放的斗争。

四、冲破黎明前的黑暗

1948年底，上海地下党为迎接上海解放，加强地区工作，决定以地区为单位成立党的区委会。暨大文学院、法学院党支部由朱鸿兴、廖金贤、徐学明等组成，属闸北区委领导；理学院、商学院党支部由吴作帜、张冠传、沈佩文等组成，属新市街区委领导。暨大一、二两院的群众运动，由党组织指定党员，建立联系，互相配合，以保证全校性斗争的集中统一领导。

为加强合法斗争，争取学生组织的领导权，进步同学经过努力，先后掌握了各级学生会及学校膳食委员会的主导权。该年底，国民党为撤退台湾作准备，采取应变措施，计划将学校迁往台湾。地下党组织领导学生开展反破坏、反迁校、团结护校、储粮应变等运动，暨南大学以两院膳食委员会为基础，选出全校性机构"储粮应变委员会"，进步学生掌握了领导权。同时以护校的名义，发展了属于"上海人民团体联合会人民保安队"的组织，暨大两院设一个保安大队，有几百人参加，从而粉碎了国民党当局将暨大迁往台湾的计划。为了把生活斗争与政治斗争结合起来，除积极储粮应变外，进步组织还发动学生开展文娱活动，组建"青蛙歌咏团"，鼓舞同学们像青蛙一样放开嗓子歌唱，以冲破压抑、沉闷的空气。1949年3月29日，利用国民政府当局纪念"青年节"的机会，举行了全校师生的联欢晚会。晚会上同学们朗诵了诗歌《在斗争中成长》，以艺术化的形式再现了几年来暨大的学生运动，发出"冲破黑暗，迎接光明"的战斗号召。在这次会上，同学们一致要求校方恢复学生自治会。在不久后举行的竞选中，杨葆生、仰文渊等进步学生分别当选为理、商和文、法学院学生自治会的理事。

1949年4月25日，不甘失败的国民党淞沪警备司令部在全市进行大搜捕，仅暨南大学就逮捕38名学生，计划在5月25日晨进行大屠杀。但5月24日人民解放军攻入上海市西南市区，看守的军警仓皇出逃，被关押的学生一拥而出，冲出监狱，安全脱险。由于全国形势的迅速发展，需要大批干部到新解放区开展工作。暨大学生积极响应党的号召，数百人报名参加了"南下工作团"，100多人参加了"西南服务团"，还有同学报考了"二野军政大学""华东革命大学"及"张家口军委工程学校"，一部分同学留在上海继续求学。暨南学子，工作在新中国的各个岗位上。

第六节　接管、合并与停办

一、人民政府接管暨南大学

1948年下半年，随着辽沈、淮海、平津三大战役的渐次展开，国民党军队在战场上节节败退，统治中国近22年之久的蒋介石政权大厦将倾。南京国民政府遂指令各大专院校制订"应变""疏散"计划，以作退居台湾一隅之准备。1948年12月6日，暨南大学校长李寿雍呈文国民政府教育部部长朱家骅，拟将暨大迁往台湾："……近战局张弛不定，职与暨大同仁虽力持镇静，然不能不作万一之准备。盖缘本校侨生皆来自南洋，千万里以外之侨胞以其子弟相托，殊不能不为其筹万全之策。所以为教育、亦所以固政府信用故，暨大处境与京沪其他大学不同。兹拟派员赴台湾以筹办附中名义，密为准备。"[①]

1949年1月，淮海、平津战役结束，中国人民解放军取得决定性胜利，战事随即南移，京沪震动，国民政府行政院指令长江沿线各重要机构着手疏散事宜。暨南大学得国民政府教育部特许，准予迁移台湾。李寿雍一面致函朱家骅，请求教育部遵行政院令预拨教职员两月薪金以作迁送眷属之资；[②]一面策划于是年寒假学生离校时办理迁校。学校教授们得知后，欲加阻止，而阻止之法，其要者在于团结起来，组成教授会，方可有效。于是，刘大杰、刘佛年、吴文祺、刘咸、江之永等教授秘密会商，为避免学校当局破坏而重蹈1947年4月及1948年9月筹立教授会之失败，乃假科学社召开国立暨南大学教授会成立大会，与会教授近90人。大会当即通过简章，选举刘大杰、刘咸、刘佛年、张耀翔等11人为理事，高君珊、吴文祺等5人为监事，组成了理监事会。大会还通过了四项重要决议：①在任何情形下，暨大决不迁校；②从速保释历次被捕之同学；③请学校当局保障本校员生之安全；④推举代表与复旦、交大、同济各大学组织国立大

---

① 李寿雍：《拟将暨大迁台事呈教育部文》（1948年12月6日），原件藏南京中国第二历史档案馆，档案号：全宗号5，案卷号5310。

② 李寿雍：《电请预拨薪金两月以便转借教职员迁送眷属由》（1949年1月），原件藏南京中国第二历史档案馆，档案号：全宗号5，案卷号3411。

学教授联谊会。[1]

暨大教授会成立后，即与中共领导或影响下的学生进步组织如"雷社"、全校性机构储粮应变委员会密切合作，开展了反破坏、反迁校、团结护校的运动，最终迫使国民党当局将暨大迁台的计划流产。同时，教授会还与储粮应变委员会一道，参与校务的决策，[2] 并进而推动了学校讲助会（讲师、助教组成）、学生自治会、职员会、工友会的次第成立，大大促进了暨大民主运动的勃兴。此后，上述各师生组织暗中洽商、密切联系，积极推进护校应变及教师学生的福利工作，为暨大迎接解放、完整地回到人民手中作出了重要贡献。

1949 年 4 月 25 日，国民党军警冲入暨大大肆搜捕进步学生和教师，迫令暨大疏散。一个月后，上海解放，学校除 20 余名教职员和 40 余名学生追随李寿雍于解放前夕去台湾外，绝大多数留下来，积极参与复校复课工作，准备欢迎接管。

6 月 24 日，上海市军事管制委员会委任李正文为军管会驻暨大军事代表，在军事管制时期代表军管会办理接管事宜，同时任命刘泉祺、瞿康祖为军事联络员，协助李正文工作。该日上午，上海市文管会副主任韦悫、军事代表李正文、军管会顾问施复亮、联络员瞿康祖等前往暨大接管。学校师生 1000 余人举行了盛大的欢迎接管大会，李正文在会中致辞时指出，从前暨大华侨同学特别多，也最热爱祖国，所以历次光荣的学生运动都有暨大同学参加。过去反对派曾迫害、殴打和逮捕大批同学，但暨大人仍然坚持民主，这是值得赞誉的，希望以后保持过去的光荣传统，为人民培养大批人才。[3]

6 月 28 日，暨南大学成立"清点委员会"，由教师、学生推派人选，参与清点学校财产。即日下午各清点小组展开工作，于次日完成了整个工作。

8 月 1 日，上海市军事管制委员会主任陈毅、副主任粟裕签署命令，发布了暨大校务委员会名单，全文如下：

> 兹派李正文、王延青、刘咸、李蕃、刘佛年、吴文祺、陈文彬、张毓珊、刘大杰、沈筱宋、胡守棻、过庚吉、许义生、杨葆生（学生代表）、仰文渊（学生代表）为国立暨南大学校务委员，并以李正文、王延青、刘咸、李蕃、刘佛年、吴文祺、陈文彬、杨葆生、过庚吉为常务委员。以李正文兼主任委员，李蕃兼教务长，刘佛年兼秘书长，吴文祺兼文学院院长，刘咸兼理学院院长，陈文彬兼法学院院长，张毓珊兼商学院院长。除分令各新任人员即日到职视事外，着该校负责人克日办理移交，并将移交情形具报。[4]

到 8 月 3 日，暨南大学校务委员会名单才正式发表，比沪上其他高校晚两日。5 日，

---

① 暨南大学学生自治会报告：《暨大教授会之活动情况》（1949 年 6 月 17 日），原件藏上海市档案馆，档案号：Q240 - 1 - 226。

② 教授会、讲助会、职员会、储粮应变委员会等组织从 1949 年初开始参加学校重要的行政会议，议决校政。详情可参阅《第七次行政会议记录》（1949 年 3 月 11 日），原件藏上海市档案馆，档案号：Q240 - 1 - 130。

③ 《国立暨南大学接管以后资料》（1949 年 9 月），暨南大学综合档案室，档案号：2004 - XS12 - 26 - 2。

④ 《中国人民解放军上海市军事管制委员会命令（高教字第四号）》（1949 年 8 月 1 日），原件藏上海市档案馆，档案号：B1 - 1 - 993。

暨大全体师生为庆祝校务委员会成立举行庆祝大会。李正文到会讲话，特别向学校师生提出了三大任务，愿与全体暨大人共同完成：①爱护学校财产、名誉及彻底实行《解放日报》所提出的六大任务；②本着尊师爱生、互相合作的原则，加强团结；③要贯彻新民主主义教育，改善教学方式。①

因李正文主委兼任文管会工作，不能经常到校视事，故由王延青代理主委职务，上海市高教处派刘泉祺为暨南大学联络员，会同处理各项工作。至此，暨南大学接管事务正式结束。

二、与他校的合并

1949 年 7 月，《解放日报》刊出六大任务，暨南大学学生立刻群起响应。理学院学生提出口号，张贴标语，倡导合并，迅即得到大部分学生和部分教师的支持。一时间，主张暨大合并之声不绝于耳，渐成气候，暨大合并已是大势所趋。

7 月 15 日起，理学院部分学生提出转学读工程专业，并着手进行有关合并的调查工作。其中数理系有学生希望到交大读工科，愿从一年级读起；天文数学系学生 6 人致函校务委员会要求转入机械工程系、纺织系、化工系等专业就读。

7 月 22 日，暨大教授陈炳相提出取消人类学系，改为生物学系，最低限度也应从下年度始停止招收新生。其理由有三：①人类学系目前所教内容不合形势；②北京辅仁大学、清华大学等校人类学系或取消，或合并，目前仅暨大一校保留人类学系；③学生人数少，师资不足，二、三年级学生仅 7 人，一年级学生又多倾向转读其他专业，师资方面，仅吴士华一人专攻人类学，且为兼任教授，系主任刘咸系文化人类学家。随后，人类学系留校的 6 名学生致函校务委员会，坚决要求转系并取消人类学系。文、法、商三院学生亦酝酿合并到复旦，而地理学系则主张并入南京中央大学。

至于教师方面，有部分教授因对政府的意图了解不清，一时难以理解，加之担心今后的出路问题，故颇感惶然。后李正文专门来校召集教授们开会，解释政府将暨大原有院系并入其他学校，是为了更好地对暨大进行改组，以恢复华侨高级学府的特色，真正肩负起维系侨情、为海外侨胞培养人才的使命。

经过一段时间的酝酿后，8 月 20 日，上海市军事管制委员会发表军教字第一号命令，将暨南大学恢复为华侨高级学府，原有文、法、商及理学院分别并入复旦及交通大学。其文曰：

> 查暨南大学原为便于海外侨胞子弟归国求学而设，向来富有爱国家爱自由之光荣传统。乃自该校被国民党匪帮控制以后，遂逐渐地变为反动的教育机关，罔顾侨生利益，侨生的比例乃逐年锐减……兹值上海解放近 3 个月，全面解放胜利在望之际，为号召海外侨胞踊跃支援解放战争及热烈参加祖国建设起见，即应恢复暨南大学教育侨胞子弟及培养华侨工作干部之原有宗旨，为此特命令文管会即行将暨南大学恢复为华侨高级学府以适应侨胞需要，所有该校原有各院系学生，凡符合上述宗旨而愿继续留校者，准予继续在该校攻读。其余

---

① 《国立暨南大学接管以后资料》（1949 年 9 月），暨南大学综合档案室，档案号：2004－XS12－26－2。

属于文、法、商三院各系者，合并于复旦大学同院系；属于理学院各系者，合并于交通大学之同院系。所有该校教职员工则一律在照顾工作照顾生活并尽可能保持原职原薪的大原则下，由高等教育处分别予以妥善处理，关于暨大新的教育规程另定。①

合并命令发布后，除文、法、商3学院并入复旦大学，理学院并入交通大学外，地理学系并入南京大学（前身为中央大学），人类学系并入浙江大学。9月9日，全部学生迁出，前往各自学校就读，所有学籍转移手续亦迅即办妥。教职员工方面，合并时尚有368人，除部分留校筹划恢复暨南大学为华侨高级学府事宜外，一部分参加学习，余者陆续调离学校。至1949年12月，暨大留校教师减至22人，且因复校未定，学生星散，故不予排课；职员亦仅剩37人，处理善后日常事务，为复课作准备。②

下表为合并命令下达后部分离校教授名单及去向，可资了解当时情形之一斑。③

表6　1949年度部分离校教授名单及去向

姓　名	年　龄	去　向	离校时间	备　注
刘大杰	50	复旦大学	1949年9月底	
吴文祺	50	复旦大学	1949年9月底	
刘纪泽	47	高教处训练班	1949年9月中	
施蛰存	46	上海市立师专	1949年9月中	
陆晶清	41		1949年9月底	资料不详
孙贵定	57	复旦大学	1949年9月底	
钱锺书	40	清华大学	1949年7月底	
陈逵	45	北京劳动大学	1949年7月底	
王景阳	55	中央卫生部	1950年9月	
李健吾	45	上海剧专	1949年8月底	
陈铭恩	55	复旦大学	1949年9月底	
郑惠祥	55	复旦大学	1949年9月底	
牟庸	44		1949年8月底	资料不详
谭季龙	39	浙江大学	1949年8月	
张耀翔	55	复旦大学	1949年8月底	
左任侠	56	复旦大学	1949年9月底	
刘佛年	37	上海市立师专	1949年8月底	

---

① 转引自《国立暨南大学接管以后资料》（1949年9月），暨南大学综合档案室，档案号：2004-XS12-26-2。
② 《暨南大学合并情况总结》（1949年12月），原件藏上海市档案馆，档案号：Q240-1-242。
③ 《1949年度离职教员名单》（1950年12月），原件藏上海市档案馆，档案号：Q240-1610。

（续上表）

姓 名	年 龄	去 向	离校时间	备 注
高君珊	57		1949 年 8 月底	资料不详
陈科美	52	复旦大学	1949 年 8 月底	
詹文浒	45		1949 年 8 月底	资料不详
慎闻达	54	高教处训练班	1949 年 9 月中	
毛 起	50	复旦大学	1949 年 8 月底	
江之永	46	同济大学	1949 年 8 月底	
江仁寿	45	复旦大学	1949 年 9 月中	
朱子清	48	交通大学	1949 年 10 月底	
王勤垲	48		1949 年 8 月底	资料不详
刘 咸	49	复旦大学	1949 年 9 月底	
吴士华	44	浙江大学	1949 年 9 月中	
陈炳相	48	同济大学	1949 年 9 月底	

三、暂时停办

暨南大学合并后，留校员工一度感到前途渺茫，情绪波动较大。上级有关领导及校务委员会鉴于此，提出团结进步方针，在未复课前，重点组织教职员工于处理日常事务之余进行政治学习，澄清认识，树立信心。同时，校务委员会制定了各项制度，以保证学校复课的筹备工作有条不紊地进行。[①]

在复课准备方面，校务委员会和留校教职员做了大量的工作。1949 年 10 月 27 日，学校召集在校教授及各单位负责人举行华侨教育座谈会，讨论华侨教育问题。与会者踊跃发言，对于院系设置、课程改革、招生及校址的选定等提出了一些意见。上海校友会十分关心母校的发展，于是年 9 月拟定并印发改革暨大的设想方案。校务委员会在综合各方面意见的基础上，从 1950 年秋季起着手拟订侨教计划，对于新暨南大学的组织机构、课程内容等作了详尽的规划，以供将来复课时之参考。

1950 年 12 月，华东教育部饬令暨大从速拟订迁校南京计划，以前国民政府财政部旧址为校址。校务委员会奉令即刻办理，包括拟具迁校计划、编造预算、定购木箱、接洽运输，并整理校具、档案、图书等。嗣后因南京校址问题未能及时解决，迁校之举胎死腹中。

1951 年 3 月 22 日，中央人民政府教育部在北京召开暨南大学处理问题座谈会，参加会议的有教育部曾昭抡副部长、高教司张宗麟司长、华东华侨事务委员会费振东处长、燕京大学校长陆志韦及秘书杨如佶、暨南大学校务委员会副主委王延青等。座谈会

---

① 王延青：《暨南大学两年来工作总结》（1951 年 7 月），暨南大学综合档案室，档案号：2004 – XS12 – 26 – 8。

所形成的谈话摘要指出：

> 暨南大学过去在国民党反动派控制之下，已失去华侨教育机关的意义。上海解放以后，因学生锐减而陷入停顿状态。两年以来，限于经费困难及师资缺乏，复校又不可能。为及时处理暨大问题，曾召开数次会议，邀集有关单位商谈，中央教育部集中各方意见，拟定暨南大学的处理意见如下：暨南大学校名不取消，将来如有可能，仍可考虑复校。目前因侨生回国来首都求学者甚多，政府指定燕京大学担负一部分侨教任务。为此，将暨大一部分办理侨教有经验的人员派至燕京工作，其余人员则由华东教育部予以安置。①

在座谈会上，与会者共同议决了暨南大学处理方案草案，其要点有：①王延青、程芸、王志恒、林光汉、倪秀生、李西元等6人调燕京大学工作，其余人员由华东教育部予以安置；②暨大现有日文图书、期刊及有关南洋研究的书刊全部运京，其余均由华东教育部处理；③暨大现有仪器及家具全部由华东教育部处理；④暨大处理工作于6月底完成。

6月4日，华东教育部派员到校正式宣布中央教育部处理暨南大学问题的决定，着令暨南大学暂时停办，王延青等6人调燕京大学侨务组工作，协助华侨子弟教育事宜。

随后，校务委员会动员留校教职员工赶办移交工作，至7月13日，所有财产清点工作完成，暨南大学所存之文卷档案、仪器、家具及91850册图书全部移交给华东教育部保存处理。

该年夏，王延青等人携教务处注册组资料及28468册图书北上。至此，暨南大学善后工作宣告结束。

---

① 《暨南大学处理问题座谈会纪要》（1951年3月22日），暨南大学综合档案室，档案号：2004－XS12－26－9。

下编

（1949—2016）

第六章

广州重建时期

（1957—1970）

新中国成立后，侨生纷纷负笈祖（籍）国，党和国家也非常重视华侨教育工作，1957年广东省政协决定在广州筹建一所华侨大学，由陶铸担任重建暨南大学筹备委员会主任。1958年9月24日，暨大正式在广州重建，直到1970年被迫撤销，史称暨大校史上的"广州重建时期"。

第一节　重建的历史背景

一、新中国成立后侨生负笈祖（籍）国

1949年在暨大校史上是一个重要的转折时期。10月1日，中华人民共和国宣告成立。中国人民在以毛泽东同志为代表的中国共产党的领导下，从此迈入了一个新的时代。中国彻底结束了半殖民地、半封建社会的历史，广大人民成为国家和社会的主人，逐步走上了社会主义的康庄大道。广大的海外侨胞为民族的解放和独立，为新中国的成立，作出了不可磨灭的贡献。新中国成立后，广大华侨的爱国热情空前高涨，他们感到扬眉吐气，再也不是"海外孤儿"了，一个崛起的伟大祖国已经成为他们的坚强后盾。

新中国成立后，党和政府十分关心和重视广大的海外华人华侨，根据毛泽东主席关于"保护华侨利益，扶助回国的华侨"的思想，制定了新中国的侨务方针和政策，保护华侨的正当权益。广大海外华人华侨对这一正确的方针表示衷心的拥护。1949—1956年是我国社会主义的恢复和过渡时期，也是我国生产力和生产关系发生巨大变革的时期。我国进行了农业、手工业和资本主义工商业的社会主义三大改造，初步实现了社会主义的工业化，1956年确立了崭新的社会主义制度。新中国实行独立自主的和平外交政策，在外交上取得了新的成就。1953年，我国提出和平共处五项原则，外交政策逐步走向成熟。1954年，新中国首次以世界五大国之一的身份参加日内瓦国际会议，国际地位大大提高。1955年万隆会议后，中国的国际威望进一步提升，展示了良好的国际形象。广大海外华侨的爱国热情日益高涨，纷纷送子女回国就学，接受祖国的文化教育。自1949年至1957年，回国求学的华侨青年共有43000余人。

党和政府历来非常重视教育事业，新中国成立不久就制定了一系列方针、政策，积极发展华侨教育事业。党和政府一贯采取"热情欢迎，积极辅导"的政策。国内各级学校积极主动地接收华侨子女入学，使他们与国内学生同样受到国家的教育与培养。毛泽东主席指示"保护华侨利益，扶助回国的华侨"，对华侨要"一视同仁，不得歧视，根据特点，适当照顾"。[1] 遵照党中央关于"不使华侨学生失学"的指示，对华侨学生回国升学，一直实行适当照顾的政策，1951年，中央教育部颁发了《关于照顾归国华侨学生入学的暂行办法》，规定各地区招生委员会在确定录取标准时，适当照顾华侨学生，录取后在学习上给予必要的帮助。[2] 周恩来总理批准了中央人民政府华侨事务委员会、高等教育部、教育部共同草拟的《长期收容处理华侨学生工作的方针与方案》，其中规

---

① 《中国教育年鉴》（1949—1981），北京：中国大百科全书出版社1984年版，第648、649页。
② 《中国教育年鉴》（1949—1981），北京：中国大百科全书出版社1984年版，第648、649页。

定，对华侨学生回国升学，采取积极的有准备的大量收容的方针。处理回国华侨学生工作的办法，就是将侨生分送国内各地各级学校，由国内各地各级学校按规定有计划地大量录取与收容。为执行这一方针，从 1954 年 4 月起，在广州建立了常设的接待机构——归国华侨学生投考中等学校招生委员会，统一办理华侨学生回国就学的接待、分送等工作。[①] 新中国成立后回国就学的华侨学生来自 40 多个国家和地区，其中绝大部分来自东南亚地区。回国后，根据其原有文化程度和志愿，分别进入各级各类学校学习。接待华侨子女回国就学的工作，在 20 世纪 70 年代前，可以分为三个阶段：第一阶段，1949 年 10 月至 1953 年上半年，回国的华侨学生共达 1 万多人；第二阶段，1953 年 5 月至 1959 年，这六年中回国的华侨学生共有 2 万多人，其中大部分进入各地的普通中学，约 20% 考入高等学校，这一时期还重建了暨南大学；第三阶段，1960—1966 年，除继续接待华侨学生升学外，国家于 1960 年又创办了华侨大学。1960、1961 年的归国华侨学生数量骤增。1961 年报考国内高等学校的华侨学生达 4471 人，从中录取 2248 人。[②]

新中国成立以来，对华侨子女回国就学，一直采取"集中接待、分散入学"的方针，主要在广州、北京等地集中接待，分散到广东、福建等省。1951 年，教育部决定由燕京大学承担部分侨教任务，在广州南方大学设立了华侨学院。1956 年，厦门大学设立了华侨函授部。还在北京、厦门集美、广州、汕头、武汉、昆明、南宁等地创办了归国华侨学生中等补习学校。在广东、福建等著名侨乡创办了一大批华侨中学，许多爱国华侨也捐资兴办了大批中小学。新中国华侨教育事业的蓬勃发展，为培养华侨人才和国家各方面人才起了重要的作用。随着中国社会主义建设的发展和国际影响的扩大，新中国成立初的头三年，仅广东就接待来自印度尼西亚、马来西亚、泰国、印度、菲律宾、老挝、柬埔寨、毛里求斯等 10 多个国家和地区的华侨及港澳学生 6000 余人，其中投考高等学校者约占 28.4%。[③]

1958 年前，华侨学生回国投考高等学校，录取后一般就读于中南、华东、华北等地区的高等院校。但是全国还没有一所全日制的、正规的华侨高等学府，这给侨生读大学带来诸多不便。广东省是我国华侨人数最多的省份，毗邻港澳，地理位置优越。而省会广州地处中国大陆南部、珠江三角洲北端，从公元前 214 年建城，迄今已有两千多年的历史，长期以来作为中国华南政治、经济、军事、教育文化的中心和中国对外通商的重要口岸，与海外及港澳地区交往非常频繁。因此，中国政府决定在广州重建"以宏教泽而系侨情"为办学宗旨[④]的中国第一所华侨大学——暨南大学。暨南大学重建后，在党和政府的领导和亲切关怀下，在广大华人华侨的支持和赞助下，发展非常迅速，很快成为一所著名的初具规模的综合性华侨大学，为国家和港澳地区、海外华人华侨社区培养了大批高素质人才。暨南大学在国内外都具有相当影响，尤其在海外和港澳同胞中具有崇高的声望和影响，是名副其实的"华侨最高学府"和"海外华侨学生的摇篮"。

重建暨南大学，首先是由广东省政协讨论通过在广州创办华侨大学的提案，并积极报国务院批准。从 1957 年 9 月成立筹备委员会，1958 年 9 月开学，一年时间的筹备工

---

① 《中国教育年鉴》（1949—1981），北京：中国大百科全书出版社 1984 年版，第 648、649 页。

② 《中国教育年鉴》（1949—1981），北京：中国大百科全书出版社 1984 年版，第 648、649 页。

③ 《中国教育年鉴》（1949—1984），长沙：湖南教育出版社 1986 年版，第 932 页。

④ 张耀荣主编：《广东高等教育发展史》，广州：广东高等教育出版社 2002 年版，第 355 页。

作，就把暨南大学建立起来了。暨南大学的重建，标志着新中国华侨高等教育已从解放初期的各校分散培养，走向了相对集中、专门培养的道路，这也是发展新中国华侨高等教育的重要举措。

二、新中国成立前后暨南大学的被合并与校名保留

1949 年 5 月 28 日，上海解放。6 月 24 日，陈毅、粟裕颁布中国人民解放军上海市军管会接文字第一号命令，由上海市军事代表李正文，文管会副主任韦悫，军管会顾问施复亮，联络员刘泉祺、瞿康祖等接管暨南大学。上海市军管委员会 8 月 24 日又发布军教字第一号命令，指出暨南大学原为便于海外华侨子弟归国求学而设，向来富有爱国家、爱自由的光荣传统。为号召海外华侨同胞参加祖国建设，亟应恢复暨南大学教育侨胞子弟及培养华侨工作干部的原有宗旨，高教处在军管会的指示下积极准备将暨南大学恢复为华侨高等学府，以适应侨胞需要。该校原有学生符合政策条件愿意继续留校者，可以继续在该校攻读。文、法、商三院各系，合并于复旦大学相应的院系，理学院各系的学生，合并于交通大学相应的院系，① 地理学系并入南京大学，人类学系并入浙江大学。全部学生奉命在 9 月 9 日迁出。全校的教师工作重新安排，这样暨南大学被合并于各有关重点大学。

1951 年 3 月 22 日，中央人民政府教育部在北京召开了暨南大学处理问题座谈会，参加会议的有教育部副部长、高教司司长、华东华侨事务委员会处长、燕京大学校长、暨南大学负责人等领导。座谈会形成的《谈话摘要》指出：暨南大学在上海解放后因华侨学生锐减而陷于停顿状态。为处理好具有光荣历史传统的暨南大学，教育部集中各方意见，拟定对暨南大学的处理方针：暨南大学的校名不取消，将来如有可能，可以考虑复办，燕京大学承担部分侨教任务。②

关于暨南大学的校名问题，广东省委、广东省政办、中央高教部、中央侨委、国务院取得了一致意见，这间大学可用"暨南大学"的名称，因为上海的暨南大学在抗日战争期间，原有的校舍均遭战火毁灭，国民政府没有进行恢复重建校舍的工作，新中国成立后，由于物质条件差，在各大学现有基础上进行调整时，决定停办暨大。根据目前条件暨南大学已没有在上海复办的必要，但由于过去暨南大学学生多为海外归国侨生，历届毕业生散居南洋各地的为数不少，与海外华侨有悠久的历史关系，在爱国民主运动中有过光荣的斗争历史，在海外华侨中的确有相当深厚的声望和感情，因此，在广东筹办这所大学，沿用"暨南大学"的名称较为合适。③

三、广东省政协决定在广州筹建一所华侨大学

1957 年 5 月，中国人民政治协商会议广东省第一届委员会第三次会议在广州举行。在会上，许多归国华侨政协委员建议："为了适应华侨学生和港澳学生考升国立高等学校的迫切要求与照顾他们程度参差不齐的情况，希望筹办一间新型的适合他们要求的华

---

①　《关于接管暨大命令、经过概况及有关文件》，上海市档案馆，档案号：Q240－1－225。

②　张泉林主编：《当代中国华侨教育》，广州：广东高等教育出版社 1989 年版，第 24 页。

③　《暨南大学办公室 1957—1958 年关于筹建暨南大学报告、请示、批示等文件材料》，暨南大学综合档案室，档案号：DQ11－111。

侨大学。"① 5 月 12 日，在大会闭幕式上，兼任省政协主席的陶铸同志在讲话中赞成归侨委员的这一建议。次日下午，陶铸主持省政协第 25 次常委会，专门讨论在广州筹办华侨大学的问题，并讨论了校址、师资、设备等问题，委员们一致表示拥护。在这次会议上，还作出了关于成立学校筹备委员会的决定，拟充分发动广大的华人华侨，给予这所大学以物质上和精神上有力的支持，尽快把广州的这所华侨大学筹办起来。② 1958 年 2 月举行的广东省政协第 28 次常务委员会采纳了有关部门的建议，考虑到原在上海的国立暨南大学是一所具有悠久历史和光荣传统的华侨高等学府，在海外华侨中具有广泛深远的影响，决定仍定名为暨南大学。

中共广东省委、省政协等向高教部、中侨委等有关部门报告了有关情况，并经国务院批准，在广州重建暨南大学，招生对象主要是海外华侨子弟和港澳同胞子弟。暨南大学重建后明确提出把华侨学生培养成德才兼备的新一代，既要使他们能传承祖国的文化，为传播中华文化于海外作出贡献，又要使他们具有各种专业知识和技能，服务于祖国和华侨社会。③

四、成立暨南大学筹备委员会

根据广东省政协第 25 次常务委员会的决议，华侨大学筹备委员会于 1957 年 9 月 12 日成立。陶铸任筹委会主任委员，王匡、王源兴、王宽诚、朱光、杜国庠、何贤、陈汝棠、陈序经、郭棣活、黄洁、蚁美厚、饶彰风 12 人为副主任委员，委员共 37 人，包括有关部门的负责人、港澳地区和内地热心华侨教育事业的知名人士。筹备委员会筹备小组扩大会议于 1957 年 11 月 10 日晚在广州华侨大厦举行。出席会议的有饶彰风、萧隽英、罗理实、陈序经、王源兴、蚁美厚、黄洁等 17 人，会议由中共广东省委统战部饶彰风部长主持，会议讨论了学校名称、办学经费等具体问题。会议拟定 1958 年秋季开办预科，鉴于建校时间紧迫，工作任务艰巨繁重，要求筹备工作必须加速进行，会议就开设哪些科系、基建、筹募资金三个问题进行了商定。随后，根据有关部门的建议和中央的指示，广东省政协第 28 次常委会议通过决定，把华侨大学筹备委员会改名为暨南大学筹备委员会。

为迅速开展各项工作，筹备委员会筹备小组扩大会议决定设立暨南大学筹备委员会办事处。办事处设在省侨委（广州南堤大马路 50 号），设三个办公室及三个小组负责相关筹备工作。广东省教育厅副厅长梁奇达任办公室主任，张泉林、廖钺任副主任，省委调配 5 名专职人员做具体工作。三个小组分别是科系小组、基建小组、筹募财务组。科系小组组长萧隽英，组员另聘；基建小组组长黄洁，副组长林克明，组员由广州设计院、广州市城委派人参加；筹募财务组组长王源兴，副组长刘宜应、李吉、黄声，组员刘家祺、曹集、杨汤城、王宽诚、何贤等，各组组员可由组长增聘有关人员参加。1958 年 2 月 22 日，暨南大学筹备委员会正式成立，办公地址设在广州石牌广州归国华侨学生

---

① 《暨南大学办公室 1957—1958 年关于筹建暨南大学报告、请示、批示等文件材料》，暨南大学综合档案室，档案号：DQ11 - 111。

② 《本市将办华侨大学——省政协常委会讨论筹备进行》，《广州日报》，1957 年 5 月 14 日。

③ 《广东的华侨高等教育》，《中国教育年鉴》（1949—1984），长沙：湖南教育出版社 1986 年版，第 932 页。

中等补习学校，开设了联系电话，并于 3 月 4 日开始办公。[①]

在陶铸同志和筹委会的领导下，筹备办公室的全体人员，发扬艰苦奋斗的精神，同心同德，团结协作，埋头苦干，克服困难，认真做好各项筹备工作。经过一年的共同努力，终于完成各项筹备工作计划。1958 年 9 月 8 日，陶铸同志在暨南大学正式开学前，主持召开筹委会会议，听取开学前准备工作的汇报，陶铸同志对筹备工作表示满意。

五、筹建暨南大学

暨南大学筹备委员会成立之后，共召开了四次重要会议，根据学校的性质、任务，对办学的有关问题进行商讨，并按照各部门分工的原则，有条不紊地开展筹备工作。

关于系科专业设置问题，经筹委会研究，确定了如下指导思想：一方面是从国内的实际出发，尤其是华南地区经济建设和文化建设培养人才的需要；另一方面是根据国家的侨务政策，考虑到部分华侨学生的海外事业基础和家庭背景，华侨学生毕业后的去向。因此，在课程设置和专业知识方面，首先考虑到对他们进行爱国主义教育，弘扬中华民族精神和民族文化，让中华文化传播到世界各地，故拟开设中文系和历史学系。其次，考虑到华侨学生的英语基础普遍较好，为适应其特点和他们今后的发展，故拟开设外语系。再次，为适应广东和华南地区华侨的需要，有必要培养具有较高深的理论基础和专门的经济人才，故拟开设经济学系。华南地区处于亚热带，广东海岸线绵长，亚热带水生物种类繁多，这方面的研究既有科学意义，又有重大的国民经济价值，故拟开设生物学系。水利工程目前人才很少，原工学院设备可以利用起来，而广东的化学工业和轻工业比较发达，故拟开设化学系。广东地下资源较丰富，需要大量的地质勘探及冶金人才，故拟开设矿冶系。水产学系聘请老师较困难，可以先办预科，师资可以培养解决。广东靠近大海，培养的学生面向海外，需要大量的航运人才，故拟开设航运系。各学科专业基本上遵循教育部的教学大纲和计划，同时结合学校和广东的实际，适当增加了一些课程，如文科增加东南亚各国史，经济专业增加东南亚经济等。[②]

暨南大学本科招收对象主要是高中毕业的归国华侨生、港澳学生及侨眷子女，也招收一部分本省高中毕业生，考生参加本省的高等学校统一考试。新生名额为 330 名，并设工农预科，预科侨生应在报考时填明。[③] 关于学校的规模，暂定为 3000 人，其中本科学生 2000 人，预科学生 1000 人。计划于 1958 年先办预科，1959 年根据条件开办部分本科专业。

为学习先进院校的办学经验，筹委会特指派办公室副主任张泉林，以及朱杰勤、熊大仁、李子诚、史相济，共 5 人，到上海复旦大学、水产学院、化工学院、天津大学、北京大学、钢铁学院等院校取经，调查这些学校的办学经验和办学特色，以供借鉴参考。

关于筹办重建暨南大学的经费问题，得到了中央、广东省和社会各界人士特别是华

① 《暨南大学办公室 1957—1958 年关于筹建暨南大学报告、请示、批示等文件材料》，暨南大学综合档案室，档案号：DQ11 – 111。

② 暨南大学校史编写组编：《暨南校史（1906—1996）》，广州：暨南大学出版社 1996 年版，第 121 – 122 页。

③ 《筹建暨南大学材料供内地、港澳报社刊登报道暨大稿件及来往信件》，暨南大学综合档案室，档案号：DQ11 – 110。

人华侨和港澳同胞的大力支持。中央侨委拨专款 100 万元，广东省地方财政拨款 100 万元。中共广东省委第一书记、暨南大学筹备委员会主任委员陶铸带头认捐两个月工薪，约人民币 1000 元，以示首倡。广大的华人华侨、港澳同胞和热心教育的爱国人士，得悉广州重建暨南大学的喜讯后，欢欣鼓舞，积极慷慨解囊。归侨蚁美厚、王源兴、黄洁、刘宜应、刘家祺和香港《大公报》社长费彝民等先生各捐人民币 3 万元，澳门敦善堂认捐人民币 20 万元。[①]

关于暨南大学的校址问题，起初一度选址在广州芳村白鹤洞，利用八中和二十二中学的环境，但考虑到靠近广州钢铁厂，将来钢铁厂发展起来有一定影响；加之要搬迁两所中学，预计新建这两所中学共需 180 万元，还需进一步修缮才能使用，而且原校舍只能做宿舍，还需另建课室，因此在白鹤洞选址的问题行不通。另外有人提议选在瘦狗岭或华建麻袋厂附近（与中大建在一起构成文化区），但由于有许多实际困难，因而没有通过。后来根据陶铸的建议，并由省委作出决定，暨南大学的校址，在广州石牌广州归国华侨学生中等补习学校的基础上扩建。广东省委决定：广州归国华侨学生中等补习学校与暨南大学应即合并，合并后广州归国华侨学生中等补习学校成为暨大的附属中学，仍挂原补习学校名。党的领导及行政领导方面，广州归国华侨学生中等补习学校一并划归暨大统一领导，不再受省侨委领导。广州归国华侨学生中等补习学校校园面积 140000 平方米，房舍建筑面积 34980 平方米。暨大的校园在此基础上向黄埔大道附近扩展到 600000 平方米左右，并抓紧进行建校工作。1958 年拟建 16 幢楼房，共计 31233 平方米，总投资 1617950 元，第一期征地 92000 平方米；共需征地约 492000 平方米，其中教学行政用地约 288000 平方米，宿舍约 104000 平方米，小型工厂约 100000 平方米；炼钢厂用地 360000 平方米，初步解决；水产及航海系用地需 60000 平方米。筹建初期，存在部分困难，主要表现在四个方面：一是水泥、钢筋、木材未能全部解决；二是水产、航海两系工厂及实验田地尚有困难；三是劳动力和技工的问题；四是运输的问题。[②] 但通过努力，暨南大学克服困难，1958 年 9 月顺利开学。

暨南大学的图书主要有三个来源：一部分由中山大学赠送，另一部分由中山大学所属的工农速成中学移交，还有一部分由教育部从有关大专院校中调拨支援。筹建初期有中文、西文、俄文、外文过期期刊和中文过期期刊等图书共计 43425 册。仪器、模型、图表等大部分由中山大学所属工农速成中学移交，一部分系属自制。分别是：矿冶系，现有矿物标本 100 多种，图表两幅，手选厂型和机选厂型各一幢；水产系，计有无脊椎动物标本 250 瓶，鱼类标本 75 瓶，玻片标本 500 片，珊瑚 20 件；航海系自制模型军舰 4 艘，模型商船 3 艘，模型帆船 1 艘，模型航标 12 个，万国通用语 2 套；物理实验室和化学实验室仪器也比较丰富。[③]

为了缓解人才紧缺的现状，使筹建工作进展顺利，上级决定 1958 年暨南大学正式招

① 政协广州市文史资料研究委员会编：《广州近百年教育史料》，广州：广东人民出版社 1983 年版，第 412 页。
② 《暨南大学办公室 1957—1958 年关于筹建暨南大学报告、请示、批示等文件材料》，暨南大学综合档案室，档案号：DQ11－111。
③ 《暨南大学办公室 1957—1958 年关于筹建暨南大学报告、请示、批示等文件材料》，暨南大学综合档案室，档案号：DQ11－111。

收本科生。1958 年暨大招收矿冶、水产、航海、中文、历史学五系本科学生共 450 名，另有工农预科生 100 名，华侨学生预科生 500 名，所需教学和行政人员约 200 名。教师、干部主要由中山大学和工农速成中学调派，筹建初期从省委宣传部和省教育厅派来以及中大和其他院校支援的教工有 110 人。陶铸同志对暨南大学的师资配备问题十分重视，他多次同中央有关部门的领导同志商量给暨大调派一些教授和配备系主任问题。暨大在抓基础建设的同时，抓紧聘任教师，配备行政干部。

暨南大学在筹备重建过程中，得到中侨委、教育部、交通部和广东省冶金厅、航运厅、水产厅以及兄弟院校的大力支持和帮助，如调派教授、处长、干部到暨南大学担任系行政领导或教学工作，支援图书资料、仪器设备，使各项筹建工作得以顺利开展。

第二节　重建初期

一、暨南大学的开学典礼

经过紧张的筹备工作，暨南大学在 1958 年 9 月 24 日正式开学。广东省、广州市有关部门的领导，广州地区各高等院校负责人，华侨和港澳来宾共 100 多人，暨南大学和广州归国华侨学生中等补习学校师生 2100 多人参加了开学典礼。中共广东省委第一书记、暨南大学筹备委员会主任委员陶铸出席大会并作了重要讲话。他指出：暨南大学是一所新型的大学，必须坚决贯彻教育与生产劳动相结合的方针，培养共产主义风格的校风，造就脑力劳动与体力劳动相结合的一代新人。接着，中国科学院广州分院筹备委员会副主任杜国庠，省政协副主席、省侨委副主任蚁美厚，中山大学校长许崇清，香港中国银行总经理郑铁如，澳门中华总商会理事长何贤，省教育厅厅长罗浚等先后在会上讲话，热烈祝贺暨南大学在广州重建。会后，来宾们参观了建校展览会。下午，学校举行了各种丰富多彩的庆祝活动。重建后的暨南大学，是一所直属广东省领导的，以工科为主、兼顾文科的大学。随后，根据国家经济、文化建设的需要和华侨学生的特点，陆续增设了部分系科专业，并根据广东省对高等院校的统一布局，调出了一些系科专业。1959 年 6 月，中共广东省委、广东省人民委员会任命王越、梁奇达、史丹为暨南大学副校长，梁奇达为党委代理书记，朱明为副书记，到 1960 年，暨南大学已初步形成一所文理科综合性大学。

二、成立暨南大学建校委员会

1958 年 9 月 24 日上午，在暨南大学举行开学典礼之前，陶铸在暨南大学办公楼二楼会议室主持召开了暨南大学筹备委员会第四次会议。他在会上宣布："暨南大学今天开学了，筹委会已完成了自己的任务，就此宣布结束。"[①] 他还提出，筹委会结束后，由于暨南大学尚未建设好，必须成立建校委员会。

---

① 《暨南大学办公室 1957—1958 年关于筹建暨南大学报告、请示、批示等文件材料》，暨南大学综合档案室，档案号：DQ11-111。

根据陶铸的提议，成立了暨南大学建校委员会。广东省副省长、广州市市长朱光任建校委员会主任委员，王越、王源兴、王宽诚、杜国庠、李嘉人、何贤、罗范群、陈汝棠、陈序经、郭棣活、黄洁、蚁美厚、饶彰风 13 人任建校委员会副主任委员，建校委员会由 38 名委员组成。

建校委员会的任务是，负责全面规划和领导学校的基本建设。暨南大学重建时，广州补校（广州归国华侨学生中等补习学校的简称）移交的校舍只有约 35000 平方米，远未能适应暨大办学的需要。兴建校舍成为当务之急。在中央和广东省委的关怀、领导下，在港澳同胞、海外侨胞的支持、赞助下，暨大认真制订发展规划，按轻重缓急，分期分批兴建校舍，包括教工宿舍、学生宿舍、饭堂、幼儿园等。在 20 世纪 50 年代末 60 年代初兴建的最大工程，是香港知名人士王宽诚先生捐资 100 万元兴建的一座广东省最大的教学大楼，总建筑面积达 13200 平方米。在 60 年代初经济困难时期，全国的基建项目基本上下马了，1962 年教育部拨 90 万元，中南局拨 30 万元给暨大进行基本建设。从 1959 年至 60 年代中期，暨大的基本建设取得很大的发展，共兴建了教工宿舍 22 座，学生宿舍 6 座，教工饭堂 1 座，学生膳堂（蒙古包）4 座，化学楼、物理楼各 1 座，以及幼儿园、招待所、疗养所、车房、仓库、厂房等一大批楼房，建筑面积共 60000 平方米。[①] 这些成就，为暨大的进一步发展打下了初步的基础。

三、陶铸任暨南大学校长

陶铸（1908—1969），湖南祁阳人，中国无产阶级革命家。1926 年入广州黄埔军校第 5 期学习，同年加入中国共产党。1927 年参加南昌起义和广州起义。失败后返湖南，任中共祁阳县县委军事委员。1929 年后，任中共福建省委秘书长、组织部部长、书记，漳州特委书记，福州中心市委书记等职。1930 年参与组织指挥厦门劫狱斗争，建立闽南工农红军游击总队。1933 年 5 月在上海被国民党当局逮捕，至 1937 年秋经组织营救出狱。同年冬，被派往武汉任中共湖北省委常委兼宣传部长。1938 年冬奉命赴鄂中地区，组织抗日武装，参与开辟鄂中游击区，任中共鄂中特委书记、新四军鄂豫挺进支队代理政治委员。1940 年到延安，先后任中共中央军委秘书长、总政治部秘书长兼宣传部部长。抗日战争胜利后，被派往东北，先后任中共辽宁、辽吉、辽北省委书记兼辽西、辽北军区政治委员，东北野战军第七纵队政委，沈阳军管会副主任、市委书记，参加建立、巩固东北根据地的斗争。平津战役中，以人民解放军平津前线司令部代表身份进入北平，与傅作义部代表谈判。北平解放后，负责整编起义部队，领导南下工作团工作。1949 年 1 月任第四野战军（5 月兼中南军区）政治部副主任、武汉军管会副主任。中华人民共和国成立初期，任第四野战军兼中南军区政治部主任、中南军政委员会委员、中共广西省委代理书记。1951 年后任中共中央华南分局第四书记、代理书记，华南军区第二政治委员，广东省人民政府副主席、代主席。1955 年任广东省省长、政协广东省第一届委员会主席、中共广东省委书记。1956 年起任中共广东省委第一书记、广州军区政治委员，1959 年兼任政协广东省第二届委员会主席。1960 年起任中共中央中南局第一书

① 马兴中：《勋劳卓著，风范长存——梁奇达同志对暨南大学的贡献》，载张德昌主编：《常有四海心——梁奇达纪念文集》，广州：暨南大学出版社 2004 年版，第 132－133 页。

记兼广东省委第一书记、广州军区第一政治委员。1965 年 1 月调北京任国务院副总理。后任中共中央政治局常委兼书记处常务书记、中央宣传部部长。在"文化大革命"中，遭林彪、江青反革命集团诬陷迫害。著有《理想，情操，精神生活》（1962）、《思想·感情·文采》（1964）、《陶铸文集》（1987）等。[1] 陶铸不仅在筹备暨南大学期间躬亲其事，参加研究、确定各项重要问题，帮助解决许多困难，而且对暨南大学的办学方向、专业设置、教学管理、教学方法、学制、思想教育、生活管理、改进领导作风、落实知识分子政策和侨务政策、聘任教师、学校的建设等问题，都先后提出重要的意见，使暨南大学的建设得到较快的恢复与发展，成为广大海外华侨青年、港澳学生所向往的一所新型的华侨高等学府。暨南大学在广州的重建，是与陶铸紧密联系在一起的。陶铸作为党和政府的一位重要领导人，曾长期主持中南局和广东省的工作，他不仅为我党正确制定知识分子政策和丰富党的知识分子理论作出了重要贡献，还十分重视文教工作，是新中国华侨高等教育事业的开拓者。[2] 早在 1958 年 2 月 24 日的筹委会会议上，大家已公推陶铸担任暨南大学校长。陶铸的亲自挂帅，使在广州重建暨南大学的工作进程加快。筹建初期，陶铸在暨南大学的系科专业设置与招生、基建与筹措办学经费、师资等问题上耗费了大量心血。

　　暨南大学在广州重建后，1959 年 11 月，上级批准由陶铸正式兼任暨大校长。决定由陶铸兼任暨大校长，主要是基于以下考虑：一是作为党和政府以及地方上的一位重要领导人，陶铸尊重知识，关心人才，在知识分子政策上敢说敢为，在知识分子中享有崇高威望。二是暨大筹委会的各位委员和广大师生均希望他担任学校校长，如 1958 年 9 月 8 日，筹委会办公室主任梁奇达在汇报筹建情况时说："学校员工都希望陶书记兼任校长，这个愿望最好能够实现。"筹委会副主任陈序经也主张："这个学校是陶书记支持办起来的，孩子生下来了，还要母亲哺育一下，希望陶书记还是兼校长。"[3] 三是陶铸本人也愿意兼任校长。他在学校一次党政领导会议上讲过："自己兼任校长是为了巩固暨大办学的成果，加速发展学校的各项建设。"在省人大会议上他向代表们亦承诺："愿意兼任暨大校长，解决上述难题。"[4] 尽管公务十分繁忙，陶铸在暨南大学重建初期担任校长时，仍从多方面关心学校的发展。这主要表现在以下几方面：一是陶铸提出了暨南大学的办学方针为"办成尽可能符合海外侨胞的愿望与要求，具有特色的综合性华侨大学"，并按照"面向华南，面向东南亚，面向亚热带，面向海洋"的方向，进行系科专业调整。从此，暨南大学有了明确的发展方向，系科专业朝着综合性大学方向发展。[5] 二是十分重视师资工作，他认为，"学校好坏，当然主要是师资"，因此，他强调："学校要把书教好，师资要强，要一方面靠老，一方面靠新，两方面结合。""师资要自力更生，

①　转引自《省政协历届主席简历》，南方网，2005 年 1 月 14 日。

②　夏泉：《试论陶铸与暨南大学的重建》，《国史研究参阅资料》2005 年第 21 期。

③　《暨南大学办公室 1957—1958 年关于筹建暨南大学报告、请示、批示等文件材料》，暨南大学综合档案室，档案号：DQ11－111。

④　陈兴邦、钟业坤：《陶铸校长与暨南大学重建》，载钟业坤主编：《暨南人》（第一集），广州：暨南大学出版社 1996 年版。

⑤　马兴中：《勋劳卓著，风范长存——梁奇达同志对暨南大学的贡献》，载张德昌主编：《常有四海心——梁奇达纪念文集》，广州：暨南大学出版社 2004 年版，第 134 页。

其他学校支援一些，搞些母鸡来，有了母鸡就主要靠自己生蛋孵小鸡，搞自力更生。"①
三是关心暨南大学的校风、学风和思想教育工作。陶铸多次召集教授开座谈会和给全校师生作形势报告，他鼓励教师们要努力提高教学质量，教育学生树立崇高的理想，勤奋学习。② 对于如何办好暨大，他主张："办好一所学校要有两方面的努力，一是校领导和教职工，二是学生，两方面共同努力就能克服困难，就能办好暨大。学校领导和教职员工，一定要把教学工作搞好，千方百计教好学生。" 他强调要养成优良的校风、学风，学生不仅要学好功课，还要培养良好的道德品质。他还首次阐述了他的名著《理想，情操，精神生活》的主要观点，勉励全校师生志存高远，有一分热发一分光，"要树立崇高的理想与奋斗目标，就要人支配物质，创造物质，而不是做物质的奴隶"③。四是关心师生的生活问题，20 世纪 50 年代末 60 年代初师生的生活十分艰苦，在他的关心下，暨南大学相继建成了教工宿舍、教工食堂、幼儿园、病号宿舍和浴室；许多侨生的侨汇中断，暨南大学立即向他们提供人民助学金，并建立了疗养所；1964 年，陶铸还在暨南大学主持召开省市有关部门和广州地区高校负责人会议，提高大学生伙食费标准；当他获知石牌几所院校的教师买东西不便时，"就亲自约请市长曾生和省、市有关负责同志到暨大开会，决定在岗顶建立百货大楼和菜市场。在经济生活困难时期，建成石牌市场是不容易的，由于陶铸检查督促得紧，不到一年就建成了"④。

在陶铸校长的领导下，重建初期暨南大学各方面的工作逐渐步入正轨。到 1962 年底，暨南大学"已有了一定的规模和今后发展的基础，是我省新办院校中最好的大学之一。该校几年来已新建校舍 3 万多平方公尺，连原有校舍已达 7.8 万平方公尺。已有一定数量的师资队伍，共有教师 474 人。学校设备已初具规模。现有 8 个系，12 个专业，学生 2825 人（本科 2507 人，其中内侨生 1358 人，港澳生 85 人；预科学生 318 人）。现有各级行政人员 273 人"⑤。陶铸于 1957 年至 1962 年底，担任暨南大学筹委会主任和重建后的首任校长，为新中国的华侨高等教育事业的发展作出了开创性的贡献，可以说："没有陶铸办不成暨大。"⑥ 他站在国家民族利益的战略高度，充分意识到"在广东这样一个接近港澳、海外华侨众多的地方，把暨南大学在广州复办起来，对团结港澳同胞和海外侨胞，培育他们的后代，有深远的影响和作用"⑦。陶铸是一位既有雄才大略，又脚踏实地勤奋工作的高层领导，暨南大学在广州的重建与发展凝聚着陶铸老校长的无数心

① 转引自马兴中：《新中国华侨高等事业的开拓者——陶铸》，《东南亚研究》2002 年第 6 期。
② 夏泉：《试论陶铸与暨南大学的重建》，《国史研究参阅资料》2005 年第 21 期。
③ 陈兴邦、钟业坤：《陶铸校长与暨南大学重建》，载钟业坤主编：《暨南人》（第一集），广州：暨南大学出版社 1996 年版。
④ 罗培元：《领导统战工作的好榜样》，载《陶铸文集》编写组：《笔祭陶铸》，北京：人民出版社 1990 年版。
⑤ 《广东省委暨大工作检查组关于检查暨南大学党委违法乱纪情况报告》，广东省档案馆，档案号：214－1－286。
⑥ 张德昌：《斯人已去，清誉犹存——怀念梁奇达同志》，载张德昌主编：《常有四海心——梁奇达纪念文集》，广州：暨南大学出版社 2004 年版，第 170 页。
⑦ 罗培元：《领导统战工作的好榜样》，载《陶铸文集》编写组：《笔祭陶铸》，北京：人民出版社 1990 年版。

血与汗水，在百年暨大校史乃至新中国华侨高等教育史上已烙上了陶铸的深深印记。[①]

四、系科专业设置

筹建初期，暨南大学的系科专业经历了一个变化过程，其主要出发点在于根据当时的实际情况和社会需要而调整。按照筹委会原有的计划，暨南大学重建第一年先开办预科，第二年才开办本科。1958 年在广州石牌重建后，暨南大学发展迅速，因而提前开学的条件成熟了。暨南大学将培养大批具有高度社会主义觉悟的、掌握最新的科学技术和具有马列主义理论水平的工人阶级知识分子作为总的目标。根据这一总的目标和现有的条件，暨南大学第一年开设有 5 个系 11 个本科专业和预科。

这些系科专业分别是矿冶系（设地质勘探、采矿、选矿、冶金专业）、水产系（设淡海水养殖、工业捕鱼、水产加工专业）、航海系（设驾驶专业和轮机专业）、中国语言文学系（设汉语言文学专业）、历史学系（设历史学专业），学制四年。此外，还开办两个预科：一年制预科，招收高中毕业而投考大学未获录取或有高中毕业文化程度的侨生和港澳学生入学（招收 500 名）；华侨预科，设理工及文科，分班上课，修业一年期满经考试及格，可直接升本大学理工科或文科各系专业，或另投放其他高等院校；二年制工农预科，招收 100 名，其任务是从劳动生产中选拔政治进步、生产积极、具有初中毕业文化程度的工农干部、青年工人和青年农民进行重点培养，分设文、理科分班上课，期满经考试及格，可以直接升入本校各系专业深造。

中国语言文学系的任务是为祖国培养具有马列主义理论水平的语言文学工作者及中学语言文学教师。汉语是世界上使用人口最多的语言，又是世界上历史最悠久、结构最科学、词汇最丰富的语言之一，它随着华侨散布在世界各地。推广汉语是我国社会主义建设的需要，也是适应华侨学生要求的需要。本专业的课程有马克思列宁主义基础、中国革命史、政治经济学、辩证唯物论与历史唯物论、语言学引论、现代汉语、汉语史、文艺学引论、中国文学史、外国文学、外国语等。历史学系专业结合华侨学生的特点，以我国人民百年来的革命历史和东南亚各国史及华侨史为主要的学习内容。主要的课程有马克思列宁主义基础、政治经济学、辩证唯物论与历史唯物论、中国史、世界史、亚洲各国史以及外国语等。广东的矿产资源非常丰富，有钨、锡、铋等多种金属和矿产，广东是一个发展采矿和冶金工业的重要基地。我国海外华侨对祖国的工矿企业发展向来都热心支持。因此，暨南大学为适应祖国经济建设的需要和满足爱国华侨的愿望，开设矿冶系以培养既有社会主义觉悟又能掌握先进的采矿和冶炼知识的矿冶工程师，使他们能够担负开发华南矿产资源的重大责任。采矿专业的主要课程有凿岩爆破、岩石力学、矿山测量、矿山电工、矿山通风、运输排水等；选矿专业主要课程有选矿基础、破碎筛分、重力选矿、电磁选矿等；冶金专业主要课程有冶金工厂机械设备、电工学及冶金工厂、冶金概论、金属学、冶金过程控制自动化等。水产系主要课程有水文学、鱼类学、

[①]　百岁老校长王越在 40 多年后仍深情回忆陶铸为暨南大学所作出的突出贡献："陶铸每两个星期必来一次学校，有时忙得很，就在学校吃饭，边吃边谈问题。……他真是敢说敢干，说了就干，绝不拖延，不行的也明确告诉你不行，真的是非常有魄力。后来学校发展了，觉得办水产系需要一个生产基地。陶铸听说后，又出马写信给朱光市长和林西副市长，没几天，珠江边水木清华的 300 多亩地就给了暨大。"详见梅志清、夏泉等：《暨南大学原副校长、百岁老人王越：梁实秋先生所托未成令我终生遗憾》，《南方日报》，2003 年 1 月 10 日。

渔业经济学、水产资源原理、金属木材和捕鱼材料工艺学、机械原理、无机化学、有机化学、分析化学、冷冻技术、水产加工企业设计原理等。[①]

陶铸在 1958 年 9 月 8 日暨南大学筹委会第三次会议上，对暨南大学的专业发展方向提出了重要意见。他说：将来暨南大学和中山大学一样属于比较专门的综合性大学，是培养各种专门人才和大专学校师资的学校，矿冶、水产、航海等系将来需要独立设置，增设东方语言、财经等系，数学、物理、化学等系也可考虑设置。根据陶铸的意见，暨南大学成立了新系专业筹备组，由王越、梁奇达、史丹三位副校长分工负责，并由有关单位协助开展筹备工作。

1959 年秋季，增设了化学系（设化学专业）、经济系（设对外贸易、财经贸易两个专业）。1960 年春季，增设了数学系（设数学专业）、物理系（设物理专业）。将航海系调出，由广东省航运厅筹建广东海运学院。1960 年秋季，将矿冶系调出，成立广东矿冶学院；水产系分出一部分，成立广东水产专科学校，一部分留下，改设生物系（设生物学专业）；同时，中国语言文学系（简称"中文系"）增设新闻学专业，历史学系（简称"历史系"）增设东南亚历史专业，经济系增设政治经济学专业。1960 年春，与中国科学院广州分院合作成立了东南亚研究所，开展东南亚问题的研究工作。起初它归中国科学院中南分院领导，分为三个研究组（印度支那组、泰缅组、南洋群岛组）、一个资料室，1964 年 2 月确立为暨南大学建制，归中央教育部领导。到重建后的第三年，即1960 年秋季，暨南大学已经发展成为一所文理科综合性大学，设有 7 个系 11 个专业，即中文系，设有汉语言文学和新闻学专业；历史系，设历史学专业和东南亚历史专业；经济系，设对外贸易、财经贸易和政治经济学专业；还有数学、物理、化学、生物系每系有一个专业，另设有预科。全校在校本科生 1542 人，预科学生 256 人，总计 1798 人，其中有华侨、港澳、侨眷生 862 人，占在校学生总数的 47.4%。

五、教学科研工作

1. 教学工作

暨南大学重建之际，正值全国轰轰烈烈的"大跃进"时期。全国各地的学校普遍开展教育革命运动，片面强调实践、忽视理论的风气在大学校园里弥漫。文化基础课程理论学习时间普遍不足，教学、科研与生产劳动紧密结合的初意是好的，但由于受大环境的影响，教学大纲的系统教学被打乱，下乡、下海、下工厂等劳动占用的时间过多，严重冲击教学秩序与效果。在"缩短年限，提高质量，加强劳动，减少课时，深入基层"的思想指导下，基础课开设严重不足。比如中文系原定 24 门课程，减少到 16 门；数学系两年半授完的课程，减少为两年和一年半。政治运动、劳动时间过多占用了教学时间，社会调查也占用大量教学时间。中文系第一期搞炼钢 108 天，共 910 小时；第二期上课时间 420 小时，劳动 267 小时；第三期交心运动占 160 小时，筹备展览会占用 90 小时；第四期搞一个"岭南春色"，上课只有 205 小时。[②]建校初期，师资也比较薄弱，而

---

① 《暨南大学办公室 1957—1958 年关于筹建暨南大学报告、请示、批示等文件材料》，暨南大学综合档案室，档案号：DQ11 - 111。

② 《1958—1964 年教学工作总结及贯彻党的教育方针政策的报告经验和教训》，暨南大学综合档案室，档案号：DQ11 - 182。

且大部分是青年教师，相对缺乏教学经验，理论知识水平也不是很高，影响了教学质量的提高。

1959 年，暨南大学制定了"抓住教学中心环节，保证教学质量不断提高"的方针。校党委亲自抓教学工作，以提高教学质量为主要内容，充分发挥教师在教学中的主导作用和学生在学习上的自觉性和积极性，调整师生关系。1959 年 2 月 13 日至 15 日，暨南大学召开了全校教工会议，明确提出教学科研、生产劳动和休息实行"5：1：1 制"，即每星期教学 5 天，生产劳动 1 天，休息 1 天，不同单位可以作不同的要求。在学校举行教学改革大会后，为进一步协助领导抓好教学工作，2 月 16 日，暨南大学成立了教学改革办公室。其主要职责是：收集国内外高等院校教学改革的经验，了解本校各单位的教学情况，编印有关资料和简报，组织教学经验交流，制定有关的教学规章制度，协助领导检查和督促各单位完成教学科研任务的情况。在教学管理上，学校领导深入教学第一线，积极领导和推广先进的教学方式和经验。比如，积极组织以数学和毛主席论历史科学课为试点，逐步提高教学水平。同时，加强各系之间的交流和合作，发挥集体力量，做到协调进步。暨南大学非常重视对教师的培养工作，充分发挥著名老教师的作用，做到以老带新。比如中文系在萧殷老师的带领下进行教学交流，航海系在邓友民老师的指导下培养新教师，水产系在熊大仁老师的指导下培训青年教师等，这些措施大大促进了青年教师的茁壮成长。

陶铸一直对教学工作非常重视，特别重视师资培养和教学质量。他说："要办好学校，首先，就要把书教好。学生要学好，师资要强，光是老先生不行，因为老先生虽有经验，但没有这么多，因此要提拔新先生，新有新的好处，容易吸取经验，年轻力壮。因此教书要教得好，一面靠老，一面靠新，两方面结合。不管是新的老的，谁教得好，便是好老师，要名副其实。不管黄猫还是黑猫，只要能吃老鼠便是好猫。""学校应当以教学为主，给学生以一定知识。大学就要有大学的程度，要完成大学的课程，而且要学得好。理发店不理发，怎么叫理发店？学校不把书教好，怎么叫学校？学生学习不好，怎么叫学生？因此，学校主要应该把教学搞好，很好地完成学校课程，质量要高。""学校办不好，学生质量差，就不是好学校，因此，学生学好，教师教好，完成学校的课程，质量较高，是很重要的。这是决定学校办得好不好的首要问题。"① 对于学生的劳动时间过多的现象，陶铸指出："不要随便抽调学生去搞其他工作。除了国家规定的劳动时间以外，各部门一律不准调用学生。教师也不能随便调用，要保证他们有足够的时间备课。……文化教育工作非常重要，各级党委和各级领导干部必须重视这一工作。"② 陶铸还亲自兼任暨南大学马列主义教研室的教授，两次来校讲课。

此外，暨南大学重视引进外单位、外国的知名人士来学校进行学术交流。比如省委宣传部副部长杨康华受陶铸的影响也来校作有关时事政策的专题报告，苏联科学院通讯院士、文学和语言部副主任、语言学家 A. 西柏林尼科夫来校讲学，苏联渔捞渔图及幼鱼专家拉斯教授也莅临学校参观指导。

全校学生积极响应学校的号召，向文化科学进军。他们组织学习小组，互相帮助，

---

① 《陶铸文集》编辑委员会编：《陶铸文集》，北京：人民教育出版社 1987 年版，第 182 页。

② 《陶铸文集》编辑委员会编：《陶铸文集》，北京：人民教育出版社 1987 年版，第 186 页。

开展学习竞赛，然后总结交流，这一活动搞得有声有色，大大提高了教学质量。广东省高教局肯定了暨南大学抓教学的经验，于 1959 年 7 月 23 日组织广州地区 10 所高等院校的领导，在暨南大学举行教学现场会议。这对于暨南大学进一步搞好教学工作，起到了积极的促进作用。

暨南大学在重建初期，基础比较薄弱，在软件和硬件方面都比较落后，因而，提高教学质量的任务相当艰巨。但是在中央和广东省委的关怀下，暨南大学很快就克服了困难，不仅提前顺利开学，而且迅速成为知名的综合性大学之一。在陶铸校长的亲自关怀和领导下，暨南大学在软件和硬件方面都取得了相当可观的成绩。陶铸在任筹备委员会主任和校长期间作出了一系列重要指示。在 1958 年 9 月 8 日举行的暨南大学筹委会第三次会议上，他就指出：学校好坏，主要是师资，其次是设备。1960 年 2 月 12 日，他又在全校师生大会上说，办好学校，一要教学相长，认真教学；二要树立崇高的理想，高尚的情操。

为了贯彻上述指示精神，提高教学质量，努力办出特色，暨南大学采取了一些措施，如在师资队伍方面，争取上级有关部门和兄弟院校的支持，引进教师，加强教学力量。首先在筹备时期，广东省教育厅就请派师资支援暨大的问题作出了一些指示：政治课教师，请省委宣传部负责调配；工科、水产公共课程和基础课程（包括化工、矿冶二系）的师资及教学辅导人员，请华南工学院和中山大学支援，化工系主任由工学院负责配备；矿冶系主任、教师及教辅人员由省委工业部和省冶金局负责调配；水产系主任和教辅人员请农村工作部门和省水产厅负责调配；中文、历史两系，除中文系主任请省委在省作协物色调配外，全部由中山大学负责支援；外语课由中大、华南师院负责支援；体育课师资由华南师院负责支援。① 1959 年，全校共有教师 253 人，到 1960 年，全校教师已经增加到 325 人，其中有教授 11 人，副教授 11 人，讲师 43 人，教员 97 人，助教163 人。1960 年春季开始，先后举办了 17 个师资培训班，从各系选拔符合条件的学生进行培训，在这一活动过程中，共培养师资 74 名。其次是制订教学计划，编写教材。根据《教研室工作暂行条例》，各种课程都要制定教学大纲。没有适当教材可用的课程，教师要积极收集资料，认真进行研究，抓紧编出教材，实验室要编好试验指导书。编写教材时，要把思想性和科学性结合起来，注意反映新的科学技术研究成果。着力加强基础课，减少一些重复的不必要的课程。再次是对暨南大学的图书资料和仪器设备进行充实，逐步改善教学条件。暨南大学重建后，上级教育部门从兄弟院校调拨的图书共有 12 万册，上海市文化局调拨图书 52000 册。陶铸校长赠给暨大图书馆书籍 307 册，其中有马、恩、列、斯经典著作，1941—1944 年延安出版的《解放日报》，大革命时期出版的《向导》等报刊的影印本和《鲁迅全集》等。此外，图书馆也购置了大量图书和期刊。到 1959 年11 月 15 日，中文线装书达 76031 册；中文平装、精装书，其中新中国成立前出版的 10002册，新中国成立后出版的 176441 册；俄文书 11663 册，日文书 2273 册，西文书 10727 册；中日文期刊 45365 册，俄文期刊 4465 册，西文期刊 7857 册，报纸合订本 2989 册；剪报资

---

① 《1957—1963 年筹办暨南大学座谈会记录、专业设置调整、办学方针、发展规模、培养师资规划等》，暨南大学综合档案室，档案号：DQ11－119。

料，中文 81 册，西文 27 册。图书馆藏书合计达 347903 册。① 暨南大学对实验室的建设、仪器设备的添置也抓得很紧，先后建设了一批中心实验室和必要的工厂，建立了河南试验农场，作为水产系淡水养殖试验和全校师生进行劳动的基地。为配合教学科研工作的开展，暨南大学于 1960 年成立技术革新研究室，下分机械设备、装备工厂，解决了教学科研所需要的部分设备，并对生产单位进行技术指导。1959 年底，全校的仪器设备价值已是 100 多万元，年度预算的 1867000 元大部分用于教学设备和图书的购置。

为进一步推进学校的教学，暨南大学领导和各系、各部门都经常深入教学第一线，了解情况，检查落实教学各项工作。此外还多次进行观摩教学，然后总结经验，改进教学工作。如俄语教研室在教学中首先从明确学生的学习目的、提高学习兴趣入手，采取树标兵、帮后进、泛读和精读结合、教学与科研结合的方法，取得较大成果。1960 年 3 月 5 日省高教局在暨南大学召开了教学经验交流会，参加会议的有中山大学、中山医学院、华南师院等 9 所院校的 48 位俄语教师。暨南大学俄语教研室在会上介绍了采用大量阅读教学方法的初步经验。水产系、数学系在教学上也做得相当不错，取得了较好的教学效果。1960 年 3 月 18 日、19 日，组织了中山大学、华南工学院等 7 所院校的有关教师在暨南大学举行动物学、数学教学经验交流会，并参观了水产养殖场。

暨南大学重视校园环境的建设，在学校的工作转移到以教学为中心后，对生产劳动则按新的规定进行安排。当时的暨南园，"并没有湖，只有两个荒洼，一片坡地。……看看校园，不免有点失望：北边是华侨补校留下的一些平房、红楼，最壮观的建筑物，算是办公楼和礼堂了，南边，是刚刚征来的菜地，中间还夹着一个未及搬迁的小村落。菜地荒芜着，只有最南边的教学大楼在施工，显出一点生气"②。1959 年冬，暨南大学用集中劳动时间的办法，组织了一次有纪念意义的建校活动——修建明湖，以美化校园，创造良好的学习环境。1959 年 10 月成立建湖指挥部，10 月 8 日举行开工典礼，会后即破土动工。在修建明湖的过程中，梁奇达、王越、史丹等校领导身先士卒，以普通劳动者的身份到工地和大家一起挖泥、挑泥。广大师生员工，包括华侨、港澳学生都为建设学校、美化校园进行忘我劳动，争当劳动标兵，梁奇达同志曾经写诗描绘当时的情景："建校挖湖号令响，豪情似火三千丈。雨淋日晒等闲事，练就红心铁肩膀。"③ 经过两个多月的艰苦奋斗，至 12 月 23 日，提前一个月基本完成了建湖任务。明湖的命名是接受中文系主任萧殷和副教授杨嘉的建议，寓意"战胜困难，取得光明"；加之明湖分两边，一方一长，状似日月，东边为月湖，西边为日湖。明湖如明镜，早迎朝阳，晚映月光。明湖不仅成为暨南园中的一大景观，而且是矗立在海内外暨南人心中的一座历史的丰碑。1959 年 12 月 30 日下午，暨南大学隆重举行明湖建成暨迎接新年大会，并向 115 名突击手颁发奖品。

2. 科研工作

暨南大学重建初期，科研力量较弱，主要是由于师资、仪器设备和图书资料相对缺乏。科研工作主要是紧密结合生产实际而展开，不够系统化、理论化。经过一段时间的

---

① 《暨大基本情况、概况、简况（1959—1960）》，暨南大学综合档案室，档案号：DQ11-115。
② 黄卓才：《明湖之忆》，载暨大香港校友会编：《情牵暨南园》，香港 1996 年内部刊行。
③ 梁奇达：《梁奇达诗文选·明湖赞》，载张德昌主编：《常有四海心——梁奇达纪念文集》，广州：暨南大学出版社 2004 年版，第 364 页。

实践与探索，结合学校实际情况，暨南大学制定和明确了一些方针和指导思想。比如建立工作制度，各系科每月要把科研情况作书面汇报；重点科研项目，相关科室或全校乃至与校外有关单位要进行协作，集中力量解决实际困难问题；各单位要明确自己的重点科研任务；科研项目密切联系实际；积极筹办教工外文学习班等。据1959年6月23日广东省科学工作委员会高校科研调查小组第一小组对暨南大学科研情况的一份调查报告显示，重建以来暨大的科研情况分为三个阶段：①全校学生下放搞生产劳动，科研工作成为一种群众运动；②三月教育会议后，学校全力搞教学，党委主持，实行分散教学，检查督促，帮助新教师备课，提高教学艺术等工作，由于学校转向以教学为主，师资不足，许多项目不能按时完成，处于停滞状态；③省委宣传部召开各院校布置有关高校科研工作筹备会以后，对一些科研项目进行了重大调整，使科研工作稳步进行。这个时期执行方针是坚决的，广大师生工作干劲十足，取得了较大的成绩。如矿冶系完成了炼钢的任务，历史系完成了番禺人民公社史的编写，航海系到海洋进行磁性试验，公共教研组进行了电子计算机、超声波的制造，水产系养殖工业取得了丰硕的成果，特别是在鱼类的快速生长和孵化、海藻的综合利用方面尤为引人注目。①

重建初期暨南大学重视科研机构的设立，主要设有经济研究室、毛泽东文艺思想和历史科学研究室、药物研究室等。1959年12月27日，暨南大学成立了科学技术协会。次年5月20日，成立了学生科学协会。在科研过程中，进行教学、科研、生产三结合，学校根据学生的不同专业，将其下放到不同的生产实践中，同学们从实践过程中学习生产经验，进行调查，收集、整理材料，从中发现问题，做到"从实践中来，到实践中去"，并提出"做什么，学什么，研究什么"的方法。这些做法有很多好处，它有利于提高学生的理论和记忆能力，便于培养学生的科研意志；有助于巩固学生的专业思想，便于使科研转化为成果，推动工农业生产的发展。在科学研究的时间安排方面，一、二年级学生的科研时间安排少一些，科研活动主要是收集、整理资料。三、四年级学生结合学年论文，科研时间相应增加，以半学期到半年时间为宜。学生科研主要是学习科研方法，培养踏踏实实的工作作风和刻苦钻研的精神，为以后的工作打下坚实的基础。

在学校党委的领导下，暨南大学在开学后不久完成了四百多个科研项目。如航海系轮机专业师生成功安装了万能车床，这些机床能做车、钻、铣、镗、磨五个动作，此外航海系还制成了雷击舰和无线收音机。雷击舰用于军事，可攻击、护航、追击潜水艇，行驶速度比巡洋舰快。体育教研室结合学校的实际，在研制田径的短跑计时方面尽量克服误差，准确计算起跑的时间，准确判断运动员的起跑是否合法，克服人为的主观判断，终于在1959年10月成功制成了电动起跑测验器。这一仪器经过试验，得到来自全国各省市体育代表团的赞许。同时，体育教研室写出了《高等学校举重训练方法》的论文，各教师也开展了一些科研项目，比如林贤达、杨少敏的研究题目是"如何提高短跑速度"，林觉明的研究题目是"体育运动与卫生"，罗佛佑的研究题目是"直观性原则在体育教学中的运用"等。物理教研室的科研成果也很喜人，主要有：制成了用于医疗的电睡眠器，曾在广州文化公园成功表演；制成了电阻电容式低频振荡器；制成了电话外

① 《1958—1964年本校科学研究情况报告及参加校外科研活动项目》，暨南大学综合档案室，档案号：DQ11 - 235。

线短路测定器和高频感应金属电热器等。中文系在 1958 年 12 月底，教师与学生创作出大量的小说、散文、民歌选集，其中全体师生集体创作的《荔枝满山一片红》送交作家出版社出版。此外，还编出《岭南春色》一书，反应良好。中文系在毛泽东文艺思想研究室成立后开展了大量的科学研究，主要有《论毛泽东文艺思想》（1961 年 9 月全部完成），《广东方言概况》（客家方言部分），《粤、客、闽方言辞典》，以及广东左翼文艺活动、广东民间文学、黎族民歌、毛泽东语言学理论等。历史系除完成 24 万字的《番禺史志》的修改定稿工作外，还编出许多调查报告、论文、特写和附录。1960 年历史系组织毛泽东思想学习班，吸收全系教工参加，由党史组拟定学习计划，集体写成"毛泽东论历史科学"文稿。中国史教研组集体进行"中国农民战争若干重要问题的研究"。至于矿冶系，其科研成果更是不胜枚举，大部分是作为建校献礼产品。主要有制成堆干炼煤园炉、除尘器、洗涤器、稻草制纸、电子示波器等在矿冶方面切合实际的一些产品，此外，还编出了较完整的《贝氏转炉教材》。化学教研室的科研成果主要有以下一些：二氧化钛和氧化铍的成功研制，用木屑制草酸等。经济系完成了上级委托的"我国国民经济高速度与按比例发展和劳动生产率计算方法"的研究项目，此外还到新会县进行调查研究，写出了一批论文。预科的师生也搞了不少的科研，如环氧树脂，可以用来胶合高级电子仪器，可以防潮、防腐；自然涂胶水，适用绘画调色；四用收音机，可以供 500 人听唱片之用，500～1000 公尺范围内对话；此外，还研制成太阳能炊事器。[①]

　　暨南大学的科研成果获得了有关部门的充分肯定，学术交流会开始活跃起来。在广东省哲学社会科学 1959 年年会上，暨南大学教师提交了 10 多篇论文。同年 9 月，暨南大学举行了题为"自然科学发展的动因问题"的首届学术讨论会，得到广东省哲学学会的好评。王越副校长撰写的《孔子教育继承问题》学术论文，史丹副校长关于自然辩证法的专著，朱杰勤教授的《中西交通史资料汇编》及其撰写的关于郑成功收复台湾的论文（曾在厦门参加学术报告会）等都起到了很好的学术交流作用。各系也举行学术讨论会，如中文系于 1960 年 3 月 16 日举行了有关创作方法与世界观的关系问题的首届学术讨论会，在全校初步形成了学术研究的氛围。此外，在学生中间成立了各种课余科研及兴趣小组，如无线电研究小组、诗社、电影创作小组、摄影小组等。在学校报刊方面，学校出版了《暨南大学》一书以及《暨南园》《暨南论坛》《明湖》《暨大青年》等刊物和校刊《暨南大学》等。

六、校园文体活动

　　暨南大学是传统的体育强校，特别是在田径方面表现突出，这与暨南大学重视校园文化建设和体育工作是密不可分的。暨南大学是华侨最高学府，根据国家规定的教育方针，紧密结合华侨、港澳学生的特点，积极开展丰富多彩的文娱、体育活动，积极拓展学生的课余生活，使学生在德智体等方面得到全面发展。

　　在广泛开展群众性文体活动的基础上，暨南大学于 1959 年 3 月成立文工团，下设歌咏、舞蹈、话剧、乐器四个队和美工、灯光、创作三个组。文工团于 1959 年曾到厦门前

---

　　① 《1958—1964 年本校科学研究情况报告及参加校外科研活动项目》，暨南大学综合档案室，档案号：DQ11-235。

线演出，载誉归来。1960 年，文工团改为暨南大学学生课余艺术团，为加强对该团的指导，由梁奇达、杜桐、杨嘉、何志通、张淑媛担任顾问。该团成立后，演出了《烈火雄风》《生死的考验》《庆丰收》等节目，还经常演出丰富多彩的东南亚歌舞节目，深受师生欢迎。校文工团不仅活跃了校内的文娱生活，还利用假期应邀为外宾演出或到侨乡和华侨农场演出。① 校课余艺术团曾到广州军区和三元里华侨招待所演出，获得好评，歌咏《两个姑娘变了样》《我们为什么高兴》等节目被给予高度评价，曾被中央华侨歌舞团要去表演。② 课余时间，在暨南大学校园里，各种文娱晚会令人目不暇接。

　　暨南大学的体育活动更是一派龙腾虎跃。暨南大学拥有实力很强的田径、篮球、排球、足球、羽毛球、体操、游泳等 8 个运动队，在课余时间进行严格训练。学校领导和教师历来对体育工作十分重视，无论是在方针指导还是在具体的实际工作上，都把体育工作摆在十分重要的位置。在梁奇达同志的关心下，暨大在重建后不久就制订了体育教学的计划，1959 年 1 月 29 日，又作了第二次修订，使计划更加具体、详尽。在暨大体育教研室 1959 年教学计划中，明确了教学的目的、任务、教学内容、教学组织形式和结构、课外活动等。目的主要是培养具有共产主义理想的全面发展的新一代有政治觉悟又有文化的劳动者，培养学生成为具有高度生产率的劳动者和保卫祖国的合格者，切实提高和增强学生体质，使之成为为建设社会主义服务的新人。主要任务有以下几项：使学生的竞技水平向运动员水平靠拢；使学生充分掌握新的体育本领，在社会主义建设中能充分胜任各种任务；使学生掌握现代化的国防基本知识和技能，在必要时能为国家国防建功立业。体育教学分为理论教学和实践部分。理论课有毛泽东思想和巴甫洛夫等内容，实践部分主要以田径、体操和游泳为主，兼顾其他各项内容，力争丰富多彩。在教学组织形式上，采取灵活的方式，分班进行学习，每班 20～30 人，学生在必修一些项目的同时，可以任意选择自己喜欢的项目。体育课分课内和课外两种形式，一般严格按照规定的课程表进行，课外的体育活动主要是为巩固课堂的课业成绩，也有老师进行专门指导；在体育课外，适当地进行卫生教育，体卫结合。为了指导和了解各系的体育活动开展情况，暨大重建后不久就作出了一个非常重要又十分创新的方法：每系分配一名老师作为常备联系的体育顾问，各系的有关组织问题可与该负责老师联系。具体分工是：矿冶系由杨少豪负责，航海系由林觉民负责，中文系由罗佛佑负责，历史系由纪素品负责，水产系由林贤达负责。为了充分发挥老师的技术特长，提高学生的成绩，技术上也配备了一些老师，比如游泳方面由林贤达负责，田径方面由杨少豪负责，体操方面由罗佛佑负责等。为使体育课外活动得到经常性开展，及时发现问题，解决问题，体育教研室负责每月具体的工作计划及实践安排，教研室每两个星期开一次会，探讨研究对策，总结经验。梁奇达等学校领导经常深入到运动队，鼓励队员们刻苦训练，创造好成绩。暨南大学在 1959 年 4 月 12 日举行全校第一届田径运动会。1960 年 4 月 12 日至 15 日下午，举行第二届田径运动会，这次运动会有 34 人打破 16 项学校首届田径运动会纪录，1项破广州高校田径运动会和广东省第一届运动会的男子铁饼纪录。暨大学子在省市和高校运动会上，也取得较为突出的成绩，如陈修良同学获得 1958 年广州市运动会 5 项全能

---

　　① 陈兴邦、梁胜有：《几度辉煌——记两次具体主持暨大复办的梁奇达》，载钟业坤主编：《暨南人》（第一集），广州：暨南大学出版社 1996 年版，第 200 页。
　　② 《两年来贯彻党的方针简报》，暨南大学综合档案室，档案号：DQ11－182。

冠军、广东省运动会标枪亚军；篮球队获得 1959 年广州高校运动会冠军，足球第四名；体操队为省输送一名运动员；羽毛球队获得郊区运动会第一名，预科生蔡星隆同学获得单打冠军；预科生张竞辉同学获得四校对抗赛 100 米蝶泳冠军。①

暨大还非常重视体育交流活动，经常邀请全国或省市有名的代表队来校比赛和表演。如1960 年邀请省武术队来校表演，邀请兄弟院校进行游泳友谊比赛。这些比赛或表演，吸收了大部分教工和同学参加，对于开展暨大的课外体育活动，起了鼓舞和推动作用，也有利于进一步提高竞技水平。

暨大的侨生是体育活动的一支重要生力军，体育活动是他们的挚爱。早晨、下午和晚上，运动场上都有他们友好相处、活泼可爱、龙腾虎跃的身影。不少侨生还是各类球队、体操队、游泳队的能手。

第三节　初步发展时期

经过 1957—1962 年期间上级领导的正确领导和全校师生的共同努力，暨南大学的各项工作渐入正轨，尤其是自 1961 年起，暨南大学开始全面贯彻执行中央关于"调整、巩固、充实、提高"的八字方针以及《中华人民共和国教育部直属高等学校暂行工作条例（草案）》，即"高教六十条"，适时总结了前一阶段办学的经验教训，为下一步的稳步发展奠定了坚实的基础。1962 年春，陶铸校长根据中央的精神，结合暨南大学的特点和实际情况，进一步明确提出了暨大新的办学方针为"应把暨南大学办成尽可能符合海外侨胞的愿望与要求、具有特色的综合性华侨大学"②。教育部也非常关心和重视暨南大学的发展，曾专门下达文件肯定暨大的办学方针。为进一步加强对暨南大学的领导，把暨大办出特色、办出水平，国务院于 1963 年 5 月 17 日批准由广东省划归教育部直接领导。自此至 1970 年春暨南大学受"文革"影响被迫撤销，暨大进入了一个初步发展的阶段。

一、陈序经、杨康华先后任暨南大学校长

暨南大学取得的成就与发展，离不开学校领导的正确领导和全校师生的辛勤耕耘。这一时期教育部和中共广东省委选派了一批著名的专家教授和富有行政管理经验的干部到暨大担任主要领导职务。陈序经和杨康华两任校长就是这一时期上任的。教育部还先后任命聂菊荪为副校长、党委第二书记，王越、史丹、黄焕秋、黄友谋为副校长，李天庆为副教务长；中共广东省委任命罗戈东、方思远为党委副书记。

陈序经（1903—1967），字怀民，广东文昌县（今属海南省）人。1925 年复旦大学毕业后赴美留学，1928 年获美国伊利诺伊大学博士学位后回国，其一生"从事教育和学术研究"，研究领域"涉及文化学、教育学、社会学、历史学、民族学、政治学、哲学"③，曾引发有关文化、教育、乡村建设问题等全国性的学术争论，并给后人留下大量

---

① 《体育工作情况报告和体育教学总结》，暨南大学综合档案室，档案号：DQ11 - 240、DQ11 - 241。
② 《关于执行新办学方针问题的报告》，《学校办公室》第 3 号卷（1958—1965），暨南大学综合档案室藏。
③ 陈其津：《我的父亲陈序经》，广州：广东人民出版社 1999 年版，第 6 页。

具有重大学术价值和社会意义的论著。其最具开创性的成果是在国内率先使用了"文化学"的概念，并运用文化学的理论和方法系统研究历史与现实问题，提出了引起社会高度关注和颇多争议的"全盘西化论"①。他先后任教于岭南、南开、西南联大、中山、暨南等大学，达 40 年之久，不仅授业解惑，且兼行政要职，学贯中西，蜚声士林，是国家一级教授。早在 20 世纪五六十年代他就参与暨南大学在广州的重建工作，并于 1963 年 1 月至 1964 年夏出任校长一职，为新中国华侨高等教育事业的发展作出了重要贡献。他具有较强的管理高校的能力，知人知心、优容雅量是其管理宗旨。周恩来曾称之为"最善于团结高级知识分子的学者专家，能聘请到一级教授任教的教育家"②。

"抓教授"是陈序经办学的一大特色。他认为办名校就要想方设法聘请名师，为此，他曾利用各种机会，邀请各地专家学者来暨南大学工作。凭其过人的器量和待人挚诚的吸引力，许多名教授来暨南大学任教，如来自哈尔滨工业大学的李天庆教授、中山大学的廖翔华教授及其夫人杨秀珍教授、陈如作教授，华南工学院的卢文教授等，充实了暨南大学的师资力量。③ 陈序经"抓教授"的办学特点还表现在对教授的尊重方面，他说："每位教授在我决定下聘书的时候，已经相信他的教学水平，不能到他教了几年书还去检查他，如果我不相信他就不请他。"对所请的名教授，每个人的学术经历和特长，不用去人事部门翻档案，他就能如数家珍。所以他所聘请的教授大都能严格自律，对教学兢兢业业、一丝不苟，形成了教学管理中没有外在约束的内在良性效应。④

陈序经注重对学校教师的培养和提高，他亲自主持制订了暨南大学"十年培养提高师资规划"，并在校务委员会下成立了师资规划领导小组，提出了在十年内逐步把暨南大学办成一所规模完善、质量优良的重点大学的目标。他鼓励青年教师要努力提高自己的学术水平，为暨南大学作贡献。他重视师资工作的胆识和热忱，一时在教育界传为美谈。

在生活上，陈序经十分关心师生冷暖。每在校园里遇到教师，他总要停步问候，亲切感人。他的寓所在中山大学，在乘小车（由暨南大学香港校董费彝民捐赠）前往暨南大学的途中，只要他瞥见学校的教师行走于途中，他都嘱咐司机把车停了……于是他的车成了巴士。他亲自登门慰问每一位教授，对生病教师更是悉心关怀。对于学生尤其是侨生，他关怀备至，有些学生家长来校看望子女，他常亲自予以接待，家长甚为感激。⑤

他还十分重视校园建设。他认为没有一个幽静的环境，要形成浓郁的校风、学风是不可能的。重建初期的暨南大学，校园环境不尽如人意。他提倡种树和竹子，对暨大的校园绿化、道路铺修、宿舍扩建、饭堂改进等各项工作，起了策划、监督的作用。

在其主政暨南大学期间，学校各项工作得到了稳定发展，譬如 1963 年招收新生 548 人，其中有华侨 441 人，占 80.48%；1964 年 2 月，中国科学院东南亚研究所列入学校建制；1963 年暨南大学重建后首批毕业生顺利毕业，等等。

1964 年 6 月，教育部根据国务院第 145 次会议决定，调任陈序经为南开大学副校

① 侯杰、李净坊：《陈序经的中国文化现代化思想及其实践新探》，《东方论坛》2004 年第 5 期。
② 夏泉：《陈序经与暨南大学》，《东南亚研究》2004 年第 2 期。
③ 夏泉：《陈序经与暨南大学》，《东南亚研究》2004 年第 2 期。
④ 张太原：《浅析陈序经的高等教育思想及实践》，《辽宁师范大学学报》2001 年第 3 期。
⑤ 夏泉：《陈序经与暨南大学》，《东南亚研究》2004 年第 2 期。

长，是年，教育部任命广东省副省长杨康华兼任暨南大学校长、党委第一书记。杨康华（1915—1991），广州番禺人，原籍浙江会稽（今浙江绍兴）。1936年中山大学毕业，同年加入中国共产党。从1938年起历任中共广州市委常委兼宣传部长、东南特委宣传部长、香港市委书记、广东人民抗日游击总队副政委兼政治部主任、东江纵队政治部主任、两广纵队政治部主任。新中国成立后历任广东军区政治部副主任、珠江地委书记、中共华南分局宣传部副部长、广东省文教委员会副主任、广东省文教部部长、统战部部长、省委委员、广东省副省长、第三届全国人大代表、暨南大学校长、省体委主任、科委主任、副省长、中共广东顾问委员会副主任等职，具有丰富的组织领导能力和管理经验，为人谦虚谨慎。

为使暨南大学有步骤有计划地稳步发展，杨康华校长上任后积极发动全校干部、教师献计献策，经过长时间酝酿、反复讨论，制订了《暨南大学十年规划（草案）》，提出"在十年内把暨大办成一所规模完善、质量优良的重点大学"[1] 的奋斗目标。他亲自作《关于学校十年规划的报告》，把十年分成两个阶段，即"前三后七"，要求"前三年以打基础为中心"，"后七年以提高为中心"；[2] 同时根据中央的指示精神，深刻阐述了"以少而精的原则处理教材，使学生有更多的余地去独立思考"[3] 的指示，为进行教学改革打下了理论基础。

有了明确的奋斗目标，全校上下精神振奋、干劲倍增，暨南大学各方面工作都得到了较快发展。这一时期，暨南大学以教学为中心的指导思想进一步明确，并根据新办学方针的要求，继续调整专业设置，增设一些新的学科专业；大力加强师资队伍建设，进一步巩固教学秩序，建立和健全教学规章制度，加强教研活动，提高教学水平；建立和健全科研机构，加强科研工作；根据侨生的特点，改进思想教育管理工作；进一步开展文体活动，丰富师生课余生活。

暨南大学还设置了精干的行政管理机构：校长办公室、教务处、人事处、图书馆，每个处又分设若干科，1964年设政治部。各处室分工明确，各司其职，管理工作做得比较好，促进了教学、科研工作与人才的培养。

在采取上述措施，进行工作调整后，暨南大学的侨校特色更加突出，教学质量不断提高，科学研究也取得了新的成就，学校在国内外的影响进一步扩大，呈现出一派蓬勃向上的强劲发展趋势。

二、成立校务委员会和董事会[4]

1. 成立校务委员会

为了加强对学校的领导，团结全体师生员工贯彻执行党的教育方针，遵照中共中央、国务院的指示，暨南大学决定成立在学校党委领导下的校务委员会。1961年1月，暨南大学第一届校务委员会成立。校务委员会是全校行政领导的权力机构，其职责是

① 杨康华：《杨康华回忆录》，广州：广东人民出版社2001年版，第325页。
② 杨康华：《关于学校十年规划的报告》，暨南大学综合档案室，档案号：DQ11－50。
③ 《暨南大学一年来教学改革情况的报告》，暨南大学综合档案室，档案号：DQ11－21。
④ 关于董事会部分内容，参考了《暨南校史（1906—1996）》第142－144页的有关内容，特此致谢，该书由暨南大学出版社于1996年出版。

"贯彻执行党的教育方针和国家的有关方针政策以及校党委的有关决议，领导全校的教学、科研、后勤和行政管理工作，完成国家下达的教学、科研任务"。校务委员会贯彻民主集中制和集体领导的原则，每年召开 4～6 次会议，讨论学校工作计划、长远规划以及有关教学、科研等方面的重大问题。必要时可以召开临时会议或扩大会议。校务委员会成员由学校领导，各系和其他教学、科研单位负责人，有关部处负责人，以及教师代表、学生代表组成。校务委员会委员实行任期制，连选可以连任。暨南大学第一届校务委员会由陶铸校长任主席，王越副校长任代主席，梁奇达副校长、史丹副校长任副主席，委员有 34 人。① "为了加强对校党委领导下的校务委员会的领导，特成立校务委员会常务委员会，作为校务委员会闭会期间全校行政领导的权力机关。第一届校务委员会常务委员会由王越、史丹、郑克、朱明、黄健、张泉林、何熊光、古文捷、司徒赞、张恒遇、廖翔华等 12 人组成。"②

校务委员会下设教学委员会、科学研究委员会、建设委员会，各系（系科不同）设系委员会。教学委员会由 16 名委员组成，张泉林任主任委员，鲁家庆任副主任委员。科学研究委员会由 14 名委员组成，杜桐任主任委员，廖翔华任副主任委员。建设委员会由 12 名委员组成，司徒赞任主任委员，何熊光任副主任委员。

校务委员会成立后，逐步理顺了学校的管理体制，使学校的教学工作呈现出新的气象。校务委员会积极开展工作，采取有力措施，全面贯彻中央的"八字方针"和"高教六十条"，强调"教学是学校的主要工作"，要求"各行政部门及各系领导必须正确贯彻和执行以教学为主的思想"，"并切实抓好师资的培养和提高工资"，"各教师在完成教学任务的基础上应积极进行科学研究"，"各行政部门在可能条件下应优先满足教师在教学和科研上的物质要求"。为此，"各具体工作部门务必正确贯彻党的知识分子政策和华侨政策"③。

1965 年 7 月，暨南大学第二届校务委员会成立。杨康华校长任校务委员会主任委员，黄友谋、王越、史丹和黄焕秋 4 位副校长任副主任委员，罗戈东、方思远和李天庆等 24 人任委员。第二届校务委员会在学校教学改革、专业建设、师资培训、思想教育和科研工作诸方面采取了一系列措施，以全面提高学校的教学质量和科研水平。

2. 恢复校董事会

暨南大学重建伊始，学校没有恢复董事会，20 世纪 60 年代初期，根据学校建校委员会的提议，决定恢复校董事会，此举既是为了凝聚侨心，团结一大批关心、热爱华侨教育事业的有识之士，也是当时采取的一项把暨南大学办成一所具有特色的华侨大学的重要措施。在筹备董事会的过程中，得到中侨委和中共广东省委的关心支持。

经过积极筹备，1963 年 2 月 9 日下午，暨南大学董事会在广州羊城宾馆隆重举行成立大会暨第一次会议。会议讨论通过了《暨南大学董事会章程（草案）》，听取了学校关于重建 4 年来工作和今后工作设想的报告，大家集思广益共商学校的发展。

---

① 《暨南大学校务委员会暂行条例》，暨南大学综合档案室，档案号：DQ11 - 116。

② 《暨南大学校务委员会常务委员会暂行条例》，暨南大学综合档案室，档案号：DQ11 - 116。

③ 《暨南大学校务委员会扩大会议 1962—1963 年度第一学期第一次会议关于执行〈中共暨南大学委员会1962—1963 年度第一学期教学工作纲要及思想政治工作要点〉的决议》，暨南大学综合档案室，档案号：DQ11 - 116。

暨南大学董事会由 44 位董事组成。董事由建校委员会遴选，学校聘任，中侨委主任廖承志任董事长，李嘉人、杨康华、郭棣活、邓文钊、黄洁、王宽诚、何贤、费彝民和陈序经任副董事长。暨南大学董事会实行任期制，它是协助政府建设和督促办好学校的组织。其宗旨是："本着热爱祖国、建设学校与教育华侨、港澳同胞子弟之精神，协助学校贯彻党的教育方针，经常督促学校不断改进工作，努力提高教学质量。积极广泛地宣传党的各项方针政策，促进华侨热爱祖国，关心与赞助学校建设；密切政府、学校与华侨、港澳同胞的关系，并帮助华侨、港澳学生不断提高思想水平，树立良好的校风。"① 董事会的职责是："审议学校的计划；审议学校学制、规模和专业设置，筹划经费，建筑宿舍，扩充设备；议定捐款使用制度，监督捐款开支，审议捐款开支的预算、决算；审议校务委员会提出的工作报告及其他重大问题；加强宣传，密切学校与海外华侨、港澳同胞，特别是侨生、港澳生家长的联系。"②

学校聘任的首批董事十分关心暨南大学的建设与发展，如有的董事就是重建暨南大学的倡议者，还有不少董事是暨南大学筹备委员会和暨南大学建校委员会委员。他们热心侨教事业，对暨南大学的重建和发展作出了重要贡献。尤其是中侨委主任廖承志董事长，对暨南大学始终给予热情关怀。当广东开始筹备重建暨南大学时，中侨委即拨专款人民币 100 万元资助。廖承志还身体力行关心暨南大学工作，多次莅校视察指导工作，他就如何办好暨南大学的问题提出了许多重要的意见。1960 年 11 月，在听取广东省副省长、暨南大学建校委员会副主任委员李嘉人关于暨大工作的汇报后，他就暨南大学的发展规模、专业设置等问题，提出了重要的意见。1962 年 3 月 7 日，廖承志到暨南大学视察工作，他对陶铸校长提出的新的办学方针作了具体的补充，并要求学校草拟贯彻新办学方针的方案。3 月下旬，在北京听取王越副校长的工作汇报时，他又着重指出"科系专业不宜设置过多，新闻及对外贸易专业应招收侨生；暨大还须艰苦奋斗，搞好基础课，提高教学质量"③。他对师资问题也十分关心，除向暨南大学推荐一些人选外，还针对任用人才存在的偏向强调：物色师资时对政治素质问题应作全面、正确的权衡。对补充教学设备和基建问题，也提出了具体意见；对筹备董事会问题，要求暨南大学从速筹备。后来他又亲自出任暨南大学董事会董事长。

1965 年春，暨南大学董事会在北京召开第二次会议，会上听取和审议了暨南大学1963—1965 年的工作情况和十年规划报告。董事会对暨南大学的工作进一步给以积极支持与指导。

三、重视教学工作，加强师资队伍建设④

1. 重视教学工作

教学工作是学校的一项主要职能，教学质量的高低代表着一所学校的水平，决定着一所学校的发展前途，而教师是教学工作的主导者，提高教学质量必须加强师资队伍建设。这一时期，国家开始纠正前一段时期路线方针政策中出现的"左"倾错误，制定了

---

① 《暨南大学董事会章程（草案）》，暨南大学综合档案室，档案号：DQ11-121。
② 《暨南大学董事会章程（草案）》，暨南大学综合档案室，档案号：DQ11-121。
③ 《王越副校长给梁奇达、史丹副校长的信》，暨南大学综合档案室，档案号：DQ11-110。
④ 此部分参考了暨南大学校史编写组编：《暨南校史（1906—1996）》，广州：暨南大学出版社1996年版。

"调整、巩固、充实、提高"的方针及强调学校应以教学为主的"高教六十条"，全国的教育事业出现了一个良好的发展势头。暨南大学抓住时机，认真贯彻落实国家的方针政策及学校的办学方针，把教学工作和师资队伍建设作为学校的一项主要工作常抓不懈。这体现在以下几个方面：

（1）制定规章。为确保学校的各项教学工作稳步有序地开展，暨南大学先后制定了《暨南大学关于办学方针、发展规模及专业设置、调整等问题的意见（修正稿）》和《暨南大学十年规划（草案）》等宏观发展规划方案，每一学年也都制订具体的教学工作计划，使暨南大学长期和短期的教学活动都有据可循。同时更加注意结合暨南大学的特点，加强领导，改进教学工作，进行改革试验，进一步明确"以教学为主"的教学思想，不断提高教学质量，努力把学生培养成为"有社会主义觉悟的、掌握一定理论基础和技术知识的、身体健康的劳动者，高等学校、中等学校师资和经济文化的建设者"。[①]教育归国华侨成为具有毛泽东思想和掌握现代科学知识的年青一代，为社会主义现代化建设服务。

（2）确定学制。重建初期学制暂定为4年。后因暨南大学已发展成为一所综合性大学，培养毕业生的规格提高，因此本科的学制也相应延长一年，这一时期（从1963年开始），暨南大学按照教育部批准将学制定为5年。只有中文系新闻专业1964、1965两届毕业生按原计划学习4年，其余各本科专业实行5年制。原应在1962年毕业的首届毕业生，因在"大跃进"时期，劳动过多，教学质量受影响，经上级批准，也实行5年制，推迟至1963年毕业，用最后1年时间补足学科基础，以确保毕业生的质量。

（3）明确招生对象。暨南大学重建的主要目的就是要方便华侨、港澳学生回祖国接受教育，因此暨南大学的生源主要是华侨、港澳学生。暨南大学重建初期，华侨、港澳学生就约占50%，1962年，暨南大学新的办学方针明确提出：把暨南大学办成尽可能符合海外侨胞的愿望与要求、具有特色的综合性华侨大学。暨南大学在招生方面明确规定："暨南大学的招生对象，以招收华侨、港澳学生为主，华侨、港澳学生的比例不少于80%，部分专业为国内建设所需要者，可招收国内生（包括侨眷生），但总比例以不超过20%为限。"[②]此举受到广大华侨、港澳学子的热烈欢迎，他们踊跃报考暨南大学。据统计，从1962年开始，暨南大学的华侨、港澳生的比例逐年有了大幅度增长。如1961年全校招收新生414名，华侨、港澳学生有199名，占48.07%；1962年招收新生820人，华侨、港澳学生有718名，所占比例上升为86.34%；1963年共招收新生548名，其中华侨、港澳学生有441名，占80.48%。在这些华侨、港澳生中，大部分是学生。上述数据表明，生源结构的变化，使暨南大学作为一所侨校的特色更加鲜明。

在扩大华侨、港澳学生比例的同时，暨南大学着重提高培养人才的质量。从新生入学开始把关，明确要求："录取新生不得降低规格。"[③]在学生的学习过程中，暨南大学

---

① 《暨南大学给广东省文教办公室的报告》，《校长办公室》第4号卷（1958—1966），暨南大学综合档案室藏。

② 《暨南大学关于办学方针、发展规模及专业设置、调整等问题的意见（修正稿）》，暨南大学综合档案室，档案号：DQ11-119。

③ 《暨南大学关于办学方针、发展规模及专业设置、调整等问题的意见（修正稿）》，暨南大学综合档案室，档案号：DQ11-119。

实行严格的升留级制度。各专业都按照教育部颁布的专业教学计划所规定的培养目标，结合学校的实际情况培养人才，提出要力争逐步达到重点大学水平的奋斗目标。

（4）将"少而精""因材施教""劳逸结合"的原则确实贯彻到教学的各方面，确保在减轻学生学习负担的同时提高教学质量，使学生有更多的时间去独立思考。在贯彻"少而精"方面要求：开设课程不贪多，但必要的基础课程不减少，而且要开全开好；教师上课的内容要充实，质量要高，要精讲多练；保证教学时间，但不用增加时间的办法来提高教学质量，5 年教学的总课时数为 3000～3200 学时，每周课时数为 23 节，每周学生学习的总课时数按 48 小时计算，劳动时间原则上按《高教六十条》的规定执行，但考虑到华侨、港澳学生的特点，学校适当减少了劳动时间。在贯彻"因材施教"方面，要求教师经常深入到学生中去，了解掌握学生的实际情况，根据学生的实际水平，对学生进行分流教学，对尖子生注重能力的提高培养；对学习有困难的学生多做课外辅导工作；对学习成绩差的学生，开设补习班补习一年，或适当减少某些教学内容，切实打好基础；中文程度太差的学生要补习中文；英文程度太差的要补习英文；学生复习的时间和上课的时间一般为 1∶1。暨南大学对授课老师也有专门要求，逐步实现由讲师以上的教师上课，助教做辅导工作，以确保毕业生的质量。在贯彻"劳逸结合"方面，一方面鼓励支持学生成立各种活动团体并指导组织各种学生活动；另一方面，考虑到归国侨生缺少社会主义的生活经验，有计划地组织他们到农村及工厂去参观、劳动和参加一定的社会活动，并结合专业进行生产实习和调查研究，将理论与实践更好地结合起来，使他们了解社会主义建设的实际情况，逐步培养他们独立工作的能力。

暨南大学认为使学生真正掌握好基础理论、专业基础知识和基本技能，是提高教学质量的关键。暨南大学一方面在学生中反复强调，学生必须掌握比较广泛、扎实的基础知识。另一方面对基础课所需要的教师进行严格把关，选派具有较高学术水平和有教学经验的教师担任基础课的教学工作，对于紧缺的基础课教师学校千方百计争取调进，使各门基础课都能开出来。为保证学生对基础课知识的理解和掌握，暨南大学有计划、有步骤地安排开设专业课，使基础课与专业课相互配合。此外，配备实验课的教师和实验室管理人员，加强对实验室的领导和管理，保证实验课的质量，这也是保证基础课质量的必要措施。

华侨学生长期生活在海外，中文水平比国内生相对要低，根据这一实际情况，暨南大学在全校开设公共汉语课，加强写作训练，使侨生能比较熟练地掌握和正确地阅读、运用汉语。这既有利于华侨学生对祖国文化的了解，也有利于华侨学生与国内学生的交流。学校明确规定："文科、财经各专业拟学习两年，每周两小时，理科各专业学习一年，每周三小时。"[①] 中文系和历史系的学生，还必须掌握古汉语，能读懂古文，中文系比其他系的要求更高、更严格。中文系充分发挥本系的学科优势，1962 年 1 月成立写作实践教研组，由何芷副教授任组长，组员有曾敏之、艾治平老师等 9 人，担负汉语言文学专业、新闻专业一、二年级的写作实习和创作实习两门课程。在学校和老师的严格要求和正确引导下，学生的写作水平及汉语言表达交流能力都得到普遍提高。

---

① 《暨南大学关于办学方针、发展规模及专业设置、调整等问题的意见（修正稿）》，暨南大学综合档案室，档案号：DQ11 - 119。

暨南大学把外语课放在十分重要的位置，加强外语教学和训练，提高外语水平，这既是适应国际形势的要求，也是适应华侨、港澳生日后就业的要求。公共外语课，以英语为主，也开设俄语课，每名本科生必须选修一门。原计划学习三年，第一、二学年每周4学时，第三学年每周2学时，1965年改为学习两年，每周3学时；理科原计划学习三年，第一学年每周4学时，第二学年每周3学时，第三学年每周2学时，后改为学习两年，每周3学时。考虑到学生的外语水平参差不齐，外语课按学生现有程度分甲乙班上课。另外暨南大学要求，修完公共外语课后，在高年级的若干专业课程中，有条件的可选用外文教材和参考书，由专业教师指导学生阅读。暨南大学要求理科学生能够达到阅读专业外语的水平，文科学生能阅读本专业有关理论书刊；还要求毕业生至少能比较熟练地掌握一门外语，以后逐步争取每个本科生都能掌握两种外语。由于学校的高度重视和上述措施的推行，暨南大学学生的英语水平是比较高的。①

为扩大学生的知识面及满足不同学生的爱好，各专业在保证开好开全必修课的前提下，暨南大学在高年级开设选修课。学生可以根据个人的需要、志趣和专长，选修有关课程，学以致用，提高综合素质。其基本原则是结合华侨、港澳学生的特点，并考虑发挥教师的专长。如中文系由陈芦荻老师开设的毛主席诗词讲解，曾敏之老师开设的鲁迅作品选讲等选修课，深受学生欢迎。有些专业还开设了国外所需要的选修课，使华侨学生掌握一些适应海外需要的本领，以便部分华侨学生毕业后回到侨居国就业。

（5）重视思想政治教育，这是暨南大学一项极其关键的工作。暨南大学对学生进行爱国主义和国际主义教育，要求各专业按照自身的特点，从华侨、港澳侨生的实际出发，把爱国主义和国际主义的精神贯穿在教学过程中。暨南大学的学生大部分来自海外和港澳地区，他们远离父母，负笈暨大，充满爱国的热情。但是，他们长期生活在海外，许多生活习惯与国内学生不同。如何正确看待他们，并采取适当的方式进行教育，是关系到能否把他们培养成才的重大问题。暨南大学根据党和国家"一视同仁，不得歧视，根据特点，适当照顾"的侨务政策，对华侨、港澳学生采取"热情欢迎，亲切关怀，严格要求，耐心教育"的方针。② 陶铸同志明确提出："党委要像严师和慈母，在政治上、原则上应成为严师，在生活上要像慈母。"③ 对华侨、港澳学生的思想政治工作，暨南大学要求做到"热情关心，以正面教育为主，要循循善诱，和风细雨，耐心说服"，"不宜过早提出兴无灭资和过早强调改造世界观的问题"。④ 防止操之过急、简单粗暴或放任自流、不负责任两种偏向，各级领导和全体教师，都要对学生全面负责。梁奇达副校长曾专门强调：既要教书，又要育人，既要管教，又要管导，在传授业务知识的同时，要关心学生的政治思想、道德品质，不仅要做学生的老师，也要成为学生的朋友和同志，要把学生培养成为有高尚道德品质、掌握文化科学知识的人才。⑤ 暨南大学对侨生的思想教育工作，主要从政治理论课和课外的思想政治工作两方面着手进行。课内政治理论课"决定开设政治学、中共党史、政治经济学和哲学，系统学习马列主义、毛泽

① 《暨南大学（65）暨教字第083号》，暨南大学综合档案室，档案号：DQ11－113。
② 杨康华：《关于学校十年规划的报告》，暨南大学综合档案室，档案号：DQ11－50。
③ 《陶铸同志1963年7月的讲话》，暨南大学综合档案室，档案号：DQ11－117。
④ 《暨南大学校务委员会工作报告》，暨南大学综合档案室，档案号：DQ11－116。
⑤ 张德昌主编：《常有四海心——梁奇达纪念文集》，广州：暨南大学出版社2004年版，第134页。

东思想"；课外"按不同专业、不同年级举办"伟大的祖国"专题讲座，使学生认识祖国的悠久历史和新中国成立以来社会主义建设的伟大成就；并举办"东南亚问题"等专题讲座，使学生了解东南亚国家的现状和有关知识"[1]，帮助学生逐步树立正确的科学的世界观、人生观和价值观。侨生中的团员比例逐步扩大，他们在党的领导下，和国内学生并驾齐驱，精神面貌发生了很大变化。

（6）重视教材建设。暨南大学重视教材建设，这也是提高教学质量的重要措施。暨南大学要求各门课程都应根据教育部所颁发的教学计划、教学大纲的精神，结合实际作必要的调整补充，制订新的教学计划、教学大纲。凡有全国统一编写的教材，一律采用统编教材，未有统编教材的课程，则贯彻"未立不破"的原则，可选用合适的教材作为过渡，并组织力量抓紧编写学校的教材。

（7）重视文科教学。重建初期暨南大学学科原以工科为主，后经调整确定为以建设综合性大学为发展方向，因此十分重视文科教学。1961 年 1 月，暨南大学制定了《加强我校文科教学方案》，并分工由一位副校长领导文科工作，同时决定成立文科领导小组，由杜桐、梁克、马殊、何志通、何秋明 5 人组成，负责具体贯彻落实学校的有关规定，提高文科的教学水平。经过努力，暨南大学的文科各专业取得显著成绩，在全国文科院系中的排名逐年上升。

（8）狠抓教学改革工作。经过学校领导和教工的多次讨论，形成了《一九六四年度改革的初步设想（草案）》的决议，以"思想积极，行动稳妥"为方针，本着勇于探索、实事求是的原则对教学内容、教学方法、教学体系不断进行小改、中改，并有计划、有重点地进行大改。决议提出：改革以少而精为中心，同时在教学方法、考试方法上进行坚决而稳妥的改革。少而精改革的关键在于教学大纲和教材的钻研和修订，必须调动有关人员的积极性，组织力量，精选内容，分清主次，并适当协调各种关系；另一关键在于提高师资水平，除组织教师认真钻研教材、教学大纲和教材外，还在各教研室确立师资培养制度，以利于教学质量提高；教学方法上强调以启发式教学为主，加强直观教学；考试方法上，实行开卷考试，这是一种富于启发思想的新型的考试方法。[2] 文科各专业对"少而精"的工作采取慎重态度。各门课程的内容哪些是必须讲精讲透的，哪些是可以一提而过的，哪些是可以忽略不讲的，都在科学分析的基础上决定取舍，避免草率从事。对于重大的改革，均先做试点，通过实践，总结经验，再逐步推广。1965 年 5 月 21 日，国务院副总理、中共中央中南局第一书记陶铸莅校视察工作，当学校领导汇报工作谈到有关半工半读的问题时，陶铸同志考虑到暨南大学华侨、港澳学生的特点，明确提出："先搞试点，迟点宣布半工半读。搞体力劳动和脑力劳动相结合，要逐步搞。"[3] 后来暨南大学在推行半工半读时，先把中文系一、二年级的两个班作为试点。

1964 年，国家的教育政策继续出现"左"倾，教育强调"以阶级斗争为主课"，暨南大学的工作不可避免受到影响。当年 10 月，暨南大学开始组织师生分期分批到广东肇庆专区参加"四清运动"，文科学生参加 1 年，理科学生参加半年，外语系学生参加 3

---

① 《暨南大学关于办学方针、发展规模及专业设置、调整等问题的意见（修正稿）》，暨南大学综合档案室，档案号：DQ11－119。

② 《一九六四年度改革的初步设想（草案）》，暨南大学综合档案室，档案号：DQ11－21。

③ 《陶铸同志 1965 年 5 月 21 日上午讲话》，《学校办公室》第 2 号卷，暨南大学综合档案室藏。

个月。为保证时间，暨南大学对某些课程的教学时间、教学内容只得进行调整、压缩。

2. 加强师资队伍建设

教学是教师有系统、有计划地把知识、技能和熟练技巧传授给学生的过程，也是学生自觉掌握知识、技能和熟练技巧的过程，教师是教学活动的主导者，要提高教学质量必须搞好师资队伍建设，充实师资力量，不断提高师资水平，这也是办好学校的关键。重建初期，暨南大学只有教师88人，师资队伍既"缺"又"弱"。从1961年开始，随着暨南大学筹建工作的基本完成，开始抓紧师资队伍的补充和培养提高工作。首先切实加强对师资队伍建设工作的领导，1963年5月，在校务委员会下成立师资规划领导小组，由王越、聂菊荪、史丹、黄焕秋、何欢5人组成，王越为组长；各系在系务委员会下成立十年培养提高规划工作小组；各教研室成立核心组。① 另外在学校规章制度方面对教师更加严格要求，制订了《暨南大学十年培养提高师资规划（草案）》，对教师队伍的发展作长远的规划，提出"在十年内建成一支又红又专的师资队伍，逐步接近国内先进大学水平"② 的努力目标。经过几年的努力，暨南大学的师资队伍逐渐改变了"缺""弱"的状况，教师的数量得到补充，1963年已有教师400余人，而且经过调整和培训，教师的质量大为提高，尤其是中青年教师的水平明显提高，成为学校教学工作的骨干力量。

暨南大学师资队伍建设的工作，采取"自力更生为主，争取外援为辅"③ 的方针，从以下两个方面进行。

（1）在自力更生方面，第一，充分发挥本校的专家学者和具有较高学术水平、丰富教学经验的老教师的作用，以老带新，紧密结合教学科研任务，由有经验的老教师负责某门学科或某种科学文献，指导青年教师自修提高，"抓住对青年教师的培养，根据他们的思想、业务等情况，合理安排他们的工作和进修。同时对发挥老教师的作用也采取了一定措施，要他们大力培养青年教师；也要求青年教师虚心向老教师学习"④。新老教师团结一致，同心协力，取长补短，共同提高。第二，继续举办师资培训班和政治、外语等各种学习班。从1962年暑假开始，师资班有114人陆续毕业。其中大部分由本校培养，也有小部分委托中山大学等院校代培。由于领导重视，选派有经验的教师进行教学，加之不少系主任亲自上课，因此师资培训的质量比较好。第三，定期选派青年教师到重点大学进修，提高教师的专业知识水平。第四，发挥教研室的作用，要求做到打基础与提高专业知识水平相结合，目前与长远相结合，以个人钻研为主，积极争取教师和集体的帮助，教研组大力加强了教研活动，特别重视抓好新开课程的备课试讲工作，对不适宜做教学工作的70多名教师进行工作调整。第五，"逐年调配毕业研究生及重点大学优秀毕业生充实本校青年教师的队伍"⑤，逐步做到教师中研究生毕业的占60%以上。

① 《通知》（暨教字65号），暨南大学综合档案室，档案号：DQ11－181。
② 《暨南大学十年培养提高师资规划（草案）》，暨南大学综合档案室，档案号：DQ11－181。
③ 杨康华：《关于学校十年规划的报告》，暨南大学综合档案室，档案号：DQ11－50。
④ 《王越副校长向董事会做学校工作报告的提要》，暨南大学综合档案室，档案号：DQ11－121。
⑤ 《暨南大学关于办学方针、发展规模及专业设置、调整等问题的意见（修正稿）》，暨南大学综合档案室，档案号：DQ11－119。

（2）在争取外援方面，主要是积极争取中央、省有关部门和兄弟院校的支持，调进一批骨干教师，并在调进师资方面，严格掌握标准，"支援者要重质量，要精，要能对本校青年教师起带头指导作用"，① 使调进的教师能在教学及学术中起到带头人和骨干作用，形成教学工作的核心。

在教师工作时间和工作量方面，明确规定："要确实保证教师六分之五的工作日用于业务工作"②，减轻教师的政治工作和社会工作，使教师有充足的时间钻研业务，进行教学科研工作。在业务方面，明确教师提高培养的目标。每一个教师都要具有不同程度的 5 种能力，即基础理论和专业知识、基本技能、教学、科学研究和外文能力。③ 对教师实行定方向、定任务、定人员、定规划，力求稳定教师队伍，提高教师水平。1963 年 6 月，提出要努力实现三年内基础课过关，配备两线教学力量；五年内专业课过关，也要配备两线力量；七年内每个教研室都配备老中青教师，既有指导力量，又有骨干力量和新生力量。

同时，建立严格的考核评审制度。对教师的考核和审评工作，主要是在平时了解的基础上，年终对教师进行思想政治、教学成绩和学术水平的定期评审，进行全面鉴定。同时也采取考试、测验的方法，对教师的外语水平以及补修基础课、专业课，凡列入进修计划的，一般进行考试，并发给证明，记录存档，作为升级定职的参考材料。对属于提高性质的课程，可以采取写读书报告的办法，检查其进修的成绩。各系各教研室负责考核本单位的讲师、助教。暨南大学成立学术评审委员会，负责对副教授以上的教师及个别讲师的教学与科研成果进行评审。对副教授只进行一般的考核，对教授一般不进行考核。对外语教师的第一外语和文科教师汉语水平的要求，要比其他课程更为严格。④

在抓好教师队伍建设的过程中，还采取措施改善教师的工作条件和生活条件，加强医疗保健工作，为教师的教学工作尽可能提供舒适的环境，解决他们的后顾之忧，使教师能够把更多的精力投入到教学工作中。

经过重建后的艰苦努力，师资队伍有了较大加强。据1965 年统计，各教研室中开始形成 2 ~ 3 名核心力量，以外语、生物系为例，与 1964 年相比，先进层由 26% 上升到 40%（其他系可能低一些），后进层由 18% 下降到 14%⑤；据 1966 年 3 月统计，全校共有教职工 1171 人，其中教师占 487 人，包括教授 21 人，副教授 22 人，讲师 96 人，教员 95 人，助教 253 人。这一时期，敦聘了一批著名教授来校任教，如陈序经、王越、黄友谋、何家槐、朱杰勤、萧殷、郭安仁（丽尼）、杜导正、黄轶球、张恒遇、蔡馥生、翁显良、卢文、熊大仁、廖翔华、陆启荣等，这批名师对提高学校的教学质量和科研水平，起了重要的保证作用。

①　杨康华：《关于学校十年规划的报告》，暨南大学综合档案室，档案号：DQ11 - 50。
②　《暨南大学十年培养提高师资规划（草案）》，暨南大学综合档案室，档案号：DQ11 - 181。
③　《暨南大学十年培养提高师资规划（草案）》，暨南大学综合档案室，档案号：DQ11 - 181。
④　《有关师资培养的几个问题》，暨南大学综合档案室，档案号：DQ11 - 206。
⑤　《暨南大学师资工作近况》（根据校领导谈话记录整理），暨南大学综合档案室，档案号：DQ11 - 217。

四、科研工作初见成效①

高等学校在经济社会发展过程中普遍承担三项任务：一是传播知识，为社会培养人才；二是创新知识，为社会提供科学技术成果；三是为社会发展服务。一个高等学校在社会中的地位，虽然要受到各种因素的影响，但归根结底取决于学校为社会培养人才及提供科学技术成果的数量与质量。

科学研究是科学技术成果的创造过程。只有加强科学研究，才能增加技术成果的数量，才能加大学校对社会的贡献，才能赢得社会的重视，才能提高学校的社会地位。同时，科学研究成果是专业人才培养的基本内容，只有加强科学研究，实现科研成果向教学内容的转化，才能提高教学质量，为社会培养出更多、更优秀的人才。

1. 重视科研工作

重建后的暨南大学处在一个新的历史发展时期，要提高学校的社会地位和影响力，真正办成国内一流的高等学府，必须始终把工作重点放在提高教学质量、为社会培养优秀人才和直接为社会提供科学技术成果上。为此，学校十分重视科学研究工作，采取了一系列措施。

（1）认真贯彻党中央"百花齐放、百家争鸣"的方针，强调艺术和科学的是非问题应通过自由讨论来解决，充分发扬民主讨论的精神，鼓励教师提出有充分论据的独立见解。明确规定科学研究以国民经济和教学中的重大问题为方向，结合暨南大学和华南地区的具体条件，进行科学研究。要求师生树立认真读书、严谨治学、深思好学的学风，提倡个人积极认真钻研与集体研究相结合，把敢想、敢说、敢干的革命风格和实事求是的作风结合起来，形成浓郁的学术氛围。

（2）在科研工作中，根据教师的科研力量和学校特点，明确重点，集中力量，加强领导，强调要充分发挥广大教师的积极性，普遍开展科学研究，提高科学研究水平，促进教学工作。② 要求各系各教研室，紧密结合教学开展科学研究，对教学大纲、教材建设、教学改革中的重大问题，进行研究，展开讨论。在不影响教学的前提下，有计划、有步骤地开展各种学术活动，积极进行学术交流，如组织小型的学术讨论会、请专家作学术报告等，并把科研成果具体运用到教学过程中。

（3）明确科研重点。这一时期，暨南大学文理科学科研究的重点明确。理科以生物系水生物学科，特别是以淡水养鱼的研究为主；化学系以血吸虫、肿瘤化学药物合成的研究为主；物理系以电子研究为主。文科则以近现代和基础理论的研究为主，并结合暨南大学的实际情况，大力开展对东南亚的政治、经济、历史、文化、艺术等方面的研究。暨南大学提出，力争经过若干年的努力，使学校形成一些优势突出的学科，不仅要出科研成果，而且要培养出自己的专家，科研力量要逐步跻身国内一流大学的行列。

（4）成立科研机构。为更好地开展科学研究和学术活动，学校成立了专门的科学研究机构，配备专职科研人员52人，从人力及组织上保证科研工作的正常开展。1961年，成立了毛泽东思想研究室，负责全校政治理论教学和科研工作的领导和规划，由梁奇

---

① 此部分参考了《暨南校史（1906—1996）》的相关内容。
② 《关于科学研究科工作的意见》，暨南大学综合档案室，档案号：DQ11-239。

达、史丹、郑克、马殊、杜桐、周冷、蔡馥生、何志通、何秋明和张茵林等组成。文科各系分别成立东南亚历史研究室、东南亚文艺研究室、东南亚经济研究室和毛泽东经济思想研究室等科学研究机构。理科方面成立自然辩证法研究小组，生物系成立了水生生物研究室，下分设鱼类组、藻类组，化学系则成立了药物研究室，等等。①

　　暨南大学十分重视南洋问题和东南亚研究所的建设。东南亚研究所原系中国科学院中南分院设在暨南大学的科研机构，委托暨南大学具体领导。设立东南亚研究所是为了适应战后国际形势的需要，东南亚许多国家摆脱了殖民主义的枷锁，先后建立了民族独立的国家，它们在世界和平运动中起着重要的作用。我国与东南亚各国有着悠久而密切的友好关系，但是我国对东南亚国家的历史、政治、经济、文化各方面了解得还很少，对于侨居在这些国家的华侨也缺乏系统的研究和了解。因此，研究东南亚问题是非常必要且具有重要意义的工作。1964 年 2 月，国家教育部召开了研究国外问题的工作会议，认真评估暨南大学对东南亚研究的综合实力和水平后，决定将东南亚研究所划归暨南大学，正式列入学校建制，但属教育部领导。1965 年月 1 月 1 日起正式改名为暨南大学东南亚研究所。该所是副厅级单位，由司徒赞、粟稔任副所长，全所有 32 人。研究所共有 6 个研究小组，即印度支那研究组、泰国缅甸研究组、南洋群岛研究组、东南亚经济和经济地理研究组、东南亚文化教育研究组、港澳问题研究组，另设有资料室、编辑部和办公室。资料室藏书 13000 多册，订阅外文期刊 50 余种，出版有季刊《东南亚研究资料》，此外还编印《东南亚动态简报》。研究所从 1964 年开始收集资料，为编撰《东南亚各国年鉴》作前期准备。这一时期东南亚研究所在科研工作上已取得一定的成绩，但其工作重点仍然是搜集、积累资料，为全面开展研究工作做好准备。②

　　2. 科研成果喜人

　　暨南大学当时理科科研力量比较强的是生物系生物学科和化学系合成药物化学科，很多教师承担了国家科研项目并取得成果。例如生物系副主任廖翔华、刘学高、樊恭矩等；化学系副主任陆启荣等。廖翔华不仅带领本系师生与有关单位合作，在鲢鱼、鳙鱼、草鱼人工产卵孵化研究方面取得显著成绩，还编写了《鱼类生态学》讲义，完成了团鲤生态学的一部分团鲤体形的研究，在全国动物学会上宣读论文，受到好评；他还进行牡蛎生态学的研究。樊恭矩撰写了《中国藻类目地理分布的研究》，参加了西太平洋国际生物学会议，对我国暖海海藻区系提出了自己的学术观点；他还撰写了《红藻生殖器官的研究》等论文，在《植物学报》上发表。陆启荣在血吸虫治疗的药物合成、肿瘤治疗的药物合成的研究方面，也取得了重要进展。③

　　学校的科研成果十分丰富。平时各系根据本身的情况举行中、小型科学论文讨论会或学术报告会。1964 年为庆祝建国 15 周年及暨南大学重建 6 周年，学校举行了大规模的学术讨论会，检阅几年来科研的成绩，各系教师向讨论会提交的论文共有 40 篇，其中文科 11 篇，财经科 8 篇，理科 21 篇。有 19 篇论文邀请广州地区高等院校、科研机构和业务部门的代表参加讨论；有 21 篇论文在校内各专业讨论。这些活动使暨南大学学

---

① 《暨南大学科学研究学术活动情况简报》，暨南大学综合档案室，档案号：DQ11 - 239。

② 详见暨南大学综合档案室档案（档案号：DQ11 - 243）。

③ 《暨南大学一九六三、一九六四两年科研情况报告》，暨南大学综合档案室，档案号：DQ11 - 239。

术研究的气氛日益活跃，科学研究的水平不断提高，并赢得校内外学术界的好评。[1]

理科方面，以水生生物为中心开展的研究较活跃，多位助教、讲师都发表了论文；植物方面，齐雨藻在淡水藻的硅藻方面取得了一些成绩；化学系有机化学教研室教授李子诚负责进行合成化学的研究，成果显著，有望纳入国家十年科技规划的项目。以上项目都是结合学生毕业论文进行的，是暨南大学的第一次尝试，效果良好，在教学上也起到了提高的作用。数学和物理方面，因为两个专业的方向尚未确定，科研安排尚未落实，只有按一些教师的专长作个别研究。

文科和财经方面主要有两个特点：一是很多教师参加当前学术批判和反对现代修正主义的斗争。中文系很多教师发表电影评论和理论学术论文；历史系朱杰勤的《揭露苏联科学院世界通史关于东南亚史的歪曲》一文准备参加亚非学会的年度讨论，罗尔纲的《忠王李秀成苦肉缓兵计考及其评价》发表后，引起了很多教师的大讨论；外语系、经济系不少教师也发表了论文。二是面向东南亚。中文系黄轶球负责筹建东南亚文学研究室，已经搜集了一些资料，1964 年还发表了《越南文学概论》；历史系朱杰勤对东南亚各国史早有研究，现继续研究并发表数篇论文；经济系筹建东南亚经济研究室，开始搜集资料。[2]

暨南大学重视学术交流，接待了许多前来参观访问、讲学交流的外国专家学者。1964 年 7 月 28 日，由南珍率领的越南文学院代表团到暨南大学参观访问，作了《南方来信》的报告；30 日，该团还专程访问了中文系教授黄轶球。暨南大学向代表团赠送了黄轶球撰写的《越南汉诗的卓越成就》（发表在《人民文学》上）、中文系副主任杜桐的《甘工鸟》和中文系编写的民歌集各一册。1964 年 11 月 6 日，暨南大学接待了铃木直吉教授率领的日本学术代表团。1965 年 12 月 16—17 日，阿尔巴尼亚历史学家马·穆扎库前来参观和讲学，暨南大学历史系、中山大学历史系、华南师范学院历史系和政治系教授共 100 多人听讲。此外，1966 年 5 月，朱杰勤还参加接待来穗访问的日本学者安藤颜太郎，等等。[3] 暨南大学还经常邀请著名作家来校讲课、作报告，如张天翼、陈残云、秦牧等，都曾来校作报告或讲课。这些学术活动既促进了暨南大学科研活动的开展，也开阔了学生的学术视野，对激发学生的学习兴趣，鼓励学生向文化科学进军，起到了积极的推动作用。

五、丰富多彩的侨校校园文化[4]

由于暨南大学的学生多数来自五洲四海，各国、各地区都有不同的文化与风俗习惯，因此学生的爱好范围十分广泛。喜爱文体活动也是华侨、港澳学生的重要特点之一。丰富的校园文化既有利于培养学生热爱集体、团结奋斗、积极进取的精神，也有利于学生在德智体各方面都得到全面发展。暨南大学十分关心学生的课外生活，积极引导学生开展有益于身心健康的文体活动，使课内学习与课外活动相结合，让学生做到劳逸结合，以更饱满的精神投入到学习当中。

---

① 《暨南大学科学研究学术活动情况简报》，暨南大学综合档案室，档案号：DQ11 - 239。
② 《暨南大学科学研究学术活动情况简报》，暨南大学综合档案室，档案号：DQ11 - 239。
③ 暨南大学校史编写组：《暨南校史（1906—1996）》，广州：暨南大学出版社 1996 年版，第156 页。
④ 此部分参考了《暨南校史（1906—1996）》的相关内容。

1. 学生社团活动

暨南大学积极鼓励学生组织学术团体,在学生中形成浓厚的学术研究氛围。在这方面做得比较好的是中文系,其成立的春风书法会、红雨诗社、南风文学社、南潮文学社、南湖文学社等学术团体在全校具有影响,该系还经常以墙报、黑板报等形式,刊登书法、篆刻、文学作品、文艺评论等习作,有的学生还在报刊上发表了不少文章。其他各系、各班的学生也成立了许多有特色的学术团体,经常邀请校内外教授作报告,出版墙报、黑板报,学生讨论问题、研究问题的热情非常高涨。

2. 文体活动

暨南大学从华侨、港澳学生的特点出发,按照自愿、小型、多样的原则,积极开展丰富多彩的文娱、体育活动,丰富学生的课余生活。如举行小型文艺演出、讲演会、诗歌朗诵会、周末舞会、电影晚会,节假日组织郊游、登山、野炊等活动。体育方面,早上进行早操、早练,下午课余时间开展形式多样的体育活动。

暨南大学的文工团在当时广州各大高校中是有特色和影响力的。全校性的有学生文工团,各系也都组建文工队。文工团的文艺活动方针是:根据暨南大学的侨校特色及文工团负有接待外宾与观光团任务的实际情况,文工团的节目多以演出东南亚舞蹈、歌曲为特点,同时结合国内外形势,排演各种生动活泼、小型多样的文艺节目,对学生进行社会主义和共产主义道德品质的教育。文工团平时指导各系开展群众性的文娱活动,组织多种多样的小型会演,同时注意发掘、栽培、排练富有教育意义的优秀节目,不断提高质量,使之成为保留节目,做到开展群众性的文艺活动与重点提高保留节目相结合。文工团除向全校师生演出外,还在寒暑假深入到工厂、侨乡演出,积极宣传党和国家的方针政策,不断提高政治艺术水平。学校要求各有关部门对文工团的排练、演出,体育队的训练、比赛,在伙食、茶水、交通等方面给予大力的支持。学校文工团的东南亚歌舞可谓名闻遐迩,每次演出,舞台上一派东南亚的情调,优美的歌曲,动人的舞姿,如百花争艳,令人陶醉,深受师生欢迎。该团还多次到华侨大厦、机场迎接外宾,为华侨、港澳同胞演出,也曾到海丰、中山县等侨乡和华侨农场演出,均受到好评。

暨南大学在体育运动方面具有优良的传统,不仅有广泛的群众性,而且运动水平也较高,在当时大学中的名气非常响亮。暨南大学自 1958 年在广州重建以后,在广州地区高等院校的历届运动会上,有不少项目的成绩名列前茅。如篮球方面,1963—1965 年暨大男篮、女篮双双获得三连冠的优异成绩。足球方面,1963 年和 1965 年均获得第一名,1964 年获得第二名。乒乓球方面,1963 年男子队取得第一名,1964 年、1965 年得第二名。羽毛球方面优势非常突出,女子队 1958 年、1959 年,1963—1965 年 5 次荣获冠军,男子队除 1963 年屈居亚军外,其余 4 年均获得冠军。游泳方面,1963 年、1964 年,男子连获冠军,女子连获季军。1963 年高校游泳比赛中,暨南大学的成绩非常优异,共创 10 项高校纪录。詹泽民创男子 100 米和 200 米自由泳 2 项纪录,赵连修创男子 400 米、1500 米自由泳 2 项纪录,符之美创男子 100 米蝶泳纪录,廖文辉创男子 100 米蛙泳纪录,严兆春创男子 200 米蛙泳纪录,集体创男子 4×100 米自由泳接力纪录,男子 4×400 米混合接力纪录,许淑英创女子 100 米自由泳纪录。田径运动方面,历年共有 4 人破(创)广州高校纪录,如 1959 年陈修良标枪成绩为 50.03 米,1960 年冯增操 3000 米长跑成绩为 9 分 42 秒 6,1963 年陈恒亮铁饼成绩为 34.60 米,1961 年黎承亮跳高成绩为

1.87 米，分别破或创高校纪录。体操方面，在 1964 年广州高校的体操比赛中，陈加才获男子二级全能，熊冠兰获女子二级全能，黄直良、陈之善、曹启祥、朱锦华获男子三级全能，汤五英、王新美获女子三级全能。暨南大学还培养出一批等级运动员，一级运动员有张球享、马武端、陈松光，二级运动员有陈修良、陈恒亮、黎承亮，三级运动员有冯增操。[①]

即使在"文革"期间，暨南大学的学生活动也是非常有影响的。尤为值得一提的是，"文革"初期，暨南大学对面的华南师范学院有一群红卫兵要来暨南大学"造反"，声明要"剃光飞机头，剪光牛仔裤"，还要肃清穿裙子的"资产阶级小姐"，暨南大学学子便也组成"红卫兵"与之对抗，两校红卫兵决定在暨南大学运动场以"穿裙子"为主题展开辩论，暨南大学为正方，主张"可以穿裙子"；华南师范学院为反方，坚持"不准穿裙子"。暨南大学据理力争，以人类穿衣最初是用树叶围体御寒遮羞为论据，论证人类穿衣是以穿裙子开始的，并且男女不分，"树叶裙"是人类最原始的衣服，如果不准女人穿裙子，那么也应该禁止男人穿裤子。结果华南师范学院红卫兵全线溃退，还有个别"华师战士"阵前倒戈，暨南大学大获全胜。那次辩论也使暨南大学红卫兵一夜之间名声大噪。[②]

同学间团结互助，亲密无间。当时许多华侨女同学带有缝纫机，男同学的衣服破了，女同学便主动拿去缝补；有段时间暨南大学给每名大学生配给大米 31 市斤（以粮票兑现），有的男生不够吃，而有的女生吃不完，于是女生便把剩余的粮票分给那些男生，[③] 大家亲如兄弟姐妹。每班都配备有班主任、辅导员，他们关心学生的思想、学习、生活，与学生打成一片。任课教师也经常深入到学生宿舍，进行课外辅导，师生关系十分密切。全校开展"学雷锋，创三好"等活动。勤奋好学，尊师爱生，关心集体，助人为乐，积极进取，蔚然成风。有许多华侨、港澳同学还被评为"三好学生"。

六、办学条件的改善与办学规模的初步发展[④]

1. 办学条件的改善

重建后的暨南大学是新中国第一所华侨大学，因此，中央和广东省的党政领导对学校的重建工作十分重视和关怀，原计划把暨南大学办成侨办公助的大学，后考虑到重建学校是一项大工程，为顺利建校，决定把暨南大学改为公办侨助的大学，加大政府对学校的扶植和支持。周恩来总理亲自批给暨南大学基建投资，解决暨南大学办学问题。陶铸、廖承志、李嘉人等领导亲自为暨南大学调配教师、解决经费、筹划设备。中央有关部门和广东省的领导曾多次莅校视察指导工作，看望师生。高教部部长杨秀峰，中共中央宣传部副部长张际春、周扬，中侨委主任廖承志、副主任方方，中共广东省委书记区梦觉、副省长李嘉人等，都曾到暨南大学视察工作或给师生作报告。周扬副部长参加过暨南大学的舞会。李嘉人副省长专门和华侨学生座谈，对他们的思想、学习、生活问题十分关怀。在中央、广东省政府及港澳同胞的支持下，暨南大学的办学条件不断改善。

① 暨南大学校史编写组编：《暨南校史（1906—1996）》，广州：暨南大学出版社 1996 年版，第 160、161 页。
② 蔡锦贵：《草根岁月》，北京：中国文联出版社 2006 年版，第 200 - 201 页。
③ 蔡锦贵：《草根岁月》，北京：中国文联出版社 2006 年版，第 233 页。
④ 此部分参考了《暨南校史（1906—1996）》的相关内容。

一是校园面积逐步扩大。暨南大学的校址，根据陶铸同志的提议，省委决定在广州归国华侨学生中等补习学校的基础上扩建，占地面积约 60 万平方米。后来广东省教育行政学院、广州补校搬迁，省政府又将这两所学校的校址拨给暨南大学。另外，暨南大学河南试验农场的面积也进一步扩大，从初期的 98 亩扩大到 218.7 亩，其中鱼塘 170 亩，水田 48.7 亩。1962 年，暨南大学的总面积达 100 万平方米（1500 亩）。

二是建校资金比较到位，基本建设方面取得很大进展。党和政府重视暨南大学的发展，即使在国家经济困难的年月，仍给暨南大学重点投资。1962 年全国基建下马，大力压缩设备购置，中央仍批准 90 万元，中南局批准 30 万元给暨南大学进行基本建设。[1] 从 1958 年至 1970 年，教育部拨给暨南大学的教育经费总数达人民币 2424 万元，基建投资达人民币 587 万元，两项合计人民币 3011 万元。在充足资金的保障下，这一时期，暨南大学兴建了化学楼、物理楼各 1 座，教工宿舍 22 座，学生宿舍 6 座（包括河南农场 2 座），教工饭堂 1 座，学生饭堂（蒙古包）4 座，幼儿园、招待所、疗养所、汽车房、仓库、厂房等一大批楼房，总面积 6 万余平方米，此外还建游泳池 1 个和校门、围墙及修建校道 2000 米等。至 1966 年，全校楼房总建筑面积共达 11.6 万余平方米[2]。暨南大学的各项设施基本齐全，成为广州石牌文化区的一道风景线。

除政府拨款外，暨南大学还积极筹措建校经费，外汇和各种捐赠也改善着办学条件。暨南大学为华侨、港澳同胞子弟提供受教育的机会，广大海外侨胞、港澳同胞及热心华侨教育的人士，对暨南大学十分关心和爱护，积极从财力、物力等方面给予支持和赞助。如王宽诚先生捐赠人民币 100 万元兴建教学大楼；原籍广东开平县、后来旅居澳大利亚的华侨谢震常老先生，在临终前仍念念不忘关心祖国的侨教事业，立下遗嘱将其辛勤劳动所积蓄的存款，一半给国内的亲属，另一半捐赠给暨南大学，虽然数目不大，但其精神十分感人。[3] 据统计，从 1958 年至 1966 年，董事、华侨、港澳同胞和热心教育的人士给暨南大学的捐款共达人民币 146 万元，港币 14 万元。此外，华侨、港澳同胞还为暨南大学捐赠一批仪器设备。

三是图书资料不断充实，教学仪器设备逐步改善。图书资料及教学仪器设备是一所学校最基本的要件，是衡量一所学校综合实力的重要指标，因而暨南大学对仪器设备和图书资料的工作十分重视，成立专门的组织机构来加强对这一工作的领导和管理。在图书管理方面，1961 年校务委员会成立之后，即聘请了一批对搜集和整理图书有研究的专职人员，成立图书资料小组，负责指导全校和各系（室）的图书资料搜集整理工作。1963 年在校务委员会下，又正式成立了图书委员会和教学设备委员会，负责审批有关计划、规章制度和解决工作中遇到的重大问题，并根据学校资金情况逐年加大对购进图书资料的投资，添购新书。到 1966 年上半年，学校图书馆藏书总数已达 621217 册，价值人民币 107 万元。

四是教学仪器方面，在国家的关心和华侨、港澳同胞的赞助下，经过全校师生员工的努力奋斗，到 1966 年上半年，暨南大学教学仪器设备总值达人民币 286 万元，40 元

---

①　《暨南大学校务委员会工作报告》，暨南大学综合档案室，档案号：DQ11 - 116。

②　张德昌主编：《常有四海心——梁奇达纪念文集》，广州：暨南大学出版社 2004 年版，第 132 页。

③　《同意我校接受澳洲华侨谢震常捐款一事》，暨南大学综合档案室，档案号：DQ11 - 126。

以上的设备有 4732 件。共有实验室 70 个，较贵重的仪器、设备有水晶摄谱仪、晶体光机、八线示波器、超高频讯号发生器、晶体管基本参数测试仪、万用分光光度计、微波测试仪、方波极普仪、高频电炉等。此外还设有机械厂、印刷厂、木工厂等。①

五是十分重视搞好学生膳堂的工作，办好膳堂，搞好伙食，改善生活。陶铸对学生的生活非常关心，1964 年春，他特地召集省市有关领导同志和广州地区高等学校负责人在暨南大学开会，了解学生的伙食情况，并采取措施，改善供应，提高伙食质量。曾生、林西、李又华等参加了会议。会议决定建设石牌市场，改善石牌地区高校的副食品供应和交通问题。同时，决定首先在暨南大学试行学生饭堂粮食不定量的制度。陶铸在会上指出，中央决定给大学增加伙食费，油也增加了，如果粮食不够吃就增加，要吃好一点。② 在上级关怀和学校重视下，学生膳堂的伙食在广州地区高等院校中是办得比较好的。此外，为了满足部分华侨、港澳学生的要求，暨南大学还开设南洋餐馆。部分经济条件较好的华侨、港澳同学，可以不在学生饭堂吃饭，而到南洋餐馆包伙食，或临时开餐。

六是对华侨、港澳学生给予关心、照顾。学生生活条件的改善也是反映学校办学条件提高的重要方面。对经济有困难的华侨、港澳学生，暨南大学发给他们助学金，全校约有 60% 的华侨、港澳同学享受人民助学金。有的侨生一时侨汇接济不上，暨南大学发给临时助学金，帮助其解决困难。对于缺少御寒衣物和蚊帐的学生，暨南大学就补助他们棉衣、棉被和蚊帐。那时学生宿舍使用木架床，上铺和下铺一样只有三面有挡板，后来有一名学生深夜不小心从上铺掉了下来，学校对此十分关心，很快统一安排全校各系学生床铺都增加一块挡板，上铺便可以高枕无忧，此事曾经传遍广州各院校，各校纷纷效仿暨南大学。爱护学子，未雨绸缪，一时传为美谈。③ 根据华侨学生行李比较多的实际情况，学校建有侨生行李仓库，代为保管，并派专人负责保管，每个周六或星期天开放，让侨生取东西。④ 学生生病，老师、同学前往慰问，并给开营养餐，有的侨生因病休学，而国内又没有亲人，学校专门建了一座楼房作为疗养所，让他们疗养。在节假日，还组织华侨、港澳同学到祖国各地参观、旅游。每年春节，学校和各系领导人，把留在学校的华侨、港澳同学请到家里吃饭，共度佳节。

2. 办学规模扩大

随着教学条件的不断改善，暨南大学的办学规模不断扩大，这主要表现在以下三个方面：

首先，从招生上看，报考暨南大学的学生数量逐年增长，生源地也越来越广。暨南大学已逐步发展成为一所吸引广大华侨、港澳青年的华侨高等学府。每年都有大批华侨、港澳学生报考暨南大学，华侨、港澳学生的比例比学校重建初期有较大幅度的增长，更充分地显示出暨南大学的侨校特色。"1958 年秋正式开学时，全校学生共 1271 名，其中侨生、港澳生 579 名，占 45.6%；至 1965 年秋季，全校在校学生达 2927 人，

---

① 《暨南大学简史概况及今后办校设想》，暨南大学综合档案室，档案号：DQ11－79。
② 《在广州地区高等院校党委书记、校长座谈会上陶铸同志的讲话》，《校长办公室》第 2 号卷，暨南大学综合档案室藏。
③ 蔡锦贵：《草根岁月》，北京：中国文联出版社 2006 年版，第 199 页。
④ 蔡锦贵：《草根岁月》，北京：中国文联出版社 2006 年版，第 200 页。

其中华侨、港澳学生 2201 人，占 75.2%。"[1] 华侨学生来自印度尼西亚、马来西亚、泰国、越南、新加坡、柬埔寨、缅甸、美国、日本、菲律宾、老挝、南非、印度、澳大利亚、古巴、加拿大、秘鲁、危地马拉、葡萄牙、新西兰、巴拿马、墨西哥 22 个国家和地区。而其中以印度尼西亚学生最多，其次是马来西亚、泰国、新加坡、越南。从以上情况可以看出，世界五大洲都有华侨青年前来暨南大学求学。这不仅说明暨南大学越办越好，在国内外的声誉日益提高，而且充分显示了在党和政府的重视和关怀下，新中国的华侨高等教育事业已经进入了一个新的发展时期。

其次，从专业设置上看，暨南大学由初办时以工科为主的大学逐步发展成为综合性大学。1958 年开学时，暨南大学系、科、专业设置为 5 个系 11 个专业，即中国语言文学系（汉语言文学专业）、历史学系（历史学专业）、矿冶系（地质勘探专业、采矿专业、选矿专业、冶金专业）、水产系（淡海水养殖专业、水产加工专业、工业捕鱼专业）、航海业（驾驶专业、轮机专业）；还有 2 个预科，即工农预科和华侨预科。后来根据暨南大学的性质、任务和办学方针，学校明确规定"面向华南地区、面向东南亚、面向海洋"作为暨南大学专业设置的主要方向[2]，并决定缩短战线，集中力量，加强领导，调整和办好各系的专业。学校经调查研究，认为商科（以财贸、会计为主）、文科（以汉语言文学、历史、新闻为主）、理科（以化学为主）、外语（以英语为主）以及医科等学科、专业对于华侨、港澳学生比较适合，特别是商科人才海外需要的数量更大。因此，在 1962 年经济系增设了会计学专业以及工业经济、商业经济 2 个专门组；新成立外国语言文学系，先开设英国语言专业。1963 年历史学系历史学专业恢复招生，东南亚历史专业并入历史学专业，同年新闻专业停止招生，预科停办，开设会计中专训练班（学制 1 年，只办 1 期），1965 年秋季，成立对外贸易经济系。至此，暨南大学已经发展成为一所文理并重、初具规模的综合性大学，共开设有 9 个系 11 个专业和 2 个专门组，即中国语言文学系（汉语言文学专业）、历史学系（历史学专业）、外国语言文学系（英国语言文学专业）、经济系（政治经济学专业、贸易经济专业、会计学专业、工业经济专门组、商业经济专门组）、对外贸易经济系（对外贸易经济专业）、数学系（数学专业）、物理学系（物理学专业）、化学系（化学专业）、生物学系（生物学专业）[3]。陶铸非常关心学校的专业发展，他曾多次提出，暨南大学应开设东方语言文学系。1965 年 5 月 21 日，他莅校视察工作时再次提及这一问题。暨南大学随即向高教部请示筹办越南语、泰国语和印度尼西亚语专业，高教部于当年 9 月 9 日下达文件，表示同意。暨南大学即抽调教师着手筹备工作，后因爆发"文化大革命"而夭折。

最后，从毕业生情况看，暨南大学重建后，至 1963 年有了第一届本科毕业生，从 1963 年至 1970 年，共培养 8 届本科毕业生，总数达 4037 人，其中华侨、港澳毕业生 2884 人，占总数的 71.44%；另外培养了预科生 1412 人，其中华侨、港澳学生 1130 人，占总数的 80.03%；会计中专毕业生 181 人，全部是华侨、港澳学生。以上总人数为 5630 人，其中华侨、港澳学生 4156 人，占总数的 73.82%。暨南大学培养出来的部分学

---

① 《暨南大学简史概况及今后办校设想》，暨南大学综合档案室，档案号：DQ11 - 79。

② 《暨南大学给省委文教办的报告》，《学校办公室》第 4 号卷（1958—1966），暨南大学综合档案室藏。

③ 《暨南大学简史概况及今后办校设想》，暨南大学综合档案室，档案号：DQ11 - 79。

生在国内参加社会主义建设，成为各条战线上的骨干，也有相当部分回到海外和港澳地区就业，为当地经济社会的发展和沟通中外经济文化交流、促进港澳的繁荣稳定作出了贡献。

第四节　暨南大学被迫撤销

一、撤销的历史背景

经过十余年的初步发展，暨南大学各方面工作都步入了良性发展的轨道，华侨最高学府再度焕发出青春与活力，正当暨南大学进入蓬勃发展阶段之际，却遭受了"文化大革命"的浩劫。早在1965年冬，姚文元《评新编历史剧〈海瑞罢官〉》的文章发表后，暨南大学同全国其他高等学校一样，出现了"山雨欲来风满楼"的紧张气氛。1966年5月16日，中共中央政治局扩大会议通过的"五一六通知"成为"文化大革命"的指导纲领，标志着"文革"开始。通知提出："彻底批判学术界、教育界、文艺界、出版界的资产阶级反动思想，夺取在这些文化领域的领导权。"可见，该通知有一个"预设"，即教育界和其他领域一样，其领导权已经不是掌握在无产阶级的手里，而是掌握在资产阶级的手里。[①] 6月1日，《人民日报》发表了《横扫一切牛鬼蛇神》的社论，社论中说："一个势如暴风骤雨的无产阶级'文化大革命'高潮已在我国兴起！"当晚，在各地广播电台联播节目中，全文播放了北京大学聂元梓等人的"第一张大字报"。次日，《人民日报》在头版头条刊登了这张大字报，并发表了《欢呼北大的一张大字报》的评论员文章。这张大字报说："坚决、彻底、干净地消灭一切牛鬼蛇神、一切赫鲁晓夫式的反革命修正主义分子，把社会主义革命进行到底。"[②] 8月8日，中共中央八届十一中全会通过的《关于无产阶级"文化大革命"的决定》（简称"十六条"），明确提出："我们的目的是斗垮走资本主义道路的当权派，批判资产阶级的反动'权威'，批判资产阶级和一切剥削阶级的意识形态，改革教育，改革文艺，改革一切不适合社会主义经济基础的上层建筑。"还把毛泽东的"五七指示"内容作为"教育革命的纲领"，提出"改革旧的教育制度，改革旧的教育方针和方法，是这场无产阶级'文化大革命'的一个极其重要的任务"[③]。

正是在这种大背景下，1967年7月18日，《人民日报》发表《打倒修正主义教育路线的总后台》一文。文章全面否定新中国成立后十七年的教育工作，说新中国成立后十七年的教育是"封建主义、资本主义、修正主义教育的一套破烂"，制定高校、中学、小学工作条例是大搞"智育第一""技术至上"，新中国成立以来教育工作中推行的是一条"反革命修正主义路线"，这条路线"要为资本主义复辟效劳"，"要为资本主义传宗接代"。9月，《红旗》第10期发表了与此相似的文章《沿着毛主席的无产阶级教育革命路线胜利前进》，鼓动人们对新中国成立十七年的教育路线进行大批判[④]。所谓"上揪

---

① 李国钧、王炳照：《中国教育制度通史》，济南：山东教育出版社2000年版，第47页。
② 《横扫一切牛鬼蛇神》，《人民日报》，1966年6月1日。
③ 郑金洲、瞿葆奎：《中国教育学百年》，北京：教育科学出版社2002年版，第186页。
④ 金林祥：《20世纪中国教育学科的发展与反思》，上海：上海教育出版社2002年版，第205、206页。

下扫"，"文化大革命"即席卷全国，暨南大学也开始了大动乱。全校停课搞"文化大革命"，掀"走资派"，斗"反动学术权威"，批"修正主义教育路线"，造反夺权，群众组织互相对立，陷入一片混乱，就连校长杨康华也被勒令"靠边站"，多次被批斗。深得广大海外华侨、港澳同胞认可的学校办学方针，被作为"修正主义教育路线"批斗，真是是非颠倒，黑白混淆！暨南大学惨遭摧残。

二、撤销始末

1970年，林彪集团企图在广州另立党中央。撤销暨南大学，并把第一军医大学迁到广州接管暨南大学的校园早已在酝酿中，可以说撤销暨南大学是蓄谋已久的。解放军总后勤部所属的第一军医大学原在齐齐哈尔，1969年下半年迁至长沙，脚跟尚未站稳，林彪就指示要南迁广州。当时他们派专人到广州考察地形，为军医大的南迁寻找校址，经过多次考察，看中了暨南大学这个"环境幽美，交通方便，房舍集中，比较适用"的地方。为了给军医大的南迁找个冠冕堂皇的借口，他们向国务院谎称："暨南大学的房子已经空起来了。"[①] 1970年1月25日，国务院值班室值班员王文镜给广东省革委会打电话称："总后勤部向国务院提出，广州市暨南大学的房子已经空起来，军队需要占用，经与广州军区、广东省、广州市革委会商量，他们同意交给军队。他们双方已经商量好，国务院同意将暨南大学的校舍和营具都交给广州军区和总后勤部。"[②] 在没有任何正式中央文件，仅凭一名值班员电话通知的情况下，1970年2月初，他们通过广东省教育办口头通知暨南大学革委会，宣布撤销暨南大学，并在2月12日确定了搬迁计划。暨南大学被迫开始了搬迁，一所全国重点大学就这样被撤销了。为了掩人耳目，他们在2月17日才由广州军区起草了一份《关于撤销暨南大学的请示报告》，次日，广州军区以广东省革委会的名义上报中央军委转教育部。3月5日，省革委会正式下发撤销暨南大学的通知。事实上，这时暨南大学的搬迁工作已经被迫进行了20多天。

当时暨南大学尚有1969、1970两届毕业生共1145人，教职工及家属2000多人，学校的各栋房子都没有空起来，或有人住，或放置仪器设备、图书文具等。对于学生，只好遣送到湖南西湖军垦农场劳动，等候毕业分配；而暨南大学的大部分教工仍在广东三水县南边"干校"劳动。暨南大学的师生员工被迫限期搬出自己参加建设的暨南园。

暨南大学撤销后，所属各系在3月底前并入各有关院校。"中文、历史、数学、物理4个系合并到广东师院（现在华南师范大学），经济、生物2系合并到中山大学，外语、外贸2系合并到广州外语学院，化学系、学校机关和直属单位合并到广东化工学院（该院后来合并到华南工学院）。仪器设备、图书资料也被瓜分。"[③]

暨南大学这所华侨高等学府，在十年动乱中，就这样被"肢解"了。暨南大学从1966年至1977年停止招生长达12年，新中国的华侨高等教育事业，被林彪集团、"四人帮"摧毁殆尽，这也是暨南大学校史上的第三次停办。

---

① 《关于暨南大学被撤销的真相和要求归还暨大校舍营具的报告》，暨南大学综合档案室，档案号：DQ11－58。

② 《从撤销暨南大学看黄永胜一伙的阴谋》，暨南大学综合档案室，档案号：DQ11－58。

③ 《关于贯彻执行国务院、中央军委撤销暨南大学指示的有关问题的通知》，暨南大学综合档案室，档案号：DQ11－69。

表1　本科毕业生统计表（1962—1970）

学年度	学　制	师训班	计划内	补发毕业证	备　注
1962	4	17			
1963	5		207		
1964	5		519		
1965	5		695		
1966	5			343	
1967	5			709	
1968	5			579	
1969	5			444	
1970	5			524	
总　计		17	1421	2599	

资料来源：暨南大学校史编写组编：《暨南校史（1906—1996）》，广州：暨南大学出版社1996年版，第166页。

表2　其他班毕业生、结业生统计表（1958—1963）

学年度	学　制	会计中专训练班	华侨预科	工农预科	合　计
1958	2			234	234
	1		283		283
1959	2			48	48
	1		204		204
1960	1		90		90
1961	1		237		237
1962	1		316		316
1963	1	181			181
总　计		181	1130	282	1593

资料来源：暨南大学校史编写组编：《暨南校史（1906—1996）》，广州：暨南大学出版社1996年版，第167页。

第七章

广州复办初期

（1978.3—1986.8）

粉碎"四人帮"后，中央于1978年春决定恢复暨南大学，要求当年复办，当年招生，时间十分紧迫，任务非常繁重。在中央和中共广东省委的领导和大力支持下，复办暨南大学筹备工作领导小组发扬艰苦创业的精神，带领全体工作人员，克服重重困难，经过半年时间的筹备，终于在当年10月16日开学了。党的十一届三中全会之后，我国进入了一个新的历史时期，暨南大学也进入了一个新的发展阶段。

第一节　暨南大学的复办

一、中央决定恢复暨南大学

"文化大革命"结束后，中共中央领导全党和全国人民进行拨乱反正，全面总结十年动乱的惨痛教训，消除"左"的影响，纠正在侨务工作和华侨教育事业中的错误，恢复并进一步制定了侨务工作和华侨教育的方针政策，使华侨教育尽快得到恢复和发展。为了落实党和国家关怀、爱护、团结广大海外侨胞和港澳同胞、台湾同胞的一贯政策，满足海外华侨学生和港澳台学生回国、回内地求学的愿望，党和国家把恢复暨南大学的问题提上了议事日程。

1977年底，国务院副总理李先念在全国侨务工作会议预备会议上，提出要把暨南大学首先恢复起来。翌年1月11日，中共中央在转发外交部《关于全国侨务会议预备会议的情况报告》的文件中，明确指出要"逐步恢复暨南大学、华侨大学和若干华侨补习学校"。此后，根据国务院指示，暨南大学筹备复办并决定于同年秋季即招生开学。

党中央、国务院关于复办暨南大学的决定，得到上下各有关部门和热心人士的热烈拥护和支持。为了响应中共中央、国务院的决定，全国人大常委会副委员长、国务院侨务办公室主任廖承志和中央军委秘书长罗瑞卿，先后于1978年2—3月间，分别召开了有关解决暨南大学校舍问题的专门会议，决定解放军第一军医大学在三年内逐步把校舍归还暨南大学，以支持暨南大学的复办工作。3月30日，全国人大常委会委员长叶剑英元帅亲笔为暨南大学题写校名，从精神上给了暨南大学莫大的鼓励和鞭策。

为使暨南大学的复办工作顺利进行，国务院于4月17日批转了教育部、国务院侨务办公室《关于恢复暨南大学、华侨大学有关问题的请示》，对两校的招生面向、专业设置、学制和规模、领导体制、师资、设备、图书、经费等问题作出明确的规定，指示复办后的暨南大学"要办成一所文、理、医多科性综合大学"，"以招收海外华侨、港澳同胞和台湾籍青年学生为主，同时也要招收少部分国内的学生（以国内的归侨和侨眷的子女为主）"。还特别规定对华侨、港澳学生实行"来去自由"的政策，"华侨和港澳学生毕业后，可以由国家统一分配留在国内参加祖国的社会主义建设，也允许出国就业"。[①]这既指明了暨南大学的新任务和新特点，也指明了办学的方向，充分体现了党和国家对暨南大学的殷切期望。

---

① 国务院文件，国发〔1978〕71号（1978.4.17），暨南大学档案，1978年，目录号1，案卷号3，第2-4页。

二、恢复董事会　制订发展规划

根据党中央、国务院有关指示精神，为争取各方面力量支持复办暨南大学，并加速复办工作进程，1978 年 6 月恢复成立了暨南大学董事会。全国人大常委会副委员长、国务院侨务办公室主任廖承志继续担任暨南大学董事会董事长，由荣毅仁、林修德、王匡、李嘉人、杨康华、郭棣活、何贤、王宽诚、费彝民、蚁美厚、柯麟、汤秉达和罗叔章任副董事长，并由国务院侨务办公室向广东省人民政府聘请华侨、港澳同胞、归侨、台湾同胞知名人士和国内外热心华侨教育人士担任董事会董事，共有董事 75 人。

6 月 9 日，廖承志董事长在学校礼堂主持召开了复办后的第一届董事会第一次会议，共商复办暨南大学有关事宜。廖承志在会上讲："党中央非常关怀暨大复办的筹备工作，党中央的文件为复办暨南大学作出指示，国务院为复办暨大专门发出文件，叶剑英委员长亲自为暨南大学题写了校名。一所学校的复办，得到党中央、国务院这样重视，这是少有的。"他勉励大家要很好地领会中央关于复办暨南大学的精神，不仅要把暨南大学办成具有先进科学文化水平的高等学校，而且看作是扩大爱国统一战线的一项重要工作。[1] 在讨论中，董事们热烈畅谈复办暨南大学的重大意义，纷纷表示每个董事都有责任协助办好学校。[2] 会议讨论并审定了《暨南大学发展规划纲要（草案）（1978—1985）》，指出："暨南大学是一所新型的社会主义大学，培养德、智、体全面发展的掌握专业知识与技能的各种专门人才。学生毕业以后，在国内能够为社会主义革命和建设作出贡献；回到居住地能够为当地人民服务，为增进居住国人民和祖国人民的友谊、促进中外科学文化交流、扩大爱国统一战线和国际反霸统一战线作出贡献。"[3] 会议通过了暨南大学董事会章程，明确规定董事会的宗旨是：发扬海外侨胞、港澳同胞、台湾同胞爱国爱乡精神和支援祖国四化建设的积极性，协助政府办好暨南大学。

经董事会审定的《暨南大学发展规划纲要（草案）（1978—1985）》根据国务院有关指示精神，提出 8 年内的 5 项基本要求：①经过 8 年的努力，把暨南大学办成一所具有先进水平的文、理、医多科性综合大学，在校本科生达到 4000 人，研究生达到 400 人，以后逐步扩大。②基本建成一支学科配套，适应需要，水平较高，拥有 1000～1200 人的师资队伍。③建成一批包括华侨医院、计算中心、先进仪器分析实验室等具有现代仪器设备的教学、科研设施。④建设一批包括文、理、医、经济学科的研究机构，朝着把学校办成教学中心和科学研究中心的方向努力。⑤完成华侨医院、图书馆、生物、数学、外语大楼、学生及教工宿舍等一批教学、科研、生活用房的基本建设任务和相应的体育设施。

根据当时学校正在筹备复办、百业待兴的实际情况，决定上述规划分两步完成：第一步拟用 3 年左右的时间，主要做好学校的恢复、整顿工作，并使学校的规模略有发

---

① 《廖承志在暨南大学复办后第一次董事会会议上的讲话（1978.6.9）》，暨南大学档案，1978 年，目录号 1，案卷号 9，第 50－54 页。

② 《暨大复办后第一次董事会议的情况报告（1978.6.29）》，暨南大学档案，1978 年，目录号 1，案卷号 9，第 71－76 页。

③ 《暨南大学发展规划纲要（草案）（1978—1985）》，暨南大学档案，1978 年，目录号 1，案卷号 9，第 93－94 页。

展，教学水平有所提高；第二步是再通过 5 年左右的努力，使学校各方面都有较大的发展，教学质量有较大的提高，科研能力有较大的加强。这一指导性的文件，对当时的各项复办工作和后来学校的发展，都起着重要的指导作用。

董事们在共商办好暨南大学大计的过程中，深感党中央和国务院对复办暨南大学工作的关怀和高度重视，受到很大的鼓舞，纷纷表示将从财力、物力等方面支持暨大的复办工作。荣毅仁副董事长率先表态，将国家落实对私营工商业社会主义改造时期赎买政策，发还他在广州的 56 万元捐赠给暨南大学，支持学校的建设。①

董事会开幕的当天上午，暨南大学全体教职员工在大礼堂隆重举行了庆祝叶剑英委员长亲笔为暨南大学题写校名的大会。广东省及广州市 85 个单位的来宾、代表及暨南大学的董事和全体工作人员共计 1000 多人参加了大会。叶剑英委员长的题字，以铜片铸制成金色大字悬挂在学校南大门上，暨南园呈现出一派新的气象。

三、筹备就绪　招生开学

1978 年 3 月，在中共广东省委和省人民政府的直接指导下，开始了暨南大学复办的筹备工作。在党中央、国务院作出复办暨南大学的决定后，广东省委立即致电表示完全拥护，并根据中央的指示精神，于 2 月 3 日呈文提出成立复办暨南大学筹备工作领导小组的方案。3 月 23 日，省委决定由广东省副省长、原暨南大学校长杨康华兼任复办暨南大学筹备工作领导小组组长，由原暨南大学副校长梁奇达任副组长，原暨南大学副校长王越，原暨南大学党委副书记罗戈东、朱明，原暨南大学副教务长李天庆以及刘希正为筹备工作领导小组成员。领导小组下设秘书、组织人事、教务、后勤四个组，负责有关具体筹备工作。4 月 29 日又成立暨南大学党的核心小组，由杨康华、梁奇达、罗戈东、朱明四人组成。

为使筹备工作顺利进行，广东省委书记吴南生、副省长李嘉人也参与复办暨南大学的具体指导工作。4 月 25 日，吴南生书记召开有省、市各相关部门及各高等院校共 56 个单位负责人参加的会议，共商支持复办暨大有关事宜，到会的负责人纷纷表示要从人力、物力、财力等方面支持和帮助办好暨南大学。正如杨康华副省长在会议上所说："昔日是八方风云会中州，今天是八方人马办暨大。"②

根据上级的决定，暨南大学停办时调到广州地区 4 所院校的教职员工，原则上均应调回，分配给 4 校的原暨南大学的设备、图书，归还暨南大学。被占的原暨南大学校园、校舍也一并归还。

原暨南大学的广大教职员工为学校的复办而欢欣鼓舞，他们根据中央和中共广东省委的决定，迅速从四面八方回归，满腔热情地投入紧张的筹备工作。大家同心同德，群策群力，夜以继日地忘我工作，决心以实际行动把在"文化大革命"中被撤销的暨南大学重新建设起来，而且要把她建设得更加美好。

复办暨南大学的喜讯一传开，海内外许多热心华侨教育事业的人士和广大侨胞、港澳同胞欢欣鼓舞，奔走相告，纷纷来电、来函表示祝贺。仅半年多时间，就先后接到来

---

① 马兴中：《荣毅仁与暨南大学》，《暨南大学》第 424 期，2005 年 11 月 20 日，第 4 版。
② 暨南大学校史编写组编：《暨南校史（1906—1996）》，广州：暨南大学出版社 1996 年版，第 172 页。

自海内外的 2000 多封函电，有的从精神上给予鼓励，有的从物质上给予支持和赞助，有的询问有关入学的手续等。如香港黄佩球、赵广、黄耀寰等，立即为暨南大学筹措了一批电化教学、语言实验室设备。加拿大的两位华侨女青年在来信中说："我们从报章上得悉暨大恢复招生，十分兴奋，我们三年前毕业于多伦多大学，从事肿瘤研究，对祖国医学十分向往，希望能获准回来就读。"① 许多港澳青年学生和家长也纷纷来函询问有关招生事宜。

当时复办暨南大学，几乎一切都从零开始，任务非常艰巨。在有关单位的支持下，暨南大学收回了部分校舍，从 4 所院校调回原暨南大学教师、干部，收回部分图书和设备。同时还从全国各地物色、调进了一批骨干教师，以充实师资力量。在系科专业设置方面，除外贸系外，原有的 8 个系均复办，并增设了新闻系。同时，新办了医学院，并着手筹建附属医院（广州华侨医院）。在各方面的大力支持和广大教职员工的共同努力下，仅经半年时间的筹备，暨南大学便恢复了，并于当年秋季招生开学。广东省副省长杨康华继续兼任校长，由梁奇达、王越、罗戈东任副校长。10 月 16 日，暨南大学隆重举行了复办后的首次开学典礼。中共广东省委第二书记习仲勋出席开学典礼，并作了重要讲话，他鼓励师生员工为将暨南大学办成有特色、高水平的华侨大学而努力。

1979 年以后，上级又先后任命李云扬、韩托夫、李辰、李天庆为副校长。1980 年 8 月成立中共暨南大学党委，由杨康华任党委第一书记，李云扬任第二书记，梁奇达、曾源、林锋任副书记。

复办初期，暨南大学的经费十分困难。当时人头费（工资、福利、医疗等费用）占总经费的 70%，只剩 30% 可用于教学、科研和管理。但在暨南大学的正确领导下，学校全体师生员工发扬艰苦奋斗的精神，同心同德，克服困难，努力工作和学习，使学校很快得到恢复并不断地向前发展。

第二节　学校管理体制的确立

一、中央决定重点扶植暨南大学

暨南大学复办后，对华侨、港澳青年学生实行"来去自由"的政策，他们毕业后回到原居住地区就业，这与"文革"前回国求学的华侨学生毕业后多数留下来参加国家的社会主义建设，有着很大的不同。为更好地贯彻这一政策，按照新的情况、新的特点办好学校，无论在专业、课程、教学内容、教学方法，还是思想品德教育、生活管理、文体设施等方面，都必须采取相适应的措施。因此，在复办初期的几年里，除了做好各项恢复、整顿工作外，更主要的任务是根据中央有关复办暨大的指示精神，就学校的专业设置、教学工作和管理教育工作如何适应海外华侨、港澳地区需要等问题进行实践和探索。

1983 年 6 月 10 日，中宣部、教育部、国务院侨务办公室在向中央提交的《关于进

---

① 暨南大学校史编写组：《暨南校史（1906—1996）》，广州：暨南大学出版社 1996 年版，第172 页。

一步办好暨南大学和华侨大学的意见（1983.6.10）》文件中，讲到暨南大学和华侨大学"两校的专业和课程设置要通过认真调查，充分考虑港、澳、台和国外的需要，为毕业生回到本地能被优先录用创造有利条件"；"政治教育的主课是爱国主义"，"政治思想工作也要以提高学生的爱国主义觉悟为中心"；"允许两校单独招生"；"实行校长负责制"等办学思路。① 同月20日，中共中央、国务院批复了《关于进一步办好暨南大学和华侨大学的意见》（以下简称"中央24号文件"），指出进一步办好暨南大学和华侨大学，对于做好台湾回归祖国，收回港澳主权，建立拥护祖国统一的爱国者的广泛统一战线，都具有重大意义。中央决定把暨南大学列为国家重点扶植的大学，因而提出了更高的要求，并进一步为暨南大学的办学指明努力方向，明确指示暨南大学要办成具有特色的华侨大学。招生的主要对象是港澳同胞、海外侨胞、台湾青年和外籍华人，也招收少量在大陆的归侨、侨眷、港澳同胞子女和台湾省籍青年，把他们培养成为德智体全面发展、热爱祖国，能够为其居住地区发展各项实业、事业作出良好服务和为祖国四个现代化建设服务的专业人才。为把暨南大学办出特色、办出水平，在国外具有吸引力，中央文件具体指示学校在院系专业设置、课程安排、教学要求、学校管理等方面，可与国内其他大学有所不同。明确规定学校的基本建设、教学设备、图书资料、生活文体设施等，标准应当略高于国内其他大学。②

同年8月，暨南大学根据"中央24号文件"的精神，发文"坚决贯彻办学方针，把暨南大学办出特色，要大力加强对外宣传工作，通过各种渠道，多招港澳同胞、海外侨胞，台（湾）青（年）和外籍华人，使四种人的比例占在校学生总数的70%～80%，并逐步扩大预科的规模"。专业设置与课程内容要大力改革，"原有专业的改造，关键是突出运用。理科要加强技术性、工程性课程，在适当的时候增设工科专业。经济学科要侧重管理，侧重微观经济"。要尽快用英语讲课，同时也要加强中文课教学，提高学生的中文水平。在全校实行导师制和班主任制，取消政治辅导员。③

1984年5月，全国人大常委会副委员长叶飞，邀请中央有关部门和福建、广东两省领导及暨南大学和华侨大学负责人，就如何贯彻中央的指示进行座谈。10月4日，国务院办公厅转发了国务院侨务办公室《关于办好暨南大学和华侨大学的报告》，指出对两校要进一步实行特殊政策、灵活措施，简政放权、扩大学校的自主权。规定：①两校要面向海外和港澳地区，积极扩大学生来源，对于华侨和归侨子女，在招生时应给予适当照顾；对低于当地省、自治区、直辖市录取分数线的，可以择优招入预科班，也可招收不包分配的自费生，为更多的华侨、归侨子女和台湾省籍青年创造升学机会。②两校要办出特色，办出水平，在海外具有吸引力，必须大胆进行改革。两校应与国内其他大学有所不同，在专业设置上，要从适应港、澳、台和国外就业的需要出发，在认真调查研究的基础上，进行调整和改革。可以采用一些国外和港澳地区的课程和教材。在办学形式上，要灵活多样，可以采取多种层次、多种规格、多种形式，也可以采取扩大预科，

---

① 中宣部、教育部、国务院侨务办公室：《关于进一步办好暨南大学和华侨大学的意见（1983.6.10）》，暨南大学档案，1983年，第6卷。

② 《中共中央文件》1983年第24号，暨南大学档案，1983年，第6卷。

③ 《暨大发国务院侨务办公室、教育部文件（1983.8）》1983年第11号，暨南大学档案，1983年，第6卷，第57-62页。

增设函授，实行多种学制，允许插班、转系，试行两种文凭（双学位）等措施。在管理上，要照顾海外学生的习惯和特点。③扩大两校的自主权，实行校长负责制，扩大学校的人事权、教学及科研的业务权、对外活动权、经费使用权等。④对两校要重点扶植，重点投资。包括基建投资和事业经费以及需要进口的教学、科研设备，请国家计划委员会和财政部予以适当的安排。①

暨南大学根据这些指示精神，结合学校的实际情况，开展各项改革，从而大大加速了学校的发展步伐，并进一步办出了华侨高等教育的特色。

二、实行校长负责制

1983年10月，国务院任命梁灵光为暨南大学校长。梁灵光（1916.11.3—2006.2.25），福建永春人。青年时期在上海读中学。1934年起在上海地下党的领导下参加革命活动，翌年和暨南大学同学一起参加"一二·九"运动。1936年6月在马来西亚吉隆坡尊孔中学任教，曾任雪兰莪邦反帝大同盟主席和"左联"主席。"七七"事变后，回国参加抗战。1940年8月参加中国共产党。历任苏北抗战支队政治处主任、支队长，苏中抗日解放区南通县县长兼新四军南通县保安旅旅长，第四专署专员，华中野战军第11纵队第33旅旅长，人民解放军第29军参谋长。新中国成立后，曾先后任厦门市第一任市长、厦门市委书记，福建省副省长、省委书记。"文化大革命"中受迫害，1975年初恢复工作。1977年11月任国家轻工业部部长。1980年11月调广东工作，历任中共广东省委书记兼广州市委第一书记、市长（1980—1982），广东省省长（1983—1985）。在任广东省省长期间，主管深圳、珠海、汕头经济特区的创办工作。1988年3月被选为第七届全国人大常委会委员、人大华侨委员会副主任。1983—1991年兼任暨南大学校长，1986—1988年兼任香港中旅集团董事长，是中共十二大、十三大代表，第十二届中央委员，也是第五、六、七届全国人大代表。②

1984年，根据中共中央关于各级领导机构实行新老交替，保持干部队伍阶梯结构的指示精神和对干部"四化"（革命化、年轻化、知识化、专业化）的要求，国务院侨务办公室和中共广东省委调整了暨南大学的领导班子，新任命何军为第一副校长，李辰、李炳熙任副校长，王越、曾昭科任顾问。同时，暨南大学设立中共党组，先后任命何军为党组书记，张德昌为学校机关党委书记（1985年8月起任学校党组副书记兼机关党委书记）。1986年1月21日，国务院侨务办公室党组又任命云冠平、冯泽康、周耀明为副校长，任期4年。李辰因已担任广东省政协副主席等职，社会工作繁忙，且年事已高，故不再担任副校长职务，改任学校顾问。③

学校新的领导班子成立后，把学习贯彻"中央24号文件"作为头等大事。首先是抓好学校领导班子的建设，增强学校领导班子的团结，统一思想。同时组织全校干部、师生认真学习"中央24号文件"的精神，澄清干部、教师中的某些模糊认识（如认为

① 《国务院办公厅转发侨务办公室"关于办好暨南大学和华侨大学的报告"（1984.10.4）》，暨南大学档案，1984年，第33卷，第1—4页。

② 卢健民、陈文举：《梁灵光老校长生平》，《暨南大学》第431期，2006年3月10日，第4版。

③ 马兴中：《国务院侨务办公室党组任命云冠平、冯泽康、周耀明为暨大副校长》，《暨南大学》第49期，1986年3月20日，第1版。

华侨、港澳学生程度参差不齐，多招收这类学生，就难以提高办学水平），明确暨南大学的性质、任务及有关方针、政策，同心同德，共同努力，把学校办出特色，办出水平，致力于培养适应海外、港澳需要的人才。① 根据中共中央、国务院的有关指示精神，暨南大学对领导体制作了较大的改革，实行校长负责制。针对过去领导体制中存在的一些带普遍性的弊端，逐步建立起从上到下、有权威的、强有力的行政指挥系统，并注意充分发挥行政领导和专家的作用，调动广大教职员的积极性。校长履行学校最高行政首长的职责，对学校教学、科研、行政管理工作全面负责，包括对学生德智体全面负责，有决策权、指挥权和人事任免权。凡属学校的大政方针和全局性的工作，如学校的改革方案、发展规划、年度计划、工作总结、学校和院系领导机关的调整及配备、专业设置等，由校长和党组共同讨论后，作为校长的决定，在校内贯彻执行。在党政关系上有明确分工，建立了党组，并设机关党委，确定了党政的职责范围，即党组织在思想政治工作方面起领导作用，在业务工作方面起保证监督作用，在校长负责制方面起支持作用。

暨南大学领导管理体制的制度和措施规定：①每月月初召开校务工作会议，出席会议的是学校领导班子成员、各学院院长、校办主任以及工会、监察处负责人。主要讨论学校工作中的一些重要问题，并对下一阶段工作作出部署。会后，将《校务工作会议纪要》印发全校各院系、部处，以便贯彻执行。②每周星期一上午举行学校行政办公会议，主要讨论学校一些需要及时处理的工作。出席会议的是学校领导班子成员，并根据议题的需要，指定有关部门负责人参加。③"凡属于重大方针政策问题和学校全局性的工作，则召开党政联席会议讨论、决定。"由此而密切分工，各司其职，减少会议，提高工作效率。②

根据暨南大学的性质、任务和学校设有董事会的特点，在1985年1月第二届董事会第一次会议上，国务院侨务办公室主任廖晖强调，办好暨南大学要充分发挥董事会的作用，实行董事会领导下的校长负责制。董事会要有职有权，学校的办学方针等重大问题都要经过董事会讨论决定，这是区别于国内其他大学的重要特点之一。③ 校长必须定期向董事会报告工作，听取董事会的意见，接受董事会的监督，凡属学校的办学方针和重大决策，应经董事会研究决定，然后由校长负责施行。

为了使校长负责制建立在民主管理和科学决策的基础上，暨南大学建立了校务工作会议、行政办公会议、党政联席会议等制度，并注意发挥学术委员会在学术方面的咨询作用。1985年4月，暨南大学成立了咨询委员会，由有办学经验的老干部和专家、教授以及有一定学术造诣的中年教师组成，作为校长的"智囊团"。咨询委员会会议每学期召开一次，就办学中的一些重大问题向校长提供咨询。咨询委员会由王越担任主任，曾昭科、李辰担任副主任，共有委员28人。④

① 马兴中：《怀念梁灵光老校长》，《暨南大学》第431期，2006年3月10日，第4版。
② 《暨大试行校长负责制情况汇报（1984.10.22）》，暨南大学档案，1984年，第28卷，第7-9页。
③ 《暨南大学第二届董事会第一次会议隆重召开》，《暨南大学》第41期，1985年2月4日，第1版。
④ 暨南大学校史编写组：《暨南校史（1906—1996）》，广州：暨南大学出版社1996年版，第212-213页。

三、健全行政及教学管理机构

1. 健全学校行政管理机构

为了加强和改革学校管理，健全行政机构，明确职责范围，提高工作效率，推行岗位责任制，学校于 1984 年 10 月 22 日制定文件，规定："我校的行政管理体制，实行校、处、科三级制。学校设秘书长、教务长、总务长和总会计师，协助校长分管一部分行政管理工作。"具体规定了学校行政机构各处室的职责，要求它们"既要明确分工，又要互相协作"。① 据此，学校实行定编定员，建立岗位责任制，机关各部门在各自的权力范围内，各司其职，做好本职工作，充分发挥各职能部门应有的作用。对教师、干部、职工实行定期考核、奖惩制度，做到职责清楚，赏罚分明，从而提高了工作效率和管理水平，促进了教学、科研水平的提高。

2. 简政放权、实行学院制

国务院侨务办公室和广东省委根据中央有关"简政放权"的指示精神，给学校下放了部分权力，扩大了学校的自主权，如学校有权决定院、系和行政机构的设置，任命秘书长、教务长、总务长和各院系、部处的领导干部等。而学校也相应把部分权力下放给院系，逐步改变了过去权力过于集中、统得过死的状况。在人事方面，学院有权任命科级干部，系有权任命教研室主任。在教学工作方面，学校主管专业设置、招生、教学、分配计划等，日常的教学组织管理工作由院、系负责。在财务方面，学校下放了 12 项经费权给院系，由院、系实行包干。院、系创收基金，除按上级规定上交部分给学校以外，其余由院、系自己按规定支配使用。②

学校在院系实行院长、系主任负责制，院长、系主任在校长领导下，对本学院和本系的教学、科研、行政管理全面负责。院长、系主任对校长负责，校长对上级和董事会负责，形成了层层负责的新的领导体制。这样，扩大院、系管理权限，使院、系领导真正有职、有权、有责，有利于进一步改革校内管理权限，促进教学质量和学术水平的提高。

四、建立教职工代表大会制

为使教职工有机会行使民主权利，参与对学校的民主管理和对校长、行政系统的民主监督，同时也使校长负责制建立在广大教职员工的监督和民主管理的基础之上，学校在实行校长负责制的同时，建立了教职工代表大会制度（以下简称教代会）。教代会的代表由校内各单位民主选举产生，教代会每年召开一次，听取校长工作报告，对学校的教学、科研、行政管理和学校的长远规划、年度计划提出意见和建议，凡涉及广大教职工福利的重大问题，都有权参与管理和进行监督。校长定期向教代会报告工作，听取意见，并认真研究和处理教代会的提案，集思广益，改进工作，更有效地实行领导。

学校首届教职工代表大会于 1985 年 5 月 29 日隆重召开。出席大会的代表共有 343 人，梁灵光校长和曾昭科顾问到会作了重要讲话。会议期间，代表们学习了《中共中央

---

① 《暨大关于行政机构职责分工的暂行规定（1984.10.22）》，暨南大学档案，1984 年，第 28 卷，第 26 – 38 页。

② 《暨大关于扩大院系管理权限的暂行规定（1984.10.22）》，暨南大学档案，1984 年，第 28 卷，第 15 – 25 页。

关于教育体制改革的决定》，听取并审议了第一副校长何军作的《学校工作报告》。代表们对学校各方面的工作进行了热烈的讨论，向大会提出了 331 份提案，其中属学校管理方面有关问题的有 41 份，有关教学改革方面的 23 份，有关改善教学条件方面的 46 份，有关教师培养提高方案的 12 份，有关后勤工作和生活福利方面的 108 份，有关图书工作方面的 12 份，有关财务、基建方面的 43 份，有关学生工作方面的 6 份，有关安全保卫、文明建设方面的 14 份，对学校的教学、科研等各方面的工作改革，提出了良好的意见和积极的建议。大会期间，学校领导认真研究了代表们的提案，并责成学校教育工会负起教代会办事机构的责任，会同并督促各有关部门认真处理代表们的提案，定期向全校通报提案的处理、落实情况。6 月 1 日，大会圆满结束并通过了《暨南大学第一届教职工代表大会第一次会议决议》。①

此外，1985 年 6 月 6 日还成立了青年教工联谊会，这是一个全校性的青年教工的群众性组织。②

五、董事会工作的改进

1. 复办后第一届董事会的工作情况

暨南大学董事座谈会于 1980 年 9 月 11 日在北京举行。在京参加人大五届三次会议与政协五届会议的学校董事出席了座谈会，董事们时刻都把办好暨南大学的事放在心上。

同年 10 月 20 日，国务院侨务办公室副主任、暨南大学董事会副董事长林修德，广东省侨务办公室主任、暨南大学董事会董事徐绳周来校指导工作。学校领导李云扬、梁奇达、韩托夫、林锋等汇报了董事会和学校当前的工作情况。林修德认真检查了为召开第二次董事会议及筹备成立"暨南大学董事会教育和科学发展基金会"的准备工作，对会议议程内容提出了明确的要求，并在时间上作了具体的安排。③

12 月中旬，由暨南大学董事会副董事长林修德主持召开了第一届董事会第二次会议。出席会议的有来自内地、香港、澳门、美国的董事和热心教育实业的工商界知名人士，以及广东省、广州市的领导刘田夫、尹林平、梁威林、郭棣活、钟明、蚁美厚等。会议听取了费彝民副董事长所作的董事会工作报告和梁奇达副校长所作的学校复办两年工作情况报告，并通过修改了的暨南大学董事会章程和决定筹备成立暨南大学教育和科学发展基金会，对暨南大学的建设和发展作出了具有重大意义的决策。④

自董事会恢复后，董事们为了团结广大海外华侨、港澳台同胞，共同关心、支持办好暨大，使之在国内外具有良好声誉，不辞劳苦，做了大量的工作，发挥了重要的作用，取得了很大的成绩。所做的主要工作有以下几个方面：

（1）董事们经常利用机会座谈，共商如何开展董事会工作，促进学校事业的发展，同心协力办好暨南大学。董事长廖承志对华侨教育事业呕心沥血，对侨务工作殚精竭虑。他非常关心和支持暨南大学的工作，经常听取学校的工作汇报，对暨南大学情况垂

---

① 《我校召开首届教职工代表大会》，《暨南大学》第 44 期，1985 年 6 月 28 日，第 1 版。

② 李琳：《青年教工联谊会成立》，《暨南大学》第 44 期，1985 年 6 月 28 日，第 3 版。

③ 小邝：《国务院侨办、省侨办领导同志莅临我校指导工作》，《暨南大学》第 8 期，1980 年 11 月 5 日，第 1 版。

④ 马兴中：《董事会举行第二次会议》，《暨南大学》第 10 期，1980 年 12 月 29 日，第 1 版。

询其详，多次作出重要指示，并多次召集董事们商讨办好暨南大学的问题，使暨南大学得以健康成长、发展壮大。

（2）积极宣传暨南大学的办学宗旨，指导华侨、港澳青年学生前来就学，使暨南大学的规模不断发展，学生成倍增加。

（3）积极协助暨南大学开展对外学术交流，推荐专家、学者到校讲学。有些董事还亲自为暨南大学开设讲座，莅校授课。

（4）积极提供人才需求信息情况，指导和帮助港澳毕业生在当地就业。

（5）积极做好暨南大学老校友的联络工作，加强暨南大学与海外的广泛联系。

（6）想方设法，积极为暨南大学筹集款物，从物力、财力等方面给予大力支持和帮助。[1]

在董事们的带动和帮助下，热心华侨教育事业的海外华侨、港澳同胞，发扬了爱国爱乡、捐资兴学的光荣传统，给暨大以大力赞助。从复办到1985年初，学校共收到捐款港币1000多万元，美金100多万元，人民币200多万元；各种书刊21795册，以及一批教学仪器设备和办公用品。

暨南大学复办后，董事会董事和华侨、港澳同胞，如荣毅仁、王宽诚、霍英东、郭棣活、何鸿燊、马万祺、戴贺廷、戴宗汉、汤秉达、李嘉诚、张济民、黄振辉、石景宜、冯景禧、蒙民伟、欧阳瀚、颜同珍、崔德祺、崔乐祺、招兰昌、陶开裕等先生，以及谭焕容女士、香港嘉属商会、香港南海商会等，都热心捐赠款物、图书等给暨大和华侨医院。其中，全国政协常务委员、香港知名人士、暨南大学董事会董事霍英东先生，捐赠100万美元支持学校发展医学教育和医疗事业，兴建华侨医院门诊大楼一座。[2]郭棣活先生捐赠人民币25万元，用于兴建印刷厂大楼，戴贺廷、戴宗汉兄弟捐赠港币100万元，用于购置电子显微镜等实验室仪器设备。此外，还有不少董事和华侨、港澳同胞热心人士，如费彝民、孙诚曾、黄祖芬等先生，都不辞劳苦，想方设法，积极为学校筹集款物。这对促进学校的建设和发展，都起着重要的作用。

2. 第二届董事会的召开与董事会工作的改进

暨南大学复办后的第二届董事会由新聘任的来自海外、港澳地区和内地的59位董事组成，由全国人大常委会副委员长荣毅仁兼任董事长，马万祺、王宽诚、王屏山、汤秉达、何军、杨康华、柯麟、蚁美厚、费彝民、莫燕忠、梁灵光、郭棣活、彭珮云、霍英东等为副董事长。

荣毅仁（1916.5.1—2005.10.26），江苏无锡人。中国现代民族工商业者的杰出代表，卓越的国家领导人。1937年他从上海圣约翰大学历史系毕业后，开始辅佐父亲经营面粉、纺织和金融等庞大的家族企业，逐渐成为荣氏家族企业的代表。1950年后任上海申新纺织印染公司总管理处总经理，并兼任华东军政委员会财经委员会委员、上海市人民政府委员、上海市财政经济委员会委员等职。1954年5月，他响应党和政府号召，提出对申新纺织公司等荣氏企业实行公私合营，在完成对资本主义工商业的社会主义改造

---

① 《第二次董事会议工作总结座谈会（1980.12.13）》，暨南大学档案，1980年，目录号3，案卷号9，第43－57页。

② 《霍英东先生捐款一百万美元》，《暨南大学》第38期，1984年10月30日，第1版。

中起了带头作用，为新中国的工业振兴作出了重要贡献，赢得了普遍尊重，被称为"红色资本家"。曾历任上海市副市长、中国国际贸易促进会上海市委员会副主任委员、上海市工商业联合会副主任委员、纺织工业部副部长。"文化大革命"期间，他受到冲击，身处逆境，但始终没有动摇自己对中国共产党和走社会主义道路的信念，经受住了严峻的考验。1979年后，历任第六、七届全国人大常委会副委员长，第五届全国政协副主席，中国国际信托投资公司董事长兼总经理，国家进出口管理委员会、国家外国投资管理委员会顾问，全国工商联副主任委员、副主席、主席，香港特别行政区基本法起草委员会委员，海峡两岸关系协会名誉会长，中国和平统一促进会会长，宋庆龄基金会副主席，中国足球协会名誉主席等职。1993年3月当选为中华人民共和国副主席。

暨南大学第二届董事会第一次会议，于1985年1月20日至21日在广州东方宾馆举行。国务院侨务办公室主任廖晖、副主任莫燕忠，全国人大华侨委员会副主任委员司徒慧敏，广东省省长兼暨南大学校长梁灵光，副省长王屏山，省人大常委会副主任、暨南大学顾问曾昭科，省政协副主席、暨南大学顾问王越，省侨办主任曹兴宁，省高教局副局长周鹤鸣等出席会议，还有19位嘉宾应邀参加会议。廖晖在会上发表了讲话，强调要充分发挥董事会的作用，扩大学校的自主权，把学校办出特色。①

会议审议了第一届董事会的工作报告和学校工作报告，就如何根据中央、国务院提出要把暨南大学办成一所具有特色的华侨大学的指示，共同商讨有关进一步办好暨南大学的大计；讨论、研究如何改进董事会工作，使之适应新形势要求的问题，并修改、通过了董事会章程。

会议根据中央、国务院有关办好暨南大学的文件精神，修改了董事会章程。新的董事会章程阐明董事会的宗旨在于"进一步办好暨南大学，使之在海外具有良好声誉"。规定董事会的职责是：①提名暨南大学校长人选。②审议暨南大学发展规划和工作报告。③对暨南大学重大工作提出质询。④对暨南大学给予支持和赞助，建立暨南大学董事会教育基金会。⑤审议暨南大学财政开支及对董事和热心人士赞助资金的使用情况。⑥推荐和组织专家学者到校讲学或从事科学研究，为暨南大学有关人员出国进修、进行学术交流积极创造条件。⑦推荐品学兼优的学生报考暨南大学。②

会议决定董事会改为四年一届聘任制，由国务院侨务办公室和广东省人民政府聘请。为适应教育改革和进一步办好暨南大学的工作需要，会议指出今后董事会的工作要更加符合海外华侨社会和港澳台地区的情况，使董事会能帮助学校办得更适合海外侨胞、港澳同胞和台湾同胞的需要。

董事会会议还决定抓紧落实教育基金会的组织机构，尽快开展各项工作。

暨南大学教育基金会由荣毅仁、霍英东、马万祺、何军、查济民、唐翔千、蒙民伟等发起组织，于1986年1月16日在香港举行了签字仪式，同年5月在香港正式注册宣告成立。该会为非营利机构，"宗旨为加速暨南大学的现代化建设，提高其教学质量和科研水平，资助教师出国深造，延聘国外或港澳专家来校讲学，设立奖学金，选派毕业生出国留学，引进先进学科课程、仪器设备并全面参与各项人才培训计划，借以满足港

① 马兴中：《第二届董事会第一次会议隆重举行》，《暨南大学》第41期，1985年2月4日，第1版。
② 《暨南大学董事会章程（1985.1.21）》，暨南大学档案，1985年，第34卷，第26－27页。

澳地区及华侨社会对人才的需求"。教育基金会设立理事会，作为执行机构，由荣毅仁任理事长，马万祺、霍英东、何军、周耀明任副理事长，查济民、唐翔千、蒙民伟、欧阳瀚、廖德粲任常务理事。理事会设秘书处，负责基金的筹集、管理、运用等日常工作，并向理事会负责。秘书处由欧阳瀚任秘书长（兼），廖德粲任副秘书长（兼）。①

根据董事会议决定，经国务院侨办批准，1986年暨南大学在香港设立了办事处，部分香港董事捐资购买了一套房子供办事处使用，霍英东先生提供信德中心一套房子供办事处长期无偿使用，并承担水电费、管理费等项开支。② 同时，暨南大学积极筹备设立驻澳门办事处。这对于进一步加强和董事们及热心人士的联系，为暨南大学与港澳有关部门及当地有关机构、各大中学校的沟通联系，开展对港澳和海外招生工作，推荐学生来校就读，购置图书、仪器设备，为教师外出进行学术交流以及港澳校友会的建立和开展工作，提供了有利的条件，保证了董事会和学校的各项任务得以顺利进行。

复办后的头8年，是暨南大学开始进入新的历史发展时期的8年。尽管这只是暨南大学发展史中的一个小阶段，是暨南大学百年历史中的一个瞬间，但毕竟取得了初步的成绩，为暨南大学的腾飞奠定了良好的基础。随着新时期华侨高等教育事业的发展，暨南大学将继续扩大办学规模，进一步提高教学水平和学术水平，办出新的特色，以其崭新的姿态去赢得海内外的良好声誉。

第三节　专业设置与学校规模

进入20世纪80年代后，为贯彻落实党的十一届三中全会和五中全会的精神，适应四化建设的需要，切实加强和改善党的领导，进一步把暨南大学的工作重点转移到教学和科研上来，学校领导小组决定成立教学科研战线工作组，领导全校教学、科研工作，并于1980年2月27日召开了第一次会议。③ 1983年，在认真学习"中央24号文件"、统一认识的基础上，学校领导遵循中央的指示，坚定不移地贯彻"面向海外、面向港澳"的办学方针，采取一系列的措施，深化教育改革，扩大对外开放，提高教学质量，增强暨南大学的对外吸引力，使暨南大学各方面工作出现了新局面。

一、专业设置

暨南大学以"重视基础、突出应用"为指导思想，进行专业和课程设置的调整改革，加强适外性和应用性，使学生不仅掌握必要的基础知识、基本理论，也具有较强的实际应用能力，使海外、港澳学生毕业后回到原居住地，在谋求职业时具有较强的竞争力。

1. 复办初期专业设置概况

复办当年除外贸系外，恢复了数学系（数学专业）、物理学系（物理学专业）、化学系（化学专业）、生物学系（生物学专业，1978年未招生）、经济学系（政治经济学专

---

① 《暨南大学董事会董事名录（1994.2）》，第58－59页。
② 马兴中：《荣毅仁与暨南大学》，《暨南大学》第424期，2005年11月20日，第4版。
③ 马兴中：《我校成立教学科研战线工作组》，《暨南大学》第2期，1980年3月25日，第1版。

业、工业经济专业、商业经济专业）、中国语言文学系（汉语言文学专业）、历史学系（历史学专业）、外语系（英国语言文学专业），增设了新闻系（设新闻学专业，"文革"前属中国语言文学系），新办了医疗系（医学专业），共 10 个系 12 个专业，并附设 1 年制的理化中专班（只办 1 期）和 3 年制的护士班。

1979 年，经济系增设国际金融专业，生物学系生物学专业恢复招生。

1980 年，经济系恢复会计专业，增设 2 年制会计大专班；中国语言文学系开设汉语专修班（学制 2 年），为海外华侨、外籍华人提供学习中国语言文化的机会。

1981 年，增设计算机科学专业、计划统计专业。

1982 年，增设口腔医学专业，开办干部专修科（设财经、贸易、外经 3 个专业，学制 2 年）。

1983 年，贯彻中共中央、国务院关于进一步办好暨南大学的有关指示后，增设无线电电子学、环境生物学、日语等专业，开设了预科，并受石油部委托开办工业会计进修班（学制 1 年）。

1984 年，增设国际新闻与传播专业（双学位）。将计算机科学专业从数学系分出来，独立办系，并在汉语专修班的基础上设立汉语中心，开设汉语专修班（学制 2 年）和短期汉语学习班（学习时间 4 周至 3 个月）。

1985 年，增设食品化学、国际经济、行政秘书（含中英文）等专业。汉语中心改为对外汉语教学系，设 2 年制汉语研究班、汉语专修班和 4 周至 6 个月的短期汉语学习班。还受国务院侨务办公室委托，开设了 2 年制的侨务干部专修班。10 月护士班改为护士学校。①

2. 改造旧专业，增设新专业

为了使华侨、港澳学生所学的专业能适应海外和港澳地区的实际需要，毕业后返回居住国家及地区就业时具有较强的适应能力和竞争能力，暨南大学一方面注意根据新的要求和科学技术发展的趋势，改造原有专业；另一方面在充分调查研究的基础上，逐步增设一些适应海外和港澳地区普遍需要的新专业。

对原有传统专业的改造，大体分两个阶段：从复办到 1982 年，着重于拓宽专业面，加强基础，突出应用，增强适应性。如数学、物理、化学等专业，普遍增设了一些理工共同基础和应用性课程，并根据学分制的特点，开设一些交叉学科课程和加深专业基础的课程，让学生选修一些外系课程，使文理、理医知识互相渗透。

1983 年贯彻"中央 24 号文件"后，着重从专业方向上作一些根本性的改造。如1984 年，将原来只适应于内地社会实际和国内学生修读的、侧重马列主义政治经济理论的政治经济学专业，改为既适应内地也适应海外和港澳地区，能广泛融会各种经济理论，并紧密结合各种社会实际的经济学专业。把以研究宏观经济为主的商业经济和工业经济专业，分别改为研究宏观经济与微观经济相结合，以市场营销和企业产销、管理为主，并广泛吸收国外、港澳经济管理新知识的商学专业和企业管理专业。把基本是纯理论的数学专业改为以应用数学为主，并渗透现代电子计算机科学和现代经济管理知识的

---

① 暨南大学校史编写组编：《暨南校史（1906—1996）》，广州：暨南大学出版社 1996 年版，第 175 – 176 页。

数学科学专业。把纯理科的生物学专业改为理工、理医相结合的生物工程技术专业。①

当时拟增设的新专业有两个明显的特点：一是面向海外、面向未来；二是向边缘的新兴学科和综合化发展，以发挥暨南大学文、理、经、医综合大学的优势。② 复办初期先后增设的 11 个专业均体现了这一特色：①比较适应海外和港澳地区的普遍需要；②比较适应当代科学技术发展的要求；③比较适应香港商业市场的特殊社会环境，如医学、新闻、国际金融、日语、计算机科学、无线电电子学、环境生物学、国际新闻与传播、国际经济、行政秘书（含中英文）、食品化学等专业。

对具有民族特色的汉语言文学和中医学等专业学科和课程，暨南大学也注意吸收国内外的先进文化知识和科学研究新成果，使之适应世界潮流。

通过几年的摸索和实践，证明这些改造过的或新增设的专业，都较受海外和港澳地区学生的欢迎，具有较强的吸引力。

二、院系设置

1978 年 9 月，教育部批准暨南大学医疗系改为医学院，罗潜为首任院长。为适应四化建设的需要和华侨、港澳同胞的要求，更多更好地培养经济理论和经济管理人才，继医学院成立之后，教育部又于 1980 年 9 月 27 日批准暨南大学经济学系改为经济学院，③蔡馥生为首任院长。1985 年 2 月，暨南大学继设立医学院、经济学院之后，成立了文学院和理工学院。1985 年 3 月 23 日，文学院所属的中文、新闻、历史学、外语 4 个系及社会科学部的师生在学校大礼堂举行成立大会暨文娱晚会。詹伯慧担任文学院院长，谭时霖、柯木火为副院长，钟业坤任文学院机关党委书记。3 月 28 日，生物、数学、计算机、物理、化学 5 个系的师生在学校大礼堂举行理工学院成立大会。邹翰任理工学院院长，林剑为副院长，赵荣桂任理工学院机关党委书记。④ 1986 年 7 月，成人教育学院成立，云冠平兼任院长。

在复办之初，暨南大学共设有 5 个学院，18 个系，24 个本科专业：

文学院：中国语言文学系（汉语言文学专业），历史学系（历史学专业），外语系（英国语言文学专业、日语专业、行政秘书专业），新闻系（新闻学专业、国际新闻与传播专业），对外汉语教学系。

理工学院：数学科学系（数学科学专业），化学系（化学专业、食品化学专业），物理学系（物理学专业、无线电电子学专业），生物学系（生物工程技术专业、环境生物学专业），计算机科学系（计算机科学专业）。

经济学院：经济学系（经济学专业、国际经济专业），企业管理系（企业管理专业），商学系（商学专业），金融系（国际金融专业），会计学系（会计学专业），计划统计学系（计划统计学专业）。

医学院：医学系（医学专业），口腔医学系（口腔医学专业）。

除医学院学制为 6 年，对外汉语教学系采取灵活学制外，其余本科各专业学制均为 4 年。

---

① 暨南大学校史编写组编：《暨南校史（1906—1996）》，广州：暨南大学出版社 1996 年版，第 198 - 199 页。

② 《暨大关于教学改革情况的汇报（1984.12.5）》，暨南大学档案，1984 年，第 28 卷，第 40 - 41 页。

③ 马焉：《教育部批准经济学院成立》，《暨南大学》第 8 期，1980 年 11 月 5 日，第 1 版。

④ 何传华：《文学院、理工学院成立》，《暨南大学》第 43 期，1985 年 4 月 30 日，第 2 版。

成人教育学院：设有夜校部、函授部和干部训练部。①

三、招生工作

1. 改进招生工作，扩大对外招生

暨南大学招生的主要对象是华侨、港澳学生，为了尽快达到党和国家的要求，暨南大学不断改进招生办法，努力扩大对外招生，并不断提高招生质量。

鉴于华侨社会和港澳地区无论在学制、教学内容，以及毕业、升学时间等方面，都与内地明显不同，暨南大学于1979年底，向教育部呈上《关于在海外、港澳单独招生的请示报告》，提出改进对外招生的办法。1980年4月，教育部专门发出《关于华侨、港澳、台湾青年学生回国和回内地报考大学问题的通知》，重申"高等学校在招生工作中，根据特点，适当照顾的政策，对回国、回内地报考高等学校的华侨、港澳、台湾青年应给予照顾"。同时指示暨南大学和华侨大学从1980年开始，对华侨、港澳青年学生"实行提前单独命题、考试和录取"的办法。还结合海外、港澳地区的实际，明确规定华侨、港澳青年学生的考试科目中，政治科考分作为参考分，考试时间提前在每年6月下旬举行。

根据这一文件精神，暨南大学会同华侨大学从1980年开始，实行对华侨、港澳青年学生单独命题、提前考试和录取工作。同年5月，根据教育部的指示，由暨南大学、华侨大学和广州、集美华侨学生中等补习学校组成全国高等学校招收华侨、港澳、台湾青年学生办公室，在广东省高等学校招生委员会的领导下，负责对外招生的有关事宜。

1981年，暨南大学除了在广州、集美和丹东等地设立华侨、港澳学生高考报名点和考场之外，还在港澳直接设立报名点，翌年开始派有关人员赴香港进行招生。1983年和1984年又先后在香港和澳门设立了考场。②

为适应更多的海外华侨、港澳和台湾青年回来就读的需要，暨南大学对1984年的招生工作作了新的改革。即招收对象以华侨、港澳、台湾青年和外籍华人学生为主，兼收部分内地的归侨、侨眷、港澳同胞子女和台湾籍青年；除在香港设两个考场外，1984年又在澳门新设一个考场；原考的政治科目改考中国常识，考分仅作参考。另外，专业设置与课程内容有新的改革，加强应用性、技术性和工科性。例如数学专业改为数学科学专业，把数学与电脑技术紧密结合起来；政治经济学专业改为经济学专业，工业经济学专业改为企业管理专业、商业经济学专业改为商学专业，侧重管理和微观经济。以上改革为学生毕业后回原居住地就业能被优先录用创造了条件。③

在注意扩大海外、港澳学生来源的同时，暨南大学也注意提高新生的入学水平。从1985年起，暨南大学采取新措施，决定本科招收香港地区中六以上学生，专科、预科招收中五学生，承认香港高等程度会考和中学会考的成绩，即香港中六学生参加香港高等程度会考，成绩5科E级（含中英文）者，可申请入暨南大学本科，中五学生参加香港中学会考，成绩2科C级、4科E级者，可申请入暨南大学专科或预科。以上两类学生

---

① 暨南大学校史编写组编：《暨南校史（1906—1996）》，广州：暨南大学出版社1996年版，第175 – 176页。
② 暨南大学校史编写组编：《暨南校史（1906—1996）》，广州：暨南大学出版社1996年版，第196 – 197页。
③ 小杜：《我校今年招生有新的改革》，《暨南大学》第35期，1984年5月20日，第1版。

均经面试后择优录取，不必参加两校对外招生考试。

招生考试办法也有所改进，把考试科目分成必考和选考两部分，并分中、英文两种试卷，使华侨、港澳学生有一定的选择余地。规定中文、英文、数学为必考科目，取消政治科考试，其他科目允许学生在一定范围内选考2至3科。对国外华侨、外籍华人和回国定居5年以内的归侨学生、港澳地区高中毕业生或相当于高中毕业文化程度的青年，继续实行单独命题、提前考试录取的办法。

由于暨南大学加强对外宣传，并采取一系列适应海外、港澳实际的改革措施，招生工作取得了明显的效果。报考暨南大学和华侨大学的华侨、港澳学生人数不断增加，1984年达1330人，而报考暨南大学的境外生，在1985年和1986年都超过了2000人。[1]

2. 学生数量和结构的变化

复办第一年全校共招收本科生705名，其中华侨学生39名，港澳学生266名，台湾省籍学生16名及侨眷学生152名。随后几年间，暨南大学的招生规模不断扩大，华侨、港澳学生的比例显著增加。至1985—1986学年度，在校学生共达6527人，其中攻读博士、硕士学位的研究生305人，本科生3093人，专科生672人，代培、走读生678人，预科生184人，夜大学生1203人，函授生（首届）311人，护士学校学生81人。研究生中来自港澳地区有16人。本科生中有海外华侨、港澳同胞、外籍华人学生1012人，占本科生人数的32.72%。归侨、侨眷、台湾省籍和港澳学生890人，占28.77%。两者共占61.49%。海外华侨学生来自朝鲜、泰国、日本、蒙古、越南、老挝、缅甸、柬埔寨、菲律宾、马来西亚、荷兰、新加坡、印度尼西亚、马达加斯加、澳大利亚、毛里求斯、罗马尼亚、尼日利亚、尼加拉瓜、加拿大、美国、秘鲁、委内瑞拉、牙买加、厄瓜多尔25个国家。[2]

扩大对外招生，大幅度增加在校生中境外生的比例，使在校学生的结构逐步发生了改变。最初几年由于海外和港澳学生来源有限，录取人数不多，华侨、港澳学生所占的比例偏低。如1983年，在校的研究生、本科生、汉语专修班学生和预科生中，华侨、港澳学生只占25.87%，加上归侨、侨眷、台湾省籍学生也仅占52.24%，而1985年本科生招收1057人，其中华侨、港澳学生574人，占本科新生的54.35%，加上华侨、侨眷、台湾省籍学生，共占85%以上。[3]

第四节　教学科研人员和设施

一、师资队伍建设

复办初期，学校领导非常重视师资队伍的建设，争取各方支援，大力加强暨南大学的师资力量。从全国各地调进了大批国内外有名的专家、教授来校任教，还积极开展对

---

① 暨南大学校史编写组编：《暨南校史（1906—1996）》，广州：暨南大学出版社1996年版，第197页。
② 暨南大学校史编写组编：《暨南校史（1906—1996）》，广州：暨南大学出版社1996年版，第176页。
③ 暨南大学校史编写组编：《暨南校史（1906—1996）》，广州：暨南大学出版社1996年版，第197页。

外学术交流，派出许多教师到国外留学和进修，邀请国外和香港有名的专家学者来校讲学。这些措施，对提高暨南大学的教学质量和科研水平，起了十分重要的作用。

暨南大学恢复后，首先从中山大学、华南师范学院、广东化工学院、广州外语学院调回教职工 898 人，其中教师 402 人。为支持复办工作，中共中央组织部下达了专门文件，从全国各省、市选调 300 名骨干教师支援暨南大学。教育部 1978 年 9 月 12 日也向全国各省市、自治区发出《关于商调人员到暨大、华大工作的通知》。正是由于有了中央的文件和各有关省市的支持，很短时间内，暨南大学即通过各种渠道调进充实教师 273 人。至 1986 年 6 月，全校共有教职员工 2379 人（不含华侨医院），其中教师 1220 人，计有教授 97 人，副教授 349 人，讲师 586 人，助教 188 人。[1]

当时暨南大学师资队伍中拥有一批国内外知名的专家学者，如药理学家罗潜，外科专家邝公道，传染病学专家朱师晦，组织胚胎学专家何凯宣，内科（血液病）学专家张爱诚、郁知非，生化专家任邦哲，眼科专家李辰，病理学专家李楚杰，护理学专家黄爱廉，真空物理学专家黄振邦，生殖免疫学专家刘学高，教育学家王越，世界文学专家黄轶球，经济学专家蔡馥生、赵元浩，英国语言文学专家曾昭科、翁显良，语言学专家詹伯慧，中外关系史专家朱杰勤，宋史专家陈乐素等。

暨南大学还先后聘请了一些著名专家教授来校帮助工作，如中国科学院学部委员（院士）、著名病理学家杨简担任医学院病理教研室主任，中国科学院学部委员（院士）、吉林大学教授王湘浩来校帮助筹建计算机专业，中国科学院学部委员（院士）、吉林大学教授余瑞璜来校领导一个固体物理研究组，东南亚史专家金应熙受聘兼任历史系主任，著名作家秦牧兼任中文系主任。于是师资队伍不但得到发展和壮大，而且师资水平亦大大提高。[2]

为加强暨南大学的学术指导力量，还先后聘请华罗庚、吴桓兴、钟惠澜、沈鹏飞、许涤新等为学校顾问，聘请世界著名物理学家李政道、数学家陈省身等为名誉教授。如全校师生员工 1000 多人于 1980 年 6 月 14 日下午、28 日上午在学校大礼堂举行了隆重的敦聘大会，分别聘请美国国家科学院院士、美国伯克利加利福尼亚大学教授陈省身为名誉教授，以及在 1978 年我校刚复办时聘请的中国科学院副院长华罗庚教授为顾问。[3] 同年 12 月 11 日，全校师生在大礼堂隆重举行敦聘大会，聘请中国科学院生物学部委员、中华医学会副理事长、著名医学专家钟惠澜教授为顾问。同年还聘请了著名的美籍物理学家李政道为暨南大学名誉教授。[4] 经中国社会科学院同意，暨南大学于 1981 年敦聘中国社会科学院副院长、著名经济学家许涤新为顾问。[5]

暨南大学在注意充实师资力量，加强师资阵容的同时，还注意提高师资队伍的水平。于 1979 年 7 月制定了《师资培养提高工作规划（草案）》，要求凡在基础理论、专业知识、教学能力、科研能力、外语水平等方面或某一方面未达到研究生毕业水平者，均应通过各种方式进修提高，在 3 ~ 5 年内达到要求。指出必须突出地抓紧培养、提高

① 暨南大学校史编写组：《暨南校史（1906—1996）》，广州：暨南大学出版社 1996 年版，第 176 – 177 页。
② 张德昌主编：《常有四海心——梁奇达纪念文集》，广州：暨南大学出版社 2004 年版，第 141 页。
③ 马焉：《敦聘陈省身为名誉教授、华罗庚为顾问》，《暨南大学》第 5 期，1980 年 7 月 10 日，第 1 版。
④ 马焉：《敦聘李政道为名誉教授》，《暨南大学》第 10 期，1980 年 12 月 29 日，第 2 版。
⑤ 马焉：《社会科学院副院长许涤新任我校顾问》，《暨南大学》第 14 期，1981 年 6 月 3 日，第 2 版。

中年教师和有计划地提高青年教师，尽快实现教学、科研配套和老中青配套。与此同时，又制定了教师考核办法，实行定期考核制度。

暨南大学于1981年开始在教师中实行"五定"（定方向、定任务、定规划、定措施、定进修提高条件等），要求每位教师根据个人的实际情况，制订自己的进修、提高计划，明确自己努力的方向。同年，先后在化学系和中文系试行教师工作量制和教学任务书制。从1982年起，在全校实行教师工作量制度。

1982年底，鉴于某些学科存在着青黄不接的问题，暨南大学进一步制定了《青年教师培养规划》，要求通过进修研究生课程、以老带新、在实践中进行科学研究、派赴国内外大学进修等办法，在3～5年内使个人所从事的学科的主要基础课和专业课程达到研究生毕业水平，逐步把青年教师培养成为教学和科研的骨干力量。

从1983年开始，暨南大学又突出地抓紧重点学科配套和重点学科"第三梯队"的培养提高工作。

在师资培养、提高工作中，暨南大学特别注意做好选派教师出国进修的工作。除教育部分配给暨南大学的出国进修名额外，还通过与国外校际交流，互派教师进修；请有关专家学者和校董推荐；由教师通过国外亲友介绍，或个人向国外有关教学、科研单位申请等办法派出进修。自复办至1986年6月，先后派出146名教师出国进修，其中已学成回国的有79名。已学成返校的教师，在教学、科研工作中发挥了重要作用，如经济学院教师李金亮，在美国进修期间备了6门新课程，回校后1年内就开出了国外经济活动基本知识等3门课程，教学效果良好，受到学生的欢迎。医学院病理学副教授司徒锐，在美国密歇根大学医学院进修期间发表了3篇论文，研究课题有了新的突破。他回国后仅用3个月的时间就筹建起细胞培养室，并取得了很好的科研成果。①

截至1986年10月底，暨南大学教学、科研系列职务聘任工作宣告结束，共聘高级职称488人，中级职称419人，初级职称244人。实行教师职称聘任是高等学校人事制度的重大改革，目的就是把职称和职责、职称和工资联系起来，使职称不再是荣誉头衔，而是承担责任的具体职务。②

二、教学、科研设施

1. 教学、科研设备和设施的初步建立

1978年复办后，暨南大学就着手建设现代化的电化教育中心和语言实验室。仅几年时间，电教中心即拥有了一批录像、编辑、摄影、彩色幻灯、照片冲洗和语言实验等设备，能自力编制电视教材，组织电化教学，成为学校教学研究和实现教育现代化的重要设施。

1982年建成的电子计算机中心，购置了一整套PDP－11/44型双机系统及微型计算机多部。1985年又添置了一台VAX750计算机，为全校各系的教学、科研及学校行政管理提供了良好的服务。

复办初期几年内，暨南大学还先后建成109个理、医科教学实验室和37个科研实验

---

① 暨南大学校史编写组编：《暨南校史（1906—1996）》，广州：暨南大学出版社1996年版，第178页。
② 职聘办：《我校教学科研系列职聘工作结束》，《暨南大学》第55期，1986年11月30日，第1版。

室，以及文科、经济科的微电脑室、电视制作实验室、商品实验室、制图实验室等。

暨南大学刚恢复时，仅收回价值不足 60 万元的仪器设备，约等于"文革"前暨大仪器设备（280 万元）的 1/5，且陈旧落后，又不配套。复办当年购进 79 万多元的仪器设备，并接受了华侨和港澳同胞赠送的设备 250 件。经过几年的努力，到 1986 年 6 月时，全校的仪器设备价值已超过 1800 万元，并拥有一批较先进的教学、科研设备和设施。①

2. 图书馆的建成和图书资料的逐步充实

"文化大革命"时暨南大学分散到其他各院校的图书，在复办时仅调回 56 万册，复办当年新购进 11 万册，另有华侨、港澳同胞赠送 2000 余册。经过几年的陆续添置，共有藏书 117 万册和中外文报刊 4353 种。

为了加强图书资料的建设、管理和情报工作，1982 年 5 月，暨南大学根据《中华人民共和国高等学校图书馆工作条例（讨论稿）》的精神，经图书馆、各院系及有关单位推荐，并由校领导同意批准，成立了学校图书馆委员会，作为学校图书资料工作的学术咨询机构。② 由罗戈东任图书馆委员会主任委员，陈乐素、任邦哲、陈江文任副主任委员，共有委员 12 人。1985 年 4 月 9 日，暨南大学将图书馆委员会改组为图书馆工作咨询对策小组，由李炳熙副校长任组长，图书馆馆长陈允福任副组长，该组由 18 人组成。③

图书馆是学校最重要的教学、科研辅助机构和公共服务设施，是体现一所学校办学水平的重要标志。1983 年，教育部批准并拨款兴建暨南大学图书馆。该工程于当年动工，翌年秋竣工。新建成的图书馆，大楼面积达 9500 平方米，同旧图书馆楼连为一体，总建筑面积共有 1.3 万平方米。暨南大学图书馆的条件大为改善，除设有办公室、图书室、期刊室外，还设有专业阅览室和普通阅览室共 10 间，有 1200 个座位，供全校师生学习和阅览。④

香港汉荣图书公司总经理、广东省政协委员、暨南大学董事会董事石景宜先生，一贯热爱祖国，热心祖国的文化教育事业，并十分关心和支持学校的建设与发展。20 世纪80 年代初的几年内，石先生曾先后向广州图书馆、广东省科委、中山大学及广州美术学院等单位赠送了大量图书。他于 1982 年捐赠一大批图书给暨南大学图书馆，1984 年再次捐赠了价值约 60 万港元的各种文史、经济、医学、科技等类图书近万册，其中有内地罕见的《敦煌宝藏》《中国历史图志》等。为答谢石先生的贡献，暨南大学图书馆专辟了"石景宜先生赠书室"。同年 10 月 5 日上午，学校举行的图书馆落成典礼暨香港汉荣图书公司石景宜先生赠书展览开幕，这对充实学校图书馆的藏书，帮助学校了解、学习港澳和国外文化科学的发展信息，促进学校教学、科研工作的发展，丰富师生文化生活，都具有重要意义。⑤

① 暨南大学校史编写组编：《暨南校史（1906—1996）》，广州：暨南大学出版社 1996 年版，第 178 - 179 页。
② 《校图书馆委员会成立》，《暨南大学》第 21 期，1982 年 6 月 16 日，第 3 版。
③ 暨南大学校史编写组编：《暨南校史（1906—1996）》，广州：暨南大学出版社 1996 年版，第179页。
④ 马兴中：《暨南大学的图书馆》，《暨南大学》第 411 期，2005 年 5 月 30 日，第 4 版。
⑤ 《图书馆落成典礼　石景宜赠书万册》，《暨南大学》第 38 期，1984 年 10 月 30 日，第 1 版。

3. 体育教学和学生活动设施

在几年时间内，暨南大学对田径运动场进行了扩建，并修建了风雨操场、游泳池、溜冰场、网球场等，各种活动器材也逐步进行了更新，基本上能适应体育教学和师生锻炼的需要。

三、基本建设及华侨医院等附属设施

1. 基本建设

暨南大学复办之初，教学和生活用房都十分紧张。为了改善教学和生活条件，对基建实行快速施工，从 1979 年四五月份正式动工，在短短半年多的时间内，就完成全年投资的 70% 以上。据教育部基建进度通报，在全国所有的高等院校中，当时暨南大学基建速度排列第 2 位。[①]

暨南大学原有校舍建筑面积为 11.6 万平方米，第一军医大学迁入后又新建了 4.5 万平方米。暨南大学复办后即着手进行全面规划和建设，至 1986 年秋，新建校舍共 146170 平方米。1986 年全校校舍总建筑面积 307150 平方米，比原有校舍增加了 1 倍多。与"文革"前相比，等于新建了一个暨南大学。其中较大的工程有生物数学楼、图书馆、经济学院大楼、医学院基础大楼、外国专家楼、研究生楼、干部培训楼、专家招待所、英东楼（华侨医院门诊大楼）、教授楼和代培生宿舍等。此外，田径场扩建、溜冰场及网球场等也先后竣工。

在抓好教学用房和学生宿舍建设的同时，暨南大学又积极解决教工住房和学生宿舍紧张的问题。几年中新建了教工宿舍 920 套，总面积达 6.5 万平方米，是"文革"前教工宿舍总面积的近 3 倍。从 1979 年起，每年都有大批教工喜迁新居。正副教授、正处级以上干部都住上了三房一厅或四房一厅的住宅，绝大多数教工都能住上不同规格的套间。暨南大学新建和扩建的学生宿舍为 24220 平方米，其中 6 栋学生公寓是当时全国高等学校中标准较高的学生宿舍之一。

由于暨南大学基建在短短的几年内取得相当可观的成绩，广东省人民政府为此于 1984 年底，授予暨南大学基建处以"一九八四年全省重点建设先进集体"的光荣称号。[②]

从 1978 年复办至 1986 年，国家拨给暨南大学的教育经费为 7835 万元，另拨基本建设投资费 4073 万元。暨南大学董事和广大海外华侨、港澳同胞从各方面给予大力支持赞助，除捐赠专款外，还捐赠了一批仪器设备、办公用品及图书资料，大大促进了学校的基本建设和教学、科研设施的更新。[③]

2. 华侨医院的创建

根据国务院有关文件指示精神，1978 年在筹办医学院的同时就开始筹建广州华侨医院。1981 年 10 月，广州华侨医院建成并进行医疗服务。该医院由国务院侨务办公室直接领导，由暨南大学代管。翌年 4 月，经教育部批准成立暨南大学医学院附属医院，作

① 钟锡良：《我校基建施工速度快》，《暨南大学》试刊，1979 年 12 月 1 日，第 1 版。
② 罗虹：《我校复办七年基建成绩斐然》，《暨南大学》第 46 期，1984 年 12 月 1 日，第 3 版。
③ 暨南大学校史编写组编：《暨南校史（1906—1996）》，广州：暨南大学出版社 1996 年版，第180 页。

为医学院的教学医院，与广州华侨医院合为一体，两块招牌，一套人马，实行统一管理。两所医院旨在全心全意为人民的医疗保健事业服务，主要是为海外华侨、港澳同胞、外籍华人及国外患者提供良好服务。

至 1986 年时，华侨医院共有医务人员 840 人，其中临床正副主任医师 28 人，主治医师 76 人，医师 140 人，主管技（药）师 8 人，技师 51 人，暨南大学医学院有教授、副教授及讲师 112 人兼任医院的医疗工作。华侨医院不仅拥有一批具有一定理论和技术水平的医疗中年骨干，还有一些全国知名的专家、教授担任顾问或从事医疗工作。

华侨医院分设门诊、诊疗、住院 3 个部，设有内科、传染病科、神经科、精神病科、临床医学心理学科、外科、麻醉科、妇产科、儿科、中医科（包括针灸）、皮肤科、肿瘤科、耳鼻喉科、眼科、口腔科、急救科、保健科、放射诊断科、放射治疗科、核医学科、物理治疗及体育治疗科、临床病理检验科、药剂科、医学电子计算机科、医学工程科、医学摄影科及病人营养科等临床科室和研究科室。

华侨医院总建筑面积 26500 平方米，设有 500 张病床。1984 年新建成的门诊大楼（英东楼），建筑面积为 8500 平方米，被誉为"华南地区一流的医院门诊建筑"。[1]

1984 年 10 月，与广州市东山区合办广州华侨医院东山专科门诊部，设有华侨、港澳同胞诊室和内科、外科、儿科、眼科、口腔科、中医科、按摩科、放射科等科室。

20 世纪 80 年代中期，华侨医院购置和引进 CT 扫描机和 V50 型血细胞分离器等一批较先进的医疗设备，医疗水平不断提高，成为一所初具规模的综合性现代化医院和集医疗、教学、科研于一体的重要基地。[2]

3. 其他附属设施

暨南大学还附设有护士学校、附属中学、附属小学、幼儿园、印刷厂、仪器厂和实验农场等单位。如为解决学校教职工子女升中学的困难，经上级有关部门的批准，在学校各级部门和广大教职工的支持下，暨南大学附属中学于 1983 年 9 月 1 日正式开课。[3]

第五节　本科教育与管理

暨南大学复办以后，重视打好学生的基础知识，增强学生的适应能力，并不断采取措施，努力提高教学质量。按照华侨、港澳学生的实际和要求，暨南大学教学方向的定位是：专业面要宽，基础要牢，知识面要广，要求要高，适应性要强。1983 年，根据教学要适应海外和港澳的需要的原则，再次强调教学要加强基础，扩大知识面，注意提高学生的能力和外语水平。要求各专业在加强"三基"（基础理论、基本知识、基本技能）的同时，应突出应用学科的教学。1985 年初，根据中央"教育要面向现代化，面向世界，面向未来"的指导方针，暨南大学提出教学要根据海外、港澳的需要和世界先进科学技术发展趋势来改造旧专业，开设新课程，更新教学内容；并强调要注意学科的横向

---

① 罗虹：《我校复办七年基建成绩斐然》，《暨南大学》第 46 期，1984 年 12 月 1 日，第 3 版。

② 暨南大学校史编写组编：《暨南校史（1906—1996）》，广州：暨南大学出版社 1996 年版，第 193 - 194 页。

③ 《暨大附中正式开课》，《暨南大学》第 31 期，1983 年 9 月 24 日，第 1 版。

联系，积极发展新兴学科、边缘学科和应用学科，既要重视基础，又要突出应用，使华侨、港澳学生具有较合理的知识结构。

一、教学改革的初步探索

1. 教学改革的基本精神和原则

华侨、港澳学生在学习上有着许多特殊要求：①既要求学得专一些，也要求学宽一些，知识面要广，适应性要强，更希望能得到多种职业技能训练。②所学知识要求深且新，既要适应当地社会当前需要，又要能跟上当地社会的发展。③要求掌握较高的本领和能力，既要具有广泛的适应性，又要具有较强的竞争力。④不仅要求理解祖国，而且要求熟悉祖国，并能掌握中华民族文化科学知识。学生的这种要求，是由他们所处的环境和毕业后首先面临着与国外学生的知识比较和职业竞争的特殊情况所决定的。

根据广大学生的要求和学校的性质任务，暨南大学进行了一系列的教学改革。在教学过程中，比较注意如下的一些原则：一是努力使学生具有宽厚而坚实的基础。经济学院首先尝试从 1985 级学生开始，实行一、二年级不分专业，各专业通修共同基础课程，两年后才分专业进行教学，以期学生有更宽厚的基础和更强的适应能力；二是注意开发学生的智能，培养学生的各种能力；三是使学生熟悉中国的国情，掌握祖国的语言文字，在加强外语教学的同时，注意加强学生的汉语写作训练，力求使学生具有合理的知识结构。

暨南大学各有关部门认真进行教学改革，在改造旧专业、增设新专业的同时，大力改革课程结构，调整课程设置，增设新课程，并更新教学内容和方法。暨南大学学校决定：课程安排和教学要求，"要保证'三基'（基础理论、基本知识、基本技能），力求拓宽专业面，使学生具备较合理的知识结构，增强适应性；注意在加强基础的同时，突出应用；增设一定量的实用课程；面向世界，面向未来，增设一定量的边缘学科的新课程"。按此原则，截至 1984 年时，全校已增或拟设的新课程有近 100 门。①

各院系各专业都大力改革传统的课程体系，对一些陈旧的、不适应时代发展的课程，进行改造和更新，并从 1978 级学生开始，陆续增设一些拓宽专业基础、适应科学技术发展要求和海外、港澳社会需要的课程，如理工科的计算数学、概率统计、无线电技术、半导体电子学、计算机原理、数理逻辑电路、化工基础及制图、化学药物合成等；文科的港台文学、西方文学、国外新闻业、海外新闻采写、海外报刊编辑、港澳社会问题研究、中外著名记者研究、英美小说、散文、戏剧等；经济科的行为管理学、国外企业管理、商业心理学、国外商业研究、国际商法、市场学等。

暨南大学从复办一开始就反复强调加强外语和中文等基础课程的教学。1983 年前，全校的基础英语课程安排学习 3 年（医科 4 年），分成 6 个阶段进行教学，并按照不同程度分班，以便因材施教，程度好的可超阶段进入英语提高班，或学习专业英语课程。文科、经济科各专业普遍开设了汉语与写作课程，理、医科各专业则普遍开设计算机应用、算法语言等公共课程。

1983 年，暨南大学根据"中央 24 号文件"精神，对全校的公共基础课程又作了较

---

① 《暨大关于教学改革情况的汇报（1984.12.5）》，暨南大学档案，1984 年，第 28 卷，第 41 页。

大的改革。如在全校开设适合华侨、港澳学生修习的、以爱国主义教育为中心内容的社会科学理论课程，包括中国古代史、中国近代史、中华人民共和国史、华侨史、中国地理等，作为华侨、港澳学生的必修课程；将原来的三门政治理论课程（中共党史、哲学、政治经济学）改为华侨、港澳学生的选修课；增设大学语文课作为全校各专业一年级学生必修的公共基础课，着重对学生进行汉语语法和写作基础训练；把计算机应用和算法语言课列为理、医、经济科各专业的必修课，文科专业的选修课；基础英语课程改为两年讲授，从第三年起就进入英语提高班，着重于专业英语的教学。

按照"中央24号文件"中关于"要加强外语教学，尽快用英语讲课"的要求，学校专门举办了教师用英语讲课培训班，并从1984年开始，在医学和化学专业进行用英语讲课的试点。两年时间内，即已有部分课程使用英语讲课，或以中英文结合讲课，或使用英文版的教材。如医学院部分课程采用英文版教材，部分基础课程使用英语讲课，专业课程的各种医学术语均采用国际上惯用的英语讲述。从1983级学生开始，医学前期课程采用中文和英文两套教材，8门基础医学课的实习、实验报告书，均改用英语编写，并要求学生用英语书写实习报告和用英语讨论病例。[①]

此外，还在文、理、医科各专业开设经济管理和科学管理方面的选修课程。

2. 专业课程结构和教学内容的更新

各院系对专业课程也作了进一步的改革，普遍增设一些既适应需要，又有利于发展边缘学科、具有一定先进性的新专业课程，逐步改变了专业课程的结构。如汉语语言文学专业先后增设文艺心理学、现当代外国文学名著鉴赏、西方文论、东方文学、当代苏联文学、比较文学、香港文学、台湾文学等；新闻学专业增设华侨报刊史、公共关系学、比较新闻学、新闻法规、广播电视概论等；英语专业增设欧洲文学史、英美文学史、行政英语、经济英语等；商学专业增设方略学、审计学、储运学、包装学、商业企业人事管理等；企业管理专业增设战略与策略、经济预测与决策、动态系统识辨、系统工程、价值工程等；数学科学专业增设管理信息系统、实验设计、高层房屋结构设计、模糊数学及其应用等；物理学专业增设生物医学信息处理、生物医学电子仪器等；化学专业增设近代仪器分析、生物材料化学、催化动力学等；生物工程技术专业增设遗传工程、微生物工程、三废治理工程、环境科学概论等；计算机科学专业增设管理信息系统设计和中文信息处理，等等。

教学内容也不断得到更新。复办初期，各门课程基本上采用国家统一编写的教材或院校合编教材，这些教材虽经修改或重编，但部分教材仍存在某些缺陷，对于高等侨校来说，更是普遍存在着与海外和港澳地区实际不适应的问题。有鉴于此，各专业在教学实践中不断地进行改革和创新。有的对教材进行改编或自编，如新闻专业自复办以来，结合当前国内外新闻事业发展的新情况和新问题，在开展教学研究的基础上，先后编著了新教材、讲授提纲或参考资料共21种，其中有中国新闻业史、国际知识、国际问题研究等14种教材，在复办后首届学生中就开始使用；有的课程引进了国外的教材或新内容，如经济学院自复办以来，有20多种教材通过学习、引进、吸收国外新知识，从而更新了教学内容。该院商学专业吸收了国外和香港、台湾地区商业经济管理的新知

---

① 暨南大学校史编写组编：《暨南校史（1906—1996）》，广州：暨南大学出版社1996年版，第199—201页。

识，结合我国 30 年来商业管理的经验，将原有的商业经济和国外市场学合理部分融合起来，使市场学内容新而实用。企业管理专业的工业经济管理和工业企业管理两门课程，也都吸收了国外现代工业管理的经验和新知识，从而刷新了课程内容。外语系也采用了英国新概念英语等多种教材。①

3. 教学方法的改革尝试

暨南大学参考当代大学教育改革的一些经验，并根据华侨、港澳学生的特点，不断改革传统的教学方法。主要着重从以下三个方面进行了改革的尝试：

首先，努力革除"填鸭式"的传统教法，实行启发式教学。力求做到精讲多练，突出重点，点出精华，启发思考；引导学生自学，教师加以辅导；在学生自学的基础上，组织课堂讨论，师生共同探讨等，充分发挥学生学习的主动性、创造性和教师的主导作用。

其次，注重理论联系实际，加强实践环节，培养学生的实际能力。各院系根据学科具体情况，摸索出各有特色的方法。经济学院各专业普遍采用了"个案分析""经济诊断""模拟教学"及"模拟练习"等教学方法。而理、医科各专业则普遍从课时与分量上加强实验教学和实习，如医学院从 1978 级学生开始，就采取系统讲授和以问题为中心进行讨论与实验结合的方法，对形态学课程适当精简理论，增加实习和实验；对机能学课程则以问题为中心组织课堂讨论，密切联系实际；对临床课教学加强临床病例的讨论与分析。

文科、经济科各专业注重加强社会实践的环节，组织学生进行社会调查和教学实习。如经济学院部分专业专门开设了社会实践课，组织学生每周利用一天时间走出校门，到工厂、企业进行社会调查及开展社会实践。各个专业还结合课程的教学进行教学实习和毕业实习，都收到了良好的效果。如新闻专业 1978 级学生在 1982 年为期 3 个月的毕业实习中，撰写了各种新闻稿和文章 3000 多篇，其中发表于国内外报刊的近 2000 篇，被选用见报的新闻照片近 200 幅；创作电视片和录像片 17 部，其中被选用在电视台播出的有 14 部，使学生普遍受到实践训练。中文系 1978 级学生也结合教学实习，积极练习写作，从复办到 1982 年，在国内外各种报纸杂志上公开发表或被选入文集的论文、诗歌、散文、戏剧等共 120 多篇。历史系 1978 级同学于 1979 年 11 月前往韶关进行了考古实习，参加马坝人洞穴遗址的发掘工作，增强了专业实践能力。② 企业管理系 1980 级学生在广州广丰锁厂实习期间，与工厂一起改革产品质量管理，通过实践，理论联系实际地解决了该厂产品质量管理，使产品质量的一等品率从 60% 提高到 84%，仅 1981 年11 月份，就使该厂提高了 10000 多元的经济效益。

各院系还特别注意安排学生进行科学研究训练，并在科研训练和毕业实习的基础上，指导学生撰写毕业论文，使学生得到综合性训练，既能巩固所学的知识，也提高了实际工作能力。

再次，从学生的实际出发，因材施教。学校对于学习能力较强的学生，注意采取措施引导他们多学一点，早学一点；而对于基础较差的学生，则通过个别辅导，加强其薄

① 暨南大学校史编写组编：《暨南校史（1906—1996）》，广州：暨南大学出版社 1996 年版，第 201 – 202 页。
② 张国林：《满载而归的考古实习》，《暨南大学》试刊，1979 年 12 月 1 日，第 2 版。

弱环节，着重打好知识基础。如历史学系针对部分华侨、港澳学生因汉语基础较差，妨碍专业学习的情况，专门组织几位中文教学经验丰富的教师，为学生讲授历史语言基础课，选用优秀的历史文献作教材，帮助学生补习汉语拼音、语法修辞、辞书使用、古文辨释和文章分析等基础知识，并根据学生的实际，开出了古代汉语、中国历史文献、文献检索等课程。

为切实贯彻因材施教的原则，暨南大学于 1985 年 1 月制定了《优秀学生培养工作条例（试行）》，再次强调"在教学过程中，必须因材施教，使各种不同类型的学生，都可以在其原有的基础上得到发展和提高"，"特别要为优秀学生创造不断得到发展和提高的条件，为某些有较大潜力和有特殊才能的学生采取特殊培养措施，让他们早日成为富有创造性的优秀人才，成为已知领域的革新者和未知领域的开拓者"，从而达到多出人才、快出人才、出好人才的目的。[1]

二、教学管理的改进措施

复办初期，暨南大学同全国各个高校一样，在恢复、整顿的基础上建立规章制度，健全正常的教学秩序。学校领导明确提出要立足改革，努力办出暨南大学的特色。在抓好校风、学风的同时，暨南大学逐步建立健全了各项规章制度。如 1979 年制定了《教研室工作条例》和《学籍管理条例》，1983 年制定了《教学各个环节的基本要求》《研究生培养条例》《研究生学籍管理办法》，1985 年制定了《学分制暂行规定》等 7 个方面的规章制度，使教学管理工作有章可循，有法可依。

为适应华侨、港澳学生的特点和学习上的各种志趣和要求，暨南大学复办时，即在中文、物理两系试行学分制。根据学分制的要求，把课程分为必修课和选修课，选修课又分为指定选修课和任意选修课；并规定各类课程的学分和总学分最低限额及每学期完成的学分额，允许学生根据自己的志趣和需要跨院系、跨专业选修有关课程。学生自学的必修课程，经过考核，学业成绩达到良好以上水平者，可以免修，可选修其他课程。提前修满所规定总学分和必修课者可提前毕业回居住地区就业或报考研究生。4 年内未完成总学分者可以延长学习时间 1 年，如经延长时间仍未完成学分者，可在就业后 1 年内返校补考等。

为适应学分制的需要，各专业相应开设各种类型的选修课。据不完全统计，1986 年时全校共开出近 300 门选修课。其中既有较高深的基础理论课程，也有与本专业较为密切的其他专业课程或专业学术专题，还有为扩充学生文化科学知识或加深其专业基础的课程。

经过实践，证明学分制适应各种不同学生的不同要求，既有利于巩固学生的基础知识，扩大学生的知识面，使学生得到多种训练，也有利于在全面提高教学质量的基础上，为部分学习能力较强的学生提供向某方面进行深化的条件，促进其更快成才。同时，还有利于教师挖掘潜力，不断开设新课程，促进教学水平和学术水平的提高。

暨南大学决定从 1983 级开始，在全校文、理、经济科各本科专业全面试行学分制，医学院则实行学年制与选课制相结合的制度。这是为培养港澳、台、华侨、外籍华人学

---

① 暨南大学校史编写组：《暨南校史（1906—1996）》，广州：暨南大学出版社 1996 年版，第 202 - 204 页。

生毕业后回原居住地区发展各项实业、事业作出良好服务专门人才的措施之一。① 暨南大学对学分制和教学管理制度也作了进一步的改革。在新闻系试行双专业（双学位）制，允许文科、经济科专业的学生毕业并取得第一学位之后，再用两年时间学习国际新闻与传播专业，攻读第二学位，以培养具有多方面知识和专长的人才。1984 年双学位制度扩大到中文、历史、外语等专业，学生毕业并取得第一学位后，可再学习与原专业基础相近的第二专业，以攻读第二学位。

在学分制和双学位制的基础上，从 1985 级开始试行主、副修专业制，这是贯彻"面向港澳、面向海外"的办学宗旨，深入进行教学改革走出的重要一步。② 学生以其就读的专业为主修专业，从第二学年起，可在本院系或其他院系选定另一个专业为辅修专业。同时实行学分制与积点制相结合，既计算学分，也计算积点，根据学生完成学分和积点的情况来衡量学生是否可以毕业和获得学位，从而能更准确地衡量学生的实际水平，保证学生的学习质量。

暨南大学对于学生的学籍管理，也从华侨、港澳学生的特点和实际出发，作了一些有别于其他院校的改革。如每学期都允许办理接收海外和港澳台地区转来暨大插班就读的学生，而不受每年一度的统一考试招生的限制；对华侨、港澳台学生转学、转换专业、选读双专业课程、休学及复学等方面的要求，也根据实际情况，采取较灵活的措施处理。

此外，暨南大学还自 1983 年起，实行奖学金与助学金相结合的制度，以充分调动学生学习的积极性。③

三、加强学生的思想品德教育

在思想品德教育方面，暨南大学对内地学生和华侨、港澳学生提出了不同层次的要求。在遵守宪法、法律和校规校纪方面大家都要一视同仁。但在学习有关政治课程和思想教育方面，则是区别对待。对前者坚持进行马列主义教育，而对后者，不将马列主义政治课作为必修课，而是以爱国主义教育为主课。

暨南大学对学生经常进行爱国爱校的教育，把学生的思想品德教育和生活管理，作为培养德智体全面发展人才的有机组成部分，注意根据华侨、港澳学生的特点不断加以改进。

由于华侨、港澳学生来自各个不同的社会环境，其思想特点和风俗习惯与国内学生有所不同，为把他们引导到教育规范的要求方面来，促使他们健康成长，培养成德才兼备的专门人才，暨南大学反复强调对华侨、港澳学生的思想品德教育和管理，要根据其特点，坚持正面教育、启发自觉的原则。

1979 年 7 月，暨南大学专门召开了学生思想品德教育工作会议，对学生的思想教育工作提出了 5 点要求：①要引导学生朝着德智体全面发展的方向努力。②思想品德教育要与业务教育有机结合起来，有针对性地解决学生思想上的实际问题。③提倡在学生中

---

① 《文理经济各专业八三级推行学分制》，《暨南大学》第 32 期，1983 年 10 月 28 日，第 2 版。
② 教研科：《我校全面实行学分制》，《暨南大学》第 46 期，1985 年 12 月 1 日，第 2 版。
③ 暨南大学校史编写组编：《暨南校史（1906—1996）》，广州：暨南大学出版社 1996 年版，第 205 - 206 页。

开展"五讲四美三热爱"（讲文明、讲礼貌、讲卫生、讲秩序、讲道德；心灵美、语言美、行为美、环境美；热爱祖国、热爱社会主义、热爱中国共产党）和创"三好"（思想品德好、学习好、身体好）活动，树立榜样，形成良好风气。④着重正面教育，启发引导。讲究实效，反对简单化。⑤注意发挥学生会的作用，引导学生自己管理自己。①

1980年10月中旬，暨南大学召开学生思想政治工作会议。会议在汇报学生思想政治工作的情况和经验的基础上，着重讨论研究了在新的历史时期，如何以学习为中心，以"三好"为目标做好学生思想政治工作的问题。② 同年，暨南大学在《关于思想教育工作的意见》中，进一步强调对华侨、港澳学生的教育和管理，要根据华侨、港澳学生的特点，切忌简单粗暴，空洞说教；要深入细致，开展谈心活动，潜移默化；注意培养和树立先进典型，用积极因素克服消极因素。

1981年8月26日至9月11日，中共暨南大学临时委员会召开扩大会议，传达了全国思想战线问题座谈会的精神及全国学校思想政治教育工作会议的精神，并讨论了如何在暨南大学贯彻执行。李云扬书记指出要认真总结经验教训，切实加强思想战线工作，并提出了加强思想战线工作的6项措施。③

各院系根据学校的有关决定精神，普遍注意到把学生的思想品德教育工作结合到教学过程中去做，既教书又教人，做学生的知心朋友，为人表率，言传身教，以理服人，收到了良好的效果。如外语系总结出对华侨、港澳学生教育必须做到"亲而后教"（对学生首先要有深厚的感情，然后才谈得上教育），"严而后高"（严格要求才能提高他们的思想水平和业务水平），"顺而后正"（照顾他们的特点而后正确引导），"稳而后成"（要稳定他们的情绪，才能顺利完成教育培养他们成才的任务）的成功经验。

为帮助华侨、港澳学生树立正确的世界观和人生观，培养良好的道德品质，成为品学兼优的人才，暨南大学除了强调政治理论课程要注意理论联系实际，切实解决现实问题和学生思想实际问题，以培养学生的高尚品德之外，从1982年开始，全校又专门开设了德育基础课程，着重向学生讲授"发扬暨南的优良传统""树立大学生的崇高思想""勤奋好学，立志攀登科学高峰""尊师爱友"等有关道德品质和思想修养及人生哲理等思想品德教育专题，从理论和实践的结合上，启迪学生树立正气。

1983年，根据中央、国务院的有关指示精神，暨南大学开设了爱国主义课程，向学生讲授祖国的历史、地理、华侨史等专门内容，阐述中华民族的优良传统、祖国的文化艺术、科学技术、创造发明，以及祖国所经历的坎坷曲折的道路和发愤图强的历程；以我国历史上无数英雄豪杰为民族的崛起、祖国的振兴而贡献自己毕生才华的动人事迹，启发学生对祖国的热爱和为振兴中华、为人类进步事业作出贡献而发奋学习的自觉性。

同年，暨南大学在《关于改进学生思想政治工作的意见》中，明确指出暨南大学的招生对象和培养目标与其他大学不同，思想教育工作应具有更大的适应性和更强的针对性，要适应学生的特点，采取各种形式，把学生的思想品德教育融会于爱国主义教育之中。

① 暨南大学校史编写组编：《暨南校史（1906—1996）》，广州：暨南大学出版社1996年版，第208－209页。
② 马兴中：《召开学生思想政治工作会议》，《暨南大学》第8期，1980年11月5日，第1版。
③ 小邝：《认真总结经验教训，切实加强思想战线工作》，《暨南大学》第16期，1981年9月26日，第2版。

为了加强对全校学生进行思想政治理论教育工作，暨南大学设立了社会科学基础部，作为一个教学部门，负责全校的社会科学课程、爱国主义课程和德育选修课程的教学工作。从1983年开始，对新入学的华侨、港澳学生开设了爱国主义课程，内地生则仍开马列主义课程，同时也要求其他各门课程结合各自的特点对学生进行爱国主义教育。[1]

暨南大学医学院于1983年实行兼职义务指导老师责任制，初步摸索出做好学生思想政治工作的路子，对于加强学生思想政治工作，取得了一定的效果。[2]

1985年，为进一步改革学生的思想品德教育工作和学生的管理工作，在当年入学新生中试行开设"成才讲座"。把成才与爱国主义、思想情操、大学生活、成才之道及道德教育结合起来，在鼓励成才的同时，引导学生端正思想，养成良好的道德。通过讲授"祖国与成才的关系""社会与成才的关系"等专题，内容包括：读书、成才必须与民族、祖国和人类的命运联系起来，成才方具有意义；在社会发展史中，从钻木取火到现代电脑技术的成就，从社会分工到科学技术的产生、发展，推动社会和人类历史前进的道路等，通过阐明这些道理，激发学生热爱专业、热爱科学、奋发学习的热情，鼓励他们更好地掌握一专多能的本领，献身于科学发展，为祖国和人类的进步事业作出贡献。

从复办后第一届学生开始，暨南大学就在学生中开展经常性的创"三好"学生活动。通过每年评选一次"三好"学生，在学生中树立德智体全面发展的榜样，形成学榜样、赶先进的良好风尚，取得了良好的效果。如暨南大学首届学生毕业时，品德评为优秀者占34%，良好者占62.6%，及格者占3%，不及格者仅占0.4%，思想品德优良者共达96.6%。

此外，暨南大学还经常在学生中开展有益于思想健康成长的专题性教育活动。如先后开展了"如何做新时代的大学生""当代大学生的形象"的讨论，"我爱中华"征文演讲比赛，"看谁最了解伟大的祖国"知识比赛，校史知识竞赛，以及"五讲四美三热爱""尊师爱友"等活动，使学生普遍受到自我教育。在1983年开展的"我爱中华"征文演讲比赛中，参加征文比赛的有61篇文章，参加演讲比赛的有12人。在"看谁最了解伟大的祖国"知识比赛中，全校1000多名学生踊跃参加，成绩达95分以上者有300多名，其中80人获奖。[3]

在开展对学生的思想品德教育和管理工作中，学校还特别注意发挥学生会的作用，大力提倡学生自己管理自己，以培养学生的管理能力。1983年秋，在北京召开的全国学联第20次代表大会上，暨南大学当选为全国学联副主席单位，校学生会副主席、数学系1982级澳门学生区锦明同学被选为全国学联副主席。[4]

四、努力提高学生的质量

1. 树立良好的校风和学风

1981年10月8日，暨南大学台湾籍师生举行座谈会。会上，大家一致表示，坚决拥护全国人大常委会叶剑英委员长提出的关于台湾回归祖国、实现和平统一的九项提

---

① 《暨大试行校长负责制情况汇报（1984.10.22）》，暨南大学档案，1984年，第28卷，第4页。
② 学生处：《医学院实行指导老师责任制》，《暨南大学》第29期，1983年6月10日，第2版。
③ 暨南大学校史编写组编：《暨南校史（1906—1996）》，广州：暨南大学出版社1996年版，第210－211页。
④ 团委：《区锦明当选全国学联副主席》，《暨南大学》第31期，1983年9月24日，第1版。

议。参加座谈会的台湾籍师生纷纷表示，今后要加强与海外华侨、港澳亲人的联系，通过多种渠道，向台湾同胞宣传祖国四个现代化的建设情况和美好前景，使台湾同胞对祖国大陆有进一步的了解，为实现祖国统一大业作出自己的贡献。同时，还希望暨南大学与台湾大学进行学术交流。[①]

1981 年 12 月 10 日，教务处、学生处、团委、学生会等单位，联合召开了暨南大学学生学习报告会。学校主要领导、各院系负责人以及一些著名的教授、专家出席了会议。这次学习报告会是暨南大学复办后首次举行的盛大的学习经验交流会，学校领导对此很重视，有关部门作了认真的准备。有 5 位学习成绩优秀的学生在会上发言，反映了复办 4 年来学校在教学方面取得的可喜成绩和全校同学的学习风貌。[②]

同年底，在全校进行了评选教师"教学优秀奖"的工作，经群众推选、领导审核，共评选出 47 名获奖教师。[③]

1982 年在全校开展校风、学风和治学态度的教育，提出要树立热爱祖国、勤奋学习、勇攀高峰，为祖国的四化建设和人类进步作出贡献的良好风尚；树立实事求是、谦虚谨慎、严格要求、独立思考、刻苦钻研，进行创造性学习的好学风和严谨的治学态度。同时进行遵纪守法、搞好教学秩序的教育，并结合创"三好"学生和评选优秀教师等活动，表彰了一批"三好"学生和 89 名优秀教师。

同年 10 月 9 日下午，物理系 140 多名师生，高举着"义务劳动"的大旗，在暨南大学球场开展"为您服务"活动。他们用自己的实际行动，批判自私、不劳而获、一切为了金钱等腐朽思想，为建设和发展体现社会主义精神文明的新型社会关系而实践，受到了广大群众的热烈赞扬。许多华侨、港澳同学也踊跃参加了这次活动。[④]

1985 年，暨南大学倡导要在学生中养成"文明礼貌，遵守纪律，团结友爱，勤奋好学，积极进取"的好学风。

2. 努力提高学生的质量

为了增长全校师生的见识，提高学校的教学与学术水平，20 世纪 80 年代初，暨南大学从校外邀请了不少名师和名家前来讲学。如中国科学院学部委员、南京大学陈荣悌教授，于 1981 年 12 月 12 日起来化学系讲学 3 周。中国科学院学部委员、北京大学高分子化学教研室主任冯新德教授，以及李富锦、邱坤元副教授亦应邀来化学系讲学。翌年 1 月初，中国社会科学院副院长、著名经济学家许涤新教授来校，作了《对建国以来我国国民经济的认识》的专题报告。[⑤] 我国著名电子计算机科学家、北京市计算中心研究员洪加威教授应数学系的邀请，从 1982 年 4 月下旬至 5 月中旬，前来作为期 1 个月的讲学。内容主要有：数学中的不完全性，计算中的完全性，图灵论题和相似性原理，复杂性理论的一些进展。[⑥]

复办初期，暨南大学每年都要进行全校性的教学质量检查和总结，以及时解决教学

---

① 《台湾籍师生举行座谈会》，《暨南大学》第 17 期，1981 年 10 月 20 日，第 1 版。
② 杜汝初：《隆重举行学生学习报告会》，《暨南大学》第 19 期，1982 年 1 月 15 日，第 1 版。
③ 《评选出"教学优秀奖"的教师》，《暨南大学》第 19 期，1982 年 1 月 15 日，第 2 版。
④ 《评论：赞美同学们的义务劳动》，《暨南大学》第 23 期，1982 年 10 月 18 日，第 2 版。
⑤ 《许涤新来校作报告》，《暨南大学》第 19 期，1982 年 1 月 15 日，第 2 版。
⑥ 洪涛：《学术动态》，《暨南大学》第 21 期，1982 年 6 月 16 日，第 2 版。

中存在的问题。校院系各级领导都非常注重加强教学第一线的师资力量，对各个专业的基础课程，尤其是主要基础课程，均配备学术水平较高、教学经验丰富的教授、副教授和老讲师担任主讲，以保证基础课的教学质量。

通过教学实践和调查研究，围绕着教学如何面向海外和港澳，适应需要的重要课题，进行教学领域的一系列改革尝试，使教学工作很快走上轨道，教学质量不断提高，所培养出来的学生在各方面都表现出不错的能力，有些还取得了出色的成绩。如历史系1978级周月龄和1979级江炳强同学（均为香港生），从1981年12月至次年4月，先后3次回香港度假期间，用所学到的专业知识，在九龙大埔碗窑村进行考古发掘工作，发现了碗窑古遗迹，此事传开后，轰动港九地区，引起了香港有关部门的高度重视，将之作为古物古迹加以保护和修葺。[1]

文、理、经济学科第一届学生468人（其中华侨、港澳学生165人，占35.3%）于1982年毕业，其中获得学士学位者456人，占97.4%。被评为"三好"学生者176人，被评为优秀毕业生者36人。据不完全统计，该届学生中考取国内外大学和科研单位研究生的有9名，另有外语系1名学生考取联合国译员。

医学院第一届学生120人（其中华侨、港澳学生55人，占45.8%）于1984年毕业，其中119人获学士学位，被评为"三好"学生者53人，被评为优秀毕业生者15人。这届毕业生中，有6人考取国内外硕士研究生，3人在美国伯明翰医学院和俄亥俄州医学院攻读博士研究生学位。1985年1月有35名港澳毕业生参加香港"非英联邦医师"执照甄别考试，取得良好成绩。

1985年，广东省侨联奖学基金会在广州地区大专院校学生中进行评选，奖励了一批优秀的侨生和侨眷学生。暨南大学有两名研究生获奖，占获奖人数的2/3；本科生获奖者有11人，占获奖人数的1/3。澳门学生区锦明入学两年时间内，因各门功课均取得优秀成绩，德智体全面发展，被选为校学生会主席、全国学联副主席，于1983年和1984年连续两次获优秀大学生奖。

1985年根据教育部关于"硕士学位研究生招生"文件的有关规定，经国务院侨务办公室批准，暨南大学中文、化学、外语系当年应届毕业生中，有何龙、卓起、赖晓芳、廖国瑛4名优秀毕业生被推荐免试攻读硕士研究生。

自暨南大学复办至1986年，共培养了各种规格的毕业生、结业生5825人，其中毕业研究生125人（有113人取得硕士学位）、毕业本科生2469人（有2396人获得学士学位）。本科、预科、对外汉语教学系合共培养了华侨、港澳及华裔学生943人。[2]

五、学生课外学习和文体活动

1. 学生的课外学习与活动

为了引导学生把主要精力集中到提高学业方面来，促进其健康成长，并借以培养学生的自学、研究和实际工作能力，暨南大学大力提倡在学生中开展"第二课堂"活动，

---

① 小杜：《轰动香港的消息——历史系两学生在九龙发掘出碗窑古遗迹》，《暨南大学》第29期，1983年6月10日，第2版。
② 暨南大学校史编写组：《暨南校史（1906—1996）》，广州：暨南大学出版社1996年版，第182 – 183页。

利用课余时间开展各种学术性、知识性、健康性、娱乐性和公益性的课外活动。复办初期，在各院系教师的帮助指导下，学生成立了学术社团组织近 30 个，如红土诗社、摄影协会、经济研究组、影视评论组、文艺评论组、计算机技术学习组、学生通讯社、书法社、美术社、杂文社、文学社、时事研讨会、艺术团、话剧社等。在学习、研究的基础上，还出版了《暨大学生报》《赤子心》《经济学生》《新闻学生》《研究生学报》等学生报刊。

1984 年上半年，校学生会举办了首次学生课余活动大联展，把学生各项活动的成果，用 400 多张图片展示出来，同时展出的还有书法作品 100 多帧、各国各类邮票插页 170 多页及美术作品 20 多幅。这从一个侧面反映了学生"第二课堂"活动的情况和成果。

校刊《暨南大学》从 1986 年第 55 期起，新辟了 3 个专栏，即第 1 版《暨南影苑》，刊登学校风光和师生生活的艺术照片；第 3 版《学生园地》，主要反映同学们的学习生活及"第二课堂"活动；第 4 版的《文艺副刊》正式定名为"明湖"，主要刊登师生的文艺习作。[1]

学生"第二课堂"活动的开展，对于养成学生的自觉精神和良好风气，促进学业进步，树立为国家和民族作贡献的思想，收益都十分明显。

2. 学生的体育锻炼与竞技活动

为了促进学生德智体全面发展，暨南大学大力支持和鼓励学生开展健康有益的活动。一方面强调搞好体育教学，规定体育课程不能免修，并要求努力达到国家体育锻炼标准；另一方面积极倡导学生做早操和利用下午课余时间进行体育锻炼，以调节精神，提高学习效果，还要求学生按时作息，有规律地进行学习和生活。

1983 年贯彻教育部关于"体育卫生两个暂行规定"以后，学生的各项体育锻炼活动更加正常化，取得了较好的成效。如当年中文系全系学生达到国家体育锻炼标准者占 96%，全校大部分专业的学生也都达到 90% 以上。复办后首届毕业的文、理、经济科 468 名学生中，身体健康和一般健康者达 97.5%。同年，经广东省高等教育局检查验收，评定暨南大学的体育卫生工作和成绩良好。

热心体育锻炼和积极参加竞技活动，是暨南大学学生的一贯作风。针对华侨、港澳学生的特点和爱好，暨南大学先后组织了田径、球类、武术、游泳等 10 多个体育运动队，经常开展各种体育比赛，暨南大学每年均举行一次全校性的田径运动会。

由于学校的重视和学生们的努力，暨南大学在各种体育比赛中取得了较好的成绩。如 1979 年 11 月，在广州地区高等院校体操比赛中，暨南大学女子队获乙组团体第 1 名，男子队获甲组个人全能第 1 名。

在 1980 年 6 月广州地区 14 所高等院校举行的第九届游泳比赛中，暨南大学女子队荣获团体冠军。在女子 10 个比赛项目中，暨大的苏月新、张勇毅、方蔚等同学共打破 8 项广州高校纪录，取得 7 项第 1 名。男子队获团体第 3 名，其中刘青健同学打破 3 项广州高校纪录。

1981 年 5 月，广州地区高等院校举行第二十二届田径运动会，暨南大学有 50 名运

---

① 《小启》，《暨南大学》第 55 期，1986 年 11 月 30 日，第 1 版。

动员参加比赛，有 7 人次打破 4 项广州高校田径赛纪录。在全部 33 个比赛项目中，暨南大学获 11 个项目的第 1 名，男女田径队分别获得团体总分第 2 名。在同年举行的广州高校体操比赛中，暨南大学男女体操队分别获三级组团体冠、亚军。

在 1982 年广州地区高等院校第二十三届田径运动会上，暨南大学有 42 名运动员（其中华侨、港澳学生 11 名）参加比赛，获得男女团体总分季军，其中有 3 项刷新了广州高校田径赛纪录；有 6 项破广州高校纪录，如中文系 1979 级日本侨生金启功的标枪，以 60.32 米的成绩打破广州高校纪录（在 1982 年 8 月参加全国大学生运动会的比赛中，获得第 4 名）。物理系 1980 级学生张鲁平获得女子铁饼和铅球两项冠军。[①]

暨南大学第九届田径运动会于 1980 年 12 月 19 日至 20 日举行，经过紧张、激烈的角逐，成绩喜人，共刷新了 3 项第一届广东省大学生运动会纪录，打破了 14 项本校纪录，附属护士学校也打破了 3 项广东省中专纪录。[②]

1981 年 11 月 12 日至 14 日，暨南大学举行第十届田径运动会。经过 3 天的紧张争夺，赛出了良好成绩，共打破了 3 项广州市高等院校运动会纪录和 1 项本校纪录，经济学院代表队分别获得男、女团体冠军。[③]

广州地区高等院校第十三届体操比赛，于 1981 年 11 月 28 日至 29 日在暨南大学举行。参加本届比赛的有 11 所大专院校，共有男女运动员 155 名。这是一次人数较多、队伍较整齐的盛会。暨南大学体操队获得三级组男女团体冠、亚军。[④]

暨南大学金启功、卓建平、刘锦钊 3 位同学参加了 1982 年 8 月在北京举行的首届全国大学生运动会，取得优异成绩，获得奖章，为广东省大学生代表团争得了荣誉。[⑤]

1982 年 11 月 20 日、21 日两天，广州地区高等院校第二十三届田径运动会在中山大学举行。暨南大学田径队获得男女团体总分季军、男子团体第 3 名和女子团体第 4 名的成绩。暨南大学运动员共刷新 3 项市高等院校纪录和 6 项本校纪录。[⑥]

同年 12 月 4 日至 5 日，在华南师范大学举行了广州地区高等院校第十四届体操比赛，暨南大学体操队获二级组女子团体季军、三级组女子团体第 4 名。经济学院的杨小玲同学技冠群芳，荣获二级组女子个人全能冠军。[⑦]

3. 学生的各种文艺活动

为了丰富学生的课余生活，营造一个良好的文化氛围，暨南大学支持举办各种文艺晚会，并组织学生参加全国和各省市举办的各种文艺比赛。

1979 年 6 月，广州举办了大学生文艺会演，由暨南大学学生创作的诗朗诵《侨生的喜泪》荣获一等奖。

在 1981 年广东省第二届高等院校文艺会演中，暨南大学参演的 3 个节目均获奖，其中何慰慈等同学创作的话剧《钱》获创作奖，黄丽萍创作的舞蹈《神鸟与仙女》和张晓

① 暨南大学校史编写组编：《暨南校史（1906—1996）》，广州：暨南大学出版社 1996 年版，第 184 - 185 页。
② 新兵：《九届校运会捷报频传》，《暨南大学》第 10 期，1980 年 12 月 29 日，第 2 版。
③ 李海鹰：《举行第十届田径运动会》，《暨南大学》第 19 期，1982 年 1 月 15 日，第 2 版。
④ 钟其君：《穗高校第十三届体操比赛》，《暨南大学》第 19 期，1982 年 1 月 15 日，第 2 版。
⑤ 崔兴发：《在首届全国大学生运动会上》，《暨南大学》第 22 期，1982 年 9 月 18 日，第 2 版。
⑥ 《第二十三届穗高校田径运动会》，《暨南大学》第 25 期，1982 年 12 月 14 日，第 4 版。
⑦ 《广州高校十四届体操赛》，《暨南大学》第 25 期，1982 年 12 月 14 日，第 4 版。

雄、杨粒粒创作的配乐诗朗诵《啊，我的中华》获表演奖。[1]

1986 年，由广东省文化厅、省高教局、省团委、省学联联合举办了广州地区大学生首届校园歌曲会演，暨南大学参演的节目有多项获奖，如《我爱这一片绿叶》获优秀节目奖，《放心吧，妈妈》获创作奖，《远航吧，金色的帆》获表演奖和创作奖，女声独唱《大海呀，故乡》获表演奖。[2]

第六节　其他层次的教育与管理

一、研究生教育

暨南大学在广州复办本科教育的同时，也开始了筹办研究生教育。1979 年经教育部批准，有基础数学、英国语言文学、眼科学、内科学（血液病）、微电子学、中国古代史（宋史）6 个学科专业招收了首届研究生共 29 名。

1982 年初，教育部批准暨南大学为全国首批有学位授予权的院校之一。暨南大学本科各专业均有学士学位授予权，同时部分学科、专业有硕士、博士学位授予权。

同年，根据《中华人民共和国学位条例》的精神，学校成立了学位评定委员会，并制定了《暨南大学学位评定工作条例》。首届学位评定委员会由 22 人组成，李辰副校长担任主席，李云扬副校长、李天庆教务长任副主席。第二届学位评定委员会于 1985 年 3 月成立。共有委员 25 人，李辰副校长仍担任主席，李炳熙副校长任副主席。

从 1979 年至 1986 年，全校先后发展到有 45 个学科专业、84 个研究方向招收研究生。其中政治经济学、文艺学、英国语言文学、世界文学、基础数学、分析化学、生物化学、药理学、内科学（血液病）、眼科学、现代汉语、工业经济、中国古代史、专门史（中外关系史）、光学、生理学、传染病学等 37 个学科、专业有权授予硕士学位，专门史（中外关系史）、内科学（血液病）、工业经济、眼科学 4 个学科、专业有权授予博士学位。[3]

1985 年春季，历史系专门史（中外关系史）专业朱杰勤教授招收的攻读博士学位研究生入学，这是暨南大学从 1906 年创校以来招收的第一届攻读博士学位的研究生，从而使学校教育工作开始了新的最高层次。[4]

暨南大学从 1984 年开始在海外和港澳地区招收研究生，翌年为进一步扩大招生，对港澳招收研究生实行了重大改革，即在港澳地区专设报名点和考场，实行资格免试或业务考试两种录取办法，在与内地考生成绩相同的情况下，予以优先录取。1985 年共有 38 个学科专业、62 个研究方向对外招生。暨南大学派出工作组到港澳地区专设报名点和考场，凡品行端正，身体健康，且持有大学学位文凭、学历证明和成绩单复印本的海外华侨、港澳台青年，均可在规定的时间内到香港或澳门中国旅行社报名，也可直接函寄学

① 　小刘：《省高校文艺汇演　我校节目全部获奖》，《暨南大学》第 14 期，1981 年 6 月 3 日，第 1 版。
② 　暨南大学校史编写组：《暨南校史（1906—1996）》，广州：暨南大学出版社 1996 年版，第 185 页。
③ 　暨南大学校史编写组：《暨南校史（1906—1996）》，广州：暨南大学出版社 1996 年版，第 185 – 186 页。
④ 　陈令妙：《首届博士生入学》，《暨南大学》第 43 期，1985 年 4 月 30 日，第 2 版。

校研究生招生办公室。海外、港澳台研究生入学后，一律免交学费和住宿费，享受助学金、公费医疗和实习助教津贴。实行"来去自由"政策，毕业生可返回原居住地就业，也可自愿留内地由国家安排工作。①起初两年暨南大学共招收了港澳地区研究生 16 名。此外，暨南大学还受教育部委托，代理内地 18 所重点院校对外招收研究生工作。

除了业务学习以外，暨南大学研究生还通过参加课外学术活动，为社会提供服务。如研究生成立了"社会咨询服务中心"，为广州市个体劳动者协会提供产品、市场、技术、人才、金融等方面的信息服务，并根据个体劳动者的需要，承接有关技术、生产和管理方面的科研项目和开办文化补习、组织自学考试、开设管理方法和法律知识等专题讲座，都很受欢迎，也有助于学生学以致用，理论联系实际，从而提高学习水平。②

二、多种形式的办学

根据高等侨校的性质和任务，暨南大学在办好本科和研究生教育的同时，开设了便于海外华侨、港澳台同胞和内地归侨、侨眷学生修读的各种类型的专修班及培训班。

为了给海外华侨、港澳台同胞、外籍华人及其他国际友人提供学习中国语言和文化知识的机会，学校于 1980 年开办了汉语专修班。1983 年，在汉语专修班的基础上，成立了暨南大学汉语中心。该中心于 1984 年秋季开始招生，是专门为华侨、港澳台同胞、外籍华人及其他国际友人提供汉语训练和介绍中国文化知识的教学机构，设有汉语专修班、对外汉语师资班和短期汉语学习班（分设普通话班和粤语班）等各类班级。③1985 年，汉语中心改为对外汉语教学系，开设了 2 年制的汉语专修科，为具有较好的汉语听、说、读、写能力的海外学生和华文教师提供了进一步深造的机会。

1982 年中共广东省委组织部委托暨南大学开设干部专修科，设有财金、贸易、外经 3 个专业，主要为省内各地培养具有大专水平的经济管理人才。

1983 年设立预科，为报考暨南大学而未达到本科录取标准的华侨、港澳台学生提供补习功课和争取升学的机会。预科班学制 1 年，如全部课程考试合格、品行优良、身体健康，即可直升本校本科或专科就读。不具备直升条件者，可以参加当年对外招生考试，按照录取标准，择优录取。如仍未被录取者，还可继续留在预科班学习 1 年。

1984 年，经济学院受石油部委托，开办了 1 年制的工业会计进修班，并曾派教师协助香港中旅社在香港联合举办了几期经理业务培训班。医学院则举办了外国进修生针灸培训班，接收了来自英国、联邦德国及澳大利亚等国的 15 名进修生。

1985 年秋，受国务院侨务办公室和广州市有关部门的委托，暨南大学开办了 2 年制的侨务干部进修班。

此外，暨南大学还先后在校内和省内广州、佛山、中山、珠海、台山、顺德等 10 多个县市举办过各种类型的培训班，为各地培养大批专门人才。仅据经济学院的不完全统计，自 1980 年至 1986 年间，在校外所开办的各种培训班，就为各地特别是侨乡的经济部门培养厂长、经理、财会人员等经济管理人才共有 5000 余人。④

①《我校招收港澳研究生有新招》，《暨南大学》第 43 期，1985 年 4 月 30 日，第 2 版。
②暨南大学校史编写组编：《暨南校史（1906—1996）》，广州：暨南大学出版社 1996 年版，第 183－184 页。
③《我校汉语中心今秋开始招生》，《暨南大学》第 35 期，1984 年 5 月 22 日，第 2 版。
④暨南大学校史编写组编：《暨南校史（1906—1996）》，广州：暨南大学出版社 1996 年版，第 206－207 页。

暨南大学在办好全日制教育的同时，还努力挖掘潜力，开办夜大学、函授及刊授教育。

经教育部批准，暨南大学于1984年开办了夜大学，当年秋季即开始招生，开办文、理、经济多科性的专科（大专班）。夜大学主要面向内地的归侨、侨眷、港澳同胞子女和台湾省籍青年，旨在培养德智体全面发展、适应社会主义四个现代化建设事业需要的、具有大学专科毕业水平的人才。夜大首届开设数学、电子技术、历史学、工业会计、企业管理、商业经济和金融7个专业（学制3年），第一年共招生426人。① 1985年增设分析化学、汉语言文学、政治理论、计划统计、工商企业管理、财会、侨务等专业。同年招生的应用数学、分析化学、汉语言文学和历史学4个专业，主要招收有广州市正式户口、具有高中毕业或同等文化程度的在职人员及少量待业青年。② 1986年时，暨南大学夜大学共设有14个专业，其中汉语言文学专业设有专科班和本科班。

为了给志愿学习祖国文化而未能回国、回内地升学的海外华侨、港澳台同胞和外籍华人提供学习条件，暨南大学于1984年开始筹办函授教育，翌年成立函授部，并于当年秋季开始招收函授生。函授教育除面向海外和港澳台地区外，还面向内地归侨、侨眷及其他内地青年。招生对象包括具有高中毕业或同等程度的华侨、外籍华人、归侨、侨眷、港澳台同胞及其在内地的亲属，在职干部、职工和社会青年。旨在培养具有大学专科毕业水平，能为居住地区发展各项实业、事业作出贡献的专门人才。开办时设有汉语言文学、中文秘书、特区经济学和物价学专业（学制3年）。③ 首次招收函授生311人，其中港澳函授生22人。函授生按函授部发给的学习计划进行业余自学，接受书面指导，并交练习作业。港澳台函授生每学期来校接受面试、辅导、考试一次；华侨和外籍华人函授生学完全部课程后，来校进行一次过的毕业考试。

文学院新闻专业和经济学院会计、企业管理等专业，还先后开办了刊授教育，为社会上有志自学成才者，提供学习辅导的机会。

此外，为了提高在职干部、职工和知识青年的文化修养、业务水平，提高在职工、商企业财会人员的业务水平和业务能力，暨南大学工会还举办了第一期职工业余大学中文班、工业和商业会计等两个短训班，共计招生200名。④

第七节　科学研究与管理

一、科研机构及科研活动

暨南大学复办以后，十分重视科研工作，注重发挥优势，突出重点。学校领导认真

① 《我校夜大学今秋招生》，《暨南大学》第35期，1984年5月22日，第2版。
② 《我校函授部向海内外招生、夜大学同时招收八五年度新生》，《暨南大学》第43期，1985年4月30日，第2版。
③ 《我校函授部向海内外招生、夜大学同时招收八五年度新生》，《暨南大学》第43期，1985年4月30日，第2版。
④ 《我校工会主办职工业余大学开学》，《暨南大学》第11期，1981年3月12日，第1版。

贯彻科学技术要面向经济建设的方针，强调科研工作要注意结合学校的特点和培养华侨、港澳学生的需要，在重视基础学科研究的同时，大力开展应用学科的研究，并以新兴学科为主攻方向。为实现培养高水平人才的目标，暨南大学还特别注意把科研工作与教学工作紧密地结合起来，相互促进，把教师科学研究的成果体现在新课程中，同时提高了学术水平和教学水平。

1. 科研领导工作

为了促进科学研究工作的开展和学术水平的提高，根据《全国高等学校暂行工作条例》有关规定和要求，暨南大学于1980年成立了学术委员会，作为学校教学、科研和研究生培养工作的学术咨询机构。第一届学术委员会由李云扬担任主任，梁奇达、王越任副主任，共有委员54名，另聘名誉委员9名。1982年5月8日，全国人大常委会副委员长周谷城先生为暨南大学题词："显扬祖国学术，发展精神文明。"① 这是对学校科研工作的巨大支持和鼓舞。1984年11月，第二届学术委员会成立，由何军担任主任，李辰、李炳熙、张德昌任副主任，共有委员53名，名誉委员7名。

1980年4月10日，学校教学、科研战线工作组召开了物理系教学、科研问题汇报会。李云扬书记，王越、韩托夫副校长，李天庆教务长和物理系负责人黄振鹏、陈本文、卓美兴等出席了会议。中国科学院学部委员、吉林大学余瑞璜教授列席了会议。②

为了推动暨南大学科学研究和实验室建设工作的进一步开展，学校领导小组于1980年6月24日召开了全校科学研究和实验室建设工作汇报会。这是暨南大学科研和实验室建设工作的一次盛大检阅，学校领导，机关干部，医、理科各系全体教师和实验室全体人员，以及文科代表出席了会议，王越副校长和李云扬书记在会上作了重要讲话。③

1985年6月，暨南大学首批参加专利代理人培训班的4名学员——科研处招小明、武岐山，医学院张文英，生物系王永平经过考核，均以优良的成绩取得专利代理人的资格，并由中国专利局发给专利代理人证书。④

截至1986年，全校有专职研究人员250人。另外，每年均有逾500名教授、副教授及讲师参加科学研究工作。⑤

2. 学术研究机构的设置

暨南大学于1984年进一步要求科研工作要充分发挥综合性大学的优势，发展边缘学科和新兴学科的研究，同时充分发挥暨南大学作为一所华侨大学的优势，进一步搞好东南亚研究、华侨研究、特区港澳研究。

暨南大学刚复办时，就恢复了东南亚研究所。80年代初，根据国民经济和现代科学技术的发展需要，并结合暨南大学的性质及特点，先后新成立了华侨研究所、特区港澳经济研究所、古籍研究所、生物医学工程研究所和生殖免疫研究中心，以及文史、经济、理医各学科16个独立研究室。

东南亚研究所内设东盟各国研究室、印支缅甸研究室和编译室。华侨研究所内设华

---

① 《暨南大学大事记》，暨南大学档案，1982年，目录号5，案卷号28，第15页。
② 《物理系汇报教学、科研工作》，《暨南大学》第3期，1980年5月9日，第2版。
③ 《召开科学研究实验室建设工作汇报会》，《暨南大学》第5期，1980年7月10日，第2版。
④ 科研处：《我校首批专利代理人获证书》，《暨南大学》第44期，1985年6月28日，第2版。
⑤ 暨南大学校史编写组编：《暨南校史（1906—1996）》，广州：暨南大学出版社1996年版，第187页。

侨史研究室和华侨教育研究室。特区港澳经济研究所内设特区经济研究室、港澳经济研究室、市场和物价问题研究室。古籍研究所内设古籍研究室和宋史研究室。生物医学工程研究所内设两个生物材料研究室、医学信息研究室和医学电子工程研究室。

此外，暨南大学独立的研究室计有东南亚历史研究室、中外关系史研究室、东南亚文学研究室、台湾香港暨海外华文文学研究室、文艺理论研究室、唐宋文学研究室、方言研究室、新闻研究室、人口理论研究室、高等教育研究室、水生生物研究室、发热机理研究室、血液病研究室、固体物理研究室、矫形外科研究室等。

全国生物材料学科组 1985 年 12 月 6 日正式成立，挂靠在暨南大学生物医学工程研究所。该组成员由 9 名委员组成，由理工学院院长邹翰担任学科组组长，徐国风副教授任学科组委员兼学科组秘书。[1]

3. 科研项目和科研经费

复办初期，学校的科研工作曾遇到了经费不足、仪器设备不全及用房紧张等实际困难，但在学校的正确领导和全国科学大会召开的鼓舞下，经过全体科研人员的共同努力，1979 年申报的科研项目达 218 项，其中列入国家和广东省有关部门的重点科研项目有 68 项，迈开了可喜的第一步。[2] 理、医科科研工作恢复迅速，1980 年内在研项目达 85 项，面貌一新，有力地配合并促进了教学工作。[3] 同年文科重点科研项目有近 90 项。

从 1979 年至 1984 年，暨南大学承担了 198 项重点科研项目，其中有 35 项为国家重点项目，有 96 项为教育部、卫生部重点项目，有 67 项为广东省重点项目。几年间，通过各种渠道得到各有关单位的科研资助费近 700 万元。1985 年，又有 17 项科研项目得到中国自然科学基金会的批准，并获得 56.5 万元的资助经费，这是暨南大学复办初期获得中国自然科学基金会资助经费最多的一次。[4]

4. 各种学术会议的召开

社会科学研究在暨南大学文科各院系陆续铺开，不少教师积极著书立说。经济、中文、历史、新闻等院系相继举行学术讨论会，积极探讨问题，各抒己见，学术气氛十分活跃。

1980 年 11 月中旬，全国侨联在北京召开华侨历史研究座谈会筹备会，参加的单位有国务院侨办、暨南大学、华侨大学、厦门大学、中山大学、福建师范大学、北京大学和有关省市侨联的代表共 20 多人。暨南大学历史系朱杰勤教授为筹备会提交《关于编写华侨史的建议》倡议书，受到有关领导和代表的重视。[5] 11 月 21 日，广东省历史学会在暨南大学举行学术报告会，纪念我国著名教育家、历史学家陈垣 100 周年诞辰。[6]

中文系结合教学，于 1980 年 11 月 25 日至 30 日举行了本年度科研论文讨论会，应邀参加讨论会的有中山大学、华南师范学院和《学术研究》编辑部等单位共 40 多人。

1980 年 11 月 22 日下午，广东省遗传学会在暨南大学召开了广州地区遗传病"产前

① 徐国风：《全国生物材料学科组成立》，《暨南大学》第 47 期，1986 年 1 月 15 日，第 2 版。
② 郭振芝：《我校科研工作迅速开展》，《暨南大学》试刊，1979 年 12 月 1 日，第 1 版。
③ 海鹰、小明：《理、医科研展翅飞翔》，《暨南大学》第 11 期，1981 年 3 月 12 日，第 2 版。
④ 科研处：《我校理、医科一批科研成果获奖》，《暨南大学》第 40 期，1985 年 1 月 20 日，第 2 版。
⑤ 巴田：《全国侨联召开华侨历史研究座谈会》，《暨南大学》第 11 期，1981 年 3 月 12 日，第 3 版。
⑥ 《省史学会在我校举行学术报告会》，《暨南大学》第 9 期，1980 年 12 月 5 日，第 1 版。

诊断羊水细胞培养"经验交流会。广州地区的有关高等院校、医院、省计划生育研究所，以及北京、内蒙古等地的教学、科研工作者 30 余人参加了会议。①

经济学院世界经济教研室主任、广东省经济学会理事钟远蕃副教授，于 1981 年 3 月 23 日与广东省社会科学院副院长、经济研究所所长孙孺出席了在杭州召开的世界经济讨论会。②

广东华侨历史学会成立大会暨华侨史学术讨论会，于 1981 年 6 月 26 日在暨南大学举行。参加会议的有广东省社联、中山大学和暨南大学专门研究华侨历史的有关研究人员，还有美籍华人学者成露西教授和北京、广西、云南、福建等省市的代表、科研工作者共 70 多人。大会一致通过了《广东华侨历史学会章程》，并产生了第一届理事会。广东华侨历史学会是研究华侨历史的学术团体。③

物理系黄念宁副教授应中国科学院物理学数学学部统计物理与凝聚态理论学术小组的邀请，于 1981 年暑假在北京大学召开的"重在化群与临界现象"讨论会上系统地报告了"临界现象的场论解释"的基本理论与实验的比较以及最近动向。④

港台文学学术研讨会于 1982 年 6 月 10 日在暨南大学召开，来自北京、上海、福建、广东等省市及香港的文学工作者 60 多人参加会议。这次会议主要是研究台湾、香港作家、作品及港台文学的历史、现状和发展趋势等问题。⑤

1982 年暑假期间，数学系青年教师周作领参加了在青岛举行的全国第二次代数拓扑学学术讨论会。他在会上宣读了论文《拓扑度绝对值不小于 2 的圆周自映射》，受到与会专家们的高度评价。⑥

5. 学术刊物和科研服务

复办以来，暨南大学出版并向国内外公开发行的学术刊物有《暨南学报》《暨南理医学报》《世界文艺》。内部发行、交流刊物有《东南亚研究资料》《暨南教育》《特区港澳及经济研究通讯》《物价研究通讯》《经济研究参考资料》《人口研究丛刊》《文学比较研究通讯》《资本论教育与研究》《东南亚信息》等，并出版了《华侨教育》1~2集、《华侨史论文集》1~4集、《暨南校史资料选辑》1~2辑以及校刊《暨南大学》和《暨大简讯》等。

为把暨南大学办成有特色的华侨大学，由学校高等教育研究室主办的《暨南教育》刊物，于 1985 年底出版创刊号。这是以教学研究和教学实践、反映学校教学成果为主要内容的学术性内部交流刊物，是全校师生员工教学研究、讨论，并对教学改革发表意见、交流经验的园地。⑦

暨南大学于 1984 年 7 月成立了科技服务部，通过引进先进设备，为教学科研服务，并进行技术开发，为社会服务。

---

① 刘继东、伍肇山：《遗传病产前诊断经验交流会》，《暨南大学》第 10 期，1980 年 12 月 29 日，第 4 版。
② 《钟远蕃副教授参加世界经济讨论会》，《暨南大学》第 12 期，1981 年 4 月 7 日，第 2 版。
③ 《华侨历史学会成立》，《暨南大学》第 15 期，1981 年 7 月 1 日，第 1 版。
④ 物理系：《黄念宁副教授应邀赴京参加专题研究讨论会》，《暨南大学》第 16 期，1981 年 9 月 26 日，第 3 版。
⑤ 洪涛：《学术动态》，《暨南大学》第 21 期，1982 年 6 月 16 日，第 2 版。
⑥ 《学术动态》，《暨南大学》第 22 期，1982 年 9 月 18 日，第 2 版。
⑦ 王讯：《〈暨南教育〉创刊》，《暨南大学》第 46 期，1985 年 12 月 1 日，第 2 版。

二、科研成果及获奖情况

在学校党委的领导下，经过全体科研人员的艰苦努力，暨南大学的科研工作度过了复校以来的艰苦创业时期，20世纪80年代初已基本走上正轨，科研成果逐年增加，1979年至1986年，暨南大学每年均有近400项科研成果。而在这几年间，获得国家和省市有关部门奖励的科研成果共有170项（理、医科138项，文科、经济科32项），其中有一批属较重大或较有影响的科研成果。①

1. 理、医科方面的成果及获奖情况

暨南大学参加广东省高校系统1978—1979年度的科技成果评审，有6项科技成果获奖，其中有2项获得三等奖，4项获得四等奖。② 理、医科各院系1981年度申报的科研成果共53项，其中有19项获得广东省高教局的科研奖。③ 1982年度又有18项理、医科科研成果获奖。④ 经广东省科委、省高教局、省卫生厅组织同行专家评审的结果，暨南大学理、医科1983年度的一批科研成果受到奖励。这批奖励成果共计18项，其中获省科委奖励1项，获省高教局奖励16项，获省卫生厅奖励1项。⑤

医学院院长、全国病理生理学报主编李楚杰教授的专著《冷伤》，对重冷伤的发病机理提出了"细胞代谢——微循环障碍综合机制"的学说，阐述用稳定细胞代谢（主要是降低细胞分解代谢）的药物治疗重冷伤方法，其实验治疗的效果高于国外现有水平，荣获全国科技大会科研成果一等奖，该书由人民出版社出版。此后几年中，李楚杰教授对"发热机理"的研究也有新的突破。

华侨医院院长赵永铿副教授主编的《实用皮肤病学》，内容丰富新颖，具有独特见解，实用易懂，是我国当时较好的一部皮肤科专著，荣获全国科技图书出版一等奖。

著名外科专家邝公道教授和曹振家教授、麦时中讲师合编的《小儿麻痹后遗症外科手术治疗》一书，提出了一些新的理论和新的手术方法，对于传统的手术方法作了许多改进，荣获广东省科技成果奖，由广东科技出版社出版。

副校长李辰长期从事眼屈光和角膜移植的研究，卓有成效。

副校长李炳熙于1979年至1981年在美国访问期间，完成了有关常微分方程定性理论的专题研究，其研究成果获广东省科技成果奖，专著《高维动力系统的周期轨道理论和应用》由上海科技出版社出版。

理工学院周端赐教授主持的分析化学实验室，几年内发表了20多篇学术论文，其中《反渗透技术》等论文获广东省和广州市科技成果奖，《电分析化学》在美国化学会第185次年会上交流。

理工学院刘学高副教授在避孕疫苗及生殖免疫学研究上取得了新的成果，获广东省科技成果奖。1981年应邀出席日内瓦世界卫生组织总部举行的指导委员会年会，并在会上宣读《生殖免疫学研究》论文，引起与会者重视，被邀为世界卫生组织专业指导委

① 暨南大学校史编写组编：《暨南校史（1906—1996）》，广州：暨南大学出版社1996年版，第188页。
② 小明：《省高校科技成果评审，我校有六项获奖》，《暨南大学》第13期，1981年5月7日，第1版。
③ 《八一年度理医院科19项科研成果获奖》，《暨南大学》第21期，1982年6月16日，第2版。
④ 招小明：《我校复办后又一个科研成果丰收年》，《暨南大学》第33期，1983年12月26日，第2版。
⑤ 科研处：《我校理医科一批科研成果获奖》，《暨南大学》第40期，1985年1月20日，第2版。

员，他的研究工作得到了世界卫生组织的赞助。①

在教育部 1982 年举办的北京高等学校科技成果展览会上，暨大的"名老中医梁乃津诊治胃脘病经验的电子计算机模拟程序""电子计算机黄疸会诊程序""中晚期肝癌切除手术""反渗透法处理印染废水""医用 HEMA—聚硅氧烷弹性本""手术矫治小儿麻痹后遗症"等项科研成果参加展出，受到普遍好评，特别是医学方面的研究成果，更为引人关注。党和国家领导人参观后高兴地说："暨南大学医学方面的成果不少。"②

生物系何镇陆副教授的"功率步进电动机抗晶体管驱动原理及应用研究"，获国家教委 1985 年科学技术进步奖二等奖。

1985 年底生物系副教授陈式樛从银环蛇蛇毒中分离出两个新组分，分别命名为"银环蛇毒素 kc"和"银环蛇毒素 km"，其中"kc"是前人从未发现过的，以 China 的第一个字母 C 命名，她的研究引起了国外专家的注意，为祖国争得了荣誉。③

1985 年 12 月 12 日，医学院外科副主任、副教授罗伯诚成功地为一位肝癌病人进行局部切除和胆囊全部切除手术，至此，罗伯诚及其助手切除中、晚期原发性大肝癌已达 101 例。罗伯诚治疗中、晚期原发性肝癌取得较好疗效，先后获全国医药卫生科学大会奖、广东省科学大会奖、广东省卫生科研成果三等奖，并被选送参加原教育部举办的高等院校科技成果展览，受到国务院总理的赞扬。④

1986 年接中国专利局通知，暨南大学 1985 年申报的第一批专利中，医学院陈鸿儒医生发明的实用新型专利——一种用于颈椎手术的煤铲式直角三刃刀（专利号：675）获得专利权。这是从 1985 年实施专利法以来，暨南大学获得的第一项专利。这项技术，解决了颈椎手术器械在颈椎椎间盘切除手术时进刀阻力大、震动大，不易控制颈椎椎间盘的前后径进刀的深浅度及容易对脊髓神经产生刺激的问题。⑤

物理系郑广富、关兆伟、谢俊杰等教师经过不断探索和改进，于 1986 年初研制成功多功能 GC－JI 型光纤传输系统。经使用和实验证明已达到较高水平，在广东省光纤通信技术的开发研究领域中迈出了可喜的一步。光纤通信是现代化通信技术，是通信方式的一场革命，它具有重量轻、体积小、原材料资源丰富、节省大量贵重金属、系统敷设容易、价格低、经济效益高等优点，是极有前途的通信方式。⑥

1986 年春，经国家教育委员会审核批准，理工学院教师何镇陆所研究的"功率步进电动机晶体管驱动原理及应用研究"项目获国家教委 1985 年科学技术进步奖二等奖。该项目首次提出大功率晶体管脉冲补充方法，并运用现代解析几何仿射变换原理进行分析研究，简化了系统的计算，实现了驱动系统与负荷的反馈控制。这种全新的驱动原理和方法，发展了驱动原理，大大改善了步进电动机的运行特点，使其某些重要性能指

① 暨南大学校史编写组：《暨南校史（1906—1996）》，广州：暨南大学出版社 1996 年版，第 188－189 页。
② 暨南大学校史编写组：《暨南校史（1906—1996）》，广州：暨南大学出版社 1996 年版，第 190 页。
③ 小明：《陈式樛首次发现银环蛇毒素 kc》，《暨南大学》第 51 期，1986 年 5 月 20 日，第 1 版。
④ 陈文昌：《罗伯诚副教授治疗中、晚期原发性大肝癌突破一百零一例大关》，《暨南大学》第 47 期，1986 年 1 月 15 日，第 2 版。
⑤ 小明：《暨南大学的第一项专利》，《暨南大学》第 55 期，1986 年 11 月 30 日，第 1 版。
⑥ 小杜：《物理系研究成功多功能光纤传输系统》，《暨南大学》第 49 期，1986 年 3 月 20 日，第 2 版。

标，超过日本 FUJISTU 公司所代表的世界水平。①

同时，物理系光纤技术研究室郭乃健、石秉恭、高亚娟等教师经过不断努力，研制成功 JP－GX1 型色彩图像光纤通信系统。该科研成果已转让给乡镇企业，开始接受订货，为学校创造了经济效益和社会效益。②

此外，理工科的"黄疸的电子计算机会诊程序""反渗透处理印染废水"及"JCF－A简易差热分析仪"等一批应用科学研究成果，通过技术鉴定后，已在社会上得到推广。

2. 文史、经济科方面的成果及获奖

1982 年底，广东省高教局对本省高等学校在 1978 年 3 月至 1980 年底完成的哲学社会科学研究成果进行评奖，暨南大学有 17 项获广东省优秀社会科学研究成果奖。历史系朱杰勤教授著《中国古代史学史》，被评为哲学社会科学研究成果二等奖；外语系翁显良教授著《英语语音概要》被评为哲学社会科学优秀普及读物二等奖。③ 朱杰勤教授撰写的《中国古代史学史》一书，论述我国古代各个历史阶段史学发展的情况，评价古代重要史学家和史书及其社会背景、学术渊源，是新中国成立以来第一部研究中国史学史的专著，于 1980 年 3 月由河南人民出版社出版。朱教授还于 1984 年主编出版了《中外关系史论文集》等专集 3 部。

文学院院长詹伯慧教授在汉语方言学研究方面有较深的造诣，是我国语言学界第一位应邀到日本东京大学长期讲学的学者。

中文系郑孟彤副教授的《唐宋诗词赏析》、艾治平副教授的《古典诗词艺术探幽》、饶秉才副教授主编的《广州方言辞典》、经济学院张元元副教授和王光振副教授合编的《经济学常识》等著作，都获得了广东省社会科学研究成果奖。④

第八节　对外教育学术交流

一、对外教育学术交流概况

暨南大学的复办，得到国内外有关人士的重视和关注，许多专家学者和有关人士闻讯前来参观访问和进行学术交流。仅从 1978 年 3 月至 1979 年 4 月，来校参观访问或进行学术交流的华侨、港澳同胞、外国朋友就达 61 批共 898 人；另外，来校讲学的专家、学者有 67 人，其中来自祖国各地的有 32 人，来自美国、芬兰、印度、墨西哥等 10 多个国家和港澳地区的有 35 人。

复办初期，暨南大学为加速培养高水平的师资，充分利用本校师生与海外密切联系

① 陈兴邦：《何镇陆的功率步进电动机晶体管驱动原理及应用研究获科委科学技术进步奖》，《暨南大学》第 51 期，1986 年 5 月 20 日，第 1 版。

② 贺苏惠：《物理系研制成功电视电话光纤通讯系统》，《暨南大学》第 51 期，1986 年 5 月 20 日，第2版。

③ 科研处：《朱杰勤、翁显良教授著作获省哲学社会科学研究成果奖》，《暨南大学》第 25 期，1982 年 12 月 14 日，第 1 版。

④ 暨南大学校史编写组：《暨南校史（1906—1996）》，广州：暨南大学出版社 1996 年版，第 190 页。

的有利条件，广开渠道，派遣教师出国进修。先后派出 265 名教师、行政人员和有关领导到 17 个国家和港澳地区进行访问、考察，参加国际学术会议，进行研究工作和讲学，并派出 146 名教师到国外进修。另外，又先后邀请了国外和港澳地区 760 名教授、专家学者来校讲学或进行学术交流，还接待了国外和港澳地区高等院校、科研单位或其他业务单位的专家、学者、国际友人和华侨、港澳同胞各方面有关人士 3106 人来校参观访问。①

特别是医学院对外学术交流十分活跃，打开了一个新局面，几年内先后派出 60 多名教师、医师出访和学习进修，占该院教师近 20%。与此同时，接受国外专家教授和知名人士来访达 70 多批。②

暨南大学经济学院是华南地区学科门类最齐全、规模最大的高等经济教学单位，广泛开展与国外及港澳地区的学术交流，至 1987 年，已与美国加州州立大学北岭分校、北卡罗来纳州立大学、俄亥俄州迈阿密大学等校的商学院，以及匹茨堡大学经济系、日本神户商科大学、香港大学、香港中文大学、香港理工学院等院校建立了学术交流关系，互派教师讲学和访问。③

暨南大学积极开展对外学术交流活动，以促进教学、科研水平的提高。复办初期，先后与美国加州州立大学北岭分校、得克萨斯州理工大学、俄亥俄州迈阿密大学、东卡罗来纳州立大学、美国华美协进社、加拿大西蒙·弗雷泽大学、西柏林菲得利女皇基金会、日本神户商科大学、香港理工学院、澳门东亚大学等大学和医疗、学术团体签订了学术交流协议，互相开展学术交流活动。

当时来校参观访问的主要有：美国加州州立大学北岭分校代表团，加拿大西蒙·弗雷泽大学校长，墨西哥经济代表团，日本神户商科大学代表团，香港大学代表团，香港中文大学代表团，香港教育界代表团，香港新闻界代表团，英国原首相希思先生一行，朝鲜华侨联合会中央委员会委员长赛宗恒先生等。应邀到校讲学或进行学术交流的有：美国加州州立大学北岭分校副校长埃尔文·维·斯文森，美国约翰·霍浦金斯大学教授黄秉乾，英国伯明翰大学医学院原副院长爱脱肯爵士，美国科学院院士、西北大学教授巴梭罗，美国普林斯顿大学教授丘成桐，香港中文大学副校长郑德坤，香港中文大学医学院院长蔡永生，美国纽约州立大学康宁学院教授朱振强，澳大利亚墨尔本大学周湘涛博士，美国环境生理学专家高尔特曼博士，美国哥伦比亚大学经济学教授王念祖，加拿大西蒙·弗雷泽大学教授郭焕圭及夫人，美国科学院原始斯塔，香港大学教授李守基，荷兰来登大学教授尤那，美国马里兰大学教授薛君度，美国东卡罗来纳州立大学副校长劳伯斯·威廉博士，美国生物学教授曾昭亮、单国桢和陈尔慧博士，法国著名分子生物学家汤名毅博士，暨南大学校友、美国经济学教授黄开禄，等等。④

非常令人难忘的是 1980 年 1 月 11 日，前来广州参加中国科学院主办的粒子物理讨论会的美国、英国、联邦德国、加拿大、澳大利亚、马来西亚、新加坡等国家和港澳地区的 50 多位华侨、华裔和港澳著名物理学家，在中国科学院副院长、北京大学校长周

① 暨南大学校史编写组编：《暨南校史（1906—1996）》，广州：暨南大学出版社 1996 年版，第 191 页。
② 《医学院对外学术交流活跃》，《暨南大学》第 33 期，1983 年 12 月 26 日，第 2 版。
③ 《经济学院简介》，《暨南大学》第 58 期，1987 年 3 月 20 日，第 4 版。
④ 暨南大学校史编写组编：《暨南校史（1906—1996）》，广州：暨南大学出版社 1996 年版，第 191 - 192 页。

培源，中国科学院副院长钱三强的陪同下，前来学校参观访问。当天下午全体师生员工隆重集会，热烈欢迎贵宾。世界著名物理学家杨振宁教授、李政道教授，瑞士日内瓦核子研究中心陈匡武教授，香港中文大学陈耀华教授，以及周培源、钱三强教授等作了热情洋溢的讲话，勉励师生要解放思想，不断创新，为国家现代化事业大显身手。李政道教授作了一首诗赠给暨南大学的同学们："支枝返原，江水向东流；科学寻根，青年出南国。"① 这使暨南大学的同学深受鼓舞。

二、国外及港澳专家学者的来访

1980 年 8 月，应我国卫生部的邀请，联邦德国埃森综合大学神经学研究所所长格哈德教授、矫形外科医院院长施勒格尔教授、解剖学研究所布兰克教授 3 人来华访问。他们受该国卫生部的委托，于 8 月 29 日专程从北京来广州参观访问暨南大学，并受联邦德国医学界人士的委托，要求与曾在该国留学和工作多年的邝公道教授会见。②

加拿大西蒙·弗雷泽大学校长 K. 乔治·彼德森博士和夫人，应暨南大学邀请于 1981 年 3 月 10 日到达广州，莅临学校参观访问，同学校领导人就建立两校友好合作关系等问题进行磋商。同学校各院、系、所等有关单位负责人举行座谈，互相介绍学校各方面情况，与经济学院、外语系部分师生进行交流，并参观了物理系、化学系的实验室。③

美国环境生理学专家高尔特曼博士和美国纽约州立大学康宁学院美籍华人、生物学专家朱振强教授，应生物系"环境生理学"讲习班的邀请，于 1981 年 4 月 1 日来暨南大学讲学，共 1 个月时间。朱振强教授是"文革"结束后，由我国教育部批准到暨南大学兼职的第一位美国专家学者。他帮助生物系创建了细胞生物学课程，还捐助了合计 2.3 万美元的生物器材及设备。1980 年 8 月至 1981 年 9 月在暨南大学任教一年，1987 年 8 月至 1988 年 1 月及 2006 年又多次来校任教。

1981 年 4 月 7 日，由詹姆·克利瑞校长率领的美国加州州立大学北岭分校访华团一行到达暨大参观访问，并商谈双方建立友好合作关系等问题。④

美国加利福尼亚州大学洛杉矶分校医学院内科主任、小马利医院心脏科主任、医学博士刘赐江教授回国讲学，途经广州，和他的夫人、美国加省大学医学院小儿科副教授梁菊馨女士，于 1981 年 8 月 30 日下午应邀来暨南大学参观访问。⑤

根据中国科学院和美中学术交流委员会交换高级学者协议，美国哥伦比亚大学经济学者王念祖教授从 1981 年 11 月 1 日到 2 日，到暨南大学讲学，其主讲内容包括两方面：一是关于世界各国跨国公司的活动特点概况；二是目前世界各国经济发展战略评价。王念祖教授曾在联合国任职，对经济发展和跨国公司素有研究。⑥

① 江楠：《暨南园隆重集会欢迎粒子物理专家》，《暨南大学》第 1 期，1980 年 2 月 6 日，第 1 版。
② 洪涛：《西德卫生部委托医学代表团专程来我校参观访问》，《暨南大学》第 6 期，1980 年 9 月 8 日，第 1 版。
③ 马兴中：《加拿大西蒙·弗雷泽大学校长来访》，《暨南大学》第 12 期，1981 年 4 月 7 日，第 2 版。
④ 马兴中：《美加州大学北岭校访华团来访》，《暨南大学》第 13 期，1981 年 5 月 7 日，第 1 版。
⑤ 阿伟：《美籍医学专家刘赐江来我校参观访问》，《暨南大学》第 16 期，1981 年 9 月 26 日，第 3 版。
⑥ 罗国民：《王念祖教授来校讲学》，《暨南大学》第 18 期，1981 年 11 月 20 日，第 3 版。

应现代国际问题研究所邀请，加拿大麦吉尔大学政治系副教授、东亚研究中心副主任努莫夫于 1981 年 12 月 11 日到暨南大学讲学。[①]

美国俄亥俄州基达灵医院院长韦勒教授等 2 人，于 1982 年 4 月 14 日来校参观访问。[②]

以日本大阪市立大学校长木村英一为团长的访华团一行 5 人，于 1982 年 12 月 3 日来校参观访问。在此期间，双方商讨了建立校际协作关系的问题。

1983 年 1 月，暨南大学名誉教授、香港大学解剖学系主任利索斯基教授和实验室总管李家成先生，应邀来校进行为期 10 天的讲学活动。[③]

英国利物浦热带医学学院院长吉勒斯教授，应邀于 1983 年 3 月 10 日至 14 日访问暨南大学，并进行讲学活动。暨南大学副校长李天庆，医学院副院长刘希正、伍汉邦和朱师晦、郁知非教授等热情接待了英国客人，并就两院建立院际学术合作关系协议书进行最后会谈，取得完全一致意见，于 3 月 14 日举行了签字仪式。[④]

同年 4 月，医学院与西德汉诺威医科大学签订科学交流协议书。这几年间，学校与联邦德国的科技交流不断发展，仅上年医学院就有 12 名专家医师在西柏林、汉诺威等城市的医疗研究单位进修并进行学术交流。[⑤]

应我国教育部的邀请，美国费城自然科学研究院著名硅藻学家、第七届国际硅藻会议主席瑞墨尔博士于 1983 年 6 月 4 日至 27 日到暨南大学生物系举办讲学班。[⑥]

美籍华人、心血管病专家、美国加利福尼亚州大学洛杉矶分校教授刘赐江应聘为暨南大学客座教授，于 1984 年 5 月 9 日在学校举行了颁发聘书仪式。[⑦]

美国俄亥俄州迈阿密大学校长皮尔逊率领的代表团于 1984 年暑期应邀来访，与李辰副校长签订了两校开展学术交流的意向书。美国分子生物学和细胞生物学专家、得州休斯敦贝勒医学院孟斯、丹拜教授夫妇，于同年 9 月上旬来校讲学一周。[⑧]

1985 年 4 月 1 日至 4 日，港澳地区新闻界人士一行共 17 人应邀前来暨大参观访问，受到第一副校长何军、副校长李炳熙和正在广州的福建泉州华侨大学副校长施玉山等领导以及师生们的热情接待。最使港澳地区新闻界人士感兴趣的是暨南大学的教学质量和港澳地区毕业生返港后的就业问题。华侨、港澳地区毕业生用自己的切身感受以及学校前三届毕业生返回港澳地区后全部找到工作，特别是医学院首届毕业生返港后，参加非英联邦医生考试入围率高于中国台湾、菲律宾等地区和国家的充分事实，给港澳地区新闻界人士留下深刻的印象。此外，他们对暨南大学医学院和广州华侨医院在短短几年中所取得的成绩和拥有不少先进的医疗设备以及相当高水平的教学、医疗力量深表赞赏。[⑨]

英国原首相希思一行 5 人于 1985 年 4 月 23 日来暨南大学访问，受到副校长李辰和

---

① 罗国民：《学术动态》，《暨南大学》第 19 期，1982 年 1 月 15 日，第 2 版。
② 洪涛：《学术动态》，《暨南大学》第 21 期，1982 年 6 月 16 ヨ，第 2 版。
③ 医宣：《利索斯基教授来校讲学》，《暨南大学》第 26 期，1983 年 1 月 15 日，第 2 版。
④ 《医学院与英国利物浦热带医学学院签订院际合作协议》，《暨南大学》第 27 期，1983 年 3 月 30 日，第 3 版。
⑤ 洪涛：《医学院与西德的科技交流频繁》，《暨南大学》第 28 期，1983 年 4 月 30 日，第 2 版。
⑥ 张子安：《美国三位藻类学专家应邀来校举办讲学班》，《暨南大学》第 29 期，1983 年 6 月 10 日，第 2 版。
⑦ 暨医：《刘赐江教授应聘为我校客座教授》，《暨南大学》第 36 期，1984 年 6 月 30 日，第 2 版。
⑧ 《外事消息》，《暨南大学》第 37 期，1984 年 9 月 27 日，第 3 版。
⑨ 《港澳地区新闻界人士到我校参观采访》，《暨南大学》第 43 期，1985 年 4 月 30 日，第 1 版。

文、理、经、医四个学院领导的热烈欢迎，他们陪同希思参观了学校图书馆、计算机中心及华侨医院门诊部等。希思与正在阅览室学习的华侨、港澳学生交谈，并为他们题词云："向同学们致谢，祝你们事业成功，前途美好！"①

同年 6 月 28 日，暨南大学医学院举行了跨越太平洋两岸的"加拿大温哥华市—中国广州市首次卫星转播医学学术活动"，转播内容由加拿大温哥华哥伦比亚（卑诗）大学医学院提供。广州医学界 300 多人参加了这次学术活动。温哥华市市长夏葛和广州市副市长刘念祖在会上发表讲话。

美国华裔药理学家、得州理工大学医学院教授、美国比较内分泌学会主席彭继道于 9 月 12 日来访，并被聘为暨南大学名誉教授。西柏林健康、家庭、卫生管理部负责人芳克夫妇、美国密执安大学藻类学专家斯托莫尔夫妇分别于 10 月来校参观、访问和讲学。11 月上旬，美国伊利诺伊州医生友好访问团 15 人和加拿大医生参观团分别来访。中旬，日本兵库县知事坂井时忠和神户中华总商会会长、神户华侨历史博物馆馆长、暨南大学董事陈德仁等来访，与校领导何军、李辰会见时，双方交谈了有关暨南大学与神户商科大学签订友好学术交流协议后数月来的执行情况。②

经国家教育委员会批准，由暨南大学主办的、我国著名外科专家、暨南大学医学院邝公道教授主持召开的小儿麻痹后遗症外科治疗国际研讨会，于 1985 年 11 月 11 日至 15 日在暨南大学医学院举行。来自英国、印度等国家以及我国 23 个省、市、自治区的专家学者 61 人参加了这次会议，我国卫生部副部长陈敏章、广东省副省长王屏山参加会议并先后讲话，国务院侨办专门发来了贺电。③

三、教职员工的出访交流

1980 年 3 月 28 日，医学院应暨南大学董事招兰昌代表美国胸科医学会港澳分会的邀请，组成医学院代表团，前往澳门参加胸科医学研讨会，进行学术交流。④

暨南大学眼科专家、台湾籍教授李辰应日本眼科学会总会的邀请，于 1980 年 5 月 14 日，赴日本参加该年眼科年会，受到日本同行的热情款待。在会议期间听取了日本眼科方面的科研成果介绍，并广泛地进行了学术交流。

暨南大学医学院应联邦德国科技文化交流中心的邀请，由罗潜、邝公道、何凯宣三位教授组成的医学代表团，于 1980 年 9 月 11 日出访，历时 3 个月，重点参观了慕尼黑、埃森、汉诺威、西柏林等城市的医学院和研究所共 52 个单位，会见了 165 位专家、学者。⑤此次交流合作时间较长，成果最为显著，为医学院和华侨医院与西柏林菲得利女皇基金会、汉诺威大学的交流合作开辟了道路。

医学院寄生虫教研室主任冷延家副教授，应英国利物浦热带医学学院和伦敦大英博

---

① 《英国前首相希思一行五人来校参观》，《暨南大学》第 43 期，1985 年 4 月 30 日，第 1 版。
② 马焉：《外事学术往来》，《暨南大学》第 46 期，1985 年 12 月 1 日，第 2 版。
③ 孔繁伦、陈文昌：《小儿麻痹后遗症外科治疗国际研讨会在我校举行》，《暨南大学》第 46 期，1985 年 12 月 1 日，第 1 版。
④ 《医学院代表团应邀参加港澳胸科医学研讨会》，《暨南大学》第 3 期，1980 年 5 月 9 日，第 1 版。
⑤ 晓南等：《友谊之树长青——记医学考察团访问西德的点滴》，《暨南大学》第 11 期，1981 年 3 月 12 日，第 4 版。

物馆的邀请，于 1980 年 10 月以访问学者的名义，到利物浦和伦敦进行为期一年半的访问，受到东道主的热情接待和欢迎。他与英国学术界人士广泛接触，共同进行白蛉的研究和学术交流，取得可喜的成绩。翌年 6 月被选为英国皇家热带医学及卫生学会会员，成为当时该组织仅有的两名中国籍会员之一。同年 7 月 1 日被选为英国利物浦热带医学学院协会终身会员，11 月又被选为英国寄生虫学会会员。[1]

1981 年 3 月 9 日，生物系副主任刘学高应邀出席日内瓦世界卫生组织总部举行的指导委员会年会。这次会议主要是审议上年有关生殖免疫研究进展，确定本年研究规划、研究费用的分配，以及生殖免疫领域中其他项目研究的进展。[2]

第 29 届国际外科学会于 1981 年 9 月 13 日在瑞士召开，国际外科学会会员邝公道教授前往参加会议。[3]

物理系主任黄振邦教授于 1981 年 11 月前往美国加州，参加美国真空学会第 28 届全国会议。黄教授此次赴美，对于暨南大学开展真空方面的教学与科研工作有所裨益。[4]

同年 9 月 27 日至 11 月 16 日，由杨康华校长率领，王越副校长、李天庆教务长和经济学院邝马殊副院长参加的代表团，应美国加州州立大学北岭分校和加拿大西蒙·弗雷泽大学的邀请出访。代表团在加拿大、美国先后参观访问和座谈过的共有 18 所大学和 1 个研究中心，并同一些大学讨论了今后开展学术交流的问题。代表团通过这次参观访问，与这些学校的负责人及专家学者建立了广泛的联系，他们热切表示希望能到暨南大学访问、讲学和探讨今后开展学术交流的问题。[5]

医学院传染病教研室主任、一级教授朱师晦应联邦德国洪堡奖学金的邀请，于 1982 年 4 月 14 日前往应联邦德国进行为期 3 个月的参观访问。

8 月 14 日至 22 日，医学院生化教研室主任任邦哲教授出席了在澳大利亚召开的国际生物学术讨论会。有 50 多个国家和地区的 2000 多名生物学专家参加了会议，任教授的论文《广东省异常血红蛋白研究》受到了与会专家们的重视。

11 月，经教育部批准，医学院陈成伟副教授等 11 名医务人员，应联邦德国西柏林医师学会的邀请，以访问学者的名义，赴西柏林进行为期半年的参观访问。他们由医学院耳鼻喉科教研室主任陈成伟带队，成员有内科、外科、妇产科、儿科、核医学、皮肤科的副教授和讲师。他们在西柏林的教学、医疗、科研等对口单位学习，为以后增进中德的学术交流打下了基础。[6]

1983 年 10 月，中华医学会广州神经科学会副主任委员、暨南大学医学院神经病学副教授、广州华侨医院神经科副主任宋雪文，应美国洛杉矶加利福尼亚州大学的邀请，以客席教授的身份前往该校访问，参加高级科研、讲学和考察。[7]

应美国匹茨堡大学、加州州立大学北岭分校、俄亥俄州迈阿密大学和东卡罗来纳州

① 洪涛：《冷延家副教授载誉回校》，《暨南大学》第 20 期，1982 年 3 月 20 日，第 3 版。
② 《刘学高副教授参加世界卫生组织年会》，《暨南大学》第 12 期，1981 年 4 月 7 日，第 2 版。
③ 小毛：《邝公道教授赴瑞士出席国际外科学会》，《暨南大学》第 16 期，1981 年 9 月 26 日，第 3 版。
④ 郭振芝：《黄振邦赴美参加学术会议》，《暨南大学》第 18 期，1981 年 11 月 20 日，第 3 版。
⑤ 老兵：《杨康华校长率领代表团访问美加高等院校》，《暨南大学》第 19 期，1982 年 1 月 15 日，第 1 版。
⑥ 孔繁伦：《医学院访问学者应西柏林医协邀请赴西德》，《暨南大学》第 24 期，1982 年 11 月 15 日，第 1 版。
⑦ 阿杰：《宋雪文应邀赴美访问、讲学》，《暨南大学》第 32 期，1983 年 10 月 28 日，第 3 版。

立大学的邀请，暨南大学学术交流访问团一行 5 人于 1985 年 10 月 18 日至 11 月中旬访美。团长为理工学院院长邹翰，成员包括各个学院的代表，任务是同这些与暨南大学签有学术交流协议或意向书的学校商讨今后进一步联系与合作的问题。①

自 1984 年何军第一副校长全面主持学校的日常工作后，决定分期分批派出各学院院长和系主任到国外和香港的高等院校访问交流，了解外界高等教育的情况，学习借鉴其办学经验，作为学校开展教育改革的参考。校领导何军、李辰、李炳熙，以及文、理、医、经济学院负责人等，先后应邀到美国、加拿大、日本、联邦德国、泰国、新加坡等国家和港澳地区参观访问、考察，进行学术交流。历史学家、历史系主任金应熙，作家、中文系主任秦牧，真空物理专家、物理系主任黄振邦，传染病学家朱师晦，生物化学专家任邦哲，以及何凯宣教授、张纫华副教授等，也先后应邀到美国、墨西哥、日本、法国、联邦德国、菲律宾、瑞士、英国、澳大利亚和港澳地区讲学和参加有关国际学术会议。

表 1　1982—1986 学年度暨南大学毕业研究生统计表

学年度	学制	毕业时月份	研究生数	毕业研究生数
1982	3	2	28	28
1982	3	9	13	13
1983	3	9	7	7
1984	3	9	10	10
1985	3	9	24	24
1986	3	9	45	43
总计			127	125

资料来源：暨南大学校史编写组编：《暨南校史（1906—1996）》，广州：暨南大学出版社 1996 年版，第 219 页。

表 2　1982—1986 学年度暨南大学本科毕业生、结业生统计表

学年度	学制	计划外走读班	计划内毕业生	毕业生合计	备注
1982	4		464	464	另有结业生 3 人
1983	4		245	245	另有结业生 5 人
1984	4	171	598	769	另有结业生 10 人
1985	4		534	534	另有结业生 6 人
1986	4		628	628	另有结业生 19 人
总计		171	2469	2640	43 人

资料来源：暨南大学校史编写组编：《暨南校史（1906—1996）》，广州：暨南大学出版社 1996 年版，第 220 页。

① 古：《外事学术往来》，《暨南大学》第 46 期，1985 年 12 月 1 日，第 2 版。

表3　1980—1986学年度暨南大学大专班、预科、中专班毕业生、结业生统计表

学年度	学制	汉语专修班	会计大专班	会计大专班（代培）	电子大专班	干部专修科	新闻专修科	夜大学（大专）班	预科	会计进修班（石油部委托代培）	护士中专班	理化中专班	总计	备注
1980	1	10											10	
1981	1	6												
	3										60	79	145	
1982	1	3												
	2		78	50										
	3										39		170	
1983	2	5												
	3				94						41		140	
1984	1								87	102				
	2	7				104		1074			49			夜大另有结业生51人
	3												1423	
1985	1	9							167					
	2									198	43			
	3					123							540	
1986	1	2							183					
	2						40			201	41			
	3					123							590	
合计		42	78	50	94	350	40	1074	437	501	273	79	3018	

资料来源：暨南大学校史编写组编：《暨南校史（1906—1996）》，广州：暨南大学出版社 1996 年版，第 221 页。

第八章

争创面向 21 世纪的重点大学

（1986.9—1996.6）

1986 年至 1996 年，是暨南大学全面贯彻执行"中央 24 号文件"精神"面向海外，面向港澳"办学方针，是在改革开放中不断前进的 10 年。学校突出办学特色，抓住历史机遇，深化改革，扩大开放，取得了较好的成绩，成为国务院侨务办公室所属重点大学，并由国务院侨务办公室与广东省政府签订协议共建，创造条件努力争取成为国家"211 工程"建设的重点大学。

第一节　庆祝建校 80 周年

一、迎接建校 80 周年华诞

1986 年，是学校复办的第 9 个年头。在教育部、国务院侨务办公室和中共广东省委、广东省人民政府的领导下，在学校董事会和广大港澳同胞、海外侨胞的支持赞助下，经过全校师生员工的团结奋斗，学校完成了在筹备复办时所制定的《暨南大学发展规划纲要（1978—1985）》。学校有了较快的发展，增设了一批新专业，扩大了办学规模，形成了研究生、本科、专科、预科以及夜大、函授、护士学校等多层次、多形式办学的新格局。学校的教学、科研与管理水平不断提高，在国内外的影响日益扩大，增强了对外的吸引力。1985 年和 1986 年连续两年，海外华侨、外籍华人和港澳学生报考暨南大学的人数都超过了 2000。学校已成立了文学院、理工学院、经济学院、医学院和成人教育学院 5 个学院、18 个系、24 个本科专业，有 4 个学科、专业有博士学位授予权，37 个学科、专业有硕士学位授予权。从 1978 年至 1986 年，共培养各层次毕业生 5828 人，其中华侨、港澳毕业生有 1373 人。[①]

1986 年是建校 80 周年的大喜日子，根据海内外校友的要求和建议，学校决定进行 80 周年校庆筹备工作。1985 年 9 月 19 日，学校召开了校庆筹备委员会的首次会议，会议制订了筹备 80 周年校庆的工作计划，决定由荣毅仁董事长任主任委员，梁灵光、莫燕忠、何军任副主任委员。[②] 学校在全校范围内开展了"创佳绩、迎校庆"活动，发动教职工认真总结办学经验，进一步学习"中央 24 号文件"的精神，贯彻"两个面向"的办学方针，把教学科研等工作推上一个新台阶，努力把学校办出特色，办出水平，扩大在国内外的影响。

全校师生员工热烈响应学校的号召，以实际行动搞好教学、科研、管理和服务工作，为办好学校争作贡献。全校上下出现一派热气腾腾的新气象，国内外广大校友也闻风而动，积极开展迎接母校 80 周年校庆的筹备工作。上海、北京、南京、福州、厦门、深圳、珠海、香港、澳门等地，先后成立了暨南大学校友会。

二、庆祝建校 80 周年典礼

经过一年多的积极筹备和精心组织，学校于 1986 年 9 月 21 日至 23 日隆重举行了建

---

① 暨南大学校史编写组编：《暨南校史（1906—1996）》，广州：暨南大学出版社 1996 年版，第 222 - 223 页。
② 曾永青：《我校八十周年校庆筹备工作已经展开》，《暨南大学》第 46 期，1985 年 12 月 1 日，第 1 版。

校 80 周年的庆典。

9 月 21 日，校园内一派节日景象，来自海外、港澳地区和国内各地的历届校友，与全校师生员工欢聚一堂，以大礼堂为主会场，以印刷厂大楼为分会场，隆重庆祝建校 80 周年。庆祝大会于当天上午 9 时开始，中共中央顾问委员会副主任王震，全国人大常委会副委员长、学校董事长荣毅仁，全国人大常委会副委员长兼华侨事务委员会主任叶飞，中顾委委员刘田夫，广东省、广州市领导人林若、梁灵光、罗天、许士杰，国家教育委员会副主任、学校副董事长彭珮云，国务院侨务办公室副主任李星浩，国务院侨务办公室顾问、学校副董事长莫燕忠，国务院港澳办公室顾问王匡，中国石油化工总公司副总经理费志融，原国务院侨务办公室副主任林修德，以及部分兄弟省、市的领导同志出席了大会。参加大会的还有学校副董事长马万祺、王宽诚，来自美国、英国、日本、联邦德国、泰国、新加坡、马来西亚、朝鲜等国家和港澳地区的代表和嘉宾。学校名誉教授、兼职教授、客座教授以及来自海外、港澳地区和国内各省市的 26 个校友会代表，以及师生代表和广州地区校友共 5000 多人出席大会。[①]

校庆庆祝大会由何军第一副校长主持。梁灵光校长在会上发表了题为"发扬优良传统，努力办好暨大"的讲话，并题词祝贺："培育更多优秀人才，为振兴中华、统一祖国、促进人类社会进步、维护世界和平作出更多贡献。"[②] 梁校长回顾学校 80 年所走过的历程与办学成就和经验，说至今已开设了文、理、经、医 4 个学院，共计 18 个系 24 个专业，有全日制学生 5735 人，其中研究生 451 人，本科生 3994 人，大专生 1028 人，还有预科生和护校学生等。学生中有华侨、港澳及华裔生 1618 人（约占全日制在校学生总数的 28%）。现有教师 1310 人，其中正、副教授 446 人，讲师 610 人。近来又成立了成人教育学院，下设干训、夜校及函授 3 个部。暨南大学为全国首批有学位授予权的单位之一，现有 41 个学科、专业有博士、硕士学位授予权。几年来，有 175 项科研成果获得国家、省、市有关部门的奖励。梁校长表示决心在新的历史条件下，"坚持实践，勇于探索，既要借鉴历史的经验，更要面向现代化、面向世界、面向未来，逐步建立起一套适应海外、港澳地区的需要和世界现代科学技术发展趋势的教学体系，把暨南大学办出特色，办出水平，成为在国内外都享有声誉的大学"[③]。中共中央顾问委员会王震副主任在会上发表了重要讲话，他首先代表党中央、国务院向暨南大学全体师生员工和海内外校友表示热烈祝贺，赞扬道："现在，暨南大学的建设已经进入了新的发展阶段，成为一所颇具规模的多科性综合大学"，"从创办至今，为海内外培养了大批人才，校友遍布五洲四海，他们在推动社会进步，在中国的革命和建设事业中，发挥了积极作用，为居留国和港澳地区的发展也作出了有益的贡献"。王震接着指出：暨南大学是我国面向海外、面向港澳地区招生的主要高等学校，希望教职员工在国家教委、国务院侨办和广东省委、省政府的领导下，按照中央有关办好暨南大学的方针、政策，发扬办学、治学方面的优良传统，创造性地工作，努力提高教育质量和科研水平，使学校的全部工作既能适应祖国"四化"建设的需要，又能适应海外和港澳创业与开拓事业的要求，为培

① 《我校隆重庆祝建校八十周年》，《暨南大学》第 54 期，1986 年 10 月 14 日，第 1 版。
② 卢健民、陈文举：《暨南大学新闻集锦》，2006 年 2 月 28 日。
③ 梁灵光：《发扬优良传统，努力办好暨大》，暨南大学档案，1986 年，第 20 卷，第 21–25 页。

养青年一代，为传播中华文化，促进中外文化交流，为振兴中华，为人类进步和世界和平作出新的贡献。① 学校董事长荣毅仁为庆祝暨南大学建校 80 周年献词，他希望董事们团结更多关怀华侨教育事业的热心人士，发扬爱国爱乡、热心兴学的光荣传统，继续为办好暨南大学献计出力，为发展华侨教育事业作出新的贡献。② 中共中央政治局委员、书记处书记习仲勋，国务委员兼外交部部长吴学谦，全国人大常委会副委员长周谷城、楚图南等发来贺信、贺电，全国人大常委会副委员长许德珩，国务委员、国务院港澳办公室主任姬鹏飞等题词祝贺。

庆祝活动自 21 日起连续进行了 3 天，其间暨南大学举办了大型展览会、学术报告会、董事座谈会、校友座谈会、联欢晚会、烟火晚会、足球和篮球赛等一系列活动，海内外校友济济一堂，缅怀着难忘的过去，憧憬着美好的未来，暨南大学在欢乐之中度过了她的 80 大寿。暨南大学还组织创作了新校歌，出版了《暨南校史》、校庆画册、校友通讯录、学术论文集等 23 种书刊，在香港《文汇报》《大公报》各刊登了 4 版校庆专刊。

国务委员兼外交部部长、暨南大学校友吴学谦，因为率领我国政府代表团参加联合国大会，故未能参加暨南大学 80 周年校庆活动。不久，他特地利用到广州送别英国女王伊丽莎白二世的机会，于 10 月 18 日晚在副省长杨立等陪同下莅校访问，与学校领导和有关部门负责人进行座谈。他在会上发表了十分亲切、对母校充满深情的讲话，说他是作为一名老校友来暨南大学的，他强调应了解学校的光荣传统，充分认识并努力学习中国几千年光辉灿烂的文化。现在世界出现"中国热"，我们更应继承和发扬中国文化。暨南大学有不少专家，是可以把学校办好的。③ 为迎接母校 80 周年校庆，吴学谦特地写了《怀念母校——庆祝暨大建校八十周年》的文章。

这次校庆纪念活动，极大地提高了暨南大学在国内外的声誉，有力地推动了学校各项改革和建设的发展。全校师生员工从中受到极大的教育和巨大的鼓舞，决心高举爱国爱校的旗帜，以 80 周年校庆为新的起点，大展宏图，再铸辉煌。

第二节　管理体制的改革

一、董事会工作

自 1978 年 6 月暨南大学董事会恢复后，国务院侨办和广东省人民政府在美国、加拿大、日本、泰国、墨西哥、新西兰等国及中国港澳地区聘请了一批华侨名流、港澳同胞、归侨、知名人士和国内热心华侨教育人士担任董事。多年来，他们为暨南大学的建设和发展作出了重要的贡献。

全国人大常委会副委员长荣毅仁于 1985 年 1 月兼任暨南大学董事会董事长，他十分

---

① 《发扬光荣传统，努力办成有特色的大学——王震同志在暨南大学八十周年校庆大会上的讲话（1986.9.21）》，暨南大学档案，1986 年，第 20 卷，第 48－51 页。

② 荣毅仁：《献词》，《暨南大学》（校庆专刊）第 53 期，1936 年 9 月 21 日，第 1 版。

③ 马焉：《吴学谦同志莅校访问》，《暨南大学》第 55 期，1986 年 11 月 30 日，第 1 版。

关心学校的建设和发展，重视董事会的工作，使董事会在监督学校贯彻"面向海外、面向港澳"的办学方针，审议学校的发展规划和重大改革措施，团结广大海外侨胞、港澳同胞、台湾同胞，支持暨南大学的建设与发展，指导华侨、华人和港澳台学生报考暨南大学，帮助暨南大学开展对外学术交流和引进先进教学设备，宣传暨南大学的办学宗旨，扩大暨南大学在国内外的影响等方面都发挥了重要作用。[1]

1988年6月10日至11日，暨南大学第二届董事会在广州珠岛宾馆召开第二次会议，董事长荣毅仁主持了会议，何军第一副校长在会上作了关于学校三年来工作情况的报告，马万祺副董事长作了董事会会务工作报告。会议审议了学校工作报告和董事会的会务报告，并就新形势下如何进一步深化教育改革，办好暨南大学，培养适应海内外、港澳需要的人才等问题进行了讨论。[2] 董事和嘉宾们在讨论中提出了许多意见和建议，有的董事在会上认捐款项，以支持暨南大学的建设。会议期间，董事们还参观了学生公寓、医学院附属医院住院部，对学校的建设和发展表示满意。

1991年6月8日至9日，董事会召开第二届第三次会议。荣毅仁董事长因公出国访问，委托梁灵光副董事长主持会议。会议认真听取并审议了何军第一副校长所作的《暨南大学工作报告》和董事会副秘书长廖德燊的《董事会会务工作报告》，并讨论了有关周耀明担任新一届校长和增聘董事等问题。董事们认为，暨南大学近三年来的工作取得显著成绩，当前应适当控制办学规模，把注意力放在提高人才的培养质量上。关于师资队伍建设问题，应在暨南大学形成有利于人才成长的环境，要从青年中发现人才，培养人才。香港中旅（集团）有限公司副董事长兼总经理、暨南大学董事马志民表示，香港中旅集团愿意拿出一笔经费成立中旅教育基金会，今后每年可给暨南大学、华侨大学提供资金帮助，并希望与暨南大学合作在深圳华侨城建立比较正规的人才培养基地。[3]

1994年1月25日，暨南大学董事会召开了第三届第一次会议。荣毅仁董事长致函董事会表示，自"担任国家副主席职务后，国务活动繁忙，因此不可能再继续兼任暨南大学董事会董事长"，但他"对暨南大学怀有深厚感情，衷心祝愿暨南大学兴旺发达，鹏程万里"。根据国务院侨务办公室主任廖晖的提议，董事们一致同意推举全国政协副主席、著名科学家钱伟长院士接任董事长职务。[4]

钱伟长，男，1913年10月生，江苏无锡人。1935年毕业于清华大学物理系，1942年在加拿大多伦多大学获应用数学博士学位。1946年起任清华大学教授、教务长、副校长。1954年起为中国科学院学部委员（后改为院士），是中国科学院力学研究所、自动化研究所的创始人。1956年起被选为波兰科学院院士。1983年起任上海工业大学校长、上海大学校长。1984年创建了上海市应用数学和力学研究所，任所长。他是中国人民政治协商会议第六、七、八、九届全国委员会副主席，民盟中央副主席、名誉主席。

钱伟长教授是我国近代力学的奠基人之一，擅长于应用数学、力学、物理学、中文信息学等，出版《圆薄板大挠度问题》《弹性力学》《变元法和有限元》《穿甲力学》《广义变分原理》和《应用数学》等学术专著20余部，在国内外发表学术论文200余

① 暨南大学校史编写组编：《暨南校史（1906—1996）》，广州：暨南大学出版社1996年版，第284页。
② 符悦虹：《暨南大学第二届董事会召开第二次会议》，《暨南大学》第71期，1988年7月12日，第1版。
③ 《暨南大学第二届第三次董事会议文件》，暨南大学档案，1991年，第9卷，第86页。
④ 荣毅仁：《国家副主席荣毅仁致暨大董事会的信》，《暨南大学》（增刊），1994年1月28日，第1版。

篇。他在科学理论和工程技术上都有许多开创性的成就。主要学术贡献是板壳非线性内
禀统一理论、板壳大挠度问题的摄动解和奇异摄动解、广义变分原理、环壳解析解和汉
字宏观字形编码（钱码）等。他早期提出的"浅壳大挠度方程"被国际学术界誉为
"钱伟长方程"；在圆薄板大挠度问题上，他提出的以中心挠度为小参数的摄动法，在国
际上称"钱伟长法"。有关圆薄板大挠度问题的工作，在 1955 年获国家自然科学奖二等
奖，广义变分原理方面的工作在 1982 年获国家自然科学奖二等奖，此外还有多项科研成
果分别获北京市、上海市科学技术进步奖。

这次会议审议了《暨南大学工作报告》和《暨南大学董事会会务工作报告》，会议
的中心议题是：研究在新形势下，如何抓住机遇，深化教育改革，扩大对外开放，进一
步提高办学水平，把暨南大学办成一所面向 21 世纪的全国重点大学。① 周耀明校长在学
校工作报告中回顾了复办以来的工作，更提出了争取暨南大学进入国家"211 工程"行
列的奋斗目标和分三步走的初步实施方案。董事会副秘书长廖德燊在会上作了董事会会
务工作报告。与会董事和来宾对暨南大学在改革开放中所取得的成绩给予充分的肯定，
特别是对创办华文学院、中旅学院表示赞赏。大家一致表示，一定要群策群力，进一步
办好暨南大学，为争取暨南大学进入国家"211 工程"行列作出贡献。② 曾宪梓副董事
长认捐 1 座 10 层高、总建筑面积 1 万平方米的科学馆，颜开臣董事计划在暨南大学设
"颜开臣教育基金会"，余国春董事认捐港币 100 万元。

从 1985 年 1 月至 1994 年 1 月，董事会共增聘 27 位新董事，其中卢钟鹤、李星浩、
李琦涛、周耀明、曾宪梓、谢慧如任副董事长。③ 1996 年 2 月 13 日，国务院侨办任命刘
人怀为暨南大学董事会副董事长兼秘书长，董事会董事达 69 人。

自 1986 年至 1995 年，暨南大学董事们和港澳同胞、海外侨胞以及广东省有关企业
慷慨解囊，捐款捐物，大力支持暨南大学的建设，有力地推动了学校的发展。

在董事会全体董事的共同努力下，暨南大学教育基金会筹集了一笔捐款，对暨南大
学的人才培养和添置仪器设备起了积极的作用。另外还得到了海内外 300 多位人士在财
力、物力等方面的赞助。暨南大学利用这些专项捐款、实物和国家给予的部分拨款，改
善了办学条件，并在校内建成一批建筑，总建筑面积达 33279 平方米。④

1987 年，戴宗汉董事捐赠人民币 20 万元兴建放疗楼 1 座。1989 年，颜开臣董事捐
赠港币 100 万元兴建学生·校友活动中心 1 座，温惜今董事及其夫人李秀堂捐赠人民币
50 万元兴建学术会议厅 1 座并捐赠中央空调 1 套。香港知名人士邵逸夫先生捐赠港币
1000 万元兴建多功能综合性体育馆 1 座。余国春董事于 1993 年捐赠港币 100 万元，用
于购买仪器设备，暨南大学决定命名 1 座学生宿舍为"裕华楼"以作为纪念。广东石油
气用具发展有限公司捐赠人民币 100 万元，用于兴建学生宿舍，暨南大学以命名 1 座学
生宿舍为"万家乐楼"作为纪念。李先生捐赠港币 500 万元，为华文学院兴建综合大楼
1 座。石景宜董事从 1984 年以来，已向暨南大学图书馆捐赠图书 3 万多册。其他许多董

① 《暨南大学董事会第三届第一次会议闭幕词》，暨南大学档案，1994 年，18 - 1。
② 马兴中：《暨南大学董事会召开三届一次会议，钱伟长接任董事长职务》，《暨南大学》（董事会专刊·增刊），1994 年 1 月 28 日，第 1 版。
③ 廖德燊：《暨南大学董事会会务工作报告（1994.1.25）》，暨南大学档案，1994 年，8 - 1。
④ 《暨南大学董事会董事名录》，暨南大学，1994 年，第 65 页。

事和港澳同胞、海外侨胞向学校捐赠教学仪器设备、体育器材、汽车，或资助学校教师出国进修，开展科学研究。

香港中旅（集团）有限公司从1991年至1995年共资助学校港币3260万元，用于购买教学仪器设备、图书资料，改善办学条件。

暨南大学教育基金会从1986年成立以后的8年中，共筹集资金880万港元，其中王宽诚捐赠基金100万元，唐翔千董事捐赠100万港元，郑裕彤董事捐赠100万港元，曾宪梓董事捐赠港币100万元，郭得胜董事、王华生董事、孙城曾董事各捐赠港币10万元，查济民董事捐港币20万元，丁家骏董事捐港币20万元，还有其他董事向暨南大学教育基金会捐款。1988年，暨南大学决定从教育基金中拨出100万港元用于培训师资，并先后共拨出70万港元作为中青年科学基金。同时，用教育基金购买了一批仪器设备，以改善学校教学、科研条件。

此外，还有校友、海外侨胞、香港的公司在学校设立奖学金，如旅美食品科学家、暨南大学校友张驷祥教授夫妇设立"张驷祥、陈寿明食品科学奖学金"，加拿大爱国侨胞霍铸安设立"霍铸安经济学奖学金"及"霍铸安医学奖学金"，已故董事黄荫普先生的儿子、加拿大理工博士黄祖永出资设立"黄荫普先生及夫人徐佩兰女士纪念奖学金"，森那美香港有限公司也曾为香港学生设立"森那美奖学金"，暨南校友、香港作家白洛在中文系设"白洛文学奖学金"。

从1978年暨南大学复办至1996年，暨南大学共接受了捐款计港币7706.54万元，人民币2069.8万元，这对暨南大学的建设和发展发挥了重大的作用。①

二、学校领导班子的调整

暨南大学承担着为海外、港澳地区培养人才，为国家培养社会主义事业建设者和接班人的双重任务。为保证这一任务的完成，加强学校党政领导班子建设是关键。1987年7月22日，国务院侨务办公室任命饶芄子为副校长，进一步充实学校领导班子的力量。为更好地发挥党组织的政治核心作用和保证监督作用，切实加强思想政治工作，经上级党组织批准，中共暨南大学党组改设党委。1988年1月20日至22日，召开了暨南大学第四次党代会，选举产生了新一届的党委会和纪律检查委员会书记。2月5日，中共广东省委组织部正式批复，由张德昌任中共暨南大学党委书记，伍国基任党委副书记，刘羽任党委副书记兼纪律检查委员会书记，从而使暨南大学形成了一个比较坚强的党政领导班子，对于坚持社会主义办学方向，全面贯彻"两个面向"的办学方针，不断提高办学水平，起了十分重要的作用。

1991年是建校85周年，暨南大学继续贯彻"中央24号文件"和国务院办公厅第91号文件的精神，制订了暨南大学发展的十年规划和"八五"计划，进一步深化改革，扩大开放，努力提高教学、科研水平，以新的成绩迎接校庆。6月9日，暨南大学隆重举行了建校85周年的庆祝活动。在校庆大会上，国务院侨务办公室主任廖晖宣布：聘请全国政协副主席钱伟长教授为暨南大学名誉校长，任命周耀明为暨南大学校长。

周耀明，1935年4月生，广东东莞人。1958年毕业于中山大学历史系，分配到暨南

---

① 暨南大学校史编写组编：《暨南校史（1906—1996）》，广州：暨南大学出版社1996年版，第286－287页。

大学工作，1958 年至 1961 年到东北师范大学进修，专攻世界现代史，返校后在历史系从事教学工作。1970 年因暨南大学停办，调到华南师范学院工作。1978 年暨南大学复办，调回暨南大学历史系任教。历任暨南大学历史系副系主任、学校副总务长、副校长。还先后任中国世界现代史研究会理事会常务理事、中国教育学会广东高校后勤管理研究会理事长及中国普通高校体育电教研究会名誉会长等职。

1991 年 6 月 10 日，中共广东省委高校工委书记杜联坚来校，宣布由伍国基担任暨南大学党委书记。

随后，国务院侨办于 8 月 27 日任命伍国基（兼）、饶芃子、冯泽康、刘人怀、林剑、罗国民、黄旭辉（兼）为暨南大学副校长（由于工作交接的关系，刘人怀于 11 月 27 日由上海工业大学来校到任）。9 月 5 日，中共广东省委高校工委又决定，由关汉夫任暨南大学党委副书记兼纪律检查委员会书记，黄旭辉任党委副书记。翌年 9 月，罗国民调任广东商学院院长，国务院侨办于 1993 年 5 月任命赖江基为暨南大学副校长。

学校新领导班子成立伊始，即集中学习《党委会的工作方法》等重要文件，结合学校的实际，展开深入讨论，统一办学的指导思想。大家深刻认识到，要办好暨南大学，关键是搞好领导班子的团结，发挥集体力量；要求真务实，埋头苦干，坚持"两个面向"的办学方针，继往开来，不断改革创新，努力提高办学水平。

1995 年 12 月 28 日，国务院侨办任命刘人怀为暨南大学校长。翌年 1 月 4 日，国务院侨办副主任刘泽彭在全校处级以上干部会议上，宣布了刘人怀为暨南大学校长的任命。在任职仪式讲话中，刘人怀校长根据国内外一流大学和暨南大学多年办学过程中积累的办学经验及形成的办学特色，积极探索新时期社会主义华侨大学的办学模式，提出在建校 100 周年（2006 年）时或稍长一些时间，将暨南大学建设成中国以及东南亚的著名大学，乃至在国际有影响的一所大学。为此，他第一次明确了要办成教学中心和科研中心，提出了"发挥优势、深化改革、保证重点、改善条件、提高质量"的 20 字发展方针，确立了"三严"的办学方针（从严治校、从严治教、从严治学），使各项工作更加符合高教规律和侨校特色，也使暨南大学走上快速发展的道路。①

刘人怀，男，1940 年 7 月生，四川成都人。1963 年毕业于兰州大学数学力学系力学专业，并留校任教。1978 年调入中国科技大学，任助教、讲师、副教授、副系主任等职，1985 年升任教授；其间于 1981 年成为西德洪堡基金会在我国首批挑选的 8 名研究会员之一，赴鲁尔大学进行科研。1986 年任上海工业大学副校长，兼经济管理学院首任院长和预测咨询研究所所长；1990 年任博士生导师，并获国家中青年有突出贡献专家称号；其间于 1988 年成为加拿大卡尔加里大学访问研究科学家，在该校进行科研工作。1991 年调入暨南大学任副校长，并兼任中国力学学会常务理事、中国仪器仪表学会仪表元件学会理事长、中国复合材料学会理事、中国传感器专业协会常务理事、广东省力学学会副理事长、广东省复合材料学会副理事长等职。

刘人怀教授是我国板壳结构理论与应用研究的开拓者之一，1965 年与叶开源教授共同创立适于求解非线性微分方程的修正迭代法，成功地解决了板壳非线性理论的一系列

---

① 刘人怀：《发挥优势、深化改革、保证重点、改善条件、提高质量——在暨南大学校长任职仪式上的讲话》，《暨南大学》第 197 期，1996 年 1 月 15 日，第 1 - 2 版。

难题。在板壳非线性力学和厚板壳力学方面建立了系统理论，多数属国际先行探索。他在暨南大学工作期间，继续从事这一领域的工作。自 20 世纪 80 年代后，他还进行了经济管理方面的理论和应用研究，共出版学术著作 3 部：《板壳力学》《夹层壳非线性理论》和《工业企业岗位要素设计》，发表学术论文 120 余篇，其中有 10 篇发表在世界顶级非线性力学杂志 *International Journal of Non-Linear Mechanics*。1982 年获中国科学院科技成果二等奖，1989 年获国家教委科技进步二等奖，1994 年获国务院侨办首届科技进步一等奖；1989 年被国务院侨办和中国侨联授予全国优秀归侨、侨眷知识分子称号；1991 年经国务院批准享受政府特殊津贴。

此次新任命及继续担任副校长职务的校领导还有伍国基、张永安、黄旭辉、赖江基、蒋述卓、罗伟其。[①]

全校师生员工在学校领导班子的领导下，同心同德，群策群力，团结奋斗，为争创面向 21 世纪的全国重点大学而继续努力。

三、争取进入国家"211 工程"行列

1992 年春，邓小平巡视南方的重要谈话公开发表。10 月，党的第十四次全国代表大会胜利召开。在邓小平巡视南方的重要谈话和中共十四大精神的鼓舞和指引下，全国改革开放形势进入了一个蓬勃发展的新阶段。

同年 5 月 22 日，国务院侨务办公室确定暨南大学为国务院侨务办公室重点大学。9 月 21 日至 23 日，暨南大学召开了第五次党员代表大会，大会总结了近四年来学校的党政工作，提出了贯彻党的基本路线的精神、加强党的建设和思想政治工作的基本任务，并突出深化改革、扩大开放的主题，提出了学校综合改革的总体设想。

在 1994 年 1 月召开的暨南大学董事会第三届第一次会议上，周耀明校长所作的工作报告中提出了争取学校进入国家"211 工程"行列的初步设想和奋斗目标，得到了与会董事和嘉宾们的赞同和大力支持。

同年 5 月 3 日，中共中央政治局委员、国务院副总理李岚清在外经贸部部长吴仪、中共广东省委副书记黄华华、副省长卢钟鹤等的陪同下莅校视察，与暨南大学领导和部分教授进行座谈。李岚清副总理以校友身份对如何办好暨南大学发表了重要讲话。他强调指出，暨南大学是一所很有特色的大学，改革要考虑大的思路，多作改革的尝试，探索与国外合作办学的路子，要把校门打开。要多调动各方面的积极性，发挥董事会的作用。暨南大学要办基础学科、应用学科专业。综合大学要培养学生的综合能力。中国就这么一所很有特色的大学，希望广东省多给予关心和支持，把暨南大学办好。李岚清副总理为暨南大学题词："为进一步办好新型综合性大学而努力奋斗。"[②]

暨南大学组织全校干部、教师认真学习李岚清副总理的讲话，进一步明确了教育改革的方向，增强了争取进入国家"211 工程"行列的信心。

6 月 10 日，广州石牌地区六所高校（华南理工大学、华南农业大学、暨南大学、华

---

① 《转发国务院侨办关于学校校长任免决定的通知》（暨干字〔1996〕01 号）。
② 季青：《李岚清副总理莅校视察》，《暨南大学》第 169 期，1994 年 5 月 10 日，第 1 版。

南师范大学、广东民族学院、广东机械学院）签订了联合办学协议书。①

1993 年底，国务院侨务办公室提出了与广东省人民政府共同建设暨南大学的意见，称"暨南大学是我办主管，与广东省人民政府共同领导，承担为国家培养社会主义建设者和接班人，为海外、港澳台地区造就人才双重任务的综合性高等学校"。"为更好地贯彻中央的指示和'面向海外、面向港澳'的办学方针，努力把该校办出水平，办出特色，成为我国对外办学的重要基地，我办于 1992 年把暨南大学列为了国务院侨办的重点大学。""根据暨南大学的特殊地位和国内学校不可替代的作用，以及该校所具备的条件，我办将全力支持暨南大学创造条件，进入'211 工程'。同时，为使地方所在高校的发展适应广东现代化建设的需要，促进广东的高等教育尽快进入国内先进行列，我办拟与广东省人民政府共同建设暨南大学，支持该校发展成为国家重点建设的大学。"国务院侨办拟在三个方面与省政府加强对暨南大学的共同建设：①共同加强学科建设，优化专业结构，改革课程设置，更好地适应海外、港澳社会和地方经济发展的需要；②共同为学校造就一批跨世纪的高素质学科带头人；③共同搞好暨南大学办学基础设施的建设。②

1994 年 11 月 8 日，国务院侨务办公室和广东省人民政府签订了共同建设暨南大学协议书。协议规定：①侨办与广东省人民政府同意共建，创造条件，使该校尽早进入国家"211 工程"的行列。②侨办努力增强对该校的投入，省政府也视财力情况给予适当的投入，并在改善该校教师待遇、科研和学科建设等方面，给予支持。③暨南大学在为广东省培养人才方面，其专业设置、招生、毕业生就业、科研、对外交流合作等，应接受广东省教育主管部门的指导，使之适应广东的改革开放、经济建设、社会和卫生事业发展的需要。③

争创"211 工程"，成为推动暨南大学在改革中不断前进的强大动力。各院系、各单位都按"211 工程"的标准和要求，制订发展规划，深化改革，推进工作。暨南园里喜讯频传，令人精神振奋。

1995 年作为"八五"规划的最后一年，学校的主要工作是：全力以赴，抓好迎接"211 工程"部门预审准备和 90 周年校庆筹备各项工作。首先，以迎接"211 工程"部门预审为中心，推动各项工作。为切实加强对"211 工程"的领导和组织实施工作，暨南大学于 4 月 19 日成立了"211 工程"领导小组（由周耀明校长任组长，刘人怀副校长任常务副组长，伍国基书记任副组长）及设办事机构"211 工程"办公室（由科研处处长阙维明研究员任主任）。领导小组下设学科建设、人才培养、科研与科技产业、队伍建设、办学条件、党建与思想政治工作、管理体制和办学特色 8 个专题组，对暨南大学整体建设规划进行分块准备，确立规划目标，提出实施方案和采取的措施，为撰写预审的主题报告做好准备。其次，积极做好校庆筹备工作，增强学校的凝聚力和向心力。经大量工作，江泽民、李鹏、乔石、李瑞环、荣毅仁、钱其琛、李岚清、李铁映、谢非、

① 《石牌地区六所高等院校联合办学》，《暨南大学》第 171 期，1994 年 6 月 25 日，第 1 版。
② 《国务院侨务办公室与广东省人民政府共同建设暨南大学的意见（1993.12.29）》，暨南大学档案，1993 年，目录号 16，案卷号 58。
③ 《国务院侨务办公室与广东省人民政府共同建设暨南大学协议书（1994.11.8）》，暨南大学档案，1994 年，目录号 18，案卷号 19。

吴学谦、钱伟长、霍英东、马万祺 13 名党和国家领导人以及省市负责人纷纷为暨南大学 90 周年校庆题词，这对学校的各项工作是巨大的鼓舞与鞭策。①

全校上下团结一致，为争取学校进入"211 工程"行列和迎接 90 周年校庆而努力奋斗。6 月 29 日，国务院侨办正式批准暨南大学开展"211 工程"预审的准备工作。7 月中旬和 9 月上旬，暨南大学召开了两次部门预审准备工作动员大会，广泛发动群众，调动师生参与"211 工程"预审准备的积极性。第一阶段的预审工作在当年取得了重大进展，据学校"211 工程"办公室统计，有 60 多个基层单位完成了规划工作，有 40 多个学科完成了发展战略设计，8 个专题组也完成了专题论证报告。全校上下围绕预审准备工作，进一步了解了校情，增强了争取进入"211 工程"的信心，强化了侨校特色的办学思想，提高了对长远发展方向和建设目标的认识，找准了学校的应有定位及发展方向，促进了部门的改革，并为翌年顺利通过部门预审打下了良好的基础。②

暨南大学于 1996 年 1 月 19 日作出决定，对"211 工程"领导小组进行调整。领导小组由刘人怀、伍国基、关汉夫、张永安、黄旭辉、赖江基、蒋述卓、罗伟其、阚维明 9 位同志组成，刘人怀任组长，伍国基和阚维明任副组长。

四、学校管理体制的改革

1. 学校党政领导的民主决策制度

根据"中央 24 号文件"精神，暨南大学从 1984 开始实行校长负责制。学校在实践过程中，逐步地完善这一领导体制。校长作为学校的法人代表，在教学、科研、行政管理等方面掌握决策权和指挥权，对校务工作全面负责。学校党委起到保证、监督的作用，坚持党的路线、方针、政策和"两个面向"办学方针在学校的贯彻执行，保证暨南大学坚持社会主义的办学方向；完成国家交给的教学、科研和培养人才的任务；学校党委充分尊重和支持校长行使职权。校长在日常工作中，要贯彻民主集中制原则，学校的重大问题须提请党委常委讨论，在集思广益的基础上作出决策。这有利于学校党委领导在学校工作重大问题上取得共识，互相支持，互相配合，避免决策上的失误和工作上的脱节。为推进学校的民主建设，继续深化干部制度改革，根据中央和中共广东省委的要求，学校决定从 1989 年 5 月 15 日开始对校级领导进行民主考评。③

1988 年 1 月 20 日至 22 日，中共暨南大学委员会第四次代表大会召开。大会审议了学校党组工作报告，选举产生了新的学校党委会和纪律检查委员会，一致通过了《关于党组报告的决议》，号召全校共产党员和师生员工共同努力学习、勤奋工作、群策群力、同心同德、勇于改革，为把暨南大学办成具有特色的华侨大学而奋斗。④ 中共广东省委组织部于 2 月 5 日批复，省委批准中共暨南大学第四届委员会第一次会议关于书记、副书记和纪律检查委员会第一次会议关于书记的选举结果，由张德昌任党委书记，伍国基

① 《1995 年机关文书档案立卷说明》，暨南大学档案，1995 年，全宗号 1。
② 《暨南大学 1995 年主要工作总结（1996.3.10）》，暨南大学档案，1996 年，档案号：XZ11－1。
③ 筱雯：《我校进行民主考评校级领导干部》，《暨南大学》第 79 期，1989 年 5 月 25 日，第 2 版。
④ 小文：《中共暨南大学第四次代表大会隆重召开》，《暨南大学》第 66 期，1988 年 1 月 28 日，第 1 版。

任党委副书记，刘羽任党委副书记兼纪律委员会书记。[1]

为了调动广大师生员工参与民主管理，促进学校决策的民主化、科学化，1985 年暨南大学建立了咨询委员会、教代会、学代会等制度，以后又设立了校领导接待日和校领导信箱等制度。

学校咨询委员会由专家、教授和退出一线的校领导以及优秀中青年教师组成。每学期开会一次，就学校的发展规划、改革方案以及重大问题进行讨论，提出意见、建议。如有必要时，也请各民主党派、侨联负责人和教代会代表团团长列席。1988 年 11 月 29 日，学校在专家楼会议室召开咨询委员和民主党派负责人联系会议，就当前招生的有关问题，如何理顺校、院、系三级关系，深化教学改革，提高教学质量，以及住房改革等问题征询委员们和民主党派负责人的意见，请他们出谋献策。为了共商良策，稳定大局，克服困难办好暨南大学，学校于 1990 年 5 月 25 日在专家楼二楼会议室召开咨询委员会扩大会议。咨询委员会副主任曾昭科主持会议并讲话，他充分肯定了学校在制止上年政治风波，稳定大局，贯彻"两个面向"办学方针，加强思想政治工作，提高教学科研水平等方面所取得的成绩。会议围绕稳定局势、对外招生及住房改革等议题，分为两个小组展开了讨论。[2] 在 1991 年学校领导班子换届后，学校对咨询委员会进行了调整，于翌年 9 月 12 日成立了暨南大学第二届咨询委员会，由委员 32 人组成，何军任主任，张德昌任副主任。

学校教职工代表大会是代表教职工参与民主管理学校的机构。由本校各单位推选教职工代表组成。每年开会一次。教代会的主要任务是：听取和审议校长的工作报告、学校的发展规划、改革方案和关系广大教工利益的重大问题。教代会代表就学校工作向大会提交提案，由学校责成有关部门作出答复。教代会就上次教代会提案处理情况向大会作报告。1986 年 12 月 18 日至 20 日，学校隆重召开首届二次教工代表大会暨教工会第五届会员代表大会。梁灵光校长出席了大会开幕式，有代表 200 多人。这是管理体制的一项重大改革，是教职工民主管理学校的重要形式，也是实现管理民主化、决策科学化的组织保证。[3]

自 1986 年以来，学校教代会曾先后讨论审议学校"七五"发展规划、"八五"发展规划、住房改革方案、整顿校园问题等。1991 年 12 月 26 日至 30 日，学校召开了第三届教代会、第七届工代会第一次会议。参加大会的有教职工代表 197 人，特邀代表 62 人。大会共收到提案 318 份，分别对教学、科研、房舍、治保、生活福利等 12 个方面的工作提出了具体意见，通过了《关于第六届工会工作报告的决议》《关于〈暨南大学房舍分配管理办法〉〈暨南大学基金管理规定〉〈暨南大学公费医疗管理办法〉的决议》《关于清理不合理住房的决议》《关于清退不合理住房的决议》和《关于进一步整顿校

① 《张德昌任暨大党委书记，伍国基、刘羽任党委副书记》，《暨南大学》第 67 期，1988 年 3 月 28 日，第 1 版。

② 乔思：《学校召开咨询委员会扩大会议》，《暨南大学》第 95 期，1990 年 6 月 10 日，第 1 版。

③ 小文：《我校召开首届二次教工代表大会暨教工会第五届会员代表大会》，《暨南大学》第 56 期，1987 年 1 月 15 日，第 1 版。

园秩序的决议》等重要文件。① 1994 年，学校教代会认真讨论了关于争取进入国家"211 工程"的问题，发动代表们和广大师生员工献计献策，群策群力，为进一步办好暨南大学，争取进入"211 工程"而努力奋斗。②

学校的学生代表大会是代表全校学生民主管理学校的机构，反映学生对学校工作的意见，对涉及学生的有关工作进行民主管理。学生中还设有膳食委员会，对膳食工作进行民主监督。

学校在抓好教学、科研工作的同时，十分注意疏通民主渠道，加强干部与群众的联系，不断改进工作。继建立教代会、咨询委员会的制度之后，在 1987 年 3 月中旬，又建立了校长接待日和校长信箱制度。学校本着坚持民主办学，疏通民主渠道的原则，每逢星期三下午，由一位校领导接待师生员工来访。建立这一制度，有利于改进领导作风，直接听取群众的意见、建议和要求，了解学校的热点问题，在调查研究的基础上进一步改进工作。③ 实践证明这个制度的建立是有益的、成功的，受到群众的欢迎，并一直坚持下来。

此外，学校还设有学术委员会、学位评定委员会、专业技术职务评审委员会等，各委员会各司其职，开展工作。校领导充分尊重各委员会履行职责，对有关方面的工作按照民主程序作出决策和决定，以保证各项工作的顺利开展。

2. 实施全员聘任制

按照学校深化校内管理体制改革的部署，全校在 1993 年底至 1994 年初，开始实施全员聘任工作。这次全员聘任的人员包括专业技术人员、行政干部和工勤人员。全员聘任坚持因事设岗、按岗选人、平等竞争、择优聘任的原则，对于不同的人员采用不同的聘任办法。对专业技术人员，采取资格评审和职务聘任分开的办法，实行专业技术职务聘任制。专业技术资格按规定程序评定，不与工资待遇挂钩。专业技术职务按上级核定的岗位职数由聘任机构考核择优聘任，受聘人员享受相应待遇。先后取得资格的人员在对岗聘任中一律平等，这就是聘评与聘任的双轨制；对党政机构工作人员则实行任期目标聘任制，按照校内党政机构设置，以任务设岗，每个岗位确定任期目标责任，在党政机构人员申报或推荐的基础上，由领导逐级聘任；对工人实行任务合同制，技术工人持证上岗，按技术任务实行合同期聘任，普通工人则实行任务合同期聘任。④

3. 进一步理顺校内管理体制

学校实行校、院、系三级管理体制，在具体实践中，取得了一定经验，但也存在一些有待解决的问题。在层级管理体制改革中，学校采取措施，逐步理顺关系，明确校、院、系三级的职责。学校党政机关主要负责全校性工作的决策，进行宏观管理，如办学规模、招生计划、专业设置、教学制度和改革、科研计划和管理、资源配置、院长和系主任及有关干部的聘任及全校性的后勤保障工作。学院一级主要负责本院的教学、科研

① 小文：《暨大第三届教代会、第七届工代会第一次会议隆重召开》，《暨南大学》第 125 期，1992 年 1 月 10 日，第 1 版。

② 《暨南大学第三届教代会、第七届工代会第三次全体会议召开》，《暨南大学》第 163 期，1994 年 1 月 10 日，第 1 版。

③ 周笑梅：《校长信箱、校长接待日制度初见成效》，《暨南大学》第 61 期，1987 年 7 月 15 日，第 1 版。

④ 何万宁：《我校开始实行全员聘任》，《暨南大学》第 163 期，1994 年 1 月 10 日，第 1 版。

和行政管理工作，在财务、人事等方面，学校向学院适当下放部分权利。系一级是教学、科研的基层单位，其主要职责是负责本系教学、科研的管理工作。由于 7 个学院的情况有所不同，因此，各学院的职权也有些区别。

在管理体制改革中，为了精简机构，学校先后把一些单位合并，如将监察处、审计处合并为监察审计处，总务处、基建处合并为后勤管理办公室，党委机关一律不设科，行政机关除某些单位确属工作需要设科外，其余均不设科，并压缩校级机关人员，下放到院系工作。1994 年对干部制度也进行了改革，由任命制改为聘任制。

1992 年 3 月 12 日至 13 日，国务院侨务办公室及直属单位档案工作会议在暨南大学召开，出席会议的有侨办各司局及 15 个直属单位代表共 45 人。这是新中国成立以来，国务院侨务办公室及直属单位召开的第一次档案会议，[①] 对于学校档案工作具有重要的指导意义。

1996 年 3 月，学校在校内管理体制方面提出要求：①进一步理顺院系关系，简政放权，转变职能，提高效率。②后勤物资保障要牢固树立为教学、科研服务的思想，力求做到小机关、多实体，逐步实施后勤服务社会化。[②]

五、校友会的联谊工作

1. 各地暨南大学校友会的成立

暨南大学是一所具有悠久历史和光荣爱国传统的华侨大学，创办 90 年来，为国内外培养了大量人才，校友遍布世界五大洲和祖国各省市，人才辈出，建树卓著。如曾经担任国务院副总理的吴学谦，全国人大常委会副委员长周谷城、严济慈、许德珩、周建人，中央政法委员会副书记陈伟达，国务院国防工办副主任周一萍，中国科学院学部委员谭其骧，中国社会科学院副院长钱锺书，泰国国会主席、盘谷银行董事长许敦茂，新加坡中华总商会主席、著名华人企业家陈共存（陈嘉庚的侄子），台湾红十字会会长徐亨[③]等都是暨南校友。做好国内外广大校友的工作，推进广大校友在爱国爱校光辉旗帜下的大团结，不仅对进一步办好学校具有重大意义，而且对于促进祖国的统一和推动现代化建设事业，增进中国人民同世界各国人民的友谊和中外文化教育的交流，都必将产生深远的影响。

广大暨南校友热爱中华民族，关心祖国建设和母校发展。早在复办之初就已成立了广州校友会，1980 年 7 月 6 日，在学校办公楼会议室召开广州校友座谈会。出席座谈会的校友共有 150 多人，其中不仅有 1958 年复校后的新校友，而且有二十世纪二三十年代上海真如时期和 40 年代福建建阳时期的老校友，旅居香港的 5 位校友也列席了座谈会。[④] 1981 年 6 月，广州校友会成立。1985 年 3 月 10 日，上海市暨南大学校友会召开成立大会，参加大会的校友有 300 多人。大会推举周谷城、刘佛年、许杰、孙大雨、孙怀仁、吴文祺、谭其骧 7 位教授为名誉会长。选举马飞海为会长，贝纹、高宗靖、蓝尤

① 综合档案室：《国务院侨办及直属单位档案工作会议在我校召开》，《暨南大学》第 128 期，1992 年 3 月 25 日，第 1 版。
② 《暨南大学 1996 年学校工作要点（1996.3.12）》，暨南大学档案，1996 年，档案号：XZ11-1。
③ 《关于成立暨南大学校友会的请示（1994.1.10）》，暨南大学档案，1994 年，目录号 18，案卷号 26。
④ 马兴中：《我校召开校友座谈会》，《暨南大学》第 6 期，1980 年 9 月 8 日，第 1 版。

青、杨葆生4人为副会长，杨葆生兼任秘书长，还选出43人组成了理事会。厦门校友会也于同时期成立，共有校友55人。由肖枫任会长，谢高明等5人为副会长，还组成了12人的理事会。①

到1986年80周年校庆前后，在学校的积极支持下，北京、苏州、湛江、成都等地和中国香港、中国澳门、泰国等处的暨南大学校友会也纷纷成立。各地的校友会充分发挥暨南大学与海外、港澳地区有广泛联系的优势，积极开展联谊活动，协助当地政府做好校友和港澳同胞、台湾同胞、海外侨胞的工作，对推动改革开放和经济建设，促进侨务工作的开展，起到了积极的作用。

学校历来十分重视校友会的工作，1986年何军第一副校长率领学校代表团访问泰国、新加坡时，受到两地校友、校董的热烈欢迎，马来西亚校友会会长梁沾铨等也到新加坡参加了座谈会。新加坡、泰国、马来西亚校友在80周年校庆时都曾组团回母校参加庆典。1991年8月荣毅仁董事长访问新加坡，1987年梁灵光校长访问泰国时，从百忙中安排时间专门会见暨南校友。1992年11月14日至24日，周耀明校长和董事会副秘书长廖德粲等应邀访问泰国，向在泰国的暨南大学校董、校友汇报了学校建设和董事会的工作情况，并拜访了泰国华侨华人社会知名人士郑午楼、谢慧如等。② 学校的其他领导也都利用出国访问的机会，会见暨南校友，做他们的工作。学校领导还多次参加香港、澳门和广州附近地区一些校友会举办的重要活动，积极支持各地校友会的工作。1990年，学校与上海校友会、华东师范大学等单位在上海、金华联合举办了"何炳松先生诞辰100周年纪念会暨学术讨论会"，1992年又与上海校友会等单位在上海联合举办了"翟俊千先生诞辰100周年纪念会"，这在国内外，特别是在暨南校友中都产生了重要的影响。③

在20世纪80年代末，海峡两岸开放人员来往后，台湾的暨南校友余乃述教授和女儿是首批回大陆探亲的人员，他们于1988年8月3日至4日前来母校访问，受到学校领导的热情接待，周耀明副校长、刘羽副书记代表学校与他们会见，并安排他们到中山大学等单位参观。

1990年6月，台湾红十字会会长、暨南校友徐亨先生因公务访问大陆。同月10日，何军第一副校长、周耀明副校长、刘羽副书记专程到广州白天鹅宾馆与其会见，详细介绍了当前学校的基本情况，徐亨校友在会谈中愉快地回忆当年在暨南大学的学习生活，特别是体育运动的盛况。自此次会见之后，学校开始与暨南大学台湾校友会、美国南加州校友会建立联系。

1992年4月29日，暨南大学新加坡校友会名誉会长庄右铭莅校访问，得到校领导的会见。庄先生向学校有关人员介绍了新加坡推广汉语和开展华文教育的努力，以及新加坡校友会的一些情况。④

① 小文：《暨南大学上海、厦门校友会成立》，《暨南大学》第43期，1985年4月30日，第3版。
② 暨南大学董事会办公室编：《暨大简讯》第38期，1993年，第4—5页。
③ 乔思：《翟俊千先生诞辰百年，暨大等单位在沪举行纪念会》，《暨南大学》第142期，1992年11月25日，第1版。
④ 符悦红：《庄右铭先生莅校访问》，《暨南大学》第133期，1992年6月10日，第1版。

2. 暨南大学校友总会的成立

随着各地校友会的成立及其活动的开展，许多校友会都希望成立暨南大学校友总会，以便加强各地校友会与母校之间以及各校友会之间的联系。1992 年 9 月，澳门、香港、广州、深圳、珠海等地的校友会发出成立暨南大学校友总会的倡议，得到各地校友会的热烈响应和支持。经过一段时间的筹备，暨南大学 33 个校友会的代表 100 多人于当年 12 月 20 日会集澳门，21 日至 22 日假座澳门中华总商会会议厅举行筹备会议，讨论并通过了《暨南大学校友会（总会）章程（草案）》和会徽。根据章程文件规定，暨南大学校友会的宗旨是："通过各种联谊活动，加强校友之间和海内外校友会之间的联系，沟通信息，联络感情，增进友谊，互相激励，继承和发扬母校的优良传统，弘扬爱国爱校精神，为祖国的统一、中华民族的振兴、人类进步事业，为母校的发展贡献力量。"[①]会议还选举产生了校友总会的领导机构，大家一致推举马有恒为会长。第一届理事会共有 33 名理事，由黄旭辉任理事长，钟业坤任秘书长。暨南大学校友总会设在广州暨南大学校内，12 月 25 日下午，在学校大礼堂隆重举行了暨南大学校友总会的成立大会。[②]

暨南大学校友总会成立后，经过一段时间的准备，于 1993 年创办了会刊《暨南校友》，通过该刊向各地校友介绍母校的发展情况和各地校友会的动态。随后，学校又设立了校友工作办公室（同时也是校友总会办公室），配备专职干部，以保证校友会工作的正常开展。

学校领导周耀明、伍国基、饶芃子、刘人怀、冯泽康、黄旭辉及有关部门负责人，一方面注意利用出国或赴港澳访问的机会，积极开展校友工作；另一方面也十分重视加强与内地各地校友会的联系，推动在暨南校友较多的市、县地区成立校友会。

不久以后，汕头、新会、天津及美国北加州等地成立了暨南大学校友会。到 1996 年 1 月止，国内外已有校友会 50 个。

国内外广大校友对母校怀有十分深厚的感情，非常关心母校的建设和发展。1994 年 11 月 13 日，校友总会举行第二次理事会。会议根据学校建校 90 周年（1996 年）庆祝活动的计划，深入讨论了校友会如何开展迎接母校 90 周年校庆筹备工作的问题，决定要做好三项工作：①编印尽可能齐全、完整的《校友通讯录》。②编纂出版《暨南人》第一集，反映对国家、社会作出比较突出贡献的校友的事迹，以后将继续编纂下去。③向各地暨南大学校友会和广大暨南校友倡议，集资兴建 1 座校友楼，作为校友总会的会所，向母校 90 周年校庆献礼，同时作为永久的纪念。

校友总会的决定得到了各地校友会和广大校友的热烈响应和大力支持，他们积极整理和提供校友通讯录资料，组织校友为《暨南人》撰写稿件，踊跃为校友楼捐款，马有恒、温惜今、颜开臣校友各捐港币 100 万元，新加坡暨南大学校友会也集资捐赠人民币十余万元，叶莲芳、王文彬合捐 10 万元，许多内地校友，特别是已离休的老校友，虽然收入不多，也纷纷捐款。各地校友会还积极开展迎接母校 90 周年校庆的其他各种准备工作，充分体现海内外广大暨南儿女的无限深情。北京校友会承担了拍摄电视片《暨南春秋》的任务，在经费不足的情况下，摄制组的校友发扬奉献精神，长途奔波，不顾

---

① 《暨南大学校友会（总会）章程（草案）》，暨南大学档案，1992 年（15），第 114 卷，第 13 版。

② 乔思：《暨南大学校友总会成立》，《暨南大学》第 145 期，1993 年 1 月 10 日，第 1 版。

劳累，忘我工作，他们所到之处，得到有关校友会的热情接待和大力支持，充分显示了暨南精神的凝聚力和向心力。

学校全体师生员工和海内外的广大暨南校友，以欢庆母校建校 90 周年为契机，总结过去，开创未来，努力把暨南大学建设成为一所富有侨校特色和先进水平的名校。①

第三节　开创对外办学的新局面

坚持对外开放，扩大对外招生，拓展对外合作办学的渠道，是把暨南大学办出侨校特色的一个重要前提条件，也是贯彻落实"两个面向"办学方针的重要内容之一。1986年以后，学校对这方面的工作积极进行探索，不断推进对外办学的工作。特别是在 1992年邓小平巡视南方重要讲话和中共十四大精神的鼓舞和指引下，全国改革开放出现了新的形势，暨南大学及时抓住机遇，充分发挥侨校的优势，敢于改革创新，积极扩大对外开放，重点拓展对东南亚和港澳地区的招生，并开创了对外合作办学的新局面。

一、招生制度的改革

暨南大学的招生工作，重点是要做好对外招生工作，争取更多的海外华侨、港澳、台湾和外籍华人学生报考暨南大学。1987 年和 1988 年，暨南大学参加了国家教委主持的 9 校（北京大学、清华大学、复旦大学、厦门大学、中山大学、华南理工大学、中山医科大学、暨南大学和华侨大学）联合对外招生工作。由于暨南大学和华侨大学的性质、任务与北京大学和清华大学等 7 所院校有所不同，经国家教委批准，从 1989 年起暨南大学、华侨大学恢复单独对外招生。学校根据董事会董事们的建议，在招生工作中采取新的改革措施，实行收费上学的制度，以预科为试点，对 1988 年入学的预科学生实行收费上学，1989 年起又对本科新生实行收费上学。实行收费上学，按国内与海外、港澳地区一般家庭的不同经济收入水平和承受能力，确定不同的收费标准。

由于 1989 年政治风波和香港改变学制等因素的影响，报考暨南大学的学生人数大幅度下降，对外招生工作遇到很大困难。但学校仍坚持"两个面向"办学方针不动摇，采取措施，加强对外宣传工作，并在香港、澳门地区的董事、校友会、中旅社和教育界的支持配合下，争取使对外招生情况逐步好转。在台湾海峡两岸开放人员相互来往以后，20 世纪 90 年代初，台湾学生报考暨南大学人数逐年增加，报考人数最多时超过 200 人。暨南大学 1990 年招生 1600 多人，该年级新生有四个特点，即内地生素质高，港澳生重实用，台湾生报考多，华侨生来源广。②

为适应改革开放和对外教育交流深入发展的需要，并保证教学质量，提高教学水平，在各有关省、市、自治区教育主管部门对部分高校办学条件进行评审的基础上，国家教委于 1993 年 3 月 9 日公布了第一批符合接受外国留学生条件的院校名单，全国共有

---

① 暨南大学校史编写组编：《暨南校史（1906—1996）》，广州：暨南大学出版社 1996 年版，第 289 - 290 页。

② 方丽：《我校今年招生 1600 多人》，《暨南大学》第 100 期，1990 年 10 月 10 日，第 2 版。

200 所高校符合条件，暨南大学为其中之一。① 加之为了保证生源，暨南大学从 1991 年起，在澳门实行推荐保送优秀毕业生的办法。1992 年以后，由于我国改革开放形势的发展和外交政策的胜利，尤其是与东南亚地区国家的关系有了很大改善和发展，暨南大学对外招生的形势有了很大转变。从 1993 年起，马来西亚学生报考暨南大学的人数大幅度增加，当年来校升学的有 34 人，1995 年增加到 71 人。来自其他国家的升学人数也有所增加。1995 年报考暨南大学的华侨、港澳、台湾和外籍华人学生达 1369 人，而且新生报到率比往年明显提高，如 1994 年报到率为 62.7%，1995 年提高到 71.8%。②

在招生工作中，学校在争取扩大数量的同时，也十分重视提高生源的质量。在对外招生方面，从 1985 年起，本科就不再录取香港中五的考生，而录取中六以上的考生。澳门地区的中学从 5 年制改为 6 年制后，考生的文化程度也随之提高。在对内招生方面，自 1991 年起，暨南大学被列入广东省第一批录取的院校，从而大大提高了新生的质量。暨南大学为贯彻落实国家的侨务政策，从每年在广东招生的名额中留出 50 个名额，放在第二批录取归侨、华侨子女及归侨子女考生（简称"三侨考生"）。

1991 年，暨南大学录取的新生的成绩比往年明显提高，在广东录取的本科生平均成绩超过本省重点线 20 分。新入学的港澳台地区的本科、预科生平均成绩比往年高出 50 分以上。研究生、本科、预科中的华侨、港澳、台湾和外籍华人学生实际入学者共达 351 人。翌年，暨南大学共招收各层次学生 2000 多人，不但报考人数超过往年，而且新生质量也有显著提高。外招新生来自 16 个国家和地区，报考人数达 1280 人，比上年增加 42%，暨南大学录取各层次学生 548 人，比上年增加 50% 以上。内地报考人数激增，仅第一批第一志愿就达 9853 人，其中成绩达到重点线的有 467 人，暨南大学录取了 371人，仍有近百人未被录取。暨南大学当年在广东录取的文科本科生平均成绩为 742 分，高出省重点线 44 分；理工本科生平均成绩为 684 分，超过省重点线 34 分。③

1995 年，暨南大学对内地的招生工作进一步进行改革，本科实行国家任务、委托培养和自费并轨招生，按广东省规定的统一分数线录取新生，并按省规定的统一标准，收费入学。

截至 1995—1996 学年度，全校共有各层次在校学生 13012 人，其中全日制学生占8897 人，分别为博士生 52 人、硕士生 563 人、本科生 5377 人、专科生 2472 人、预科生144 人、护士学校学生 202 人、进修及培训生 702 人，另有成人教育学生 3500 人。④ 全校各层次的华侨、港澳、台湾、外籍华人学生共有 1982 人，来自 16 个国家和港澳台地区。

自从广州复办后，暨南大学认真贯彻中共中央、国务院确定的办学方针，为配合我国的侨务事业和港澳的回归工作、沟通台湾海峡两岸之间的联系交往，培养了一大批人才。从 1978—1995 年短短 17 年间，共计培养各层次毕业生 30848 人，其中华侨、港澳、

① 季青：《我校被列入全国首批有条件接受外国留学生院校》，《暨南大学》第 148 期，1993 年 4 月 10 日，第1 版。
② 暨南大学校史编写组编：《暨南校史（1906—1996）》，广州：暨南大学出版社 1996 年版，第 235 - 236 页。
③ 王子真：《1992 级新生开学典礼隆重举行》，《暨南大学》第 137 期，1992 年 9 月 25 日，第 1 版。
④ 《暨南大学 1995 年主要工作总结（1996.3.10）》，暨南大学档案，1996 年，档案号：XZ11 - 1。

台湾、外籍华人毕业生 5096 人。① 华侨、华人学生来自世界五大洲的 61 个国家，其中亚洲有泰国、马来西亚、新加坡、印度尼西亚、缅甸、越南、柬埔寨、老挝、菲律宾、日本、朝鲜、韩国、蒙古、印度、巴基斯坦、沙特阿拉伯、土耳其、以色列、基里巴斯 19 个国家；欧洲有英国、法国（含属地留尼汪）、德国、罗马尼亚、荷兰、丹麦、葡萄牙、芬兰、瑞典、瑞士、比利时、西班牙、意大利 13 个国家；美洲有美国、加拿大、巴西、秘鲁、阿根廷、墨西哥、巴拿马、危地马拉、尼加拉瓜、委内瑞拉、厄瓜多尔、圭亚那、牙买加、古巴、伯利兹、苏里南、玻利维亚 17 个国家；非洲有阿尔及利亚、尼日利亚、津巴布韦、南非、毛里求斯、马达加斯加 6 个国家；大洋洲及南太平洋岛屿有澳大利亚、新西兰、斐济、汤加、大溪地、新喀里多尼来 6 个国家。在我国新的历史时期，暨南大学为海外和港澳台地区培养了大批人才，正如 1996 年 90 周年校庆时，梁灵光老校长所题赠的"春风拂四海，桃李遍五洲"。② 暨南大学培养的研究生、本科、专科、夜大、函授等各层次毕业生，在国内或回到原居住国及居住地就业或升学时，普遍受到当地用人单位和学校的好评。

暨南大学圆满完成了国家赋予的重任，同时挖掘办学潜力，充分发挥人才、知识和科技密集的优势，积极地为国内培养人才，特别是为广东省的经济腾飞、科技进步和社会发展作出了应有的贡献。③

二、拓展对外合作办学

1. 与港澳地区的单位合作办学

暨南大学在认真办好本科和研究生教育的同时，充分发挥侨校优势和毗邻港澳的有利条件，积极拓展合作办学的渠道。继过去为香港中资机构举办若干非学历的短期干部培训班之后，从 1988 年开始，又与香港大学合作办学，为暨南大学在港澳地区办学开辟了道路。

1988 年，暨南大学成人教育学院与香港大学专业进修学院合作在香港开办社会学专业大专班。至 1991 年，双方合作培养了两届共 83 名毕业生。接着，两校又合作在澳门开办了社会学专业大专班。1990 年，暨南大学成人教育学院受澳门牙科医学会委托，在澳门开办了在职牙科医生的"口腔医学专业函授大专班"。④ 1993 年 2 月 2 日，国家教委批准暨南大学有权举办本科函授教育。1992 年和 1993 年，暨南大学成人教育学院与香港大学专业进修学院先后在香港和澳门开办了大专起点的社会学专业本科班。⑤ 根据国务院侨务办公室文教宣传司 1993 年 9 月 15 日的批复："根据你校面向海外、面向港澳的办学方针，同意你校暨南大学成人教育学院改称为暨南大学教育学院"，暨南大学成人教育学院改称暨南大学教育学院。1994 年，暨南大学教育学院与澳门业余进修中心合作在澳门开办护理专业大专班，并与香港（中国）骨伤治脊学会合作在香港举办中医骨伤专业大专班。1995—1996 学年度，暨南大学教育学院共有香港、澳门籍本专科在校学

① 《暨南大学面向 21 世纪改革与发展纲要（1996.1）》，暨南大学档案，1996 年，档案号：XZ11-2。
② 卢健民、陈文举：《暨南大学新闻集锦》，2006 年 2 月 28 日。
③ 《暨南大学面向 21 世纪改革与发展纲要（1996.1）》，暨南大学档案，1996 年，档案号：XZ11-2。
④ 周耀明：《学校工作报告》，《暨南大学》第 125 期，1992 年 1 月 10 日，第 2 版。
⑤ 周耀明：《暨南大学工作报告（摘要）》，《暨南大学》（董事会增刊），1994 年 1 月 28 日，第 2 版。

生 202 人。截至 1995 年底，已为澳门地区培养了成人教育本专科毕业生 272 人，其中本科毕业生为 38 人，有 35 人获得学士学位。

2. 与境外单位合作在校内办学

除了在境外合作办学外，暨南大学还与国外和香港有关单位合作在校内办学。暨南大学与加拿大注册会计师协会、香港大学专业进修学院合作开办了国际会计专业课程（CGA），招收高级班和文凭班，于 1993 年 12 月开学。

为适应我国对外经济合作对高级专门人才的需求，暨南大学又与香港关黄陈方·柏德豪会计师行合作开办了英国会计师（ACCA）培训班，于 1994 年 10 月 11 日开学。

暨南大学中医针灸培训中心成立于 1988 年 9 月，统一负责对外进行中医针灸培训的工作。学员均为校际学术交流或自费来校学习的人员，学习期限在 1 年以内。该中心从成立至 1995 年，已培训了来自美国、加拿大、阿根廷、厄瓜多尔、德国、瑞士、意大利、泰国、马来西亚、印度尼西亚 10 个国家以及港澳台地区的学员共 188 人。[①]

3. 与内地企业和地方合作办学

为适应改革开放和经济建设需要，暨南大学积极与企业和地方合作培养人才。暨南大学与国家石油部建立了长期的合作关系，至 1996 年，已为其培养了工业会计人才 1000 多名。受广东建设银行委托，暨南大学为其培养了国际金融专业本科毕业生 500 名。1992 年 10 月 5 日，暨南大学与湛江半球集团合作，在湛江成立了"暨南半球培训中心"。1993 年 1 月 5 日，广东省高教局批准暨南大学与佛山市经委合作办学，设立暨南大学经济学院佛山分院。该院利用佛山经济管理干部培训中心现有的办学条件，发挥暨南大学经济学院师资力量雄厚、办学经验丰富的优势，根据佛山市的需要，开办若干大专班，为佛山市改革开放和经济发展培养人才。暨南大学经济学院佛山分院于 1993 年秋季开始招生，从参加全国高考的考生中，按规定的分数线进行录取。[②] 1994 年，南海市邮电局投资 300 多万元，在暨南大学兴建"南海楼"，委托暨南大学为其培养急需的人才。

暨南大学自复办以后，采取多种形式，为国家和有关企业培养了大批人才，特别是对学校所在地广东省和广州市的改革开放和现代化建设事业起到了重要的推动作用。

三、创办中旅学院和华文学院

20 世纪 90 年代，我国改革开放的形势蓬勃发展，经济建设取得举世瞩目的成就。世界各国都看好中国市场，由此而使中国市场产生了极大的吸引力。经济的快速增长带动了旅游业的发展，世界各地也出现了"华文热"。同时，我国与周边国家，特别是和东南亚地区各国的关系有了很大的改善和发展，这些国家先后放松或取消了对华文教育的限制。因此，许多华侨、华裔青年和外国青年都纷纷要求到中国学习汉语。为了适应新形势的要求，在国务院侨务办公室的直接领导下，暨南大学于 1993 年新创办了华文学院，并与中国旅行社所属的 5 家企业在深圳联合开办了暨南大学中旅学院。

---

① 暨南大学校史编写组编：《暨南校史（1906—1996）》，广州：暨南大学出版社 1996 年版，第 238 页。

② 乔思：《广东省高教局批准设立暨南大学经济学院佛山分院》，《暨南大学》第 146 期，1993 年 3 月 10 日，第 1 版。

1. 创办暨南大学中旅学院

1992年2月16日，侨务办公室晖主任在深圳华侨城召集会议，专题研究并一致同意筹建暨南大学旅游学院。3月，旅游学院筹建领导小组成立，由华侨城建设指挥部副主任王谦宇任组长。翌年1月20日，廖晖在北京召集会议，听取旅游学院筹建小组的工作汇报，国家教委计划司副司长李仁和亦参加会议。会议明确了学院的名称，并研究了办院方针等问题。2月12日，国家教委正式下文批准暨南大学与香港中旅（集团）、中国中旅（集团）、深圳特区华侨城、广东中旅、福建中旅5家企业合作在深圳华侨城设立暨南大学中旅学院，作为二级学院。该院采取校企联合办学形式，建院投资和教学经费均由香港中旅和中国中旅等有关企业提供，师资和学院的各项管理工作则由暨南大学负责。中旅学院的普通本、专科在校学生发展规模为600人，待条件成熟后可开办成人教育和在职培训。其任务是为中旅系统和我国旅游事业培养合格的专门人才。①

1993年4月21日，暨南大学中旅学院建院领导小组正式成立，由国务院侨务办公室主任廖晖任组长，成员有李容根、许森源、马志民、王谦宇、聂国华、周耀明、曹裕恒、丘陵、丘进9人。

7月10日，暨南大学中旅学院在深圳华侨城举行奠基典礼。中旅学院占地3万余平方米，建院工程包括综合大楼、服务楼、体育活动中心各1座，学生宿舍楼2座，总建筑面积为3.2万平方米，于1995年全部竣工。

中旅学院聘任全国政协副主席、暨南大学董事会副董事长霍英东任名誉院长，1994年9月，学校任命张永安为首任院长。翌年9月，改由任克雷为院长，12月又任命马黎光为常务副院长。

1994年6月19日上午，中共中央政治局委员、国务院副总理兼外交部部长钱其琛在廖晖主任的陪同下，视察了中旅学院。他听取了学院的情况介绍后，点头称赞说："很好，很好。"②

同年，中旅学院招收了首届旅游专业本科生38名，翌年招生为37名。该院于1995年还举办了一期统计专业培训班。1996年又开办了旅游英语、旅游会计两个大专班，共招生100名，于当年3月3日开学。③

2. 创办暨南大学华文学院

国务院侨务办公室于1993年4月27日批准筹建暨南大学华文学院，决定撤销广州华侨学生补习学校的建制，将原广州华侨补校连同所属人员、资产并入暨南大学，并在广州华侨补校原址组建暨南大学华文学院。为保证建院工作的顺利开展，决定成立暨南大学华文学院建院领导小组，由国务院侨务办公室副主任李星浩任组长，暨南大学校长周耀明任副组长，成员有广东省侨办、广州市侨办、原广州华侨补校等单位的负责人。④

5月25日，李星浩在暨南大学主持召开了华文学院建院领导小组第一次会议，宣读了国务院侨务办公室《关于筹建暨南大学华文学院的通知》，宣布由赖江基副校长兼任

---

① 乔思：《国家教委批准设立暨大旅游学院》，《暨南大学》第148期，1993年4月10日，第1版。

② 《钱其琛副总理视察暨大中旅学院》，《暨南大学中旅学院建院工作简报》第12期，1994年6月23日。

③ 暨南大学校史编写组编：《暨南校史（1906—1996）》，广州：暨南大学出版社1996年版，第240页。

④ 《关于筹建暨南大学华文学院的通知（93）侨教字第23号》，暨南大学档案，1993年，档案号：DQ11 - 113。

院长，成立学院办公室，具体实施建院的各项工作。并决定将学校本部的对外汉语系和预科部迁入原华侨补校。经讨论，领导小组决定：暨南大学要尽快制订好华文学院建院（办学方面）方案和华文学院总体规划方案，在此基础上，对原补校进行重新规划、设计，搞好学院的基本建设。①

华文学院根据新的情况和要求，制订了建院规划，改造和扩建了部分教学用房，增加教学设施。建成可供千人就餐的学生饭堂、两座8层的学生公寓、学院医疗室、专家楼、5座教工宿舍及标准田径运动场，并安装了电脑管理网络，教学主楼在1996年6月暨南大学90周年校庆前竣工。

暨南大学华文学院于1993年开始招生，1994年4月8日正式挂牌。同年暑假期间，暨南大学预科部从校本部迁到华文学院。1995年暑假时，对外汉语教学系从文学院建制划出，由校本部迁入华文学院。同年9月，华文学院各层次的教学工作全面开展。该院设有汉语系、培训部、函授部及华文教育研究中心等教学、科研单位，由赖江基副校长兼任院长，贾益民、赖国绪、林敦祥、吴春元任副院长。1995—1996学年度全院在校学生共316人，其中华侨、港澳、台湾、外籍华人学生有219人。此外，受广东省教育厅的委托，华文学院开办了成人教育预科，招收学生400人。②

暨南大学中旅学院为我国旅游事业培养高级管理人才，华文学院是一个面向海外的华文教育基地，这两个学院的建立，使暨南大学的学科优势更为明显。

第四节　教学科研人员和设施

在改革开放的新形势下，暨南大学坚决贯彻中央提出的"抓住机遇，深化改革，扩大开放，促进发展，保持稳定"的基本方针，发挥侨校优势，扩大对外开放。并结合本校的实际情况，坚持以教学和科研为中心，下大力气抓好重点学科建设、重点课程建设、实验室建设和重点教师的培养，把各项改革不断推向深入。

一、师资队伍建设

1. 师资队伍建设规划

随着时间的推移，师资队伍年龄老化、部分学科学术带头人断层、梯队不健全等问题逐渐凸显。如何建设一支品质高尚、业务精良、数量适当、结构合理、善于教书育人的师资队伍，成为学校面临的迫切任务。针对学校教师队伍状况与"两个面向"办学方针不够适应以及年龄老化的问题，校领导于1988年12月19日至21日召开了师资工作会议，这是学校自1978年复办以来首次召开的专门研讨师资工作的会议。会议着重研讨了如何提高师资的素质、优化教师队伍结构、加强培养和管理等问题，使学校的师资工作有了明确的努力方向。这次会议的召开，加快了师资建设的步伐，从而有利于进一步

① 何万宁：《华文学院建院领导小组召开第一次会议》，《暨南大学》第152期，1993年6月10日，第1版。
② 暨南大学校史编写组编：《暨南校史（1906—1996）》，广州：暨南大学出版社1996年版，第240－241页。

提高教学质量和科研水平。① 学校进一步明确，要搞好师资队伍建设，应把培养青年教师、重点教师列为工作重点，要广开渠道，多派中青年教师出国、赴港或到国内重点大学进修，同时要认真做好职称评聘工作。为此，学校决定从本校教育基金中拨出港币100万元作为培训师资的专款，并设立中青年科学基金，扶植中青年教师，以利于优化教师队伍的结构，提高师资队伍的整体水平。

学校先后制订了"七五"和"八五"师资队伍建设规划，以加强和健全师资队伍，重点是抓紧、抓好中青年教师的培养提高工作。为了适应"两个面向"办学方针和改革开放的要求，学校想方设法采取多种措施，开辟多种渠道，扩大对外教育学术交流，贯彻"按需派遣、保证质量、学用一致"的原则，选派优秀的中青年教师出国、赴港深造，或到国内重点大学进修，还根据需要鼓励一些青年教师在职攻读硕士、博士学位。

1992年3月9日，时任全国政协副主席的钱伟长名誉校长莅校视察，并接见了校领导。钱老鼓励学校领导与师生群策群力办好暨南大学，培养与造就一支高素质的师资队伍，把暨南大学办出特色，办出水平。②

2. 师资的培训和引进

"七五"规划期间，学校采取多种措施，重点加强对中青年教师的培养。根据既定原则，有计划地做好派遣教师出国进修的工作。从1986年至1995年，全校派遣出国、赴港留学进修的教师共有343人，其中学成归来的有239人。他们通过学习外国先进的科学技术，了解和掌握各学科发展的前沿，借鉴外国和香港高等学校的办学经验，回校后在教学、科研中发挥了骨干作用，大多数成为各自学科领域的带头人，对提高教学、科研水平发挥了重要作用。

1988年至1992年7月，学校还选派了35名中青年教师赴国内重点大学进修，并在校内举办了39期外语培训班。③

1991年以后，学校进一步采取措施，加快对中青年教师的培养工作。有计划地选拔、确定重点教师加以培养，采用导师制的培养方式，以充分发挥中老年专家传帮带的作用。至1995年，共计培养了重点教师150名。同时，学校还长期坚持举办教师外语、计算机培训班，每学期都举办6～10期。从1993年开始，采取优惠政策及措施，吸引高学位、高职称人员来校工作。到1995年底，全校教师中具有博士学位的已有88人，具有硕士学位的有314人，共占教师总数的41.4%。

为了吸引优秀人才、稳定教师队伍，学校对重点培养教师提供了14项优惠政策。1994年，动工兴建了博士楼、青年教工楼各1座，对来校工作的博士毕业生，都安排两房一厅住房，并资助安家费和科研启动费。

1992年，为落实广东省的"千百十工程"，选拔和培养一批跨世纪的学术带头人，学校经推荐评审选拔了55名40岁以下的校级学术骨干和6名45岁以下的省级学术带头人，以及45名省级重点培养教师。④

为了加强师资队伍建设，培养学术骨干和学术带头人，学校一方面鼓励现有的教师

① 明月：《学校召开师资工作会议》，《暨南大学》第75期，1988年12月25日，第1版。
② 夏泉：《钱伟长名誉校长莅校视察》，《暨南大学》第128期，1992年3月25日，第1版。
③ 周耀明：《校长工作报告》，《暨南大学》第138期，1992年10月10日，第4版。
④ 暨南大学校史编写组：《暨南校史（1906—1996）》，广州：暨南大学出版社1996年版，第249－250页。

攻读博士、硕士学位；另一方面加大引进博士和学术带头人的力度，仅 1995 年就引进了 23 名博士。①

3. 专业技术职务的评聘工作

学校在专业技术职务评聘工作中，采取了一系列改革措施，使该项工作逐步走向正常化、制度化，对于优化教师队伍结构、提高教师队伍的素质起了重要作用。

1992 年，国家教委批准暨南大学中国语言文学、新闻学、历史学、外国语言文学、经济学、基础医学、临床医学（内科学、外科学、五官科学、皮肤科学）、数学、物理学、化学、计算机科学、生物学、公共政治理论 13 个学科具有审定教授、副教授任职的资格，使暨南大学成为全国有正教授审批权的 84 所高校之一。为了解决在专业技术职务评聘工作中长期存在的岗位少、要求晋升的人多的矛盾，实事求是地反映教师的学术水平，1993 年学校决定采取改革措施，实行评聘分开的做法，凡达到学术水平及其他有关条件者，给予评定资格，通过竞争上岗，择优聘任。在专业技术职务评聘中，对脱颖而出的青年教师，凡符合条件者，即予以破格晋升。

从 1986 年至 1995 年，全校共评定教学、科研、实验、医疗 4 个系列各专业系列正高职称 386 人，副高职称 1295 人，中级职称 1794 人。在 1995 年学校职称评聘后，教师中正、副高级职称者进一步低龄化，师资队伍的学衔、年龄、梯队及学科结构都得到进一步优化。②

截至 1995 年 11 月的统计数据显示，全校共有教职员工 3601 人（含附属医院），其中专任教师为 1036 人，计有教授 134 人，副教授 325 人，讲师 360 人，助教 151 人。教师中有 55 人获国务院特殊津贴。10 年中，学校涌现出了一批先进人物，他们在各自的岗位上作出了突出的成绩。如李辰获"全国教育系统劳动模范称号"、广东省南粤杰出教师特等奖，齐雨藻获"全国优秀教师"称号、南粤优秀教师特等奖，柯木火、程飙获"全国优秀教师"称号，罗国民获"全国优秀教师""全国优秀归侨知识分子"称号，饶芃子获"全国教育系统巾帼建功标兵"称号，黄昆章获全国"有突出贡献回国留学人员"称号，丘进获全国"有突出贡献中国博士学位获得者"称号，关汉夫获"全国普通高校优秀思想政治工作者"称号，李辉获"全国教育系统先进工作者"称号，吴发源获"全国优秀归侨知识分子"称号，禹昌夏获"国家民族团结进步先进个人"称号，张丽梅获南粤教书育人优秀教师特等奖。全校获国家有关部门表彰的有 57 人，获广东省有关部门表彰的有 130 人，获广州市有关部门表彰的有 7 人。

经过全校上下的共同努力，学校的教学质量不断得到提高。在 1989 年全国首届优秀教学成果评奖中，黄均、叶玉兰、陈爱玖合作的"结合使用录像、语言实验室和计算机辅助英语教学"被评为国家级优秀教学成果，熊匡汉与外校两位教师合作的项目"广东省高等医学院校医学专业办学水平评估的实践与研究"也被评为国家级优秀教学成果。被评为省级优秀教学成果的有 9 项，即饶芃子的"文艺学教学成果"，朱杰勤的"培养中外关系史博士生的成果"，黄德鸿的"加强教材建设，培养专门人才"，何永祺、傅汉章、张永安合作的"首先开设及推广'市场学'课程"，张金茹的"教学改革和课程建

① 《暨南大学 1995 年主要工作总结（1996.3.10）》，暨南大学档案，1996 年，档案号：XZ11 - 1。
② 《暨南大学 1995 年主要工作总结（1996.3.10）》，暨南大学档案，1996 年，档案号：XZ11 - 1。

设"，杜汝励的"知识传授与智能培养"，董炘的"解剖学直观教学"，王声涌、汤增新、马绍斌合作的"适应外向办学需要，深化医学教育改革"，李葆龄、杨少豪、王维安合作的"田径教学系列以及新型跨栏架系列"。在1993年的广东省第二届优秀教学成果评奖中，郑应洽、柯木火、周青、周志健、王培林合作的"研究生马克思主义理论课程的建设与改革"获一等奖，周天鸿、李月琴、刘飞鹏合作的"'基因工程技术实验'课程的设计与实施"，黄世光的"'牙髓病学'教学改革成果"，饶芃子、谭志图、卓支中、徐顺生合作的"文艺学研究生教改成果"获二等奖。同年，饶芃子主编的《中西戏剧比较教程》和李龙潜著的《明清经济史》获国家级优秀教材奖。获1992年国务院侨务办公室高校优秀教材奖的有4项：何永祺等主编的《市场学原理》，邝云妙编著的《新闻写作教程》，谢启南等编著的《实用商业统计学》，茹至刚主编的《环境保护与治理》。①

二、改善办学条件

1. 增加对教学和实验室设备的投入

从1986年至1990年，学校克服种种困难，共投入人民币1200万元，用于改善教学设备。1991年，又投入教学设备经费275万元，大部分用来补充、更新一般的常规教学设备，以保证按规定应开设的实验课大多数都能正常进行。②

在经费投入上，20世纪90年代前期，国务院侨办每年下达给暨南大学的教育事业费和基建费分别增至2200万元和500万元。另外，从1991年至1995年，国务院侨办所属的香港中旅（集团）每年也拨出专款，共资助学校3260万港元，用于增添和更新教学、科研仪器设备和图书资料。③这些经费首先是保证按教学计划规定必须开设的实验课能全部开出，同时也从中拨出部分款项，用于购买图书和维修课室，以改善教学条件，为提高教学质量创造条件。在利用香港中旅（集团）资助的同时，在此5年中，学校从教育经费中划拨投入800万元购置教学设备，拨出200万元维修教学大楼，改善教学条件。

学校在"填平补齐"的前提下，也抓了重点实验室的建设，于1992年利用世界银行的贷款，建成"组织移植与免疫"实验室，这是一个覆盖多学科、层次较高的实验室。

为了改变过去在实验室建设中存在的各院系自搞"小而全"，导致设备重复购置、利用率低的状况，学校于1995年将130多个实验室合并为47个实验室，以集中利用财力，加强实验室的建设，提高管理水平和设备的利用率。

此外，学校还组织制定、编印了《暨南大学实验课程教学大纲》，促进实验教学的规范化。

经过多方面努力，全校实验课程开课率大为提高，公共基础课实验能全部开出，专业基础实验课可开出96.6%，专业实验课程的开课率达83%。

---

① 暨南大学校史编写组：《暨南校史（1906—1996）》，广州：暨南大学出版社1996年版，第250－252页。
② 周耀明：《学校工作报告》，《暨南大学》第125期，1992年1月10日，第2版。
③ 《暨南大学"211工程"部门预审资料汇编》，暨南大学，1996年，第95－96页。

1995 年 5 月 22 日至 23 日，广东省高教局专家组对暨南大学基础实验室和专业基础实验课进行了评估，暨南大学是全省高校实验室评估中全部合格的第一所学校。

同年 9 月，广东省高教局决定在暨南大学兴建"现代电子技术实验中心"，共投资 300 万元，首期投入 100 万元，建成后对广州石牌地区的 6 所高校开放。

计算机辅助教学（CAI）建设也有新进展，1995 年 5 月 16 日，暨南大学成立了 CAI 研究开发中心，批准 CAI 立项 30 多项。在当年的全省电化教学评估中，暨南大学取得第一名。在 7 月举行的中国电化教育协会普通高校体育电教专业委员会上，暨南大学囊括了全部一等奖 3 项，获得三等奖 1 项。①

2. 其他教学和科研公共设施的建设

截至 1996 年，暨南大学图书馆共有藏书 134.4 万册，并引进计算机集成系统，使馆里的采、编、流通、查询等全部实现了电脑化。根据侨校的特点，图书馆于 1995 年成立了华侨华人文献信息中心和本校科研成果室。

暨南大学校园网和国际交互网于 1995 年 12 月 15 日建成开通，成为广东省高等学校教育与科研计算机网实验工程第一批 7 所高校之一，且为广东省验收的第一所学校。作为"211 工程"基础服务体系的首选项目，校园网和国际交互网建成开通，不仅推动了学校教学、科研、管理水平的提高，也是衡量学校学术水平的重要标志之一。暨南大学凭借它与国内外开展广泛的信息交流，提高管理效益和办学水平。②

1989 年，香港知名人士邵逸夫先生向暨南大学捐赠港币 1000 万元，兴建体育馆一座。该馆于当年 11 月 5 日奠基，1991 年 12 月 8 日落成。总投资人民币 1450 万元，占地 17300 平方米，总建筑面积 26000 平方米，是一座多功能综合性体育馆。1992 年，邵逸夫体育馆被评为邵逸夫先生第三批捐赠工程一等奖。③

从 1988 年 6 月开始，医学院组胚教研室和人解教研室一道，分别配置安装一套新的显微镜闭路电视教学系统，这在暨南大学尚属首次创建。经过两个月的紧张调试和积极筹备，于当年新学期开学后迅速投入了实际使用。④

医学院附属医院（广州华侨医院）自 1986 年以后相继建成住院部大楼、诊疗楼、钴 60 放疗楼等，全院设开放病床 680 张，共设有内科、外科、妇科、儿科等临床一级专业科室 19 个；血液、消化、心胸、泌尿等临床二级专业科室 22 个；医学影像、检验等医疗技术科室 14 个；医务部、护理部等行政职能科室 14 个。全院有职工 1000 余人，其中高级职称 137 人，中级职称 290 人，获得博士、硕士学位者 75 人。该院已发展成为集医疗、教学、科研为一体的，具有比较先进水平的综合性医院，不断涌现出一批先进人物，并获得各种荣誉称号。1988 年华侨医院职工陈淑娆获"全国模范护士"称号，1990 年陈棣华获"全国卫生系统先进工作者"称号。1989 年 11 月中旬，华侨医院通过由省卫生厅组织的综合医院"文明医院"的检查、评比，跨进了省级"文明医院"的行

①　暨南大学校史编写组编：《暨南校史（1906—1996）》，广州：暨南大学出版社 1996 年版，第 246－247 页。

②　《暨南大学 1995 年主要工作总结（1996.3.10）》，暨南大学档案，1996 年，档案号：XZ11－1。

③　李干：《邵逸夫第三批赠款工程评奖暨大体育馆获一等奖》，《暨南大学》第 134 期，1992 年 6 月 25 日，第 1 版。

④　赏诗樟：《显微镜闭路电视在我校首次应用》，《暨南大学》第 73 期，1988 年 10 月 25 日，第 2 版。

列，[1] 此后连续多年都被广东省卫生厅授予"文明医院"称号。1994 年 4 月 13 日至 16 日，广东省医院分级评审委员会专家组对暨南大学附属医院进行了全面、严格的评审，该院被评定为三级甲等医院，这意味着华侨医院走上了规范化、标准化的轨道。[2] 1995 年，卫生部医政司、中华医院管理学会等单位授予华侨医院院长洪令煌"第四届全国医院优秀院长"的称号。

据 1995 年底统计，全校教学、科研、医疗等设备固定资产总值达 8976.1 万元，其中校本部占 5958.3 万元，医学院附属医院占 301.7 万元。[3]

至此，暨南大学拥有了一定基础的办学条件，占地面积共达 1137080 平方米，其中校本部 701560 平方米，校舍建筑总面积 457310 平方米，校本部校舍面积 415123 平方米，课室总面积 22255 平方米。[4]

第五节　深化本科教育改革

暨南大学复办初期，基本上还是按照国内本科教育的一般模式办学，与海外、港澳地区的需要不相适应。1983 年"中央 24 号文件"给暨南大学指明了改革和发展的前进方向，学校党政领导认真贯彻"两个面向"的办学方针，积极探索，大胆实践，努力把暨南大学办成一所具有特色的华侨高等学府。自 1986 年至 1996 年间，暨南大学结合侨校特色，在认真总结办学经验的基础上，深化教学改革，坚持以教学为中心，加强课程建设和师资队伍的建设，严格教学管理，增加对教学的投入，改善教学条件，使本科生教学的质量不断提高。

一、教学改革的基本精神

为了全面、深入地贯彻"两个面向"的办学方针，暨南大学切实加强对教学工作的领导，积极进行教学改革的实践和探索，并注意认真总结经验，把教学改革不断引向深入。

1987 年 5 月 21 日至 23 日，暨南大学在罗浮山召开规模盛大的首届教学改革研讨会，到会的有校、院、系三级主要领导，教务部门的领导，以及部分特邀教师代表共 70 多人。国务院侨务办公室教育司廖胜带副司长和石文正处长专程从北京赶来参加大会，莅会的还有广东省高教局教学处副处长孙祖余等。这次会议的主题是探讨如何办好社会主义华侨大学，以坚持改革为中心议题，与会代表回顾、总结了学校近年来的教学、教改工作情况，着重分析了学校当前教学工作（重点是本科教学工作）的形势与任务。大家一致认为，本科是学校办学的基本层次和教学工作的主体，是华侨、港澳学生修读的

---

① 《暨南大学大事记》，暨南大学档案，1989 年，目录号 12，案卷号 117，第 8 页。
② 草日：《附属医院被评为三级甲等医院》，《暨南大学》第 169 期，1994 年 5 月 10 日，第 1 版。
③ 暨南大学校史编写组编：《暨南校史（1906—1996）》，广州：暨南大学出版社 1996 年版，第 248 页。
④ 《关于申请接受国务院侨务办公室对暨南大学进行"211 工程"预审的报告（1995.6.1）》，暨南大学档案，1996 年，档案号：XZ18-1，第 30-31 页。

主要层次，因此必须大力加强本科教学，而在本科教学中则应首先加强基础课教学和教学的实践环节，要把大学语文、大学英语、计算机应用基础三门课程作为重点，切实提高教学质量。会议强调，必须革除陈腐的教育思想，改革教学内容和教学方法，以适应新形势的要求。大会呼吁全体教师努力改革教学内容、教学方法，要更新教材，特别是要革除陈腐的教育思想，以适应形势的发展。同时，强调把好招生质量关，提高学生入学起点。① 会议通过总结和交流经验，进一步明确了学校教学改革的方向。

同年 12 月 23 日至 25 日，暨南大学又召开了教学工作会议，对教学改革作出具体部署。会议提出，要努力提高教学质量，课程改革主要包括两个方面的内容：一是改革各专业的课程结构，二是搞好课程建设。会后，各院系积极贯彻会议精神，抓紧教改工作。至 1988 年 4 月 2 日，各专业全部完成了教学计划的修订工作。

在 1988 年 12 月 15 日至 17 日召开的教学工作会议上，暨南大学提出今后一两年的主要任务是以各个专业的课程结构和课程建设为重点，深化教学改革。②

1989 年 2 月 27 日至 28 日，国务院侨办在深圳召开了暨南大学、华侨大学为港澳培养人才座谈会。参加会议的有暨南大学、华侨大学、港澳地区 11 家中资机构、广东省高教局、福建省教委和厦门大学海外函授学院的负责人。会议听取了暨南大学何军第一副校长、华侨大学杨翔翔副校长关于贯彻"两个面向"的办学方针，为港澳培养人才的情况介绍，以及港澳地区中资机构对两校毕业生的评价，并就如何更好地培养适应港澳和海外需要的人才问题进行了深入的探讨，这对学校的教学改革具有重要的参考价值。

同年 12 月 14 日，暨南大学召开了本年教学工作会议，中心议题是贯彻党的十三届四中全会和五中全会精神，会议回顾了暨南大学过云的教学情况，部署了下一步的工作，即贯彻中央关于治理整顿、深化改革的精神，进行各门课程的教学检查，反对资产阶级自由化，坚持马列主义指导教学，用社会主义思想占领讲坛。③

为进一步贯彻落实国家教委和中共广东省委高校工委关于加强高校学生思想政治教育和品德教育的精神，暨南大学德育教研中心先后于 1990 年 1 月 17 日和 3 月 3 日召开了德育教学工作会议，担任德育课教学的近 40 名专、兼职教师出席了会议。会议总结并得出了学校德育课教学的基本经验：①校、院各级领导的高度重视以及各有关部门的大力支持，是搞好学校德育课教学的关键；②发挥各位富有教学经验和学生工作经验的兼职教师的积极性，并逐步建立健全一支素质较好的德育课师资队伍，是搞好德育课建设的最可靠的保证；③坚持贯彻上级指示精神与本校实际相结合，坚持教学的理论性、系统性与院系的专业性、学生思想的针对性相结合，是明确德育课教学指导思想的两条基本原则；④坚持课堂教学与课外各种形式教学相结合，是搞活教学、提高效果的较好方法。④

暨南大学 1991—1992 学年度教学工作会议于 1991 年 11 月 30 日召开，仍以深化教学改革、提高教学质量为主要内容。

---

① 熊匡汉：《我校召开教学改革研讨会》，《暨南大学》第 60 期，1987 年 6 月 15 日，第 1 版。

② 晓雯：《学校召开教学工作会议》，《暨南大学》第 75 期，1988 年 12 月 25 日，第 1 版。

③ 沁然：《教学工作会议部署全面开展教学检查》，《暨南大学》第 87 期，1989 年 12 月 25 日，第 1 版。

④ 孟杰：《总结教学经验，明确努力方向》，《暨南大学》第 91 期，1990 年 4 月 10 日，第 2 版。

暨南大学本科教育坚持以教学为中心，教学改革以内涵改革为主，加强理论联系实际，强调贯彻"重视基础，突出应用"的原则，从过去着重培养教学、科研型人才，转变为着重培养应用型人才。因此，在下大力气抓好课堂教学的同时，也把组织学生参加社会调查、社会实践列入教学计划之中。

二、专业调整与改革

暨南大学通过调查考察和对外教育学术交流，了解国外、港澳地区对于人才的需求状况及高等学校办学的经验，并结合对暨南大学毕业生的追踪调查和信息反馈，根据国家经济建设和社会发展的需要，积极而稳妥地进行专业设置的调整和改革。

在本科教育方面，暨南大学的定位是培养应用性的人才。在专业改造上，对专业设置一定要坚持"应用性和涉外性"的原则，围绕此原则调整或新设专业。关于专科教育，以暨南大学的地位和办学宗旨，都不宜再将此作为主要的层次，故学校领导决定从1996年起，大大减少专科生招收计划，首先在校本部全日制上将不再办专科教育，而只办本科生和研究生教育，专科教育作为继续教育归纳到成人教育。①

根据"两个面向"办学方针的要求，并按照"重视基础，突出应用"的原则，在1986—1996年的10年间，暨南大学对一批专业（主要是老专业）进行了调整和改造，以增强其应用性、适外性和科学性，并开设了一批适应海外和港澳地区需要、国家经济建设和社会发展急需的新专业。如1988年将物理学专业改为应用物理专业、无线电电子学专业改为电子学与信息系统专业；1989年将化学专业改为应用化学专业、数学科学专业改为数学专业、计算机科学专业改为计算机软件专业、医学专业改为临床医学专业；1993年将电子学与信息系统专业改为电子工程专业。自1986年以后，全校共增设了8个新专业，即旅游经济管理专业（1988年）、经济法专业（1990年）、管理信息系统专业（1993年）、税务专业、经济信息管理专业、广告学专业、信息工程专业（1994年）、国际商务专业（1995年）和投资经济专业（1996年）。②

在1995—1996学年度，暨南大学已设有文学院、经济学院、理工学院、医学院、华文学院、中旅学院、教育学院7个学院20个系，共有如下32个本科专业：

文学院

中文系：汉语言文学专业；

历史系：历史学专业；

新闻系：新闻学专业、国际新闻与传播专业、广告学专业；

外语系：英语专业（含商务管理方向）、日语专业。

经济学院

经济学系：经济学专业、国际经济专业、投资经济专业；

商学系：商学专业、旅游管理专业、国际商务专业；

金融学系：国际金融专业；

①《暨南大学1996年学校工作要点（1996.3.12）》，暨南大学档案，1996年，档案号：XZ11－1。
② 暨南大学校史编写组编：《暨南校史（1906—1996）》，广州：暨南大学出版社1996年版，第242页。

经济法学系：经济法学专业；

会计学系：会计学专业、税务专业；

企业管理系：企业管理专业；

经济信息管理系：统计学专业、经济信息管理专业。

理工学院

数学系：数学专业、管理信息系统专业；

计算机科学系：计算机软件专业；

物理学系：应用物理专业、信息工程专业；

电子工程系：电子工程专业；

化学系：应用化学专业、食品科学与工程专业；

生物工程系：环境工程专业、生物工程专业。

医学院

临床医学系：临床医学专业；

口腔医学系：口腔医学专业。

华文学院

汉语系：汉语言专业。

中旅学院

（未设系）从 1996 年开始招生。

教育学院

（未设系）1992 年和 1993 年与香港大学专业进修学院合作分别在香港、澳门举办社会学专业大专起点本科班。

1989 年 5 月 12 日至 13 日，暨南大学召开了复办以来首次全校性的成人教育工作会议。会议的目的是通过总结几年来成人教育的办学经验和教训，提高对成人教育工作的认识，共同探讨克服困难、提高教学质量的办法，真正办出有侨校特色的成人教育。[①]

三、课程改革与建设

暨南大学根据各专业的教学方向和培养目标，积极推进课程改革与建设，调整和优化各专业的课程结构。各专业除保留必要的基础理论课程之外，淘汰部分陈旧落后的课程，增设应用性、适外性强的课程，注意引进最新的科研成果，充实和更新教学内容，并根据需要，有选择地引进国外和香港的大学课程和教材，经消化改造后，为我所用。从 1986 年至 1995 年，全校共开设新课程 773 门，淘汰旧课程 486 门。

学校分批进行重点课程建设，目标是使全校各专业的主干课程达到一、二类课程的标准，把教学质量推上一个新台阶。1991 年，确定了学校第一批重点建设的 68 门课程，共拨出人民币 95 万元给予支持。[②] 1993 年，又确定了 40 门重点建设课程，拨出资助款

---

① 青燕：《我校召开 1989 年成人教育工作会议》，《暨南大学》第 79 期，1989 年 5 月 25 日，第 2 版。

② 周耀明：《校长工作报告（摘要）》，《暨南大学》第 138 期，1992 年 10 月 10 日，第 4 版。

44 万元。这两批课程，经过几年建设，质量均有明显提高。在评估验收的基础上，1995 年 6 月，又从中评选出第三批第一期 8 门重点建设的课程，学校对每门课程资助 2 万元。①

学校非常重视大学语文、大学英语、计算机应用基础和马克思主义理论课、德育课（简称"三语""两课"）等公共课的教学，于 1988 年先后成立了外语教学中心和中国语文教学中心，并积极推广计算机教学。为进一步贯彻"两个面向"的办学方针，1989 年 4 月，学校召开了大学英语教学咨询会，认真听取外语教学中心和有关系、处同志的意见，研究提高学校英语教学水平的措施。从 1993 年 9 月开始，学校提出了进一步加强英语四级统考管理的有力措施。

在经费困难的情况下，学校仍采取一系列措施，增加对"三语"公共基础课的投入，增购语言实验设备和计算机设备，大力招聘英语教师，从而使教学质量得到明显提高。学校大学语文也从 1994 年开始，在理工学院和医学院学生中实行统考，对于全面提高理、医科学生的语文水平起到了促进作用。②

为了更有利于适应华侨、港澳学生的特点，学校从 1987 年 9 月起，开设了葡萄牙语课，作为澳门学生的第二外语选修课；从 1992 年 9 月起，将《香港基本法概论》列为香港学生的必修课。1993 年 3 月，学校成立中国文化艺术中心，为本科生开设书法、绘画等选修课，另外还开办了研究生课程进修班。

学校重点建设的课程，有的被评选为全国优秀课程或广东省重点课程。1992 年，学校被国家教委评为全国普通高校体育课程优秀学校。翌年，现代汉语、人体解剖两门课程被评选为广东省高校重点建设课程。1995 年，计算机应用基础、文学概论被评选为广东省高校重点建设课程。

在 1995 年召开的学校教学工作会议上，中心议题就是研究如何继续抓好"三语""两课"的教学，以加强基础教学，提高基础课的教学质量。会议再次强调了要从严治校、治教、治学，搞好"校风、教风、学风"三风建设。

四、完善各项教学管理制度

为了更好地贯彻"两个面向"的办学方针，适应华侨、港澳学生的特点，学校决定从 1993 年秋季起，在全校本科推行标准学分制的措施。

学校自 1978 年开始在中文系和物理系进行学分制的试点，从 1985 年起在全校本科教育中实行学分制。根据学校华侨、港澳学生众多的特点，校领导在认真总结经验的基础上，决定从 1993 年 9 月起在全校本科学生中推行标准学分制的新措施。其特点是突破学年制的限制，学生修足规定的必修课和总学分，即可提前毕业或攻读第二学位。在国家规定的年限内未修满学分者，也可延期毕业，直至修足总学分，给予毕业。凡考试不及格的课程，不再补考，必须重修。同时完善了校历，确定每学年两学期，每学期 20 周，其中 18 周学习，2 周考试，而且规定每学期的标准学分数为 23 学分，每学时 50 分钟；学生若上一个学期学分积点达 2.7 以上者，则下个学期可免费多修 5 学分；若学分

① 暨南大学校史编写组编：《暨南校史（1906—1996）》，广州：暨南大学出版社 1996 年版，第 244 页。
② 《暨南大学 1995 年主要工作总结（1996.3.10）》，暨南大学档案，1996 年，档案号：XZ11 - 1。

积点达 3.0 以上者，下学期则可免费多修 10 学分；学习有困难者可申请少修学分，但每学期修习的学分不得少于 18 学分；重修课程的学分计入每学期的标准学分之内，不另收费。关于学期标准学分制，按"新生新办法，老生老办法"的原则执行。①

为了提高本科教学的质量，学校于 1993 年 9 月规定各院系必须安排教授、副教授给本科学生上基础课；还成立了专家听课组，建立校、院、系领导的听课制度；并开展课堂教学评估，即由学生给任课教师评分、专家组听课评分和领导听课评分，对教师课堂教学的质量进行评估。经济学院在全校率先采取教师挂牌上课的做法，由数名教师承担同一门课程的教学任务，学生可自由选择教师，通过引进竞争机制，激励教师改革教学内容，改进教学方法，提高教学质量。

为了表彰和奖励优秀的任课教师，1995 年 12 月，由各院系推荐，经学校教学委员会讨论投票，学校批准授予郭书好、胡军、黄永昌、杜韵璜、宋献中、关莆安、魏中林、吴立广、蒋述卓、张金茹 10 位教师首届"十佳授课教师"的光荣称号。"十佳授课教师"的评选制度一直坚持，每年评选一次。

暨南大学还采取坚决措施，杜绝考试舞弊现象。凡考试舞弊者，一经发现，即当场作出严肃处理，该门课程作零分处理，该生在学业结束时，取消授予学位的资格，如有再犯，则予以开除，从而使全校的考风有了很大的好转。②

五、教学质量和学生素质不断提高

学校坚决贯彻中央关于治理整顿、深化改革的方针和国家教委关于"坚持方向、稳定规模、优化结构、改善条件、提高质量"的指示，克服片面追求数量和"创收"，忽视教育质量和社会效益的偏向，严格执行国家的招生计划，加强宏观调控和管理，进一步落实课程建设和教学评估工作，增加对教学的投入，改善办学条件，努力提高教学质量。

由于学校党政领导采取一系列措施，加强教学、科研工作，学校的教学质量和学生素质均有明显的提高。在 1989 年全国首届教学优秀成果评奖中，暨南大学被评为国家级优秀成果的有 1 项，评为省级优秀成果的有 9 项。1994 年 12 月，国家教委应用化学专业评估组对暨南大学应用化学专业的办学水平和教学质量进行了评估。该专业经评定，成绩优良，暨南大学是得到专家组加分的少数学校之一。翌年 4 月，经全国注册会计师专门化资格评审及教学质量评估委员会第二次会议审定，暨南大学会计专业具有开办注册会计师专门化课程的资格，成为全国获此资格的 17 所院校之一。

1992 年 3 月，广东省高教局对暨南大学体育课程进行了评估，暨南大学获全省第二名。同年 9 月，暨南大学又被国家教委评为全国普通高校体育课程优秀学校。1993 年 4 月，广东省高教局批准暨南大学为创办高水平运动队的学校，运动项目为田径、篮球、羽毛球、武术。1995 年 5 月 29 日，国家教委批准暨南大学为试办高水平运动队的学校（全国 53 所高校之一），运动项目为田径和羽毛球。自此，暨南大学成为全国体育强校。

暨南大学在体育教学中较早采用了电化教育的手段，是全国普通高校体育电教协会

①　江陵：《本学年度我校学分制有新的改进》，《暨南大学》第 174 期，1994 年 10 月 10 日，第 2 版。
②　暨南大学校史编写组：《暨南校史（1906—1996）》，广州：暨南大学出版社 1996 年版，第 246 页。

的发起单位之一，并连续多届被推举为会长单位。暨南大学教师编写的体育电化教材曾多次获奖，如《健美体操》等片，获得了广东省的奖励。1995 年 7 月，在大连举行的中国电化教育协会普通高校体育电教专业委员会第五届学术年会上，暨南大学囊括了 3 个一等奖，即《初级长拳第三路》、彩色投影《爬泳技术分析》和《体育美学欣赏》。此外，《运动损伤现场急救法》获得了三等奖。①

1987 年的全国大学生英语四级考试，暨南大学共有 800 多名学生应考，其中 272 人考试成绩合格，有 3 人分别获全省第一、二、三名（暨南大学学生蔡灿斌是全省应试学生中唯一获得满分者）。② 这年和次年暨南大学考生的及格率和优秀率均高于全国大学英语四级统考的平均水平。1994 年，暨南大学 1992 级本科生参加全国大学生英语四级统考的通过率达 67.5%，其中内地生的通过率为 72.9%。③ 1995 年，在计算机应用基础全省普通高校统考中，暨南大学合格率为 66.79%，居全省第三名。

在 1988 年全国应用软件人员水平考试中，暨南大学计算机系 1985 级香港籍学生蔡志远喜获高级程序员证书，成为参加这一全国统考以来暨南大学第一个获高级证书者。④

化学系 1978 级香港籍学生彭浩明，在校学习期间，勤奋用功，年年保持优良成绩，各科成绩均衡发展，打下了稳固扎实的专业基础。彭浩明自暨南大学毕业后，赴美国密歇根大学深造，于 1989 年获得该校授予的博士论文最高荣誉奖（Faijas Award），并将他的名字刻在密歇根大学化学系的名人牌匾上。彭浩明后执教于美国爱荷华大学。⑤

医学院自 1978 年创办，至 1984 年才有首届学生毕业。他们在参加香港非英联邦医师执照甄别考试中，成绩名列前茅。到 1988 年，暨南大学共有 102 名医科毕业生参加过此项考试，其中通过第一、第二部分考试的有 48 人，通过率为 47.1%；通过第三部分考试，取得合格证书，并在政府医院工作的有 26 人，通过率为 25.5%。香港医务界人士对此给予了高度的评价，认为暨南大学医学院能取得这样的成绩，实属不易。

截至 1994 年 1 月的统计，暨南大学毕业生留在澳门工作的约有 600 多人，其中有 193 人担任公务员；医科毕业生中有 106 人在澳门政府医院——山顶医院当医生，占该院医生总数的 50% 以上。暨南大学有些澳门校友，在当地已具有相当的社会地位和影响。⑥

第六节　研究生教育及改革

在 1986 年至 1996 年的 10 年间，学校的研究生教育取得长足发展，博士点和硕士点增加，对外招生和办学规模都扩大了。

---

① 暨南大学校史编写组编：《暨南校史（1906—1996）》，广州：暨南大学出版社 1996 年版，第 252、276 页。

② 虹：《我校参加全国大学生英语四级考试取得良好成绩》，《暨南大学》第 64 期，1987 年 12 月 15 日，第 1 版。

③ 秘书科：《我校 92 级英语四级考试通过率达 67.5%》，《暨南大学》第 176 期，1994 年 11 月 10 日，第 1 版。

④ 孙楚辉：《计算机系学生蔡志远喜获高级程序员证书》，《暨南大学》第 73 期，1988 年 10 月 25 日，第 3 版。

⑤ 冯德雄、李琳：《校友彭浩明在美获奖》，《暨南大学》第 83 期，1989 年 10 月 25 日，第 1 版。

⑥ 周耀明：《暨南大学工作报告——在暨南大学董事会第三届第一次会议上》，《暨南大学》（增刊），1994 年 1 月 28 日，第 2、4 版。

1. 研究生招生和专业设置

1987 年，历史系与香港大学文学院赵令扬教授、香港中文大学历史系主任吴伦霓霞教授联合招收研究生。这是历史系继 1985 年与美国俄亥俄州迈阿密大学陈福霖教授联合招收研究生之后，又一次与港澳地区大学联合招生，对于促进学术交流，提高学校研究生教育水平和学术水平，具有积极意义。[①]

为了更好地适应海外、港澳台在职青年求学深造的要求，学校从 1989 年 9 月开始，向海外和港澳台地区招收兼读制研究生。首次共录取了 25 名兼读制研究生，[②] 这为学校研究生对外招生开辟了新的渠道。1992 年 6 月，首届兼读制研究生毕业，杨允中成为学校首位取得兼读资格的博士研究生。同时获得硕士学位的还有 3 名来自香港、澳门的兼读研究生，其中 1 名是香港理工学院的讲师，2 名是澳门政府公务员。[③]

1990 年 9 月，国务院学位委员会批准学校增设现代汉语、妇产科学 2 个博士点，增设货币银行学、统计学、商业经济学、无线电电子学、无机化学、遗传学、计算机软件、儿科学、组织学与胚胎学、中西医结合临床（老年病）、神经病学专业 11 个硕士点。[④]

翌年 9 月，国务院学位委员会批准学校政治经济学、货币银行学、工业经济、会计学、企业管理、文艺学、新闻学、英国语言文学、世界文学、中国古代史、凝聚态物理、光学、分析化学、发育生物学、生物化学、病理生理学、传染病学、外科学、妇产科学、眼科学 20 个学科、专业有权开展授予在职人员硕士学位的工作。根据国务院学位委员会学位〔1995〕8 号文件的精神，学校已有的硕士点中，凡已培养了 5 届以上硕士毕业生的，均可开展授予在职人员硕士学位的工作。至 1995 年，全校共有 45 个学科、专业可以开展这项工作。

1993 年 5 月，国务院学位委员会、国家教委批准学校为培养工商管理（MBA）硕士的第二批试点单位，是全国 26 所培养工商管理硕士的试点高校之一。

翌年 12 月，国务院学位委员会又批准学校增设文艺学博士点和国际政治硕士点。

学校努力发展研究生教育，提高了学校的学术地位，促进了学校的教学和科研工作，取得了较好的成绩。截至 1996 年 3 月，全校共有 7 个博士点、53 个硕士点，研究生培养点占广东全省的 11%。[⑤]

学校的 7 个博士点及指导老师情况如下：

内科学（血液病）：郁知非；

专门史（中外关系史）：朱杰勤、陈高华；

工业经济：黄德鸿、云冠平；

眼科学：李辰、徐锦堂；

妇产科学：王自能；

① 乔思：《我校历史系与美国香港三所大学联合招收研究生》，《暨南大学》第 64 期，1987 年 12 月 15 日，第 2 版。
② 晓芳：《我校首次在港澳地区招收兼读研究生》，《暨南大学》第 83 期，1989 年 10 月 25 日，第 2 版。
③ 李干：《首届兼读研究生毕业》，《暨南大学》第 134 期，1992 年 6 月 25 日，第 1 版。
④ 韦伯水：《我校又增 11 个硕士学位授权点》，《暨南大学》第 101 期，1990 年 10 月 25 日，第 1 版。
⑤ 《暨南大学 1996 年学校工作要点（1996.3.12）》，暨南大学档案，1996 年，档案号：XZ11－1。

现代汉语：詹伯慧、李如龙、邢福义；

文艺学：饶芃子、胡经之。

另外还有固体力学博士生导师刘人怀，挂靠上海同济大学招生。

学校的 53 个硕士点是中国古代文学、文艺学、现代汉语、英国语言文学、世界文学、专门史、中国古代史、中国近现代史、新闻学、国际关系、国际政治、政治经济学、工业经济、企业管理、会计学、商业经济、统计学、货币银行学、工商管理（MBA）、投资经济、国际金融、基础数学、光学、凝聚态物理、无线电电子学、计算机软件、无机化学、分析化学、生物化学、动物学、生理学、药理学、内科学、眼科学、传染病学、影像医学、水生生物学、发育生物学、人体解剖学、病理生理学、病理学、寄生虫学、生物医学工程、外科学、妇产科学、耳鼻咽喉科学、皮肤病与性病学、遗传学、组织与胚胎学、儿科学、神经病学、中西医结合临床和环境生物学。

2. 研究生教育与管理的改革

为适应海外、港澳台地区的需要和我国社会主义经济建设及社会发展的要求，学校采取一系列措施，深化研究生教育改革，在培养目标方面，从培养理论型人才转变为培养具有科学素养的应用型人才。在教学方面，强调将理论与实际相结合，加强教学的实践环节，如医科研究生要加强临床实践，经济类研究生要加强经济事务实践，并招收了部分有实践经验的研究生或在职攻读学位研究生。

学校注重与兄弟院校加强关于研究生教育和管理方面的信息及经验交流。1990 年 12 月 17 日，与中国科技大学进行了研究生教育工作的交流。

学校还积极扩大高层次对外合作办学的渠道，如与香港理工大学合作培养工商管理研究生，在香港、澳门设立办学点等。1995 年 3 月，又成立了 MBA 教育中心。

学校将博士点、硕士点的建设放在了重要的位置，在师资队伍建设方面，优先配备博士点、硕士点的梯队，引进学术骨干，充实师资力量。在经费方面，拨出专款支持博士点、硕士点的建设，以改善办学条件。仅在"七五"规划期间，学校就拨出款项 30 万元，大力支持已有 6 个博士点的建设。[①] 学校的重点学科，也从博士点、硕士点中择优评选确定。对于实验室的建设，要充分考虑博士点、硕士点的要求。如世界银行贷款项目"组织移植与免疫实验中心"，就覆盖了内科学（血液学）、眼科学、遗传学等博士点和硕士点，大大改善了这些专业的教学和科研条件。

在逐渐扩大研究生招生规模的同时，学校也十分注意提高教学质量。1993 年 11 月 25 日，暨南大学研究生首届学术年会胜利召开。[②] 1994 年，全国 26 所招收工商管理硕士的高校，统一对新入学的研究生进行英语考试，暨南大学研究生的平均成绩名列第二。国务院学位委员会办公室对 1991 年至 1993 年间授予在职人员硕士学位的质量进行检查验收，暨大申报的授予在职人员硕士学位的 15 人，全部获得通过。不仅在数量上列广东省第二位，在质量上也能严格把关，故得到了国务院学位委员会办公室的好评。

学校成立了研究生部，作为管理研究生教育的职能部门。为切实保证研究生的培养

① 周耀明：《校长工作报告（摘要）》，《暨南大学》第 138 期，1992 年 10 月 10 日，第 4 版。
② 大会秘书处：《热烈庆祝暨南大学研究生首届学术年会胜利召开》，《暨南大学》第 161 期，1993 年 12 月 10 日，第 3 版。

质量，逐步建立了一套比较完整的研究生教育管理制度，包括招生、培养方案、教学计划、学籍管理及导师遴选等，编印了《暨南大学研究生教育管理丛书》，使管理工作有章可循。

暨南大学第三届学位评定委员会于 1987 年 5 月 4 日成立，由委员 25 人组成，李炳熙副校长任主席，云冠平、冯泽康任副主席。学校党政领导班子调整后，1991 年 11 月 15 日，成立了暨南大学第四届学位评定委员会，由委员 27 人组成，由饶芃子副校长任主席，林剑、冯泽康任副主席。由于人员变动，1994 年 8 月 18 日，学校又对学位评定委员会进行了相应的调整，于 1994 年 8 月 18 日成立第五届学位评定委员会，由委员 27 人组成，饶芃子副校长继续任主席，刘人怀、林剑任副主席。在学校学位评定委员会之下，按照不同的学科分别设分委会。学位评定委员会的主要职责是：学校申报新增设博士点、硕士点的审定，研究生导师的遴选，研究生教育办学水平和教学质量的评估，授予博士、硕士、学士学位的评定，以及处理其他有关的重大问题。学校领导十分重视充分发挥学位评定委员会的作用，以保证人才的培养质量。

1995 年，学校对研究生的管理体制进行了改革，改变过去权限高度集中于学校职能部门的状况，将对研究生的日常管理、思想教育等工作下放到有关院系，研究生部主要负责制订全校研究生的招生计划，组织和检查培养方案、教学计划，组织开展对博士点、硕士点办学水平和教学质量的评估，组织评定和授予学位，以及其他需要统一管理和综合协调的工作。从而明确了校、院、系各自的职责，调动了校、院、系三级的积极性，形成了齐抓共管的局面，有利于促进学校研究生教育的发展和教学质量的提高。

1995—1996 学年度，全校在读研究生共有 615 人，其中博士生为 52 人，硕士生为 563 人，华侨、港澳台及外籍华人研究生为 83 人。

从 1978 年学校复办至 1995 年的 17 年间，学校共培养毕业研究生 1277 人，其中华侨、港澳台及外籍华人毕业研究生为 111 人。1978 年至 1986 年由于刚起步，只培养毕业了 127 人，而 1987 年至 1995 年研究生教育加快了发展步伐，培养毕业人数迅速增至 1150 人，其中博士毕业生有 32 人、硕士毕业生有 1018 人、研究生班毕业生有 100 人。自 1987 年以后，学校不仅毕业研究生数量大幅度增加，而且培养层次也有了提高。1988 年 7 月，学校培养的首届博士研究生毕业并获得博士学位。1992 年 7 月，学校对外招收的首届研究生毕业，其中获得博士学位的有 1 人，获得硕士学位的有 3 人，均为港澳籍学生。[①]

第七节　科学研究与管理

学校认真贯彻国家关于科学研究工作的方针，进行科技体制改革，调整科研工作的主攻方向，为国家的经济建设和社会发展服务，为提高学校的教学质量和培养人才服务。在科研工作中，学校充分发挥学科门类比较齐全的优势，突出重点，搞好基础学科研究，着眼开展新兴学科、边缘学科、交叉学科研究，大力加强应用学科和高新技术的

---

①　暨南大学校史编写组编：《暨南校史（1906—1996）》，广州：暨南大学出版社 1996 年版，第 255 – 256 页。

研究和开发。在这 10 年间，尤其是在"八五"规划期间，学校的科研工作有了一定的发展，呈现出逐步攀升的趋势。

一、科研机构的调整与管理

为促进科研工作决策的科学化、民主化，进一步推动科研工作的改革和发展，学校根据工作的实际需要和人员变化的情况，对学术委员会进行了调整，于 1988 年 4 月 12 日成立暨南大学第三届学术委员会，由何军任主任，李炳熙、云冠平、饶芃子、冯泽康任副主任，朱杰勤、郁知非、李辰、黄德鸿等 32 人为委员。在 1991 年学校领导班子换届后，又根据新的情况，对学术委员会作了调整，于 1992 年 12 月 16 日成立暨南大学第四届学术委员会，由周耀明任主任，刘人怀、饶芃子、冯泽康、林剑任副主任，王光振、詹伯慧、邹翰、李楚杰等 34 人为委员。[①]

为了适应我国科技体制改革的新形势，1988 年 5 月中下旬，学校召开了复办以来首次全校的科研工作会议，为期 3 天。会议的主题是学习领会党关于科技工作的方针，总结学校复办以来科研工作的经验，探索如何使科研工作更好地面向经济建设的主战场，更好地为提高教学质量、培养人才服务。还就如何申报科学基金项目，争取更多横向合作科研项目等问题进行了深入讨论，并对科研经费管理制度作了讨论修改。会议在充分肯定成绩的同时，也指出了一些不足。比较突出的问题是：科研经费不足；科研成果发表较困难；在国内外影响大的成果不多；各学科之间和各单位之间联系攻关的项目不多；对青年教师的研究工作支持不够等。[②]

学校向来以文科研究见长，1991 年 12 月 17 日至 18 日，在学术会议厅举行了文科科研工作座谈会。这次会议的主题是总结交流"七五"规划期间学校文科科研工作的经验，同时根据国家教委有关文科科研工作的精神，讨论学校"八五"期间文科科研工作的发展和方向，以及进一步搞好学校社科研究工作的方法，以提高学校社会科学的研究和管理工作水平。

同年，阙维明、何镇陆荣获"全国普通高校先进科技工作者"称号。

根据科研工作发展的需要和学术实力，学校先后增设了数学力学研究所、汉语方言研究中心等一批科研机构，并于 1995 年 5 月将原高教研究室从教务处划分出来，成立了高等教育研究中心。至此，全校共设有东南亚研究所、华侨华人研究所、中国文化史籍（古籍）研究所、特区港澳经济研究所、生物医学工程研究所、生殖免疫研究中心、水生生物研究中心、生物工程研究所、数学力学研究所、电子电力研究所、优生优育研究中心、信息产业研究所、汉语方言研究中心、经济发展研究中心、亚太研究中心、食品科技研究中心、高等教育研究中心、台湾暨海外华文文学研究中心、比较诗学与比较文化研究中心、信息网络工程研究中心、CAI 研究开发中心等 35 个科研机构。全校有专职科研编制 250 人，其中文经科 100 人，理工医科 150 人，实际参加科研工作的人员达 1485 人。[③]

---

① 暨南大学校史编写组编：《暨南校史（1906—1996）》，广州：暨南大学出版社 1996 年版，第 257 页。
② 郭振芝：《我校召开首次科研工作会议》，《暨南大学》第 69 期，1988 年 6 月 12 日，第 1 版。
③ 暨南大学校史编写组编：《暨南校史（1906—1996）》，广州：暨南大学出版社 1996 年版，第 257 页。

随着国家科技体制改革的深入，必须改变单纯依靠国家拨款搞科研的依赖思想，克服理论与实际相脱节的弊端。学校科研部门在积极组织科研单位和科研人员申报国家和省自然科学基金和社会科学基金的同时，大力推动科研单位和科研人员多方开辟渠道，发展横向合作，承担地方和企业的科研任务，走"产、学、研"结合的道路，既增加科研经费的来源，又促进科技成果向商品转化，为国家的经济建设和社会发展服务。

1992 年，学校在申报全国哲学社会科学"八五"规划重点课题、中华基金课题、国家青年基金课题、国家教委国际问题研究课题和广东省社科"八五"规划课题的工作中取得了良好成绩。共获得国家资助项目 3 项（其中"八五"规划重点课题 1 项，1992 年中华基金课题 1 项，国家青年基金课题 1 项），占广东省获得国家资助课题的 1/10 强；获得国家教委国际问题课题 6 项，是省内各高校中获得该项资助最多的学校；获得广东省"八五"社科规划课题 31 项，是全省承担该项研究数量最多的单位。[1] "七五"规划期间，全校的科研经费为 907.4 万元，而"八五"规划的前 4 年（1991—1994 年），已达 1660.3 万元。获得各级科研奖 285 项，其中文经科 152 项，理工医科 133 项。从 1986 年至 1995 年，学校共承担科研任务 3268 项。[2]

二、理工医科研项目与成果

建校 80 周年前后，学校理工医科学研究的成果较好。如学校在 1985 年发表自然科学论文 265 篇，出版专著 7 部；1986 年发表论文 333 篇，出版专著 6 部；1987 年发表论文 267 篇，出版专著 5 部；1988 年发表论文 376 篇，出版专著 12 部；1989 年发表论文 367 篇，出版专著 11 部。在此 5 年中，共有 74 项科研成果获得国家教委、国家科委、广东省政府、高教局和卫生厅等部门的奖励，有 80 多篇论文获得各级学会的优秀论文（成果）奖。[3] 1993 年，学校科技工作继续取得较好成绩。据统计，理工医科共发表论文 403 篇，其中在国外刊物或国际性学术会议发表论文 39 篇，在全国性学术刊物发表论文 290 篇，在地方性刊物上发表论文 74 篇，并出版专著 9 部。另外，还有 13 项（次）科技成果获得各级政府部门的奖励。[4]

在 1986 年后的 10 年间，学校理工医科的科研成果不仅数量不断增加，而且层次也有了提高。除了取得大量科研项目外，还有许多科研成果获得部委级、省级的奖励。

医学院眼科研究室长期围绕异种角膜移植这一课题，踏踏实实，克服了人力不足、设备简陋、资金困难等许多问题，持之以恒，不断探索，不仅使异种板层角膜移植在动物上得到透明愈合，而且初步运用于临床，取得了治愈透明的效果。同时对异种板层角膜片移植后的转归作了动态观察，首次解释了异种板层角膜能够在受主角膜上存活的原因。还进一步对异种穿透性角膜移植进行了动物实验，植片透明时间居所见文献的领先水平。[5] 徐锦堂、李辰等的"异种角膜移植的研究"课题属所在学科发展的前沿，起点高，具有较大的实用价值和理论意义，获国家教委 1990 年科技进步一等奖，这是学校自

---

① 《国家及广东省八五规划中的学校社会科学研究课题》，《暨南大学》第 136 期，1992 年 9 月 10 日，第 2 版。
② 暨南大学校史编写组编：《暨南校史（1906—1996）》，广州：暨南大学出版社 1996 年版，第 258 页。
③ 《暨大自然科学研究成果丰硕》，《暨南大学》（招生专版），1992 年，第 4 版。
④ 科研处：《1993 年度我校科技工作再创佳绩》，《暨南大学》第 165 期，1994 年 3 月 25 日，第 2 版。
⑤ 徐锦堂：《眼科科研工作的几点体会》，《暨南大学》第 120 期，1991 年 10 月 25 日，第 2 版。

复办以来获得国家教委最高等级的奖励，也是 1990 年度广东地区高校获国家教委成果奖励中唯一的一等奖成果。

生殖免疫研究中心自"七五"规划以后连续承担国家攻关项目，由刘学高教授主持的"HCG 避孕疫苗的研究"被定为国家级"八五"重点科技攻关项目，形成了以生育调节疫苗为特色的研究方向，其研究成果多次获奖。1990 年 11 月，"HCG 避孕疫苗的研究"项目第一次通过了国家计划生育委员会专家的验收，获国家计委、国家科委、财政部授予的"先进集体"称号，刘学高教授被国家计划生育委员会授予"七五期间计划生育科研先进工作者"称号。1992 年，刘学高、潘善培、谭驰、朱伟杰合作的"绒毛膜促性线激素避孕疫苗"项目和"HCG 避孕疫苗的研究"项目，分别获得国家计生委科技攻关成果奖二等奖和科技进步奖三等奖。

夹层板壳结构在航天、航空、军事及包装等工程中起了重大作用，由于理论分析困难，国际上均停留在线性分析阶段，远不能满足科学技术迅猛发展的需要。刘人怀教授从 20 世纪 70 年代开始，在国际上率先开展这一领域的研究。在世界上第一次讨论了表层抗弯刚度的影响，建立了夹层圆板的非线性弯曲理论。接着讨论了夹层环形板、夹层矩形板、夹层扁球壳、夹层扁锥壳和夹层圆柱体壳的一系列非线性弯曲、稳定和振动问题。同时，又建立了一致有效的夹层壳的大挠度理论和复合材料面层夹层板中移动一致有效理论，成果包括专著 1 部和学术论文 7 篇。这些工作具有系统性，富有创造性，得到美国同行专家教授的充分肯定，并于 1994 年经国务院侨办和上海市高教局分别组织专家鉴定，认为"成果居于国际领先水平，有重大的理论和实际意义"。为此，刘人怀的工作获得国务院侨办首届科技进步奖一等奖。

林剑教授从 1989 年着手进行"碱性成纤维细胞生长因子"（BFGF）的研究开发工作，由他主持的"碱性成纤维细胞生长因子"（BFGF）项目被列为国家级"八五"科技攻关项目，他带领青年科技人员进行攻关，提前一年多完成任务。1994 年，林剑、何俭等的"碱性成纤维细胞生长因子的研究与开发"获广东省科技进步奖二等奖、广东省高教科技进步奖一等奖。

水生生物研究中心齐雨藻教授所主持的"中国东南沿海赤潮发生机理研究"，是学校获得的第一个国家自然科学基金重大项目。齐雨藻、吕颂辉等的"南海赤潮藻类和海洋褐细胞类赤潮"获国家教委 1994 年科技进步奖二等奖。

生物医学工程研究所，是全国高校中唯一的生物医学材料研究基地。该所研制生产或转让生产了人工鼻、人工颌骨、血泵泵管、腹膜透析管、脑积液引流管、隐形眼镜用眼药水、人工泪液、隐形眼镜、心血管气囊扩张导管等十多种高科技产品。该所还与外资德普科技工程（惠州）有限公司签订了合作开发医用导管系列产品的协议书，获首期科研补助费 120 万元。该所研制的"心血管气囊扩张导管"，成功地为数千名患者避免了开刀的痛苦。1994 年，钟汉泉、黄慧妍等"心血管气囊扩张导管"的研制，获广东高教科技进步奖一等奖。

计算机科学系走"产、学、研"结合的道路，不断为用户开发多媒体和软件开发工具等产品。与广东省邮电局合作进行邮局专用数据库和全省计算机联网软件管理的研究开发，与南海市邮电局合作培养计算机技术人才等，均取得了较好的经济效益和社会效益。如南海市邮电局投资 300 万元，在学校兴建了"南海楼"，通过合作还补充了计算机科学系的科研设备，改善了教学、科研条件，使该系增强了活力，不断推出新产品，为合作单位培养了急需的人才。吴恭顺、王海刚等的"软件开发集成工具及应用"研究成果，于 1994 年获广东省政府科技进步奖三等奖、广东省高教科技进步奖二等奖。①

在此期间，理工医科除了上面已提到的项目以外，还有大批科研成果获得各种级别的奖励。医学院黄秉栓副教授研究的"脑血管紧张素、脑多巴胺脑心房肽的中枢作用"项目，获得国家教委 1986 年度技术进步奖二等奖。经同行专家评审，一致认为已达到国际先进水平。② 由物理系光纤技术研究室研制成功的"电视电话光纤通讯系统"，于 1987 年 1 月 6 日由省科委委托学校组织鉴定。参加鉴定的专家们一致认为，该系统各项技术指标均超过国家标准，具有较大的推广价值，对我国的技术革命有一定的促进作用。③ 口腔系主任、附属医院口腔颌面外科吕培锟教授，创造了独特的腭裂修补术，在先天性唇腭裂手术领域中突破成年腭裂患者恢复语音功能的难点，在世界上处于领先地位。为此，吕培锟于 1987 年荣获了国际牙医学会最高荣誉的"金钥匙"奖。④ 后来在联合国技术信息促进系统（TIPS）中国国家分部于 1995 年主办的"发明创新科技之星"评选活动中，他的"先天性腭裂治疗恢复语音的正确途径"获得该项奖励，并被选入国家科委《中国八五科技成果选（1991—1995）》和香港贸易局等出版的《中华优秀专利、技术精选》。生殖免疫研究中心青年学者朱伟杰的论文《人类精子冷冻生物学特征与冷冻保存技术的比较研究》，获世界计划生育与健康联合会 1989 年"人类精液冷冻生物学奖"，朱伟杰是我国第一个获得该奖项的学者。⑤ 1992 年，冯德雄、周端赐、吴应亮、杨培慧、白燕、杨德玉、阮湘元、滕久委等的"电信溶出分析法的理论和应用研究"，获国家教委科技进步奖三等奖。万舒民的"新的固体原子间的势能函数及其在研究固体弹性和热膨胀与微观结构关系中之应用"，获广东省人民政府自然科学奖三等奖。1994年，司徒锐、王慧华的"肿瘤侵袭转移中癌细胞外间质互相关系及其体内侵袭模型的系列研究"，王思明的"随机服务系统理论的发展及其在计算机局部网络等的应用研究"，许庚与中山医科大学合作的"长年性鼻炎的组织病理学研究"等，均获国家教委科技进步奖三等奖。冯泽康与湖南医科大学合作的项目"中国十五城市不同胎龄新生儿体格发育调查研究"，获国家卫生部 1990 年科技进步奖三等奖、湖南省 1989 年医药卫生科技成果奖二等奖。刘人怀编著的《板壳力学》，由机械工业出版社出版后，得到国内外的广泛好评，1993 年被机械工业出版社评选为优秀科技图书一等奖。⑥ 1994 年，获国务院侨务办公室首届科技进步奖一等奖的有刘人怀的"夹层板壳的非线性理论与计算"，李楚杰的"发热中枢介质的研究"；获二等奖的有苏泽轩、金庆骢的"肾结石现代外科治疗的研究"，任邦哲、刘誉的"广东异常血红蛋白及其分子病理学研究"；获三等奖的有王声涌、胡颜玲等的"城市交通事故的流行病学研究及治理意见"，王自能的"人子宫内膜的超微机构研究"，郁知非的"现代血液病学及临床血液病学最近进展"。同年，张春

① 暨南大学校史编写组编：《暨南校史（1906—1996）》，广州：暨南大学出版社 1996 年版，第 258－259 页。
② 小明：《黄秉栓获国家教委科技进步奖》，《暨南大学》第 56 期，1987 年 1 月 15 日，第 1 版。
③ 黄跃雄：《电视电话光纤通讯系统通过省级鉴定》，《暨南大学》第 57 期，1987 年 3 月 12 日，第 1 版。
④ 小杜：《吕培锟获国际牙医学会最高荣誉"金钥匙"奖》，《暨南大学》第 60 期，1987 年 6 月 15 日，第 2 版。
⑤ 振芝：《朱伟杰获国际组织奖励》，《暨南大学》第 81 期，1989 年 7 月 10 日，第 2 版。
⑥ 《刘人怀教授的专著获科技图书一等奖》，《暨南大学》第 149 期，1993 年 4 月 25 日，第 2 版。

麟与广东测试所合作的"广东省核电站放射性本底研究"，获广东省政府科技进步奖二等奖；张金茹、王海刚等的"计算机辅助教学和教学管理"，获广东省政府科技进步奖三等奖、广东高教科技进步奖二等奖；欧阳政、蔡端仁等的"生物体中有机硒和有机碲的分析研究"，获广东省自然科学奖三等奖、广东高教科技进步奖二等奖；杞桑、黄伟健等的"珠江三角洲水污染生态及治理对策的研究"，获广东高教科技进步奖三等奖；徐锦堂、李辰的"环孢蕾素 A 实验研究和眼局部应用"，获广东省医药卫生科技进步奖三等奖；阮慧板的"用周丛微生物群落评价水污染的模式识别法"，获广州市环境保护产品进步奖一等奖；余晖、杨炳任等的"空间解析几何"，获广东省高教优秀电化教育实验课程三等奖。[①]

学校在避孕疫苗、水生生态、角膜移植、基因重组、肿瘤侵袭、生物医用材料、病理生理（尤其是发热机理）、神经病理、妇产科学、肾外科、计算机应用、数学和化学、软科学等科学技术的某些领域，科研成果已达较高水平，并逐步形成本校的特色。1992年，学校科技工作取得了历史性的新进展，尤其是科技成果取得了新进展。全年共发表科技论文 463 篇，其中在国外学术刊物或学术会议上发表 67 篇，在全国性学术刊物上发表 277 篇，在地方性学术刊物上发表 79 篇。出版专著 15 部，有 19 项科技成果获"重大科技成果登记证书"，有 15 项科技成果获得国务院各部委和广东省人民政府及有关厅局的奖励。[②]

1992 年 10 月，时任学校水生生物研究中心主任的齐雨藻教授当选为国际海洋研究委员会（SCDR）赤潮工作组委员，该委员会共 11 人，由美国、加拿大、日本等 8 个国家的代表团组成。同时，我国也组成赤潮工作组中国委员会，齐雨藻教授当选为主席。[③]

1993 年，中国管理科学研究院广东分院根据科研投入—产出的重要指标进行测评，公布了"中国高等学校'七五'期间的科技实力排名榜"，在全国 52 所综合性大学中，暨南大学科技实力排在第 15 位，而在对各类学校的综合排队中，暨南大学进入了全国 100 所科技实力较强的大学行列。[④]

三、人文社会科学科研项目与成果

在人文社会科学研究方面，暨南大学具有优良的传统，并拥有较强的实力。1986 年以来，暨南大学充分发挥侨校的优势，采取"人无我有、人有我优"的策略，大力推进东南亚、华侨华人、港澳、台湾、中国经济特区和沿海经济开放区、比较文学、中华传统文化等方面特色的研究，并面向经济建设主战场，积极承担地方的科研任务，为广东的经济建设和社会发展服务，取得了大批科研成果，成绩斐然。1987 年 6 月，广东省社会科学"七五"规划会议通过专家论证，确定了"七五"期间全省社会科学研究重点项目 102 项，由暨南大学单独承担和与其他单位合作的项目有 27 项（其中第一、二层次

---

① 暨南大学校史编写组编：《暨南校史（1906—1996）》，广州：暨南大学出版社 1996 年版，第 260－261 页。

② 《一九九二年度我校科技成果斐然》，《暨南大学》第 148 期，1993 年 4 月 10 日，第 2 版。

③ 秘书科：《齐雨藻教授当选为国际海洋研究委员会赤潮工作组委员》，《暨南大学》第 139 期，1992 年 10 月 10 日，第 1 版。

④ 暨南大学校史编写组编：《暨南校史（1906—1996）》，广州：暨南大学出版社 1996 年版，第 261 页。

的约 15 项），约占全省项目的 1/4。[1]

为了繁荣和发展社会科学事业，从 1978 年起，国家设立了社会科学基金，国家教委亦设立了社会科学青年基金。至 1987 年底，学校获得国家社会科学基金资助的课题有 4 项，即由历史系卢苇教授主持的"海南史"、由历史系余炎光教授主持的"清末民初广东社会经济"、由华侨研究所朱杰勤教授和徐善福副教授主持的"世界华侨史研究"、由东南亚研究所张乃坚和陈乔之副教授主持的"中国开拓东南亚投资贸易市场研究"。获得国家教委社会科学青年基金资助的课题有两项，即由特区港澳经济研究所胡幼青负责的"中国经济特区的市场和价格模式研究"和中国史籍研究所汤开建负责的"宋代甘青藏族部落史"。1987 年，国家社会科学基金和国家教委的社会科学青年基金资助的历史学科方面的课题共有 20 项，暨南大学获得了其中的 4 项。这些基金的获得，不但解决了学校部分重点文科研究课题的经费需要，也反映出学校在社会科学研究方面所处的学术地位。[2]

在国家教委组织的全国高校"八五"人文社会科学研究规划项目评审工作中，暨南大学有 4 个项目获得资助，占全省获资助项目的 36%；获资助经费 5.2 万元，占全省资助总额的 47%。这 4 个项目分别为：中国文学类研究项目是饶芃子的"比较文学"，经济学研究项目是张元元的"国有大中型企业经营机制转换研究"、王光振的"珠江三角洲区域经济发展的经验与战略选择"，港澳台经济研究项目是何佳声的"澳门经济结构与特点研究"。[3]

截至 1996 年初，学校已出版的社科专著主要有：朱杰勤教授著的《东南亚华侨史》以及由他主编的华侨史丛书《菲律宾华侨史》《印度尼西亚华侨史》《新加坡、马来西亚华侨史》《美国华侨史》《日本华侨史》；张泉林主编，马兴中、黄浩炯、朱兆庚、肖泉副主编的《华侨华文教育、港澳教育》（《教育大辞典》第 4 卷）；张兴汉、陈新东、黄卓才、徐位发编著的《华侨华人大观》；王本尊、李洁容、徐位发编著的《台湾教育概观》；云冠平、钟业坤主编的《中华人民共和国香港特别行政区基本法概论》；陈乔之主编、汤开建副主编的《港澳大百科全书》；潘亚暾主编的《台湾文学导论》；赵元浩、陈肇斌主编的《中国特区经济》；陈肇斌著的《中国经济特区》等。有许多科研成果被引进教学之中，开设了一批新的课程，如华侨史、特区经济、香港基本法概论、台港文学等。

根据国家教委 1988 年制订的《〈一九八五年至一九九〇年高等学校文科教材编选计划〉补充计划》，计划出版 10 部具有一定水平的必修课和选修课教材，其中饶芃子教授主编的《中西戏剧比较》、詹伯慧教授主编并与其他兄弟院校合作的《汉语方言及方言调查》、潘亚暾教授主编的《台湾文学概说》和《台湾文学作品选》4 部被选入。[4]

10 年间，学校有大批人文社会科学研究成果获得全国或广东省的奖励。中文系青年

① 科研处：《在省社会科学"七五"计划中，我校文科承担的研究项目约占四分之一》，《暨南大学》第 60 期，1987 年 6 月 15 日，第 1 版。

② 郭振芝：《我校文科六项研究课题获国家有关基金资助》，《暨南大学》第 65 期，1988 年 1 月 18 日，第 2 版。

③ 科研处：《我校有四个项目获全国高校"八五"人文社会科研规划项目资助》，《暨南大学》第 149 期，1993 年 4 月 25 日，第 2 版。

④ 志红：《我校有四本文科教材被定为高校教材》，《暨南大学》第 74 期，1988 年 11 月 25 日，第 2 版。

教师陈初生副教授所著的《金文常用字典》获全国青年语言学家奖金1988年度二等奖；① 1990年，张泉林主编，马兴中、周聿峨、王本尊、余以平、郭振芝、张兴汉编著的《当代中国华侨教育》，宋兆鸿、张国华、刘世彪、张才美、张颂曾、彭成奖编著的《现代教育测量》两部专著，获全国首届教育科学优秀成果奖二等奖；1991年，郑应洽的《关于"党内合作"问题的探讨》一文，在全国纪念中国共产党成立70周年党史优秀论文评奖中获一等奖。

在1991年广东省青年社会科学研究成果的评奖中，蒋述卓的《佛经传译与中古文学思潮》获学术著作一等奖；杨海涛的《比较管理学导论》获学术著作二等奖；殷国明的《艺术家与死》获学术著作三等奖；左正的《珠江三角洲区域经济发展的新格局》、陈奕平的《农业人口外迁与美国的城市化》获学术论文二等奖；张晓辉的《广东近代蚕丝业的兴衰及其原因》、刘绍瑾的《寻找中国纯艺术精神的根》、杜瑞强的《亚洲四小龙的近忧远虑及经济走势》、周运源的《试论琼港贸易合作》、袁培树的《湖南南下谋职人员的综合考察报告》等获学术论文三等奖。

在1992年国家教委首届高校出版社优秀学术著作的评奖中，刘绍瑾的《庄子与中国美学》、邓伟根的《产业经济结构与组织》继荣获上年全国光明杯优秀哲学社会科学学术著作三等奖之后，又获得首届全国高等教育出版社优秀学术著作奖。②

在1993年广东省优秀社会科学研究成果评奖中，詹伯慧等编著的《珠江三角洲方言调查报告》第一、三卷获一等奖；李文初等的《中国山水诗史》，黄汉平的论文《劳伦斯的艺术技巧散论》，陈斯骏、严仲奎的译著《当代世界历史辞典》，王本尊、李洁容、徐位发的《台湾教育概观》，张元元的《广东金融体系改革研究》，陈智贤的《开发珠江流域与赶上亚洲"四小龙"》，左正的《关于再造华南经济中心新优势的构想》，张其凡的《赵普评传》等获二等奖；蒋述卓的《佛教与中国美学》，殷国明的《作者是怎样产生的》，黎运汉的《汉语风格探索》，孙有康的《文章构成法新讲》，程仲棠的《现代逻辑与传统逻辑》，鲍彦邦的《明代漕粮折色的派征方式》，林远辉、张应龙的《新加坡、马来西亚华侨史》，杨国标、刘汉标、杨安尧的《美国华侨史》，周青、邱丹阳的《世界经济与国际关系》，陈乔之、周青等的《亚洲社会经济研究丛书》，汤开建的《北宋与西北各族贸易》，刘少波的《民族贸易与广东民族地区经济发展》，云冠平、何佳声等的《经济自由岛——中国海南经济模式的构想》，李子汉的《对策论与经济均衡》，张炳申的《广东近期劳动力供需预测与对策》等获三等奖；班弨的《英汉泰常用辞典》获青年奖。

1994年，蒋述卓的《佛教境界说与中国文艺意境理论》获第一届全国青年优秀社科成果二等奖。

1995年，在国家教委全国高等学校首届人文社会科学研究优秀成果评奖中，邱树森（第二作者）等的《元朝史》（韩儒林主编）获一等奖；王光振、张炳申、赵瑞彰主编的《珠江三角洲经济社会发展研究》，谭浩邦的《价值工程方法研究》，詹伯慧等的《珠江三角洲方言调查报告》，余虹的《思与诗的对话——海德格尔诗学引论》等获二

① 郭振芝：《陈初生获全国青年语言学家奖》，《暨南大学》第72期，1988年9月25日，第1版。
② 郭振芝：《莫世祥、邓伟根两博士科研成果获奖》，《暨南大学》第143期，1992年12月10日，第2版。

· 332 ·

等奖。

同年，获得广东省高校人文社会科学优秀成果奖励的有 24 项，即詹伯慧等的《珠江三角洲方言调查报告》，朱杰勤的《东南亚华侨史》，殷国明的《小说艺术的现在与将来》，王光振、张炳申、赵瑞彰主编的《珠江三角洲经济社会发展研究》获一等奖；谭浩邦的《价值工程方法研究》，邓伟根的《产业经济结构与组织》，左正的《关于再造华南经济中心新优势的构想》，李文初等的《中国山水诗史》获二等奖；李学民、黄昆章的《印度尼西亚华侨史》，宋献中的《企业社会责任会计》，马丽的电脑软件《经济类教学及经济管理》，程仲棠的《现代逻辑与传统逻辑》，张其凡的《赵普评传》，汤开建的《关于角思罗统治时期青藏吐蕃的历史考察》，常绍温的《略谈南宋女词人王清惠及其诗词》，肖立见的《中国人口控制数量、经济效果研究》，周青、陈友文等的《当代东方思潮》，蒋述卓的《佛经传译与中古文学思潮》，周治平、陈章喜等的《城市土地经济运行》，冯邦彦的《香港在中国经济现代化过程中的作用》，傅汉章等的《经济谋略词典》，陈智贤的《开发珠江流域与赶上亚洲"四小龙"》，何佳声的《中国经济特区建设的回顾与前瞻》，王本尊、李洁容、徐位发的《台湾教育概观》等获三等奖。

同年，在国家教委第二届全国高校出版社优秀学术著作评奖中，艾治平的《婉约词派的流变》，董立章的《国语译著辨识》，詹伯慧、张日昇的《粤北十县市粤方言调查报告》获优秀奖。

学校在人文社会科学研究中，充分发挥地处广东综合改革试验区，毗邻港澳、海外的优势，积极为改革开放和经济建设服务，为侨务工作服务，开展"广东农村产业结构研究""广东流通体制改革研究""股份经济""体制改革""广东金融体制改革研究"及"珠江三角洲经济发展战略研究"等，为广东省政府制定经济社会科技发展战略作出贡献。学校经济发展研究中心先后为南海、珠海、顺德、佛山石湾、从化、阳春、博罗、连南、乐昌、广州等市县制订经济社会发展战略规划。为国家和广东发展对外经济贸易、开展侨务工作、借鉴海外现代化经验，提供了大量学术论文和背景材料，如《东南亚政治、经济、科技发展态势》《广东对东南亚地区贸易发展战略研究》《东南亚：广东企业国际化目标市场之一》《广东吸引台资的现状、问题与对策》《试论广东引进华侨人才的意义和模式》和《试论侨务工作在外向型经济中的地位和作用》等。在 1990 年广州社会科学基金会以"广州经济发展中的问题与对策"为题的科研课题招标中，左正的"关于再造华南经济中心新优势的构想"获第一名，赵瑞彰的"广州工业发展的经济效益问题与对策"获第二名；在 1993 年进行的第三次科研课题招标中，陈智贤的"开发珠江流域与赶上亚洲'四小龙'"获第一名。①

学校为鼓励和扶植青年教师积极开展科学研究工作，使他们更快地成长起来，于 1988 年 12 月 27 日批准正式成立了暨南大学青年教师社会科学研究会，并特拨款 20 万港元设立了青年科学基金。② 先后分两批评选确定 154 个科研项目，共从学校教育基金中拨出专款 70 万元予以资助，取得显著成效。如医学院青年教师许庚，由于得到学校的资助，科研工作取得较大的进展，他的科研成果先后得到卫生部科技进步奖三等奖、

---

① 暨南大学校史编写组编：《暨南校史（1906—1996）》，广州：暨南大学出版社 1996 年版，第 263 - 265 页。
② 郭振芝：《我校设立青年科学基金》，《暨南大学》第 76 期，1989 年 1 月 20 日，第 2 版。

第二届丁颖科技奖、国家教委科技进步奖三等奖，并获得霍英东教育基金的资助。1992年，莫世祥副教授的《护法运动史》在由孙中山基金会举办的"1949—1992年中国大陆孙中山学术研究与文艺创作优秀成果评选"中荣获二等奖。[①] 1994年莫世祥获得"广东中青年社会科学家"称号。周聿峨、王心洁、许庚、李志杰、林福永、刘少波、黄世光7位青年教师先后获得霍英东教育基金的资助。

"七五"规划期间，学校获国家有关部门和省市奖励的社科成果共268项。[②] 由广东省社会科学联合会组织开展的1988—1992年广东省优秀社会科学成果评选活动，经研究会（或单位推荐）、学会初评、学科组复评、省评委会审订等反复筛选，共评出250项获奖成果，其中暨南大学有26项，占全省获奖成果的10%强。[③]

四、重点学科与文科基地建设

暨南大学是一所文、理、工、管、经、医多学科的综合大学，也是自1952年全国院系调整之后，在综合性大学内设立医学院，并全面实行学院制的全国第一所大学。暨南大学的学科比较齐全，师资力量较为雄厚，办学的基础较好。在这10年间，暨南大学坚定不移地贯彻"两个面向"的办学方针，努力办出侨校的特色，同时采取措施，加强学科建设，提高学校的整体办学水平。1993年学校决定，以重点学科建设为龙头，进一步深化教育改革，以形成暨南大学学科的优势和特色，促进教学科研水平上一个新台阶。由科研处牵头，研究生部、教务处、人事处参加，组成工作机构，根据现有学科的教学、科研基础，师资力量和结构，办学条件，管理水平等条件，从博士点和硕士点中选出若干个条件比较好的学科，组织专家进行认真的论证和评审，最后确定文艺学、现代汉语、政治经济学、中国特区经济学、遗传学、水生生物学、眼科学、病理学（实验肿瘤）、中国古典文献学9个学科为学校的首批重点建设学科。暨南大学决定从经费、人员配备、实验设备、图书资料等方面，对重点建设学科给予支持，第一年拨出专款人民币50万元，以后逐年投入。各重点学科制订建设规划，职能部门制定管理办法，组织实施重点学科的建设。同年，经国务院侨务办公室审核批准，将这9个重点学科列为部级重点学科，每年投入50万元至100万元专项经费加以建设。[④]

上述重点学科，在暨南大学的教学、科研、培养人才等方面发挥了重要作用，并很快取得了突出成绩，至1995年共培养了博士、硕士研究生167名，并承担了国家级的科技攻关项目和国家自然科学基金项目，以及部级、省级的科研任务。如水生生物学科承担国家自然科学基金重大项目"中国东南沿海赤潮发生机理"，其研究成果获国家教委科技进步奖二等奖；眼科学"角膜移植研究"获国家教委科技进步奖一等奖；遗传学科"碱性成纤维细胞生长因子"的研究成果获广东省科技进步奖二等奖、广东省高教科技进步奖一等奖。在全国高等学校首届人文社会科学研究优秀成果评奖中，暨南大学获得的4项二等奖，均属于重点学科的研究成果。第一批9个重点学科的研究成果还获得部

① 郭振芝：《莫世祥、邓伟根两博士科研成果获奖》，《暨南大学》第143期，1992年12月10日，第2版。
② 周耀明：《校长工作报告（摘要）》，《暨南大学》第138期，1992年10月10日，第4版。
③ 科研处：《广东省优秀社科研室成果评选揭晓，我校有二十六个项目获奖》，《暨南大学》第168期，1994年4月20日，第2版。
④ 《暨南大学"211工程"部门预审资料汇编》，暨南大学，1996年，第95-96页。

委级、省级奖励多项，而且在改革开放、经济建设和社会发展服务方面也取得显著成绩。

暨南大学进行重点学科建设，有力地促进了有关学科学术水平的提高、学术优势及特色的形成。中文系的现代汉语、文艺学两个学科既是博士点，也是硕士点，均为广东省高校的重点课程，被列为学校重点学科之后，进一步加强建设，优化师资队伍结构，改善办学条件，不断提高教学、科研水平，在全国高校相同学科中占有一定地位。1995年 1 月 16 日，国家教委批准将暨南大学中国语言文学专业列为教育部文科基础学科人才培养和科学研究基地。

五、积极举办学术研讨会

为了扩大对外学术交流，提高学校的科研水平和声誉，暨南大学积极举办各种全国性和国际性的学术研讨会。1987 年 11 月，由国家卫生部和解放军总后勤部卫生部联合主办，并委托暨南大学负责会务筹备工作的"全国优生优育研究学术讨论会"在广州召开。这是为了进一步贯彻中央"加强优生优育工作"的指示精神，加强地方与军队间的联系，广泛开展学术交流，努力促进优生优育工作发展的一次盛会，也是新中国成立以来，首次由两个卫生部共同召开的全国优生优育学术交流大会。①

1988 年 10 月 3 日至 7 日，受中国计算机学会委托，由暨南大学理工学院计算机科学系负责筹备的全国首届智能科学研究会在暨南大学举行。与会者来自近 100 所高等院校和科研单位，有生物学、生理学、心理学、计算机科学等专家学者约 120 人。② 11 月 24 日至 28 日，第四届全国图像科学学术会议在暨南大学召开。来自中国科学院、清华大学、北京大学、复旦大学等 50 多个单位的 80 多位教授、研究员、工程师、博士研究生等参加了会议，这次会议的主题是"图像科学面向国民经济"。③ 同年，暨南大学还举办了"文心雕龙国际研讨会"。

1989 年和 1995 年，暨南大学先后主办了第二届和第五届国际粤方言研讨会。

1990 年，暨南大学举办了"我国东南亚研究的回顾与展望学术研讨会"，与其他单位联合举办了"何炳松诞辰 100 周年纪念大会暨学术研讨会""纪念陈垣先生诞辰 110 周年学术研讨会"。

另外，还有 1994 年举办的全国语言学转向与文学批评研讨会，1995 年举办的全国加权残值法学术会议暨工作会议，1996 年 1 月举办的全国文艺学博士点学科建设研讨会等。

六、学术刊物和暨南大学出版社

在学术刊物方面，暨南大学出版了《暨南学报（哲学社会科学版）》《暨南大学学报（理工医版）》《东南亚研究》《特区与港澳经济》《经济与发展》《暨南教育》及

① 郭振芝：《由我校负责筹备的"全国优生优育研究学术研讨会"近日在广州召开》，《暨南大学》第 64 期，1987 年 12 月 15 日，第 1 版。

② 姚伟湛：《全国首届智能科学研究会在我校举行》，《暨南大学》第 73 期，1988 年 10 月 25 日，第 2 版。

③ 周梅亮：《第四届全国图像科学学术会议在暨大召开》，《暨南大学》第 75 期，1988 年 12 月 25 日，第 2 版。

《德育探索》等期刊，并受委托主办了全国性的学术刊物《中国病理生理杂志》。此外，还办有校刊《暨南大学》《暨南教学》。

1983年，中文系创办了《比较文学研究通讯》，这是国内最早注重比较文学的一份内部刊物。不到5年时间，这份每期约3万字的不定期刊物就发展成为每期约12万字的专门学术性季刊，并易名为"比较文学研究"，改由暨南大学中文系与广东省比较文学研究会合办。①

国家新闻出版总署于1989年4月20日批准成立暨南大学出版社，并明确规定，该出版社要为教学和科研服务，立足本校，发挥自己的优势和特色，出版范围包括教材和本校教师的著作。② 暨南大学出版社是全国侨务系统的第一家出版社，该社成立后，坚持为改革开放和经济建设服务，为教学、科研服务，为侨务工作服务，突出"侨"字特色，不仅争取多出书，而且努力出好书，不断提高社会效益和经济效益。

暨南大学出版社自1989年11月5日正式创办，从最初的学校下拨资金12万元、编制人员8名开始投入运作，发展至1994年11月，已出版图书380余种，其中教材170余种，学术著作98种，一般性图书112种，总字数达9600多万字，共计200余万册。获奖图书有29种，分别获得各种不同奖项40个，获奖图书占已出版图书总量的10%，图书销售码洋780余万元。③ 1995年，暨南大学出版社出版的图书又获得全国高校出版社学术著作优秀奖、广东省优秀图书奖等奖励共17项。

当暨南大学出版社成立5周年纪念时，全国政协副主席、暨南大学副董事长马万祺先生题词赞云："丛书焕发暨南春，奏响主旋律最珍。学术交流辉海外，五年成就慰劳辛。"④

七、对外教育学术交流

以建校80周年庆典为契机，暨南大学扩大对外开放，积极开展对外教育和学术交流。学校领导不仅亲自带领代表团出访，而且组织各学院院长、系主任出国或赴香港访问，以巩固和拓展对外教育学术交流的关系；并通过互派师生、合作进行科学研究、参加国际学术会议、聘请国外和香港的著名专家学者为学校名誉教授或客座教授等形式，了解国外高等教育和科学发展的趋势，学习先进的科学技术、文化知识及管理经验，从而进一步提高学校的教学、科研和管理水平，更多更好地培养适应海外、港澳台地区需要的人才。

1. 与欧美各国的教育学术交流

1988年10月，以何军第一副校长为团长，医学院李楚杰教授、张纫华教授等为成员的暨南大学代表团，访问了联邦德国、法国、英国。通过与柏林菲得利女皇基金会的商谈，巩固了双方原已建立的友好合作关系，并且拓展了暨南大学与欧洲国家进行教育和学术交流的渠道，扩大了学术交流的学科领域。此外，暨南大学还分期、分批地组织

① 海山、梦园：《一份引人注目的刊物——〈比较文学研究〉》，《暨南大学》第73期，1988年10月25日，第2版。

② 季青：《国家新闻出版署批准暨南大学出版社成立》，《暨南大学》第79期，1989年5月25日，第2版。

③ 唐似葵：《深化改革强化管理 坚持方向讲究效益》，《暨南大学》第175期，1994年11月1日，第1版。

④ 《暨南大学》（暨大出版社成立五周年专刊）第175期，1994年11月1日，第1版。

各学院院长出访，以拓宽他们的视野，并对口建立交流合作关系。

同年 11 月 18 日至 19 日，美国哥伦比亚大学商学院教授、美籍华人王念祖博士莅临暨南大学经济学院讲学。翌日下午，暨南大学副校长冯泽康为王念祖博士颁发了客座教授聘书。[1]

学校与美洲、欧洲的发达国家建立教育交流关系较早，人员交往较多，成效较为明显，故学校领导十分重视继续巩固和发展这方面的关系。1992 年初，美国民主党联邦参议员李硕（Daniel K. Akaka）访问暨南大学。李硕先生当时是美国联邦参议院唯一的华裔议员，他表示要促进暨南大学与夏威夷大学的合作交流关系，促进美中友好关系。[2] 1993 年 7 月，以周耀明校长为团长，刘人怀副校长、医学院副院长卢乃湄等为成员的暨南大学代表团访问德国，与菲得利女皇基金会负责人就双方的合作协议延长期限问题进行商谈，并达成共识。同年 12 月，柏林卫生局局长、菲得利女皇基金会主席彼得·路特博士、哈姆斯坦恩博士等回访暨南大学，双方签订了延长 10 年交流合作的协议。

1994 年 5 月，林剑副校长率领经济学院代表团访问了英国。同年 10 月，以周耀明校长为团长，党委书记伍国基、经济学院副院长张杰明、外事处副处长刘渝清为团员的暨南大学代表团访问美国，密切了暨南大学与有关院校的关系，落实了暨南大学与纽约州立大学古西堡学院交流的协议书的实施细则，与密歇根州沙基诺大学、威斯康星州欧克莱尔大学签订了交流合作协议，还与 5 所大学达成了口头协议，同时加强了暨南大学与美国暨南校友和董事的联系，促进了暨南大学北加州校友会的筹建工作。[3]

翌年 10 月，刘人怀副校长率领学校代表团（团员有医学院副院长汪明春等）访问美国，与罗得岛州约翰逊·威尔斯大学签署了学分接轨的协议，与华盛顿大学签署了科研合作交流协议，与威斯康星州欧克莱尔大学分校签署了关于美方学生来暨南大学学习中文的协议，落实了暨南大学与纽约州立大学古西堡学院合作科研、互派学生等事宜，扩大了暨南大学密歇根州沙基诺大学的合作项目，还出席了暨南大学北加州校友会成立大会。[4]

2. 与亚洲各国的教育学术交流

暨南大学十分重视与亚洲各国的高等院校进行教育交流合作，其中以与日本神户商科大学的交流合作最有成效。从 1985 年两校建立校际关系以来，每年都互派教师到对方学校讲学，组织学生互访，张元元教授还与神户商科大学的教师合作著书立说。日本神户商科大学向暨南大学捐赠书籍，1990 年 11 月 4 日，学校举行了隆重的"日本神户商科大学校友会——淡水会向暨南大学赠书仪式"。[5] 1993 年 4 月，刘人怀副校长、李辰教授、外事处处长潘纪裕、经济学院叶昶一行 4 人应邀赴日，访问了神户商科大学等院校，进一步密切了暨南大学与神户商科大学等院校的联系。

20 世纪 90 年代初，随着我国与东南亚地区国家关系的改善与发展，暨南大学积极

---

① 王小军：《王念祖博士被聘为我校客座教授》，《暨南大学》第 74 期，1988 年 11 月 25 日，第 2 版。

② 刘斌、黄炜摄影报道，《暨南大学》第 126 期，1992 年 1 月 24 日，第 1 版。

③ 外事处：《周耀明校长、伍国基书记赴美访问取得圆满成功》，《暨南大学》第 176 期，1994 年 11 月 10 日，第 1 版。

④ 暨南大学校史编写组编：《暨南校史（1906—1996）》，广州：暨南大学出版社 1996 年版，第 269 - 270 页。

⑤ 沁然：《我校举行隆重的赠书仪式》，《暨南大学》第 103 期，1990 年 11 月 25 日，第 1 版。

拓展与东南亚国家的教育学术交流。1991 年 8 月，冯泽康副校长参加国家教委组织的中国大学校长代表团，访问了菲律宾，考察该国华文教育等状况，并与当地暨南校友建立了联系。① 1994 年 10 月，以黄旭辉副校长为团长的暨南大学、华侨大学代表团应邀到马来西亚访问考察，并举办升学讲座多场，共有 2600 多人参加。1995 年 2 月，以饶芃子副校长为团长，何振翔、黄昆章、魏中林为团员的访问团访问了马来西亚南方学院、华文学校"董教总"和新加坡国立大学中文系、南洋理工学院中国语言文化中心，探讨开展教育交流的问题。与此同时，刘人怀副校长带领经济学院副院长韩兆洲等参加的代表团访问了越南胡志明市财政会计大学，该校校长阮清泉一行 9 人于当年 8 月 29 日至 9 月 5 日亦回访了暨南大学。9 月 2 日，由双方校长周耀明和阮清泉代表两校签订了学术交流协议书。同年 8 月中旬，周耀明校长、刘人怀副校长等一行 7 人赴泰国访问了华侨崇圣大学、清迈大学，与之签订了建立校际交流合作关系的协议。②

3. 与港澳台地区的教育学术交流

暨南大学毗邻港澳，与两地的大学、医疗、文化和教育机构之间的人员交流频繁，合作办学、合作科研等关系十分密切。香港和澳门的有关新闻单位、商业机构、医院等，还接受暨南大学的香港、澳门学生到当地实习。1988 年 9 月 10 日，暨南大学举行会议，聘请香港大学医学院儿科系主任杨执庸教授为学校客座教授。③ 9 月 24 日，香港著名古文字学专家、书法家马国权先生，应中文系邀请来学校作了"文字与书法"的学术报告，并与中文系部分师生座谈。会上，校领导张德昌代表学校正式聘任马国权先生为中文系客座教授。④ 10 月 13 日，澳门东亚大学校长薛寿生先生前来暨南大学访问。10 月 27 日，台湾著名诗人罗门、林耀德来校访问。

1991 年，张德昌书记接待了港澳地区的人大视察团一行 39 人来校视察，以及台湾五南出版有限公司教育访问团一行 57 人来校，取得了良好的效果。⑤ 1993 年 5 月，暨南大学与澳门镜湖医院签订了教学协作关系协议书。

1994 年 4 月 20 日，暨南大学董事、香港大学校长王赓武博士莅校访问。周耀明校长、刘人怀副校长等在学术会议厅会见了王赓武董事，并进行了亲切的座谈。⑥

在此 10 年间，暨南大学接待了国外及港澳台地区的许多大学代表团、文化团体、医疗团体、学术团体、华侨华人考察团及学生参观团前来参观访问，也经常邀请国外和香港的著名专家学者来校讲学交流。聘请了美籍华人专家王念祖、潘毓刚、陈庆筠，日本眼科专家白濑浩，香港大学李锷、杨执庸教授，香港国际问题专家黄学海，香港古文字专家、书法家马国权等为学校名誉教授或客座教授，每年还聘请外籍专家 10 人来校任教。

截至 1996 年，暨南大学与美国威斯康星州欧克莱尔大学、密歇根州沙基诺大学、加州州立大学北岭分校、纽约州立大学古西堡学院、约翰逊·威尔斯大学、华盛顿大学医

---

① 周耀明：《学校工作报告》，《暨南大学》第 125 期，1992 年 1 月 10 日，第 2 版。
② 暨南大学校史编写组：《暨南校史（1906—1996）》，广州：暨南大学出版社 1996 年版，第 270 页。
③ 肖昕：《香港大学医学院儿科系主任杨执庸教授应聘为我校客座教授》，《暨南大学》第 72 期，1988 年 9 月 25 日，第 1 版。
④ 志红：《马国权先生被聘为我校中文系客座教授》，《暨南大学》第 73 期，1988 年 10 月 25 日，第 1 版。
⑤ 周耀明：《学校工作报告》，《暨南大学》第 125 期，1992 年 1 月 10 日，第 2 版。
⑥ 蔚兰：《校园短波》，《暨南大学》第 169 期，1994 年 5 月 10 日，第 1 版。

学院、加拿大阿拔图大学医学院、西蒙·弗雷泽大学、加拿大注册会计师协会、英国利物浦热带病医学院、格拉斯哥大学，法国里昂中法学院、德国柏林菲得利女皇基金会、汉诺威医科大学，日本神户商科大学、姬路工业大学、九州大学、日本临床眼科研究所、神户商科大学、广岛修道大学，马来西亚南方学院，新加坡义安理工学院，泰国华侨崇圣大学、清迈大学，越南胡志明市财政会计大学，香港中文大学、香港大学、香港城市理工大学、香港浸会大学、香港理工大学、香港关黄陈方·柏德豪会计师行，澳门文化学会、澳门山顶医院、澳门镜湖医院、澳门大学等 36 所大学及文化、医疗机构建立了合作交流关系。

自 1987 年至 1995 年，全校派遣出国或赴港澳访问考察、合作科研、留学深造、参加国际学术会的教师、干部共有 1637 人（次）。1986 年至 1995 年，接待来校讲学交流、参观访问的专家学者和其他人士共有 5141 人（次）。①

第八节　学生工作与文化体育活动

一、学生思想政治工作

1. 经历"六四"政治风波的洗礼

1989 年春夏之交，首都北京及其他一些地方发生了学潮和政治动乱。这场政治风波同样波及暨南大学，给学校工作造成了极大的困难。从 4 月中旬至 6 月上旬，校园内出现了大小字报和标语，部分学生参加了游行。一、二、三年级大部分学生受蒙蔽，离开了学校。

面对极为严峻的形势，学校党政领导班子在思想上、行动上与党中央保持一致，旗帜鲜明地反对动乱，采取一系列果断措施，稳定学校局势。为维持正常的教学和工作秩序，学校先后发出了 5 个通告，揭穿谣言，宣传党中央的政策；并通过传真，将这些通告发给新华社香港分社和澳门分社，抄送两地校友会、校董和香港教联会、澳门中华教育会，澳门《大众报》还刊登了学校的两个通告。学校又派党委副书记刘羽带领教务处、学生处等部门的负责人前往珠海拱北，约见澳门校友会负责人和学生代表，介绍学校的真实情况，解除他们的顾虑，希望他们劝说学生回校上课。学校还给学生家长发了四千多封信，要求家长们做好子女的思想工作，动员子女尽快回校上课。

6 月 10 日，学校按原计划举行了应届学生毕业典礼，中央电视台向全国转播了实况。由于全校上下共同努力，并动员社会力量予以支持，取得了很好的效果，至该学期末，内地学生回校率达到 99%，华侨、港澳学生回校率亦达到 97%。在这场政治风波中，学校广大的干部和教师在思想上、政治上与党中央保持一致，坚守工作和教学岗位，深入学生中去做艰苦细致的思想工作，为稳定学校的局势作出了重要的贡献。

政治风波平息后，学校领导和广大师生员工在自我反思中深刻认识到，高等学校教育的根本问题是培养什么人的问题。因此，学校采取一系列措施，加强对学生进行形势教育、法制教育和爱国主义教育。从 1989 年秋季起，增设法律基础、大学生成才修养

---

① 暨南大学校史编写组编：《暨南校史（1906—1996）》，广州：暨南大学出版社 1996 年版，第 271 - 272 页。

课，并都列为全体学生的必修课，另外还给港澳学生开设了基本法讲座。此外，学校还组织学生和部分青年教师、干部到工厂和农村去参加社会调查、社会实践，了解改革开放的形势和国情民情。同时，在全校教职员工中深入开展了教书育人、管理育人、服务育人的活动。①

2. 思想品德教育和培养

学校把继承和发扬中华民族优秀的道德和文化传统、弘扬暨南精神，作为加强校风和学风建设的重要内容。1989年1月12日，新闻系教师邓照华向学校各位校领导提出了恢复新中国成立前"忠信笃敬"校训的建议。② 1994年9月，在周耀明校长的倡导和主持下，学校经广泛征集意见并研究决定，继续沿用原校训"忠信笃敬"；并将校训、校史与校歌列为新生入学教育的内容之一。这个举措对于促进学校优良校风和学风的建设起了积极的作用。

1989年春节前，学校与珠海警备区签订了共育"四有"新人的《协议书》。该协议的签订，有利于双方共同研究在社会主义商品经济条件下思想政治教育的内容、方式及其规律，探索大专院校和部队思想政治教育出现的新问题及解决方法，加强对大学生、青年指战员的人生观的教育和共同开展培养"四有"新人活动。《协议书》的签订，开创了学校思想政治教育工作的新路子，同时也为学校开拓共青团工作新局面创造了良好的环境。③

从1990年11月中旬开始，学校在全体学生中开展了校风校纪教育活动。

学校将举行升挂国旗仪式作为爱国主义教育的重要内容。1995年5月8日早晨，全校师生员工在大操场举行了首次升挂国旗仪式。此后，每逢新学期开学和每周星期一的早晨，学校都要举行隆重的升挂国旗仪式。

学校肩负着为海外和港澳台地区培养人才，为国家培养社会主义的建设者和接班人的双重任务。为了把这两种不同来源的学生培养成才，学校十分注意处理好普遍性与特殊性的关系，遵循"一视同仁，不得歧视，根据特点，适当照顾"的侨务政策，在学生工作中坚持严格要求与关心爱护相结合的原则。在遵守国家的宪法法律和校规校纪方面，无论是内地学生，还是华侨、港澳、台湾和外籍华人学生都一视同仁，任何人不得搞特殊化。但在政治思想方面，则予以区别对待，作出不同层次的要求。如马列主义政治课是内地学生的必修课，而对华侨、港澳、台湾和外籍华人学生只作为选修课，另外增设中国史地、当代中国研究、中国科技发展史、华侨史等课程。对于外籍华人学生，则参照我国有关外国留学生的政策进行培养教育。学校对华侨、港澳及台湾学生采取多种形式，同时注重加强思想品德方面的教育。自1992年秋季开始，将《香港特别行政区基本法概论》列为香港学生的必修课。1996年9月，又将《澳门特别行政区基本法概论》列为澳门学生的必修课。④

---

① 暨南大学校史编写组编：《暨南校史（1906—1996）》，广州：暨南大学出版社1996年版，第226-227页。

② 《邓照华致校领导的建议》，《暨南大学》第77期，1989年3月25日，第1版。

③ 《珠海警备区与暨南大学开展共育"四有"新人活动协议书》，《暨南大学》（增刊），1989年4月15日，第1版。"四有"即有理想、有道德、有文化、有纪律。

④ 暨南大学校史编写组编：《暨南校史（1906—1996）》，广州：暨南大学出版社1996年版，第272页。

二、学生第二课堂活动

1. 学生第二课堂活动

学校领导不仅采取措施，尽力提高课堂教学质量，而且十分重视学生第二课堂活动，有计划地组织学生参加社会调查和社会实践活动，积极提倡和鼓励学生开展健康有益、丰富多彩的校园文化、科技和体育活动，以促进学生德智体全面发展。

学校在学生中成立了研究生学术研究会、电脑学会、书法社、摄影协会、集邮协会、定向越野协会、武术协会、艺术团、话剧团等各种团体，出版了《暨大学生》《社团纵横》《经济学生》《新闻学生》《青春风采》等报纸，并多次举办书法、摄影以及介绍各类学生居住地情况的展览会。各院系还经常举办电脑周、数学周、食品化学周、生物周、商学周、中文系学生活动节等活动，如物理系、电子工程系开展社会服务活动，义务为群众修理电器和自行车，医学院学生开展医疗卫生方面的咨询服务等。在学生中还先后开展了为大兴安岭火灾、华东水灾、广东水灾、非洲饥荒、希望工程等捐款捐物的活动。

由于学校的华侨、港澳、台湾和外籍华人学生众多，因此校园文化活动也具有中西文化荟萃的特点。如香港学生举办的"香港周"展览，澳门学生举办的"澳门周"展览，马来西亚学生举办的反映马来西亚情况和风情的图片展览，泰国学生举办的宋干节（即"泼水节"）活动等。学校学生艺术团演出的节目也是中外歌舞交相辉映，除在本校演出外，还应邀到国内外一些地区和高校演出。1990 年 6 月 1 日，广州地区高校举行了"纪念鸦片战争 150 周年文艺汇演"，暨南大学的节目获得二等奖。1993 年 4 月，学校艺术团的节目"欢乐青年"获全省舞蹈大赛一等奖。1991 年，在日本东京举行了世界大学生音乐节，经过亚洲区选拔，暨南大学由华侨、港澳生组成的代表队，作为亚洲区唯一的代表队参加演出，并获得了团体奖。

为了加强对学生进行爱国爱校的教育，学校学生处和学生会多次举办"校史校规知识竞赛"，并积极参加广东省的相关知识竞赛。在 1993 年 11 月举行的广东省近代史知识竞赛中，由暨南大学历史系 3 名同学组成的省高校代表团勇夺第一名。这次竞赛由中共广东省委宣传部和广东电视台联合主办，参赛队有南方大厦集团、省国土厅、省武警和暨南大学 4 支代表队。① 学生社团还结合形势，举办各种问题的答辩会和演讲会。1994 年 10 月，在全省高校研究生"爱我中华"的演讲比赛中，学校研究生戴爱明、谭茂芹分别获得第一名和第二名。

学校每年暑假都组织华侨、华人学生夏令营，到祖国各地旅游考察，通过游览名胜古迹、名山大川，深刻了解中国悠久的历史、灿烂的文化，以增强他们的民族自尊心、自信心和自豪感。

学校积极引导学生的第二课堂活动向高层次、高品位的方向发展，以推动精神文明建设，形成浓厚的学术氛围。从 1994 年开始，每年都各举行一次文化艺术节和学术科技节。首届学术科技节历时一个多月，举办了大型科技展览和 100 多场学术报告会，并进

---

① 历史系学生会、团委：《广东省中国近代史知识竞赛，暨南大学代表队勇夺第一名》，《暨南大学》第 159 期，1993 年 11 月 10 日，第 1 版。

行了征文比赛。研究生会对于全校良好学术氛围的形成，起到了积极的促进作用。自1993年3月研究生学术研究会成立以后，坚持每年举行一次学术研讨会，并邀请兄弟院校的研究生参加。至1995年，已连续举行了3届学术研讨会，每届研讨会都收到数十篇具有较高质量的学术论文。[1]

2. 第二课堂取得优异成绩

第二课堂活动不仅生动活泼，而且取得了不少成绩。暨南校友、香港著名作家白洛先生对母校十分关心，他把在国内的部分稿费捐赠给中文系，作为奖学金，以奖励文学创作及写作成绩优秀的学生。为此，中文系于1988年设立了"白洛文学奖"，第一届白洛文学论文奖从当年应届毕业生的论文中评选出来。评选结果是谢日荣的《杂文——小品文：林语堂的两次回归》、陈为安的《莫言：意味着什么》、吴国源的《性与美——对劳伦斯思想的哲学探讨》3篇论文获奖。[2]

首届黄荫普先生及夫人徐佩兰女士纪念奖学金于1989年评选结束，经济学院工业经济管理专业博士生邓根伟、文学院现代汉语专业硕士生宗世海（提前通过论文答辩，获得硕士学位）、理工学院生物医学工程专业硕士生徐善康、计算机软件专业硕士生柯秋慧和医学院病理解剖学专业硕士生马文丽等获奖。

在广州地区高校计算机竞赛和全国大学生课外学术科技作品竞赛中，暨南大学接连取得了可喜成绩。1993年5月下旬，广州地区8所高校举行新技术"高校杯"汉字输入暨软件设计大赛，暨南大学学生取得了汉字输入和软件设计两项团体冠军。1994年，在广州地区"高校杯"汉字输入暨软件设计大赛中，暨南大学学生再次囊括了汉字输入和软件设计两项团体冠军。1995年，暨南大学学生队在广州地区8所院校大学生的计算机操作竞赛中，又夺取了汉字输入和软件设计两个项目的团体冠军。暨南大学还有12名学生获得"计算世界"奖学金。在同年12月举行的第四届"挑战杯"全国大学生课外学术科技作品竞赛中，暨南大学夺得全国高校团体总分第八名，是广东省高校在历届参赛中取得的最好成绩和名次。暨南大学进入决赛的6件作品中有5件获奖，即卜桂学的《三维物体形貌测试基数研究》获一等奖，黄建中的《国际工程承包企业的外汇风险及防范》和《结构性通膨与农业》分别获得二等奖和三等奖，张谷的《强化科技管理，建立现代企业制度》和吴锡桑的《多媒体开发平台》获鼓励奖。

由于学校采取多种措施，不断提高人才培养质量，因此许多毕业生走向社会之后，在实际工作中不断锻炼成长，涌现出不少先进人物。如企管系毕业生谢树文被选拔为广州造纸厂厂长，在工作中作出突出成绩，1991年被评为全国"优秀大学毕业生"。[3]

三、学生体育运动

暨南大学在体育运动方面具有优良传统，加强体育工作，目的是培养德智体全面发展的人才。学校根据华侨、港澳、台湾和外籍华人学生喜欢体育活动的特点，在认真搞好体育教学的同时，积极开展形式多样的体育活动。除每年冬季举行一次全校田径运动

---

① 暨南大学校史编写组编：《暨南校史（1906—1996）》，广州：暨南大学出版社1996年版，第273－274页。

② 梦园：《三名学生获首届白洛文学论文奖》，《暨南大学》第73期，1988年10月25日，第3版。

③ 暨南大学校史编写组编：《暨南校史（1906—1996）》，广州：暨南大学出版社1996年版，第274－275页。

会外，还组织院际、系际的体育竞赛，并成立各种运动队，加强训练，参加广州地区、广东省、全国和国际的赛事。1991 年 12 月，邵逸夫体育馆竣工交付使用后，大大改善了学校进行体育教学、训练和竞赛的条件，也促进了群众性体育活动的广泛开展。

随着体育运动的广泛发展，学校体育运动的水平也不断提高。由于切实加强了对体育工作的领导，学校运动队在各种体育比赛中都取得了较好的成绩。1987 年秋天，广州地区大学生田径运动会暨广东省田径运动会在暨南大学举行。参加运动会的有暨南大学、中山大学、华南理工大学、华南师范大学等 18 所高校的代表队，共有运动员 500 多人。经过 10 月 31 日至 11 月 1 日两天的争夺，暨南大学男、女团体总分居于第三名。[1]

在 1989 年广州地区"高校杯"网球赛中，暨南大学获得女子团体第一名，男子团体第二名。

1990 年 6 月，在广州地区高等院校武术比赛中，暨南大学代表队获得单项比赛 7 个冠军和男子团体总分第三名，女子团体总分第二名。[2] 8 月初，在福建泉州华侨大学举行的全国大学生"魁梧杯"男子羽毛球邀请赛中，暨南大学羽毛球代表队取得了优异成绩，囊括了团体、单打、双打三项冠军。[3] 同年，在广州地区高校游泳比赛中，暨南大学获得女子甲组团体总分第二名，男子乙组团体总分第三名。

在 1991 年 8 月举行的广东省第三届大学生运动会上，暨南大学获得团体总分第二名和体育道德风尚奖。[4]

1993 年，在广州地区高校武术比赛中，暨南大学获得女子团体第一名，男子团体第二名；在广州地区高校篮球赛中，暨南大学获得男子队第四名，女子队第三名；在广州地区高校游泳比赛中，暨南大学获得女子团体第一名，男子团体总分第二名；在广州地区高校田径比赛中，暨南大学获得男子和女子团体总分第二名。

1993 年 8 月，第二届全国大学生田径锦标赛在杭州举行，暨南大学学生第一次参加全国大学生田径锦标赛，就获得了甲组男子团体总分第七名和女子团体总分第七名的好成绩。[5] 翌年 10 月，在济南举行的第三届全国大学生田径锦标赛上，暨南大学运动员共夺得 5 枚金牌、1 枚银牌及 4 枚铜牌，并取得了多项 4～8 名的好成绩。在这次比赛中，暨南大学有 1 人 1 项破大会纪录，11 人 11 项破学校纪录。[6] 从此，暨南大学成为全国的体育强校。

在 1994 年举行的广州地区高校游泳比赛中，暨南大学获得女子总分第一名，男子团体总分第二名。在 32 个项目的比赛中，暨南大学共夺得 22 枚金牌；在同年 12 月的广州地区高校第三十一届田径运动会上，暨南大学代表队甲、乙组双双获得男女子团体总分第一名。在 70 个项目的比赛中，暨南大学共获得了 26 枚金牌、14 枚银牌及 15 枚铜牌。这是暨南大学自 1958 年重建以来田径比赛成绩最好的一次，也是暨南大学第一次战胜了

---

① 纪逊：《广州地区大学生田径运动会在我校举行》，《暨南大学》第 63 期，1987 年 11 月 7 日，第 1 版。

② 温石生：《广州地区高校武术比赛，我校获单项比赛 7 个冠军》，《暨南大学》第 96 期，1990 年 6 月 25 日，第 1 版。

③ 温石生：《全国大学生男子羽毛球赛，暨大囊括三项冠军》，《暨南大学》第 98 期，1990 年 9 月 10 日，第 1 版。

④ 周耀明：《学校工作报告》，《暨南大学》第 125 期，1992 年 1 月 10 日，第 2 版。

⑤ 暨大办公室编：《暨南大学一九九三年大事记》，暨南大学档案，档案号：DQ11 - 25，第 26 页。

⑥ 体育室：《暨大健儿在全国比赛上获好成绩》，《暨南大学》第 174 期，1994 年 10 月 10 日，第 1 版。

雄霸广东高校田坛十多年的华南理工大学。① 在广东省第九届运动会上，暨南大学运动员夺得 10 枚金牌、4 枚银牌、8 枚铜牌。

1995 年 8 月，暨南大学在广东省第四届大学生运动会上夺得男女团体冠军。其中甲组获金牌 45 枚、银牌 16 枚、铜牌 18 枚，乙组获金牌 21 枚、银牌 13 枚、铜牌 14 枚，无论是金牌数还是总奖牌数均名列第一。这次运动会共打破纪录 11 项，其中暨南大学运动员就占了 6 项。暨南大学还获得体育道德风尚奖，并被评为广东省高校体育工作先进单位。同年 11 月，在华南理工大学举行的"95 广州——亚洲大学生田径赛运动会"上，暨南大学以 7 金 1 银 2 铜的佳绩获得男女团体总分第三名。

这一年赛事频繁，暨南大学运动员在各次全国性和国际性比赛中均取得了优异的成绩。在河北保定举行的全国游泳锦标赛（4 月）上，陈照星获得男子 100 米仰泳铜牌、4×100 米自由泳银牌及 4×100 米混合泳银牌；在山西太原举行的全国田径锦标赛（5 月）上，伍岭梅夺得女子三级跳远银牌和跳远第四名，陈震洪获女子 100 米栏第四名；在南京举行的全国武术团体赛（6 月）上，谷雷获男子组地躺拳第四名；在成都举行的第四届全国大学生田径锦标赛（8 月）上，暨南大学派出的 4 名女学生获女子乙组团体总分第五名，其中严雪勤获女子三级跳远金牌、跳远第四名，胡珍霞获女子 100 米跑及 200 米跑两枚铜牌；在福建漳州举行的全国武术个人赛（9 月）上，宋晓鸽获女子自选拳铜牌；在长春举行的全国田径冠军赛（9 月）上，牛鑫获女子 1 500 米银牌、女子 4×800 米接力赛金牌，马丽霞获女子 200 米铜牌、4×100 米银牌，胡珍霞获女子 4×100 米银牌；在南京举行的全国城市运动会（10 月）上，伍岭梅获女子三级跳远铜牌。

暨南大学运动员在国际体育比赛中表现突出，成绩斐然。1995 年 9 月，在印度尼西亚雅加达举行的亚洲田径锦标赛上，曾立志夺得男子三级跳远金牌，伍岭梅获得女子三级跳远银牌；在越南胡志明市举行的东南亚田径邀请赛（7 月）上，严雪勤夺得跳远和三级跳远两枚金牌；在香港国际田径邀请赛上，严雪勤夺得女子跳远和三级跳远远两块金牌，陈震洪获得女子 100 米栏金牌；在日本福冈举行的南部中平陆上田径邀请赛（8 月）上，严雪勤夺得女子三级跳远金牌。

暨南大学积极开展体育对外交流，与香港、澳门地区和新加坡的高等院校，经常派出体育运动队互访，进行排球、篮球、游泳、乒乓球等项目的比赛。在校友总会会长马有恒的支持和赞助下，暨南大学于 1994 年 3 月主办了"校友总会'会长杯'"高校男子排球赛，有新加坡南洋理工大学、香港理工学院、香港城市理工学院、澳门大学和暨南大学 5 所院校参加比赛。同年 6 月，又在澳门举行了"校友总会'会长杯'"篮球邀请赛，暨南大学派出男子、女子篮球队参加比赛。1995 年 9 月，暨南大学游泳队赴港与香港理工大学队进行对抗赛，在 22 个项目中夺得 16 项第一名；12 月，暨南大学乒乓球队访问新加坡，与国立新加坡大学、南洋理工大学等 6 所高校及新加坡游泳协会共进行了 7 场对抗赛，取得全胜战绩。通过友好交流和比赛，暨南大学的体育运动水平得到不断提高，并进一步扩大了暨南大学在国内外的影响。②

---

① 温石生：《我校健儿再创佳绩》，《暨南大学》第 178 期，1994 年 12 月 20 日，第 1 版。
② 暨南大学校史编写组编：《暨南校史（1906—1996）》，广州：暨南大学出版社 1996 年版，第 276–278 页。

第九节　后勤工作与校办产业

一、后勤工作及其改革

为了做好为教学、科研服务以及为师生员工的生活和后勤提供保障工作，学校在后勤改革方面，实行了多种形式的承包责任制，取得了比较明显的社会效益和经济效益。1990 年 4 月 19 日上午，为进一步完善学生宿舍管理体制，学校召开了学生宿舍管理工作会议。会议讨论并确定了学生宿舍管理体制、居住安排和日常管理等方面的原则问题。① 学校对华侨、港澳、台湾和外籍华人学生十分关怀，在生活上给予适当照顾，尊重他们的生活习惯。自 1985 年后，学校兴建了一批学生公寓，优先安排华侨、港澳、台湾和外籍华人学生住宿。在校内还设有各种生活服务和文化、体育活动设施。每年春节前夕，校、院领导和有关部门负责人都要同留在学校的华侨、港澳、台湾和外籍华人学生一起吃团年饭，组织他们参观花市，使他们感受学校大家庭的温暖。

由于学校根据侨校特点，尽力想方设法为师生提供优质服务，学校的后勤工作得到了国家教委的表彰，于 1990 年被授予"全国普通高校后勤工作先进集体"称号。②

1994 年，学校领导又采取措施，进一步深化后勤管理体制改革，实行"事企分开"和"经营与管理分开"，将服务性、经营性的单位从学校行政部门中分离出去，由行政管理型转变为企业型或半企业型。这样做，既精简了行政机构，又有利于服务性、经营性的单位按市场经济的规律进行管理，以提高经济效益，并增加学校的收入。

根据后勤改革方案，学校对劳动服务公司、招待所等单位实行企业化管理，并将原来的一些科室改建为半企业化管理的"中心"，如汽车维修服务中心、建材服务中心、水电维修服务中心、房屋修缮服务中心、园林环卫服务中心、饮食服务中心等。后勤管理办公室代表学校行使计划、管理、服务、协调、监控等职能，设置计划财务科、房地产管理科、工程管理科和办公室，形成"小机关、多实体、大服务"的新格局。

由于复办后学校各方面都迅速发展，教职工数量增长很快，住房紧张的问题日益突出，严重影响了教师队伍的稳定。对此，校领导根据国家和广东省、广州市住房改革的政策，积极稳妥地推进住房改革。1990 年，国务院侨务办公室批准学校进行住房改革，广州市房改办也批准了学校住房改革的实施细则。学校从 1991 年至 1993 年采取"借资"的形式，先后分两批兴建了 11 幢教工住宅（共 340 套房）。1994 年，对 208 套住房进行了加层和扩建，又兴建了博士楼（36 套房）、青年教工楼（72 套房）各 1 座。在非教学、科研区，向教工出售旧房 312 套。1991 年经广州市人民政府批准，学校与石牌村签订了协议，复征校园外西边 159 亩土地，由学校进行两次开发。第一次开发，学校得到补偿费 6000 万元，其中交付征地费 800 多万元，按协议用 1000 万元兴建中小学各 1 座，总建筑面积 3000 平方米，余下 4000 多万元，填补了学校复办以来历年基建项目和

---

① 方睿：《学校召开学生宿舍管理工作会议》，《暨南大学》第 93 期，1990 年 5 月 10 日，第 1 版。
② 和平：《根据侨校特点尽力为师生服务》，《暨南大学》第 105 期，1990 年 12 月 25 日，第 1 版。

大型设备的经费缺口后，仍有结余。第二次开发，是与广东珠江投资公司合作进行，由学校提供用地 6 万平方米，珠江投资公司负责投资开发，建成后该公司要交付暨南大学住宅商业用房总建筑面积 7.7 万平方米，共计 800 余套房。学校为保持房改政策的连续性，决定将这批住房纳入第三批借资建房的范围。这批住房于 1996 年竣工并交付使用后，大大地改善了全校教职员工的居住条件。

在国家"七五""八五"计划期间，学校的基本建设蓬勃发展，兴建了大批教学、科研用房和教工住宅、学生宿舍。1986 年至 1995 年，全校基建总投资达 19132.5 万元，其中国家投资 5230.5 万元，学校自筹资金 9455 万元，捐款 1050 万元，地方投资 50 万元，完成总建筑面积 166818 平方米，兴建了学生膳堂、医院住院部大楼、诊疗楼、邵逸夫体育馆、离退休教工综合楼、南海楼等，完成了生物数学楼、物理楼、化学楼、电话总机房等扩建工程，还建成了研究生楼和学生宿舍楼及教工住宅楼多座。全校占地面积共有 1123175 平方米，其中校舍总建筑面积为 400881 平方米。

学校还采用国家、学校投资和个人集资相结合的办法，建成 2000 门的新电话总机，总投资 500 万元，其中国家投资 153 万元，教工集资 175 万元，学校投入 170 余万元。新电话总机的建成，进一步改善了学校电话通讯的条件。

学校对财务工作实行"一级核算、分级管理"的制度，预算内的经费严格按照国家的有关政策和财务制度进行管理。对代培生、自费生的学费和各种"创收"经费，按照《暨南大学基金管理条例》进行管理，并设立基金管理委员会，对基金管理工作进行检查和监督。为了解决多年来教育经费一直都比较紧缺的问题，学校采取了以下办法：一是贯彻勤俭办校的方针，量入而出；二是开源节流，广辟财源；三是建立健全规章制度，严格管理，合理运用，使有限的资金发挥更大的效益，确保教学、科研和管理工作的正常进行。1986 年至 1995 年，国家拨给学校教育经费的总额为 20485.12 万元，学校从各种收入中专门划拨补充教育经费的总额达 3625.20 万元。10 年期间，全校教育经费的总支出为 24110.32 万元。①

二、校办产业

学校的校办产业也有了一定的发展。1987 年 2 月 8 日，暨南大学与中山石岐制药厂共同研究的教学、科研、生产联合体——中山健康饮料厂正式签约，从而宣告暨南大学第一个教学、科研、生产联合体诞生。这是学校克服生产与科研相脱节的重要途径。② 翌年 9 月，学校创办了天河会计师事务所。1993 年 12 月，会计系与广州市侨联合创办了华侨会计事务所，面向社会，积极为经济建设服务。

但由于历史的原因，学校校办产业的基础比较薄弱。为了加强这方面的工作，学校于 1991 年决定撤销科技服务部，新成立校办产业办公室。在科技开发工作方面，明确规定了科研处与校办产业办公室各自的职责范围及相互关系，科研项目从立项到中试阶段由科研处组织管理，科技成果确定可以转化为商品后，即由校办产业办公室负责推广应用、经营及管理。为了进一步扩大校办产业的发展规模及经营领域，1995 年 1 月 18 日，

---

① 暨南大学校史编写组编：《暨南校史（1906—1996）》，广州：暨南大学出版社 1996 年版，第 281 - 283 页。

② 黄跃雄：《我校第一个科研生产联合体诞生》，《暨南大学》第 57 期，1987 年 3 月 12 日，第 1 版。

成立了暨南大学经济技术开发有限公司。同年 5 月，在学校南门设立电信代办处，产生了一定的经济效益。校办产业办公室属下的电力电子研究所，经对以色列伽玛通公司的系列产品（如 UPS、程控电源和逆变器）进行反复验证后，决定与该公司合作开发中国市场，并受该公司委托为中国总代理。校办产业办公室研究室科技人员研究开发的风味酱油转让给番禺天成食品厂生产，面向市场推广销售。[1]

但是，由于缺乏足够的资金投入，加之诸多因素制约，在此 10 年间，学校的校办产业仍未获得较大的发展。

表 1　1987—1995 学年度暨南大学毕业研究生统计表

学年度＼人数＼层次	博士生	硕士生	研究生班	年度毕业研究生人数
1987		79	25	104
1988	7	125	35	167
1989		126	40	166
1990		120		120
1991		86		86
1992	3	99		102
1993	3	134		137
1994	13	133		146
1995	6	116		122
合计	32	1018	100	1150

资料来源：暨南大学校史编写组编：《暨南校史（1906—1996）》，广州：暨南大学出版社 1996 年版，第 291 页。

表 2　1987—1995 学年度暨南大学本科毕业生、结业生统计表

学年度	学制	毕业班总人数	毕业人数	授予学士学位人数	结业人数
1987	4	671	638	633	33
1988	4	821	789	784	32
1989	4	950	926	914	24
1990	4	1012	967	965	45
1991	4	899	879	872	20
1992	4	981	943	921	38
1993	4	842	797	779	45

---

[1]　暨南大学校史编写组编：《暨南校史（1906—1996）》，广州：暨南大学出版社 1996 年版，第 283 页。

（续上表）

学年度	学制	毕业班总人数	毕业人数	授予学士学位人数	结业人数
1994	4	833	811	794	22
1995	4	1102	1055	1033	47
合计		8111	7805	7695	306

资料来源：暨南大学校史编写组编：《暨南校史（1906—1996）》，广州：暨南大学出版社1996年版，第292页。注：表中授予学士学位人数合计原为7715人，按表中历年数字相加，实应为7695人。

表3 1987—1995学年度暨南大学全日制专科、教育学院、华文学院及中医
针灸培训中心、护士学校毕业生、结业生统计表

层次 / 学年度	全日制大专	教育学院（成人高等教育学历教育）				华文学院			中医针灸培训中心	护士学校	总计
		本科		专科	合计	对外汉语系	华文部	预科			
		总数	授予学位数								
1987	438	70	15	861	931	14		197		40	1620
1988	541			1096	1096	24		195	6		1862
1989	521			1088	1088	18		165	8	73	1873
1990	950			2313	2313	12		65	22		3362
1991	522	56	7	1062	1118	7		113	16	48	1824
1992	426	1		819	820	9		197	2	54	1508
1993	407			666	666	25	46	94	39	54	1331
1994	250			641	641	52	92	139	86	45	1305
1995	526	38	35	2068	2106	61	113	134	8	60	3008
合计	4581	165	57	10614	10779	222	251	1299	187	374	17693

资料来源：暨南大学校史编写组编：《暨南校史（1906—1996）》，广州：暨南大学出版社1996年版，第293页。

第九章

进入 "211 工程" 建设时期

（1996.6—2006.6）

暨南大学自 1996 年 6 月成为国家 "211 工程" 重点建设大学后，伴随 "侨校 + 名校" 战略目标的确立，全校师生员工以 "211 工程" 建设为龙头，以教学科研为中心，遵循 "严、法、实" 的办学原则（"从严治校、从严治教、从严治学"，"依法治校" 和 "实事求是"），依据 "国际化、现代化、综合化" 的办学思想，按照 "发挥优势、深化改革、保证重点、改善条件、提高质量" 的发展思路，努力开拓，积极进取，使暨南大学实现了跨越式发展。

第一节　庆祝建校 90 周年和 95 周年

一、90 周年校庆庆典

1996 年 6 月 15 日，是所有暨南人值得庆贺并为之骄傲的日子。当天，暨南大学隆重举行建校 90 周年庆典，追忆九秩往事，成就令人自豪；6 月 14 日，暨南大学顺利成为国家 "211 工程" 重点建设大学，侨校又谱新篇，成绩令人振奋。由此言之，暨南大学建校 90 周年校庆蕴含着多重意义，它不仅体现了暨南人善于继承之精神、敢于奋进之斗志，同时也激励着暨南人更加锐意创新、再攀新高。

对于学校 90 周年校庆活动，多位党和国家领导人、广东省和广州市领导、著名校友于百忙之中向学校惠赐墨宝，对学校工作褒奖有加。中共中央总书记、国家主席江泽民题词："爱国爱校，团结奋进"，中共中央政治局常委、国务院总理李鹏题词："坚持面向海外、面向港澳办学"，其中，中共中央政治局常委、全国人大常委会委员长乔石题词："努力办好有特色的华侨最高学府，为统一祖国振兴中华作贡献"，中共中央政治局常委、全国政协主席李瑞环题词："发扬爱国传统，致力振兴中华"，国家副主席、暨南大学董事会名誉董事长荣毅仁题词："桃李遍五洲，春风拂四海"，中共中央政治局委员、国务院副总理兼外交部部长钱其琛题词："面向海外，面向港澳，培育英才，侨校之光"，中共中央政治局委员、国务院副总理李岚清题词："为进一步办好新型综合性大学而努力奋斗"，中共中央政治局委员、国务委员李铁映题词："桃李花千树，群星耀暨南"，中共中央政治局委员、广东省委书记谢非题词："百年树人，质量第一"，全国政协副主席、校友吴学谦题词："努力办好暨南大学，为统一祖国振兴中华作贡献"，全国政协副主席、暨南大学董事会董事长、名誉校长钱伟长题词："弘扬中华文化，培育五洲英才"，全国政协副主席、暨南大学董事会副董事长霍英东题词："侨教之光，桃李芬芳"，全国政协副主席、暨南大学董事会副董事长马万祺题词："培育英才九十周，暨南传统史良优，春风桃李花千树，秋月繁星耀五洲，继往开来群策力，鸿图再展献新猷，同心同德兴侨校，共谱赓歌创一流"，全国人大常委会常委、暨南大学董事会副董事长曾宪梓题词："发扬爱国传统，致力振兴中华"，广东省原省长，暨南大学前校长、董事会副董事长梁灵光题词："春风拂四海，桃李遍五洲。" 泰国国会前主席、泰国前副总理、盘谷银行董事长许敦茂校友题词："中华文化摇篮，海外华裔明灯"，校友、新加坡中华总商会前会长陈共存题词："为海外华族的教育作出贡献的先驱。"① 这些情深意切、劝勉激励的题词，使全校师生深刻感受到各级领导、社会各界以及校友们对暨南大学的关心和支持。

6 月 15 日，美丽的暨南园嘉宾云集，笑语喧阗，建校 90 周年庆典大会在邵逸夫体育馆举行。全国政协副主席钱伟长、马万祺，全国人大常委会常委曾宪梓，国务院侨办主任廖晖、副主任刘泽彭、顾问李星浩，广东省省长卢瑞华，省人大常委会主任朱森林，省政协主席郭荣昌，副省长卢钟鹤，省人大常委会副主任曾昭科、侣志广、李辰，广东省原省长、老校长梁灵光，广东军区副司令周金禧，以及来自美国、加拿大、哥斯达黎加、英国、法国、德国、葡萄牙、日本、泰国、新加坡、马来西亚、菲律宾、越南等国家和港澳台地区，内地各省市的嘉宾、校董、校友、师生等共 6000 多人，欢聚一堂，共同庆贺。②

国家副主席荣毅仁驰电"向全体师生员工表示衷心祝贺"，赞扬暨南大学"为我国华侨教育事业作出了巨大贡献。……成绩斐然"③。全国政协副主席霍英东发来贺电。国家教委发来贺信。德国柏林菲得利女皇基金会、加拿大中国侨校校友联会、日本神户商科大学、香港大学、香港中文大学、澳门大学、澳门中华教育会等与学校建立姊妹关系的学术机构，华侨大学、广东商学院、广东外语外贸大学等兄弟院校，江西省侨办、福建省侨办、辽宁省侨办、云南省侨办、贵州省侨办等兄弟单位，暨南大学美国北加州校友会、美国南加州校友会、加拿大多伦多校友会、马来西亚校友会、内地校友会等 30 多个校友会，以及诸多社会各界知名人士，纷纷来信来电祝贺。

庆祝大会上，钱伟长董事长高度赞扬了暨南大学 90 年来在海外和港澳台地区培养人才方面取得的成绩，勉励大家进一步坚持国家的改革开放政策和"两个面向"的办学方针，充分发挥董事会的作用，同心同德，团结奋斗，以早日实现"211 工程"的奋斗目标。④ 国务院侨办廖晖主任转达了国务院副总理李岚清、钱其琛对学校 90 周年校庆的祝贺，并热切希望全体师生员工以 90 周年校庆和通过国家"211 工程"部门预审为新的起点，努力提高办学的整体水平和办学效益，更好地为海外和港澳台地区培养高质量人才。⑤ 刘人怀校长在题为"庆九十华诞，建一流大学"的报告中回顾了学校工作成绩，号召全校师生员工团结拼搏，分步实施"211 工程"总体建设规划，争取在 2006 年百年校庆之际，把暨南大学建设成为一所全国一流，并在海外与港澳台地区有重要影响的社会主义综合性华侨大学。⑥ 卢瑞华省长在校庆致辞中充分肯定了暨南大学的工作，并代

---

　　① 《热烈庆祝暨南大学建校九十周年暨顺利通过"211 工程"部门预审》，《暨南大学》第 204 期，1996 年 6 月 15 日，第 1 – 2 版。

　　② 乔思：《九十载声教传四海，五万余学子遍五洲——暨南大学隆重庆祝建校九十周年》，《暨南大学》（校庆专刊），1996 年 7 月 15 日，第 1 版。

　　③ 《国家副主席荣毅仁贺电》，《暨南大学》（校庆专刊），1996 年 7 月 15 日，第 1 版。

　　④ 《全国政协副主席、暨南大学董事长钱伟长在校庆大会上的讲话》，《暨南大学》（校庆专刊），1996 年 7 月 15 日，第 1 版。

　　⑤ 乔思：《九十载声教传四海，五万余学子遍五洲——暨南大学隆重庆祝建校九十周年》，《暨南大学》（校庆专刊），1996 年 7 月 15 日，第 1 版；《国务院侨办主任廖晖在校庆大会上的讲话（摘要）》，《暨南大学》（校庆专刊），1996 年 7 月 15 日，第 1 版。

　　⑥ 刘人怀：《庆九十华诞，建一流大学——在暨南大学建校九十周年庆祝大会上的致辞》，《暨南大学》（校庆专刊），1996 年 7 月 15 日，第 2 版。

表广东省委省政府表示，将采取积极有效措施支持学校的"211 工程"建设。①

暨南大学的姊妹学校之一——美国威斯康星欧克莱尔大学副校长托马斯·米勒，在大会上发表了热情洋溢的讲话，代表该校对暨南大学 90 周年校庆致以美好的祝愿。② 校友总会会长、澳门中华总商会常务理事、澳门国际奥林匹克委员会副主席马有恒先生，代表校友总会和所有暨南校友在大会上致辞，向母校表示热烈的祝贺，号召校友大力支持学校的建设和发展，使母校的办学条件和办学水平更上一层楼。③

暨南大学举办了系列庆祝活动，如举行曾宪梓科学馆、校友楼奠基典礼和裕华楼、万家乐楼、南海楼落成剪彩仪式，出版了《暨南校史》《暨南人》（第一集）和画册《暨南大学》以及《校友通讯录》《暨南逸史》等，拍摄了《暨南春秋》电视片，开展了丰富多彩的校友联谊活动和文体活动，并于 6 月 15—16 日连续举办了两场大型文艺晚会，使校庆活动一直在热烈隆重的气氛中进行。

中央电视台、中央人民广播电台、中国国际广播电台、广东电视台、南方电视台等多家新闻媒体，均对学校 90 周年校庆进行了详细报道。中央电视台《新闻联播》栏目的报道，更为校庆宣传活动写下了浓墨重彩的一笔。暨南大学 90 周年校庆活动以及这些影响广泛、内容翔实的报道，加深了社会对暨南大学的了解，提高了暨南大学在海内外的知名度和美誉度。

二、95 周年校庆庆典

在 21 世纪到来、新千年伊始的 2001 年 11 月 16 日，暨南大学隆重举行了建校 95 周年庆典活动。来自世界五大洲和香港、澳门、台湾及内地部分省市的嘉宾、校董、校友，以及学校师生共 4000 余人，在邵逸夫体育馆庆祝建校 95 周年。全国政协副主席钱伟长、马万祺，国务院侨办主任郭东坡、副主任刘泽彭，卫生部副部长彭玉，广东省副省长李鸿忠，中共广东省委常委、宣传部部长钟阳胜，广东省人大常委会副主任佀志广，全国人大常委会委员、海南省人大常委会副主任王学萍，广州市副市长陈传誉，中央驻港联络办副主任王凤超，中央驻澳联络办副主任刘名启，澳门特区行政会委员、大专教育基金会董事长唐志坚，澳门中华教育会理事长黄枫桦，澳门中华语文教育基金会董事长何景贤，澳门东方葡萄牙学会副会长 Mario Filipe Silva，台湾国立暨南国际大学教务长徐鸿，美国威斯康星欧克莱尔大学副校长 Christopher Lind，德国菲得利女皇基金会干事长 Jurgen Hammerstei，法国里昂天主教大学校长 Monseigneur F. Tricard，日本神户商科大学校长阪本靖郎、广岛修道大学校长 Taichi Zchikawa，越南胡志明市经济大学校长 Nguyen Thanh Tuyen，韩国国立全南大学校长 Seok-Jong Chung、淑明女子大学教务长 Mok Eun Kyun，印尼北苏门答腊大学校长 Chairuddin P. Lubis，澳大利亚格利菲斯工程学院院

---

① 《广东省全力支持暨大的建设和发展——广东省省长卢瑞华在庆祝大会上的讲话（摘要）》，《暨南大学》（校庆专刊），1996 年 7 月 15 日，第 2 版。

② 《期待我们的合作永远继续下去——美国威斯康星州（欧克莱尔）大学副校长托马斯·米勒在庆祝大会上的讲话》，《暨南大学》（校庆专刊），1996 年 7 月 15 日，第 2 版。

③ 《祝愿母校越办越好——暨南大学校友总会会长马有恒在庆祝大会上的讲话》，《暨南大学》（校庆专刊），1996 年 7 月 15 日，第 2 版。

长 Yew-Chaye Loo 等领导和嘉宾出席了庆祝大会。①

党和国家领导人、香港特别行政区行政长官、澳门特别行政区行政长官、国务院侨办领导和学校校董，为学校题词或发来贺信。中共中央政治局委员、国务院副总理钱其琛题词："弘扬中华文化，培育五洲英才。"国家原副主席、暨南大学董事会名誉董事长荣毅仁为 95 周年校庆发来贺词，全文如下："值此暨南大学 95 周年校庆之际，谨向暨南师生和校友表示热烈祝贺。在新世纪，暨南大学更加任重道远，希望贵校抓住机遇，再展宏图，开创新局面，更上一层楼。"② 殷殷暨南之情，切切关怀之意，溢于言表。

刘人怀校长在庆典大会致辞中回顾了建校 95 年来的办学成就，面对喜人的良好发展态势和新世纪的光辉前景，他指出："侨校＋名校"是暨南大学的发展战略，研究型大学是学校的发展方向，暨南大学正循着国际化、现代化、综合化的高水平社会主义华侨大学的目标奋进。③ 国务院侨办主任郭东坡，广东省副省长、暨南大学董事会副董事长李鸿忠分别作重要讲话，对暨南大学多年办学成就均给予充分肯定，并勉励学校再创佳绩。

与暨南大学建立合作关系的部分国际学术机构代表——德国弗里德利希女皇基金会总干事长哈默斯坦教授、美国威斯康星欧克莱尔大学副校长林德博士、印度尼西亚北苏门答腊大学校长查乌丁·卢比斯教授、日本神户商科大学校长阪本靖郎教授，以及暨南大学校友总会会长马有恒、教师代表陈伟明、学生代表颜泉发等人，也分别在大会上致辞，祝贺暨南大学建校 95 周年，并表达对暨南大学的良好祝愿。

随后，暨南大学举行了由国务院原副总理、暨南校友吴学谦题名的校友楼剪彩仪式。钱伟长、马万祺、郭东坡、李鸿忠、侣志广、王学萍、马有恒、颜开臣、温惜今、刘人怀等领导和校友为校友楼剪彩，来自世界各地的校友会代表、嘉宾代表等 500 余人参加了剪彩仪式，并兴致勃勃地参观了设在校友楼内的校史展览。④

次日，暨南大学在校友楼四楼举行了题为"校长论坛——大学在 21 世纪面临的主要挑战"的国际研讨会，美国、德国、葡萄牙、法国、日本、韩国、澳大利亚、南非等国的代表参加了研讨会，会议由胡军副校长主持，刘人怀校长作大会发言。整个研讨会取得圆满成功，也为学校 95 周年校庆增添了浓厚的学术气氛。⑤

有数千名海内外嘉宾和校友参加的盛大隆重的校庆活动，引起了海内外新闻媒体的高度关注。由广东电视台和暨南大学联合制作的庆祝暨南大学建校 95 周年电视专题片——《侨教之光》，于 11 月 12 日在中央电视台第四频道播出，16 日在广东卫视播出。17 日晚中央电视台《新闻联播》栏目对校庆活动的报道，更成为宣传活动的点睛之笔，

① 乔思：《侨教之光耀暨南——我校举行建校 95 周年盛大庆典》，《暨南大学》第 320 期，2001 年 12 月 3 日，第 1 版；国际交流合作处编制：《出席学校 95 周年校庆的海外及港澳台代表名单》。
② 《贺词》，《暨南大学》第 319 期，2001 年 11 月 16 日，第 4 版。
③ 《刘人怀校长在 95 周年校庆大会上的讲话》，《暨南大学》第 320 期，2001 年 12 月 3 日，第 3 版。
④ 张柏星：《我校举行校友楼、校史展览厅落成剪彩仪式》，《暨南大学简报》2001 年第 32 期，2001 年 11 月 22 日，第 3 页。
⑤ 李历家：《我校成功举办题为"校长论坛——大学在 21 世纪面临的主要挑战"的国际研讨会》，《暨南大学》第 320 期，2001 年 12 月 3 日，第 1 版。

把校庆宣传活动不断推向新的高潮。①

第二节　管理体制和院系设置

一、董事会工作

长期以来，董事们热情关怀、大力支持暨南大学的建设和发展，积极献计献策，热心捐款捐物。暨南大学董事会多次召开董事全体会议或港澳董事座谈会，规划学校发展蓝图。学校领导及相关部门负责人充分利用出国或赴港澳访问机会拜访校董，董事会办公室工作人员也经常登门拜见校董，通过多种形式加强与校董的联系和沟通，认真听取董事们对学校工作的意见和建议。

90 周年校庆期间的 1996 年 6 月 15 日，暨南大学第三届董事会第二次会议在广州东方宾馆召开，全国政协副主席钱伟长、马万祺，国务院侨办主任廖晖、副主任刘泽彭、顾问李星浩，广东省委常委、副省长卢钟鹤，广东省原省长、老校长梁灵光，全国人大常委曾宪梓等前来参加校庆的海内外董事，学校领导以及特邀嘉宾出席。会议由钱伟长董事长亲自主持并致开幕词，与会代表听取了刘人怀校长和廖德燊副秘书长分别作的《暨南大学工作报告》和《董事会工作报告》，认为暨南大学于 6 月 14 日顺利通过"211工程"部门预审，是一件具有重要意义和深远影响的大事，进而对学校今后的建设和发展提出了诸多意见和建议，特别深入讨论了"211 工程"建设、校风建设、校园精神文明建设、学校管理等问题。②

1999 年 1 月 30 日，暨南大学第四届董事会第一次会议在校学术会议厅举行，钱伟长董事长主持并致开幕词。大会产生的暨南大学第四届董事会由来自四大洲 12 个国家和地区的 77 名董事组成，国家原副主席、暨南大学董事会原董事长荣毅仁任名誉董事长，全国政协副主席钱伟长任董事长，马万祺、王凤超、卢钟鹤、刘人怀、刘泽彭、何厚铧、武东和、宗光耀、彭玉、曾宪梓、霍英东任副董事长，刘人怀校长兼任秘书长，马有恒、余国春、张永安任副秘书长。③

5 月 28 日，暨南大学部分港澳董事又一次欢聚一堂，在香港中华总商会会所召开暨南大学教育基金会第二届理事会会议。教育基金会副理事长刘人怀主持会议，欧阳瀚先生作了《暨南大学教育基金会工作及财务报告》，汇报教育基金会自 1986 年成立以来各项工作及账目收支情况。会议通过了暨南大学教育基金会第二届理事会人员名单：理事长荣毅仁，副理事长马万祺、霍英东、刘人怀，秘书长张永安，副秘书长马

---

① 宣传部：《新闻媒体眼中的暨南大学 95 周年校庆》，《暨南大学简报》2001 年第 33 期，2001 年 11 月 29 日，第 1、2 页；宣传部：《〈侨教之光〉在广东电视台收视率名列前茅》，《暨南大学简报》2001 年第 35 期，2001 年 12 月 13 日，第 3 页。

② 符悦虹：《学校召开第三届董事会第二次会议》，《暨南大学》（校庆专刊），1996 年 7 月 15 日，第 2 版。

③ 乔思：《暨大董事会四届一次会议隆重举行》，《暨南大学》第 251 期，1999 年 3 月 8 日，第 1 版。

有恒、余国春，常务理事欧阳瀚、查济民、唐翔千、蒙民伟。①

2003年11月16日，暨南大学董事会第五届第一次会议在邵逸夫体育馆召开，听取和审议了刘人怀校长所作的《学校工作报告》以及余国春副秘书长所作的《暨南大学第四届董事会工作报告》。大会产生了暨南大学第五届董事会，由来自四大洲14个国家和地区的82名董事组成，国家原副主席荣毅仁任名誉董事长，全国政协原副主席钱伟长任董事长，马万祺、王今翔、王凤超、卢钟鹤、刘人怀、刘泽彭、李鸿忠、何厚铧、沈国放、侣志广、宋海、黄洁夫、曾宪梓、霍英东任副董事长，刘人怀兼任秘书长，马有恒、余国春、贾益民任副秘书长。广东省委副书记、省长黄华华，国务院侨办副主任刘泽彭分别向与会校董颁发聘书。②

为更好地落实暨南大学与韶关市的市校全面合作协议，学校特邀请部分校董和校友于2005年1月4日在韶关召开了董事座谈会。全国政协原副主席、暨南大学第五届董事会董事长钱伟长，副董事长王今翔、侣志广，副董事长兼秘书长刘人怀，副秘书长余国春、马有恒、贾益民，董事郭全强、戴国坤、梁仲景，李国华校董代表尤异，学校领导以及香港、澳门校友代表共40多人出席了会议。会议由余国春副秘书长主持，钱伟长董事长出席会议并讲话。会上，校董、校友们认真听取和审议了刘人怀校长所作的《暨南大学工作报告》，对学校工作提出诸多建设性意见；与韶关市及有关职能部门负责人进行了座谈，就"市校全面合作"工作进行了深入讨论。③

2006年3月22日、30日，暨南大学香港董事座谈会、澳门董事座谈会分别在香港、澳门举行，余国春、蒙民伟、初志农、霍震寰、颜同珍、林光如、石汉基、梁仲景、李秀恒等校董，中央驻澳办副主任何晓卫、文宣部副部长罗先友，中央驻港办教科部殷春处长，胡军校长、贾益民副校长，以及有关嘉宾出席座谈会。胡军校长作了《暨南大学工作报告》，并邀请校董出席2006年11月17日举行的董事会五届二次会议和11月18日举行的百年校庆庆典大会。校董们认真听取和审议了《暨南大学工作报告》后，对暨南大学的相关工作提出了许多建设性意见。座谈会期间，胡军校长分别拜访了部分港澳校董以及中央驻港办、香港中旅集团、亚洲电视、香港校友会、中央驻澳办、澳门高等教育辅助办公室、澳门中华教育会、澳门中旅等单位，向他们详细介绍了学校百年校庆计划，并盛情邀请届时出席百年校庆庆典活动。④

董事们多次慷慨解囊，捐款捐物，改善办学条件。据不完全统计，1996年初至2006年6月，校董捐款约折合人民币4450万元。其中，黄智隐捐款1100万元，曾宪梓捐款1000万元，蒙民伟捐款500万元，梁仲景捐款270余万元，方润华捐款200余万元，霍英东捐款200万元，颜同珍捐款180万元，马有恒捐款120余万元，温惜今捐款110万元，颜开臣捐款100万元，蔡冠深捐款100万元，刘宇新捐款100万元，吴炳昌捐款93

① 谢明天、符悦虹：《暨南大学教育基金会第二届理事会在香港举行》，《暨南大学简报》1999年第17期，1999年6月10日，第1、2页。

② 董事会办公室：《暨南大学董事会第五届第一次会议隆重举行》，《暨南大学简报》2003年第35期，2003年11月20日，第1、2页。

③ 董事会办公室：《我校董事会座谈会在韶关举行，钱伟长董事长出席会议》，《暨南大学简报》2005年第3期，2005年1月17日，第1、2页。

④ 董事会办公室：《校领导出席我校董事会香港董事、澳门董事座谈会》，《暨南大学》第434期，2006年4月10日，第1版。

万元，何耀光慈善基金捐款 64 万元，马万祺、何厚铧捐款 30 万元，杨孙西捐款 30 万元，钟立雄捐款 14 万元。①

此外，校董还通过多种方式支持学校工作，现仅选择几例，已足显校董对学校的切切关念之情。如：马万祺副董事长、霍英东副董事长，分别无偿地为暨南大学驻澳门联络处、驻香港办事处提供办公场所，并长期承担相关管理费、水电费等费用。石景宜董事捐赠 7200 余册图书以及部分报纸微缩版光盘。石汉基董事捐赠 3100 余册图书。颜开臣校董邀请并帮助学校在泰国举行暨南大学科技项目暨招生发布会。曾宪梓、王凤超、余国春、马有恒等香港校董，马万祺、廖泽云、崔世安、宗光耀、唐志坚等澳门校董，大力支持学校在香港、澳门举办科技开发项目推介会，马有恒校董还赞助了澳门科技推介会的部分费用。马有恒董事每年都邀请学校优秀学生代表团赴澳门访问。香港王宽诚基金会多次资助学校教师参加国际学术交流。

二、学校领导成员的更迭

1996 年 10 月，杨珍妮被任命为中共暨南大学党委常委、党委副书记兼纪委书记。关汉夫不再担任中共暨南大学党委常委、党委副书记兼纪委书记职务。

1996 年 12 月，中国共产党暨南大学第六次代表大会选举刘人怀、蒋述卓、杨珍妮、伍国基、黄旭辉、张永安、罗伟其为党委常委；刘人怀被选举为党委书记，蒋述卓被选举为党委副书记，杨珍妮被选举为党委副书记、纪委书记。

2000 年 1 月，刘人怀留任暨南大学校长，蒋述卓、张永安、罗伟其留任暨南大学副校长；胡军、贾益民、陆大祥被任命为暨南大学副校长。伍国基、黄旭辉、赖江基不再担任暨南大学副校长职务，伍国基改任暨南大学巡视员。

刘人怀校长在任期间，为暨南大学确立了"侨校 + 名校"的战略目标，并初步规划了发展蓝图："学校的综合排名提到大陆前 50 名，境外生达到 5000 人以上，研究生达到 3000 人，把暨大逐渐变成研究型的学校，逐步实现'侨校 + 名校'的奋斗目标。"②

2000 年 2 月，蒋述卓被任命为中共暨南大学党委书记，胡军、贾益民被任命为中共暨南大学党委常委。刘人怀不再兼任中共暨南大学党委书记职务，伍国基、黄旭辉不再担任中共暨南大学党委常委职务。

蒋述卓，男，1955 年 1 月出生，广西桂林灌阳人，中文系教授，文艺学专业博士生导师，享受政府特殊津贴专家。1977 年考入广西师范大学中文系，1981 年获文学学士学位，1984 年获文学硕士学位；1985 年考入华东师范大学，师从著名文艺理论家王元化教授，1988 年获文学博士学位，同年到暨南大学中文系任教。在文艺学、宗教与文艺理论关系、中国古代文论、当代文化诗学批评方面取得多项研究成果，其在佛教与中国文学方面的研究成果得到国内著名学者季羡林、饶宗颐教授的高度肯定和好评。出版《佛经传译与中古文学思潮》《佛教与中国文艺美学》《宗教艺术论》《在文化的观照下》《宋代文艺理论集成》《二十世纪中国古代文论学术研究史》等 13 种著作；在《中国社

① 详见董事会办公室编制的《1996 年初至 2006 年 6 月暨大校董捐款情况一览表》。
② 刘海玲：《通讯："侨校 + 名校"——访暨南大学校长、中国工程院院士刘人怀》，《中国新闻》，2001 年 2 月 5 日，转引自《暨南大学简报》2001 年第 284 期，2001 年 3 月 8 日，第 1、2 页。

会科学》（中、英文版）等刊物以及港澳台学术刊物上发表学术论文 160 余篇，获全国首届青年优秀社会科学成果奖二等奖（1994 年）、广东省优秀中青年社会科学家（1999年）等多个奖项。承担并完成国家社科基金与教育部人文社会科学重点研究基地重大项目等多项研究项目。曾任《暨南大学学报》主编、文学院院长等职，现兼任教育部中文学科教学指导委员会副主任、中国古代文学理论学会副会长、中国中外文艺理论学会副会长、中国比较文学学会理事、广东省文艺批评家协会主席、广东省作家协会副主席、广东省文化学会副会长，《文学评论》《中国比较文学》《中国文学研究》《民族艺术》等杂志编委，广东省高等学校思想政治教育研究会副会长、广东省高等学校党建研究会常务副会长等。

2002 年 2 月，纪宗安、王华同志被任命为暨南大学副校长。张永安同志不再担任暨南大学副校长职务。

2002 年 2 月，杨珍妮同志不再担任中共暨南大学党委副书记兼纪委书记职务。

2002 年 3 月，中国共产党暨南大学第七次代表大会选举蒋述卓、刘人怀、胡军、贾益民、纪宗安、叶勤、王华同志为党委常委；蒋述卓同志被选举为党委书记，王华、叶勤同志被选举为党委副书记，叶勤同志被选举为纪委书记，李兴昌同志被选举为纪委副书记。

2006 年 1 月，胡军同志被任命为暨南大学校长。刘人怀院士因年龄关系不再担任暨南大学校长。

胡军，男，1957 年 2 月出生，吉林省梨树县人。1982 年获学士学位，1985 年在暨南大学获硕士学位，同年 9 月留校在企业管理系任教，1994 年获教授任职资格，1996 年成为博士生导师。1991 年 7 月至 1992 年 12 月赴英国伯明翰大学经济学院进修博士课程；1998 年 7 月至 1999 年 1 月受欧盟资助赴德国汉堡大学从事合作研究；2002 年受美国国务院邀请，作为国际访问学者对美国进行为期一个月的学术考察。1986 年开始从事产业经济与企业管理方面研究，先后承担国家自然科学基金重点项目子项目、国家自然科学基金面上项目、广东省政府大型研究项目等多项重大科研项目；在《经济研究》《管理世界》《中国工业经济》《国外社会科学》等学术杂志上发表学术论文 60 余篇，主编产业经济学丛书两套，出版专著两部：代表作《华南区域经济一体化》于 1996 年出版，书中理论和政策主张与目前的"泛珠三角经济区"战略构想和措施有吻合之处，表现出对广东省目前产业现状和存在问题的前瞻性和预见性；另一代表作《跨文化管理》于 1995 年出版，是国内第一部较全面介绍和论述文化与管理关系以及管理文化基础的专著，被国内以及港台一些学校作为教材使用。研究成果多次获得省部级奖励，"广东工业产业竞争力研究"获 2005 年广东省人文社会科学成果奖一等奖。1996 年被评为暨南大学首届十佳授课教师，2002 年获国务院特殊贡献专家津贴。曾任企业管理系副主任、系主任，MBA 中心副主任，管理学院院长，暨南大学副校长，2001 年起兼任珠海学院院长；现任中国产业经济研究会副会长、中国企业管理研究会副理事长、广东省高校价值工程研究会会长、广东省中青年经济研究会副会长、广东省政府经济发展研究中心特约研究员、广州市政府经济发展顾问、暨南大学产业经济研究所所长、国家重点学科——产业经济学学科带头人等。

2006 年 5 月，周天鸿、刘洁生同志被任命为暨南大学副校长，刘洁生同志被任命为暨南大学党委常委。

三、党政机构设置

1. 部处机构调整情况

为进一步增强办学活力，提高办学效益，暨南大学根据工作需要对相关处级单位进行了调整或更名；对处级机构内部科室设置进行了部分调整，使科室设置更加规范合理，在2000年5月将党政处级机构由29个精简为18个。共设置行政机构14个：校长办公室、教务处、科研处、研究生部、学生处、人事处、外事处、实验室设备处、招生办公室、财务处、总务处、基建处、保卫处、离退休工作处，党委机构4个：党委办公室·组织部、宣传部、统战部、纪监审办公室。①

根据发展需要，于2001年10月设立暨南大学社会科学研究处，原科研处更名为科学技术研究处。

2006年3月设立发展规划处。

实验室设备处在2001年1月更名为资产与实验室管理处。外事处在2001年10月增挂暨南大学港澳台事务办公室的牌子，并于2002年3月更名为国际交流合作处。学生处于2004年6月增挂外国留学生管理办公室、港澳台侨学生管理办公室两块牌子。暨南大学新闻中心于2003年7月成立，与学校党委宣传部实行"两块牌子、一套人马"的运作方式。基建处于2003年5月合并于总务处，后又因大规模基建需要于2005年3月成立。信息管理办公室于2003年11月成立（信息科同时撤销），暨南大学驻北京办事处于2005年4月成立，均隶属校长办公室。

2. 直属单位设置情况

至2006年6月，暨南大学共设有12个直属单位，分别是图书馆、社会科学部、华侨华人研究所（华侨华人人文社会科学重点研究基地）、实验技术中心、体育部、学报编辑部、高等教育研究中心、2001年10月成立的后勤集团、2001年11月由交通部并入暨南大学的信息技术研究所、由信息网络工程研究中心和电化教育中心2003年5月合并成的暨南大学网络与教育技术中心、2004年5月成立的科技产业集团、2005年4月成立的暨南大学生命与健康工程研究院。

四、院系专业设置

为更好地面向21世纪办学，积极发展生命、信息、材料等前沿学科，加快发展经济、管理、新闻等优势学科，学校根据自身特色和学科发展需要，对院系进行大幅度调整和新建，10年新增13个学院、23个教学系、45个隶属于学院的研究所（中心）、31个本科专业。

1. 国际学院

为进一步突出"侨校"特色，培养国际型人才，暨南大学于2001年6月成立全国第一所全英语教学的国际学院。当年即依托已有教学力量开设3个本科专业：国际经济与贸易、会计学、临床医学，并进行首次招生。2003年，增设食品质量与工程本科专

---

① 《暨南大学关于党政机构改革的通知》（暨人字〔2000〕60号）。

业。2004 年，增设药学本科专业。2005 年，增设行政管理本科专业。

至 2006 年 6 月，国际学院已拥有 6 个本科专业。

2. 文学院

1997 年，汉语言文学本科专业获批设立。

2001 年 1 月，新闻学系更名为新闻与传播学系。

2001 年 4 月，学院的新闻与传播学系、外语学系和外语教学中心分别组建为新闻与传播学院、外国语学院。2002 年 7 月，东南亚研究所划归法学院。

调整后的文学院规模虽然有所减小，但也促进了学院对中文、历史学科建设工作的加强。2003 年 11 月，中国语言文学研究所成立，中国语言文化教学中心并入中国语言文学系，方言研究中心、比较诗学与比较文化研究中心撤销。2005 年 4 月，现代文学研究中心成立，5 月，历史地理研究中心成立。同年，戏剧影视文学、美术学 2 个本科专业获批设立。

2006 年 1 月，中国文化艺术中心撤销，其人员、编制并入艺术学院。

至 2006 年 6 月，包括中国语言文学系、历史学系、中国文化史籍研究所，汉语言文学专业、历史学专业，文学院共有 2 个教学系、4 个研究所（中心）、4 个本科专业。

3. 新闻与传播学院

2001 年 4 月，新闻与传播学院在文学院原新闻与传播学系基础上组建，下设新闻学系、广告学系和广播电视新闻学系，同时撤销原新闻与传播学系。同年，广播电视新闻学本科专业获批设立。

2003 年 11 月，暨南大学新闻学院品牌战略与传播中心成立。

至 2006 年 6 月，包括新闻学专业、广告学专业，新闻与传播学院共有 3 个教学系、1 个研究中心、3 个本科专业。

4. 外国语学院

2001 年 4 月，外国语学院在文学院原外语学系和外语教学中心基础上组建，随后设立了英语一系、英语二系、日语系和大学英语教学部。2005 年 4 月，外国语言文学研究所成立。

至 2006 年 6 月，包括英语专业、日语专业，外国语学院共有 3 个教学系、2 个研究所（部）、2 个本科专业。

5. 艺术学院

2005 年 1 月，艺术学院成立，成为暨南大学最年轻的学院。2006 年 1 月，中国文化艺术中心人员及编制并入艺术学院，美术学专业也同时被纳入艺术学院。2006 年初，动画学本科专业获批设立。

至 2006 年 6 月，艺术学院已有 2 个本科专业。

6. 经济学院

1997 年 5 月，经济学系、金融学系和企业管理学系分别成立投资咨询（研究）中心、金融研究所、工业经济研究所；6 月，工业心理与行为科学研究所成立。1998 年 6 月，行政管理系成立。

1998 年 9 月，学院的企业管理系、会计学系、工商管理硕士教育中心（MBA 中心）、行政管理系、工业经济研究所、工业心理与行为科学研究所从经济学院分离出来，组建为管理学院。1999 年 3 月，商学系划归管理学院。

1999 年 3 月，原经济学系与商学系的部分教职工组建为国际经济与贸易系，在原会计学系税务专业基础上成立财税系，经济学系更名为法学系。经济信息管理系在 1999 年 3 月更名为经济信息统计系，2004 年 6 月恢复统计学系名称。2000 年 9 月，特区港澳经济研究所合并于经济发展研究中心；11 月，台湾经济研究所成立。

2001 年 4 月，在法学系基础上组建法学院。

2002 年 5 月，财税研究所成立。

至 2006 年 6 月，包括金融学系，经济学专业、国际经济与贸易专业、金融学专业、财政学专业、统计学专业。经济学院共有 5 个教学系、5 个研究所（中心）、5 个本科专业。

7. 管理学院

1998 年 9 月，管理学院在经济学院的工商、公共行政、管理及工程等学科力量基础上组建，下设企业管理系、会计学系、工商管理硕士教育中心（MBA 中心）、行政管理系、工业经济研究所、工业心理与行为科学研究所。

1998 年，行政管理本科专业获批设立。

1999 年 3 月，商学系由经济学院并入；9 月，工业心理与行为科学研究所更名为人力资源管理研究所。2001 年 7 月，旅游研究所成立。2002 年 1 月，财务与会计研究所成立；11 月，公共管理研究所成立。同年，电子商务本科专业获批设立。2003 年 11 月，研究咨询中心成立；12 月，教育经济与管理研究所成立。同年，物流管理本科专业获批设立。2005 年 5 月，旅游管理系和市场学系成立，同时撤销商学系；6 月，工业经济研究所更名为产业经济研究所。

至 2006 年 6 月，包括企业发展研究所、企业资源规划中心（ERP 中心）、会计硕士教育中心（MPAcc）、公共管理硕士教育中心（MPA）、工程硕士教育中心（ME）、高级管理人才培训中心（SA），工商管理专业、市场营销专业、旅游管理专业、会计学专业、财务管理专业；管理学院共有 5 个教学系、14 个研究所（中心）、8 个本科专业。

8. 法学院

2001 年 4 月，法学院在经济学院原法学系基础上组建。

2002 年 7 月，国际关系学系在东南亚研究所基础上成立，并划归法学院；12 月，法律学系成立。同年，国际政治学本科专业获批设立。2003 年 5 月，美国研究中心成立。

至 2006 年 6 月，包括法学专业，法学院共有 2 个教学系、2 个研究所（中心）、2 个本科专业。

9. 知识产权学院

2004 年 9 月，知识产权研究学院在原暨南大学知识产权研究中心基础上成立，当年即独立招收民商法专业知识产权方向 7 名研究生。知识产权学院暂和法学院合署办公，共享法律资源，共用教师队伍。

2004 年 10 月，知识产权系成立。2005 年，知识产权本科专业获批设立。

至 2006 年 6 月，包括知识产权研究中心，知识产权学院共有 1 个教学系、1 个研究所、1 个本科专业。

10. 理工学院

1997 年，通信工程本科专业获批设立。

1997 年 5 月，数学力学研究所更名为应用力学研究所。

1999 年 3 月，学院的生物工程学系、化学系、生物医学工程研究所、生物工程研究所、生殖免疫研究中心、组织移植与免疫实验中心、水生生物研究所共 2 系 5 所（中心）组建为生命科学技术学院。

2000 年 5 月，土木工程系成立。同年，土木工程本科专业获批设立。

2001 年 4 月，学院的数学系、电子工程系、计算机科学系组建为信息科学与技术学院。至此，理工学院原来的教学系中仅存有物理系。

2001 年 6 月，食品科学与工程系、环境工程系成立。2002 年，材料科学与工程本科专业获批设立。2003 年 3 月，环境工程研究所成立；7 月，光电工程研究所成立。同年，环境工程本科专业获批设立。2004 年 4 月，土木工程系更名为力学与土木工程系；6 月，材料科学与工程系成立。同年，食品质量与安全、工程力学 2 个本科专业获批设立。2005 年 4 月，赤潮与水环境研究中心成立；5 月，公共安全研究中心成立，光电工程系成立。2006 年，建筑学本科专业获批设立。

至 2006 年 6 月，包括食品科技研究中心、电力电子研究所，应用物理学专业、食品科学与工程专业、土木工程专业、环境科学专业、信息工程专业，理工学院共有 6 个教学系、7 个研究所（中心）、10 个本科专业。

11. 生命科学技术学院

1999 年 3 月，生命科学技术学院在理工学院相关系、所基础上组建，下设生物工程学系、化学系、生物医学工程研究所、生物工程研究所、生殖免疫研究中心、组织移植与免疫实验中心、水生生物研究所共 2 系 5 所（中心）。

2000 年 5 月，生物医学工程系成立。同年，生物医学工程本科专业获批设立。2003 年 7 月，生殖免疫中心更名为生殖免疫研究所。同年，生物科学本科专业获批设立。2004 年，生态学本科专业获批设立。2005 年 1 月，生物工程抗体工程研究中心、纳米化学研究所成立。

至 2006 年 6 月，包括应用化学专业、生物技术专业，生命科学技术学院共有 3 个教学系、7 个研究所（中心）、5 个本科专业。

12. 信息科学技术学院

2001 年 4 月，信息科学与技术学院在原理工学院数学系、电子工程系和计算机科学系基础上组建。5 月，更名为信息科学技术学院。

2002 年，信息与计算科学专业获批设立。2003 年 5 月，电子与通信工程研究所、计算机研究所成立。同年，软件工程本科专业获批设立。

至 2006 年 6 月，包括计算中心，数学与应用数学专业、信息管理与信息系统专业、电子信息工程专业、通信工程专业，信息科学技术学院共有 3 个教学系、3 个研究所（中心）、7 个本科专业。

13. 医学院

1998 年 6 月，临床医学系、护理学系成立。同年，护理学本科专业获批设立。1999 年 6 月，药物研究开发中心成立；12 月，中医学系成立。2001 年 1 月，伤害预防与控制中心、基因组药物研究中心、血液病研究所成立。

2001 年 4 月，以药物研究开发中心为基础组建为药学院。

2002 年 5 月，口腔系更名为口腔医学系。

2003 年 1 月，基因组药物研究中心并入药学院。

2003 年 3 月，暨南大学/华盛顿大学艾滋病基因与疫苗研究开发中心成立。2004 年，针灸推拿学本科专业获批设立。

至 2006 年 6 月，包括临床医学专业、口腔医学专业、护理学专业、中医学专业，医学院共有 4 个教学系、3 个研究所（中心）、5 个本科专业。

14. 第一临床医学院

第一临床医学院的前身是医学院附属医院（广州华侨医院）。医学院附属医院于 1996 年 10 月更名为暨南大学医学院第一附属医院，2002 年 11 月更名为暨南大学附属第一医院。为了更好地做好医学教学工作，暨南大学临床学院于 2004 年 1 月成立，与暨南大学附属第一医院采用"两块牌子、一套人马"的运作方式，并于 2004 年 12 月更名为暨南大学第一临床学院，2005 年 1 月更名为暨南大学第一临床医学院。

第一临床医学院的主要教学工作是与医学院一起制订教学计划，开展相关教学活动，培养研究生，承担医学类学生的临床实习见习工作，没有设立专门教学系。

15. 第二临床医学院

2005 年 1 月，第二临床医学院成立，由位于深圳特区的三所附属医院组建而成，即第二附属医院（深圳市人民医院）、深圳眼科中心、深圳华侨城医院。

第二临床医学院主要承担培养研究生和医学类学生的临床实习见习工作，没有成立专门的教学系。

16. 药学院

2001 年 4 月，药学院在医学院原药物研究开发中心基础上，结合相关学科力量组建。同年，药学专业获批设立。

2002 年 1 月，原隶属于科技处产业办的医药生物技术开发中心并入药学院，药物研究中心更名为化学合成药物研究中心；3 月，广州（暨南）生物医药研究开发基地划归药学院管理；7 月，中药及天然药物研究所成立。2003 年 1 月，基因组药物研究中心由医学院并入。同年，中药学专业获批设立。2005 年 5 月，新药研究所成立；7 月，中药学系和药学系成立。

2004 年 12 月，医药生物技术研究开发中心、广州（暨南）生物医药研究开发基地划归科技产业集团管理。

至 2006 年 6 月，药学院共有 2 个教学系、4 个研究所（中心）、2 个本科专业。

17. 华文学院

1998 年，对外汉语本科专业获批设立。

2003 年 4 月，华文教育研究中心更名为华文教育研究所。2004 年 12 月，华文教育研究所增挂学校与教育部共建的海外华人社区语言资源监测与研究中心牌子。2005 年 4 月，华文教育系成立。同年，华文教育本科专业获批设立。

至 2006 年 6 月，包括应用语言学系、对外汉语系，汉语言文学专业，华文学院共有 3 个教学系、2 个研究所（中心）、3 个本科专业。

18. 珠海学院

珠海学院的前身是 1998 年 5 月设立的珠海学院（筹），又简称珠海教学点，校址在珠海市郊唐家湾鸡山村，当年即开设计算机软件本科专业和旅游管理本科专业。2000 年 4 月，学院迁至珠海市区前山镇。

2002 年 7 月，珠海学院管理科学与工程研究所成立；9 月，珠海学院设立新闻与传播学系、中国语言文学系、外国语言文学系、计算机科学系、企业管理学系、会计学系、国际经济与贸易学系、金融学系、法学系，均为校本部相应机构的一部分，具体负责学院的教学工作。同年，珠海学院本科专业数达到 14 个：国际经济与贸易、金融学、信息管理与信息系统、工商管理、市场营销、会计学、财务管理、行政管理、法学、汉语言文学、英语、新闻学、广告学、计算机科学与技术。① 2003 年 4 月，计算机工程研究所成立。同年 9 月，设立数学与应用数学专业、信息管理与信息系统专业、电子商务专业。② 2005 年 4 月，电气自动化研究所、包装工程研究所成立；6 月，广告学系、市场学系和行政管理系成立。2006 年初，电气工程及其自动化、包装工程 2 个本科专业获批设立。

至 2006 年 6 月，珠海学院共有 12 个教学系、3 个研究所、19 个本科专业。

19. 深圳旅游学院

深圳旅游学院实行院务委员会领导下的院长负责制，由国务院侨办副主任刘泽彭兼任院务委员会主任。2000 年 5 月，旅游管理系和旅游开发研究中心成立，填补了学院无系和研究中心的空白。2001 年 6 月，英语系成立；11 月，学院顺利通过世界旅游组织（WTO. THEMIS）旅游管理专业教育质量认证（Ted. Qual. Certification），成为内地首家通过此项认证的高等旅游院校。2002 年 1 月，学院与英国爱姆伍德学院签订协议，合作开展高尔夫专业教育。

2003 年 3 月，暨南大学中旅学院更名为暨南大学深圳旅游学院。

至 2006 年 6 月，包括旅游管理专业、电子商务专业、英语专业，深圳旅游学院共有 2 个教学系、1 个研究中心、3 个本科专业。

20. 教育学院

教育学院主要依托兄弟院系的教学力量开展成人继续教育。1999 年 5 月，教育学院自考办增挂暨南大学公开学院的牌子。

至 2006 年 6 月，教育学院共设置 12 个专科起点本科专业、3 个高中起点专科专业，分别是财政学专业、工商管理专业、行政管理专业、会计学专业、国际经济与贸易专业、市场营销专业、金融学专业、法学专业、汉语言文学专业、英语专业、计算机科学与技术专业、护理学专业、会计学专业、国际经济与贸易专业、工商企业管理专业。

此外，体育教育本科专业在 2006 年初获批设立，由体育部负责相关教学工作。

截至 2006 年 6 月，暨南大学共拥有 20 个学院、56 个教学系、88 个本科专业，分别较进入"211 工程"建设前的 7 个、21 个、30 个增长 2.8 倍、2.1 倍、2 倍，涵盖了文、史、经、管、法、理、工、医、教育九大学科门类。

---

① 教务处编制：《暨南大学本科教学计划》，2002 年 8 月，第 3 页。

② 教务处编制：《暨南大学本科教学计划》，2003 年 8 月，第 3 页。

表 1　院、系及本科专业设置情况表

学　院	系、所、部	专　业	序　号
国际学院		临床医学	
		国际经济与贸易	
		会计学	
		食品质量与安全	
		药学	
		行政管理	
文学院	中国语言文学系	汉语言文学	1
		戏剧影视文学	2
	历史学系	历史学	3
新闻与传播学院	新闻学系	新闻学	4
	广告学系	广告学	5
	广播电视新闻学系	广播电视新闻学	6
外国语学院	英语一系	英语	7
	英语二系		
	日语系	日语	8
艺术学院		美术学	9
		动画	10
经济学院	经济学系	经济学	11
	国际经济与贸易系	国际经济与贸易	12
	金融学系	金融学	13
	统计学系	统计学	14
	财税系	财政学	15
管理学院	企业管理系	工商管理	16
		物流管理	17
	会计学系	会计学	18
		财务管理	19
	行政管理系	行政管理	20
	旅游管理系	旅游管理	21
	市场学系	市场营销	22
		电子商务	23
法学院	法学系	法学	24
	国际关系学系	国际政治学	25

（续上表）

学　院	系、所、部	专　业	序　号
知识产权学院	知识产权系	知识产权	26
理工学院	物理系	应用物理学	27
	食品科学与工程系	食品科学与工程	28
		食品质量与安全	29
	力学与土木工程系	工程力学	30
		土木工程	31
		建筑学	32
	环境工程系	环境科学	33
		环境工程	34
	材料科学与工程系	材料科学与工程	35
	光电工程系	信息工程	36
生命科学技术学院	化学系	应用化学	37
	生物工程学系	生物技术	38
		生物科学	39
	生物医学工程学系	生物医学工程	40
	生态学系	生态学	41
信息科学技术学院	数学系	数学与应用数学	42
		信息管理与信息系统	43
		信息与计算科学	44
	电子工程系	电子信息工程	45
		通信工程	46
	计算机科学系	计算机科学与技术	47
		软件工程	48
医学院	临床医学系	临床医学	49
	口腔医学系	口腔医学	50
	护理学系	护理学	51
	中医学系	中医学	52
		针灸推拿学	53
第一临床医学院			
第二临床医学院			
药学院	药学系	药学	54
	中药学系	中药学	55

（续上表）

学　院	系、所、部	专　业	序　号
华文学院	应用语言学系	汉语言	56
	对外汉语系	对外汉语	57
	华文教育系	华文教育	58
珠海学院	国际经济与贸易系	国际经济与贸易	
	金融学系	金融学	
	数学系	信息管理与信息系统	
		数学与应用数学	
	企业管理学系	工商管理	
	商学系	市场营销	
		电子商务	
	行政管理系	行政管理	
	会计学系	会计学	
		财务管理	
	法学系	法学	
	中国语言文学系	汉语言文学	
	外国语言文学系	英语	
	新闻与传播学系	新闻学	
		广告学	
	计算机科学系	计算机科学与技术	
		软件工程	
	电气自动化研究所	电气工程与自动化	59
	包装工程研究所	包装工程	60
	计算机工程研究所		
深圳旅游学院	旅游管理系	旅游管理	
		电子商务	
	英语系	英语	
教育学院			
	体育部	体育教育	61

资料来源：教务处编印的历年《暨南大学本科人才培养方案》及相关资料。

第三节　党政工作

进入"211工程"重点建设大学行列后，学校积极构建符合"侨校"特色和教育规律的管理体系，工作效率和管理水平大幅提升。同时，学校在党群工作方面开展多种扎实有效的活动，振奋了精神，鼓舞了斗志，有力地促进了各项工作的深入开展。

一、行政工作

10 年来，学校在干部任用及考核、干部培训、学院管理、人事聘任及分配、财务管理、办公手段、制度建设、反腐倡廉等方面均有针对性地采取得力措施，取得了显著成效。

1. 改变传统的干部任用方式和管理模式，实行干部任用公开选拔制度和目标责任管理制度

1997 年底至 1998 年初，首次在全校范围内公开选拔部分处级干部，经过报名、推荐、资格审查、笔试、面试、公示、考察等程序，夏泉、王亚希、庄友明、张安国、刘孟骧 5 位于 1998 年 4 月获得聘任。[①] 2003 年上半年，学校第一次在 170 个处级岗位干部换届工作中采取大范围竞争上岗方式公开，任用总人数 180 人次，达到平台但因岗位所限未上岗的同志进入后备干部人才库。[②] 同年 7 月 11 日，学校与新聘任中层干部签署《三年任期目标责任制》，把干部考核重点放在工作效益方面，有力地促进了中层干部由被动地接受上级安排工作转变为积极主动地开展工作。

2. 努力提高中层干部的管理水平，分批把部处领导和学院院长送到国外著名大学培训

2004 年 9 月 29 日至 10 月 19 日，王华副校长率领行政管理干部培训团一行 25 人赴美国威斯康星欧克莱尔大学等进行培训。2005 年 9 月 27 日至 10 月 18 日，纪宗安副校长率领由 17 个学院院长组成的访问团一行 23 人赴澳大利亚格利菲斯等大学进行考察培训。上述两次培训，使学校中层干部对国外一流大学的先进办学理念和管理方法有了感性认识，促进了干部管理水平和学校整体办学水平的提升，也有利于学校办学更好地与国际接轨。

3. 面向海内外招聘 10 个学院院长，大力提升学院管理水平

2004 年 9 月 30 日，学校在海内外著名媒体及网站上刊登招聘消息，面向全球招聘管理学院、法学院、理工学院、信息科学技术学院、药学院、珠海学院、艺术学院、外国语学院、华文学院、经济学院 10 个学院院长。来自 9 个国家和香港特别行政区的 93 位应聘学者中，李从东教授、符启林教授、马宏伟教授、龚建民教授、王玉强研究员、王志伟教授、张铁林先生、卢植教授、班弨教授、冯邦彦教授脱颖而出，获得聘任。

4. 实行以学院为实体的管理制度

根据教学和学科发展需要，学校自 1999 年以后开始逐步推进以学院为实体的管理制度。1999 年 5 月，理工学院开始实行，系、所、中心原则上只设系主任、中心主任、所长和系主任助理、中心主任助理、所长助理，[③] 由学院切实承担管理职责，教学系得以专注于教学工作。后来，其他学院也相继实行以学院为实体的管理体制。

---

① 组织部：《学校聘任第一批公开选拔的处级干部》，《暨南大学工作简报》1998 年第 7 期，1998 年 4 月 20 日，第 2 页。

② 陈莹：《引入竞争机制，拓宽用人渠道，创建一支高素质的管理干部队伍》，《暨南大学》第 362 期，2003 年 9 月 15 日，第 1 版。

③ 《关于暨南大学理工学院实行院为实体管理体制的通知》（暨人字〔1999〕72 号）。

5. 对分配制度进行彻底改革，实行"人尽其才、劳有所得、功有所奖、过有所罚"的校内工资制度

1996 年 10 月 10 日，学校第 31 次办公会议讨论通过了新分配制度，决定把校内奖酬金等收入统一纳入校内分配范围。11 月 28 日学校第 38 次办公会议通过了《暨南大学校内工资暂行办法》，根据两级考核、评估结果发放校内工资，拉开校内工资档次。2000 年 9 月，学校进一步制定《教职工（教学科研系列）量化考核计分标准》《教辅实验系列量化考核计分标准》等相关文件，对教职工全面实行工作量化考核，并据此计算校内工资数额。

6. 进一步优化人员配置，学校对在职员工实行定岗定编制度，对新聘任人员实行人事代理制度；同时加强档案管理工作，以配合相关工作的开展

1996 年，学校开始对各单位人员进行人事定岗定编，实行聘任制。2004 年底，定岗定编工作初步完成，实现由身份管理向岗位管理的转变。① 学校的人事管理服务社会化的工作进一步推进，《暨南大学人事代理暂行办法》于 2000 年 4 月 1 日开始施行，学校新聘并适用本办法人员的人事档案将不再由学校管理，而是挂靠在中国南方人才市场。②

与人事管理制度改革推进相适应，学校的档案管理水平进一步提升，综合档案室在 1999 年 5 月转套为国家二级，在 12 月被评为全国四所"全国档案工作优秀集体"之一。人事档案管理在 2001 年 1 月获得中共中央组织部签发的"干部人事档案工作目标管理达一级标准"证书。

7. 稳妥地调整教职工构成比例，提高整体工作效益

为实现工作效益最大化，经过多年调整，学校在现有教职工保持在 4000 人以内的规模下，使专职教师、教辅人员、党政干部的比例已经达到 6∶2∶2。

8. 稳步进行财务制度改革，在全校实行一级财务和"收支两条线"的财务管理制度

自 1996 年开始，学校实行新基金管理制度，统一全校财务结算。1998 年 9 月，学校设立财务结算中心，对资金实行统一监管。1999 年，学校全面调整会计科目和经费控制办法，建立经费卡制度，对经费本进行清理，解决多年遗留的财务问题。后来又制定《暨南大学预算管理暂行办法》《暨南大学预算管理实施细则》等系列文件，明确预算的结构和内容，实行符合学校实际的会计委派制度，从"核算型"财务逐渐过渡到"管理型"财务。③

9. 积极推进并广泛运用现代化办公手段，以逐步实现办公自动化

2000 年初，学校开始推广"集成化网络办公与信息系统"软件。2001 年 4 月 16 日，学校试运行"网络办公与信息系统"，④ 于 5 月 1 日起正式实施将部分纸质通知改为

---

① 《暨南大学 2004 年工作总结》（暨发〔2005〕3 号），第 12 页。
② 校办：《我校制定实施〈暨南大学人事代理暂行办法〉》，《暨南大学简报》2000 年第 9 期，2000 年 4 月 6 日，第 1 页。
③ 《暨南大学 2002 年工作总结》（暨字〔2003〕1 号），第 12 页。
④ 校长办公室：《我校试运行网络办公与信息系统》，《暨南大学简报》2001 年第 10 期，2001 年 4 月 19 日，第 3 页。

网上发布工作，取消非红头文件的纸质通知。[①] 为进一步提高校园管理的现代化水平，学校于 2003 年 6 月 23 日和中国工商银行广东省分行签订合作协议，共建学校"校园卡"工程。2003 年 8 月 23 日，"校园卡"投入使用，并逐渐具备工作证明、就餐卡、图书借阅、门诊医疗、门禁系统、会议签到等功能，"数字化校园"的时代悄然到来。

10. 编印《暨南大学文件汇编》，更好地贯彻"严、法、实"的办学原则

学校把近年来制定并仍在执行的文件汇编成册，于 2002 年 12 月、2003 年 6 月分别出版了《暨南大学文件汇编·行政管理卷》和《暨南大学文件汇编·教学科研卷》，汇集了广大师生最为关注的 187 份文件及相关部门的办事程序，既使管理有章可循，又方便大家办事。

11. 采取多种措施进行反腐倡廉，保证学校工作健康有序开展

1996 年 3 月，学校成立信访办公室，[②] 专门负责群众来信、来访工作，接受群众监督，解决实际问题。为更好地从源头上预防职务犯罪发生，学校在 2003 年 4 月 16 日与广东省检察院签订同步预防职务犯罪工作协议，主动请求广东省检察院帮助做好廉政建设，参加签字仪式的广东省教育纪工委陈韩晓书记对此给予了高度评价：检察院到高校进行预防，为学校依法从事管理工作提供法律保障，这在国内尚属首次，具有重要的现实意义和示范作用。[③]

二、党群工作

10 年时间里，学校党委积极围绕"211 工程"建设和"侨校 + 名校"发展战略开展工作，并深入进行了"三讲"活动和保持共产党员先进性教育活动，群众工作开展得有声有色，为学校的改革和发展创造了良好的政治保障和群众基础。

1. 党员代表大会的召开

1996 年 12 月 19 日至 21 日，中国共产党暨南大学第六次代表大会召开，国务院侨办副主任刘泽彭，广东省委高校工委副书记、广东省高教厅副厅长答朝心出席开幕式，并分别作了重要讲话。与会正式代表 192 人，分成文、理、经、医、华文等 10 个代表团，分组讨论了伍国基、杨珍妮分别代表学校第五届党委、纪委作《党委工作报告》和《纪委工作报告》，并酝酿第六届党委、纪委候选人名单。经过认真审议，大会通过了两个工作报告，并于 12 月 21 日选举邓义昌、叶勤、伍国基、刘人怀、杨松、杨珍妮、杨海涛、苏运霖、何建伟、张永安、张金华、陈文昌、罗伟其、罗国才、贾益民、黄旭辉、韩兆洲、蒋述卓、程飚 19 人为新一届党委委员；王燕菊、阳文成、杨珍妮、何培秋、何赐流、罗国才、周素梅、胡志诚、揭德炳 9 人为新一届纪委委员。刘人怀、蒋述卓、杨珍妮、伍国基、黄旭辉、张永安、罗伟其被选举为党委常委；刘人怀被选举为党委书记，蒋述卓被选举为党委副书记，杨珍妮被选举为党委副书记、纪委书记。

2002 年 2 月 28 日至 3 月 1 日，中国共产党暨南大学第七次代表大会召开，国务院

① 信息科：《学校正式实施将部分纸质通知改为网上发布的工作》，《暨南大学简报》2002 年第 13 期，2002 年 5 月 16 日，第 1 页。
② 《关于成立学校信访办公室的通知》（暨人字〔1996〕68 号）。
③ 纪监审办：《我校与广东省检察院签约，携手预防职务犯罪》，《暨南大学简报》2003 年第 11 期，2003 年 4 月 17 日，第 1、2 页。

·369·

侨办刘泽彭副主任、陈贻邱副司长、李民副处长、省委教育工委答朝心副书记、陈韶处长出席开幕式并讲话。会上，校党委书记蒋述卓、纪委副书记罗国才分别作《党委工作报告》和《纪委工作报告》，得到与会代表们的一致通过。经过充分酝酿和民主选举，大会选举产生了中国共产党暨南大学第七届委员会和纪律检查委员会，马秋枫、王华、王心洁、王列耀、叶勤、刘人怀、刘洁生、纪宗安、何赐流、李兴昌、汪晨熙、郑文杰、柏元淮、胡军、赵明杰、夏泉、贾益民、宿宝贵、蒋述卓19人被选举为新一届党委委员；孔小文、王燕菊、叶勤、张安国、李兴昌、肖永杰、周显志、宗世海、赵明杰9人被选举为新一届纪委委员。大会还选举蒋述卓、刘人怀、胡军、贾益民、纪宗安、叶勤、王华为党委常委；蒋述卓为党委书记，王华、叶勤为党委副书记，叶勤为纪委书记，李兴昌为纪委副书记。

2. 思想政治工作的深化

学校党委采取多种方式、多种途径加强理论研究工作。1998年3月，邓小平理论研究中心成立。2003年12月，暨南大学学生学习"三个代表"读书会成立。2004年10月，由蒋述卓书记题写刊名，并委托宣传部开始编印《领导内参》（月刊）。[1] 同时，学校党委、党委宣传部还就不同主题，多次开展党建征文活动、举办理论研究会等活动，使学校党建理论研究工作呈现蓬勃发展的局面。在2003年7月结束的广东省学习十六大精神网上征文活动中，学校有367篇论文被采用，其中，校党委书记蒋述卓的论文《步入成熟阶段的中国共产党》等两篇论文荣获一等奖。在2005年广东省委组织部、省委党校等部门联合举办的"党的先进性建设与和谐社会"理论研讨会中，校党委书记蒋述卓的《加强党的领导与构建社会主义和谐社会》，宣传部夏泉部长、佘晓敏老师的《试论高校宣传思想工作与和谐校园建设》等8篇论文入选，其中，蒋述卓书记的论文荣获三等奖。

面对日益纷繁复杂的新形势，学校党委积极探索思想政治工作的新形式和新方法。2002年6月5日，学校党委专门召开推进思想政治教育工作进网络协调会，成立由党委书记蒋述卓任组长、副书记王华任副组长的暨南大学思想政治教育工作进网络领导小组。经过多次有针对性的组织党建网页设计评比活动，学校于2004年11月基本构建起"学校党委—基层党组织"为一体的暨南大学网络党建平台。[2] 2005年4月28日，"暨南大学网上党校"在电子剪彩仪式中正式开通，2006年5月又被评为全国高校"十佳思政类网站"。

3. 党建工作的进一步民主化、制度化

为更好地规范各级党组织的教育管理工作，推进"依法治校"进程，学校党委于2004年8月将60多份学校党委工作文件编印成《暨南大学党委工作文件汇编》发至每一个基层党组织和党务工作者。该书涵盖了对党组织工作部门及人员的各项具体要求，使学校广大党务工作者在日常管理中有"法"可依，有规可循，进一步推进了学校的党建工作朝科学化、民主化、制度化的方向发展。

---

[1] 《暨南大学工作简报》2004年第25期。
[2] 组织部：《学校党委举行基层党组织党建网站设计大赛》，《暨南大学简报》2004年第29期，2004年11月17日，第4页。

4. "三讲"活动和保持共产党员先进性教育活动

根据上级党委统一部署，学校党委分别于 2000 年 10 月至 12 月、2005 年 7 月至 12 月深入扎实地开展"三讲"活动和保持共产党员先进性教育活动，取得显著成效。

2000 年 10 月 15 日，学校党委在曾宪梓科学馆召开"三讲"教育动员大会，由校长刘人怀主持，校党委书记、校"三讲"教育领导小组组长蒋述卓作动员报告，参加大会的国务院侨办副主任刘泽彭更对学校"三讲"活动提出具体要求。经过"思想发动、学习提高""自我剖析、听取意见""交流思想、开展批评""认真整改、巩固成果"四个活动阶段的深入开展，学校党委于 12 月 26 日召开"三讲"教育工作总结大会，蒋述卓书记总结了学校"三讲"教育主要收获和工作经验及体会。刘人怀校长宣读了《暨南大学"三讲"教育整改方案》，从 11 个方面提出具体整改意见，"三讲"活动圆满结束。① 为把"三讲"教育取得的优秀成果落到实处，学校党委在 2001 年 9 月 8 日至 25 日举行了"三讲"教育"回头看"活动，国务院侨办和广东省委教育工委督察组在全体与会人员中进行了"三讲"教育"回头看"活动问卷调查，满意和基本满意率达到 96.32%。②

在保持共产党员先进性教育活动中，学校成立了由校党委书记蒋述卓任组长、校长刘人怀任副组长的保持共产党员先进性教育活动领导小组，下设办公室，为活动的开展提供了坚强的组织保障。2005 年 7 月 15 日，学校党委召开保持共产党员先进性教育活动动员大会，由刘人怀校长主持，蒋述卓书记作动员报告。大会以学校体育馆为主会场，同时设立华文学院、珠海学院、旅游学院三个分会场，组织师生党员通过网络视频观看大会实况，取得良好效果。③ 2005 年 7 月 21 日，中共中央政治局委员、广东省委书记张德江到校进行专题调研，对开展党员先进性教育活动进行指导。9 月 14 日，广东省委副书记、纪委书记王华元莅校为师生党员上了一堂生动的专题党课。12 月 15 日，学校党委召开保持共产党员先进性教育活动总结大会，认为此次教育基本达到了"提高党员素质、服务人民群众、促进各项工作"的目标要求，群众满意度测评达到 95.6%。参加总结大会的韩政堂副书记、李晋锋副市长分别代表国务院侨办两校先进性教育活动巡回检查组、广东省委第二批先进性教育活动第十八巡回检查组，对学校的保持先进性教育活动也给予了高度评价，认为学校高标准、严要求、圆满完成了三个阶段的保持共产党员先进性教育活动。④

5. 群众工作的广泛开展

多年来，学校充分发挥教代会和工代会的桥梁与纽带作用，定期召开教代会、工代会，把学校工作及时向教职员工通报，并把学校重大决定和重要制度提交教代会和工代会讨论，有效地增强了教职员工的向心力，促进了各项工作的开展。校工会每年都通过

---

① 《我校"三讲"教育工作圆满结束》，《暨南大学简报》2001 年第 1 期，2001 年 9 月 27 日，第 3 页。

② 饶敏：《暨南大学"三讲"教育"回头看"活动圆满结束》，《暨南大学简报》2001 年第 27 期，2001 年 10 月 18 日，第 2 页。

③ 付勇：《加强党的先进性建设，开创党建工作新局面——我校召开保持共产党员先进性教育活动动员大会》，《暨南大学简报》2005 年第 27 期，2005 年 9 月 5 日，第 2 页。

④ 党委办公室：《我校召开保持共产党员先进性教育活动总结大会》，《暨南大学简报》2005 年第 49 期，2005 年 12 月 27 日，第 3 页。

举办元旦晚会、安排多种文体活动等，丰富教职员工的业余文体生活。同时，还针对教职员工的健康问题，举办系列健康讲座或有针对性的锻炼活动，例如2000年下半年举办"为祖国健康工作五十年"活动。2001年1月召开的第五届教代会暨第九届工代会，选举副校长胡军为校工会主席，何问陶为副主席，肖永杰为专职副主席。2005年1月召开的第六届教代会暨第十届工代会第一次会议，选举产生了新一届工会委员会、经费审查委员会、女教职工委员会，通过了新一届教职工代表大会提案工作委员会名单。随后召开的第十届校工会委员会第一次全体委员会议，选举党委副书记叶勤为校工会主席，彭小川、肖永杰为校工会副主席，叶勤、王列耀等11人为校工会常务委员会委员。

10年来，学校大力引导广大青年学生培养高尚志趣、提高综合素养，并着重以团员意识教育、学生文体活动、"三下乡"社会实践活动、青年志愿者援助、社会实践、学术科技竞赛等活动为载体，取得可喜成绩。校团委荣获厅局级以上政府奖励40余项，其中，在1997—2001年连续五年被团中央、教育部授予全国暑期"三下乡"社会实践先进单位荣誉称号，在1999年成为广东省首批"五四红旗团委"创建单位，2000年6月成为广东省高校中唯一的"全国五四红旗团委标兵"单位，2001年6月成为广东省高校系统唯一的省"团员意识教育试点单位"。2001年，Warm Touch青年志愿者服务队被共青团中央、中国青年志愿者协会授予中国百个优秀青年志愿服务先进集体荣誉称号，实现零的突破。

学校积极组织学生开展高水平科技创新活动，在参加国家和广东省历届"挑战杯"课外学术科技作品大赛中均取得优异成绩。其中，2001年4月举行的第六届"挑战杯"广东省大学生课外学术科技作品竞赛，学校以12件一等奖、14件二等奖、10件三等奖，比第二名高出800多分的优异成绩，荣获全省第一。2003年3月举行的第七届"挑战杯"广东省大学生课外学术科技作品竞赛，学校以2个特等奖、9个一等奖、13个二等奖、6个三等奖的优异成绩名列全省第二。2003年11月举行的第八届"挑战杯"全国大学生课外学术科技作品竞赛，学校获得二等奖、三等奖各3个，在全国排名并列第15名，总成绩在广东省高校位居第二，同时成为下一届"挑战杯"竞赛发起高校。2005年11月举行的第九届"挑战杯"飞利浦全国大学生课外学术科技作品竞赛，学校有5项作品获奖，总分并列全国第12名、广东省第一名。鉴于在往届"挑战杯"创业计划大赛中多次取得优异成绩，第五届"挑战杯"中国移动广东大学生创业计划竞赛决赛由暨南大学承办，于2006年6月9日至10日在暨南园隆重举行，雷于蓝副省长出席开幕式并讲话，学校共有6件获金奖、2件获银奖，名列广东省高校第一。

三、校友工作

在一个世纪的办学历程中，暨南大学为世界五大洲104个国家和港澳台3个地区以及祖国内地省市培养了各级各类人才20余万人，分布在欧洲20个国家、美洲27个国家、亚洲28个国家、大洋洲7个国家、非洲22个国家。如果说"有海水的地方就有华人"，我们可以毫不夸张地说：有华人的地方，就有暨南大学学生。做好海内外广大校友工作，其积极影响和深远意义自是不言而喻的。

为增进世界各地校友间的沟通和联系，在庆祝母校建校95周年之际，暨南大学校友总会理事会一届四次会议暨第二届理事会成立大会于2001年11月16日在校友楼四楼会议厅召开。来自美国、新加坡、泰国和中国香港、中国澳门、北京、上海等地的校友会代表和校友总会理事出席会议，大会由校友总会第一届理事会秘书长钟业坤主持，总会会长马有恒首先致辞，第一届理事会理事长黄旭辉作了《暨南大学校友总会第一届理事会工作报告》。在预备会议协商基础上，会议通过了第二届理事会组成人员名单，暨南大学校友总会会长由马有恒继续担任，第二届理事会理事长由胡军副校长担任，理事会设常务理事会，在校友代表大会闭幕期间主持校友总会工作。会上，各地校友代表踊跃发言，对校友总会今后的工作提出了诸多宝贵意见和建议。①

　　学校主要领导及有关部门负责人充分利用出国或赴港澳访问机会，多次拜访当地校友，并倡议在校友较多的国家和地区成立校友会。经过努力，至2006年6月，学校已在美洲、亚洲、大洋洲的10个国家和港澳台3个地区成立58个校友会，香港校友还专门成立了暨南大学香港警察同学会、香港新闻传媒同学会、香港社会学同学会，使校友间的联系进一步加强。

　　校友总会和地方校友会积极进行会刊编印工作，以加强联系和沟通。校友总会编印出版了《暨南校友》，及时向校友介绍学校发展情况和各地校友会动态。另外，美国南加州校友会编印了《暨南简讯》，新加坡校友会编印了《星洲暨南人》，香港校友会编印了《香江暨南情》，北京校友会、上海校友会、南京校友会等16个内地校友会分别出版了会刊，使之真正成为校友和学校之间以及校友之间联络感情、交流信息的桥梁。

　　广大校友始终对学校满怀深情，总是力所能及地为母校作出自己的贡献，采取各种形式表达对母校的拳拳关切之情。例如，香港校友会和澳门校友会多次组成暨南大学港澳校友访京团，在学校领导带领下，前往北京拜访国务院侨办、教育部港澳台办等部门领导，积极呼吁相关部门支持学校工作。在迎接90周年校庆前夕，校友们积极参与《暨南人》一书的编纂工作以及《暨南春秋》的拍摄工作，使相关内容更加翔实。筹建暨南大学校友楼的消息传出后，海内外校友踊跃捐款，至2001年11月竣工前，世界各地校友（包括在校学生）共捐款总额折合人民币438万元。② 其中，马来西亚102岁老校友梁怡来先生在1996年春和学校取得联系后，当即通过新加坡校友会捐赠新加坡币400元（折合人民币2420元）。③ 1999年，经济学院1993届毕业生、时年28岁的叶惠全先生向经济学院捐赠25万元。2001年在南京建立暨南学堂纪念碑的工作过程中，南京校友会贡献尤多。2004年初，90岁高龄的欧阳礼校友（1934年毕业于政治学系）将一枚珍藏72年，正面刻有"国立暨南大学·二十三年度·法学士·欧阳礼"、背面刻有"National Chi-Nan University·Shanghai·LLB"的校徽赠送给母校。2005年，上海校友会积极筹划在母校上海真如校区唯一幸存建筑物——原理学院大楼建立纪念碑，以铭记暨南大学上海时期的辉煌办学业绩，激励所有暨南人开拓进取，再创佳绩。

---

　　① 季青：《暨南大学校友总会召开理事会一届四次会议暨第二届理事会成立大会》，《暨南大学简报》2001年第32期，2001年11月22日，第3页。

　　② 张柏星：《暨南大学举行校友楼/校史展览厅落成剪彩仪式》，《暨南大学》第320期，2001年12月3日，第1版。

　　③ 乔思：《102岁老校友梁怡来为校友楼捐款》，《暨南大学》第200期，1996年4月25日，第1版。

第四节 "211 工程"建设

"211 工程"可能是学校复办以来投入资金最多、建设规模最大的一项重大工程，也是对学校办学思想、办学质量等方面影响最大的一次综合性建设工作，上级领导部门、学校领导给予高度重视，全体师生员工更是激情迸发、忘我工作，使"211 工程"建设取得可喜成果。

一、"九五""211 工程"建设

1996 年 6 月 12 日至 14 日，国务院侨办组织专家组对学校申请进入"211 工程"进行评审。国务院侨办主任廖晖、副主任刘泽彭、顾问李星浩，广东省委常委、广东省副省长卢钟鹤，广东省委常委、广州市委书记高祀仁，广东省政协副主席李辰，广东省政府副秘书长陈坚，广州市政府副秘书长陈万鹏，国家教委"211 工程"办公室重点建设处郭新立副处长，广东省高教厅、财政厅、省市侨办等单位负责人，以及专家组全体成员和学校党政领导等 200 余人出席了预审开幕式。以中国科学院院士、北京师范大学原校长王梓坤教授为组长的专家评审组，审阅了《暨南大学"211 工程"总体建设规划》《重点学科建设子项目论证报告》，听取了刘人怀校长所作的暨南大学"211 工程"部门预审汇报，观看了电视汇报片，考察了经济与管理学科群等 12 个学科点与公共服务体系，召开了部分学术带头人和学术骨干座谈会。6 月 14 日，王梓坤院士在学校学术会议厅宣读了专家组评审意见，专家组成员一致认为：暨南大学已具备"211 工程"重点建设的基本条件，同意暨南大学通过"211 工程"部门预审。[1] 在迈向一流大学的征程中，暨南大学迈出了坚实的一步。

随后，学校严格按照国家有关部门的要求，多次召开专门会议，确立了"九五""211 工程"建设立项工作基本思路：面向 21 世纪，以学科建设为核心，保证重点，突出特色，立足服务，提高水平，打好基础。重点学科建设项目最终确定为文艺学与汉语文学、产业经济与工商管理、汉语言文字学与海外华文教育、中外关系史与华侨华人、生殖科学与计划生育、生物技术与生物医学工程、计算机信息与通信技术 7 个学科项目，学校整体建设项目主要集中在公共服务体系、基础教学设施和基本建设方面。在充分论证的基础上，学校完成了《暨南大学"211 工程"建设项目可行性研究报告》。除对建设项目进行详尽安排之外，研究报告还对"211 工程"建设项目的资金筹措和分配比例问题制订详细方案：总建设经费 1.98 亿元；其中，国务院侨办支持专项资金 1 亿元（其中学科建设经费和基建经费各 5000 万元），学校自筹 5000 万元。对于"九五""211 工程"重点建设项目完成后的预期效益，报告也进行了详细分析。[2]

1997 年 9 月 12 日，《暨南大学"211 工程"建设项目可行性研究报告》获得专家同

---

[1] 211 办：《暨南大学顺利通过国家"211 工程"部门预审》，《暨南大学》（"211 工程"部门预审专刊），1996 年 7 月 10 日，第 1 版。

[2] 《刘人怀校长的汇报（摘要）》，《暨南大学》（"211 工程"立项专刊），1997 年 9 月 30 日，第 2、3 版。

意通过。10月23日，国务院侨办文宣司和广东省高教厅共同组织专家，对学校"211工程"拟购仪器设备清单（5万美元以上）进行审核。专家组认为："学校提出的'211工程'拟购仪器设备是学校'211工程'重点学科建设项目所急需的……整体方案基本符合国家'211工程'拟购仪器设备审核原则，是合理、可行的。……原则上同意学校提出的'211工程'拟购仪器设备清单。"① 学校顺利进入大型仪器设备的上报审批工作。

1997年底，学校正式启动"九五""211工程"建设，对重点学科建设项目采取竞争启动建设的办法，准备工作成熟一个即行启动建设一个。据此条件，文艺学与汉语文学于1997年12月开工建设，投入启动建设经费50万元。1998年6月，产业经济与工商管理、中外关系史与华侨华人两个项目开工建设，分别投入开工建设费100万元和45万元；10月，生物技术与生物医学工程、生殖科学与计划生育、汉语言文字学与海外华文教育开工建设，分别投入开工建设经费365万元、300万元、90万元；12月，计算机信息与通信技术开工建设，投入建设经费1530万元。至此，学校"九五""211工程"7个重点学科建设项目全面启动。

2002年7月16日，以中国人民大学袁卫教授为组长的验收专家组对学校"211工程"学科建设子项目——产业经济与工商管理进行验收，由此揭开了"九五""211工程"建设子项目验收序幕。至7月23日，又有来自省内外的10个专家组分别对学校另外6个学科建设子项目和公共实验服务中心、校园计算机网络、图书馆、电教与CAI教学基地4个公共服务体系建设子项目进行验收。专家组在听取各项目负责人验收汇报并进行实地考察后，经过讨论和评议，对学校7个学科建设子项目均评价为"优秀"，并一致同意4个公共服务体系建设子项目通过验收。②

在子项目顺利通过验收的基础上，以中国工程院院士、北京工业大学校长左铁镛教授为组长的专家组于2002年10月17日至18日对学校"九五""211工程"建设项目进行整体验收。专家组认为学校在学科建设、人才培养、师资队伍、科学研究、教育教学改革、教学质量等方面均超额完成建设目标，在管理体制改革及提高办学效益等方面取得显著成效，已高质量完成国家下达的"九五""211工程"项目建设计划，成绩显著，一致同意暨南大学通过"九五""211工程"建设项目验收，验收总体评价为优秀。专家组建议学校的主管部门国务院侨办和广东省人民政府继续加大对学校"十五""211工程"建设项目的经费投入和政策支持。③

由于学校始终将"211工程"建设作为中心工作来抓，多方采取有效措施，"九五""211工程"建设取得喜人成绩。与进入"211工程"建设前的1995年相比，学校整体面貌发生了巨大变化：校园计算机网络、图书馆文献信息现代化服务系统、基础教学设施和科研测试分析基地明显得到改善；本科专业由30个增加到43个，硕士学位授权点由50个增加到67个，博士学位授权点由7个增加到14个，并建立2个博士后科研流动

① 江陵：《我校"211工程"拟购置仪器设备计划顺利通过专家审核》，《暨南大学》第225期，1997年11月10日，第1版。
② 211办：《我校"211工程"建设子项目顺利通过验收》，《暨南大学》第338期，2002年9月10日，第2版。
③ 211办：《我校"211工程""九五"建设项目顺利通过验收》，《暨南大学简报》2002年第30期，2002年10月24日，第2页。

站，新增产业经济学和水生生物学两个国家级重点学科，使学校在国家重点学科方面实现零的突破；在校研究生数达到3245人，比通过预审前增长5倍多，海外及港澳台学生数由1995年的1982人增至6000余人，增长2倍多；拥有博士学位的教师占专任教师比增至25.7%，新增博士生导师49人；兼任中国力学学会副理事长职务的暨南大学校长刘人怀教授于1999年11月被遴选为中国工程院机械与运载学部院士，使学校在院士方面实现零的突破；2000年9月再遴选为中国工程院工程管理学部院士。

二、"十五""211工程"建设

鉴于"九五"建设取得的优异成绩，"十五"期间，国家投入专项资金5.38亿元用于学校"211工程"建设和新建项目；其中，中央投入5.1亿元，国家计委、财政部各投入1400万元。相比"九五"期间学校未获得中央专项资金来说，这是一个新的突破。①

2002年9月18日，学校学术委员会扩大会议召开。针对"十五""211工程"建设拟上报的生物科学技术与生物医学工程、生殖科学与计划生育、产业经济与金融经济、企业管理理论与应用、中国语言文学与海外华文教育、中外关系与华侨华人6个重点学科建设项目，学校学术委员会委员和各学院院长就其合理性和可行性进行了热烈讨论，并进行了意向性投票。会后，经过征求多方面意见，形成了《"十五""211工程"建设项目可行性研究报告》，预计总投入2.4亿元，对6个重点学科，数字化图书馆、校园计算机网络、实验技术中心3个公共服务体系，以及师资队伍、基础设施进行重点建设。② 重点学科依然是"十五""211工程"建设的核心，公共服务体系建设的主要任务是建设校园计算机网络、数字化图书馆等项目，师资队伍建设的主要任务是加强培养和引进知名学者、优秀学科带头人和骨干教师，调整优化教师队伍结构。③

2002年11月8日，国务院侨办与广东省人民政府组织以中国科学院院士、北京师范大学原校长王梓坤院士为组长的专家组，对学校"十五""211工程"建设项目进行立项论证，刘人怀校长作了详细汇报。经过评审，专家组一致同意通过学校"十五""211工程"立项论证。④

由于"九五""211工程"建设有诸多经验可供借鉴，"十五""211工程"建设进展比较顺利。2005年5月26日，以清华大学副校长岑章志教授为组长的教育部专家组莅校检查"十五""211工程"建设情况，随机抽查了中国语言文学与海外华文教育、生物科学技术与生物医学工程两个学科建设项目，而此次的专家抽查意见将作为学校"十五""211工程"整体验收结论的参考依据。

2006年1月6日至11日，学校聘请8个验收专家组，分别对校园计算机网络、数

① 秘书科：《"十五"期间我校获国家专项投资五亿三千八百万元》，《暨南大学简报》2002年第27期，2002年9月26日，第2页。

② 魏霞：《我校举行"十五""211工程"建设项目立项论证会》，《暨南大学》第343期，2002年11月15日，第1版。

③ 211办：《国家发改委批复我校"十五""211工程"建设项目可行性研究报告》，《暨南大学》第384期，2004年6月10日，第3版。

④ 魏霞：《我校举行"十五""211工程"建设项目立项论证会》，《暨南大学》第343期，2002年11月15日，第1版。

字化图书馆 2 个公共服务体系建设项目以及 6 个重点学科建设项目进行验收。各专家组在仔细听取项目负责人的验收汇报后，与项目组成员面对面地进行交流，并实地考察各项目建设成果。经过专家组认真评议，学校"十五""211 工程"8 个建设子项目均以"优秀"的成绩通过验收，为学校迎接国家"十五""211 工程"整体验收，以及"十一五""211 工程"建设顺利启动，奠定了良好基础。①

　　2006 年 5 月 29 日至 31 日，国务院侨办和广东省人民政府共同组织由吉林大学原校长刘中树教授为组长的专家组，莅校对"十五""211 工程"建设项目进行整体验收。国务院侨办副主任刘泽彭，广东省人民政府副秘书长罗欧，广东省教育厅厅长罗伟其、副厅长罗远芳，国务院学位办综合处处长徐伯良，学校主要领导，以及各"211 工程"建设项目负责人、相关部处负责人参加了验收汇报会。5 月 29 日、30 日两天，专家组听取了胡军校长所作的《暨南大学"十五""211 工程"建设总结报告》，实地考察了 6 个重点学科建设项目，并与项目负责人、学科带头人和中青年骨干教师进行了座谈。专家组充分肯定了学校在"十五""211 工程"期间所取得的成就，一致认为学校"全面实现了建设目标，高质量地完成了建设任务"，很好地解决了"高水平"和"有特色"的问题，使学校"十五""211 工程"圆满通过验收。同时，专家们还就学校的人才引进、学科建设与发展、团队建设等方面提出了中肯的意见和建议，并呼吁各级主管部门对学校给予更大支持。

　　经过"十五""211 工程"建设，学校的综合实力和办学水平有了进一步提升。学科布局更加完善，新增 4 个学院、24 个本科专业、5 个博士学位授权一级学科、26 个博士学位授权二级学科、67 个硕士学位授权点。高层次人才培养规模不断扩大，质量稳步提高，在校全日制学生 23892 名，研究生 6567 人，研究生与本科生之比由"九五"末期的 1：3.8 升至 1：2.4，在全国百篇优秀博士学位论文方面实现零的突破。港澳台及海外学生数量大幅增加，由"九五"末期的 6100 人增至 10270 人，增长 68%，总人数高居全国高校之首；特别是在校攻读博士、硕士学位的研究生达 868 人，占全国高校海外及港澳台研究生总数的 1/4。师资队伍结构进一步优化，截至 2005 年底，1484 名专任教师中，研究生学位拥有者 1281 人，占专任教师比为 86%；新聘院士 5 人，引进文艺学"珠江学者"1 人，新增博士生导师 64 人。科研实力逐步增强，"十五""211 工程"建设期间，到位科研经费 4.03 亿元，较"九五""211 工程"建设期间增长 1.4 倍；3 年来共在国内外发表学术论文 6247 篇，608 篇被 SCI、EI、ISTP 收录，906 篇目被 CSSCI 收录，分别是"九五"期间的 3.8 倍、1.8 倍。办学条件不断改善，近 3 年增购教学、科研仪器设备 7986 万元，各校区之间实现了联网，图书馆 ILAS 系统进行了二次升级，为教学科研提供了更加有力的支撑。

第五节　教学工作与管理

　　进入"211 工程"建设以来，学校加大了招生工作力度，加强教职工队伍建设和教

---

① 211 办：《我校"十五""211 工程"建设子项目顺利通过验收》，《暨南大学简报》2006 年第 2 期，2006 年 1 月 17 日，第 4 页。

学资源建设，完善标准学分制，以构建优质教学体系。在日常管理中确立"学生第一"原则和"严、法、实"原则，强调为学生做好服务，建立严格的教学管理制度，学生的培养质量也有了较大提高。

一、招生工作

10 年来，学校采取多项措施，使招生工作呈现出良好势头。1996 年，学校首次成为有资格面向全国招收保送学生的普通高等学校，1997 年，学校成为自行审定招收培养博士计划单位，上述两项工作在一定程度上增强了对考生的吸引力。为从源头保证学生质量，学校在 1998 年取消同等学力报考硕士研究生资格；2000 年开始，学校在外省的招生调整到第一批录取；① 2003 年，学校在邵逸夫体育馆内举行全国首创"集中式"大考场博士生入学考试，力防作弊，并开始建立试题库制度，由校领导在考试前一天在大题库中随机抽取作为正式试题，最大限度地保证考试的公平、公正。

为扩大海外及港澳台招生并方便他们入学，学校于 1998 年首次实行春季招生，当年 3 月即招收来自马来西亚、新加坡、中国香港等地的 27 名学生。② 2006 年春季，学校春季招收的学生已达到 1365 名，分别来自五大洲 47 个国家和港澳台 3 个地区。③

学校积极采取"走出去、迎进来"的方式加强招生工作，1997 年首次在澳门设立兼读制硕士研究生境外面授点。④ 2001 年 4 月，学校在香港设立金融学专业兼读制硕士研究生面授点。至 2003 年底，学校已在中国香港、中国澳门、新加坡等地获批设立 8 个硕士专业面授点。⑤ 此外，学校还努力在海外设立招生报名处，以加强海外招生。1999 年，在许剑云校友的帮助下，学校在越南设立了第一个海外招生报名处。至 2005 年底，学校已相继在越南、泰国、美国、老挝、秘鲁、厄瓜多尔、毛里求斯、菲律宾、蒙古等国家成功设立招生报名处，使海外及港台招生报名处达到 27 个。⑥ 为使港澳地区学生更好地认识暨南大学，学校于 2003 年 12 月举行首次"暨南大学珠海校园开放日"活动，后来又多次在珠海学院、校本部举行校园开放日活动，进一步加深了青年学子对暨南大学的了解和认识。

2003 年，经济学院、管理学院、新闻与传播学院、外国语学院和华文学院 5 个学院，在全国率先推出"大平台招生"。考生在填报高考志愿时不再限定专业，打破传统高考"一考定专业"的格局，充分体现了人性化的教育方法，使暨南大学成为考生追逐的热点。

伴随着招生工作的顺利进行，在校学生情况发生较大变化。2000 年，学校各类学生

---

① 晓林：《我校外省招生今年起调整到第一批录取》，《暨南大学简报》2000 年第 7 期，2000 年 3 月 23 日，第 1 页。

② 卢健民：《学校从今年开始对海外实行春、秋两季招生》，《暨南大学工作简报》1998 年第 3 期，1998 年 3 月 10 日，第 1 页。

③ 陈文举、王纯毅：《学校举行春季入学新生开学典礼》，《暨南大学简报》2006 年第 7 期，2006 年 3 月 13 日，第 1 页。

④ 金融系：《我校第一次在境外开办兼读制硕士班》，《暨南大学工作简报》1997 年第 23 期，1997 年 11 月 10 日，第 1 页。

⑤ 史学浩：《我校获准在澳门设立临床医学兼读制硕士面授点》，《暨南大学》第 357 期，2003 年 5 月 30 日，第 1 版。

⑥ 谢恬：《我校又增加三个海外招生报名处》，《暨南大学》第 401 期，2005 年 1 月 10 日，第 1 版。

数突破20000,海外及港澳台学生数首次超过4000,生源国家数首次突破30个。2005年底,学校各类学生数突破30000,达到30499,全日制学生数达23752,海外及港澳台学生数跨越10000大关,为10609,生源国家数达到71个,与"211 工程"建设前1995年的13012人、8608人、1982人、16个生源国家相比,各增长2.3倍、2.8倍、5.4倍、4.4倍。[①] 海外及港澳台学生的增长速度尤为喜人,已占各类学生总数的34.8%、全日制学生数的44.7%,学校的"侨校"特色更加突出,国际化特色愈加鲜明。按教育部统计,暨南大学海外及港澳台学生数已占全国高校同类学生总数的一半以上。

表2 1995—2005 年秋季开学后的学生数与学生来源情况表

年 份	学生总数	全日制学生数	海外及港澳台学生数及来源情况	
			学生数	来源情况
1995	13012	8608	1982	16 个国家和港澳台 3 个地区
1996	12557	8586	2577	26 个国家和港澳台 3 个地区
1997	19542	9030	2667	27 个国家和港澳台 3 个地区
1998	19112	9404	3380	26 个国家和港澳台 3 个地区
1999	19988	11177	3568	26 个国家和港澳台 3 个地区
2000	21535	12360	4323	31 个国家和港澳台 3 个地区
2001	23809	13789	4893	33 个国家和港澳台 3 个地区
2002	27383	16296	6894	53 个国家和港澳台 3 个地区
2003	26881	19659	7484	52 个国家和港澳台 3 个地区
2004	28427	22000	8966	57 个国家和港澳台 3 个地区
2005	30499	23752	10609	71 个国家和港澳台 3 个地区

资料来源:信息管理办公室编制的历年《暨南大学基本情况一览表》。

二、教职工队伍建设

教师是教学和科研工作的主体,只有建设一支素质优秀、结构合理的教师队伍,才能更快地提升学校的教学科研水平。行政管理人员在学校教学科研工作中起到积极的组织、协调、服务功能,在造就高水平人才和获得优秀成果方面发挥着不可忽视的作用。

进入"211 工程"建设以来,学校重新制定了一系列优秀人才引进政策;并于2001年成立由校长刘人怀任组长、党委书记蒋述卓任副组长的学校人才引进领导小组,全面领导和协调相关工作。在"十五""211 工程"建设项目规划中,学校把师资队伍建设作为与学科建设、公共服务体系建设并列的三大任务之一,共投入1600万元进行师资队伍建设。

---

① 根据信息管理办公室编制的《暨南大学基本情况一览表(1996.11)》《暨南大学基本情况一览表(2000.12)》《暨南大学基本情况一览表(2005.12)》统计。

"九五""211工程"建设期间，刘人怀校长被遴选为中国工程院院士，成为为数不多的跨学科院士之一，实现了学校院士任教零的突破。

刘人怀院士系统地、创造性地对6类板壳（波纹板壳、单层板壳、双层金属旋转扁壳、夹层板壳、网格扁壳和复合材料层合板壳）建立了非线性理论，深入讨论了9种波纹膜片和波纹管（全波纹圆板、具有光滑中心的波纹圆板、具有光滑中心和平面边缘区域的波纹圆板、具有光滑中心和圆柱壳边缘的波纹圆板、具有刚性中心的波纹环形板、具有刚性中心和平面边缘的波纹环形板、具有刚性中心和大边缘波纹的波纹环形板、波纹扁壳以及U形波纹管）的弯曲和振动问题，多属国际先行探索。此外，刘人怀院士还于20世纪80年代开始进行经济管理和应用研究，为上海浦东新区建设等提供了研究成果。

学校还积极聘任具有高深学术造诣和较高社会知名度的国内外院士担任名誉教授或客座教授，以加强教师队伍的学术科研指导力量。1999年3月，聘任中国工程院姚福生院士为名誉教授；6月，聘任中国科学院陈可冀院士为名誉教授。2002年4月，聘任中国科学院姚开泰院士为名誉教授；11月，聘任中国科学院黄克智院士，中国工程院盛志勇、程天民院士为名誉教授。2003年12月，聘任中国科学院院士、国务院学位办主任周其凤为名誉教授。2004年4月，聘任中国科学院苏锵院士为名誉教授；10月，聘任中国科学院曾毅院士为名誉教授，聘任英国皇家工程院首位华人院士、英国布鲁内尔大学副校长宋永华博士为名誉教授；12月，聘任中国科学院张礼和院士为名誉教授。2006年3月，聘任中国科学院黄乃正院士为客座教授。

为了充分发挥院士的科研带头作用和管理才能，学校又先后聘任了另外6位院士担任名誉院长或名誉所长。2002年4月，聘任中国科学院陈星旦院士为理工学院名誉院长；6月，聘任中国工程院姚新生院士为药学院名誉院长；7月，聘任钱逸泰院士为生命科学技术学院名誉院长。2004年6月，聘任中国工程院陈火旺院士为信息科学技术学院院长。2005年3月，聘任中国工程院钱清泉院士为珠海学院名誉院长；4月，聘任中国工程院蔡道基院士为水生态科学研究所名誉所长。包括校长刘人怀院士，担任学校行政职务并定期在校工作的院士人数达到7人。

在引进校外优秀人才、改善师资力量的同时，学校采取多种措施，努力提高校内师资队伍的综合水平。如学校扎实进行了3批"千百十工程"人才的培养工作，对22名省级培养对象、116名校级培养对象进行了重点培养。多次派出骨干教师或有潜力的科研人员学习进修，1996年6月至2006年6月，在国外进修时间3个月以上的教师就有264人，促进了教师教学科研水平的提高。学校于2000年初成立"高等学校骨干教师资助计划"项目管理办公室，以切实做好骨干教师的培训工作，当年，周长忍、韩博平、刘应亮、王璠等10名教师即被列入教育部首批"资助高等学校骨干教师资助计划"。同时，学校对教师授课实行"三重评估"制度，促进教师授课水平的提高；倡导实施"名师"工程，自2002年开始实行特聘教授岗位制度。

经过努力，学校师资队伍的学历结构和职称结构明显得到改善。2006年6月，学校专任教师中计有正高职称312人、副高职称539人，分别较1995年底的146人、363人增长2.1倍、1.5倍；高级职称教师总数占专任教师比达到56%，较1995年底的49%增长 7 个百分点。①

伴随教师教学科研水平的提高，据不完全统计，学校共有 19 人次担任全国有关科类指导委员。1996 年，蒋述卓教授、吴文虎教授分别担任全国教委高等学校中国语言文学学科教学指导委员会委员、新闻学学科教学指导委员会委员。1998 年，刘人怀教授担任全国教委科技委员会数理学部委员。2001—2005 年教育部高等学校有关科类教学指导委员会中，刘人怀院士担任力学教学指导委员会副主任委员，蒋述卓教授担任中国语言文学学科教学指导委员会副主任委员，纪宗安教授担任历史学学科教学指导委员会委员，周显志教授担任法学学科教学指导委员会委员，蔡铭泽教授担任新闻学学科教学指导委员会委员，林福永教授担任管理科学与工程类学科教学指导委员会委员。② 2004 年初，宋献中教授担任全国会计硕士专业学位教育指导委员会委员。③ 在 2006—2010 年教育部高等学校有关科类教学指导委员会中，刘人怀院士担任力学教学指导委员会主任委员、力学类专业教学指导分委员会委员，蒋述卓教授担任中国语言文学学科教学指导委员会副主任委员，马宏伟教授担任力学教学指导委员会秘书长、力学类专业教学指导分委员会委员，蔡铭泽教授担任新闻学学科教学指导委员会委员，周天鸿教授担任生物科学与工程教学指导委员会委员、生物工程与生物技术专业教学指导分委员会副主任委员，周长忍教授担任生物医学工程专业教学指导委员会委员。④ 李如龙教授在 1997 年成为国务院第四届学位委员会中文学科评议组成员，黄耀熊教授自 1997 年起担任国务院第五届学位委员会生物医学工程学科评议组成员。王璠教授在 2005 年被选为高等学校工科力学教学工作委员会第一届委员会副主任。⑤

过去 10 年时间里，学校专任教师多次获省部级以上荣誉称号、境外大学荣誉称号。其中，1996 年，李辰被授予广东省五一劳动奖章，唐玉华、何俊伟、吴晓明、沈镇林、罗良平被授予广东省南粤教坛新秀称号。1997 年，齐雨藻被授予广东省五一劳动奖章；蒋述卓当选为广东省第二届十大青年科学家；詹伯慧被评为全国语言文字工作先进工作者；杨启光获广东省南粤教书育人优秀教师（特等奖）称号，郭书好、钟雪云、林丽琼、陈金城、彭小川获广东省南粤教书育人优秀教师称号。1998 年，杨启光被评为全国优秀教师，万慕泰、王华、王声湧、王穗英、庄承海、刘人怀、陆大祥、陈乔之、陈初生、陈垣光、陈爱玖、陈善成、陈位祥、张永林、张传忠、林丽琼、周天鸿、周长忍、周羽立、周健、郭勤、封小云、胡军、柏元淮、钟业坤、钟邦克、饶芃子、班弨、徐锦堂、谢作煊、黄世光、彭小川、廖国仪获国务院侨办优秀教师称号，王华东、沈肇章、杨培慧、费勇、常芳清获广东省南粤教坛新秀称号。1999 年，刘人怀、周天鸿、王声湧、周健、王华获广东省南粤教书育人优秀教师称号，蒋述卓、张炳申获广东省优秀中青年社会科学家称号，伍国基获全国学校体育卫生工作先进个人称号。2000 年，刘人怀

---

① 根据信息管理办公室编制：《暨南大学基本情况一览表（2005.12）》《暨南大学基本情况一览表（1996.11）》统计。
② 校办：《刘人怀校长等当选为2001—2005年教育部高等学校教学指导委员会委员》，《暨南大学简报》2001年第19期，2001年6月28日，第1、2页。
③ 研究生部：《我校宋献中教授获聘为全国会计硕士专业学位教育指导委员会委员》，《暨南大学》第377期，2004年3月20日，第1版。
④ 《教育部关于成立2006—2010年教育部高等学校有关科类教学指导委员会的通知》（教高函〔2005〕25号）。
⑤ 根据人事处相关考核资料整理。

荣获广东省劳动模范荣誉称号，彭小川获首届广东省高等学校师德标兵称号，林如鹏、狄红卫、李弘剑、庄礼伟、陈卓铭获广东省南粤教坛新秀称号，胡晓玲获广东省南粤优秀幼儿教师称号。2001 年，刘人怀被日本创价大学授予科技与教育成就最高荣誉奖。2002 年，韩兆洲获国家统计局优秀统计教师奖，周健获全国对外汉语教学优秀教师奖。2003 年，王声湧获首届国家高校教学名师奖和首届广东省高校教学名师奖，郭书好获首届广东省高校教学名师奖，汤彦被授予广东省五一劳动奖章。2004 年，彭小川被国家人事部、教育部联合授予全国模范教师荣誉称号，邓乔彬、罗焕敏、张永林荣获广东省南粤优秀教师称号，郭书好被国务院侨办授予全国侨办系统先进个人称号。2005 年，刘人怀获香港理工大学 2005 年度杰出中国访问学人称号；黄德鸿、赵元浩分别被广东省人民政府授予个人特别学术成就奖。

学校的行政及其他辅助人员队伍构成也有了大幅改善，在 2199 名行政及其他辅助人员中，研究生学位拥有者 443 人，占工作人员总数的 20.1%。行政工作人员在做好日常工作的同时，积极进行高等教育研究工作，并取得了一些较高水平的研究成果，在《中国高等教育》公布的 2003 年、2004 年全国高等教育科研论文成果基本统计与分析中，暨南大学分别以 15 篇、28 篇论文名列全国高校第 30 位、第 14 位。[①]

由于工作表现突出，学校的行政及其他辅助人员多次得到上级领导部门表彰。其中，1995—1996 学年，黄智诚、李秀玉、王春和、黄宪法获国务院侨办授予的清产核资先进工作者称号，卢淑君获广东省档案管理先进工作者称号。1997—1998 学年，邱侃荣、区向丽、蔡哲被评为广东省高校优秀团干部。1999—2000 学年，张军获全国学校体育卫生工作先进个人称号，魏乙生被评为广东省关心下一代工作先进个人，黄睿、马洁被评为广东省优秀班主任（政治辅导员），李世云被评为广东省关心下一代工作先进个人、广东省优秀基层团干部，钟纪南被授予广州市 1999 年度无偿献血金质奖章。2000—2001 学年，吴玉珍获广州市计划生育工作先进个人称号，杨广生获广州市消防工作先进工作者称号。2001—2002 学年，张素娟、蔡琳、海珍、潘启亮被评为教育部普通高等学校科研管理先进个人，张素娟被评为广东省自然科学基金管理先进工作者，蔡琳被评为科技部、国家统计局、财政部、国家计委、国家经贸委、教育部、国防科工委资源清查工作先进个人，李世云被评为广东省"学习'三个代表'、服务百镇千村"活动先进个人，黄少云被评为 1999—2001 年全省内部审计工作先进工作者，林敏被评为 2000—2001 年广东高校治安综合治理先进个人，黄勤新、张爱民被评为 2001 年全省卫生系统行业作风建设先进工作者，林南特被评为 2000—2001 年度广东省直机关优秀共产党员，肖永杰被评为广州市人口普查先进个人。2002—2003 学年，张顺珠被评为广东省"三八"红旗手，朱宁获广东省先进女职工称号，肖永杰被评为第八届广东省职工职业道德建设先进个人，区向丽被评为广东省优秀团干部，赵明杰被评为广东省卫生系统思想政治研究工作先进工作者，陈玉兵被评为广州市无偿献血先进工作者，冯烈、许英茵被评为广州市集中供用热先进工作者。2003—2004 学年，刘渝清被授予全国聘请外国文教专

① 新闻中心：《我校全国高等教育科研论文成果排名第 30 位》，《暨南大学简报》2004 年第 21 期，2004 年 9 月 10 日，第 5 页；新闻中心：《我校全国高等教育科研论文排名升至 14 位》，《暨南大学简报》2005 年第 38 期，2005 年 10 月 24 日，第 5 页。

家工作先进个人称号，陈耀忠被评为全省纪检监察系统查办案件先进个人，陈申华被评为 2003 年度全国高校招生系统先进个人，程荃被评为广州市无偿献血先进工作者。2004—2005 学年，陈晓锦、陈为刚被授予全国侨办系统先进个人称号，王心洁被授予广东省优秀党务工作者称号，陈耀忠被评为 2004 年全省纪检监察机关案件管理工作先进个人，刘明被评为广州市无偿献血先进工作者。

三、教学资源建设

进入"211 工程"建设以来，教材建设取得质的飞跃，多次在国家级教材评奖中获奖。其中，1996 年，吴文虎的"新闻事业经营管理"、黄匡宇的"广播电视新闻研究"和杨启光的"现代汉语教学内容的改革研究与 CAI 软件研制" 3 项课题，获批为"高等文科教育面向 21 世纪教学内容和课程体系改革计划"第一批立项项目。在同年 3 月举行的国家教委第三届高等学校优秀教材评奖中，詹伯慧、李如龙、黄家教、许宝华合著的《汉语方言及方言调查》荣获二等奖。1999 年 11 月，谢启南主编的国家"八五"规划高校统计教材《贸易统计学》，荣获"国家统计局第三届全国高等学校优秀统计教材"。2002 年，段开成主编的《旅游英语》、吴克祥主编的《酒水管理与酒吧经营》和陈光潮主编的《经济数学基础（下）》，入选"十五"国家级教材规划选题；吴文虎、林如鹏、支庭荣共同完成的《新闻事业经营》，胡玉明完成的《管理会计学》，分获全国普通高等学校优秀教材二等奖。

为深化课程教学内涵，拓展教学资源，学校加大了名牌专业和重点课程建设工作力度。继电子信息工程专业在 2001 年被评为广东省首批名牌专业后，2002 年，汉语言文学、新闻学、会计学、生物技术获批为广东省第二批名牌专业。2004 年 5 月，计算机科学与技术、金融学、工商管理、对外汉语、统计学入选广东省高等学校第三批名牌专业。2005 年初，旅游管理、应用化学、国际经济与贸易、信息工程专业入选广东省第四批名牌专业，使学校的省级名牌专业数目达到 14 个。[1] 精品课程建设工作稳健开展，1996 年 6 月，管理学、统计学原理、体育 3 门课程被评为省级重点课程。1997 年 3 月，广播电视新闻学、基础会计学、香港澳门基本法 3 门课程被评为省级重点课程。1999 年 2 月，分子生物学、货币银行学 2 门课程被评为省级重点课程。包括原来的现代汉语、人体解剖、计算机应用基础、文学概论 4 门省级重点课程，学校共有 12 门省级精品课程。[2] 2000 年 11 月，现代汉语、分子生物学、管理学 3 门课程被广东省教育厅评为省级优秀课程。2003 年，在学校制作的 9 门广东省多媒体精品课程中，有机化学、现代汉语、世界近代史被选为国家精品课程。2004 年初，郭书好教授主持的有机化学、何问陶教授主持的货币银行学又成功入选广东省高等学校首届省级精品课程。

学校在完善电化教学环境过程中不断取得突出成绩，1996 年 4 月，学校成为广东省 9 所高校电化教育先进单位之一。[3] 在此之前，学校已成为全国唯一在全部课室安装常规

---

① 教务处：《我校 4 个专业入选广东省第四批名牌专业》，《暨南大学简报》2005 年第 25 期，2005 年 7 月 4 日，第 3 页。

② 岩真：《我校省级重点课程已达 12 门》，《暨南大学》第 259 期，1999 年 5 月 30 日，第 1 版。

③ 周红春：《我校被评为广东省普通高校电化教育先进集体》，《暨南大学工作简报》1996 年第 10 期，1996 年 5 月 20 日，第 3 页。

电教设备的学校电教服务单位，在广东省高校中率先建立多媒体综合课室，也是广东省第一个建立外语调频发射台的单位，同时还是广东省第一个以学校名义成立 CAI 研究开发中心，有组织、有计划地进行教学软件开发的学校。学校电教中心也在 1998 年 12 月被评为全国电化教育先进单位，杨炳任同志也被评为全国电化教育优秀工作者。[①]

10 年来，据不完全统计，学校在多媒体教育软件设计和教学资源库建设方面约有140 人次 50 余项电化教学项目获厅局级以上奖励。其中，1998 年，张金茹主持的"数字电路动态模拟辅助教学软件"、黄柏炎主持的"层析技术"，分获广东省高校优秀多媒体教学软件一等奖。2000 年 6 月，在广东省高校第六批电化教育试验课程和计算机多媒体教学软件评奖活动中，学校选送的 9 项软件全部获奖，许自图、张金茹共同完成的"电子电路仿真教学系统"，黄柏炎、杨炳任、孙莛共同完成的"中国保护动物"，徐宗、吕菊梅、林秀曼共同完成的"毫针刺法"分获一等奖，占一等奖总数的一半。2002 年，黄柏炎、孙莛、曹毅强、杨炳任、朱长德共同完成的"中国自然保护区"，徐宗、林秀曼、吕菊梅、彭菊秀、何扬子共同完成的"耳针"，分获广东高校计算机多媒体优秀教学软件一等奖；郭书好、周梅亮、黎景培、曾向潮、王华号共同完成的"甘蔗制糖及糖类化合物性质检测和利用"，郭书好、张金梅、谢东、黎景培、李素梅共同完成的"薄层色谱法与薄层扫描法"，分获广东高校优秀专题系列电视教材一等奖。在学校于 2002年完成的广东省高校电教工作"九五"规划"五个一百工程"项目评审工作中，学校完成的项目全部符合要求，有 27 个项目获奖；其中，多媒体教学软件一等奖 5 项、二等奖8 项、三等奖 8 项，专题系列电视教材一等奖 2 项、二等奖 2 项、三等奖 1 项，电化教育试验课程二等奖 1 项；验收项目获奖率达 90%，居全省高校首位。2003 年，贾益民、曾文明、熊玉珍共同完成的"网上中文"获广东省计算机软件职教和高等教育组一等奖。在同年 12 月举行的第七届全国多媒体教育软件大奖赛决赛中，郑力明主持的"微机原理与接口技术网络课程"获得一等奖。2005 年，黄柏炎完成的"中国生态环境""湿地生态环境"分获第四届全国多媒体课件大赛一等奖和第八届全国多媒体教育软件高教组一等奖。

四、本科教育

进入"211 工程"建设以来，学校办学规模不断扩大，海外及港澳台学生数逐年增加，尤其是本科海外及港澳台学生占全日制本科生比例逐渐增大。2005 年底，10609 名海外及港澳台学生中，已有本科学生 7068 人，在全校 16336 名全日制本科生中比例达到43.3%。[②] 他们来自世界 71 个国家和港澳台 3 个地区，与内地学生在学习基础和学习方式方面存在诸多差异，而且海外学生之间也存在着文化背景不同、高中受教育水平参差不齐等问题。如何更好地贯彻有教无类、因材施教的教育思想，合理解决内地学生、海外港澳台学生的教学安排，使基础不一的学生在学习过程中均有所收获，同时培养成才，是学校始终探索的一项重要课题。为此，学校多次在教学工作会议中讨论内外招学

---

① 电教中心：《我校电教中心被评为全国电化教育先进单位》，《暨南大学》第 252 期，1999 年 3 月 10 日，第2 版。

② 信息管理办公室编制：《暨南大学基本情况一览表（2005.12）》。

生教学工作，积极考察国内外教学制度，在借鉴相关经验并考虑学校实际的基础上，全面执行以标准学分制为核心的教学制度，深化分流教学，较好地解决了内外招学生教学中的矛盾问题，促进了两类学生培养质量的提高。

1. 标准学分制进一步完善

暨南大学是较早实行学分制的中国高校之一，经过多年研究和探索，推出了有特色的弹性学分制（标准学分制），较好地适应了学校生源的世界性特征，有利于传统的保姆式教育向现代自主教育的转变。

2001 年 10 月，学校出台了学分制新政策，实行绩点与可增加修读学分直接挂钩的制度，以提高教学质量，提高对学生能力的要求。新政策规定每学期标准学分为 20 学分，绩点在 3.0 以下的学生所修学分不能超出标准学分，但不能低于 15 学分；绩点在 3.0 以上 3.5 以下的学生则可多修 2 个学分，绩点在 3.5 以上 4.0 以上的可多修 5 个学分，绩点在 4.0 以上的则可多修 10 个学分。把绩点与学分结合，既避免学生出现贪多嚼不烂的情况，同时让学有余力的学生更快地修完学分，而一般学生则可以根据自身学习能力修完学分，更好地体现了弹性学分制的特点。

配合标准学分制实施，学校对教师教材选用、课程设置、授课时间安排等进行了更加明确的规定。教师必须首选国家统编教材，其次是国家教育部推荐教材，再次是全国前十名高校采用教材，最后才是自己编写教材。对选课体系进行整合，把所有同类课程统一到院系教研室进行管理，规范课程名称及课程使用教材，削减内容重复与质量不高的课程。规定所有课程在 16 周时间内完成，17、18 周给同学们复习备考，19、20 周考试。对于重修的同学，取消免听。对覆盖面较大的基础课，包括大学英语一、二、三、四段和数学一、二、三、四等课程，只要人数在 15 人以上的，争取每学期都开班。同时在暑期开设公共必修课，方便学生选修。[1]

在原来打通基础课、开设晚选课基础上，学校于 1997 年 9 月实行午间上课，以经济学院开始作为试点，当年即开设 7 门课程。这一举措既方便学生充分利用时间修读学分，又为不同学科、不同专业的学生扩大知识面提供方便，同时缓解了教室紧张局面，深受学生欢迎。

1998 年，学校改按学年收费为按学分收费，并从 1998 级学生开始实行导师制，要求各院系选拔有丰富经验的教师或科研骨干，组成导师小组，指导学生的选课、学习等活动，[2] 使标准学分制管理体系日趋完备。

为了更好地发挥弹性学分制的优点，激励学生奋发进取，专心学习，学校于 2003 年设立校长免费学分奖励金制度。奖励金只能让学生用来选课，如果在毕业时还没有把奖励的免费学分用完，可以将剩余累计奖励学分兑换成现金。该项奖学金的实施，一方面激励暨南学子一心向学，在较大限度上避免了学生用奖学金请客吃饭的不良风气；另一方面减轻了部分家长的经济压力，使优秀学生免交一部分学分修读费用。2004 年 10 月，学校完成首次校长免费学分奖励金评选，1755 名同学获得不同程度免费学分奖励。[3]

---

① 苏丹丹：《我校将出台学分制新政策：绩点与学分直接挂钩、每学期标准学分廿个》，《暨南大学》第 316 期，2001 年 10 月 15 日，第 1 版。
② 《暨南大学 1998 年工作总结》（暨字〔1999〕2 号），第 9 页。
③ 卢健民、李双：《我校推出校长免费学分奖励金》，《暨南大学》第 394 期，2004 年 10 月 30 日，第 1 版。

2. 分流教学的逐步深化

针对内外招两类学生的不同特点，学校对学生的教育目标和培养目标重新进行定位。对内地学生的教育目标是"加强基础、目标上移"，对海外及港澳台学生的教育目标是"面向世界、应用为主"。同时重新确定了各类学生的培养目标，对内地学生的培养目标是：将学生培养成为德、智、体等全面发展的社会主义事业的建设者和接班人。对香港学生的培养目标是：将学生培养成为热爱祖国，拥护"一国两制"，拥护香港基本法的专业人才。对澳门学生的培养目标是：将学生培养成为热爱祖国，拥护"一国两制"，拥护澳门基本法的专业人才。对台湾学生的培养目标是：将学生培养成为热爱祖国，拥护"一国两制"，反对台独的专业人才。对华侨学生的培养目标是：将学生培养成为热爱祖国，维护祖国和平统一大业的专业人才。对华人学生的培养目标是：将学生培养成为热爱中华文化、热爱故乡的专业人才。

在课程体系设置方面，学校不断深化分流教学改革，以改变内招学生"吃不饱"、海外及港澳台学生"嚼不烂"的教学局面。自1996年秋季开始，学校对内招生、海外及港澳台学生实行大学英语分流教学，同时为海外及港澳台学生提供参加剑桥商务英语考试和其他英语证书考试的机会，以增强毕业生在原居住地就业的竞争力。[1] 1997年、1998年又分别开始对大学语文、高等数学进行分流教学。2004年秋季开始，学校采用"平台＋模块"的课程体系，围绕这一课程体系实施全新教学计划，使分流教学工作由原来的外语、政治等11门公共课局部分流发展到整体分流，除公共课以外的分流课程数达到170多门，同时有10个专业实现了专业分流。[2]

为给学生以更大的专业选择自由度，学校自2002—2003学年开始在经济学院、管理学院、新闻与传播学院、外国语学院、华文学院5个学院推行按学院招生的"大平台教学"模式，即学生进校后先接受基础通识教育，再选择适合自己的专业。[3] 2004年，学校在原有内地学生转专业学籍管理规定的基础上，制定了《暨南大学本科内招学生转专业（转平台）补充办法（试行）》，对内地学生转专业（平台）的具体要求、工作程序、转专业（平台）学生的成绩管理以及学费标准等方面均作了详细规定，使学校的"大平台教学"模式进一步完善。

在深化分流教学过程中，学校并未放松对学生的学习要求，而是采取严格措施，保证学习质量，其中尤以大型考场和课堂纪律周最为引人注目。2002年6月22日全国大学英语四、六级统一考试时，学校首设大型考场；当年期末考试时，学校在邵逸夫体育馆设立大型考场，共设置28列30行840个座位，不同专业的学生一起考试，每位学生的前后左右均是不同试卷，最大限度防止作弊。为改变学期初的纪律松弛现象，学校决定自2004—2005学年第一学期开展课堂纪律周活动。2004年9月16日，纪宗安副校长主持召开课堂纪律周活动动员大会，要求各单位以迎接本科教学工作评估为契机，在10月8日至15日开展首次课堂纪律周活动，"以评促改、以评促建"，认真抓好课堂实效。

---

① 棋子：《我校将对境内外学生实行大学英语分流教学》，《暨南大学工作简报》1996年第14期，1996年6月30日，第1、2页。

② 《暨南大学2004年工作总结》（暨发〔2005〕3号），第3页。

③ 闻之：《我校制定大平台招生教学计划》，《暨南大学》第376期，2004年3月10日，第2版。

3. 教学规律的深入探索

在教学过程中，学校教师积极地探究教学规律，有力地促进了因材施教工作的深入进行。据不完全统计，10年时间里，学校教师中共获厅局级以上教学研究成果奖40余项。其中，1997年，刘人怀、彭成奖、吴云凤、熊匡汉、王红主共同完成的"全面深化教学改革，严格教学管理，促进校风、教风、学风建设"获广东省教学成果一等奖。1999年，杨启光完成的"现代汉语语法学多媒体教学的研究与实践"获广东省优秀教学成果二等奖。2001年，王永山主持、西安电子科技大学杨宏五、杨婵娟参与完成的"《微型计算机原理与应用》教材建设与改革"获国家教学成果二等奖；刘人怀、彭成奖、吴云凤、邵桂珍、吕伟共同完成的"暨南大学学分制改革的实践与研究"，贾益民、彭小川、周健、樊培绪、陈延河共同完成的"华文教育课程建设"，张金茹、王楚、谢柏青、许自图、吴恭顺共同完成的"电子学基础课程的网络教学与课程建设"，获广东省教学成果一等奖。2004年，熊匡汉、马晓燕、何凯佳、熊卫华、吕伟共同完成的"课堂教学质量'三重评估'实践与研究"，郭书好、李毅群、张金梅、唐渝、曾向潮共同完成的"有机化学课程改革的探索与实践"，林如鹏、支庭荣、董天策、吴文虎、张晋升共同完成的"《新闻事业经营管理》教材建设及教学研互动模式"，获广东省教学成果一等奖。2005年，刘人怀、纪宗安、刘洁生、王亚希、熊匡汉共同完成的"深化教学改革、优化培养模式、造就高素质海外和港澳台人才的探索与实践"，获国家教学成果二等奖，成为我校首次单独获得的国家教学成果奖；王华与其他学校合作完成的"广州石牌六校共建国家大学生文化素质教育基地的探索与实践"，获国家教学成果二等奖。

五、研究生教育

成为"211工程"重点大学后，学校制定了"大力发展研究生教育、适度发展本科教育、积极发展华文教育、稳定成人教育规模"的人才培养发展思路，加大研究生教育工作力度，促进了学校办学层次的提高。

1. 学位授权点和博士后流动站的建设工作

1998年，金融学、国际关系、中国古代史、水生生物学、工业管理5个专业获批为博士学位授权学科；国际贸易学、应用心理学、食品科学、免疫学、外科学（神经外科）、外科学（骨外科）、口腔临床医学、流行病与卫生统计学、管理科学与工程9个专业批准为硕士学位授权学科。同年，学校成为全国43个获准开展临床医学专业学位试点单位之一。

2001年初，在第八批全国博士、硕士学位授权学科专业申报工作中，学校获批生物医学工程博士学位授权一级学科，实现零的突破；新增会计学博士学位专业授权点，财政学、数量经济学、经济法学、语言学与应用语言学、中国现当代文学、传播学、工程力学、计算机应用技术、内科学（包括所含8个三级学科）、外科学、旅游管理11个硕士学位授权学科。同年，学校获准试办口腔医学硕士专业学位工作。

2002年7月，学校获准为国家首批30个开展高级管理人员工商管理硕士（EMBA）专业学位教育工作单位之一。

2003年初，在第九批全国博士、硕士学位授权学科专业申报工作中，学校获得应用经济学、工商管理2个博士学位授权一级学科，各涵盖10个二级学科、4个二级学科；

获得中国古代文学、工程力学、病理学与病理生理学、中西医结合临床 4 个博士学位授权二级学科；行政管理、教育经济与管理学、民商法学、应用化学、材料学、概率论与数理统计、光学工程、结构工程、历史地理学、历史文献学、中国古典文献学、区域经济学、西方经济学、中西医结合基础医学、环境工程、微生物与生化药学、药物化学、信号与信息处理 18 个硕士学位授权学科。同年，学校还获批开展生物医学工程、计算机技术工程硕士学位授予工作。

2004 年初，学校自主设置的生物材料与纳米技术、生物医学信息技术、生物医药工程、生物与医学物理、细胞与组织工程、财务管理 6 个专业获得批准，成为可招收和培养博士生的二级学科。同年，学校与中国人民大学等 21 个研究生培养单位一起成为全国首批会计硕士专业学位（MPAcc）教育试点单位。

2005 年初，学校获批为公共管理硕士专业学位研究生（Master of Public Administration，缩写为 MPA）培养单位。

2006 年初，在第十批全国博士、硕士学位授权学科专业申报工作中，学校获得历史学、中西医结合、管理科学与工程 3 个博士学位授权一级学科；获得政治经济学、新闻学、生物化学与分子生物学、内科学 4 个博士学位授权二级学科；获得理论经济学、中国语言文学、化学、生物学、力学、计算机科学与技术、临床医学、中药学 8 个硕士学位授权一级学科；获得美学、宪法学与行政法学、国际法学、中外政治制度、马克思主义中国化研究、思想政治教育、外国语言学及应用语言学、应用数学、物理电子学、粮食、油脂及植物蛋白质工程、中医内科学、社会保障学 13 个硕士学位授权学科。使学校的学位授权学科、专业点不仅在规模和数量上有所增加，而且在学科门类方面出现新的增长，填补了哲学门类和马克思主义学科无硕士点的空白。

至 2006 年 6 月，学校共有博士学位授权一级学科 6 个，博士学位授权学科、专业 39 个，博士招生专业 54 个；硕士学位授权一级学科 18 个，硕士学位授权学科、专业 133 个（包括 6 个专业学位），涵盖哲学、法学、教育学、经济学、文学、历史学、理学、工学、医学、管理学 10 大学科门类。①

学校在博士后工作站建设方面同样屡创佳绩，1999 年 3 月，应用经济学博士后科研流动站获批设立，使学校在博士后流动站方面实现零的突破。2001 年初，临床医学学科博士后科研流动站获批设立。2002 年，广州（暨南）生物医药研究开发基地有限公司被批准设立企业博士后科研工作站，成为学校第一个企业博士后科研工作站。2003 年 10 月，生物学博士后科研流动站获批设立；同年 9 月，工商管理博士后流动站获批设立；10 月，中国语言文学专业获准设立博士后科研流动站，使学校拥有 5 个博士后科研流动站、1 个博士后科研工作站。

伴随博、硕士学位授权点的增加和教师科研水平的提升，研究生指导教师数量也稳步增加。2006 年 6 月，学校共有博士生导师和硕士生导师 609 人，较进入"211 工程"建设前 1995 年的 216 人增长 1.8 倍；其中博士生导师 127 人，较 1995 年的 13 人增长

① 学位办：《学校获批多个学位授权学科专业》，《暨南大学简报》2006 年第 4 期，2006 年 2 月 28 日，第 4 页。

8.8 倍，硕士生导师 482 人，较 1995 年的 203 人增长 1.4 倍。[①]

2. 研究生培养数量和质量的提高

过去的 10 年时间里，在校博士、硕士研究生数量逐年上升，1995 年为 615 人；1997 年首次超过千人关口，为 1003 人；2000 年突破 2000 规模，为 2007 人；2004 年突破 5000 大关，为 5008 人；2005 年更跨越 6000 大关，达到 6074 人；2006 年 6 月为 6567 人，较 1995 年增长 9.7 倍，更使研究生与全日制本科生之比达到 1∶2.4。海外及港澳台研究生数也稳步增长，1995—2006 年的在校研究生数分别为 85 人、124 人、176 人、261 人、319 人、413 人、461 人、602 人、747 人、741 人、843 人、868 人；2006 年 6 月在校海外及港澳台研究生数较 1995 年增长 9.2 倍。[②]

随着学校整体水平的提升和研究生人数的增加，学校通过制订要求更高的培养方案，执行严格的中期考核制度，激励研究生进行科学研究，加强研究生日常管理等相关工作措施，全面提高研究生培养质量。

1998 年 11 月，学校重新修订《暨南大学攻读博士、硕士学位研究生培养方案》，对学习年限、学分要求、博士生的第二外国语等都作了更加明确的规定，特别对研究生在校期间发表论文提出具体要求。自 1998 级研究生开始实施后，对研究生培养工作起到了直接良好的促进作用。

为形成奖励先进、鞭策落后的学习竞争局面，学校对研究生实行中期考核制度，建立奖励与淘汰相结合的机制，对中期考核表现较差的研究生进行筛选分流。[③] 同时，激励研究生积极进行学术研究，制定了《暨南大学博士学位论文创新项目管理办法》《暨南大学研究生奖励办法》等一系列奖励制度，使研究生科研积极性更加高涨。2000 年便有 19 篇研究生论文获奖，学校也于当年对首批 15 名获奖研究生颁发了总额 1.2 万元的发表论文奖金。[④]

对专业学位研究生培养工作，学校同样给予高度关注，以确保培养质量。以 EMBA、MPA 专业学位教育工作为例，学校对 EMBA 学员实行"三三制"教育模式，即国外知名大学教授，国内外著名专家、企业家以及暨南大学著名教授各占 1/3 时间对 EMBA 学员进行教学，以培养国际型的 EMBA 学生。学校还于 2003 年 12 月把首批 48 名 EMBA 学员送往美国斯坦福大学进行为期 14 天的学习，以开拓学员知识面，提高其素质。对 MPA 学员的教学工作，学校实行"双导师制"，除聘请知名学者外，还力邀政府部门具有实际工作经验的高级行政官员担任导师，共同参与公共管理硕士的培养，从知识和实践两个方面提升教育质量。

学校的研究生培养质量得到显著提高，博士后科研流动站在培养人才方面也表现出较高水平。例如，2004 年，学校应用经济学学科产业经济学专业黄德鸿教授指导的博士

① 详见信息管理办公室编制的《暨南大学基本情况一览表（2005.12）》《暨南大学基本情况一览表（1996.11）》。

② 详见信息管理办公室编制的历年《暨南大学基本情况一览表》。

③ 《暨南大学研究生中期考核试行办法》，转引自暨南大学校长办公室：《暨南大学文件汇编（教学科研卷）》，2003 年，第 164、165 页。

④ 卢健民：《学校推出论文奖励制度，激励研究生走学术与助学相长之路》，《暨南大学简报》2000 年第 29 期，2000 年 10 月 19 日，第 3 页。

研究生王聪的论文《我国证券市场交易成本制度研究——关于中国证券市场的 SCP 分析框架》荣获"全国百篇优秀博士学位论文"奖，实现零的突破。[①] 学校在 1999 年招收的临床医学博士后何贤辉，成为学校第一个进站的博士后。在站两年工作期间，何贤辉博士后发表 10 篇学术论文，其中 5 篇论文是以第一作者在国际核心刊物发表，表现出较强的科研能力和较好的科研成绩。[②]

2004 年秋季开始，学校对硕士研究生学制进行大范围调整。共有 64 个招收硕士研究生的学科、专业开始改为 2 年学制；另外的医学、物理学、光学等 20 个学科、专业，大部分专业学位，高校教师在职攻读硕士学位的学科、专业，仍实行 3 年学制；其他年级所有学科、专业的硕士研究生实行入学时规定的学制；同时出台相应的配套措施。[③]

六、华文教育

为港澳台及华侨华人服务，是学校的一项重要工作。长期以来，学校投入大量人力物力，积极开展华文教育。

自 1996 年以来，学校的海外华文教育工作和汉语教师培训工作明显得到增强。学校向美国、加拿大、英国、法国、瑞典、波兰、埃及、毛里求斯、泰国、柬埔寨、印尼、新加坡、蒙古、文莱、巴基斯坦等国家多次派遣汉语教师开展华文教育。此外，学校还多次专门举办海外华文教师培训班；积极委派教师到加拿大、美国、英国、瑞典、印尼、泰国、新加坡等国家进行海外汉语教师培训，仅在印尼就培训了 1529 名教师。[④] 2004 年 7 月，学校选派 20 位研究生和本科生组成暨南大学首批国际汉语教师志愿者，赴印尼从事汉语教学工作。

学校采取"走出去"的方式在海外大力开展华文教育，如 2002 年与新加坡华夏管理学院人力资源培训中心合作，在新加坡开设华文教学硕士学位课程班。同年，学校开始在印尼招收对外汉语专业专科学生。2003 年 3 月，学校在印尼举办首届印尼师资培训学历函授班，对来自印度尼西亚雅加达、井里汶、梭罗、三宝垄、万隆等地的 163 名华文教师学员进行培训。

对港澳台地区的华文教育工作也开展得卓有成效。其中，2001—2004 年，华文学院为香港警务人员连续举办 50 期普通话训练班，共培训 1175 人，包括总警司 1 名、高级警司 1 名、警司 5 名、总督察 20 名、高级督察 45 名、督察 8 名、探长 315 名。[⑤] 2005 年 3 月、2006 年 2 月，学校为香港民政事务总署举办两期普通话培训班，对以各级联络主任为主的 37 名学员进行普通话培训。2005 年 8 月，华文学院举办首届台湾汉语教师培训班，对来自台湾南部的 41 位学员进行 2 周培训。

[①] 学位办：《我校博士学位论文首次获得"全国百篇优秀博士学位论文"奖》，《暨南大学简报》2004 年第 13 期，2004 年 5 月 27 日，第 3 页。

[②] 研究生部：《我校博士后科研流动站首位博士后作出站报告》，《暨南大学简报》2001 年第 23 期，2001 年 9 月 13 日，第 2、3 页。

[③] 《暨南大学关于调整硕士研究生学制的决定》（暨学〔2004〕23 号）。

[④] 《在迎接国务院港澳办交流司、教育部港澳台办联合调研组莅校视察会上的汇报材料》，2004 年 11 月 25 日，第 24 页。

[⑤] 《在迎接国务院港澳办交流司、教育部港澳台办联合调研组莅校视察会上的汇报材料》，2004 年 11 月 25 日，第 19 页。

华文教育研究和华文教材编写工作成绩优异，2005年2月27日，商务印书馆世界汉语教学研究中心成立，聘请贾益民教授担任顾问，郭熙和曾毅平老师担任编委。10年来，据不完全统计，学校主持编写的华文文字教材、多媒体教材及工具书60余部，共计210余本。① 其中，贾益民教授主持完成的全套共48本的《中文》教材，自1999年全部出版后，已在40多个国家和地区发行500万套，② 仅在美国就有150多所中文学校使用，被誉为目前全美国境内最好的中文教材。另一套专为柬埔寨华校编写的六年制小学汉语教材《华文》，被列为柬埔寨华文学校唯一合法使用的统编教材。③

七、预科教育

在预科生培养方面，学校制定了《暨南大学预科招生规定》《暨南大学预科学生学籍管理办法（试行）》等规章制度，使预科生管理和培养工作日趋规范化和科学化。2000年开始，学校把单一的一年制预科改为半年制、一年制、三年制3种，并且只对海外及港澳台地区招生。针对预科招生特点，学校根据"立足大陆，面向境外；突出基础，注重衔接；主次分明，结构合理；更新知识，实用有趣"的原则，制订有利于预科生全面发展的培养方案；课程设置方面，注重向学生传播中华文化，系统地向学生介绍中国传统文化以及中国历史和国情。

为了更好地、有针对性地做好预科生的教学工作，学校专门为大学预科学生编写了《语文》《数学》《历史》《地理》《生物》《物理》《化学》教材。同时，为帮助报考暨南大学的海外及港澳台学生做好考试复习，学校又编写了上述7门大学预科先修教材，形成了较完善的大学预科教材体系。

学校制定科学合理的学习质量监测制度，以保证预科生培养质量。如作为预科必修课的语文、英语、数学3科，按三段考试成绩计算该科的学年总评成绩，各段考试成绩占学年总评成绩的20%、35%、45%。而历史、地理、物理、化学、生物、体育、计算机等课程，则按第一、二学期分别占40%、60%的比例进行计算。将学生作业完成情况与考试进行挂钩，欠交某门课程作业累计超过1/3者，不得参加该门课程考试，并视其具体情况决定是否给予补考机会。④ 同时，学校对预科生的结业、直升条件，也作出明确规定，保证预科生培养质量的同时，促进了大学本科学生生源质量的提高。

10年来，学校的预科学生数量稳步上升。1996年的在校预科生数为134人；2002年达到584人；2003年突破千人大关，预科高级班和中、初级班学生总数为1048人；最近几年的预科生数均稳定在千人左右。⑤

八、成人教育

教育学院依托学校的雄厚师资力量和良好办学条件，采取多形式、多层次办学，使

---

① 根据《在迎接国务院港澳办交流司、教育部港澳台办联合调研组莅校视察会上的汇报材料》及相关资料统计。

② 《暨南大学2004年工作总结》（暨发〔2005〕3号），第6页。

③ 《在迎接国务院港澳办交流司、教育部港澳台办联合调研组莅校视察会上的汇报材料》，2004年11月25日，第25页。

④ 《暨南大学预科学生学籍管理办法（试行）》，转引自暨南大学校长办公室：《暨南大学文件汇编（教学科研卷）》，2003年，第267页。

⑤ 详见信息管理办公室编制的历年《暨南大学基本情况一览表》。

成人高等教育呈现出蓬勃发展的新局面。在 1996 年广东省评估工作专家组对学校函授、夜大学教育评估工作中，暨南大学函授、夜大学教育评估结果为优良，名列广东第一。[①] 1997 年 11 月，学校成为国家教委表彰的全国 49 所开办成人高等教育普通高校之一，并被授予"全国成人高等教育评估优秀学校"称号。

为进一步解决成人教育学生的工学矛盾，同时促使成人教育学籍管理更加科学化，教育学院专科升本科专业从 2001 级学生开始实行学分制学籍管理。《暨南大学成人教育学分制学籍管理办法》规定：成人教育学分制学籍管理实行弹性学年制，高中起点本科学制为四至八年，专科起点本科学制为三至六年；学有余力的学生在主修本专业外，还可修读副修专业；课程开设分必修课和选修课两类，学习质量采用绩点评价。[②] 成人教育学分制学籍管理制度的实施，不但更好地适应了成人教育学生"在职、业余、分散"的学习特点，也进一步促进了教育学院管理水平的提高。

教育学院根据学校"面向海外、面向港澳台"的办学方针，大力拓展对外办学。如在港澳开设社会学专业，为港澳社会工作人员继续深造提供机会；在澳门开办护理学专业专科、本科班，填补澳门护理行业专科、本科学历层次的空白，深受港澳社会的好评。至 2003 年，学校的海外招收成人教育学生专业已有与印度尼西亚万隆福清同乡基金会联合在印尼继续开办对外汉语专业（华文教育方面）大专班；在香港、澳门继续开办会计学、法学专业专科起点本科班和中医学、社会学本科班；在澳门开办环境科学、食品科学与工程专业本科班，法学、社会学和旅游管理学大专班等。[③]

10 年来，学校成人教育中招收的海外及港澳台学生数逐渐增加，1996 年为 296；1998 年超过 500，达到 560；2004 年跨越千人大关，达到 1040；2005 年的在校生人数更达到 1356，较 1996 年增长 3.6 倍。[④]

第六节　科学研究及管理

1996 年以来，学校明确了"教学""科研"双中心的工作重点，对科研工作采取多种激励措施，不断健全科研管理制度，使学校科研管理水平大幅提升，科研水平和成果转化取得显著进步。

一、科研管理工作

学校大力构建科研奖励机制，在 1997 年制定了《暨南大学科学基金配套奖励办法》《暨南大学四大索引配套奖励办法》等系列文件，对获得重大科研项目的教师进行奖励。当年 10 月，学校按照相关规定对 1996 年科研工作表现突出的教师进行了配套奖励，发

---

① 秦三定：《我校函授、夜大学教育评估获优良成绩》，《暨南大学》第 202 期，1996 年 5 月 25 日，第 1 版。
② 教育学院：《成人教育本科专业实施学分制学籍管理》，《暨南大学简报》2001 年第 37 期，2001 年 12 月 27 日，第 3、4 页。
③ 《简讯 6 则》，《暨大简讯》第 94 期，2003 年 7 月。
④ 详见信息管理办公室编制的历年《暨南大学基本情况一览表》。

放奖金109310元，在广大科研人员中产生了积极影响。[1] 此后，随着校内工资制度的实行，科研奖励也随之纳入校内工资范畴，使学校教师从事科研成为一种内在自发的工作，进一步激发了教师的科研积极性。

为更好地建设高水平学科带头人队伍，提升教师科研水平，学校于2002年开始实行特聘教授制度，聘请了王自能、周长忍等13位教师为第一批特聘教授，使得学术带头人能够潜心进行科学研究，多出高质量的科研成果。

1999年3月12日召开的第四次科研工作会议，学校更决定每年追加100万元拨款，用作科研成果、重要索引论文的配套奖励；在国家级重大项目和横向技术开发项目中实行项目负责人制；推行科研人员岗位责任制与岗位聘任制；设立暨南大学有突出贡献教师的特殊津贴制度、科研专用时间制度、学术假制度和疗养制度；放宽科研经费使用，从事横向技术开发的课题组成员可以自主支配其经费的85%；鼓励科技人员利用科技开发项目创办校办科技企业；学校每年拨款10万元建立专利基金。大会还讨论了《暨南大学关于加快科学技术发展的决定》《暨南大学科研发展奖励政策》《暨南大学科研项目配套奖励办法》《暨南大学文科科研经费管理办法》《暨南大学横向科技开发和社科横向项目经费管理办法》《暨南大学重要索引收录论文奖励办法》和《暨南大学知识产权保护工作暂行规定》7份文件，对科研管理力量的部署、人事制度改革、产学研结合、科研激励等方面都作了详尽论述和规定，[2] 使科研管理工作更加科学化、规范化。

2002年，学校进一步细化科研奖励制度，制定并实施《暨南大学科研工作奖励管理办法》，鼓励教师承担高层次科研项目。对获得主持国家"973""863"计划项目及国家相关重大项目，国家"973""863"前期研究项目、青年项目及国家级项目，省部级相关重大项目的科研人员，学校分别按到校科研经费给予15%、8%、5%的配套奖励。学校积极鼓励科研人员进行跨学院、跨学科的科研项目申报，取得的相关科研项目，除按上述比例配套奖励外，追加2%的奖励比例；同时还规定了对国家、省部级重点建设基地的奖励标准，使教师进行科学研究的主动性和积极性更加高涨。

二、科研工作的快速进展

10年时间，学校获各级各类科研项目约2600项。科研经费逐年递增，2000年首次突破5000万元，达到5391万元。2003年、2004年和2005年连续三年的科研经费均超过1亿元，2005年科研经费较进入"211工程"建设前的400万元增长35倍。

---

[1] 门子：《科研处发放十多万元科研配套奖金》，《暨南大学工作简报》1997年第22期，1997年10月30日，第5页。

[2] 罗伟坚：《我校第四次科研工作会议综述》，《暨南大学》第254期，1999年3月25日，第2版。

表 3　1995—2005 年所获科研项目和经费情况表

年　份	科研项目数（项）	科研经费数（人民币：万元）
1995	90	400
1996	120	1000
1997	110	1000
1998	220	2000
1999	141	3371
2000	200	5391
2001	205	6381
2002	256	8000
2003	932	11200
2004	500	11300
2005	438	14000

资料来源：历年《暨南大学工作总结》《暨南大学大事记》及相关资料。

　　教师共发表科研论文 12000 余篇，2004 年发表的科研论文数首次突破 3000 大关，达到 3154 篇；共获专利授权 70 余项，2005 年一年便获 24 项专利授权。在完成的科研项目成果中，有 275 项获厅局级三等奖以上政府奖励，高质量科研论文大幅增长。教师发表论文被三大索引收录 800 余篇，2002 年首次突破 100 篇，2003 年首次跨越 200 大关，达到 219 篇。2005 年更达到 297 篇，较 1995 年增长 33 倍。①

　　随着科研水平的提高，学校教师有多人次担任国家级学会或相关科研机构的重要职务。例如：刘人怀教授自 1989 年以来一直担任中国仪表元件学会理事长；胡军教授担任中国产业经济研究会副会长、中国企业管理研究会副理事长；蒋述卓教授担任中国古代文学理论学会副会长、中国中外文艺理论学会副会长；贾益民教授担任中国对外汉语教学学会常务理事兼华南分会秘书长；陆大祥教授担任中国病理生理学会副理事长，炎症发热感染低温专业委员会副主任委员，中国医药信息专业委员会副会长；纪宗安教授担任中国中外关系史学会副会长、中国海上交通史研究会副会长；王华教授担任中国会计教授会常务理事。1997 年，刘人怀教授被选为中国力学学会副理事长。1998 年，齐雨藻教授被选为赤潮工作组中国委员会主任。2000 年，刘人怀院士被选为国家自然科学基金委员会力学学科评审组成员。2001 年，刘人怀院士参加中国科技协会代表大会并被选为全委会委员，陈乔之教授、高伟浓教授、曹云华教授分别被选为中国东南亚研究会副会长，陈乔之教授被选为中国华侨历史学会副会长。2002 年，韩兆洲教授被选为全国工业统计学教学研究会副会长，赵维江教授被选为中国辽金文学学会副会长。2003 年，刘人怀院士被选为教育部科学技术委员会管理科学部主任、中国振动工程学会理事长、中国复合材料学会副理事长、中国仪器仪表学会常务理事，周天鸿教授被选为中国遗传学

　　① 根据历年《暨南大学工作总结》《暨南大学大事记》及相关资料统计。

会科普及教学委员会主任。2004年，刘人怀院士成为中国工程院工程管理学部常委，黄耀熊教授被选为中国医学物理学会副理事长，周长忍教授被选为中国生物医学工程学会生物材料分会秘书长，罗焕敏教授被选为中国药理学会抗衰老与老年痴呆专业委员会委员，唐书泽教授被选为中国畜产品加工研究会贮藏与保鲜专业委员会主任，刘建平教授被选为中国商业统计学会市场调查与分析研究会副会长，张森文教授被选为中国振动工程学会随机振动专业委员会理事长。2005年，饶芃子教授被选为中国世界华文文学学会会长、中国比较文学学会副会长，王列耀教授被选为中国世界华文文学学会副会长，张荣华教授被选为中国中西医结合与老年医学专业委员会副主任委员。2006年，刘人怀院士被选为中国工程院工程管理学部副主任。[①]

三、自然科学研究成果获奖概况

学校的自然科学研究成果共有144项次获厅局级以上政府奖励。其中，共有15项科研成果获省部级政府奖励一等奖乃至国际金奖。1997年，刘人怀完成的板壳非线性理论与计算荣获广东省自然科学奖一等奖，使学校在广东省政府一等奖方面实现零的突破。1998年，陆大祥、李楚杰等完成的环核苷酸和钙信号系统与发热体温中枢正负调节的研究，获广东省医学科技进步奖一等奖；刘人怀、王璠共同完成的复合材料结构的分析与计算，李志杰、李辰、徐锦堂共同完成的角膜移植免疫排斥反应的实验研究，杞桑、齐雨藻、黄伟健共同完成的珠江下游污染生态及水质评价研究，获国务院侨办科技进步一等奖。1999年，刘人怀、何陵辉、王璠共同完成的复合材料结构的分析与计算，韩博平完成的生态网络分析方法理论问题与应用，获广东省高校科技进步奖一等奖。2002年，齐雨藻、邹景忠、周名江、梁松、俞志明、吕颂辉、陈菊芳、王艳、许卫忆、杨炼峰、江天久、徐宁、王朝晖、郑天凌、张龙军共同完成的中国沿海典型增养殖区有害赤潮发生动力学及防治机理研究，黄耀熊、杨宇泉、俞林共同完成的盐对C8卵磷脂胶团溶液的作用，李校堃、洪岸、黄亚东、许华、杨晓明、吴晓萍、赵文、郑青共同完成的重组碱性成纤维细胞生长因子应用与开发，获教育部提名科技进步奖一等奖。2003年，林剑、赵利淦、刘小青共同完成的成纤维细胞因子–2结构类似物，其生产方法及应用，获广东专利奖金奖。2004年，杨冬华、范子荣、汤绍辉、黄卫、崔俊、毕向军、覃汉荣、宁晓燕、张鸣青、周最明共同完成的肝癌中IGFs家族基因和c–fms癌基因异常表达机制及意义，获教育部提名科技进步奖一等奖。2005年，刘人怀、何陵辉、成振强、王璠、王志伟、袁鸿、徐加初共同完成的复合材料基本力学问题的理论研究，获广东省科学技术奖一等奖；尹良红、云大信、吴小文、梁小明、朱起之、古英明、张虹、刘韶林、杨建龙、郑宜绮、蔡启德、陈淇华、朱宁、马志建共同完成的JH2000血液透析机，获第十五届全国发明博览会金奖。2006年初，在巴黎博览会列宾国际发明竞赛中，欧阳东教授完成的"农业废弃物稻壳制取生物源纳米SiO_2"项目获得金奖，为学校和祖国赢得了荣誉。

共有36项次研究成果获省部级政府奖励二等奖。1996年，朱伟杰、刘学高、李世勤、文任乾、王春潮共同完成的人类冷冻精子研究，张子安、齐雨藻共同完成的硅藻分

类学与生态学研究，获广东省高校科技进步二等奖；岑颖洲、伍秋明、许少玉、陈自立、林潮平、李药兰、孔少伟共同完成的粗老茶叶的深加工综合利用，获广东省科技进步二等奖；徐锦堂完成的异种表面角膜镜的研究，获国家教委科技进步二等奖。1997年，杞桑、黄伟建、齐雨藻共同完成的用水生生物对河流污染的评价，获广东省高校科技进步二等奖；徐锦堂完成的表面角膜镜片术的系列研究，获国家科技进步二等奖。1998年，尹伊伟、王朝晖、林小涛共同完成的拟除虫菊脂农药对水生态系统的影响及防护研究，获广州市环境保护科技进步二等奖；蒋斯杰、马丽、李向辉共同完成的医疗保障计算机管理系统，黄长江、齐雨藻、杞桑等共同完成的广东大鹏湾浮游植物生态学和赤潮发生机理研究，欧阳健明主持完成的8—羟东基喹啉两亲配及其配合物的有序分子膜和电致发光器件研究，获广东省高校科技进步二等奖；钟汉权、黄慧妍、徐国风共同完成的心血管气囊扩张导管的研制，攀锁海完成的图及其同态幺半群，冷延家、张玲敏共同完成的中国白蛉亚科昆虫的研究，获国务院侨办科技进步二等奖。1999年，李扬秋、汪明春、杜欣、杨力健、廖继东、陈少华、许敏华共同完成的基因扫描分析TCRVβT细胞克隆性在血液病研究中的应用，王声湧、池桂波、胡毅玲、林汉生、吴赤蓬共同完成的我国车祸流行病学特征、决定因素及其与机动化程度关系的研究，柳文鉴、刘佩玲、张爱民、保国玲、杨方共同完成的膀胱输尿管返流与返流性肾病肾损害关系系列研究，获广东省医学科技进步二等奖；柳文鉴、刘佩玲、张爱民、保国玲、杨方共同完成的膀胱输尿管返流与返流性肾病肾损害关系系列研究，并获广东省科技进步二等奖；韩博平完成的生态网络分析方法理论问题与应用，获广东省自然科学二等奖。2000年，王声湧、池桂波、胡毅玲、林汉生、吴赤蓬共同完成的我国车祸流行病学特征、决定因素及其与机动化程度关系的研究，获省自治区直辖市科技进步二等奖。2002年，杨冬华参与完成的肝细胞癌变过程中相关基因异常激活机制及其临床意义，陈剑、徐锦堂、吴静、刘春名、孙康、侯光辉、丁琦、周清、赵松滨、王彦平共同完成的眼部碱烧伤病理机制及其治疗的系列研究，获广东省科学技术二等奖；李扬秋、杨力建、陈少华、李荣福、杜欣、汪明春、许敏华、罗更新共同完成的白血病患者TCR Vb亚家族T细胞克隆性增殖研究，苏泽轩、于立新、钟红兴、李宇同、叶桂荣、韩献萍、钟玲、付绍杰共同完成的器官移植应用基础与临床的系列研究，获教育部提名科技进步二等奖。2003年，张悦完成的牛珀志宝微丸治疗阳闭症（感染性休克和脑梗死）的研究，获深圳市科技进步二等奖；何林完成的MI－921D型电解质分析仪，获广东省科学技术二等奖；王立生、陈升文共同完成的双歧杆菌及其完整肽聚糖对实验性大肠癌的抑制及临床价值的研究，深圳眼科医院完成的黄斑部疾病玻璃体手术治疗的系列研究，李明玉、唐启红、尹华、李桂敏、杜海宽、汪平、陈伟红、牛谦、万绍明、张新舜、黄发强、崔元臣、王黎、汪海、刘健共同完成的新型聚硅酸复合混凝土产业化及其应用，获教育部提名科技进步二等奖；深圳眼科医院完成的视网膜神经纤维活体断层扫描及定量观测在青光眼早期诊断中的应用，戴勇、李富荣、王沙燕、齐晖、叶志中、任莉莉、洪小平、张阮章、李体远、黄瑞芳共同完成的尿毒症和维持性血液透析患者细胞免疫状态及成因，获深圳市科技进步二等奖。2004年，陈剑、徐锦堂、吴静、侯光辉、孙康、周清、李线、陈建苏、王彦平、丁勇、丁琦、赵松滨、黄建艳共同完成的眼表病眼表重建的基础与临床系列研究，欧阳东、何汉林、胡波、余力超、叶来福、姚三支、李建友、郑耀宗共同完成的矿物减水理论与高性能掺和料和超高性能混凝土，获广东省科技进步二等奖；陆大祥、王华东、李楚杰、胡巢凤、颜亮、王达安、戚仁斌、徐方云、胡景新、张怡、汤穗生、李平共同完成的发热体温正负调节中枢与信号通路的研究，陈火炎、谢俊谦（T. H. Tse）、孙玉霞共同完成的面向对象软件测试与分析的一种新理论和新方法，获教育部提名自然科学二等奖。2005 年，欧阳东完成的一种稻壳焚烧装置及其产出的纳米结构 SiO_2 获第十五届全国发明博览会银奖；尹良红、云大信、刘韶林、杨建龙、郑宜绮、蔡启德、陈湛华、朱宁、马志健、江九林共同完成的血液透析/滤过装置，获教育部提名科技进步二等奖。

另有 93 项科研成果获厅局级以上政府奖励三等奖。①

四、社会科学研究成果获奖概况

学校的社会科学研究成果共有 217 项次获厅局级以上政府奖励以及相关学会奖励，计有各类一等奖 57 项、二等奖 80 项、三等奖 80 项。

25 项科研成果获省部级政府奖励特等奖和一等奖。1996 年，张世君完成的论文《欧美小说模式》获第三届广东青年社会科学优秀成果论文类一等奖；蒋述卓撰写的论文《说"飞动"》、魏中林撰写的论文《法式善与乾嘉诗坛》、刘少波撰写的论文《房地产商品化与房地产金融深化》、左正撰写的论文《建设南中国的自由港》、陈恩撰写的论文《九七前后港台经贸关系探微》，获第三届广东青年社会科学优秀成果论文类一等奖；曹云华完成的专著《东南亚的区域合作》，周聿峨完成的专著《东南亚华文教育》，获第三届广东青年社会科学优秀成果著作类一等奖。1997 年，梁世红、杨松合著的《人的素质与市场经济》，获广东精神文明理论著作一等奖；凌文辁撰写的论文《中日合资企业中国员工对日本管理者及所在企业的评价》、李如龙完成的论著《方言与音韵论集》、冯邦彦完成的著作《香港英资集团》，获广东省高校第二届人文社科研究成果一等奖；肖立见撰写的分析报告《广东人口与经济关系评析》，获国务院人口普查办人口统计成果奖一等奖。1999 年，饶芃子撰写的论文《海外华文文学的新视野》、张元元等人的著作《广东改革的经济思考》，获广东省第六次优秀社会科学研究成果一等奖。2001 年，李郁芳参撰的著作《〈资本论〉在社会主义市场经济中的运用和发展》，获福建省第四届社科优秀成果一等奖。2002 年，谢骏完成的专著《中国新闻事业通史》，获教育部第三届人文社科优秀成果一等奖。2003 年，黄正瑞完成的《乡镇财政管理信息化推广工作的实证研究》，获广东省 2003 年度会计科研一等奖。2005 年，胡军主持完成的《广东省工业产业竞争力研究总报告》、詹伯慧完成的著作《广东粤方言概要》、王聪撰写的论文《中国证券市场佣金制度研究——关于中国证券市场的 SCP 分析框架》、徐瑄撰写的论文《知识产权的正确性——论知识产权法中的对价与衡平》、凌文辁撰写的论文《中国职工组织承诺研究》，获广东省哲学社会科学优秀成果一等奖；冯邦彦完成的专著《澳门概论》，获澳门首届人文社会科学优秀成果著作类成果一等奖；饶芃子、费勇合撰的论文《文学的澳门与澳门的文学》获澳门首届人文社会科学优秀成果论文类成果一等奖。

共有 31 项科研成果获省部级政府奖励二等奖。1996 年，张晓辉撰写的论文《论抗

---

① 科学技术研究处：《历年获奖自然科学研究成果统计表》。

战战略相持阶段广东的对敌经济反封锁》，余虹撰写的论文《奥斯维辛之后——审美与入诗》，沈肇章撰写的论文《特区涉外税收优惠政策评述》，封小云撰写的论文《深圳特区经济结构转变的思考》，韩兆洲、陈光潮合撰的论文《广州实现现代化的进程与距离分析》，获第三届广东青年社会科学优秀成果论文类二等奖；陈伟明完成的专著《唐宋饮食文化发展史》，高伟浓完成的专著《亚太国家的石油天然气勘探开发》，龚红月、王培林、何君宜、何宇青、杨俊华合著的《知圆行方的世界——中国传统文化新论》，获第三届广东青年社会科学优秀成果著作类二等奖。1997 年，张炳申完成的专著《劳动力市场配置论》，获国家劳动部科技进步二等奖；李伯侨完成的《国际贸易法大辞典》，获国家出版署辞书奖二等奖；封小云、龚唯平、冯邦彦合著的《香港高科技产业发展战略》，获广东省科技进步二等奖；夏洪胜撰写的论文《多人多层多目标决策》，获广东省高校科技进步二等奖。1998 年，李如龙完成的专著《方言与普韵论集》，凌文辁撰写的论文《中国合资企业中国员工对日本管理者及所在企业的评价》，获教育部颁发的全国普通高校第二届人文社会科学研究成果二等奖；凌文辁主持完成的《中国文化与三资企业管理》，获教育部科技进步二等奖。1999 年，胡军完成的论文《论居民承受力指数》，获全国统计科技进步奖评奖委员会颁发的首届全国优秀统计论文二等奖；詹伯慧、甘于恩、陈晓锦、彭小川等合著的《珠江三角洲方言调查报告之一、二、三》（三卷），获"七五、八五"广东省社科规划课题优秀成果二等奖；詹伯慧、张日昇主编的《粤西十县市粤方言调查报告》，张晓辉撰写的论文《从香港华商的兴起看海内外华人经济的交融（1841—1949）》，张炳申完成的专著《劳动力市场配置论》，获广东省第六次优秀社会科学研究成果二等奖；左正撰写的研究报告《从"普基"看广州工业结构》，获中共广州市委颁发的决策咨询研究奖。2003 年，梁明珠、蔡田汉、傅汉章、麦洁萍、林旭辉、康国雄、杨建华、蔡新春、傅云新、廖卫华、李正、伍锋、吴德亮、李灼坚、文彤共同完成的《番禺旅游规划与可持续发展系列研究》，获广州市科技进步二等奖。2005年，蒋述卓等人完成的著作《文化视野中的文艺存在——文艺文化学论稿》、饶芃子撰写的论文《海外华文文学与比较文学》、苏冬蔚完成的著作《中国股票市场研究》、刘颖完成的著作《电子资金划拨法律问题研究》、张捷撰写的论文《中小企业的关系型借贷与银行组织结构》、邱丹阳撰写的论文《东亚合作与中国的战略选择》、谭跃撰写的论文《实物期权与高科技战略投资——中国 3G 牌照的价值分析》，获广东省哲学社会科学优秀成果二等奖；文学院古籍研究所的集体成果《明清时期澳门问题档案文献汇编》（全六册），获澳门首届人文社会科学优秀成果著作类成果二等奖；刘颖完成的专著《网络法研究》，获广东省首届哲学社会科学科研成果二等奖。

另有 75 项科研成果获厅局级以上政府奖励三等奖。①

五、科研成果转化和推介

与科学研究工作良好发展的状况相适应，学校加大了科研成果转化和推介的工作力度。1999 年，学校开始筹划成立从事科技产品开发研究的公司或"产学研"联合体，当年即组建医药生物技术研究开发中心。该中心在 11 月与深圳深港集团合作成立深港暨

---

① 社会科学研究处编制的历年《暨南大学人文社会科学科研成果及资料汇编》。

南大学生物工程科技开发有限公司，并在深圳举行的首届中国国际高新技术成果交易会上成功签订 1000 万元科技合作合同，成为当年广东省唯一一所签约的高校。[①]

随后，学校相继组建多种"产学研"联合体，2000 年 3 月，学校组建总投资额 1000 万元的暨华医疗器械责任有限公司，同时还成立广州（暨南）生物医药研究开发基地。8 月 5 日，暨南大学与青岛华仁药业公司签订"1，6—二磷酸果糖镁盐及输液剂的研究开发"合同，使学校第一次拥有跨省参股公司，对拓宽省外市场起到了积极的推动作用。[②]

学校积极参加相关科技成果展览会，向社会全面推介学校科研成果。在 2000 年 11 月中旬举行的香港国际发明展览会上，学校展出的见林 bFGF 喷雾剂，预防和治疗辐射损伤的保健组合物获银奖，一种酸水解生产海鲜调味的方法荣获铜奖。自 2000 年第二届中国国际高新技术成果交易会开始，学校连续 6 次作为独立高校展团参加，在 2000 年 10 月举行的第二届中国国际高新技术成果交易会中，学校的优秀科研成果和良好参展布置引起吴邦国副总理的注意，他亲自到学校展位进行参观。2003 年 10 月举行的第五届中国国际高新技术成果交易会中，学校展台再次成为高校展区的亮点，吴仪副总理特意参观学校展位，热情鼓励学校更上一层楼，做好高新技术成果转化工作。

在港澳校董支持下，学校成功地在香港和澳门举行科研项目推介会，成为中国高校首次在港澳举行此类会议。新千年伊始的 2001 年 2 月 16 日，学校在香港举办暨南大学港澳校董春茗暨科技开发项目推介会。4 月 24 日，学校又在澳门中华总商会四楼何贤厅举办暨南大学科技开发项目推介会。2002 年 7 月 28 日至 8 月 4 日，应泰国青山集团大众有限公司董事会主席、学校董事颜开臣先生邀请，学校在泰国举行中国暨南大学科技项目暨招生发布会，共展示生物医药、中草药、医疗器械和医用材料、电子信息及管理科学 4 大类 85 项科研成果，引起 500 余位参会的泰国各界知名人士和代表们的浓厚兴趣。此次发布会在泰国乃至东南亚引起较大反响，被誉为中国高校走向世界办学的范例，泰国的 6 家著名新闻媒体纷纷对此进行全面报道，新华社也作了相关报道。

为进一步规范科技产业管理，促进科研成果产业化，学校于 2004 年 5 月成立暨南大学科技产业集团，撤销暨南大学科技产业办公室。2004 年 12 月，暨华医疗器械有限公司医药生物研究开发技术中心、广州（暨南）生物医药研究开发基地从药学院划归科技产业集团管理，加上科学技术服务公司、基因港研发基地、新微观生物工程公司、花采生物科技有限公司、中明电力电子实业公司、暨通信息发展公司、青岛华仁药业等，科技产业集团已拥有 10 个成员企业。至 2005 年底，学校科技产业集团基本完成内部机构调整和资源整合工作，初步形成以广州暨南科技产业集团有限公司为母公司、包括集团成员企业的企业集团构架。

学校在科研成果转化方面的工作成绩得到相关部门的肯定，2002 年底，广东省科技厅、教育厅组织专家组，对暨南大学科技园进行认真评审、实地考察后，以《关于认定暨南大学科技园等为广东省大学科技园的通知》的文件形式，确定暨南大学科技园为广

①　《暨南大学 1999 年工作总结》（暨发字〔2000〕1 号），第 10 页。
②　科研处：《我校与青岛华仁药业公司签订科研开发合同》，《暨南大学简报》2000 年第 25 期，2000 年 9 月 14 日，第 4 页。

东省四所大学科技园之一。① 2003 年，教育部科技发展中心公布了《全国高校技术转让当年实际收入前 100 名排序》，学校以当年技术转让实际收入 1335.3 万元的业绩名列第 15 名，在广东省高校中拔得头筹。②

六、重点学科、实验室和基地建设

学校的重点学科、实验室和教育基地建设工作不断迈向新台阶，拥有的国家重点学科数目达到 2 个，国家工程中心 1 个、国家级研究基地 2 个、部级工程中心 1 个，省部级重点实验室数目达到 6 个。

在重点学科建设方面，1996 年 3 月，文艺学、工业经济及经济学学科群获批为广东省部委属高校重点学科。1999 年，产业经济学、文艺学、妇产科学、汉语言文字学、金融学、企业管理、专门史、生物医学工程、水生生物学、计算机软件与理论 10 个学科入选广东省高校重点学科。

2002 年初，产业经济学、水生生物学 2 个学科被评为国家高等学校重点学科，实现国家级重点学科零的突破。③

2003 年，会计学、国际关系、工程力学、眼科学、内科学、中国古代史、新闻学、免疫学 8 个学科被批准为国务院侨办重点学科，产业经济学、水生生物学、金融学、文艺学、专门史、汉语言文字学、生物医学工程 7 个学科被选为广东省高校重点学科，有力地促进了学科建设水平的整体提升。

省部级重点实验室建设取得可喜成绩。1996 年 1 月，广东省高教厅重点实验室——现代电子技术实验室启动，总投资 300 万元，成为学校获得广东省高教厅资助的第一个大额度投资项目。2000 年，组织移植与免疫实验室获批为教育部重点实验室，实现该方面工作零的突破。2001 年初，生物材料实验室获批为广东省教育厅重点实验室。同年 6 月，学校建成数值、图像图形分析处理实验室。2002 年，学校成功申报广东省生物工程药物重点实验室，实现省重点实验室零的突破。同年，病理生理实验室通过国家中医药管理局Ⅲ级（A 级）科研实验室专家评审，成为首批国家中医药管理局重点实验室。2005 年，工程结构故障论断实验室获批为广东省高校重点实验室，获得广东省政府 600 万元建设经费。

国家和省部级重点教育基地和科研基地建设工作取得长足进展。2000 年 9 月，华文学院成为全国 22 个"国务院侨办华文教育基地"之一，是广东省唯一的华文教育基地。同年，华人华侨研究院获批为国家人文社会科学华人华侨重点研究基地，实现零的突破。2001 年，基因组药物工程中心成为教育部首批 44 个工程中心之一，并且是唯一的基因组药物工程中心。2003 年 4 月，中文系的国家文科基础学科人才培养和科学研究基地成功通过验收评估，并正式予以授牌。同月，暨南大学与华南理工大学、华南师范大学联合建设的国家大学生文化素质教育基地通过教育部评审，正式授牌。2005 年初，基因工程药物国家工程研究中心获得国家发展和改革委员会批准设立。同年，学校被教育

---

① 科技处：《暨南大学科技园被广东省科技厅和教育厅认定为广东省大学科技园》，《暨南大学简报》2003 年第 4 期，2003 年 2 月 27 日，第 4 页。

② 《简讯》，《暨南大学简报》2003 年第 33 期，2003 年 11 月 6 日，第 4 页。

③ 211 办：《我校学科建设喜上新台阶》，《暨南大学简报》2002 年第 5 期，2002 年 3 月 14 日，第 2 页。

部确定为国家对外汉语教学基地。2006 年 5 月，人工器官与材料工程中心获批为教育部工程中心。

七、学术期刊

长期以来，学报编辑部本着"弘扬科学精神、恪守学术规范、紧跟学术前沿、报道科研成果、倡导学术争鸣、扶持学术新人、为科教兴国做贡献"的办刊宗旨，建立了一套完整而可行的工作规程，致力于编辑工作的规范化、管理的科学化，突出刊物的栏目特色，规范编、审、校各个环节，使刊物质量得到显著提高。《暨南大学学报（自然科学与医学版)》自 1996 年起被列为中国科学引文数据库来源期刊，表明学校理医版学报的学术质量和水平已经达到科技核心期刊标准。① 1997 年，在中共广东省委宣传部、省新闻出版局、省科学技术委员会、期刊协会联合举办的广东省第二届优秀期刊评选活动中，《暨南大学学报（自然科学与医学版)》获优秀科学技术期刊一等奖，《暨南学报》获优秀社会科学期刊提名奖。1999 年，经新闻出版署批准，《暨南学报》和《暨南大学学报（自然科学与医学版)》两种学术季刊改为双月刊。

由中国科学技术协会主管、中国病理生理学会主办、暨南大学承办的国家级综合性病理生理学高级学术刊物——《中国病理生理杂志》，在 10 年时间里取得较快发展。1996 年 8 月由北京大学图书馆和北京高校图书研究会主编的《中文核心期刊要目总览》第二版中，该刊再次被选为中文核心期刊。1997—2001 年，《中国病理生理杂志》连续三年获得中国科协优秀基础性和高科技学术期刊专项经费资助，1999 年总被引频次在全国 1372 种期刊中排名第 69 位，并于同年进入中国期刊网。

2000 年，东南亚研究所主办的刊物《东南亚研究》（双月刊）被评选为"中文社会科学引文索引"（CSSCI)（2000）来源期刊（又称统计源期刊)。

2003 年，由暨南大学和广东省生态学会主办、水生生物研究所承办，并且是中国科学引文数据库统计源期刊的《生态科学》，被中国科协评为 100 个省级学会主办的优秀期刊之一。

2004 年，《暨南学报》和《东南亚研究》分别被确定为学报类和国际政治类核心期刊，实现学校主办刊物入选全国中文核心期刊零的突破。此外，这两本杂志再次被南京大学中国社会科学研究评价中心《中文社会科学引文索引》（CSSCI - 2003）选定为来源期刊，使《暨南学报》自 2001 年起连续 3 年入选，《东南亚研究》自 2000 年起连续 4 年入选。②

学校在这一时期的学术期刊还有其他几种，如经济学院出版的《经济前沿》，华文学院出版的《暨南大学华文学院学报》《广州华苑》，高教研究中心出版的《暨南高教研究》等。主办单位不断增强刊物的学术内涵，使刊物质量得到大幅提高。

---

① 科研处：《〈暨南大学学报（自然科学与医学版)〉被列为中国科学引文数据库来源期刊》，《暨南大学工作简报》1996 年第 25 期，1996 年 11 月 30 日，第 4 页。

② 社科处、东南亚研究所：《〈暨南学报〉、〈东南亚研究〉入选〈中文核心期刊要目总览)》，《暨南大学简报》2004 年第 12 期，2004 年 5 月 20 日，第 3 页。

第七节　合作办学新局面

一、创办珠海学院

1998 年 5 月 13 日，刘人怀校长和珠海市梁耀明副市长分别代表暨南大学与珠海市签订《共建暨南大学珠海学院协议书》，决定设立暨南大学珠海教学点，校址在珠海市郊唐家湾鸡山村。当年，暨南大学珠海教学点即招收了计算机软件专业本科新生 40 名、旅游管理专业大专学生 60 名。9 月 30 日，珠海教学点的 100 多名师生在唐家湾鸡山村筹建基地举行了新生开学典礼，刘人怀校长和珠海市梁广大书记在讲话中高度评价了创办暨南大学珠海教学点的重要意义，指出这是珠海高等教育事业发展的一个里程碑，标志着珠海特区全日制高等教育的开端。[①]

由于办学形势和实际情况的变化，暨南大学与珠海市人民政府在 2000 年 4 月 29 日进一步签订了《合作建设暨南大学珠海学院协议书》。全国政协副主席、暨南大学董事会副董事长马万祺，国务院侨办副主任李海峰，广东省原省长、暨南大学前校长梁灵光，广东省政协原副主席李辰，广东省委常委、珠海市委书记、市长黄龙云，珠海市委副书记雷于蓝，珠海副市长余荣霭，广东省教育厅副厅长罗远芳，暨南大学校长刘人怀，以及暨南大学董事会董事、港澳知名人士等领导和嘉宾出席了签字仪式。根据协议，暨南大学珠海学院正式成立，并迁址珠海市区前山镇，珠海市政府将香洲区三台路和园岭路侧约 20 万平方米的土地，连同原珠海市劳动技术实习学校校址上的建（构）筑物 7000 平方米（价值 7000 万元）及其配套设施，长期无偿提供给暨南大学珠海学院办学，珠海市政府为珠海学院落实必要的城市基本建设配置工程，并给予一定的财政补贴。暨南大学将加大对珠海学院的投入，逐步完善校园环境、师资队伍、教学与科研基础建设等软硬件设施，在 5 年内把暨南大学珠海学院建设成为一所可以容纳 3000 名全日制本科学生的综合性学院，同时尽快开展硕士、博士等高层次教育。[②]

根据双方约定，珠海教学点应在一个月内搬迁完毕。为此，学校在 2000 年 4 月 27 日成立了珠海学院接收搬迁工作领导小组，由诸凤鸣任组长（后任主持学院日常工作的副院长），经过统筹安排、积极工作，最终在 5 月 31 日，全部师生员工搬入新校区。2000 年 8 月，贾益民副校长兼任珠海学院院长，珠海学院的领导力量进一步得到加强。

《合作建设暨南大学珠海学院协议书》签署之后，珠海学院建设工作全面展开。一方面，学校聘请著名建筑设计大师、东南大学建筑设计院钟训正院士，为珠海学院进行总体设计；另一方面，学校不断向珠海市政府申请土地，使无偿得到的校园土地面积达到 57 万平方米。2001 年 3 月 28 日，珠海学院建筑工程破土动工。全国政协副主席、暨南大学董事会董事长、名誉校长钱伟长，广东省委常委、珠海市委书记黄龙云，珠海市

---

① 江陵：《珠海教学点隆重举行 98 级新生开学典礼和军训汇操表演》，《暨南大学工作简报》1998 年第 20 期，1998 年 10 月 10 日，第 1 页。

② 《珠海市人民政府与暨南大学合作建设暨南大学珠海学院协议书》；宣传部：《一九九八年珠海暨大首度联袂办学，今朝携手再上新台阶》，《暨南大学》第 283 期，2000 年 5 月 15 日，第 1 版。

委副书记、市长方旋，暨南大学校长刘人怀、党委书记蒋述卓，以及珠海市五套班子、学校有关领导出席了奠基仪式。钱伟长副主席心情非常激动，一再叮嘱学校要把珠海学院规划好、建设好，培养更多的栋梁之材。珠海市委副书记、市长方旋在讲话中高度评价了珠海学院在珠海市建设和发展中的作用。[1]

对于珠海学院的建设工作，珠海市委、市政府给予高度重视，在人力物力以及配套设施方面给予大力支持，有力地保证了珠海学院建设工作的按时保质完成。在珠海市人民政府和暨南大学共同努力下，仅仅百余天时间，珠海学院就在一片荒地上矗立起一幢幢崭新的校园建筑，包括建筑面积为 3.8 万平方米的 4 栋学生宿舍、1.2 万平方米的学生食堂和学生活动中心、2500 平方米的田径运动场和标准比赛游泳池，以及相关配套工程，于同年秋季新生入学前的 9 月 8 日通过验收并投入使用，被广东省委常委、珠海市委书记黄龙云和刘人怀校长誉为"中国高校建设史上的奇迹"[2]。

2001 年 9 月 10 日，珠海学院迎来了 11 个系 14 个专业的 758 名新生，包括 25 名澳门学生、3 名香港学生。再加上原有的珠海学院学生，珠海学院的在校生规模达到 1000 人。[3]

根据工作需要，2001 年 9 月，胡军副校长兼任珠海学院院长。2005 年 1 月，王志伟校长助理任珠海学院院长。

珠海学院总造价近 3 亿元人民币的基础建设工作一直在稳步进行，共完成了总建设面积近 21 万平方米的建筑工程。珠海学院办学条件的不断完善，为校本部进行大规模基础建设提供了周转时机。2002 年 9 月，学校将校本部秋季入学的 2116 名新生安排至珠海学院进行为期一年的学习，[4] 以便进行学生宿舍和教学楼的拆建工作。以后几年，一年级新生均在珠海学院学习一年，有力地支持了校本部的基础建设工作。

经过全体暨南人八年辛勤不懈的努力，至 2006 年 6 月，珠海学院已拥有 16 个系所、19 个专业、160 余名教工、5800 余名全日制学生（包括近百名博士、硕士研究生），初步形成了本科、硕士、博士、博士后的完整培养教育体系。学院教师的科研力量逐步增强，正在成为学校科研工作中一个新的增长点。学生也表现出良好的综合素质，英语四级考试一次通过率稳步增长，勇夺"The One Show" 2004 金铅笔全球广告创意大赛中国区铜奖，第十四届"时报广告金犊奖"设计比赛动画类金奖、平面类佳作奖和平面类入选奖，为学校赢得了荣誉。[5]

珠海学院的良好发展不但得到珠海市政府的高度肯定，也得到国家有关领导部门的赞扬，教育部周济部长在 2004 年更对珠海学院给予高度评价："暨南大学不是异地办

① 《我校珠海学院校园一期工程奠基》，《暨南大学》第 304 期，2001 年 4 月 10 日，第 1 版；珠海学院基建情况统计表。
② 《我校珠海学院一期工程验收——中国高校建设史上的奇迹》，《暨南大学》第 315 期，2001 年 9 月 25 日，第 3 版。
③ 《我校珠海学院一期工程验收——中国高校建设史上的奇迹》，《暨南大学》第 315 期，2001 年 9 月 25 日，第 3 版。
④ 《暨南大学 2002 年工作总结》（暨字〔2003〕1 号），第 3 页。
⑤ 珠海学院：《我校珠海学院广告学子再获殊荣》，《暨南大学简报》2005 年第 24 期，2005 年 6 月 27 日，第 5 页。

学，而是校本部空间上的延伸。"①

二、共建附属医院

教学实习是保证教育质量的一项重要内容，为了更好地解决医学专业学生实习问题，暨南大学自1996年以来先后与地方共建了7所附属医院。至2006年6月，共拥有6所国家三甲附属医院、1所专科医院（深圳眼科中心）、1所直属医院（深圳华侨城医院）。

1996年12月16日，暨南大学与深圳市卫生局共建暨南大学第二附属医院签约暨挂牌仪式在深圳市人民医院隆重举行。国家卫生部副部长殷大奎，国务院侨办文宣司司长丘进，广东省科委副主任方旋，深圳市副市长袁汝稳、人大常委会副主任周长瑚，暨南大学以及第一、第二附属医院党政领导共200多人出席挂牌仪式，刘人怀校长和周俊安局长分别代表双方在共建协议上签字。殷大奎副部长在讲话中对共建工作给予高度评价，认为这是"打破地域、系统的部门办学，是一个很好的典范"，同时"更可以为全国提供经验"。丘进司长、袁汝稳副市长也在致辞中对共建工作给予高度赞扬。②

1997年3月29日，暨南大学与珠海市人民政府签订共建协议，珠海市人民医院成为暨南大学医学院第三附属医院。在深圳、珠海特区共建附属医院工作的进行，不但使学校增加了本科教学实习基地，扩大了研究生培养范围，而且进一步方便了港澳同胞就近攻读学位。

1999年4月23日、11月16日，2001年12月12日，暨南大学又分别与清远市人民政府、广州市卫生局、江门市人民政府签署共建协议，清远市人民医院、广州市红十字会医院、江门市五邑中医院分别成为暨南大学医学院第五附属医院、第四附属医院、第六附属医院。

此外，学校还于2000年6月20日接纳深圳华侨城医院为暨南大学医学院深圳华侨城医院。③ 2001年9月27日，学校与深圳市卫生局签订共建"暨南大学医学院深圳眼科中心"协议，刘人怀校长和周俊安局长分别代表双方签订协议。④

5年时间，暨南大学成功拥有了5所国家三甲附属医院、1所专科医院、1所直属医院。国家卫生部原副部长殷大奎对此给予大力支持，多次参加共建医院的签字仪式，赞扬暨南大学与地方政府共建附属医院，开创了我国高等医学教育的新领域。认为共建工作的开展可以进一步扩大高等医学院校的办学规模，解决医学院校各层次学生的临床实习问题，提高临床教学质量，同时，也可以进一步促进地方医院人员素质和医疗水平的提高。⑤

---

① 王近夏：《七年努力耕耘，造就精品学院——暨大珠海学院发展令人瞩目》，《珠海特区报》，2005年6月20日，第1版。

② 陈文昌：《医学院第二附属医院成立暨挂牌仪式在深圳举行》，《暨南大学工作简报》1996年第27期，1996年12月20日，第2页；《卫生部副部长殷大奎教授在暨南大学医学院第二附属医院（深圳市人民医院）成立挂牌仪式上的讲话》，暨南大学档案，1996年，档案号：XZ11-047。

③ 向力：《我校接纳深圳华侨城医院为暨南大学医学院深圳华侨城医院》，《暨南大学简报》2000年第20期，2000年6月29日，第3页。

④ 医学院办公室：《我校与深圳市卫生局共建"暨南大学医学院深圳眼科中心"签字仪式在深圳市眼科医院举行》，《暨南大学简报》2001年第27期，2001年10月18日，第3页。

⑤ 卢健民：《医学院建院25周年回眸》，《暨南大学》第375期，2004年1月8日，第4版。

三、开展市校合作

利用自身的教学科研力量为社会服务，是高校的一项重要任务。为更好地贯彻十六大提出的科技兴国战略，认真落实《泛珠三角区域合作框架协议》，进一步发挥学校教育资源和技术人才优势，使科技创新与经济发展、文化繁荣和社会进步紧密结合，暨南大学本着"合作发展、互惠互利"的原则，先后与省内外 4 个重要城市开展了市校全面合作。

2004 年 7 月 26 日，暨南大学与韶关市人民政府全面合作协议签署仪式在韶关市举行。韶关市委书记覃卫东、市长徐建华等领导，暨南大学领导刘人怀、蒋述卓、胡军、纪宗安、叶勤等出席，刘人怀校长和徐建华市长分别代表双方签署协议。9 月 18 日，暨南大学与茂名市人民政府在学校邵逸夫体育馆签订市校全面合作协议，刘人怀校长和罗荫国市长分别代表双方签署协议，茂名市市长罗荫国、副市长林日娣、政协副主席阙洪坤等领导，暨南大学领导刘人怀、蒋述卓、胡军、贾益民、纪宗安、王华等参加了签字仪式。

2005 年 3 月 22 日，暨南大学与江西省赣州市人民政府在赣州市签订市校全面合作协议，成为广东省第一家跨省签署市校全面合作协议的高校。中共江西省委常委、赣州市委书记潘逸阳、赣州市市长王昭悠、市委副书记庞鸣、副市长林泽华，暨南大学领导刘人怀、陆大祥、王华、叶勤以及有关部处学院负责人出席，暨南大学校长刘人怀、赣州市市长王昭悠分别在合作协议上签字。

10 月 18 日，暨南大学与佛山市人民政府在佛山市签订市校全面合作协议。中共广东省委常委、佛山市委书记黄龙云，市长梁绍棠，副市长黄维郭、李秀萍、杨锡基等领导，学校领导刘人怀、贾益民、陆大祥，以及佛山市科技局、文化广电新闻出版局、教育局、经贸局等 11 个局及所属 5 个区的领导，暨南大学各学院、有关部处负责人出席签字仪式，刘人怀校长和梁绍棠市长分别代表合作双方在合作协议上签字。签约现场，双方即签订了"'三抗'姜酒等保健功能酒""水处理药剂系列产品""高级家电用新型纳米复合抗菌涂料""经鼻黏膜给药诱生干扰素项目""治疗变应性鼻炎药物项目""梁发、梁厚甫等佛山文化名人研究""佛山文化产业调研报告""佛山木版年画艺术""佛山剪纸艺术""佛、港、澳、台侨青年文化交流"10 项产学研项目合作协议。

市校全面合作协议的签订，不但可以使学校更好地实现为地方服务的宗旨，与地方在文化教育、科学研究、科技开发、成果转化、人才培养、科技信息交流等方面开展全面合作，充分发挥高校科技创新力在地方建设和社会进步中的先行作用，而且更加有利于学校面向国民经济建设主战场，将科技成果转化为现实生产力，走教学、科研、社会服务协调发展之路，在为社会作出贡献的同时实现自身更好的发展。

第八节　国际交流与合作

暨南大学充分利用"侨"校优势，广泛开展对外交流工作，使学校的海外合作交流关系遍及五大洲。

一、在五大洲建立合作关系

在欧洲，1997年5月，刘人怀校长一行4人访问英国7所大学或学院，代表暨南大学与曼彻斯特城市大学、格拉斯哥苏格兰大学、英国行政管理协会、伦敦金融管理学院、曼彻斯特理工大学5所大学或学校机构签署正式合作协议。1999年10月，刘人怀校长在赴比利时布鲁塞尔参加世界大学校长协会第十二届年会期间，访问了葡萄牙，并代表暨南大学与里斯本大学签订了合作协议。2001年4月，刘人怀校长、胡军副校长等一行对英国、荷兰、法国进行访问，代表暨南大学与英国兰开斯特大学签订合作协议书。2002年11月，俄罗斯科学院远东研究所、社会学研究所的科研人员到校访问，并代表其研究所与暨南大学签订合作协议。2003年9月，刘人怀校长、纪宗安副校长一行赴俄罗斯访问，代表学校分别与圣彼得堡大学、莫斯科人民友谊大学签署合作协议。2004年3月，暨南大学与俄国科学院东方学研究所签订合作协议；8月，刘人怀校长前往英国，代表暨南大学与布鲁内尔大学签订合作协议；10月，刘人怀校长借参加首届巴塞罗那国际高等教育会议之机，前往丹麦对奥尔堡大学进行访问，并代表学校与该校签署合作协议书；12月，俄罗斯圣彼得堡大学副校长特卡琴科教授一行到校访问，并代表该校与暨南大学签署合作协议。

在美洲，1996年6月，暨南大学与美国纽约州立大学古西堡学院正式签订学术合作协议。1997年，暨南大学与美国得克萨斯州圣安东尼奥的圣道大学签订了师生交流协议。2000年5月，刘人怀校长一行4人访问巴西、秘鲁，与巴西的巴西利亚大学、巴西利亚天主教大学签订教育交流协议，成为巴西利亚天主教大学和亚洲大学签订的第一个协议；在访问秘鲁时，暨南大学访问团作为第一个正式访问秘鲁的中国高校访问团受到秘鲁教育部长的亲自接待，并成功与秘鲁的最大规模大学——圣马丁·德·博雷斯大学签订交流合作协议。

在亚洲，1998年7月，刘人怀校长一行赴印度尼西亚达尔玛·帕尔沙大学进行访问，与该校签订交流合作协议，使暨南大学成为中国第一所经双方政府批准与印度尼西亚的大学签订教育学术交流协议的高校。1999年9月，韩国全南国立大学卢成万博士一行到校访问，并代表其学校与暨南大学签订学术合作协议书。2001年7月，暨南大学自1978年以来首次组团访问韩国，刘校长代表暨南大学与汉城淑明女子大学、灵山大学签订友好交流协议；9月，北苏门答腊大学代表团一行5人在校长查乌丁·卢比斯教授率领下到校访问，并代表该校与暨南大学签订合作协议，使暨南大学成为与该校缔结友好关系的第一所中国大学。2002年5月，老挝国立大学校长 VONDARA 博士一行到校访问，与暨南大学签订校际交流合作协议。2003年10月，暨南大学与日本东北大学理学院签订长期合作协议；与柬埔寨皇家金边大学签订学术交流协议。2004年2月，菲律宾圣路易斯大学校长保罗·冯·帕里斯博士一行到校访问，与暨南大学签订交流合作协议；6月，暨南大学与印度尼西亚国民教育部基础与中等教育总司中等教育司签署交流协议；12月，刘人怀校长一行访问印度尼赫鲁大学，与该校签订友好合作协议书，成为中印两国高等学校之间签订的第一份友好合作协议书，受到中国驻印度大使馆科技参赞常青先生高度评价。同月，文莱达鲁萨兰国大学校长伊斯玛尔博士一行到校访问，与我校签订两校谅解备忘录。2005年7月，刘人怀校长一行访问新加坡、马来西亚和缅甸，与马来西亚新纪元学院签订两校合作延长协议；10 月，胡军副校长访问日本，代表暨南大学与兵库县立大学、立命馆大学分别签署或交换校际交流协议。

在大洋洲，1999 年 5 月，刘人怀校长、伍国基副校长等一行访问澳大利亚的科廷科技大学、拉筹伯大学和格里菲斯大学，并代表暨南大学分别与 3 所大学签订校际合作协议书，使暨南大学与澳大利亚的大学合作实现零的突破。

在非洲，2002 年 5 月，刘人怀校长一行访问南非、毛里求斯，使暨南大学成为第一所访问南非和毛里求斯的中国大学，并成功地与南非的自由省理工大学、半岛理工大学和开普理工大学签订合作协议书，填补了暨南大学国际交流关系在南非的空白，暨南大学还与毛里求斯大学就今后合作意向达成共识。2005 年 11 月，刘人怀校长率代表团访问埃及的开罗大学、艾因夏姆斯大学和明尼亚大学，并分别与 3 所大学签订合作协议。

至 2006 年 6 月，暨南大学已与世界五大洲 28 个国家或地区的 73 所大学或学术机构建立了交流合作关系。

二、主要外事活动

10 年来，暨南大学领导不仅亲自率领访问团出访，还多次组织院长、系主任、部处领导、优秀教师出国或赴港澳台地区进行访问、进修，从事科学研究。在巩固原有对外交流合作关系领域的同时，也使相关人员提高了自身学术科研水平，学习了国际先进的管理经验和管理知识。

据不完全统计，1996—2005 年间，暨南大学共计有 4637 人次出访。其中赴国外或港澳地区授课 1278 人次，参加国际会议的 390 人次，合作进行科学研究的 69 人次。1996 年以来，每年的出访人数中，进行授课、参加国际会议或从事合作科研人数均占到40% 左右，2005 年达到 55.8%，在一定程度上促进了暨南大学教学科研水平的提升。

暨南大学积极聘请外国长期专家，10 年间共聘请了 150 余名外国长期专家承担语言教学工作，所授语言包括英语、日语、德语、葡萄牙等多门语种，基本满足了学校外语教学对外籍教师的需求。2002 年，暨南大学成为全国首批 20 所师资外语培训项目试点大学之一。2004 年，国家外专局下拨给暨南大学的外专指标上升到 22 名，下达经费达到 198 万元，与几年前相比，外专指标翻了 3 倍，不仅有效地缓解了英语专业外国专家授课教师队伍的不足，满足了重点科研项目对外籍专家的需求，而且珠海学院、深圳旅游学院均获得外籍教师指标，这对于在全校推进英语教学工作产生了积极而有效的作用。

随着对外交流工作的广泛深入开展，暨南大学较早地实行了交换生制度。在校生只需交纳国内大学学费，便可到暨南大学的国外姐妹大学接受一定年限的教育，以更好地培养国际型人才。1996 年至今，暨南大学已向英国伦敦金融管理学院、兰开斯特大学，法国里昂天主教大学，俄罗斯圣彼得堡大学，美国纽约州立大学古西堡学院、威斯康星大学欧克莱尔分校，日本神户商科大学、兵库县立大学，韩国汉城国立大学，菲律宾圣路易斯大学，文莱达鲁萨兰国大学，香港城市大学，澳大利亚格里菲斯大学等四大洲的20 所姐妹学校派出 200 余名交换学生。①

---

①　国际交流合作处历年工作总结。

为进一步加深原有海外合作关系，暨南大学通过各种可行方式开展工作。比如，1997 年 4 月 18 日，暨南大学为了表彰德国弗里德利希（也译作"菲得利"）女皇基金会主席威廉·海姆对中德医学学术交流和暨南大学医学高级人才培养所作的贡献，在经国务院学位委员会批准后，刘人怀校长于该年 4 月专程赴德授予其名誉医学博士学位，而此项学位的授予是暨南大学成立后第一次。① 后来，学校又陆续向马万祺、方润华等对学校作出重要贡献的多位社会知名人士授予名誉博士学位。

暨南大学多次举办国际性学术会议，以加强与海外科研机构间的教育学术交流。1998 年 9 月，第十三届中德—德中医学年会在我校顺利召开，80 余名德国医学专家和近 200 名中国医学专家出席，被到会的中德专家们誉为最成功的一次年会。同时，暨南大学隆重举行了敦聘德国弗里德利希女皇基金会干事长哈默斯坦教授为名誉教授的仪式。2002 年 12 月，首届经济社会统计国际学术研讨会在学校隆重举行，来自意大利、日本和国内的 50 余名代表参加会议。同月，暨南大学在珠海举办海外华人专题国际学术研讨会，来自美国、印度尼西亚、韩国、中国等 20 多所大学和学术机构的 80 余名专家学者出席会议。2003 年 10 月，国际生物医药日会议在学校举行，诺贝尔奖获得者 Robeat Huber、Hartmut Michel 等 20 余位院士、一批国内外顶尖生物医药专家学者出席会议；11 月，暨南大学承办第二届世界华文文学机构负责人联席会议，来自美国、澳大利亚、中国大陆和香港、台湾地区的 40 多名代表参加了会议。2004 年 10 月，暨南大学与中华预防医学会、广东省预防医学会联合主办第三届全国伤害预防与控制学术会议，世界卫生组织暴力与伤害预防司司长 Dr. Etienne Krug 出席大会并作了"从全球到国家和地方的行动"的主题报告。2004 年 11 月 9 日，暨南大学举办中俄高等教育改革与交流研讨会，俄罗斯友谊大学、俄罗斯科学院著名专家和国内一些学者参加了会议。

暨南大学还开展形式多样的文体交流活动，增进具有不同文化背景学生之间的相互了解，提高学生综合素质。例如，1997 年 12 月，杨珍妮副书记率领体育代表队一行 24 人访问新加坡，进行体育交流。2001 年 12 月，享有"音乐的哈佛"之盛誉的美国朱丽亚音乐学院友好交流团来校演出。2004 年 4 月，纪宗安副校长带领由校艺术团和武术队 8 名师生组成的演出团，赴美国参加姊妹大学——威斯康星大学的威尼斯舞会系列艺术交流活动，取得圆满成功。2004 年 5 月，菲律宾圣路易斯大学艺术团一行 35 人到校进行为期 9 天的访问，在邵逸夫体育馆为全校师生进行精彩演出后，他们还分组到国际学院旁听全英语授课的针灸学见习课以及英语强化课，与国际学院的学生进行交流。

鉴于对外交流工作方面取得的突出成绩，暨南大学多次受到国家相关领导部门的表扬和奖励。其中，2003 年，暨南大学被国家外国专家局评为外专管理工作先进单位，国际交流合作处处长刘渝清被评为全国外国专家管理工作先进个人。

---

① 校办：《暨大首次颁授名誉博士学位——德国著名外科专家威廉·海姆教授获此殊荣》，《暨南大学》第 215 期，1997 年 4 月 20 日，第 1 版；尹良洪：《架起中德友谊之桥梁——记德国柏林弗里德利希女皇基金会与暨南大学近二十年的学术交流》，《暨南大学》第 334 期，2002 年 6 月 30 日，第 3 版。

第九节　学生工作及文体活动

针对"侨校"实际，暨南大学在加强学生日常管理工作、总结以往学生工作经验的基础上，对如何进一步做好学生德育及素质教育、开展高素质的文体科技活动、推介学生就业等方面，进行了积极探索和多方实践，取得了丰硕成果。

一、学生工作的深化

暨南大学始终高度重视学生德育工作，将其作为一项系统工程常抓不懈，制定《暨南大学学生德育教育实施方案》，对来自不同地域的学生有针对性地进行德育教育，构建符合学校特色的德育工作体制。在工作中通过多个方面对学生进行精神文明教育，精心组织一年一度的科技和校园文化节，以健康丰富的科技文化活动诸如学术讲座、图片展览、书法摄影大赛、歌舞晚会、土风舞大赛等感染熏陶学生。

为加强学生宿舍管理，1997 年 7 月，暨南大学学生宿舍社区管理办公室成立，开始对校本部所有学生宿舍进行统一管理。1997 年下学期，学生宿舍社区管理办公室开始在每栋宿舍建立宿舍管理委员会，以便更好地发挥学生在宿舍管理中的参与作用，使学生宿舍的卫生和纪律状况大为改观。而且，学生宿舍的管理工作逐步地实行了专业化，自珠海学院学生宿舍在 2001 年实行管理社会化后，校本部学生宿舍也于 2003 年 11 月 5 日委托物业公司进行管理，有力地促进了学校整体后勤服务管理水平的提升。

学生的心理健康教育工作进一步得到加强。1998 年 9 月，暨南大学心理咨询工作正式启动；10 月，校园网站 BBS 开始设置《心灵有约》栏目；12 月 8 日，暨南大学心理咨询电话正式开通。为了更好地形成心理健康教育综合力量，统筹协调学生心理健康教育工作，2000 年 6 月第 13 次校长办公会议决定成立暨南大学学生心理健康教育委员会，由学校领导，各学院主管学生工作领导，学生处、教务处、研究生部和保卫处等有关职能部门领导，以及校医务室、医学院心理行为与科学教研室、附属医院心理科心理健康教育工作专家组成，形成一个全方位、全学科的学生心理健康教育网络。

针对严峻的就业形势，暨南大学加强了学生就业指导工作。1997 年 12 月 17 日在校园网站开设毕业生就业指导栏目，1999 年 9 月，该栏目被教育部全国高校毕业生就业信息网列入 10 个推荐网址之一，成为华南地区唯一被推荐网址。2004 年 3 月，暨南大学撤销学生处学生就业指导科，成立暨南大学学生就业指导中心，进一步加强学生就业指导。同时，暨南大学动员多方力量，在校内多次为毕业生举办专场招聘会。2001 届至 2005 届本科毕业生就业情况良好，一次就业率分别为 81.5%、95.36%、94%、94%、91.9%。①

---

① 《暨南大学 2001 年工作总结》（暨发〔2002〕1 号），第 6 页；《暨南大学 2002 年工作总结》（暨字〔2003〕1 号），第 6 页；《暨南大学 2003 年工作总结》（暨发〔2004〕1 号），第 8 页；《暨南大学 2004 年工作总结》（暨发〔2005〕3 号），第 8 页；《关于印发暨南大学 2005 年工作总结的通知》（暨通〔2006〕3 号），第 9 页。

二、文艺及科技活动

暨南大学非常重视学生课外活动的开展，注重在活动中使学生得到多方面锻炼，培养学生的综合素质。除开展传统的"形象之星"设计大赛、"北极光"歌唱大赛、学术科技节、文化艺术节、土风舞比赛、司仪大赛、创业计划大赛等活动之外，积极引导学生参加校外文艺比赛和科技竞赛活动，多次得到主办单位的表彰和社会人士的赞扬。

1999年12月31日晚，"全球大学生跨世纪大联欢"文艺晚会在广东省肇庆七星岩牌坊广场举行，来自世界30个国家和地区的2000名大学生以及社会各界嘉宾参加，而该场晚会的与会人员以暨南大学为主。2001年3月举行的第五届"外研杯"全国大学生英语辩论赛华南地区预赛中，暨南大学辩论队夺得冠军，杜文怡同学荣获最佳辩手称号；同年5月的决赛中，杜文怡同学荣获全国英语最佳辩手称号。在2004"泰豪杯"全国大专辩论会中，暨南大学学生辩论队获得亚军，经济学院的姜湛睿同学荣获优秀辩手称号。在2004年11月举行的第十届"21世纪·外教社杯"全国英语演讲比赛南部赛区中，外国语学院2003级尹敏燕同学荣获一等奖。在2005年4月10日举行的第十届"21世纪·外教社杯"全国英语演讲比赛总决赛中，尹敏燕同学作为广东省唯一进入决赛的选手获全国二等奖，实现广东选手在该项赛事上的历史性突破。[①] 在2005年7月举行的全国第一届大学生艺术展演中，我校选送的节目——渔歌获舞蹈类一等奖。

为答谢广州、珠海市政府和社会各界对学校工作的支持，暨南大学的国际土风舞大赛走出校园演出。2003年11月22、23日两个晚上，2003"'绚丽天河'暨南大学国际土风舞大赛"在广州天河珠江新城广场举行。2004年12月5日晚，学校在珠海举行了2004"绚丽风情激情珠澳"暨南大学国际土风舞大赛暨庆澳门回归5周年文艺晚会。两次土风舞演出，在社会上引起积极反响，展示我校多元文化、展出学生良好风貌的同时，也使广大市民领略了我校的国际化特色。

暨南大学一直十分关心海外及港澳台学生的课余生活，专门举办了具有国际文化特色的学生活动，如国际文化聚暨南、国际美食节、香港图片展、澳门图片展、台湾图片展、《香港基本法》知识竞赛、《澳门基本法》知识竞赛等，以增进来自不同地区学生之间的沟通和了解。自2001年开始，暨南大学先后组织了300余名在校海外及港澳台学生开展夏、冬令营活动。学生们在游览中国名山大川、历史古迹，了解中国悠久历史的同时，对改革开放后的中国有了更为感性的认识，加深了对中国和中国文化的理解和认识。

为培养学生的学术兴趣，暨南大学鼓励他们编印学术刊物，使学生刊物呈现出桃李芬芳的局面。据不完全统计，这一时期编印的学生报刊有：学生处编印的《暨大学生报》、校团委编印的《暨南青年》、研究生部编印的《暨南研究生》、珠海学院学生编印的《珠海暨南园》、深圳旅游学院学生编印的《深圳旅游学院》、国际学院学生编印的 *International Pioneer*、新闻与传播学院学生编印的《新闻学生》、经济学院学生编印的《经济学生》、理工学院学生编印的《新理想》、医学院学生编印的《杏苗》、华文学院

---

① 学生处：《国内英语赛事频频，我校选手载誉归来》，《暨南大学简报》2005年第17期，2005年4月30日，第3页。

学生编印的《晨风》、中文系学生编印的《赤子心》、历史系学生编印的《史星》、企业管理系学生编印的《卓越》等。

为培养学生的科技素质，暨南大学积极组织学生参加科技竞赛活动，多次取得优异成绩。例如，在 2002 年 10 月举行的中国第三届"挑战杯"天堂硅谷大学生创业计划竞赛总决赛中，历史系 1999 级学生叶晓闻、企管系 1999 级学生姚莲等 9 名同学组成的号角创业团队，凭《暨风指南管理咨询公司策划方案》获得银奖。在 2003 年 2 月举行的美国数学建模（MCM/ICM）竞赛中，胡代强老师、叶世绮老师指导的邓波、肖耀铧、霍浩超小组获一等奖，樊锁海老师指导的黄文建、王茵、彭柳芬小组获得二等奖。在 2005 年 11 月举行的全国大学生电工数学建模竞赛中，学校有 3 个队获一等奖，2 个队分获二等奖和三等奖。在 2004 年 11 月举行的第四届"挑战杯"中国银行中国大学生创业计划竞赛决赛中，王华副校长带领的暨鹰创业团队夺得银奖；该团队于同年底在第三届国际性科技创业计划大赛上凭《暨鹰生物股份有限责任公司创业计划》获国家新秀创业计划奖，实现历史性突破。[1] 在 2005 年 10 月举行的中国宁波科技创业计划大赛中，化学系 2002 级本科生陈武境等 7 名同学完成的"新型环保涂料"创业项目，以总分第一名的优异成绩，获最佳创业计划奖，成为暨南大学在国家级创业计划大赛中所得最高奖项；微生物与生化药学专业 2003 级硕士研究生叶石敦等 8 位同学完成的"抗艾滋病新药 – vMIP 的产业化探索"创业项目，以总分第九名的成绩，获得新秀创业计划奖。[2]

暨南大学学生在历届"挑战杯"课外学术科技作品竞赛中，均取得优异成绩，比如，2005 年 11 月举行的第九届"挑战杯"中国大学生课外学术科技作品竞赛中，暨南大学获得 1 项一等奖、2 项二等奖，为广东省第一，并列全国第 12 名。

学生们还踊跃参与一些特别活动，表达强烈的爱国主义热情。1999 年 5 月 8 日，当学生得知以美国为首的北约悍然袭击中华人民共和国驻南斯拉夫大使馆时，2000 多名暨南学子，包括港澳同学，冒着大雨自发地集中在大礼堂门前，一路游行至北约集团成员国之一的英国驻广州领事馆进行示威抗议。在 1 个多小时的雨中跋涉过程中，学生游行队伍不断高呼"强烈谴责美国、北约轰炸我驻南斯拉夫大使馆的野蛮暴行""强烈抗议美国、北约对中国主权的粗暴侵犯"等口号，以示抗议。到达英国驻广州领事馆后，学生还向对方递交了抗议书。5 月 9 日下午，3000 多名学生再次走上街头，高举国旗和赶制的横幅及标语等，一路高喊"祖国尊严、不容践踏""坚决维护世界和平"等口号，浩浩荡荡向沙面美国领事馆出发，进行示威游行。

在香港、澳门回归祖国之际，暨南大学举办了一系列庆祝活动，引导学生勿忘历史，明确使命，振兴中华。如 1997 年 5 月 8 日至 30 日，暨南大学举行以庆祝香港回归为主题的"97 文化艺术节"，在 5 月 8 日的开幕式上举行了"历史不会忘记"千人签名迎回归活动，学生们竞相在长达 19.97 米的签名布上签名，而该幅签名布将呈送香港特别行政区首任行政长官董建华。在澳门回归之际，暨南大学学生会于 1999 年 6 月 20 日承办"岐关穗澳学子自行车迎澳门回归行"活动，在广州各高校学生中挑选 99 名学生

---

① 叶晓闻：《我校获得国家级新秀创业计划奖》，《暨南大学简报》2004 年第 32 期，2004 年 12 月 7 日，第 6 页。

② 校团委：《我校在 2005 中国宁波科技创业计划大赛中获两项创业计划奖》，《暨南大学简报》2005 年第 39 期，2005 年 10 月 30 日，第 8 页。

（象征 1999 年澳门回归），骑 49 辆变速自行车（象征 1949 年新中国成立），从暨南大学珠海学院出发，骑行至珠海拱北口岸举行交接仪式，再由暨南大学澳门校友会、澳门大学学生会接力到达活动终点——澳门市政厅广场。

三、体育工作

作为一所传统体育强校，暨南大学 1999 年 10 月被教育部评为体育卫生工作先进单位，成为暨南大学在体育卫生工作方面得到的最高奖励。[①] 近 10 年来，暨南大学运动员在各类体育比赛中表现出较高水平，共在各类国际比赛和国内省级以上比赛中获奖牌 872 枚，其中，金牌 377 枚，银牌 272 枚，铜牌 223 枚。[②]

在重大国际体育比赛中，暨南大学运动员不断摘金夺银，扬威世界体坛。现仅选择成绩显著者列举如下：1997 年第二届东亚运动会，经济学院 1996 级张连标同学勇夺男子标枪第一名。1998 年 8 月亚洲大学生网球邀请赛，陈祺同学勇获男子单打银牌，他与队友杨鲲鹏合作赢得男子双打银牌；9 月第五届世界大学生羽毛球锦标赛，贸易经济系 1997 级朱健文、陈煌同学分获男子单打冠亚军，他俩还获得男子双打铜牌；1997 级经济系梁永平同学与地质大学女队合作，取得混合双打金牌。1998 年第十三届亚洲运动会，中文系 1995 级伍岭梅同学夺得女子三级跳远银牌，经济系 1996 级张连标同学夺得男子标枪银牌，贸易经济系 1998 级高红、赵利红、邱海燕 3 位同学代表中国女子足球队参赛并夺得金牌。1999 年 7 月第二十届世界大学生运动会，伍岭梅同学勇夺女子三级跳远银牌。2002 年 8 月第二十一届世界大学生运动会，贸易经济系郑希同学获得女子 4×100 米混合泳金牌、4×100 米自由泳银牌、50 米蝶泳铜牌，徐自宙同学获 400 米冠军。2002 年 3 月，贸易经济系 1998 级李若凡同学被正式批准为国际象棋国际特级大师，成为我国第 11 位获此殊荣的女棋手。同年，第十四届亚洲运动会，刘禹同学荣获男子 200 米自由泳、4×100 米自由泳接力赛 2 枚金牌，并获 2 枚银牌。2003 年 2 月在香港举行的首届国际武术邀请赛，暨南大学运动队在 14 个单项和集体器械团体比赛中获 14 枚金牌，成为金牌数最多的代表团。2003 年 10 月第八届世界大学生国际象棋锦标赛，李师龙夺得男子个人冠军，邝颖慧获女子个人第三名。2005 年第八届世界武术锦标赛，张芳同学获得女子太极拳冠军。

在国内重大体育比赛中，暨南大学体育健儿更是捷报频传，成绩骄人。因奖牌数目较多，难以一一列举，现仅选择代表比赛规格及项目覆盖面的体育比赛纪要如下：1996 年 5 月第五届全国大学生运动会武术比赛，新闻学系 1994 级林树东同学获男子南拳金牌，1995 级宋晓鸽同学获女子南拳金牌，企业管理系 1995 级谷雷同学获男子长拳银牌；8 月第五届全国大学生运动会，暨南大学运动员夺得 9 枚金牌，总分第 8 名，荣获"校长杯"。1997 年 7 月第五届全国大学生田径锦标赛，暨南大学运动员夺得 3 金 3 银 3 铜，并打破一项全国大学生田径锦标赛纪录。1998 年 7 月第三届全国大学生羽毛球锦标赛，暨南大学羽毛球队获得 4 金 7 银 1 铜的好成绩。2000 年 9 月全国第六届大学生运动会，

[①] 体育部：《我校被评为全国体育卫生工作先进单位》，《暨南大学简报》1999 年第 34 期，1999 年 11 月 18 日，第 1 页。

[②] 根据历年《暨南大学工作总结》《暨南大学大事记》《暨南大学》《暨南大学简报》统计。

暨南大学运动队夺得金牌 16 枚、银牌 12 枚、铜牌 5 枚，有 3 人次破大运会纪录，荣获"校长杯"全国第二名。2001 年 7 月第六届全国大学生羽毛球锦标赛，暨南大学代表队以 6 金 1 银 4 铜的成绩列金牌榜和奖牌榜第一；8 月全国第八届大学生田径锦标赛，暨南大学运动队获得金牌 10 枚、银牌 7 枚、铜牌 7 枚，并六破锦标赛纪录；2001 年全国第九届运动会，暨南大学徐自宙、谢旭峰、刘禹等 35 名运动员作为广东队员参赛，共取得 14 金 7 银 6 铜的好成绩，计有 1 人 1 项破世界纪录，1 项破亚洲纪录，2 人 6 次创 5 项全国纪录，为广东代表团夺得金牌第一、奖牌第一、总分第一立下汗马功劳。2002 年 5 月第七届全国大学生羽毛球锦标赛，暨南大学健儿取得 4 金 3 银 2 铜的优异成绩，以总分、金牌、奖牌 3 个第一傲视群雄；7 月第八届全国大学生网球锦标赛，暨南大学运动队包揽乙组男女团体冠军，邓琨/沈刘莉获女子双打冠军，陈琪/詹恺获男子双打冠军，还获得乙组总分第一、奖牌总数第一、金牌总数第二的好成绩；7 月第九届全国大学生田径锦标赛，我校运动员获 3 金 4 银，打破两项大赛纪录；8 月全国大学生游泳锦标赛，我校运动员获 4 金 2 银 1 铜，破三项大会纪录。2004 年 7 月全国大学生网球锦标赛、全国大学生羽毛球锦标赛，暨南大学代表队分获 4 枚、2 枚金牌，均列全国高校金牌榜之冠；8 月全国第七届大学生运动会，暨南大学运动员夺得 13 块金牌、7 块银牌、9 块铜牌，以总分 313 分的优异成绩名列全国第七，喜捧"校长杯"；同年在杭州举行的全国大学生武术锦标赛上，张芳获得女子 42 式太极拳冠军、女子 42 式太极剑冠军和女子太极拳亚军，崔文娟获得女子太极拳冠军、女子枪术亚军。2005 年全国第十届运动会，暨南学子夺得 5 金 6 银 3 铜的好成绩。

四、承办第一届亚洲大学生田径锦标赛

暨南大学在体育运动方面取得的优异成绩，进入"211 工程"建设后实现的跨越式发展，极大地提高了暨南大学在海内外的声誉，为此，亚洲大学生体育联合会中国分属机构——教育部中国大学生体育协会向暨南大学表达希望由学校承办该项赛事的愿望。2002 年初，学校经广东省教育厅、教育部中国大学生体育协会向亚洲大学生体育联合会申请承办该项赛事，后因"非典"而搁浅。2004 年底，暨南大学再次表达承办该项赛事的愿望，得到教育部批准，并在亚洲大学生体育联合会执行委员会上获得通过，最后定于 2005 年 11 月举行。

11 月 7 日晚，第一届亚洲大学生田径锦标赛开幕式在学校运动场举行。全国政协原副主席、暨南大学董事会董事长、名誉校长、中国科学院院士钱伟长，亚洲大学生体育联合会主席、教育部副部长章新胜，国务院侨务办公室副主任刘泽彭，来自韩国的亚洲大学生体育联合会第一副主席郑东求，来自新加坡的亚洲田径联合会秘书长尼古拉斯，广东省原省长、暨南大学原校长梁灵光，广东省人大常委会副主任、暨南大学董事会副董事长倡志广，广州市市长张广宁，中央人民政府驻澳门特别行政区联络办公室副主任、暨南大学董事会副董事长王今翔，以及广东省、广州市、香港特别行政区、澳门特别行政区、暨南大学领导出席了开幕式。开幕式由本次大赛组委会秘书长、暨南大学副校长陆大祥主持，亚洲大学生体育联合会主席、教育部副部长、第一届亚洲大学生田径锦标赛组委会主任章新胜，广东省人大常委会副主任、暨南大学董事会副董事长倡志广，第一届亚洲大学生田径锦标赛组委会副主任、暨南大学校长、中国工程院院士刘人

怀先后致辞，国务院侨务办公室副主任刘泽彭宣布大赛开幕。

随后，暨南大学举行了以"早晨的太阳"为主题的开幕式晚会，分序——"阳光纪元"、上下两篇——"古蕴文明""激扬体坛"和尾声——"蔚蓝祝愿"三部分，整场晚会规模宏大，气势磅礴，由来自36个国家和港澳台3个地区的2300名暨南大学在校学生在教师指导下编导、演出。序篇表演中，著名歌手孙楠现场演唱了《缘分的天空》等3首代表作。晚会演出获得巨大成功，亚洲大学生体育联合会主席、教育部副部长章新胜称赞开幕式"很精彩"，他认为，一个学校能把一项国际性体育赛事的开幕式办得如此有声有色，"很不容易！这不是一般的水平，而是世界水平！"[1]

11月8日至10日的3天比赛中，来自亚洲19个国家和地区的300多名运动员参加了男子20项、女子20项赛事角逐。最后，中国代表团以26金19银12铜的成绩雄踞榜首，其中，暨南大学获14枚金牌，中国台北（9金9银6铜）、俄罗斯（2金8银9铜）、泰国（2金1银2铜）代表团名列金牌榜前列。在19个参赛代表队伍中，5个国家和地区的代表队获得金牌，12个国家和地区的代表队获得奖牌。[2]

暨南大学此次承办的亚洲大学生田径锦标赛得到了社会各方一致好评，大赛竞赛指导委员会副主任刘锦钊在点评此次大赛时，使用"奇迹"一词表达他的观点。[3] 大赛裁判长李圣旺认为暨南大学成功地向各界来宾和广大运动员、教练员献上了"最诚挚的演出"。[4] 2006年3月23日至26日在阿联酋首都阿布扎比召开的亚洲大学生体育联合会执委会会议中，与会委员纷纷赞叹："开幕式文艺表演的盛大和精彩令他们无法忘怀，留下了非常深刻的美好印象。"章新胜会长也给予高度评价："这次委派大学承办锦标赛事的实践，为今后亚大体联举办其他项目赛事奠下了一个良好的模式，同时，认同暨南大学在承办赛事的组织工作上作出了卓越的成绩，为亚洲树立了好的榜样。"应章新胜会长之邀列席会议的世界大学生体育联合会会长佐治桥霖先生（George E. Killian），更是高度赞扬"赛事能在高规格、公平公正的裁判队伍和合理的奖励制度下完成"。并深为"亚洲会员举办了一次盛大而成功的锦标赛，亦感焉有荣然"。[5]

第十节　基建服务后勤治安等工作

暨南大学进行了大规模的基础建设工作，使办学条件得到大幅改善。同时，加大公

---

① 新闻中心：《亚大田赛鸣金收兵，各方好评纷至沓来》，http：//auac. jnu. edu. cn/news_ view. asp？ newsid = 888。

② 校长办公室：《第一届亚洲大学生田径锦标赛胜利闭幕》，《暨南大学简报》2005年第42期，2005年11月14日，第1页。

③ 新闻中心：《亚大田赛暨大完满落幕，各方赞叹这是"奇迹"》，http：//auac. jnu. edu. cn/news_ view. asp？ newsid = 883。

④ 新闻中心：《亚大田赛鸣金收兵，各方好评纷至沓来》，http：//auac. jnu. edu. cn/news_ view. asp？ newsid = 888。

⑤ 校长办公室：《亚洲大学生体育联合会会议高度肯定我校成功承办第一届亚洲大学生田径锦标赛》，《暨南大学简报》2006年第10期，2006年4月3日，第2页；《刘锦钊先生就亚洲大学生田径锦标赛获嘉许事致刘人怀院士的信》，2006年4月6日。

共服务设施投入，为教学科研提供强有力支撑，深化后勤改革，加强校园治安卫生等工作，为暨南大学发展提供坚实保障。

一、校园基本建设

为改善校园条件，学校加大了基建资金投入。2000 年 3 月 7 日，暨南大学与中国工商银行广东省分行签订"银校合作协议"，由广东省工商银行提供综合授信额度 10 亿元人民币。"十五""211 工程"建设期间，国家又向学校投入专项资金 5.38 亿元。

据不完全统计，新建成的校舍面积达 84.03 万平方米；其中，在进入"211 工程"建设以前动工、于 1996 年竣工的校舍建筑面积为 13.73 万平方米，进入"211 工程"建设以后动工并完成的校舍建筑面积为 47.08 万平方米，正在施工的校舍建设面积为 23.22 万平方米。[①]

校本部完成曾宪梓科学馆、新行政办公大楼、土木工程楼、新医学院大楼、新理工学院大楼、校友楼、华景新城暨南大学科技产业大厦、新成教楼、新附中楼、暨南大学附属小学、幼儿园等教学行政用房，20 栋学生宿舍、50 余栋教工宿舍以及相关扩建工程等总面积为 40.27 万平方米的建筑工程。[②]

珠海学院完成了包括学生宿舍、餐馆活动中心、运动场和标准比赛游泳池、体育馆、教学综合大楼（含现代教育技术大楼、图书馆）、行政办公大楼，以及校园道路、环境、地下网管等配套工程等，总建设面积为 17.92 万平方米的建筑工程。[③]

华文学院 1996 年完成办公大楼、教学大楼以及相关设施用房建设，在 2000 年完成教工周转房建设等总计 2.22 万平方米的建筑工程。[④] 2000 年，华文学院新大门建成，由"华夏之魂"巨幅红色花岗岩壁雕、"五洲学子"铜雕和大面积绿化带组成，成为一道完美、壮丽的新景观。

2006 年 6 月，校园总建筑面积已达 105.55 万平方米，较进入"211 工程"建设前 1995 年的 46.39 万平方米增长 2.3 倍。其中，学校教学及辅助用房面积为 25.48 万平方米，教室面积为 6.86 万平方米，实验室及实习场所建筑面积为 14.22 万平方米，行政办公用房面积为 6.62 万平方米，体育馆面积为 1.71 万平方米，学生宿舍面积为 25.43 万平方米，均较"211 工程"建设前有了成倍乃至几倍的增幅。教工住宅面积逐步增加，10 年来共完成建筑面积为 18.55 万平方米的教工宿舍。目前，学校的生活福利及其他用房面积已达 9.29 万平方米。[⑤] 全校的教学科研条件、办公条件以及师生员工的活动、住宿条件得到了大幅改善。

二、公共服务设施建设

公共服务体系建设是学校面向 21 世纪建设的重要基础设施之一，进入"211 工程"

---

① 信息管理办公室：《暨南大学自"211 工程"建设以来新建校舍调查表（1996—2005）》。
② 信息管理办公室：《暨南大学自"211 工程"建设以来新建校舍调查表（1996—2005）》。
③ 《我校珠海学院一期工程验收——中国高校建校史上的奇迹》，《暨南大学》第 315 期，2001 年 9 月 25 日，第 3 版。
④ 信息管理办公室：《暨南大学自"211 工程"建设以来新建校舍调查表（1996—2005）》。
⑤ 根据信息管理办公室编制的《暨南大学基本情况一览表（2005.12）》《暨南大学基本情况一览表（1996.11）》和相关统计报表统计。

建设后，学校投入巨资对公共服务设施进行全面改善。特别是"九五""211 工程"建设期间，学校投资 700 万元完善校园计算机网络，投入 500 万元建设图书馆文献信息现代化服务系统，投入 2000 多万元改建和新建一批基础教学设施和科研测试分析基地，投入 3000 多万元新建曾宪梓科学馆。① "十五""211 工程"建设期间，学校继续对公共服务体系建设投入大额度资金，共向校园计算机网络投入 450 万元，向数字化图书馆投入 498 万元。

在大家的共同努力下，校园网建设得到全面推进。1999 年，校园网络光纤主干通信速率提升为 1000Mbps，校园网出口升为光纤 100Mbps，校园网络主服务器进行升级换代，基本完成学生宿舍和教工宿舍社区宽带网建设。② 2005 年 12 月 9 日，校园无线网正式开通，使学校在校园网建设方面又一次走在高校前列。

图书馆管理逐步由原始手工管理过渡到自动化业务管理，由传统收藏模式转向网络检索数字型，由单一印刷型转向声像、电子等多媒体并存，从封闭状态服务过渡到开放型网络服务。1996 年 3 月，图书馆自行组建光盘检索系统，实行 24 小时免费向读者开放。同年，学校开始使用包括采、编、流、期刊、咨询、管理等全程计算机管理集成系统——ILAS。1999 年初步实现全校图书馆业务管理的网络化服务。同年 9 月，图书馆成功地在清华大学《中国学术期刊（光盘版）》电子杂志社中心网站建立网络开放式镜像站点，免费向全校各网点提供网络检索服务。学校注重电子文献资源建设，先后购买近 20 种国内外光盘数据库及网上数据库，大大提高了文献检索效率及原文提供能力。此外，图书馆逐年增加电子资源购置经费，有计划地将部分印刷型报刊转为电子版。2003 年 3 月 10 日和 4 月 7 日，图书馆分别成功实现中、外文开架书库全开放式服务管理，充分体现出"以人为本"的服务理念。

为进一步开发华侨华人研究资源，弘扬中华文化，加强海内外同胞的交流与合作，1998 年 3 月 23 日，暨南大学图书馆—香港大学图书馆华侨华人文献信息中心在学校隆重成立，成为全国第一家以馆藏资料为依托，以自动化为工作手段，集文献开发、科学研究、服务社会为一体的综合化信息中心，也是香港回归祖国后，粤港两地合作成立的第一家文献信息中心。③

实验室建设和资产管理工作得到进一步加强，学校于 2001 年将实验设备处更名为资产与实验室管理处，以强化相关工作。当年，资产与实验室管理处即进行实验室改造 39 项，完成 5 个实验室改造的招投标工作，改造实验室总面积近 6400 平方米。④

2005 年底，学校教学科研设备资产总值为 2.33 亿元，较进入"211 工程"建设前 1995 年的 0.5 亿元增长 4.6 倍，文字及电子图书藏量为 278.53 万册，较 1995 年的 134.70 万册增长两倍多，⑤ 为教学科研工作提供了更加强有力的支撑。

---

① 宣传部：《以"211 工程"建设为龙头，创建高水平华侨大学——我校"211 工程""九五"建设项目顺利通过验收》，《暨南大学》第 342 期，2002 年 10 月 28 日，第 1 版。

② "211 工程"办公室：《出成果、上水平、促改革、争效益——7 个"211 工程"学科项目及公共服务体系项目中期检查汇报摘要》，《暨南大学》第 274 期，2000 年 1 月 10 日，第 2 版。

③ 图书馆：《粤港高校联袂谱华章——暨南大学图书馆/香港大学图书馆华侨华人文献信息中心成立》，《暨南大学工作简报》1998 年第 5 期，1998 年 3 月 30 日，第 3 页。

④ 《暨南大学 2001 年工作总结》（暨发〔2002〕1 号），第 11 页。

⑤ 信息管理办公室：《暨南大学基本情况一览表（2005.12）》《暨南大学基本情况一览表（1996.11）》。

三、后勤管理

学校稳步推进后勤改革，以构建具有"侨校"特色的后勤服务体系，逐步实现事业型后勤向企业化后勤过渡。

1996 年，学校首先对电话管理进行改革，将校内电话改制为市电信局程控电话。1997 年 7 月，学校与广州市电信局合作进行电话改制，在未直接投入资金的情况下，全校电话容量增加到 6000 门，不但为学校节省了资金，更为职工带来了实惠。[1]

后勤改革工作得到大力推进，2000 年 3 月 13 日，学校成立以刘人怀校长为组长，蒋述卓书记、贾益民副校长为副组长的后勤改革领导小组，从管理体制、拨款制度、用人制度、分配制度、国有资产产权等方面深化后勤服务工作改革。[2] 2001 年，《暨南大学后勤社会化改革方案》获教代会通过。同年 10 月，暨南大学后勤集团正式成立。2002 年上半年，后勤集团完成"一所、二部、五中心"的正职聘任工作，基本理顺小机关与集团关系，后勤集团顺利实现过渡。[3]

学生宿舍逐渐实行专业化的物业管理。继珠海学院学生宿舍在 2001 年开始实行社会化专业管理以后，2003 年 11 月 5 日，学校与珠海丹田物业管理有限公司签署《学生宿舍物业管理委托合同》，将校本部新落成的建筑面积约 586449 平方米的 10 栋学生宿舍委托该公司进行物业管理，使学校成为广州地区第一家引入物业公司进行校本部学生宿舍管理的高校。[4] 2004 年 11 月，丹田物业公司又承接校本部 22 栋学生宿舍的物业管理与服务工作。具有行业 ISO 认证的物业管理公司进驻六大学校园，成为学校实行学生宿舍专业物业管理改革的积极尝试，不但改变了学生宿舍现有的管理观念和服务观念，而且有力地促进了学校整体后勤服务管理水平的提升。

教工住宅小区的社会化管理工作也稳步进行。2001 年 3 月，学校成立住宅小区物业管理筹备小组，并着手开展相关工作。2004 年底，学校召开业主大会，选举产生校本部住宅小区业主委员会，并制定《暨南大学校本部教工住宅小区业主公约》等 4 个文件，为教工住宅小区全面实行物业管理奠定基础。[5] 2005 年初，经投票选举，学校教工住宅小区业主委员会正式成立。年底，经业主委员会和学校双方共同协商，校本部教工住宅小区物业管理工作自 2005 年 12 月 15 日起由广东省华侨物业发展公司接管，学校也投入资金进行小区公共设施建设、小区道路拓宽、人行道修建等工作，学校教工住宅小区物业管理开始由旧的行政管理模式逐渐向新的社会化管理模式转化。

四、校园绿化及治安工作

学校对绿化工作始终常抓不懈，1997 年即被评为广州市绿化工作先进单位。进入"211 工程"后进行大规模基础建设的同时，学校并未放松校园绿化工作，仅 2003 年就完成 1.5 万平方米的绿化工程。学校在当年被广州市人民政府授予义务植树突出贡献

① 《暨南大学 1997 年工作总结》（暨字〔1998〕1 号），第 10 页。
② 总务处：《我校后勤社会化改革的目标》，《暨南大学》第 280 期，2000 年 4 月 15 日，第 1 版。
③ 《暨南大学 2002 年工作总结》（暨字〔2003〕1 号），第 14 页。
④ 卢健民：《物业管理公司进驻我校学生宿舍》，《暨南大学简报》2003 年第 34 期，2003 年 11 月 13 日，第 2 页。
⑤ 《暨南大学 2004 年工作总结》（暨发〔2005〕3 号），第 16 页。

奖，被广州市委市政府评为广州地区花园式单位。①

为加强治安防范，做好校园综合治理工作，学校开展了大量工作。经常举办消防安全知识培训班，不定期地组织学生进行消防演练，及时对消防设施进行检查，确保消防安全。1999年5月，学校顺利通过广州市公安消防局验收，达到"市一级消防重点单位"标准。2000年，学校获广州市消防工作先进集体。为保证校内交通安全，学校制定了《暨南大学校园交通管理暂行规定（讨论稿）》，并在第五届教代会第九届工代会第一次会议上获得通过。

因在维护学校治安综合治理方面取得突出成绩，2002年3月，学校被广东省委教育工委、省教育厅、省公安厅联合评为2000—2001年度社会治安综合治理先进集体。2004年，学校被广东省维护社会稳定及综合治理委员会学校及周边治安综合治理工作领导小组评为高校治安综合治理工作先进学校。

五、团结一致抗击"非典"

2003年初，一场突如其来的灾难——"非典"袭击广东。为了坚决阻断"非典"在校园内传播，防止和减少"非典"对正常教学科研秩序的干扰和影响，学校采取一系列措施，取得抗击"非典"的胜利。

2月17日，学校成立以贾益民副校长为组长的校"非典"预防工作领导小组，迅速展开"非典"防治工作。4月23日，根据广东省教育厅的要求，学校对预防与控制"非典"工作领导小组成员进行调整，校长刘人怀任组长，党委书记蒋述卓，副校长贾益民、王华任副组长；下设办公室，由校长助理、校长办公室主任张会汀兼任主任；各院、系、部处成立预防与控制"非典"工作领导小组，由单位一把手任组长，从组织机构方面保证"非典"防治工作顺利进行。同时，学校紧急制定《暨南大学预防与控制"非典"工作预案》，几乎涵盖了防治"非典"工作的方方面面，从而形成了一个由学校组织领导、全体师生员工共同参与的良好工作机制。

学校还充分发挥综合性大学的优势，设立预防与控制"非典"医学管理领导小组，由陆大祥副校长任组长，负责为学校预防与控制"非典"有关问题提供咨询，对疑似病例或确诊病例提出具体处理方案。为及时做好"非典"防治研究工作，4月8日，学校紧急召开由病理学、微生物学、免疫学、病生学等专家参加的联合会议，决定成立"非典"研究协作小组，学校专门从科技发展基金中拨出30万元启动经费，支持该课题的前期预研工作。

4月24日开始，学校强化"非典"防治工作，实行24小时专人值班，执行"零报告"制度。由于组织机构健全，工作措施得力，学校最大限度地防止了校园内的"非典"传播。4月28日，住在羊城苑35栋的一位内地女学生被确诊为"非典"病例，这也是学校出现的唯一一例"非典"患者。当日，学校便对该栋所有住户进行封闭隔离，并为被隔离人员提供尽可能的帮助和关爱，使被隔离住户深为感动，在5月8日隔离解除后他们联名致信向学校表示感谢。对于"非典"患者，学校更给予了多方关怀，校领导和老师们经常打电话去慰问，班主任特意到膳食科为她定做"广东靓汤"，在大家共

---

① 《暨南大学2003年工作总结》（暨发〔2004〕1号），第14页。

同关心和帮助下，"非典"患者从住进医院到第一次复查正常只用了 10 天时间。5 月 15 日，一名澳门女生被初诊为"非典"疑似病例，当日便被送往广州医学院第一附属医院广州呼吸疾病研究所进行治疗观察。24 小时内，83 名与疑似患者在前三天有过近距离接触、共同上课或做过实验的同学就住进了隔离观察区。[1]

学校在"非典"防治工作方面采取的措施和取得的成绩，得到广东省领导和相关部门的肯定和赞扬。广东省副省长、省预防与控制"非典"指挥部总指挥雷于蓝，副省长宋海，广东省委副书记、省委省政府防治"非典"工作指导小组组长陈绍基分别在 4 月 30 日、5 月 8 日、5 月 22 日到校视察，对学校完备细致的工作给予表扬。在抗击"非典"工作中，学校共有 8 个单位、36 名医护人员荻广东省"抗击'非典'先进集体""先进个人"称号。[2] 学校附属第一医院"非典"救治护理组被评为全国"三八"红旗集体，学校附属第一医院呼吸科主任汤彦、医学院第六附属医院呼吸内科主任惠萍被评为全国"三八"红旗手。[3]

第十一节　百年校庆筹备工作

享有"华侨最高学府"盛誉的暨南大学于 2006 年 11 月迎来百年华诞，暨南人也将迎来一个打造品牌、树立形象的新契机，迎来一个开拓进取、再创辉煌的新起点。为做好百年校庆筹备工作，学校于 2004 年 11 月分别在《人民日报（海外版）》《美国侨报》《欧洲时报》《光明日报》《南方日报》等海内外著名报刊发布《暨南大学百年校庆第一号公告》，宣布暨南大学百年华诞庆典活动安排在 2006 年 11 月 16 日至 18 日举行，标志着百年校庆筹备工作开始启动。

2005 年，学校拟定《暨南大学校庆筹备工作计划（草案）》，对校庆主题、校庆原则等进行酝酿；成立百年校庆筹备委员会，由刘人怀校长任主任、其他校领导任副主任；同时对百年校庆筹备委员会办公室及其下属工作小组设置情况进行初步筹划。在此基础上，学校于 2006 年 3 月 4 日正式下发《关于印发暨南大学百年校庆筹备工作计划的通知》，规定百年校庆主题为"弘扬传统、彰显风范、凝聚侨心、共谋发展"，校庆原则为"隆重热烈、俭朴务实、办出特色、庆典为体、学术为魂"；设立百年校庆顾问委员会；胡军校长担任百年校庆筹备委员会主任，蒋述卓书记任常务副主任，贾益民、陆大祥、纪宗安、王华、叶勤为副主任；百年校庆筹备委员会办公室由校长办公室主任林如鹏担任主任，11 位相关部处领导任副主任，下设秘书组、宣传组、会务组、联络接待组、校史与出版组、学术组、文体组、资金募集组、总务后勤组、保卫组 10 个工作小

---

① 卢健民：《我校抗击非典得力，七千华侨华人、港澳台学子安然无恙》，《暨南大学》第 358 期，2003 年 6 月 10 日，第 2 版。

② 《我校部分单位和个人获广东省"抗击'非典'先进集体""先进个人"称号》，《暨南大学》第 360 期，2003 年 7 月 5 日，第 3 版。

③ 校办：《附一院"非典"救治护理组被评为全国"三八"红旗集体》，《暨南大学简报》2003 年第 19 期，2003 年 6 月 12 日，第 2 页。

组，各司其职做好相关筹备工作；同时成立了各学院百年校庆筹备工作小组。① 百年校庆筹备工作全面铺开。

2006 年 3 月 13 日，学校举行百年校庆首次新闻发布会，胡军校长、蒋述卓书记分别向 23 家与会媒体发布了百年校庆筹备工作情况，公布了整体造型为中文"百"字的校庆标志。在随后的答记者问中，胡校长和蒋书记详尽阐述了百年校庆的相关工作，如深入开展"暨南精神"征文活动、"暨南精神"讨论会等活动，筹备编印《凝聚暨南精神》，筹划编写《百年暨南丛书》和《暨南文丛》等，拍摄百年校庆专题片，策划组织 11 月 18 日的校庆大会、文艺晚会和迎校庆系列文体活动，积极倡导举办系列中外名人论坛、中外校长论坛等活动，以彰显校庆庆典活动的热烈、隆重和"侨校"特色，充分体现校庆活动"学术为魂"的原则。

为协调做好百年校庆筹备工作，胡军校长、蒋述卓书记又于 3 月 15 日主持召开百年校庆筹备会第三次会议。在商议解决校庆筹备工作难点问题之后，对下阶段工作的开展进行了详细布置：要求各工作小组、学院尽快制定校庆工作计划和工作流程；决定在百年校庆筹备委员会设立日常工作办公室，配备专职工作人员 4—5 名，以负责校庆的整体规划、协调、督促工作，编制百年校庆活动指南，并每一至两周向校领导提交校庆筹备进展报告。②

在紧锣密鼓进行百年校庆筹备工作的同时，学校还自 3 月份开始实施"暨南精神大讨论"活动。校党委宣传部在校园网主页和"百年校庆"专题网站及时开设专栏，特别编印《领导内参》（大学文化·大学精神专辑），为广大师生搭建交流平台，提供系统的学习资料。3 月 16 日，校党委书记蒋述卓教授主持，在行政办公楼 929 会议室举行了"暨南精神大讨论"座谈会。此外，各基层党组织、离退休老同志分别召开讨论会，各院系、学生团体积极开展灵活多样、多姿多彩的学生活动，对"暨南精神"进行深入探讨。广大师生还积极撰写了 290 余篇文章，表达自己对"暨南精神"的理解。学校主要领导在接受媒体采访时，分别就"暨南精神"内涵阐述了自己的观点。3 月 14 日，蒋述卓书记在接受《暨南大学》记者采访时指出，"兼容中外，和而不同；不屈不挠，团结奋进；知行合一，勇于挑战"等应是暨南精神的主要内涵。5 月 28 日，胡军校长在接受《南方日报》记者专访时诠释了自己的理解："忠信笃敬"的暨南校训、"和而不同、坚韧不拔、团结创新"比较能全面阐述"暨南精神"。学校主要党政领导对于"暨南精神"的深刻理解，不但对相关讨论工作起到了重要的主流引导作用，而且也将"暨南精神大讨论"活动不断引向深入。

为进一步增强广大教职员工的工作紧迫感，激励大家切实抓紧做好百年校庆的各项筹备工作，4 月 30 日，距百年校庆 200 天之际，学校在校本部南大门花坛旁举行了百年校庆倒计时牌揭幕仪式。揭幕仪式由贾益民副校长主持，胡军校长和蒋述卓书记为百年校庆倒计时牌揭幕。胡校长在现场发表了热情洋溢的讲话，重点强调沟通配合、团结协作的重要性，同时对基础设施建设、学术统筹、宣传、会务、接待等工作提出殷切希望。凝望着倒计时牌赫然显示的"距离百年校庆还有 200 天 15 时 24 分 46 秒"的字样，

---

① 《关于印发暨南大学百年校庆筹备工作计划的通知》（暨通〔2006〕8 号）。
② 《百年校庆筹备会会议纪要》（暨纪要〔2006〕3 号）。

胡校长特别指出："这是一个重要的历史时刻！这个闪烁的红色数字告诉我们，校庆的各项筹备工作进入了最后的倒计时冲刺阶段。"① 勇于改革、敢于进取的暨南人，正以昂扬的斗志、高涨的热情投身到百年校庆的各项筹备工作中。

回望百年风雨，暨南大学可谓迭遭磨难：五迁校址、三落三起，却终能绝徼传薪、弦诵相继，以百折不挠之精神，铸华侨学府之辉煌。纵观世纪征程，暨南人虽然屡遭挫折：几经散聚、数次搬迁，仍始终励精图治、崇德明教，秉"忠信笃敬"之校训，育五洲四海之英才。而今，韶光流转，盛事如约，阅世纪沧桑而砥砺奋进的暨南大学即将迎来百年校庆。以此为契机，全体师生员工将在新一届校领导班子带领下，同心同德，群策群力，为把暨南大学早日建设成为高水平研究型大学而努力奋斗！

表4　1996—2006 年暨南大学授予学位学生数统计表

年 份	博 士	硕 士			本 科	成人教育		总 计
		学历研究生	在职攻读	同等学力		函 授	夜 大	
1996	10	128		8	1003	35		1184
1997	16	167		5	1197	53		1438
1998	22	186		1	1291	72		1572
1999	13	261		22	1206			1502
2000	16	298	1	117	1368			1800
2001	24	374	47	64	1555			2064
2002	36	432	62	146	1722			2398
2003	51	517	52	120	2345	295	53	3433
2004	65	764	58	125	1984	277	102	3375
2005	85	901	82	236	2533			3837
2006（春季）	31	56	71	110	148	638		1054

资料来源：本表数据由信息管理办公室提供。

---

① 卢健民、陈文举：《百年校庆倒计时牌揭牌》，《暨南大学简报》2006 年第 15 期，2006 年 5 月 15 日，第 1 页。

表 5　1996—2006 年暨南大学毕、结业学生数统计表

年　份	毕业学生								结业学生			总　计
	学历研究生		本专科学生		成人教育			护校学生	预科生	证书班	培训班	
	博　士	硕　士	本　科	专　科	函　授	夜　大	脱产班					
1996	10	129	1167	1038	737	244	450	60	134	225		4194
1997	16	169	1226	669	453	202	268	61	130	171	346	3711
1998	22	187	1311	719	356	340	418	81	173	578	259	4444
1999	13	264	1277	319	500	378	233	123	254		665	4026
2000	16	305	1610	165	785	343	200	98	234		886	4642
2001	24	389	1726	151	585	381	307	43	214		550	4370
2002	38	420	1887	356	646	797	99		209		1159	5611
2003	52	513	2507	104	941	725	5		647		651	6145
2004	65	797	2155	0	1242	759	69		650		715	6452
2005	89	885	2583	0	1176	865	10		566		515	6689
2006（春季）	29	52	148						137		249	615

数据来源：本表数据由信息管理办公室提供。

第十章

百年侨校的新征程

（2006.7—2016.6）

2006 年百年校庆之后，暨南大学跨入了新百年。在新的起点上，学校规划了新的发展蓝图，坚持"面向海外、面向港澳台"的办学方针，团结奋进，改革创新，将各项事业推向新的高度，侨校的特色更加鲜明，名校的声誉更加响亮，高水平大学建设展开新的画卷，享誉国际的"华侨最高学府"——暨南大学的品牌和影响力进一步提升。

第一节　庆祝暨南大学建校 100 周年等系列庆典活动

一、庆祝建校 100 周年庆典大会及系列活动

作为中国历史最悠久的大学之一，享有"华侨最高学府"盛誉的暨南大学将于 2006 年 11 月 16 日至 18 日举行百年华诞庆典活动，这则喜讯于 2004 年 11 月在《人民日报（海外版）》、美国《侨报》、《欧洲时报》《光明日报》《南方日报》等海内外媒体发布。《暨南大学百年校庆第一号公告》公布的消息不胫而走，海内外校友欢欣雀跃，庆祝百年校庆是暨南人的共同心声，也是暨南大学总结历史、打造品牌、扩大影响的新契机，校庆一号公告的发布标志着百年校庆筹备工作正式启动。①

2005 年，学校拟定百年校庆筹备工作计划，成立暨南大学百年校庆筹备委员会，由刘人怀校长任主任。校领导班子换届后，学校于 2006 年 3 月 4 日正式下发《关于印发暨南大学百年校庆筹备工作计划的通知》，百年校庆主题确定为"弘扬传统、彰显风范、凝聚侨心、共谋发展"，校庆原则为"隆重热烈、俭朴务实、办出特色、庆典为体、学术为魂"；胡军校长担任暨南大学百年校庆筹备委员会主任，蒋述卓书记任常务副主任；校庆办公室主任由校长办公室主任林如鹏担任，校庆办下设秘书组、宣传组、会务组、联络接待组、校史与出版组、学术组、文体组等 10 个工作小组，同时成立了各学院百年校庆筹备工作小组。百年校庆筹备工作全面展开。②

2006 年 3 月 13 日，学校举行百年校庆首次新闻发布会，胡军校长、蒋述卓书记向媒体介绍了百年校庆筹备工作情况，公布了整体造型为中文"百"字的校庆标志。校长办公会议和校庆办多次研究布置基建和校庆各项工作，使原定的各项庆典庆祝活动准备工作有条不紊地向前推进。3 月 28 日，学校在媒体公布校庆第二号公告，宣布 11 月 16 日为暨南大学建校一百周年纪念日，11 月 18 日（星期六）举行建校百年华诞典礼。4 月 30 日，距百年校庆 200 天之际，学校在校本部南大门花坛旁举行了百年校庆倒计时牌揭幕仪式。胡军校长特别指出："这是一个重要的历史时刻！这个闪烁的红色数字告诉我们，校庆的各项筹备工作进入了最后的倒计时冲刺阶段。"③ 10 月 30 日，学校向海内外发布校庆第三号公告，公布百年校庆庆祝活动期间 11 月 16—18 日三天的具体日程安排。④

---

① 《暨南大学百年校庆公告第一号》，引自《暨南大学年鉴》编辑部编：《暨南大学年鉴》（2007），广州：暨南大学出版社 2008 年版，第 24－25 页。

② 《关于印发暨南大学百年校庆筹备工作计划的通知》，暨通〔2006〕8 号。

③ 卢健民、陈文举：《百年校庆倒计时牌揭牌》，《暨南大学简报》2006 年第 15 期，第 1 页。

④ 《暨南大学百年校庆公告第三号》，引自《暨南大学年鉴》编辑部编：《暨南大学年鉴》（2007），广州：暨南大学出版社 2008 年版，第 25－26 页。

（一）百年校庆寻根之旅

8 月，校长胡军、校党委书记蒋述卓率领"百年校庆寻根团"，沿着暨南大学播迁的足迹，展开寻根之旅，由南京启程，经上海，抵达福建建阳，踏访了百年校史上的办学旧址，在上海真如、宝山，福建建阳举行办学旧址纪念碑落成典礼，与各地校友座谈，共同追忆暨南大学经历的不平凡岁月，展望侨校的美好前景。暨南学堂办学旧址纪念碑于 2001 年 11 月树立，位于南京鼓楼公园前；国立暨南大学真如办学旧址和宝山办学旧址纪念碑分别坐落在上海万里住宅区绿化广场内和上海市北职业中学内；建阳办学旧址纪念碑坐落在福建省建阳市人民医院大门左侧。这些纪念碑石镌刻着暨南大学百年来艰辛曲折的办学历程，铭记着暨南大学光荣的爱国传统和办学成就，将成为师生缅怀校史，继承发扬暨南精神，团结凝聚海内外校友的重要载体。

（二）丰富多彩的百年校庆年学术活动

在百年校庆年，学校邀请了许多海内外名家大师来校举办学术报告会和讲座，多达 200 余场，开拓了师生的学术视野，活跃了校园学术氛围，深受师生欢迎。重要领导、嘉宾包括原中共中央政治局常委、国务院副总理李岚清，美国管理学家彼得·圣吉，新儒学大师杜维明，著名作家王蒙，博鳌亚洲论坛秘书长龙永图，香港凤凰卫视主持人杨锦麟等。理工医方面，共举办院士论坛 21 场，其中外籍院士 8 场、国内院士 13 场、名家讲坛 47 场、学术讲座 98 场、学术沙龙 1200 余场，参与者和听众达 20000 人次。人文社会科学方面，共举办讲座 70 余场，参与师生共计 8500 余人次。还举办 6 场"百年暨南讲坛"，听众约 2000 人次。①

（三）百年校庆系列庆祝活动

11 月 16 日是百年校庆纪念日，当天开始，暨南园正式进入校庆时刻。一系列盛事在广州暨南园举行，热烈的祝福从世界各地飞来，"十大工程"次第竣工，校园环境焕然一新，明湖、南湖波光粼粼，缤纷的彩旗、大红的横幅、巨型的气球将校园装点得喜气洋洋，五洲四海，群贤毕至，欢声笑语，处处洋溢着喜庆、欢快的气氛。当天上午 8:30 至下午 4:30，庆祝活动密集举行。学校先后举行了博物馆画展剪彩仪式及孔子铜像揭幕仪式，南方日报《暨南大学建校 100 周年 100 版纪念特刊》暨珍藏缩印本发刊仪式，"百年暨南丛书·暨南文丛"首发式，百年暨南纪念邮册、首日封、明信片发行仪式，"百年暨南"纪念碑揭幕仪式，暨南大学六先贤铜像揭幕仪式等庆祝活动。② 其中，孔子铜像矗立在曾宪梓科学馆前，由校董梁仲景捐建。"百年暨南"纪念碑上"百年暨南"四字为校友吴学谦题写，碑石由北京校友会捐赠；暨南大学六先贤铜像设立在图书馆一楼大厅内，像主为端方、郑洪年、黄炎培、何炳松、陶铸、廖承志。南方日报校庆纪念特刊出版 15 万份，内容分为盛代风华、百年庆典和世纪传薪三个部分。"百年暨南丛书"包括《百年暨南史（1906—2006）》《百年暨南人物志》《暨南往事》《图说暨南》四部作品，《暨南文丛》（共三卷）收录沈从文、梁实秋等 34 位在暨南校史留下深

---

① 孙彧：《百年校庆综述》，引自《暨南大学年鉴》编辑部编：《暨南大学年鉴》（2007），广州：暨南大学出版社 2008 年版，第 2－3 页。

② 陈文举：《暨南大学举行建校百年系列活动》，《暨南大学》第 452、453 期合刊，2006 年 11 月 30 日，第 1 版。

刻印记的名师名家的作品。百年暨南纪念邮品当天上市发行，包括纪念邮资信封、纪念邮册、个性化纪念邮票、纪念明信片各一套。

11月17日上午，暨南大学校友总会第三届理事会扩大会议在校本部开幕，大会选举马有恒为暨南大学校友总会会长，吴学谦、庄右铭为名誉会长。下午，暨南大学第五届董事会第二次会议在广州东方宾馆举行。暨南大学董事会董事长钱伟长和副董事长马万祺发来贺信贺电。国务院侨务办公室主任陈玉杰和广东省省长黄华华在会上发表讲话，并向新聘校董颁发证书。

11月18日下午举办的题为"大学竞争力——管理·创新"的中外大学校长论坛，吸引了海内外100多位大学校领导与会，美国威斯康星大学欧克莱尔分校、日本立命馆大学、澳大利亚格里菲斯大学、俄罗斯人民友谊大学及中国复旦大学、厦门大学校领导发表演讲。胡军校长作题为"多元文化、创新与大学竞争力"的主旨发言，指出：大学的竞争力就是知识创造、知识传播、知识应用能力的综合，这些能力的融合又都离不开大学精神文化的塑造和提升，大学的精神文化才是大学确立竞争优势的根本保证。[①]

校庆期间，还举办了百年暨南校史展览，马超、王静三绘画作品展，澳门校友会"百年盛鼎"捐赠仪式，CBA劲旅篮球对抗赛，百年校庆礼品展等活动。

（四）百年校庆庆典大会和晚会

随着11月18日庆典的届近，党和国家领导人及中央各部委、地方政府、海内外高等院校、社会知名人士纷纷题词或发来贺信祝贺暨大百年华诞。中共中央政治局常委、全国政协主席贾庆林，中共中央政治局常委李长春，原中共中央政治局常委、国务院副总理李岚清，原国务院副总理、暨南大学校友吴学谦发来贺信或题词。贾庆林在贺信中希望暨南大学"努力建设成为海内外知名的高水平的社会主义华侨大学，为国家的华侨事业，为中华民族的伟大复兴作出新的更大的贡献"。李长春在贺信中肯定暨南大学百年以来"为传播中华民族的优秀传统文化，为香港、澳门的顺利回归和繁荣稳定，为民族振兴和实施科教兴国战略作出了重要贡献"。[②] 李岚清题词"百年侨校，人才辈出"，吴学谦题词"百年暨南"。

张德江、唐家璇、陈至立、许嘉璐、路甬祥、韩启德、马万祺、罗豪才、董建华、曾荫权、何厚铧、高祀仁、白志健、黄华华、黄丽满、钟阳胜、朱小丹、宋海、孔泉等领导，国务院侨办、教育部、卫生部、国务院台办等单位也分别发来贺信或题词，极大地鼓舞了全校师生。107所国内兄弟院校和海外的姊妹大学、27个友好单位和个人发来了贺信，170多个友好单位、团体及个人赠送了礼品，共贺暨大百年华诞。

11月17日晚，学校在广州东方宾馆宴会厅举行盛大欢迎晚宴。宴会规模宏大、气氛热烈、井然有序、别具一格，深受宾客赞赏。国务院侨办领导陈玉杰、刘泽彭，中央部委领导叶克冬、王凤超、王今翔，省市领导宋海、薛晓峰等，以及海外姊妹大学、国内兄弟院校、各省侨办领导，暨南大学校董、赞助商代表、海内外校友及各界嘉宾共1500多人出席了百年校庆欢迎晚宴。宋海、薛晓峰、胡军等发表讲话。

---

① 彭梅蕾、张壮乒：《中外校长论坛》，引自《暨南大学年鉴》编辑部编：《暨南大学年鉴》（2007），广州：暨南大学出版社2008年版，第9页。

② 《暨南大学年鉴》编辑部编：《暨南大学年鉴》（2007），广州：暨南大学出版社2008年版，第15－16页。

　　11 月 18 日上午 10 点整，伴随着庄严的国歌声，暨南大学建校 100 周年庆典大会在暨南大学邵逸夫体育馆隆重举行。从世界 114 个国家和地区奔赴而来的、有着不同肤色、不同语言的暨南大学校友和在校师生、部分中外大学校长以及各界嘉宾 4000 多人参加了庆祝大会，庆典大会气氛庄重热烈、高潮迭起，将校庆活动推向高潮。

　　全国政协副主席周铁农，国务院侨务办公室主任陈玉杰，澳门特别行政区行政长官、暨南大学董事会副董事长何厚铧，国务院侨务办公室副主任、暨南大学董事会副董事长刘泽彭，国务院港澳事务办公室副主任周波，国务院台湾事务办公室副主任叶克冬，外交部部长助理孔泉，中央人民政府驻香港联络办公室副主任王凤超，中央人民政府驻澳门联络办公室副主任王今翔，中共广东省委副书记欧广源，中共广东省委常委、广东省人民政府常务副省长钟阳胜，中共广东省委常委、广州市委书记朱小丹，广东省人大常委会副主任游宁丰，广东省常务副省长汤炳权，全国人大常委曾宪梓，海南省人大常委会原副主任王学萍，广东省人大常委会副主任佀志广，广东省武警总队总队长牛志忠少将，广东省教育厅厅长罗伟其等在主席台前排就座。出席庆典的还有政府和社会各界人士、嘉宾，海内外高校领导，学校校董、校友等。庆典大会由校党委书记蒋述卓主持。陈玉杰、钟阳胜、朱小丹、罗伟其、胡军发表讲话。[①]

　　陈玉杰在讲话中肯定暨南大学"通过实施两期'211 工程'建设，实现了跨越式发展，学校的办学水平和综合实力迅速提升，在全世界华侨华人社会和港澳台地区的地位不断得到巩固，国际化特色更加明显，在海内外的声誉不断扩大"。钟阳胜希望暨南大学"继续充分发挥华侨高等学府连接港澳同胞的桥梁枢纽作用，大力实施'侨校＋名校'的发展战略，早日建设成为海内外知名的高水平研究型大学"。朱小丹指出："暨南迁校于广州近半个世纪，暨南的历史，是与祖国、民族和人民的命运紧密相连的历史，同时也是与广州共生共荣、交相辉映的历史。百年暨南，见证了羊城的沧桑，促成了广州的辉煌。暨南精神已经融入云山珠水，成为推动广州与时俱进的重要动力之一。广州市与暨南大学由来已久的亲密合作，已经并将继续谱写出壮丽的篇章。"胡军校长作题为"百年侨校：民族、文化与使命"的讲话，向所有关心和支持过暨南大学事业的人们，向曾经和正在为暨南大学的事业作出贡献的全校师生员工和离退休教职工表示深深的敬意，指出"百年学府不仅仅是一个时间的概念，更重要的是一个质量的概念。质量和创新才是百年学府分量所在和未来所重"，总结了百年办学成就和经验，展望未来发展前景。[②]

　　11 月 18 日晚，由于暴风雨突如其来，校庆晚会临时被迫延后举行。余兴未尽的学生和演员自发在图书馆前举行了一场别开生面、富有特殊意义的文艺晚会，抒发心中的激情和对学校的祝福。胡军校长接受学校新闻中心采访时由衷地感叹："同学们对学校发自内心的热爱，对荣誉的珍视，是暨南精神的真正体现，是真正的暨南魂。"[③] 11 月

　　① 陈文举、夏泉、卢健民：《"华侨最高学府"暨南大学隆重庆祝建校一百周年》，《暨南大学》第 452、453 期合刊，2006 年 11 月 30 日，第 2 版。

　　② 胡军：《百年侨校：民族、文化与使命——在暨南大学建校 100 周年庆典大会上的讲话》，《暨南学报》（哲学社会科学版）2007 年第 1 期，第 1－3 页。

　　③ 新闻中心：《同学们对学校的热爱是真正的暨南魂》，《暨南大学》第 452、453 期合刊，2006 年 11 月 30 日，第 7 版。

25 日夜，校友再聚暨南园，历经一年的精心策划和准备，3800 多名师生组成的演职人员，数百名学生志愿者，以一场盛大的晚会和一种更亮丽的姿态、更震撼的形象为母校庆贺。晚会紧扣暨南精神，由"序""风雨百年""暨南魂""暨南情""暨南风""尾声"六部分组成，广东卫视进行了现场直播，为百年校庆系列活动画上了圆满的句号。

（五）有声有色的宣传出版工作①

为全面彰显百年侨校的独特风采，深入提炼厚重的文化底蕴，进一步扩大学校的影响力，学校开展了多角度、多层次的校庆宣传工作。先后在媒体上发布三号校庆公告，设立百年校庆专题网站，在新浪网开通百年校庆专题，与南方日报社合作，仅用两个多月推出暨南大学建校 100 周年纪念特刊《百年暨南》，与广东电视台合作拍摄的专题片《百年暨南》在广东电视台卫星频道、珠江频道播出，与香港亚视合作拍摄的专题片《暨大与港澳》在香港亚洲电视本港台播出，在《光明日报》连载《百年暨南》系列文章 20 篇，编印《百年暨南》画册。专门确定并发布校庆宣传口号 36 条，包括："源远流长立百年基业，根深叶茂育五洲英才""百年沧桑，薪火相传；世纪学府，弦歌不辍"，等等。

百年校庆活动得到了中央、广东省内主要媒体和港澳、海外华文媒体的高度关注。据不完全统计，除南方日报社隆重推出的暨南大学建校 100 周年纪念特刊外，媒体对暨大百年校庆活动的新闻报道超过 1500 篇（条），图片 500 多幅，其中境外媒体的报道 100 多篇。新华社 11 月 18 日晚的新闻通稿随即被各类媒体广泛刊播。中央电视台 11 月 18 日《晚间新闻》播出百年校庆消息 1 分 52 秒，并在综合频道、国际频道先后 6 次报道；香港凤凰卫视、亚洲电视、《澳门日报》、新加坡《联合早报》、美国《侨报》及《欧洲时报》等密集采访报道。暨南大学出版社策划并出版了校庆系列图书，广东人民出版社出版了《群星璀璨——暨南大学研究生导师风采》《见证暨南——媒体暨南精选》。

（六）百年校庆活动的意义与影响

举办百年校庆，凝聚了全体暨南人的智慧与力量，师生满腔热情投入活动的筹办，1012 名学生志愿者参与接待等各项工作，3600 多名学生参与晚会的演出及幕后，480 位教授、博士组成的大型合唱团在晚会上高唱校歌，约 17800 名校友返回母校参加校庆，各校区也开展了专题校庆活动。校董、校友和社会各界在校庆年纷纷慷慨解囊，有力地支持了学校办学。

百年校庆活动的成功举办，得到了领导和嘉宾的高度赞誉，增强了学校的凝聚力和向心力，提升了学校在海内外的影响力和美誉度，达到了预期效果，使全体暨南人对学校未来充满了信心，在校内外乃至海内外产生了重要意义和影响，是全球华侨华人的一件盛事，入选"2016 中国侨界十件大事"，被媒体誉为"21 世纪全国高校最成功的校庆庆典之一"。②

---

① 这部分内容综合了《暨南大学年鉴》（2007）第 3 页，暨南大学百年校庆专题网站相关内容及党委宣传部 2006 年工作总结。

② 胡军：《校长工作报告》，暨南大学第七届教代会、第十一届工代会第二次会议文件，2011 年 1 月。

二、暨南大学在广州重建 50 周年、复办 30 周年纪念活动

2008 年是改革开放 30 周年，暨南大学在广州重建 50 周年、复办 30 周年，也是暨南大学原董事长廖承志诞辰 100 周年。2008 年下半年，学校先后举行了系列活动，纪念暨南大学在广州重建 50 周年、复办 30 周年。

9 月 22 日，学校召开纪念廖承志同志诞辰 100 周年座谈会。胡军校长、蒋述卓书记及师生代表、媒体记者参加了座谈会。胡军校长作主题讲话，深情回忆了廖承志为暨南大学两度复校、发展新中国的华侨高等教育事业所作出的重要贡献。学校还通过多种形式纪念廖承志同志，激励暨南人秉承先人之志，为学校的发展而共同奋斗。胡军校长接受了 6 集电视纪录片《廖承志》摄制组的专访；校内新闻网、校刊等媒体刊登纪念活动的报道，《暨南大学》报开设专栏，刊登师生缅怀廖公的文章。

10 月 24 日，学校党委宣传部、新闻中心组织了"暨南大学重建 50 周年、复办 30 周年最具影响力事件"评选，从校史中梳理出过去 50 年间对学校发展影响深远的 23 件大事件作为候选事件，于当天至 11 月 7 日开通师生网上投票。最终，"1958 年暨南大学在广州重建，次年修建明湖""1996 年暨南大学成为全国面向 21 世纪重点建设大学"等十大事件入选。[①] 11 月 13 日，艺术学院主办的"纪念暨大在广州重建 50 周年、复办 30 周年师生艺术作品展"开展，展品包括书法、篆刻、绘画和摄影等多类。

10 月 15 日上午，学校召开纪念暨南大学重建 50 周年、复办 30 周年老领导座谈会，胡军校长、蒋述卓书记与老校领导张德昌、周耀明、伍国基、林锋、朱明、云冠平、林剑、赖江基、冯泽康、刘羽、关汉夫、黄旭辉、张永安等齐聚一堂，畅所欲言，共同回顾学校重建 50 年、复办 30 年来的辉煌历程，共商未来发展大计。座谈会拉开了学校重建 50 周年、复办 30 周年系列纪念活动的序幕。

11 月 15 日下午，暨南大学第六届董事会第一次会议在广州召开。当日晚，学校在礼堂举行纪念大会，隆重纪念改革开放 30 周年，暨南大学在广州重建 50 周年、复办 30 周年。国务院侨务办公室副主任赵阳、广东省副省长宋海、中央驻港联络办副主任王凤超、外交部部长助理吴红波、学校领导胡军、蒋述卓以及暨南师生、校董、校友代表 1600 人出席纪念大会。赵阳副主任在讲话中高度评价了学校重建 50 年、复办 30 年来所取得的办学成就，并对学校未来发展提出了殷切希望。他说，暨南大学在全世界华侨华人社会和港澳台地区的地位不断得到巩固，国际化特色更加明显，已成为我国内地最大的港澳台侨高层次人才培养基地。宋海副省长高度评价了暨南大学为广东省的社会发展与经济建设所作出的贡献，暨南大学复办 30 年来，学校积极参与和推动广东实施的科教兴粤战略和粤港澳合作战略，为广东的现代化建设提供了强大的智力支持和人才支撑。校友代表方健宏厅长代表海内外校友，表达了对母校的感恩之心和热爱之情。胡军校长从创新发展、学科建设、科研工作、国际化办学等方面回顾了暨南大学重建 50 年、复办 30 年来植根南粤沃土、实现跨越式发展的历程，以及服务广东经济发展所作出的

---

① 《我校重建 50 周年复办 30 周年最具影响力事件评选结果揭晓》，《暨南大学》第 504 期，2008 年 11 月 20 日，第 1 版。

重要贡献。①

纪念大会后，一场富有浓郁侨校特色的文艺晚会将庆典推向喜庆高潮，学校校友总会会长、校友马有恒及汪国真、叶惠全在会上共同回忆了令人难忘的校园时光。

11月16日，校友总会第三届理事会第二次会议在学校召开。校庆前后，部分院系也举行了庆祝纪念活动。11月9日，医学院举行建院30周年大会；11月15日，深圳旅游学院庆祝建院15周年，国务院侨办副主任赵阳等到会祝贺；11月16日，华文学院举行建院（校）55周年庆祝大会，管理学院举办暨南大学MBA生涯10周年暨EMBA生涯5周年校友返校日活动；11月30日，历史学系举行建系80周年庆祝大会；12月6日，珠海学院举办暨南大学在珠海办学10周年暨珠海学院建院8周年庆典大会。

三、庆祝建校105周年系列活动②

2011年，暨南大学迎来建校105周年。由党政办公室牵头，珠海校区、各学院积极参与，学校举行了一系列庆祝纪念活动。10月10日至12月13日，学校连续举办了24期105周年校庆系列学术活动，营造了浓厚的学术氛围和校庆气氛。部分学院也举行了庆祝活动，5月，国际学院举行10周年院庆活动。11月12日，药学院举行建院10周年庆祝大会。11月19日，信息科学技术学院举行建院10周年庆祝大会。

10月13日，暨南大学105周年校庆标志正式启用。10月14日，学校发布105周年校庆公告，定于2011年11月19日（星期六）隆重举行庆祝暨南大学105周年华诞典礼。校庆主题定为"新百年、新愿景、新辉煌"；庆祝活动以"和谐简朴"为原则。邀请各个时期支持学校发展的各级领导、海内外校友、企事业单位、社会团体、国际友人及社会各界人士相约羊城，聚首暨南，共襄盛举。

10月30日，学校成立校庆新闻中心，开通105周年校庆专题网页，向全校征集教职工、校友在校老照片，并在11月2日至11月17日，在105周年校庆专题网页连续登载10期"照片的故事"，勾起许多暨南人对校园生活的美好回忆。11月3—15日，举行"华医杯"暨迎校庆教职工篮球赛。11月6日，在邵逸夫体育馆举行主题为"百年暨南·舞动新篇"的国际土风舞大赛，时隔五年再次上演的大赛吸引了21个院系约800名师生组成的17支队伍参赛，大赛内容精彩纷呈，涵盖了五大洲的特色舞蹈，如俄罗斯舞、西班牙舞、埃及舞、草裙舞、瑶族舞等。大赛除选出各大洲及中国区域的土风舞金银铜奖外，还设立最佳表演奖、最佳创意奖、最佳编排奖、最佳服装奖等。

11月19日晚，建校105周年庆典大会在学校礼堂隆重召开。国务院侨办副主任赵阳，广东省副省长刘昆，广东省教育厅厅长罗伟其，国务院侨办文化司副司长李民，美国威斯康星大学欧克莱尔分校校长斯坦科维奇，华侨大学校长贾益民以及社会各界人士、校董、校友、师生共1000余人参加大会。全国政协副主席、暨南大学董事会副董事长何厚铧、马万祺分别发来贺信，向全体师生员工和海内外校友表示热烈的祝贺。澳门

---

① 彭梅蕾、黎宇文：《暨南大学隆重庆祝改革开放30周年暨学校在广州重建50周年复办30周年》，《暨南大学》第505期，2008年11月30日，第1版。综合《暨南大学年鉴》编辑部编：《暨南大学年鉴》（2009），广州：暨南大学出版社2010年版，第5-8页。

② 《暨南大学喜迎建校105周年》，引自《暨南大学年鉴》编辑部编：《暨南大学年鉴》（2012），广州：暨南大学出版社2013年版，第12-15页。

特别行政区行政长官、暨南大学董事会副董事长崔世安为学校 105 周年校庆题词："作育英才"。赵阳、刘昆、罗伟其、马有恒先后致辞，胡军校长在庆典大会上发表了热情洋溢的致辞，回顾了暨南大学百年校庆之后五年来取得的成绩，指出：过去的五年，是暨南大学新百年征程上的第一个五年，是为侨服务，着力打造侨校特色；是改革攻坚，努力破解发展难题；是科学发展，学校建设实现新跨越；是服务社会，新亮点不断呈现的五年。

大会结束后，学校举行了以"新百年·新愿景·新辉煌"为主题的 105 周年校庆庆典晚会。晚会选取了五年来的典型人物事迹和历史印痕做基本元素，分为"暨南四季情谊独重""鸿庠愿景　大爱无疆""五洲四海　炫舞风情"三个篇章，送上了暨南人对母校的祝福，激起了校友们对母校的回忆，展示了暨南人勇往直前、兼收并蓄的精神。

第二节　校园基本建设与办学设施

一、广州校本部、珠海校区的基本建设

"十五"期间，国家投入 5.1 亿元专项资金用于改善学校的办学条件；"十一五"期间，国家又投入 7.5 亿元用于建设暨南大学番禺新校区。同时，学校通过财政资金、自筹资金，依托"211 工程"建设经费等多种渠道，加大对公共基础设施和教学条件建设的投入力度。校本部新教学楼、新图书馆、第二文科楼、第二理工楼、管理学院大楼等相继建成，尤其是位于广州番禺的南校区初步建成并投入使用，为百年侨校的再创辉煌提供了优质的基础设施和良好的办学条件。

2005—2007 年，根据教学科研发展的需要，学校在校本部已拆除的教学大楼、图书馆等楼宇原址上，陆续开工建设"十大工程"，总建筑面积达 21 万平方米。2006 年为学校历年来基建任务最繁重的一年，施工单位和基建总务职工艰苦奋战，顶烈日、冒风雨，克服广州高温多雨不利天气的影响。当年年底，博物馆和出版社印刷厂竣工交付使用，管理学院大楼、图书馆、礼堂、第二文科楼、第二理工楼 5 个项目在百年校庆前完成了主体和室外工程。2007 年，完成第二文科楼、第二理工楼、管理学院大楼、礼堂、图书馆、外聘教师周转公寓楼、教学大楼 7 个工程项目的建设任务。至此，校本部新一轮大规模的基本建设告一段落，这些项目的竣工保证了教学基本设施达到教育部本科评估的评估指标，极大地改善了教学科研用房紧张的状况，为"十一五"时期和未来的发展提供了良好的硬件条件。

2005—2007 年校本部新建主要楼宇情况①：

教学大楼。2005 年 12 月开工建设，2007 年 10 月交付使用。建筑面积 3.22 万平方

① 《暨南大学年鉴》编辑部编：《暨南大学年鉴》（2007），广州：暨南大学出版社 2008 年版，第 162－163 页；《暨南大学年鉴》编辑部编：《暨南大学年鉴》（2008），广州：暨南大学出版社 2009 年版，第 217－218 页。

米①，其中地下面积 2528 平方米。总投资 10656 万元，其中国家财政投资 6647 万元，学校自筹资金 4009 万元。楼内设有 25 座至 300 座多种规格的多媒体教室 140 间，20 余间语音室、外语教学实验室，可容纳 12000 名学生同时上课。2006 年富力集团捐资赞助学校办学，该楼后被冠名为"富力教学大楼"。

图书馆。2005 年 7 月开工建设，2007 年 7 月交付使用。建筑面积 3.93 万平方米，其中地下面积 1350 平方米。由国家财政投资 11886 万元建设。楼内设有书库、藏借阅合一的中英文阅览室、古籍阅览室、计算机检索室、电子文献演示厅、会议室等功能用房。香港陈瑞球先生捐资赞助学校办学，2015 年该楼被冠名为"满珍楼"。

第二文科楼。2005 年 11 月开工建设，2007 年 1 月交付使用。建筑面积 1.47 万平方米，地上 8 层（部分 9、10 层）。由学校自筹经费 2687 万元建设。楼内设有教室、办公室、会议室等功能用房，用于文史类专业的教学和科研工作。国际学院、外国语学院、法学院/知识产权学院、新闻与传播学院、国际关系学院/华侨华人研究院设在楼内。

第二理工楼。2005 年 11 月开工建设，2007 年 5 月交付使用。建筑面积 3.02 万平方米，由学校自筹经费 5206 万元建设。楼内设有教室、实验室、办公室、会议室等功能用房，用于理工类专业的教学和科研工作。环境学院、粤港澳中枢神经再生研究院及理工学院、生命科学技术学院部分系所等设在楼内。

管理学院大楼。2005 年 5 月开工建设，2007 年 5 月交付使用。建筑面积 2.49 万平方米，其中地下面积 3939 平方米。由国家财政投资 7056 万元建设。楼内设有多媒体教室、实验室、办公室、会议室、多功能厅等功能用房。管理学院、公共管理学院/应急管理学院、产业经济研究院设在楼内。校友叶惠全捐资赞助学校办学，2007 年该楼被冠名为"惠全楼"。

礼堂。2005 年 12 月开工建设，2007 年 6 月交付使用。建筑面积 1.16 万平方米，其中地下面积 3360 平方米。由学校自筹经费 4631 万元建设。主要功能是举办大型会议、学术报告等活动，同时也可供电影放映、文艺演出使用，观众厅可同时容纳 1700 人入座。曾永裕家庭信托基金捐资赞助学校办学，2013 年礼堂被冠名为"曾永裕堂"。

外聘教师周转公寓楼。2005 年 10 月开工建设，2007 年 9 月交付使用。建筑面积 5.37 万平方米，其中地下面积 6045 平方米。由学校自筹经费 11505 万元建设。该楼因学校引进人才之需而建，供引进人才的短时期居住周转使用，后因学生宿舍紧张，部分空间曾改作学生宿舍。

博物馆。2006 年 3 月开工建设，2006 年 11 月交付使用。建筑面积 2546 平方米，地上 4 层（部分 3 层）。总投资 550 万元，其中国家财政投资 300 万元，学校自筹资金 250 万元。楼内设有展览厅等功能用房，后作为学校档案馆和研究生创业园场地。香港蔡冠深先生捐资赞助学校办学，2006 年该楼被冠名为"蔡冠深博物馆"。

几经改建合并，2006 年之后校本部的食堂全部集中在建阳苑与金陵苑学生宿舍中间的一栋三层楼内，其中第一食堂在首层，第五食堂在二楼，第三食堂在三楼，食堂大楼总建筑面积约 12750 平方米，有 5000 个就餐位，软硬件设施比较完善，在广东省内和全国高校中具有一定的知名度。

---

① 指规划验收建筑面积，以下楼宇同。

珠海校区大规模的基建项目在"十五"期间完成并投入使用。2006年之后竣工的项目有：行政办公楼，2006年12月竣工，建筑面积29322平方米，总投资8000万元；二期教工住宅，2008年7月竣工，建筑面积20373平方米，总投资4000万元。

"十二五"期间，华文学院使用财政和中央修购资金，新建成学生宿舍楼2栋，可提供床位1000多个，改造第二教学楼和运动场，修缮华侨学生接待站，使校园面貌得到了极大改善。

二、兴建番禺新校区

2002年，广东省决定选址广州市番禺区新造镇小谷围岛及其南岸地区，启动规划、筹建广州大学城。由于种种原因，学校最终未能将新校区建设纳入广州大学城建设之中。

2006年之后，为了更好地履行党和国家赋予的特殊使命，学校报经国务院侨办批准，四方奔走，积极谋划在番禺的广州大学城二期用地上建设新校区，以拓展办学空间。2006年3月，学校行文至广州市土地开发中心和广州市城市规划局，提出学校新校区拟选址大学城二期及以学校磨碟沙用地置换到大学城二期的意见。4月，广州市城市规划局函复同意学校选址大学城二期并基本明确预选址用地范围。5月，学校向国务院侨办申请新校区建设规划立项。11月，国务院侨办批复同意学校选址位于广州市番禺区的广州大学城二期地块建设立项规划建设新校区，规划用地面积为2700亩，基本建设总投资按25亿元控制，投资由申请中央投资和学校自筹的方式解决，建设期限为3个五年计划。

暨南大学番禺新校区建设在国务院侨办和广东省、广州市的大力支持和指导、帮助下，经学校多方努力，历经十余年艰难曲折的过程。番禺新校区建设是国务院侨办的重大投资项目，在建设过程中，国务院侨办李海峰主任促成国家发改委的立项和投资，裘援平主任首次莅校视察即前往建设工地视察指导，马儒沛副主任多次协调国家发改委、财政部、广东省、广州市支持项目建设，赵阳、任启亮、何亚非等侨办领导及广东省委常委、广州市委书记任学锋，广东省副省长陈云贤，广州市市长陈建华等多次到现场视察指导。2008年7月，国土资源部批复同意学校新校区首期97.4398公顷用地指标（折合约1461亩）。经国务院侨办批准，2009年11月，学校与广州市土地开发中心签署《暨南大学琶洲校区收地补偿安置协议》，协议规定广州方面收回学校磨碟沙用地土地补偿费2.1608亿元（60万元/亩），并书面承诺委托广州市番禺区土地开发中心帮助学校完成新校区建设用地的征地拆迁工作；[①] 12月，广州市城市规划局核发番禺新校区首期用地《建设用地规划许可证》，新校区用地调整红线获政府批准。2011年6月，国家发展和改革委员会批复国务院侨办，同意学校在广州市番禺区新征土地建设新校区，新校区发展规划按照11800人办学规模核定，一期总建筑面积为414273平方米，总投资暂按16.6801亿元控制，其中7.5亿元由国家发改委安排，其余投资由学校通过争取省、市

---

① 《关于同意暨南大学磨碟沙校区土地补偿委托的批复》，侨文发〔2009〕109号。暨南大学档案，档案号：2009－JJ－1－11。穗土合字（2009）0713号。

财政支持以及社会捐助和学校自筹等多渠道解决。①

2012年5月，暨南大学番禺新校区正式奠基，澳门特区行政长官崔世安、国务院侨办副主任赵阳、广东省副省长陈云贤、广州市市长陈建华等领导出席奠基仪式。奠基之后，新校区建设全面开工。9月，学校委托广州市重点公共建设项目管理办公室代建新校区一期工程首批建设项目。2013年6月，由梁志斌校董捐建的新校区T4栋学生宿舍楼奠基，标志着新校区首批项目正式动工。9月，学校将番禺新校区正式命名为南校区。

2014年，南校区主体工程建设进入倒计时，校长胡军、副校长刘洁生等多次前往工地慰问基建处职工和建筑工人，要求保证工程质量和进度。4月，学校成立南校区管理委员会，下设党政事务办公室、学生工作办公室、教学科研办公室等6个办公室。5月29日，学校作出《关于南校区道路桥梁湖泊等命名的决定》，广泛征求了师生和专家的意见，命名融入了百年办学历史和以文化人的意义，庄重典雅，蕴含丰富。9月，南校区一期工程首批建设项目包括教学大楼、图书馆、4栋学生宿舍、学生食堂、校门诊楼、后勤楼、体育运动场区、园林绿化及市政工程等项目建成，具备使用条件；9月20日，首批2700名本科新生到南校区报到注册，新校区正式启用。南校区一期工程首批建设项目已完成总建筑面积21万平方米，概算总投资12.44亿元，其中中央财政投资6.07亿元，学校自筹6.34亿元。南校区已建成的主要楼宇情况如下：

教学大楼。位于校园中心区，建筑面积4.2万平方米，总投资共6层，地上5层，地下1层，靠近生活区，设教室140余间及500座报告厅一间，设有地下停车场。

图书馆。建筑面积2.8万平方米，共7层，地上6层，地下1层，藏书约40万册，期刊1500余种，图书文献、电子资源与校本部互联互通，是集学习互动、研究创新、社交休闲于一体的多功能综合性空间。校董叶惠全捐资赞助学校办学，2015年该楼被冠名为"惠全楼"。

学生宿舍。首批建成4栋，建筑面积6.3万平方米，每栋安装有电梯，均为空调4人间，配有独立阳台、卫生间、淋浴间，宽敞明亮，设施齐全。完美集团和校董梁志斌捐资赞助学校办学，2015年学生宿舍T3栋、T4栋分别被冠名为"完美楼""志斌楼"。

第一食堂。具有东南亚建筑风格，建筑面积8485平方米，共4层，为综合性食堂，可提供粤菜、川菜、湘菜、清真、东南亚等各种风味菜肴，满足海内外学子需求。香港余国春先生捐资赞助学校办学，2015年该楼被冠名为"裕华堂"。

生活服务中心。设在学生宿舍楼下，建筑面积1730平方米，超市、便利店、照相馆、文印店、理发店、银行等服务设施一应俱全。

院系楼B组团。有楼宇5栋，建筑面积1.89万平方米，截至2016年5月，已有13个学院以及团委、学生社区教育管理中心等部门入驻。祈福集团捐资赞助学校办学，2015年院系楼B1栋被冠名为"祈福楼"。

实验楼D组团。有楼宇5栋，建筑面积1.88万平方米。BD组团地下停车场建筑面积1.95万平方米，规划停车位800余个。香港李国华先生捐资赞助学校办学，2015年门诊楼被命名为"李国华楼"。

2015—2016年，南校区一期第二批工程全面开建，项目包括4栋学生宿舍楼和实验

---

① 《国家发展改革委关于暨南大学新校区发展规划的批复》，发改投资〔2011〕1285号。

楼、体育馆、标准田径场，以及一个新的生活服务区，其中 2 栋宿舍楼将于 2016 年 9 月投入使用。

南校区建设得到校董、校友和社会各界的高度关注和鼎力支持。2012 年，陈瑞球暨陈氏家族慈善基金捐资 800 万元，支持南校区建设。2013 年 6 月，两位校董（也是校友）梁志斌、叶惠全各捐赠 5000 万元，专门用于支持南校区建设，中山市丹丽洁具有限公司为南校区建设捐赠价值 180 万元的洁具。2014 年，印尼著名侨领郑年锦捐资 600 万元支持南校区建设。2015 年 11 月校庆期间，多位校董慷慨解囊支持南校区建设，其中学校董事会副董事长霍震寰捐赠 1500 万元支持体育场馆建设，副董事长余国春捐赠 500 万元支持食堂建设，校董彭磷基捐赠 2000 万元、校董古润金捐赠 1000 万元定向用于南校区建设。[①] 承载了众多校友美好青春记忆的"蒙古包"在南校区的重建计划进展很快，2016 年 4 月，在校友总会的倡议下，海内外数千名校友踊跃为"蒙古包"重建添砖加瓦，捐献资金，短短一个月通过众筹方式筹集资金 600 多万元，其中校友总会会长马有恒和暨南投资有限公司（由暨大 5 位校友叶惠全、陈俊岭、谢秉政、杨子善、丑建忠任股东）各捐赠 100 万元。5 月，澳门基金会宣布将资助暨南大学 1 亿元人民币作为校园建设经费。

至 2016 年 4 月，学校分布在广州、深圳、珠海的五个校园占地总面积 210.86 万平方米，教学及辅助用房面积 51.17 万平方米，行政办公用房面积 7.7 万平方米，学生宿舍面积 34.67 万平方米。校园内各类教室 494 间，44452 平方米，其中多媒体教室 399 间；体育场地面积 17 万平方米，其中室外场地 14 万平方米；建有覆盖文理工医艺学科的各类实验室 88 个，面积 72854 平方米。[②]

三、公共服务设施

"十一五"以来的十年间，为适应高水平大学建设的需要，学校继续加大对图书文献资源、网络和信息化建设、实验室与大型仪器设备等公共服务设施建设的投入力度，从 2006 年到 2015 年，学校固定资产总值从 22.97 亿元增长至 46.15 亿元，其中教学科研仪器设备总值从 3.11 亿元增长至 9.59 亿元。

（一）图书馆

2007 年 9 月，暨南大学图书馆新馆正式启用，2014 年底，南校区图书馆建成开放，三地五校区共建、共知、共享的文献资源保障体系由此建成。从 2006 年到 2015 年，学校共投入约 1.41 亿元购置图书文献资源，图书馆馆藏各类印刷型文献资源从 210 万册增长至 368.9 万册，中外文数据库由 64 种增至 152 种。2008 年，学校决定各院系不再设图书资料室，其图书文献资料及人员移交由图书馆管理。2009 年，图书馆入选第二批全国古籍重点保护单位。2011 年，获批成为教育部科技查新工作站，为广东高校仅有的两所综合类查新工作站之一。"十二五"期间，数字图书馆建设成果显著，建成馆藏图书

---

① 苏运生、蔡青：《校董捐赠近 7000 万支持学校教育事业》，《暨南大学》第 632 期，2015 年 11 月 30 日，第 4 版。

② 党政办公室信息科编：《暨南大学基本情况一览表》（2016），高教研究与评估中心编：《暨南大学本科教学质量报告》（2015 年），第 10 - 11 页。

全文数据库，收藏电子图书 170 万种，基本实现馆藏纸本书与电子图书的一一对应。在全球信息化、数字化的冲击下，入馆读者虽然从 2006 年的 39 万人次剧增至 2015 年的 187 万人次，年图书借阅量却从 50 万册下降至 35 万册，而电子资源（包括数据库、电子图书）的利用增长迅速。

图书馆于 2008 年全面启用新世纪图书馆集成管理系统（Millennium），后又开通 MUSE 电子资源统一检索系统，实现馆藏目录、中外文数据库以及境外免费电子资源的一键检索，采取藏、借、阅一体化的大流通管理模式，并延长开放时间，全年开放服务 320 多天，开放时间自 8：00 至 22：30（周五下午闭馆）。图书馆获得多项 CALIS（中国高等教育文献保障系统）奖项，馆长朱丽娜获广东图书馆学会颁发的"杰出贡献奖"。创新新生入馆教育模式，获首届全国高校图书馆服务创新大赛二等奖。

2011 年建成开放华侨华人民间文献展示室，收藏华侨华人民间文献原件 400 余种，是全国唯一以收藏华侨华人民间文献为主的主题展室，华侨华人文献信息中心已成为收藏海内外华侨华人研究文献资源数量最为丰富、种类最为齐全的文献重镇之一。①

（二）网络与教育技术中心

"十一五"以来，校园网经过多次升级改造，学校先后投入 1000 多万元不断深化数字化校园建设，信息技术全面渗透到教学、科研、管理的方方面面，暨南园里的"数字化生存"成为现实，营造了与学校事业发展相适应的教育信息化环境。2015 年，校园网总出口带宽扩至 21.3G，实现了三地五校区的高速互联，成为华南地区首家实现学生宿舍无线网全覆盖的高校，校本部教学办公区域、公共活动区域无线信号也已实现全覆盖。

2006 年 10 月，学校与沈阳东软软件公司签订信息化校园一期工程建设合同，翌年 7 月，OA（自动化办公）系统正式启用，向实现无纸化办公迈出坚实一步，12 月，一期工程所有系统投入使用。此后，学校又实施二期信息化校园建设，持续建设。暨南大学信息化校园公共服务平台获广州市科学技术奖二等奖和广东省科学技术奖三等奖。到 2015 年，依托校园网建立了统一的信息门户平台、信息发布系统、身份管理平台等五大应用支撑管理平台，集成了包括办公自动化、学生一体化、招生、人事管理、科研管理、教学管理、宿舍管理、财务管理、资产管理等 50 多个业务系统，可提供六大类师生个人查询和个人服务，较好地解决了"信息孤岛"问题，学校信息门户的信息量、集成度在广东高校中处于领先地位。② 校园卡经过升级，已集成了图书借阅、消费、医疗报销、银行转账、乘车等十多项功能，师生可以通过校园内主要楼栋部署的校园卡自助服务终端方便地办理校园卡业务，还可以用支付宝充值，毕业的校友也可持有校园卡使用消费、图书阅览功能，2009 年深圳旅游学院校园卡一卡通投入使用，实现了真正意义上的校园一卡通。

"暨南学习资源在线"涵盖了网络教学资源管理平台、网络教学应用平台、精品课

---

① 综合《暨南大学年鉴》历年关于图书馆的内容，《暨南大学图书馆"十二五"工作总结》，暨南大学图书馆简介，http：//lib.jnu.edu.cn/libinfo/Info.action？id=18&expandable=18。

② 综合《暨南大学年鉴》历年关于信息化校园建设的内容，《暨南大学网络与教育技术中心"十二五"工作总结》。

程网站等网络学习资源，深受广大师生喜爱，注册用户超过 4 万人。2014 年开始，学校探索建设在线开放课程，应对 MOOC（慕课）来袭，顺应教育全球化趋势。2015 年 3 月，首批建设"新闻事业与经营管理"等 5 门 MOOC 课程；2016 年 5 月，学校推出第二批在线开放课程 35 门，包括公共课和核心专业课等特色课程，学生修完课程学校可认定学分。

2012 年，学校按广东有线广播电视网络有限公司的要求，基本完成了校本部教职工住宅区有线数字电视整体转换，管理维护随之移交。[①] 2014 年，暨南大学邮件系统整体升级改造完成，建设了暨南邮、四海邮和学子邮 3 套系统，为全校师生提供免费的邮箱服务，其中学子邮提供给每个暨大学生，毕业后可继续使用。

（三）实验室、设备与实验动物管理

2015 年，学校建有各类实验室 88 个，覆盖理工医、文经管各学科。有两个国家级实验教学示范中心，其中媒体实验教学中心 2008 年获批，经济管理实验教学中心 2012 年获批；有 17 个省级实验教学示范中心，5 个校级实验教学中心。截至 2015 年 8 月 31 日，全校教学、科研仪器设备共 59746 台（件），总价值 94008 万元。其中单价 40 万元以上的精密贵重仪器 176 台（件），总价值 17789 万元。

2011 年，学校投资建设的贵重仪器设备共享平台投入使用，2013 年 4 月启动实时扣费，具备实时查询、预约使用等功能，实现了贵重仪器设备的有偿化使用。2015 年，学校第一批加入广东省科研设施与仪器向社会开放平台，成为广东省 4 所试点高等院校之一；暨大贵重仪器设备共享平台加入由国家发改委、财政部、教育部三部委联合发起的全国高等学校仪器设备和优质资源共享系统（CERS 项目），该项目属于"211 工程"公共服务体系建设项目。截至 2015 年底，全校共有 251 台单价 10 万元以上的设备纳入共享平台。

实验技术中心 2008 年通过国家实验室资质认定现场评审，获得国家认证认可监督管理委员会颁发的计量认证证书。2006 年以后的十年间，实验技术中心使用 2800 万元经费购置仪器设备，至 2015 年底，已建成开放标准实验室 2500 平方米，有 28 台（套）大型精密分析测试仪器。"宁静致远工程"实施以后，实验技术中心延长开放服务时间，提高设备共享水平，充分满足科研需求，有效缓解了仪器不够用、测试样品排队的现象，得到师生的好评。

实验动物管理中心原由医学院代管，2004 年，学校批准在医学院大楼 11 楼、12 楼建设实验动物设施 2160 平方米，11 楼为 SPF（无特定病原体）动物实验区、普通级动物实验室，12 楼为实验动物饲养繁育区。2010 年 9 月，该设施竣工并移交使用。2011 年 7 月，接受香港"曾永裕家庭信托基金"资助的 350 万元用于 SPF 动物房仪器设备、家具购置。11 月，经整改后通过广东省实验动物设施环境检测合格，投入试运行。2012 年 3 月，经过专家进行现场评审论证，获得广东省实验动物使用许可证。次年 10 月，学校决定将实验动物管理中心由医学院代管改为直属学校管理。[②]

2006 年，香港大学内科医学院院士叶承耀先生捐款 100 万元，用于附属第一医院皮

---

① 《暨南大学年鉴》编辑部编：《暨南大学年鉴》（2013），广州：暨南大学出版社 2014 年版，第 219 页。
② 《暨南大学年鉴》编辑部编：《暨南大学年鉴》（2014），广州：暨南大学出版社 2015 年版，第 198 页。

肤科添置教学设备。2011 年 5 月，广州天航卫星通信实业有限公司向信息科学技术学院电子工程系无偿捐赠一批卫星通信设备，总价值4120 万元，是学校接受的社会捐赠中最大一笔教学科研仪器设备，对于改善通信领域的教学科研装备条件具有重要意义。①

第三节　学校治理体系的新架构

一、党建和思想政治工作

（一）中国共产党暨南大学第八次、第九次代表大会的召开

2007 年 11 月 12—13 日，中国共产党暨南大学第八次代表大会召开。国务院侨办副主任马儒沛，中共广东省委教育工委书记、省教育厅厅长罗伟其，广东省委组织部副厅级组织员万东明，广东省委教育工委副书记谭泽中，国务院侨办人事司副司长许玉明出席大会开幕式，马儒沛、罗伟其、万东明发表讲话。蒋述卓书记代表中国共产党暨南大学第七届委员会作了题为"坚持科学发展，构建和谐校园，为建设特色鲜明、海内外知名的研究型大学而努力奋斗"的工作报告，报告指出，为实现学校"十一五"建设发展规划确定的目标和任务，必须牢固树立和认真落实科学发展观，努力做到六个"坚定不移"，即坚定不移地走教育创新之路，坚定不移地走内涵发展之路，坚定不移地走特色立校之路，坚定不移地走国际化办学之路，坚定不移地走人才强校之路，坚定不移地走文化兴校之路。大会为期两天，来自学校各基层党委的 288 名正式代表参加了大会。会上，各代表团对本次党代会的党委和纪委工作报告、《中共暨南大学第八届委员会党的建设五年工作规划》《暨南大学和谐校园建设实施意见》进行讨论。13 日下午，大会选举产生了新一届党委委员 23 人，纪委委员 11 人，胜利闭幕。当选第八届党委委员的是：王华、王心洁、王列耀、仇光永、孔小文、叶勤、纪宗安、刘洁生、刘渝清、杜金岷、李兴昌、杨松、宋献中、林如鹏、周长忍、郑文杰、赵明杰、胡军、饶敏、贾益民、夏泉、宿宝贵、蒋述卓。当选第八届纪委委员的是：王华、刘道桂、李兴昌、李伯侨、肖永杰、张安国、张国林、陈惠章、周国勇、梁陆新、谭其学。②

2012 年 7 月 14—15 日，中国共产党暨南大学第九次代表大会召开。国务院侨办副主任马儒沛，国务院侨办人事司司长许玉明，中共广东省委教育工委副书记、广东省教育厅党组副书记景李虎出席开幕式，马儒沛、景李虎发表讲话。蒋述卓代表学校第八届党委作题为"凝心聚力，宁静致远，为加快建设特色鲜明、国内一流、国际知名的研究型大学而努力奋斗"的报告，报告指出，今后五年学校发展的指导思想是：高举中国特色社会主义伟大旗帜，以邓小平理论和"三个代表"重要思想为指导，深入贯彻落实科学发展观，坚持"宏教泽而系侨情"的办学宗旨，坚持"面向海外、面向港澳台"的办

---

① 信息科学技术学院电子工程系：《广州天航公司向我校捐赠卫星通信设备》，《暨南大学》第 552 期，2011 年 6 月 15 日，第 1 版。

② 《中国共产党暨南大学第八次代表大会综述》，引自《暨南大学年鉴》编辑部编：《暨南大学年鉴》（2008），广州：暨南大学出版社 2009 年版，第 19－20 页。

学方针，坚持"侨校＋名校"的发展战略，坚持"质量是生命、创新是灵魂"的办学理念，以实施"宁静致远工程"为核心，以协同创新为路径，以内涵发展为主线，以新校区建设为抓手，以加强和改进党的建设为保障，改革创新，开拓进取，为建设特色鲜明、国内一流、国际知名的研究型大学打下坚实基础。会上，各代表团就《中国共产党暨南大学第八届委员会工作报告》《中国共产党暨南大学纪律检查委员会工作报告》《中国共产党暨南大学代表大会代表提案暂行办法》《暨南大学"青苗工程"实施方案》等内容进行了讨论和审议。15 日上午投票选举产生暨南大学新一届党委委员 27 人和纪委委员 13 人，胜利闭幕。当选第九届党委委员的是：王力东、王志伟、区向丽、卢远、叶勤、刘洁生、杜金岷、李弘剑、李世云、李兴昌、李招忠、邱向欢、宋献中、张安国、张国林、张宏、张荣华、张渊明、陈为刚、林如鹏、周长忍、郑文杰、胡军、查振刚、饶敏、夏泉、蒋述卓。当选第九届纪委委员的是：卢远、叶勤、刘远忠、李伯侨、李华东、李霆、杨广生、陈斌、林晓灵、欧传峰、罗良平、侯宏伟、程炎明。①

（二）加强党的建设，发挥政治核心作用，为学校改革发展提供坚强的政治领导和组织保障

2015 年，校党委下设 24 个基层党委、56 个党总支、441 个党支部，有中共党员 9443 人，其中在职教职工党员 2754 人，学生党员 4511 人。基层党组织和党员数量与 2006 年相比有较大增长。"十二五"时期，校党委开展发展高学历、高职称青年教师和海归人才入党的"育苗计划"，发展教职工党员 88 人，其中高学历、高职称青年教师和海归人才入党 42 人。②

2006 年以来，按照中共中央和国务院侨办党组、广东省委的部署和要求，学校党委认真抓党建，先后开展了一系列主题教育活动，党组织的战斗堡垒作用和共产党员的先锋模范作用进一步增强，党的建设取得了明显成效。2006 年，学校党委组织开展了"先锋工程"建设活动，为期 3 年，引导基层党组织和党员在学校中心工作如百年校庆、本科评估、抗震救灾等工作中发挥先锋模范作用，附属第一医院于 2008 年获国务院侨办抗震救灾先进集体称号，多名医生获先进个人称号。2009 年，校党委组织开展深入学习实践科学发展观活动，形成了"四到位、四坚持、四注重、四不变"的做法③，得到了部属高校学习实践活动领导小组的充分肯定，提出和落实 93 条整改措施，办理 500 余件惠民实事，整个活动得到全校师生员工的广泛好评，群众满意度测评总体评价为

---

① 参见《暨南大学年鉴》编辑部编：《暨南大学年鉴》（2013），广州：暨南大学出版社 2014 年版，第 1 页；参见《暨南大学年鉴》编辑部编：《暨南大学年鉴》（2014），广州：暨南大学出版社 2015 年版，第 29 - 30 页。

② 胡军：《校长工作报告》，暨南大学第八届教代会、第十二届工代会第二次会议材料，2015 年 5 月。

③ 学校这一做法的主要内容是：在学习实践科学发展观活动中，以"精心组织，做到关键环节到位"，"营造氛围，做到全方位宣传到位"，"创新载体，做到分类指导到位"，"加强指导，做到检查监督到位"的"四到位"有效推动学习实践活动；以"坚持领导带头，推动活动深入开展"，"坚持突出实践特色，努力解决实际问题"，"坚持围绕实践载体，不断提升办学质量"，"坚持统筹兼顾，做好两个结合"的"四坚持"不断深化学习实践活动；做到更加注重分类指导、更加注重统筹兼顾、更加注重鼓励创新、更加注重解决问题，进一步推动实践活动有效开展；在学习实践活动开展过程中，紧紧抓住"四个不变"："促进科学发展"主线不变、"密切结合实际"的方法不变、"融入思政教育"的方式不变、"主动接受部属高校第十指导检查组的指导检查"这一助力不变，进一步提升学习实践活动的开展水平。

99.66％。① 2011—2012 年，校党委组织开展了创先争优活动，在基层党组织中开展创建"四好一有"（基础好、班子好、制度好、作用好，有特色）活动、"五带头"② 优秀学生共产党员示范岗评选活动等，校党委获得全省教育系统创先争优工作优秀组织奖；③ 2013—2014 年，组织开展党的群众路线教育实践活动，以贯彻落实中央"八项规定"精神为切入点，聚焦"四风"，广泛听取意见，认真查摆问题，切实加强整改，扎实推进教育实践活动，通过整改，2013 年学校"三公经费"大幅度压缩，同比减少支出 140 万元，一批师生反映强烈的突出问题得到解决，师生明显感受到作风转变，看得见工作业绩，分享到措施实惠，在民主评议中，校领导班子集体获"好"和"较好"评价占98.5％。④ 2015 年、2016 年，校党委在全校开展了"三严三实"主题教育、"两学一做"主题教育。

（三）扎实推进思想理论建设，用中国特色社会主义理论武装党员，教育师生

坚持每学期制订全校理论学习计划，推进和健全理论学习长效机制建设，定期召开学校中心组理论学习会，制定《中共暨南大学委员会关于进一步加强和改进新形势下宣传思想工作的实施办法》《暨南大学师德建设长效机制实施细则》，推进宣传思想工作的规范化和制度化建设。围绕理论、现实热点问题，举办面向中层干部队伍的"暨南学习论坛"20 场，邀请曾为中央领导授课、参与重要文件起草的中央党校等单位的领导、专家来校，作专题辅导或形势报告。思想政治教育内部刊物《领导内参》改版，该刊获2013 年广东省高校优秀校园文化成果二等奖。

（四）加强干部队伍建设，打造暨南领航组织

过去十年，学校先后于 2006 年、2011 年、2015 年开展了三次中层干部换届工作，其中前两次换届采取考察上岗、公开选拔、公开推荐相结合的方式进行，第三次换届增加了组织调整的方式。2015 年换届之后，学校副处级以上管理干部中，45 岁以下的中青年干部达 35.2％；副高级以上职称达 55.7％，其中正高职称达 36.1％；具有硕士以上学位的达 72.4％，其中具有博士以上学位的达 37.8％。2011 年，修订《暨南大学党政领导干部选拔任用工作规定》，进一步规范干部选拔任用工作，健全干部选拔任用机制和监督管理机制。2006 年以前，中层干部任期为 3 年一届，2006 年之后明确为 4 年一届，并加强了对学院、部处、直属单位领导班子和正职领导干部的届中和届满考核，强化目标管理与绩效考核，处长、学院院长、学院党委书记等正处级干部上岗前需与校长、校党委书记签署任期目标责任书，全面实行任期制和试用期制。第九次党代会后，校党委开始实施干部"青苗工程"，选派一批年轻干部到复旦大学等十余所"985 工程"高校挂职锻炼一学期，在校内推行双向交流挂职，选派一批教学科研人员到学校机关部处挂职任处长助理，一批机关年轻干部到学院挂职锻炼，2013 年"青苗工程"被评为广

① 《深入学习实践科学发展观活动综述》，引自《暨南大学年鉴》编辑部编：《暨南大学年鉴》（2010），广州：暨南大学出版社 2011 年版，第 1 - 2 页。

② "五带头"即带头学习提高，带头争创佳绩、带头服务群众、服务同学，带头遵纪守法，带头弘扬正气。

③ 引自《暨南大学年鉴》编辑部编：《暨南大学年鉴》（2013），广州：暨南大学出版社 2014 年版，第 223 - 224 页。

④ 《暨南大学开展党的群众路线教育实践活动综述》，引自《暨南大学年鉴》编辑部编：《暨南大学年鉴》（2014），广州：暨南大学出版社 2015 年版，第 1 - 2 页。

东省委教育工委基层党建创新优秀"书记项目"。大学生社区党建"旗帜工程"将学生党建工作从原来的"校—院、系、所—专业、年级—班级"向"社区—宿舍楼—楼层—寝室"拓展，2015年获广东省委组织部通报表彰。

（五）围绕中心，服务大局，宣传思想工作成果丰硕

创新对内对外宣传工作，搭建"全媒体"宣传平台，全面改版的暨南大学新闻网2014年首次入选"全国百佳网站"；2010年开通的暨南大学新浪官方微博影响逐渐扩大，粉丝已超过13万，成为国内高校最有影响力的官方微博之一；2014年3月开通的暨南大学官方微信平台，其综合排名和微信传播指数WCI多次位居全国前列；《暨南大学》报2013年、2015年两次获广东高校优秀校报展示一等奖；"百年文化素质教育讲堂"连续三年获广东高校优秀校园文化活动评选一等奖，2015年，"浸润中国风，盛载华夏情——暨南大学传统文化教育理念与实践"获教育部第八届高校校园文化建设优秀成果评选二等奖。①

（六）健全机制，打造特色，统战工作成绩斐然

学校统一战线工作构建"大统战"的工作机制，打造港澳台侨统战工作特色，在推动参政议政等方面都取得突出成绩，继续走在全国高校前列。2011年全国高校统战工作经验交流会暨第十六次高校统战工作研讨会上，蒋述卓书记代表学校作题为"突出侨校特色，精心打造'大统战'工作品牌"的典型经验交流发言，受到参会领导和专家普遍好评。2015年广东省委统战工作会议上，蒋述卓书记代表学校作为全省高校系统唯一代表在大会上作典型交流发言；同年蒋述卓书记作为全国五所受邀高校党委书记之一，参加了第二次全国高校统战工作会议，并接受人民网访谈，介绍暨南大学党外代表人士队伍建设的经验。② 党外代表人士周天鸿、卢馨、杨英在全国和广东省"两会"中参政议政成果突出，多位党外代表人士的提案和论著引起广泛关注，学校每年均获多项"优秀提案奖""优秀议政奖"。"十二五"期间，统战理论研究取得新的成绩，在2013年广东高校第十三届高校统战理论研讨会上，暨南大学6篇论文获优秀论文奖，位居广东省高校首位；2012—2015年，有22篇论文获广东省高校统战理论研讨会优秀奖，4篇论文获全国统战理论研究创新成果奖，15篇论文获广东省统战理论研究创新成果奖，校党委统战部连续四年被评为"广东省高校统战理论研究优秀组织单位"。③

（七）建立健全具有侨校特色的惩治和预防腐败体系，党风政风校风明显改进

学校完善了反腐倡廉制度体系，制定《建立健全惩治和预防腐败体系2008—2012年工作规划》《暨南大学领导干部问责制暂行办法》《暨南大学贯彻执行"三重一大"决策制度实施办法（试行）》《暨南大学贯彻落实中央改进工作作风、密切联系群众八项规定的实施办法》《中共暨南大学纪律检查委员会会议议事规则》《暨南大学新校区工程建设监督方案》《暨南大学基层纪委工作暂行办法》等文件。全面贯彻落实学校党风廉政建设党委主体责任和纪委监督责任，指导和推动各基层党委、纪委落实党风廉政建设

---

① 《暨南大学党委宣传部"十二五"工作总结》。

② 党委统战部：《蒋述卓书记出席全国高校统战工作会议接受人民网独家专访》，《暨南大学》第633期，2015年12月15日，第1版。

③ 综合《暨南大学党委统战部"十二五"工作总结》。

主体责任、监督责任，并加强监督检查。2010 年底，学校纪委组织开展廉政风险防控机制建设，全校 52 个单位自查确定一级廉政风险点 289 个，二级廉政风险点 901 个，三级廉政风险点 563 个。2012 年 11 月，全校正科级以上领导干部近 400 人签订《廉政风险防控责任书》，学校廉政风险防控工作取得阶段性成效，得到国务院侨办肯定，在国务院侨办党风廉政建设会议上，学校就此专项工作进行了经验介绍和交流。推进"三重一大"决策制度的贯彻落实，① 2011 年、2012 年，学校纪委对二级单位和系、所、中心落实"三重一大"决策制度情况进行了专项检查，2015 年底，全校各基层单位已全部建立本单位贯彻落实"三重一大"决策制度的暂行规定，并报纪委备案。提高预防职务犯罪工作水平，加强南校区工程建设预防职务犯罪工作，与广州市番禺区人民检察院签署共同预防职务犯罪工作协议，建立与广州市纪委驻市重点办纪检组的密切联系，积极防范南校区工程建设的廉政风险。做好信访举报投诉的受理，2013 年，学校案件管理工作在广东省高校评比中荣获第一名。②

（八）发挥优势，开展扶贫工作，承担社会责任

2006 年以来，学校党委承担的国务院侨办、广东省扶贫工作任务取得了很好成效。甘肃省积石山保安族东乡族撒拉族自治县是国务院侨办定点扶贫点，十余年来，学校发挥自身科教和医疗卫生优势，配合侨办开展扶贫，投入扶贫物资和资金超过 240 万元。2009 年、2010 年，胡军校长、蒋述卓书记分别率领学校扶贫慰问团赴积石山县开展支教、送医送药等活动。学校接受多批次积石山县教师、医护人员来附属中小学、附属第一医院进修学习，并派出医生和支教教师到积石山县，现场为民族同胞治病，传授科学文化知识。2009 年 10 月，一名少数民族白内障患者母亲经过附属第一医院眼科医生的复明手术，十余年第一次看清自己的儿子，情景令人动容。在广东省的扶贫工作方面，2007 年，校党委先后完成了广东省佛冈县迳头镇大村村、清新县禾云镇桂湖村、阳山县黄坌镇高陂村的扶贫工作任务，学校自筹资金，对桂湖村、高陂村投入扶贫款超过 370 万元，学校驻村工作组和扶贫干部多次获中共广东省委、广东省政府表彰。2016 年 4 月，按照广东省部署，学校又开始了对南雄市水口镇篛过村精准扶贫的任务。

二、《暨南大学章程》的核准实施

（一）《暨南大学章程》的制定与核准发布

2015 年 6 月 26 日，教育部核准发布《暨南大学章程》，内容包括序言和主体 8 章，77 条，共 9700 多字，百年侨校终于有了一部宪章和根本大法，暨南大学开启了"照章办学"的新时代。③

《暨南大学章程》的研制早在 2008 年已经开始，历时 7 年，经过三轮大修改，校长办公会议多次审议，国务院侨办和教育部给予了指导，终于完成。2008 年 4 月，学校成立《暨南大学章程》顾问小组和起草小组，由副校长王华领导发展规划处和特邀专家着

---

① "三重一大"即重大问题决策，重要干部任免，重大项目投资决策，大额资金使用。
② 综合《暨南大学纪检与监察办公室"十二五"时期工作总结》。
③ 教育部：《中华人民共和国教育部高等学校章程核准书（第 64 号）》，2015 年 6 月 26 日。

手起草章程。① 2011 年 1 月，发展规划处负责人在学校第七届教代会、第十一届工代会第二次会议上作《关于〈暨南大学章程〉的说明》。② 同年 11 月，教育部颁布《高等学校章程制定暂行办法》，对大学章程的制定提出了更加规范、具体的要求。发展规划处严格按照该《暂行办法》，又组织人员形成了章程讨论稿，经校长办公会议和学校教代会讨论、审议，并在全校师生、专家、校友等各层面征求意见，再经两次大修改，形成核准稿。2014 年 11 月，《暨南大学章程（核准稿）》上报国务院侨办审核，并报教育部核准。经过教育部高等学校章程核准委员会评议，2015 年 1 月 20 日，教育部部务会议审议通过《暨南大学章程》，6 月正式核准发布。随后，《暨南大学》报等学校媒体对章程核准情况进行了报道，暨南大学校园网首页发布了学校章程经核准的正式文本。

《暨南大学章程》分为序言和主体两大部分。序言高度凝练了学校的历史沿革、大学精神、愿景与使命、目标与定位等，展示了学校悠久的办学历史和深厚的文化底蕴，明确了发展愿景是"致力于建设特色鲜明、海内外知名的高水平大学"。主体包括 8 章，共 77 条，集中阐释了学校的办学方针和宗旨、办学体制和特色、办学自主权、办学主体、治理结构、保障体系、外部关系、重要文化标识等。③ 章程内容除了呈现出与国内大学一定程度的共性外，主要体现了学校鲜明的特色，如"面向海外、面向港澳台"的办学方针、"宏教泽而系侨情"的办学宗旨、领导体制实行校长负责制、董事会的独特作用、人才培养体系实行"因材施教、分类培养"等；既吸收了学校在广州重建 57 年、复办 37 年，尤其是"211 工程"建设以来的改革发展经验和成果，又为学校未来的改革发展和章程修订留有空间。

《暨南大学章程》核准发布 4 天后，广东省公布高水平大学重点建设高校名单，暨南大学名列其中。在章程的制度保障之下，学校将牢牢把握这一历史机遇，治理体系将更加健全，大学文化将更加鲜明，在高水平大学建设征程上发力冲刺，行稳致远，争创一流，早日圆梦。

（二）学术委员会的换届与运行

2009 年 6 月，为适应学校学科建设、科研工作的发展，学校对第六届学术委员会进行了换届，成立暨南大学第七届学术委员会。第七届学术委员会由胡军任主任，蒋述卓、纪宗安、刘洁生任副主任，委员由文理工医各学科 46 名专家组成，刘少波、洪岸兼任秘书长。2010 年 4 月，第七届学术委员会第一次全体会议召开，会议由胡军校长主持，讨论并同意以中央高校基本科研业务费专项资金设立学校科研培育与创新基金。2012 年 5 月，由于干部换届后人员变动，学校对第七届学术委员会组成人员进行了调整，仍由胡军任主任，林如鹏接替纪宗安任副主任，杜金岷接替刘少波兼任秘书长，委员增至 51 名。第七届学术委员会召开多次会议，对一些重要学术问题、科研经费的使用等进行审议，并就一些学术问题组织专家、委员进行评议。

随着大学章程建设的推进，教育部对高校学术委员会的职责定位、学术权力做了更

① 《关于成立〈暨南大学章程〉顾问小组和起草小组的通知》，暨发规〔2008〕4 号。

② 朱丽君、卢春华：《我校第七届教代会、第十一届工代会第二次会议隆重召开》，《暨南大学》第 546 期，2011 年 3 月 15 日，第 1 版。

③ 发展规划处：《〈暨南大学章程〉获教育部核准发布》，《暨南大学》第 626 期，2015 年 7 月 15 日，第 1 版。

清晰的界定，学校按照教育部《高等学校学术委员会规程》的要求，经过广泛征求意见，对《暨南大学学术委员会章程》进行了修订，2015 年 6 月，正式印发《暨南大学学术委员会章程（修订）》。① 新修订的《暨南大学学术委员会章程》正文 6 章 35 条，规定学术委员会为学校最高学术机构，统筹对学术事务的决策、审议、评定和咨询等职权，明确了学术委员会的职责、人员组成、议事规则等。2016 年 4 月，学校出台第八届学术委员会委员遴选办法，开始了学术委员会的换届筹备工作。7 月，学校成立学术委员会秘书处，挂靠发展规划处；7 月中旬，经基层单位推选、校长推荐，学校决定，拟聘任陈志平等 45 人为第八届学术委员会委员。9 月，学校第八届学术委员会第一次全体会议召开，第八届学术委员会由 45 名委员组成，会议推选叶文才教授为新一届学术委员会主任委员，冯帅章、程国赋、关柏鸥和欧仁益四位教授为副主任委员，胡军校长出席会议并向委员颁发聘书。

（三）学位评定委员会的换届

2006 年 6 月 30 日，暨南大学第八届学位评定委员会第四次全体会议召开，胡军校长第一次以暨南大学学位评定委员会主席身份主持会议。② 2007 年 9 月，经国务院侨办批准，学校第八届学位评定委员会主席换届，组成第九届学位评定委员会，由校长胡军担任主席，校党委书记蒋述卓、副校长纪宗安任副主席。第八届、第九届学位评定委员会分别共召开全体委员会议 6 次、11 次。

2011 年 11 月，学校第九届学位评定委员会主席换届，组成第十届学位评定委员会，由胡军担任主席，蒋述卓、林如鹏任副主席，委员由 25 人组成。第十届学位评定委员会共召开全体委员会议 22 次，对学位授予、学科建设、学位点建设与质量评估、导师队伍建设等事项进行研究审议。2016 年 5 月，暨南大学第十一届学位评定委员会换届组成，由胡军任主席，林如鹏、张宏任副主席，委员由 23 人组成。③

（四）其他学术机构情况

暨南大学第五届教学指导委员会（简称"教指委"）2006 年换届组成，由胡军校长任主任，④ 因为人员变动，2008 年、2009 年两次对委员进行了部分调整。2012 年 9 月，依照教指委章程，暨南大学第六届教学指导委员会换届组成，由胡军任主任，蒋述卓、林如鹏任副主任，委员 43 人，张宏兼任秘书，教指委日常工作由教务处负责。⑤

学校还设立专业技术资格评审与聘任专家委员会，负责专业技术职务聘任的决策，委员会成员由各学科专家组成，具体评审时，专家委员分成文经管、理工医两组对申报高级职称人员进行评议，每年评审一次。在涉及教职工对职称评审有异议时，学校还专门成立机构接受申诉。

三、学校董事会的换届

暨南大学董事会具有悠久的历史和光荣的传统，也是学校办学的一大特色。2006 年

① 《暨南大学关于印发〈暨南大学学术委员会章程（修订）〉的通知》，暨发规〔2015〕9 号。
② 《转发关于调整暨南大学学位评定委员会主席的批复的通知》，暨研〔2006〕18 号。
③ 《国务院侨办关于暨南大学第十一届学位评定委员会组成人员的批复》，国侨文发〔2016〕58 号。
④ 《关于公布暨南大学第五届教学指导委员会成员名单的通知》，暨教〔2006〕26 号。
⑤ 《关于公布暨南大学第六届教学指导委员会成员名单的通知》，暨教〔2012〕41 号。

至 2016 年，暨南大学董事会经两次换届，董事会章程经两次修订，明确了董事会的独特作用是协助国务院侨办办好暨南大学。2010 年 7 月 30 日钱伟长董事长逝世，原国务委员、中央外事工作领导小组办公室主任戴秉国于 2013 年 11 月出任董事长。十余年间，董事会发挥联系广泛的特点，团结了一大批海内外声望卓著、热心华侨教育的各界人士，海内外的校董们输诚献猷，慷慨解囊，兴学育才，不遗余力，为学校建设新校区、改善办学条件、申办研究生院以及加强与港澳、海外的交流合作等发挥了重要的作用，作出了突出的贡献。① 2015 年教育部核准的《暨南大学章程》，进一步明确董事会的具体职责包括：联络海外侨胞、港澳台同胞和国内社会各界热心人士捐资助学，协助学校开展海内外教育合作与交流，审议学校发展规划和工作报告，为学校的改革和发展建言献策等。②

2006 年 11 月 17 日，在百年校庆活动期间，第五届董事会第二次会议在广州东方宾馆举行，董事长钱伟长、副董事长马万祺向会议致贺信（电）。会议讨论并通过了董事会章程修改草案，审议了暨南大学校长胡军、董事会副秘书长余国春所作的学校工作报告和第五届董事会工作报告。并由国务院侨办主任陈玉杰和广东省省长黄华华向新聘校董颁发证书。国务院侨办副主任刘泽彭，全国人大常委、香港金利来集团有限公司董事局主席曾宪梓，中央政府驻香港特区联络办公室副主任王凤超，中央政府驻澳门特区联络办公室副主任王今翔，广东省副省长宋海，原广东省人大常委会副主任侣志广出席了会议。③

暨南大学教育基金会于 1986 年 5 月在香港成立，基金会第二届理事会于 1999 年组成。2007 年 6 月 5 日，第三届理事会会议在香港召开。余国春、杨孙西、马有恒、刘宇新、廖泽云、梁仲景、曾智明等校董、胡军校长、贾益民副校长出席会议。胡军校长受曾宪梓副董事长的委托，主持会议并作暨南大学教育基金会第二届理事会工作情况及财务报告。余国春校董对基金会章程作了简要说明，马有恒校董作了关于教育基金会成员调整的报告。会上，与会校董表决通过了教育基金会第三届理事会成员名单，选举马万祺任教育基金会名誉顾问，曾宪梓任理事长，马有恒、杨孙西、余国春、胡军任副理事长，贾益民任秘书长，刘宇新、廖泽云任副秘书长，林光如、梁仲景、曾智明任常务理事。④

2008 年 11 月 15 日，第六届董事会第一次会议在广州香格里拉酒店召开。会议审议并通过了《暨南大学工作报告》和《暨南大学第五届董事会工作报告》，表决通过了《暨南大学董事会章程修改草案》，并向新一届董事颁发了聘书。经国务院侨办任命，原全国政协副主席钱伟长续任董事长。第六届董事会还增设了永远名誉董事一职，首批永远名誉董事聘任王华生、方润华、李子诵、陈学忠、陈煜旺、郑裕彤、饶不辱、唐翔

---

① 戴秉国：在暨南大学第七届董事会第一次会议上的讲话，引自《暨南大学年鉴》编辑部编：《暨南大学年鉴》（2014），广州：暨南大学出版社 2015 年版，第 4—5 页。

② 《暨南大学章程》（2015 年核准版），第 25 条。

③ 宣传部：《暨大第五届董事会第二次会议顺利召开》，《暨南大学》第 452、453 期合刊，2006 年 11 月 30 日，第 5 版。

④ 董事会办公室：《我校教育基金会第三届理事会会议在香港召开》，《暨南大学》第 469 期，2007 年 6 月 20 日，第 1 版。

千、蒙民伟、薛君度十位年高德劭的先生担任。① 此次章程修改的主要内容有：删除了《章程》前言中的"学校实行董事会领导下的校长负责制"内容，与学校现行的管理体制相统一；《章程》第一条修改为"董事会的职责是协助国务院侨务办公室办好暨南大学"，进一步明确董事会的职责；第三条明确董事会秘书长由暨南大学校长兼任；增加"设永远名誉董事"的内容作为第四条。② 会上，与会董事还对学校新校区规划和建设以及申报研究生院工作提出了许多宝贵的意见和建议。

2009 年 6 月 2 日，暨南大学教育基金会第三届理事会第二次会议在香港召开。基金会理事长曾宪梓，副理事长余国春、杨孙西、胡军，秘书长贾益民等出席会议。2010 年 7 月 30 日，全国政协副主席、暨南大学名誉校长、董事会董事长钱伟长先生逝世。8 月 3 日，举行钱伟长董事长追思会。校领导胡军、蒋述卓等师生代表与会，与会人员缅怀了钱伟长先生对国家华侨教育的关心，对暨南大学工作的支持勉励，寄托暨南师生对于钱老的哀思。

同年 11 月 15 日，第六届董事会第二次会议在广东东莞召开。国务院侨办副主任赵阳、卫生部副部长刘谦、中央政府驻澳门特区联络办公室副主任李本钧、广东省副省长宋海、香港金利来集团有限公司董事局主席曾宪梓、原广东省人大常委会副主任侣志广及校长胡军七位副董事长出席。会议听取和审议通过了《暨南大学工作报告》和《暨南大学董事会工作报告》，并围绕董事会如何更好地支持学校"十二五"及中长期规划、学校新校区建设规划等进行座谈。

2013 年 11 月 15 日，第七届董事会第一次会议在广州召开，原国务委员、中央外事工作领导小组办公室主任戴秉国担任董事长。国务院侨办主任裴援平和广东省省长朱小丹为本届董事会董事颁发了聘书。戴秉国、裴援平、陈云贤发表讲话，会议听取并审议了《暨南大学工作报告》《暨南大学第六届董事会工作报告》《暨南大学新校区建设情况汇报》。③ 第七届董事会由 82 位董事和 9 位永远名誉董事组成，分别来自美国、加拿大、澳大利亚、秘鲁、荷兰、日本、新加坡、马来西亚、泰国、菲律宾等国家以及中国内地、香港特别行政区和澳门特别行政区。何厚铧、崔世安、朱小丹、任启亮、刘谦、周波、孔铉佑、陈云贤、仇鸿、孙达、曾宪梓、余国春、霍震寰、马有恒、胡军担任副董事长。④

2015 年 11 月 14 日，第七届董事会第二次会议在广州召开。会议听取并审议《暨南大学工作报告》《暨南大学第七届董事会工作报告》《暨南大学建校 110 周年校庆筹备工作报告》，围绕如何更好地推进学校高水平大学建设、"十三五"规划及 110 周年校庆等进行座谈，共商学校未来发展大计。原国务委员、学校董事会董事长戴秉国，国务院侨办主任裴援平，国务院侨办副主任何亚非，中央政府驻香港特区联络办公室副主任仇鸿，中央政府驻澳门特区联络办公室副主任孙达，学校董事会副董事长余国春、马有恒，校董陈永棋，校领导胡军、蒋述卓等出席会议。

---

① 暨南大学董事会办公室编：《暨南大学第六届董事会》，2009 年 5 月。

② 暨南大学董事会六届一次会议文件之四：关于《暨南大学董事会章程》修改草案的说明，2008 年 11 月。

③ 苏运生、易念：《我校董事会换届　原国务委员戴秉国担任校董会董事长》，《暨南大学》第 596 期，2013 年 11 月 30 日，第 1 版。

④ 《暨南大学年鉴》编辑部编：《暨南大学年鉴》（2014），广州：暨南大学出版社 2015 年版，第 162－163 页。

自百年校庆以来的十年间，海内外校董为了中国华侨高等教育的发展兴盛，为了暨南大学更快更好地发展，踊跃捐资捐物，改善学校办学条件，设立奖教基金奖掖后学，为后人树立了永恒的丰碑。择其要者，胪列如下：

2006 年，校董杨钊捐资 200 万元支持学校运动场馆建设，颜同珍捐资 140 万元支持附属中心教学楼建设，蔡冠深捐资 100 万元支持博物馆建设，杨孙西捐资 100 万元支持华文学院教工之家大楼建设，马有恒捐资 102 万元、柯为湘捐资 100 万港元支持学生公寓建设，贺一诚、廖泽云各捐资 100 万元支持学生公寓建设，梁仲景捐资 100 万元建造孔子塑像，查济民向教育基金会捐资 100 万元，何世柱捐资 64 万元支持土木工程实验楼建设等，共有 26 名校董捐资支持学校基本建设、设立基金、资助贫困学生和百年校庆活动，合计人民币 1108.58 万元、港币 289.47 万元。[①]

2007 年，曾宪梓、刘宇新分别向暨南大学教育基金会捐资 100 万元、20 万元。2008 年，杨钊向教育基金会捐资 80 万港元。2009 年，曾智明向教育基金会捐资 100 万港元。2010 年，梁仲景向教育学院捐资 55 万元，马有恒捐赠 18 万港元资助校友总会建设。2011 年，梁志斌捐资 300 万元支持学校建设，方润华基金捐赠 120 万元支持附属第一医院微创外科研究所建设，梁仲景向附属第一医院捐赠 105 万港元设立梁仲景临床医学科研奖。2012 年，石汉基捐资设立石景宜刘紫英伉俪挑战杯奖励金。2014 年，梁仲景捐赠 40 万元设立艺术教育启航计划基金，捐赠 10 万元支持中华才艺（龙狮）基地建设。

2015 年，马有恒捐赠 1000 万港元设立马万祺博士后高水平科研成果奖励金，李国华捐赠 1000 万港元支持医学学科建设，霍震寰、余国春、彭磷基、古润金 4 位校董共捐赠 5000 万元支持南校区建设，叶惠全捐赠 50 万元支持校友信息化平台。2016 年，彭磷基捐资 2000 万元设立优秀教师奖励基金，陈经纬捐资 2000 万港元设立暨南大学经纬粤港澳经济研究中心。另外，自 2005 年开始，钟立雄先生连续 9 年捐资资助优秀贫困学生，合计逾百万元。自 2011 年开始，香港戴德丰先生连续 5 年捐资资助暨大内地优秀学生赴香港访问、交流，所费逾百万元，澳门马有恒先生已连续 20 余年资助暨大优秀学子赴澳门交流访问，所费不赀。[②]

四、学校领导班子成员的更迭

2006 年 1 月 14 日，在学校干部大会上，国务院侨办副主任刘泽彭代表国务院侨办党组，宣布胡军任暨南大学校长，刘人怀院士因年龄关系不再担任校长，并对新的领导班子寄予厚望，希望新的领导班子要讲政治抓学习；坚持认真贯彻民主集中制；多讲团结，尤其是支持一把手的工作；注意抓好廉政建设。还对学校的发展提出了希望，希望学校牢记侨校的办学使命，坚持贯彻"两个面向"的办学方针；坚持改革、坚持发展；坚持抓好从严治校。

新任校长胡军教授在讲话中表示，履任以后，将和新班子团结一致，认真贯彻落实"三个代表"重要思想，认真贯彻落实国务院侨办和广东省委省政府交给暨大的各项任务，认真贯彻落实"侨校＋名校"的发展战略，用科学发展观统领全局，加强党的领

---

① 《暨南大学年鉴》编辑部编：《暨南大学年鉴》（2007），广州：暨南大学出版社 2008 年版，第 132 – 133 页。

② 以上捐赠情况，依据暨南大学董事会办公室编：《暨南大学校董捐赠情况表（2006—2015）》。

导，保证党委的政治核心地位，坚持以人为本，坚持依法治校，科学决策、民主决策、勇于开拓、勇于创新，营造和谐校园。

2006 年 4 月，校领导班子增加周天鸿、刘洁生两名新成员后，班子成员共 9 人，6 月，班子分工进行了调整。2006 年 4 月，林如鹏被任命为校长助理。2007 年 11 月，叶勤被国务院侨办任命为副校长。

2007 年 11 月 12—13 日，中国共产党暨南大学第八次代表大会召开，大会选举蒋述卓为暨南大学党委书记，胡军为暨南大学党委副书记，王华为暨南大学党委副书记、纪委书记，选举蒋述卓、胡军、贾益民、纪宗安、王华、叶勤、刘洁生 7 人为党委常委，后经国务院侨办党组批准。

2008 年 10 月，国务院侨办党组任命叶勤为暨南大学党委副书记兼纪委书记（保留副校长职务），任命林如鹏为暨南大学副校长、党委常委（试用期自 2008 年 7 月算起）。此前 5 月，王华不再任暨南大学副校长、党委副书记、纪委书记的职务，调任广东金融学院院长。同年 11 月，学校领导班子分工进行了调整，校长胡军主持学校全面工作，校党委书记蒋述卓负责学校党委全面工作，领导班子成员由胡军、蒋述卓、贾益民、陆大祥、纪宗安、叶勤、周天鸿、刘洁生、林如鹏组成。2009 年 3 月，宋献中被任命为校长助理。2010 年 9 月，纪宗安不再担任校党委常委、副校长职务。

2011 年 6 月，宋献中、饶敏被国务院侨办党组任命为暨南大学副校长、党委常委。9 月，贾益民不再任暨南大学副校长职务，调任华侨大学校长。

2012 年 7 月 14—15 日，中国共产党暨南大学第九次代表大会召开，大会选举蒋述卓为暨南大学党委书记，胡军为暨南大学党委副书记，叶勤为暨南大学党委副书记、纪委书记，选举蒋述卓、胡军、叶勤、刘洁生、林如鹏、宋献中、饶敏 7 人为党委常委。7 月底，国务院侨办党组批复同意学校第九届党委关于新一届党委常委、书记、副书记和纪委书记的选举结果。

2014—2015 年，国务院侨办党组为加强学校领导班子建设，加快了学校领导班子的新老交替，优化年龄结构，并增加了校领导职数。2014 年 10 月，张荣华、叶文才被国务院侨办任命为暨南大学副校长，张荣华同志为党委常委。12 月，陆大祥不再任副校长职务。

2015 年 12 月，国务院侨办党组到学校宣布干部任免调整，林如鹏任暨南大学党委书记；夏泉任暨南大学党委常委、副书记、纪委书记；洪岸任暨南大学副校长；张宏任暨南大学党委常委、副校长；蒋述卓不再任暨南大学党委书记、常委、副校长职务；免去叶勤暨南大学党委副书记、常委、副校长、纪委书记职务。至此，学校领导班子成员由 9 人增加至 11 人，学校党委常委会成员是：林如鹏、胡军、刘洁生、宋献中、饶敏、张荣华、夏泉、张宏。

林如鹏，1968 年 10 月生，籍贯福建安溪，新闻学教授，博士生导师。1990 年 7 月自暨南大学新闻系毕业后留校任教。1993 年 1 月在暨南大学获新闻学硕士学位，2001 年 9 月起在复旦大学新闻学院在职攻读传播学博士学位。2004 年 10 月至 2006 年 11 月在广州日报报业集团、清华大学从事博士后研究。从 1996 年起，先后担任暨南大学新闻系副主任、党总支副书记，新闻与传播学院党委副书记（主持全面工作）兼副院长，新闻与传播学院党委书记兼副院长。2005 年 1 月担任校长办公室主任。2006 年 4 月被任命为校长助理。2008 年 7 月担任暨南大学副校长。2015 年 12 月起任暨南大学党委书记、副校长。

多年来从事新闻传播学的教学与科研工作，尤其专注于新闻业务与媒介经营管理方向的研究，讲授的课程主要有"新闻事业经营管理""新闻采编与新闻政策""新闻业务研究"等。在新闻传播学等权威及核心刊物上发表论文 60 多篇。曾获广东省高等教育省级教学成果一等奖、广东省哲学社会科学优秀成果一等奖、教育部人文社科优秀成果三等奖。主讲的本科课程"新闻事业经营管理"被评为"国家级精品课程"和"国家级精品资源共享课"，参编的教材《新闻事业经营管理》获国家级规划教材。主持国家社科基金重大项目、广东省打造"理论粤军"重点课题及一批横向课题。先后荣获全国模范教师、国务院侨办所属学校优秀教师等称号，广东省南粤优秀教师、广东省第八届"金钟奖"等称号，入选教育部"新世纪优秀人才支持计划"和广东省宣传思想战线"十百千"工程第一层次培养对象。

担任教育部新闻传播学类专业教学指导委员会副主任委员、全国新闻与传播专业学位研究生教育指导委员会委员、广东省本科高校新闻传播学类专业教学指导委员会主任委员、广东省突发事件应急管理专家组综合管理类专家小组副组长、广州市新闻工作者协会副主席等。①

五、党政管理机构与直属、附属单位

2006 年以来，暨南大学持续保持快速发展，办学空间进一步扩大、办学规模成倍增长，在管理上提出了新的要求，因应学校事业发展的需要，机构设置进行了一些调整，也做了一些大部制探索。

（一）机关部处调整情况

2006 年 3 月，成立发展规划处，将"211 工程"办公室并入；8 月，将勤工助学中心更名为学生资助管理中心（副处级），挂靠学生处。

2007 年 2 月，成立绩效评估与政策研究办公室，挂靠发展规划处；成立医学部，管理医学院和附属医院，下设办公室。3 月，设立社会合作与发展部，挂靠校长办公室。7 月，纪监审办公室拆分设立纪检与监察办公室和审计处两个职能部门。

2008 年 3 月，将总务处与后勤集团合并，成立总务后勤管理处。4 月，国有资产管理办公室单独设立。6 月，明确采购中心的副处级级别，挂靠资产与实验室管理处。

2009 年 10 月，港澳台事务办公室更名为港澳台侨事务办公室；12 月，本科教学评建工作办公室改为挂靠教务处。

2011 年 7 月 20 日，学校启动新一轮机构调整，对管理机构进行了调整与合并。具体内容包括：党委办公室与校长办公室合并，成立暨南大学党政办公室；校友工作办公室、社会合作与发展部合并，成立校友与社会合作办公室，挂靠党政办公室；机关党委和学校党校办公室挂靠党委组织部，并设立机关纪委；成立研究生院，撤销研究生部和研究生院建设办公室；人事处更名为人力资源开发与管理处；国有资产管理办公室并入财务处，合并后财务处更名为财务与国有资产管理处；撤销绩效评估与政策研究办公

---

① 林如鹏简介：http：//www.jnu.edu.cn/jnu2014/html/xxgk/xrld/2013/1119/7.html。

室，成立评估委员会，高等教育研究中心挂靠发展规划处；学生就业指导中心从学生处独立出来；资产与实验室管理处更名为实验室与设备管理处。[1]

2011年1月，成立党委研究生工作部，负责研究生思政、德育等工作；10月，成立评估中心，直属发展规划处管理。翌年5月，暨南大学教育工会更名为暨南大学工会委员会。

2015年6月，学校对部分机构进行了调整，将评估中心与高等教育研究中心合并，成立高教研究与评估中心，挂靠发展规划处；校友与社会合作办公室、董事会办公室、驻北京办事处、驻香港办事处、驻澳门联络处整合为对外联络处，专司对外联系与合作，同时撤销驻北京办事处；在党政办公室下设信息科；[2] 成立地方研究总院，挂靠科技处。12月，成立招标采购中心，正处级建制，直属学校管理。

2016年6月，成立技术转移中心，挂靠地方研究总院。7月，对医学部机构设置进行调整，在医学部下设办公室、教学与医院管理办公室、学科建设办公室。成立人文社科咨询服务管理中心，挂靠社科处。

（二）直属单位、附属单位调整情况

2007年1月，暨南大学出版社改由学校直属管理。2008年3月，恢复暨南大学分析测试中心，与实验技术中心实行"两块牌子、一套人马"的运作模式。12月，国务院侨办批复同意暨南大学成立资产经营有限公司，学校以原科技产业集团为主体，重组变更设立广州暨南大学资产经营有限公司，作为经营性资产的唯一投资主体，行使校办产业管理和运营职能。

2011年7月，学生心理健康教育中心从学生处独立出来，更名为心理健康教育中心，成为学校直属教学科研部门；撤销信息管理办公室，其技术部分归入网络与教育技术中心。

2013年10月，实验动物管理中心不再隶属医学院，直属学校管理。2015年12月，成立附属实验学校，隶属工会管理，下设小学部、中学部，同时撤销附属中学、附属小学。

资产经营有限公司成立后，其下属企业有所变动。2010年9月，暨南大学出版社改为隶属于资产经营有限公司。2011年7月，将外国专家楼从国际交流合作处剥离出来，明湖楼、招待所从总务后勤管理处剥离出来，均直属资产经营有限公司管理。2015年，资产经营有限公司管理的学校全资企业有：出版社、数字传媒公司、建筑设计研究院、劳动服务公司、外国专家楼、招待所、大学科技园、医药生物技术研究开发中心、印刷厂（2015年停产清算关闭）、科技服务公司，另有广东暨大基因药物工程研究中心有限公司等控股企业3家，广州暨大美塑生物科技有限公司等参股企业3家。同年，资产经营有限公司净资产10594万元，全年实现收入8312万元，盈利816万元，上缴利润总额198.3万元、资源占用费261.15万元。

暨南大学出版社专门设有华侨华人研究事业部、华文教育事业部，一直坚持"为教学科研服务，为侨务工作服务"的出版宗旨，致力于华侨华人研究著作、华文教材、高校教材等的开发。近几年，暨南大学出版社策划并出版了一批国家重点选题图书，在出

---

[1] 《关于暨南大学部分机构调整的通知》，暨通〔2011〕28号。
[2] 《关于暨南大学部分机构调整的通知》，暨人〔2015〕71号。

版界树立了"侨"字品牌，入选"中国图书世界影响力出版100强"，被评为2014年度广东省优秀企业、广东省首批数字化转型升级示范单位。

截至2016年6月，学校共设置党政管理机构20个：党政办公室、教务处、研究生院（研究生工作部）、科学技术研究处、社会科学研究处、发展规划处、学生处（学工部）、学生就业指导中心、招生办公室、人力资源开发与管理处、财务与国有资产管理处、审计处、国际交流合作处、对外联络处、实验室与设备管理处、总务后勤管理处、基建处、保卫处（政治保卫部）、招标采购中心、离退休管理处。

党群机构6个：党委组织部·机关党委、党委宣传部·新闻中心、党委统战部、纪检与监察办公室、工会、共青团。

直属单位10个：图书馆、网络与教育技术中心、实验技术中心、心理健康教育中心、学报编辑部、资产经营有限公司、信息技术研究所、实验动物管理中心，以及社科部、体育部。

附属单位有：附属实验学校、附属幼儿园、附属第一医院（广州华侨医院）及其他18间非直属附属医院，附属医院均隶属医学部。非直属附属医院是：深圳市人民医院、珠海市人民医院、广州市红十字会医院、清远人民医院、江门市五邑中医院、深圳市眼科医院、深圳华侨城医院、广州市黄埔区中医院、惠州口腔医院、深圳华侨医院、顺德妇幼保健院、东莞市第五人民医院、暨华医院、复大肿瘤医院、广东三九脑科医院、郑州市第二人民医院、深圳宝安区妇幼保健院、河源市人民医院，其中三甲医院6间。①

六、各校区院系和专业设置

1993年，深圳旅游学院的前身中旅学院在深圳华侨城奠基，开学校异地办学的先河。2000年，珠海学院迁址珠海市前山，暨南大学开始形成在广州、珠海、深圳三地办学，拥有四个校区的格局。

21世纪初，我国的改革开放继续深化，广东作为中国第一经济大省，以广州、深圳、珠海为核心的珠三角毗邻港澳，战略重要性越发凸显，学校多校区格局和学科布局也与时俱进，以更好地服务于国家战略、粤港澳合作和地方经济社会建设。2009年4月，学校印发《珠海校区管理实施方案》，对珠海学院原有的管理模式进行调整，设立珠海校区，实行校区管理，设立暨南大学珠海校区管理委员会、中共暨南大学珠海校区工作委员会，作为学校党政的派出机构，负责校区党政各方面工作的领导和管理。② 经过一年多的筹备，珠海校区成立人文学院等四个专业学院，打造差异化、国际化、专业化的校区。2011年10月，学校与深圳市政府、华侨城集团签订支持深圳旅游学院办学的《合作办学协议》。2014年9月，随着番禺南校区正式启用，暨南大学形成在广深珠三地拥有五个校区的布局。2015年，在与深圳市洽谈共建过程中，学校提出筹组深圳校区的设想，"一体两翼"的校区战略布局逐渐明晰，即以广州的校本部与番禺南校区、华文学院作为主体，以珠海校区、未来的深圳校区作为两翼，对接、服务于珠三角和广

---

① 综合《暨南大学年鉴》（2016）（待出）及党政办公室信息科编：《暨南大学基本情况一览表》（2016年春季）。

② 《关于实施暨南大学珠海校区管理实施方案的通知》，暨发规〔2009〕3号。

东全省，服务于粤港澳交流合作。

根据 2016 年 1 月印发的《暨南大学高水平大学建设与综合改革方案（2015—2020年)》，学校未来将坚持"多个校区，一个整体"的原则，促进校区布局与学科整体发展相统一。校本部（石牌校区）：按照"重点＋特色"的原则，主要发展国家重点学科的依托学院、特色学科（院）和继续教育；南校区：按照"文理交叉、基础与应用并举"的原则，主要发展人文、社科、理工、信息类的基础学科（院）和新兴学科（院）；珠海校区：主要发展以港澳台及国际合作办学为方向的专业学院，并发展与国家新兴战略产业相关的专业；华文学院（广园东校区）：主要发展华文教育；深圳校区：作为暨南大学与深圳市战略合作的重要依托，主要发展休闲与特色旅游相关的学科、专业和深圳暨南大学研究院。①

截至 2016 年 7 月，暨南大学五个校区共设有 34 个学院，62 个系，以及十余个直属研究院（所），200 多个科研机构。②

（一）校本部院系和专业设置

1. 国际学院

国际学院实行全英语授课，与校内专业学院联合办学，未设系所。2010 年行政管理专业停办；2011 年新增计算机科学与技术专业，临床医学（MBBS）获准招生，次年暂停一年后恢复；2014 年增设国际新闻本科专业和中国学硕士项目。

截至 2016 年 6 月，国际学院开设 1 个硕士项目，9 个本科专业：国际经济与贸易学、会计学、临床医学（6 年制）、食品质量与安全、药学、金融学、计算机科学与技术、国际新闻、医学 MBBS（6 年制留学生班）。

2. 文学院

2013 年 11 月，成立暨南大学哲学与社会学研究所，挂靠文学院；同时撤销哲学研究所、社会学研究所（均为 2006 年设立，原挂靠在社科处）。

截至 2016 年 6 月，文学院下设中国语言文学系、历史学系、中国文化史籍研究所、中外关系研究所、哲学与社会学研究所 5 个教学科研单位，21 个研究机构，有 3 个本科专业，中国语言文学、中国史、世界史 3 个一级学科有博士、硕士学位授予权，有 3 个博士后流动站。

3. 新闻与传播学院

2012 年 10 月，学校与南方报业传媒集团合作共建成立南方传媒研究院，挂靠新闻与传播学院。2015 年 11 月，南方传媒研究院更名为传播与国家治理研究院。

截至 2016 年 6 月，新闻与传播学院下设新闻学系、广告学系、广播电视学系 3 个系，有 6 个本科专业方向，新闻传播学一级学科有博士、硕士学位授予权，有 2 种专业硕士及新闻传播学博士后流动站。

4. 外国语学院

2006 年 12 月，成立应用语言学与外语教学研究所。2011 年 11 月 22 日，外国语学

---

① 《暨南大学高水平大学建设与综合改革方案（2015—2020 年)》，暨发规〔2016〕1 号。
② 综合《暨南大学年鉴》（2016）（待出）及党政办公室信息科编：《暨南大学基本情况一览表》（2016 年春季）。

院英语一系更名为英语语言文学系，英语二系更名为商务英语系。2013 年 11 月，设立法语语言文学系。

截至 2016 年 6 月，外国语学院设有英语语言文学系、商务英语系、日语语言文学系、法语语言文学系、大学英语部 5 个教学单位，有外国文学研究所、语言学研究所等 5 个科研机构，有 4 个本科专业，面向全校开设公共外语课程，外国语言文学一级学科有硕士学位授予权，有 1 种专业硕士。

5. 艺术学院

2007 年 3 月，艺术学院设立新媒体艺术系；5 月，设立影视系和音乐系，学校大学生艺术素质教育部改为隶属艺术学院。2006 年，美术学（中国书画鉴赏）、动画专业招生。2007 年，导演（影视编导方向）、音乐学（音乐表演艺术方向）专业招生，学院 4 个本科专业全部开始招生。

截至 2016 年 6 月，艺术学院下设美术系、新媒体艺术系、影视系、音乐系 4 个系，附设大学生艺术素质教学部、书法研究所，有 4 个本科专业（方向），有 1 种专业硕士。

6. 经济学院

2006 年 4 月，成立经济学院国际经济研究所，和国际经济与贸易系实行系所合一。

截至 2016 年 6 月，经济学院下设经济学系、金融学系、统计学系、国际经济与贸易系、财税系 5 个系，有 17 个研究机构，开设 8 个本科专业（方向），应用经济学、统计学 2 个一级学科有博士学位授予权，理论经济学一级学科有硕士学位授予权，有 5 种专业硕士，2 个博士后流动站。

7. 管理学院

2006 年 4 月，成立管理学院社会保障与保险研究所，与行政管理系实行系所合一；5 月，成立现代流通研究中心，与市场学系实行系所合一。2008 年 5 月，行政管理系更名为公共管理系。应急管理学院于 2009 年 4 月 15 日成立，为国内第一个应急管理学院，应急管理学院院领导班子与管理学院实行"一套人马、两块牌子"。

截至 2016 年 6 月，管理学院下设企业管理系、会计学系、市场学系、旅游管理系 4 个系，十几个研究机构，开设 10 个本科专业（方向），工商管理、管理科学与工程 2 个一级学科有博士学位授予权，心理学一级学科有硕士学位授予权，开办了 MBA、EMBA、MPAcc、MTA 等 9 种专业学位项目，有 2 个博士后流动站。

8. 公共管理学院/应急管理学院

2011 年 7 月 20 日，应急管理学院单独设立。11 月 16 日，学校成立公共管理学院，与应急管理学院实行"一套人马、两块牌子"的运作模式。2012 年 5 月，管理学院公共管理系并入新成立的公共管理学院/应急管理学院。学校发文明确学院下设行政管理系、应急管理系 2 个系。

截至 2016 年 6 月，公共管理学院/应急管理学院下设 2 个系，5 个研究机构，开设 2 个本科专业，公共管理一级学科有硕士学位授予权，开办 MPA 专业硕士教育。

9. 法学院/知识产权学院

2006 年 9 月，将东南亚研究所（国际关系学系）从法学院分离出来，改为学校直属管理，仍实行系所合一。2011 年 7 月 20 日，法学院与知识产权学院合并，并将法学院党委更名为法学院/知识产权学院党委。

截至 2016 年 6 月，法学院/知识产权学院下设法律学系与知识产权系 2 个系，有 11 个研究机构，开设 2 个本科专业，法学一级学科有硕士学位授予权，有法律硕士（JM）专业硕士点。2016 年 7 月，学校依托法学院/知识产权学院成立知识产权研究院。

10. 国际关系学院/华侨华人研究院

2006 年 11 月，为进一步加强华侨华人研究，成立暨南大学华侨华人研究院，直属学校管理。2008 年 5 月，撤销华侨华人研究所，在华侨华人研究院内设侨务研究所等机构。2011 年 7 月 20 日，成立国际关系学院，与华侨华人研究院实行"一套人马、两块牌子"的运作模式。2013 年 1 月，国际关系学系更名为国际政治学系，东南亚研究所和国际政治学系分开，各自独立运作。2014 年 11 月，成立 21 世纪丝绸之路研究院，挂靠国际关系学院/华侨华人研究院。

截至 2016 年 6 月，国际关系学院/华侨华人研究院下设华侨华人研究院（教育部人文社会科学重点研究基地）、东南亚研究所、国际政治学系 3 个教学科研单位及《东南亚研究》杂志社，有十几个研究机构，1 个本科专业，2 个博士点，7 个硕士点，1 个博士后流动站。

11. 理工学院

2014 年 4 月，学校在从理工学院剥离出的环境工程系基础上，筹设环境学院。2016 年 5 月，力学与土木工程系划出，成立力学与建筑工程学院。

截至 2016 年 6 月，理工学院下设物理学系、食品科学与工程系、材料科学与工程系、光电工程系 4 个教学系，光电工程研究所、电力电子研究所 2 个研究所，公共安全研究中心、食品科技研究中心 2 个研究中心，开办 11 个本科专业及工程硕士（4 个领域），力学、光学工程、物理学、食品科学与工程、材料科学与工程 5 个一级学科有硕士学位授予权，有 2 个博士点，1 个博士后流动站。

12. 力学与建筑工程学院

2016 年 5 月 23 日，学校决定将力学与土木工程系（应用力学研究所）从理工学院划出，在此基础上成立力学与建筑工程学院。

13. 信息科学技术学院

2015 年 6 月 24 日，学校成立网络（空间）安全学院，与信息科学技术学院实行"一套人马、两块牌子"的运作模式。7 月，将网络（空间）安全学院更名为网络空间安全学院。

截至 2016 年 6 月，学院下设数学系、电子工程系、计算机科学系和计算中心 4 个教学科研单位，9 个本科专业，5 个硕士学位授权一级学科，2 种专业硕士，计算机科学与技术一级学科有博士学位授予权。

14. 生命科学技术学院

2007 年 4 月，生命科学技术学院设立生态学系，与水生生物研究所系所合一。2009 年 12 月，赤潮与水环境研究中心、生命与健康工程研究院并入生命科学技术学院。2016 年 3 月，成立衰老与再生医学研究院，挂靠生命科学技术学院，直属学校管理。

截至 2016 年 6 月，学院下设 8 个系 1 个中心：生物工程学系、化学系、生物医学工程系、生态学系、细胞生物学系、生化与分子生物学系、发育与再生生物学系、免疫生物学系、赤潮与海洋生物学研究中心。设有 7 个本科专业（方向），3 个博士学位授权一级学科（生物学、生态学、生物医学工程），4 个硕士学位授权一级学科（生物学、生物医学工程、生态学、化学）及工程硕士（3 个领域），1 个博士后科研工作站。

15. 化学与材料学院

2016 年 4 月，成立化学与材料学院，后决定学院由生命科学技术学院划出的化学系，与理工学院材料科学与工程系部分人员组建而成。

16. 环境学院

2014 年 4 月，环境学院筹备设立，5 月启用印章。6 月 17 日，环境学院正式成立。

截至 2016 年 6 月，环境学院下设环境科学系、环境工程系、给排水科学与工程系 3 个系，有环境科学（工学）、环境工程、给排水科学与工程 3 个本科专业，拥有 1 个硕士学位一级学科授予权，1 种专业硕士，与生态学系联合申报获批生态学一级学科博士点和生态学博士后流动站。

17. 医学院

2012 年 11 月，成立应急医学系/应急医学研究所，实行系所合一。

截至 2016 年 6 月，学院设临床医学系、口腔医学系、护理学系、中医学系、应急医学系、公共卫生与预防医学系，拥有 36 个教研室（学术系）、7 个研究所（中心）。开办 5 个本科专业（方向），有 7 个硕士学位授权一级学科，2 个博士学位授权一级学科（临床医学、中西医结合），2 个博士后流动站。

2016 年 7 月，学校对医学院进行重组，在医学院基础上成立基础医学院、中医学院、口腔医学院、护理学院，均隶属医学部。

18. 第一临床医学院

2004 年，附属第一医院挂牌成立暨南大学第一临床医学院，拥有临床医学一级学科博士点，临床医学和护理学 2 个一级学科硕士点，有临床医学博士专业学位授予权和博士后科研流动站。有 15 个省部级重点学科和临床重点专科。是国家第一批临床医学硕士专业学位研究生培养模式改革试点单位，第一批卓越医生教育培养计划项目试点单位，国家全科医生规范化培养基地，国家住院医师规范化培训基地。

19. 药学院

截至 2016 年 6 月，学院设有药学系和中药学系 2 个系，8 个研究机构，有 2 个本科专业，中药学一级学科有博士学位授予权，药学一级学科有硕士学位授予权，有 2 种专业硕士。2016 年 7 月，设立生物制药系。

20. 马克思主义学院

2016 年 1 月 18 日，学校成立马克思主义学院，与社科部实行"一套人马、两块牌子"的运作模式。负责全校本科生、研究生的思想政治理论课和通识教育课程教学工作。设有 8 个教研室、2 个研究所。

21. 体育学院

2015 年 9 月 23 日，学校在体育部基础上，成立体育学院。学院负责学校公共体育课、体育教育本科专业的教学工作。

22. 教育学院

2015 年，教育学院成人高考面向国内招生专业有高中起点本科专业 5 个，高中起点专科专业 21 个，专科升本科专业 27 个；面向海外招生的高中起点本科专业 8 个，专科升本科专业 1 个。自学考试专业有本科专业 7 个，专科专业 7 个。

（二）南校区院系和专业设置

2012 年，校长办公会议两次讨论学校多校区布局总体方案，决定番禺新校区建成后，考虑按学院为单位整体入驻，文理兼顾，优化学科布局。截至 2016 年 6 月，尚未有院系办学单位整体迁入南校区。

（三）珠海校区院系和专业设置

1. 人文学院

2010 年 8 月，人文学院成立，在原珠海学院中文系、法学系、行政管理系、新闻与传播学系、香山文化研究所、华人留学文化研究所等的基础上整合而成。截至 2016 年 6 月，学院设有香山文化研究所、华人留学文化研究所等 6 个研究机构，有 6 个本科招生专业（方向）。

2. 翻译学院

2010 年 6 月，翻译学院成立，基础是原珠海学院外语系，是珠海校区最早成立的建制学院。截至 2016 年 6 月，学院设有基础课教研室、专业课教研室、大学英语教学部、翻译研究所、翻译中心等教学科研机构，负责珠海校区的大学英语公共课教学，有翻译专业本科，2014 年获批翻译学硕士点。

3. 国际商学院

2010 年 8 月，国际商学院成立，在原珠海学院企业管理系、金融学系、管理科学与工程研究所基础上整合而成。截至 2016 年 6 月，学院设有金融学、国际商务、工商管理 3 个教研室，管理科学与工程研究所、港珠澳服务业发展研究中心 2 个科研机构，有财务管理等 6 个本科专业，1 个硕士点（国际商务）。

4. 电气信息学院

2010 年 8 月，电气信息学院成立，在原包装工程研究所、电气自动化研究所、计算机系基础上整合而成。截至 2016 年 6 月，学院设有数学、计算机基础、计算机科学与技术、电子信息技术 4 个教研室和包装工程研究所、电气自动化研究所。有省级重点实验室 1 个，有电气工程及其自动化、包装工程等 7 个本科专业。

2016 年 7 月，学校在珠海校区设立包装工程学院、物联网工程学院。

（四）深圳校区（筹）

1. 深圳旅游学院

2013 年 12 月，学校成立深圳旅游学院电子商务系、酒店管理系。按照学校规划设想，未来的深圳校区以深圳旅游学院作为重要依托。截至 2016 年 6 月，深圳旅游学院设旅游管理系、商务英语系、电子商务系、酒店管理系 4 个系，有暨南大学旅游政策与法规研究中心等 3 个研究机构。有 7 个本科专业，有旅游管理硕士点（专业学位点）。

2. 第二临床医学院

2005 年，深圳人民医院挂牌成立暨南大学第二临床医学院，该院拥有 16 个省级重点学科，是国家全科医生培训基地。

（五）广园东校区——华文学院

华文学院办学地址位于广州市广园东路。2008 年 9 月，华文学院对外汉语系更名为汉语系。2012 年 4 月，华文教育研究所更名为华文教育研究院，与华文学院实行"一套人马、两块牌子"的运行方式，下设华文水平测试中心、华文教材研发中心、华文教师资格认证中心、海外华语研究中心、华文教育服务平台和《华文教学与研究》编辑部。

截至 2016 年 6 月，学院设有应用语言学系、汉语系、华文教育系 3 个系及预科部，有 3 个本科专业，2 个硕士点（包括汉语国际教育专业学位硕士点），1 个博士点。

另外，2006 年以来，学校在广州校本部成立了一批直属学校的研究院（所）。择其要者，胪列如下：

1. 产业经济研究院

2006 年 4 月，产业经济研究院成立，直属学校管理，是 2006 年之后新成立的第一个直属学校管理的实体研究院。现任院长由顾乃华教授担任。

2. 光子技术研究院

2009 年 4 月，学校成立光子技术研究所，直属学校管理，2015 年 11 月，更名为光子技术研究院。院长由国家杰出青年科学基金获得者关柏鸥教授担任。

3. 粤港澳中枢神经再生研究院

2012 年 11 月，学校成立粤港澳中枢神经再生研究院，直属学校管理。院长由学校引进的中国科学院院士苏国辉教授担任。

4. 生物医学转化研究院

2013 年 6 月，学校成立生物医学转化研究院，直属学校管理。院长由学校引进的"长江学者"特聘教授、国家杰出青年科学基金获得者、"973"项目首席科学家尹芝南教授担任。

5. 大气环境安全与污染控制研究所

2013 年 6 月，学校成立大气环境安全与污染控制研究所，直属学校管理。所长由学校引进的"千人计划"专家周振教授担任。2016 年 7 月，研究所更名为质谱仪器与大气环境研究所。

6. 肿瘤研究所

2014 年 9 月，学校成立肿瘤研究所，直属学校管理。所长由加拿大皇家科学院院士、加拿大医学科学院院士、广东省领军人才 Susan P. C. Cole 教授担任。

7. 大数据决策研究所

2015 年 5 月，学校成立大数据决策研究所，直属学校管理。所长由学校引进的胡勇教授担任。

8. 经济与社会研究院

2015 年 11 月，学校成立经济与社会研究院，直属学校管理。院长由学校引进的"长江学者"特聘教授、国家杰出青年科学基金获得者冯帅章教授担任。

9. 环境与气候研究院

2016 年 4 月，学校成立环境与气候研究院，直属学校管理。院长由学校引进的国家杰出青年科学基金获得者邵敏教授担任。

10. 先进耐磨蚀及功能材料研究院

2016 年 6 月，学校成立先进耐磨蚀及功能材料研究院，直属学校管理。院长由李卫教授担任。

11. 纳米光子学研究院

2016 年 6 月，学校成立纳米光子学研究院，直属学校管理。院长由"长江学者"特聘教授、国家杰出青年科学基金获得者李宝军教授担任。

12. 地下水研究院

2016 年 9 月，学校成立地下水研究院，直属学校管理。院长由"千人计划"专家胡晓农教授担任。

此外，学校于 2010 年 7 月成立四海书院，负责港澳台侨学生本科新生通识教育阶段，即入学第一年的教学和学生管理。四海书院最初设在珠海校区，番禺新校区 2014 年 9 月建成启用后迁入南校区。2011 年 11 月 28 日，成立创业学院，挂靠管理学院，负责全校学生"创新、创意、创业"教育，院长由张耀辉教授担任。

七、提高管理服务水平，助力学校发展

（一）行政管理工作

1. 建章立制，提高科学管理水平，依法公开办学信息

学校开展对管理制度的集中梳理和"立、废、改"工作，以加强依法治校，科学管理，在 2002 年编印的《暨南大学文件汇编》基础上，2008 年修订编印《暨南大学文件汇编》（行政管理卷），2011 年修订编印《暨南大学文件汇编》（教学科研卷）。另外，修订后的《暨南大学党委工作文件汇编》于 2011 年印行。自 2007 年之后，逐年编纂出版《暨南大学年鉴》，收录自百年校庆之后的办学资料和数据，《暨南大学年鉴》获中国出版协会第五届年鉴编纂出版质量评比综合二等奖、全国地方志系统第二届年鉴评奖专业年鉴三等奖、广东省第一届年鉴编纂质量奖三等奖。学校一贯重视信息公开工作，校园内一直设置固定的信息公开栏，2006 年、2010 年，暨南大学两次被评为广东省厂务公开工作先进单位，2012 年被评为广东省厂务公开民主管理工作示范单位。2010 年 4 月，教育部公布《高等学校信息公开办法》后，学校又开设信息公开网站，制定完善相关工作制度，依法保障师生员工和社会公众的知情权、参与权、表达权和监督权。

2. 财务资产管理

暨南大学实行"统一领导、分级管理、集中核算"的财务管理体制和运行机制，有力支撑了改革发展和高水平大学建设，全校收入总盘子从 2006 年的 7.2 亿元增长至 2015 年的 29.6 亿元。树立以预算为核心的财务管理理念，继续强化责任预算控制作用，在基本支出预算中实现了以学院为主体的绩效工资的财权下放，基本完成学校财务集中核算工作，实现了本部与各校区财务一体化。2007 年，成立重大投资项目审核领导小组及工作组，[1] 加强财政项目资金规范化建设，不断完善学校项目库，切实提高资金使用效益。2014 年，国务院侨办批准学校固定资产处置审批权限上限调整到 500 万元，学校可以加快处置长期积压的报废物资。

2005 年秋季，国家调整在大陆就读的台湾学生收费政策，次年秋季入学的香港、澳门、华侨学生也开始享受国民待遇，学宿费执行与内地学生相同的收费标准。暨南大学作为国内规模最大的港澳台侨高素质人才培养基地，学宿费收入受到很大冲击，加上百

---

① 《关于成立重大投资项目审核领导小组及工作组的通知》，暨财〔2007〕22 号。

年校庆前后新建的一批大楼进入自筹资金支付高峰期，2006—2008年，学校连续3年财务赤字运行，财政一度陷入险境。在国务院侨办等中央部委的支持帮助下，2011年制定《暨南大学银行债务情况分析及化债方案》，获财政部批复执行，银行债务从8.2亿元下降到2.1亿元，极大降低了财务风险和利息负担，学校财政重又走上稳健发展之路。

"十二五"期间，学校深入开发一体化财务信息化解决方案。2014年新的综合财务系统正式上线使用，网上报销系统投入使用，打造24小时网上财务处，极大方便了教师、学生办理报销、办税、缴费等事项，学校财务信息化工作步入一个新的发展阶段。多校区资产管理网络平台于2012年7月正式运行，实现了全校各校区资产建账登记、报废、调拨的网络化管理，为建立资源共享、共用机制提供基础。

2007年审计处单独设立后，学校加强和健全了审计和内控制度建设，完善了管理制度。开展基建审计，配合番禺新校区建设，提高资金使用效益，有效防止了国有资金的浪费及流失。"十二五"期间开展经济责任审计36项，加强了对领导干部的监督。

3. 机关作风建设

截至2015年底，学校机关党委下设34个党支部、1个党总支，有中共党员595人，是机关部处和直属单位管理服务人员的主体。2010年，机关党委制定了《关于进一步推进机关作风建设的若干意见》，提出了作风建设的目标和要求。2006年以来，机关党委号召、引领基层党组织和各单位争创"学习型、服务型、创新型"机关，开展了丰富多彩的活动，推出一系列创新举措，如机关部处"开放日"活动、为院系办实事活动、"为师生服务创先争优"活动、机关业务实务培训、"书香机关"读书讲习会、机关工作案例分享会、挂牌上岗、首问负责等。2013年后，机关党委组织机关教工党支部与学生党支部共两批32个支部结对共建、开展"新荷培养计划"，对34位新入职工作人员进行培养提升，得到普遍肯定。机关部处及工作人员切实转变了机关工作作风，提高了管理服务质量和办事效率，打造与高水平大学相适应的"三型"机关，师生满意度不断提高。

（二）教代会、学代会、研代会

按照《暨南大学章程》《暨南大学教职工代表大会实施办法》，暨南大学教职工代表大会（简称"教代会"）是教职工参与学校民主管理和监督的基本形式，学校工会委员会作为教代会的工作机构，负责日常工作。2006—2011年，叶勤担任学校工会主席，2011年之后，饶敏担任学校工会主席。学校工会多次获得广东省总工会、广东省教育工会的表彰，获得中华全国总工会授予的"全国模范职工之家"荣誉称号和"全国科教文卫体系统先进工会组织"称号，工会常务副主席程炎明获得"全国优秀工会工作者""全国科教文卫体系统优秀工会工作者"称号。

暨南大学教代会每年召开一次会议，2010年、2015年教代会顺利进行了两次换届，除审议每年度的校长工作报告、工会工作报告外，历次教代会的重要议题有：审议学校章程草案、学校"十一五""十二五""十三五"发展规划、番禺新校区发展规划、绩效工资改革方案等。教代会还加强了提案工作，提高质量，更好地发挥提案在推动和谐校园建设中的作用，定期评选优秀提案，为教职工多办实事，解难事，办好事。

2007—2011年，学校工会每年评选一次暨南大学师德标兵和师德建设先进集体，表彰了一批典型，为师德建设树立了模范与标杆。2013年6月，学校在礼堂举办"暨南梦·育人美"暨南大学师德标兵表彰晚会，历届师德标兵登上舞台，成为晚会主角，受到媒体的关注，这是师德建设成果的一次集中展示。[1] 9月，学校举行青年教职工工作委员会（简称"青工委"）成立大会，青工委设在学校工会，其职责是团结和联系青年教职工为学校发展建设贡献聪明才智。[2] 学校自2011年之后拨出专款77万元，建设二级工会教工之家，覆盖所有校区，开展丰富多彩、格调高雅的文体活动，共举办8场弘扬主旋律的大型晚会，活跃校园文化生活，得到教职工普遍好评。

学生代表大会（简称"学代会"）、研究生代表大会（简称"研代会"）每年召开一次会议，代表分别从本科生和研究生中选举产生。暨南大学学生会、暨南大学研究生会作为学代会、研代会的日常工作机构，在联系学校管理服务部门与广大学生上发挥了很好的桥梁纽带作用，有很强的自我管理、自我服务能力。学校一直有一个很好的传统，每年学生处、研究生院会协调组织召开一次校长与本科生/研究生面对面座谈会，管理部门处负责人就学生关心、关注的教学、生活等问题现场解答回复。

（三）后勤保障与安全保卫

2008年3月，学校再次进行总务后勤系统管理体制改革，总务管理处与后勤集团合并成立总务后勤管理处，新的总务后勤管理处下设10个科室，继续坚持"大后勤"的管理思路，本着"师生至上，服务第一，管理科学，保障有力"的工作理念，以规范的管理、优质的服务，为师生员工营造优美校园环境，为高水平大学建设提供有力后勤保障。后勤社会化改革深入进行，校本部、南校区、珠海校区的物业管理统一通过公开招投标，由学校向专业化的社会企业购买服务。具有国家一级物业管理资质的丹田物业，其专业化的物业管理服务覆盖了校本部和珠海校区、南校区，提高了后勤服务水平，物管人员日常与海内外学子密切接触，也成了莘莘学子毕业后关于母校记忆的一部分。2011年，学校被中国高等教育学会后勤管理分会评为全国高校后勤十年社会化改革先进院校。

"十二五"时期，学校积极推进节约型校园建设和资源有偿使用制度。2013年，校本部完成能源管理监控平台一期建设，次年成立能源管理办公室，制定《暨南大学水电管理暂行条例》和《暨南大学水电收费管理办法（试行）》，推行"定额管理，超额自付，节余奖励"的水电管理政策。印发《暨南大学学院（院、所）公用房有偿使用实施办法（试行）》，合理配置和规范管理公共用房资源，提高公用房的使用效率。2015年底，能源管理平台系统运行正常，数据采集稳定，基本实现单位用户耗能数据的采集、统计、查询信息化，并预留与其他校区的能耗平台接口，为学校能源管理一体化打下基础。同年，暨南大学被评为"广东省节能型示范高校"，标志着学校节能减排工作和绿色节约型校园建设上了一个新台阶。[3]

2011年后，学校利用中央专项修购资金1.8亿元，完成一批关系民生的基础设施项目以及水电管网、道路的升级改造，校园的重要路段铺设环保沥青路面，实现人车分流。校本部绿地面积达到22万平方米，绿化覆盖率92%，"处处绿满眼，四季有花开"

---

① 工会、新闻中心：《我校举行2013年师德标兵表彰晚会》，《暨南大学》第590期，2013年7月15日，第2版。

② 《暨南大学年鉴》编辑部编：《暨南大学年鉴》（2014），广州：暨南大学出版社2015年版，第214页。

③ 综合《总务后勤管理处"十二五"工作总结》及《暨南大学年鉴》中总务后勤处工作部分内容。

的环境，将暨南园装扮成治学进业的理想学府。广州市投资的校本部排水改造工程于2012年竣工，基本解决了校园内涝问题，媒体曾经关于暨大为"威尼斯分校"的报道成了校史轶事。广州长夏、湿热的气候对学生一直是一个考验，过去除港澳台侨学生宿舍安装有空调，内地学生无缘此待遇。"十二五"期间，学校累计投入964万元，为各校区学生宿舍新安装空调6 600台，内招生、外招生宿舍终于基本可以享用空调，实现了"同此凉热"。

"十二五"期间，学校大力保障师生身心健康，教职工公费医疗支出约1.5亿元，年均增长10%；通过优化公费医疗报销流程，方便师生；拨出专款购置面包车一辆，专门接送离退休教职工到附属第一医院看病；2012年底，附属第一医院新住院大楼全面启用，面积达12万平方米（几乎是原有面积的三倍），开放床位达到1800张以上，显著缓解了住院难的问题，改善了教职工就医环境；[①] 建立教工重大疾病救助制度，减轻员工经济压力；在校全日制学生基本实现医保全覆盖，提高了学生的卫生保健水平。自2012年起，在广东高校率先启动教职工心理援助计划，对在校学生和教职工心理健康工作的创新举措走在广东省乃至全国高校前列。

健全校园综合治理机制，加强防范体系建设，利用国家专项修购资金，加大技防投入力度。2012年成立监控中心以来，学校分三期共投入资金2500多万元，在校本部安装1100多个监控探头，对校内20栋重点大楼消防设施设备动态、实时、全覆盖式监控，实现应急监控系统无盲区覆盖，应急消防中心无障碍联网。建立校园应急防暴队，妥善处理多起应急突发事件，有效维护了校园安全稳定。学校获得2008—2010年度广东省高校治安综合治理优秀学校、广东省安全文明校园、2012—2014年度广东高校创建"平安校园"优秀学校称号。面对教职工私家车数量猛增和校本部校园停车位严重不足的尖锐矛盾，采取疏堵结合，想方设法增建停车位800余个，并规划地下停车场，优化交通标识，尽最大努力改善校本部校园交通和停车问题。[②]

八、海内外校友关心支持母校建设

百秩开十，更高更强。经过百年校庆的激情洗礼，暨南大学的招生办学规模继续扩大，办学水平不断提升，海内外校友队伍、组织也继续壮大，他们对母校的向心力、归属感、荣誉感、贡献度随之得到很大的提升。《暨南大学章程》将校友定义为："在暨南大学学习过的毕（结、肄）业生；在暨南大学工作过的教职工；暨南大学名誉教授、名誉博士、客座教授、兼职教授等"，以上这些都是暨南大学校友。[③] 2015年11月15日，在建校110周年庆祝活动启动仪式上，学校董事会副董事长、校友总会会长马有恒宣布，根据校友总会的统计，海内外暨南校友达到近30万人，分布在世界五大洲160个国家和港澳台地区，堪称有海水的地方就有暨南人。[④]

2006—2015年，在校友总会的指导下，暨南大学在海内外的校友组织从70个增加

① 《我校附属第一医院（广州华侨医院）新住院大楼全面启用》，《暨南大学》第580期，2012年12月30日，第1版。
② 胡军：《校长工作报告》，暨南大学第八届教代会、第十二届工代会第二次会议材料，2015年5月。
③ 《暨南大学章程》（2015年核准版）第70条。
④ 苏运生、万晓华：《110周年校庆正式启动》，《暨南大学》第632期，2015年11月30日，第1版。

到 107 个，遍布五大洲，其中境外 46 个，境内 61 个。校友组织形式多样，富有活力，既有地方校友会、专业同学会，也有行业联谊会等；建立开通"暨南大学校友会""暨南大学基金会"两个微信公众号，出版《暨南校友》季刊，建立校友网络数据平台，已形成了一个辐射全球的庞大的校友网络。

在新的时期，学校更加重视校友工作，借鉴国内外名校的经验，不断创新和深化。2011 年，学校成立校友工作委员会，2015 年扩大为对外联络工作委员会，校友工作延伸到在校学生，渗透和贯穿到学校中心工作之中，暨南大学的凝聚力和向心力进一步增强，海内外暨南校友大团结的局面更加巩固，爱国荣校的光荣传统得到进一步弘扬。2010 年，暨南大学教育发展基金会经广东省民政厅批准设立，享受中央财政资金配比政策和捐赠退税政策。2010—2016 年，暨南大学连续入选中国校友会网发布的中国大学校友捐赠排行榜 100 强前列。① 2013 年，暨南大学校友会获"广东省社会组织模范单位"称号；马有恒会长捐赠资金设立暨南大学校友工作奖励基金，每年对校友工作中作出突出贡献的集体和先进个人予以表彰奖励。

2006 年 11 月，百年校庆系列庆祝活动如火如荼地进行着，成千上万的暨南校友从世界各地返回母校，共襄盛典。17 日上午，暨南大学校友总会第三届理事会扩大会议在曾宪梓科学馆国际会议厅开幕，海内外校友组织代表共 300 余人参加了会议。大会讨论并通过校友总会第三届理事会成员名单，选举马有恒为校友总会会长，梅凡、周云汉、戴正国等 18 人为副会长，叶选平、钱伟长等担任顾问，并选举吴学谦、庄右铭为名誉会长。校友总会第二届理事会会长马有恒致开幕辞，充分肯定了校友对暨大建设和发展的支持和贡献，希望校友会工作以百年校庆为新起点，把校友工作推进到一个新的高度。校友总会理事长、副校长贾益民在会上作第二届理事会的工作报告，表示学校将进一步加强各地校友会的联谊活动，加大经费支持，以利于校友总会更好地开展工作。

暨南大学在广州重建 50 周年、复办 30 周年之际，2008 年 11 月 16 日，暨南大学校友总会第三届理事会第二次会议在学校召开，校友总会会长马有恒及来自北京、上海、南京、香港、澳门及日本、美国南加州、澳洲等 24 个校友会的 80 多位校友代表参加会议。马有恒会长致开幕辞，胡军校长在讲话中说，学校复办以来的 30 年是百年校史上延续时间最长最完整的一段办学时间，又与中国的改革开放相契合，取得了重大的飞跃。母校取得的新成绩与广大校友的关心与支持密不可分。②

2011 年是暨南大学建校 105 周年，11 月 18 日，暨南园紫荆盛放，温暖如春，处处洋溢着欢乐的气氛。当天，内地港澳和欧美等地的海内外校友陆续返校，参加校庆和交流联谊活动。次日上午，学校在蔡冠深博物馆举行办学成果展，向广大师生、校友展示近五年来学校的发展历程，特别是"十一五"期间的奋进步伐和建设成就。还举办"暨南情·校友心"校友捐赠特藏书画展，当日展出 60 多幅珍贵书画，都是各地校友会、校友以及关心暨大发展的各界人士捐赠的。下午，学校在曾宪梓科学馆国际会议厅举办主题为"凝聚校友智慧、共谱暨南新章"的首届校友论坛，论坛由暨南新篇、主题演

---

① 中国校友会网中国大学排行榜：http://www.cuaa.net/2003/。

② 《暨南大学校友总会第三届理事会第二次会议隆重召开》，《暨南大学》第 505 期，2008 年 11 月 30 日，第 3 版。

讲、圆桌论坛三个环节构成，胡军校长作主题报告，向校友们通报百年校庆以来母校发展建设取得的最新成绩。澳门校友会理事长黎柏强，香港校友联合会会长张汉明，香港校友会会长蔡鉴清，暨南大学 MBA 联谊会会长叶惠全分别发表主题演讲。①

2012 年 12 月，在暨南大学校友总会成立 20 周年之际，第四届理事会大会顺利召开并进行了换届，大会讨论并通过校友总会第三届理事会成员名单，马有恒续任校友总会会长，林如鹏任校友总会第四届理事会理事长。中国海外交流协会副会长赵阳、全国侨联副主席王荣宝、广东省文化厅厅长方健宏、广东省民政厅副厅长王长胜出席大会。胡军校长在讲话中指出，20 年来，学校的校友工作卓有成效，母校发展进步、校友事业进步、学子成长成才互动多赢、共生共荣的局面已经初步形成。希望校友会探索建立具有侨校特色的校友工作机制和模式，将校友事业进步与母校发展进步有机结合起来，进一步凝聚和发挥海内外校友的智慧和力量，为母校再创辉煌作出新的贡献。② 2015 年 11 月，广州校友会承办首届暨南大学全球校友会会长、秘书长联席会议，全球 53 个校友会会长、秘书长合计 160 人参加会议，积极为学校 110 周年校庆出谋划策，交流经验共促发展。③

2006 年之后，世界各地的校友会和学校各学院创新校友工作内容和形式，进一步加强了校友之间的联谊和交流，密切了校友与母校之间的感情和联系。正如北京校友会会长张晖校友所说："校友们常把校友会比作一棵树、一盆火、一条纽带。比作树，是因为它根植于母校这片沃土；比作一盆火，是因为凝聚着热情，凝聚着光和热；比作一条纽带，是因为它把母校和暨南人紧紧联系在一起。"④ 2007 年开始，管理学院每年举办 MBA 生涯十周年/EMBA 生涯五周年校友返校日活动，为校友搭建交流联谊的活动平台。2010 年，上海校友会组织举办全球暨南校友聚首世博联谊大会，在海内外华人组织中影响很大。2012 年开始，每年校庆日，即 11 月 16 日，各学院分别组织 78 级、79 级、80 级、81 级校友返校，参加"相约三十年"校庆系列活动。

数以万计的暨南校友是母校办学的宝贵资源，声誉的重要载体，发展的重要依靠力量，广大的校友在不同的岗位上积极工作，用自己的行动、成就为社会作出积极贡献，同时不忘母校培育之恩，以多种形式回馈母校。每年母校的招生宣传工作，都有香港校友会、澳门校友会、日本校友会等海内外校友组织活跃的身影和奉献，一个家族多人成为暨南校友已不算传奇；在师弟师妹面临就业的压力下，校友总是果断地伸出援手。2009 年胡军校长致函邀请企业家校友回校参加校董、校友及市校合作单位毕业生招聘会，得到校友的积极响应，校友企业专场招聘会举办多届；2014 年校友总会倡议设立南校区绿化基金，组织"根植暨南情　绿满新校区"的南校区植树活动，校友积极响应，筹资约 130 万元，植树 800 余株；近年来校友设立奖助学金帮助学生成长成才，设立科

① 校庆新闻中心：《我校举办系列活动庆祝 105 周年校庆》，《暨南大学》第 560 期，2011 年 11 月 30 日，第 2 版。

② 胡军：《在暨南大学校友总会第四届理事会大会上的致辞》，2012 年 12 月 29 日。

③ 陈联：《全球 53 地暨南校友会会长、秘书长回母校参加首届联席会议》，《暨南大学》第 632 期，2015 年 11 月 30 日，第 4 版。

④ 《我校召开校友总会第四届理事会暨校友会成立二十周年会议》，《暨南大学》第 581 期，2013 年 1 月 15 日，第 1 版。

研基金助力母校事业腾飞成了重要的方向；学校每次校庆活动的举办，都得到了海内外校友的热情支持和响应。

据统计，"十一五"期间，暨南大学成功募集社会资金超过 2 亿元，相当于过去 40 多年学校社会捐赠资金总和的两倍，有力支持了学校建设，其中很大部分是校友或通过校友联系的社会热心人士的捐赠。[①]"十二五"期间，暨南大学教育发展基金会到账资金超过 2 亿元，根据《中央级普通高校捐赠收入财政配比资金管理暂行办法》，学校申报争取到中央财政配比资金合计 1.1 亿元，基金会的捐赠项目涵盖了学科建设、师资建设、学生培养和校园建设等各方面，其中相当部分是海内外校友的贡献。略举数例：杨国强捐资 1000 万元设立 "暨南大学国华教育基金"；马有恒捐资 1000 万港元支持学校博士后科研；彭磷基捐资 250 万元支持外招生培养；叶惠全捐赠 5000 万元支持南校区建设，还捐资 2500 万元支持管理学院大楼建设和经济学院大楼改造；梁志斌捐赠 5000 万元支持南校区学生宿舍建设；孔健岷及合景泰富集团捐赠 1000 万元资助母校师资引进（文学院大楼后冠名为 "合景泰富楼"）；郭梓文捐资 100 万元设立贫困学生奖助学金；林维义捐资 400 万元建设物理系思源实验室；柯荣卿先是捐资 300 万元支持 MBA 教育，后又捐资 1000 万元设立 "暨南大学路翔创新创业基金"，支持创新创业教育；钟乃雄捐资 100 万元支持学校毕业典礼文化创新；梁仲景捐赠 105 万港元设立 "梁仲景临床医学科研奖"，捐赠 50 万元支持教育学院教学科研；苏国辉院士捐资 100 万元设立 "暨南大学中枢神经再生研究基金"。学校教育基金会面向全体校友，设立小额捐赠项目，培养捐赠文化，收到良好效果。[②]

另外，一些企业、基金和热心华侨教育人士也慷慨解囊支持暨南大学建设。例如：陈瑞球先生先后捐款 2000 万元支持学校建设，曾永裕家庭信托基金捐赠 180 万美元用于校舍和实验室建设，广东合生珠江教育发展基金会捐资 200 万元支持教学科研项目，广东汇富进出口贸易有限公司捐资 500 万元设立 "广东外贸服务研究开发基金"，胡文虎基金会捐资 200 万元用于华文交流中心科研活动等；益海嘉里集团捐资 120 万元，广州赛莱拉生物科技有限公司捐资 100 万元，南方航空公司 "十分" 关爱基金会捐资 100 万元，东莞市瀚森投资集团有限公司捐资 50 万元，广东省顺丰慈善基金会捐资 50 万元设立学生奖助学金等；澳达树熊涂料有限公司捐资 100 万元奖励优秀教师等。

第四节　综合办学实力的新提升

一、圆满完成 "十一五" "十二五" 发展规划

2006 年 3 月发展规划处成立后，具体负责学校顶层设计和中长期发展规划的编制。8 月，学校在广州从化召开 "十一五" 发展规划研讨会，对 "十一五" 时期战略目标与定位、改革措施等进行研讨，这是学校首次召开部处、学院主要负责人参加的规划战略

---

① 胡军：《校长工作报告》，暨南大学第七届教代会、第十一届工代会第二次会议材料，2011 年 1 月。
② 综合《暨南大学对外联络处 "十二五" 工作总结》。

问题研讨会。此后十年，学校每年基本在暑假期间召开一次发展规划战略研讨会。

2007年1月，在对《暨南大学教育事业"十一五"建设规划暨2010—2020年长期发展规划》进行了修改后，重新印发《暨南大学"十一五"建设发展规划》，从学科建设、师资队伍、人才培养等九个方面对未来五年发展目标与任务做了全面系统科学的规划，提出了具体的目标、任务、指标和措施。规划提出，"十一五"期间，学校将坚持"面向海外，面向港澳台"的办学方针，坚持"侨校＋名校"的发展战略，坚持"质量是生命，创新是灵魂"的办学理念，全面提高教育质量、创新能力、办学水平和办学效益，为把暨南大学建设成一所海内外知名的高水平研究型华侨大学打下坚实的基础。①

经过全校师生的努力，到2010年底，学校圆满完成"十一五"规划提出的目标、任务，取得可喜成绩。与"十五"相比，侨校特色更加鲜明，人才培养水平和质量明显提高，本科评估成绩优秀，国家级、省级重点学科数量实现翻番，一批优势学科位居全国高校前列，学位点数量成倍增长，研究生数量突破万人。"长江学者"、国家杰出青年科学基金获得者、国家级教学名师等从无到有，历史性地实现国家科技奖零的突破。位于广州大学城二期的新校区建设用地获批，极大拓展了办学空间。②

为提前科学谋划"十二五"发展，2009年10月，各学院、部处启动规划的编制工作；2010年6月，"十二五"规划讨论稿完稿，经过校长办公会议、学校党委会、教代会、董事会会议等多次讨论修改；2011年3月，正式印发《暨南大学"十二五"发展规划暨2020年中长期改革与发展规划》，描绘了未来5—10年教育事业发展的宏伟蓝图，提出了具体的战略目标、措施和主要发展指标。规划提出：未来十年，要牢固树立"特色兴校、质量立校、人才强校"的办学理念，大力推进教育创新、科技创新、管理创新和制度创新。规划还明确，未来十年学校建设分两步走，2010—2015年，实现由教学研究型大学向研究教学型大学的转化；2015—2020年，完成由研究教学型大学向研究型大学的转化，最终把暨南大学建设成为特色鲜明、海内外知名的研究型大学。③

经过不懈努力，"十二五"规划圆满超额完成，学校高层次人才队伍规模大幅提升。截至2015年底，学校的国家级人才和省级人才总数较2011年均增长近4倍，其中国家级人才数量从2011年的44人增至143人，"973"首席科学家、"863"项目负责人、"千人计划"专家、"国家优秀青年科学基金"均实现零的突破。教育教学改革不断深化，更加突出创新创业，学生素质和毕业生就业率、用人单位满意率进一步提高。重点学科数量实现翻番，科研经费、重点平台数量成倍增长，论文、成果数量大幅增长，文理科承担一大批重点重大项目，围绕国家发展战略，研究解决国家经济社会发展面临的重大理论、现实问题的能力显著提升。

2015年，学校结合高水平大学建设规划，开始了"十三五"规划的编制和起草。翌年5月，在学校教代会上，首次公布了《暨南大学"十三五"发展规划（讨论稿）》，提出"十三五"时期学校主要任务是实施"七大重点工程"，加强"五大保障体系"建

---

① 《暨南大学"十一五"建设发展规划》，暨通〔2007〕6号，2007年1月27日。
② 《暨南大学年鉴》编辑部编：《暨南大学年鉴》（2011），广州：暨南大学出版社2012年版，第1-5页。
③ 《暨南大学"十二五"发展规划暨2020年中长期改革与发展规划》，暨发规〔2011〕2号。

设，力争到 2020 年实现国内一流、世界知名的高水平大学的办学目标。① 9 月，"十三五"规划正式印发。

二、学科建设与学校知名度的提升

至 2006 年，暨南大学拥有国家重点学科 2 个，广东省重点学科 7 个，国务院侨办重点学科 8 个。2006 年 6 月，学校组织了第八轮广东省重点学科的申报。2007 年 4 月，广东省教育厅公布第八轮广东省重点学科评选结果，学校的生物医学工程、工商管理 2 个学科被认定为广东省一级学科重点学科；金融学、产业经济学、国际关系、文艺学、新闻学、水生生物学、生物化学与分子生物学、工程力学、病理学与病理生理学、眼科学 10 个学科获批广东省二级学科重点学科。全校省级重点学科比第七轮实现大幅增长。8 月，教育部公布国家重点学科名单，金融学、产业经济学、文艺学、水生生物学 4 个二级学科被批准为国家重点学科。②

2012 年 12 月，在第九轮广东省重点学科评审中，学校共获批广东省重点学科 24 个，其中一级重点学科 20 个、二级重点学科 4 个，省级重点学科数量比上一轮翻番，涵盖文理工医各学科，体现出综合性大学的特点。一级重点学科数量位居全省高校第三。在获批的 20 个一级重点学科中，应用经济学、中国语言文学、力学、生物医学工程、工商管理 5 个学科为攀峰重点学科；理论经济学、政治学、新闻传播学、中国史、化学、生物学、生态学、统计学、光学工程、计算机科学与技术、食品科学与工程、中药学、公共管理、法学、外国语言文学 15 个学科为优势重点学科。病理学与病理生理学、眼科学、影像医学与核医学、外科学 4 个二级学科为特色重点学科。③

2014 年 1 月，国务院决定取消包括国家重点学科审批等一批行政审批项目，教育部此后不再进行国家级重点学科评选。④ 截至 2014 年底，学校拥有国家二级重点学科 4 个、国务院侨办重点学科 8 个、广东省一级学科重点学科 20 个、广东省二级学科重点学科 4 个。

2006 年以来，在国内社会机构发布的大学排行榜上，暨南大学的综合排名基本保持在全国前 50 名左右，在广东 50 多所本科院校中名列第三。2016 年 6 月，QS 全球教育集团发布了 2016 年 QS 亚洲大学排名，暨南大学并列第 195 名，该排行综合考察大学在科研、教学、毕业生就业、国际化、学术影响力等 9 个方面的指标。⑤

2013 年 1 月，在教育部公布的第三轮全国高校学科评估排名中，暨南大学 7 个一级学科上榜，其中应用经济学、新闻传播学、中药学并列全国第五，中国语言文学、统计学并列全国第八，基础医学列第十一，光学工程列第十四。根据美国科技信息所（ISI）期刊文献数据库的检索结果，2013 年 3 月，暨南大学已有临床医学（Clinical Medi-

---

① 《暨南大学"十三五"发展规划（讨论稿）》，暨南大学第八届教代会、第十二届工代会第二次会议会议手册，2016 年 5 月。

② 《暨南大学年鉴》编辑部编：《暨南大学年鉴》（2008），广州：暨南大学出版社 2009 年版，第 196 页。

③ 林涛：《我校 24 个学科获批第九轮广东省重点学科》，《暨南大学》第 580 期，2012 年 12 月 30 日，第 1 版。

④ 《国务院关于取消和下放一批行政审批项目的决定》，国发〔2014〕5 号。

⑤ 《2016 年 QS 亚洲大学排行榜》，http://edu.people.com.cn/n1/2016/0614/c367001-28442171.html。

cine）、化学（Chemistry）和工程学（Engineering）三个学科进入了ESI世界排名前1%；2014年2月，药理学与毒理学学科（Pharmacology & Toxicology）进入ESI世界排名前1%；2016年5月，材料科学（Materials Science）进入ESI世界排名前1%；7月，生物学和生物化学（Biology & Biochemistry）进入ESI世界排名前1%。至此，暨南大学已有6个学科进入ESI世界排名前1%，学科数位列广东省高校第三位①，另外还有几个学科也具备冲击前1%的实力和潜力。

2016年4月，教育部学位与研究生教育发展中心正式启动全国第四轮学科评估工作②，暨南大学积极行动起来，5月5日，学校学位评定委员会十一届一次会议研究通过了参加学科评估的学科名单以及文理科的优势学科排序，文科排前6位的是：应用经济学、中国语言文学、工商管理、新闻传播学、中国史、政治学；理科排前7位的是：生物学、光学工程、计算机科学与技术、中药学、力学、环境科学与工程、生态学。③

三、"211工程"三期建设

根据建设创新型国家的要求，2008年1月16日，国务院常务会议同意开展"211工程"三期建设。5月5日，教育部、财政部等部门召开"211工程"三期建设项目规划编制及论证工作视频会议，胡军校长、王华副校长参加会议。6月，学校研究并确定"211工程"三期立项项目并上报。11月18日，举行"211工程"三期建设启动暨项目任务书签字仪式，胡军校长与17个"211工程"建设项目负责人签订了计划任务书。为加强"211工程"建设项目的管理，12月9日，学校印发《暨南大学"211工程"三期建设项目实施管理办法》和《暨南大学"211工程"三期建设项目专项资金管理办法》两个文件。暨南大学"211工程"三期共有19个建设项目，包括8个国家"211工程"重点学科建设项目、1个创新人才培养项目、1个师资队伍建设项目、7个广东省"211工程"重点学科建设项目、2个校内公共服务体系建设项目。"211工程"三期建设资金总计1.97亿元，其中，中央专项资金3 800万元，广东省专项资金1亿元，学校自筹资金5 900万元。④

2010年7月6—7日，学校召开"211工程"三期中期检查汇报会。15个重点学科建设项目、创新人才培养项目和队伍建设项目的负责人分别从项目提出的目标和任务、主要建设成效和可能形成的标志性成果、资金到位和执行情况、项目管理运行的机制和效果、建设中存在的主要问题及改进措施等六个方面向专家组进行汇报，并认真回答了专家们的提问。

2012年3月19日，学校召开"211工程"三期国家立项建设项目校内验收工作会。国务院侨办文化司副司长李民，广东省高校"211工程"协调小组办公室主任杨军参加会议，来自北京大学、清华大学、中国社科院等高校和学术研究机构的49位专家，对8个"211工程"三期国家立项重点学科建设项目、创新人才培养项目和师资队伍建设项目进行了验收。经专家组评议，"211工程"三期国家立项建设项目验收结果均为"优

---

① 胡军：在全省高水平大学建设工作会议上的发言，2015年4月23日。
② 《全国第四轮学科评估邀请函》，学位中心〔2016〕42号。
③ 《暨南大学第十一届学位评定委员会第一次会议纪要》，暨纪要〔2016〕23号。
④ 发展规划处：《暨南大学"211工程"三期建设总结报告》，2012年7月。

秀"，为学校顺利通过国家验收奠定了基础。① 6月8日，"211工程"部际协调小组办公室发出《关于做好"211工程"三期国家验收工作的通知》，暨南大学被列为抽查验收学校，将采取会议集中汇报和答辩的形式，由专家组对学校三期整体建设情况进行验收。② 7月12日，胡军校长到教育部参加"211工程"三期建设国家抽查验收汇报会，向验收专家组作"暨南大学'211工程'三期建设总结"报告。在汇报中，胡军校长介绍了学校"211工程"三期整体建设情况，目标任务与实际完成情况的对比分析，整体建设效益和标志性成果，资金到位、使用和管理情况，项目管理情况以及建设中存在的主要问题及改进措施。12月11日，"211工程"部际协调小组办公室反馈抽查验收专家组的意见，认为暨南大学通过"211工程"三期建设，进一步凝练了学科发展方向，优化了学科布局，构建了一批重点学科，汇聚了一批学术团队，产出了一批标志性成果，全面提升了学校的教育质量和社会影响力，较好地实现了项目建设预定的目标。至此，学校全面完成"211工程"三期国家验收工作。

同时，学校还认真组织了"211工程"三期广东省立项建设项目的验收。2012年9月下旬，邀请北京大学、清华大学、中山大学等省内外高校的35位专家，组成了7个专家组，对7个"211工程"三期广东省立项建设项目进行了校内验收，这些项目均得到了验收专家组的充分肯定，并全部顺利通过校内验收。

2012年11月28—30日，广东省高校"211工程"协调小组办公室组织专家组对学校"211工程"三期建设工作进行实地调研、评估与验收。广东省教育厅巡视员、广东省高校"211工程"协调小组召集人罗远芳参加验收。专家组11人以华南理工大学党委副书记张振刚教授为组长，通过听取学校整体建设情况汇报、分项目的汇报与答辩、实地考察和召开座谈会等形式，最后形成对学校整体及各重点学科建设项目的验收意见。专家组反馈意见认为，学校在三期建设过程中圆满完成了建设任务，实现了预期目标，具体体现在学科水平明显提升、师资队伍整体素质显著提高、教育质量稳步提升、科研实力显著增强四个方面，希望学校以新一轮"211工程"和"2011协同创新中心"建设为契机，坚持高标准，进一步巩固并强化学科的特色和优势。③

至此，学校"211工程"三期建设顺利结束，国家和广东省立项建设项目均通过验收，学校的学科水平、师资队伍等跃上一个新台阶。

四、部部省共建暨南大学协议的签署

自复办以来，暨南大学的发展一直得到国务院侨办、教育部、广东省以及其他中央政府部门的大力支持。国务院侨办、广东省政府曾于1994年签署共建暨南大学协议。2011年，在国务院侨办主任李海峰的关心和推动下，广东省委、省政府和教育部大力支持，广东省教育厅和学校领导积极策划、沟通协调，促成了国务院侨办与教育部、广东省共建暨南大学协议的签署。

---

① 《学校"211工程"三期国家立项建设项目顺利通过校内验收》，《暨南大学》第565期，2012年3月30日，第1版。

② 《关于做好"211工程"三期国家验收工作的通知》，211部协办〔2012〕4号。

③ 韩依民、孔晓欣、彭梅蕾：《我校通过广东省"211工程"三期建设验收》，《暨南大学》第579期，2012年12月15日，第1版。

2011 年 4 月 16 日上午，国务院侨办、教育部、广东省政府共建暨南大学协议签约仪式在广州举行。签约仪式之前，国务院侨办主任李海峰，教育部党组副书记、副部长杜玉波，全国政协港澳台侨委员会副主任李长江，财政部副部长张少春，教育部党组成员、部长助理林蕙青等领导在胡军校长、蒋述卓书记等陪同下，参观学校校史馆，考察中药与天然药物研究所、再生医学教育部重点实验室，并在行政办公楼听取暨南大学办学情况的汇报。在汇报中，胡军校长介绍了暨南大学的历史沿革、办学使命、办学特色与优势、学科建设的主要成就，报告了学校在办学经费、办学政策、新校区建设等方面的实际困难。听取汇报后，与会领导对学校办学成就予以充分肯定。李海峰主任表示，暨南大学为国家经济社会发展、港澳台地区人才培养、祖国统一大业和港澳台回归做了卓有成效的工作。李长江副主任表示，暨南大学为中华民族的复兴、祖国的统一大业作出了重要贡献，要求学校继续加大办学力度，培养海外侨生的民族认同感和祖国归属感。张少春副部长表示，暨南大学厚重辉煌的办学历史、鲜明的办学特色给他留下了深刻的印象，他对胡军校长汇报中提出的问题予以积极回应，表示将一如既往地支持暨南大学及我国侨教事业的发展。杜玉波副部长表示，暨南大学有着独特的办学特色，在海内外影响广泛，教育部会在办学自主权先行先试以及境外办学、双学位改革、质量工程、涉外专业设置等方面给予政策支持。

随后，签约仪式在广东迎宾馆举行。国务院侨办主任李海峰，广东省委副书记、省长黄华华，教育部党组副书记、副部长杜玉波代表三方签署共建暨南大学协议并讲话。全国政协港澳台侨委员会副主任李长江，财政部副部长张少春，教育部党组成员、部长助理林蕙青，国务院侨办政策法规司司长王晓萍，教育部直属高校工作司司长陈维嘉，教育部思想政治工作司副司长王光彦，财政部预算司副司长林桂凤，财政部教科文司副司长吴国生，国务院侨办文化司副司长李民，广东省政府副秘书长李捍东，广东省教育厅厅长罗伟其，广东省财政厅厅长曾志权，广东省侨办主任吴锐成，学校领导胡军、蒋述卓等出席签约仪式。

李海峰主任在讲话中指出，共建协议的签署，标志着国务院侨办、教育部、财政部、广东省政府在整合资源、加强战略合作、创新工作机制上取得重要突破，对于全面增强和提升暨南大学的综合办学实力和核心竞争力，必将产生重要而深远的影响。黄华华省长指出，广东省将认真落实《国家中长期教育改革和发展规划纲要（2010—2020年)》，积极履行共建协议，一如既往地支持暨南大学的建设与发展。杜玉波副部长表示，教育部将认真落实共建协议内容，与国务院侨办、广东省及有关方面通力合作，采取有效措施，支持暨南大学更好更快地发展。

共建协议的签署使暨南大学成为广东省第三所部省共建大学。根据共建协议，国务院侨办除根据暨南大学的发展规模核拨正常的办学经费和基建经费外，将继续增加对学校的投入。教育部以"211 工程"建设方式加大对暨南大学的投入力度，并在暨南大学参与国家重点学科、国家重点实验室、创新团队、国际合作交流等有关项目的竞争中给予支持。广东省参照国务院侨办、教育部、发展改革委、财政部对暨南大学建设经费的投入额度，给予 1:1 的经费配套，其中，在 2011 年至 2013 年期间，先行安排 2 亿元支持学科建设，同时继续把暨南大学的改革发展纳入全省整体建设和社会发展的总体规划中。①

2013 年 6 月 7 日，胡军校长在北京陪同国务院侨办副主任马儒沛会见教育部副部长杜玉波，汇报部部省共建协议签署两年来共建成效及学校办学成绩。杜玉波副部长对学校办学成绩给予肯定，表示教育部将继续支持学校发展，希望把握"2011 协同创新中心"的内涵，实现创新能力的提升。② 共建协议签署之后的几年，广东省给学校投入的 2 亿元学科建设资金发挥了很好的效益，促进了学科建设与发展。国务院侨办领导裘援平、马儒沛、任启亮赴粤会见胡春华、朱小丹、陈云贤等广东省领导时，学校领导也陪同并汇报了部部省共建成效，学校办学成绩得到省领导的肯定。

国务院侨办、国家卫计委、教育部共建暨南大学医学院。2015 年，国务院侨办还帮助促成了与国家卫计委、教育部共建暨南大学医学院，使医学院跻身为国家部委共建的 20 所国内重点医学院校之一。2015 年 10 月，国务院侨办、国家卫计委、教育部联合发布《关于共建暨南大学医学院的意见》，指出三部委经过共同协商，决定共建暨南大学医学院，主要任务是进一步加快将医学院建成海内外知名的一流医学院，把医学院建设成为培养港澳台侨医学人才的重要基地，使学院的人才培养质量、科学研究水平、社会服务能力显著提高。暨南大学的医学教育有着 30 多年面向海外办学的历史，在港澳台侨社会尤其是港澳地区有着良好的口碑和声誉，借着部委共建的契机，迎来了快速发展，再攀高峰的新机遇。

暨南大学、珠海市共建珠海校区。珠海校区及其前身珠海学院扎根珠海办学近 20 年，一直自觉服务和融入珠海特区的经济社会建设，学校一直积极推动与珠海市的合作共建。2016 年 1 月，珠海市政府与暨南大学共建广东省高水平大学战略合作协议正式签署，市校双方同意通过推进和实施"双 10 ＋"计划，共建国际化、特色化、创新型的高水平大学，提高珠海市创新驱动实力、城市影响力和可持续发展能力。"双 10 ＋"计划即珠海校区未来将建立 10 个整建制学院、10 个工程技术研究院等内容。为推动该计划的实施，珠海市将投入资金支持校区办学，对校区引进的国家级高层次人才提供经费和生活配套设施支持，计划到 2020 年，珠海市政府支持珠海校区高水平大学建设专项经费达到 1.5 亿元。③

暨南大学、深圳市、华侨城集团共建深圳旅游学院。深圳旅游学院是暨南大学在深圳特区办学的窗口，一直得到深圳市和华侨城的大力支持。2011 年 10 月，暨南大学与深圳市政府、华侨城集团签订《合作办学协议》，共建深圳旅游学院。根据协议，深圳市将旅游学院的发展纳入深圳高等教育发展规划，连续 5 年每年提供 500 万元支持学院建设，学院教师纳入深圳编制。④ 2015 年之后，学校积极与深圳市龙岗区协商共建深圳研究院，与宝安区商谈建设深圳校区，得到广东省委副书记、深圳市委书记马兴瑞的支

① 《暨南大学年鉴》编辑部编：《暨南大学年鉴》（2012），广州：暨南大学出版社 2013 年版，第 1－2 页。
② 人力资源开发与管理处：《胡军校长向教育部、国务院侨办汇报共建成效》，《暨南大学》第 589 期，2013 年 6 月 30 日，第 1 版。
③ 苏运生：《我校与珠海市合作共建高水平大学"双 10 ＋"计划助力珠海创新驱动》，《暨南大学》第 636 期，2016 年 3 月 15 日，第 1 版。
④ 梁斌：《我校与深圳市人民政府、华侨城集团签订协议共建深圳旅游学院》，《暨南大学》第 558 期，2011 年 10 月 30 日，第 1 版。

持与肯定。深圳市委、市政府领导表示支持暨南大学在深圳建设校区，原则上同意与学校签署市校共建协议，加强深圳市与暨南大学在教育、医疗和科研成果转化方面的合作。

广东省委宣传部、暨南大学共建暨南大学新闻与传播学院。2013 年 12 月，中共中央宣传部、教育部在上海复旦大学召开现场会，指导 10 个省市党委宣传部门与高等学校签署共建协议，为党的新闻事业发展培养造就高素质后备人才。在现场会上，广东省委宣传部副部长郑广宁、暨南大学校长胡军代表双方签署了共建暨南大学新闻与传播学院协议，暨南大学新闻与传播学院成为广东省第一家部校共建的新闻学院。2014 年 3 月，广东省委宣传部、暨南大学共建新闻与传播学院工作协调小组成立，广东省委常委、省委宣传部部长庹震，广东省副省长陈云贤任组长，成员由省委宣传部、省教育厅、暨南大学负责同志组成；暨南大学新闻与传播学院院务委员会正式组建，庹震兼任学院院务委员会主任，暨南大学校长胡军任常务副主任。在广东省委、省政府的重视和支持下，2014—2017 年，广东省财政每年安排 1000 万元专项经费支持共建工作。在部校共建的框架下，新闻与传播学院已建立了五大共建合作机制，制订了四年发展规划和年度工作计划，计划用 3 年的时间，搭建起一个完整的马克思主义新闻观教育体系。[①]

五、实施"2011 计划"，推进协同创新

为贯彻落实中共中央胡锦涛总书记 2011 年 4 月在庆祝清华大学建校 100 周年大会上的重要讲话精神，积极推动协同创新，提升高等学校的创新能力，2012 年 3 月，教育部、财政部联合颁发了《关于实施高等学校创新能力提升计划的意见》，启动实施"高等学校创新能力提升计划"（简称"2011 计划"）。该计划以协同创新中心建设为载体，协同创新中心分为面向科学前沿、面向文化传承创新、面向行业产业和面向区域发展四种类型。

按照教育部和广东省的部署，暨南大学积极开展了协同创新中心的培育、组建和申报。2012 年 4 月，召开落实"高等学校创新能力提升计划"工作会议，就学校"2011 协同创新中心"的培育组建和申报工作进行部署。[②] 6 月，成立抗体药物研究协同创新中心、华侨华人研究协同创新中心。12 月，为指导、推进"2011 协同创新中心"的培育、组建，印发《暨南大学关于实施高等学校创新能力提升计划的指导意见》《暨南大学关于实施高等学校创新能力提升计划的总体方案》。随后，又成立一批校级协同创新中心。2013 年 1 月，华侨华人研究协同创新中心入围首批国家级协同创新中心的认定与评审，参加了两轮答辩，最后功亏一篑；1 月 9 日，暨南大学首批 5 个理工医协同创新中心揭牌。

2013 年 5 月 8 日，国务院侨办副主任马儒沛来校指导协同创新中心培育组建工作，要求按照"暨大牵头、华大配合、一个中心"的模式开展第二轮国家"2011 协同创新中心"申报工作。[③] 不久之后，暨南大学联合华侨大学以及国内涉侨单位、高校、科研

---

①　《暨南大学年鉴》编辑部编：《暨南大学年鉴》（2015），广州：暨南大学出版社 2016 年版，第 5 页。

②　秘书科编：《2012 年暨南大学大事记》，暨通〔2013〕23 号。

③　陈龙：《国务院侨办在我校召开"2011 协同创新中心"培育组建协调会》，《暨南大学》第 587 期，2013 年 5 月 30 日，第 1 版。

院所等组建的华侨华人研究协同创新中心，定名为华侨华人与中国和平发展协同创新中心。5月17日，教育部、财政部认定全国首批14个协同创新中心并公布名单。同年底，教育部组织了第二批"2011协同创新中心"的认定申报工作，学校牵头的华侨华人与中国和平发展协同创新中心再次申报。

2014年4月，教育部副部长杜占元到校视察华侨华人与中国和平发展协同创新中心和粤港澳中枢神经再生研究院，对学校的协同创新工作表示肯定。5月上旬，暨南大学牵头的华侨华人与中国和平发展协同创新中心在京申请认定，并接受专家初审，可惜止步于次轮答辩。5月20日，华侨华人与中国和平发展协同创新中心、粤港澳中药和天然药物协同创新中心、广东产业转型升级协同创新中心入选首批广东省国家级"2011计划"协同创新中心培育建设规划。① 6月26日，"2011计划"领导小组办公室致函国务院侨办文化司，反馈学校牵头的华侨华人与中国和平发展协同创新中心专家初审意见，学校的申报工作再次失利。文化司希望学校认真总结经验，深化政策理解，为下一轮申报工作打下坚实的基础。② 10月，教育部公布2014年度认定的协同创新中心名单。

2015年初，学校提出参加第三轮国家"2011协同创新中心"认定的工作思路。2月，国务院侨办文化司致函学校，希望认真做好设计选题和前期培育工作，详细论证，以"国家急需，世界一流，体制先进，贡献突出"为标准，吸取前两轮申报工作的经验教训。3月，学校与第四军医大学承办"十三五"抗体药物发展战略研讨会暨全国抗体药物协同创新中心组织会议。会上，暨南大学作为核心单位，与国内46家高校、科研院所和企业等协同单位签署《抗体药物协同创新中心框架协议书》。5月，作为华侨华人与中国和平发展协同创新中心的牵头单位，暨南大学华侨华人研究院召开研讨会，来自中国人民大学、中山大学、厦门大学、华中师范大学、华侨大学、福建社科院等协同单位的30多位专家出席，总结该中心三年来培育建设的成效，并就中心主题、平台设置、长效沟通机制等问题展开讨论，达成共识，深化多学科、多领域、多层次的协同创新。

2016年2月，教育部发布年度工作要点，称将"持续推进'2011计划'取得实效"。③

六、迈向高水平大学

2014年4月4日，中共中央政治局委员、广东省委书记胡春华到中山大学、华南理工大学调研时指出，广东要办更多高水平的名牌大学，暨南大学、华南师范大学等省内高校近些年发展势头不错，要有意识地扶持，坚持扶优扶强，争取能有几所进入国家重点大学行列。④ 4月25日，学校及时在中层干部中传达了胡春华书记的讲话精神，使全校干部师生受到极大鼓舞。随后，广东省委、省政府相关部门启动高水平大学建设调研

---

① 《广东省教育厅关于公布首批广东省国家级"2011计划"协同创新中心培育建设规划项目的通知》，粤教科函〔2014〕53号。

② 《关于转发〈关于2014年度"2011协同创新中心"认定专家初审意见反馈的通知〉的函》，侨文函〔2014〕114号。

③ 《教育部2016年工作要点》，http：//www.moe.edu.cn/jyb_xwfb/moe_164/201602/t20160205_229511.html。

④ 胡键、岳宗：《广东要办更多名牌大学》，《南方日报》，2014年4月5日，第1版。

和方案制订工作。

2015 年 4 月 23 日，胡春华主持召开全省高水平大学建设工作会议，提出广东力争用 5—10 年时间，建成若干所具有较高水平和影响力的大学，培育一批在全国乃至全世界占有一席之地的特色重点学科，带动全省高等教育整体水平实现新的跨越。会前正式下发了《关于建设高水平大学的意见》。胡军校长参加会议并发言，表示暨南大学高水平大学建设思路是"一个中心，双轮驱动，三个重点"，即以提高人才培养质量为中心，以师资队伍建设和学科建设调整为驱动，重点推进人事制度改革、体制机制改革、评价体系改革。5 月 29 日，胡军校长接受《南方日报》记者专访，阐述暨南大学高水平大学建设的蓝图与实践。7 月，学校成立高水平大学建设领导小组，办公室挂靠发展规划处。

同年 6 月，广东省教育厅印发《高水平大学建设实施方案》，省财政计划 2015—2017 年三年投入高水平大学建设专项资金 50 亿元，组织了高水平大学的遴选答辩，暨南大学对照要求，认真参加了申报和评审。6 月 30 日，广东省政府办公厅发布《关于公布广东省高水平大学重点建设高校和重点学科建设项目名单的通知》①，暨南大学等 7 所在粤高校入选广东省高水平大学重点建设高校。9 月上中旬，校领导分头带队赴各学院、各校区就高水平大学建设工作进行调研，听取教师对高水平大学建设的意见和建议。9 月 29 日，广东省政府举行高水平大学建设目标管理责任书签署仪式，胡军校长代表学校签署责任书。② 暨南大学高水平大学建设将分三步走：2015—2017 年，完成向高水平大学的转型；到 2020 年，综合实力接近"985 工程"同类高校水平，形成向国内一流高水平大学冲击的强劲势头；到 2030 年，争取跻身国内一流高水平大学行列。10 月 28 日，学校举行高水平大学学科组团目标管理责任书签署仪式，13 个学科组团负责人与学校签署责任书。10 月，国务院印发《统筹推进世界一流大学和一流学科建设总体方案》，将方案内容向社会公开。学校及时传达该文件精神并组织学习，制定落实办法，争创一流。

2016 年 1 月 14 日，学校印发《暨南大学高水平大学建设与综合改革方案（2015—2020 年）》和《暨南大学高水平大学建设改革 28 条》两个文件，并制定了高水平大学建设资金管理办法，借广东省高水平大学建设的东风，统筹落实"一流大学一流学科建设"国家战略，乘势而上，深入开展综合改革和机制体制改革，破除体制障碍，完善治理结构，以推动办学水平的新跃升，最终实现国内一流、世界知名的高水平大学的发展目标。文件中的《高水平大学建设预期量化核心指标一览表》提出了学科、师资、人才培养、科研、国际化方面的主要预期指标。③ 3 月，广东省财政厅下达学校 2016 年度高水平大学建设资金 3.68 亿元；预计 2015—2017 年间，广东省财政支持暨南大学高水平大学建设专项经费达 10 亿多元。

---

① 《广东省人民政府办公厅关于公布广东省高水平大学重点建设高校和重点学科建设项目名单的通知》，粤办函〔2015〕325 号。

② 《陈云贤出席我省高水平大学建设目标管理责任书签署仪式》，http：//www. gd. gov. cn/govpub/zfjd/jiaoyu/201510/t20151016_219875. htm。

③ 《暨南大学关于印发〈暨南大学高水平大学建设与综合改革方案（2015—2020 年）〉和〈暨南大学高水平大学建设改革 28 条〉的通知》，暨发规〔2016〕1 号。

第五节　师资队伍建设的新突破

一、召开人才工作会议

2009 年 11 月 17 日至 18 日，暨南大学首次人才工作会议在曾宪梓科学馆国际会议厅召开，校领导胡军、蒋述卓、陆大祥、纪宗安、叶勤、周天鸿、刘洁生、林如鹏，学校全体中层干部和省级以上人才工程入选者参加了此次会议。这是暨南大学站在新的历史起点上，以人才队伍建设为中心谋划发展、寻求突破的一次重要会议。[①]

胡军校长在大会上作了《解放思想，抢抓机遇，开创我校人才工作新局面》的主题报告，全面总结了学校人才队伍建设的工作经验和成就，认为 5 年来学校的人才队伍结构得到了优化，整体素质得到了提高，人才引进和培养成效凸显，人才队伍建设机制逐步健全，人才成长环境不断优化，高层次人才对学校发展的推动力不断增大。在此基础上，面对新的机遇与挑战，学校今后一段时间人才工作的基本战略是把引进和培养人才的工作摆到重要的战略位置，建立和完善有利于优秀人才脱颖而出和可持续发展的培养与支持体系，培养和引进一批具有国内外领先水平的学科带头人、一大批具有创新能力和发展潜力的中青年学术骨干，造就一批优秀创新团队，带动一批重点学科保持或赶超国内外先进水平；主要思路是构建系统完善的人才队伍建设体系，创新人才队伍发展的长效机制，建设好"一个环境""三个体系"，打造"一批创新团队"，推动人才工作纵深发展。"一个环境"即建设宽松和谐的人才发展软环境，既包括"尊重知识、尊重人才"的学校大环境，也包括支持人才成长的院系小环境。"三个体系"包括人才引进体系、人才培养体系和人才评价体系。打造"一批创新团队"即培育、组建一批高水平的创新团队和学术群体，以此为载体，吸引、造就一批高水平学科带头人，汇聚一批中青年学术骨干，形成结构合理的教师队伍。

大会对学校拟实施的《关于实施海外高层次人才引进计划的意见》《人才队伍建设综合培养计划》《引进人才评价管理办法》《青年教师职业生涯设计暂行办法》《关于进一步明确高层次人才引进工作职责的意见》《公派出国（境）留学人员管理规定》《关于学术休假的暂行办法》进行了分组讨论。

《关于实施海外高层次人才引进计划的意见》主要是为吸引和遴选一批具有国际、国内领先水平的学科、专业带头人，形成一批优秀创新团队。目标是实施"136 海外高层次人才引进工程"：第一层次是在 5 年内，重点在国家重点一级学科、重点实验室、教育部人文社科重点研究基地、一级学科博士点中引进 10 名左右在国外教学科研第一线工作并担任国外高水平大学副教授及以上职位且在国际上本学科领域具有重大影响的"暨南杰英"；第二层次是在 5 年内，重点在省部级重点学科、二级学科博士点、一级学科硕士点、广东省人文社科重点研究基地中引进 30 名左右国外高水平大学助理教授及

---

① 人事处：《以人为本　完善人才队伍建设体系　学校召开 2009 年人才工作会议》，《暨南大学》第 524 期，2009 年 11 月 30 日，第 1 版。

以上职位并在科学研究方面取得国内外同行公认的重要成果的"暨南杰才"；第三层次是在5年内，针对各学科团队、教学团队引进60名左右具有海外博士学位，或在国外（境外）高等学校或著名研究机构任职1学年以上并获得突出研究成果的"暨南杰青"。该意见还确立了"学术大师＋团队"模式，实行人才特区机制，以"团队首席负责制、职务聘任制、年薪协议制、评价国际化、用人多元化、考核团队化"为特点，打破学科界限、机构局限，以集中力量打造学校品牌。

《人才队伍建设综合培养计划》对教学科研人员的培养设计了4个平台，分别是新进教师培养计划、中青年骨干教师培养计划、高层次人才培养计划、团队与平台建设。通过引导新进教师合理规划职业生涯，设立青年教师科研启动基金，鼓励青年教师尽快融入学校教学科研建设；通过境外名校进修访学、港澳台学术交流、博士后培养等形式培养中青年学术骨干；通过"学科带头人＋创新团队"的培养、对各类人才项目大力资助、支持学术骨干学术休假、加大柔性引进等方式培养有潜力获聘教育部"长江学者"、广东省"珠江学者"或获得国家杰出青年科学基金的学科带头人和学术带头人；通过与国内外高校、企事业单位的合作科研构建学术、科研和社会实践平台。

《引进人才评价管理办法》是为了把好高层次人才引进的"入口关"，最大限度地保证引进人才的质量，适用于大师级人才、学科带头人、学术骨干三类高层次人才。拟组成专门的引进人才评价小组，采取定性与定量相结合的方法，对引进人才进行包括资历指标、知识能力指标、软技术能力指标、风险指标等内容在内的评价，以尊重人才本身所具有的真实价值。

《青年教师职业生涯设计暂行办法》是为了促进青年教师健康成长，通过组织实施青年教师职业生涯设计，使青年教师在导师和系（所）的指导下对个人特点、所处环境进行分析，明确其未来的发展方向，具体设计出教学、科研、进修、培训、学术交流、参与学术团队等相关计划。

《关于进一步明确高层次人才引进工作职责的意见》主要是为强化校院系和各职能部门在高层次人才引进工作中的职责，将人才引进服务工作的阵线前移，使引进人才能更好地开展工作，促进学校各项工作发展。《公派出国（境）留学人员管理规定》是为加快教师队伍国际化步伐，跟踪国际学术前沿，拓宽学术视野。《关于学术休假的暂行办法》是通过实行教师学术休假制度，让教师在一段时间内集中精力著书立说、开展学术交流、完成科研项目或进修访学。

经过讨论，代表们一致认为，人才工作会议的召开和各项人才政策的制定体现了学校对人才队伍建设的关注与重视，将对学校的发展起到极为重要的作用，并建议通过进一步完善人才的引进、培养和评价体系及创新团队的培养机制，将人才工作落到实处，推动人才队伍建设取得进一步发展。蒋述卓书记在大会闭幕式上作了《用好现有人才，引进急需人才，培养骨干人才，促进人才队伍全面协调可持续发展》的讲话，从三个方面阐述了人才队伍建设的重要性和人才工作的重点，指出要坚持科学发展观，坚定不移走人才强校之路；要充分调动一切积极因素，形成人才工作合力；要突出重点，切实加强高层次人才队伍建设。

通过本次会议，全校就加强人才队伍建设工作充分凝聚了共识，形成了人才工作改革与发展的清晰脉络，为改变暨南大学长期以来"两长江一杰青"的人才匮乏局面，实现高层次人才的"井喷式"增长，为以此带动学校综合实力实现跃升奠定了坚实基础。

二、实施"宁静致远工程"

自首次人才工作会议之后，暨南大学在人才队伍建设方面取得了巨大突破，各级、各类人才数量均实现了较大幅度的增长，"长江学者"、国家杰出青年科学基金获得者、国家级教学名师、国家级教学团队、教育部创新团队都实现了零的突破，带动了学科建设、人才培养、科学研究、社会服务等方面工作的全面进步，学校的"硬实力"得到了较大提升。进入转型期之后，社会浮躁和急功近利风气日益对高校形成侵蚀，如何为师生提供可以潜心治学、成长成才的"软环境"，作为事关学校未来发展的关键问题被提上了议事日程。2011年9月，广东省委书记汪洋来学校作《聚焦幸福广东》的形势报告，[①] 在专门看望饶芃子教授时指出："当前要着力给专家、教授创造一个潜心工作的环境。"[②] 在内外两方面因素的共同作用下，学校适时提出"宁静致远工程"，开始在营造良好环境、重塑大学精神方面的尝试和探索。

"宁静致远工程"的提出，有其深厚的历史积淀和文化渊源。自建校以来，"宁静致远"就一直是办学思想和理念的重要组成部分。20世纪20年代，时任暨南大学校长郑洪年说："今世俗流于颓废，我暨南同学独不可颓废；习俗沦于厌世，我暨南同学独不可厌世。自今以往，绝摩登之风，去物欲之蔽，坚其意志，晔其智慧，强其体魄。……应养成刻苦自励之精神，以为异日任重致远之准备。"[③] 郑校长对暨南学子摒弃物欲、潜心治学提出了殷切希望。进入21世纪之后，经过深刻思考和充分讨论，学校凝练、归纳出"暨南精神"，提出要以人为本，以教师和学生为本，建立崇尚学术的校园文化，构建一个宽松宁静的氛围，在校园内营造一个环境，让教师静下心来，从物欲、浮躁、急功近利的桎梏中解脱出来，有高尚的职业追求，视学术为生命，使暨南园成为一个追求学理和高深学问、探求知识的地方，成为教师的学术共同体，表达了不为流俗所惑，不为大潮所挟，以宁静之心态，行致远之举动的办学旨趣。

2011年12月8日，学校正式启动"宁静致远工程"，决定通过制度与文化的建设，以及物质条件的保障与安排，用优秀的传统文化和民族精神，营造一种"非淡泊无以明志，非宁静无以致远"的教书育人环境；通过心灵的净化和思想觉悟的提高，激励广大师生员工静下心来，勤奋学习，潜心工作，切实提高教育质量、学术水平与创新能力，为推进学校各项事业的发展作出贡献。同时重塑大学精神，营造"宁于教学、静心研究、致力育人、崇尚奉献"的校园文化，具体表现为：以德为先、唯才是举、见贤思齐的人文文化；鼓励创新、容许失误的精神文化；待遇适当，能够体现出尊严与体面的物质文化；公平、公开、公正，竞争择优的制度文化。[④]

① 胡键、岳宗：《汪洋到暨大作形势报告纵论"幸福广东"：不能牺牲人民幸福去发展》，《南方日报》，2011年9月9日，第1版。
② 胡键、岳宗：《要着力给学者创造一个潜心工作环境》，《广州日报》，2011年9月10日，第1版。
③ 马兴中：《郑洪年的华侨教育思想与实践》，《暨南学报》2001年第1期，第135页。
④ 胡军：《弘扬优秀传统文化和民族精神，营造成长成才环境 全面推进学校各项事业的进步与发展——校长胡军在"宁静致远工程"启动会议上的讲话》，引自《暨南大学年鉴》编辑部编：《暨南大学年鉴》（2012），广州：暨南大学出版社2013年版，第9页。

作为一项引领学校未来建设与发展的系统工程，"宁静致远工程"包括思想建设、制度建设、队伍建设、保障系统建设和协同创新系统建设五个部分。[1] 思想建设着眼于重塑适应长期发展、健康发展与持续发展的价值观和发展观，通过校园精神文明建设和校园文化建设，改进学术风气、学习风气和工作作风，树立良好的思想品德、职业道德和学术道德；营造自由开放、鼓励创新、宽容失败的学术氛围，倡导专注宁静、敬业奉献、求真务实、团结合作的精神风尚，形成有利于创新致远的文化环境。制度建设以改进评价标准和评价机制为核心内容，尊重人才成长和事业发展的规律，坚持评价标准多维度，强调发展性评价；健全以创新质量和远期绩效为导向的考核评价机制，逐步改变单纯以论文、获奖为主的评价方式。结合教师评聘制度的改革，建立与完善教师评聘、级别晋升和转岗、退出机制。队伍建设坚持立足培养、积极引进的人才队伍建设思想，在人才培养方面，按需培养，逐步提高；在人才引进方面，力求高端，形成高地；在人才管理方面，将全校员工按教学科研系列、行政管理系列和其他专业技术系列进行分类管理，强化岗位职责，淡化行政级别，逐步推进"去行政化"和"大部制"改革，实现从管理型向服务型模式转变。保障系统建设要着力加强条件支撑和公共服务体系建设，优化资源配置，提升保障和支撑能力，为教师创造良好的学习、工作和生活环境。协同创新系统建设要着力突破体制机制障碍，探索建立校校协同、校所协同、校企协同、校地协同、国际合作协同的新模式，共享优质教育资源，全面提高人才培养质量，增强学校持续发展的核心竞争力。实施创新团队建设计划，培育、组建高水平的创新团队和学术群体。整合校内外资源，构建高起点、高水平、有特色的协同创新平台与模式。

"宁静致远工程"的全面实施标志着暨南大学在不断提升"硬实力"的基础上，着手营造以制度、精神和文化为内涵的"软环境"建设，通过注入中华优秀传统文化和现代大学精神的基因，将"宁静致远"的理念贯彻到各项工作之中，对学校的内涵式发展和可持续发展产生了深远影响。

三、坚持人才强校战略，提高师资队伍水平

高校之间的竞争和学校的发展后劲，关键在人才，人才决定着学校的核心竞争力。自首次人才工作会议及正式启动"宁静致远工程"之后，学校坚持人才强校战略，将人才工作作为学校的核心工作，予以前所未有的重视，并不断加大投入。据统计，学校引进人才与师资建设预算经费 2016 年达 1.5 亿元，比 2015 年增加 5600 多万元，较 2010 年增长 7 倍、较 2006 年增长 24 倍。为了引进学校急需的人才，校院党政主要领导登门拜访，再三邀请，[2] 许多人才被诚意所打动最终加盟，他们的到来带动了学校相关学科的发展，搭建了结构合理的人才梯队，使得暨南大学人才队伍建设进入了大发展的时期。

2006 年，中药与天然药物研究所常务副所长、中药系主任叶文才教授成为学校首位"长江学者"特聘教授和国家杰出青年科学基金获得者，加上 2007 年生命与健康工程研

---

① 《暨南大学关于实施宁静致远工程的若干意见》，暨人〔2011〕139 号，暨南大学档案，档案号：2011 - XZ11。

② 吴小军、刘小军：《百年侨校：向着海内外知名研究型大学进发——访暨南大学校长胡军》，http://news. xinhuanet. com/overseas/2013 - 06/06/c_124818077. htm，2013 年 6 月 6 日。

究院院长何庆瑜教授入选"长江学者"特聘教授，形成了暨南大学 2009 年以前高层次人才"两长江一杰青"的局面。随着学校财务状况的好转，自 2009 年召开首次人才工作会议之后，学校不断加大人才引进与培养力度，到 2013 年，高层次人才数量实现了较大幅度的增长，其中，国家级人才数量年均增加 14 人次，年均增长 71.67%，药学院王玉强教授在 2011 年实现了学校"千人计划"入选者零的突破；省级人才数量年均增加 14 人次，年均增长 104.41%，叶文才教授、Henri Dumont 教授、何蓉蓉副教授分别成为学校首位教育部创新团队负责人、广东省领军人才、广东省杰出青年基金获得者。

2013 年以来，学校大力实施人才强校发展战略，将人才工作作为推进学校发展的中心工作。在各类人才数量已经达到一定基数的情况下，到 2016 年，高层次人才继续实现突飞猛进的增长，其中国家级人才数量年均增加 26 人次，年均增长 63.04%，张成武教授、尹芝南教授、关柏鸥教授、张弓教授分别实现了学校"863"项目负责人、"973"首席科学家、"万人计划"入选者、国家自然科学基金优秀青年科学基金获得者零的突破；省级人才数量年均增加 31 人次，年均增长 90.10%，尹芝南教授和廖化新教授分别代表学校首次获得广东省"珠江人才计划"引进创新创业团队项目，周振教授、齐绪峰副教授分别成为学校首位"南粤百杰"培养对象和"广东特支计划"百千万青年工程拔尖人才项目获得者。截至 2016 年 9 月，学校国家级人才数量是 2006 年的近 23 倍，省级人才数量是 2006 年的 29 倍。

在人才工作的过程中，学校各院系根据自身情况，形成了各自的人才引进特色与经验。如药学院采取"以才引才"的方式，"栽下梧桐树，引得凤凰来"。对此，胡军校长曾多次表示："以姚新生院士为核心的药学学科团队的引进是我校团队引进的成功典范，在姚院士的带领下，叶文才、栗原博等教授相继加盟我校，我校药学学科建设迅速提升到一个新的高度。"① 面对各院校之间日趋激烈的人才竞争，经济学院在全校率先采取柔性引进的方式，引进了 10 位海外高层次人才，确定其任期目标，确立了"不求所有、但求所用"的人才引进思路。信息科学技术学院柔性引进了包括美国国家工程院院士、俄罗斯"两院"院士、"长江学者"特聘教授、国家杰出青年科学基金获得者等在内的一大批优秀师资，为开展国际前沿领域研究打下了坚实基础。

---

① 郑兴、张红：《珠江口崛起第一侨校》，《人民日报（海外版）》，2014 年 4 月 30 日，第 1 版。

表 1 　暨南大学 2006—2016 年高层次人才统计表

国家级人才											
人才类型	年份										
	2006	2007	2008	2009	2010	2011	2012	2013	2014	2015	2016
中国科学院院士	1	1	1	1	2	2	2	2	2	2	2
中国工程院院士	3	3	3	4	4	5	6	6	6	6	5
外籍院士	0	0	0	0	0	1	4	5	6	7	8
"长江学者"特聘教授	1	2	2	3	3	3	3	4	4	6	9
"长江学者"讲座教授	0	0	0	0	0	0	0	0	3	4	4
"千人计划"入选者	0	0	0	0	0	1	3	4	5	9	15
国家杰出青年科学基金获得者	1	1	1	2	2	2	5	6	8	12	17
"万人计划"入选者	0	0	0	0	0	0	0	0	1	4	10
"青年千人计划"入选者	0	0	0	0	0	0	0	0	2	5	6
国家自然科学基金优秀青年科学基金获得者	0	0	0	0	0	0	0	1	3	4	10
"863"项目负责人	0	0	0	0	0	0	0	1	1	1	1
"973"首席科学家	0	0	0	0	0	0	0	1	2	2	2
国家外专局"高端外专专家项目"获得者	0	0	0	0	0	0	2	4	8	11	15
新世纪"百千万人才工程"国家级人选	2	5	5	7	7	7	7	9	13	14	16
"新世纪优秀人才支持计划"入选者	0	2	6	11	14	19	31	37	37	37	43
"千百十工程"国家级培养对象	0	0	2	2	4	4	6	6	9	9	10
中宣部"四个一批"人才	0	0	0	0	0	0	0	0	0	2	2
合 计	8	14	20	30	36	44	69	86	110	135	175
省级人才											
人才类型	年份										
	2006	2007	2008	2009	2010	2011	2012	2013	2014	2015	2016
教育部创新团队负责人	0	0	0	0	1	1	1	1	1	1	1
广东省创新团队负责人	0	0	0	0	0	0	0	0	2	4	4
广东省领军人才	0	0	0	0	0	1	3	7	7	7	7
"南粤百杰"培养对象	0	0	0	0	0	0	0	1	1	4	5

（续上表）

省级人才											
人才类型	年份										
	2006	2007	2008	2009	2010	2011	2012	2013	2014	2015	2016
"珠江学者"（含特聘教授、讲座教授、青年珠江学者）	1	1	1	3	3	3	5	8	9	12	27
"千百十工程"省级培养对象	5	5	14	14	29	29	38	38	42	42	48
广东省杰出青年基金获得者	0	0	0	0	0	0	1	7	12	16	23
"广东特支计划"入选者	0	0	0	0	0	0	0	1	21	22	34
广东省优秀青年教师	0	0	0	0	0	0	0	8	16	16	24
合　计	6	6	15	17	33	34	48	71	111	124	173

分类排序	所在单位	姓名
中国科学院院士（共计2人）		
1	理工学院	陈星旦
2	粤港澳中枢神经再生研究院	苏国辉
中国工程院院士（共计5人）		
1	理工学院	刘人怀
2	药学院	姚新生
3	珠海校区	钱清泉
4	生命科学技术学院	陈志南
5	医学院	詹启敏
外籍院士（共计8人）		
1	信息科学技术学院	李凯
2	粤港澳中枢神经再生研究院	Seeram Ramakrishna
3	肿瘤药理学研究所	Susan P. C. Cole
4	药学院	Crommen Jacques Auguste Joseph
5	生命科学技术学院	Henri Dumont
6	信息科学技术学院	Poyove
7	经济学院	Mark Richard Rosenzweig
8	环境与气候研究院	刘邵臣
"长江学者"特聘教授（共计9人）		
1	药学院	叶文才
2	生命科学技术学院	何庆瑜
3	生物医学转化研究院	尹芝南

（续上表）

分类排序	所在单位	姓名
4	信息科学技术学院	马建峰
5	生命科学技术学院	吴建国
6	经济与社会研究院	冯帅章
7	文学院	程国赋
8	纳米光子学研究院	李宝军
9	环境学院	闫兵
"长江学者"讲座教授（共计4人）		
1	粤港澳中枢神经再生研究院	Seeram Ramakrishna
2	经济学院	Mark Richard Rosenzweig
3	环境学院	黄铭洪
4	肿瘤药理学研究所	于强
"千人计划"入选者（共计15人）		
1	大气环境安全与污染控制研究所	周振
2	生命科学技术学院	刘奋勇
3	生命科学技术学院	廖化新
4	信息科学技术学院	李凯
5	药学院	王玉强
6	生命科学技术学院	胡晓农
7	珠海校区	黄国全
8	理工学院	石磊
9	信息科学技术学院	麦耀华
10	粤港澳中枢神经再生研究院	陈功
11	粤港澳中枢神经再生研究院	李晓江
12	附属第一医院	尹良红
13	生命科学技术学院	朱晨
14	生命科学技术学院	何飚
15	生命科学技术学院	霍文哲
国家杰出青年科学基金获得者（共计17人）		
1	药学院	叶文才
2	光子技术研究院	关柏鸥
3	药学院	潘景轩

（续上表）

分类排序	所在单位	姓名
4	药学院	吴军
5	生物医学转化研究院	尹芝南
6	环境学院	曾永平
7	生命科学技术学院	刘奋勇
8	光子技术研究院	李朝晖
9	药学院	丁克
10	珠海校区	黄国全
11	经济与社会研究院	冯帅章
12	信息科学技术学院	苏开乐
13	生命科学技术学院	鞠振宇
14	生命科学技术学院	李丹
15	纳米光子学研究院	李宝军
16	环境与气候研究院	邵敏
17	生命科学技术学院	何飚
"万人计划"科技创新领军人才（共计3名）		
1	药学院	丁克
2	光子技术研究院	关柏鸥
3	环境与气候研究院	邵敏
"万人计划"哲学社会科学领军人才（共计2名）		
1	文学院	程国赋
2	国际关系学院/华侨华人研究院	鞠海龙
"万人计划"国家高层次人才特殊支持计划之新世纪"百千万"人才工程领军人才（共计1人）		
1	生命科学技术学院	李丹
"万人计划"青年拔尖人才（共计4人）		
1	生命科学技术学院	张弓
2	生命科学技术学院	陈填烽
3	经济学院	陈光慧
4	环境学院	庄莉
"青年千人计划"入选者（共计6人）		
1	光子技术研究院	李向平
2	光子技术研究院	曹耀宇
3	理工学院	丁郁

（续上表）

分类排序	所在单位	姓名
4	环境学院	陈达
5	药学院	訾佳辰
6	化学与材料学院	陆仕荣
国家自然科学基金优秀青年科学基金获得者（共计10人）		
1	生命科学技术学院	张弓
2	药学院	高昊
3	药学院	师蕾
4	生物医学转化研究院	董忠军
5	光子技术研究院	李向平
6	环境学院	曾力希
7	环境学院	游静
8	生命科学技术学院	谢强
9	药学院	王英
10	药学院	何蓉蓉
"863"项目负责人（共计1人）		
1	生命科学技术学院	张成武
"863"青年科学家项目负责人（共计5人）		
1	生命科学技术学院	陈填烽
2	生命科学技术学院	武征
3	生命科学技术学院	张弓
4	理工学院	刘明贤
5	药学院	吴宝剑
"973"首席科学家（共计2人）		
1	生物医学转化研究院	尹芝南
2	生命科学技术学院	刘奋勇
新世纪"百千万人才工程"国家级人选（共计16人）		
1	经济学院	苏冬蔚
2	生命科学技术学院	何庆瑜
3	生命科学技术学院	蔡冬青
4	生命科学技术学院	王一飞
5	药学院	叶文才
6	药学院	江仁望

（续上表）

分类排序	所在单位	姓名
7	文学院	程国赋
8	理工学院	李卫
9	文学院	刘增合
10	经济学院	陈安平
11	药学院	吴军
12	生物医学转化研究院	尹芝南
13	大气环境安全与污染控制研究所	周振
14	经济与社会研究院	冯帅章
15	生命科学技术学院	李丹
16	纳米光子学研究院	李宝军
"新世纪优秀人才支持计划"入选者（共43人）		
1	文学院	程国赋
2	管理学院	王国庆
3	生命科学技术学院	刘泽寰
4	文学院	刘增合
5	生命科学技术学院	熊盛
6	公共管理学院/应急管理学院	庞素琳
7	经济学院	苏冬蔚
8	生命科学技术学院	黄亚东
9	药学院	江仁望
10	经济学院	彭国华
11	新闻与传播学院	林如鹏
12	粤港澳中枢神经再生研究院	周立兵
13	光子技术研究院	关柏鸥
14	光子技术研究院	冯新焕
15	生命科学技术学院	陈填烽
16	药学院	高昊
17	药学院	江正瑾
18	经济学院	王兵
19	理工学院	黄世清
20	外国语学院	蒲若茜
21	新闻与传播学院	支庭荣

（续上表）

分类排序	所在单位	姓名
22	药学院	王英
23	法学院/知识产权学院	朱义坤
24	管理学院	欧锦文
25	光子技术研究院	李朝晖
26	经济学院	陈安平
27	理工学院	汪勇
28	文学院	王元林
29	信息科学技术学院	翁健
30	药学院	蔡宇
31	药学院	何蓉蓉
32	药学院	张晓琦
33	珠海校区	孙华妤
34	国际关系学院/华侨华人研究院	张振江
35	理工学院	白卫滨
36	文学院	李云飞
37	药学院	师蕾
38	药学院	张冬梅
39	医学院	马民
40	资源环境与可持续发展研究所	何凌云
41	经济与社会研究院	冯帅章
42	文学院	贺仲明
43	纳米光子学研究院	李宝军
"千百十工程"国家级培养对象（共计10人）		
1	文学院	程国赋
2	生命科学技术学院	王一飞
3	公共管理学院/应急管理学院	庞素琳
4	光子技术研究院	关柏鸥
5	理工学院	莫测辉
6	医学院	李扬秋
7	信息科学技术学院	翁健
8	管理学院	王玮
9	生命科学技术学院	李丹

（续上表）

分类排序	所在单位	姓名
10	纳米光子学研究院	李宝军
中宣部"四个一批"人才（共计2人）		
1	文学院	程国赋
2	国际关系学院/华人华侨研究院	鞠海龙
教育部创新团队负责人（共计1人）		
1	药学院	叶文才
广东省创新团队负责人（共计4人）		
1	生命科学技术学院	廖化新
2	生物医学转化研究院	尹芝南
3	信息科学技术学院	马建峰
4	生命科学技术学院	刘奋勇
广东省领军人才（共计7人）		
1	生命科学技术学院	Henri Dumont
2	粤港澳中枢神经再生研究院	苏国辉
3	信息科学技术学院	邓慧杰
4	信息科学技术学院	李凯
5	肿瘤药理学研究所	Susan P. C. Cole
6	粤港澳中枢神经再生研究院	Seeram Ramakrishna
7	信息科学技术学院	Alexander A. Potapov
"南粤百杰"培养对象（共计5人）		
1	大气环境安全与污染控制研究所	周振
2	环境学院	曾永平
3	药学院	丁克
4	理工学院	李卫
5	纳米光子学研究院	李宝军
"珠江学者"（共计27人）		
1	经济学院	王聪
2	文学院	程国赋
3	经济学院	苏冬蔚
4	生命科学技术学院	黄亚东

（续上表）

分类排序	所在单位	姓名
5	管理学院	况熙
6	生命科学技术学院	王常勇
7	新闻与传播学院	冯应谦
8	药学院	高昊
9	经济学院	王兵
10	光子技术研究院	关柏鸥
11	经济学院	马彦源
12	文学院	贺仲明
13	文学院	刘增合
14	经济学院	王春超
15	衰老与再生研究院	鞠振宇
16	经济学院	关大博
17	国际关系学院/华人华侨研究院	项飚
18	环境学院	Derek Muir
19	生命科学技术学院	索祖才
20	生命科学技术学院	Yang Wang
21	医学院	刘兵
22	药学院	Banwell Martin Gerhardt
23	新闻与传播学院	刘涛
24	管理学院	黎文靖
25	管理学院	朱帮助
26	环境学院	郭英
27	药学院	张冬梅
"千百十工程"省级培养对象（共计48人）		
1	经济学院	刘少波
2	生命科学技术学院	林小涛
3	医学院	李志杰
4	生命科学技术学院	欧阳健明
5	药学院	孙晗笑
6	新闻与传播学院	蔡铭泽
7	医学院	陈利国
8	理工学院	李卫

（续上表）

分类排序	所在单位	姓名
9	生命科学技术学院	杨宇峰
10	生命科学技术学院	王一飞
11	经济学院	苏冬蔚
12	医学院	李扬秋
13	生命科学技术学院	洪岸
14	法学院/知识产权学院	刘颖
15	公共管理学院/应急管理学院	庞素琳
16	管理学院	张耀辉
17	生命科学技术学院	李弘剑
18	经济学院	傅京燕
19	生命科学技术学院	黄亚东
20	文学院	刘增合
21	理工学院	莫测辉
22	药学院	江仁望
23	外国语学院	蒲若茜
24	医学院	陈孝银
25	生命科学技术学院	吴晓萍
26	经济学院	刘金山
27	生命科学技术学院	熊盛
28	生命科学技术学院	袁定胜
29	管理学院	温碧燕
30	生命科学技术学院	刘朗夏
31	信息科学技术学院	翁健
32	粤港澳中枢神经再生研究院	周立兵
33	生命科学技术学院	姜仕军
34	光子技术研究院	冯新焕
35	文学院	王元林
36	经济学院	王兵
37	文学院	赵静蓉
38	理工学院	王伯光
39	华文学院	刘华
40	生命科学技术学院	季煜华

（续上表）

分类排序	所在单位	姓名
41	经济学院	陈安平
42	产业经济研究院	顾乃华
43	生命科学技术学院	陈填烽
44	生命科学技术学院	张弓
45	理工学院	李立华
46	理工学院	汪勇
47	医学院	马民
48	药学院	王英
广东省杰出青年基金获得者（共计23人）		
1	药学院	何蓉蓉
2	理工学院	刘明贤
3	生命科学技术学院	王晓刚
4	生命科学技术学院	陈填烽
5	药学院	张冬梅
6	药学院	高昊
7	光子技术研究院	武创
8	理工学院	麦文杰
9	生命科学技术学院	石智
10	生命科学技术学院	齐绪峰
11	药学院	吴宝剑
12	药学院	戴毅
13	药学院	陆小云
14	生命科学技术学院	高庆生
15	信息学院	赖俊祚
16	信息学院	卢惠辉
17	药学院	王磊
18	粤港澳中枢神经再生研究院	曲宜波
19	信息学院	徐毅
20	药学院	靳艳丽
21	药学院	朱建华
22	管理学院	朱帮助
23	环境学院	郭英

（续上表）

分类排序	所在单位	姓名
"广东特支计划"科技创新领军人才（共计4人）		
1	光子技术研究院	关柏鸥
2	光子技术研究院	李朝晖
3	环境学院	游静
4	生命科学技术学院	黄亚东
"广东特支计划"百千万工程领军人才（共计2人）		
1	粤港澳中枢神经再生研究院	周立兵
2	药学院	吴军
"广东特支计划"科技创新青年拔尖人才（共计14人）		
1	光子技术研究院	郭团
2	光子技术研究院	金龙
3	大气环境安全与污染控制研究所	黄正旭
4	理工学院	刘明贤
5	生命科学技术学院	高庆生
6	生命科学技术学院	陈填烽
7	生命科学技术学院	张弓
8	药学院	高昊
9	药学院	何蓉蓉
10	光子技术研究院	李建平
11	粤港澳中枢神经再生研究院	曲宜波
12	生命科学技术学院	石智
13	大气环境安全与污染控制研究所	高伟
14	药学院	吴宝剑
"广东特支计划"百千万青年工程拔尖人才项目（共计7人）		
1	理工学院	麦文杰
2	药学院	师蕾
3	药学院	王磊
4	生命科学技术学院	齐绪峰
5	信息科学技术学院	刘双乾
6	药学院	田海妍
7	医学院	张文娟

（续上表）

分类排序	所在单位	姓名
\multicolumn{3}{c}{"广东特支计划"宣传思想文化领军人才（共计3人）}		
1	国际关系学院/华侨华人研究院	鞠海龙
2	新闻与传播学院	支庭荣
3	出版社有限责任公司	徐义雄
"广东特支计划"青年文化英才项目负责人（共计3人）		
1	新闻与传播学院	汤景泰
2	产业经济研究院	陈林
3	新闻与传播学院	麦尚文
"广东特支计划"教学名师（共计1人）		
1	法学院/知识产权学院	朱义坤
广东省优秀青年教师（共计24人）		
1	产业经济研究院	陈林
2	管理学院	黎文靖
3	光子技术研究院	金龙
4	经济学院	王春超
5	经济学院	赵永亮
6	理工学院	白卫滨
7	生命科学技术学院	何留民
8	生命科学技术学院	高庆生
9	光子技术研究院	李杰
10	理工学院	麦文杰
11	生命科学技术学院	马栋
12	粤港澳中枢神经再生研究院	曲宜波
13	产业经济研究院	陶锋
14	经济学院	陈光慧
15	外国语学院	王进
16	新闻与传播学院	刘涛
17	生命科学技术学院	郭瑞
18	理工学院	方俊彬
19	生命科学技术学院	肖佳
20	信息科学技术学院	李敬娜
21	管理学院	刘红艳

（续上表）

分类排序	所在单位	姓名
22	文学院	蔡亚平
23	经济学院	郑贤
24	医学院	朱丽红

资料来源：人力资源开发与管理处统计数据，数据统计截至2016年9月8日。

学校人才队伍结构得到了很大优化。在学校办学规模不断扩张、各类人员数量持续增长的情况下，专任教师数量始终保持在教职员工总数的40%左右，到2016年达到1999人，较2006年增长400余人，充分体现了学校教学工作的核心地位，也从侧面反映了学校快速发展的势头。职称结构方面，在不断提升职称评定门槛的情况下，学校专任教师获得高级职称的比例显著提升，从2006年的55.52%提升到2016年的67.38%，其中正高级职称所占比例提升近10%，学校师资队伍的整体学术和研究水平有了较大提高。学历结构方面，专任教师中获得博士学位的从2006年的36.29%提升至66.53%，提升了约30%，充分体现了学校2006年以来提高准入门槛、要求专任教师必须具备博士学历政策的成效，从源头上提高了学校师资队伍质量。

表2　暨南大学2006—2016年专任教师结构一览表

年份	专任教师总数/占教职工总数比例	职称结构/占专任教师比例			学历结构/占专任教师比例		
		正高	副高	中级	博士	硕士	本科
2006	1576/39.72%	324/20.56%	551/34.96%	504/31.98%	572/36.29%	698/44.29%	296/18.78%
2007	1650/41.36%	365/22.12%	566/34.30%	547/33.15%	651/39.45%	681/41.27%	311/18.85%
2008	1718/41.52%	390/22.70%	572/33.29%	518/30.15%	704/40.95%	727/42.32%	270/15.71%
2009	1718/41.52%	390/22.70%	572/33.29%	518/30.15%	808/47.03%	678/39.46%	232/13.50%
2010	1768/41.33%	423/23.93%	590/33.37%	540/30.54%	879/49.72%	667/37.73%	222/12.56%
2011	1830/42.28%	466/25.46%	640/34.97%	594/32.46%	973/53.17%	611/33.39%	246/13.44%
2012	1864/42.50%	480/25.75%	655/35.14%	593/31.81%	1011/54.24%	628/33.69%	225/12.07%
2013	1922/42.98%	504/26.22%	692/36.00%	620/32.26%	1131/58.84%	575/29.92%	216/11.24%
2014	1917/42.91%	512/26.71%	699/36.46%	596/31.09%	1152/60.09%	565/29.47%	199/10.38%
2015	1960/41.27%	541/27.60%	731/37.30%	581/29.64%	1256/64.08%	518/26.43%	185/9.44%
2016	1999/41.37%	597/29.86%	750/37.52%	551/27.56%	1330/66.53%	493/24.66%	170/8.50%

四、深化人事制度改革，推进体制机制创新

为了实施"人才强校"战略，加大人才队伍建设力度，学校不断深化人事制度改革，以体制机制的改革创新持续激发现有人才活力、优化师资队伍结构，以一流的服务和良好的氛围吸引外部人才加盟，形成聚集效应。同时实施"宁静致远工程"，重塑大学精神和校园文化，营造"想干事、能干事、干成事"的良好氛围，使所有教职工都能在暨南园内成长成才，以此推动学校办学质量和综合实力的不断提升。

2006年，学校修订并发布《暨南大学引进人才暂行办法》，要求教学科研系列新进人员必须拥有博士以上学历，提高准入门槛，从源头上为打造高水平师资队伍提供了保障和依据。[1] 2007年，成立人才规划引进和培养领导小组，由校长和党委书记任组长，以加强对人才引进工作的统一规划和领导。为了进一步加大各类人才特别是高层次人才的引进力度，还出台《暨南大学高层次人才培养实施办法（试行）》，对人才的引进程序、应聘条件及相关待遇、聘任及管理作出了明确规定，特别是将引进人才按照其能力与成果划分为5个层次并给予相应待遇，为各院（所）、直属单位引进人才提供了明确指导意见及操作方案。该办法还提出要建立灵活多样的用人机制，确立"不求所有、但求所用"的人才观，积极探索、实践各种柔性引进模式，在高校之间人才竞争日趋激烈、人才流动障碍日益增多的情况下收到了良好的效果。[2] 自该办法实施以来，积极借助国家、省级人才工程柔性引进了一大批海外高层次人才。在"积极引进"的同时，学校"立足培养"，制定《暨南大学关于教职工国内攻读学位的补充规定》和《暨南大学教职工出国（境）进修管理规定》，为教职工研修访学和尽快成长提供更便利的条件，培育现有师资的国际视野，服务学校的国际化办学方针。为了帮助新入职教师尽快适应学校环境、早日成长成才，学校出台《暨南大学青年教师导师制（试行）》，为新入校的130多名青年教师指定导师，充分发挥资深教师的"传、帮、带"作用。

2007年1月1日，学校对人才引进政策进行调整，教学科研人员实行人事代理制，教辅、行政等人员实行人事聘用制，为推进以强化岗位、淡化身份、突出绩效的岗位设置与聘任工作打下了基础。2008年，提高聘用制人员的待遇标准，使之与在编人员同工同酬，充分调动了聘用制人员的积极性。

2011年8月，为进一步深化事业单位人事制度改革，建立健全岗位设置管理制度，根据国家人事部《〈事业单位岗位设置管理试行办法〉实施意见》《关于高等学校岗位设置管理的指导意见》和《国务院侨办直属事业单位岗位设置实施方案》等文件精神，结合学校实际，启动岗位设置与聘任工作，经过反复调研及与各基层单位充分讨论，拟定《暨南大学岗位设置及人员聘用实施办法》，并经学校"双代会"表决通过。同时开始实施新的绩效工资方案，实行办学效益与绩效挂钩的校、院两级分配机制。该方案规定，绩效工资由基础性绩效、奖励性绩效，以及学科建设与重点重大奖励3个部分组成，成人教育和专业学位的工作量不参与绩效分配。教学科研单位实行二次分配，学校

① 《关于印发〈暨南大学引进人才暂行办法〉的通知》，暨人〔2006〕145号，暨南大学档案，档案号：2006-XZ12.11。

② 《关于印发〈暨南大学高层次人才培养实施办法（试行）〉的通知》，暨人〔2007〕82号，暨南大学档案，档案号：2007-XZ12.1。

按照各学院在教学、科研的工作量占全校工作量的比例，将学院教工的基础性绩效与奖励性绩效一并划拨到学院，由学院进行二次分配。机关部处和直属单位行政教辅人员的绩效工资按相应调整标准，增幅略低于教学科研人员。学科建设和重点重大成果、贡献奖励由学校直接奖励到成绩显著的学院和个人。新方案体现绩效关联、优质优效、利益分享和兼顾公平的原则，有利于提高教学科研质量和办学实力。校、院两级分配机制，有利于发挥学院教学科研和学科建设及人才培养等方面的积极性和自主性。

2012 年，人文社会科学"宁静致远工程"实施方案出台，同时启动"暨南远航计划""暨南跨越计划""暨南启明星计划"，对 45 岁、40 岁及中青年拔尖人才进行重点资助。"暨南远航计划"3 年资助 10 个左右的团队，鼓励与国际一流机构、学者建立紧密的合作关系，推动部分机构与海外高校、研究机构共建，实现人才、成果与国际接轨。"暨南跨越计划"3 年资助 10 个左右的团队，鼓励开展文文交叉、文理交叉研究，积极配合各类协同创新中心的组建、创新平台的建设，实现研究方法的融合与创新。"暨南启明星计划"3 年资助 20 个左右的青年学者，鼓励其安心岗位、潜心学术。这 3 个计划为学校冲击国家级、省部级人才培育了新的增长点，达到了良好的效果。8 月，学校平稳有序完成学校岗位设置和人员聘用工作，涉及全校教职工共 4000 多人。为进一步规范用人机制，学校于 10 月启动暨南大学聘用合同的制定与签订工作，进一步确定用人单位以及职工的权利与义务，明确教职工岗位职责与任务。年底，全校 60 个机关部处、院系单位共计 4332 人参与聘用合同签订工作，实现由固定用人向合同用人、由身份管理向岗位管理的巨大变革，进一步推动学校人事管理的科学化、规范化和制度化。

2013 年，为营造良好的学术环境，使学校高层次人才潜心于教学科研工作，学校决定为国家级、省级人才工程培养对象等高层次人才提供"一站式服务"，通过确定各单位高层次人才联系人，加强学校、部处、学院之间人才工作的协同，确保及时、切实解决高层次人才在工作中遇到的实际困难，为他们提供优质服务。[1] 胡军校长这样表达"一站式服务"的意义："暨大的条件相对于兄弟院校并没有什么优势，在人才队伍建设方面，只能靠体制机制创新，靠优质的服务来吸引人才。我们常说，暨大没有最好的条件，但力争有最好的服务。"[2] "我们凭自己的诚心，凭自己最好的服务，让人才来了之后可以发挥作用，减少他们烦琐的事情。其他学校做不到的，我们努力做到。""学校为高层次人才提供'一站式服务'，校长就是这个'一站式服务'的'站长'。"为了让高层次人才尽快融入学校、发挥作用，胡军校长及学校党政领导经常与他们联系，关心其工作情况，了解其需要解决的问题，并及时召开专题协调会，召集相关机关部处为人才解决问题，为学校形成重视人才、关心人才的氛围作出了表率。

为了促使现有人才加速拔尖，学校出台"暨南大学杰出学者支持计划"和"暨南大学优秀青年教师支持计划"，为学校现有人才成长提供经费支持和政策保障，统筹抓好以高层次人才为重点的人才梯队建设，培养一批有学术潜力的中青年骨干冲击国家级、省部级人才工程。"暨南杰出青年学者"包含 2 个层次：第一层次为学术造诣高深、在

① 《暨南大学关于为高层次人才提供一站式服务的意见》，暨人〔2013〕69 号，暨南大学档案，档案号：2013 – XZ11。

② 陈翔：《对话暨南大学校长胡军》，《广州日报》，2013 年 7 月 4 日，第 9 版。

国内外具有较大学术影响的高层次领军人才，拟培养冲击"长江学者"、国家杰出青年科学基金等国家级人才工程；第二层次为青年拔尖人才，拟培养冲击"珠江学者"、广东省杰出青年基金等省部级高层次人才工程。

2014 年，学校出台新的《暨南大学人才引进实施办法》，同时废止 2006 年发布的《暨南大学引进人才暂行办法》，新的办法首次明确了学校人力资源开发与管理处、财务与国有资产管理处等相关机关部处在人才工作中的职责，进一步细化了人才的引进程序，以充分发挥各院（所）、直属单位的积极性和自主性，为其引进人才提供详细的指导。同时明确引进人才实施年薪资的规定，提高引进人才的购房补贴、安家费、科研经费，均较 2006 年的标准提高 4 倍以上，大幅提升了学校对于高层次人才的吸引力。新办法还特别强调和细化了对引进人才的考核标准，对其实施合同管理，根据目标任务进行期中检查和期满考核，以形成"能上能下、能进能出"的用人体系。[①] 为了加快高层次人才的引进速度，简化引进流程，提高引进效率，学校出台《暨南大学高层次人才引进绿色通道实施办法》作为《暨南大学人才引进实施办法》的补充。该办法执行之后，学校人才引进小组对于高层次人才来校随到随议，人才引进流程用时缩减至两个星期以内，提升了在高校人才争夺战中的竞争力。[②]

针对高层次人才不断增加的情况，学校建立"人才特区"，探索"三制四化"的新机制。"三制四化"即院（所）长负责制、岗位聘任制、待遇协议制，评价科学化、人员流动化、资源倾斜化、考核团队化。在该机制的指导下，学校创新教学科研机构的设立与运作方式，整合相关学科资源，以高层次人才团队为基础成立的环境学院、生物医学转化研究院、大气环境安全与污染控制研究所等起步顺利，产生了良好效益。此外，学校还对 2010 年发布的《岗位职级基础性绩效工资和奖励性绩效工资分配试行方案》进行了修订，大幅提高了各项奖励的标准，以激励教研人员"搭大平台、组大团队、拿大项目、出大成果"。为建立更为灵活多样的用人机制，吸引更多海内外杰出人才，2014 年 5 月学校出台《暨南大学讲座教授聘任管理办法》，旨在加强学校与国内外高校的学术交流，引进和培养具有国内外领先水平的学科带头人，带动一批重点学科保持或达到国内外先进水平。[③] 到 2015 年底，新聘请了 59 名讲座教授。截至 2016 年 4 月，全校共聘请讲座教授 128 人，其中"两院"院士 2 人、美国工程院院士 1 人，"长江学者" 10 人、国家"杰青"7 人、国家海外"杰青"2 人。

2015 年，学校正式入选广东省高水平大学重点建设高校，为了实现在人才队伍方面的建设目标，在《暨南大学人才引进实施办法》的基础上，探索实施人才引进和培养的新思路和新办法，研究制订"千人引智计划"，包括"暨南双百英才计划""暨南双百优青计划""暨南双百博后计划""暨南双百专研计划""暨南双百讲座计划"，共计 1000 个岗位，总称为"千人引智计划"。其中"暨南双百英才计划"作为人才强校战略

① 《暨南大学关于印发〈暨南大学人才引进实施办法〉的通知》，暨人〔2014〕34 号，暨南大学档案，档案号：2014 - XZ11.12。
② 《暨南大学关于印发〈暨南大学高层次人才引进绿色通道实施办法〉的通知》，暨人〔2014〕67 号，暨南大学档案，档案号：2014 - XZ11.12。
③ 《暨南大学关于印发〈暨南大学讲座教授聘任管理办法〉的通知》，暨人〔2014〕74 号，暨南大学档案，档案号：2014 - XZ11.12。

的先发措施率先启动，根据学校学科建设和创新平台建设需要，计划在 5 年内重点引进和培养 30 名左右"两院"院士、"千人计划"入选者、"长江学者"、国家杰出青年科学基金获得者等在国际、国内有较大影响力的学科领军人才，50 名左右"千人计划"青年人才、国家自然科学优秀青年科学基金获得者、青年拔尖人才、"珠江学者"等在相关学术领域崭露头角的优秀青年学术带头人，120 名左右具有较大学术发展潜力和海外学术背景的优秀青年学术骨干。为了加强对新聘人员的考核，学校出台《暨南大学新聘教学科研人员管理暂行办法》，规定新聘副高及以上教学科研人员准聘期为 3 年，考核合格后纳入学校长聘轨道。中级人员准聘期为 6 年，6 年内完成目标任务且晋升到副高级职称，则纳入长聘轨道。如准聘期内未晋升到副高及以上职称，则解除聘任合同，不再续聘。长聘岗位实行结构化协议工资制，构建与物价水平具有一定关联的薪酬增长机制；建立长聘后评审制度，保证长聘制度有效发挥作用。[①] 对于校内现有人才，学校推出"暨南精英师资培养计划"，建立分层次、分阶段、相互衔接的人才培养体系，将现有人才分为卓越人才、杰出青年学者、优秀青年学者三类，对于卓越人才给予个性化的支持，对于青年拔尖人才提供 6 万—12 万的津贴，对于新入校的青年教师提供相应津贴，并为其配备青年导师，帮助其快速融入环境、发挥作用。在"外引内培"的双重作用下，学校人才队伍建设取得了重大突破。截至 2016 年 4 月，国家级人才数量较 2015 年初增长 33 人次，已经完成高水平大学人才队伍建设方面近一半的任务。

第六节　人才培养的新成就

一、国内规模最大的港澳台侨高素质人才培养基地

作为第一所由国家创办的华侨学府，"侨"是暨南大学的立校之本和兴校之源，是暨南大学区别于其他高校的根本所在，也是暨南大学的品牌价值所在。进入新百年以来，学校始终坚持"面向海外，面向港澳台"的办学方针和"侨校 + 名校"的发展战略，致力于为华侨华人社会和港澳台地区培养造就人才，凭借独特的办学模式、在海内外的广泛影响力和毗邻港澳的优越地理位置，成为海外华裔及港澳台地区学生赴大陆深造首选的热门高校、全国规模最大的港澳台侨高素质人才培养基地；在校港澳台侨学生总数始终保持在 12000 人左右，占全国高校同类学生总数的近一半，连续多年高居全国高校之首，暨南大学也由此被誉为"华侨最高学府"。近年来，为了进一步增强对港澳台侨学生的吸引力，学校在打造"侨校"的同时大力建设"名校"，为海外华侨华人社会和港澳台地区提供了优质的教育资源，"侨校"的声誉更加响亮。

2006 年到 2008 年，学校对海外及港澳台地区继续实行春秋两季招生。由于春季招生主要是为了方便南半球学生尽快入学，而学校南半球学生主要来自马来西亚和新加坡，数量较少且呈下降趋势，故从 2009 年开始，取消春季招生。报考学生需参加"暨

---

① 《暨南大学关于印发〈暨南大学新聘教学科研人员管理暂行办法〉的通知》，暨人〔2015〕118 号，暨南大学档案，档案号：2015 - XZ11。

南大学、华侨大学联合招收港澳台和华侨、华人及其他外籍学生入学考试"（简称"两校联招"）或"中华人民共和国普通高等院校联合招收华侨、港澳地区及台湾省学生入学考试"（简称"全国联招"），并第一志愿报考，由学校根据考试成绩和综合素质择优录取。学校还在香港、澳门实行保送生制度，报名标准为学生学业水平在所在学校全年级排名前10%，或在科技、体育、文艺、社会服务方面有突出表现，符合条件者经所在中学校长推荐，由学校组织面试后择优录入各本科专业。为帮助部分有强烈意愿来大陆就读，但学业基础尚不够录取标准的港澳台学生，学校建立了由"预科班"及"预科先修班"构成的多层次预科教育体系。预科班的学生修满培养方案规定的全部课程，操行评定良好以上，可以直升本科。预科先修班的学生在经过一年的学习之后，成绩优秀且达到一定标准的可以保送本科，各科及格且未受到纪律处分的学生，可参加 A 班的考试，及格后直升本科，其余学生则须参加"两校联招"考试。

从 2004 年开始，在教育部的组织下，大陆高校开始联合招收华侨、港澳台地区学生，由于其招生规模不断扩大，参与高校的数量不断增加，台湾地区也加大了对港澳学生的招生力度，给予各种优惠待遇，加上从 2008 年开始学校严把质量关，不断提高外招生录取分数线，2008 年提高 50 分，2012 年再次提高 25 分，使得学校 2006 年到 2010 年期间的外招生招生人数有所下降，但总体质量明显提高。2009 年，香港地区实行新学制改革后，学校对于香港学生增加了面试入学的渠道，中六学生、中七学生、副学士学位或取得香港高级文凭的毕业生在相应成绩达到一定标准之后，可申请进入学校预科或本科阶段学习，经过面试择优录取。至此，形成了集自主命题本科自主招生、"专家推荐＋综合测评"研究生招生、多层次预科为一体的招生选拔制度，得到了海外华侨华人社会和港澳台地区的广泛认可。2013 年，台湾公布采认学历的大陆高校名单，暨南大学名列其中，[①] 当年台湾地区报考我校的学生数量较上年大幅增长 36%，2014 年再次增长 27%。2006—2015 年，在"两校联招"中，每年报考我校的学生人数平均有 4800 人，占"两校联招"报考总人数的 92% 以上，比包括北大、清华等国内著名高校在内的"全国联招"报考总人数还多，充分体现了暨南大学对港澳台侨学生的吸引力和号召力。

暨南大学高度重视港澳台侨学生的培养工作，将其视为学校崇高办学使命的体现和独特办学优势之所在。胡军校长曾多次在公开场合表示："暨大要把 12000 人的港澳台侨学生的文章做好，设计建立我们自己的一套培养、教育体系，包括面向港澳台侨学生的创新创业教育，就是对国家的最大贡献。"在长期招收和培养港澳台侨学生的过程中，学校形成了极具特色、自成体系而又能满足海外及港澳台社会需求的招生、培养和管理模式，为港澳台侨学子成长成才营造了多元开放、独具侨校特色的校园文化和环境氛围。

2009 年，学校在原有教育教学管理制度的基础上，全面启动"港澳台侨国际学生培养模式改革"工程，构建了以弹性的标准学分制为基础，以"目标为导向的系统化课程体系"为框架，以分流培养为手段，以本科学生导师模式为保障的港澳台侨人才培养机制和体系。弹性的标准学分制充分考虑来自不同地区学生学习基础的差异，允许学生每

---

① 新闻中心：《台湾扩大承认包括暨南大学在内的一批大陆高校学历》，《暨南大学》第 583 期，2013 年 3 月 30 日，第 1 版。

学期实际修读的学分视学习能力围绕"标准学分"上下浮动。以目标为导向的系统化课程体系为了适应港澳台侨学生社会环境、教育背景的差异性，按照"目标"—"知识群、能力需求"—"课程"的系统设计思路，综合考虑港澳台侨学生所需的知识、能力结构，构建了通识教育课程、基础教育课程和专业教育课程相互协调的课程体系框架。学校还根据港澳台侨学生的特点，从课程、专业和培养模式等多个方面实施分流培养。在课程分流方面，在专业人才培养方案规定的学分比例范围内，学生可以自由选择感兴趣的课程，具有自由选择权的课程学分数约占总学分数的40%。在选课方式上，除了有充分的选课时间外，还专门设置了试听环节，学生可以在每学期前两周内试听和改选课程。在专业分流方面，根据海外及港澳台地区对专业人才的特殊需求，专门开设了知识产权、对外汉语、华文教育、新闻学（国际新闻）、汉语言文学（师范方向）等特色专业。在校修读期间，港澳台侨学生均有一次调整专业的机会。对于学有余力的学生，还可以另选一个专业作为辅修专业或修读双学位。在培养模式分流方面，学校专门设立四海书院，以书院的模式负责港澳台侨学生第一年的教学管理和学生管理工作。本科学生导师模式通过配备导师对学生进行导学、导向、导心，指导学生根据自身特点和兴趣选课，最大限度地减少选课的随意性和盲目性，引导他们充分了解本科学分制学籍管理规定等规章制度、熟悉专业和课程设置情况，帮助其解决学习和生活中碰到的问题。为了严把出口、确保质量，学校实行严格的淘汰机制，港澳台侨学生淘汰率约为5%。同时，实行人性化的学业预警机制，对于一学期所获学分未达到正常进度最低要求的学生，通过电话、电子邮件、书信等形式向学生及家长发送预警信息，以加强对学生学习过程的监管和管理。对于港澳台侨研究生，学校经过十余年的实践，创建了以"分类培养＋联合培养"为主要内容的研究生人才培养模式，在境外设立11个港澳台侨研究生培养基地，与境外知名大学和科研机构共建实验室，深化以科研合作为基础的研究生合作教育模式，被教育部联合调研组誉为独具特色的"暨南模式"，被海内外大学和知名媒体誉为"中国境外研究生教育的试验田和窗口"。①

为了丰富港澳台侨学生的校园生活，学校发展各类学生组织、开展特色品牌活动、建立多种奖助体系，为他们发挥青春才智提供舞台，让其在暨南园内成长成才。学校实施"百里挑一"工程，以各种活动为载体，选拔一批优秀的港澳台侨学生作为重点培养对象，创造条件支持他们参加关于创新活动和领导方法的课程学习，鼓励其进入学校的各级学生组织，担任主席、理事长、会长等主要学生干部职位，广泛参与到校园文化建设和社会公益活动之中。1982年以来，先后有傅明兰等17位港澳学生出任全国学联副主席。学校在学生会中设立了外招生部，下面分别设立香港学生、澳门学生等7个分部，每学年进行换届选举，由学生推选出具有影响力、号召力及较强服务精神的同学担任分部主席和副主席，负责组织外招学生参加校园文化建设和对外交流活动，定期组织外招学生座谈，收集学生反映的信息等。为了让港澳台侨学生切身感受和体会中华文化，学校每年还选拔近1000名优秀生参加中国文化之旅、2000名学生参加广东社会实践与历史文化考察。2006年以来，学校对港澳学生实行"国民待遇"，大幅减少学费和

① 苏运生：《我校成立研究生院　华侨高等教育再谱新篇》，《暨南大学（研究生院成立特刊）》，2011年7月15日，第1版。

住宿费，减轻了他们的经济负担。除可申请学校的各项奖学金外，港澳台侨学生还可申请各类国家相关部门有针对性的奖助学金。自2003年起，国务院侨办在我校设立国家海外学生奖助学金，每年奖励约1000名优秀港澳台侨学子，帮助经济有困难的学生解决学费和生活费用。2006年以来，教育部专门设立了港澳台侨学生奖学金，学校每年有2000多名学生受惠。

二、本科教育——以人才培养为学校的核心任务

暨南大学始终坚持以人才培养为核心和根本任务，坚持"质量是生命、创新是灵魂"的办学理念，突出本科教育的基础地位和教学工作的核心地位，形成了"领导重视教学、教师热爱教学、制度保障教学、科研促进教学、经费优先教学、管理服务教学"的运行机制，不断推进教育教学改革，教学质量和办学水平持续提升。[①]

2003年11月，教育部办公厅印发了《关于对全国592所普通高等学校进行本科教学工作水平评估的通知》[②]，安排暨南大学在2006年接受评估。为此，学校于2004年4月成立了以校长为组长的"暨南大学本科教学工作水平评估领导小组"，并专门设立本科教学工作水平评估办公室，积极开展迎评准备工作。2005年4月，召开以迎评工作为主题的教学工作会议，动员全校师生积极投入"迎评促建"工作。2006年6月，召开第二次迎评动员大会，在会上，学校党政一把手与校级副职领导、校领导与主管（联系）单位的第一责任人分别签订了迎评工作责任书。自教育部明确暨大接受评估的时间后，学校一直稳步推进迎评工作，但考虑到要筹备11月16日举行的百年校庆庆典，加上校本部的新图书馆和新教学大楼等工程尚未完工，教育部批准暨大将接受评估的时间调整到2007年12月。

自2006年12月开始，评建工作作为学校的中心工作，进入了快步建设阶段，2007年每周的校长办公会几乎都将本科教学工作作为第一议题进行讨论，共议决议题28个。学校还在2006年底、2007年6月和9月先后三次专门聘请专家，对评建工作进行全面自评自查，并形成书面意见向学校反馈，起到了查漏补缺、提前预演的重要作用。为了将评估和建设工作有机结合，2007年4月，学校再次调整机构，将"暨南大学本科教学工作水平评估领导小组"更名为"暨南大学本科教学评建工作领导小组"，由校长任组长，分管教学工作的副校长任副组长；"本科教学工作水平评估办公室"也随之更名为"本科教学评建工作办公室"，办公室下设10个评建工作组，并从各教学单位和职能部门抽调工作人员专门负责评建工作。评建工作紧锣密鼓地全面铺开。

对应《普通高等学校本科教学工作水平评估方案》中的评估指标，学校通过组织全校师生参与"教育思想大讨论"，在教育思想、教育观念等方面进行"顶层设计"，同时完善教育事业发展规划、学科专业发展规划、校园建设规划等规划，开展"三风"建设等专题讨论，制定（修订）各教学环节的规章制度，并在专业、师资、示范课程、外招生教材、实验室、实习基地建设等方面进行专项建设；以实施"质量工程"为契机，启

---

① 胡军：《宏教泽　系侨情　百年侨校作育五洲英才——暨南大学本科教学工作水平评估校长报告》，引自《暨南大学年鉴》编辑部编：《暨南大学年鉴》（2008），广州：暨南大学出版社2009年版，第6页。

② 教育部办公厅：《关于对全国592所普通高等学校进行本科教学工作水平评估的通知》，http://www.moe.gov.cn/srcsite/A08/s7056/200311/t20031120_148769.html，2013年11月20日。

动"五个百工程"本科教学评建专题项目，即培训 100 名青年教师、建设 100 门示范课程、编写 100 部高质量外招生教材、扶植 100 个创新实践教学项目、撰写 100 篇高水平教改教研论文，从本科教学的师资、课程、教材、实践、科研 5 个关键要素强化内涵建设。① 学校还对自身的办学特色进行了总结，将其概括为三个方面：一是发挥自主招生制度的优势，为港澳台侨学生提供接受优质教育的机会；二是积极探索课堂教学、校园文化、社会实践"三位一体"的育人模式，全面提高人才培养质量；三是实行以"标准学分制"、本科学生导师制和课堂教学质量"三重"评估制度为主体的教学管理体系，全面保障人才培养质量。②

2007 年 12 月 2 日至 7 日，以吉林大学原校长刘中树教授为组长、华中科技大学原副校长文历阳教授为副组长的教育部普通高等学校本科教学工作水平评估专家组一行 15 人，对我校的本科教学工作进行了实地考察。③ 考察期间，专家组审阅了学校本科教学工作水平评估自评报告及相关支撑和背景材料，听取了胡军校长的工作汇报，观看了反映学校教学成果的专题片，参观了校史与教学成果展，考察了学校网络与教育技术中心、图书馆、教学大楼、媒体实验中心、电子实验中心、医学模拟教学中心等教学服务设施和学生食堂、学生公寓等生活设施以及艺术学院新专业建设情况和实习基地南方报业传媒集团；分别走访了国际学院、文学院、外国语学院、新闻与传播学院、艺术学院、经济学院、管理学院、法学院/知识产权学院、国际关系学系、理工学院、信息科学技术学院、生命科学技术学院、医学院、第一临床医学院、药学院、华文学院、珠海学院（校区）、深圳旅游学院、社会科学部、体育部 20 个学院、系、部和附属第四医院、预防医学教学基地，以及校长办公室、党委办公室、发展规划处、本科教学评建工作办公室、教务处、人事处、财务处、资产与实验室管理处、学生处、科学技术研究处、社会科学研究处、宣传部、团委、招生办公室、国际交流合作处、社会科学部 16 个部门和单位；分别召开了校领导、离退休校领导、学科带头人、中层干部、新专业负责人、教师、学生、教学管理干部 8 个专题座谈会。专家组随机听课 51 门次；调阅了 28 个专业 790 份学生毕业论文（设计）、37 门课程的 1498 份试卷以及实验（实习）报告；现场进行了学生计算机基本操作、英语口语能力、金融学案例分析能力、内科和外科临床 4 项基本技能测试，顺利完成了各项评估任务。

在全面考察调研的基础上，专家组经过认真讨论，对学校的总体印象为：暨南大学是我国历史上第一所由国家创办的华侨学府，开创了我国华侨高等教育的先河，是目前中国大陆最大的港澳台侨高层次人才培养基地。在百年的办学历程中，学校秉承"宏教泽而系侨情"的办学宗旨，恪守"忠信笃敬"的校训，始终与国家和民族的命运紧密相连，为我国和世界五大洲 100 多个国家、地区培养了 20 多万名人才，在全世界华侨华人社会中久享盛誉。改革开放以来，学校坚定不移地贯彻执行党和国家关于办好暨南大学

---

① 《本科教学工作水平评估·综述》，引自《暨南大学年鉴》编辑部编：《暨南大学年鉴》（2008），广州：暨南大学出版社 2009 年版，第 1—4 页。

② 胡军：《宏教泽　系侨情　百年侨校作育五洲英才——暨南大学本科教学工作水平评估校长报告》，引自《暨南大学年鉴》编辑部编：《暨南大学年鉴》（2008），广州：暨南大学出版社 2009 年版，第 10—11 页。

③ 《教育部本科评估专家组名单》，引自《暨南大学年鉴》编辑部编：《暨南大学年鉴》（2008），广州：暨南大学出版社 2009 年版，第 4 页。

的战略决策，坚持正确的办学方向，发扬爱国爱校和团结奋进的光荣传统，为港澳顺利回归和繁荣稳定以及祖国统一大业作出了独特贡献，也在广东省乃至全国的经济建设和社会发展中发挥了重要作用。学校进入国家"211工程"重点建设大学行列以来，认真贯彻落实科学发展观，加大各项建设的力度，学科建设水平、教学水平、科研水平和社会服务能力得到全面提升。学校领导高度重视评估工作，充分调动全校广大师生员工的积极性、主动性与创造性，强化了领导重视教学和教师热爱教学、制度保障教学、科研促进教学、经费优先教学、管理服务教学的机制，评建工作取得了明显成效。

专家组认为我校本科教学工作取得了显著成绩，主要表现为：一是办学指导思想明确，定位准确，教学中心地位突出；二是师资队伍整体水平不断提高，科研促进教学成效显著；三是大力加强办学基本设施建设，持续加大教学经费投入，办学条件优良；四是专业建设与教学改革成效明显，人才培养质量高；五是教学质量监控体系健全，教学管理改革成效明显；六是重视学风和教风建设，成效显著。同时充分肯定我校的办学特色，认为学校始终秉承"宏教泽而系侨情"的办学使命，贯彻"面向海外、面向港澳台"的办学方针，以培养具有文化认同和民族情感、拥护"一国两制"、维护祖国统一大业、促进国家和学生居住地社会经济发展的港澳台侨高素质人才为目标，构建了面向港澳台侨学生的独特人才培养体系，形成了多元、和谐的校园文化，使学校成为我国华侨教育与港澳台人才培养的重要基地，在弘扬和传播中华文化，凝聚侨心、开启侨智、汇集侨力，维护祖国统一大业，促进港澳台地区的稳定与繁荣等方面作出了独特的贡献，形成了鲜明的侨校办学特色。最后，专家组还对学校的本科教学工作提出了三点建议：一是进一步优化师资队伍结构，全面落实高职称教师承担本科教学任务的要求；二是进一步加强办学资源的深度整合，优化多校区教学协调运行机制；三是希望国务院侨办和广东省政府进一步加大对暨南大学的政策倾斜力度，在办学空间和办学经费上给予更大的支持。①

2008年4月，教育部印发《关于公布北京大学、清华大学等198所普通高等学校本科教学工作水平评估结论的通知》，确定暨南大学本科教学工作的评估结论为优秀。② 经过此次评估，学校的办学指导思想得到明确、师资队伍结构得到优化、办学条件有了较大改善、专业建设与教学改革成效明显、办学特色进一步彰显、教学管理水平明显提升、教学运行机制更加顺畅、质量保障体系进一步健全。评建工作还进一步激发了广大师生员工爱校、爱岗、敬业的积极性，充分体现了学校的凝聚力、组织力、战斗力，提升了学校的整体精神风貌，涌现了一批忠于职守、积极奉献的典范。胡军校长代表学校对广大师生在评建工作中的付出与贡献表示感谢，指出："这次教育部组织的本科教学工作水平评估，是对我校多年办学成果的一次全面检阅，是对暨南大学开展教学改革、规范教学行为、提高教学质量的一次国家级验收，事关学校的长远发展和广大师生员工的根本利益。在学校建设发展的关键时刻，我校师生员工不辱使命，以坚强的意志、良好的风貌和一流的工作业绩赢得了专家组的肯定和好评，广大师生以校为家、争先创优

---

① 《教育部普通高等学校本科教学工作水平评估专家组对暨南大学本科教学工作水平评估的考察意见》，引自《暨南大学年鉴》编辑部编：《暨南大学年鉴》（2008），广州：暨南大学出版社2009年版，第4—6页。

② 教育部：《关于公布北京大学、清华大学等198所普通高等学校本科教学工作水平评估结论的通知》，http：//www.moe.gov.cn/srcsite/A08/s7056/200804/t20080409_148766.html，2008年4月9日。

的主人翁责任感和艰苦奋斗、埋头苦干、求真务实的奉献精神得到了充分体现。"

2007年，教育部、财政部联合启动实施"高等学校本科教学质量与教学改革工程"，以探索建立人才培养国家标准、强化专业建设和办学特色、建设优质课程资源、培养大学实践创新能力、提高教师教学能力。① 至此，学校以实施"质量工程"为核心，认真落实本科教学工作评估整改意见，从标准、专业、课程、学生、教师5个方面出发，深化教学改革，强化教学管理，建立健全包括国家、省和学校在内的三级质量监控和评价机制，完善学校内部质量监控和评价体系，建立用人单位、教师、学生共同参与的学校内部质量保障和评价的长效机制，取得了显著成效。

2011年3月13日，学校印发《关于全面实施"三个一"行动切实推动本科教学工程的通知》，正式启动"三个一"行动计划，通过创建本科教学核心团队、建立本科课程建设与管理中心、实施"卓越未来"创新人才教育计划等举措，鼓励教师"参与一个教学团队""上好一门课""培养一批优秀的学生"，以加强本科教学内涵建设，全面提升人才培养水平。② "三个一"行动计划以建设本科教学核心团队为主体，吸纳有志于本科教育教学活动的教师开展课程建设、教材编写、实践教学和创新人才培养等工作，对其成员进行有针对性的培训，对青年教师开展教学改革提供扶持，赋予其成员本科教学活动的优先参与权、本科教育教学改革的优先话语权，以期"在科研和教学的天平上，往教学一方放上砝码"。对此，林如鹏副校长直言"高校的竞争主要靠科研，这是不争的事实，但学校也不会亏待安心搞教学的教师，将在政策上提供全方位支持，让教师自身获得发展，让学生受益"③。

为了更好地激励和引导教师投身本科教学，2013年5月16日，学校出台《暨南大学本科教学激励办法》，设立"暨南大学本科教学校长奖"，将获奖者的名字镌刻在教学大楼的荣誉墙上，以显示学校对有志于教学工作并取得优异成绩教师的肯定。④ 在学校的大力倡导下，到2014年，报名参加本科教学核心团队的教师超过1000人，占任课老师总数近60%。

本科课程建设与管理中心的主要工作是在"十二五"期间将全校本科课程按计划分期、分类加以建设，要求全部本科课程建设课程简介、课程概述等资源，达到建设基本要求；力争30%以上的课程完成课程教学网站、习（试）题库、"精彩一堂课"等资源，达到高级建设要求，最终集成3000门左右课程的基本信息、1000门左右课程教学网站、400个左右"精彩一堂课"视频等资源，推动了学校本科课程质量的大幅提升，在国家级精品资源共享课程、教育部精品视频公开课等方面取得了重大突破。

"卓越未来"创新人才教育计划每年遴选5—8个"卓越未来"创新人才孵化项目，通过将科研与教学活动有机结合，鼓励本科生参与学术活动，提高学生的实践与创新能

---

① http://www.moe.gov.cn/jyb_xwfb/xw_fbh/moe_2006/s5155/s5818/201107/t20110727_122663.html，2011年7月27日。
② 《关于全面实施"三个一"行动切实推动本科教学工程的通知》，暨教〔2012〕12号，暨南大学档案，档案号：2012-XZ11。
③ 林洁、麦尚文：《暨南大学精准发力搅活本科教学：不让安心教书的老师吃亏》，《中国青年报》，2014年5月6日，第3版。
④ 《暨南大学关于印发〈暨南大学本科教学激励办法〉的通知》，暨教〔2013〕26号，暨南大学档案，档案号：2013-XZ11。

力。在该计划的培育下，2011 年学校申请学术专长及科技创新类的推免生共发表学术论文 85 篇，其中被 EI、SCI 收录 22 篇，申请发明专利 2 项，获省部级以上科学技术竞赛奖励 70 多项；2012 年学校获批国家卓越医生、卓越法律人才培养项目，培育的 35 名毕业优异生共发表学术论文 47 篇，获省部级以上科学技术竞赛奖励 46 项，申请发明专利 3 项；2013 年培育的 34 名毕业优异生发表的学术论文中有 25 篇被 EI、SCI 收录，获省部级以上科学技术竞赛奖励 40 项。为了加大"三个一"行动计划的实施力度，学校还将每年 5 月的第二个星期四定为"本科教学日"，并在当天开展"本科教学工作坊""品味教学""'赢在创新'——暨南大学本科生创新大赛"等系列教学活动，进一步浓郁了教育教学的良好氛围。

　　2014 年 11 月 6 日，在"三个一"行动计划的基础上，学校印发《暨南大学关于全面实施"三三三本科教学治理体系"的意见》①。该意见围绕本科教学的三大核心要素"教师、课程和学生"，以教师为主导、以课程为纽带、以学生为根本，搭建本科教学核心团队、本科课程建设与管理中心和"卓越未来"创新人才教育计划 3 个平台，狠抓内涵建设；从营造氛围、搭建平台和系统考评出发，实施教风学风分级预警与处置、教师教学绩效测评和课堂教学辅助 3 套系统，狠抓教风学风，最终实现从本科教学"管理"到"治理"的根本转变，以"给本科教学最好的出路"。② 教风学风分级预警与处置系统包括教风学风巡视制度和单位自查制度、教风学风蓝黄橙红四级预警制度、教风学风联动处理机制，构建教学各个环节参与教风学风建设全过程的完整体系。教师教学绩效测评系统通过搜集相关教学数据，构建教师个人教学档案，动态评价教师业绩水平，引导教师明晰自身发展定位，重点提升教师教学和业务水平。课堂教学辅助系统通过技术手段实现课堂实时互动、考勤、评价、管理，丰富教师授课形式，增强课堂的吸引力。该体系推出以来，受到了社会各界的高度关注，《人民日报》于 2014 年 12 月 18 日在第 21 版头条予以报道，教务处张宏处长应邀赴国家教育行政学院介绍经验。

　　随着教育教学改革的不断推进，学校本科生培养质量不断提高，教风学风不断改善，在生源、专业、师资等方面取得了显著进步，学生优秀实践创新成果不断涌现。在生源方面，自 2008 年以来，学校在广东的文科投档线基本保持第二，理科投档线稳居第三。在内地其他 20 多个省（市、区）的录取分数线平均超过当地重点本科线 20—50 分。

　　在专业方面，学校 2006 年新增体育教育、动画、电气工程及其自动化、建筑学、包装工程 5 个本科专业。2007 年新增光电信息工程、电子科学与技术、音乐学、导演、网络工程、化学工程与工艺 6 个本科专业。新闻学专业入选教育部"高等学校本科教学质量与教学改革工程项目"第一批第二类特色专业，汉语言文学专业、电子信息工程专业进入第二批第一类特色专业。2008 年新增播音与主持艺术、应急管理 2 个本科专业（方向）。2009 年生物科学、临床医学 2 个专业获批为教育部第四批高等学校特色专业建设点。2010 年，新增翻译、自动化、人力资源管理 3 个本科专业，工程力学专业获批为教育部第五批高等学校特色专业建设点。2011 年新增法语、电子信息科学与技术、信息安

① 《暨南大学关于全面实施"三三三本科教学治理体系"的意见》，暨教〔2014〕61 号，2014 年 11 月 5 日。
② 魏哲哲、麦尚文：《给本科教学最好的出路》，《人民日报》，2014 年 12 月 18 日，第 21 版。

全、高分子材料与工程 4 个本科专业，2012 年新增商务英语、材料物理、物联网工程、国际商务、文化产业管理 5 个本科专业，2013 年新增税收学、网络与新媒体、生物制药、酒店管理、会展经济与管理 5 个本科专业，2014 年新增国际事务与国际关系、给排水科学与工程、风景园林 3 个本科专业，至此学校本科专业总数达到 89 个。专业体系的不断完善进一步增强了我校作为综合型大学的优势，为培养时代需要的优秀复合型人才奠定了坚实的基础。

在师资方面，2006 年，学校修订出台《暨南大学关于教授、副教授为本科生上课的规定》，将为本科生讲授课程数量作为教授、副教授职称评定的必要条件，使得"教授为本科生上课"的规定落到实处，当年 55 岁以下教授、副教授为本科生授课比例达到97.1%。随着学校对于青年人才培养力度的不断加大及高层次人才数量的大幅增长，我校师资队伍质量得到了显著提高，在各级各类教育教学竞赛中屡获殊荣。2007 年，林如鹏教授被人事部、教育部联合授予"全国模范教师"称号。2008 年，蒋述卓教授获教育部第四届高等学校教学名师奖；在首届全国高校青年教师教学竞赛中，学校青年教师王兵副教授作为广东省参赛代表在文科组 31 名选手中名列第二，获得一等奖。2009 年，叶文才教授被人力资源和社会保障部、教育部联合授予"全国模范教师"称号。2011年，宋献中教授领衔的"会计学教学团队"获批为国家级教学团队。2014 年，我校教师包揽广东省高校青年教师教学竞赛各类别的第一名，并代表广东在第二届全国高校青年教师教学竞赛中分别荣获二等奖。2016 年，我校教师刘涛再获广东省高校青年教师教学大赛一等奖，并代表广东捧得全国高校青年教师教学竞赛一等奖。自全国高校青年教学竞赛开赛以来，我校教师在三届竞赛中均获得优异成绩，这充分彰显了暨南大学对教学工作的重视和教师队伍的质量。

在学生成果方面，2006 年以来，学校本科生共发表论文 500 多篇，其中 A 类以上学术论文 154 篇，[①] 申请发明专利 31 件，授权 9 件。学生就业率始终保持在 97% 左右，不少专业的毕业生成为用人单位追捧的对象。

三、大力发展研究生教育

暨南大学积极响应国家研究生教育改革精神，不断推进研究生培养体制机制改革。2007 年，为贯彻落实教育部"深化研究生培养机制改革，着力提高研究生培养质量"的精神，学校出台《暨南大学关于试行研究生培养机制改革的决定》，提出奖助金计划、硕博连读计划、优秀博士研究生攀登计划、硕士生计划内资格逐年评审制度及定期进行学位论文双盲评审 5 个方面的改革方案。[②] 奖助金计划将博士研究生的业务费、普通奖学金、专项经费、社会捐赠奖学金及学校筹措的其他经费统筹为"奖助金"（含培养费和生活津贴），标准为博士生入学第一年 800 元/月，第二、三年 1000 元/月，大幅提升了奖励标准。硕博连读计划每年选拔 50 名的全日制硕士生，实行硕博连读培养，学制 5

---

① 关于 A 类论文，不同高校采取的标准不同。暨南大学的 A 类论文中，人文社会科学类按照《A 类期刊目录一览表》认定，参见 http：//portal. jnu. edu. cn/publish/uploadFile/1/eWebEditor/2015061004530142. doc；理工医类按照《暨南大学理工医类职称评定论文分类表》认定，参见 http：//kjc. jnu. edu. cn/detail. html？1000028/W_16015_144171。

② 《暨南大学关于试行研究生培养机制改革的决定》，暨研〔2007〕40 号，2007 年 9 月 4 日。

年，以培养有潜力的学术研究人才。优秀博士研究生攀登计划每年遴选 10 名优秀博士生，给予每月 5000 元生活津贴，以帮助其潜心治学，产出高水平成果。硕士生计划内资格逐年评审制度根据学业情况和综合表现，实现计划内资格和计划外资格相互转换。学校还定期进行学位论文双盲评审，对每年学位申请者的学位论文，由学院统一送校外评阅，学校则按一定比例采取随机抽取与定向抽取相结合的方式进行双盲评阅。每篇论文送 3 位专家评审，如有 2 位专家持否定意见，则该论文的指导教师将列入研究生招生和培养质量的重点关注对象；如果导师所指导的研究生学位论文（含硕士和博士）在 3 年的抽查中出现 2 次或 2 次以上评审专家的否定意见，则予以限量招生或者暂停招生的相应处理。该改革的总体思路是通过提高待遇和严控标准的政策对导师和研究生进行激励，遴选优秀的硕士生、博士生进行重点培养，以提升研究生培养的整体水平。

2008 年，学校召开研究生院建设工作会议，决定举全校之力向申办研究生院发起新一轮冲击。[1] 在当年中国管理科学研究院公布的中国大学研究生院（部）前 100 名各学科实力排名中，学校综合实力列第 39 位，在社会科学 A 等学校中名列第 17 位，已具备申报研究生院的良好基础。[2]

2009 年，学校启动研究生培养机制改革，实施研究生优质生源质量工程，该工程涵盖 10 个方面的内容，包括实施"优秀推免生科研创新奖励计划"，加大优秀本科毕业推免生录取力度；加强内招生入学考试与复试的分层测试职能，加大入学考试自命题改革；在研究生复试中全面开展心理测试；加强研究生导师年度招生计划审核工作，实行暂停招生与淘汰机制；实行招生指标动态管理制度；严格硕士生调剂录取政策；统筹规划招生宣传"走出去"工作，加强专业对口宣传；探索应用型人才培养模式；探索博士生导师自主招生制度，允许"两院"院士、"长江学者"和"珠江学者"、国务院学科评议组成员等自主招收 1 名非定向全日制博士生；完善"专家推荐＋综合测评"的海外与港澳台侨研究生招考模式。通过全面实施该工程，力争 2012 年内招硕士生优质生源率达到 60%，博士生优质生源率达到 90%。[3] 随着国家对于专业学位研究生教育的日益重视，学校制定了《暨南大学专业学位研究生教育发展规划（2010—2015 年）》，大力发展专业学位教育，当年增加 10 种硕士专业学位类别。

2011 年 7 月 6 日，经过全校师生近 30 年的不懈努力，暨南大学研究生院正式揭牌成立，几代暨南人的夙愿终于得以实现，开启了从研究生教育大校向强校转型的新篇章。[4] 为了进一步提高学位授予质量，学校制定《暨南大学研究生学位论文学术不端行为预防及处理暂行办法》，启用"学位论文学术不端检测系统"，在论文评阅和答辩前对申请学位人员的学位论文进行文字重合率检测，以预防和杜绝学术不端行为，树立良好学风。2012 年，为贯彻落实"宁静致远工程"，学校出台《暨南大学"卓越导师"计划实施办法》，将导师与研究生共同发表的高水平学术期刊论文，以及导师所指导的研究生入选全国优秀博士学位论文、广东省优秀博士学位论文列入"卓越导师"计划，予以

① 研究生部：《我校研究生院建设工作全面启动》，《暨南大学》第 509 期，2009 年 1 月 10 日，第 1 版。
② 《2008 年中国大学研究生院排行榜》，http://edu.qq.com/y/yzt/08ytop.shtml，2008 年 11 月 5 日。
③ 《暨南大学关于实施研究生培养机制改革的决定》，暨研〔2009〕116 号，2009 年 12 月 23 日。
④ 苏运生：《我校成立研究生院　华侨高等教育再谱新篇》，《暨南大学（研究生院成立特刊）》，2011 年 7 月 15 日，第 1 版。

科研经费支持，以激励导师的积极性，促进师生良性科研互动。学校还出台研究生"菁英学子"计划，面向不同层次研究生分设"优秀本科推免生科研创新培育计划""优秀硕士研究生科研创新计划""优秀博士研究生攀登计划""研究生高水平科研论文奖励计划"和"优秀学位论文评选及奖励计划"，通过淡化过程管理、加强目标激励、营造良好氛围，激励研究生潜心学术，多出高水平成果。①

2013年，根据教育部、发改委、财政部《关于深化研究生教育改革的意见》的文件精神，② 学校提高博士生入学门槛、就读资助经费、授予学位标准，博士生培养"三高"政策备受社会各界关注。③ 在入学门槛方面，博士招生结合统一招考、硕博连读与自主招生3种方式，提高博导自主招生的门槛，对其已有学术成果进行重点考核。在就读资助经费方面，通过"菁英学子"计划面向博士研究生设立了"优秀博士研究生攀登计划""研究生高水平科研论文奖励计划"和"优秀学位论文评选及奖励计划"，学业优秀的博士生如能获得3个项目的资助，除全免学费外，可获得16万—50万元的经费资助，还可获得出国访学、参加国际会议及与世界一流大学联合培养的机会。在授予学位标准方面，规定自2013级内招博士新生开始，人文社科类博士生要获得博士学位，须以第一作者或导师第一作者、学生第二作者的方式在A类期刊至少发表1篇学术论文；自然科学类博士生须以同样方式在A1类期刊至少发表1篇学术论文，且第一署名单位为暨南大学。除了对博士生培养实行目标管理外，还加强入学选拔、中期考核、开题、论文阶段汇报、预答辩、正式答辩等各个环节的过程管理。2015年，学校按照国务院学位委员会、教育部《关于加强学位与研究生教育质量保证和监督体系建设的意见》等文件精神，④ 正式启动学位授权点动态调整工作，出台《学位授权点合格评估管理办法》⑤《学位授权点动态调整实施办法（试行）》，自主撤销口腔医学硕士学位授权一级学科和中药学硕士专业学位授权点，增列公共卫生硕士专业学位授权点和药学硕士专业学位授权点。制定《暨南大学关于博士学位论文预答辩管理办法》，进一步加强博士学位论文预答辩工作检查与监督力度。同时对博士获得学位的成果要求作了调整，增加了认定成果的类别，以引导博士生多样化发展。

随着在研究生教育方面改革发展的脚步不断加快，学校在学位点建设、导师队伍建设、生源质量优化、人才培养质量、博士后管理等方面都取得了显著成效。

学位点建设方面。2006年，在第十次学位点申报中，学校新增一级学科博士学位授权点3个、二级学科博士学位授权点4个、一级学科硕士学位授权点10个、二级学科硕士学位授权点14个。新增哲学门类的马克思主义理论二级学科硕士学位授权点，使学校学科门类由9个增至10个。2007年，新增法律硕士专业学位和汉语国际教育硕士专

---

① 《暨南大学关于印发〈暨南大学"卓越导师"计划实施办法〉和〈暨南大学研究生"菁英学子"计划实施办法〉的通知》，暨研〔2013〕1号，2013年1月8日。

② 《教育部 国家发展改革委 财政部关于深化研究生教育改革的意见》，教研〔2013〕1号，http://www. moe. edu. cn/publicfiles/business/htmlfiles/moe/A22_zcwj/201307/154118. html，2013年3月29日。

③ 研究生院：《我校改革博士招考培养模式 "三高"新政策备受关注》，《暨南大学》第583期，2013年3月30日，第1版。

④ 《国务院学位委员会 教育部关于加强学位与研究生教育质量保证和监督体系建设的意见》，学位〔2014〕3号，http://www. moe. edu. cn/publicfiles/business/htmlfiles/moe/s7065/201403/165554. html，2014年1月29日。

⑤ 《暨南大学关于印发〈学位授权点合格评估管理办法〉的通知》，暨学位〔2015〕21号，2015年5月29日。

业学位，专业学位点数量增至 8 个。2008 年，组织 10 个一级学科参加教育部一级学科评估工作，中国语言文学在具有博士二级授权分类的 10 个参评单位中，学科整体水平排名第一。2009 年，首次获得法律硕士自主招生权，并招收首批学生 200 人；成功获批为临床医学博士专业学位研究生培养单位，为我校首次获得的医学博士专业学位授权；工程硕士专业学位新增制药工程、建筑与土木工程、化学工程 3 个领域。2010 年，新增金融、应用统计、税务、国际商务、资产评估、翻译、新闻与传播、中药学、旅游管理、工程管理 10 种硕士专业学位类别，已获授权专业学位类别达 19 种。新增光学工程、材料工程 2 个工程硕士领域，工程硕士招生领域达 13 个。2011 年，新增中国语言文学、新闻传播学、生物学、临床医学、中药学 5 个博士学位授权一级学科，法学等 15 个硕士学位授权一级学科，以及审计硕士专业学位类别。由于国务院学位委员会办公室发布了新的《学位授予和人才培养学科目录（2011）》，要求各单位将按原目录批准的现有博、硕士学位授权点对应调整到新目录的一级学科，在对应调整一级学科学位授权点中，学校获批中国史、世界史、生态学和统计学 4 个一级学科博士学位授权点，获批中国史等 6 个一级学科硕士学位授权点，自主设置目录外二级学科 25 个，交叉二级学科 4 个。经过学位授权审核和学科对应，学校博士学位授权一级学科由 6 个增至 12 个，硕士学位授权一级学科由原来的 18 个增至 33 个，硕士专业学位类别增至 20 种。7 月 8 日，英国工商管理硕士协会（Association of MBAs，缩写为 AMBA①）认证总监致函告知"AMBA 国际认证顾问委员会已确认暨南大学成功获得认证"，学校正式成为中国内地第五所通过 AMBA 认证的高校。2014 年，新增护理硕士、艺术硕士专业学位授权点，硕士专业学位授权点增至 22 个。

导师队伍建设方面。2008 年，学校开始推动导师管理制度从身份管理为主向岗位管理为主转变，落实以科研为主导的导师负责制，修订、颁布《暨南大学研究生指导招生计划审核暂行规定》，根据各专业的报名及上线情况，适当增加或减少指标，打破"每位导师至少保证一个招生指标"的"保底"做法，停止安排一部分没有经费和科研成果的导师的招生计划。2009 年，学校按照对导师进行岗位管理的改革思路，强化导师退出机制，开展研究生导师招生计划的审核工作，共有 260 名博士生导师通过 2010 年招生计划审核，通过率为 86.05%。胡军校长当选为广东省学位与研究生教育学会第七届理事会理事长，进一步提升了我校研究生教育在省内的影响力。2011 年，周长忍教授被聘为国务院学位委员会第六届学科评议组成员，林如鹏、刘少波、梁明珠 3 位教授分别被聘为新增的新闻与传播、金融、旅游管理首届全国专业学位研究生教育指导委员会委员，贾益民、宋献中 2 位教授分别连任第二届汉语国际教育、会计硕士全国专业学位研究生教育指导委员会委员。2012 年，学校出台《暨南大学研究生指导教师岗位管理暂行办法》，明确对导师进行岗位管理。截至 2016 年 4 月，学校共有博士生导师 499 位，硕士生导师 1067 位。

生源质量优化方面。暨南大学是莘莘学子向往的热门高校。近年来，学校硕士生考

---

① AMBA 成立于 1967 年，与美国国际高等商学院协会（AASCB）、欧洲质量改进体系（EQUIS）同为全球商学院三大权威国际认证体系。获得三大认证被普遍认为是一个商学院迈向国际一流商科学府的重要标志。AMBA 是三大认证体系当中唯一一个仅针对 MBA 及相关项目进行认证的体系。

录比保持在5∶1左右，博士生考录比保持在6∶1左右，远远高出全国高校平均3∶1的考录比，部分热门专业考录比高达10∶1。2010年，全国共有1035所高校本科毕业生报考我校硕士研究生，报考院校总数是2006年的近两倍，呈现出"万人千校"的气象。在择优空间不断扩大的条件下，学校大力实施研究生优质生源质量工程，不断优化硕士生奖助金分配方案，到2013年实行对学术型硕士生100%公费培养，专业学位硕士生70%公费培养。学校还加大对优秀推免生的招收力度，到2015年录取校内外优秀推免生550人，比2014年增加30%，其中录取外校推免生406人，占推免生录取总数的74%。通过以上激励措施，学校生源质量不断提高，优质生源（来自"985""211"及省部属重点院校优秀本科毕业生）率从2009年的32%上升至2015年的60%。与此同时，生源结构也不断优化，学术型和专业学位硕士的比例从2010年的1.7∶1转变为2015年的1∶1.07，专业学位硕士已超过学术型硕士规模；博士委培生比例从2010年的40%下降到2015年的16%。

人才培养质量方面。2013年以来，学校获得学位的研究生作为第一作者发表的高水平论文有381篇，其中人文社科A类95篇，自然科学A1类286篇。2006年到2014年，学校共有20篇博士学位论文入选广东省优秀博士学位论文，57篇硕士学位论文入选广东省优秀硕士学位论文，4篇硕士学位论文入选全国MPAcc优秀学位论文，1篇硕士学位论文入选全国MTA优秀学位论文。2012年，由经济学院刘建平教授指导的陈光慧博士，其学位论文《连续性抽样调查理论及其应用研究》入选全国优秀博士学位论文提名论文。

博士后管理方面。2007年，学校新增新闻传播学、历史学、生物医学工程、中西医结合4个博士后科研流动站。至此，学校共有9个博士后科研流动站、1个博士后科研工作站，在站博士后规模达到41人。随着博士后科研流动站的增加，学校成立博士后管理委员会，下设办公室，修订了相关的规章制度。在博士后科学基金资助申报中，学校资助获批率远高于全国平均水平。2009年，政治学博士后科研流动站获批。2012年，学校8个一级学科获准设立博士后科研流动站：新设力学、中药学；增设生态学、统计学、世界史；确认应用经济学、中国史、生物学。至此，学校共拥有15个博士后科研流动站，覆盖文学、历史学、经济学、法学、理学、工学、医学、管理学8个学科门类，在站博士后规模达到108人。2名博士后入选"香江学者计划"，为学校首次获得该计划资助。2014年，管理科学与工程博士后科研流动站获批，博士后科研流动站增至16个。在博士招生指标受限的情况，学校高度重视博士后队伍建设，作为高水平大学建设的增长点和突破口，相继出台《暨南大学博士后高水平论文及科研项目奖励办法（修订稿）》《暨南大学博士后招收与进站管理规定（试行）》《暨南大学"博士后短期出国（境）研究项目"管理办法（试行）》《暨南大学关于选拔优秀博士后留校工作试点改革暂行办法》，加大对博士后的培养和支持力度，为学校教学科研队伍培养后备力量。2015年，为激励博士后勇攀科学高峰，持续提升博士后科研水平，产出标志性科技成果，学校董事会董事兼副秘书长、校友总会会长马有恒先生捐赠1000万港元，设立"马万祺博士后高水平科研成果奖励金"，对博士后发表高水平论文、申报高级别项目予以奖励，[1] 从而构建了在站博士后"工资福利待遇 + 马万祺博士后高水平科研成果奖励 + 短期出国研究资助 + 国际学术会议资助 + 其他资助和奖励"的激励机制，为博士后潜心研究创造了良好条件。[2] 截至 2016 年 9 月，学校在站博士后科研人员达到 200 人以上的规模，是 2007 年的近 5 倍。

四、积极发展成人高等教育

作为暨南大学对外办学、服务社会的重要组成部分，自 2006 年以来，成人学历教育秉承"服务地方、服务本省"的宗旨，面向地方经济社会建设主战场，开设广东省发展急需的经济类、信息类专业，改革教育内容，加强教学管理，实行弹性学习制度，允许有限延长学习时间，在成人学历教育本科学生中实行学分制，以更好地适应成人在职、业余、分散的学习特点，为广东省经济社会建设培养造就人才。成人学历教育教学以校本部为主，同时在校外设置教学点，以不断扩大成人教育在省内的覆盖范围，现已覆盖广州、珠海、深圳、中山、东莞、河源 6 个地市。与此同时，根据社会需求，不断优化专业设置，2007 年新设物流管理、税务、网络工程、书法学 4 个专升本专业，2009 年新设高中起点本科办学层次，开设会计学、国际经济与贸易、工商管理 3 个专业，并增设专升本层次投资学、公共安全管理专业。2010 年，新增一批成人教育专业，高中起点本科办学层次新增英语专业，专升本层次新增商务策划管理、电气工程及其自动化专业，专科层次新增商务管理、财务管理、人力资源管理、商务英语、文秘、计算机科学与技术、计算机网络技术、电子商务专业。2011 年，新设高中起点本科办学层次人力资源管理专业，专升本层次项目管理专业，专科层次电气工程与自动化专业。2012 年，开设专升本层次社会工作专业。2014 年，开设专升本层次公共安全管理（安全工程）专业、公共事业管理（房地产经营管理）专业、中医学（养生）专业，专科层次中医学（养生）专业、旅游管理（高尔夫管理）专业、旅游管理（酒店管理）专业。到 2016 年 4 月，学校成人教育开设专业已有 50 多个。2006 年，共有成人学历教育国内在校生 5261 人，其中函授生 3258 人，夜大学生 2003 人；本科学生 3507 人，专科学生 1754 人。在此基础上，学校通过增设校外教学点、开办新的专业、加大招生宣传力度等方式适度扩大办学规模。到 2009 年，成人教育国内招生录取人数创历史新高，达到 2986 人，较 2006 年增长近一倍。2010 年，国内招生人数上升至 3713 人。2011 年，录取内地新生 4000 人，招生人数达到历史最高。

在服务广东经济社会建设的同时，学校积极贯彻"面向海外、面向港澳台"的办学宗旨，依托综合性大学雄厚的师资力量努力开拓海外办学版图，陆续开办了社会学、英语、中医学、计算机科学与技术、环境科学、会计、法学、知识产权、物流管理、应用心理学和会展管理等专业，协办单位包括香港大学、香港中医骨伤学会、香港工会联合会、香港专业进修高等学院、澳门业余进修中心、澳门护士学会、澳门管理专业协会和澳门暨育服务中心等。2006 年，共有海外成人教育在校学生 1661 人，其中香港地区学

---

① 董事会办公室：《马有恒校董捐赠一千万设立"马万祺博士后高水平科研成果奖励金"》，《暨南大学》第 618 期，2015 年 3 月 15 日，第 1 版。

② 刘盾、苏运生、娄云婷：《暨南大学博士后待遇比肩副教授》，《中国教育报》，2015 年 6 月 13 日，第 1 版。

生 239 人，澳门地区学生 769 人，印度尼西亚学生 653 人。2007 年 4 月，国务院侨办批准暨大港澳成人教育学生免于参加广东省学士学位外语统考，学校以此为契机，加大在印度尼西亚、港澳地区的招生宣传和新生报名工作力度，并在泰国开设华文教育专业，共招收海外新生 515 人，其中香港地区 20 人、澳门地区 376 人、印度尼西亚 93 人、泰国 26 人。2011 年，学校在香港高峰进修学院设置教学点，开办专升本层次食品质量与安全专业，在澳门增设高中起点本科办学层次金融学（理财规划方向）专业。到 2016 年 4 月，在印度尼西亚、泰国、菲律宾及港澳地区开办汉语言、华文教育、社会学、英语（语言文学）、物流管理、应用心理学（犯罪心理学方向）、翻译（中英翻译）、金融学（理财规划）、工商管理、旅游管理、食品质量与安全 11 个专业，在校学生 2525 人，较 2006 年增长 52%，其中香港地区学生 119 人，澳门地区学生 463 人。

为了维护办学品牌、保障办学质量，负责学校成人教育工作的教育学院与相关院系明确分工、密切配合，严格执行教学计划，实行全校统一排课，统一考试，统一检查，保证教学、管理工作正常有序地进行。严格执行教学检查制度，由学校领导、院系领导、任课老师、班主任定期检查教学情况。同时不断深化课程体系、教学内容、教学方法改革，使教育教学工作紧跟社会发展步伐，确保学生学有所获、学有所用。严肃考风考纪，通过周密的考务工作安排，严把学生培养出口。对于海外学生，学校与境外协办机构加强合作，共同做好教学管理工作，选派优秀教师在境外授课，切实保证教学质量。2012 年，成人教育学历教育在校学生首次突破万人大关，达到 11034 人。到 2016 年 4 月，学校已经为广东省经济社会建设、港澳地区的繁荣稳定培养了大批优秀人才，部分毕业生已经成为社会精英。学校的成人教育得到了社会各界的积极评价，2007 年，广东省教育厅对我校成人教育澳门教学点进行评估，给予优秀评价。2008 年，学校被广东省成人教育协会评为先进单位。2011 年，学校被广东省自学考试委员会评为广东省高等教育自学考试先进集体。2013 年，教育学院当选广东省普通高校成人教育研究会理事长单位，翌年被广东省成人教育协会评为先进集体。

第七节　科学研究工作的新跨越

一、确定科研工作指导方针

2006 年以来，学校按照国家科技发展战略，围绕国家和地方经济社会建设发展需求，以提升自主创新能力和科研综合实力为目标，积极探索适合学校科研创新平台发展的新路径，对关键领域进行重点突破，重大科研项目和平台实现成倍增长，具有显示度的科研成果不断涌现，服务地方经济社会建设取得显著成效。

2007 年，学校将平台建设作为工作重点，通过整合优势学科资源、联合港澳知名高校的建设思路，在学科交叉和粤港澳科技合作方面寻求突破，同时切实保障各级各类科研平台建设所需条件和场地，仅在当年就成功获批 4 个省部级实验室。2008 年，学校召开第七次科研工作会议，提出科研工作"解放思想、提升质量、推进创新、重点突破"的指导方针，"有所为、有所不为"的发展策略，"搭大平台、组大团队、拿大项目、出大成果"的工作思路，大力推进"四个一流"建设，即建设 10—15 个一流科研平台，培育 15—20 个一流科研团队，创造一批一流科研成果，提供一流社会服务，以此作为学校"十一五"乃至更长时期的科技工作指导思想。[①] 事实证明，该思路十分具有前瞻性，与广东省 2013 年提出的"四重建设"、2015 年提出的高水平大学建设和国家高等教育"两个一流"的目标不谋而合。在该思路的引领下，学校科研工作进入了快速发展的时期。

2012 年 3 月，为了全面实施"宁静致远工程"，加大对教师产出重大学术成果的支持力度，学校启动人文社会科学"宁静致远工程"项目支持计划，共批准立项 39 项，3 年整体投入经费 1250 万元。"宁静致远工程"项目支持计划包括 3 个组成部分：一是"暨南远航计划"，旨在鼓励人文社会科学研究走向国际，加强与国际一流大学、一流学者、一流机构的科研合作，学习先进的科研方法，培育有国际视野的科研团队；二是"暨南跨越计划"，旨在发挥我校学科门类齐全的优势，推动交叉学科研究，培育新的学术增长点，推进科研方法和手段创新；三是"暨南启明星计划"，以获得高级别奖励、高层次人才项目如"长江学者"和"珠江学者"、新世纪优秀人才等为目标，培育中青年拔尖人才，解决人才队伍交接问题，鼓励开展自由探索和创新研究。该计划实施以来，高质量成果相继产出，当年已有成果 104 项，其中 A1 类论文 10 篇，A2 类论文 22 篇，A3 类论文 22 篇，学术著作 5 部。在自然科学方面，学校高度重视对 35 岁以下青年科技人才的培育，在科研培育与创新基金中设立"青年基金"和"杰出人才培育项目"予以支持，取得显著成果。光子技术研究所所长关柏鸥教授入选科技部创新人才推进计划"中青年科技创新领军人才"，成为学校入选该计划的首位学者。学校获批国家自然科学基金优秀青年科学基金 4 项；获批青年"863"课题 5 项，立项数位居全国前三名；获批广东省自然科学基金杰出青年基金 21 项、广州市珠江新星专项 41 项。

2013 年，教育部出台《关于深化高等学校科技评价改革的意见》，为了推动改革工作，探索实践经验，强化引领示范，学校决定开展高校科技评价改革试点，试点的主要任务包括科技人员分类评价改革，平台、基地和团队绩效评价改革，"2011 协同创新中心"综合评价改革，以评价改革为重点的科研综合改革，区域高校科技评价改革。受教育部委托，作为以评价改革为重点的科研综合改革试点学校，学校进行了一系列科技工作改革，包括进一步加大科研工作体制机制改革，构建以创新质量和社会贡献为导向的评价体系，引入多元评价主体和国际评价体系，制定针对基础研究、应用研究、技术转移、成果转化的分类评价方法；实施国家自然科学基金互助计划、奖励计划以及导师指导奖励计划、战略咨询专家计划，加大对国家级项目的冲击力度；成立地方研究总院，加大科研成果转化力度，孵化面向应用、面向市场的新型研发机构。

二、基础研究水平显著提升

至 2006 年，学校科研总经费连续 5 年突破亿元大关，达到 1.03 亿元。2009 年、2012 年、2015 年，学校科研总经费相继突破 2 亿元、3 亿元和 5 亿元，呈现出快速发展

---

① 科技处、社科处：《学校召开第七次科研工作会议》，http：//news. jnu. edu. cn/jnyw/2013/07/05/0928151680. html，2008 年 7 月 8 日。

的势头。其中自然科学经费从 2006 年的 8917 万元增长到 2015 年的 4.64 亿元，增长 5 倍多；人文社会科学经费从 1427 万元增长到 5600 万元，增长近 4 倍。

自然科学研究方面。获批的国家自然科学基金项目从 2006 年的 38 项增长到 2015 年的 127 项，在 2008 年实现翻倍增长，在 2011 年突破百项大关，项目经费从 1416 万元增长到 7500 万元，获批项目和经费居广东高校第 3 位到第 5 位区间。2006 年，叶文才教授获得学校首个国家杰出青年科学基金项目。2008 年，学校获批国家水体污染控制与治理科技重大专项课题"东江流域水污染控制与水生态系统恢复技术与综合示范"，获批经费高达 5346 万元。2009 年，叶文才教授主持的"中草药来源的神经系统疾病创新药物研究"项目获得教育部创新团队项目资助，实现了学校该项目零的突破。2011 年，生物药物研发团队获批的新药创制国家科技重大专项大品种改造类项目，合同金额高达 4700 万元。2012 年，学校首次作为主持单位获批国家"863"重大项目 1 项，项目经费为 2500 万元。2013 年，张弓教授获得学校首个国家自然科学基金优秀青年科学基金，学校成建制引进的全人源抗体新药研发平台的建设与应用团队和生物医学转化团队入选广东省"珠江人才计划"引进创新创业团队，分别获得 3000 万元和 1000 万元人民币的专项经费资助。2015 年，学校引进的新型抗病毒核酸分子研究团队和移动云计算安全团队获得广东省"珠江人才计划"引进创新创业团队共计 4000 万元资助，人才团队整体引进的举措成效显著。

社会科学研究方面。获批的社会科学基金项目从 2006 年的 8 项增长到 2016 年的 31 项，获资助经费从 61 万元增长到 710 万元，立项数排名从全国高校并列第 29 位上升至并列第 9 位。2008 年，学校首次获得国家社会科学基金重大项目 1 项，2011 年获得 2 项、2012 年 3 项、2014 年 5 项、2015 年 4 项，立项数近年来稳居全国高校前 7 位，充分彰显了我校人文社会科学研究方面的强劲实力。教育部人文社会科学研究项目从 2006 年的 8 项增长到 2015 年的 18 项，最高达到 39 项，[①] 立项数连续多年高居全国高校前 10 位。根据 2015 年 1 月 14 日武汉大学中国科学评价研究中心（RCCSE）和中国科教评价网发布的 2014—2015 年中国大学人文社科创新竞争力排名榜，学校在全国 875 所被评学校中位列第 20 名，较上一年度进步 12 名，在广东省被评高校中位列第 2 名。

三、平台建设结硕果

2006 年，学校成功申报人工器官及材料教育部工程研究中心，基因工程药物国家工程研究中心正式挂牌运行，新增再生医学、重大工程灾害与控制 2 个教育部重点实验室，中药药效物质基础及创新药物研究、水体富养化与赤潮防治 2 个广东普通高校重点实验室，以及 1 个省级重点研究基地——暨南大学海外华文文学与华语传媒研究中心。企业发展研究所、金融研究所在省级基地验收评估中获优秀。2008 年 7 月，再生医学教育部重点实验室通过教育部组织立项评估，8 月获批为广东省科技厅国际科技合作示范基地。学校积极拓展与港澳科技交流合作，将与港澳知名高校共建联合实验室作为学校平台建设的增长点，与香港大学签约共建暨南大学—香港大学脑功能与健康联合实验

---

① 2014 年开始，由于申报人同年度不能同时申报国家社会科学基金项目和教育部人文社会科学研究项目，因此项目申报有所分流，获批项目总数有所下降。

室，与香港科技大学签约共建神经科学和创新药物研究联合实验室，进行重大课题联合攻关。学校还新增了1个省级重点人文社科研究基地——汉语方言研究中心，该中心是全国第一个省级的方言学科重点研究基地。2009年，学校与香港中文大学合作共建的再生医学联合实验室（即"再生医学教育部重点实验室"）获批为科技部国际科技合作基地和广东省科技厅粤港合作平台，科研机制创新获得认可。与法国巴黎天文台共建联合实验室，实现了学校以中外联合实验室形式开展国际交流合作的突破。新增热带亚热带水生态工程教育部工程研究中心以及2个广东普通高校重点实验室——光电信息与传感技术、水土环境毒害性污染物防治与生物修复。广东产业发展与粤港澳台区域合作研究中心获批为广东省人文社科重点研究基地，应急管理研究中心和知识产权与法治研究中心2个省级重点基地通过评审和答辩，学校广东省人文社科重点研究基地数量达到7个。2010年，国家干细胞工程技术研究中心广东省分中心落户暨大，学校新增产品包装与物流、水土环境毒害性污染物防治与生物修复2个广东普通高校重点实验室，广东省耐磨材料与功能材料工程技术研究中心，广东省公共网络安全风险评价与预警应急技术研究中心，广东高校水处理材料产学研结合示范基地，以及与香港科技大学共建的神经科学和创新药物研究联合实验室入选广东省高校国际科技合作创新平台。

2011年，学校获批省部级工程中心5个，数量较2010年翻了一番。与俄罗斯喀山联邦大学、香港理工大学分别成立信息技术和分形信号处理联合实验室、光纤光子学联合实验室。新增1个省级重点研究基地——资源环境与可持续发展研究所。省级高校人文社科重点研究基地增至8个，居广东省高校首位。2012年，新增1个广东省重点实验室，广东高校卫星导航芯片及应用技术工程研究中心成功获批。与美国著名研究型大学加州大学圣地亚哥分校共建城市生命线工程结构安全国际联合实验室。新增广州市舆情与社会管理重点研究基地，这是学校首个广州市人文社科重点研究基地，至此人文社科研究方面形成了部、省、市的三级平台体系。2013年到2014年，学校相继与德国维尔茨堡大学共建海洋天然产物与药物开发联合实验室，与加拿大萨斯喀彻温大学共建油脂生物炼制与营养联合实验室。在2013年度广东省普通高校人文社科重点研究基地评估中，学校3个基地获优秀，占广东省"优秀"基地数量的三分之一。2015年，光电信息与传感技术广东普通高校重点实验室成为学校开设的第三个省级重点实验室。2016年，新增1个国家级创新平台——高性能金属耐磨材料技术国家地方联合工程研究中心，为学校第二个国家级平台。截至2016年4月，学校共有国家级工程中心2个，教育部人文社科重点研究基地1个，省部级工程中心14个、重点实验室13个，广东省人文社科重点研究基地8个，国际联合实验室10个，各级各类平台均实现成倍增长。

四、重大成果不断涌现

"十一五"和"十二五"时期，学校不断加大重大课题攻关力度，取得了以国家三大科技奖为代表的重大成果，科研工作显示度明显提升。在重大奖项方面，2009年，由基因工程药物国家工程研究中心副主任李校堃领衔完成的成果"一类新药重组成纤维细胞生长因子关键工程技术及应用"获得国家技术发明二等奖，实现了学校在国家三大科技奖方面历史性的突破。2010年，附属第一医院苏泽轩教授主持完成的项目"肾结石及其慢性肾功能不全外科治疗新技术的建立与应用"获得国家科学技术进步奖二等奖，实现学校在该奖项上零的突破。2011 年，药学院栗原博教授代表学校首次获得中华人民共和国国际科技合作奖，成为广东省第二名获得此奖项的专家。2015 年，由李卫教授作为第一完成人的"节材耐磨损钢铁材料制造技术研发与工业应用"项目获得国家科学技术进步奖二等奖。

在广东省科技进步奖方面，学校也进步明显，2006 年、2007 年学校连续两年获得广东省科学技术进步奖一等奖 1 项，2013 年再次获得该奖项 2 项。

在四年一度的高等学校科学研究优秀成果奖（人文社会科学）评选中，学校在全国高校处于领先地位，2006 年获二等奖 4 项、三等奖 5 项，获奖数在全国高校中名列第 15 位；2009 年获得二等奖 2 项、三等奖 2 项；2013 年获得二等奖 3 项、三等奖 7 项，在全国高校中名列第 14 位；2015 年获得二等奖 1 项，三等奖 7 项，获奖数在全国高校中名列第 18 位。

在论文方面，2006 年以来，发表的高水平论文数量不断增加，学校在三大索引上发表的论文从 2006 年的 595 篇增至 2008 年的 692 篇，A1 类论文从 2011 年的 116 篇增至 2015 年的 452 篇，其中 1 区论文实现翻倍增长。[①] 2008 年，王声涌教授在国际顶级医学杂志《柳叶刀》[②] 上，以第一作者发表题为"中国伤害相关的死亡状况：一个尚未被认识的公共卫生问题"的学术论文。在中国社会科学研究顶级刊物《中国社会科学》上，学校也不间断有论文发表，收录的论文包括 2007 年华侨华人研究院纪宗安、崔丕教授合署的论文《中日战争时期东南亚华侨财产损失赔偿问题》，2009 年华侨华人研究院纪宗安、崔丕教授合作撰写的论文《日本对南洋华侨的调查及其影响（1925—1945）》，2010 年华侨华人研究院纪宗安教授的论文《印度尼西亚债权国会议的缘起与影响》、文学院宋剑华教授的论文《"言志"诗学对中国现代文学的潜在影响》，2011 年法学院徐瑄教授的论文《视阈融合下的知识产权诠释》、管理学院张耀辉教授的论文《知识产权的优化配置》，2012 年经济学院覃成林教授的论文《空间外溢与区域经济增长趋同——基于长江三角洲的案例分析》、文学院历史学系李云飞副教授的论文《自愿委身与十一世纪法国底层社会的依附关系》，2013 年文学院闫月珍教授的论文《器物之喻与中国文学批评》，2014 年文学院宋剑华教授的论文《新文学对传统文化的批判与承袭》。据统计，2010 年到 2012 年，学校在《中国社会科学》上发表论文数量位居华南地区高校和科研院所之首。

在专利方面，2006 年学校获授权专利 20 项。到 2015 年，学校获授权专利已达到101 项，并入选首批广东高校知识产权规范管理试点单位。

五、社会服务成效凸显

"十一五"和"十二五"期间，暨南大学面向经济社会建设主战场，以深入研究改革与发展面临的重大现实问题为主攻方向，服务国家和地方实施创新驱动发展战略需求，不断加大科技攻关力度和科研成果应用转化力度，积极为国家和地方政府的重大决

[①] 按照《暨南大学理工医类职称评定论文分类表》，进入 JCR – SCI 分区表 1 区的论文为 A1 类的 1 区论文。

[②] 英国医学杂志《柳叶刀》（The Lancet）创刊于 1823 年，反映了全球医学科学研究的最新进展，代表了世界医学研究的最高水平。

策提供科学依据和智力支撑，充分发挥"思想库""智囊团"的作用，在社会服务方面发挥了应有作用。"十二五"期间，学校在自然科学方面共签订横向项目 869 项，总经费达 5.93 亿元，较"十一五"时期增长 55%；人文社会科学方面共签订横向项目 1061 项，总经费达 1.39 亿元，较"十一五"时期增长 57%。

在科技成果转化和应用方面。学校与广东的珠海、东莞、佛山、中山、惠州等 9 个地级市以及顺德、番禺等地签署战略合作协议，依托地方建设韶关研究院、东莞研究院、顺德研究院等新型研发平台，加快科技成果转化，服务地方产业转型升级。韶关研究院围绕韶关市支柱产业——矿山机械产业，通过技术应用和成果转化服务韶关韶瑞铸钢有限公司、广州有色金属研究院新丰耐磨合金材料有限公司、安徽省凤形耐磨材料股份有限公司等一批省内外企业，5 年来共为直接生产企业创造 90 多亿元销售额，节材节支总额为 27 亿元。学校就此方向与国内 33 个大学、研究院（所）和行业骨干企业共同成立了钢铁耐磨材料产业技术创新战略联盟及区域性的广东耐磨材料产业技术创新联盟，开展技术联合攻关。通过不懈努力，由李卫教授主持的"节材耐磨损钢铁材料制造技术研发与工业应用"项目获得 2015 年度国家科学技术进步奖二等奖。[1] 与东莞市政府签约共建的东莞暨南大学研究院，首批遴选国际药品注册公共服务中心和新药产业化公共服务支撑平台 2 个项目，获东莞市政府首期专项财政支持 2500 万元。针对与地方政府共建新型研发机构不断增加的情况，学校于 2015 年 6 月 19 日成立地方研究总院，量身定做与地方研究院相匹配的机制，出台《暨南大学地方研究院管理暂行条例》，为各地方研究院快速发展提供管理规范和制度保障。

学校自主研发的具有世界先进水平、中国首台具有自主知识产权的血液透析机，被广泛应用于印度、马来西亚、俄罗斯等 50 多个国家以及国内 23 个省市的 300 多家医院，得到国家领导人胡锦涛、温家宝的充分肯定。[2] 学校承担的"863"高科技项目"重组黄曲霉毒素解毒酶基因工程菌"历经 18 年的研发，其成果"饲用黄曲霉毒素 B1 分解酶"获得国家农业部颁布的饲料添加剂新产品证书，核心技术获得 23 个国家的专利授权。[3] 以李凯院士、关柏鸥教授、翁健教授等为主要带头人的光电信息团队，围绕大数据的源头——传感器技术、海量数据的传输与存储、大数据环境下的信息安全等核心方向，对接华为、华大基因、南美集团、宏威数码、蓝盾股份等国内行业领军企业，重点开展超灵敏光纤传感、大容量光纤通信、高密度数据存储、网络信息安全关键技术研究，通过源头创新、突破行业领域核心关键问题，提升广东新一代信息技术产业核心竞争力。学校以苏国辉、陈志南、姚新生、叶玉如 4 位院士领衔的创新药物团队，已孵化 4 个生物医药上市公司，研发了广东省第一个基因工程新药。以姚新生院士、叶文才教授等为主要带头人的创新药物团队，围绕中医药强省战略，针对广东省创新药物与中药现代化研究的关键问题，在创新药物、名优中成药产品的二次开发以及华南生物资源化学样品库建设等方面实现重大突破，研发具有重大市场前景的创新药物品种，提升名优

① 温婧：《暨南园里的"钢铁侠"——访"国家科技进步奖"二等奖获得者李卫》，《暨南大学》第 635 期，2016 年 1 月 15 日，第 2 版。
② 刘璠娜、曾红华：《国产血液透析机，引领中国血透走向世界——我校附属第一医院肾内科主任尹良红教授获全国先进个人表彰》，《暨南大学》第 546 期，2011 年 3 月 15 日，第 2 版。
③ 林满：《我校研究成果获国家农业部颁发新产品证书》，《暨南大学》第 546 期，2011 年 3 月 15 日，第 2 版。

中成药的科学内涵，推动广东省医药产业的自主创新，大力提高广东省创新药物与中药现代化研究水平。以周振、曾永平、胡晓农、韩博平教授等为主要带头人的生态环境团队，针对我国的大气 PM2.5 及 VOCs 污染、各类水体富养化与污染、土壤重金属污染等严峻的环境问题，在生态与环境基础理论研究、污染治理及修复关键技术开发与工程实践等领域取得突破性进展，承担东江流域水污染控制与水生态修复、广东省水库蓝藻水华防治中心监测、广州市河涌治理工程等项目，建立全省水库监测体系，开展全省大中型水库水质与生态监测，着力构建世界首个流域生态——水文集成和水资源管理平台，为粤港澳水环境和供水安全提供坚实保障；开发系列国际先进的高端环境监测设备，引领中国高端科学仪器产业创新发展，特别是学校开发的国内最先进的飞行质谱专利技术，溯源监控 PM2.5 污染源，使我国成为少数具有高分辨飞行时间质谱仪研发能力的国家之一。[①] 学校作为牵头单位联合中标广州珠江新城西塔结构工程健康监测项目，为西塔提供长达 18 年的结构工程健康监测及相关技术服务。学校研发的"LED 无线光源信息传输系统"在上海世博会展出，并吸引企业投资近 5000 万元。为了进一步构建成果转化和产学研合作的新机制，2016 年 6 月 6 日，学校成立技术转移中心，统筹管理技术转移工作，通过正面激励，引导教师专注原始创新，实现重大突破。

2006 年以来，学校还向广东 20 个县市的 100 多家企业派驻 100 名科技特派员，数量名列全国高校第三。建设了 19 家实力雄厚的附属医院，以优质医疗资源服务于珠三角地区人民群众。

在智库建设和咨政服务方面。学校充分发挥华侨华人、经济、管理、新闻、法律等方面的学科优势，积极开展智库建设，为各级政府部门提供咨政服务。学校根据国家振兴文化产业、提升文化软实力的战略需要，充分发挥新闻学科在华南地区的强大影响力，为国家和港澳台地区培养了大批优秀专业人才，同时结合社会重大事件及时提供舆情分析报告，得到社会各界的关注和肯定。2012 年，学校与南方报业传媒集团共建南方传媒研究院，为广东和华南地区的传媒研究、人才培养、决策咨询、公共传播以及企业品牌管理等提供针对性的服务。[②] 9 月 27 日，学校成立广州市舆情与社会管理重点研究基地，在舆情方面提供咨政和培训服务，策划并实施了 10 余项有重大社会效益的舆情项目，并定期发布舆情分析报告。其中"建国 60 周年国庆阅兵市民期待调查""沪穗两地世博会民意调查""日本地震民意调查"等调查结果，被《南方日报》《羊城晚报》《广州日报》《大公报》，以及中新社、中国国际广播电台、网易网、新浪网、央视网、人民网、中国新闻网、凤凰网、美国《侨报》等知名媒体报道或转载。在广州亚运会期间，广州市舆情与社会管理重点研究基地连续开展了 8 项"亚运舆情系列调查"，国内外主流报纸、电视和广播报道量有 60 余条，相关转载、引用、评论文章累计 2 万余篇。学院以部校共建为契机和指引，在延安、井冈山设立了 2 个马克思主义新闻人才培训基地，为实践马克思主义新闻观培养优秀专业人才。学校与南方报业传媒集团等 4 家广州

① 杨伟龙：《白手起家的科学追梦人——访我校引进人才、"千人计划"专家周振》，《暨南大学》第 592 期，2013 年 9 月 30 日，第 2 版。

② 曹斯、赖竞超：《南方报业暨大共建南方传媒研究院：双方强强联合打造国内一流新闻传播和文化产业教学科研基地》，《南方日报》，2012 年 10 月 23 日，第 8 版。

知名媒体合作共建的华南新闻传媒联合培养研究生示范基地，获得教育部领导的充分肯定。① 60 多年来，暨南大学新闻传播教育为国家以及海外华侨华人地区培养了 5000 多名优秀毕业生，不少毕业生已成为各级党政部门重要负责人、新闻媒体负责人、著名企业家。

　　产业经济研究院成立以来先后承担省、市政府和企业的研究课题 60 多项，为广东省产业转型升级提供了 200 多份咨询报告，其中广东省政府委托课题"广东工业产业竞争力研究总报告"，得到时任中共中央政治局委员、广东省委书记张德江和省长黄华华的高度评价。张德江书记指出，省委常委会一致认为此次调研成果宝贵，意义重大，要求对其充分加以应用，使之成为指导提升广东省产业竞争力的决策依据。黄华华省长认为，该研究成果是改革开放以来广东工业领域最高水平、最权威的研究报告，研究成果具有重大的理论价值和实践指导价值。②《南方日报》等广东主要媒体对此进行了大量的采访报道，产生了很好的社会影响，提高了学校的知名度和声誉。由学校与广东省劳动和社会保障厅共同完成的《广东省最低工资研究》报告③，得到了包括国家劳动和社会保障部华福周副部长在内的鉴定小组的高度评价，一致认为"该课题的研究成果在国内同领域研究中处于领先水平，具有重要的社会经济现实意义，对广东和全国完善最低工资制度具有重要参考价值"。"十二五"期间，研究院共为广东省三分之二的地市编制产业发展规划，研发的广东省产业发展数据库为广东经济的研究和决策者提供了强大的数据搜集和分析平台。2012 年，学校与中国民主促进会广东省委共建广东低碳与可持续发展研究院，积极开展广东低碳与可持续发展战略和政策研究，以及可持续发展的评估，为广东省各级政府及珠三角企业的可持续发展的重大决策提供建议、咨询、论证、规划、技术支持等服务。④ 2014 年，学校与南沙开发区管委会共建"暨南大学中国（广东）自由贸易试验区研究院"，为广东自贸试验区建设和南沙新区发展提供决策咨询及技术支撑。⑤

　　2009 年，学校成立全国首个应急管理学院，时任广东省省长黄华华发来贺信，并在为我校师生作形势报告时指出，该院必将成为我国应急管理的"黄埔军校"。⑥ 副省长李容根、刘昆先后担任应急管理学院名誉院长。学院成立以后，学校以此为载体，与广东省应急办联合承办 5 期领导干部应急管理工作培训班，提高干部突发事件的处置能力与水平，培训了 300 多名厅局级干部、1500 多名处级干部，成为华南地区应急管理培训的重要基地，受到广东省委书记汪洋等领导的充分肯定。学校专家完成编写的广东省首批

　　① 研究生院、新闻与传播学院：《教育部副部长杜占元考察华南新闻传媒联合培养研究生示范基地》，《暨南大学》第 587 期，2013 年 5 月 30 日，第 2 版。

　　②《"智识"新动力推动科学新发展》，http：//news.sina.com.cn/o/2007 - 09 - 24/094012623798s.shtml，2007 年 9 月 24 日。

　　③《百年暨南，复起南粤三十载铸辉煌》，http：//news.jnu.edu.cn/Item/22911.aspx，2008 年 11 月 14 日。

　　④ 科学技术研究处：《我校与民进广东省委共建"广东低碳与可持续发展研究院"》，《暨南大学》第 576 期，2012 年 10 月 30 日，第 1 版。

　　⑤ 林涛、刘斌：《南沙开发区管委会与我校共建"暨南大学中国（广东）自由贸易试验区研究院"》，《暨南大学》第 618 期，2015 年 3 月 15 日，第 1 版。

　　⑥ 广东省人民政府应急管理办公室：《黄华华省长提出要把暨南大学应急管理学院建设成为我国应急管理的"黄埔军校"》，http：//www.gdemo.gov.cn/gzyw/200910/t20091015_104647.htm，2009 年 10 月 15 日。

10 本应急管理培训教材，填补了国内空白，国务院办公厅对此给予高度评价。

学校积极响应地方加快法治体系建设的需求，为地方立法提供服务。2012 年完成《广州南沙经济技术开发区条例》立法起草项目，为南沙新区制定"基本法"，得到开发区管理委员会等相关部门的高度评价。2013 年 5 月 29 日，学校成为广东省人大常委会地方立法研究评估与咨询服务基地及广东省地方立法研究高校联盟成员，并受委托起草《广东省信访条例（草案）》《广东省环境保护条例（修改建议稿）》。①

六、重要学术活动

2006 年，暨南大学喜迎百年校庆，为了全面贯彻"庆典为体，学术为魂"的校庆宗旨，校庆前夕学校邀请了众多海内外名家大师为师生举行学术报告会和讲座，总数有200 余场。校庆结束以后，各类学术活动得到延续，学校和各学院积极主办或承办各类高规格的大型学术会议与活动，不断扩大学校的学术影响力。品牌学术活动"百年暨南讲堂"到 2016 年 4 月已举办 257 期，邀请了以王蒙、汪国真、王赓武、余华、郑也夫、郑永年、陈丹青、余光中为代表的学者和名家来校与师生对话交流、碰撞思维火花。据不完全统计，自 2006 年以来，学校共举办各类学术讲座近 2000 场次，邀请了包括国家领导人、诺贝尔奖获得者、国内顶尖学者等来校讲学，极大地浓郁了校园学术文化氛围，促进了学校与外界的学术交流。

2009 年 11 月 14—15 日，由我校产业经济研究院承办的中国工业经济学会 2009 年年会在校举行。中共中央政策研究室副主任郑新立、中国社会科学院工业经济研究所所长吕政以及来自全国 40 多所高校和科研机构的产业经济学界知名专家学者共 200 多人参加会议。大会以"产业转型与产业发展"为主题，与会专家学者围绕现代产业体系与产业升级、产业转移与区域产业发展、产业发展与企业战略及产业经济学学科建设等问题展开了热烈交流。12 月 5—7 日，由我校与《经济研究》编辑部、日本立命馆大学、日本兵库县立大学、韩国釜山国立大学、泰国国立发展研究院联合主办的"后危机时代的改革与发展"研讨会暨第四届亚洲区域合作与创新论坛在校举办，来自中国、日本、韩国、泰国及美国、加拿大等国家的知名大学和研究机构的 60 余名专家学者以"后金融危机时代的改革、发展与区域合作"为主题，围绕货币政策、金融改革、经济一体化与区域合作、绿色经济和节能减排等内容展开了研讨。

2011 年 8 月 22 日，为纪念辛亥革命 100 周年，缅怀海外华侨对辛亥革命的伟大历史功绩，彰显海外华侨在中国历史进程中的重要作用，由国务院侨务办公室、中国海外交流协会主办，我校与华侨大学承办的"海外华侨与辛亥革命"国际学术研讨会在广州隆重举行。国务院侨办主任李海峰、副主任许又声出席了开幕式，广东、湖北、四川、湖南、江苏省侨办负责人及来自美国、澳大利亚、日本、法国、马来西亚、新加坡和中国台湾等地的学者共 80 余人参加了研讨会。国务院侨办主任李海峰在主题报告中高度评价了海外华侨在辛亥革命中的重要作用，认为海外华侨"始终是革命事业的坚定支持者，始终是辛亥革命的重要推动力量"，是"辛亥革命的策源地和大后方"，并详细阐述

---

① 李永杰：《广东省地方立法研究高校联盟正式成立》，http：//www.cssn.cn/gd/gd_rwhn/gd_dfwh/201403/t20140302_1007779.shtml，2014 年 2 月 25 日。

了海外华侨对辛亥革命的重大贡献。中央电视台、新华社、中国新闻社和《光明日报》《南方日报》《广州日报》，以及凤凰卫视、香港《大公报》和《澳门日报》等 20 多家海内外媒体进行了报道。11 月 23 日上午，由中国世界华文文学学会和世界华文作家协会合作举办的"共享文学时空——世界华文文学研讨会"在学校礼堂隆重开幕，来自海峡两岸四地及海外 30 多个国家的 400 多位华文作家代表齐聚一堂，共同研讨华文文学与中华文化。中国海外交流协会副会长赵阳、海峡两岸关系协会副会长张铭清、广东省副省长招玉芳等出席开幕式并致辞。这是海峡两岸文学团体首度合作举办的大型文学研讨活动，得到了中国海外交流协会、海峡两岸关系协会、中国作家协会的支持。

2012 年 12 月 9—11 日，为纪念陈乐素教授 110 周年诞辰，缅怀他的道德风范和渊深学问，学校隆重召开纪念陈乐素先生 110 周年诞辰学术研讨会。学校党委书记蒋述卓教授、全国古籍整理委员会副秘书长曹亦冰教授、中国社会科学院历史研究所所长卜宪群研究员、中山大学党委常务副书记陈春声教授等专家学者出席开幕式并讲话。大会高度肯定陈乐素为我国史学的发展、古籍文化的整理所作出的巨大贡献。《南方日报》对大会的召开进行了专门报道，以整版篇幅介绍陈氏三代的治史渊源。[①] 会议呼吁在继续加强对陈氏三代宋元史研究的同时，对岭南文化所造就的一批历史学人，尤其像陈氏三代治史的现象展开深入研究，从而发掘岭南文化的精髓所在，引起广东各大媒体的高度关注。12 月 18 日，学校在图书馆学术报告厅召开齐雨藻教授 80 华诞暨从教 60 年学术研讨会，来自全国多所高等院校、科研院所、政府部门的专业学者和业界精英，以及齐雨藻教授的亲朋好友、同事与学生共 130 余人参加会议。中国藻类学会理事长宋立荣研究员、香港公开大学科技学院院长何建宗教授及学生代表唐丹玲研究员分别致辞，对齐教授 80 寿辰和从教 60 年表示祝贺。

2013 年 7 月 2 日，学校举办"华侨华人与中国梦"学术研讨会暨《世界侨情报告（2012—2013）》首发式，国务院侨办副主任何亚非及海内外的 40 余名专家参加了研讨会。与会专家围绕海外华侨华人"中国梦"的形成、发展、历史演变和内涵，华侨华人实现"中国梦"的途径、方式和作用，新时期华侨华人在中国和平统一、国家软实力建设等方面的作用等议题展开研讨。

2014 年 6 月 14—15 日，由学校主办的 2014 年中国留美经济学会国际学术研讨会在广州召开。国务院侨务办公室副主任任启亮、广东省副省长招玉芳、留美经济学会会长倪金兰等出席开幕式。研讨会以中国经济改革、转型与可持续发展为主题，邀请来自海内外的 300 余位经济学界知名专家学者及企业代表参会，其中包括诺贝尔经济学奖获得者、香港中文大学教授詹姆斯·莫里斯（James A. Mirrlees），诺贝尔经济学奖获得者、美国加州大学圣塔芭芭拉分校教授费因·基德兰德（Finn E. Kydland），原世界银行高级副行长兼首席经济学家、北京大学国家发展研究院名誉院长林毅夫和耶鲁大学终身教授陈志武，共收到各国学者的论文 257 篇。会议期间，来自世界各地的专家学者在 6 场主旨演讲、4 场圆桌论坛和 53 场同步专题学术会议上，围绕国际资本流动、经济政策与国家发展、中国汽车工业未来十年的机遇和挑战、经济增长和城市化对代际收入的影响、公共养老金、汇率与房地产市场、资本市场与企业行为、金融发展与经济增长、消

---

① 陈祥蕉：《陈乐素：中国宋史研究的继往开来者》，《南方日报》，2013 年 5 月 29 日，第 13 版。

费和储蓄、改善中国人力资本的手机短信、银行和信贷市场、食物消费与健康、中国银行与金融、收入不平衡等问题展开阐述和论辩。7 月 18 日上午，由学校与国务院侨办政策法规司主办的首届侨务法治建设研讨会在广州开幕。来自全国人大、公安部、国务院侨办、国家外专局等相关部委领导，广东、浙江、上海、广西、福建等省市的涉侨主管部门领导以及各地主要高校和科研院所的专家学者共 80 余人参加会议。与会代表围绕侨务政策法律体系建设、国际移民与中国侨务法治、华侨权益保护的法治思维、侨务管理与服务法律制度 4 个单元进行深入研讨，对侨务法治建设提出许多具有建设性的意见和建议，受到国家有关部门的高度评价和充分肯定，并期待尽快建立中国侨务法研究会，搭建定期研讨和互动交流的平台，以早日为保护华侨华人和归侨侨眷的合法权益提供符合时代发展要求的法律和制度体系。11 月 19 日，由国务院侨办主办，学校与中国世界华文文学学会协办的首届世界华文文学大会在广州开幕。全国政协副主席韩启德，国务院侨务办公室主任裘援平、副主任何亚非，广东省人大常委会主任黄龙云，青海省委常委宣传部部长吉狄马加，广东省政协副主席姚志彬，广州市市长陈建华等出席开幕式。民政部、国务院侨办和中央国家部委，广东省、广州市其他方面的领导与来自世界五大洲近 30 个国家和地区的 400 余嘉宾与会。大会以语言寻根、文学铸魂为宗旨，以华文文学的文化传承与时代担当为主题，分成十大专题论坛进行充分而热烈的研讨，并发表《广州宣言》，倡议华文文学家既要讲好中国故事、传好中国声音，又要融入当地社会、增进文化互鉴。《广州宣言》重申，华文文学创作要拒绝浮躁而潜心于创新，拒绝平庸而精心于磨剑，拒绝媚俗而倾心于审美。华文文学作家应以壁立千仞为骨骼，以通会贤哲为笃行，为历史存正气，为世人弘美德。为加强海内外华文文学界人士的交流与合作，本届大会还倡议成立世界华文文学联盟，秘书处设于暨南大学，首批会员包括中国世界华文文学学会、台湾日本作家协会、台湾中国诗歌艺术学会、香港作家联会、泰国华文作家学会等约 20 家文学团体。

七、学术刊物

根据最新统计数据，学校办有 7 种公开发行的学术刊物，包括《暨南大学学报（自然科学与医学版）》《暨南学报（哲学社会科学版）》《生态科学》《华文教学与研究》《东南亚研究》《产经评论》《中国病理生理杂志》，经过多年的辛勤耕耘，各刊物均有较大发展，学术影响力不断扩大。

作为以"暨南"命名的学术刊物，《暨南大学学报（自然科学与医学版）》现为全国中文核心期刊、全国科技核心期刊（CSCD）、中国高校优秀科技期刊，2009 年获得全国高校科技期刊优秀编辑质量奖，2010 年、2014 年相继获教育部颁发的第三届、第五届中国高校优秀期刊奖。《暨南学报（哲学社会科学版）》现为中文社会科学引文索引（CSSCI）来源期刊、全国中文核心期刊、中国人文社会科学核心期刊、RCCSE 中国核心学术期刊，2012 年入选中国人民大学书报资料中心"复印报刊资料"重要转载来源期刊，2014 年入选全国高校精品社会科学期刊，其中《台港澳及海外华文文学研究》栏目入选教育部高校哲学社会科学名栏建设工程。两大学报的学术影响力广受认可，较好地体现了我校学术研究的实力与地位。

作为依托学校优势学科创办的学术刊物，《东南亚研究》经过 50 余年的发展，目前是全国中文核心期刊、中文社会科学引文索引（CSSCI）统计源期刊、中国学术期刊综合评价数据库来源期刊、中国人文社会科学引文数据库来源期刊。2012 年 11 月 29 日，《东南亚研究》编辑出版 200 期庆典在学校举行，新华社广东分社社长杨春南、广东省新闻出版广电局副局长钱永红等领导和专家到场祝贺。《生态科学》被中文核心期刊要目总览、中国科学引文数据库（CSCD）和中国核心期刊（遴选）数据库收录。《产经评论》被中文社会科学引文索引（CSSCI）收录，2012 年入选中国人民大学书报资料中心"复印报刊资料"重要转载来源期刊。学校承办的国内唯一综合性病理生理学学术刊物《中国病理生理杂志》，于 2008 年入选中国百种杰出学术期刊和中国精品科技期刊，2014 年被美国《化学文摘》（CA）收录。

　　2012 年 12 月 14 日，学校与中国社会科学杂志社签署战略合作协议，学校也由此成为中国社会科学杂志社在华南地区的首家战略合作伙伴单位。

第八节　侨校校园文化的新风貌

一、三类学生的思想教育工作体系

　　作为汇聚五洲学子的百年侨校，暨南大学始终坚持"兼容并包、和而不同"的教育理念，按照不同类型学生的特点，构建有针对性的思想教育工作体系。2008 年，学校召开学生工作会议，对过去的学生工作经验和成绩进行了总结，指出我校学生工作体系和环境条件面临以下四个问题与挑战：一是在工作内容上，习惯于传统的事务管理，对于如何增强学生的学习创新能力、将学生培养成为全面发展的人才仍缺乏认识；二是在工作主体上，尚未树立"以生为本"的学生教育管理理念，将学生视为"被教育者"和"被管理者"，对于学生工作的重要性认识不够；三是在目标实施中，注重对学生共性能力的培养，学生个性发展的空间相对不足，未能完全满足学生个体发展的需要；四是在部门分工上，尚未形成为学生成长成才创造条件的合力。针对这些问题，学校决定通过大胆借鉴国内外先进大学的经验，加大学生工作的改革和创新力度，构建以"学生学习和学生发展"为核心内容的学生工作新模式；同时为学生工作队伍建设指出了明确方向，即以学习型、学术型、和谐型团队为目标，大力加强学生工作队伍建设，逐步推进学生工作队伍的专业化和专家化进程。在该思路的指引下，学校组建了"学生学习与发展""体验教育""服务学习""创新教育""心理健康教育""职业规划与发展"六个教育团队，在不同领域引领学生多方面发展，为学生成长成才提供帮助。学校还于 2009 年开设学生学习与发展工作坊，为学生分享学习和成长经验提供平台，"十一五"时期共举办活动 80 期。到"十二五"时期，学校为学生学习与发展工作坊建立了 15 个专门场地，共开展各类主题辅导分享活动上千场，参与学生超过 15000 人次，在全校范围内形成了分享互助的良好氛围，于 2013 年 3 月被评为首届"广东省高校学生事务管理精品项目"。

　　针对内外招本科生各自的教育背景和特征开展思想教育，对于内招本科生，学校着力建设一支专兼结合、综合素质过硬的学生思想教育工作队伍，针对辅导员、班主任工作出台相应制度，构建了学校、院系、班级的三级工作体系，实现了思想教育工作的全覆盖。特别是各院系积极创造条件，吸引了很多德才兼备的中青年教师主动承担班主任工作，他们以丰富的学识和人生阅历，成为所带班级同学的良师益友。为了适应新形势和学生思想心理特征的变化，学校实施学生思想教育工作人员继续教育制度，对其进行有计划、有步骤的岗前培训和在职培训。同时为保证班主任等思想教育工作人员在此项工作上投入的精力，特别规定专任教师晋升高一级教师职务时，原则上要有担任班主任等从事学生思想教育工作的经历。在此基础上，学校还开展了本科生朋辈辅导工作，实施学长计划和兼职辅导员、助理班主任制度。通过朋辈辅导、学习工作坊及读书分享会等活动，邀请暨南园的学长和优秀学子分享学习经验，选拔高年级学生或研究生担任低年级学生的辅导员和班主任，为各类学生在学习生活中遇到的问题提供咨询和建议。学校还定期组织辅导员职业能力大赛，选拔辅导员和班主任等学生工作人员赴国内"985"高校、港澳台地区高校进行交流访问，参加各类职业能力竞赛，开阔工作思路，创新工作方式，使校内涌现出一大批优秀学生工作者，如学校信息科学技术学院辅导员蔡喆获得"2012全国高校辅导员年度人物"提名奖，理工学院辅导员孙玉环代表广东省参加"第二届全国高校辅导员职业能力大赛"，获得优秀奖。鉴于当代大学生思想较为活跃，对于国际、国内、学校发生的重大事件，学校予以高度关注，通过深入基层调查、走访学生宿舍、组织学生座谈等方式，及时了解学生的想法，掌握学生的生活、学习情况和思想动态，妥善解决学生学习和生活中面临的各种问题。学校注重发挥各种学生组织的作用，指导开展学生会、校团委和各类学生社团的换届和日常工作，为学生锻炼组织协调能力和展示才干创造舞台，建立学生"自我教育、自我管理、自我服务"的体系。

对于外招本科生，学校成立四海书院，专门负责外招本科生的通识教育阶段的培养，通过遴选导师进行导学工作，帮助他们尽快适应大学生活，感受暨南大学的悠久历史和校园文化。[①] 同时启动港澳学生"千百十"育人计划，以文化认同为纽带，每年组织1000人参加文化考察；以国家认同为准绳，组织100名学生领袖参加研习营和联谊会；以多面发展为目标在学术、学习、文体等领域开展10个特色项目。尤其是每年组织上千名港澳台侨学生参加中国文化之旅、寻根之旅等文化品牌活动，让港澳台侨学生通过游览风光秀美的自然景观、探索极具特色的文化遗产、考察乡村和企业等，亲身感受博大精深的中华文化以及祖国经济社会发展的巨大成就，成为学校港澳台侨学生思想教育的特色与亮点。

作为国际化特色鲜明的华侨高等学府，学校还不断加大与港澳台地区知名高校之间的合作交流力度，让青年学子能够加深友谊、携手共进。2006年10月18—25日，学校举办了为期7天的海峡两岸研究生创意管理研习营，来自台湾暨南国际大学、"中央"大学等6所高校的100余名研究生参加了教授专题讲座、创意管理竞赛、企业社会实践、爱国教育基地考察等活动，增进了两岸学生之间的交流与互动。2008年8月17日，粤港青年高峰论坛在我校举行，中央人民政府驻香港特别行政区联络办公室副主任李刚、团中央书记处书记卢雍政等相关机构负责人出席论坛，来自香港50多个青年社团的负

---

① 《暨大成立四海书院　实施外招生人才培养模式改革》，http：//www. gd. chinanews. com/2011/2011 - 01 - 15/2/83893. shtml，2011年1月15日。

责人与青年代表及广东省青年代表共 400 余人汇聚一堂，畅谈新一轮粤港合作的新形势与新任务。粤港两地青年还共同发表了《暨南宣言》，表示要以世界眼光谋划和推进粤港合作，用市场机制整合两地资源，充分发挥各自优势，使粤港在经济发展、产业分工、生产要素流动和人民生活等环节更紧密地联系在一起，增创国际竞争新优势，打造世界上最具活力和竞争力区域，以经济社会的繁荣稳定促进"一国两制"方针的全面贯彻落实，不断丰富和发展"一国两制"的伟大事业。

2010 年 1 月 23—30 日，学校与台北市文化艺术促进协会共同承办了由中国海外交流协会主办的台湾青少年广东冬令营。[①] 冬令营共有营员 306 人，其中包括来自台湾大学、淡江大学、东吴大学等 58 所大学的大学生 212 人，来自百龄高中、建国中学、景美女中等 42 所中学的中学生 78 人，来自台北市文化艺术促进协会等机构的领导、老师共16 人。此外，为了让营员们对大陆的大学生活有所了解，主办方还邀请了我校在读的200 多名台湾大学生一起参加冬令营。活动期间，营员们访问了暨南大学、中山大学等高校，与大陆青少年进行座谈和交流，聆听岭南文化及珠三角经济发展专题讲座，并前往广州、东莞、深圳等地参观广东历史文化名胜与知名企业，体会岭南文化的独特魅力，亲身感受改革开放以后大陆尤其是广东经济社会发展所取得的巨大成就。

2011 年 7 月 10—22 日，学校承办了由国务院侨务办公室、中国海外交流协会主办的 2011 年台湾青少年夏令营。[②] 来自台湾大学、台北大学、元智大学、东吴大学、树德科技大学、台湾暨南国际大学、大甲高工和清水高中等 30 所台湾地区的大学和高中的350 多名学生以及我校 50 多名师生参加了夏令营。参营的两岸师生在北京国家博物馆参加了由国务院侨办举行的开营仪式和在人民大会堂举行的两岸青少年万人大联欢，还参观了北京、湖北、广东的历史文化名胜。

在国务院侨办的大力支持下，学校于 2012 年起连续三年举办"'青年·创新·发展'——两岸四地学生领袖研习营"，每年都有来自港澳台地区及广东部分高校的百余名学生领袖济济一堂，通过模块化的讲座与论坛、多样化的社会实践与文化考察、体验教育和中华武术学习等丰富多彩的活动形式，探讨全球化时代青年领袖创新意识和创新能力的培养，加深了四地学生的相互了解，增进了友谊。2013 年 5 月 18 日，第五届全国高校澳门学生论坛在我校举行，来自内地及澳门的近 400 名学生参加了该论坛。本届论坛的主题为"粤古通今：承昨日精华、创未来辉煌"，集中讨论了粤澳两地的昔日历史、经济合作、珠三角合作框架以及澳门可持续发展等话题。

通过不断总结经验，学校思想教育工作作品《在行走中品味中华文化，在历史中感受中国人的自豪》获得教育部 2011 年高校校园文化建设优秀成果二等奖及广东省高校校园文化建设优秀成果一等奖；《浸润中国风　盛载华夏情——暨南大学开展中华传统文化教育的理念与实践》获得教育部第八届（2015 年）高校校园文化建设优秀成果二

---

① 郭军：《台湾青少年广东冬令营在暨南大学开营》，http：//www.chinanews.com/tw/news/2010/01 – 24/2088268.shtml，2010 年 1 月 24 日。

② 苏运生：《"2011 年台湾青少年夏令营"营员在广州参访》，http：//www.chinanews.com/hwjy/2011/07 – 20/3195240.shtml，2011 年 7 月 20 日。

等奖。①

值得一提的是，学校结合侨校特色和学生特点，创新新生入学教育工作，在内地高校中首创以本科生新生训练营来取代军训，打开了侨校新生教育的新局面。② 训练营从学生学习与发展的角度出发，以"参与—体验—感知"为手段，以"强化一个主题，体验两种文化，营造三种氛围，培养四种意识"为目标，设计了形式多样的系列教育活动。活动引入符合青年特征、形式活泼多样的体验教育以及中华武术学习、多元文化交流坊、创意造型设计比赛等内容，以增进同学友谊，帮助他们快速融入大学生活；通过佩戴校徽、学唱校歌、参加校史校情知识竞赛、参观校史馆、举办《学子铭》征文大赛等活动，让初入校园的暨南学子系统了解母校的风雨发展历程，深入理解暨南精神的文化内涵。训练营自开办以来，受到广大新生的欢迎，取得了很好的教育效果。根据向全体新生发出的调查问卷统计结果，2012 年至今，共有超过 16000 名暨南学子在新生训练营中接受了系统的新生入学教育，平均满意度由 2012 年的 88% 上升到 2015 年的 96%，远高于国内其他高校平均 40% 的新生入学教育满意度，新华网、凤凰网、《中国教育报》和《南方日报》等多家媒体对活动进行了关注和跟踪报道。

学校还从 2012 年起开始实施"优秀学子奖励计划"，③ 分设暨南之星、领袖之星、学术之星、公益之星、学习之星、自强之星、风尚之星、进取之星、体育之星、艺术之星 10 个项目奖励在不同领域有卓越表现的学生，以"卓越引领成长，繁星闪耀暨南"为口号，致力于在暨南学子中树立一批在不同领域取得突出成绩的校园之星，引领广大学生努力学习，奋勇争先，追求卓越，多面发展。2013 年，学校开始实施暨南大学 5A 卓越班集体评选工作。该评选以"志存高远（Ambitious and Lofty Ideals）、崇尚学术（Academy Orientation）、渴求知识（Aspiring to Knowledge）、至臻学业（Acquiring Perfect Profession）、多面发展（All-around Development）"这 5A 为班级建设目标，充分发挥卓越班集体的榜样力量和模范带头作用，引领全校学生团结友爱、积极进取、努力学习、追求卓越。2014 年，学校将以上两项评选整合为"5A 卓越引领计划"，每年评选 10 个 5A 卓越班集体、10 名暨南好班长和 100 名优秀学子奖励计划标兵奖获得者。在该项计划的实施过程中充分调动全校学生的参与性和关注度，不仅在答辩会设置现场观众投票环节，还增设官方微信网络投票互动渠道，受到了广大学生的关注与欢迎，各奖项候选集体和个人简介的阅读量超过 15 万人次，参与投票的师生超过 5 万人次。其颁奖典礼被广大暨南学子称为"暨南奥斯卡"，充分发挥了暨南园的榜样力量，弘扬了暨南学子的正能量。④

对于研究生，学校于 2011 年 1 月成立研究生工作部，负责全校研究生思想教育工作，形成了"三系统四结合五个好"的工作理念，即推动研究生思想政治教育与党委中

---

① 《我校校园文化建设项目获教育部第八届高校校园文化建设优秀成果二等奖》，《暨南大学》第 625 期，2015 年 6 月 30 日，第 1 版。

② 杨薇：《暨南大学开学不军训　设新生训练营》，http：//www.chinanews.com/edu/2012/09 – 09/4169765. shtml，2012 年 9 月 9 日。

③ 《暨南大学"优秀学子奖励计划"》，http：//sld. jnu. edu. cn/ViewScheme. aspx？scheme_id = 1&info_id = 1。

④ 蔡青、袁晓露：《卓越·繁星：有那么一群人——暨南大学"5A 卓越引领计划"评选及表彰系列活动纪实》，http：//news. jnu. edu. cn/Item/38157. aspx，2016 年 6 月 1 日。

心工作相结合、与业务培养相结合、与学位和研究生教育改革相结合、与研究生群体关注的现实问题相结合，发挥党委系统的领导及统筹、专家系统的主导及引导、行政系统的保障及服务等功能，力争以"好导师、好学生、好机制、好平台"实现提高研究生教育质量和提升人才培养水平的"好产出"，形成全员育人、全方位育人、全过程育人的格局。学校还出台《关于进一步加强和改进研究生思想政治教育的实施意见》，明确了研究生思想政治教育的领导体制、工作机制、工作内容、队伍建设、资源保障等，为研究生思政教育工作指明了方向。① 学校在工作中注重紧密结合纪念建党 90 周年、纪念辛亥革命 100 周年、践行社会主义核心价值观等主题进行研究生思想教育。此外，还建立研究生德育网，作为研究生思想教育的网络信息平台。重视加强研究生组织建设，充分发挥研究生会等学生组织的作用，学校校长、党委书记每年参加研究生代表大会提案咨询会，倾听研究生们对于学校建设发展的意见。

二、大学生创新创业活动

对于创新创业教育，暨南大学具有前瞻性的眼光，早在 2003 年就在珠海学院成立创业经济研究与实验中心，进行创业实验教育。2006 年，开始建设大学生创业实验园，向全校推广创业实验教育。2011 年 11 月，在总结 6 年创业实验教育和 2 年创业试验园区的成功经验上，学校率先提出"三创"（创意、创新、创业）教育，正式成立创业学院，以此为平台引导学生将知识和理论转化为成果，打造学生创新创业团队，并为他们提供起步的资金与平台；同时组织和引入社会基金进校园，与学生创新创业项目进行对接，将创意转化为现实、将项目转化为效益。②

学校面向全体学生推出"卓越未来"创新人才教育计划③，推出未来科学家培养项目、未来传媒领袖孵化项目、未来律政精英孵化项目、未来旅游业界领袖孵化项目和未来企业家孵化项目，通过实施多元的创新人才孵化项目和在课程建设中强化多维创新元素，构建和完善我校本科创新人才培养体系。2015 年，学校推出"三三三本科教学治理体系"与"卓越未来"创新人才教育计划形成双擎驱动，全面启动构建创新创业人才培养体系。

随着创新创业教育的整体推进，学校创新氛围逐渐浓厚。2006 年以来，学校组织孵化本科生创业项目 64 个，注册公司近 20 个，多个创业项目运营收入超过 100 万。鉴于我校在创新创业教育方面取得的显著成效，2016 年 4 月 25 日，全国政协经济委员会副主任、香港中国商会主席陈经纬捐资港币 2 亿元，分别在我校及北京大学、清华大学、复旦大学、中山大学、中国人民大学、同济大学、对外经济贸易大学、外交学院、中国传媒大学 10 所高校设立紫荆谷创新创业发展辅导中心，支持香港中小微企业和青年人、

---

① 《中共暨南大学委员会暨南大学关于进一步加强和改进研究生思想政治教育的实施意见》（暨党发〔2011〕57 号），暨南大学档案，档案号：2011 - DQ11。

② 郭军：《广州暨南大学成立创业学院　激励学生白手起家》，http：//www.chinanews.com/hwjy/2011/12 - 05/3509553.shtml，2011 年 12 月 5 日。

③ 《暨南大学关于实施"卓越未来"创新人才教育计划的若干意见》，暨教〔2011〕49 号，暨南大学档案，档案号：2011 - XZ11。

华侨华人企业及后裔年青一代更积极、更有效地在内地发展创业。①

除此之外，学校以"国家级大学生创新创业训练计划"和"挑战杯"竞赛为龙头，积极组织和引导学生参与课外学术科技活动。在"国家级大学生创新创业训练计划"方面，积极构建了国家、省、校、院四级大学生创新训练体系。截至2016年4月，我校国家级项目立项485项，参与学生人数1700余人；省级项目立项997项，参与学生人数3500余人；校级项目立项1714项，参与人数6000余人。立项数、参与人数不断增加，项目质量逐年提高，项目成果不断涌现。自2013年学校推出"赢在创新"——暨南大学本科生创新大赛以来，② 到2016年4月已举办了六季共29场比赛，参与团队近300个，直接参赛团队200个，参加总决赛团队60个，直接参与人数超过7000人次，引起了《人民日报》《中国青年报》《南方日报》《广州日报》《澳门日报》以及广东电视台、广州电视台等媒体的高度关注。

学校发掘的各类创新项目和团队在国家级和省级挑战杯、全国大学生创新创业年会等活动中屡获殊荣。在全国大学生创新创业年会上，学校连续三届取得优异成绩。在2013、2014两届年会上，学校有3个项目从近300所高校的2000余个项目中脱颖而出，分获全国十大优秀论文、十大最具创意项目及十大最佳项目，是连续两年在年会中均有获奖的四所高校之一。2015年，学校5个项目参会，共获6项大奖，项目入选数及获奖数量均位列全国第一。③ 在"挑战杯"中国大学生创业计划竞赛方面，学校形成了校赛、省赛、国家赛的层层选拔、层层提高的工作机制，使得一大批优秀学生创新创业成果脱颖而出。2007年和2011年，学校在第五届和第七届"挑战杯"中国大学生创业计划竞赛中各捧得金奖1项。在大学生数学建模竞赛中，成绩同样优异。据统计，2001—2010年间，学校在美国大学生数学建模国际竞赛、全国大学生数学建模竞赛中，获奖总数在广东省高校中名列第一。其中2008年在全国大学生数学建模竞赛中获奖数居全国高校第一，2009年在美国大学生数学建模国际竞赛中获奖数居全球高校第十四。2011年，在人民大会堂举行的全国大学生数学建模竞赛20周年庆典上，学校教务处处长张宏作为优秀组织工作者获奖代表、电气信息学院教师张元标作为优秀指导教师获奖代表、信息科学技术学院学生高海浪作为获奖学生代表受邀参加了庆典暨颁奖仪式，充分肯定了学校十年来在数学建模方面取得的突出成绩。学校为在2011年的"全国大学生数学建模竞赛优秀组织工作者"和"全国大学生数学建模竞赛优秀指导教师"评选中均获奖的唯一的广东省高校。④

此外，在其他各类创新创业竞赛和活动中，暨南学子同样成绩骄人。2009年，在全国大学生电工数学建模竞赛中获一等奖10项、二等奖13项、三等奖7项，获一等奖数居全国高校第一。3月27日，上海世界博览会的志愿者标志、口号和歌曲发布，我校新

① 《陈经纬捐资两亿 助十所高校设"创新创业辅导中心"》，http：//hm. people. com. cn/n1/2016/0425/c42272 – 28303369. html，2016年4月25日。
② 《暨南大学在国内首创"本科生创新大赛"》，http：//gb. cri. cn/42071/2013/05/10/5951s4111011. htm，2013年5月10日。
③ 教务处：《我校获6项大学生创新创业大奖列全国第一》，《暨南大学》第629期，2015年10月15日，第3版。
④ 教务处：《我校师生代表参加大学生数学建模竞赛二十周年庆典暨颁奖仪式》，《暨南大学》第563期，2012年1月15日，第3版。

闻与传播学院广告系学生黄源媛创作的口号"世界在你眼前，我们在你身边"，从全球8000多件应征口号中脱颖而出，被确定为2010年上海世博会的志愿者主题口号。[①] 2011年，学校在全国大学生电子设计竞赛中获全国一等奖，取得参赛以来的最好成绩；在第二届全国高等医学院校大学生临床技能竞赛中，获华南赛区亚军，在广东省参赛高校中名列第一；在第四届、第五届全国高等医学院校大学生临床技能竞赛中，均获华南赛区一等奖，并获总决赛三等奖。2015年，我校创行团队以"绿动未来"项目夺得创行世界杯中国总冠军，并代表中国参加南非创行创新公益世界杯赛，获得三等奖。[②]

三、大学精神与文化的塑造

大学精神是一个大学的灵魂，它是一所大学在办学历程中长期传承和不懈追求的理想与信念，是与其他社会组织相区别的特有精神状态和气质，体现了大学作为一个学术共同体的群体性格。百年暨南有着悠久的历史和独特的文化，但怎样从自身的历史传统和多元文化的挑战中寻找自己的定位和增长点，特别是在社会转型期的文化焦虑中固守自己的传统文化，接纳新的优秀文化，暨南大学在新百年以来对这一问题进行了积极探寻和深刻反思。

2006年喜迎百年校庆，全体暨南人在回顾过去百年办学历程的同时，积极参与"暨南精神大讨论"，全面总结暨南大学的精神、气质与文化，为学校的加速发展进一步凝聚共识、鼓舞士气，提供了强大的精神动力。[③] 在9个多月的时间里，学校民主党派和无党派人士、基层单位、学生组织、离退休老同志分别召开座谈会，对"暨南精神"展开了深入研讨。学校还在校园网主页和"百年校庆"专题网站开设"暨南精神大讨论"专栏、举办"暨南精神"论坛和讲座，各院系、学生组织开展了校史院史讲座、专题征文、演讲比赛、辩论赛等活动，在校园内形成了"暨南精神大讨论"的热潮。

经过全校师生和广大校友的充分讨论，学校校长办公会于10月专门就"暨南精神"主要内涵的表述进行研究，决定将其确定为"忠信笃敬、知行合一、自强不息、和而不同"[④]。这十六个字既吸收和容纳了暨南大学的百年文化底蕴，又突显了侨校办学特色。首先体现了学校的核心价值观，表现为"忠信笃敬、知行合一"，其中"忠信笃敬"是暨南大学的校训，是百年来千万暨南人在奋斗中凝练而成的理想追求和价值判断，"知行合一"是暨南大学的优良传统和人才素质优势。其次突出了两条主线：一是奋斗，包括奋斗历程和奋斗精神，表现为"自强不息"，客观地反映了暨南大学三落三起、五次播迁的悲壮历程，是学校在百年发展历程中所形成的最突出的精神品格；二是宽容，表达为"和而不同"，体现了暨南大学的侨校性质、办学宗旨、办学思想、多元校园文化特征，以及暨南人包容的精神气度，涵盖了"声教暨南、协和万邦、兼容中外"等含

---

① 方晓洁：《广告系学子作品被确定为上海世博会志愿者主题口号》，《暨南大学》第512期，2009年4月15日，第3版。

② 梁迪琪、罗雨菁、陈晗智、刘霭丰、刘倩：《暨大创行团队夺2015创行世界杯中国总冠军》，《暨南大学》第624期，2015年6月15日，第3版。

③ 《"暨南精神大讨论"活动》，引自《暨南大学年鉴》编辑部编：《暨南大学年鉴》（2007），广州：暨南大学出版社2009年版，第13－14页。

④ 学校党委宣传部：《"暨南精神"主要内涵确定》，《暨南大学（百年校庆特刊）》，2006年11月16日，第7版。

义，是暨南大学最显著的文化风格和特征。记录"暨南精神大讨论"精华内容的《凝聚暨南精神》一书已由广东人民出版社 2006 年 11 月出版。

通过"暨南精神大讨论"和百年校庆系列活动的开展，师生的爱校热情得到激发，对校史的认知更加深入，对学校的未来更加自信，学校的向心力进一步增强，目标更加明确。师生对学校的批评少了，赞扬多了，珍惜暨南大学名誉的人多了，诋毁的人少了，以身为暨南人而感到自豪的人多了，妄自菲薄的人少了。正如那首承载无数暨南人心声的《一百年的路》所唱的："一百年的路，荣与辱交织，我们昂然自信。一百年的路，血与火铺就，我们依然年轻。岁月始终充满欢笑，回忆永远不会结冰，听到你的呼唤，我们心潮澎湃，喊着你的名字，我们热血沸腾。"①

2007 年，学校迎来教育部本科教学评估，为深入思考和探讨学校未来的发展方向及办学目标，进一步明确办学指导思想和发展定位，展开了为期半年多的教育思想大讨论活动，围绕办学指导思想、培养目标、办学理念、办学定位、办学特色、人才培养模式和教学改革、质量意识等教育思想观念方面的重点问题展开热烈的讨论和交流，参与师生达到数千人次，在校内掀起了教育思想大讨论热潮。② 最终将暨南大学的主要教育思想归纳为"育人为本，彰显特色；因材施教，发展个性；立足本土，面向国际；服务社会，精神至上"。这体现了暨南人对高等教育根本问题和理念的思考与认识。

2009 年，为进一步增强仪式感和庄重感，凸显校训和暨南精神等文化元素，学校对毕业典礼进行文化创新。③ 其中最引人注目的是在毕业典礼中引入"权杖"这一元素，以代表知识的圣洁和大学的最高学术权力，作为学校准予毕业和授予学位的象征。权杖的设计突出暨南元素，成为暨南精神的象征性标志，寓意一代代暨南人秉承优良传统，努力拼搏，追求卓越。本科生学士学位门是毕业典礼上另一个新增的元素，毕业生以院系为单位，身着学位服，依次穿过精心装点的学位门。学位门的一边是学校，另一边是社会，具有极强的仪式特征，增强了典礼的象征意义。毕业典礼以感恩为主线，体现着暨南学子爱国爱校的优良传统，激发出学生眷念母校、感恩师长、报效祖国的精神状态和志向追求，为学生步入全新的人生道路、投身时代发展的大潮奠定了基础。毕业典礼的创新提高了学生的参与度，通过不同途径加强了学校、学生、家长之间的多方互动交流，受到了广大学生与家长的好评，成为广大毕业生心中永恒的回忆。

2012 年，学校正式启动"宁静致远工程"，决定通过制度与文化的建设，以及物质条件的保障与安排，用优秀的传统文化和民族精神，在校园内营造"非淡泊无以明志，非宁静无以致远"的良好氛围与"宁于教学、静心研究、致力育人、崇尚奉献"的校园文化。作为校园文化的重要组成部分，学校高度重视教风、校风、学风建设，除了通过规章制度这种硬性方式确保教师遵守师道规范、学生遵守学术规范和课堂纪律以外，还通过订立《师德铭》《学子铭》等软性方式，重塑大学精神与文化，对暨南学子立身修业进行引导。2011 年底，学校在全校范围内征集暨南大学《师德铭》和《学子铭》，得到了广大师生的积极响应、踊跃投稿。经过专家对所征集作品的初评、复审，再次在全

---

① 《一百年的路》是百年校庆前夕，我国著名词作家杨湘粤作词，陈慧思、崔冠星作曲完成的作品，被定为百年校庆晚会的主题曲。

② 《更新思想观念　坚持科学发展　推进教育创新》，《暨南大学》第 462 期，2007 年 4 月 10 日，第 3 版。

③ 张子民：《我校毕业典礼形式创新　庄严隆重又温情》，《暨南大学》第 518 期，2009 年 7 月 15 日，第 1 版。

校范围内征集对"二铭"的修改意见，最终分别于2011年12月及2012年6月经校长办公会议审核、修改通过了《师德铭》和《学子铭》的内容。

《师德铭》曰："百年暨南，一脉长新。弦歌不辍，德立仪刑。忠信笃敬，身正风清。宁静淡泊，意远志明。慎思博学，业专事勤。传道解惑，竭虑殚精。和而不同，广纳兼听。既修大德，亦护细行。循循善诱，喻理动心。立足根本，乐育群英。胸怀祖国，志在中兴。宏扬教泽，心系侨情。天长地久，誓遵此铭。"

《学子铭》曰："上庠百载，声教流芳。忠信笃敬，恭俭温良。尊师爱校，志在兴邦。进德修业，誓作栋梁。知固无涯，行则有纲。博观而敏，治学以庄。见贤思齐，慎独自强。扶危济困，爱心永昌。摈弃虚浮，实践恒常。强身健体，唯事铿锵。民主成风，自治为长。多元共融，并蓄八方。代代学子，传承发扬。"①

《师德铭》文字典雅、明白晓畅，明确了我校良好师德师风的行为标准，表达了我校教师爱岗敬业、正道直行的心声；《学子铭》纳众智而立纪纲，将广大学子普遍认同的内在要求转化为行为准则，勉励全体同学进德修业，发奋图强。"师德""学子"二铭以圣洁、厚重的汉白玉载体，用稳如磐石的四方基台，撑起这一暨南师生共同崇尚的准则，铭镌暨南人至臻完美的最高追求，寓意以德育人，至人根本；以德为先，屹立万邦。似神圣的讲台，在老师面对学生的时时刻刻，始终镜鉴为人之师的自己；也如普通的课桌，在老师引领下的学生，首先学会做人，做一名合格的学子。立于教学大楼的"二铭"，与图书馆的"六先贤"铜像形成南北呼应的"暨南精神"标志性文化景观。每当所有暨南人从教学大楼拾阶而上时，它犹如蓄势待起的雄鹰展开双翅，寓意暨南学子自此翱翔寰宇，体现了百年暨南对莘莘学子的殷切希望。②

2016年5月4日，中央电视台新闻频道推出"五四"特别节目"我们的校歌"，选取了我校和西南联合大学、清华大学、南开大学、天津大学（北洋大学）、厦门大学、延安大学七所大学，从高校校歌入手，讲述校歌创作时期的历史故事。节目组于4月26—28日对胡军校长，文学院历史学系张晓辉教授，第六首校歌词作者、文学院中文系龙吟（闫华）教授和部分在校生、毕业生进行了采访，到我校实地拍摄校园景观、挖掘校歌历史素材，还在上海等地采访了我校老校友。经过剪辑推出了关于我校校歌的专题报道《我们的校歌——暨南大学：宏教泽而系侨情》。5月11日，中央电视台综艺频道《文化十分》栏目以"暨南大学：宏教泽而系侨情　六首校歌一脉承"为题，再次播出了我校的校歌故事，时长约7分钟。③ 节目以我校六版校歌的变迁为主线，讲述了1906年暨南学堂创办、1927年升格为大学、1941年孤岛办学时期郑振铎"最后一课"、抗战时期青年学子投笔从戎、参加抗议美军暴行大游行、1986年学校80周年校庆时第五首校歌、2006年百年校庆等不同时期的重大事件，提纲挈领地呈现出暨南大学110年间五度播迁、坎坷曲折的办学历史。这六首校歌虽然年代不同，但是都反映了学校历史沿革，围绕着弘扬中华文化、培养华侨华人子女、振兴中华这一主线，体现了暨南大学百

---

① 校工会：《广东高校首创，我校订立〈师德铭〉〈学子铭〉》，《暨南大学》第587期，2013年5月30日，第1版。

② 赖竞超、江珏儒：《暨南大学订立"师德""学子"二铭：属广东高校首创》，《南方日报》，2013年5月19日，第6版。

③ 陈文举、苏运生：《暨南校歌故事登央视》，《暨南大学》第640期，2016年5月15日，第1版。

年不变的"宏教泽而系侨情"的办学宗旨和历史使命。该节目充分展示了百年暨南的深厚底蕴、筚路蓝缕的办学历程和自强不息的拼搏精神，激发了广大暨南人缅怀学校光辉办学历史的爱校热情。自5月24日起，为了迎接学校建校110周年华诞，学校相继启动校庆微视频、校庆晚会主题歌歌词、暨南文库藏品征集活动，以展示学校新百年的办学成就，体现学校新时期的校园文化，共同分享"逐梦高水平 暨情创未来"的喜悦，得到了广大暨南人的踊跃响应。

四、校园文体活动

丰富的校园文体活动一直是暨南大学引以为豪的特色。进入新百年以来，学校以多元文化为基础，以中华文化为核心，以学术文化为主导，积极开展丰富多彩、具有侨校特色的各类校园文体活动，定期举行国际文化聚暨南、中国文化艺术节、土风舞大赛、社团文化艺术节、研究生学术年会、研究生文化节、暨南园辩论赛、北极光歌唱大赛、心理剧大赛等品牌校园文化活动，体现暨南园异彩纷呈的民族风情、开放多元的校园文化，为学生展示才艺提供广阔舞台、成长成才提供良好环境。这些品牌活动在广东高校和大学生群体中产生了广泛的影响，"中国文化节"校园文化品牌还入选教育部"礼敬中华优秀传统文化"特色展示项目和第二届广东高校十大优秀校园文体品牌。在此基础上，学校积极选送优秀学生和节目参加各类文艺比赛，向外界展示暨南学子多才多艺、积极向上的精神风貌。学校选送的傣族舞蹈《邵多丽》获第六届中国舞蹈"荷花奖"，瑶族土风舞《舞火狗》获得第三届全国大学生艺术展演一等奖及优秀创作奖，[1] 舞蹈《青春的祝福》受教育部和中央电视台邀请，参加"五月的鲜花——我们的中国梦"2013全国大学生校园文艺会演。[2] 在广东大学生校园文化艺术节原创歌曲、民族舞蹈、相声小品、书法、棋艺大赛及广东省大学生舞蹈比赛等赛事中，暨南学子也表现突出、屡获殊荣。

2010年，受中国驻南非大使馆邀请，在国家汉办的支持下，学校派出由25名师生组成的演出团，于9月26日至10月7日在南非进行巡演。9月27日在比勒陀利亚（茨瓦内）使馆国庆61周年招待会上演出，9月29日在约翰内斯堡皇宫休闲中心为使馆进行慰侨演出，10月1日在格雷厄姆斯敦镇的罗德斯大学孔子学院演出，10月4日在开普敦开普数学科技学院孔子课堂演出，10月5日在斯坦陵布什大学孔子学院和开普敦大学孔子学院演出。演出节目有中国古典舞《桃夭》、傣族舞蹈《邵多丽》、广东舞蹈《西关风情》、歌曲《今天是你的生日，我的祖国》和中国武术等。极具中国特色的五场精彩演出给南非友人，驻南非使、领馆人员，华侨华人和留学生留下了深刻印象，有力地配合了国家公共外交和对外宣传工作，为学校的孔子学院树立了良好品牌。中国驻南非大使馆特别发来感谢信，称赞演出团"为南非人民、旅南侨胞带来了暖暖南国风、醇醇

---

① 学生处：《青春焕彩 舞火留声——我校师生喜获第三届全国大学生艺术展演多个奖项》，《暨南大学》第564期，2012年3月15日，第3版。
② 綦珊：《学生艺术团舞蹈〈青春的祝福〉登央视舞台展风华》，《暨南大学》第586期，2013年5月15日，第1版。

侨校情"。①

受国务院侨办委托，中华才艺（武术、龙狮、书画）培训基地相继在暨南园设立，学校武术、龙狮队在国际和国内各类比赛中屡获殊荣，充分展示和弘扬了以武术、龙狮、书画为代表的中华优秀文化。2013年，学校还承办了全球华人中华才艺（武术）大赛，来自美国、德国、法国、西班牙、马来西亚、菲律宾等14个国家和港澳台地区的21支队伍，共计200余位"武林"高手齐聚暨南园，以"武"会友。此次大赛的参赛队伍均为国家体育总局联合中国各驻外使领馆严格挑选，集中代表了所在国家和地区的武术竞技水平。②

2014、2015年春节期间，学校连续两年派出学生艺术团作为主要班底参加国务院侨办"文化中国·四海同春"慰侨访演，赴美国、日本③、澳大利亚等地与中央民族歌舞团重量级演员同台演出，代表祖国将新春的问候送到了海外侨胞的身边，受到海外侨胞的高度评价，展现了暨南学子的青春风采。④

作为传统的体育强校，学校积极支持暨南学子参加体育运动，为他们强身健体创造良好条件。在全国大学生羽毛球、网球、游泳、攀岩、武术锦标赛等赛事上，我校学生连续多年取得优异成绩。2007年，在第8届全国大学生运动会上，学校运动员获38块奖牌，有4人破3项全国大运会纪录，并获大运会"校长杯"，奖牌数位列全国高校第五。在第九届大学生运动会上，学校第五次捧得"校长杯"。在第11届全运会上，代表广东省参赛的暨南大学运动员在游泳、田径、武术等项目中共获得4枚金牌。第16届亚运会在广州举行，暨南学子苏炳添、史润强为国出征，分别在田径和游泳赛场上夺得冠军。⑤在俄罗斯举办的第27届世界大学生运动会上，我校羽毛球运动员姚雪、陈烙勋、张志君获得混合团体第二名，姚雪还获得女子单打第三名。在伦敦奥运会、世界田径锦标赛、亚洲田径锦标赛等高级别赛事中，苏炳添成绩骄人，打破了尘封13年之久的百米赛跑全国纪录，连续两次卫冕亚锦赛百米飞人冠军，与同为暨南学子的莫有雪在仁川亚运会4×100米接力赛中以破亚洲纪录的成绩夺冠，并成为中国首个进入奥运会男子百米半决赛、亚洲首个进入世锦赛男子百米决赛的运动员以及首个百米跑进10秒的黄种人。⑥

积极开展对外交流一直以来都是学校体育工作的特色。学校与新加坡、中国香港、中国澳门等地区的高等院校经常互访，加强合作，进行教学、科研、管理等方面的交流和友谊比赛。2010年，学校武术队赴法国尼斯参加第126届尼斯狂欢节的表演活动，获

①《传递侨校情谊　暨南大学代表团赴南非演出获好评》，http://www.chinanews.com/hwjy/2010/10-15/2590820.shtml，2010年10月15日。

②苏运生、邓双全、刘斌：《四海华人同根脉　"武"洲高手聚暨南——2013全球华人中华才艺（武术）大赛在我校举行》，《暨南大学》第586期，2013年12月15日，第1版。

③学生处：《青春与美丽并行——我校圆满完成2014"文化中国·四海同春"亚洲慰侨访演》，《暨南大学》第600期，2014年3月15日，第3版。

④学生处：《暨南师生闪耀"四海同春"　慰侨访演载誉归来》，《暨南大学》第619期，2015年3月15日，第3版。

⑤新闻中心、李兆聪、董思敏：《我校学生亚运夺金　胡军校长致函祝贺　蒋述卓书记亲切看望》，《暨南大学》第542期，2010年11月30日，第1版。

⑥李伟苗：《苏炳添出席总理座谈会　建议获李克强肯定》，《暨南大学》第636期，2016年3月15日，第3版。

评优秀表演奖。同年，受广东省文化厅的邀请，武术队赴台湾参加"台湾·广东周"文艺演出。

2010年，广州承办第16届亚运会、亚残运会，暨南大学选派了3500余名亚运会志愿者和2200余名亚残运会志愿者参加志愿服务工作，圆满完成广州天河体育馆、天河保龄球馆、奥体游泳馆3个场馆和12个专业团队的赛会志愿者服务工作，以及广州市天河区、越秀区、黄埔区11个城市文明站点和交通路口指引、通信、嘉宾接待等10个专项团队的城市志愿者服务工作，赢得各方面的肯定。[①] 广州亚组委、中共广州市委、广州市政府联合致信感谢学校，对青年志愿者的表现、服务和管理水平给予充分肯定和赞扬，中央电视台、中国国际广播电台、中央人民广播电台、广东电视台、《南方日报》等主流媒体均对暨大志愿者工作进行采访和报道。[②] 2011年8月，第26届世界大学生运动会在深圳开幕，我校深圳旅游学院选派329名志愿者圆满完成大运村赛会志愿服务和世界之窗城市U站的城市志愿服务，受到深圳市政府的高度肯定。

第九节　为侨服务的新亮点

一、"侨"字是暨南大学立校之本、兴校之源

自1983年6月至今，根据国务院批示，暨南大学由国务院侨务办公室主管，成为我国侨务系统的重要组成部分和华侨高等教育的排头兵。[③] 历任国务院侨办主任廖承志、廖辉、郭东坡、陈玉杰、李海峰、裘援平等，都十分关心和支持暨南大学办学，多次与国家计委（发改委）、教育部、财政部等中央部委以及广东省领导共商暨南大学发展大计，到校视察指导，出席学校董事会会议、校庆庆典等重要活动，就学校管理体制、办学方向、为侨服务水平等做出具体指示。国务院侨办内设一个职能司协助管理暨南大学等所属学校，以2009年为界，之前为文教宣传司，之后为文化司。

2006年1月，国务院侨办副主任刘泽彭在暨南大学干部大会上，对学校领导班子和中层干部讲道："不要忘记暨南大学是一所侨校，在侨务工作上肩负着重要的职责……一定要坚定不移地坚持'面向海外、面向港澳台'的办学方针。"[④] 同年11月，陈玉杰主任出席暨南大学百年校庆庆典大会，在讲话中指出，"暨南大学根据党和国家赋予的特殊办学使命和办学任务，积极开展海外华文教育工作，为弘扬中华民族优秀文化，广泛联系海外华侨华人做出了突出贡献，在全世界华侨华人社会和港澳台地区的地位不断

---

① 彭梅蕾：《展现青春风采　延续美好情谊——我校举行亚运会、亚残运会志愿者总结表彰大会》，《暨南大学》第619期，2010年12月15日，第1版。

② 林菁晴：《满堂欢聚"绿羊羊"　志愿之心永流芳》，《暨南大学》第619期，2010年12月15日，第2版。

③ 中共中央、国务院批复中宣部、教育部、国务院侨办《关于进一步办好暨南大学和华侨大学的意见》，即1983年中央24号文件。

④ 刘泽彭：《在宣布胡军同志任暨南大学校长会议上的讲话》，引自《暨南大学年鉴》编辑部编：《暨南大学年鉴》（2007），广州：暨南大学出版社2009年版，第41页。

得到巩固，在海内外的声誉不断扩大"①。2011 年 4 月，李海峰主任到学校考察调研时指出，国家设立暨南大学、华侨大学的目的，就是为祖国的统一大业和港澳地区的繁荣稳定培养大量人才。新的历史时期，中央赋予了暨南大学新的特殊使命，即面向海外，面向港澳台，办出特色，办成名校。冀望暨南大学坚持"两手抓"的发展战略，一手抓侨校特色建设，创品牌；一手抓名校建设，上档次。② 2013 年 6 月，裘援平主任到学校视察，指出，暨南大学是国家开展侨务工作，实现中华民族伟大复兴的中国梦可以依靠的重要力量，希望暨南大学根据世情、国情、侨情变化，继续提高为国家高等教育和侨务事业服务的能力，从华文教育、侨务工作现实、理论问题研究等方面入手，继续做好"侨"的文章。③

"侨"字是暨南大学的立校之本和兴校之源，"侨校"是海内外社会对暨南大学的普遍认知。《国家侨务工作发展纲要（2011—2015 年）》出台后，2011 年底，学校围绕国家侨务工作大局，制定了《暨南大学关于贯彻落实〈国家侨务工作发展纲要（2011—2015 年）〉的实施方案》，提出发挥优势，围绕华文教育、涉侨研究、侨务舆论工作、侨务文化交流四个方面开展为侨服务的工作措施和目标。

2006 年以来，学校各单位找准为侨服务的结合点，积极开展工作，落实纲要，成效突出，暨南大学凭借独特的办学模式、在海内外的广泛影响力和毗邻港澳的优越地理位置，对港澳台侨学子形成了巨大的集聚效应，已成为全国最具实力的华文教育基地、侨务政策理论研究基地之一。④

二、打造国内一流的华侨华人研究基地和智库

华侨华人研究是暨南大学重要的学术传统和文科的特色优势，2000 年，学校获批教育部人文社科重点研究基地（华侨华人研究），但 2005 年左右，基地建设一度滑落谷底。2006 年以后，学校着手对华侨华人研究机构和教育部人文社科重点研究基地人员进行重组，聘请国务院侨务办公室原副主任刘泽彭担任华侨华人研究院院长、教育部人文社科重点研究基地主任。⑤ 经过不懈努力，2010 年 5 月，华侨华人研究院顺利通过了教育部人文社科重点研究基地第二次评估，重新进入重点基地正常建设行列。⑥

2011 年是华侨华人研究的重要转折年。7 月，学校成立国际关系学院/华侨华人研究院。8 月，暨南大学与中山大学、广东省侨办联合成立国务院侨办侨务理论研究广东基地、广东侨务理论研究中心。9 月，成立暨南大学华侨华人研究领导小组，由胡军校长兼任主任，下设办公室，挂靠国际关系学院/华侨华人研究院，整合校内以及海内外资源，形成大华侨华人研究的格局，提高学科水平和为侨服务的咨政水平，重振华侨华人研究的辉煌。同年，暨南大学从广东省下拨的 2 亿元学科建设资金中划出专门资金，

---

①　《国务院侨务办公室主任陈玉杰在庆祝暨南大学建校 100 周年大会上的讲话》，引自《暨南大学年鉴》编辑部编：《暨南大学年鉴》（2007），广州：暨南大学出版社 2009 年版，第 19 页。

②　郭军：《国务院侨办主任李海峰考察访问暨南大学》，中国新闻网，2011 年 4 月 16 日。

③　《国务院侨办主任裘援平莅校视察》，引自《暨南大学年鉴》编辑部编：《暨南大学年鉴》（2014），广州：暨南大学出版社 2015 年版，第 13 页。

④　胡军：《关于暨南大学办学情况的汇报》，2013 年 6 月 3 日。

⑤　《关于刘泽彭等同志任职的通知》，暨干〔2011〕28 号。

⑥　《我校华侨华人研究院顺利通过教育部评估》，《暨南大学》第 534 期，2010 年 6 月 15 日，第 1 版。

投入 1000 万元，设立"华侨华人研究优势学科创新平台"建设项目，面向校内外设立研究项目，资助开展海外侨情调研、举办学术会议、建立数据库、出版丛书等，希望"聚集海内外杰出的涉侨研究人才，壮大我校的涉侨研究队伍，全面提高涉侨研究的能力与水平，争取把教育部人文社科重点研究基地——华侨华人研究院建设成为国内一流、国际知名的智库"①。

暨南大学的涉侨研究不辱使命，重续辉煌。2010 年以来，我校共承担国家社科基金重大委托项目等各类科研项目 100 余项，其中涉侨研究国家社科基金重大招标项目 4 项：暨南大学与国务院侨办政法司联合申报的国家社科基金重大委托项目"少数民族侨情调研"，由国家前期拨付经费 100 万元，国务院侨办配套 100 万元；"华侨华人在国家软实力建设中的作用研究""构建 21 世纪海上丝绸之路的社会与文化基础——中国与东盟地区文化交流大调查""中国南海问题传播战略研究" 3 项国家社科基金重大项目获批经费 230 万元。获批教育部人文社科重点基地重大项目 8 项，包括："海外华人人才与中国国家创新体系建设""海外华裔新生代文化认同研究""华侨华人在我国文化兴国战略中的作用研究""华侨华人在新时期中国经济国际化战略中的作用研究""欧洲华人新移民经济研究"等，获资助 80 万元；国务院侨办重大委托项目 3 项，经费 55 万元；财政部重大项目"国家安全与发展战略中华侨华人的作用研究及资源平台建设"获批经费 250 万元。

"十二五"时期，学校共发表涉侨研究高水平科研论文 181 篇，其中 A1 期刊（SSCI） 3 篇，A2 期刊 5 篇，在国内外的学术影响不断扩大。共向国务院侨办等政府部门提交 100 余篇涉侨重要研究报告，其中 90 多篇被中央部门内刊采纳，报送中央办公厅、国务院办公厅，"沿边地区侨务工作""少数民族侨情调研""国家软实力与侨务工作研究""关于我国对印尼侨务工作的若干建议"等课题研究及研究报告，受到国务院侨办重视，中央领导、中央政治局常委多次在报告上批示，研究人员获邀在中央七部委联席会议上做专题报告。

2008 年、2009 年，华侨华人研究院先后编著《世界华侨华人研究》第一辑、第二辑。2012 年开始每年编著出版《世界侨情报告》，2014 年更名为"海外侨情观察"，已出版 4 册；每年编著出版《南海地区形势报告》，已出版 4 册。这两种咨政文献引起国内外媒体和学界的关注，受到政府重视，部分成果被中央部门采用，要求我国驻外使馆学习参考。《世界华侨华人研究文库》获国家出版基金项目资助，从 2012 年开始已出版 3 批 20 多种专著，《暨南东南亚研究文库》已出版两期 10 种。完成国务院侨办组织编撰的"中国侨务系列"中《2013 年世界侨情报告》《侨务理论研究成果集萃》两种专著的撰写。自 2011 年起，暨南大学图书馆彭磷基华侨华人文献信息中心编著的《侨情综览》已出版 5 种。翻译出版"海外华侨华人研究成果译丛"，第一批 6 种将由世界图书出版公司出版。

华侨华人研究的关键在于掌握海外侨情。"十二五"期间，学校大力实施"走出去、请进来"，派出境外进行侨情调研的人员 50 多人次，邀请境外学者、侨团领袖来访交流 70 多人次。举办了"华侨华人与国家软实力""华侨华人与辛亥革命""华侨华人与中

① 胡军：《在暨南大学华侨华人研究院/基地新一届学术委员会会议上的致辞》，2012 年 1 月 7 日。

国梦""华侨华人与世界反法西斯战争""华侨华人与21世纪海上丝绸之路""南海地区形势""东亚跨国人口流动""国际移民研究"等具有较大影响的学术会议，与数十个海外侨社开展了友好交流与合作，提高华侨华人研究院智库在国内外的知名度与影响力。

2012年3月，学校投入100万元启动"华侨华人资源库"项目建设。7月，受国务院侨办经科司委托，开发建设海外华人经科人才数据库。2014年6月"华侨华人资源库"第一期工程完成，获得国家软件著作权认证，项目成果"东南亚国家华文教育人才库""海外侨情资源库""华侨华人学术研究数据库""侨务信息数据库"等数据库，已在线上运行。2015年组建暨南大学侨务信息与技术研发中心，承接国务院侨办任务，研发"归侨侨眷""政策法规"数据库和微侨务系统，同年开发的"侨宝"微信公众号供回国参加纪念中国人民抗日战争暨世界反法西斯战争胜利70周年阅兵观礼的海外华侨华人嘉宾使用，反响很好。由于在华侨华人研究、智库建设、咨政工作方面成绩突出，2016年，国际关系学院/华侨华人研究院被评为全国侨办系统先进集体。①

三、开展华文教育，为"留根工程"添砖加瓦

2010年7月，时任中共中央政治局常委、国家副主席习近平在讲话中指出，团结统一的中华民族是海内外中华儿女共同的根，博大精深的中华文化是海内外中华儿女共同的魂，实现中华民族伟大复兴是海内外中华儿女共同的梦。② 华文教育因此被称作中华民族在海外的"留根工程"。暨南大学一直重视华文教育工作，努力为"留根工程"添砖加瓦，是目前国内最重要、学科实力最强的华文教育基地之一，是侨务系统开展华文教育的龙头院校。2013年11月是暨南大学华文学院建院20周年、广州华侨学生补习学校成立60周年，国务院侨办主任裘援平莅临致贺，对学院办学特色和成绩勉励有加。③

经过长期的建设和积累，暨南大学华文教育学科实力雄厚，形成了全国唯一的从语言培训、本科、硕士到博士全系列完整的华文教育人才培养体系；开办的华文教育项目涵盖学历教育、短期汉语培训、海外函授、兼读制培养等多种层次和类别；有华文教育本科专业（全国首创，广东省特色专业和重点建设专业）、对外汉语本科专业（广东省名牌专业）和汉语国际教育专业硕士（全国首批获批14所院校之一）；海外华语研究与华文教学博士点、硕士点，设有全国唯一的省级汉语实验教学示范中心。④

随着中国综合国力和影响力的增强，中华文化"走出去"步伐的加快，海外掀起了学习汉语、了解中华文化的热潮。华文学院在开展汉语培训，大力培养华文教育师资方面做了很多工作。2015年，有超过105个国家和地区的3765名华裔学生及留学生在校接受华文教育，学习汉语，其中来自中亚、欧美、大洋洲等地的留学生有了较大幅度的

---

① 《关于拟表彰暨南大学国际关系学院（华侨华人研究院）为全国侨办系统先进集体的公示公告》，http://www.gqb.gov.cn/news/2016/0517/39166.shtml。

② 陈键兴：《"中国寻根之旅"夏令营开营　习近平出席并讲话》，《人民日报（海外版）》，2010年7月26日，第1版。

③ 方李瑾：《华文学院迎60华诞　国侨办主任裘援平等莅院祝贺》，《暨南大学》第596期，2013年11月30日，第1版。

④ 暨南大学华文学院：《发挥龙头作用打造侨校特色——六年来暨南大学华文教育工作取得显著成效》，《侨务工作研究》2012年第5期。

增长，各种肤色、语言、服饰的外国留学生为校园增添了浓厚的国际化氛围；华文学院在海外设立有 23 个教学点，有 1400 多名华裔和留学生在攻读学位，海外教学点、在校学生和生源国数量与 2005 年相比翻了数倍。华文教育专业 2009—2016 年培养了 8 届共 488 名毕业生，学生毕业后全部回到包括东南亚在内的 20 多个国家和地区从事华文教育，部分毕业生已成为海外华文学校骨干和中层领导。

2004 年以来，暨南大学累计派出近 550 名汉语教师志愿者赴东南亚以及五大洲的近 20 个国家教授汉语，承办了 50 多期海外华文师资培训班（研习班），2000 多名学员顺利结业。2013—2016 年，在多年举办短期班的经验基础上，学校通过"中华文化大乐园"的形式"走出去"办班，分别在印度尼西亚雅加达、澳大利亚悉尼、柬埔寨金边及文莱斯里巴加湾成功举办了 4 次大乐园活动，培训学员近 1500 人，在海外产生了很好的影响，赢得了良好的口碑。2008 年 10 月，暨南大学与南非罗德斯大学共建的孔子学院揭牌，这是学校在海外设立的唯一一家孔子学院。2013 年，罗德斯大学孔子学院入选国家示范孔子学院，并获得首批 100 万美元的专项经费资助。①

"十二五"期间，暨南大学瞄准华文教育"正规化、标准化、专业化"建设需要，承担国务院侨办重点项目，打造海外华文教育两项国家标准。2016 年 4 月，学校向海内外媒体发布了国务院侨办委托项目"华文教师证书认证项目"及"海外华裔青少年华文水平测试项目"两个项目的研发情况。② 国务院侨办于 2011 年 2 月委托暨南大学开展的"《华文教师证书》等级标准研制"项目于 2013 年 12 月验收结项，③ 学校后续又进行了"《华文教师证书》考试题库建设"项目研发，研究成果包括《〈华文教师证书〉实施方案》《〈华文教师证书〉考试样卷及答题卡》等。截至 2015 年 12 月，华文教师证书考试已在东南亚地区和德国、意大利举行。六年磨一剑，2000 年开始，学校着手研发面向海外华裔青少年的华文水平测试，该测试区别于面向外国人的汉语水平考试（HSK）。2015 年"海外华裔青少年华文水平测试"项目（简称"华测"，英文简称 HSC）获国务院侨办批准立项。2016 年 4 月，"华测"开始在东南亚地区和美国、英国等 10 个国家试测，通过试测进一步完善大纲和试卷，将成为中文考试家庭中的一员。

国务院侨办委托暨南大学华文学院编写的《中文》和《华文》等教材自出版以来，在海外一直有较大的影响。《中文》（小学版）于 2007 年推出修订版，《中文》（初中版）2010 年正式出版发行。《中文》教材自推出至今共出版 1000 多万套，受到海外华侨华人的欢迎，发行到世界几乎所有国家和地区，成为海外华文教育界的首选教材。《华文》教材得到了柬埔寨教育部的认可，被该国全体华校采用。华文教育国别化、本土化、多样化教材及华文读物的研发也取得进展，柬埔寨版《华文》（初中版）、澳大利亚版《中文》（高中版）教材即将问世。

暨南大学还积极支持海外华文学校发展，与东南亚以及欧美等华裔聚集地区的华文教育机构、院校建立密切交流合作关系。如与意大利罗马中华语言学校、中意国际学校

① 国际交流合作处：《我校与南非罗德斯大学共建的孔子学院入选国家示范孔子学院》，《暨南大学》第 599 期，2014 年 1 月 15 日，第 1 版。
② 吴少敏、苏运生：《暨大制定两项海外华文教育标准》，《南方日报》，2016 年 4 月 28 日，第 2 版。
③ 华文学院：《"〈华文教师证书〉等级标准研制"顺利结项》，《暨南大学》第 599 期，2014 年 1 月 15 日，第 2 版。

达成共建协议，培养华裔新生力量，在海外成立暨南大学海外实验学校 3 所，支持海外华校发展。2011 年 5 月，全国侨办系统五院校华文教育工作会议在暨南大学举行，暨南大学华文学院、华侨大学华文学院、北京华文学院、广西华侨学校、昆明华文学校五所学校（院）领导参加会议，共商推进华文教育全面发展。[1] 2012 年 7 月，暨南大学与北京华文学院签署战略合作框架协议，两校将开展师资培训、华文教材编写等方面合作。[2]

2007 年 5 月，华侨华人研究院举办上海市侨务干部培训班。[3] "十二五"期间，华侨华人研究院共承办 5 期国务院侨办侨务干部培训班和广东省、广州市侨务系统培训班，培训了 1000 余名地方侨务干部。自 2009 年起，每年举办一期广东省侨联友好社团负责人研讨班，已连续举办 7 期，培训海外侨领近 300 人，学员们毕业后自发建立暨南大学广东侨联国际校友会。2005—2015 年，暨南大学与广东省侨办承办了 11 期海外华裔新生代企业家研修班，并安排华裔青年企业家在粤期间的教学和考察活动。华侨华人研究院张应龙教授担任广东省重大文化工程《广东华侨史》编修工作领导小组副组长、《广东华侨史》编委会主编，该项目由时任广东省委书记汪洋提出和推动，研究院吴金平、李爱慧、裴艳三位研究人员任编委。[4]

第十节 国际交流合作的新拓展

一、对外合作交流更加密切

作为一所承载"面向海外、面向港澳台"崇高办学使命的百年高等学府，暨南大学高度重视国际交流合作工作，于 2006 年成立了学校国际交流合作工作委员会，2008 年又在院、所一级成立了院级国际交流合作工作委员会，形成了学校"大外事"的工作格局。学校还在各学院、各直属研究机构设立兼职外事秘书，并定期对其进行英语口语、涉外礼仪、外事事务等方面的专题培训，为各学院拓展对外合作交流提供指引和支持。通过不断强化国际交流合作工作委员会的主导作用，加强部门间协同和资源共享，学校逐步形成了以学院为主体、以学科为依托、以教授为主角的国际交流合作模式。

学校十分注重与海外知名高校建立友好关系，不断加深彼此之间的交流与合作。2006 年以来，学校定期派队走访境外姊妹大学，与境外高校、研究机构签订各类合作协议 178 份，占对外合作协议总数的四分之三；合作伙伴层次不断提高，包括英国伯明翰大学、德国维尔茨堡大学、瑞典林雪平大学、俄罗斯圣彼得堡大学、丹麦奥尔胡斯大学、荷兰鹿特丹伊拉斯姆斯大学、智利大学、印度尼西亚大学等世界知名院校及学术科研机构。到 2016 年 4 月，学校已与世界五大洲 50 个国家和港澳台地区的 271 家高等院

① 方李瑾：《合作共赢，开创华文教育事业新局面》，《暨南大学》第 551 期，2011 年 5 月 30 日，第 2 版。
② 党政办公室：《暨南大学与北京华文学院签署战略合作框架协议》，《暨南大学》第 573 期，2011 年 9 月 15 日，第 2 版。
③ 华侨华人研究院：《暨大第一期上海市侨务干部培训班圆满结束》，《暨南大学》第 467 期，2007 年 5 月 30 日，第 2 版。
④ 《广东省人民政府办公厅关于成立〈广东华侨史〉编修工作领导小组的通知》，粤办函〔2012〕847 号。

校及文化、科研机构签订了学术交流合作协议，合作伙伴数量是十年前的近3倍，可谓足迹遍五洲、朋辈满天下。在向外拓展的同时，学校积极邀请姊妹大学、外国驻华机构派员到校交流访问，共接待境外来访人员近3000批次，3万余人，其中包括以6名诺贝尔奖获得者，以及美国前管理学大师彼得·圣吉、美国前商务部部长骆家辉、泰国前副总理塔帕朗西、香港特别行政区前政务司司长唐英年、台湾海基会董事长林中森、中国国民党副主席关中和曾永权、作家李敖、诗人余光中等为代表的国际及港澳台地区顶尖科学家、学者和社会知名人士，活跃了校园学术文化氛围。

学校还积极搭建平台，主办国际、双边、两岸学术会议133次。2006年11月18日，以"大学竞争力——管理·创新"为主题举办中外校长论坛，吸引了海内外100多位大学校长到暨南大学，围绕高校在全球化浪潮中如何提升竞争力这一主题展开舌战。[1] 2013年6月26日，"1+2+1"中美人才培养计划年会暨第十届毕业典礼在暨南大学举行。[2] 来自美国24所高校和中国73所高校的近100名校长纵论国际学生流动，288位中美联合培养的毕业生获颁毕业证书。此次活动包括中美大学校长论坛和"1+2+1"项目毕业典礼两部分。在中美大学校长论坛上，围绕"促进国际学生流动"的主题，原中国教育部国际合作与交流司副司长生建学、特洛伊大学校长杰克·霍金斯分别做了演讲。美国州立大学与学院协会主席穆丽尔·霍华德勉励各位毕业生在和平世界当中做一个合格的公民。暨南大学校长胡军则对毕业生们不同的人生经历进行回顾，对288位中美联合培养的毕业生表达衷心的祝贺和殷切的希望。

二、国际化办学水平显著提高

国际化是现代大学发展的必由之路，也始终是暨南大学办学目标的重要组成部分。学校重视与国外一流大学建立实质性合作，特别是与英国伯明翰大学的合作办学项目。经过5年的不懈努力，暨南大学—伯明翰大学联合学院已通过广东省政府审批，并于2016年9月通过教育部审核，将于2017年在学校南校区正式招生。学校还充分利用地处沿海、毗邻港澳的区位优势，与香港和国际知名高校、科研机构建立联合实验室，进行重大项目联合攻关。自2007年4月与香港中文大学共建再生医学教育部重点实验室以来，学校已与美国、德国、法国、俄罗斯和香港地区知名高校共建了10个联合实验室，其中多个实验室成为省部级科研平台。

在与境外高校保持良好关系的基础上，学校充分依托学科、师资等办学资源优势，大力拓展境外办学，在境外新设立了13个海外教学点，新增学生1059人，涵盖17个专业。到2016年4月，我校已在9个国家及港澳地区设置了35个海外教学点，在读学生2500余人。现已形成海外华文教育项目、境外MBA项目、中国语言文学海外硕/博士研究生项目、药学及中医项目这四大模块，扩大了学校的国际影响和声誉。

提升国际化办学水平，根本在于教师和学生。暨南大学由于其独特的办学使命，在学生生源和培养的国际化方面形成了独特优势。首先是积极搭建交流平台，鼓励学生跨

---

① 彭梅蕾、张壮兵：《百所大学校长羊城"论剑" 贺暨大百年华诞》，《暨南大学（百年校庆特刊）》，2006年11月30日，第6版。

② 《近百位中美校长在暨大思想交锋 288位联合培养大学生毕业》，《暨南大学》第590期，2013年7月15日，第2版。

国境流动，帮助在校学生"走出去"。学校通过实施校院两级交流形式相结合、长期和短期项目并举、公派和自费项目多样化等方式，使学生赴境外交流学习比例实现了大幅度的增长。我校是国内较早实行交换生制度的高校之一，随着对外交往的日益密切，派出的交换生人数也不断增加。2006年学校派出交换生36名，进行跨境交流的学生近100名，接收交换生23名。到2015年，学校派出的交换生已达到313名，进行跨境交流的学生增至720名，接收交换生41名。

此外，学校还将国际学生"请进来"，对于来华留学生的教育予以高度重视。十年来，我校来华留学生教育呈现快速发展的势头，2006年学校留学生数量为780人，来自77个国家和地区，2015年增至2442人，来自106个国家和地区，学生总数年均增长13.71%，印度尼西亚、泰国、韩国、马来西亚、缅甸、俄罗斯、越南、菲律宾在校留学生数量居前8位；学生来源覆盖了世界上近一半的国家和地区，其中非洲增加了14个、亚洲增加了10个、欧洲增加了4个、美洲增加了2个；就生源结构来看，学历留学生比例从2006年的33.9%增长到2015年的68.8%。

在规模扩张的同时，学校注重办学方式与国际接轨，不断开设符合学生需求的专业，提升办学的质量与层次，通过优秀毕业生将百年暨南的精神与声誉散播到五洲四海。管理学院通过AMBA国际认证和再认证，国际学院新增全英授课的中国学硕士专业和国际新闻本科专业，本科专业达到9个。2005年，国际学院首次招收MBBS（内科、外科临床医学学士医学留学生班）学生。2007年，学校获得教育部临床医学专业外籍留学生招生资格。2012年，经教育部组织的专家团评估，我校的留学生医学教育水平在国内处于领先水平，更是在考察的所有高校中，获得了第一名的佳绩。2015年，学校的在校MBBS学生已达到262人，较2005年增长18倍，其中92%来自印度。在首批回国参加印度执业医师资格考试的两届同学中，超过90%的同学一次性通过了印度职业医师资格考试。由于教学效果突出，暨南大学成为受印度学生追捧的热门高校。

2013年，我校入选中国政府奖学金生来华留学培养单位，这标志着学校的来华留学工作跻身"国家队"行列。[①] 学校以此为契机，加大来华留学工作力度，以中国政府奖学金自主招生项目促进各学科留学生教育质量的提高，加快全英课程特别是研究生层次全英课程的建设，扩大留学生规模，改善留学生结构。3年来，我校共获得教育部和国家留学基金委资助中国政府奖学金832万元，广东省来粤留学奖学金242万元，并获得2009—2014年度全国"来华留学教育先进高校"称号。[②] 到2016年4月，我校共有在读的华侨华人和外国留学生3852人，其中硕士研究生196人、博士研究生72人，来自世界五大洲107个国家，形成了和而不同、兼容并包的独特氛围，学校也因此被誉为"小联合国"。

与此同时，学校大力加强教师队伍的国际化，认识到"教师的国际化不仅是指国籍的国际化，更重要的是教育背景的国际化"，着力打造一支具有国际视野、处于研究前沿的高水平师资队伍。特别是近年来，学校充分利用国家的海外引智政策，推出"诺贝

---

① 国际交流合作处：《我校获批成为中国政府奖学金生委托培养院校》，《暨南大学》第594期，2013年10月30日，第1版。

② 国际交流合作处：《我校荣获全国"来华留学教育先进高校"称号》，《暨南大学》第609期，2014年9月15日，第1版。

尔大师暨南行""优秀学者访暨南"等激励措施，以及人才柔性引进和国际会议支持办法等政策，引进海外高端智力，不断提升引智层次与效益。学校外国专家总经费从"十一五"时期的1323万元增至"十二五"时期的2889万元，实现翻倍增长。获批3个教育部和国家外国专家局"高等学校学科创新引智计划"（111计划）①，分别是"中药创新药物发现与中药现代化"创新引智基地、"中枢神经损伤与修复"创新引智基地和"免疫功能调控的分子机制研究"创新引智基地，共获得5年2700万元的经费支持。获批国家外专局"引进海外高层次外国文教专家聘请计划项目"2项，广东省外专局资助的高端海外引智项目3项。

学校利用与境外优质教育科研机构的常态化合作机制，鼓励和支持学校教师出国（境）培训和交流，不断开拓教师的国际视野，提升教师跨文化沟通、国际合作与竞争以及在国际舞台开展研究的能力，实现国际化师资的内生增长。全校因公出访量从2006年的762人次上升到2015年的1956人次，实现翻倍增长。到2016年4月，学校教师有出国访学进修一年以上经历的比例已达到42.3%。学校还举行了10次全英语授课资格考试，到2016年初已有269名教师通过考试并获得全英语授课资格证。在国家外专局的支持下，学校组织了7批次学院、部处负责人及系主任赴美国、英国、澳大利亚等国家知名高校进行培训学习，进一步提升中层干部的领导力、执行力和国际化视野。

2015年12月，受教育部委托，西南交通大学发布了"大学国际化水平排名（2015）"。在参评的115所"985""211"建设大学以及教育部直属高校中，我校跻身总榜单第13位。同时发布的6大单项排名中，"教师国际交流"和"来华留学生"两项指标优势明显，分列第6位和第9位；"文化交流"为第15位；"科研国际化"和"国际显示度"均居第29位。② 翌年，我校首次参加QS世界大学排名③，在分项指标中，国际学位生培养情况在中国大陆区排第一，在"金砖"国家中居第二。④

第十一节　喜迎建校110周年

百十新声，砥砺前行，2016年是暨南大学建校110周年，学校从2015年开始启动新百年的校庆庆典筹备工作。2015年3月，面向全体师生、海内外校友及社会各界人士

---

① "高等学校学科创新引智计划"（简称"111计划"）由教育部、国家外国专家局联合实施。总体目标是瞄准国际学科发展前沿，以国家、省、部级重点科研基地为平台，从世界排名前100位的大学及研究机构的优势学科队伍中，引进、汇聚1000余名优秀人才，形成高水平的研究队伍，建设100个左右世界一流的学科创新引智基地，高校遴选范围为进入国家"985"工程、"211"工程的中央部属高校。

② 国际交流合作处：《2015大学国际化水平排名发布　我校跻身榜单前列》，《暨南大学》第634期，2015年12月30日，第1版。

③ QS世界大学排名（QS World University Rankings）是历史第二悠久的全球大学排名，与"世界大学学术排名（ARWU）""US News世界大学排名（US News）"和"泰晤士高等教育世界大学排名"被视为目前世界最具影响力的四大排名。

④ 《2016年QS亚洲大学排行榜》，http：//edu.people.com.cn/n1/2016/0614/c367001-28442171.html，2016年6月14日。

征集暨南大学 110 周年校庆标识设计方案。11 月 15 日下午，在 109 周年校庆日之际，暨南大学 110 周年校庆筹备启动仪式在礼堂隆重举行，正式发布学校 110 周年校庆标识和"逐梦高水平　暨情创未来"的校庆主题词，"世界暨南人故事"全球征集与全媒体报道计划同时拉开帷幕，宣布将设立"蒙古包重建基金"，在南校区重建老建筑"蒙古包"。① 11 月 18 日，《暨南大学 110 周年校庆公告第一号》在《人民日报（海外版）》《南方日报》和香港《大公报》刊登，同时在校报、新闻网、官方微博、微信等多个平台同步发布。

　　11 月 19 日，学校印发《暨南大学关于启动建校 110 周年校庆筹备工作的通知》，通知将于翌年 11 月举行建校 110 周年庆典，将 2015 年 11 月至 2016 年 11 月定为校庆年，校庆原则为隆重热烈、俭朴务实、办出特色；公布建校 110 周年校庆筹备委员会、校庆办人员组成名单。校庆办下设会务组、秘书组、宣传组、联络接待组、校友工作组、学术组等 12 个工作组。110 周年校庆筹备工作渐次展开，各项学术活动、讲座也陆续举办。②

　　2016 年 3 月 14 日，校党委书记林如鹏召开学校建校 110 周年校庆筹备工作第一次会议，对校庆活动进行了全面布置，并提出了要求。

　　全校师生共同努力，准备迎接建校 110 周年的盛大庆典。

---

① 苏运生、万晓华：《110 周年校庆正式启动》，《暨南大学》第 632 期，2015 年 11 月 30 日，第 1 版。
② 《暨南大学关于启动建校 110 周年校庆筹备工作的通知》，暨通〔2015〕31 号。

暨南大事记

1906 年（清光绪三十二年）

9 月，清政府学部委派查学大臣钱恂、学部专门行走董鸿祎赴南洋调查学务。

12 月，钱恂建议国内在南京创办专门学校，接受来自南洋地区的华侨子弟就学。两江总督端方上奏朝廷，请求在南京设学接受来自南洋的华侨子弟回国就读。

1907 年（清光绪三十三年）

2 月，南洋查学官董鸿祎、爪哇中华会馆董事张硕龙护送 21 名爪哇学生抵达南京，这是华侨学生回国就学的开始。

3 月，两江总督端方饬令江宁提学使陈伯陶、洋务局总办温秉忠筹设创办暨南学堂，派郑洪年任堂长。

1908 年（清光绪三十四年）

春，开设中学一个班，学生 14 人，学制五年。同时开设高等小学两个班，甲班为高小三年级，学生 37 人；乙班为高小二年级，学生 36 人。高小学制为四年。

1909 年（清宣统元年）

堂长郑洪年他调，遗职由教员杨熙昌继任，江宁提学使李瑞清为督学。端方奏请朝廷，增加学堂经费，扩建校舍，添置仪器设备。

1910 年（清宣统二年）

夏，学堂出版纪念刊，登载创校有关文献、章程、教职员名册及照片。这是暨南学堂出版的唯一的纪念册。

1911 年（清宣统三年）

10 月，辛亥鼎革，受到驻宁清军威胁，学堂停办。学生大部分回到南洋各地，少数人到武汉参加了黄兴领导的革命军。

1917 年（民国六年）

夏，北洋政府教育部委派黄炎培等赴南洋调查华侨教育状况。11 月，教育部委派黄炎培筹办暨南学校。

1918 年（民国七年）

1 月，教育部派赵正平会办暨南学校，任命赵正平为校长。在南京暨南学堂旧址正式复校开课，改名国立暨南学校。当时有学生 7 人，教员 5 人，暂时开设补习科 1 班，教授国文、英文和算学。

9 月，全校开学。总计华侨学生 70 人，内地学生 40 人。其中，商科学生 25 人，师范学生 49 人，补习科学生 25 人。

1921 年（民国十年）

2 月，商科迁往上海徐家汇，借松社为校舍。决定并开始规划与东南大学合办商科大学。

9 月，与东南大学合办商科大学，定名为"国立东南大学暨南学校合立上海商科大学"（简称"上海商科大学"），假上海法租界霞飞路尚贤堂为校舍。本校第一届校董会推定理事黄炎培等 15 人，均为热心华侨教育的社会名流。

1922 年（民国十一年）

春，筹备女子部，租赁南京城贤街房屋作为校舍，聘章绳以为女子部主任。召开第一次校董会，提出校董职务规程、筹备新校舍委员会、扩充教育、补充推举新校董四个提案。

夏，与东南大学商定，本校退出上海商科大学，自行筹办商科大学部。鉴于南京校舍面积有限，新校舍筹备委员会决定在上海近郊真如乡规划建筑新校舍。

1923 年（民国十二年）

春，校董会决定秋季开办商科大学部，定名为国立暨南商科大学，即呈教育部备案，并筹备招考新生。

夏，真如新校舍第一期工程完成。男子部师范、中学二科全部迁来，南京校区改为女子部校舍。男生补习科暂留南京校区。

9月，暨南商科大学开办，师范、中学二科的男生从南京迁入真如新校舍，商科也自上海松社迁入真如新校舍。女子部学生仍留南京。

1924 年 （民国十三年）

夏，齐卢军阀战争爆发。齐军进驻真如，在暨南校园内设立指挥部。学校损失较大。

11月，军阀部队开走，学校遭此兵灾，元气大伤。师生回到劫后的校园，着手整修，恢复正常的教学秩序。

1925 年 （民国十四年）

9月，商科主任潘序伦提出改进本校商科大学教育，从学科分系、课程改进、学分制度等方面加以改进，提出分设专系、添设预科、改用选科制等。校董会决议实行。

11月，决定于明春在商科设立普通商业系、会计统计系、银行理财系、国际理财系、工商管理系五个学系。新生和旧生各年级开始分系选课。女子部原来只有师范科，1925年秋季起，增设商业科，加强女子商业教育。

1926 年 （民国十五年）

秋，北伐军兴起，学校因有战事，暂时迁往法国租界神甫路上课。冬，迁回真如。

1927 年 （民国十六年）

6月，姜琦辞去校长职务，由郑洪年出任暨南校长，发表改组暨南大学计划大纲，组织秘书处，谢作舟为秘书长。

8月，大学部举行教务会议，决定大学部完全采用学分制，并通过教务规程。女子部从南京迁往上海。

9月，隆重举行国立暨南大学开学典礼，郑洪年正式就校长职，宣布暨南大学的教育方针。设立南洋文化教育事业部，与大学部、中学部鼎足而立。

时设中国语文学系、外国语文学系、教育心理学系、数理学系、法律学系、政治学系六个学系，均招收学生。生物学系、历史社会学系、中国画系三个学系先行筹备。商科大学改为商学院，原系科改为工商管理、银行、国际贸易、会计以及普通商业五个学系，每系四个年级俱全。另筹备设立水路运输科。

1928 年（民国十七年）

1 月，教育学系参加上海教育局乡村教育调查。商学院戊辰级毕业生 14 人赴日考察商业。

4 月，参加上海华侨联合会。农科学生赴江苏参观。

5 月，庆祝北伐战争胜利。全体教职员和学生参加真如市民反日运动大会。郑洪年校长出席全国教育会议。追悼济南惨案烈士。

秋，将原来设立的训育委员会改组为训练处，专司训育事宜，旨在训练"学生能力道德"。

10 月，南洋文化教育事业部改委员会制为部主任制，聘刘士木为部主任。

1929 年（民国十八年）

大学部将十六系调整为四院一系，除了原有的商学院外，增设文学院、理学院、教育学院。法律系独立。文学院下设中文、外语、历史社会三个学系；理学院下设数学、生物学、物理学三个学系；教育学院下设心理学、教育学两系以及师资专科。

6 月，本校主持召开我国首次南洋华侨教育会议。大会一致通过《南洋华侨教育会议宣言》，并译成英国、法国、荷兰、泰国、缅甸、马来西亚等多种语言向南洋做普遍宣传。

是年，暨大开始进入全盛时期，设备日臻完善，全校学生也有 1700 余人，其中，华侨学生占 3/4，成为名副其实的华侨最高学府。

1930 年（民国十九年）

增设法学院、外交领事专科、化学系。历史社会学系分为历史学系和社会学系两个系。高中开始分设普通科、商科、农科、师范科。初中不分科。

可以容纳 1500 人的大礼堂"致远堂"落成。南洋文化教育事业部研究的对象扩展到美洲，故改名为"南洋美洲文化事业部"。

1931 年（民国二十年）

春，遵照国民党中央执行委员会第 126 次常务会议决议，暨大成立新的校董会，董事成员有陈立夫、孙科、郑洪年等国民党中央委员，取代了原来由社会名流与学者组成的校董会，即要把暨大办成"三民主义化的华侨最高学府"。

1932 年（民国二十一年）

1 月，日军侵略上海，本校沦为战区。

3 月，真如校舍被日军占领。暨大分三处办学：校本部设在上海，分两院，第一院在赫德路，第二院在新闸路。暨大驻苏州中学部，借工学院附属职业学校一部分教室和宿舍，开始授课；暨大驻广州办事处借中山大学文学院课堂以及广州市立师范学校的小学部教室上课。

5 月，中日《淞沪停战协定》签字。沦陷 76 天之久的暨南园受到严重破坏。战后整理委员会对劫后校园迅速开展修复工作，努力复兴，并革新校务。

9 月，驻沪、粤、苏三处学生迁回真如校园上课。

奉教育部令压缩院系，撤销教育学院和法学院。保留下来的文、理、商三学院，亦略有调整。历史学系与社会学系合并为一个系，生物系因标本散失殆尽而暂撤销。调整后，文学院设中文、外文、政经、历史社会、教育五个学系，理学院设数学、物理、化学三个学系，商学院设会计、银行、国贸、铁道管理四个学系。

1933 年（民国二十二年）

8 月，第二次校务会议通过大学部教职员聘任规则、待遇规则等。增设工商管理系。政治经济系改隶教务处，不招新生。历史社会系改为历史地理系。

1934 年（民国二十三年）

1 月，教育部令郑洪年校长赴南洋视察教育并筹募基金，派沈鹏飞代理校长职务。

9 月，撤销铁道管理系，分期分批结束。

1935 年（民国二十四年）

7 月，代理校长沈鹏飞辞职，何炳松接任校长，制定《理想中的本大学》作为全校总的发展计划。

将会计系、银行系合并为会计银行系。教育系毕业生组成西北教育考察团到西北考察各地教育状况，搜集教育材料。南洋美洲文化事业部扩展为海外文化事业部。文学院成立教学效率改进委员会，对该院教学进行了较大的改进。

12 月，北平爆发"一二·九"学生救亡运动，全国学生群起响应。本校学生参加上海市学生响应"一二·九"运动的大游行。

1936 年（民国二十五年）

1 月，暨南救国会成立，主要活动是办壁报、出刊物，唤起更多的同胞参加抗日救亡运动。

2 月，设立"中国现代问题讲座"，为四年级与一年级学生必修课，讲授战时经济、农业、劳工、交通、国防、军用化学、重工业、军事心理等专题。

3 月，暨南救国会在寒假期间到曹家渡一带做抗日宣传，美国记者史沫特莱向国外发的消息中报道了暨大同学此次的活动。

9 月，侨民师资训练班举行开学典礼。该班是为提高海外侨民学校现任教师教学水平，受教育部委托而创办的，分文科组与理科组，学习期限为一年。

外文、史地、工管、铁管、会计五个系毕业班学生组成西南考察团，到广州、梧州、汕头、香港等地考察市政、交通、教育状况。

暨大足球队、篮球队、田径队分别派队员加入国家队，在德国柏林参加第十一届奥运会。教练沈昆南被选为中国田径队教练。下半年，暨南师生热烈展开援助绥远抗战运动。

1937 年（民国二十六年）

夏，体育馆落成。侨民师资训练班学业结束，经过考试，发给学习成绩证明书，7 月初返回南洋。

7 月 7 日，"卢沟桥事变"发生，中日战争全面爆发。

8 月 13 日，日军大举进攻上海，淞沪战事发生，暨大真如校区沦为战区。全校师生迁入公共租界，假辣斐德路比德小学及爱梦虞限路中华学艺社暂以存身。

8 月 19 日，日军飞机开始轰炸真如校舍。3 日内投弹 40 余枚，学校有 2 人被炸死，1 人被炸伤，校舍损失约 413000 元，图书仪器被毁者难以估计。

9 月 3 日，何炳松致函国民政府教育部，请求将暨大内迁，教育部未允，批示在租界设法开学，维持校务。

9 月 20 日，大学部假小沙渡路 826 号侨光中学开学，10 月 1 日正式上课；同日，中学部亦借戈登路 702 号文化中学开学。

9 月 23 日，何炳松因事离沪，商学院院长程瑞霖代理校务。

11 月初，何炳松在南昌设暨大南昌办事处，筹划学校内迁江西，以南昌西山万寿宫为大学部校舍，奉新县赤田村张氏大厦为中学部校址，拟定次年 2 月开学。

12 月中旬，暨大学生 60 余人以"暨南大学学生救亡团"名义，作为学校内迁先遣队到达南昌。嗣因战局演变，学校内迁之举作罢，继续在沪维持。

12 月底，何炳松在长沙设临时通讯处，接洽内迁事宜。

1938 年（民国二十七年）

1 月初，暨大迁入法国租界陶尔斐斯路四合里 38 号上课。

1 月下旬，"暨南大学学生救亡团"解散，其成员或参加江西省青年服务团，或返沪上学，或移往内地。

1 月，奉令合数学系和物理学系为数理学系。

6 月 5 日，暨大学生周鸿慈（周一萍）主持创办"孤岛"上出现较早、影响较大的进步文艺刊物《文艺》，共出 16 期，至 1939 年 6 月停办。

8 月中，暨大训育处改为训导处，于新学期推行导师制。

8 月 23 日，何炳松回沪后正式开始主持校务。

9 月下旬，法国租界当局强令暨大迁出，学校乃暂借威海卫路新寰中学上课。

9 月，学校推行学生贷金制度，后改为公费生制度，以接济清贫学生完成学业。

11 月 10 日，学校迁往公共租界康脱脑路 528 号。自此，校址稍得稳定。

是年底，暨大海外文化事业部改组为南洋研究馆，主任为周予同。

1939 年（民国二十八年）

4 月，《南洋研究》停办近两年后复刊，为季刊。

5 月，暨大设立大学先修班，首批招收学生 51 人。

6 月 7 日，何炳松呈文教育部，请求在昆明近郊设立分校，未获批准。

8 月，暨大奉令改中国语文学系为中国文学系，改国外贸易系为国际贸易系。

11 月 6 日，何炳松再次呈文国民政府教育部，请求在滇设分校或先将暨大中学部迁往昆明，以作筹设分校之准备，为教育部所拒。

1940 年（民国二十九年）

5 月，郑振铎编撰之《中国版画史·图录》开始陆续出版，至 1941 年 12 月，共出版 4 辑 16 册。

11 月，暨南大学主持之《学林》月刊出版。

12 月 4 日，暨大旅森美兰、雪兰莪、彭亨同学代表傅文楷呈文国民政府教育部，要求即刻将暨大内迁。同时，暨大旅新加坡、旅霹雳州等组织，亦先后致函国民政府教育部和侨务委员会，请求将暨大内迁。

同月，暨大重庆同学会议决定推动母校内迁四川。

是年，陈高傭教授主编之《中国历代天灾人祸年表》出版。郑振铎、王统照创办"孤岛"上最负盛名的文艺刊物《文学集林》。

1941 年（民国三十年）

2 月 18 日，暨大重庆同学会成立母校内迁协进委员会。

夏，学校特派商学院院长周宪文、训导长吴修等，前往福建建阳设立分校，以周宪文为分校主任。

11 月，暨大建阳分校正式开学，招收文理商三学院九系新生 240 人。

12 月 8 日，太平洋战争爆发，日军占领上海公共租界，暨大师生上完"最后一课"后宣布停课，全体南迁建阳。

1942 年（民国三十一年）

1 月 15 日，教育部决定成立东南联合大学筹备委员会，何炳松兼主任委员。

2 月初，学校师生分批经杭州、金华前往建阳。

4 月初，何炳松一家自沪经浙江萧山至浙江金华。4 月 5 日、13 日、25 日，连续主持召开了三次东南联大筹备工作会议。

5 月 10—11 日，何炳松在建阳主持召开暨大校舍建筑问题会议。

夏，暨大总校迁闽完毕，暨大建阳分校名义被取消。

9 月，各院系在建阳全面复课。

11 月 2 日，何炳松在暨大礼堂本年度第一学期第一次纪念周会上做报告。

1943 年（民国三十二年）

6 月 21 日，东南联大文、理、商三学院并入暨大，法学院和艺术专修科并入英士大学。

1944 年（民国三十三年）

3 月 12 日，建阳举行盛大仪式，欢送暨大远征军入营。

1945 年（民国三十四年）

1 月 3 日，文庙出现打倒教务长许杰、总务长盛叙功标语。夜，部分从军学生捣毁许家、盛家，在与何炳松会面后，许、盛星夜避居崇安，此即"驱逐盛许风潮"。

4 月，学校成立复员设计委员会，筹划返沪及未来发展计划。

6 月 1 日至 3 日，暨大举行何炳松长校十周年纪念大会。

8 月 14 日，日本无条件投降，暨南师生共庆抗战胜利。

9 月 9 日，何炳松校长召集会议研究复迁上海事宜，决定其回沪期间由沈炼之代校长。

同月，学校组成迁校委员会，有委员 9 人，沈炼之为召集人。

12 月 26 日，暨大学生社团成立"暨大学生壁报联合座谈会"，简称"壁联"。

1946 年（民国三十五年）

1 月 16 日，暨大迁校委员会上海办事处迁入宝山路原日本第八国民小学开始办公。

3 月，建阳暨大师生自闽返沪，途中历时两月多，6 月回到上海。

同月，国民政府行政院划拨上海虹口东体育会路 330 号原日本女子高等学校和宝山路原日本第八国民小学两处为暨大临时校址。

春，暨大提前考试后放假，于 4 月开始迁沪工作。

5 月，教育部调何炳松任国立英士大学校长，其缺由国立重庆大学校长李寿雍接任。

6 月，全校迁沪完成。

7 月 25 日，何炳松因积劳成疾病逝。

8 月，恢复法学院，下设政治、经济、法律三学系；文学院增设新闻学系，理学院增设人类学系；另设大学先修班，首招学生 72 人。福建省建阳师范接管童游暨大校舍，暨大在建阳 5 年办学历史至此画上句号。

10 月，学校在东体育会路建学生宿舍 6 栋，作为学校总办公处及理商两院校舍，是为第一院；在宝山路建学生宿舍 6 栋，作为文法两院校舍，是为第二院；购地青云路，建教工宿舍 27 栋。

11 月，学校正式在沪开学。

下半年，暨大首次招收台湾籍学生 14 名。

是年，暨大奉令设回国升学侨生奖学金，经费由国民政府教育部拨付。

1947 年（民国三十六年）

1 月 1 日，暨大学生参加上海学界的抗议美军暴行大游行。

5 月，暨大学生积极投身上海学界的"反饥饿、反内战、反迫害"运动，赢得"东南民主堡垒"之称号。

7 月，暨大依教育部令修改公费生制度，公费生范围由此前的绩优清贫学生转向师范生、保育生、青年军复员学生、边疆学生、"革命"及抗战功勋子女和就学荣誉军人等特定学生群体。作为补偿，同时推行奖学金制度，为绩优清贫学生提供奖学金，比例约为新生的 20%。

8 月，历史地理学系分为历史学系（隶属文学院）和地理学系（隶属理学院）；数理学系分为天文数学系和物理系；法律学系内设行政法学组。同时大学先修班停办。

1948 年（民国三十七年）

8 月，苏乾英副教授受学校委派到新加坡招考学生，此为暨大首次在南洋设考区以便利侨生回国就学。

是年底，暨大组成"储粮应变委员会"，进步学生掌握领导权，参与校务决策。

1949 年

1 月，刘佛年、刘大杰、吴文祺等进步教授组织教授会，阻止李寿雍迁校台湾之举，积极进行护校运动。

4 月 25 日，国民党淞沪警备司令部派军警逮捕暨大学生 38 名，强令暨大解散。

6 月 24 日，上海市军事管制委员会派李正文为驻暨大军事代表，正式接管暨大。

8 月 1 日，暨大校务委员会成立，由李正文任主任，王延青任副主任。

8 月 20 日，上海市军事管制委员会宣布对暨大进行合并改组，文、法、商三院并入复旦大学，地理学系并入南京大学，人类学系并入浙江大学。

1951 年

3 月 22 日，中央人民政府教育部召开暨南大学处理问题座谈会，决定暨大暂时停办，校名予以保留，待时机成熟时复办。

6 月 4 日，华东教育部派员到校正式宣布暨大暂时停办。

夏，王延青等携南洋研究资料及注册组文书档案北上燕京大学，暨大善后工作至此结束。

1957 年

5 月，中国人民政治协商会议广东省政协决定在广州筹建一所华侨大学。

1958 年

2 月，广东省政协第 28 次常务委员会决定所建华侨大学仍定名为暨南大学。

是年，中央侨委为暨大拨专款人民币 100 万元，广东省地方财政拨人民币 100 万元。中共广东省委第一书记、暨南大学筹备委员会主任委员陶铸认捐两个月工薪，约人民币 1000 元。成立暨南大学建校委员会，广东省副省长、广州市市长朱光任建校委员会主任委员。

6 月，中共广东省委、广东省人民委员会任命王越、梁奇达、史丹为暨南大学副校长，梁奇达为党委代理书记，朱明为副书记。

9 月 24 日，暨南大学正式开学。招收本科矿冶、水产、航海、中文、历史五系学生。

1959 年

11 月，上级批准陶铸兼任暨南大学校长。

是年冬，修建学校明湖。

1960 年

春，暨南大学与中国科学院广州分院合作成立东南亚研究所。

秋，暨南大学已经成为一所文理科综合性大学，设有 7 个系 11 个专业。

1961 年

1 月，暨南大学第一届校务委员会成立。

是年，成立毛泽东思想研究室，负责全校政治理论教学和科研工作的领导与规划工作。

1963 年

1 月，陈序经担任暨南大学校长。

2 月 9 日，暨南大学董事会在广州羊城宾馆隆重举行成立大会，并召开第一次会议。

5 月 8 日，学校在校务委员会之下，成立了师资规划领导小组；各系在系务委员会下成立十年培养提高规划工作小组；各教研室成立核心组。

5 月 17 日，国务院批准暨大直属教育部领导。

5 月 27 日，提出《暨南大学关于办学方针、发展规模及专业设置、调整等问题的意见》。

5 月 29 日，制订《暨南大学十年培养提高师资规划（草案）》。

1964 年

2 月，教育部决定将东南亚研究所划归暨南大学，列入学校建制，属教育部领导。

6 月，教育部决定调陈序经为南开大学副校长，是年教育部又任命广东省副省长杨康华兼任暨大校长、党委第一书记。

10 月，制订《暨南大学十年规划（草案）》。

10 月，学校开始组织师生到肇庆专区参加"四清运动"。

11 月，暨大重建 6 周年，学校举行大规模的学术讨论会。

1965 年

1 月 1 日，东南亚研究所更名为暨南大学东南亚研究所。

7 月，暨南大学第二届校务委员会成立。

1966 年

5 月，《"文化大革命"简报》出版。

1970 年

春，暨南大学被撤销。

1978 年

春，"文化大革命"结束后，中央决定恢复暨南大学。

3 月 30 日，全国人大常委会委员长叶剑英元帅亲笔为暨南大学题写校名。

3 月 23 日，中共广东省委决定由广东省副省长、原暨大校长杨康华兼任复办暨南大学筹备工作领导小组组长。4 月 29 日，成立暨南大学党的核心小组。

6 月初，暨南大学董事会恢复成立。全国人大常委会副委员长、国务院侨务办公室主任廖承志继续担任暨南大学董事会董事长。同月 9 日，暨大复办后的第一届董事会第一次会议讨论并审定了《暨南大学发展规划纲要（1978—1985）》。

9 月 12 日，教育部向全国各省市、自治区发出《关于商调人员到暨大、华大工作的通知》。

同月，教育部批准暨大医疗系改为医学院。

10 月 16 日，隆重举行暨大复办后的首次开学典礼。

1979 年

经教育部批准，暨大基础数学、英国语言文学、眼科学、内科学（血液病）、微电子学、宋史 6 个学科专业招收首届研究生。

1980 年

2 月 27 日，学校教学科研战线工作组成立并召开第一次会议。

8 月，中共暨南大学党委成立，校长杨康华兼任党委第一书记。

9 月 27 日，教育部批准暨大经济学系改为经济学院。

自是年起，暨南大学和华侨大学对华侨、港澳青年学生实行提前单独命题、考试和录取。

1982 年

4 月，教育部批准成立暨南大学医学院附属医院。

是年初，教育部批准暨大为全国首批有学位授予权的院校之一。

1983 年

6 月 20 日，中共中央、国务院批复了《关于进一步办好暨南大学和华侨大学的意见》，决定把暨南大学列为国家重点扶植的、具有特色的社会主义华侨大学。

10 月，国务院任命梁灵光为暨南大学校长。

自是年起，在全校文、理、经济科各专业全面试行学分制。

是年，设立预科，为投考暨大而未达到本科录取标准的华侨、港澳台学生提供补习功课和争取升学的机会。

1984 年

7 月，暨南大学科技服务部成立。

10 月 4 日，国务院办公厅转发国务院侨务办公室《关于办好暨南大学、华侨大学的报告》，指出对两校要进一步实行特殊政策、灵活措施，简政放权、扩大学校的自主权。

10月5日上午，举行新图书馆落成典礼。

秋，经教育部批准，开办夜大并招生。

自是年起，开始在海外和港澳地区招收研究生。

1985 年

1月20—21日，暨南大学第二届董事会第一次会议举行。全国人大常委会副委员长荣毅仁兼任董事长。会议决定暨大实行董事会领导下的校长负责制。

3月23日，文学院举行成立大会。

3月28日，理工学院举行成立大会。

5月29日，首届教职工代表大会隆重召开。

春，专门史（中外关系史）专业朱杰勤教授招收的两名攻读博士学位的研究生入学，这是暨大自1906年创校以来招收的第一届攻读博士学位研究生。

秋，函授部成立，并面向海内外招生。

1986 年

5月，暨南大学教育基金会在香港正式注册宣告成立。

7月，成人教育学院成立。

9月21—23日，隆重举行建校80周年庆典。

1987 年

5月21—23日，在广东罗浮山召开规模盛大的首届教学改革研讨会。

1988 年

2月5日，中共广东省委组织部正式批复，由张德昌任中共暨南大学党委书记。

5月中下旬，召开自复办以来首次全校的科研工作会议。

12月19—21日，召开自1978年复办以来首次师资工作会议。

自是年起，与香港大学合作办学，为暨大在港澳地区办学开辟了道路。

1989 年

5 月 12—13 日，召开复办以来首次全校性的成人教育工作会议。

自 9 月开始，面向海外和港澳台地区招收兼读制研究生。

11 月 5 日，暨南大学出版社正式创办。

是年，经国家教委批准，暨南大学和华侨大学恢复单独对外招生。

1990 年

从 11 月中旬开始，在全体学生中开展校风校纪教育活动。

是年，医学院徐锦堂、李辰等的"异种角膜移植的研究"课题获国家教委 1990 年科技进步一等奖，这是学校自复办以来获得的国家教委最高等级的奖励。

是年，学校与其他单位联合举办了"何炳松诞辰 100 周年纪念大会暨学术研讨会""纪念陈垣先生诞辰 110 周年学术研讨会"。

是年，国务院侨务办公室批准暨大进行住房改革，广州市房改办也批准了学校住房改革的实施细则。

1991 年

6 月 9 日，隆重举行建校 85 周年庆祝活动。在校庆大会上，国务院侨务办公室主任廖晖宣布：聘请全国政协副主席钱伟长教授为暨南大学名誉校长，任命周耀明为暨南大学校长。

6 月 10 日，中共广东省委高校工委宣布：由伍国基担任暨南大学党委书记。

12 月 8 日，多功能综合性体育馆——邵逸夫体育馆落成。

自是年起，暨南大学被列入广东省第一批录取的院校，从而大大提高了新生的质量。

是年，确定暨大第一批重点建设的 68 门课程。

1992 年

5 月 22 日，国务院侨务办公室确定暨南大学为国务院侨办重点大学。

12 月 25 日，在礼堂隆重举行暨南大学校友总会成立大会。

1993 年

3 月 9 日，国家教委公布第一批符合接受外国留学生条件的院校名单，暨大为其中之一。

7 月 10 日，暨南大学中旅学院在深圳华侨城举行奠基典礼。

是年，华文学院开始招生，翌年 4 月 8 日正式挂牌。

是年底至翌年初，全校开始实施全员聘任工作。

1994 年

1 月 25 日，暨南大学董事会召开第三届第一次会议，由全国政协副主席钱伟长接任董事长职务。会议决定把暨大办成一所面向 21 世纪的全国重点大学，争取进入国家"211 工程"行列。

6 月 10 日，与广州石牌地区 6 所高校签订联合办学协议书。

9 月，学校经广泛征集意见并研究决定，继续沿用原校训"忠信笃敬"。

11 月 8 日，国务院侨务办公室和广东省人民政府签订共同建设暨南大学协议书。

自是年起，学校每年举行一次文化艺术节和学术科技节。

1995 年

1 月 16 日，国家教委批准将暨南大学汉语言文学专业列为国家文科基础学科人才培养和科学研究基地。

1 月 18 日，暨南大学经济技术开发有限公司成立。

4 月 19 日，成立"211 工程"领导小组及设办事机构"211 工程"办公室。

5 月 8 日早晨，全校师生员工在大操场举行了首次升挂国旗仪式。

5 月 29 日，国家教委批准将暨大列为试办高水平运动队的学校。

6 月 29 日，国务院侨办正式批准暨大开展"211 工程"预审的准备工作。

12 月 15 日，暨大校园网和国际交互网建成开通。

1996 年

1 月 4 日，国务院侨务办公室任命刘人怀为暨南大学校长。

3 月 4 日，学校首次被国家教委列为有资格面向全国招收保送生（不限定在某些专业）的普通高校。

6 月 12—14 日，暨大通过国家"211 工程"部门预审。

6 月 15 日，隆重举行建校 90 周年庆典，江泽民、李鹏、乔石、李瑞环、荣毅仁、李岚清、钱其琛、李铁映、谢非等党和国家领导人为学校题词。

7 月，学校被国家教委授予"贯彻《学校体育工作条例》优秀高校"称号。

12 月 19—21 日，中共暨南大学第六次代表大会召开，选举刘人怀任党委书记，蒋述卓任党委副书记，杨珍妮为党委副书记兼纪委书记。

1997 年

3 月 29 日，暨南大学第三附属医院签约挂牌仪式在珠海市人民医院隆重举行。

4 月 18 日，学校授予德国著名外科专家和社会活动家威廉·海姆教授名誉医学博士学位，这是学校首次颁授名誉博士学位。

10 月 11 日，金融系在澳门设立国际金融专业兼读制硕士生境外面授点，这是学校首次在境外开办兼读制硕士班。

1998 年

3 月初，学校网上就业指导中心正式开通，为广东省高校第一个网上就业指导中心。

3 月 4 日，举行春季新生开学典礼，这是学校首次对海外实行春季招生。

1999 年

1 月 8 日，广州市红十字会医院、广东省清远市人民医院分别获准成为学校医院第四、五附属医院。

1 月 30 日，暨南大学第四届董事会第一次会议隆重举行，选举国家原副主席、暨南大学董事会原董事长荣毅仁为名誉董事长，全国政协副主席钱伟长为董事长。

2 月 12 日，学校第一个博士后流动站——应用经济学博士后科研流动站获批设立。

3 月 23 日，生命科学技术学院获批成立。

4 月 23 日，学校与清远市人民政府共建暨南大学医学院第五附属医院签字暨挂牌仪式在清远市人民医院举行。

11 月 26 日，刘人怀校长当选为中国工程院机械与运载工程学部院士。

12 月 24—26 日，国务院侨办同意 2000 年以后学校在全国招生提到第一批次（重点线上）录取。

2000 年

2 月 15 日，国务院侨办宣布刘人怀连任校长，蒋述卓任党委书记。

4 月 1 日，学校开始实施《暨南大学人事代理暂行办法》，学校新聘并适用本办法人员的人事档案将不再由学校管理，而是挂靠在南方人才市场。

4 月 29 日，暨南大学与珠海市人民政府签订共建暨南大学珠海学院协议。

9 月 7 日，国务院侨办首批命名 22 个华文教育基地之一的暨南大学"国务院侨办华文教育基地"，在学校华文学院挂牌。

9 月 28 日，校长刘人怀院士再当选为中国工程院工程管理学部首批院士。

2001 年

3 月，学校获得生物医学工程博士学位授权一级学科，这是学校首个博士学位授权一级学科，可以授理学、工学、医学博士学位。

本月，新闻与传播学院、法学院、外国语学院、信息科学技术学院和药学院成立。

6 月 1 日，学校成立全英语教学的国际学院。

9 月 27 日，学校与深圳市卫生局共建暨南大学医学院深圳眼科中心签字仪式在深圳举行。

11 月 16 日，隆重举行建校 95 周年庆祝大会。

同日，交通部广州信息技术研究所并入暨南大学暨暨南大学信息技术研究所成立仪式，在信息技术研究所举行。

12 月 12 日，学校与江门市人民政府共建暨南大学医学院第六附属医院签字仪式，在江门市五邑中医院举行。

2002 年

1 月 23 日，学校产业经济学、水生生物学 2 个学科点被评为国家高等学校重点学科，实现了零的突破。

2 月 28 日至 3 月 1 日，中国共产党暨南大学第七次代表大会隆重召开，大会选举蒋述卓为党委书记，王华为党委副书记，叶勤为党委副书记兼纪委书记。

7 月 8 日，学校首次设立大型考场进行期末考试。

10 月 17—18 日，暨南大学通过"九五""211 工程"建设项目整体验收。

2003 年

7 月，学校首次组织专家认定 44 名教师的全英语授课资格，并颁发上岗证。

8 月 21 日，珠海丹田物业管理公司进驻校本部，承担部分学生宿舍的物业管理工作。

9 月，学校在外国语学院、新闻与传播学院、管理学院、经济学院和华文学院 5 个学院试行"大平台"招生。

11 月 16 日，暨南大学董事会第五届第一次会议隆重举行，国家原副主席、暨南大学董事会原董事长荣毅仁任名誉董事长，全国政协原副主席钱伟长任董事长。

2004 年

5 月，学校成为全国首批会计硕士专业学位教育试点单位。

同月，应用经济学学科产业经济学专业黄德鸿教授指导的博士研究生王聪的论文《我国证券市场交易成本制度研究——关于中国证券市场的 SCP 分析框架》，荣获全国百篇优秀博士学位论文奖，实现零的突破。

6 月，学校"十五""211 工程"建设项目可行性研究报告，获国家发展和改革委员会批准。

7 月 26 日，学校与韶关市人民政府签署全面合作协议。

9 月 18 日，学校与茂名市人民政府签署全面合作协议。

9 月 29 日至 10 月 19 日，王华副校长率领行政管理干部培训团一行 25 人，赴美国相关大学学习。

10 月 15 日，知识产权学院成立。

11 月，学生报送的《暨鹰生物股份有限责任公司创业计划》，在 2004 年中国宁波科技创业计划大赛决赛中获得国家新秀创业计划奖，实现历史性的突破。

2005 年

1 月 17 日，学校为在海内外招聘的 10 位院长举行聘任仪式。

3 月 4 日，第二临床医学院成立。

3 月，基因工程药物国家工程研究中心获国家发展和改革委员会批准。

3 月 22 日，学校与江西省赣州市人民政府签订全面合作协议。

8 月，学生舞蹈《渔歌》在全国第一届大学生艺术展演中获舞蹈类一等奖。

9 月 27 日至 10 月 18 日，纪宗安副校长率领由 17 个学院院长组成的访问团一行 23 人赴澳大利亚相关大学进行学习培训。

10月18日，学校与佛山市人民政府签订全面合作协议。

11月7—10日，第一届亚洲大学生田径锦标赛在暨南大学举行，中国代表团以26金19银12铜的成绩雄居榜首，其中暨南大学获14枚金牌。

2006 年

1月14日，学校召开干部大会，国务院侨办副主任刘泽彭宣布侨办党组干部任免决定，任命胡军为暨南大学校长。刘人怀院士卸任。

同月，学校新增历史学、中西医结合、管理科学与工程3个博士学位授权一级学科，理论经济学等10个硕士学位授权一级学科。

3月，学校获批新增5个本科专业：体育教育、动画、电气工程及其自动化、建筑学、包装工程。本科专业达到61个。

5月30日，学校"十五""211工程"建设项目顺利通过国务院侨办、广东省政府组织的整体验收。

9月，国家2005年秋季调整在大陆就读的台湾学生收费政策。2006年秋季入学的香港、澳门、华侨学生也开始享受国民待遇，学宿费执行与内地学生相同的收费标准。我校新入学的港澳台侨新生再创新高，有1900余人。

10月27日，原中共中央政治局常委、国务院副总理李岚清莅校为师生做题为"音乐·艺术·人生"的讲座。

本月，学校将"暨南精神"的主要内涵概括为"忠信笃敬、知行合一、自强不息、和而不同"。

11月16—25日，学校隆重举行庆祝暨南大学建校100周年系列活动。18日上午举行建校100周年庆典大会，25日晚举行百年校庆庆典晚会，国务院侨办主任陈玉杰等领导出席庆典大会。

同月，暨南大学华侨华人研究院揭牌。

12月1日，学校召开本科教学工作水平评估工作会议，全面启动本科评估迎评工作。

2007 年

1月，《暨南大学"十一五"建设发展规划》出台。

2月，暨南大学医学部成立，下设办公室。

3月，学校获批新增6个本科专业：音乐学、导演、电子科学与技术、网络工程、光电信息工程、化学工程与工艺。

继上年获得国家杰出青年科学基金，实现学校国家"杰青"项目零的突破后，药学院叶文才教授在北京受聘为"长江学者"特聘教授，成为我校第一位"长江学者"。

艺术学院设立新媒体艺术系。

4月，广东省教育厅公布第八轮广东省重点学科评选结果，学校的生物医学工程、工商管理 2 个学科被认定为广东省一级学科重点学科；金融学、产业经济学、国际关系、文艺学、新闻学、水生生物学、生物化学与分子生物学、工程力学、病理学与病理生理学、眼科学 10 个学科获批为广东省二级学科重点学科。

5月，艺术学院设立影视系和音乐系。

8月，学校新增文艺学、金融学 2 个国家重点学科，国家二级重点学科达到 4 个。

10月，随着新图书馆、新教学大楼等相继启用，校本部新一轮基础建设工作全面完成，校园面貌焕然一新。

11月 12—13 日，中国共产党暨南大学第八次代表大会召开。大会选举并报经国务院侨办党组批准：蒋述卓为校党委书记，胡军、王华为校党委副书记，王华兼任校纪委书记。

12月 3—7 日，教育部专家组到校进行为期一周的本科教学工作水平评估，形成考察意见，对暨南大学本科教学工作取得的优异成绩和鲜明的侨校特色给予充分肯定。

2008 年

4月，教育部公布北京大学、清华大学、暨南大学等 198 所普通高等学校本科教学工作水平评估结果，我校本科教学工作水平评估结论为"优秀"。

5月，四川汶川发生 8.0 级特大地震，全校师生向灾区捐款 300 多万元，附属第一医院收治来自震区的十几名伤病员。

7月，国土资源部批准暨南大学番禺新校区首期用地指标面积 97.4398 公顷，约 1461 亩。

7月 18 日，国务院侨办李海峰主任莅校视察指导。

10月 23 日，学校与南非罗斯德大学共建的孔子学院揭牌，这是我校在海外建设的第一所孔子学院。

11月 15 日，学校董事会六届一次会议在广州召开，全国政协原副主席钱伟长续任董事长。当晚，学校召开纪念大会，纪念改革开放 30 周年暨学校在广州重建 50 周年、复办 30 周年。

11月 18 日，学校举行"211 工程"三期建设启动及计划任务书签字仪式，建设任务包括 8 个重点学科建设项目以及创新人才培养、师资建设项目。

同月，学校信息化校园一期工程通过专家验收，办公自动化系统（OA）开始应用，推行无纸化办公。

本年度新增播音与主持艺术、应急管理 2 个本科专业（方向）。

2009 年

3月，新闻与传播学院 2006 级学生黄源媛创作的口号"世界在你眼前，我们在你身边"获选为2010年上海世博会志愿者主题口号。

4月，学校印发《暨南大学珠海校区管理方案》，珠海学院改为校区建制，实行校区管理。

4月23日，全国高校首个应急管理学院——暨南大学应急管理学院揭牌。

6月，暨南大学第七届学术委员会组成，完成换届，由胡军校长任主任，委员由文理工医各学科46名专家组成。

2009年夏季毕业典礼暨学位授予仪式全面改革创新，增强仪式感和文化元素，受到毕业生欢迎。

10月15日，广东省省长黄华华莅校做形势报告。

11月，暨南大学人才工作会议召开，确立全校人才工作的基本思路。

12月，广州市城市规划局核发番禺新校区首期用地《建设用地规划许可证》，番禺新校区用地调整红线获政府批准。

2010 年

1月，由李校堃教授团队完成的科技成果获2009年度国家技术发明二等奖。

1月24日，暨南大学教育发展基金会成立揭牌仪式举行。

3月，学校新增翻译、自动化、人力资源管理3个本科专业，本科专业达到72个。

5月，华侨华人研究院/教育部人文社科重点研究基地（华侨华人研究）通过教育部组织的第二次评估。

5月7日和14日，特大暴雨两度袭穗，校本部遭受严重内涝，积水严重，幸无人员伤亡。

6月，学校成立翻译学院，设于珠海校区，基础是原珠海学院外语系。

7月，四海书院成立，设在珠海校区，负责港澳台侨学生本科通识教育阶段的教学和学生管理工作。

7月30日，暨南大学名誉校长、董事会董事长钱伟长逝世。

8月，人文学院、国际商学院、电气信息学院成立，均设于珠海校区。珠海学院及其下属机构相应撤销。

9月，学校新增金融、应用统计、税务等10种硕士专业学位类别，学校专业学位类别达到19种。

11月，学校在读硕士、博士研究生达10592人，突破万人大关，迈入全国研究生教育大校行列。研究生数量从五千增长到万人规模，用了五年时间。

2011 年

1月，教育部发来贺信祝贺我校第一临床医学院苏泽轩教授主持完成的项目成果获2010年度国家科技进步二等奖。

3月，学校新增中国语言文学等5个博士学位授权一级学科，新增法学等15个硕士学位授权一级学科。9月，全国对应调整一级学科学位授权点，学校申报的生态学等4个博士学位授权一级学科、中国史等6个硕士学位授权一级学科获批。新增本科专业4个：法语、电子信息科学与技术、信息安全、高分子材料与工程。

广州市投资的暨南大学片区排水改造工程正式开工，次年3月完工，基本解决校本部暴雨内涝问题。

3月23日，学校印发《暨南大学"十二五"发展规划暨2020年中长期改革与发展规划》。

4月16日，国务院侨办、教育部、广东省政府在广州举行共建暨南大学协议签约仪式。国务院侨办主任李海峰、广东省省长黄华华、教育部副部长杜玉波代表三方签署协议。

6月，国家发展和改革委员会对暨南大学新校区发展规划做出批复，原则同意学校在广州市番禺区征地建设新校区以及新校区建设规模和投资规模。

管理学院正式通过AMBA国际认证，使学校成为中国内地第五所通过AMBA认证的高校。

7月6日，暨南大学研究生院成立暨揭牌仪式举行，学校成为广东省第三所设研究生院的高校。

8月，药学院王玉强教授入选第六批国家"千人计划"，是学校第一位国家"千人计划"专家。

9月8日，中共中央政治局委员、广东省委书记汪洋莅校为师生做形势报告。会后慰问我校饶芃子教授时，强调高校要为教师创造凝心静气钻研学问的环境。

9月29日，国际关系学院/华侨华人研究院揭牌成立。

10月10日，暨南大学与深圳市政府、华侨城集团签订《合作办学协议》，共建深圳旅游学院。

11月19日，暨南大学庆祝建校105周年庆典大会及晚会召开。

同月，暨南大学第十届学位评定委员会正式组成，完成换届。新一届委员会由胡军任主席，委员由25人组成。

公共管理学院成立，与应急管理学院实行"一套人马，两块牌子"。外国语学院英语一系更名为英语语言文学系，英语二系更名为商务英语系。

12月5日，创业学院揭牌。

12月8日，学校2011年教学、科研、学位与研究生教育工作暨"宁静致远工程"启动会议召开。会议对实施"宁静致远工程"进行动员和布置。

是年，学校拥有12个博士学位授权一级学科、33个硕士学位授权一级学科，学位授权体系更趋完整。

2012 年

4月，学校获批新增5个本科专业：商务英语、材料物理、国际商务、文化产业管理、物联网工程。本科专业数量达到 81 个，涵盖 9 大学科门类。

5 月 19 日，暨南大学番禺新校区奠基仪式举行。

7 月 14—15 日，中共暨南大学第九次代表大会召开，大会选举蒋述卓为暨南大学党委书记，胡军、叶勤为校党委副书记，叶勤兼任校纪委书记。

8 月，暨南大学"211 工程"三期国家立项建设项目通过"211 工程"部际协调小组办公室组织的国家验收。11 月，广东省立项建设项目通过专家组验收，学校圆满完成了"211 工程"三期建设任务，实现了预期目标。

9 月，学校 8 个一级学科获准设立博士后科研流动站。至此，学校共拥有 15 个博士后科研流动站。

9 月 9 日，秋季开学典礼后，为期一周的学校首届本科新生训练营开营，这是学校改革新生入学教育模式的新举措。

11 月，医学院成立应急医学系/应急医学研究所，实行系所合一。

12 月，在第九轮广东省重点学科评审中，学校共获批广东省重点学科 24 个，其中一级重点学科 20 个、二级重点学科 4 个，获批一级重点学科数量及总数均位居全省高校第三。

学校附属第一医院新住院大楼建成并全面启用。

2013 年

3 月 1 日，暨南大学与广东省东莞市政府共同组建的东莞暨南大学研究院签约仪式举行。

3 月，暨南大学等 70 所高校成为大陆第二批被台湾教育主管部门认可学历的高校。

同月，学校获批新增 5 个本科专业：税收学、网络与新媒体、生物制药、酒店管理及会展经济与管理。

学校的工程学（Engineering）学科进入 ESI 世界前 1% 排名。此前已有临床医学（Clinical Medicine）、化学（Chemistry）两个学科进入 ESI 世界前 1% 排名。

经济学院陈光慧博士的学位论文（指导教师：刘建平教授）入选 2012 年全国优秀博士学位论文提名论文。

6 月 3 日，国务院侨办主任裘援平莅校视察指导工作。

6 月 28 日，校友梁志斌、叶惠全各向学校捐赠 5000 万元，合共 1 亿元，用于番禺新校区建设。同日，新校区 T4 栋学生宿舍楼奠基，标志新校区首批项目正式动工。

9 月，教育部批准学校为中国政府奖学金来华留学招生院校。

学校发文确定番禺新校区正式名称为暨南大学南校区。

11 月，外国语学院成立法语语言文学系。

11 月 15 日，学校第七届董事会第一次会议在广州召开。原国务委员、中央外事工作领导小组办公室主任戴秉国担任学校第七届董事会董事长。

12 月，深圳旅游学院成立电子商务系、酒店管理系。

2014 年

3 月，学校获批新增 3 个本科专业：国际事务与国际关系、给排水科学与工程、风景园林。

2 月，药理学与毒理学学科（Pharmacology & Toxicology）进入 ESI 世界排名前 1%。

6 月，环境学院成立，下设环境科学系、环境工程系、给排水科学与工程系。

华侨华人与中国和平发展协同创新中心、粤港澳中药和天然药物协同创新中心、广东产业转型升级协同创新中心入选广东省国家级"2011 协同创新中心"培育建设规划。

7 月，学校新增护理硕士、艺术硕士 2 个专业学位授权点。

9 月 20 日，2014 级本科新生报到，南校区一期工程首批项目竣工，正式投入使用，来自 13 个学院的 2700 名新生入驻南校区。

12 月 18 日，《人民日报》文教版头条报道学校实施"三三三本科教学治理体系"情况。

2015 年

6 月 26 日，教育部印发《教育部高等学校章程核准书（第 64 号）》，核准发布《暨南大学章程》。《章程》内容包括序言和主体八章，共 77 条。

6 月 30 日，暨南大学等 7 所在粤高校入选广东省高水平大学重点建设高校。学校组建 13 个高水平大学学科组团重点建设。

7 月，学校成立网络空间安全学院，为广东高校首家，与信息科学技术学院实行"一套人马，两块牌子"。

9 月，在体育部基础上，成立体育学院。

校董陈经纬向学校捐资 2000 万港元，设立暨南大学经纬粤港澳经济研究中心。

8 月，暨南双星苏炳添、莫有雪与队友在北京田径世锦赛上勇摘男子 4×100 米接力赛银牌，苏炳添以 9 秒 99 的佳绩跑入男子百米决赛，创造中国田径奇迹。

9 月 8 日，中共中央政治局委员、广东省委书记胡春华到暨南大学视察调研。

10 月，国务院侨办、国家卫计委、教育部联合发布《关于共建暨南大学医学院的意见》，医学院成为中央部委共建的国内 20 所重点高等医学院校之一。

11 月 13 日，学校举行校董捐赠仪式，马有恒捐赠 1000 万港元设立"马万祺博士后高水平科研成果奖励金"，李国华捐赠 1000 万港元支持医学学科建设，霍震寰、余国春、彭磷基、古润金 4 位校董共捐赠 5000 万元支持南校区建设。

12 月 18 日，学校召开干部大会，国务院侨办党组成员江岩宣布暨南大学校级领导干部任免决定：林如鹏任暨南大学党委书记，蒋述卓不再担任党委书记。

2016 年

1 月，理工学院李卫教授领衔的项目成果获 2015 年度国家科技进步二等奖。

1 月 28 日，珠海市政府与暨南大学共建广东省高水平大学战略合作协议签约仪式举行。

3 月 26 日，暨南大学马克思主义学院揭牌成立，与社科部实行"一套人马，两块牌子"。

4 月，学校成立化学与材料学院。

5 月 3 日，暨南大学第十一届学位评定委员会组成，完成换届，胡军校长任主席，委员共 23 人。

5 月 4 日，中央电视台新闻频道以"我们的校歌（暨南大学）"为题，专题报道学校校史上六首校歌及背后故事。

5 月，学校将力学与土木工程系（应用力学研究所）从理工学院划出，成立力学与建筑工程学院。

据新闻报道，澳门基金会 5 月 5 日宣布将资助暨南大学 1 亿元人民币作为校园建设经费。

材料科学（Materials Science）成为学校第五个进入 ESI 世界排名前 1% 的学科。

6 月，国际高等教育资讯机构 QS 公布 2016 年亚洲大学排名，暨南大学位列第 195 位，中国大陆高校综合排名第 48 位，国际学位生数量亚洲排名第 11 位，全国第一。

7 月，对医学部进行重组，在医学院基础上成立基础医学院、中医学院、口腔医学院和护理学院，均隶属医学部。在珠海校区设立包装工程学院、物联网工程学院。

生物学和生物化学（Biology & Biochemistry）成为学校第六个进入 ESI 世界排名前 1% 的学科。

8 月，在里约奥运会上，2014 级国际经济与贸易专业本科生陈艾森先后获得男子双人十米跳台、男子单人十米台冠军。

9 月，学校第八届学术委员会第一次全体会议召开，第八届学术委员会由 45 名委员组成，会议推选叶文才教授为新一届学术委员会主任委员。

附　录

历届校董，历任校长、书记、秘书长、教务长、训导长、
总务长、各学院院长、各系系主任、各研究所负责人一览表

说明：

（1）本表根据现有资料整理而成。因资料不够齐全，尤其是 1949 年以前的资料欠缺，难免有错漏之处，请予指正。

（2）本表中除校长、校党委书记列出正副职外，其余只列正职，如无正职，则列主持全面工作的副职。

（3）1958 年至 2016 年 9 月的领导任期，以正式文件任免时间为准。

（4）本表根据《百年暨南史（1906—2006）》附录和暨南大学党委组织部存档的干部任免文件整理而成，如有错漏之处，请予指正。

表 1　暨南大学历届校董一览表

年　份	校　董	
1922—1930	范源濂　林文庆　袁希涛　黄炎培　陈炳谦　简照南 黄奕住　史量才　韩希琦　郑洪年　叶兆崧　林熊徵 李登辉　柯成懋　赵正平　张　謇　严家炽	
1931—1949.5	常务董事	陈立夫　孙　科　郑洪年
	董　事	宋子文　林　森　孔祥熙　马超俊 陈耀垣　余井塘　吴铁城　萧佛成
1963—1970	董事长	廖承志
	副董事长	李嘉人　杨康华　郭棣活　邓文钊　黄　洁 王宽诚　何　贤　费彝民　陈序经
	董　事	王　匡　王阑西　方君壮　王　越　王源兴 王宽诚　邓文钊　田　心　司徒赞　古文捷 刘家祺　刘宜应　李尔重　李嘉人　李祝朝 萧隽英　陈序经　陈其瑗　何　贤　邱文椿 吕建康　罗范群　罗　浚　林　西　罗培元 林克明　郑铁如　郭棣活　陶　铸　秦元邦 高卓雄　马万祺　许崇清　黄　洁　曾　生 汤秉达　杨康华　杨汤城　费彝民　廖承志 蔡廷锴　蚁美厚　谭　威　饶彰风

（续上表）

年　份	校　董				
1978—1984	董事长	廖承志			
	副董事长	荣毅仁　林修德　王　匡　李嘉人　杨康华 郭棣活　何　贤　王宽诚　费彝民　蚁美厚 柯　麟　汤秉达　罗叔章			
	董　事	马万祺　方君壮　方善桂　尹林平　王　美 王　越　王赓武　孙城曾　卢观全　包玉星 冯景禧　石景宜　刘家祺　刘耀曾　江海杰 伍觉天　李子诵　李天图　李　崧　陈学忠 陈祖沛　陈焜旺　陈德仁　萧隽英　吴炳昌 利铭泽　邱成章　欧阳瀚　张泊泉　张中畊 杨汤城　林　西　林克明　罗　浚　罗范群 招兰昌　饶不辱　钟　明　赵　广　查济民 唐翔千　高卓雄　徐绳周　梅子强　梁威林 梁尚立　黄金培　黄祖芬　黄长水　黄复康 黄振辉　黄盛遭　黄荫普　蔡演雄　蒙民伟 廖恩德　霍英东　戴宗汉　戴贺廷　谢侨远 颜同珍　谭　威			
	秘书长	费彝民（兼）			
	副秘书长	赵元浩　张泉林　吴　楚　黄　健			
1985—1991	董事长	荣毅仁			
	副董事长	马万祺　王宽诚　王屏山　汤秉达　何　军 杨康华　柯　麟　蚁美厚　费彝民　莫燕忠 梁灵光　郭棣活　彭珮云　霍英东　李星浩 李琦涛　卢钟鹤　周耀明			
	董　事	丁家骏　王　美　王华生　王赓武　方善桂 包玉星　石景宜　江海杰　伍国基　李子诵 李天图　李　崧　何世柱　何厚铧　邱成章 余荣宏　吴炳昌　林水龙　招兰昌　查济民 陈　因　陈有汉　陈焜旺　陈德仁　陈学忠 马志民　高卓雄　孙城曾　郭得胜　唐翔千 陶开裕　翁锦通　梅子强　张中畊　黄金培 黄祖芬　黄振辉　黄荫普　温惜今　冯景禧 曾宪梓　蒙民伟　杨汤城　郑裕彤　廖恩德 廖胜带　赵　广　蔡演雄　薛君度　欧阳瀚 卢观全　应行久　戴宗汉　戴贺廷　谢侨远 颜同珍　颜开臣　饶不辱			
	秘书长	何　军（兼）			
	副秘书长	廖德燊　赵元浩　欧阳瀚（兼）			

（续上表）

年 份	校 董					
1992—1993	董事长	荣毅仁				
	副董事长	王屏山　何　军　李星浩　李琦涛　周耀明 马万祺　莫燕忠　梁灵光　汤秉达　霍英东 卢钟鹤　谢慧如　蚁美厚				
	董　事	丁家骏　王　美　王华生　王赓武　方善桂 包玉星　石景宜　江海杰　伍国基　李子诵 李国华　何世柱　何厚铧　余荣宏　余国春 吴炳昌　吴桂显　林水龙　林达光　查济民 陈　因　陈有汉　陈焜旺　陈德仁　陈学忠 马有恒　马志民　孙城曾　徐展堂　唐翔千 陶开裕　翁锦通　梅子强　张中畊　黄金培 黄　华　麦智南　温惜今　曾宪梓　蒙民伟 杨汤城　郑裕彤　廖胜带　赵　广　蔡演雄 刘宇新　刘皇发　薛君度　欧阳瀚　卢观全 应行久　戴贺廷　谢侨远　颜同珍　颜开臣 饶不辱				
	秘书长	周耀明（兼）				
	副秘书长	廖德燊　赵元浩　欧阳瀚（兼）				
1994—1998	董事长	钱伟长				
	副董事长	马万祺　王屏山　卢钟鹤　何　军　汤秉达 李星浩　李琦涛　周耀明　蚁美厚　莫燕忠 梁灵光　曾宪梓　谢慧如　霍英东　刘人怀				
	董　事	丁家骏　马有恒　马志民　王华生　王　美 王赓武　方善桂　包玉星　卢观全　石景宜 刘宇新　刘皇发　伍国基　孙城曾　江海杰 李子诵　李国华　何世柱　何厚铧　陈　因 陈有汉　陈学忠　陈焜旺　陈德仁　应行久 余荣宏　余国春　吴炳昌　吴桂显　麦智南 林水龙　林达光　张中畊　杨汤城　欧阳瀚 郑裕彤　赵　广　饶不辱　查济民　徐展堂 唐翔千　翁锦通　梅子强　黄　华　黄金培 温惜今　谢侨远　蒙民伟　廖胜带　蔡演雄 颜开臣　颜同珍　莘君度　戴贺廷				
	秘书长	周耀明（兼，1991.6—1996.2） 刘人怀（兼）				
	副秘书长	廖德燊　黄旭辉　赵元浩　欧阳瀚（兼）				

（续上表）

年　份	校　董					
1999.1— 2003.1	名誉董事长	荣毅仁				
	董事长	钱伟长				
	副董事长 （按姓氏笔画排序）	马万祺　　王凤超　　卢钟鹤　　刘人怀　　刘古昌 刘名启　　刘泽彭　　李鸿忠　　何厚铧　　侣志广 武东和　　宗光耀　　彭　玉　　曾宪梓　　霍英东				
	董事 （按姓氏笔画排序）	马有恒　　王华生　　王敏刚　　王赓武　　方润华 方善桂　　丘　进　　包玉星　　石汉基　　石景宜 毕传有　　任克雷　　刘　辉　　刘宇新　　刘皇发 刘家骧　　祁国明　　朱悦宁　　孙城曾　　李子诵 李秀恒　　李国华　　李星浩　　李葆琳　　杨汤城 杨孙西　　吴洪芹　　吴炳昌　　吴桂显　　何世柱 余宏荣　　余国春　　张　健　　张中畊　　张永安 陈　因　　陈有汉　　陈有庆　　陈学忠　　陈焜旺 应行久　　林达光　　林光如　　欧阳瀚　　罗田广 郑河水　　郑裕彤　　赵　广　　饶不辱　　柯为湘 钟立雄　　钟建华　　查济民　　徐展堂　　郭　瑞 郭全强　　唐翔千　　诸有钧　　翁锦通　　黄金培 黄智隐　　梁仲景　　梁灵光　　彭克玉　　温惜今 蒙民伟　　蔡冠深　　蔡演雄　　廖泽云　　廖锡麟 颜开臣　　颜同珍　　薛君度　　霍震寰　　戴肖峰 戴国坤				
	秘书长	刘人怀（兼）				
	副秘书长	马有恒（兼）　　余国春（兼）　　张永安（兼）				
2003.1— 2006.4	名誉董事长	荣毅仁				
	董事长	钱伟长				
	副董事长 （按姓氏笔画排序）	马万祺　　王今翔　　王凤超　　卢钟鹤　　刘人怀　　刘古昌 刘泽彭　　李鸿忠　　何厚铧　　沈国放　　侣志广　　宋　海 黄洁夫　　蒋作君　　曾宪梓　　霍英东				
	董事 （按姓氏笔画排序）	马有恒　　王华生　　王敏刚　　王赓武　　方润华　　孔繁壮 石汉基　　石景宜　　包玉星　　毕传有　　任克雷　　刘　辉 刘宇新　　刘皇发　　刘家骧　　祁国明　　许智明　　孙城曾 李子诵　　李秀恒　　李国华　　杨　钊　　杨孙西　　杨华根 吴炳昌　　何世柱　　余宏荣　　余国春　　初志农　　张中畊 陈有汉　　陈有庆　　陈学忠　　陈焜旺　　林达光　　林光如 欧阳瀚　　罗田广　　郑河水　　郑裕彤　　赵　广　　饶不辱 柯为湘　　钟立雄　　贺一诚　　查济民　　贾益民　　徐展堂 郭全强　　唐志坚　　唐翔千　　翁锦通　　黄金培　　黄智隐 梁仲景　　梁灵光　　曾智明　　温惜今　　蒙民伟　　蒙德扬 蔡冠深　　蔡演雄　　廖泽云　　廖锡麟　　颜开臣　　颜同珍 薛君度　　霍震寰　　戴肖峰　　戴国坤				
	秘书长	刘人怀（兼）				
	副秘书长	马有恒（兼）　　余国春（兼）　　贾益民（兼）				

（续上表）

年　份	校　董	
2006.4—2008.11	董事长	钱伟长
	副董事长 （按姓氏笔画排序）	马万祺　王今翔　王凤超　孔　泉　卢钟鹤　朱小丹 刘泽彭　李鸿忠　佪亚非　何厚铧　侣志广　宋　海 胡　军　蒋作君　曾宪梓　霍英东
	董　事 （按姓氏笔画排序）	马有恒　王华生　王敏刚　王赓武　方小榕　方润华 孔繁壮　石汉基　石景宜　毕传有　任克雷　刘　辉 刘人怀　刘宇新　刘皇发　刘家骧　祁国明　刘晓航 刘雁飞　许智明　孙城曾　李子诵　李秀恒　李国华 杨　钊　杨孙西　杨华根　吴炳昌　何世柱　余宏荣 余国春　初志农　陈永棋　陈有汉　陈有庆　陈学忠 陈焜旺　林光如　罗田广　郑河水　郑裕彤　赵　广 饶不辱　柯为湘　钟立雄　贺一诚　查济民　贾益民 徐展堂　郭全强　唐志坚　唐翔千　翁锦通　黄金培 黄智隐　符易亨　梁仲景　曾智明　温惜今　蒙民伟 蒙德扬　蔡冠深　蔡演雄　廖泽云　廖锡麟　潘永华 颜开臣　薛君度　霍震寰　戴肖峰　戴国坤　戴德丰 魏　苇
	秘书长	胡　军（兼）
	副秘书长	马有恒（兼）　余国春（兼）　贾益民（兼）
2008.11—2013.11	董事长	钱伟长
	副董事长 （按姓氏笔画排序）	马万祺　王凤超　朱小丹　刘　谦　李　刚　李本钧 吴红波　何厚铧　侣志广　宋　海　宋　涛　赵　阳 胡　军　崔世安　曾宪梓
	董　事 （按姓氏笔画排序）	马有恒　王敏刚　王赓武　方小榕　孔健岷　石汉基 叶惠全　朱孟依　任克雷　刘　辉　刘人怀　刘宇新 刘泽彭　刘皇发　刘晓航　许智明　李秀恒　李国华 李沛霖　李思廉　杨　钊　杨孙西　杨华根　杨国强 何世柱　余国春　张　力　陈本显　陈永棋　陈有汉 陈有庆　林光如　林如鹏　周泽荣　郑河水　赵　广 柯为湘　钟立雄　贺一诚　贾益民　徐展堂　郭全强 唐志坚　黄智隐　符易亨　梁仲景　梁志斌　彭磷基 曾智明　蒙德扬　蔡冠深　廖泽云　廖锡麟　潘永华 颜开臣　霍震寰　戴肖峰　戴国坤　戴德丰　魏　苇
	秘书长	胡　军（兼）
	副秘书长	马有恒（兼）　会国春（兼）　贾益民（兼） 林如鹏（兼）
	永远名誉董事	王华生　方润华　李子诵　陈学忠　陈焜旺 郑裕彤　饶不辱　唐翔千　蒙民伟　薛君度

（续上表）

年 份	校 董	
2013. 11—2015. 11	董事长	戴秉国
	副董事长	马万祺　何厚铧　崔世安　朱小丹　马儒沛　谢杭生 刘　谦　刘建超　陈云贤　王志民　陈斯喜　曾宪梓 余国春　霍震寰　胡　军
	秘书长	胡　军（兼）
	副秘书长	马有恒（兼）　陈永棋（兼）　蔡冠深（兼） 林如鹏（兼）
	董　事 （按姓氏笔画排序）	马有恒　王　军　王敏刚　王赓武　方小榕　方文雄 孔健岷　古润金　石汉基　叶惠全　朱孟依　任克雷 刘人怀　刘宇新　刘泽彭　刘皇发　刘晓航　许智明 许慕韩　李　鲁　李文俊　李秀恒　李国华　李沛霖 李思廉　杨　钊　杨孙西　杨华根　杨国强　何世柱 佀志广　宋　海　张　力　陈本显　陈永棋　陈有汉 陈有庆　陈经纬　林光如　林如鹏　周泽荣　郑家纯 赵　广　赵　阳　柯　岚　柯为湘　钟立雄　钟阳胜 贺一诚　唐志坚　黄　屏　黄智隐　龚中心　梁仲景 梁志斌　彭磷基　程金中　曾智明　蒙德扬　雷振刚 蔡冠深　廖泽云　廖雅彦　廖锡麟　颜开臣　戴国坤 戴德丰
	永远名誉董事	王华生　方润华　陈学忠　陈焜旺　郑裕彤 郭全强　唐翔千　符易亨　薛君度
2015. 11—今	董事长	戴秉国
	副董事长	何厚铧　崔世安　朱小丹　任启亮　刘　谦　周　波 孔铉佑　陈云贤　仇　鸿　孙　达　曾宪梓　余国春 霍震寰　马有恒　胡　军
	秘书长	胡　军（兼）
	副秘书长	陈永棋（兼）　蔡冠深（兼）　林如鹏（兼）
	董　事 （按姓氏笔画排序）	马儒沛　王　军　王敏刚　王赓武　方小榕　方文雄 孔健岷　古润金　石汉基　叶惠全　朱孟依　任克雷 刘人怀　刘艺良　刘宇新　刘泽彭　刘皇发　许智明 许慕韩　李　鲁　李文俊　李秀恒　李国华　李沛霖 李思廉　杨　钊　杨孙西　杨华根　杨国强　何世柱 佀志广　宋　海　张　力　陈本显　陈永棋　陈有汉 陈有庆　陈志刚　陈经纬　林光如　林如鹏　周泽荣 郑家纯　赵　广　赵　阳　柯　岚　柯为湘　钟立雄 钟阳胜　贺一诚　徐　婷　郭少春　唐志坚　黄智隐 龚中心　梁仲景　梁志斌　彭磷基　程金中　曾智明 蒙德扬　雷振刚　蔡冠深　廖泽云　廖雅彦　廖锡麟 颜开臣　戴国坤　戴德丰
	永远名誉董事	王华生　方润华　陈学忠　陈焜旺　郑裕彤 郭全强　唐翔千　符易亨　薛君度

资料来源：（1）同书编写组编：《百年暨南史（1906—2006）》，广州：暨南大学出版社 2006 年版，第 485–489 页表。

（2）《暨南大学董事会董事名录》，暨南大学董事会办公室 1994 年 2 月编。

（3）《暨南大学第四届董事会董事名单（1999 年 1 月至 2003 年 1 月）》，暨南大学董事会办公室 2006 年 4 月编。

（4）《暨南大学第五届董事会董事名单》，暨南大学董事会办公室 2006 年 5 月编。

（5）《暨南大学历届校董名单（2006 年 4 月至 2016 年 9 月）》，暨南大学董事会办公室 2016 年 9 月编。

（6）2006 年后材料由董事会办公室吴健豪整理增补。

表 2　暨南学堂、学校、大学历任堂长、正副校长一览表

年　度	校　名	姓　名	职　务	任　期
1906—1911.10	暨南学堂	郑洪年 杨熙昌	堂　长	1907—1909.1 1909.1—1911.10
1918.3—1927.夏	国立暨南学校	赵正平 柯成懋 赵正平 姜　琦	校　长	1918—1920.夏 1920.夏—1921.秋 1921.秋—1925.夏 1925.夏—1927.夏
1927.夏—1949.9	国立暨南大学	郑洪年 沈鹏飞 何炳松 李寿雍	校　长 代校长 校　长 校　长	1927.6—1934.1 1934.1—1935.7 1935.7—1946.5 1946.6—1949.5
		李正文 王延青	军事代表、校务委员会 主任委员 副军事代表、校务委员会 副主任委员	1949.6—1949.9 1949.6—1949.9
1958—1970	暨南大学	陶　铸 王　越 梁奇达 史　丹 陈序经 杨康华 聂菊荪 黄焕秋 黄友谋	校　长 副校长 副校长 副校长 校　长 校　长 副校长 副校长 副校长	1958.6—1963.1 1958.6—1970.3 1958.6—1963.6 1959.6—1970.3 1963.1—1964.夏 1964.3—1970.3 1964.3—1970.3 1964.8—1970.3 1965.2—1970.3
1978—今	暨南大学	杨康华 梁奇达 王　越 韩托夫 罗戈东 李云扬 李　辰 李天庆 梁灵光 何　军	领导小组组长 校　长 领导小组副组长 副校长 副校长 副校长 副校长 副校长 副校长 副校长 校　长 第一副校长	1978.3—1979.8 1979.8—1983.10 1978.3—1979.6 1979.6—1984.3 1979.6—1982.11 1979.6—1984.3 1979.6—1984.3 1980.5—1984.3 1980.9—1986.1 1982.11—1984.3 1983.10—1991.6 1984.3—1991.6

（续上表）

年 度	校 名	姓 名	职 务	任 期
1978—今	暨南大学	李炳熙	副校长	1984.3—1991.8
		云冠平	副校长	1986.1—1991.8
		冯泽康	副校长	1986.1—1993.11
		周耀明	副校长	1986.1—1991.6
			校 长	1991.6—1995.12
		饶芄子	副校长	1987.8—1995.12
		钱伟长	名誉校长	1991.6—2010.7
		林 剑	副校长	1991.8—1995.12
		伍国基	副校长	1991.8—2000.2
		刘人怀	副校长	1991.8—1995.12
			校 长	1995.12—2005.12
		黄旭辉	副校长	1991.8—2000.2
		罗国民	副校长	1991.8—1992.9
		赖江基	副校长	1993.5—2000.2
		张永安	副校长	1995.4—2000.3
		蒋述卓	副校长	1995.12—2015.11
		罗伟其	副校长	1995.12—2002.3
		胡 军	副校长	2000.2—2005.12
			校 长	2005.12—今
		贾益民	副校长	2000.2—2011.6
		陆大祥	副校长	2000.2—2014.12
		纪宗安	副校长	2002.3—2010.9
		王 华	副校长	2002.3—2008.5
		周天鸿	副校长	2006.4—今
		刘洁生	副校长	2006.4—今
		叶 勤	副校长	2007.11—2015.11
		林如鹏	副校长	2008.7—今
		宋献中	副校长	2011.6—今
		饶 敏	副校长	2011.6—今
		张荣华	副校长	2014.10—今
		叶文才	副校长	2014.10—今
		洪 岸	副校长	2015.11—今
		张 宏	副校长	2015.11—今

资料来源：（1）同书编写组编：《百年暨南史（1906—2006）》，广州：暨南大学出版社2006年版，第490－491页表。

（2）2006年后材料由党委组织部张艳丽整理增补。

表3　暨南大学历任党委（党组）书记、副书记一览表

年　度	姓　名	职　务	任　期
1958—1970	梁奇达	代书记	1958.6—1960.4
		书　记	1960.4—1963.6
	朱　明	副书记	1959.6—1970.3
	郑　克	副书记	1960.4—1963.6
	杨康华	第一书记	1964.3—1970.3
	聂菊荪	第二书记	1964.3—1970.3
	罗戈东	副书记	1964.4—1970.3
	方思远	副书记	1964.4—1970.3
1978—今	杨康华	第一书记	1978.4—1984.3
	李云扬	第二书记	1980.5—1984.3
	梁奇达	副书记	1978.4—1984.3
	曾　源	副书记	1979.6—1984.3
	林　锋	副书记	1980.9—1984.3
	何　军	党组书记	1984.3—1988.2
	张德昌	党组副书记	1985.8—1988.2
		党委书记	1988.2—1991.6
	伍国基	副书记	1988.2—1991.6
		书　记	1991.6—1996.12
	刘　羽	副书记	1988.2—1991.9
	关汉夫	副书记	1991.9—1996.11
	黄旭辉	副书记	1991.9—1996.12
	刘人怀	书　记	1996.12—2000.2
	杨珍妮	副书记	1996.12—2002.3
	蒋述卓	副书记	1996.12—2000.2
		书　记	2000.2—2015.11
	王　华	副书记	2002.3—2008.5
	叶　勤	副书记	2002.3—2015.11
	胡　军	副书记	2007.3—今
	林如鹏	书　记	2015.11—今
	夏　泉	副书记	2015.11—今

资料来源：（1）同书编写组编：《百年暨南史（1906—2006）》，广州：暨南大学出版社2006年版，第492页表。

（2）2006年后材料由党委组织部张艳丽整理增补。

表4 暨南大学历任秘书长、教务长、训导长、总务长一览表

秘 书 长	
姓　名	时　间
谢作舟	1927.6—1927.9
叶　渊	1927.9—1927.12
陈　敬	1928.1
范慷源	1929—1930
樊守执	1931
杨裕芬	1932—1933
陈荣鼎	1934.1—约1934.底
唐有恒	1935.1—1935.夏
杜佐周	1935.—约1943.底
俞剑华	约1944
罗君惕	约1945
刘佛年	1946.秋—1949.9
岑国锦	1984.6—1989.9
伍国基（副）	1986.7—1988.4

注：秘书长有时称事务长或大学秘书，有时不设此职务。

教 务 长	
黄建中	1927.8—1928.3
杨汝梅	1928.4—1928.12
杨裕芬	1931—约1933
杨公达	1934—1935.夏
张耀翔	1935.秋—1936.春
吴泽霖	1936
李熙谋	1937—约1938
程瑞霖	1939
周予同	1940
孙怀仁	1941—约1942.夏
胡寄南	1941—约1942.夏
王勤堉	1943
许　杰	1944.夏—1945.春
王勤堉（代）	1945.秋—1945.冬
陆伦章（代）	1945.冬—1946.夏
邹文海	1946.秋—1948
刘　咸	1949
李　蕃	1949
黄焕秋	1962.7—1964.9
李天庆	1979.2—1982.11
邹　翰	1984.6—1985.2

（续上表）

训 导 长	
姓　名	时　间
林思温	1927—
陈钟凡	1932
李恩弨	1934—约 1935. 夏
吴　修	1935. 秋—1942. 夏
韩逋仙	1942. 秋—1945. 夏
王文元	1945. 秋—1946. 夏
谢兆熊	1946. 秋—1948
左潞生（代）	1947—1948. 春
吴　干	1948
卢怀道（代）	1949

注：训导长，有时称训育主任。

总 务 长	
林志瀛	1931—1932
杜佐周	1935—约 1940
王子瑜	1941—1944. 夏
盛叙功	1944—1945. 春
俞剑华（代）	1945. 秋—1946. 夏
陆铁乘	1946. 秋—1949. 春
沈筱宋	1949
罗戈东	1979.2—1980.8
黄德士	1980.8—1985.9
周耀明（副）	1985.10—1986.1

资料来源：同书编写组编：《百年暨南史（1906—2006）》，广州：暨南大学出版社 2006 年版，第 493 - 494 页表。

表 5　暨南大学各学院院长一览表

文学院		
姓　名	职　务	任　期
陈钟凡	院　长	1929—1933
张　凤	代院长	1932
孟寿椿	院　长	1934—1935. 春
刘真如	代院长	1935. 夏
郑振铎	院　长	1935. 秋—1941. 春
韩诰仙	院　长	1941
戚叔含	院　长	1942—1943
韩诰仙	院　长	1944
许　杰	院　长	1944—1945
沈炼之	院　长	1945—1946. 夏
刘大杰	院　长	1946. 秋—1947
孙蜀丞	院　长	1948—1949
吴文祺	院　长	1949
詹伯慧	院　长	1985. 2—1989. 2
柯木火	院　长	1989. 2—1994. 9
蒋述卓	院　长	1994. 9—1996. 1
魏中林	常务副院长	1996. 1—1997. 7
	院　长	1997. 7—2001. 9
陈伟明	副院长	2001. 9—2002. 4
	院　长	2002. 4—2011. 7
王列耀	院　长	2011. 7—2015. 7
程国赋	院　长	2015. 7—今
法学院		
姓　名	职　务	任　期
王人麟	院　长	1930
石　颍	院　长	1930—1931
孙寒冰	院　长	1931—1932. 夏
邹文海	院　长	1946—1947
周　枏	院　长	1947—1948
陈文彬	院　长	1948—1949. 9
周显志	常务副院长	2001. 6—2005. 1
符启林	院　长	2005. 1—2008. 3
朱义坤	副院长（主持工作）	2008. 3—2011. 7
知识产权学院		
姓　名	职　务	任　期
徐　瑄	副院长	2004. 9—2011. 7

（续上表）

法学院/知识产权学院（2011年7月法学院与知识产权学院合并）		
姓　名	职　务	任　　期
朱义坤	院　长	2011.7—今
商学院		
姓　名	职　务	任　　期
高　阳	院　长	1923—1924.夏
朱如棠	院　长	1924.秋—1925.夏
潘序伦	院　长	1925.秋—1926.冬
叶　渊	院　长	1927—1928
杨汝梅	院　长	1929—1931
叶　渊	院　长	1932—1933
董修甲	院　长	1934—1935.夏
程瑞霖	院　长	1935.秋—1940.春
钱素君	代院长	1940
吴　干	院　长	1941
周宪文	院　长	1942—1945.冬
卢怀道	院　长	1946.1—1946.6
吴　干	院　长	1946.秋—1948.冬
卢怀道	院　长	1948—1949
张毓珊	院　长	1949
经济学院		
姓　名	职　务	任　　期
蔡馥生	院　长	1981.6—1982.10
赵元浩	院　长	1982.10—1984.8
张元元	院　长	1984.9—1986.9
王光振	院　长	1986.9—1992.6
傅汉章	院　长	1992.6—1993.11
张永安	院　长	1993.11—1994.1
王富初	副院长	1994.4—1996.3
	院　长	1996.3—1998.11
张炳申	院　长	1998.11—2001.9
刘少波	院　长	2001.9—2005.1
冯邦彦	院　长	2005.1—2008.3
张　捷	院　长	2008.3—2011.7
刘少波	院　长	2011.7—今

（续上表）

理学院		
姓　名	职　务	任　期
刘麟书	院　长	1929
于基泰	院　长	1930—1933
李熙谋	代院长	1934—1935. 夏
程瀛章	院　长	1935. 秋—1941
王子瑜	院　长	1942—1943
江之永	院　长	1944—1946. 夏
刘　咸	院　长	1946. 秋—1949

理工学院		
姓　名	职　务	任　期
邹　翰	院　长	1985.2—1992.6
吴恭顺	院　长	1992.6—1999.5
柏元淮	院　长	1999.5—2001.6
张永林	院　长	2001.6—2005.1
陈星旦	名誉院长	2004.4—今
马宏伟	院　长	2005.1—2015.7
陈振强	院　长	2015.7—今

医学院		
姓　名	职　务	任　期
罗　潜	院　长	1979.5—1984.8
李楚杰	院　长	1984.9—1989.2
张纫华	院　长	1989.2—1994.1
司徒锐	院　长	1994.1—1994.9
汪明春	常务副院长	1994.9—1997.7
陆大祥	常务副院长	1997.7—2000.4
宿宝贵	副院长	2000.4—2001.6
	常务副院长	2001.6—2005.1
敖杰男	常务副院长	2005.1—2007.1
罗焕敏	常务副院长	2007.1—2009.11
	执行院长	2009.11—2016.9

基础医学院		
姓　名	职　务	任　期
王华东	副院长（主持工作）	2016.9—今

护理学院		
姓　名	职　务	任　期
李泽楷	副院长（主持工作）	2016.9—今

（续上表）

教育学院		
姓　名	职　务	任　期
谢循初	院　长	1929—1931. 夏
郭一岑	院　长	1931. 秋—1932. 夏
陈科美	代院长	1932. 秋—1933. 春

成人教育学院（1993 年 9 月更名）		
姓　名	职　务	任　期
云冠平	院长（兼）	1986.7—1991.8
林　剑	院长（兼）	1992.1—1992.7
彭大火	院　长	1992.7—1998.11
彭成奖	院　长	1998.11—2000.4
吴云凤	院长（副）	2000.4—2003.7
韩兆洲	院　长	2003.7—2015.7
李世云	院　长	2015.7—今

华文学院		
姓　名	职　务	任　期
赖江基	院长（兼）	1993.6—1997.7
贾益民	院长（副）	1997.7—1999.5
	院　长	1999.5—2000.4
杨　松	院　长	2000.4—2003.7
班　弨	院长（副）	2003.7—2005.1
	院　长	2005.1—2008.3
郭　熙	院　长	2008.3—2015.7
邵　宜	常务副院长	2011.12—2014.3
	执行院长	2014.3—2015.7
	院　长	2015.7—今

中旅学院（深圳旅游学院）		
姓　名	职　务	任　期
张永安	院　长	1994.7—1995.9
任克雷	院　长	1995.9—2000.4
张整魁	院　长	2000.4—2008.6
何建伟	常务副院长	2007.1—2011.9
刘平春	院　长	2008.6—今
李广明	常务副院长	2011.9—2015.7
	执行院长	2015.7—今

（续上表）

信息科学技术学院		
姓 名	职 务	任 期
柏元淮	院 长	2001. 6—2005. 1
龚建民	院 长	2005. 1—2006. 7
姚国祥	院 长	2006. 8—2013. 11
翁 健	副院长（主持工作）	2014. 1—2015. 7
	执行院长	2015. 7—今

管理学院		
姓 名	职 务	任 期
胡 军	院 长	1998. 9—2000. 4
隋广军	副院长	2000. 4—2001. 11
	院 长	2001. 11—2005. 1
李从东	院 长	2005. 1—2011. 11
宋献中	代理院长	2011. 11—2012. 12
谭 跃	副院长（主持工作）	2011. 11—2012. 12
	执行院长	2012. 12—2015. 5
程仕军	院 长	2016. 1—今
李东辉	执行院长	2015. 1—今

生命科学技术学院		
姓 名	职 务	任 期
周天鸿	院 长	1999. 4—2003. 6
	院 长	2003. 6—2006. 7
郑文杰	院 长	2006. 7—2007. 1
张渊明	副院长（主持工作）	2007. 1—2008. 4
	院 长	2008. 4—2009. 12
陈志南	院 长	2009. 12—今
张渊明	执行院长	2009. 12—2011. 7
何庆瑜	执行院长	2011. 7—今

珠海学院（2009 年 4 月更名为珠海校区）		
姓 名	职 务	任 期
贾益民	院 长（兼）	2000. 8—2001. 9
胡 军	院 长（兼）	2001. 9—2005. 1
王志伟	院 长（兼）	2005. 1—2009. 4
钱清泉	名誉院长	2005. 3—2009. 4

（续上表）

珠海校区（珠海学院 2009 年 4 月更名为珠海校区）		
姓　名	职　务	任　期
贾益民	管委会主任（兼）	2009.5—2011.9
王志伟	管委会常务副主任	2009.5—2013.3
刘洁生	管委会主任（兼）	2011.9—今
李从东	管委会常务副主任	2013.3—2014.5
	管委会执行主任	2014.5—今
人文学院		
姓　名	职　务	任　期
危　磊	院　长	2010.9—2015.7
钟瑞栋	院　长	2015.7—今
翻译学院		
姓　名	职　务	任　期
王心洁	院　长	2010.9—2013.12
赵友斌	院　长	2014.1—今
国际商学院		
姓　名	职　务	任　期
卫海英	院　长	2010.9—2011.11
熊　剑	院　长	2011.11—今
电气信息学院		
姓　名	职　务	任　期
钱清泉	名誉院长	2009.4—今
王　博	院　长	2010.9—2016.4
屈　挺	院　长	2016.4—今
轨道交通研究院		
姓　名	职　务	任　期
武建华	常务副院长	2015.5—今
外国语学院		
姓　名	职　务	任　期
梁栋华	院　长	2001.6—2005.1
卢　植	副院长（负责工作）	2005.1—2006.4
	院　长	2006.4—2011.7
宫　琪	院　长	2011.7—今

（续上表）

新闻与传播学院		
姓 名	职 务	任 期
蔡铭泽	常务副院长	2001.6—2002.4
	院 长	2002.4—2006.9
范以锦	院 长	2006.11—今
董天策	常务副院长	2006.9—2011.7
支庭荣	常务副院长	2011.7—2014.3
	执行院长	2014.3—今

药学院		
姓 名	职 务	任 期
罗焕敏	常务副院长	2001.6—2005.1
王玉强	院 长	2005.1—2011.7
姚新生	名誉院长	2007.7—今
叶文才	院 长	2011.7—2015.11
	院长（兼）	2015.11—2016.6
丁 克	院 长	2016.6—今

国际学院		
姓 名	职 务	任 期
余惠芬	常务副院长	2001.7—2002.12
孙博华	院 长	2003.1—2008.3
唐书泽	副院长（负责工作）	2007.3—2008.3
	院 长	2008.3—2015.7
王立伟	院 长	2015.7—今

艺术学院		
姓 名	职 务	任 期
张铁林	院 长	2005.1—2016.6
王红主	常务副院长	2007.1—2014.3
李学武	常务副院长	2014.3—今

第一临床医学院		
姓 名	职 务	任 期
杨冬华	院 长	2005.1—2007.1
黄 力	副院长（主持工作）	2007.1—2008.1
	院 长	2008.1—2016.9
徐安定	副院长（主持工作）	2016.9—今

（续上表）

国际关系学院/华侨华人研究院		
姓　名	职　务	任　期
曹云华	院长/执行院长	2011.7—2015.7
张振江	院　长	2015.7—今
公共管理学院/应急管理学院		
姓　名	职　务	任　期
庞素琳	副院长（主持工作）	2011.11—2014.1
蔡立辉	院　长	2014.1—今
创业学院		
姓　名	职　务	任　期
张耀辉	院　长	2011.12—今
环境学院		
姓　名	职　务	任　期
曾永平	院　长	2014.4—今
南校区		
姓　名	职　务	任　期
刘洁生	管委会主任（兼）	2014.5—2016.1
姜煜东	管委会常务副主任	2014.11—今
张荣华	管委会主任（兼）	2016.1—今
四海书院		
姓　名	职　务	任　期
贾益民	院长（兼）	2010.7—2011.9
刘洁生	院长（兼）	2011.9—2012.9
张安国	院长（兼）	2012.9—2014.7
林晓灵	院长（兼）	2014.7—今
体育学院		
姓　名	职　务	任　期
徐　泽	副院长（主持工作）	2015.10—今
马克思主义学院		
姓　名	职　务	任　期
程京武	院长（兼）	2016.5—今
化学与材料学院		
姓　名	职　务	任　期
李　丹	院　长	2016.9—今

（续上表）

力学与建筑工程学院		
姓　名	职　务	任　期
何陵辉	院　长	2016.9—今

资料来源：（1）同书编写组编：《百年暨南史（1906—2006）》，广州：暨南大学出版社 2006 年版，第 495－500 页表。

（2）2006 年后材料由党委组织部张艳丽整理增补。

表6　暨南大学各系系主任一览表

中文系（中国语言文学系）			
姓　名	任　期	姓　名	任　期
夏丏尊	1927.秋—1927.冬	饶芃子	1984.6—1987.9
陈钟凡	1928.1—1929.8	卢菁光（代）	1987.10—1988.6
陈柱尊	1929.9—1930.夏	（正）	1988.6—1990.10
龙沐勋	1930.秋—1933	谭志图（副）	1990.10—1991.7
张世禄	1934—1935.夏	（正）	1991.7—1993.11
龙沐勋		魏中林	1993.11—1996.10
郑振铎	1935.秋—约1940	王列耀	1996.10—1998.9
方光焘	1941—	杨启光	1998.9—2000.7
许　杰	1942.夏—1944	费　勇（副）	2000.7—2001.9
刘大杰		（正）	2001.9—2003.7
方光焘	1945—	朱承平	2003.7—2007.1
刘大杰	1946—1948.初	赵维江	2007.1—2011.12
郝昺衡	1948—1949.春	邵　宜	2011.12—2011.12
萧　殷	1959—1964	苏桂宁	2011.12—2016.1
何家槐	1964.7—1969.2	赵静蓉	2016.1—今
秦　牧	1978.11—1984.6		

历史系（历史社会学系、历史地理学系）			
姓　名	任　期	姓　名	任　期
黄凌霜	1928.4—1929	朱杰勤	
许楚生（德珩）	1930	唐　森	1984.6—1988.6
张　凤	1931—约1932.夏	卢　苇	1988.6—1991.7
周谷城	约1932.秋—1933.夏	莫世祥	1991.7—1992.9
周予同	约1934—1942	纪宗安（代）	1992.11—1993.10
盛叙功	约1943—1945.春	（正）	1993.10—1994.7
沈炼之		邱树森	1994.4—1995.4
丁　山	1945.夏—1946.春	张晓辉	1995.4—1997.7
谢兆熊	1946.秋—1947.夏	高伟浓	1997.7—2000.7
孙蜀丞	1947.秋—1948.夏	陈伟明	2000.7—2003.7
徐家骥	1948.秋—1949.春	张晓辉	2003.7—2007.1
朱杰勤	1959—1970.春	冀满红	2007.1—2011.12
金应熙	1978—1984	刘增和	2011.12—今

（续上表）

外语系（外国语言文学系）			
姓 名	任 期	姓 名	任 期
叶崇智（公超）	1927.8—1929	何秋明（副）	1968.9—1970
梁实秋	1930	曾昭科	1979.8—1984.5
洪 深	1931—1933	谭时霖	1984.6—1986.7
陈麟瑞	1934	方汉泉	1986.7—1989.3
	1939—约1940	唐荣华	1989.3—1992.9
戚叔含	1935—约1938	戴伟华（代）	1992.9—1993.10
	1941—1942，1945	（正）	1993.10—1997.7
孙贵定	1943—约1944	梁栋华	1997.7—2000.7
	1946—1949.春	区炜光	2000.7—2001.7

新闻学系			
姓 名	任 期	姓 名	任 期
冯列山	1946.秋—1947	马秋枫	1998.7—2000.7
詹文浒	1948—1949.春	蔡铭泽	2000.7—2001.7
周 冷	1979—1984	刘家林	2001.7—2005.7
马 戎	1984.6—1986.7	支庭荣	2005.7—2007.10
马彦珣	1986.7—1991.7	张晋升（副）	2007.12—2011.12
吴文虎	1991.7—1997.7	林爱珺	2011.12—今

对外汉语教学系			
姓 名	任 期	姓 名	任 期
饶秉才	1985.4—1991.7	彭小川	1994.1—1997.7
何子铨	1991.7—1994.1		

政治学系			
姓 名	任 期	姓 名	任 期
陈炳章	1927	孙寒冰	
翟俊千		左路生	1940.秋—1949.春
楼桐孙	1933		

中国画系			
姓 名	任 期	姓 名	任 期
陶冷月	1927.7—1931		

（续上表）

教育学系（教育心理学系）			
姓　名	任　期	姓　名	任　期
汪奠基	1927. 8—1928. 3	杜佐周	1941—1944
谢循初	1928. 4—1929	王书凯	1945—1946. 夏
绍爽秋	1930—1931	胡寄南	
	1933	萧笑嵘	1946. 秋—1949. 春
张耀翔	1932	张耀翔	
	1934—1940		

心理学系			
姓　名	任　期	姓　名	任　期
张耀翔	1930—1933		

法律系			
姓　名	任　期	姓　名	任　期
石　颖	1927. 秋—1931. 春	刘世芳	1932
	1933	周　枏	1946. —1949. 春

法律学系			
姓　名	任　期	姓　名	任　期
周显志	2003. 7—2006. 4	朱义坤	2007. 6—2011. 12
符启林	2006. 4—2007. 6	乔素玲（副）	2011. 12—2013. 3
		（正）	2013. 3—今

外交领事专科			
姓　名	任　期	姓　名	任　期
杨振先	1931—1933		

数学系（数理系、天文数学系）			
姓　名	任　期	姓　名	任　期
陈荩民	1927. 8—1930	卢　文	1961—1970
	1934		1978—1982. 夏
汤彦颐	1929. 秋—1933	李炳熙	1982. 9—1984. 6
束星北	1935—1936. 夏	杨恩浩	1984. 6—1986. 10
孙　荣	1936. 秋—1937. 春	杨兴隆	1986. 10—1995. 4
李熙谋	1937—1944	柏元淮	1995. 4—2005. 6
尤崇宽	1945—1946. 秋	赵逸才	2005. 6—2014. 10
潘　璞	1946. 秋—1949. 春	张传林	2014. 10—今
刘方由（副）	1959—1960		

（续上表）

物理学系			
姓　名	任　期	姓　名	任　期
周君适	1929—1933	黄振邦	1981. 秋—1984
崔九卿	1934—1936	何锡年	1984. 6—1986. 7
李熙谋	1937—	陈代森	1986. 7—1991. 10
尤崇宽		黄国淳	1991. 10—1997. 7
陆禹言	1946. 秋—1949. 春	林子扬（副）	1997. 7—1999. 7
古文捷	1959—1965. 12	张永林	1999. 7—2005. 6
李天庆	1966. 1—1970	刘彭义	2005. 6—2015. 11
黄振鹏（副）	1979—1981	麦文杰	2015. 11—今

化学系			
姓　名	任　期	姓　名	任　期
周君适	1930—1931	邹翰（副）	1979—1982. 夏
于基泰	1932—1933	周端赐	1982—1984. 5
容启兆（代）	1934—1935. 夏	欧阳政	1984. 6—1987. 7
程瀛章	1935. 秋—1936. 夏	冯德雄	1987. 7—1992. 6
王子瑜	1936. 秋—1943. 夏	黄宁兴	1992. 6—1995. 10
章洪楣	1943. 秋—1946. 夏	岑颖洲	1995. 10—1999. 2
朱子清	1946. 秋—1949. 春	刘应亮	2000. 7—2011. 12
陆启荣	1959—1968. 3	刘春元	2011. 12—今

人类学系			
姓　名	任　期	姓　名	任　期
刘　咸	1946. 秋—1949. 春		

计算机科学系			
姓　名	任　期	姓　名	任　期
吴恭顺	1984. 6—1991. 8	黄　战（副）	2002. 4—2003. 7
叶健源（代）	1991. 8—1995. 7	陈火炎	2003. 7—2004. 7
蔡利栋	1995. 7—1999. 6	潘久辉	2004. 7—2007. 3
陈火炎	1999. 6—2002. 4	周继鹏	2007. 3—今

（续上表）

<table>
<tr><td colspan="4" align="center">生物学系（生物工程系）</td></tr>
<tr><td align="center">姓　名</td><td align="center">任　期</td><td align="center">姓　名</td><td align="center">任　期</td></tr>
<tr><td>黎国昌</td><td>1928—1933</td><td>刘飞鹏</td><td>1991.7—1994.1</td></tr>
<tr><td>廖翔华（副）</td><td>1961—1970</td><td>邓伟民</td><td>1994.1—1995.7</td></tr>
<tr><td>刘学高</td><td>1982—1984.2</td><td>周天鸿</td><td>1995.7—2003.7</td></tr>
<tr><td>林　剑</td><td>1984.6—1985.2</td><td>李贵生</td><td>2003.7—2007.4</td></tr>
<tr><td>齐雨藻</td><td>1985.3—1988.6</td><td>李任强</td><td>2007.4—2011.12</td></tr>
<tr><td>林　剑</td><td>1988.6—1991.7</td><td>闫道广</td><td>2011.12—今</td></tr>
<tr><td colspan="4" align="center">水产系</td></tr>
<tr><td align="center">姓　名</td><td align="center">任　期</td><td align="center">姓　名</td><td align="center">任　期</td></tr>
<tr><td>熊大仁</td><td>1959—1960</td><td></td><td></td></tr>
<tr><td colspan="4" align="center">矿冶系</td></tr>
<tr><td align="center">姓　名</td><td align="center">任　期</td><td align="center">姓　名</td><td align="center">任　期</td></tr>
<tr><td>陈家天</td><td>1959—1960</td><td></td><td></td></tr>
<tr><td colspan="4" align="center">航海系</td></tr>
<tr><td align="center">姓　名</td><td align="center">任　期</td><td align="center">姓　名</td><td align="center">任　期</td></tr>
<tr><td>邓友民</td><td>1959—1960</td><td></td><td></td></tr>
<tr><td colspan="4" align="center">电子工程系</td></tr>
<tr><td align="center">姓　名</td><td align="center">任　期</td><td align="center">姓　名</td><td align="center">任　期</td></tr>
<tr><td>刘　涛</td><td>1987.11—1993.11</td><td>代胜利</td><td>2000.5—2001.11</td></tr>
<tr><td>张伯世</td><td>1993.11—1995.5</td><td>黄君凯（副）</td><td>2001.11—2002.9</td></tr>
<tr><td>刘　涛</td><td>1995.5—1997.7</td><td>（正）</td><td>2002.9—2014.10</td></tr>
<tr><td>黄　元</td><td>1997.7—2000.5</td><td>刘伟平</td><td>2014.10—今</td></tr>
<tr><td colspan="4" align="center">工商管理系</td></tr>
<tr><td align="center">姓　名</td><td align="center">任　期</td><td align="center">姓　名</td><td align="center">任　期</td></tr>
<tr><td>周茂藩</td><td>1925—约1928</td><td>孙怀仁</td><td>1940—1944</td></tr>
<tr><td>蔡正雅</td><td>1929—1933</td><td>林葭蕃</td><td>1945—1946.夏</td></tr>
<tr><td>周德熙</td><td>1934</td><td>许炳汉</td><td>1946.秋—1949.春</td></tr>
<tr><td>周宪文</td><td>1935—1939</td><td></td><td></td></tr>
<tr><td colspan="4" align="center">普通商业系</td></tr>
<tr><td align="center">姓　名</td><td align="center">任　期</td><td align="center">姓　名</td><td align="center">任　期</td></tr>
<tr><td>吴倚沧</td><td>1925—约1929</td><td>蔡正雅</td><td>1930—1931</td></tr>
</table>

（续上表）

会计（学）系			
姓 名	任 期	姓 名	任 期
潘序伦	1925—	汤建善	1986.10—1988.6
杨汝梅	1929—1932 年	何任远	1988.6—1993.11
叶 渊	1933	叶 昶	1993.11—1998.1
余绍武	1934	宋献中	1998.1—2006.7
卢怀道	1947.秋—1949	胡玉明	2006.7—2010.4
王志超（副）	1981.6—1984.6	谭 跃	2010.4—2012.7
罗文伟（副）	1984.6—1985.10	沈洪涛	2012.7—2013.7
（代）	1985.10—1986.7	丁有刚	2013.7—2016.6
（正）	1986.7—1986.10	黎文靖	2016.6—今

银行系			
姓 名	任 期	姓 名	任 期
黄念远	1925—约 1928	张素民	1934
叶 渊	1929—1932	吴 干	1948—1949.春
杨汝梅	1933		

会计银行系			
姓 名	任 期	姓 名	任 期
张素民	1935—1936	卢怀道	1943—1945
钱素君	1937—1942	丁洪范	1946

交通管理系			
姓 名	任 期	姓 名	任 期
杨汝梅	1929—1930	魏仲衡	1931—1933

铁路管理系			
姓 名	任 期	姓 名	任 期
樊守执	1932—1933	汤心济	1935—1936
吴绍棠	1934—		

（续上表）

政治经济学系（经济学系）			
姓　名	任　期	姓　名	任　期
翟俊千	1928		1978—1981.6
陈石孚	1929	王光振	1981—1982.10
刘英士	1930—1931	钟远藩	1982.11—1984.5
孙寒冰	1932—1933	李鸿昌	1984.6—1987.10
温崇信	1933	李金亮	1987.10—1988.6
叶元龙	1934	王富初	1988.6—1994.4
邹文海	1946.秋—1947	林丽琼	1994.4—2003.7
陈彪如	1948—1949	吴　江	2003.7—2007.3
张恒遇	1959—1963	刘金山	2007.3—2012.3
蔡馥生（副）	1963—1965	王　兵	2012.3—2015.12
	1966—1970	王春超	2015.12—今

国际贸易系（对外贸易经济系）			
姓　名	任　期	姓　名	任　期
李时权	1925—约1928	卓　如	1945—1946
叶　渊	1929—1933	张毓珊	1947
江之永	1934	杨勉之	1948—1949.春
程瑞霖	1935—1940	马　殊	1965.秋—1970

国际经济与贸易系			
姓　名	任　期	姓　名	任　期
吴立广	1999.4—2003.7	刘德学	2007.3—2012.3
张　捷	2003.7—2007.3	陈红蕾	2012.3—今

财税系			
姓　名	任　期	姓　名	任　期
於鼎丞	1999.4—2007.3	沈肇章（副）	2007.3—2012.3
		（正）	2012.3—今

企业管理系			
姓　名	任　期	姓　名	任　期
梁锦恩（副）	1981—1984.5	隋广军	1999.4—2001.7
何培秋（代）	1984.6—1985.9	孔小文（副）	2001.7—2002.12
何振翔（代）	1985.10—1986.7	王国庆	2002.12—2008.1
（正）	1986.7—1991.10	张耀辉	2008.1—2012.7
罗龙昌	1991.10—1997.7	易余胤	2012.7—2016.6
胡　军	1997.7—1999.4	欧锦文	2016.6—今

（续上表）

商学系			
姓　名	任　期	姓　名	任　期
傅汉章	1981—1986.7	陈己寰	1992.7—2000.7
张永安	1986.7—1992.7	杨建华	2000.7—今

金融学系			
姓　名	任　期	姓　名	任　期
张元元	1981—1984.5	刘少波	1999.2—2003.7
王　涛（代）	1984.6—1986.7	王　聪	2003.7—2015.12
何问陶	1986.7—1995.3	蒋　海	2015.12—今
邓瑞林	1995.3—1999.2		

经济信息管理系（计划统计系）			
姓　名	任　期	姓　名	任　期
暴奉贤	1981—1988.6	陈光潮	1995.3—1998.5
谢启南	1988.6—1995.3	韩兆洲	1998.5—2000

经济信息统计系（统计学系）			
姓　名	任　期	姓　名	任　期
韩兆洲	2000.7—2003.7	郑少智	2012.3—今
刘建平	2003.7—2012.3		

经济法学系			
姓　名	任　期	姓　名	任　期
张增强	1990.4—1997.10	李伯侨	1997.10—2001

医学系			
姓　名	任　期	姓　名	任　期
罗　潜（兼）	1979.5—1984.8	司徒说（兼）	1994.1—1994.9
李楚杰（兼）	1984.9—1989.2	汪明春（兼）	1994.9—1997
刘纫华（兼）	1989.2—1994.1		

口腔医学系（2003年更名为口腔系）			
姓　名	任　期	姓　名	任　期
吕培锟	1984.6—1992.7	黄世光（副）	2007.5—2008.9
巫建雄	1992.7—1995.1	（正）	2008.9—2016.9
唐　亮	1995.1—2007.5		

临床医学系			
姓　名	任　期	姓　名	任　期
宿宝贵（副）	1998.7—1999.4	董　军	2009.5—2012.3
（正）	1999.4—2009.5	杨雪松	2012.3—2016.9

（续上表）

护理学系			
姓　名	任　期	姓　名	任　期
马绍斌（副）	1998.7—2007.5	肖　丹（副）	2009.6—2012.3
王华东（兼）	2007.5—2009.6	李泽楷	2012.3—2016.9
中医学系			
姓　名	任　期	姓　名	任　期
沈英森（筹建）	1999.7—2002.4	赵国平	2009.6—2016.9
陈利国	2002.4—2009.6		
生物医学工程系			
姓　名	任　期	姓　名	任　期
黄耀熊	2000.7—2011.12	薛　巍	2011.12—今
土木工程系（2004年4月改名为力学与土木工程系）			
姓　名	任　期	姓　名	任　期
王　璠	2000.7—今		
法学系			
姓　名	任　期	姓　名	任　期
李伯侨	1997.10—2000.7	周显志（副）	2000.7—2001.6
行政管理系			
姓　名	任　期	姓　名	任　期
王培林	2000.7—2002.9	林毓铭	2007.3—今
董建新	2002.9—2007.3		
华文学院汉语系			
姓　名	任　期	姓　名	任　期
樊培绪	1995.11—2000.7	陈延河	2000.7—2001.7
中旅学院旅游管理系			
姓　名	任　期	姓　名	任　期
吴克祥（副）	2000.10—2003.7		
（正）	2003.7—今		
英语一系（2011年11月更名为英语语言文学系）			
姓　名	任　期	姓　名	任　期
区炜光	2001.7—2005.6	王全智（副）	2011.12—2013.6
卢　植	2005.6—2009.5	（正）	2013.6—2015.12
蒲若茜	2009.5—2011.12	汤　琼	2015.12—今
英语二系（2011年11月更名为商务英语系）			
姓　名	任　期	姓　名	任　期
戴灿宇（副）	2001.7—2005.6	梁瑞清	2015.12—今
（正）	2005.6—2015.12		

（续上表）

日语系			
姓　名	任　期	姓　名	任　期
吕晓东（副） 王　琢	2001.7—2005.6 2005.6—2011.12	罗晓红	2011.12—今

广告学系			
姓　名	任　期	姓　名	任　期
杨先顺（副） （正）	2001.7—2005.7 2005.7—2007.5	星　亮（副） （正）	2007.5－2011.12 2011.12—今

广播电视学系			
姓　名	任　期	姓　名	任　期
蔡铭泽 谭　天	2001.7—2006.4 2006.4—2011.12	申启武	2011.12—今

环境工程系			
姓　名	任　期	姓　名	任　期
尹　华	2001.7—2011.12	莫测辉	2011.12—2014.5

对外汉语系（2008年9月更名为华文学院汉语系）			
姓　名	任　期	姓　名	任　期
陈延河 李　军（副）	2001.7—2003.11 2003.11—2005.7	莫海斌 童盛强	2005.7—2008.7 2008.7—今

国际关系学系			
姓　名	任　期	姓　名	任　期
曹云华	2002.9—2013.3	李皖南	2013.3—今

中旅学院（深圳旅游学院）英语系			
姓　名	任　期	姓　名	任　期
吕迎春（副） （正）	2002.12—2004.12 2004.12—今		

材料科学与工程系			
姓　名	任　期	姓　名	任　期
周长忍 罗丙红	2004.7—2011.12 2011.12—2015.11	屠　美	2015.11—今

知识产权系			
姓　名	任　期	姓　名	任　期
徐　瑄 张晓薇（副） （正）	2004.10—2011.12 2011.12—2013.3 2013.3—2014.4	赵克祥	2014.4—今

（续上表）

<table>
<tr><td colspan="4" align="center">市场学系</td></tr>
<tr><td>姓　名</td><td>任　期</td><td>姓　名</td><td>任　期</td></tr>
<tr><td>卫海英
王　玮</td><td>2005.7—2012.7
2012.7—2014.1</td><td>杨德锋</td><td>2014.1—今</td></tr>
<tr><td colspan="4" align="center">光电工程系</td></tr>
<tr><td>姓　名</td><td>任　期</td><td>姓　名</td><td>任　期</td></tr>
<tr><td>陈　哲</td><td>2005.6—2015.11</td><td>狄红卫</td><td>2015.11—今</td></tr>
<tr><td colspan="4" align="center">食品科学与工程系</td></tr>
<tr><td>姓　名</td><td>任　期</td><td>姓　名</td><td>任　期</td></tr>
<tr><td>欧仕益（副）
（正）</td><td>2001.7—2005.6
2005.6—2011.12</td><td>吴希阳
白卫滨</td><td>2011.12—2015.11
2015.11—今</td></tr>
<tr><td colspan="4" align="center">应用语言学系</td></tr>
<tr><td>姓　名</td><td>任　期</td><td>姓　名</td><td>任　期</td></tr>
<tr><td>曾毅平（副）</td><td>2001.7—2005.7</td><td>李　军</td><td>2005.8—今</td></tr>
<tr><td colspan="4" align="center">华文教育系</td></tr>
<tr><td>姓　名</td><td>任　期</td><td>姓　名</td><td>任　期</td></tr>
<tr><td>曾毅平
张　军（副）
（正）</td><td>2005.7—2008.7
2008.7—2009.9
2009.9—2015.1</td><td>周　静</td><td>2015.1—今</td></tr>
<tr><td colspan="4" align="center">新媒体艺术系</td></tr>
<tr><td>姓　名</td><td>任　期</td><td>姓　名</td><td>任　期</td></tr>
<tr><td>马　超（副）</td><td>2006.8—2011.12</td><td>李　杰</td><td>2011.12—今</td></tr>
<tr><td colspan="4" align="center">行政管理系</td></tr>
<tr><td>姓　名</td><td>任　期</td><td>姓　名</td><td>任　期</td></tr>
<tr><td>胡辉华</td><td>2012.6—今</td><td></td><td></td></tr>
<tr><td colspan="4" align="center">应急管理系</td></tr>
<tr><td>姓　名</td><td>任　期</td><td>姓　名</td><td>任　期</td></tr>
<tr><td>卢文刚</td><td>2012.6—今</td><td></td><td></td></tr>
<tr><td colspan="4" align="center">应急医学系</td></tr>
<tr><td>姓　名</td><td>任　期</td><td>姓　名</td><td>任　期</td></tr>
<tr><td>柏志全（兼）</td><td>2013.5—今</td><td></td><td></td></tr>
</table>

（续上表）

法语语言文学系			
姓　名	任　期	姓　名	任　期
马利红	2014.5—今		

中药系			
姓　名	任　期	姓　名	任　期
叶文才	2006.7—2007.9	于荣敏	2007.9—今

药学系			
姓　名	任　期	姓　名	任　期
蔡绍晖	2006.7—2007.9	于　沛	2011.12—今
陈卫民	2007.9—2011.12		

旅游管理系			
姓　名	任　期	姓　名	任　期
梁明珠	2007.9—2012.7	文　吉	2016.6—今
王　华	2012.7—2016.6		

美术系			
姓　名	任　期	姓　名	任　期
方楚乔	2008.1—2013.5	蔡显良	2013.5—今

音乐系			
姓　名	任　期	姓　名	任　期
刘弋珩（副）	2008.1—2009.11		
（正）	2009.11—今		

影视系			
姓　名	任　期	姓　名	任　期
李学武（副）	2008.1—2011.12		
（正）	2011.12—今		

生态学系（水生所）			
姓　名	任　期	姓　名	任　期
韩博平	2011.12—今		

细胞生物学系（生物医药研究院）			
姓　名	任　期	姓　名	任　期
洪　岸	2012.2—今		

（续上表）

免疫生物学系			
姓　名	任　期	姓　名	任　期
邢飞跃（副）	2012.2—今		
发育与再生生物学系			
姓　名	任　期	姓　名	任　期
蔡冬青	2012.2—今		

资料来源：（1）同书编写组编：《百年暨南史（1906—2006）》，广州：暨南大学出版社2006年版，第501－511页表。

（2）2006年后材料由党委组织部张艳丽整理增补。

表 7 暨南大学各研究所（中心、部、研究院）负责人一览表

南洋文化教育事业部（南洋美洲文化事业部、海外文化事业部、南洋研究所）			
姓　名	任　期	姓　名	任　期
郑洪年	1927.9—1928.6	俞君适（代）	1936
刘士木	1928.6—约1933	周予同	1937—1944
丘汉平	1934	王勤堉	1945
吴则霖	1935	黄如今	1948—1949
东南亚研究所			
姓　名	任　期	姓　名	任　期
司徒赞（副）	1960.10—1970	陈乔之（副）	1985.11—1987.10
粟稔（副）	1965.5—1970	（正）	1987.10—2000.7
杨康华（兼）	1978—1983	曹云华	2000.7—2013.3
吴楚（副）	1978—1983	邓应文	2013.3—2015.11
胡一声（副）	1978—1983.6	庄礼伟	2015.11—今
翁锡辉（副）	1983.7—1985.10		
华侨华人研究所			
姓　名	任　期	姓　名	任　期
朱杰勤	1982.5—1985.10	黄昆章	2000.11—2002.4
徐善福	1985.10—1992.1	高伟浓	2002.4—2007.1
黄昆章	1992.1—1998.1	潮龙起（副）	2007.1—2008.6
张应龙（副）	1998.1—2000.11		
特区、港澳经济研究所			
姓　名	任　期	姓　名	任　期
陈肇斌（副）	1983.7—1984.10	冯邦彦	2000.7—2007.3
（正）	1984.11—1987.11	陈恩	2007.3—2015.12
何佳声	1987.11—1994.3	钟韵	2015.12—今
封小云	1994.4—2000.7		
中国（文化）史籍研究所（古籍研究所）			
姓　名	任　期	姓　名	任　期
陈乐素	1984.11—1985.10	张其凡	1998.1—2003.7
常绍温	1985.10—1994.1	张玉春	2003.7—2011.12
毛庆其	1994.1—1998.1	刘正刚	2011.12—今
中外关系研究所			
姓　名	任　期	姓　名	任　期
马建春	2012.4—今		

（续上表）

<table>
<tr><td colspan="4" align="center">社会科学部</td></tr>
<tr><td align="center">姓　名</td><td align="center">任　期</td><td align="center">姓　名</td><td align="center">任　期</td></tr>
<tr><td>毛雍如</td><td>1981.9—1984.6</td><td>王培林</td><td>1997.7—2000.7</td></tr>
<tr><td>柯木火</td><td>1984.6—1985.2</td><td>高雄飞</td><td>2000.7—2007.1</td></tr>
<tr><td>郑应洽</td><td>1985.2—1991.7</td><td>蒙雅森</td><td>2007.1—2011.7</td></tr>
<tr><td>陈友文</td><td>1991.7—1997.7</td><td>程京武</td><td>2011.7—今</td></tr>
<tr><td colspan="4" align="center">大学英语教学部</td></tr>
<tr><td align="center">姓　名</td><td align="center">任　期</td><td align="center">姓　名</td><td align="center">任　期</td></tr>
<tr><td rowspan="5">李宗渭</td><td>1987.3—1987.6</td><td>梁栋华</td><td>1995.2—1997.7</td></tr>
<tr><td>1987.6—1988.6</td><td>章恒珍</td><td>1997.7—2005.6</td></tr>
<tr><td>1988.6—1988.9</td><td>胡慕辉（副）</td><td>2005.6—2007.2</td></tr>
<tr><td>1988.9—1992.6</td><td>（正）</td><td>2007.3—今</td></tr>
<tr><td>1992.6—1995.2</td><td></td><td></td></tr>
<tr><td colspan="4" align="center">体育部</td></tr>
<tr><td align="center">姓　名</td><td align="center">任　期</td><td align="center">姓　名</td><td align="center">任　期</td></tr>
<tr><td>林贤达</td><td>1979.5—1982.3</td><td>张　军</td><td>1997.1—2000.6</td></tr>
<tr><td>李葆龄</td><td>1982.3—1984.6</td><td>李兆森（副）</td><td>2000.6—2003.1</td></tr>
<tr><td>余柏铭</td><td>1984.6—1986.7</td><td>李世云</td><td>2003.1—2005.7</td></tr>
<tr><td>杨少豪</td><td>1986.7—1990.1</td><td>李淑芬</td><td>2005.7—2015.7</td></tr>
<tr><td>罗佛佑</td><td>1990.1—1994.1</td><td>徐　泽</td><td>2015.7—2015.10</td></tr>
<tr><td>温石生</td><td>1994.1—1997.1</td><td></td><td></td></tr>
<tr><td colspan="4" align="center">汉语方言研究中心</td></tr>
<tr><td align="center">姓　名</td><td align="center">任　期</td><td align="center">姓　名</td><td align="center">任　期</td></tr>
<tr><td>詹伯慧</td><td>1994.10—2008.6</td><td>甘于恩</td><td>2009.12—今</td></tr>
<tr><td>伍　巍</td><td>2008.6—2009.12</td><td></td><td></td></tr>
<tr><td colspan="4" align="center">生殖免疫研究中心</td></tr>
<tr><td align="center">姓　名</td><td align="center">任　期</td><td align="center">姓　名</td><td align="center">任　期</td></tr>
<tr><td>刘学高</td><td>1985.3—1994.1</td><td>潘善培</td><td>1994.1—2007.4</td></tr>
<tr><td colspan="4" align="center">生物医学工程研究所</td></tr>
<tr><td align="center">姓　名</td><td align="center">任　期</td><td align="center">姓　名</td><td align="center">任　期</td></tr>
<tr><td>邹　翰</td><td>1985.6—1999.2</td><td>黄耀雄</td><td>1999.2—2011.12</td></tr>
</table>

（续上表）

生物工程研究所			
姓　名	任　　期	姓　名	任　　期
林　剑	1997.7—2000.7	洪　岸	2003.7—今
赵利淦	2000.7—2003.7		

水生生物研究中心			
姓　名	任　　期	姓　名	任　　期
齐雨藻	1985.6— 1997.7—1999.2	韩博平（副） （正）	1996.3—2000.7 2000.7—今

生殖免疫研究所			
姓　名	任　　期	姓　名	任　　期
潘善培	2003.7—2007.4	谢琪璇（副）	2007.4—2012.2

组织移植与免疫中心			
姓　名	任　　期	姓　名	任　　期
曾耀英	1992.11—2007.4	何贤辉（副）	2007.4—2012.2

应用力学研究所			
姓　名	任　　期	姓　名	任　　期
刘人怀	1993.1—今		

电力电子研究所			
姓　名	任　　期	姓　名	任　　期
许世延 李锦器	1993— —2007.7	陈振强	2007.7—今

计算中心			
姓　名	任　　期	姓　名	任　　期
范荣强（副） （正）	1997.7—2000.7 2000.7—2011.12	全渝娟	2011.12—今

金融研究所			
姓　名	任　　期	姓　名	任　　期
邓瑞林	1997.12—2000.7	刘少波	2000.7—今

产业经济研究所（2006 年 11 月更名为产业经济研究院）			
姓　名	任　　期	姓　名	任　　期
朱卫平 （常务副所长）	2005.6—2006.7	朱卫平（副） （正） 顾乃华	2006.7—2009.6 2009.6—2015.7 2015.7—今

（续上表）

实验技术中心			
姓　名	任　期	姓　名	任　期
黄智诚	1999.4—2007.1	尹平河	2007.1—今

人力资源管理研究所			
姓　名	任　期	姓　名	任　期
凌文辁 王国庆（兼） 戴良铁（副）	2000.7—2003.7 2003.7—2007.5 2007.5—2013.3	易余胤 欧锦文	2013.3—2016.6 2016.6—今

台湾经济研究所			
姓　名	任　期	姓　名	任　期
冯邦彦 陈　恩	2001.7—2007.3 2007.3—2015.12	钟　韵	2015.12—今

中药与天然药物研究所			
姓　名	任　期	姓　名	任　期
姚新生 叶文才	2002.12—今 2007.3—2011.12	江仁望	2011.12—今

网络与教育技术中心			
姓　名	任　期	姓　名	任　期
姚国祥 王亚希（副） （正）	2003.5—2007.1 2007.1—2008.11 2008.11—2011.7	张焕明（副） （正）	2011.7—2015.7 2015.7—今

知识产权研究中心			
姓　名	任　期	姓　名	任　期
徐　瑄（副）	2003.7—今		

企业发展研究所			
姓　名	任　期	姓　名	任　期
隋广军 李从东	2003.7—2005.8 2005.8—2013.11	卫海英	2013.11—今

华文教育研究中心（2003年3月更名为华文教育研究所）			
姓　名	任　期	姓　名	任　期
贾益民	2000.7—2011.9	邵　宜	2012.1—今

（续上表）

高等教育研究中心			
姓　名	任　期	姓　名	任　期
纪宗安（兼） 马秋枫	2001.4—2002 2004.4—2011.7	张桂国	2011.7—今

信息技术研究所			
姓　名	任　期	姓　名	任　期
刘　明	2004.10—今		

光电工程研究所			
姓　名	任　期	姓　名	任　期
陈星旦（名誉） 高应俊	2004.6—今 2003—2007.7	陈　哲	2007.7—今

海外华人社区语言资源监测与研究中心			
姓　名	任　期	姓　名	任　期
郭　熙	2005.7—今		

电气自动化研究所			
姓　名	任　期	姓　名	任　期
钱清泉	2005.6—今		

包装工程研究所			
姓　名	任　期	姓　名	任　期
王志伟	2005.6—今		

海外华语研究中心			
姓　名	任　期	姓　名	任　期
郭　熙	2005.7—今		

公共安全研究中心			
姓　名	任　期	姓　名	任　期
刘人怀	2005.11—今		

汉语国际推广中心			
姓　名	任　期	姓　名	任　期
贾益民 班弨	2007.1—2008.3 2008.3—2015.7	曾毅平	2015.7—今

（续上表）

大学生艺术素质教学部			
姓 名	任 期	姓 名	任 期
王红主	2007.5—今		
香山文化研究所			
姓 名	任 期	姓 名	任 期
黄晓东（名誉）	2007.5—今	马至融	2007.7—今
现代教育技术中心			
姓 名	任 期	姓 名	任 期
戴 红	2007.5—今		
脑科学研究所			
姓 名	任 期	姓 名	任 期
陆大祥	2007.7—今		
赤潮与水环境研究中心（2012 年更名为赤潮与海洋生物学研究中心）			
姓 名	任 期	姓 名	任 期
吕颂辉	2008.3—今		
系统工程研究所			
姓 名	任 期	姓 名	任 期
林福永	2008.3—今		
光子技术研究所（2015 年 11 月更名为光子技术研究院）			
姓 名	任 期	姓 名	任 期
关柏鸥	2009.5—今		
应急管理研究中心			
姓 名	任 期	姓 名	任 期
林如鹏（兼）	2009.8—2014.4	蔡立辉	2014.4—今
马万祺研究所			
姓 名	任 期	姓 名	任 期
贾益民（名誉）	2010.3—2011.6	夏 泉	2010.3—今
心理健康教育中心			
姓 名	任 期	姓 名	任 期
张将星	2011.7—今		

（续上表）

资源环境与可持续发展研究所			
姓　名	任　期	姓　名	任　期
张　捷	2012.5—今		

粤港澳中枢神经再生研究院			
姓　名	任　期	姓　名	任　期
苏国辉	2012.11—今		

生物医学转化研究院			
姓　名	任　期	姓　名	任　期
尹芝南	2013.12—今		

大气环境安全与污染控制研究所			
姓　名	任　期	姓　名	任　期
周　振	2013.12—今		

海洋药物研究中心			
姓　名	任　期	姓　名	任　期
吴　军	2013.9—今		

肿瘤药理学研究所			
姓　名	任　期	姓　名	任　期
潘景轩	2013.9—今		

海外教学部			
姓　名	任　期	姓　名	任　期
唐燕儿	2003.11—2009.7	温明亮	2011.7—今
张　礼	2009.7—2011.7		

资料来源：（1）同书编写组编：《百年暨南史（1906—2006）》，广州：暨南大学出版社 2006 年版，第 512－518 页表。

（2）中共暨南大学委员会组织部干部科历年档案。

（3）2006 年后材料由党委组织部张艳丽整理增补。

后 记

学校非常重视总结、提炼华侨高等教育的办学经验。1996年，为迎接暨南大学建校90周年，学校成立校史编写组，组织力量编写、出版《暨南校史（1906—1996）》；2005年3月，为迎接百年校庆，学校成立以马秋枫为组长，张晓辉、夏泉、周继武为副组长的校史编纂与出版组，编写、出版《百年暨南史（1906—2006）》；2016年3月，学校成立以夏泉、张晓辉为组长的110周年校史编辑委员会，开始撰写、修订《暨南大学史（1906—2016）》。

接受编纂校史的任务后，本书编写人员统一认识，共同努力，决心编写出高质量的校史，以圆满完成学校交给的任务。校史编纂时间短，任务重，工作量相当大，为了保质保量完成任务，大家尽力克服困难，在担负繁重的教学、科研与行政工作的同时，利用休息时间撰写、修订书稿，付出了艰辛的劳动。在此过程中，大家认真搜集整理资料，构思创作，反复修改，保证了《暨南大学史（1906—2016）》的按期完成。

本书由张晓辉、夏泉任主编，分工进行编写。各章的撰稿人分别是：第一章和第二章刘增合，第三章和第五章张永春，第四章夏泉，第六章夏泉、康满堂、李莉，第七章和第八章张晓辉，第九章田金奎，第十章刘金顺、陈龙。大事记由每章撰写者整理提供。图片资料由周成编辑，附录（历届校董，历任校长、书记、秘书长、教务长、训导长、总务长、各学院院长、各系主任、各研究所负责人一览表）近十年的材料由张艳丽整理增补。

本书以2006年出版的《百年暨南史（1906—2006）》为基础，按时序分段撰写、修订，并注意将学术性与可读性相结合，彰显暨南大学110年历史的厚重感和侨校办学特色，着重反映暨南大学办学经验和成就，以展现暨南大学侨校的优良传统和改革开放（实施"侨校＋名校"发展战略）的新貌。本书前九章参照了 2006 年出版的校史，在此基础上进行修订，并新撰第十章（资料内容时间截至 2016 年 9 月）。本书分上编（1906—1949）、下编（1949—2016）。最后由夏泉和张晓辉对全书进行修改和统稿，并呈胡军校长、林如鹏书记审定。

本书沿用国务院原副总理吴学谦校友题写的书名，暨南大学校长胡军教授、中共暨南大学委员会书记林如鹏教授作序。本书在编写过程中，得到校内外许多部门及工作人员的热忱支持，在工作上提供方便，对校史编写工作提出意见和建议，因篇幅有限恕不能一一列举，在此一并致谢。

暨南大学出版社社长徐义雄、党总支书记黄圣英以及沈凤玲、冯琳等编辑，党委宣传部麦尚文部长和校党政办公室周成为本书的出版付出了极大的辛劳，在此谨致谢忱。

本书只是勾勒了 110 年暨南发展历史的一个大致轮廓，书中内容与图表错漏之处在所难免，敬请广大师生、校友、有关专家和读者批评指正。

夏　泉　张晓辉

2016 年 10 月于广州暨南园